Compêndio de Avaliação Psicológica

Coleção Avaliação Psicológica

Coordenador:
Makilim Nunes Baptista

Conselho editorial do Ibap:
Alessandra Gotuzo Seabra (UPM)
Ana Paula Porto Noronha (USF)
Carlos Henrique Sancineto da Silva Nunes (UFSC)
Caroline Tozzi Reppold (UFCSPA)
Cláudio Simon Hutz (UFRGS)
Lucas de Francisco Carvalho (USF)
Luiz Pasquali (UnB)
Makilim Nunes Baptista (USF)
Monalisa Muniz (UFSCAR)
Ricardo Primi (USF)
Solange Muglia Wechsler (PUCCAMP)

Dados Internacionais de Catalogação na Publicação (CIP)
(Câmara Brasileira do Livro, SP, Brasil)

Compêndio de Avaliação Psicológica / Makilim Nunes Baptista... [et al.], (organizadores). – Petrópolis, RJ : Vozes, 2019. – (Coleção Avaliação Psicológica)

Vários autores.

Vários organizadores.

Bibliografia.

3ª reimpressão, 2023.

ISBN 978-85-326-6077-0

1. Avaliação psicológica – Compêndios 2. Psicometria 3. Testes psicológicos I. Baptista, Makilim Nunes. II. Série.

19-24264   CDD-150.287

Índices para catálogo sistemático:
1. Avaliação psicológica   150.287

Maria Paula C. Riyuzo – Bibliotecária – CRB-8/7639

Compêndio de Avaliação Psicológica

Makilim Nunes Baptista / Monalisa Muniz
Caroline Tozzi Reppold / Carlos Henrique Sancineto da Silva Nunes
Lucas de Francisco Carvalho / Ricardo Primi / Ana Paula Porto Noronha
Alessandra Gotuzo Seabra / Solange Muglia Wechsler
Cláudio Simon Hutz / Luiz Pasquali
(Organizadores)

© 2019, Editora Vozes Ltda.
Rua Frei Luís, 100
25689-900 Petrópolis, RJ
www.vozes.com.br
Brasil

Todos os direitos reservados. Nenhuma parte desta obra poderá ser reproduzida ou transmitida por qualquer forma e/ou quaisquer meios (eletrônico ou mecânico, incluindo fotocópia e gravação) ou arquivada em qualquer sistema ou banco de dados sem permissão escrita da editora.

CONSELHO EDITORIAL

Diretor
Gilberto Gonçalves Garcia

Editores
Aline dos Santos Carneiro
Edrian Josué Pasini
Marilac Loraine Oleniki
Welder Lancieri Marchini

Conselheiros
Elói Dionísio Piva
Francisco Morás
Ludovico Garmus
Teobaldo Heidemann
Volney J. Berkenbrock

Secretário executivo
Leonardo A.R.T. dos Santos

Editoração: Fernando Sergio Olivetti da Rocha
Diagramação: Raquel Nascimento Marques
Revisão gráfica: Nilton Braz da Rocha / Nivaldo S. Menezes
Capa: Ygor Moretti
Ilustração de capa: © Motif From Hammamet. Paul Klee, 1914.

ISBN 978-85-326-6077-0

Nota do editor:
A edição desta obra é resultado de um projeto do Ibap – Instituto Brasileiro de Avaliação Psicológica.

Este livro foi composto e impresso pela Editora Vozes Ltda.

Sumário

Apresentação, 9
Makilim Nunes Baptista

Prefácio – A avaliação psicológica, 11
Luiz Pasquali

Seção 1 – Fundamentos da avaliação psicológica, 13

1 O que é avaliação psicológica?, 15
Caroline Tozzi Reppold, Daniela Sacramento Zanini e Ana Paula Porto Noronha

2 Propriedades psicométricas dos testes psicológicos, 29
Evandro Morais Peixoto e Carla Fernanda Ferreira-Rodrigues

3 Teoria Clássica dos Testes (TCT), 40
Josemberg Moura de Andrade, Germano Gabriel Lima Esteves e Jacob Arie Laros

4 Teoria de Resposta ao Item (TRI), 53
Alexandre J.S. Peres, João Paulo A. Lessa e Felipe Valentini

5 Adaptação de instrumentos de avaliação psicológica, 69
Denise Ruschel Bandeira

6 Testagem Universal: avaliação psicológica e pessoas com deficiência, 75
Cassandra Melo Oliveira e Carlos Henrique Sancineto da Silva Nunes

7 Testes informatizados, 89
Fabiano Koich Miguel

8 Integração de resultados qualitativos e quantitativos, 98
Sérgio Eduardo Silva de Oliveira e Mônia Aparecida da Silva

Seção 2 – Aspectos históricos e profissionais da avaliação psicológica, 109

9 Histórico da avaliação psicológica no mundo, 111
Cristiane Faiad, Luiz Pasquali e Katya Luciane Oliveira

10 Avaliação psicológica no Brasil, 122
Tatiana de Cássia Nakano e Rauni Jandé Roama-Alves

11 O papel dos Conselhos: orientações normativas, resoluções e o Satepsi, 133
Lucila Moraes Cardoso e Daniela Sacramento Zanini

12 Os testes psicológicos aprovados no Satepsi, 140
Josemberg Moura de Andrade, Felipe Valentini e Jacob Arie Laros

13 Ética na avaliação psicológica: uma perspectiva internacional, 152
Solange Muglia Wechsler

14 Avaliação psicológica por meio das novas tecnologias de informação e comunicação, 160
Marcela Mansur-Alves e Alexandre Serpa

Seção 3 – A prática da avaliação psicológica em contextos específicos, 173

15 Avaliação psicológica clínica, 175
Adriana Jung Serafini

16 Avaliação psicológica hospitalar, 185
Rafael Andrade Ribeiro e Adriana Said Daher Baptista

17 Avaliação psicológica de fatores humanos em Ambientes Isolados, Confinados e Extremos (ICE), 200
Roberto Moraes Cruz e Paola Barros Delben

18 Avaliação psicológica no contexto do esporte, 210
Andréa Duarte Pesca, Gabriela Frischknecht e Evandro Morais Peixoto

19 Avaliação psicológica no adulto, 222
Manuela Ramos Caldas Lins, Carlos Manoel Lopes Rodrigues e Mirela Dantas Ricarte

20 Elaboração de relatório/laudo psicológico: normativas e reflexões críticas, 233
Sonia Regina Pasian, Fernanda Aguiar Pizeta e Erika Tiemi Kato Okino

21 Entrevista psicológica no contexto clínico, 248
Erika Tiemi Kato Okino, Sonia Regina Loureiro e Sonia Regina Pasian

22 Avaliação psicológica aplicada aos processos de escolha e transição de carreira, 262
Rodolfo Augusto Matteo Ambiel

23 Avaliação neuropsicológica, 273
Elodie Bertrand, Daniel C. Mograbi e J. Landeira-Fernandez

24 Avaliação psicológica infantil, 284
Patrícia Waltz Schelini

25 Avaliação psicológica de famílias e casais, 291
Maycoln Teodoro e Pricila Ribeiro

26 Avaliação psicológica no contexto do trânsito, 299
Fabián Rueda

27 Avaliação psicológica no contexto forense, 311
Sonia Liane Reichert Rovinski

28 Violência: instrumentos para identificação, rastreio e avaliação, 322
Lelio Moura Lourenço, Thiago Virgílio da Silva Stroppa e Luciana Xavier Senra

29 Estados de *flow*: definição e interfaces com o contexto do trabalho, 333
Larissa Sanford Ayres Farina, Clarissa Pinto Pizarro de Freitas e Cláudio Simon Hutz

Seção 4 – Construtos cognitivos e híbridos, 347

30 Avaliação psicológica da inteligência, 349
Carolina Rosa Campos, Priscila Zaia e Ricardo Primi

31 Avaliação psicológica e criatividade, 364
Tatiana de Cássia Nakano

32 Instrumentos de avaliação das habilidades sociais no Brasil, 376
Zilda A.P. Del Prette e Almir Del Prette

33 Avaliação psicológica e atenção, 397
Luiz Renato Rodrigues Carreiro e Walter Machado-Pinheiro

34 Avaliação psicológica da leitura e escrita, 409
Natália Martins Dias, Bruna Tonietti Trevisan e Alessandra Gotuzo Seabra

35 Metacognição: mensuração e desafios em avaliação psicoeducacional, 422
Evely Boruchovitch, Patrícia Waltz Schelini e Acácia A.A. dos Santos

36 Avaliação psicológica e memória, 433
Gabriela Peretti Wagner, Candice Steffen Holderbaum e Renata Kochhann

37 Inteligência emocional, 448
José Maurício Haas Bueno e Ana Carolina Zuanazzi

38 A habilidade de *mindfulness*, 459
Carolina Baptista Menezes

Seção 5 – Avaliação da personalidade, 473

39 Avaliação da personalidade no Brasil utilizando métodos projetivos, 475
Anna Elisa de Villemor-Amaral e Lucila Moraes Cardoso

40 Avaliação das habilidades socioemocionais e traços de personalidade em crianças, 483
Ana Carina Stelko-Pereira, Karina da Silva Oliveira e Ricardo Primi

41 Avaliação da personalidade e o modelo dos cinco grandes fatores, 494
Jeferson Gervasio Pires, Carlos Henrique Sancineto da Silva Nunes e Maiana Farias Oliveira Nunes

42 Teoria dos Cinco Fatores de Personalidade (TCF): uma introdução teórico-conceitual e aplicada para avaliação, 507
Marcela Mansur-Alves e Renata Saldanha-Silva

43 Avaliação da personalidade em crianças, 521
Ana Cristina Resende

44 Avaliação da inteligência emocional e da personalidade: aproximações e distinções, 532
Fabiano Koich Miguel, Ana Carolina Zuanazzi e José Maurício Haas Bueno

45 O teste de Rorschach e a personalidade em ação, 541
Anna Elisa de Villemor-Amaral e Giselle Pianowski

46 Avaliação dos traços sombrios da personalidade, 550
Nelson Hauck e Natália Costa Simões

47 Introdução às forças de caráter, 558
Ana Paula Porto Noronha e Caroline Tozzi Reppold

48 Avaliação dos transtornos da personalidade no Brasil: panorama geral e ferramentas disponíveis, 569
Lucas de Francisco Carvalho

49 *Digital phenotyping*: perspectivas futuras para avaliação e diagnóstico dos transtornos da personalidade, 580
Giselle Pianowski, Catarina P. Sette e Lucas de Francisco Carvalho

50 Avaliação e diagnóstico dos transtornos da personalidade: modelos categórico, dimensional e híbrido, 589
Sérgio Eduardo Silva de Oliveira

Seção 6 – Avaliação de transtornos mentais e quadros patológicos, 601

51 Avaliação psicológica na esquizofrenia, 603
Arthur de Almeida Berberian e Cândida Helena Lopes Alves

52 Avaliação psicológica no suicídio, 615
Makilim Nunes Baptista, Maycoln Teodoro e Gabriela Cremasco

53 Avaliação psicológica do estresse, 625
Roberto Moraes Cruz e Jamir João Sardá Jr.

54 Avaliação psicológica para os transtornos de ansiedade, 636
Eliane Mary de Oliveira Falcone e Raquel Menezes Gonçalves

55 Avaliação psicológica dos transtornos alimentares, 647
Marília Consolini Teodoro, Eva Martins da Conceição e Carmem Beatriz Neufeld

56 Avaliação em psicopatologia, 662
Nelson Hauck

57 Avaliação em sintomatologia depressiva, 670
Makilim Nunes Baptista, Tatiana Quarti Irigaray e Hugo Ferrari Cardoso

58 Avaliação de trauma psicológico, 681
Patrícia Dalagasperina e Elisa Kern de Castro

59 Avaliação psicológica dos transtornos relacionados a substâncias psicoativas, 692
Fernanda Machado Lopes, Ilana Andretta e Margareth da Silva Oliveira

60 Avaliação psicológica e transtornos do neurodesenvolvimento, 703
Maria Cristina Triguero Veloz Teixeira e Cleonice Alves Bosa

Sobre os autores, 715

Apresentação

*Makilim Nunes Baptista**

Foi um pouco antes da minha vice-coordenação do Grupo de Trabalho (GT) "Pesquisa em avaliação psicológica", da Associação Nacional de Pesquisa e Pós-Graduação em Psicologia (Anpepp), em 2012, quando a coordenadora era Elisabeth Nascimento, que surgiu a ideia de elaborar um livro contendo muitos capítulos, envolvendo os membros de todos os GTs da Anpepp, que na época já eram cinco. Lembro-me que conversei com a Beth (apelido carinhoso) em um pátio da Universidade Federal de Minas Gerais (UFMG), e lá delineamos as primeiras ideias sobre como seria esse livro. A definição do sumário, ou seja, a espinha dorsal da obra, foi sendo discutida, sempre solicitando ajuda aos amigos do Programa de Pós-Graduação Stricto-Sensu em Psicologia da Universidade São Francisco (USF), junto ao vasto conhecimento de avaliação psicológica que todas essas pessoas carregavam em suas vidas dedicadas a essa área.

O tempo passou, comecei a coordenar o GT em questão por dois mandatos, e a vida atribulada de todos nós, pesquisadores, docentes, pais/mães, amigos, dentre outras várias funções, foi nos consumindo, e a ideia foi ficando em segundo plano, mas nunca esquecida. No ano de 2017 veio o convite para eu ser o futuro presidente do Instituto Brasileiro de Avaliação Psicológica (Ibap), entidade que existe há mais de 20 anos e tem contribuído sobremaneira para a área da

Avaliação Psicológica no Brasil. Dentro do plano de gestão da atual diretoria do Ibap (2017-2019), na qual ocupo o cargo de presidente, lancei a proposta de retomar a ideia e executar a construção do livro inicialmente almejado em 2012. Diante disso, a atual diretoria, coordenada por Monalisa Muniz e composta por diversos pesquisadores da área da Avaliação Psicológica, Cristiane Faiad, Marcela Mansur, Katya Oliveira, Maiana Nunes, Lucas Carvalho, Gisele Pianowski, anuiu a ideia de criar, então, uma obra intitulada *Compêndio de avaliação psicológica*. Essa proposta foi prontamente aceita, pois um dos objetivos do Ibap, enquanto entidade, é justamente divulgar e apoiar a divulgação do conhecimento científico da área, e um compêndio em avaliação psicológica é um legado muito rico e significativo a ser propiciado pelo instituto aos profissionais psicólogos e à psicologia brasileira.

Foi aí, então, que tudo começou a sair do bloco de anotações. O próximo passo foi aprovar o projeto com uma editora de renome, o que ocorreu prontamente com a Editora Vozes, que há pouco havia aberto uma linha de avaliação psicológica em sua política editorial. Pronto, era tudo o que precisávamos para arregaçar as mangas e começarmos o trabalho.

Obviamente, esse tipo de produção não é realizado de forma isolada. Logo veio a ideia de inserir todos os presidentes passados, atual e futuro do Ibap no projeto, já que a experiência de todos seria fundamental para que a obra pudesse ser uma referência nacional, e isso traria ainda mais credibilidade, pois o crescimento e reconhecimento da avaliação psicológica no Brasil se confunde com vários destes nomes. A partir de um e-mail disparado, todos os presidentes (ex, atual e futuro), um a um, foram aceitando o convite e a ideia foi se concretizando. Tínhamos

---

* Junto à diretoria do Instituto Brasileiro de Avaliação Psicológica (Ibap), biênio 2017/2019.

pouco prazo para que a obra pudesse ser lançada no próximo grande evento organizado pelo Ibap, ou seja, o 9º Congresso Brasileiro de Avaliação Psicológica, que ocorreria em Salvador, em junho de 2019, mas isso não impediu que o projeto fosse bem-sucedido, conforme pode ser constatado em cada página deste compêndio.

Dividimos então as tarefas para cada ex-presidente, atual e futuro do Ibap: organizar um conjunto de capítulos que dizia respeito à *expertise* de cada um. Nomes de referência na área, como Luiz Pasquali, Cláudio Hutz, Solange Wechsler, Carlos Nunes, Ricardo Primi, Ana Paula Noronha, Caroline Reppold, Lucas de Francisco Carvalho, Monalisa Muniz, e eu, Makilim Nunes Baptista, nos organizamos para solicitar, de outros colegas especialistas, os capítulos de referência da obra. Como havia dito, este foi um trabalho coletivo, realizado por diversas pessoas, e uma delas, que eu não poderia deixar de citar, é Gabriela Cremasco, doutoranda da USF, que contribuiu imensamente para organizar todo o material, contactar as pessoas, fazer o trabalho de cobrança, e também participou em um dos capítulos da obra, já que, além da capacidade de organização, também possui altas habilidades técnicas em sua área de atuação.

Acredito que uma das principais características da área da avaliação psicológica é justamente o quanto os pesquisadores são próximos uns dos outros, se conhecem, se respeitam e possuem a capacidade de se unirem. Obviamente, do ponto de vista técnico, há divergências, às vezes desentendimentos, mas isso faz parte da ciência, e a ciência psicológica é altamente complexa e podem (devem) haver pontos de vista diferentes, pois só assim evoluímos.

Todos os capítulos foram revisados por pares, em um processo no qual os organizadores se responsabilizaram pela leitura cuidadosa e, caso necessário, sugeriram modificações que acreditavam ser necessárias. Os capítulos que os organizadores participaram também foram revisados por outros organizadores, havendo assim a preocupação em integrar conteúdos com a proposta do livro.

É importante registrar que esta é a primeira obra com o "selo de qualidade" do Instituto Brasileiro de Avaliação Psicológica (Ibap), na qual essa instituição endossa a competência dos autores que participaram da obra. Como as áreas, contextos, metodologias e conhecimento em avaliação psicológica é ilimitada, altamente mutável e em constante desenvolvimento, futuras edições desta obra serão construídas para abordar demais temáticas e atualizações.

Bem, enfim, deu muito trabalho, mas foi muito gratificante a construção deste material, e esperamos que esta obra de referência nacional possa engendrar, em suas páginas, o que há de mais atual e importante na avaliação psicológica no Brasil e no mundo. Você, leitor, pode ter a certeza de que é um livro com alta exigência técnica, organizado e escrito por expoentes da área, e, sendo assim, por que não, enquanto professor e/ou profissional, adotá-lo em suas leituras, docência e prática profissional?

Prefácio

A avaliação psicológica

Luiz Pasquali

A avaliação psicológica visa buscar informação sobre o comportamento humano que deriva de processos psíquicos, mentais. Esse "em termos de processos mentais" qualifica o tipo de avaliação que a psicologia executa para diferenciar de avaliação do comportamento que outros profissionais fazem, tais como, na medicina, biologia, ecologia etc. Essa colocação nos posiciona numa situação bastante complicada, porque devemos definir e especificar o que significa processo mental, dado que outros profissionais conseguem definir com bastante clareza o objeto que eles investigam, como, por exemplo, o DNA da biologia e da medicina. Agora, o psicólogo ao enfrentar tal empreitada vai encontrar as mais variadas expressões para designar os processos mentais, tais como processos latentes, processos psíquicos, processos cognitivos e outros, sendo talvez a menos comprometedora a expressão construto. São palavras ou, até, palavrões, que precisam ser explicadas, e aí entram os problemas. Há duas posições que polarizam a concepção do que seja construto: ele é uma realidade ou ele é uma ficção. Se ele é uma ficção, fica difícil e incongruente considerá-lo a explicação, a causa do comportamento, sendo este uma realidade. Se o construto é real, então se salva a racionalidade da afirmação, mas fica o encargo de definir o que ele é, e a psicologia honestamente ainda não sabe o que ele é, ou seja, não conhece sua estrutura e seu funcionamento em termos realistas e objetivos. Disso tudo resulta que os psicólogos variam demais na interpretação do que sejam esses processos mentais que são os indicadores, as causas do comportamento. Os psicólogos ainda não possuem uma pedra angular em que todos possam se apoiar e se entender consensualmente como possuem, por exemplo, os biólogos com o seu DNA, códons e hélice. Assim, em psicologia ainda subsiste o que os romanos diziam de "tot capita, tot sententia" (cada qual tem a sua opinião sobre a coisa). Disso pode resultar, como de fato ocorreu, uma plétora de opiniões e maneiras de aferir o construto mediante os mais variados e, até, estapafúrdios instrumentos de avaliação psicológica. A área se tornou tão estranha que a classe dos psicólogos teve que intervir para frear os desmandos que ocorriam, criando um controle de caráter legal, o Satepsi. Criou, ainda, uma instância de caráter científico para enfrentar esse problema básico da psicologia, em especial, da avaliação do que a psicologia quer estudar, o Instituto Brasileiro de Avaliação Psicológica (Ibap). Isso tudo mostra uma preocupação real e sincera dos psicólogos no Brasil de agir com honestidade e realismo nessa área. Essas duas instâncias, juntamente com a criação quase maciça de laboratórios nos institutos de educação superior (IES) para pesquisas na área da avaliação psicológica, tornou esta área respeitável e, talvez, pioneira no Brasil.

O julgamento do comportamento do outro parece ser algo instintivo no ser humano, portanto existente desde que existe a humanidade. Ser capaz de avaliar o comportamento do outro é uma questão de sobrevivência, dado que o outro pode ser um perigo potencial. Esse julgamento apresenta-se com caráter psicológico, porque ele visa aferir a intenção do outro por detrás do seu comportamento observável. Entretanto, embora instintivo, esse julgamento parece bastante precário e, de qualquer forma, para obter informação mais acertada sobre a adequação do comportamento de um indivíduo, especialmente num contexto social civilizado, surgiu a preocupação de uma avaliação mais fundamentada, preocupação esta que já se apresenta há mais de 4 mil anos, quando, em 2200 a.C., os chineses procuravam avaliar esse tal construto para verificar a adequação de comportamento de oficiais do governo. A avaliação psicológica se tornou mais séria e, digamos, científica há pouco mais de um século, com nomes como Galton, Spearman e Binet, e especialmente com os famosos instrumentos Army Alpha e Army Beta.

Hoje em dia, a avaliação psicológica perpassa por todas as atividades imagináveis do ser humano. Ela recentemente até entrou no âmbito do Big Data com o nome de psicometria no contexto político, tendo repercussão na eleição do presidente americano Donald Trump e sendo testada na eleição brasileira de 2018 mediante a Idea Big Data de São Paulo. E aí mesmo já começou com grandes escândalos, como o da Cambridge Analytica da Inglaterra, que pediu concordata em 2018.

O presente compêndio procura ser um conjunto de textos sobre o que há de mais atual e sensato sobre o que seja finalmente avaliação psicológica, levando em conta todas as dificuldades que os autores encontram na área. Os organizadores do volume encontraram grandes dificuldades na ingrata tarefa de ordenar os temas da área, e resolveram enquadrá-los em termos de construtos avaliados e em termos de áreas de aplicação. Não é de se esperar que esta obra irá resolver definitivamente o que seja avaliação psicológica e como ela deve ser executada, mas certamente irá fornecer alguns parâmetros de sensatez e de caráter sério e científico na área, permitindo, assim, um caminhar mais seguro e atualizado na avaliação psicológica, tornando-se, dessa forma, um marco importante, relevante e histórico para a área no Brasil e, por que não, no mundo.

Seção 1

Fundamentos da avaliação psicológica

1
O que é avaliação psicológica?

Caroline Tozzi Reppold

Daniela Sacramento Zanini

Ana Paula Porto Noronha

A avaliação psicológica é um campo do conhecimento, com pressupostos teóricos e metodológicos próprios e também uma prática profissional que perpassa diversas áreas da Psicologia. O objetivo deste capítulo é caracterizar o escopo da avaliação psicológica nos dois enquadres, discutindo suas implicações no exercício profissional dos psicólogos e no desenvolvimento da Psicologia como ciência.

Avaliação psicológica como prática profissional

A atividade profissional do psicólogo deriva de conhecimentos, técnicas e procedimentos provenientes da ciência psicológica. Nessa linha, segue a premissa de um raciocínio científico e requer a observação sistemática do fenômeno estudado, o levantamento de hipóteses e a busca de evidências que confirmem ou refutem as hipóteses levantadas, e fundamentem a tomada de decisões a partir dos dados obtidos (exemplo: na definição de encaminhamentos, escolha da melhor técnica ao caso, deliberação sobre a necessidade de continuidade ou não de uma intervenção, na elaboração de respostas a uma perícia, ou ainda, na forma como abordar uma equipe). Dentre os elementos a considerar nesse raciocínio, é imprescindível ponderar o papel dos condicionantes históricos, sociais e contextuais sobre

os resultados obtidos, bem como os preceitos éticos e normativos da profissão. Pode-se dizer que toda atividade profissional do psicólogo envolve um raciocínio psicológico ou uma avaliação do fenômeno observado que, sendo pautada na ciência psicológica, será denominada avaliação psicológica. Desta forma, a avaliação psicológica é uma prática inerente ao exercício profissional de qualquer psicólogo, ainda que os métodos investigativos por ele utilizados possam ser diferentes em cada contexto e estar atrelados à sua formação teórica. Contudo, essa avaliação psicológica relativa ao raciocínio psicológico implícito a toda atuação do profissional psicólogo é diferente do processo de avaliação psicológica como procedimento mais amplo, destinado à prática avaliativa.

O presente capítulo tem como foco apresentar, especificamente, a avaliação enquanto processo avaliativo. Este é compreendido como uma prática que, geralmente, envolve o levantamento de demandas; a elaboração de um plano de trabalho (definição do método ou das estratégicas mais indicadas para coleta de dados, bem como dos objetivos da avaliação); o estabelecimento de um contrato de trabalho; a execução do plano constituído; a análise, interpretação e triangulação dos dados obtidos; a elaboração de um documento psicológico e a devolução dos resultados obtidos. Os processos de avaliações psicológicas buscam fornecer informações importantes e responder demandas específicas, em diferentes contextos (Hutz, 2015; Primi, 2018). Como exemplo, pode-se citar os processos de avaliação psicológica conduzidos para o meio jurídico (de guarda de filhos, perícias e outros), para concurso público, para manuseio de arma de fogo, para obtenção da Carteira Nacional de Habilitação, para fins de psicodiagnóstico ou para realização de procedimentos médicos.

Essa diferenciação entre o raciocínio psicológico inerente a qualquer atividade do profissional psicólogo e do processo de avaliação psicológica com fins avaliativos e mais estruturados também foi reconhecida recentemente pelo Conselho Federal de Psicologia (CFP) ao revisar a Resolução 07/2003 que instituía o Manual de documentos psicológicos decorrentes de avaliação psicológica. A nova Resolução que substitui a 07/2003 "institui as regras para a elaboração de documentos escritos produzidos pela psicóloga e pelo psicólogo no exercício profissional". A partir das discussões realizadas com os Conselhos Regionais e as diversas sugestões recolhidas ao longo dos três anos do Grupo de Trabalho para revisão da resolução 07/2003, observou-se a necessidade de se reconhecer e diferenciar a avaliação psicológica como raciocínio psicológico e o processo de avaliação psicológica inclusive em termos dos documentos psicológicos resultantes de cada uma das atividades profissionais. De acordo com esta nova resolução, o laudo psicológico é derivado de um processo psicológico mais amplo e estruturado diferentemente do relatório psicológico, que pode ser resultante de um atendimento psicológico sem fins avaliativos, mas com um raciocínio psicológico que o ampare.

De fato, a avaliação psicológica como prática profissional está regulamentada pelo CFP. Por meio da Resolução 09/2018, o CFP a descreve "como um processo estruturado de investigação de fenômenos psicológicos, composto de métodos, técnicas e instrumentos, com o objetivo de prover informações à tomada de decisão, no âmbito individual, grupal ou institucional, com base em demandas, condições e finalidades específicas". Nesse mesmo documento, informa que os profissionais têm a prerrogativa de decidir quais métodos, técnicas e instrumentos podem ser utilizados em cada avaliação (desde que apresentem respaldo científico e atendam à regulamentação da profissão). Na sequência, explicita que:

> Na realização da avaliação psicológica, a psicóloga e o psicólogo devem basear sua decisão, obrigatoriamente, em métodos e/ou técnicas e/ou instrumentos psicológicos reconhecidos cientificamente para uso na prática profissional da psicóloga e do psicólogo (fontes fundamentais de informação), podendo, a depender do contexto, recorrer a procedimentos e recursos auxiliares (fontes complementares de informação). Consideram-se fontes de informação:
>
> I – Fontes fundamentais:
>
> a) Testes psicológicos aprovados pelo CFP para uso profissional da psicóloga e do psicólogo e/ou;
> b) Entrevistas psicológicas, anamnese e/ou;
> c) Protocolos ou registros de observação de comportamentos obtidos individualmente ou por meio de processo grupal e/ou técnicas de grupo.
>
> II – Fontes complementares:
>
> a) Técnicas e instrumentos não psicológicos que possuam respaldo da literatura científica da área e que respeitem o Código de Ética e as garantias da legislação da profissão;
> b) Documentos técnicos, tais como protocolos ou relatórios de equipes multiprofissionais.

Aqui, cabe destacar dois aspectos. O primeiro diz respeito ao estabelecido no § 1º da Resolução 09/2018. Segundo este parágrafo, para fins de padronização desta Resolução e do Satepsi, a denominação de testes psicológicos abarca os seguintes instrumentos: escalas, inventários, questionários e métodos projetivos/expressivos. Contudo, esses instrumentos apresentam diferenças importantes em termos dos procedimentos de construção, aplicação, resposta e correção que requerem diferentes níveis de treinamento para seu correto uso e interpretação dos resultados. Neste sentido, cabe ao profissional psicólogo buscar a qualificação necessária para uso correto dos instrumentos. Ao longo deste compêndio, o leitor poderá obter informações sobre os diferentes tipos de instrumentos psicológicos e seus usos. Por hora, cabe dizer que uma avaliação psicológica busca fazer inferências a respeito de construtos psicológicos; ou seja, de atributos psicológicos que não podem ser diretamente observados, mas podem ser pressupostos a partir da avaliação de comportamentos que representam esse construto. Exemplos de construtos psicológicos são personalidade, inteligência, humor, memória, criatividade, bem-estar, entre outros.

O segundo é referente à distinção que existe entre um processo de avaliação psicológica e uma testagem psicológica. Um processo de avaliação psicológica envolve, de forma dinâmica, a integração de informações oriundas de diversas fontes (testes psicológicos, entrevistas, observações, análise de documentos, dinâmicas, relatos, entre outros), enquanto que a testagem psicológica pauta seus resultados nas informações obtidas somente em testes psicológicos, aqui definidos como medidas padronizadas e objetivas que buscam avaliar um construto psicológico. Trata-se, portanto, a avaliação psicoló-

gica, de um processo mais complexo, que *pode ou não* utilizar testes psicológicos (visto que uma AP pode ser realizada com outras fontes fundamentais de informação) (Andrade & Valentini, 2018; Rueda & Zanini, 2018). O que determina a escolha pelo uso de instrumentos psicológicos ou não é avaliação da demanda, da situação avaliativa, dos recursos disponíveis e da competência/formação do avaliador (Hutz, 2015; Trentini, Krug, & Bandeira, 2016). Conforme as orientações dos *Standards for Educational and Psychological Testing* (AERA/APA/NCME, 2014) e das Diretrizes para o Uso dos Testes da *International Test Commission* (Muñiz, Elosua, & Hambleton, 2013), o emprego de testes psicológicos nas avaliações tende a resultar em decisões e encaminhamentos mais prudentes. Contudo, esse resultado é condicionado à qualidade dos testes psicológicos utilizados e à formação do avaliador.

Quanto à definição e determinação da qualificação dos testes psicológicos, a Resolução 09/2018 do CFP indica que:

> Os testes psicológicos, para serem reconhecidos para uso profissional de psicólogas e psicólogos, devem possuir consistência técnico-científica e atender os requisitos mínimos obrigatórios, listados a seguir:
>
> I – Apresentação de fundamentação teórica, com especial ênfase na definição do(s) construto(s), descrevendo seus aspectos constitutivo e operacional.
> II – Definição dos objetivos do teste e contexto de aplicação, detalhando a população-alvo.
> III – Pertinência teórica e qualidade técnica dos estímulos utilizados nos testes.
> IV – Apresentação de evidências empíricas sobre as características técnicas dos itens do teste, exceto para os métodos projetivos/expressivos.

V – Apresentação de evidências empíricas de validade e estimativas de precisão das interpretações para os resultados do teste, caracterizando os procedimentos e os critérios adotados na investigação.

VI – Apresentação do sistema de correção e interpretação dos escores, explicitando a lógica que fundamenta o procedimento, em função do sistema de interpretação adotado, que pode ser:

a) Referenciada à norma, devendo, nesse caso, relatar as características da amostra de normatização de maneira explícita e exaustiva, preferencialmente comparando com estimativas nacionais, possibilitando o julgamento do nível de representatividade do grupo de referência usado para a transformação dos escores.

b) Diferente da interpretação referenciada à norma, devendo, nesse caso, explicar o embasamento teórico e justificar a lógica do procedimento de interpretação utilizado.

VII – Apresentação explícita da aplicação e correção para que haja a garantia da uniformidade dos procedimentos.

VIII – Atenção aos requisitos explicitados nos artigos 30, 31, 32 e 33 *(referente à seção do documento denominada "Justiça e proteção dos direitos humanos na avaliação psicológica")*.

Como veremos na seção a seguir, a análise de critérios mínimos de qualidade a serem apresentados pelos testes psicológicos foi um dos marcos mais importantes da área no Brasil nos últimos quinze anos e resultou, de fato, no aumento da oferta de instrumentos aptos para uso (Cardoso & Silva-Filho, 2018; Primi, 2010; Rueda & Zanini, 2018). Atualmente, o número de testes que apresentam evidências psicométricas que viabilizam seu uso profissional não é pequeno.

A lista do Sistema de Avaliação dos Testes Psicológicos (Satepsi), organizada pelo Conselho Federal de Psicologia, já contabiliza quase duas centenas de testes possíveis de serem utilizados pelo psicólogo no contexto profissional. Nesse sentido, é cada vez mais importante que os psicólogos se apropriem das informações sobre os testes disponíveis para que possam, de forma autônoma, fazer escolhas mais acertadas sobre quais recursos utilizar em um processo avaliativo como fonte primária, considerando a demanda e o contexto da avaliação a ser realizada.

Pensando nisso, Reppold e colaboradores publicaram uma série de três artigos reunindo informações sobre testes psicológicos considerados, pelo CFP, favoráveis para uso profissional. Entre outros dados, essas publicações descrevem a faixa etária para a qual cada teste é indicado, o construto abordado pelos instrumentos e apresentam uma comparação entre a idade de indicação de uso e a idade das amostras de normatização de cada instrumento para a população brasileira. O primeiro artigo abarca os testes psicológicos aprovados para avaliação de crianças e adolescentes (Reppold, Serafini, Ramires, & Gurgel, 2017). O segundo, refere-se aos testes favoráveis à avaliação de aspectos cognitivos em adultos (Reppold, Serafini, Gurgel, & Kaiser, 2017). O terceiro, aos testes, destinados a adultos, favoráveis à avaliação de a) personalidade, b) atributos emocionais/sociais, ou c) de construtos relacionados à orientação/desenvolvimento profissional ou ao contexto laboral (Reppold et al., 2018).

Os dados desses levantamentos demonstram haver testes disponíveis para avaliação de atributos cognitivos ou emocionais normatizados para muitas faixas etárias, sendo a primeira infância a faixa que dispõe de menos recursos avaliativos. A maioria dos testes hoje favoráveis são indicados para uso em adultos e muitos já incluem amostras de idosos em seus estudos de validade e normatização, o que era uma lacuna em décadas anteriores. A maioria dos testes analisados são coerentes em relação à idade indicada e à idade das amostras normativas, o que no passado também era uma dificuldade notória (Noronha, 2002; Pasquali, 2001). Quanto aos construtos que abrangem, a maior parte dos testes voltados para a população infantojuvenil avaliam inteligência, personalidade e habilidades sociais. Já entre os adultos, os construtos mais frequentemente cobertos pelos instrumentos são personalidade, inteligência/raciocínio, atenção, habilidades sociais e humor. Contudo, no total, são dezenas de construtos possíveis de serem avaliados hoje por meio de testes listados pelo Satepsi. Isso viabiliza uma boa triangulação de dados objetivos e padronizados, que se somam às observações, entrevistas, dinâmicas e tarefas possíveis de serem utilizadas em uma avaliação (Trentini et al., 2016).

Nessa discussão, vale lembrar que os testes (sejam eles objetivos, ou projetivos/expressivos/gráficos) são um dos recursos de uma avaliação psicológica – o mais robusto, na maioria das vezes –, mas não as únicas fontes principais de um processo avaliativo. Assim, ressalta-se a importância de se integrar todos os dados coletados durante uma avaliação, sobretudo o que pôde ser observado na conduta e nas respostas do avaliando durante a situação de avaliação. Ao se tratar de uma avaliação neuropsicológica, por exemplo, "tais informações podem consistir em um padrão irregular de acertos e erros ao longo de um teste em que, por ter grau de dificuldade crescente, seria esperado um padrão de diminuição do número de acertos. Nesse caso, muito mais relevante do que a análise comparativa do escore total com o grupo de referência é a análise qualitativa do padrão de desempenho, que pode sugerir, por exemplo, a presença de uma negligência ou de um déficit atencional" (Reppold et al., 2015, p. 100).

A consideração da avaliação como um processo dinâmico, baseado na análise das demandas de cada caso e interessada na triangulação de dados quantitativos e qualitativos desfaz um dos mitos erroneamente atribuídos à avaliação psicológica: o de que a prática avaliativa reduz o indivíduo avaliado a um número. Diversos textos da área demonstram que essa é uma crença falsa e uma ideia ultrapassada, quiçá derivada de uma época em que a avaliação psicológica era reduzida à testagem (Campos, 2013; Primi, 2010, 2018; Tavares, 2003; Urbina, 2007). Muitos desses textos destacam as vantagens de se realizar simultaneamente interpretações nomotéticas e ideográficas com base nos resultados obtidos por diferentes métodos de investigação psicológica.

Argumentando a favor do conceito de validade clínica, Tavares (2003) pondera a necessidade de se relativizar os dados de uma avaliação, considerando o significado clínico que a avaliação e os recursos utilizados adquirem para cada avaliando. Em específico, destaca:

> O objetivo da avaliação psicológica não é rotular, mas descrever, por meio de técnicas reconhecidas e uma terminologia específica, a melhor compreensão possível dos aspectos relevantes de uma pessoa, consoantes com os objetivos específicos das técnicas utilizadas e de acordo com um conjunto de informações disponíveis no momento. Entender uma avaliação psicológica como *a melhor compreensão possível* e como *limitada* à informação disponível no momento apresenta uma visão mais realista de seu objetivo, implicando, com isso, que ela pode mudar e, em alguns casos, deve mudar de acordo com a evolução que se tem do quadro. Também é necessário reconhecer que a informação que

se presta ao processo de avaliação psicológica é obtida no contexto relacional ou social e será sensível a este contexto. Devemos considerar ainda que o ser humano se modifica no tempo em razão de sua experiência, de seus relacionamentos significativos, do contexto no qual está inserido etc. Temos evidências de que mudanças terapêuticas são possíveis já a partir do procedimento de avaliação. Uma formulação diagnóstica, seja por meio de categorias ou descrições dinâmicas, não pode ser tomada como definitiva: ela está aberta a modificações em virtude das limitações de nossas técnicas e de uma multiplicidade de fatores que afetam o sujeito no tempo (p. 125).

A partir dessa concepção, é fácil compreender que a avaliação psicológica contemporânea não é uma prática reducionista, meramente tecnicista, que busca enquadrar os indivíduos em padrões de conduta dominantes ou rotulá-los em critérios nosográficos. Ao contrário, trata-se de um processo complexo, dinâmico, circunscrito no tempo e no contexto, que pode ou não incluir a utilização de testes psicológicos, mas que necessariamente envolve a triangulação de informações obtidas por diferentes métodos de investigação, que sejam reconhecidos cientificamente e estejam de acordo com os preceitos éticos e normativos da profissão (Muniz, 2018). Isso inclui, formalmente, práticas que busquem uma avaliação ética, justa e atenta aos direitos humanos, como exposto nos arts. 29 a 33 da Resolução CFP 09/2018. Nessa linha, buscando valorizar as potencialidades dos avaliandos, ajudando-os a compreender suas características, a avaliação psicológica é uma estratégia que pode atuar em prol da promoção da saúde, do bem--estar e do respeito às necessidades individuais. Isso porque, como refere Reppold (2011), a avaliação psicológica é recurso promotor de Direitos Humanos na medida em que possui caráter preditivo e viabiliza que os indivíduos com demandas específicas sejam encaminhados a tratamento condizente ou evita que sejam submetidos a intervenções inócuas.

A avaliação psicológica enquanto área de conhecimento científico

Internacionalmente, as principais entidades científicas reconhecem a avaliação psicológica como uma área distinta, com fundamentos teóricos, procedimentos técnicos, objeto de estudo e regulamentação específica. Cite-se, por exemplo, a *American Psychological Association* (APA), que atualmente a enquadra em uma divisão intitulada *Quantitative and Qualitative Methods* (Divisão 5), organizada em três seções: a) *assessment*, b) *qualitative methods*, e c) *evaluation, measurement and statistics*. Os esforços da APA em criar normativas para a área de Avaliação Psicológica podem ser observados desde 1954, quando a associação, na ocasião presidida por Lee Cronbach, publicou recomendações técnicas orientando a(o)s psicóloga(o)s sobre o uso de testes (*Technical Recommendations for Psychological Tests & Diagnostic Aids* – APA, 1954). Essas recomendações foram seguidas, a partir de 1966, pela publicação de instruções-padrão para o desenvolvimento e uso dos testes psicológicos e educacionais (*Standards for Educational and Psychological Testing*), organizadas pela entidade, em conjunto com a *American Educational Research Association* e a *National Council on Measurement in Education*, e por outros *Guidelines* que buscam orientar pesquisas e práticas que envolvem temas da área, como, por exemplo, o *Guidelines for Computer-based Tests and Interpretations* publicado pela APA em 1993.

Em âmbito nacional, a especificidade da avaliação psicológica é reconhecida pelo Fórum das Entidades Nacionais da Psicologia Brasileira, que conta com a participação do Instituto Brasileiro de Avaliação Psicológica (Ibap) e da Associação Brasileira de Rorschach e Métodos Projetivos (ASBRo), e pela Associação Nacional de Pesquisa e Pós-Graduação em Psicologia (Anpepp), que atualmente conta com 5 grupos de trabalho relacionados à área da AP. De igual modo, é considerada por agências de fomento, como a Capes e o CNPq, que listam, dentre suas áreas de conhecimento, o campo dos Fundamentos e Medidas em Psicologia. A área é referida ainda pelo Conselho Federal de Psicologia, que, por meio do Sistema de Avaliação de Testes Psicológicos (Satepsi), instituiu, em 2001, a criação de uma Comissão Consultiva em Avaliação Psicológica, formada por pesquisadores com *expertise* nesse campo. Recentemente, em 2018, a área foi reconhecida pelo Conselho Federal de Psicologia como uma especialidade da Psicologia (https://site.cfp.org.br/apaf-reconhece-avaliacao-psicologica-como-especialidade-em-psicologia/), sendo este um pleito do Ibap e da ASBRo há mais de uma década.

Em um documento elaborado pelo Ibap e pela ASBRo, em colaboração com docentes e pesquisadores da área, é descrito que a área da avaliação psicológica, e consequentemente sua especialidade, envolve:

> Estudos em torno do eixo das diretrizes curriculares (brasileiras) em fundamentos, métodos e técnicas de obtenção de análise de informações para avaliação de fenômenos, processos e construtos psicológicos, com a meta de compreender pessoas e grupos, visando a orientar práticas profissionais nos principais domínios de atuação do psicólogo. Mais especificamente, compreende estudos a respeito da teoria da medida e psicometria, avaliação da inteligência, avaliação da personalidade (incluindo técnicas projetivas e os inventários de per-

sonalidade), práticas integrativas de planejamento, execução e redação dos resultados da avaliação psicológica (elaboração de laudos) em contextos variados (Ibap & ASBRo, 2007).

Tal descrição deixa explícito que a natureza do objeto de investigação da área são os processos avaliativos de fenômenos e construtos psicológicos, os quais estão estreitamente vinculados, em termos teóricos e metodológicos, a conteúdos e técnicas específicas, que subsidiam práticas profissionais. Essas práticas podem ser, no caso da pesquisa, por exemplo, a construção e análise psicométrica de instrumentos psicológicos. Ou, no caso do exercício profissional, a avaliação da demanda, a escolha e administração dos recursos avaliativos, a análise e intepretação dos dados coletados à luz das normas do teste e/ou dos parâmetros avaliativos estabelecidos nas teorias relacionadas, a triangulação das informações obtidas, a consideração à ética profissional, bem como às normativas e instruções legais.

Assim, o estudo da avaliação psicológica, embora interdependente de outras áreas do conhecimento (como Psicologia do Desenvolvimento, Psicologia da Saúde, Psicologia da Educação, Psicopatologia ou a Estatística), constitui-se como de campo científico próprio, aplicado a diferentes contextos de atuação (Reppold & Noronha, 2018). Essa afirmação é reforçada pela discussão realizada anteriormente no tópico sobre Avaliação Psicológica como prática profissional, mais especificamente no tocante à distinção realizada entre a avaliação psicológica como raciocínio psicológico (que acontece de modo independente de um procedimento avaliativo estruturado e é utilizada para fundamentar decisões diversas no âmbito profissional) e um processo sistemático de avaliação psicológica. Este último envolve competências profissionais e habilidades acadêmicas específicas para além do raciocínio psicológico descrito anteriormente e se constitui como campo de conhecimento específico, reconhecido internacionalmente.

Nesse sentido, diz-se que a avaliação psicológica, como área de conhecimento, não se restringe à execução de práticas avaliativas, ainda que essas sejam as atividades mais recorrentes de grande parte dos psicólogos que trabalham nessa área. O escopo da AP envolve o desenvolvimento de novos métodos de investigação e mensuração; o estudo dos parâmetros psicométricos dos métodos propostos; o estudo de novas técnicas de coleta e análise de dados; a divulgação científica; as diretrizes de ensino dos conteúdos relacionados; as implicações sociais, éticas e legais das ações envolvendo práticas avaliativas; a consideração das demandas atuais da sociedade, que podem ter a contribuição científica do campo da AP; a organização de orientações e marcos regulatórios da área; e o planejamento e gestão de políticas públicas envolvendo práticas avaliativas.

Um exemplo que ilustra a abrangência da área e interconectividade das ações cobertas em seu escopo é o panorama da avaliação psicológica no Brasil ao longo dos últimos anos. No final de 1990, a área da AP sofria duras críticas sociais, acadêmicas e jurídicas a respeito da qualidade dos instrumentos psicológicos então disponíveis no país e da forma como avaliações psicológicas eventualmente eram realizadas (Noronha & Reppold, 2010).

Em resposta, o Conselho Federal de Psicologia, em colaboração com entidades científicas e pesquisadores da área, implementou, em 2003, o Sistema de Avaliação dos Testes Psicológicos (Satepsi), um sistema contínuo de avaliação dos testes psicológicos que envolve: a) a regulamentação da área, b) a análise dos requisitos mínimos que um teste psicológico precisa apresentar, c) a elaboração de listas dos testes considerados favoráveis ou desfavoráveis para uso profissional e d) a divulgação dessas informações à comunidade. Esse sistema acabou por qualificar a área de diversos modos, seja pela publicação de resoluções normativas e notas técnicas específicas da área, pela orientação prestada a(o)s psicóloga(o)s sobre fazeres da área e pelas ações de formação continuada, pela publicação de cartilhas informativas e diretrizes sobre a regulamentação da(o) profissional, ou pela atenção a questões éticas e sociais relacionadas às práticas avaliativas (ex.: o lançamento do Prêmio profissional "Avaliação psicológica na perspectiva dos Direitos Humanos", em 2012, e do Prêmio profissional "Avaliação psicológica direcionada a pessoas com deficiência", em 2018).

Em consequência, foi evidente, ao longo desses 15 anos, a) o aumento do número de grupos de pesquisas vinculados ao campo da AP no país, b) o avanço teórico e empírico da área, refletido no crescimento das publicações científicas envolvendo temas próprios da AP, c) a ampliação do número de instrumentos com evidências de validade e normatização disponíveis e d) a organização da classe em prol de eventos que levaram psicólogo(a)s a refletir sobre temas associados às práticas avaliativas (como Inclusão Social, Ética, Direitos Humanos, banalização dos testes psicológicos, p. ex.) [Para mais informações, cf. Noronha & Reppold (2010) e Reppold & Noronha (2018)]. Esses diferentes avanços, que contribuíram para que o Brasil seja atualmente reconhecido internacionalmente como pioneiro na certificação de todos os testes psicológicos disponíveis para uso profissional por parte d(a)os psicólog(a)os, demonstram a amplitude do escopo da área da avaliação psicológica. Revelam também que as técnicas e práticas que caracterizam a AP devem ser sempre analisadas à luz do momento histórico em que estão situadas.

Nesse sentido, a seção a seguir revela que a avaliação psicológica, enquanto campo de investigação científica, contribuiu de diferentes formas para o avanço das escolas e teorias psicológicas, sendo essa contribuição atrelada às técnicas, concepções e procedimentos disponíveis na época. Demonstra também que a avaliação psicológica é um campo de conhecimento com recursos técnicos e instrumentais próprios, capaz de contribuir com o avanço científico de diferentes escolas teóricas, por viabilizar a operacionalização de hipóteses, permitindo que teorias possam ser testadas e modificadas. No entanto, os métodos utilizados para esse fim e os pressupostos teóricos considerados como parâmetros dependem do momento histórico a ser considerado.

Contribuições da AP para o avanço teórico e metodológico da Psicologia

Como área de conhecimento científico, a avaliação psicológica é uma das especialidades mais antigas da Psicologia. Isso porque a construção e o uso de instrumentos psicofísicos foram um dos marcos que permitiu a fundação de uma ciência psicológica que reunisse dados empíricos sobre os processos mentais e se diferenciasse da Biologia e da Filosofia.

A criação da Psicologia é creditada a Wilhelm Wundt, biólogo fisiólogo responsável pelo primeiro laboratório de psicologia, estabelecido em Leipzig/Alemanha, em 1879, que tinha como interesse investigar a percepção e a velocidade dos processos mentais simples, por meio de experimentos que pudessem ser replicados por outros pesquisadores. Especificamente, seu método buscava a descrição, a explicação, a previsão e o controle de fenômenos que até então eram apenas inferidos e agora avaliados por meio de testagens e observações sistemáticas. Assim, influenciados pelos preceitos metodológicos propostos por Wundt, que incluíam o uso de medidas de avaliação, pesquisadores importantes da Psicologia desenvolveram estudos próprios, buscando recursos técnicos que pudessem mensurar e analisar fenômenos de seu interesse. Dentre eles, Francis Galton, autor de testes e métodos estatísticos elaborados com o propósito de subsidiar os estudos sobre diferenças físicas e psicológicas individuais que realizava em um laboratório antropométrico londrino, e James Cattell, autor de escalas destinadas à avaliação de medidas sensoriais e psicofísicas (como tempo de reação, acuidade sensorial, extensão de memória, entre outros), primeiro americano a publicar uma dissertação no campo da Psicologia (intitulada *Investigação psicométrica*) e responsável por introduzir o termo "testes mentais", expressão usada para classificar a bateria de testes por ele organizada para avaliar medidas sensoriais, supostamente relacionadas à avaliação de inteligência.

Analisando esse panorama, Pasquali (2010) classifica a história da Psicometria em sete períodos que refletem avanços teóricos, técnicos e ontológicos no campo da avaliação psicológica e na forma de caracterizá-la.

• Década de Galton (1880), marcada pela avaliação de medidas sensoriais e pelo desenvolvimento de medidas de tendência central e de variabilidade e pela concepção de correlação.

• Década de Cattell (1890), marcada pela organização de testes mentais para avaliação de desempenho acadêmico e pela contribuição de Karl Pearson, que formulou a técnica analítica de correlação (coeficiente de Pearson).

• Era dos testes de inteligência (1910 a 1930). Já no início do século XX, Spearman, aplicando os estudos que desenvolvia sobre análises de correlação, ponderou que diferentes testes de habilidade mental – relativos a habilidades matemáticas, verbais, de raciocínio lógico e abstração, entre outras – poderiam ter seus resultados explicados por um fator comum de inteligência, denominado Fator "g". Então, autores como Binet e Simon expandiram o escopo das testagens realizadas, considerando o desempenho de funções psicológicas mais amplas (como linguagem, compreensão, raciocínio, entre outros). Esses esforços resultaram na publicação do primeiro teste que mensurava capacidade cognitiva geral (a Escala Binet-Simon), desenvolvido, a pedido do governo francês, para avaliação em larga escala em escolas infantis, de modo a identificar crianças com dificuldades intelectuais e oferecer um sistema de educação diferenciado a essas.

A busca de um conhecimento "útil" e aplicado era observada também em outros dois destaques dessa era. O primeiro eram os estudos associacionistas de Thorndike sobre a Lei do Efeito (uma das primeiras teorias de aprendizagem em Psicologia). O segundo era o interesse governamental no desenvolvimento de testes destinados à seleção de pessoal; em especial, instrumentos que permitissem uma seleção célere (coletiva) e universal (i. é, menos dependente de vieses culturais) de recrutas do exército convocados para a guerra, identificando habilidades e traços específicos, por meio "válido", noção inovadora para o período.

• Década da Análise Fatorial (1930). Observada a dependência que os testes de inteli-

gência – criados na "era anterior" – tinham de questões culturais e a falta de sustentação empírica do modelo proposto por Spearman de um fator geral universal de inteligência, os estudos dessa década introduziram a noção de validade de conteúdo e buscaram novas formas de análise estatística, como a Análise Fatorial Múltipla. Nesse período, ganharam espaço internacional o uso de técnicas projetivas, como as Manchas de Tinta, de Rorschach, e o Teste de Apercepção Temática, de Murray e Morgan.

Outro destaque, com forte impacto na área da AP, foi a publicação, em 1938, do *Mental Measurements Yearbook*, a primeira coletânea de uma série que reúne informações, revisões críticas e referências sobre a construção, uso e validade de todos os testes comercializados nos Estados Unidos. Essa obra tinha o propósito de auxiliar os profissionais na seleção e uso de testes padronizados, sendo atualizada periodicamente ainda hoje.

• Era da sistematização (1940 a 1980), caracterizada pela publicação de obras que visavam a sistematizar informações concernentes à área (p. ex., sobre Teoria da Medida Escalar, Estatística ou Psicometria) e apresentar o estado da arte dos estudos internacionais sobre inteligência ou personalidade. São datados da década de 1950 alguns dos textos clássicos da área sobre fidedignidade e validade de construto. Dentre eles, os artigos intitulados *Coefficient Alpha & The Internal Structure dos Tests* (de autoria de Cronbach, publicado em 1951), *Construct Validity in Psychological Tests* (de Cronbach & Meehl, publicado em 1955), e o *Convergent & Discriminant Validity by the Multitrait-Multimethod Matrix* (publicado por Campbell & Fiske, em 1959). Destaca-se, além disso, o início das publicações da APA trazendo orientações sobre o uso e a elaboração de instrumentos psicológicos e, a partir da década de 1960, também sobre ética profissional.

Nesse período, em paralelo, são publicadas diversas obras que apresentavam críticas à Teoria Clássica dos Testes e propunham teorias alternativas. A mais aceita na área foi a Teoria de Resposta ao Item.

• Era da Psicometria Moderna (a partir de 1980), caracterizada pelo incremento que a Teoria de Resposta ao Item (TRI) tem oferecido aos estudos do campo da Avaliação Psicológica. Inicialmente, a TRI foi concebida, no contexto da avaliação educacional, para comparar as habilidades e os conhecimentos de examinandos submetidos a provas diferentes. Essa inovação representou uma mudança de paradigma na área da AP porque, diferente da Teoria Clássica dos Testes, que analisa os dados considerando o conjunto de itens que compõem cada teste/prova e o desempenho da população de examinandos, na TRI cada item é avaliado isoladamente a partir de um processo estatístico de "calibração" dos parâmetros de dificuldade, discriminação e acerto casual dos itens. Assim, a estimativa do nível do sujeito no traço avaliado independe da amostra de itens que foi aplicada e as características psicométricas dos testes elaborados não variam de acordo com a amostra avaliada. No Brasil, já são diversos os testes que apresentam indicadores de precisão baseados na TRI. Nesse sentido, Andrade e Valentini (2018) afirmam que uma das principais diferenças da Resolução n. 09/2018 do CFP em relação à Resolução 02/2003 é a consideração de indicadores de precisão no contexto de modelagens latentes (equações estruturais e TRI), visto que esse tipo de modelagem se popularizou nos últimos 15 anos.

Outro avanço tecnológico é a proposição de Testes Adaptativos Informatizados (TAI), uma forma de avaliação individualizada, que, com base na TRI, seleciona as questões a serem avaliadas de acordo com os níveis estimados de habilidade (ou proficiência) do indivíduo. Algumas das vantagens desse método são a economia, rapidez na obtenção e correção dos dados, padronização da aplicação e maior precisão dos resultados. No entanto, apesar de ser utilizado há mais de 30 anos em âmbito internacional, no Brasil ainda são incipientes os estudos que envolvem instrumentos adaptativos informatizados disponíveis para uso profissional na Psicologia. Esse é um desafio nacional da área que se soma a outros, dentre os quais estão, por exemplo, fomentar a formação continuada na área, criar estratégias que aumentem a representatividade das amostras normativas em um país de dimensões continentais, viabilizar o uso de testes elaborados sob a perspectiva de um desenho universal (acessível a todos), elaborar estratégias que garantam maior inclusão dos saberes e técnicas da área em políticas públicas de atendimento à saúde pública em nível de atenção primária, discutir as implicações da abertura dos testes psicológicos a áreas relacionadas, ou repensar a avaliação psicológica em tempos onde o atendimento psicológico on-line é cada vez mais frequente. Como visto, os desafios são muitos!

Considerações finais

O presente capítulo buscou caracterizar o escopo da avaliação psicológica como prática profissional e como campo de conhecimento específico. Para isso, apresentou a diferenciação entre o conceito de avaliação psicológica como *sinônimo de raciocínio psicológico desenvolvido pelo profissional psicólogo em sua atividade diversa* e o conceito de processo de avaliação psicológica como um procedimento mais amplo, composto por várias etapas, que exige do profissional competências profissionais e habilidades acadêmicas específicas.

Ao discutir as especificidades e o conjunto de conhecimentos e habilidades envolvidos nos processos de avaliação psicológica, o presente capítulo expôs a importância de se considerar a avaliação psicológica como uma área de conhecimento da Psicologia, que, em muito, contribui historicamente para fortalecimento da Psicologia como ciência. Destaca-se que o reconhecimento da AP como área científica já ocorre em nível internacional, por diversas entidades científicas. No âmbito nacional, também é legitimada por associações científicas, agências de fomento à pesquisa e entidades de classe, tendo sido recentemente aprovada como uma especialidade do Conselho Federal da Psicologia.

Os dados apresentados no capítulo evidenciam que a avaliação psicológica apresentou mudanças significativas nos últimos anos, em especial no Brasil, tanto no que se refere à sua atuação como área científica quanto prática profissional. Essas mudanças trouxeram maior confiança dos psicólogos nos testes disponíveis, maior interesse pela qualificação em termos de formação continuada e a compreensão de que a avaliação psicológica é um processo complexo, dinâmico, relativizado por condicionantes históricas e contextuais, que pode ser um recurso

primoroso em prol da promoção de saúde, do bem-estar e dos Direitos Humanos.

Nessa linha, é cada vez mais retrógrada e equivocada a ideia de que a avaliação psicológica seria uma prática mecânica ou alheia à transformação social. Os resultados de uma avaliação psicológica desenvolvida na forma de um processo avaliativo representam um trabalho que envolve, além de técnica, longa reflexão, por parte do profissional e, eventualmente, do avaliando. Assim, nada pode estar mais longe do que se espera de uma avaliação psicológica hoje em dia do que a crítica que a área sofreu a alguns anos, em especial da psicologia sócio-histórica, de estar à mercê de uma sociedade excludente. O que se pretende da AP, cada vez mais, é que suas práticas contribuam para que as pessoas possam reconhecer suas características e potencialidades, ter mais autonomia em suas decisões e buscar estratégias que as tornem mais engajadas, realizadas e felizes. Em termos sociais, o que se espera é que essas práticas possam contribuir efetivamente para transformação e engajamento social, fazendo com que o maior número de pessoas envolvidas em uma avaliação (seja o indivíduo avaliado, seja os membros de sua família, escola, comunidade, entre outros atores) compreenda a diversidade humana, identifique suas fontes de apoio, faça uso dos recursos sociais e serviços que dispõe, lute pela garantia de seus direitos e do acesso à educação, à saúde e à justiça, e reconheça que o bem-estar só faz sentido em uma perspectiva relacional e ética.

Referências

Andrade, J.M. & Valentini, F. (2018). Diretrizes para a construção de testes psicológicos: A Resolução CFP n. 09/2018 em destaque. *Psicologia: Ciência e Profissão*, *38*(spe), 28-39 [Recuperado de https://dx.doi.org/10.1590/1982-3703000208890].

American Educational Research Association, American Psychological Association, & National Council on Measurement in Education (2014). *Standards for Educational and Psychological Testing*. Washington, DC: American Educational Research Association.

Campos, R.C. (2013). Além dos números há uma pessoa: sobre a utilização clínica de testes. *Avaliação Psicológica*, *12*(3), 291-298.

Cardoso, L.M. & Silva-Filho, J.H. (2018). Satepsi e a qualidade técnica dos testes psicológicos no Brasil. *Psicologia: Ciência e Profissão*, *38*(spe), 40-49 [Recuperado de https://dx.doi.org/10.1590/1982-3703000209112].

Hutz, C.S. (2015). O que é avaliação psicológica: métodos, técnicas e testes. In C.S. Hutz, D.R. Bandeira, & C.M. Trentini (orgs.). *Psicometria*. Porto Alegre: Artmed.

Instituto Brasileiro de Avaliação Psicológica, & Associação Nacional de Rorschach e Métodos Projetivos (2007). *Argumentos em favor da especialidade em avaliação psicológica*. Documento encaminhado ao Conselho Federal de Psicologia.

Muniz, M. (2018). Ética na avaliação psicológica: velhas questões, novas reflexões. *Psicologia: Ciência e Profissão*, *38*(spe), 133-146 [Recuperado de https://dx.doi.org/10.1590/1982-3703000209682].

Muñiz, J., Elosua, P., & Hambleton, R.K. (2013). International Test Commission Guidelines for test translation and adaptation: second edition. *Psicothema*, *25*(2), 151-157 [doi: 10.7334/psicothema2013.24].

Noronha, A.P.P. (2002). Os problemas mais graves e mais frequentes no uso dos testes psicológicos. *Psicologia: Reflexão e Crítica*, *15*(1), 135-142 [Recuperado de http://dx.doi.org/10.1590/S0102-79722002000100015].

Noronha, A.P.P. & Reppold, C. (2010). Considerações sobre a avaliação psicológica no Brasil. *Psicologia: Ciência e Profissão*, *30*,192-201 [doi: 10.1590/S1414-98932010000500009].

Pasquali, L. (2001). *Técnicas de Exame Psicológico – TEP: manual*. São Paulo: Casa do Psicólogo/Conselho Federal de Psicologia.

Primi, R. (2010). Avaliação psicológica no Brasil: fundamentos, situação atual e direções para o futuro. *Psicologia: Teoria e Pesquisa*, *26*, 25-35.

Primi, R. (2018). Avaliação Psicológica no século XXI: de onde viemos e para onde vamos. *Psicologia:*

Ciência e Profissão, *38*(spe), 87-97 [Recuperado de https://dx.doi.org/10.1590/1982-3703000209814].

Reppold, C.T. (2011). Qualificação da avaliação psicológica: critérios de reconhecimento e validação a partir dos direitos humanos. In A.P.P. Noronha et al. (orgs.). *Ano da avaliação psicológica: textos geradores* (pp. 21-28). Brasília: Conselho Federal de Psicologia.

Reppold, C.T., Gomes, C.M.A., Seabra, A.G., Muniz, M., Valentini, F., & Laros, J. (2015). Contribuições da psicometria para os estudos em neuropsicologia cognitiva. *Psicologia: teoria e prática*, *17*(2), 94-106.

Reppold, C.T. & Noronha, A.P. (2018). Impacto dos 15 anos do Satepsi na avaliação psicológica brasileira. *Psicologia: Ciência e Profissão, 38*(spe), 6-15 [Recuperado de https://dx.doi.org/10.1590/1982-3703000208638].

Reppold, C.T., Serafini, A.J., Gurgel, L.G., & Kaiser, V. (2017). Avaliação de aspectos cognitivos em adultos: análise de manuais de instrumentos aprovados. *Avaliação Psicológica, 16*(2), 137-144 [doi: 10.15689/AP.2017.1602.03].

Reppold, C.T., Serafini, A.J., Ramires, D.A., & Gurgel, L.G. (2017). Análise dos manuais psicológicos aprovados pelo Satepsi para avaliação de crianças e adolescentes no Brasil. *Avaliação Psicológica, 16*(1) [doi: 10.15689/ap.2017.1601.03].

Reppold, C.T., Serafini, A., Magnan, E.S., Damion, M., Gurgel, L.G., Kaiser, V., & Almeida, L. (2018). Análise de manuais de testes psicológicos de personalidade, ajustamento emocional e carreira aprovados pelo Satepsi. *Psicologia: Teoria e Prática* [no prelo].

Resolução n. 009, de 25 de abril de 2018. Estabelece diretrizes para a realização de avaliação psicológica no exercício profissional da psicóloga e do psicólogo, regulamenta o Sistema de Avaliação de Testes Psicológicos – Satepsi e revoga as Resoluções n. 002/2003, n. 006/2004 e n. 005/2012 e Notas Técnicas n. 01/2017 e 02/2017. Brasília: Conselho Federal de Psicologia.

Rueda, F.J.M. & Zanini, D.S. (2018). O que muda com a Resolução CFP n. 09/2018? *Psicologia: Ciência e Profissão, 38*(spe), 16-27 [Recuperado de https://dx.doi.org/10.1590/1982-3703000208893].

Tavares, M. (2003). Validade clínica. *Psico-USF, 8*(2), 125-136.

Trentini, C.M., Krug, J.S., & Bandeira, D.R. (2016). Escolha dos instrumentos e das técnicas no psicodiagnóstico. In C. Hutz, D. Bandeira, C. Trentini, & J. Krug. (orgs.). *Psicodiagnóstico* (pp. 68-72). Porto Alegre: Artmed.

Urbina, S. (2007). *Fundamentos da testagem psicológica*. Porto Alegre: ArtMed.

2
Propriedades psicométricas dos testes psicológicos

Evandro Morais Peixoto

Carla Fernanda Ferreira-Rodrigues

A medida está presente no dia a dia das pessoas nos mais diferentes contextos. Podemos utilizá-la para calcular a distância entre duas localidades, para medir o tamanho dos cômodos de uma casa e assim verificar se a casa se adequa às necessidades de uma família ou para aferir as medidas do corpo antes e depois de iniciar uma dieta, apenas para citar alguns exemplos. Em tais situações são aferidos atributos físicos e para eles há uma única forma de se avaliar (centímetro, metro, milhas, quilômetro, quilo). Na ciência psicológica também são utilizados instrumentos a fim de mensurar as características psicológicas, no entanto, os psicólogos possuem vários instrumentos (testes psicológicos, técnicas psicológicas, observações e entrevistas) com diferentes formas de avaliação de um mesmo fenômeno ou característica (tempo de reação, quantidade de acertos, nível de concordância a um determinado item etc.).

Você deve ter percebido que diferente dos atributos físicos, os construtos psicológicos não são palpáveis, ou seja, não podemos pegar, por exemplo, a inteligência ou a personalidade, da mesma maneira que não podemos acessar toda a extensão da inteligência ou personalidade de uma pessoa. Assim, para aferir as características psicológicas, os psicólogos utilizam os instrumentos psicológicos como forma de verificar indiretamente as características e fenômenos psicológicos (Primi, Muniz, & Nunes, 2009). De acordo com Anastasi e Urbina (2000), "o teste psicológico é

essencialmente uma medida objetiva e padronizada de uma amostra do comportamento" (p. 18). Obviamente, esta amostra não é selecionada ao acaso, mas cuidadosamente, pois através dela cumpre-se o principal objetivo de avaliar o construto dos quais aqueles comportamentos são expressão. A título de exemplo, as autoras afirmam que, neste caso, o psicólogo procede de forma muito semelhante ao bioquímico que, ao avaliar o sangue de um paciente, analisa as características de uma amostra dele (Urbina, 2014).

Diferentemente do bioquímico frente à amostra de sangue, o psicólogo depende de outros meios para saber o quão adequado está sendo na escolha da amostra a ser analisada, haja vista a impossibilidade de observação direta dos construtos psicológicos (Pasquali, 2010). Diante de tais dificuldades, o psicólogo precisa demonstrar que existe uma correspondência entre a amostra de comportamento escolhida e o construto-alvo, essa relação deve ser apresentada através das diferentes evidências de validade e precisão do instrumento (Primi et al., 2009). Vale salientar que apenas tais evidências não são o bastante para que o instrumento venha a ser utilizado pelos profissionais da Psicologia, bem como para sua comercialização no Brasil. Também é necessário que apresente estudos referentes à padronização dos procedimentos, aplicação, correção e análises dos dados, bem como referências às normas, diante da população para a qual o instrumento foi validado (Rabelo, Brito, & Rego, 2011). Diante da centralidade dos parâmetros psicométricos dos testes, neste capítulo serão apresentados os parâmetros de validade, precisão e normatização com base nas diretrizes do *The Standards for Educational and Psychological Testing* (Aera, APA & NCME, 2014) ou mais conhecido como *Standards*, que é a publicação de referência na área tanto para pesquisadores que constroem e adaptam testes psicológicos quanto para professores, profissionais e estudantes interessados nos parâmetros psicométricos dos testes.

Validade

A validade corresponde ao parâmetro psicométrico mais importante para a área de Psicologia, e a definição mais clássica do termo refere-se ao grau em que o teste mede o que se propõe a medir, ao que o teste mede e quão bem ele faz isso (Anastasi & Urbina, 2000). Porém, essas definições impõem validade ao teste, trazendo a ideia de que o teste é válido ou não é válido. Atualmente a validade é entendida como o grau com que teoria e evidências sustentam a interpretação dos escores do teste. Assim, para cada contexto/propósito de utilização do teste e para cada interpretação pretendida é necessário que os escores do teste possuam evidências de validade (Aera et al., 2014). O termo "fontes de evidências de validade" introduzido por Messick (1986), e não mais "validade" como era tratada essa propriedade psicométrica, representa bem essa mudança de visão para grau e não mais tudo ou nada. Nesse sentido, o processo de validação de um instrumento pode ser entendido como o

Fonte	Definição
Evidências baseadas no conteúdo.	Levanta dados sobre a representatividade dos itens do teste, investigando se esses consistem em amostras abrangentes do domínio que se pretende avaliar com o teste.
Evidências baseadas no processo de resposta.	Levanta dados sobre os processos mentais envolvidos na realização das tarefas propostas.
Evidências baseadas na estrutura interna.	Levanta dados sobre a estrutura das correlações entre os itens, avaliando o mesmo construto, e também sobre as correlações entre subtestes, avaliando construtos similares.
Evidências baseadas nas relações com variáveis externas.	Levanta dados sobre os padrões da correlação entre escores do teste e outras variáveis, medindo o mesmo construto ou construtos relacionados (convergência), e com variáveis medindo construtos diferentes (divergência). Também traz dados sobre a capacidade preditiva do teste de outros fatos de interesse direto (critério externo) que têm importância por si só e associam-se ao propósito direto do uso do teste (p. ex., sucesso no trabalho).
Evidências baseadas nas consequências da testagem.	Examina as consequências sociais intencionais e não intencionais do uso do teste para verificar se sua utilização está surtindo os efeitos desejados, de acordo com o propósito para o qual foi criado.

Quadro 1 Fontes de evidência de validade

Fonte: Primi et al., 2009, p. 251.

desenvolvimento e o acúmulo de evidências com o propósito de fornecer bases científicas sólidas que sustentem as interpretações realizadas a partir dos resultados do teste, bem como a relevância de sua utilização.

Nos *Standards* são definidos 5 fontes de evidência de validade: 1) evidências baseadas no conteúdo; 2) evidências baseadas no processo de resposta; 3) evidências baseadas na estrutura interna; 4) evidências baseadas na relação com variáveis externas; e 5) evidências baseadas na consequência da testagem (Aera et al., 2014). Tais fontes são apresentadas no Quadro 1, seguidas de suas definições.

O primeiro tipo de evidência, baseada na análise de conteúdo, destaca a avaliação de especialistas no construto, que avaliam a importância dos itens, tendo em vista sua relação com os aspectos a serem avaliados. Além disso, julga-se o conjunto de itens quanto à sua abrangência, frente à avaliação do construto proposto. Nesse sentido, autores têm feito uso de diferentes procedimentos que contribuem para a realização desse tipo de análise. Dentre eles, destacam-se a porcentagem de concordância, estimativa do coeficiente Kappa e coeficiente de validade de conteúdo.

O primeiro deles, porcentagem de concordância interavaliadores, é feita por meio do cálculo da porcentagem de concordância entre juízes independentes. A tarefa de cada juiz é analisar os itens que compõem o instrumento, julgando qual das áreas da escala o conteúdo do item contempla. A porcentagem de concordância entre os juízes é estimada, sendo considerados, para análise, valores que envolvem, por exemplo, classificações em: concordância quase perfeita (entre 0,80 e 1,00), concordância substancial (0,60 a 0,80), concordância moderada (0,40 a 0,60), concordância regular (0,20 a 0,40)

e concordância discreta (0,00 a 0,20), conforme modelo proposto por Landis e Koch (1977).

O segundo método, coeficiente Kappa, tem sido considerado um índice útil quando vários avaliadores categorizam cada grupo de objetos ou sujeitos em categorias nominais (Alexandre & Coluci, 2011). Para tanto, cada classificação efetuada pelos juízes foi comparada com um "juiz ideal", o qual representava a classificação originalmente pensada para cada item. Para uma análise qualitativa, considerou-se que valores de Kappa acima de 0,75 indicariam uma concordância excelente; entre 0,40 e 0,75, uma concordância satisfatória; e abaixo de 0,40, uma concordância insatisfatória, recomendados por Fleiss (1981).

Esse método pode ser definido como uma medida de associação usada para descrever e testar o grau de concordância (confiabilidade e precisão) na classificação de diferentes juízes (Perroca & Gaidzinski, 2003). Os mesmos autores, no entanto, argumentam que, apesar de largamente utilizado para o estudo de confiabilidade, o coeficiente Kappa apresenta limitações na medida em que não fornece informações a respeito da estrutura de concordância e discordância, muitas vezes não considerando aspectos importantes presentes nos dados. Dessa forma, não deve ser utilizado indiscriminadamente como uma única medida de concordância, devendo-se incorporar outras abordagens com o objetivo de complementar a análise.

O terceiro método, apresentado por Cassep-Borges, Balbinotti e Teodoro (2010), para avaliação dos itens quanto à clareza da linguagem, pertinência prática, relevância teórica e dimensão teórica avaliada, é denominado de Coeficiente de Validade de Conteúdo (CVC). Esse coeficiente é derivado da concordância entre os julgamentos de juízes independentes, feita mediante uma escala de tipo *Likert* de 5 pontos em que o juiz indica o grau de adequação dos itens. Esse método tem como principal objeto superar as deficiências de métodos como o *Kappa*, que servem apenas a análises de variáveis categóricas (Cassep-Borges et al., 2010).

O segundo tipo de evidência de validade, baseada no processo de resposta, de acordo com Aera et al. (2014), normalmente decorrem do processo individual de resposta, questionando o sujeito avaliado quanto ao caminho percorrido, cognitivamente, para chegar a determinado resultado. Quanto mais o construto teórico prevê os processos mentais utilizados para a resolução dos problemas propostos pelo teste, mais evidências de validade ele apresenta.

Quanto às fontes de informação de evidência de validade para análise da estrutura interna, comumente utiliza-se Análise Fatorial Exploratória (AFE) e análise da consistência interna dos itens. Nesse caso, a busca por evidências envolve a verificação da coesão da estrutura prevista pelo construto, com a observada nos dados empíricos (Primi et al., 2009). No entanto, pesquisadores têm contestado o poder da AFE, especialmente pela instabilidade e volatilidade das soluções fatoriais quando testadas em diferentes estratos da mesma população (Osborne & Fitzpatrick, 2012). Outra importante limitação deste procedimento diz respeito às suas limitações teóricas. Efetivamente, trata-se de uma técnica exploratória que busca a descoberta de variáveis latentes, capazes de explicar o comportamento manifesto, a partir dos resultados de análise estatística (Maroco, 2010).

Diante de tais circunstâncias, os autores passaram a fazer uso da Análise Fatorial Confirmatória. Segundo Maroco (2010), essa técnica tem como principal objetivo a avaliação da qualidade de ajustamento de um modelo de medida teórico, a estrutura correlacional entre as variáveis observadas (itens). Para tanto, o pesquisador deve estabelecer, *a priori*, o número de fatores esperados, de acordo com a teoria preestabelecida ou com estudos anteriores. Assim, ao contrário da análise fatorial exploratória, na qual o método estatístico determina o número de fatores e carga fatorial de cada item, na Análise Fatorial Confirmatória o pesquisador começa por formular o quadro teórico, especifica o número de fatores, bem como quais variáveis carregam sobre tais fatores e, posteriormente, recolhe dados que confirmem ou não esse quadro teórico. "Em um certo sentido, a AFC é uma ferramenta que nos permite confirmar ou rejeitar nossa teoria preconcebida" (Hair et al., 2009, p. 590). Nessa direção, a adequação do modelo fatorial pode ser avaliada por meio de diferentes índices de ajuste (cf. Maroco, 2010), que avaliam diferentes critérios representantes de diferentes aspectos na avaliação do modelo estrutural.

Atualmente tem se destacado o uso do *Exploratory Structural Equation Modeling* (Esem) para a avaliação da estrutura interna dos instrumentos de medida em psicologia. De acordo com Marsh, Morin, Parker e Kaur (2013) este método agrega os principais aspectos da Análise Fatorial Exploratória (AFE) e Análise Fatorial Confirmatória (AFC). Com base em informações prévias, teóricas ou empíricas, o pesquisador estabelece o número de fatores, e uma estrutura complexa onde todos os itens podem se correlacionar com todos os fatores é estimada. Nesta perspectiva, o Esem se caracteriza como uma importante alternativa à AFC, onde os itens são intencionalmente dispostos a correlacionar-se com apenas um fator, resultando em modelos altamente restritivos, e muitas vezes não condizentes com a realidade, levando os pesquisadores a falhas na estimação de evidências de ajuste dos dados observados aos modelos teóricos. Por outro lado, o Esem pode ser considerado como alternativa à AFE, uma vez que possibilita avaliação da invariância de modelos fatoriais frente a diferentes grupos, bem como o cálculo de índices de ajustes comumente observados em modelos tradicionais de AFC (Tomás, Marsh, González-Romá, Valls, & Nagengast, 2014).

Para a obtenção de evidências de validade com base na relação com variáveis externas, comumente emprega-se o estudo de correlação dos escores do instrumento com variáveis externas a ele, que são estes: critério (que busca a evidência da capacidade do instrumento em predizer o construto avaliado), teste medindo o mesmo construto (com os quais se espera uma convergência entre os escores obtidos através de correlações significativas), testes medindo construtos relacionados (com os quais se espera uma correlação moderada) e testes medindo construtos diferentes (quando se espera uma divergência entre os resultados, através de correlações baixas ou nulas). Os primeiros tipos são também chamados de evidências de validade convergente e, o último, divergente. "Evidentemente tais relações devem ser fundamentadas por um racional teórico lastreado em literatura" (Primi et al., 2009).

Por fim, o último tipo de informação das evidências de validade de um teste refere-se à evidência baseada na consequência da testagem. Para tanto, busca-se verificar as consequências sociais advindas da utilização do instrumento, especialmente quanto aos seus efeitos na população submetida a sua avaliação. Nesse sentido, espera-se que a utilização do teste seja convergente com os propósitos para os quais foi cria-

do. Embora se discuta de quem seria de fato tais responsabilidades, o construtor do instrumento não pode isentar-se dessa responsabilidade, uma vez que ele deve, já na elaboração do teste, informar os objetivos finais desta construção, pois já é claro que a má utilização do instrumento pode comprometer a validade das interpretações e consequentemente a legitimidade dos dados obtidos (Primi et al., 2009).

Ao longo da exposição referentes aos diferentes tipos e fontes de evidências de validade você pode ter sentido falta de exemplos concretos que operacionalizassem os procedimentos apresentados. Conscientes da impossibilidade de esgotarmos o tema, sugerimos que acessem a edição especial da revista *Psicothema*, vol. 26, n. 1, 2014 (http://www.psicothema.com/english/table.asp?Make=2014&Team=1001). Nesse volume pesquisadores de grande relevância na área, de diferentes partes do mundo, apresentam artigos metodológicos com exemplos práticos e claros dos métodos a serem empregados para estimação dos diferentes tipos de evidências de validade. Acreditamos que tais publicações podem ser tomadas como referências práticas aos pesquisadores e profissionais que têm como objetivo o processo de avaliação de evidências de validade de instrumentos psicométricos.

Precisão

Segundo Pasquali (2003), o conceito de precisão vem sendo relatado ao longo do tempo por diferentes expressões como: fidedignidade, estabilidade, constância, confiabilidade, consistência interna, homogeneidade, entre outras. Embora as mais genéricas e, portanto, mais utilizadas, sejam precisão e fidedignidade. Segundo o autor, essa variedade de expressões torna-se um problema à medida em psicologia, uma vez que os profissionais as utilizam em decorrência dos aspectos que querem salientar em seus estudos.

Precisão ou confiabilidade se referem à consistência dos escores quando o procedimento de testagem é repetido, em momentos diferentes, em uma população, indivíduo ou grupo. Assim, tais conceitos apresentam-se intimamente associados ao erro de medida, que é representado pela variação entre os escores obtidos, em diferentes momentos (Aera et al., 2014; Anastasi & Urbina, 2000; Primi, 2012). Diversos são os motivos que podem influenciar a variabilidade dos escores de um teste, mesmo porque seus itens podem ser inadequados ao construto avaliado. Deve-se então atentar ao fato de que o próprio instrumento carrega em si erros de medida, o que faz com que o escore produzido pelo instrumento se distancie do escore verdadeiro do sujeito. Nesta direção, Primi (2012) afirma que "Em razão da complexidade própria às variáveis psicológicas, pratica-

mente nunca a variabilidade em escores observados reflete com exatidão e precisão as diferenças reais na variável latente" (p. 300).

Os erros de medida são classificados geralmente como aqueles que não podem ser controlados pelo pesquisador, ou seja, são randomizados e consequentemente imprevisíveis. Por outro lado, distinguem-se fortemente dos erros sistematizados, aqueles que podem ser previstos, tais como: condições e ambiente da testagem, procedimentos de aplicação, correção e análise dos instrumentos, entre outros. Desta forma, as informações sobre o erro de medida são essenciais ao propósito de avaliação e utilização de instrumentos psicológicos, não podendo nenhum profissional que atua na construção, adaptação e avaliação dos testes isentar-se desta responsabilidade (Aera et al., 2014).

Para avaliação da precisão, Anastasi e Urbina (2000) propõem cinco procedimentos, apresentados no Quadro 2.

Teste-reteste	Amostragem de tempo
Forma-alternada (Imediata)	Amostragem de conteúdo
Forma-alternada (Retardada)	Amostragem de tempo e de conteúdo
Métodos das Metades (*Split-Half*)	Amostragem de conteúdo
Kuder-Richardson e Coeficiente Alpha	Amostragem de conteúdo e heterogeneidade de conteúdo
Avaliador	Diferença entre avaliadores

Quadro 2 Fontes de variância de erro em relação aos coeficientes de fidedignidade

Fonte: Anastasi e Urbina (2000, p. 97).

O procedimento de teste-reteste apresenta-se como o mais óbvio, uma vez que por meio dele o pesquisador pode estimar a correlação entre a distribuição de escores derivados das avaliações realizadas em dois momentos diferentes, estabelecendo assim uma estimativa do escore verdadeiro e do erro. Contudo, é um procedimento

que apresenta algumas limitações, especialmente no caso de avaliações de grandes amostras, ou construtos psicológicos, em que mudanças em função do tempo são esperadas, como no caso da avaliação do humor, ou construtos que sofrem influência de questões maturacionais (Pasquali, 2003).

Frente às limitações encontradas na fidedignidade do procedimento teste-reteste há a possibilidade de utilização de formas alternadas do mesmo instrumento, seja ela imediata ou retardada. Desta forma os participantes da pesquisa são testados com uma forma na primeira ocasião e com outra, equivalente, na segunda (Anastasi & Urbina, 2000). Também não é difícil observar algumas das limitações deste método, como a possibilidade de um grupo de testandos ser beneficiado com uma forma mais fácil do instrumento, de haver aprendizagem das características do instrumento, por conta da experiência com a primeira aplicação, ou ainda da dificuldade, enfrentada pelos pesquisadores, de construir duas formas alternativas do mesmo instrumento em face dos recursos necessários exigidos para a construção de um instrumento (Pasquali, 2010).

A fidedignidade através de duas metades (Split-Half) consiste na aplicação de um único teste, em uma única amostra, e depois na divisão dos itens em duas partes paralelas, e equivalentes. Nesse caso, o índice de precisão é estimado pela correlação entre as duas metades. Nessa situação, supõe-se que todos os itens do teste medem o mesmo construto psicológico. Assim, a divisão deste teste em duas metades comparáveis equivale a obter duas medidas por meio de formas paralelas do mesmo teste e, portanto, passam a ser válidas as mesmas deduções obtidas por medidas paralelas (Primi, 2012). Deve-se no entanto atentar ao fato de que o cálculo desta correlação baseia-se somente na metade do teste e, como o número de itens afeta o tamanho da correlação, é preciso corrigir este coeficiente, o que é usualmente feito com o emprego de uma fórmula denominada correção de Spearman-Brown (Brown, 1910; Spearman, 1910).

Quanto aos métodos Kuder-Richardson e Coeficiente Alpha, também denominados precisão por consistência interna, sustentam-se na "suposição de que cada item representa uma medida paralela do mesmo construto e, portanto, pode-se estimar a precisão de um teste baseando-se na covariância entre os itens" (Primi, 2012, p. 303). O objetivo é o de estimar a homogeneidade/heterogeneidade do conjunto de itens (Anastasi & Urbina, 2000). A diferença entre o método proposto por Kuder e Richardson (1937) e a técnica de Cronbach (1951) consiste na extensão da última aos itens politômicos, enquanto a proposta de Kuder-Richardson se prestava apenas aos itens dicotômicos: certo ou errado.

Embora o coeficiente alfa de Cronbach seja, ainda, mais utilizado na literatura especializada, algumas críticas têm sido direcionadas a este procedimento. Em especial destacam-se algumas de suas limitações como o fato de ser um coeficiente influenciado pelo número de itens que compõem o instrumento, bem como pelo número de alternativa de resposta da escala *Likert* utilizada. Além disso, trata-se de um procedimento que matematicamente considera as variáveis como contínuas e não ordinais, como é o caso dos itens politômicos (p. ex., sistemas de resposta baseados na escala *Likert*). Nesta direção, autores como Ventura-León e Caycho-Rodrigues (2017) sugerem o Ômega de Mcdonald como um método alternativo para a estimação da consistência interna de testes com itens politômicos, sob a justificativa de que este método se baseia nas cargas fatoriais dos instrumentos e, portanto, são mais estáveis ao estimar o nível de consistência interna. Além disso, em sua expressão matemática, não sofre influência do número de itens que compõem o instrumento.

Por fim, uma fonte de variância de erro que pode ser verificada de forma simples é a variância do avaliador. Essa se aplica mais aos testes projetivos e de personalidade, usualmente dependentes de julgamento por parte dos avaliadores. Nesses casos o que deve ser avaliado é o grau de acordo obtido entre diferentes avaliadores. A medida da fidedignidade do avaliador pode ser obtida por meio da correlação entre protocolos de testes pontuados, independentemente, por examinadores diferentes. Este procedimento é normalmente realizado quando instrumentos avaliados subjetivamente são empregados em pesquisas (Anastasi & Urbina, 2000).

De forma geral, considera-se índices de confiabilidade maiores que 0,7 apropriados para os instrumentos de avaliação psicológica e desejáveis se maiores que 0,80 (Anastasi & Urbina, 2000; Maroco, 2010; Primi, 2012). Em investigações exploratórias, como a primeira versão de um instrumento em desenvolvimento, valores acima de 0,6 passam a ser aceitáveis (Hair et al., 2009). Ainda sobre as propriedades psicométricas dos testes, Primi (2012) alerta para a relação entre precisão e validade, pois embora o primeiro conceito seja de extrema importância, não é suficiente para afirmar a validade de um instrumento. Mesmo preciso, um teste pode estar medindo uma variável diferente daquela para a qual foi proposto.

Normatização/padronização

Embora não exista uma unanimidade quanto à diferenciação entre os conceitos de normatização e padronização, por exemplo, Anastasi e Urbina (2000) e Urbina (2007) consideram a normatização como uma segunda etapa do processo de padronização de um teste psicológico; alguns autores têm proposto uma separação conceitual para fins didáticos (Rabelo et al., 2011), enquanto outros procuraram estabelecer uma clara definição entre os conceitos (Pasquali, 2003, 2010). Nesta direção, a padronização diz respeito à uniformidade de procedimentos frente à utilização do teste, os quais envolvem: ambiente de aplicação, material, aplicador, instruções de aplicação, correção e interpretação do instrumento. Visa-se, com tais procedimentos, garantir as mesmas condições de aplicação do instrumento e de resposta a todos os examinandos, a fim de que seus resultados possam, posteriormente, ser comparados, por meio das tabelas normativas.

Normatização, por sua vez, corresponderia à uniformidade na interpretação dos escores que uma pessoa recebeu no teste. Desta forma, comparam-se os escores obtidos pela pessoa com os escores obtidos por um grupo de referência (grupo normativo), de maneira que a posição relativa desse escore frente ao grupo possa ser interpretada através de um escore padrão (Embretson & Reise, 2000; Primi et al., 2009). A partir dos dados normativos, a pessoa pode ser classificada em relação a iguais, de maneira a verificar seu desempenho comparado a um grupo, dando assim sentido psicológico ao escore bruto (somatório dos itens) que compuseram o instrumento respondido.

Usualmente, as tabelas comparativas podem ser elaboradas para a população geral, ou separadas de acordo com variáveis que exercem influência nos resultados do teste, tais como nível de escolaridade, sexo, região do país, nível socioeconômico, dentre outras. Procura-se garantir, assim, igualdade de condições na comparação dos resultados. Neste caso, o grande desafio a ser enfrentado pelos construtores de teste é contar com amostras grandes para o processo de normatização, para que mesmo ao ser estratificada em diferentes subamostras possam guardar a representatividade das diferentes camadas amostrais.

Quanto aos procedimentos para transformação de escores brutos em resultados comparáveis com o grupo normativo, diferentes métodos podem ser encontrados na literatura, como também não é objetivo deste capítulo esgotar o tema, serão apresentados os métodos mais comumente empregados na literatura brasileira: percentil e escore padrão. Dentre os motivos que justifiquem a maior utilização destes procedimentos destaca-se a facilidade de interpretação e a universalidade destes métodos, possibilitando por exemplo a comparação de uma pessoa em relação às pontuações apresentadas em diferentes instrumentos (Anastasi & Urbina, 2000).

No método percentil os dados referentes a um grupo normativo são dispostos numa curva de Gauss, sob o pressuposto de que os dados assumem distribuição normal. Desta forma, o resultado de uma pessoa pode ser comparado com o grupo normativo à medida que o posto percentil atingido por ela indica a quantidade de pessoas da amostra que apresentou resultados inferiores ao dela.

O segundo método escore padrão, também denominado de resultado padrão ou simplesmente escore z busca transformar o escore bruto apresentado por uma pessoa no teste em uma escala que expressa a posição dessa pessoa em relação à média da amostra normativa, tendo como base unidades de desvio padrão. Vale ressaltar que a média do escore z é ancorada em 0 e o desvio padrão é igual a 1, desta forma os escores são distribuídos simetricamente, numa escala que varia de -4 a +4.

Conforme discutido por Peixoto e Nakano (2014), a fórmula para o cálculo do escore padrão pode ser obtida por duas vias distintas que resultarão no escore padrão ou escore padrão normatizado. Para a transformação do escore bruto em escore z, obtém-se inicialmente a diferença entre o resultado bruto do indivíduo e a média do grupo normativo, e posteriormente divide-se esta diferença pelo desvio padrão do grupo normativo, como representado na fórmula:

$$Z = \frac{X - M}{DP}$$

Onde:

    X = escore bruto
    M = média do grupo normativo
    DP = desvio padrão do grupo normativo

Os escores padrão normatizados, por sua vez, correspondem à transformação que objetiva ajustar estes escores a uma curva normal e encontrar o escore padrão correspondente às frequências desta curva, localizado com a ajuda de uma tabela de frequência de curva normal onde se obtém o escore padrão normatizado (Peixoto & Nakano, 2014). De acordo com essa correspondência, o escore padrão normatizado correspondente à média é igual a 100 (desvio padrão 0), de modo a indicar que a pessoa está localizada no centro da curva normal e seu escore superou o de 50% da amostra normativa. Enquanto uma pessoa com escore 85 (desvio padrão -1) supera aproximadamente 16%, e outra com escore 115 supera aproximadamente 84% (desvio padrão 1). Uma pessoa que apresenta escore padrão normatizado igual a 130 supera o desempenho obtido por cerca de 98% (desvio padrão 2) da população.

Considerações finais

Este capítulo teve como principal objetivo a apresentação e definição dos principais parâmetros psicométricos dos testes psicológicos, mais especificamente os conceitos de validade, precisão e normatização de acordo com o que é proposto nos *Standards*. O leitor deve ter percebido, ao final da leitura, que nos exemplos apresentados para medidas físicas, no início do capítulo, o parâmetro psicométrico mais importante é a precisão, pois o instrumento de medida não pode conter variação na medida (centímetro, metro, kilograma etc.). Na Psicologia também é importante que o erro de mensuração seja mínimo para termos mais segurança nas decisões a tomar. Porém, a validade possui mais peso, uma vez que antes de ter um instrumento bem calibrado é importante saber se ele realmente mede o que se propõe.

Destaca-se que os procedimentos aqui apresentados se basearam na Teoria Clássica dos Testes (TCT). Embora bastante consolidada entre os psicometristas e presente na grande parte dos instrumentos desenvolvidos até a atualidade, estes não são os únicos métodos para avaliação das propriedades psicométricas dos testes. Outras propriedades podem ser investigadas por meio da Teoria de Resposta ao Item (TRI) como parâmetros: dificuldade, discriminação e probabilidade de respostas ao acaso, e características das pessoas: nível de habilidade no construto avaliado. A TRI possibilita também a normatização dos instrumentos com referência nos itens; maiores detalhes sobre a aplicação deste procedimento podem ser acessados em Peixoto e Nakano (2014). Além disso, outros procedimentos com base na TRI serão discutidos com maior profundidade em outros capítulos desta obra.

Referências

Alexandre, N.M.C. & Coluci, M.Z.O. (2011). Validade de conteúdo nos processos de construção e adaptação de instrumentos de medidas. *Ciência e Saúde Coletiva*, *16*(7), 3.061-3.068 [doi: 10.1590/S1413-81232011000800006].

American Educational Research Association (Aera), American Psychological Association (APA), & National Council on Measurement in Education (NCME) (2014). *Standards for educational and psychological testing*. Washington: American Educational Research Association.

Anastasi, A. & Urbina, S. (2000). *Testagem psicológica*. Porto Alegre: Artes Médicas Sul.

Brown, W. (1910). Some experimental results in the correlation of mental abilities. *British Journal of Psychology*, *3*, 296-322.

Cassepp-Borges, V. Balbinotti, M.A.A., & Teodoro, M.L.M. (2010). Tradução e validação de conteúdo: uma proposta para a adaptação de instrumento. In

L. Pasquali et al. (Orgs.). *Instrumentação psicológica: fundamentos e prática* (pp. 506-520). Porto Alegre: Artmed.

Cronbach, L.J. (1951). Coefficient alpha and the internal structure of tests. *Psychometrika*, *16*, 297-334.

Embretson, S.E. & Reise, S.P. (2000). *Item response theory for psychologists*. Mahwah, NJ: Lawrence Erlbaum.

Kuder, G.F. & Richardson, M.W. (1937). The theory of the estimation of test reliability. *Psychometrika*, *2*(3), 151-160.

Landis, J.R. & Koch, G.G. (1977). The measurement of observer agreement for categorical data. *Biometrics*, *33*, 159-174 [doi: 10.2307/2529310].

Marsh, H.W., Morin, A.J.S., Parker, P., & Kaur, G. (2013). Exploratory Structural Equation Modeling: an integration of the best features of Exploratory and Confirmatory Factor Analysis. *Annual Review of Clinical Psychology*, *10*, 85-110. [doi: 10.1146/annurev-clinpsy-032813-153700].

Messick, S. (1986). The once and future issues of validity: Assessing the meaning and consequences of measurement.

Osborne, W.J. & Fitzpatrick, D.C. (2012). Replication Analysis in Exploratory Factor Analysis: What it is and why it makes your analysis better. *Practical Assessment, Research & Evaluation*, *17*(15), 1-8.

Pasquali, L. (2003). *Psicometria: Teoria dos testes na Psicologia e na Educação*. Petrópolis: Vozes.

Pasquali, L. (2007). *TRI – Teoria de Resposta ao Item: teoria, procedimentos e aplicações*. Brasília: LabPAM.

Pasquali, L. (2010). Testes referentes a construto: teorias e modelos de construção. In L. Pasquali et al. (Orgs.). *Instrumentação psicológica: fundamentos e prática* (pp. 165-198). Porto Alegre: Artmed.

Pasquali, L. & Primi, R. (2003). Fundamentos da teoria da resposta ao item: TRI. *Avaliação Psicológica*, *2*, 99-110.

Peixoto, E.M. & Nakano, T.K. (2014). Problemas e perspectivas na utilização dos testes psicológicos em psicologia do esporte. In C.R. Campos & T.C. Nakano (Orgs.). *Avaliação psicológica direcionada a populações específicas: técnicas, métodos e estratégias* (pp. 201-232). São Paulo: Vetor.

Perroca, M.G. & Gaidzinski, R.R. (2003). Avaliando a confiabilidade interavaliadores de um instrumento para classificação de pacientes: coeficiente Kappa. *Revista Escola de Enfermagem USP*, *37* (1), 72-80 [doi: 10.1590/S0080-62342003000100009].

Primi, R. (2012). Psicometria: fundamentos matemáticos da teoria clássica dos testes. *Avaliação Psicológica*, *11*(2), 297-307.

Rabelo, I.S., Brito, L., Rego, M.G.S. (2011). Padronização e normatização de testes psicológicos: simplificando conceitos. In R. Ambiel, I. Rabelo, S. Pacanaro, G. Alves, & I. Leme. (Orgs.). *Avaliação psicológica: guia de consulta para estudantes e profissionais de psicologia* (pp. 129-162). São Paulo: Casa do Psicólogo.

Spearman, C. (1910). Correlation calculated from faulty data. *British Journal of Psychology*, *3*, 271-295.

Tomás, I., Marsh, H.W., González-Romá, V., Valls, V., & Nagengast, M. (2014). Testing measurement invariance across Spanish and English versions of the physical self-description questionnaire: An application of exploratory structural equation modeling. *Journal of Sport & Exercise Psychology*, *36*, 179-188 [doi:10.1123/jsep.2013-0070].

Urbina, S. (2014). *Essentials of psychological testing*. Nova Jersey: Wiley.

Vallerand, R.J. (1989). Vers une méthodologie de validation transculturelle des questionnaries psychologiques: implications pour la recherche en langue française. *Psychologie Canadiense*, [s.l.], *30*, 662-680.

3
Teoria Clássica dos Testes (TCT)

Josemberg Moura de Andrade

Germano Gabriel Lima Esteves

Jacob Arie Laros

Introdução

A teoria da medida ou medida em psicologia comumente é um assunto que causa certa estranheza aos estudantes iniciantes em cursos de graduação em psicologia. Ao contrário do que muitos imaginam, as medições existem para facilitar nossas vidas e para orientar a tomada de decisões. Ressalta-se que medir objetos físicos é uma tarefa relativamente fácil. Munidos de uma régua podemos medir o comprimento e a largura de uma mesa; também podemos fazer uma avaliação qualitativa do estado geral dessa mesa. Por outro lado, avaliar construtos psicológicos – atributos que existem, mas que não são observáveis a olho nu – é algo muito complexo e que exige um alto grau de especialização. Considerando essa problemática, o presente capítulo, escrito por três professores de medidas em psicologia, busca explicar em linguagem fácil e acessível os conceitos da área de medidas em psicologia, dirimindo possíveis dúvidas comuns entre estudantes e profissionais.

Podemos iniciar afirmando que no dia a dia, naturalmente, utilizamos diversos sistemas de medidas, seja para preparar uma comida (Quantos mililitros de leite ou quantos gramas de farinha deveríamos adicionar em uma determinada receita?), para estudar (Quantas horas passaremos estudando medidas em psicologia?) ou para

nos deslocarmos (Quantos quilômetros teremos que nos deslocar para chegar até a cafeteria mais próxima?). Esses são apenas alguns dos exemplos de sistemas de medida que fazemos uso para simplificar nossas tarefas diárias.

No entanto, comumente não nos perguntamos de onde surgiram esse ou aquele sistema, ou o quão sofisticado ele é para medir aquilo que pretendemos medir. Vamos fazer o exercício de imaginar se não tivéssemos um sistema de medida para distâncias tão sofisticado quanto o metro, o que responder se alguém perguntasse a distância entre o seu local de trabalho e a sua casa? Possivelmente, utilizaríamos uma comparação entre distâncias (*e. g.*: "daqui para o meu trabalho é duas vezes a distância entre o *shopping* e o centro da cidade") ou tentar criar um sistema menos sofisticado (*e. g.*: "meu trabalho fica a três quadras da minha casa"). Em ambas as respostas a precisão sobre a distância é uma incógnita por diferentes variáveis (*e. g.*: a percepção individual do quão distante é o *shopping* do centro da cidade ou os tamanhos de quadras residenciais que podem variar). Como consequência, não teríamos como saber o quanto de combustível precisaríamos para ir de casa ao trabalho. Este é um dos motivos pelo qual se fazem necessários sistemas de medidas mais sofisticados.

Esse mesmo tipo de tentativa de sistematização entre distâncias ocorre quando tentamos responder perguntas sobre aspectos emocionais e cognitivos de outras pessoas. Possivelmente, você já foi perguntado se uma terceira pessoa é tímida, ansiosa ou até mesmo se tem inteligência acima da média. Para isso, utilizou uma comparação (*e. g.*: "ele é mais ansioso do que eu") ou indicou algo que essa pessoa fez como critério (*e. g.*: "ela é tão inteligente que conseguiu se graduar como a primeira de sua turma"). A informação fornecida nessas respostas pode ter sua utilidade para responder perguntas simples no dia a dia, no entanto traz pouca informação para a tomada de decisões com implicações diretas na vida das pessoas. Na prática, o quão confiável seria a tomada de decisão de um psicólogo clínico ao recomendar um procedimento ou tratamento específico com base unicamente na informação de que "o paciente é mais ansioso do que sua secretária" ou de um psicólogo organizacional ao recomendar determinado candidato para um cargo com base na informação de que "o candidato conseguiu se graduar como o primeiro de sua turma". Para as duas ocasiões, os elementos fornecidos trazem mais perguntas do que informações: Com base em quais informações pode-se afirmar que o paciente é mais ansioso do que a secretária? Essas informações são as mais representativas da ansiedade? Quais os aspectos avaliados no candidato que fez ele ser o primeiro de sua turma? Essas avaliações apresentam-se calibradas para avaliar esses aspectos? O conhecimento sobre esses e outros aspectos psicológicos são de responsabilidade da psicologia, que tem a psicometria como o ramo que cuida da sistematização e elaboração de medidas com a finalidade de testar hipóteses científicas.

É nesse contexto que este capítulo tem como objetivo apresentar a medida em psicologia com foco na Teoria Clássica dos Testes (TCT). Para tanto, serão apresentados detalhes sobre a psicometria e a TCT. Desse modo, serão descritos ainda os postulados que regem a TCT e sua importância na construção e na obtenção de evidências de validade e precisão de testes. Prosseguiremos apontando as limitações da TCT, de modo a explicitar as implicações teóricas e práticas da utilização desse modelo. Assim, ao final deste capítulo espera-se que o leitor tenha adquirido conhecimentos necessários para refletir e analisar, tanto no nível teórico quanto prático sobre as medidas utilizadas em diversas áreas da psicologia.

A medida na psicologia e a Teoria Clássica dos Testes

Inicialmente, supondo que queremos medir qual o comprimento de uma barra de ferro, poderíamos simplesmente utilizar um instrumental baseado no sistema de medida métrico decimal (*e. g.*: uma fita métrica ou uma régua), comparando-o com a barra de ferro, correto? Agora, se queremos medir alguns aspectos psicológicos, como a agressividade ou extroversão de determinado indivíduo, como podemos fazer? Qual o instrumento que poderíamos utilizar? Como medir algo que não temos acesso direto? Afinal, você já viu uma agressividade ou uma extroversão, assim como vemos uma barra de ferro? Do mesmo modo que para medir uma barra de ferro se fez necessária uma sistematização prévia, para se estabelecer uma medida de aspectos psicológicos não é diferente. Em ambos os casos, a medida exige uma sistematização de relações entre o sistema numérico e aquilo que se quer medir, para que se possibilite o estabelecimento de operações matemáticas, em outras palavras: "medir consiste em assinalar números a objetos e eventos de acordo com alguma regra" (Stevens, 1946). Desse modo, podemos saber que ao juntar duas barras de ferro (soma) chegamos ao tamanho desejado ou que ao reduzir o nível de depressão de um paciente (subtração) temos que mudar o tipo de intervenção realizada. Podemos estabelecer, portanto, que a medida tem como função permitir uma descrição mais precisa e objetiva de determinado fenômeno por meio da condensação de informações, possibilitando uma comparação e equivalência de fenômenos distintos e desse mesmo fenômeno em diferentes condições com uma elevada equivalência.

O estabelecimento de uma sistematização de relações entre o sistema numérico e o que se quer medir (*e. g.*: objeto empírico ou aspecto psicológico) é norteado pela teoria da medida, que se preocupa com a utilização do sistema numérico para descrever fenômenos naturais (Pasquali, 2010). Especificamente, a teoria da medida tem tido implicações diretas no delineamento, interpretação e resultados de pesquisas e na operacionalização de avaliações psicológicas e educacionais. Desse modo, o objetivo dessa teoria é descrever, categorizar e avaliar a qualidade das medidas, a fim de aperfeiçoar sua utilidade, precisão e significado. Além disso, a teoria da medida tem como foco propor novos e melhores métodos para desenvolver instrumentos de medida (Allen & Yen, 2002); como assinala Pasquali (2000, 2013), tal teoria desenvolve uma discussão epistemológica em torno da utilização dos números no estudo científico dos fenômenos naturais.

A mensuração – objeto da teoria da medida – pode ser definida como um conjunto de regras para representar o comportamento em categorias ou números (Mathison, 2005). Em outras palavras, mensurar significa designar ou especificar números para indivíduos de uma forma sistemática com a pretensão de representar as propriedades desses indivíduos (Allen & Yen, 2002). Duas abordagens teóricas são dominantes no campo da mensuração, a saber: a Teoria Clássica dos Testes (TCT) e a Teoria de Resposta ao Item (TRI) (Mathison, 2005). A medida, nesse caso, só será possível se o objetivo que pretendemos medir considerar pelo menos duas de três das propriedades do sistema numérico. A medida, nesse caso, só será possível se a estrutura empírica daquilo que se quer medir é preservada nas relações com as propriedades do sistema numérico (Teorema da representação) (Hauck-Filho, 2014); e se essas relações são preservadas após a realização de operações matemáticas (Teorema da unicidade) (Rossi, 2007).

Desse modo, a estrutura empírica deve ser preservada nas seguintes propriedades do sistema numérico (Pasquali, 2010):

1) Identidade: indica que cada número é único, ou seja, cada número é igual a ele mesmo e somente a ele mesmo, ou seja, "a = a" e "a ≠ b" (axioma de reflexividade), se "a = b" então "b = a" (axioma de simetria) e se "a = b" e "b = c" logo "a = c" (axioma de transitividade). Caso apenas essa propriedade esteja presente naquilo que se quer medir, pode-se identificar um nível de medida chamado de nominal (Stevens, 1946). A escala nominal identifica elementos iguais a ele e somente ele mesmo ou que apresentam diferenças entre si (*e. g.*: o número na camisa de um time de basquete). Diferentemente de outros níveis de medida, essa escala não possibilita identificar qual elemento é quantitativamente maior ou a realização de operações matemáticas. Por esses motivos, a escala nomi-

nal não é considerada como uma medida, mas como uma classificação.

Na prática, a escala nominal pode ser utilizada, por exemplo, para coletar informações sobre o sexo biológico dos indivíduos. Nesse caso, com relação ao sexo biológico, alguém identificado como pertencente ao sexo masculino é qualitativamente comparável, e somente, a outro indivíduo identificado como pertencente ao sexo masculino e diferente de um indivíduo pertencente ao sexo feminino. Observe que nesse nível de medida (ou classificação) não faz sentido dizer que o sexo masculino é melhor do que o sexo feminino (ou vice-versa) ou que a concatenação dos sexos acarretaria em um terceiro sexo biológico quantitativamente diferente dos anteriores. A primeira afirmação acarretaria perguntas como: Melhor em quê? Para responder a essa pergunta seria necessário definir a característica que se quer medir (*e. g.*: nível de organização) e demonstrar que esse sistema empírico pode preservar suas características nesta e em outras duas propriedades dos números, apresentados a seguir.

2) Ordem: Esta outra propriedade indica que os números diferem quantitativamente um do outro; indicando uma magnitude diferente para cada número. Desse modo, excetuando-se a igualdade dos números (1 = 1), os números podem ser dispostos em uma sequência, colocados em uma ordem crescente, logo, se "a > b" então "b < a" (axioma de assimetria), se "a > b" e "b > c" então "a > c" (axioma de transitividade) e ou "a > b" ou "b > a" (axioma de conectividade) (Pasquali, 2010, 2013). Assim, aquelas medidas que apresentam as propriedades de identidade e ordem são nomeadas de ordinal (Stevens, 1946). A escala ordinal indica elementos iguais a ele, e somente ele mesmo, ou que apresentam diferen-

ças entre si e que, além disso, diferem quantitativamente entre si, o que já possibilita algumas operações matemáticas.

Na prática, uma escala ordinal poderia servir para ranquear seus quatro amigos mais íntimos (representados aqui pela letra "a") pelo nível de organização (do mais organizado ao menos organizado), certamente você conseguirá distinguir e representá-los, como: a3, a3, a2, a1. Observe que no *ranking* apresentado dois dos seus amigos têm o mesmo nível de organização (a3 = a3) e que são quantitativamente diferentes dos outros (a3 ≠ a2; a3 ≠ a1), preservando a propriedade de identidade. Além disso, o *ranking* realizado também preserva a propriedade de ordem, uma vez que "a3" é mais organizado que "a2" (a3 > a2 > a1).

3) Aditividade: essa propriedade está diretamente relacionada ao teorema da unicidade, uma vez que representa a propriedade dos números serem somados e, excetuando-se o número zero, resultar em um terceiro número diferente. Essa propriedade aponta para as regras de operações matemáticas; "a + b = b + a" (axioma de comutatividade) e "(a + b) + c = a + (b + c)" (axioma de associatividade). Assim, essas operações devem ser possíveis de serem realizadas sem que as relações empíricas estabelecidas com as propriedades anteriores estabelecidas se alterem (Rossi, 2007). Isso implicaria dizer, retomando nosso exemplo anterior, que a soma dos níveis de organização de um dos amigos "a3" com o amigo "a2" irá acarretar em um terceiro nível de organização maior do que o que eles têm separadamente (a3 + a2 = a4) e maior do que o dos outros amigos (a4 > a3 > a2 > a1). Na prática, atribuir atividades de organização para os amigos "a3" e "a2" em conjunto deve resultar uma

organização mais eficaz do que se a atividade fosse atribuída individualmente a estes.

Nesse caso, se aquilo que se quer medir apresenta as propriedades de identidade, ordem e aditividade, pode-se sistematizar dois tipos de medida, a saber: "intervalar" e de "razão" (Stevens, 1946). Esses níveis de medida apresentam-se como os mais sofisticados, diferindo-se pela existência de um zero absoluto no caso da escala de razão. Na escala de razão o numeral zero indica a ausência daquilo que está sendo medido, enquanto que na escala intervalar o numeral zero apresenta-se apenas como mais um ponto no intervalo daquilo que se está medindo. Isto implica dizer que em uma escala intervalar, como a escala Célsius, o numeral zero não significa ausência de temperatura, mas um ponto no qual ao grau de agitação das moléculas é baixo (frio); já em uma escala de razão, como a escala Kelvin, o numeral zero indica ausência total de agitação das moléculas (ausência de temperatura).

Nesse ponto, falando de medida em psicologia, poderíamos nos perguntar: É possível que alguém tenha ausência total de agressividade? Ou ausência total de ansiedade? Ou, ainda, ausência total de inteligência? Esses questionamentos apontam para a impossibilidade de se estabelecer um "zero absoluto" em aspectos psicológicos. Contudo, existem divergências sobre o nível de medida que é utilizado em escalas psicológicas, se são medidas ordinais ou intervalares (cf. Michel, 2002; Nunnally, 1995).

Sabemos então que é possível elaborar medidas quando se preserva a estrutura empírica em um sistema de relações com as propriedades dos números, mas como tais propriedades podem ser atribuídas àquilo que queremos medir? Como anteriormente mencionado, a forma de medida que possibilita a medição de uma barra de ferro

(medida direta) é uma forma diferente da que ocorre em aspectos psicológicos (medida indireta), isso porque a barra de ferro é um objeto tangível, enquanto que um aspecto psicológico, como a agressividade, não é tangível ou visível. No entanto, ainda que se pense que a mensuração de algo intangível seja uma idiossincrasia das ciências humanas, é plausível perguntar: Você consegue ver a velocidade de um carro, sem um velocímetro? Ou consegue ver a força gravitacional? Ainda que as formas de medida sejam diferentes, o processo de construção de um sistema de medida se utiliza sempre de um conjunto de regras para representar o comportamento em categorias ou números (Mathison, 2005), a fim de reunir evidências empíricas acerca do funcionamento de determinado fenômeno ou objeto. Para Pasquali (2010, 2013), essas formas de medida podem ser agrupadas em:

a) Medida fundamental: é uma forma de medida direta que pode ser sistematizada quando as dimensões do objeto empírico ao qual se quer medir permitem o estabelecimento de uma unidade-base, permitindo unidades múltiplas e divisoras dessa medida. O estabelecimento dessa medida é condicionado à existência da propriedade de aditividade nas dimensões do objeto. Um exemplo simples de medida fundamental é o sistema métrico decimal, que tem como unidade-base o metro, representado pela letra "m", possibilitando múltiplos (decâmetro, hectômetro, quilômetro) e divisores (decímetro, centímetro e milímetro). Assim, por exemplo, uma barra de ferro que tem várias dimensões (cor, peso, comprimento) possibilita o estabelecimento de uma unidade-base, como o metro, para medir o comprimento (dimensão), que por sua vez pode ser somado ao de outra barra de ferro. Entretanto, apesar de ser uma forma de medida bastante utilizada, a psicologia não se utiliza dessa forma de medida, pois é impossível se estabelecer uma unidade-base que possibilite múltiplos e divisores em aspectos psicológicos. Assim, como você pode imaginar, não existem unidades-base de inteligência ou unidades-base de ansiedade de estado, por exemplo.

b) Medida derivada: constitui-se como uma medida indireta, que se utiliza da relação de duas medidas fundamentais para medir determinado fenômeno. Em outras palavras, quando existem evidências empíricas de que duas dimensões de dois fenômenos afetam um terceiro fenômeno que se quer medir, é estabelecida a relação entre essas dimensões para se medir o terceiro fenômeno. Um exemplo de medida derivada que utilizamos com frequência é a velocidade média que relaciona duas medidas fundamentais, a saber: o espaço, medido pelo sistema métrico decimal, e o tempo, que tem como medida as horas. Desse modo, quando queremos saber a velocidade média de um carro, utilizamos a relação entre metros e segundos ou quilômetros por hora. Ainda, diferentemente da medida fundamental, a medida derivada não tem acesso direto ao fenômeno que se pretende medir.

c) Medida por lei: trata-se de uma forma de medida indireta estabelecida com base nas evidências científicas da relação entre duas ou mais variáveis. É importante destacar que para o estabelecimento de uma medida por lei, inicialmente deve existir evidências empíricas dessa relação, para depois se sistematizar a lei. Na psicologia, a medida por lei é uma medida possível, como é o caso da lei do efeito de Thorndike (1911), que dá base para a relação de estímulo (S) e reforço (R).

d) Medida por teoria: como o próprio nome já diz, nesse tipo de medida é necessário que se estabeleçam axiomas ou postulados que possam gerar hipóteses empiricamente testáveis, ou seja, inicialmente é elaborada uma teoria, sobre aquilo que se deseja medir, que permita a elaboração de hipóteses sobre o seu funcionamento. Esse é o tipo de medida que a psicologia se utiliza para medir aspectos psicológicos, sendo a psicometria o ramo responsável pelo estabelecimento desses postulados. Especificamente, a psicometria apresenta duas teorias para se realizar a medida em psicologia. São elas: a Teoria Clássica dos Testes (TCT), que preconiza a relação entre a resposta em um dado teste e o comportamento, e a Teoria de Resposta ao Item (TRI), também conhecida como Teoria do Traço Latente, que sistematiza a relação entre a resposta dada a um item de um teste em função do traço latente (processo mental) e dos parâmetros (características ou propriedades) desse item (Pasquali, 2010, 2013; Urbina, 2007). A TRI é tema de um outro capítulo específico deste Compêndio.

Postulados da Teoria Clássica dos Testes (TCT)

A TCT é uma teoria psicométrica que se preocupa em explicar o resultado total das respostas dadas a uma série de itens ou teste. De acordo com a TCT, a pontuação obtida por um examinando em um teste representa o nível do atributo que está sendo avaliado como o somatório das respostas em cada um dos itens (Kline, 2005; Nunnally & Bernstein, 1995). Especificamente, o interesse da TCT não recai sobre o traço latente, e sim sobre o comportamento, ou melhor, o escore em um teste, o que equivale a um conjunto de comportamentos. O enfoque está no tau (τ) e não no teta (Θ), sendo que esse primeiro é o escore em um determinado teste, enquanto o segundo, o traço latente (Pasquali, 2010, 2013). A TCT apresenta sete postulados que, de acordo com Grégoire e Laveault (2002), são: (1) O escore total (T – também nomeado de *tau*) de um indivíduo é resultante da soma do resultado verdadeiro (V) com o erro da medida associado a esse mesmo erro (E). Esse postulado pode ser expresso em uma fórmula simples T = V + E, logo, para se obter o escore verdadeiro de um indivíduo bastaria subtrair o erro da medida do escore total (V = T – E). Isso implica dizer, por exemplo, que o desempenho (T) de um indivíduo em um teste de inteligência é resultante da medida real de sua capacidade cognitiva (V) acrescida de erros de medida (E). O erro é uma característica intrínseca de todas as formas de medida, independentemente de ser realizada de modo direto ou indireto. Não existe medida isenta de erro! Por exemplo, se vamos medir o comprimento de uma barra de ferro, o resultado dessa medição pode ser alterado por outras variáveis como a temperatura ou a falta de calibração do instrumento utilizado. Tais variáveis interferentes são compreendidas como erros da medida, uma vez que alteram o comprimento real da barra de ferro. Entretanto, quando falamos de medida em psicologia, identificar e/ou controlar o erro torna-se algo mais difícil; por exemplo, quando avaliamos um paciente no ambiente clínico ou um candidato no ambiente organizacional podem ocorrer erros relacionados a diversos fatores como, por exemplo, estado de humor transitório, desejabilidade social, fatores ambientais ou erros presentes no próprio instrumento de medida; (2) o segundo postulado é uma estratégia matemática para lidar com o erro, indicando que para se aumentar a precisão do resultado de um teste devemos aumentar o número de observações realizadas. Isso aconteceria, pois seriam gerados vários escores empíricos diferentes, nos quais essas variações

se dão em decorrência dos erros ocorridos em diferentes magnitudes; logo, a média desses diferentes escores pode ser entendida como o escore verdadeiro; (3) o terceiro postulado afirma que não existe correlação entre o escore verdadeiro e o erro. Assim, mesmo que em diferentes aplicações os escores de um indivíduo aumente ou diminua, a quantidade de erro não apresenta relação com esse escore; (4) o quarto postulado indica que os erros presentes nos escores de diferentes testes aplicados no mesmo sujeito não apresentam correlação entre si; (5) o quinto postulado indica a ausência de correlação entre o erro da medida e um teste e o resultado verdadeiro de outro teste do mesmo indivíduo; (6) o sexto postulado afirma que dois testes podem ser considerados paralelos apenas se a distribuição dos seus erros tem a mesma variância e os escores verdadeiros de um sujeito são iguais em ambos os testes. O conceito de teste paralelo é muito importante na TCT porque é um dos métodos para avaliar a fidedignidade; (7) o sétimo, e último postulado, afirma que um teste só é tau-equivalente quando seus resultados verdadeiros diferem por uma constante aditiva "k". De modo geral, os sete postulados da TCT admitem que os erros são aleatórios e independentes, em quaisquer circunstâncias (Sartes & Souza-Formigoni, 2013).

Como já assinalado, quando falamos de medida em psicologia, controlar o erro é algo difícil. Na prática da pesquisa o erro da medida é expresso pelo erro padrão de mensuração (EPM) que é a raiz quadrada da variância de erro (Hogan, 2006). Quanto menor for o EPM, menor será a variação dos escores em torno do escore verdadeiro. O EPM é utilizado para construir os intervalos de confiança (IC) de um escore observado. Quanto maior a fidedignidade, tanto menor será o intervalo de confiança.

Com base nesses pressupostos, a TCT apresenta-se focada no escore total do teste, obtido por meio da soma das respostas dos indivíduos a um conjunto de itens, em relação ao comportamento presente ou futuro (Pasquali, 2010, 2013). No caso de testes de desempenho (testes de inteligência, memória, raciocínio etc.) que possuem respostas certas e erradas, o escore total é o somatório da quantidade de acertos. No caso de escalas de preferência, o escore total é o somatório dos pontos marcados na escala de respostas de todos os itens. Apesar desse enfoque no escore total, a TCT avalia dois parâmetros ou características dos itens, a dificuldade e a discriminação. O parâmetro de dificuldade está associado à quantidade de indivíduos que responderam corretamente o item, no caso de itens de desempenho, e pela proporção de respostas em um determinado ponto da escala, em itens de preferência (DeVellis, 2006; Grégoire & Laveault, 2002). O parâmetro de discriminação, por sua vez, é entendido como o quanto determinado item diferencia indivíduos com escores diferentes, o que pode ser realizado por meio de grupos de critério ou análises de correlação entre os itens. Quanto mais o item diferenciar sujeitos com magnitudes próximas, mais discriminativo será o item (DeVellis, 2006; Grégoire & Laveault, 2002). A avaliação das propriedades psicométricas dos itens também é particularmente importante em avaliações educacionais de larga escala (Andrade, Laros, & Gouveia, 2010). Prover avaliações justas com condições iguais de avaliação é uma forma de respeitar os direitos individuais. A propósito, a versão mais atual do *Standards for Educational and Psychological Testing* (Aera, APA, & NCME, 2014) – principal referência na área – possui um capítulo inteiro sobre justiça na testagem (*Fairness in testing*).

Similarmente, a Resolução do Conselho Federal de Psicologia (CFP) n. 009/2018, que estabelece diretrizes para a realização de avaliação psicológica no exercício profissional do(a) psicólogo(a), possui uma seção intitulada de "Justiça e proteção dos direitos humanos na avaliação psicológica" (Andrade & Valentini, 2018; CFP, 2018). Importante destacar que tanto a TCT quanto a Teoria de Resposta ao Item (TRI) admitem que as evidências de fidedignidade e validade são critérios fundamentais para a qualidade dos testes psicológicos.

Limitações da TCT e uso combinado com a Teoria de Resposta ao Item

Apesar da ampla utilização da TCT, a mesma apresenta algumas limitações teóricas. Exemplo disso é que, na TCT, os parâmetros psicométricos dos itens dependem estritamente da amostra de sujeitos utilizada para estabelecê-los (*group-dependent*). Em outras palavras, isto quer dizer que o teste será considerado fácil, mediano ou difícil, dependendo do desempenho do grupo de respondentes que se submeteu ao teste. Por exemplo, uma amostra de respondentes acima da média em termos de inteligência levará a acreditar que os itens de um teste de inteligência são mais fáceis do que realmente são. Ao contrário, uma amostra de respondentes abaixo da média em termos de inteligência levará a acreditar que os itens de um teste de inteligência são mais difíceis do que realmente são.

Outra crítica em relação à TCT é que os escores dos examinandos também dependem do tipo de teste utilizado (*test-dependent*). Com um teste difícil ou muito difícil, os examinandos tenderão a ter escores mais baixos. Ao mesmo tempo, caso os examinandos sejam avaliados com testes de desempenho fáceis ou muito fáceis tenderão a ter escores mais baixos. Esses problemas são solucionados quando temos amostras de respondentes representativas da população (Andrade et al., 2010; Andrade, Tavares, & Valle, 2000; Crocker & Algina, 1986; Hambleton, Swaminathan, & Rogers, 1991; Pasquali, 2007, 2013) e, pelo menos na psicologia, esse tipo de amostragem não é facilmente obtido.

Importante destacar que, quando utilizamos a TCT, examinandos que acertam a mesma quantidade de itens, porém de propriedades psicométricas diferentes (discriminação, dificuldade, probabilidade de acerto ao acaso), apresentam o mesmo escore total ou desempenho. Imaginem, por exemplo, que o Alberto e a Cristina acertaram igualmente 7 itens de um total de 10 itens em um teste de matemática. De acordo com a TCT, ambos receberiam o escore bruto igual a 7,0. Acontece que Cristina acertou itens fáceis, medianos, difíceis e muito difíceis. Alberto, por sua, vez acertou apenas itens fáceis e medianos. Nesse caso, parece justo que Cristina recebesse um escore de desempeno mais alto. A TRI, metodologia utilizada, por exemplo, no Exame Nacional do Ensino Médio (Enem), estima tal proficiência considerando os parâmetros psicométricos dos itens.

Na literatura são comumente realizadas comparações da TCT com a TRI (Kohli, Koran, & Henn, 2015; Petrillo, Cano, McLeod, & Coon, 2015; Raykov, Dimitrov, Marcoulides, & Harrison, 2017; Raykov & Marcoulides, 2016; Sartes & Souza-Formigoni, 2013). Spencer (2004), por exemplo, assinalou que uma vantagem da TRI em detrimento da TCT é que os valores dos parâmetros de dificuldade dos itens e as habilidades estimadas dos examinandos são colocados na mesma métrica, o que facilita a interpretação dos resultados. Além disso, itens podem ser adicionados ao banco de itens sem mudar a ordem relativa de itens já existentes ou de examinandos na escala de mensuração. A construção de bancos de itens é particularmente importante para a construção de Testagem Adaptativa por Computador (*CAT – Computerized Adaptive Testing*). Kolen e Brennan (1995), por sua vez, assinalaram que o poder da TRI resulta da possibilidade de modelar as respostas dos examinandos no nível do item, ao invés do escore total do teste, como acontece na TCT. Ainda, Nunnally e Bernstein (1995) assinalaram que, basicamente, as vantagens do uso da TRI são: (1) diferentes pessoas ou a mesma pessoa em diferentes ocasiões podem ter suas habilidades comparadas (técnica da equalização); (2) a estimativa da habilidade de examinandos que acertaram o mesmo número de itens, porém itens diferentes, é diferenciada; e (3) os parâmetros obtidos por meio da TRI são medidas estatisticamente independentes da amostra de respondentes.

Essa última vantagem apresentada por Nunnally e Bernstein (1995) refere-se à propriedade de invariância dos parâmetros, considerada como uma das maiores distinções da TRI em relação à TCT. Essa propriedade refere-se à condição de que, quando um conjunto total de itens se adéqua satisfatoriamente a um modelo da TRI, os parâmetros desses itens são independentes da habilidade dos examinandos (Baker & Kim, 2017) e a habilidade dos examinandos pode ser estimada independente da dificuldade do teste utilizado. Ou seja, os parâmetros dos itens de discriminação (parâmetro a), dificuldade (parâmetro b) e probabilidade de acerto ao acaso (parâmetro c) independem do nível de habilidade dos examinandos que os responderam, e a habilidade dos examinandos independe dos itens utilizados para determiná-la (Embretson & Reise, 2000).

No estudo de Petrillo, Cano, McLeod e Coon (2015) foram realizadas análises psicométricas do *Visual Functioning Questionnaire* (VFQ-25) a partir de três modelos: TCT, TRI (a partir do modelo de resposta gradual de Samejima) e modelo Rasch (*Rasch measurement theory*). Para isso foram utilizados dados de 240 participantes com edema macular diabético de um estudo clínico randomizado, duplo-cego e multicêntrico. Os autores concluíram que os resultados foram semelhantes entre os três métodos, com a TRI e o modelo Rasch fornecendo informações diagnósticas mais detalhadas sobre como melhorar o VFQ-25. A TCT, especificamente, identificou dois itens problemáticos que ameaçavam a validade da pontuação da escala global, conjuntos de itens redundantes e categorias de resposta distorcidas. A TRI, por sua vez, também identificou ajuste inadequado para um item, itens localmente dependentes, direcionamento inadequado e desordem em mais da metade das categorias de resposta.

Concluímos que mesmo considerando-se todas as vantagens da TRI, ressalta-se que a TCT continua sendo utilizada, sozinha ou em combinação com a TRI, a fim de oferecer informações adicionais sobre a qualidade do teste (Andrade et al., 2010; Bechger, Maris, Verstralen, & Béguin, 2003). As análises clássicas continuam sendo importantes ferramentas na validação de instrumentos, auxiliam na análise exploratória dos itens e possibilitam identificar inconsistências nos dados e itens problemáticos.

A importância da TCT para construção e obtenção de evidências de validade dos testes

Durante grande parte do século passado, a TCT foi a abordagem dominante para o de-senvolvimento de instrumentos de medição na área educacional, das ciências humanas e sociais. Grande parte desse sucesso ocorreu devido a sua simplicidade metodológica que possibilitou uma maneira muito útil e fácil de se pensar sobre os construtos psicológicos (Raykov & Marcoulides, 2016). De acordo com Kline (2005), pode-se afirmar que a TCT permitiu o desenvolvimento de escalas psicométricas bastante sólidas.

Importante destacar que na segunda metade do século passado, um interesse substancialmente maior voltou-se em direção à TRI e aos modelos de traços latentes (Raykov & Marcoulides, 2016). Por exemplo, Sartes e Souza-Formigoni (2013) afirmam que no século XX, o desenvolvimento e avaliação das propriedades psicométricas dos testes foram baseados principalmente na TCT. As autoras prosseguem afirmando que foram desenvolvidos muitos testes longos e redundantes, com medidas influenciáveis pelas características da amostra dos indivíduos avaliados durante seu desenvolvimento. Nesse contexto a TRI surgiu como uma possível solução para algumas limitações da TCT, melhorando a qualidade da avaliação da estrutura dos testes. Diante disso, seria justo dizer que a TCT está condenada ao fim? Nós, autores do presente capítulo, acreditamos que não!

No estudo anteriormente citado de calibração do VFQ-25 a partir de três modelos (TCT, TRI e modelo Rasch), Petrillo et al. (2015) concluíram que a seleção de uma abordagem psicométrica depende de muitos fatores. Segundo os autores, os pesquisadores devem justificar seu método de avaliação e considerar o público-alvo. Por exemplo, se o instrumento está sendo desenvolvido para fins descritivos e com um orçamento restrito, uma análise geral das propriedades psicométricas dos itens baseada na

TCT pode ser tudo que é possível ser realizado. Problemas simples como identificação de dados omissos e efeitos de teto ou piso, por exemplo, são facilmente identificados pela TCT. Por isso, não podemos subestimar o valor da TCT. No entanto, em uma avaliação de alto risco como o desenvolvimento de um instrumento para fins diagnósticos ou para seleção de pessoal, por exemplo, uma avaliação psicométrica completa do instrumento, incluindo análise dos itens por meio da TRI, deve ser incentivada.

A TCT também permite avaliar itens individuais de uma outra perspectiva. Isso pode ser particularmente útil para análises exploratórias. O objetivo da análise de itens é usar estatísticas detalhadas para determinar possíveis falhas no item e, em seguida, decidir se é necessário revisar, substituir ou retirar o item. A TRI é sem dúvida uma análise mais poderosa, mas só funciona com números amostrais maiores. Para conhecimento do impacto do tamanho amostral na calibração dos itens recomendamos a leitura de Nunes e Primi (2005). Dificilmente teremos um bom ajuste dos modelos com números amostrais pequenos. Isso torna extremamente importante o uso da TRI em testes de larga escala, mas completamente inadequado para amostras do tamanho de sala de aula ou outras situações de amostras pequenas ($n < 100$) (Thompson, 2016).

Considerações finais

Medir é um procedimento que diariamente realizamos, independente da nossa área de formação ou atuação, e que é fundamental para o estabelecimento de processos e intervenções mais válidos e precisos em todos os campos. Na psicologia, em específico, o teste é um instrumento de medida que funciona de forma semelhante a uma régua. Esse instrumento deve ser válido e preciso para que resultados inconsistentes não sejam emitidos. Em avaliações psicológicas e educacionais, nas quais decisões são tomadas, resultados inválidos e imprecisos podem ser muito onerosos e sugerir caminhos desastrosos, seja para um indivíduo em particular, seja para uma rede educacional específica ou para o país como um todo (Andrade et al., 2010). A testagem psicológica faz parte de um processo mais amplo de avaliação psicológica (Andrade & Sales, 2017). Estas avaliações quando realizadas de forma inconsistente podem ser terminantemente prejudiciais. Por exemplo, detentos com uma elevada probabilidade de reincidência podem estar sendo recomendados para progressão de regime penal ou indivíduos com elevada impulsividade podem obter licença para a posse e/ou manuseio de armas de fogo. Em ambos os casos, o processo de medição e verificação dos parâmetros dessas medidas é fundamental.

Além disso, é de grande importância reforçar a premissa de que o teste psicológico é um instrumento de medida que se fundamenta em uma teoria (Pasquali, 2010, 2013); logo, se a teoria em que o instrumento está fundamentado não apresenta suporte empírico, o instrumento também não se apresentará como uma forma de medida válida.

Por último, Raykov e Marcoulides (2016) assinalam que uma meta de todos os psicometristas é, independentemente da abordagem, melhorar a metodologia de mensuração disponível, incluindo a combinação de informações qualitativas e quantitativas em avaliações de grande impacto. Nossa experiência profissional aponta que a junção de profissionais de diversas áreas é de grande importância, seja para conhecer melhor o fenômeno estudado, seja para pensar novas abordagens metodológicas e analíticas.

Referências

Allen, M.J. & Yen, W.M. (2002). *Introduction to measurement theory*. Illinois: Waveland.

American Educational Research Association – Aera, American Psychological Association – Apa, and National Council on Measurement in Education – NCME (2014). *Standards for educational and psychological testing*. Washington, DC: American Educational Research Association.

Andrade, D.F., Tavares, H.R., & Valle, R.C. (2000). *Teoria de resposta ao item: conceitos e aplicações*. São Paulo: ABE – Associação Brasileira de Estatística.

Andrade, J.M., Laros, J.A., & Gouveia, V.V. (2010). O uso da teoria de resposta ao item em avaliações educacionais: diretrizes para pesquisadores. *Avaliação Psicológica*, 9(3), 421-435.

Andrade, J.M. & Sales, H.F.S. (2017). A diferenciação entre avaliação psicológica e testagem psicológica: questões emergentes. In M.R.C. Lins & J.C. Borsa (Eds.). *Avaliação psicológica: Aspectos teóricos e práticos* (pp. 9-22). Petrópolis: Vozes.

Andrade, J.M. & Valentini, F. (2018). Diretrizes para a construção de testes psicológicos: a Resolução CFP n. 009/2018 em Destaque. *Psicologia: Ciência e Profissão*, 38(spe), 28-39 [https://doi.org/10.1590/1982-3703000208890].

Baker, F.B. & Kim, S. (2017). *The basics of item response theory using R*. Nova York: Springer International Publishing.

Bechger, T.M., Maris, G.F.H.H., & Béguin, A.A. (2003). Using classical test theory in combination with item response theory. *Applied Psychological Measurement*, 27(5), 319-334 [https://doi.org/10.1177/0146621603257518].

Conselho Federal de Psicologia (2018). Resolução CFP n. 009/2018. [Recuperado de http://satepsi.cfp.org.br/docs/Resolu%C3%A7%C3%A3o-CFP-n%C2%BA-09-2018-com-anexo.pdf].

Crocker, L. & Algina, J. (1986). *Introduction to classical and modern test theory*. Nova York: Holt, Rinehart and Winston.

DeVellis, R.F. (2006). Classical test theory. *Medical Care*, 44(11), 50-59.

Embretson, S.E. & Reise, S.P. (2000). *Item response theory for psychologists*. Nova Jersey: Lawrence Erlbaum Associates.

Grégoire, J. & Laveault, D. (2002). *Introdução às teorias dos testes em ciências humanas*. Porto: Porto Ed.

Hambleton, R.K., Swaminathan, H., & Rogers, H.J. (1991). *Fundamentals of item response theory*. Califórnia: Sage.

Hauck-Filho, N. (2014). Medida psicológica: o debate entre as perspectivas conceituais representacionista e realista. *Avaliação Psicológica*, 13(3), 399-408.

Hogan, T.P. (2006). *Introdução à prática de testes psicológicos*. Rio de Janeiro: LTC – Livros Técnicos e Científicos.

Kline, T.J.B. (2005). Classical test theory: Assumptions, equations, limitations, and item analyses. In J.T.B. Kline. *Psychological testing: A practical approach to design and evaluation* (pp. 91-106). Thousand Oaks: Sage.

Kohli, N., Koran, J., & Henn, L. (2015). Relationships among classical test theory and item response theory frameworks via factor analytic models. *Educational and Psychological Measurement*, 75(3), 389-405.

Kolen, M.J. & Brennan, R.L. (1995). *Test equating: Methods and practices*. Nova York: Springer.

Lord, F.M. & Novick, M.R. (1968). *Statistical theories of mental test scores*. Massachusetts: Addison-Wesley.

Mathison, S. (2005). *Encyclopedia of evaluation*. Thousand Oaks: Sage.

Michell, J. (2002). Stevens's theory of scales of measurement and its place in modern psychology. *Australian Journal of Psychology*, 54, 99-104 [doi: 10.1080/00049530210001706563].

Nunes, C.H.S.S. & Primi, R. (2005). Impacto do tamanho da amostra na calibração de itens e estimativa de escores por teoria de resposta ao item. *Avaliação Psicológica*, 4(2), 141-153.

Nunnally, J.C. & Bernstein, I.H. (1995). *Psychometric theory* (3a. ed.). Nova York: McGraw-Hill.

Pasquali, L. (2007). Validade dos testes psicológicos: será possível reencontrar o caminho? *Psicologia: Teoria e Pesquisa, 23*, 99-107.

Pasquali, L. (2010). *Instrumentação psicológica: fundamentos e práticas*. Porto Alegre: Artmed.

Pasquali, L. (2013). *Psicometria: teoria dos testes na psicologia e na educação* (5a. ed.). Petrópolis: Vozes.

Petrillo, J., Cano, S.J., McLeod, L.D., & Coon, C.D. (2015). Using classical test theory, item response theory, and Rasch measurement theory to evaluate patient-reported outcome measures: A comparison of worked examples. *Value in Health, 18*(1), 25-34 [http://dx.doi.org/10.1016/j.jval.2014.10.005].

Raykov, T., Dimitrov, D.M., Marcoulides, G.A., & Harrison, M. (2017). On true score evaluation using item response theory modeling. *Educational and Psychological Measurement*, 1-12 [https://doi.org/10.1177/0013164417741711].

Raykov, T. & Marcoulides, G.A. (2016). On the relationship between classical test theory and item response theory: From one to the other and back. *Educational and Psychological Measurement, 76*(2), 325-338.

Rossi, G.B. (2007). Measurability. *Measurement, 40*, 545-562.

Sartes, L.M.A. & Souza-Formigoni, M.L.O. (2013). Avanços na psicometria: da teoria clássica dos testes à teoria de resposta ao item. *Psicologia: Reflexão e Crítica, 26*(2), 241-250.

Spencer, S.G. (2004). *The strength of multidimensional item response theory in exploring construct space that is multidimensional and correlated* [Doctoral dissertation, Brigham Young University – Recuperado de https://scholarsarchive.byu.edu/cgi/ viewcontent.cgi?article=1223&context=etd].

Stevens, S.S. (1946). On the theory of scales of measurement. *Science, 103*(2.684), 677-680.

Thompson, N.A. (2016). *Introduction to classical test theory with Citas*. Minnetonka, MN: Assessment Systems Corporation.

Thorndike, E.L. (1911). *Animal intelligence*. Nova York: Macmillan.

Urbina, S. (2007). *Fundamentos da testagem psicológica*. Porto Alegre: Artmed.

4
Teoria de Resposta ao Item (TRI)

Alexandre J.S. Peres

João Paulo A. Lessa

Felipe Valentini

A Teoria de Resposta ao Item (TRI) é um conjunto de modelos matemáticos aplicados à psicometria que permitem descrever a relação entre habilidades ou variáveis latentes (parâmetro do sujeito) e os itens de um teste (parâmetros dos itens) (De Ayala, 2008). A TRI começou a ser desenvolvida na década de 1940, mas se popularizou especialmente a partir da década de 1980 (Nakano, Primi, & Nunes, 2015). Embretson e Reise (2000) e Pasquali (2007) apresentam um histórico do desenvolvimento da TRI e de seus modelos, inclusive contextualizando as inovações dos modelos dessa teoria em relação aos modelos antes adotados na psicometria relacionados à Teoria Clássica dos Testes (TCT). Em linhas gerais, enquanto na TCT o foco são os escores finais obtidos pelo testando, na TRI o foco é o item (De Ayala, 2008; Nakano et al., 2015). Desta forma, observa-se, na TRI, a capacidade que um item possui em diferenciar testandos, em termos de habilidade em relação a estas variáveis latentes (De Ayala, 2008).

De acordo com Samejima (2010), a TRI foi inicialmente desenvolvida para lidar somente com respostas do tipo dicotômicas – por exemplo, "certo ou errado", "zero ou um". Apenas mais tarde, no final da década de 1960 e início da década de 1970, é que começaram a ser desenvolvidos modelos para lidar com respostas do tipo politômicas (Samejima, 1969, 1972) comuns em testes de personalidade e em medidas de atitude que adotam escalas do tipo Likert, por exemplo. A seguir, são apresentados os principais modelos de TRI para itens dicotômicos e alguns modelos de respostas graduadas para itens politômicos.

Modelos logísticos da TRI para itens dicotômicos

Itens dicotômicos são aqueles nos quais apenas uma opção de resposta ao item, dentre duas ou mais opções, é a correta. Desta forma, alguns modelos da TRI investigam quais os parâmetros existentes no item para que uma resposta seja dada por um testando. Estes modelos são chamados de modelos logísticos que podem ter de um a quatro parâmetros. A forma de apresentação dos modelos é do mais genérico (quatro parâmetros) ao mais restrito (um parâmetro).

O modelo de quatro parâmetros (4 PLM) foi desenvolvido por Barton e Lord (1981). Nele é possível investigar quatro tipos de parâmetros, a saber: dificuldade do item (b), discriminação do item (a), resposta ao acaso ou "chute" (c), e resposta por deslize (d). Esse modelo é matematicamente expresso abaixo:

$$P_i(\theta) = c_i + (d - c_i)\frac{1}{1 + e^{-D a_i(\theta - b_i)}} \qquad (1)$$

onde:

$P_i(\theta)$ é a probabilidade de um testando aleatoriamente escolhido, com nível de traço latente θ, responder corretamente ao item dicotômico i;

c_i é o parâmetro de acerto ao acaso e representa a probabilidade de um testando com nível baixo na escala do traço latente θ responder corretamente ao item i;

d é o parâmetro de deslize em que o respondente com alto nível de habilidade (θ) possa ter errado um item i de baixa discriminação (Loken & Rullison, 2010);

a_i é o parâmetro da discriminação do item, representa a capacidade do item em conseguir diferenciar testandos a partir dos seus níveis de habilidade, principalmente na área de θ, que é a dificuldade do item;

b_i é o parâmetro de dificuldade do item dicotômico i;

$(\theta - b_i)$ argumento chamado de logit.

e é uma constante exponencial com valor 2,718...;

D é um fator escalar igual a 1 ou 1,7. quando D = 1, diz-se que o modelo está expresso em uma "métrica logística"; e quando D = 1,7, diz-se que o modelo está expresso em uma "métrica normal" (Pasquali, 2007; Han & Hambleton, 2007).

O 4PLM é um modelo diferenciado da TRI, pois além de permitir a estimação da discriminação do item e da habilidade necessária para que ele seja marcado corretamente, ainda possibilita que se identifique casos em que um testando possa estar conseguindo respostas certas por "chutes", ou se está errando itens considerados mais "fáceis" por um deslize ou descuido (Barnard-Brank, Lan, & Yang, 2018; Barton & Lord, 1981; Loken & Rullison, 2010). Contudo, seu uso tem acontecido de forma esporádica. Isto ocorre pela dificuldade de estimação do parâmetro d pelo estimador ML (*Maximum Likelihood,* em português, Máxima Verossimilhança) que nos modelos de 1PLM a 3PLM é considerada a base para a estimação dos parâmetros por conseguir estimar o erro padrão a partir da propagação da curva (Barnard-Brank, Lan, & Yang, 2018; Liao, Ho, & Yen, 2012; Loken & Rullison, 2010).

Os modelos da TRI adotam uma função logística (*θ-b*) para derivar a curva característica do item (ICC). Assim, esta curva assume uma forma de sigmoide, como pode ser vista na Figura 1. O parâmetro de dificuldade do item, *b*, corresponde à localização na escala do traço latente (θ) na qual a probabilidade de responder corretamente ao item é de 0,5. Os parâmetros *b* e θ estão na mesma escala de medida, comumente padronizada para uma métrica em que a média seja igual a zero e o desvio padrão igual a um. Quanto maior for o parâmetro *b*, ou seja, quanto mais difícil for o item, maior exigência de um nível superior de θ para que o testando tenha 50% de chances de dar a resposta correta ao item. Teoricamente, os valores do parâmetro *b* podem variar de -∞ a +∞, mas empiricamente essa variação geralmente se estende de -4 a 4 (De Ayala, 2008).

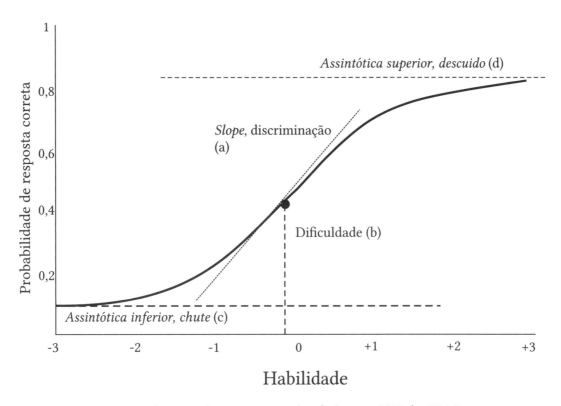

Figura 1 Curva característica do item na TRI de 4PLM

O parâmetro de discriminação (*a*) representa a capacidade do item em conseguir diferenciar testandos a partir dos seus níveis de habilidade, principalmente na área de θ, que é a dificuldade do item. Esse parâmetro, na CCI, é dado pela inclinação da curva logística. Nesse sentido, quanto mais inclinada for a curva, maior é a discriminação do item, pois será necessária uma pequena diferença de habilidade para respaldar uma grande diferença de probabilidade de apresentar a resposta correta. O parâmetro *c*, também chamado de pseudochute, representa a assintótica inferior da curva da CCI e modela a probabilidade de pessoas com baixa habilidade do construto acertarem o item.

O modelo logístico de três parâmetros (3PLM) foi desenvolvido por Lord (1980) e três são os parâmetros considerados, a saber: dificuldade do item (*b*), discriminação do item (*a*), resposta ao acaso ou "chute" (*c*). Neste caso, o parâmetro *d*, do 4PLM, é fixado em 0 (zero), fazendo com que o acerto a itens considerados mais difíceis é invariavelmente entendido como um chute quando o mesmo respondente erra os itens mais fáceis. Isto acontece porque este modelo preconiza que o nível latente do testando que consegue acertar itens mais difíceis não erraria itens de menor grau de dificuldade (Lord, 1980). No Brasil, a critério de exemplo, o Exame Nacional do Ensino Médio, Enem, utiliza o 3PLM para sua correção (Brasil, 2018). O 3PLM pode ser expresso matematicamente da seguinte forma:

$$P_i(\theta) = c_i + (1 - c_i)\frac{1}{1 + e^{-Da_i(\theta - b_i)}} \quad (2)$$

A equação 2 é muito semelhante à equação 1. A diferença é que o parâmetro d (da equação do modelo 4PLM) foi substituído por 1 (na equação 2, do modelo 3PLM), pois no modelo 3PLM a assintótica superior (ou o descuido) é fixado em 1, indicando que a probabilidade de um examinando com alta habilidade acertar o item é igual a 1.

O modelo logístico de dois parâmetros (2PLM) foi desenvolvido por Birnbaum, também nas décadas de 1950 e 1960 (Pasquali, 2007). Sua contribuição foi adicionar a avaliação do parâmetro a (*slope parameter*). Neste modelo, o parâmetro c (resposta ao acaso) é fixado em 0 e o d (resposta por descuido) é fixado em 1. O modelo 2PLM pode ser expresso matematicamente da seguinte forma:

$$P_i(\theta) = \frac{1}{1 + e^{-Da_i(\theta - b_i)}} \quad (3)$$

A equação 3 representa a restrição dos parâmetros c e d da equação 1. Como no modelo 2PLM o parâmetro c é fixado em 1, essa parte é simplesmente cancelada. Ademais, o parâmetro d é fixado em 1, e como esse parâmetro é multiplicado do restante da equação ele pode ser omitido (na equação do modelo 2PLM), pois qualquer número (ou equação) multiplicada por 1 resultará no próprio número (ou equação).

Como pode ser observado na curva característica do item no modelo logístico de dois parâmetros (Figura 2), o parâmetro da discriminação se refere ao ângulo existente entre a inclinação da curva característica e o ponto de inflexão no qual a probabilidade de se responder corretamente ao item é de 0,5. No exemplo, o valor de a é de 1,296 e o parâmetro de dificuldade é b = 1,000.

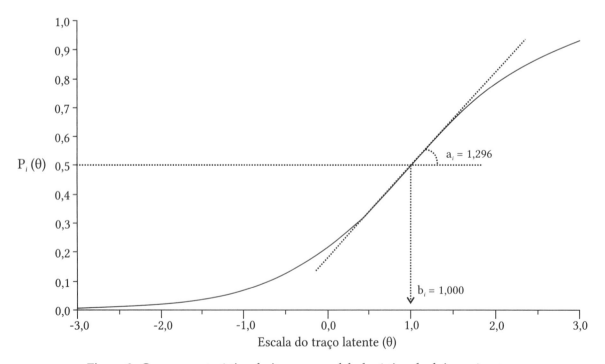

Figura 2 Curva característica do item no modelo logístico de dois parâmetros

Teoricamente, os valores do parâmetro *a* podem variar de -∞ a +∞, mas empiricamente essa variação geralmente se estende de 0 a 3 (Nakano et al., 2015; Pasquali, 2007). Valores negativos do parâmetro de discriminação indicam que a probabilidade de se responder corretamente ao item é inversamente proporcional ao nível de θ, o que certamente não é esperado e aponta para um problema na elaboração do item (*e. g.*, uma questão malformulada). Uma discriminação muito baixa (*e. g.*, abaixo de 0,4), por sua vez, também revela problemas, já que nesse caso os sujeitos com níveis de θ altos e baixos teriam quase a mesma probabilidade de acertar a resposta. Na Tabela 1 é possível ver a interpretação para os valores dos parâmetros, elaborada por Baker (2001, p. 35).

Tabela 1 Interpretação dos valores do parâmetro de discriminação *a*

Valor	0	0,01 – 0,34	0,35 – 0,64	0,65 – 1,34	1,35 – 1,69	≥ 1,7
Intepretação	Nenhuma discriminação	Muito baixa discriminação	Baixa discriminação	Moderada discriminação	Alta discriminação	Muito alta discriminação

O modelo logístico de um parâmetro ou modelo de Rasch foi desenvolvido por Georg Rasch na década de 1950 e posteriormente adaptado para um modelo logístico por Wright na década de 1970 (Pasquali, 2007). No modelo de Rasch, a probabilidade de um testando com determinado nível de traço latente θ responder corretamente um item i pode ser expressa matematicamente da seguinte forma (Han & Hambleton, 2007):

$$P_i(\theta) = \frac{1}{1 + e^{-D(\theta - b_i)}} \quad (3)$$

Na Figura 3, valor de *b* é igual a -0,253, isso significa que 50% dos testandos com nível θ = -0,253 responderiam corretamente a esse item.

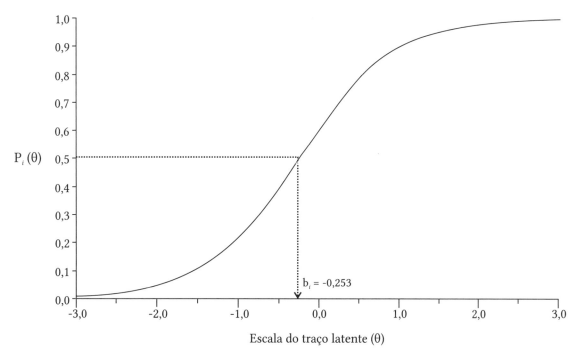

Figura 3 Curva característica do item no modelo de Rasch

Modelo para Escalas Graduadas e Modelo de Créditos Parciais

Os modelos discutidos até aqui são referentes a questionários que lidam com respostas dicotômicas – certo ou errado, verdadeiro ou falso etc. Ainda, é possível lidar com situações de múltipla escolha, de forma que apenas uma resposta é certa (*i. e.*, 1), enquanto as demais são erradas (*i. e.*, 0). Exemplos destas situações são o Exame Nacional do Ensino Médio (Enem) e Exame Nacional de Desempenho dos Estudantes (Enade), onde apenas uma, dentre 5 opções, é a certa. É importante ressaltar que o 0 representa a "falta de alguma característica, ou, no caso de exames de proficiência, uma resposta errada" (De Ayala, 2008, p. 162). Em casos em que não existem respostas "certas ou erradas", como é o caso de avaliações psicológicas por autorrelato, em que o sujeito deve indicar o grau de concordância frente a um conjunto de itens, chama-se de itens politômicos, uma vez que a chave de resposta se encontra a partir de 3 opções, nas chamadas escalas de tipo Likert. Ainda é de extrema importância frisar que estas categorias de resposta são "ordenadas", isto é, uma opção indica mais ou menos daquilo que está sendo medido.

Um dos problemas centrais encontrados na psicometria é o desenvolvimento de modelos que possam estar ajustados para mensurar características pessoais a partir de itens que de fato estejam ligados a um traço latente. Especificamente, o uso de escalas com intervalos ordenados/categóricos não reflete o parâmetro de distância entre as opções – ou seja, a diferença da opção 1 para 2 pode não ter a mesma distância da 3 para 4, por exemplo. Por isso, o modelo de TRI politômicos consegue fazer esta parametrização por meio das funções das características de resposta (em inglês, *category response functions,*

CRF), que representam a probabilidade de um testando obter uma pontuação de x no item i. A partir das CRFs obtém-se, para cada item, uma curva característica operacional (CCO). Ambas são definidas em cada modelo politômico, como será explicado abaixo.

O Modelo de Créditos Parciais (em inglês, *Partial Credit Model,* PCM) é um tipo de modelo Rasch, em que para se chegar à resposta correta de um item é necessário uma ou mais operação, ou, em casos de respostas qualitativas (cf. Amantes & Coelho, 2015). Para melhor entendimento, observe o problema abaixo:

$$6 \div 3 + 2 = ?$$

Neste caso, para se obter a resposta correta, primeiro é necessário conseguir entender a regra matemática de que divisão é sempre feita antes de adição, dividir o número 6 por 3 para se chegar a 2. Com isto, uma segunda operação é realizada, a de somar 2 com 2 e chegar ao resultado final, 4. Caso um testando erre a primeira operação, divisão, então seu escore será 0, já que se assume que ele não poderá chegar ao resultado correto e nem por meio do chute, já que o parâmetro "chute", c, neste modelo, é inexistente (De Ayala, 2008; Engelhard, 2014). Em outras palavras, para cada operação, "créditos" são dados para as respostas corretas, transformando em variáveis categóricas os níveis de acerto do item, de forma que a probabilidade em endossar um item ou chegar a um grau de resposta correta está diretamente relacionada com o grau de traço latente do testando (Amantes & Coelho, 2015; Engelhard, 2014; Meijer & Tendeiro, 2018).

Desta forma, entende-se que o PCM deve ser utilizado em situações que seja necessário mais de uma etapa para se chegar à resposta correta (Amantes & Coelho, 2015; De Ayala, 2008), ou de se endossar um item (Meijer & Tendeiro, 2018). Assim, estima-se a probabilidade que um item possui em ser endossado/acertado a partir do nível do traço latente θ do testando. É importante ressaltar que o PCM é considerado uma "generalização direta do modelo Rasch" aplicados em itens politômicos (Engelhard, 2014). O modelo matemático do PCM para a obtenção das curvas características operacionais (CCO) segue na fórmula 6:

$$\frac{P_{ix}(\theta)}{P_{ix-1}(\theta) + P_{ix}(\theta)} = \frac{1}{1 + e^{-D(\theta - b_i)}} \quad (6)$$

onde:

$P_{ix}(\theta)$ é a probabilidade do testando obter o escore x no item i;

$P_{ix-1}(\theta)$ é a probabilidade do testando de obter um escore $x - 1$ no item i;

θ é o nível de habilidade do testando;

b_{ix} é a localização onde o testando tem a probabilidade em responder $x - 1$ e 1.

Embretson e Reise (2000) reconhecem o parâmetro b_{ix} como um parâmetro de interseção. Ou seja, este parâmetro indica a probabilidade do testando de responder tanto em x quanto em $x - 1$. Desta forma é possível perceber se o testando consegue suceder na transição dos parâmetros de limiares a partir do seu nível no traço latente θ.

Adicionalmente, o Modelo Generalizado de Créditos Parciais (*Generalized Partial Credits Model*, GPCM, em inglês) permite estimar que o parâmetro da discriminação do item seja incorporado na probabilidade do seu endossamento.

O modelo matemático para o CCO do GPCM segue abaixo:

$$\frac{P_{ix}(\theta)}{P_{ix-1}(\theta) + P_{ix}(\theta)} = \frac{1}{1 + e^{-D a_i(\theta - b_i)}} \quad (6)$$

onde:

a_i é o parâmetro de discriminação do item.

Convém ressaltar que o GPCM consegue fornecer informações adicionais sobre o conjunto de dados de um item, quando comparado com o conjunto de informações obtidas pelo PCM. Isto é devido à adição do parâmetro a_i, fornecendo um melhor ajuste do modelo aos dados (Engelhard, 2014; Meijer & Tendeiro, 2018).

Outro modelo para itens de pontuação ordenada refere-se ao modelo de resposta graduada (*graded response model* – GRM) foi desenvolvido inicialmente por Fumiko Samejima (1969, 1972) e é voltado para análise de itens politômicos com respostas categóricas ordenadas explicitamente, como escalas do tipo Likert, e foi desenvolvido a partir do 2PLM (Ostini & Nering, 2006; Pasquali, 2007). Este modelo é considerado um modelo indireto (Embretson & Reise, 2000), pois ele requer a estimação da curva característica operacional, seguido da subtração do próprio CCO para se chegar a curvas das categorias de resposta (CRF, em inglês *category response function*). Ou seja, no GRM, primeiramente são computadas as curvas para cada limiar entre as categorias de resposta (j_i), para se chegar à CCO, por meio da equação 7, apresentada a seguir. A dificuldade do item é calculada para cada categoria de resposta, de forma a calcular a probabilidade de a resposta do sujeito cair dentro ou acima do limiar inferior de uma dada categoria de resposta. Assim, um item com cinco categorias de resposta ($m_i = 5$), por exemplo, terá quatro parâmetros b, um para cada limiar de categoria de resposta (j_i).

$$P^*_{ij}(\theta) = \frac{e^{Da_i(\theta - b_{ij})}}{1+e^{Da_i(\theta - b_{ij})}} \quad (7)$$

onde:

$P^*_{ij}(\theta)$ é a probabilidade de que um testando escolhido aleatoriamente, com nível de traço latente θ, marque uma resposta x ou maior na escala de categorias de resposta (K_i)

$j \qquad x = j = 1 \ldots m_i$

Após o cálculo das curvas características operacionais são calculadas as CRFs, que correspondem à probabilidade de um testando escolher cada uma das categorias de resposta (i. e., um dos pontos da escala de respostas). Para tanto, calcula-se a diferença entre as curvas características operacionais por meio da equação 8. Assim, considera-se que a probabilidade do testando escolher a categoria de resposta X dá-se pela diferença entre a probabilidade da CCO do limiar $j+1$ e a probabilidade da CCO do limiar anterior j.

$$P_{ij} = P^*_{ij}(\theta) - P^*_{i,j+1}(\theta) \quad (8)$$

onde:

P_{ij} é a probabilidade do testando responder ao item (i) escolhendo o limiar (j).

A Figura 4 apresenta um exemplo de um item analisado por meio do GRM. Verifica-se, no exemplo, que o item possui cinco categorias de resposta (m) e, portanto, quatro limiares entre categorias de resposta (j). Esse item tem os seguintes parâmetros: discriminação, a = 2,0; limiares entre categorias de resposta, $J_1 = -1$; $J_1 = -2$; $J_1 = 1$ e $J_1 = 2$. Essas informações podem ser interpretadas da seguinte forma. Para que um testando escolha entre as duas primeiras categorias de resposta (M_1 e M_1) é necessário que ele tenha um teta igual a -2 (J_1), enquanto para escolher entre as duas últimas categorias de resposta (M_1 e M_1) é necessário um teta maior, equivalente a 2 (J_4).

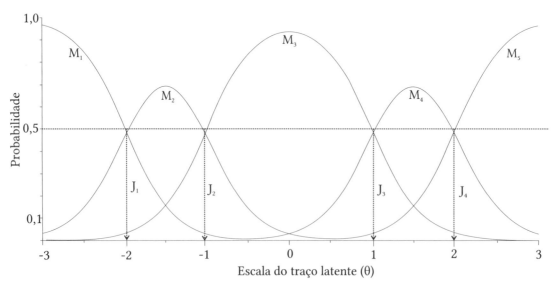

Figura 4 Exemplo da análise de um item pelo modelo GRM – curvas dos limiares entre as categorias de resposta

Curva de informação

Os parâmetros dos itens podem ser combinados de forma a produzir uma função de informação do item. Essa função descreve a precisão com a qual um item mede cada nível da escala do traço latente (θ) que o teste pretende mensurar. Segundo Pasquali (2007), "a função de informação do item é estaticamente definida como o montante de informação psicométrica (Fisher) que um item contém em todos os pontos ao longo do contínuo do traço latente que ele representa" (p. 58). Ainda de acordo com Pasquali (2007) quanto maior a discriminação (a_1) de um item, mais informação esse item apresentará. Quando somadas, as funções de informação dos itens constituem a função de informação do teste que, por sua vez, oferece a precisão do teste como um todo para mensurar o traço latente em diferentes níveis. A Figura 5 apresenta as curvas de informação de um item (CII) com cinco categorias de resposta (M_1 a M_5) e de um teste (CIT) com 25 itens – os dados são simulados. As curvas de informação se assemelham a uma curva do tipo normal (Pasquali, 2007). Na figura, observa-se que o item oferece maior informação em torno da mediana da escala de teta (θ = 0,5).

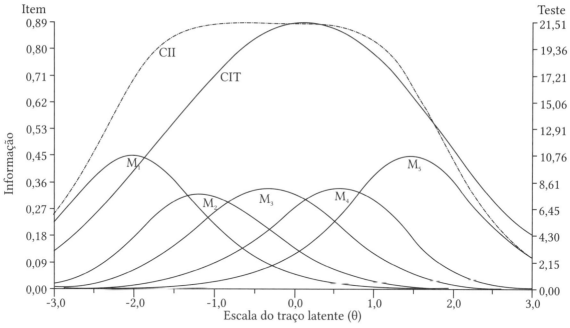

Figura 5 Exemplo das curvas de informação de um item (CII) com cinco categorias de resposta e de um teste (CIT)

Exemplificando a Teoria de Resposta ao Item: um caso de inteligência

A seguir, mostramos um caso para exemplificar o uso da TRI em itens dicotômicos – logo, usando os quatro modelos de parâmetros logísticos (Rasch, 2PL, 3PL e 4PL). Inicialmente, foi feito um recorte de um banco de dados de um teste de inteligência, mais especificamente sobre raciocínio abstrato (RA) e raciocínio espacial (RE), sendo composto por 24 itens. Os respondentes eram estudantes universitários no Rio de Janeiro. Após a limpeza, isto é, exclusão de casos omissos e padrões prováveis de respostas estranhas (como *outliers*), um total de 1.132 observações restaram para a análise. As análises foram realizadas no pacote MIRT (Chalmers, 2012) do RStudio (2016), sendo utilizado o seguinte *script*:

```
##Análises
##Rasch
rasch <- mirt(bd1, 1, itemtype = 'Rasch', TOL = .001)
##2PL
m2 <- mirt(bd1, 1, itemtype = '2PL', TOL = .001)
##3PL
m3 <- mirt(bd1, 1, itemtype = '3PL', TOL = .001)
##4PL
m4 <- mirt(bd1, 1, itemtype = '4PL', TOL = .001)

##apresentar os parâmetros dos itens
coef(rasch, IRTpars = TRUE, simplify = TRUE)
coef(m2, IRTpars = TRUE, simplify = TRUE)
coef(m3, IRTpars = TRUE, simplify = TRUE)
coef(m4, IRTpars = TRUE, simplify = TRUE)

##apresentar as CCIs dos itens
plot(rasch, type = 'trace', facet_items = FALSE, which.items = 1:12)
plot(m2, type = 'trace', facet_items = FALSE, which.items = 1:12)
plot(m3, type = 'trace', facet_items = FALSE, which.items = 1:12)
plot(m4, type = 'trace', facet_items = FALSE, which.items = 1:12)
```

Os resultados para cada modelo são apresentados na Tabela 2, que mostra as estimativas dos parâmetros a, parâmetro de discriminação do item, e b, parâmetro da dificuldade, nos quatro modelos. Para uma melhor visualização, cada parâmetro é apresentado numa mesma coluna que os diferentes modelos, a fim de que seja possível comparar os resultados que a estimação destes apresenta. A exceção é o modelo Rasch, pois por ser um tipo de modelo 1PL, o valor deste parâmetro a é fixo em 1. Ainda neste parâmetro, é possível perceber que os modelos 2PL e 3PL apresentam uma maior quantidade de itens com valores semelhantes, com exceção de itens que podem ser verdadeiramente discriminativos quanto ao raciocínio abstrato, enquanto o modelo 4PL tem valores demasiadamente altos, como se os quase todos os itens deste teste fossem de grande discriminação.

Tabela 2 Valores dos parâmetros a e b para o teste de raciocínio abstrato (RA) e raciocínio espacial (RE)

Item	Rasch	2PL	3PL	4PL	Rasch	2PL	3PL	4PL
		a				b		
RA_01	1	0.897	0.913	3.637	-1.294	-1.301	-1.269	-1.297
RA_02	1	1.398	1.414	1.909	-2.250	-1.685	-1.679	-1.553
RA_03	1	1.441	1.432	2.215	-1.329	-0.988	-0.966	-0.898
RA_04	1	1.513	1.520	2.325	-1.844	-1.326	-1.313	-1.263
RA_05	1	1.017	1.269	1.271	0.066	0.060	0.340	0.330
RA_06	1	1.170	1.270	1.299	-0.656	-0.554	-0.368	-0.388
RA_07	1	0.752	0.883	1.318	-0.064	-0.062	0.299	0.026
RA_08	1	1.172	1.192	1.179	-0.245	-0.210	-0.171	-0.180
RA_09	1	0.754	1.114	1.252	0.816	0.942	1.171	1.117
RA_10	1	1.149	1.193	1.243	0.166	0.137	0.185	0.247
RA_11	1	1.240	2.165	2.099	0.175	0.136	0.546	0.543
RA_12	1	0.837	3.292	4.074	0.672	0.713	1.091	1.104
RE_01	1	1.905	2.368	3.306	-1.418	-0.924	-0.543	-0.384
RE_02	1	2.519	2.978	4.912	-0.734	-0.457	-0.261	-0.181
RE_03	1	1.576	1.981	3.337	-0.018	-0.028	0.186	0.096
RE_04	1	1.249	1.593	1.846	-0.289	-0.239	0.134	0.180
RE_05	1	1.198	2.176	3.359	0.075	0.057	0.528	0.442
RE_06	1	1.651	2.242	3.509	0.297	0.189	0.390	0.304
RE_07	1	1.150	2.367	2.814	0.427	0.358	0.732	0.652
RE_08	1	1.657	2.415	5.106	0.098	0.051	0.318	0.226
RE_09	1	1.230	3.056	3.585	0.321	0.255	0.673	0.638
RE_10	1	1.114	2.051	5.149	0.527	0.452	0.775	0.561
RE_11	1	1.374	2.240	7.041	1.471	1.111	1.109	0.747
RE_12	1	1.330	3.261	3.688	0.535	0.405	0.713	0.692

Nota: a é o parâmetro de discriminação do item; b é o parâmetro de dificuldade do item; 2PL – modelo logístico de 2 parâmetros; 3PL – modelo logístico de 3 parâmetros; 4PL – modelo logístico de 4 parâmetros

O parâmetro b, comum a todos os modelos logísticos da TRI, apresenta valores muito semelhantes, à exceção do modelo 4PL, como pode ser visto na Tabela 2. Os modelos Rasch e 2PL apresentam valores mais próximos entre si. Esta situação pode deixar a escolha entre os modelos difíceis, mas é necessário atentar para uma coisa: se um item é mais difícil, ou seja, tem um valor de b maior, logo é esperado que sua discriminação (parâmetro a) também seja mais elevado.

Assim, comparando estes dois parâmetros nos diferentes modelos, é possível perceber que os valores apresentados nos modelos 2PL e 3PL estão mais plausíveis.

Na Tabela 3 temos os resultados para os parâmetros c, do acerto ao acaso (ou "chute"), e do parâmetro d, erro por descuido. Os resultados do parâmetro c em ambos os modelos estão com os valores muito semelhantes. Ainda, os valores obtidos para o parâmetro d, pelo modelo de 4PL, também apresentou valores diferentes, mas não muito abaixo de 1, indicando que pessoas com altas habilidades no seu nível latente θ terão maior chance de acertar itens mais difíceis, mas baixa probabilidade de errar por distração.

Em outras palavras, pessoas que erram itens mais fáceis e acertam itens mais difíceis podem estar "chutando" as suas respostas. Deste modo, o parâmetro d não demonstra necessidade de ser modelado.

Tabela 3 Valores dos parâmetros c e d para o teste de raciocínio abstrato (RA) e raciocínio espacial (RE)

Item	c		d	
	3PL	4PL	3PL	4PL
RA_01	0.001	0.002	1	0.832
RA_02	0.004	0.002	1	0.980
RA_03	0.002	0.071	1	0.942
RA_04	0.001	0.006	1	0.957
RA_05	0.107	0.106	1	0.999
RA_06	0.072	0.067	1	0.996
RA_07	0.113	0.179	1	0.843
RA_08	0.002	0.001	1	0.999
RA_09	0.116	0.139	1	0.954
RA_10	0.009	0.038	1	0.999
RA_11	0.186	0.186	1	0.999
RA_12	0.244	0.256	1	1.000
RE_01	0.232	0.334	1	0.985
RE_02	0.095	0.172	1	0.976
RE_03	0.092	0.143	1	0.899
RE_04	0.158	0.200	1	0.981
RE_05	0.210	0.248	1	0.916
RE_06	0.090	0.131	1	0.908
RE_07	0.187	0.199	1	0.944
RE_08	0.123	0.172	1	0.897
RE_09	0.212	0.221	1	0.975
RE_10	0.164	0.214	1	0.828
RE_11	0.062	0.095	1	0.725
RE_12	0.174	0.181	1	0.989

Nota: c é o parâmetro do acerto ao acaso, ou "chute"; d é o parâmetro da resposta por descuido; 3PL – modelo logístico de 3 parâmetros; 4PL – modelo logístico de 4 parâmetros

Observando o parâmetro a, vê-se que o 4PL tem valores muito altos em relação aos demais modelos, quase como se todos os itens tivessem um grande poder discriminatório. Em casos de instrumentos que buscam realizar um diagnós-tico diferencial, possuir uma boa quantidade de itens discriminatórios é interessante. Contudo, para instrumentos sem este objetivo, itens muito discriminatórios podem "incluir" um testando em uma situação de falso positivo, fazendo-o receber um diagnóstico que não condiz com seu estado psicológico de fato. No caso aqui discutido, não era esperado que os itens apresentassem parâmetros discriminatórios muito altos ou quase perfeitos (Baker, 2001), mas sim entre baixo e moderado e, porventura, alguns poucos um poder discriminatório alto ou muito alto. Além disso, a discriminação no modelo 4PL foi bastante discrepante dos demais, e possivelmente foi estimada de maneira inflada. Ademais, como os valores para o parâmetro d não se mostraram muito abaixo de 1, o modelo 4PL não pode ser considerado como o melhor modelo para este exemplo.

Um outro ponto a ser observado são os valores dos índices de ajustes dos modelos. Estes valores são de extrema importância, pois é a partir deles que muitas decisões sobre a validade de um instrumento são tomadas. Na TRI, os dois índices de ajustes mais comumente observados são o AIC (*Akaike Information Criterion*) e BIC (*Bayesian Information Criterion*). Não existem valores predefinidos como aceitáveis para estes índices, mas escolhe-se o modelo que, dentre os testados, apresentem os valores mais baixos (De Ayala, 2008; Wu et al., 2017). A Tabela 4 mostra os ajustes obtidos pelos modelos aqui analisados pelos índices AIC e BIC. Percebe-se que os ajustes do modelo Rasch são os mais altos e, logo, não é o melhor modelo a ser considerado. Já o modelo 3PL apresenta o menor valor para ambos os índices de ajuste.

Tabela 4 Índices de ajustes dos modelos testados

	Rasch	2PL	3PL	4PL
AIC	29453.60	29272.74	29138.37	29142.31
BIC	29579.39	29514.26	29500.66	29625.36

Nota: AIC – Akaike Information Criterion; BIC – Bayesian Information Criterion

Diante do exposto, resume-se que os modelos Rasch e 4PL não apresentaram bons resultados, tanto quanto aos ajustes dos modelos quanto nos parâmetros de discriminação e dificuldade apresentados. No caso do modelo Rasch, uma possível explicação para os ajustes e valores dos parâmetros é que a estimação da discriminação fixa em 1 pode ter inflado os resultados para a estimação da dificuldade dos itens, em especial nos itens de raciocínio espacial. Para o modelo 4PL, os resultados do parâmetro d próximos a 1 podem ser explicados por dois motivos. O primeiro é que como se trata de um teste que apresentou valores medianos de dificuldade e discriminação (cf. Tabela 2), ele apresentou baixa probabilidade em responder ao acaso ("errar por distração"). O segundo, como foi um banco de dados que passou por uma "limpeza", testandos que, porventura, tenham errado por distração podem ter sido excluídos da amostra final. É importante ressaltar que o uso do 4PL tem encontrado dificuldade em ser realizado devido à dificuldade de se modelar o parâmetro d (Barnard-Brank et al., 2018; Liao et al., 2012; Loken & Rullison, 2010), mas isto não deve desencorajar seu uso para a estimação de itens de um teste.

Na Figura 6 é mostrado a curva de informação do teste de inteligência. É possível perceber que o teste oferece maior informação em torno da mediana de $\theta = 1,0$, indicando que o teste possui um nível de dificuldade acima da média.

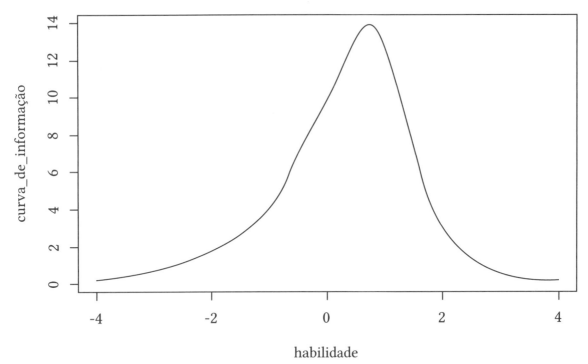

Figura 6 Curva de informação do teste para os itens de raciocínio abstrato (RA) e raciocínio espacial (RE)

Variáveis latentes em foco: da análise fatorial para a Teoria de Resposta ao Item

Um dos maiores *fake news* da psicometria diz respeito a distância que a TRI tem sido posicionada da análise fatorial (AF). Nesse contexto, a AF tem sido entendida, erroneamente, como apenas uma técnica para determinar a estrutura de um instrumento, e a TRI, também de maneira equivocada, como uma ferramenta para apenas avaliar a qualidade dos itens.

No entanto, o núcleo duro de ambas as modelagens (AF e TRI) é estabelecer relações entre variáveis latentes não observadas e itens ou comportamentos observados. Nesse sentido, as variáveis latentes são entendidas, em ambas as análises, como causas da variabilidade observada dos itens. A partir desse núcleo é possível, em ambas modelagens: avaliar a estrutura das variáveis latentes, a qualidade dos itens e estimar os escores latentes dos sujeitos.

No que se refere à investigação da estrutura, embora a maior tradição seja da AF, modelos de TRI multidimensionais (Reckase, 2009) também são capazes de estabelecer relações entre itens de um instrumento e diversas variáveis latentes. Assim, por meio de TRI um pesquisador também pode investigar, por exemplo, se um modelo de duas dimensões é mais adequado aos dados do que um modelo unidimensional.

Sobre a qualidade dos itens, ainda que a maior tradição seja da TRI (e antes da Teoria Clássica dos Testes), os parâmetros estimados pela AF também podem ser utilizados para essa finalidade. As cargas fatoriais e o parâmetro de discriminação da TRI apresentam interpretações parecidas: indicam a força da relação entre uma variável observada e um item.

No entanto, é preciso destacar algumas diferenças entre essas modelagens. De maneira clássica a AF estabelece relações lineares entre variáveis latentes e observadas, e a TRI modela tais relações de maneira logística (por isso, na Figura 1, a linha da CCI é "curvada" em forma de "s"). Nesse contexto, modelos logísticos aparentam ser mais "elegantes", pois é esperado que a inclinação da curva seja muito baixa nos extremos (p. ex., duas pessoas, uma com escore latente de 7 e outra de 6, embora estejam a 1 DP de diferença, suas habilidades são tão altas que a probabilidade de acertar um determinado item mediano (digamos de $b = 0$) é praticamente a mesma. Mesmo nessa diferença, modelos de AF para dados ordinais conseguem "reproduzir" essa característica. Embora a parametrização de uma AF seja, normalmente linear, é possível deduzir um parâmetro logístico equivalente. Kamata e Bauer (2008) apresentam as deduções das equações da AF e modelos de TRI e chegam a uma fórmula simples para obter parâmetros de TRI (em métrica logística) a partir de estimações da AF (em métrica linear). Sugerimos veementemente a leitura desse artigo!

Outra diferença refere-se à estimação dos parâmetros. Talvez essa seja a maior diferença, pois todos os modelos de TRI (ao menos os que conhecemos) são *Full Information*, ou seja, utilizam toda a matriz dos dados observados para a estimação dos parâmetros dos itens. Modelagens de AF usualmente utilizam apenas a matriz de correlações (Pearson ou policórica) para estimar os parâmetros. No entanto, os exemplos apresentados por Kamata e Bauer (2008) indicam que essa diferença na estimação se reflete em parâmetros com pequenas diferenças (menores do que 10% do parâmetro).

Considerações finais

Buscamos, neste capítulo, apresentar uma introdução aos modelos de Teoria de Resposta ao Item. Passados quase 50 anos desde as primeiras publicações de TRI, ainda é crescente o número de modelos que são pensados para resolver problemas específicos de modelagens anteriores. Dar ênfase a todos não seria possível num capítulo. Assim, optamos pelo foco nos modelos logísticos de um a quatro parâmetros. Destacamos ainda que os modelos de Rasch, 2PL e 3PL podem ser visualizados como *nested* (dentro da mesma "família") ao modelo 4PL, mas com alguns parâmetros fixos (p. ex., o modelo 2PL é um modelo 4PL com os parâmetros c e d fixos em 0 e 1, respectivamente).

Além disso, buscamos "aproximar" a TRI da AF. De fato, ambas fazem parte de uma grande família para modelagem de variáveis latentes e, em alguns casos, chegam a ser praticamente equivalentes, com parâmetros facilmente conversíveis de uma análise para a outra.

Referências

Amantes, A. & Coelho, G. (2015). Modelos politômicos. In H.F. Golino, C.M.A. Gomes, A. Amantes, & G. Coelho (Org.). *Psicometria contemporânea: compreendendo os modelos Rasch* (pp. 155-184). São Paulo: Casa do Psicólogo.

Baker, F.B. (2001). *The Basics of Item Response Theory*. Washington, DC: ERIC Clearinghouse on Assessment and Evaluation.

Barnard-Brank, L., Lan, W.Y., & Yang, Z. (2018). Differences in mathematics achievement according to opportunity to learn: A 4pL item reponse theory examination. *Studies in Educational Evaluation, 56*(2018), 1-7 [doi: 10.1016/j.stueduc.2017.11.002]

Brasil, Instituto Nacional de Estudos e Pesquisas Educacionais. (2018). *Exame Nacional do Ensino Médio* [Recuperado de https://enem.inep.gov.br/participante/#!/inicial].

Chalmers, R.P. (2012). mirt: A multidimensional item response theory package for the R environment. *Journal of Statistical Software, 48*(6), 1-29 [doi: 10.18637/jss.v048.i06].

De Ayala, R.J. (2008). *The Theory and Practice of Item Response Theory*. Nova York: The Gilford Press.

Embretson, S.E. & Reise, S.P. (2000). *Item Response Theory for Psychologists*. Mahwah, NJ: Erlbaum.

Engelhard, G. (2014). Item response theory models for rating scale data. *Wiley StatsRef: Statistics Reference Online* [doi: 10.1002/9781118445112.stat06398].

Kamata, A. & Bauer, D.J. (2008). A note on the relation between factor analytic and item response theory models. *Structural Equation Modeling, 15*, 136-153 [doi: 10.1080/10705510701758406].

Meijer, R.R. & Tendeiro, J.N. (2018). Unidimensional item response theory. In P. Irwing, T. Booth, & D.J. Hughes (Eds.). *The Wiley Handbook of Psychometric Testing: A Multidisciplinary Reference on Survey, Scale, and Test Development* (pp. 413-443). West Sussex: John Wiley & Sons.

Nakano, T.C., Primi, R., & Nunes, C.H.S.S. (2015). Análise de itens e teoria de resposta ao item. In C.S. Hutz, D.R. Bandeira, C.M. Trentini (Orgs.). *Psicometria* (pp. 97-124). Porto Alegre: Artmed.

Pasquali, L. (2007). *Teoria de Resposta ao Item: teoria, procedimentos e aplicações*. Brasília: LabPAM/UnB.

Rackase, M.D. (2009). *Multidimensional Item Response Theory*. Nova York, NY: Springer.

RStudio Team (2016). RStudio: Integrated Development for R. RStudio, Inc., Boston, MA [URL http://www.rstudio.com/].

Wu, M., Tam, H.P., & Jen, T.H. (2017). *Educational Measurement for Applied Researchers: Theory into Practice*. Singapore: Springer.

5
Adaptação de instrumentos de avaliação psicológica

Denise Ruschel Bandeira

Um exame rápido na internet, nas editoras de testes e nos livros de avaliação psicológica nos mostra que a maioria dos instrumentos psicológicos são originários de países de língua inglesa. Isso porque a pesquisa, área responsável por criar esses instrumentos, acontece essencialmente em língua inglesa, a língua considerada universal na ciência (Drubin & Kellogg, 2012). Todos sabemos que a pesquisa é muito apoiada financeiramente em países de língua inglesa, como os Estados Unidos e a Inglaterra (van Dalen, Mehmood, Verstraten, & der Wiel, 2014). Outros países nos quais há um bom desenvolvimento e financiamento da pesquisa, tais como Alemanha, Dinamarca, Suécia e outros, acabam também publicando em língua inglesa para serem lidos no resto do mundo.

Por outro lado, atuamos profissionalmente em um país cujo idioma oficial não é o inglês e necessitamos de instrumentos de avaliação psicológica em maior medida do que o que conseguimos produzir no Brasil. Aqui, o investimento em pesquisa não é tão grande e é recente o investimento das editoras em instrumentos brasileiros. Tendo em vista essa carência, acabamos precisando realizar adaptações transculturais. Ainda assim, mesmo que esse investimento fosse maior e que tivéssemos capacidade de produzir mais, essas adaptações seriam imprescindíveis, tendo em vista a necessidade de realizarmos estudos transculturais, com instrumentos que possam eventualmente comparar diferentes cul-

turas. Concluindo, para povos que não possuem o inglês como língua materna, a adaptação transcultural de instrumentos de avaliação é uma realidade com a qual precisamos conviver.

Caracterizando o processo de adaptação transcultural

A adaptação transcultural pode ser entendida como um processo de tradução de um instrumento, organizado de forma sistemática a partir de vários passos, que busca fazer com que o instrumento final seja semelhante ao original, mas inclua as modificações necessárias para que a cultura local seja representada. Ou seja, no caso do Brasil, o instrumento adaptado ficará com "mais cara de brasileiro", com uma linguagem mais natural do nosso país, podendo, idealmente, ser entendido por pessoas de diferentes níveis de escolaridade e de diversas regiões do Brasil.

A preocupação com a qualidade dos processos de adaptação é tão grande que a *International Test Comission* (ITC) vem publicando uma série de documentos sobre o tema. A ITC é uma entidade científica que agrega associações, comissões e editoras de diferentes países, interessadas em testes psicológicos e educacionais, que busca promover o avanço da área, considerando desde políticas de melhores práticas até o desenvolvimento e avaliação desses instrumentos. Para maiores detalhes, cf. https://www.intestcom.org/

O documento mais recente da entidade é justamente uma atualização sobre tradução e adaptação intitulado: *ITC Guidelines for Translating and Adapting Tests (Second Edition)* [Recuperado de https://www.intestcom.org/files/guideline_test_adaptation_2ed.pdf]. Esse documento ainda não tem uma versão traduzida, mas a tradução da primeira edição desse guia está disponível em https://www.intestcom.org/files/guideline_test_adaptation_brasilian_portuguese.pdf

Com essas *Guideliness*, a ITC deixa claro o objetivo de diferenciar os processos de tradução de instrumentos dos processos de adaptação, mostrando que o primeiro é bem mais restrito que o segundo. Além disso, pode-se perceber a preocupação que se tem com o rigor a ser seguido no processo de adaptação, destacando a importância de que as diretrizes propostas sejam seguidas de modo uniforme no mundo inteiro. Considerar essas instruções é uma forma de garantir que, além de instrumentos mais válidos, os produtos gerados (testes adaptados) sejam mais comparáveis quando se trata de pesquisa transcultural, aplicações de avaliações em pessoas de diferentes culturas e possibilidade de pessoas de línguas diferentes responderem a processos seletivos internacionais, com instrumentos iguais, cada um na sua língua.

Em termos de como devem ser realizados os processos de adaptação transcultural, a literatura aponta diversos passos a serem tomados (Borsa, Damasio, & Bandeira, 2012; Epstein, Santo, & Guillemin, 2015; Beaton, Bombardier, Guillemin, & Ferraz, 2000). Pode-se perceber que, por vezes, não há uniformidade entre eles. A única questão que é unânime é a necessidade de que o processo de adaptação transcultural seja realizado, para que se possa confiar nos instrumentos que serão utilizados.

Em artigo que escrevi juntamente com Borsa e Damasio, estabelecemos seis passos para esse processo: (1) tradução do instrumento do idioma de origem para o idioma-alvo, (2) síntese das versões traduzidas, (3) avaliação da síntese por juízes experts, (4) avaliação do instrumento pelo público-alvo, (5) tradução reversa, e (6) estudo-piloto (Borsa, Damasio, & Bandeira, 2012). Esse artigo é de acesso aberto, ou seja, pode ser acessado por qualquer pessoa. Sugiro fortemente que, caso você esteja envolvido em um processo de adaptação, leia o artigo, pois nele os passos são descritos de forma bem detalhada, inclusive com exemplos. Aqui neste capítulo eles não serão aprofundados. Minha ideia será trazer apenas aspectos que entendo que estejam necessitando de alguma atualização, tendo em vista experiências mais recentes que tenho realizado de processos de adaptação em meu grupo de pesquisa (Grupo de Estudo, Aplicação e Pesquisa em Avaliação Psicológica (Geapap) – www.ufrgs.br/geapap).

Todos os passos são muito importantes, mas penso que o primeiro tem um valor essencial. Por vezes, palavras traduzidas de forma incorreta geram erros que vão até o final do processo, sem que ninguém se dê conta disso. Por isso, no Geapap, temos trabalhado sempre com dois tradutores, nativos no idioma-alvo e fluentes no idioma de origem do instrumento. Tal como Beaton et al. (2000), também valorizamos que um deles tenha conhecimento da temática do instrumento; isso porque, por vezes, há certos termos mais técnicos que já possuem uma tradução reconhecida pela comunidade científica e devem ser adotados na versão adaptada, minimizando a possibilidade de erro.

Durante o processo, tenho solicitado a participação do grupo de pesquisa. Muitas vezes, temos dificuldade de traduzir certas expressões.

Por exemplo, em um instrumento de comportamento adaptativo que estamos traduzindo, o item *Reads the time printed on a schedule* teve duas traduções "Lê a hora impressa em uma programação" e "Lê o horário escrito em uma programação ou cronograma". Nenhuma das traduções desse item dirigido a crianças de 9 a 15 anos estava agradando as autoras da adaptação. Então, resolvemos levar essa discussão para o grupo de pesquisa. Nesse momento, é sempre muito importante se ter em mente a que dimensão pertence o item, o que ele quer avaliar. Nesse caso, a ideia era ver o quanto a criança tem autonomia para ler e entender os horários para poder se organizar dentro de uma rotina diária. No final, decidimos por "Entender a hora escrita numa rotina/programação diária". Esse item ainda será levado para juízes (Etapa 3); porém, a discussão com o grupo foi importante para chegarmos a uma expressão mais acessível. Mais pessoas pensando auxiliam com o debate.

A participação do grupo de pesquisa tem sido, de fato, um aspecto fundamental. Tenho a sorte de o Geapap ser composto por pessoas vindas de diferentes partes do Brasil. Nosso país é grande e composto por regiões com culturas bem típicas, que afetam diretamente a linguagem. Lembro de um exemplo de construção de itens para um instrumento de avaliação do desenvolvimento infantil (Idadi – *Inventário dimensional de desenvolvimento infantil*; Silva, Mendonça, & Bandeira (no prelo)) no qual precisávamos saber se a criança já conseguia pedalar um triciclo. Esse instrumento, por ser respondido por pais de diferentes escolaridades, deveria ser construído em uma linguagem bem simples. Então, sugeri o termo motoca, que é como chamamos esses triciclos plásticos infantis no sul do país. Na construção do Idadi, são autores uma mineira e um baiano, que imediatamente me rebateram dizendo que em seus estados as pessoas imaginariam motos pequenas, que claramente não era o caso. Conto isso para ilustrar a importância de a linguagem ser mais nacional e não composta por regionalismos dos quais muitas vezes nem nos damos conta. Quando não se tem isso facilmente, como no caso do Geapap, sugiro consulta a pessoas de diferentes regiões, que podem servir como juízes no processo de adaptação.

Outro aspecto que gostaria de chamar a atenção é com relação ao fato de a avaliação pelo público-alvo ser realizada antes da retrotradução, a qual deixamos explícita no nosso artigo (Borsa, Damasio, & Bandeira, 2012). Essa sugestão não era dada na maioria dos guias sobre processos de adaptação, os quais sugeriam que a retrotradução ocorresse logo após o segundo passo, a síntese da tradução. Nesses casos, não fazia sentido ter a retrotradução aprovada pelo autor do instrumento original e depois propor modificações advindas dos outros passos do processo. Essa aprovação acabava gerando uma falsa impressão de que o instrumento estava bem traduzido. Contudo, na segunda edição da ITC (2016), já é abordada a importância de se apresentar o instrumento ao grupo foco antes de seu formato final aprovado pelo autor do original.

Ainda, pela nossa experiência, posso falar um pouco sobre a questão da retrotradução. Entendo, sim, que ela é um passo necessário. Contudo, por vezes ela pode não ocorrer. Nesses casos, o acompanhamento do autor do instrumento original é muito importante. Todas as dúvidas que vão surgindo durante o processo podem ou até devem ser discutidas com ele. Poder saber exatamente o que o item está avaliando, qual era a ideia do autor ao construí-lo, ou a que dimensão ele pertence são questões fundamentais. Tudo isso ajuda a resolver os casos nos quais a versão final do item não está clara.

Ainda, gostaria de especificar um pouco mais a questão dos diferentes juízes com os quais devemos contar durante o processo de adaptação do instrumento. Esses juízes podem variar de acordo com o construto a ser avaliado. Podemos ter juízes mais técnicos, que conhecem teoricamente o construto; juízes que passam pela experiência do que o teste está avaliando (p. ex., pessoas que sofrem de depressão em um teste que avalia sintomas depressivos); juízes que entendem do construto de forma não científica (líderes religiosos, p. ex., em uma escala que avalia *coping* religioso – cf. Panzini & Bandeira, 2004).

Os juízes especialistas com conhecimento técnico serão essenciais quando falamos de instrumentos nos quais são avaliadas diversas funções que dependem da linguagem, tal como os testes neuropsicológicos. Seu papel é fundamental quando se fala em evidências de validade de conteúdo. Como afirmam Reppold, Gomes, Seabra, Muniz, Valentini e Laros (2015, p. 101), precisamos estar alertas para as evidências de validade de conteúdo ao se construir ou adaptar um instrumento, não só para "garantir a abrangência e representatividade dos itens, mas por viabilizar que comparações de resultados internacionais possam ser realizadas com maior segurança". Na realidade, ao se traduzir algumas palavras ou expressões para o português, por exemplo, elas poderão não mais estar medindo a mesma função cognitiva que era avaliada no teste original (Salles & Bandeira, 2015). Portanto, o conhecimento teórico propiciado pelos juízes especialistas é primordial.

Após a adaptação do instrumento passar por todos esses passos, é chegada a hora de o mesmo ser submetido às análises empíricas. Para isso, sugiro que sejam estudadas as diretrizes apontadas pela ITC (2016), assim como outras referências que abordam este tema (cf. Borsa, Damasio, & Bandeira, 2012; Damasio & Borsa, 2017, em especial a parte 3, que aborda análises estatísticas; Nakano, Primi, & Nunes, 2015). Além disso, o acompanhamento de um estatístico sempre é interessante quando não se tem domínio das análises estatísticas.

Realidade brasileira e perspectivas futuras

No cenário brasileiro, desde que comecei a atuar como pesquisadora na área de avaliação, muito evoluímos. Lembro que, na década de 1990, não tínhamos essa preocupação com a qualidade das traduções. Muitos instrumentos produzidos pelas editoras nacionais eram apenas traduções dos originais, sem a menor preocupação com os conteúdos dos itens. O Wisc, por exemplo, utilizado até a década de 1990, teve sua primeira tradução realizada por Poppovic, pela Editora Cepa, que apontou a necessidade de adaptação dos itens (Lengruber & Paine, 1981). Ou seja, o manual que era utilizado a partir da década de 1960 não tinha passado por um processo de adaptação.

Então, na década de 1970, Lengruber e Paine (1981) realizam um processo de adaptação transcultural do Wisc, publicado originalmente, em 1974, na *Interamerican Journal of Psychology*, mas obviamente, como era esperado, não seguiram o rigor exigido atualmente. As autoras trabalharam com a versão traduzida por Poppovic, adaptando do ponto de vista da linguagem somente os subtestes Vocabulário, Informação e Compreensão. Para o primeiro, nova lista de palavras foi criada. Para os dois últimos, cinco itens foram incorporados à revisão experimental do Wisc, substituindo itens que as autoras não consideravam adequados à cultura brasileira. Interessante perceber que "esses 10 itens haviam sido escolhidos entre propostas alternativas oferecidas por alunos estagiários do último ano do Curso de Psicologia da PUC-RJ, por aproximarem-se dos originais quanto ao tipo de conhecimento e grau de dificuldade exigidos" (Lengruber & Paine, 1981, p. 33). Como pode ser visto, não foram utilizados juízes especialistas, por exemplo. Além disso, as análises estatísticas para reordenamento dos itens seguiram o que se tinha disponível na época, que era a avaliação do nível de dificuldade do item (hoje temos a Teoria de Resposta ao Item, na qual cada elemento do teste é avaliado de forma separada, evitando a dependência da amostra provocada pela Teoria Clássica do Teste – cf. Nakano, Primi, & Nunes, 2015).

Considerando os últimos vinte anos, posso dizer que tivemos uma evolução muito grande na área de adaptação de instrumentos. A partir dos guias desenvolvidos pela ITC e pelas associações *American Educational Research Association, the American Psychological Association* e *National Council on Measurement in Education* (Aera, APA, & NCME, 2014), associado ao fato de termos acesso a todo esse material assim que é publicado, o Brasil pôde se atualizar a respeito das formas como devem ser feitas as adaptações, na busca de instrumentos com ótimas evidências de validade.

Contudo, não é tarefa fácil manter uma grande lista de instrumentos atuais e adaptados dentro de um nível de rigor esperado. As editoras buscam investir nessa área, em parcerias com pesquisadores brasileiros, para manter atualizadas suas listas de testes disponíveis. O governo

brasileiro, por meio de suas agências de fomento à pesquisa, também investe bastante nessa área, concedendo bolsas e auxílio à pesquisa, mas sempre é pouco perto da rapidez com que novos testes são criados ou atualizados no exterior.

Para o futuro, entendo que estamos no caminho certo, procurando adaptar os instrumentos valorizados internacionalmente, tal como as Escalas Wechsler, a Escala Bayley, Neo-PI, Benton e outros. Por outro lado, temos que valorizar os instrumentos construídos no Brasil, que levam em consideração aspectos culturais no seu desenvolvimento.

Considerações finais

Por meio deste capítulo, tive a intenção de mostrar a importância de que processos de adaptação não sejam realizados sem o devido rigor científico, já que podem gerar instrumentos com evidências de validade questionáveis. Por caracterizar-se como um trabalho científico, o melhor local para que ele se desenvolva é nas universidades – ou melhor, nos grupos de pesquisa que possuem experiência nessas tarefas.

Gostaria de salientar que vários grupos de pesquisa adaptam instrumentos por possuírem a *expertise* para isso. Dominam os aspectos técnicos dos processos de tradução, adaptação e análises psicométricas, mas por vezes não possuem domínio dos aspectos teóricos dos construtos medidos pelos instrumentos. Nessas situações, é essencial que se unam a grupos ou pesquisadores com domínio teórico sobre esses construtos. Por outro lado, também vemos o contrário. Grupos sem a *expertise* de adaptação, mas com conhecimento teórico considerável, adaptando testes de forma pouco rigorosa. Mais uma vez, defendo a colaboração entre grupos de pesquisa. A qualidade empírica da adaptação está diretamente ligada à qualidade teórica da mesma.

Como pesquisadora da área, entendo que é nosso dever continuar na busca de adaptações transculturais de qualidade, mesmo enfrentando as dificuldades decorrentes desse processo. Como disse no início deste capítulo, a necessidade de adaptar instrumentos é inerente a nossa prática de avaliação psicológica, considerando que atuamos em um país de língua portuguesa. O que importa é que criemos nos psicólogos que estamos formando a consciência crítica da importância de processos de adaptação bem conduzidos, para que possam melhor escolher os instrumentos que irão utilizar e confiar nos seus resultados.

Referências

Aera, APA, & NCME (2014). *Standards for educational and psychological testing*. Washington, DC: American Educational Research Association.

Beaton, D.E., Bombardier, C., Guillemin F., & Ferraz, M.B. (2000). Guidelines for the process of cross-cultural adaptation of self-report measures. *Spine, 25*(24), 3.186-3.191.

Borsa, J.C., Damásio, B.F., & Bandeira, D.R. (2012). Adaptação e validação de instrumentos psicológicos entre culturas: algumas considerações [Cross-cultural adaptation and validation of psychological instruments: some considerations]. *Paideia (Ribeirão Preto), 22*, 423-432 [doi: 10.1590/S0103-863X2012000300014].

Damasio, B.F. & Borsa, J.C. (Orgs.) (2017). *Manual de desenvolvimento de instrumentos psicológicos*. São Paulo: Vetor.

Drubin, D.G. & Kellogg, D.R. (2012). English as the universal language of science: opportunities and challenges. *Molecular Biology of the Cell, 23*(8), 1.399 [doi: 10.1091/mbc.E12-02-0108].

Epstein, J., Santo, R.M., & Guillemin, F. (2015). A review of guidelines for cross-cultural adaptation of questionnaires could not bring out a consensus. *Clinical Epidemiology, 68*(4), 435-441 [doi: 10.1016/j.jclinepi.2014.11.021].

International Test Commission (2016). The ITC Guidelines for Translating and Adapting Tests (2a. ed.) [www.InTestCom.org].

Lengruber, V. & Paine, P.A. (1981). Adaptação brasileira da escala verbal do Wisc. *Arquivos Brasileiros de Psicologia, 33* (1-2).

Nakano, T.C., Primi, R., & Nunes, C.H.S.S. (2015). Análise de itens e Teoria da Resposta ao Item (TRI). In C.S. Hutz, D.R. Bandeira, & C.S. Trentini. *Psicometria* (pp. 97-124). Porto Alegre: ArtMed.

Panzini, R.G., & Bandeira, D.R. (2004). Escala de Coping Religioso-Espiritual (Escala CRE): elaboração e validação de construto. *Psicologia em Estudo, 10*(3), 507-516.

Reppold, C.T., Gomes, C.M.A., Seabra, A.G., Muniz, M., Valentini, F., & Laros, J.A. (2015). Contribuições da psicometria para os estudos em neuropsicologia cognitiva. *Psicologia: Teoria e Prática, 17*(2), 94-106.

Salles, J.F. & Bandeira, D.R. (2015). Adaptação de Instrumentos de Avaliação Neuropsicológica. In F.H. Santos, V.M. Andrade, O.F.A. Bueno (Eds.). *Neuropsicologia hoje* (2a. ed., pp. 115-126). Porto Alegre: Artmed.

Silva, M.A., Mendonça, E.J., & Bandeira, D.R. (no prelo). Construção do Inventário Dimensional de Avaliação do Desenvolvimento Infantil (Idadi). *PsicoUSF.*

6
Testagem Universal: avaliação psicológica e pessoas com deficiência

Cassandra Melo Oliveira

Carlos Henrique Sancineto da Silva Nunes

Contextualização

A Testagem Universal representa a aplicação dos princípios do Desenho Universal ao instrumental da Psicologia compreendendo a forma de utilização e acesso aos materiais, espaços e modos de fazer em avaliação psicológica. Possui como objetivo máximo a acessibilidade compreendida de forma ampla, abarcando, por exemplo, pensar-se em testes psicológicos que possam ser realizados por pessoas com deficiências, bem como aplicados por psicólogos com deficiências. Reflete uma preocupação frequente com a qualidade técnica e teórica no campo da avaliação psicológica e está em consonância com a perspectiva da inclusão de um público amplo. Neste capítulo serão detalhados os aspectos referentes à aplicação da Testagem Universal aos testes psicológicos, focando na sua utilização por pessoas com deficiência.

A Testagem Universal é um campo de investigação que se direciona ao formato dos testes e estuda a sua influência na realização dos mesmos, foca as adaptações como proporcionadoras de acessibilidade e analisa a repercussão da sua aplicação na qualidade dos instrumentos. Uma diferença básica entre Testagem Psicológica e Testagem Universal é que a Testagem Psicológica pretende tornar o teste claro e conciso para grupos populacionais específicos, já a Testagem Universal busca um *design*, um formato de teste, que possa se acomodar a uma população ampla com o máximo de acessibilidade possível – que agregue o maior número possível de grupos específicos.

Na Testagem Universal pessoas com e sem deficiência podem realizar os instrumentos de forma acessível, procurando-se, assim, abarcar as variações corporais e cognitivas humanas. Tais variações são pouco consideradas no processo de desenvolvimento dos instrumentos de avaliação utilizados por psicólogos. Os formatos comumente implementados nos testes psicológicos inviabilizam que indivíduos com deficiência os realizem com condições semelhantes às de pessoas sem deficiência (Thurlow, Lazarus, Chistensen, & Shyan, 2016; Thurlow, Lazarus, Albus, & Hodgson, 2010). Neste tocante, faz-se imprescindível estudar como cada tipo de deficiência utiliza os formatos de testes e que recursos teóricos, técnicos e tecnológicos – quando aplicados – potencializam a acessibilidade dos testes psicológicos. Estes são alguns pontos essenciais em instrumentos baseados na Testagem Universal.

A Testagem Universal visa à acessibilidade plena, a qual consiste na possibilidade de o maior número de pessoas possível utilizarem um produto se apropriando aos seus objetivos e usos autonomamente. Contudo, torna-se um grande desafio e até um ponto utópico atender a um público deveras amplo e com características tão variadas quanto pessoas com e sem deficiência, idosos, crianças etc. Desta forma, a acessibilidade plena torna-se a máxima possível considerando os objetivos do teste psicológico e o público para o qual tal instrumento está sendo desenvolvido ou adaptado.

Introdução

A Testagem Universal se baseia no conceito de Desenho Universal, o qual surgiu no campo da arquitetura na busca de espaços que fossem projetados desde o início para todas as pessoas, incluindo indivíduos com ou sem deficiência, idosos e crianças. Em sua expansão, o Desenho Universal alcançou produtos, projetos de espaços escolares até chegar ao ensino em si e concomitantemente aos processos avaliativos e seu instrumental – em sua aplicação aos testes psicológicos e à avaliação psicológica foi denominado de Testagem Universal (Thompson, Johnstone, & Thurlow, 2002).

O conceito do Desenho Universal visa criar espaços e produtos capazes de atender a complexidade humana com acessibilidade plena, e para tanto apresenta sete princípios: 1) o uso equitativo, 2) o uso flexível, 3) o uso simples e intuitivo, 4) a informação perceptível, 5) a tolerância ao erro, 6) o esforço físico mínimo e 7) o uso e acesso ao tamanho e espaço (Story, Mueller, & Mace, 1998). Tais princípios resumem as características que produtos ou espaços devem possuir para serem considerados alinhados ao Desenho Universal.

A Testagem Universal possui aplicações na construção e adaptação de instrumentos psicológicos, tendo muito a contribuir no processo de desenvolvimento de itens não tendenciosos – livres de vieses (*bias*), na elaboração das instruções dos testes e, de maneira geral, na qualidade do formato dos instrumentos (formato dos itens, legibilidade, apresentação intuitiva e de fácil percepção) (Oliveira & Nunes, 2018). Mais recentemente, no que se refere à Testagem Universal, além da variação corporal humana, ampliou-se a concepção para o pensar na diversidade humana em seus aspectos cognitivos, abrangendo indivíduos com TDAH (Transtorno de Déficit de Atenção e Hiperatividade), déficit cognitivo, dificuldades de aprendizagem, entre outros (Thurlow, Lazarus, Christensen, & Shyyan, 2016; Shinn & Ofiesh, 2012).

O desenvolvimento e a adaptação de testes psicológicos, bem como todos os aspectos que os tangem, torna-se seara científica de interesse da Testagem Universal. Tal abordagem respeita todos os pressupostos teóricos instituídos no tocante aos testes psicológicos, preocupando-se com o formato dos testes e sua influência na realização do mesmo. Foca as adaptações e os recursos de tecnologias assistivas quanto proporcionadores de acessibilidade analisando sua repercussão na qualidade dos instrumentos (Ketterlin-Geller, 2005; Thompson, Johnstone, & Thurlow, 2002). Os princípios do Desenho Universal, na sua aplicação à testagem, foram sistematizados em sete princípios da Testagem Universal por Thompson, Johnstone e Thurlow (2002) e em sua definição constitutiva são os seguintes (Oliveira & Nunes, 2018; Oliveira, Nuernberg, & Nunes, 2013; Johnstone, 2003; Thompson, Johnstone, & Thurlow, 2002):

1) População de avaliação ampla e inclusiva: os testes psicológicos são desenvolvidos ou adaptados objetivando uma popu-

lação ampla, geralmente pessoas com e sem deficiências.

2) Definição precisa do construto: Os testes psicológicos são desenvolvidos ou adaptados visando a máxima precisão na definição dos construtos a serem medidos, minimizando o nível em que são afetados por outros construtos alheios ao que se pretende medir.

3) Itens acessíveis e não tendenciosos: Os testes psicológicos são desenvolvidos ou adaptados para que indivíduos pertencentes a diferentes grupos (deficientes, estrangeiros, sem deficiência, entre outros) com a mesma habilidade no construto avaliado tenham a mesma chance de acertar os itens do teste psicológico (em testes de desempenho) ou a apresentarem certos padrões de respostas (em testes de personalidade, interesse, entre outros), e que todos estes grupos compreendam as instruções dos procedimentos envolvidos na testagem.

4) Testes flexíveis a acomodações: Em alguns casos, mesmo que o teste tenha sido construído segundo os princípios da Testagem Universal, é necessária a adoção de adaptações extras para viabilizar o uso do mesmo por pessoas com características físicas ou psicológicas específicas. A vantagem do teste que foi construído segundo a Testagem Universal é permitir o uso destas acomodações de modo que admita a comparabilidade dos resultados entre as aplicações com e sem adaptações extras.

5) Instruções e procedimentos simples, claros e intuitivos: Os testes psicológicos são desenvolvidos ou adaptados evitando-se que instruções e procedimentos em linguagem complexa ou confusa prejudiquem a com-

preensão do que é solicitado, evitando que o testando incorra em erros por não compreender o que lhe é pedido.

6) Texto compreensível e de leitura fácil: Os testes psicológicos são desenvolvidos ou adaptados para reduzir a complexidade verbal e de organização textual dos itens e instruções, preservando seu conteúdo essencial.

7) Máxima legibilidade: Os testes psicológicos são desenvolvidos ou adaptados de forma que a aparência física do texto, os gráficos, tabelas e ilustrações, bem como o formato das respostas possam ser percebidos e compreendidos com facilidade.

No desenvolvimento de testes psicológicos baseados na Testagem Universal a serem utilizados por pessoas com deficiência se faz imperioso a utilização de tecnologias assistivas as quais criam um lócus de acessibilidade. A tecnologia assistiva, quando bem empregada, viabiliza a realização dos instrumentos por pessoas com deficiência de forma equitativa às pessoas sem deficiência. Porém, tais recursos exigem que o instrumento seja planejado desde o princípio com vistas a garantir a exequibilidade técnica do mesmo. Os estudos dos recursos de acessibilidade são inerentes à elaboração de instrumentos para pessoas com deficiência e se tornam um aspecto diferenciador da Testagem Universal em relação ao desenvolvimento de testes de maneira geral. Os testes informatizados são grandes aliados na construção de testes de Testagem Universal por permitirem que os instrumentos possuam maior flexibilidade agregando várias possibilidades de usos e recursos adicionais para as pessoas com deficiência (Thurlow, Lazarus, Albus, & Hodgson, 2010).

Adaptação de Testes para Testagem Universal

O termo técnico "adaptação" foi considerado neste capítulo como quaisquer alterações realizadas em testes psicológicos, devendo tais mudanças serem estudadas e documentadas sempre que utilizadas e catalogadas pelos órgãos responsáveis pelo teste psicológico e seu corpo técnico. Os estudos devem ser consistentes a ponto de demonstrar a manutenção dos indicadores de validade, fidedignidade, mudanças na padronização e se/como tais processos afetam o construto medido pelo teste (ITC, 2016; American Educational Research Association, American Psychological Association, & National Council on Measurement in Education, 1999).

No que se refere à adaptação de instrumentos para a Testagem Universal, afirma-se que em decorrência da escassez de estudos que afirmem de forma consistente em qual grau os testes são afetados pelas diferentes possibilidades de mudanças que os adaptam para os indivíduos com deficiência, faz-se necessário que quaisquer mudanças passem por estudos científicos que repliquem as modificações com vários tipos de testes psicológicos. Assim, estudando-se os diferentes tipos de mudanças em diversos públicos com deficiência chegar-se-á, possivelmente, a conclusões sobre qual o impacto que algumas mudanças realizadas na estrutura dos instrumentos podem ocasionar (Oliveira, 2013).

Segundo os *Standards* da *American Educational Research Association, American Psychological Association* e *National Council on Measurement in Education* (1999) as estratégias usadas na adaptação de testes são: 1) Modificação no formato de apresentação do teste, texto de apresentação e instrução dos itens, por exemplo, texto transcrito para o Braille; 2) Modificação do formato de resposta, possibilidade de indivíduo responder utilizando o meio de comunicação que preferir, por exemplo, em aplicações computadorizadas a resposta poderá ser falada, digitada ou clicada em uma alternativa; 3) Modificação no tempo de aplicação do teste, por exemplo, a leitura do Braille leva mais tempo do que a leitura em tinta; 4) Modificação no *setting* do teste, adaptações no local do teste para torná-lo acessível, por exemplo, mesa que encaixa em uma cadeira de rodas; 5) Usar apenas parte de um teste, descartar subtestes que requerem capacidades que os indivíduos não possuem, por exemplo, em testes que são parte apresentados no formato oral e parte escritos – para o indivíduo cego, aplicar apenas a parte oral; e, 6) Usar um teste substituto ou avaliação alternativa, utilizar um teste que mede o mesmo construto e que foi desenvolvido, por exemplo, especificamente para os indivíduos com a deficiência do testando. A Testagem Universal irá se preocupar com a aplicação destas adaptações não apenas após a elaboração de um instrumento – um teste já desenvolvido, mas anteriormente ao seu desenvolvimento, em seu planejamento. Obviamente não terão o caráter de adaptações propriamente ditas, mas de diferentes formas de implementação da acessibilidade para pessoas com deficiência, ou seja, a Testagem Universal tem como objetivo criar possibilidades para realização dos testes psicológicos por um público que abarque as pessoas com deficiência.

Nas adaptações de Testagem Universal é possível aplicar-se as modificações referidas no parágrafo anterior, e, assim, neste processo de adaptação do instrumento tem-se que dar atenção aos seguintes aspectos: a) Preocupação com a manutenção do mesmo construto para o público com deficiência, por exemplo, um teste apresentado de forma escrita e um teste tátil podem avaliar construtos diferentes, pois o tátil terá a influência da capacidade de percepção tátil do indivíduo; b) Fornecer evidência de que as instruções do teste e o conteúdo do item têm um significado semelhante para todas as populações pretendidas, por exemplo, um item de personalidade *"dirijo sempre pelos mesmos caminhos"* é inadequado para a população com deficiência visual; c) Preocupação com a qualidade dos recursos estatísticos implementados nas análises dos instrumentos, por exemplo, durante as análises dos resultados da aplicação das adaptações nas amostras e na comparação entre os diferentes formatos elaborados; d) Preocupação com aspectos específicos da cultura das pessoas com e sem deficiência, por exemplo, os cegos utilizam leitores de tela em computadores e smartsphones, o que implica uma forma diferente de lógica de uso destas tecnologias; e) Estudos de validade e fidedignidade; f) Documentar quaisquer alterações realizadas nos testes; g) Uso de recursos de tecnologia assistiva é um ponto diferenciador dos testes de Testagem Universal; e, h) Necessidade de consulta a especialista no construto medido, especialista em acessibilidade para o público com deficiência para o qual o teste é desenvolvido e especialista em Testagem Universal. Os aspectos destacados de a) à f) são semelhantes às etapas estandardizadas na elaboração de instrumentos, já as g) e h) possuem nuances inerentes à Testagem Universal (Oliveira, 2013). Acresce-se que na elaboração de instrumentos de Testagem Universal como projeto inicial procura-se elaborar o teste desde o princípio tecendo possibilidades variadas de utilização por pessoas com deficiência.

Elaboração de instrumentos de Testagem Universal

Nos próximos parágrafos apresentar-se-á um roteiro para elaboração de testes segundo os princípios da Testagem Universal. Trata-se de um plano preliminar, ainda em construção, que após ser aplicado na elaboração de instrumentos deve ser avaliado. O roteiro dá uma direção, um parâmetro, ao mesmo tempo em que é um auxiliar do método científico, pois permite a replicação em novos estudos. Tal roteiro objetiva, deste modo, ao alcance da aplicação dos princípios da Testagem Universal com a máxima qualidade.

Figura 1 Elaboração de instrumentos de TU

Etapa 1: A conceituação do teste, com a escolha do construto a ser medido e a sua definição explícita e precisa. Alguns questionamentos norteadores para construção de instrumentos de Testagem Universal são: Este construto é realmente relevante? Aplica-se a todos os públicos pretendidos? Possui literatura que o embase?

Etapa 2: Escolha do número e tipo de itens e minimização do efeito de fatores externos ao construto. No que se refere ao formato, cada item deve ser desenvolvido de forma a ser compatível com recursos de acessibilidade. Já no tocante ao conteúdo, deve-se evitar qualquer conteúdo que possa oferecer vantagem ou desvantagem para qualquer subgrupo da amostra à qual se destina o teste. Isto implica possuir na equipe de desenvolvimento do instrumento pessoas especializadas na construção de itens para grupos variados. A fim de minimizar o efeito de fatores externos (p. ex.: evitar o uso de gráficos ou figuras que não sejam transponíveis para o Braille) deve-se prever uma gama de desempenhos para prevenir os efeitos de teto ou piso e desenvolver um conjunto de itens em número suficiente para permitir a eliminação caso sejam inapropriados. Ainda, faz-se importante aplicar a técnica do *Think Aloud*, a qual é uma técnica de pensar em voz alta o conteúdo do item para verificar como o mesmo é compreendido pela população-alvo e, assim, se ele mede realmente o construto desejado. Alguns questionamentos norteadores são: O conteúdo de algum item oferece vantagem ou desvantagem a um grupo específico? Os itens são acessíveis ou possuem recursos proporcionadores de acessibilidade?

Etapa 3: Análise e correções. Consiste em submeter o instrumento a uma equipe de revisão de testes. A equipe deve possuir indivíduos peritos com características semelhantes à população a que se destina o teste, pessoas com as diferentes deficiências-alvo, os quais sejam pesquisadores, e profissionais especialistas no construto a ser medido. Nesta etapa é realizada a revisão de conteúdo, formato e *design* do instrumento, e, deste modo, a análise e correção de possíveis falhas até o momento (p. ex.: verificação do funcionamento de softwares leitores de tela ou outro recurso de leitura do instrumento, como voz gravada ou vídeo). Além da revisão pela equipe de pesquisa, é importante a avaliação do instrumento por uma equipe de juízes externos – metodologia da Análise de Juízes (Pasquali, 2010). Alguns questionamentos norteadores são: Os recursos de acessibilidade estão funcionando corretamente? O formato está adequado? O conteúdo se coaduna com o objetivo desejado? O *design* do instrumento está em consonância com os princípios do Desenho Universal/Testagem Universal? A Figura 2 resume os principais aspectos a serem observados nesta etapa.

Testes de Testagem Universal: revisão			
Conteúdo dos itens	**Instruções**	*Design*	**Formato dos itens**
Texto curto e de fácil compreensão.	Texto curto e de fácil compreensão.	Evita erros acidentais (tolerância ao erro).	Proporciona tolerância ao erro.
Conteúdo equitativo para pessoas com e sem deficiência.	Conteúdo equitativo para pessoas com e sem deficiência.	Compatível com os recursos de tecnologia assistiva.	Uso equitativo para pessoas com e sem deficiência.
Ausência de ambiguidade.	Ausência de ambiguidade.	Proporciona a fácil percepção do conteúdo.	Flexível aos recursos de tecnologia assistiva.
Adequação à tecnologia assistiva implementada.	Adequação à tecnologia assistiva implementada.	Adequação à tecnologia assistiva implementada.	Adequação à tecnologia assistiva implementada.

Figura 2 Testes de Testagem Universal: revisão do teste

Etapa 4: A aplicação em campo, que pode assumir vários modelos, como por exemplo ser realizada para uma população de pessoas com ou sem deficiência ou para grupos específicos. A escolha do modelo de estudo de campo ou estudo-piloto e, consequentemente, da amostra dependerá dos objetivos do teste, do construto medido e da amplitude do público-alvo, como por exemplo pessoas com deficiências variadas e pessoas sem deficiência – ambas de vários grupos populacionais. As perguntas norteadoras desta etapa são: Como será o estudo-piloto? Qual a amplitude da amostra?

Etapa 5: Análises qualitativas e quantitativas. As análises qualitativas estão voltadas para a acessibilidade e usabilidade do instrumento e como estas são percebidas por seus usuários. Já as análises quantitativas permeiam a utilização de recursos estatísticos variados incluindo estatísticas descritivas e multivariadas e, ainda, a Teoria de Resposta ao Item (TRI), a qual é reconhecida como uma técnica de análise estatística valiosa nos estudos da aplicação do Desenho Universal a instrumentos de avaliação, tendo especial destaque os estudos de *Differencial Item Functioning*, os quais permitem avaliar a comparabilidade de itens em grupos ou formatos variados (Linacre, 2002). Perguntas norteadoras são: Quais análises qualitativas serão úteis para este instrumento? Quais análises quantitativas se aplicam a esse instrumento?

Etapa 6: Revisão final. Nesta etapa são realizados os últimos ajustes do instrumento e produz-se a sua versão final. As perguntas norteadoras são: A versão final alcançou o objetivo desejado? Será necessário retornar a alguma etapa anterior para alcançar a versão final?

Estudos realizados no Brasil

Estudo 1 – Adaptação à Testagem Universal

Oliveira (2013), seguindo a perspectiva da Testagem Universal, realizou o estudo da adaptação de um teste psicológico para avaliação da personalidade informatizado à Testagem Universal. O teste de personalidade informatizado adaptado procurou atender aos sete princípios do Desenho Universal/Testagem Universal. Tal instrumento foi submetido a uma amostra de 146 indivíduos com deficiência visual e 150 indivíduos sem deficiência. Complementarmente, foi desenvolvido um instrumento para verificar a adequação do referido instrumento às adaptações realizadas.

Ainda neste mesmo estudo, complementarmente foi desenvolvido um instrumento para avaliação da aplicação do Desenho Universal primando por avaliar os princípios do Desenho Universal/Testagem Universal. As adaptações realizadas na estrutura do formato de aplicação do teste foram as seguintes: 1) Orientações dadas para execução do teste; 2) Formato dos itens; 3) Tamanho da fonte e tipo de letra; 4) Cores e espaços; e, 5) Ordem de apresentação – objetivando atender ao público com deficiência visual. Apesar das adaptações priorizarem o atendimento ao público com deficiência visual, o estudo visou desenvolver um formato do teste para o Desenho Universal/Testagem Universal e, desta forma, os recursos foram desenvolvidos para atender também às pessoas sem deficiência.

As pessoas com deficiência visual frequentemente empregam os leitores de tela quando da utilização do computador e da internet. Os leitores de tela são um tipo de tecnologia assistiva proporcionada por sistemas computacionais. Utilizando-se deste recurso o indivíduo com deficiência visual consegue ter acesso aos conteúdos disponibilizados da internet, pois uma voz sintetizada os lê, transformando-os de texto escrito para audiotexto. Os leitores possuem diversos recursos de mediação desta navegação, os quais são realizados por meio de comandos digitados no teclado.

A forma adaptada e o instrumento para avaliação do Desenho Universal/Testagem Universal foram testados pelos pesquisadores com cinco tipos de leitores de tela/sintetizadores de voz (Jaws, Dosvox, NVDA, Virtual Vision e Voice Over) com o objetivo de verificar se os itens se adequavam a estes recursos de tecnologia assistiva, ou seja, se o instrumento atendia ao quarto princípio da Testagem Universal – testes flexíveis a acomodações (além dos princípios do Desenho Universal: Uso equitativo, Uso flexível, Informação de fácil percepção e Dimensionamento de espaços para acesso e uso abrangente). Durante este processo, palavras e formatos que não eram flexíveis aos leitores foram modificados.

Os instrumentos e seus vários formatos possíveis (itens, cores e fontes) foram submetidos primeiramente à equipe de pesquisa composta por dois pesquisadores sem deficiência visual e dois especialistas cegos, sendo uma psicóloga e um professor de Informática para deficientes visuais. Foram tomadas decisões, coletadas sugestões e realizadas correções preliminares pela equipe. Formatos variados de itens foram testados e, posteriormente, foi definida uma forma adaptada para o estudo-piloto.

O estudo-piloto seguiu a lógica da Análise de Juízes em dois momentos. No primeiro momento foi aplicado a cinco indivíduos com alta escolaridade e, no segundo momento, a cinco indivíduos com baixa escolaridade. Novas correções foram realizadas, sendo obtida a forma final do instrumento, o qual foi aplicado na amostra de pesquisa. Ressalta-se ainda que a escolha nesta pesquisa pelo modo de apresentação do teste adaptado como uma ferramenta informatizada online perpassou por vários princípios do Desenho Universal, pois permitiu o acesso ao teste por pessoas com e sem deficiência utilizando seu computador pessoal independentemente da distância que os indivíduos estavam do local de origem da pesquisa (Universidade Federal de Santa Catarina – UFSC) viabilizando um uso flexível e equitativo.

Os resultados do instrumento que avaliou a adaptação do instrumento para adaptação da Testagem Universal apontaram para o atendimento de todos os sete princípios empregados e concomitantemente a acessibilidade do instrumento para indivíduos com e sem deficiência visual. Alcançou-se a acessibilidade máxima possível para uma população ampla e inclusiva. No entanto, o teste adaptado à Testagem Universal possuiu como limitação o fato de não se aplicar a outros tipos de deficiência, o qual, para tanto, necessitará de novos estudos.

Estudo 2 – Construção de um banco de itens de Testagem Universal que avalia personalidade

Oliveira (2017) desenvolveu itens desde o princípio empregando os princípios da Testagem Universal. Tais itens foram elaborados para compor um banco de itens segundo os princípios da Testagem Universal no construto personalidade, Cinco Grandes Fatores. Tal trabalho primou pela elaboração de um banco de itens em testagem adaptativa, a qual é uma tarefa de alta complexidade que demanda amplo conhecimento técnico e teórico. A amostra compôs-se de indivíduos maiores de idade de ambos os sexos, com e sem deficiência (n. total = 1.228).

Neste trabalho foi construído um instrumento para calibração dos itens de personalidade e Testagem Universal, sendo este implementado em seu formato segundo os mesmos princípios. Foram perpetradas as Análises de Juízes com a reescritura, a exclusão de itens e ajustes nas facetas em que alguns itens estavam alocados – na medida em que cada uma destas ações se fez necessária. Os itens foram implementados no ambiente Concerto (Scalise & Allen, 2015). Ainda, os 525 itens deste estudo foram resumidos em cinco fatores por meio da análise fatorial.

Os itens do banco de itens tiveram seus parâmetros estimados utilizando o modelo de resposta gradual ou de Samejima (1997), separadamente, em cada um dos cinco fatores resultando em: 64 itens de Abertura, 58 itens de Extroversão, 82 itens de Neuroticismo, 76 de Realização e 37 de Socialização. Na análise do Funcionamento Diferencial dos Itens consideraram-se como itens indicativos de exclusão aqueles nos quais o DIF apresentou valores de moderados a altos ($|DIF| \geq 0,64$), contudo, ainda, submeteram-se os itens a reanálises de Testagem Universal (DIF entre as pessoas com e sem deficiência) e quando constado o não atendimento a algum dos princípios, o item também foi indicado para exclusão. Como conclusões foi indicado que no estudo da dimensionalidade os Cinco Grandes Fatores da Personalidade (Abertura, Realização, Extroversão, Socialização e Neuroticismo) apresentaram resultados semelhantes à literatura científica sedimentada da área. Acresce-se que após a calibração,

317 itens foram considerados aptos a compor o Banco de Itens de Personalidade e Testagem Universal. No tocante à aplicação da Testagem Universal verificou-se que os resultados foram bastante promissores na busca pela invariância dos itens, uma vez que poucos itens apresentaram valores de DIF de moderados a altos. Assim, diante dos resultados alcançados, conclui-se que a tese alcançou as primeiras evidências de validade de um Banco de Itens de Personalidade e Testagem Universal para Testagem Adaptativa. À guisa de exemplo, alguns aspectos inerentes à Testagem Universal implementados no estudo relatado nos parágrafos anteriores serão detalhados no próximo tópico.

Exemplo de aplicação

Os itens além de serem desenvolvidos segundo o construto proposto – personalidade no modelo dos Cinco Grandes Fatores – foram elaborados aplicando-se os sete princípios da Testagem Universal (Figura 3). Os princípios da Testagem Universal foram aplicados na elaboração dos itens, em seus conteúdos, preocupando-se com a simplicidade, evitando ambiguidade e primando pela equidade. Igualmente, aplicou-se tais princípios ao instrumento para calibração do banco de itens (Bateria de Personalidade e Testagem Universal) no formato dos itens, nos recursos computacionais utilizados, cores, tamanho de fonte e no texto das instruções. Tais medidas visaram a ampliar a qualidade do teste para a utilização por pessoas com e sem deficiência abarcando a diversidade cognitiva humana – embora, no presente caso, ainda parcialmente restrito para pessoas sem deficiência e com deficiência visual e motora.

PRINCÍPIOS DA TESTAGEM UNIVERSAL	APLICAÇÃO NOS ITENS DO TESTE
1) População de avaliação ampla e inclusiva.	Conteúdo do item adequado para pessoas com e sem deficiência.
2) Definição precisa do construto.	Simplicidade do conteúdo do item e evitar ambiguidade.
3) Itens acessíveis e não tendenciosos.	Equidade para pessoas com e sem deficiência.
4) Testes flexíveis a acomodações.	Texto curto (preocupação com o número de palavras). Evitou-se linguajar técnico ou rebuscado e ambiguidade. Texto que se adeque ao uso de tecnologias assistivas.
5) Instruções e procedimentos simples, claros e intuitivos.	Simplicidade e clareza nos textos dos itens.
6) Leitura agradável e de máxima inteligibilidade.	Texto curto. Simplicidade do conteúdo dos itens. Evitar ambiguidade, linguajar técnico ou rebuscado.
7) Máxima legibilidade.	Texto curto.

Figura 3 Aplicação dos princípios da Testagem Universal aos itens

Na elaboração do instrumento no meio computacional foram construídos os *templates* (Figura 4). O *template* é um modelo de documento digital sem conteúdo, apenas com a apresentação visual. Os conteúdos dos *templates* foram acrescidos na medida em que os mesmos foram elaborados. Durante este processo foi verificado se os *templates* eram acessíveis aos leitores de tela e os formatos que não se adequaram foram alterados ou excluídos. A formatação dos *templates* repercute na utilização de tecnologias assistivas, como os leitores de tela, e tem relação com questões como espaçamento, tipo e tamanho de letras, marcações e numerações, que precisam ser testadas com as tecnologias assistivas após a implementação.

No processo de elaboração dos *templates* com vistas à garantia dos princípios da Testagem Universal foram observados os textos de apresentação dos itens e instruções garantindo que os mesmos fossem descritivos, simples e claros (Figuras 4 e 5). Foram testados vários modelos preliminares até o formato final ser alcançado. O formato dos itens em caixas de seleção ou combinação foram implementados com o intuito de serem acessíveis aos leitores de tela (Oliveira, 2013). As páginas do teste foram organizadas de modo que a informação visual relevante sempre possuísse um correspondente textual. Cuidados com o uso da numeração e informações adicionais de quantas páginas ainda faltam para realizar o instrumento em cada página do teste foram tomados. O tamanho das letras seguiu a recomendação de Fuchs, Fuchs, Eaton, Hamlett, Binkley e Crouch (2000) de estarem em tamanho maior que 12, sendo escolhido o tamanho 16 (Figuras 4 e 5).

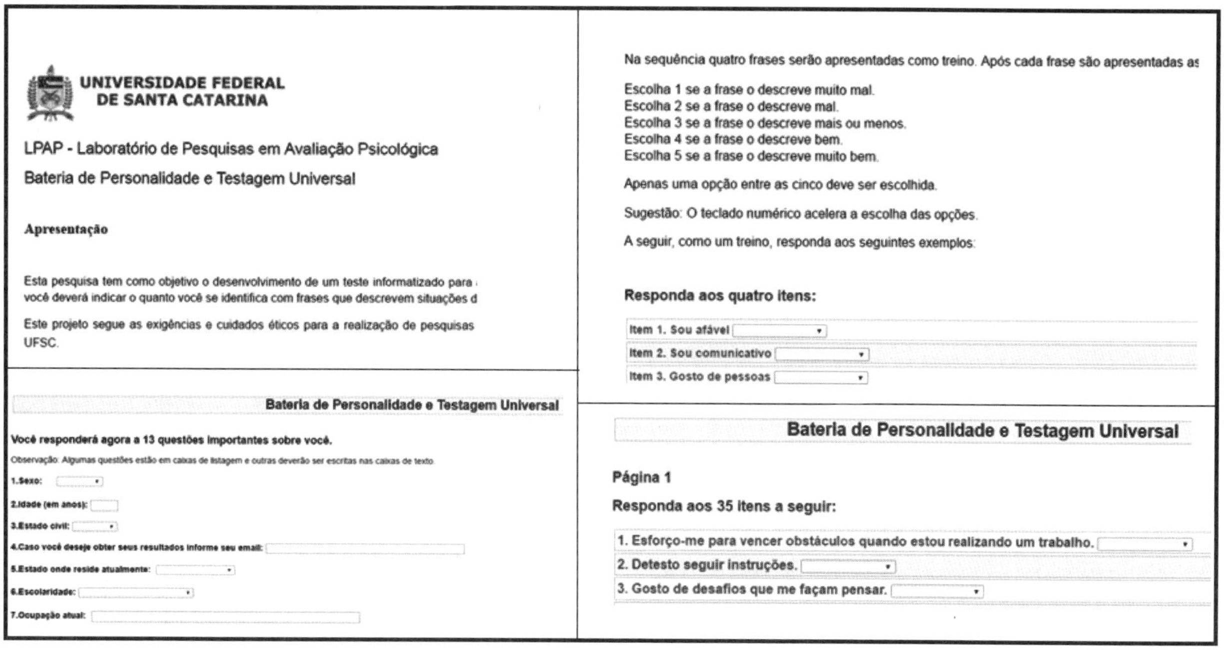

UNIVERSIDADE FEDERAL DE SANTA CATARINA

LPAP - Laboratório de Pesquisas em Avaliação Psicológica

Bateria de Personalidade e Testagem Universal

Apresentação

Esta pesquisa tem como objetivo o desenvolvimento de um teste informatizado para … você deverá indicar o quanto você se identifica com frases que descrevem situações d…

Este projeto segue as exigências e cuidados éticos para a realização de pesquisas … UFSC.

Bateria de Personalidade e Testagem Universal

Você responderá agora a 13 questões importantes sobre você.

Observação: Algumas questões estão em caixas de listagem e outras deverão ser escritas nas caixas de texto.

1.Sexo:
2.Idade (em anos):
3.Estado civil:
4.Caso você deseje obter seus resultados informe seu email:
5.Estado onde reside atualmente:
6.Escolaridade:
7.Ocupação atual:

Na sequência quatro frases serão apresentadas como treino. Após cada frase são apresentadas as…

Escolha 1 se a frase o descreve muito mal.
Escolha 2 se a frase o descreve mal.
Escolha 3 se a frase o descreve mais ou menos.
Escolha 4 se a frase o descreve bem.
Escolha 5 se a frase o descreve muito bem.

Apenas uma opção entre as cinco deve ser escolhida.

Sugestão: O teclado numérico acelera a escolha das opções.

A seguir, como um treino, responda aos seguintes exemplos:

Responda aos quatro itens:

Item 1. Sou afável
Item 2. Sou comunicativo
Item 3. Gosto de pessoas

Bateria de Personalidade e Testagem Universal

Página 1

Responda aos 35 itens a seguir:

1. Esforço-me para vencer obstáculos quando estou realizando um trabalho.
2. Detesto seguir instruções.
3. Gosto de desafios que me façam pensar.

Figura 4 Exemplos de *templates* implementados

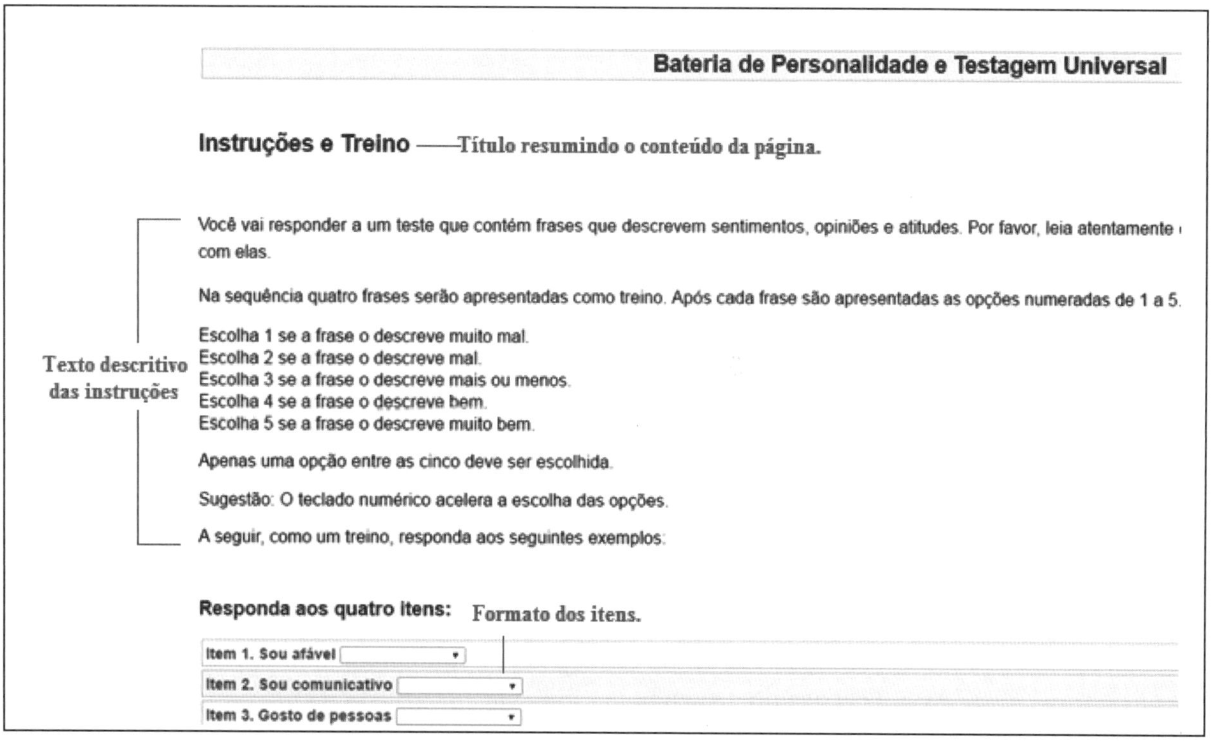

Bateria de Personalidade e Testagem Universal

Instruções e Treino — Título resumindo o conteúdo da página.

Texto descritivo das instruções

Você vai responder a um teste que contém frases que descrevem sentimentos, opiniões e atitudes. Por favor, leia atentamente … com elas.

Na sequência quatro frases serão apresentadas como treino. Após cada frase são apresentadas as opções numeradas de 1 a 5.

Escolha 1 se a frase o descreve muito mal.
Escolha 2 se a frase o descreve mal.
Escolha 3 se a frase o descreve mais ou menos.
Escolha 4 se a frase o descreve bem.
Escolha 5 se a frase o descreve muito bem.

Apenas uma opção entre as cinco deve ser escolhida.

Sugestão: O teclado numérico acelera a escolha das opções.

A seguir, como um treino, responda aos seguintes exemplos:

Responda aos quatro itens: Formato dos itens.

Item 1. Sou afável
Item 2. Sou comunicativo
Item 3. Gosto de pessoas

Figura 5 Exemplos de aplicações da Testagem Universal nos *templates*

Para se considerar tal instrumento como de Testagem Universal foi imprescindível sua adequação a tecnologias assistivas (TA). As tecnologias assistivas agregam um conjunto de materiais, desde instrumentos já amplamente conhecidos e utilizados como as bengalas, até potentes softwares leitores de telas (Oliveira, 2013; Oliveira & Nunes, 2015). Na Bateria desenvolvida foram seguidas as orientações de Shinn e Ofiesh (2012) quanto à utilização desta TA (softwares leitores de telas), as quais se coadunam com os já referidos princípios da Testagem Universal. Complementarmente, para primar pela acessibilidade, foram disponibilizadas sugestões de comandos utilizados por programas leitores de telas (Figura 6).

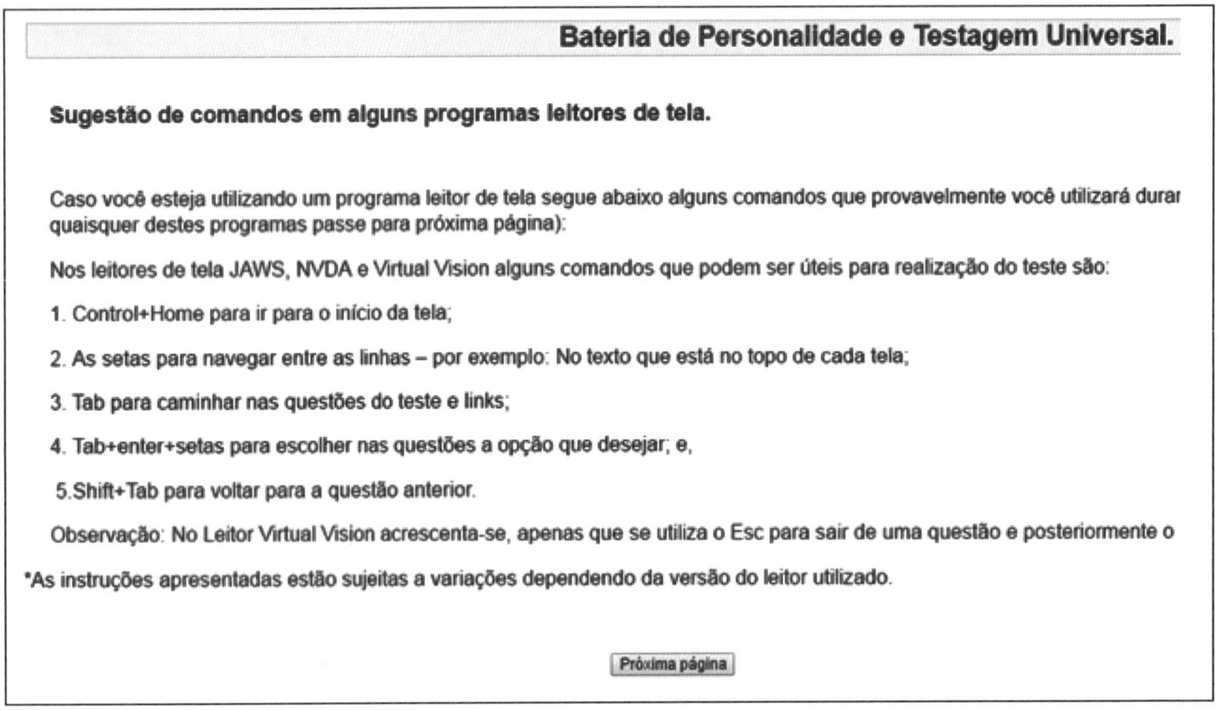

Bateria de Personalidade e Testagem Universal.

Sugestão de comandos em alguns programas leitores de tela.

Caso você esteja utilizando um programa leitor de tela segue abaixo alguns comandos que provavelmente você utilizará durante quaisquer destes programas passe para próxima página):

Nos leitores de tela JAWS, NVDA e Virtual Vision alguns comandos que podem ser úteis para realização do teste são:

1. Control+Home para ir para o início da tela;

2. As setas para navegar entre as linhas – por exemplo: No texto que está no topo de cada tela;

3. Tab para caminhar nas questões do teste e links;

4. Tab+enter+setas para escolher nas questões a opção que desejar; e,

5. Shift+Tab para voltar para a questão anterior.

Observação: No Leitor Virtual Vision acrescenta-se, apenas que se utiliza o Esc para sair de uma questão e posteriormente o

*As instruções apresentadas estão sujeitas a variações dependendo da versão do leitor utilizado.

[Próxima página]

Figura 6 Alguns comandos utilizados nos programas leitores de telas

Considerações finais

O presente capítulo detalhou o surpreendente alcance dos princípios do Desenho Universal, inicialmente elaborados com o foco em projetos de arquitetura. Os mesmos evoluíram teoricamente e mostraram a utilidade de sua aplicação em outras áreas. As aplicações do Desenho Universal aos testes psicológicos e ao processo de testagem foram os enfoques principais deste trabalho, os quais se tratam de um campo amplo de possibilidades, criador de uma forma diferenciada de vislumbrar a testagem para além do momento ou fração temporal em que ele ocorre, visando, assim, abarcar as inúmeras variáveis que podem interferir neste processo. Para tanto, faz-se de fundamental importância uma metodologia de construção de instrumentos baseados na Testagem Universal que permitam a segurança técnica necessária a esta tarefa.

Conforme apresentado, as etapas envolvidas na construção e adaptação de medidas de Testagem Universal são semelhantes às etapas já estandardizadas na construção e adaptação de instrumentos psicológicos. Acresce-se que o conteúdo de cada etapa ou suas subetapas assumem maior riqueza e detalhamento de aspectos estruturais, sobretudo em relação ao formato e a sua adequação à utilização de tecnologias assistivas. Em se tratando da Testagem Universal, torna-se uma preocupação permanente a acessibilidade do instrumento tanto em relação ao formato quanto ao seu conteúdo, bem como a operacionalização dos princípios da Testagem Universal em cada etapa do processo de construção. Consequentemente, a Testagem Universal permite a ampliação da qualidade dos instrumentos para grupos amplos.

O pensar em uma população ampla e inclusiva de Testagem Universal ultrapassa o pensar apenas em nível de pessoas com e sem deficiência, mas abarca a diversidade cognitiva humana e reforça o compromisso ético dos profissionais de Psicologia com a qualidade destes materiais. Espera-se, por fim, que este trabalho contribua para ampliar o olhar em relação à elaboração de instrumentos em Psicologia e que a Testagem Universal alcance não só os instrumentos, mas as atitudes e o pensamento dos profissionais de Psicologia, os quais incluam estudos desta natureza quando do processo de desenvolvimento de seus instrumentais.

Referências

American Educational Research Association, American Psychological Association, & National Council on Measurement in Education (1999). *Standards for educational and psychological testing*. Washington, DC: Author.

Fuchs, L., Fuchs, D., Eaton, S. Hamlett, C., Binkley, E., & Crouch, R. (2000). Using objective data sources to enhance teacher judgments about test accommodations. *Exceptional Children, 67*, 67-81 [Recuperado de http://ecx.sagepub.com/content/67/1/67.short, em junho de 2015].

International Test Commission (2016). *The ITC Guidelines for Translating and Adapting Tests* (2a. ed.) [www.InTestCom.org].

Ketterlin-Geller, L.R. (2005). Knowing what all students know: Procedures for developing universal design for assessment. *Journal of Technology, Learning and Assessment, 4*(2) [Recuperado em agosto de 2011, de http://www.jtla.org].

Linacre, J.M. (2002). *Differential Item Functioning and Differential Test Functioning (DIF & DTF)*. Rasch Publications [Recuperado em janeiro de 2013, de http://www.rasch.org/rmt/rmt163g.htm].

Oliveira, C.M. & Nunes, C.H.S.S. (2018). Modelo de Testagem Universal Aplicado à Área da Avaliação Psicológica. *Psicologia: Ciência e Profissão, 38*(spe), 98-107 [https://dx.doi.org/10.1590/1982-3703000209007].

Oliveira, C.M. & Nunes, C.H.S.S. (2015). Instrumentos para Avaliação Psicológica de Pessoas com Deficiência Visual: tecnologias para desenvolvimento e adaptação. *Psicologia: Ciência e Profissão, 35*(3), 2015, 886-899 [http://dx.doi.org/10.1590/1982-3703001902013].

Oliveira, C.M. (2013). *Evidências de validade de uma bateria informatizada para avaliação da personalidade adaptada ao desenho universal* (dissertação). Florianópolis: Universidade Federal de Santa Catarina.

Oliveira, C.M. (2017). *Construção e busca de evidências de validade de um banco de itens de personalidade para testagem adaptativa desenvolvido a partir dos princípios do Desenho Universal* (tese). Florianópolis: Universidade Federal de Santa Catarina. In C.M. Oliveira, A.H. Nuernberg, & C.H.S.S. Nunes (2013). Desenho universal e avaliação psicológica na perspectiva dos direitos humanos. *Avaliação Psicológica, 3* [http://goo.gl/qtkhx3].

Pasquali, L. (2010). *Instrumentação psicológica*. Porto Alegre: Artmed.

Samejima, F. (1997). Graded response model. In W.J. van der Linden & R.K. Hambleton (Orgs.). *Handbook of modern item response theory* (pp. 85-100). Nova York: Springer.

Scalise, K. & Allen, D.D. (2015). Use of open-source software for adaptive measurement: Concerto as an R-based computer adaptive development and delivery platform. *Br. J. Math. Stat. Psychol., 68*, 478-496.

Story, M.F., Mueller, L.J., & Mace, R.L. (1998). The Universal Design File: Designing for People of all Ages and Abilities. *Design Research and Methods Journal* [Recuperado em agosto de 2011, de http://www.ncsu.edu/ncsu/design/cud/pubs_p/pudfiletoc.htm].

Shinn, E. & Ofiesh, N.S. (2012). Cognitive diversity and the design of classroom tests for all learners. *Journal of Postsecondary Education & Disability, 25*(3), 227-245.

Thompson, S.J., Johnstone, C.J., & Thurlow, M.L. (2002). *Universal design applied to large scale assessments* (Synthesis Report 44). Mineápolis, MN: University of Minnesota, National Center on Educational Outcomes [Recuperado em agosto de 2011, de http://goo.gl/EmWQZ3].

Thurlow, M., Lazarus, S.S., Albus, D., & Hodgson, J. (2010). *Computer-based testing: Practices and considerations* (Synthesis Report 78). Mineápolis, MN: University of Minnesota, National Center on Educational Outcomes.

Thurlow, M.L., Lazarus, S.S., Christensen, L.L., & Shyyan, V. (2016). *Principles and characteristics of inclusive assessment systems in a changing assessment landscape* (NCEO Report 400). Mineápolis, MN: University of Minnesota.

7
Testes informatizados

Fabiano Koich Miguel

Apresentação

O início do século XXI foi marcado por um crescimento acelerado da produção científica brasileira em avaliação e testes psicológicos em diversas áreas da Psicologia (Ambiel, Pereira, & Moreira, 2015; Leitão & Nicolaci-da-Costa, 2000; Nakano & Wechsler, 2007; Oliveira et al., 2007; Primi, 2010). Uma área que vem se ampliando e desenvolvendo é a utilização de métodos informatizados para coleta de informações, tanto em pesquisa quanto em aplicação profissional.

A informática pode ser utilizada de diversas maneiras na testagem e avaliação psicológicas: como correção dos itens de um teste que o avaliando respondeu em papel; como aplicação de um questionário a distância por meio da internet; como auxiliar para medir aspectos específicos (como tempo de resposta ou frequência de certos comportamentos); como aplicação completa, incluindo itens, correção e apresentação de resultados. Com esses fins, a informática pode assumir diferentes formas: uma planilha que calcula pontuações; um formulário via internet; um programa de computador a ser instalado via CD/DVD ou arquivo; um aplicativo instalado em dispositivo móvel (como tablet ou celular).

O foco deste capítulo será nos diversos tipos de testes (inteligência, inventários, projetivos etc.) que podem existir em formato digital. Até o final de 2018, a esmagadora maioria dos testes psicológicos disponíveis para utilização profissional aprovados pelo Sistema de Avaliação de Testes Psicológicos (Satepsi) ainda eram em versão impressa, havendo disponibilidade de correção informatizada para alguns, *i. e.*, o psicólogo aplica a versão impressa e depois digita as respostas em um sistema informatizado online que calcula os escores. Contudo, dado o recente aumento nas pesquisas com testes completamente aplicados em formato digital, é provável que os próximos anos encontrem um crescimento ou até mesmo uma migração da versão impressa para a informatizada (Miguel, 2017a). De fato, a utilização da informática auxilia o psicólogo profissional e/ou pesquisador em diversos aspectos, que serão discutidos a seguir.

Aspectos positivos da utilização da informática

Um primeiro aspecto positivo que pode ser apresentado é a variedade de possibilidades que a informatização oferece para solucionar os problemas relacionados à exposição (devida ou indevida) dos testes psicológicos na versão impressa. A versão impressa oferece sempre os mesmos itens, na mesma ordem e quantidade. Diversas limitações podem decorrer desse formato. Uma primeira limitação diz respeito à retestagem, que pode ocorrer tanto em contextos de pesquisa (*e. g.*, estudando-se a precisão do teste ou a alteração do construto ao longo do tempo) quanto em contextos profissionais (*e. g.*, o psicólogo deseja verificar em intervalos constantes o quanto o paciente está melhorando). Se a reaplicação do teste acontecer em intervalo curto, o avaliando pode ser influenciado pela lembrança da aplicação anterior, fazendo com que suas respostas não reflitam sua atual situação (Anastasi & Urbina, 2000; Wise & Kingsbury, 2000).

Uma possível solução para esse problema seria a utilização de versões paralelas ou testes semelhantes nas aplicações seguintes. Contudo, há bastante tempo pesquisas em avaliação psicológica têm mostrado que testes que supostamente avaliam o mesmo construto podem apresentar resultados bastante discrepantes devido ao formato do estímulo, tipo de instrução, forma de resposta, entre diversos outros motivos (Campbell & Fiske, 1959; Mihura, 2012). Além disso, pode haver limitação para a utilização de outros testes, como falta de recursos financeiros ou simplesmente a falta de instrumentos semelhantes. A versão informatizada de instrumentos pode solucionar essa questão por meio da ordenação aleatória dos itens ou alternativas. Em testes de raciocínio, tradicionalmente os itens iniciam pelos mais fáceis, com níveis crescentes de dificuldade, até os últimos itens que são mais difíceis e que poucas pessoas acertam. Nesses casos, alterar a ordem dos itens não é desejada, mas é possível alterar as alternativas de resposta. Por exemplo, em um dado item, as alternativas podem ser apresentadas na ordem A, B, C, D em uma testagem, enquanto na próxima testagem a ordem pode ser C, B, A, D. Já em inventários de autorrelato (*e. g.*, inventários de personalidade, escalas de interesse etc.), não é conveniente alterar a escala tipo Likert, contudo a ordem em que as frases são apresentadas tradicionalmente não influencia no desempenho, podendo-se en-

tão tornar aleatória a sequência de itens. Em um nível mais complexo, é possível também escolher itens ou alternativas que não devem ser randomizados (*e. g.*, em um inventário avaliando diversos fatores de personalidade, evitar que dois itens do mesmo fator sejam apresentados em sequência).

O recurso da randomização de itens ou alternativas também pode ser útil na situação em que o avaliando teve acesso indevido ao teste anteriormente. Infelizmente, o avanço da informática como fenômeno mundial também facilitou com que obras protegidas por direito autoral sejam digitalizadas e divulgadas pela internet, incluindo testes psicológicos (Miguel, 2017a; Noronha, 2002). Na internet é possível encontrar uma variedade de instrumentos digitalizados, desde apenas partes do teste até o teste completo incluindo itens, gabarito e tabelas normativas. Dada essa exposição indevida, pessoas podem ter estudado ou treinado como responder um instrumento, especialmente em casos em que há um elevado valor associado à avaliação, como carteira de habilitação, emprego, benefício de saúde, entre outros. Com os instrumentos impressos, a saída que o psicólogo tem é verificar se pode ter havido treino prévio por parte do candidato. Isso pode ser feito tanto perguntando-se diretamente (para o que o sujeito pode ser honesto ou não) quanto verificando-se padrões de acerto inconsistentes e comparando-os com outros aspectos do indivíduo, como escolaridade ou fluência verbal, ou ainda com uma explicação por parte do psicólogo de que os testes não devem ser compreendidos como objetos misteriosos que o indivíduo deve "decifrar" ou "passar", mas como ferramentas que ajudam a conhecer certas características individuais, solicitando que o indivíduo responda da maneira mais honesta possível. Já com a randomização, a influência da memorização do gabarito torna-se praticamente nula, uma vez que a ordem dos itens ou das alternativas será diferente a cada aplicação.

Mesmo que o indivíduo não tenha sido exposto anteriormente aos itens (devida ou indevidamente), pode haver casos em que aplicar o teste completo também pode introduzir erros, especialmente testes longos e de raciocínio. Ter que responder uma extensa sequência de itens cada vez mais difíceis pode ser cansativo ou constrangedor para pessoas com capacidade intelectual mais baixa. Já para pessoas com nível intelectual mais alto, os primeiros itens podem parecer muito simples, comprometendo sua concentração ou até a validade aparente do teste (Urbina, 2007). Em ambos os casos, há introdução de erros de medida. Alguns testes em versão impressa contornam essa dificuldade apresentando instruções específicas de início ou término: iniciar em um item mais avançado dependendo da idade do avaliando; interromper a aplicação dos itens após um certo tempo ou uma certa quantidade de erros cometidos. Contudo, ainda são poucos instrumentos que utilizam essas instruções, sendo que a maioria ainda requer que o avaliando passe por todos os itens. A informatização, associada a técnicas mais avançadas de análises de dados como a teoria de resposta ao item, permitiu uma nova solução para essa situação, que são os testes adaptativos informatizados (CAT, da sigla em inglês *computerized adaptative test*). Nessa modalidade de testagem, o programa apresenta os itens de acordo com o padrão de acertos e erros (ou escolhas, no caso de inventários com escalas tipo Likert), ao mesmo tempo em que calcula o nível daquela capacidade do sujeito (Thompson & Weiss, 2011; Wise & Kingsbury, 2000). O capítulo 6 apresentou a testagem adaptativa em maior profundidade, mas

é possível perceber que a CAT também é uma solução para o problema da exposição dos testes impressos, uma vez que os itens que serão apresentados terão sequência e quantidade diferentes para cada pessoa.

Além da questão da exposição, o uso de testes informatizados também abre uma nova gama de possibilidades que eram difíceis ou impossíveis com a aplicação tradicional impressa. Uma dessas possibilidades é a utilização de multimídia, *i. e.*, animações e sons no computador (Barak & English, 2002; de Klerk, Veldkamp, & Eggen, 2018). Imprimir material em diversas cores sempre foi uma limitação para os testes em papel, sendo que o mesmo não acontece com os dispositivos de vídeo atuais que são coloridos (há ainda monitores monocromáticos, mas em casos raros e contextos específicos). Além disso, os estímulos apresentados em testes informatizados não precisam ser estáticos como na versão impressa, podendo haver animações e movimento, além de sons e música. Esse recurso tanto pode tornar a tarefa mais atrativa como também possibilita novas formas de avaliação, como a utilização de vídeos (em vez de fotografias) ou até mesmo jogos para se avaliar aspectos cognitivos.

Além disso, variáveis comportamentais podem ser mais fácil e fidedignamente registradas por meio da informática, como tempo de resposta ou quantas vezes o avaliando altera a resposta antes de avançar um item. Essas tarefas automatizadas permitem que o psicólogo dirija sua atenção por mais tempo ao avaliando, em vez de se preocupar com o cronômetro ou fazer anotações. Esse tipo de registro informatizado também reduz a possibilidade de erro que poderia acontecer manualmente, assegurando maior precisão e padronização.

Nesse mesmo sentido, o procedimento de coleta das respostas apresenta-se bem mais vantajoso do que a versão impressa. Por exemplo, a aplicação informatizada pode alertar ao avaliando quando algum item foi deixado em branco, algo que, na versão impressa, o psicólogo pode perceber só após a aplicação, no momento de pontuar. Ademais, a informática contribui para a pontuação dos testes, o que também pode ser um fator de erro. No caso de inventários de personalidade, o psicólogo deve somar todas as pontuações atribuídas pelo avaliando para encontrar o escore total, sendo que, em alguns casos, deve tomar o cuidado de inverter a pontuação de alguns itens. Esse é um procedimento que pode ser bastante suscetível a distrações, erros de cálculo ou fadiga, especialmente quando há necessidade de se pontuar uma quantidade grande de aplicações, como são os casos de processos seletivos ou pesquisa. Alguns testes de desempenho cognitivo também requerem bastante atenção e cautela do psicólogo ao pontuar, como testes de atenção ou manipulação de objetos. Com versões informatizadas, o próprio aplicativo faz esses cálculos, somando corretamente e consultando a tabela normativa adequada. Inclusive, há a possibilidade de o resultado ser apresentado imediatamente ao término da aplicação.

Como foi visto, a informatização possibilita diversas vantagens e modalidades de aplicação para os testes psicológicos, em diversos níveis. Atualmente, já é possível encontrar serviços de correção online oferecidos por editoras brasileiras, em que o psicólogo digita as respostas no sistema online para ver os resultados calculados. Instrumentos que já existiam em versão impressa estão sendo adaptados para a versão informatizada, de modo que a aplicação inteira do teste acontece no computador, como é o caso do Teste Wisconsin de Classificação de Cartas (Reppold, Pedron, & Trentini, 2010), o Inventário de Habilidades Sociais (Del-Prette & Del-Prette, 2010) e a Bateria de Provas de Raciocínio – BPR-5 (Miguel & Primi, 2010), entre diversos outros. Ao mesmo tempo, novos instrumentos estão sendo desenvolvidos exclusivamente na plataforma informatizada, tanto para instalação no computador ou dispositivo móvel quanto para ser aplicado via internet, por enquanto disponíveis apenas em versão para pesquisa. Porém, ainda há limitações e desafios a serem enfrentados com a informatização dos testes psicológicos, e a seguir será feita uma discussão desse assunto.

Limitações e desafios na utilização da informática

Apesar da informatização superar diversas limitações impostas pelos testes em versão impressa (e também apresentar algumas novas possibilidades), existem restrições que também estão relacionadas ao próprio formato digital. Como é conhecido de muitas pessoas, os computadores e dispositivos móveis nem sempre são estáveis, podendo um programa "travar", perder a conexão com a internet, desligar no meio do processo, entre diversas outras falhas relacionadas à tecnologia. Por exemplo, um mesmo aplicativo pode se comportar de maneiras diferentes se instalado em dispositivos com versões diferentes do sistema operacional. Ademais, navegadores de internet têm apresentado atualização constante (com novas versões sendo lançadas ao longo de poucos dias) e há casos em que certa funcionalidade do navegador deixa de funcionar na versão seguinte (Khomh, Adams, Dhaliwal, & Zou, 2015). Normalmente isso é corrigido logo em seguida, mas ainda assim há um breve período em que o usuário vê o aplicativo ou website funcionando de maneira incorreta. Como normalmente não é possível voltar a uma versão anterior, nesse tempo o psicólogo fica impossibilitado de fazer aplicações da maneira prevista pela padronização.

A familiaridade com a tecnologia também é um fator importante, tanto para o psicólogo quanto para o avaliando. No caso do psicólogo, deve-se tomar cuidado para que a aplicação proceda de maneira padronizada, o que inclui atenção ao brilho da tela, à fidelidade das cores no monitor, aos tamanhos de tela previstos na normatização do teste, à sensibilidade do instrumento de entrada (teclado, mouse ou tela sensível ao toque), entre uma infinidade de outros detalhes (Barak & English, 2002).

Já no caso do avaliando, há diversos aspectos a serem levados em conta, como o quanto o indivíduo sabe manipular o dispositivo. Apesar da inclusão digital estar aumentando, há ainda pessoas que têm receio de interagir com equipamentos ou que simplesmente não têm acesso à tecnologia, como é o caso de idosos, presidiários ou pessoas com baixo poder aquisitivo (Bolzan & Löbler, 2016). Além disso, em situações de pesquisas, se por um lado a informática e internet possibilitam aplicações de questionários em diversas regiões que normalmente o psicólogo pesquisador não teria acesso, por outro lado restringem os participantes apenas àqueles que possuem um dispositivo eletrônico com acesso à internet.

O tipo de teste também pode ser uma limitação. Atualmente, é notório que quase a totalidade de instrumentos informatizados são testes de desempenho cognitivo ou inventários de autorrelato, em que as tarefas consistem em assinalar alternativas, clicar ou tocar em figuras na tela, sendo que outras modalidades ainda se encontram subcontempladas. Por exemplo, ainda há limitações para a aplicação completamente informatizada de testes em que o avaliando responde verbalmente, uma vez que as tecnologias para transcrição automática da fala ainda se encontram em desenvolvimento. Nessa categoria incluem-se alguns testes de desempenho cognitivo (e. g., conhecimento verbal, criatividade, memória verbal) e boa parte dos métodos projetivos. Nesses casos, costuma-se usar um computador para registrar as verbalizações, seja em forma anotada ou por gravação da voz, para então futura transcrição ou análise dos áudios.

De fato, mesmo superando-se a limitação do registro verbal, questiona-se o quanto alguns testes projetivos atuais conseguiriam existir em versão informatizada. Por exemplo, no caso de testes de mancha de tinta (como o Rorschach e o Zulliger), uma vantagem da informatização seria permitir que o indivíduo circule com seu próprio dedo a região onde está vendo o objeto, sendo a área registrada pelo aplicativo. Contudo, esses testes permitem que o avaliando gire o cartão em várias posições, explorando novas percepções, o que seria difícil em computadores de mesa. Mesmo dispositivos móveis, fáceis de segurar, poderiam não ser facilmente utilizados, pois nesses casos a tela frequentemente corrige a posição, sendo necessário conhecer a configuração do aparelho para poder desligar essa função. Métodos projetivos que utilizam do desenho também podem ser um desafio, embora aos poucos a utilização de canetas digitais esteja começando a se tornar acessível em tablets.

Apesar desses desafios, não se descarta a possibilidade de um teste projetivo ser desenvolvido exclusivamente para a plataforma digital. Esse é o caso do Teste Expressivo de Desenhos Coloridos, uma tarefa projetiva que consiste em colorir desenhos e que já possui estudos preliminares de validade (Miguel, 2017b).

Em relação à construção de testes psicológicos informatizados, uma limitação importante diz respeito ao acesso do psicólogo pesquisador às tecnologias de criação de testes. Normalmente desenvolver instrumentos requer bastante investimento, ocorrendo tradicionalmente em programas de pós-graduação *stricto sensu*, requerendo conhecimentos em pesquisa e psicometria. A utilização da informática adiciona uma nova variável, que é o conhecimento de técnicas de programação. Algumas plataformas, como o Google Forms, Survey Monkey e Survey Planet, oferecem opções relativamente simples e intuitivas para a criação de formulários semelhantes a inventários. É possível adicionar imagens e figuras, estabelecer a quantidade de opções de resposta, e alguns outros procedimentos básicos. Contudo, se o psicólogo planeja desenvolver um teste mais complexo e ter maior controle sobre as ações do aplicativo, é preciso conhecer programação em um nível mais avançado, o que não faz parte da realidade da formação do psicólogo, mesmo na pós-graduação. Uma possibilidade seria a interlocução com profissionais de informática para desenvolvimento de instrumentos psicológicos (*e. g.*, Perandré & Haydu, 2018), contudo o custo dessa parceria pode ser um limitador dependendo do orçamento disponível ao pesquisador.

Por fim, considera-se que algumas questões inerentes à testagem não conseguem ser resolvidas com a informatização. Uma delas é a desejabilidade social, *i. e.*, a tendência do avaliando responder o teste de modo a apresentar características mais desejáveis, um fenômeno que pode estar presente tanto na versão impressa quanto na digital. Outra questão pode ser a dedicação à tarefa de responder ao teste. Algumas pessoas não demonstram motivação para responder e, por isso, cometem erros ou deliberadamente respondem de maneira inadequada. Na verdade, a informatização pode até piorar essa situação nos casos em que a aplicação do teste é feita de maneira remota, como pela internet. Sem a presença do psicólogo para verificar a dedicação, algumas pessoas podem se sentir mais confortáveis para não ler as instruções adequadamente, mentir, responder inadequadamente (Barak & English, 2002), responder ao teste várias vezes até alcançar um desempenho desejado ou até mesmo pedir a outra pessoa que responda em seu lugar. Por esses motivos, a aplicação a distância deve ser acompanhada de alguma maneira pelo psicólogo, seja pela análise dos padrões de respostas, seja por meio de entrevistas ou encontros pessoais em que possa levantar informações sobre como foi o processo de responder o teste.

Considerações finais

Este capítulo apresentou diversas questões relacionadas à utilização de testes psicológicos informatizados. Conforme foi discutido, há um campo bastante amplo de possibilidades de pesquisas e atuação profissional com a informática (Adánez, 1999; Joly & Noronha, 2006; Miguel, 2017a). Além disso, o trabalho do psicólogo pode ser otimizado, uma vez que detalhes técnicos ficam a cargo do aplicativo, como contagem do tempo, verificar questões em branco, calcular pontuações, consultar tabelas normativas etc. Assim, o psicólogo pode utilizar o tempo que seria gasto com essas atividades com aspectos mais importantes da avaliação (*e. g.*, observação, entrevista, escrita de laudo), além de estar menos suscetível a erros de cálculo.

Não foi objetivo deste capítulo desmerecer os testes em versão impressa. A informatização tem o propósito de facilitar as atividades humanas em vários contextos e certamente pode ajudar a solucionar problemas relacionados à avaliação psicológica, como treinamento prévio ou exposição indevida de material. Além disso, como foi apresentado, ainda há limitações inerentes ao formato digital que precisam ser endereçadas ou levadas em consideração ao se realizar uma avaliação, como aplicação a distância sem observar o avaliando, mau funcionamento do dispositivo, entre outros.

Contudo, pelo menos na maioria das situações de testagem, a economia com material impresso e as novas possibilidades de registro de informações superam as limitações apresentadas pela informática. Logicamente, o mesmo rigor exigido com os testes impressos também deve ser exigido com os informatizados. Do ponto de vista ético, há diversos aspectos que devem ser levados em conta. Por exemplo, se por um lado não há material impresso para ser armazenado, há um banco de dados de aplicações que deve ser resistente a ataques ou *hackers*. Também deve-se levar em consideração se o fato de um avaliando dominar pouco a utilização de dispositivos digitais pode interferir no seu desempenho.

Já do ponto de vista científico, os instrumentos informatizados devem apresentar as mesmas propriedades psicométricas, como validade e precisão, que se esperaria de testes impressos (International Test Commission, 2005). Nesse sentido, alguns estudos já vêm sendo conduzidos e, quando se trata de comparar a versão impressa de um teste com sua versão digital, os resultados tendem a ser semelhantes, tanto no que diz respeito à sua precisão e estrutura fatorial quanto às suas correlações com outras medidas (Andriola, 2003; Gosling, Vazire, Srivastava, & John, 2004; Miguel, Ogaki, Inaba, & Ribeiro, 2013). Além disso, não parece haver diferenciação entre amostras que respondem pesquisas impressas com amostras que respondem pela internet, no sentido que as últimas poderiam apresentar algum viés emocional ou cognitivo, embora os níveis socioeconômicos e educacionais ainda tendam a ser maiores do que a população geral.

Referências

Adánez, G.P. (1999). Testes informatizados. In L. Pasquali (Ed.). *Instrumentos psicológicos: manual prático de elaboração* (pp. 209-230). Brasília: LabPAM.

Ambiel, R.A.M., Pereira, C.P.S., & Moreira, T.C. (2015). Produção científica em avaliação psicológica no contexto educacional: enfoque nas variáveis socioemocionais. *Avaliação Psicológica*, *14*(3), 339-346.

Anastasi, A. & Urbina, S. (2000). *Testagem psicológica*. Porto Alegre: Artes Médicas.

Andriola, W.B. (2003). Uso de computadores na avaliação psicológica – Estudo de sua influência sobre o desempenho individual em um teste de raciocínio numérico (RN). *Interações*, *8*(15), 105-124.

Barak, A. & English, N. (2002). Prospects and limitations of psychological testing on the internet. *Journal of Technology in Human Services*, *19*(2-3), 65-89 [https://doi.org/10.1300/J017v19n02_06].

Bolzan, L.M. & Löbler, M.L. (2016). Socialização e afetividade no processo de inclusão digital: um estudo etnográfico. *Organizações & Sociedade*, *23*(76), 130-149 [https://doi.org/10.1590/1984-9230767].

Campbell, D.T. & Fiske, D.W. (1959). Convergent and discriminant validation by the multitrait-multimethod matrix. *Psychological Bulletin*, *56*(2), 81-105 [https://doi.org/10.1037/h0046016].

de Klerk, S., Veldkamp, B.P., & Eggen, T.J.H.M. (2018). A framework for designing and developing multimedia-based performance assessment in vocational education. *Educational Technology Research and Development*, 66(1), 147-171 [https://doi.org/10.1007/s11423-017-9559-5].

Del-Prette, Z.A.P. & Del-Prette, A. (2010). Testes informatizados na avaliação de habilidades sociais. In M.C.R.A. Joly & C.T. Reppold (Eds.). *Estudos de testes informatizados para avaliação psicológica* (pp. 247-276). São Paulo: Casa do Psicólogo.

Gosling, S.D., Vazire, S., Srivastava, S., & John, O.P. (2004). Should we trust web-based studies? A comparative analysis of six preconceptions about internet questionnaires. *American Psychologist*, 59(2), 93-104 [https://doi.org/10.1037/0003-066X.59.2.93].

International Test Commission (2005). *International guidelines on computer-based and internet delivered testing*. Granada, Espanha: International Test Commission.

Joly, M.C.R.A., Martins, R.X., Abreu, M.C., Souza, P.R.R., & Cozza, H.F.P. (2004). Análise da produção científica em avaliação psicológica informatizada. *Avaliação Psicológica*, 3(2), 121-129.

Joly, M.C.R.A. & Noronha, A.P.P. (2006). Reflexões sobre a construção de instrumentos psicológicos informatizados. In A.P.P. Noronha, A.A.A. Santos, & F.F. Sisto (Eds.). *Facetas do fazer em avaliação psicológica* (pp. 95-105). São Paulo: Vetor.

Khomh, F., Adams, B., Dhaliwal, T., & Zou, Y. (2015). Understanding the impact of rapid releases on software quality: The case of Firefox. *Empirical Software Engineering*, 20(2), 336-373 [https://doi.org/10.1007/s10664-014-9308-x].

Leitão, C.F. & Nicolaci-da-Costa, A.M. (2000). Psicologia clínica e informática: Por que essa inusitada aproximação? *Psicologia Clínica*, 12(2), 189-205.

Miguel, F.K. (2017a). Instrumentos informatizados e testagem adaptativa computadorizada. In B.F. Damásio & J.C. Borsa (Eds.). *Manual de desenvolvimento de instrumentos psicológicos* (pp. 195-214). São Paulo: Vetor.

Miguel, F.K. (2017b). Teste expressivo de desenhos coloridos: validade de um teste projetivo infor-

matizado. In 8º Congresso Brasileiro de Avaliação Psicológica (Ed.). *Anais do 8º Congresso Brasileiro de Avaliação Psicológica*. Florianópolis: Instituto Brasileiro de Avaliação Psicológica [Recuperado de http://www.ibapnet.org.br/congresso2017/anais/lista resumos.htm].

Miguel, F.K., Ogaki, H.A., Inaba, C.M., & Ribeiro, D.O. (2013). Percepção emocional e inteligência: contribuições para o modelo CHC. *Revista Sul-Americana de Psicologia*, 1(1), 36-47.

Miguel, F.K. & Primi, R. (2010). Teste Informatizado de Percepção de Emoções Primárias para avaliação de adultos. In M.C.R.A. Joly & C.T. Reppold (Eds.). *Estudos de testes informatizados para avaliação psicológica* (pp. 231-245). São Paulo: Casa do Psicólogo.

Mihura, J.L. (2012). The necessity of multiple test methods in conducting assessments: The role of the Rorschach and self-report. *Psychological Injury and Law*, 5(2), 97-106 [https://doi.org/10.1007/s12207-012-9132-9].

Nakano, T.C. & Wechsler, S.M. (2007). Criatividade: características da produção científica brasileira. *Avaliação Psicológica*, 6(2), 261-270.

Noronha, A.P.P. (2002). Os problemas mais graves e mais frequentes no uso dos testes psicológicos. *Psicologia: Reflexão e Crítica*, 15(1), 135-142 [https://doi.org/10.1590/S0102-79722002000100015].

Oliveira, K.L., Santos, A.A.A., & Noronha, A.P.P., Boruchovitch, E., Cunha, C.A., Bardagi, M.P., & Domingues, S.F.S. (2007). Produção científica em avaliação psicológica no contexto escolar. *Psicologia Escolar e Educacional*, 11(2), 239-251 [https://doi.org/10.1590/S1413-85572007000200005].

Perandré, Y.H.T. & Haydu, V.B. (2018). Um programa de intervenção para transtorno de ansiedade social com o uso da realidade virtual. *Temas em Psicologia*, 26(2), 851-866 [https://doi.org/10.9788/TP2018.2-12Pt].

Primi, R. (2010). Avaliação psicológica no Brasil: fundamentos, situação atual e direções para o futuro. *Psicologia: Teoria e Pesquisa*, 26(esp.), 25-35 [https://doi.org/10.1590/S0102-37722010000500003].

Reppold, C.T., Pedron, A.C., & Trentini, C.M. (2010). Avaliação das funções executivas por meio do

Teste Wisconsin de Classificação de Cartas – Versão computadorizada. In M.C.R.A. Joly & C.T. Reppold (Eds.). *Estudos de testes informatizados para avaliação psicológica* (pp. 45-62). São Paulo: Casa do Psicólogo.

Thompson, N.A. & Weiss, D.J. (2011). A framework for the development of computerized adaptive tests. *Practical Assessment Research & Evaluation*, *16*(1), 1-9.

Urbina, S. (2007). *Fundamentos da testagem psicológica*. Porto Alegre: Artmed.

Wise, S.L. & Kingsbury, G.G. (2000). Practical issues in developing and maintaining a computerized adaptive testing program. *Psicológica*, *21*, 135-155.

8
Integração de resultados qualitativos e quantitativos

Sérgio Eduardo Silva de Oliveira

Mônia Aparecida da Silva

A prática da avaliação psicológica, que pode ser resumida e superficialmente definida como o estudo psicológico de uma pessoa, grupo ou organização, requer do profissional uma variedade de conhecimentos, competências e atitudes específicos. Dentre as várias habilidades requeridas para essa prática, estão a de planejamento, coleta e processamento de dados. O psicólogo, do começo ao fim de um processo de avaliação psicológica, está exposto a uma ampla variedade de informações, assim como deve ativamente buscar por novos dados para atender aos objetivos da avaliação. Cabe a esse profissional compreender os dados coletados, contextualizando-os no tempo, cultura e situação, e integrá-los de forma compreensiva, dinâmica e harmônica.

De forma geral, os dados coletados durante um processo de avaliação psicológica podem ser classificados em dois grandes grupos, a saber, os dados qualitativos e os quantitativos. O presente capítulo tem como objetivo apresentar esses tipos de dados, bem como refletir acerca do papel e influência deles em uma avaliação psicológica. É também objetivo deste capítulo discutir a importância da integração desses tipos de dados e o impacto que essa prática tem sobre as conclusões de uma avaliação psicológica.

Delimitação e definição de qualidade e quantidade em avaliação psicológica

A prática da avaliação psicológica compreende o uso de variadas técnicas psicológicas e o fator que norteia os processos de seleção e de emprego dessas técnicas é o objetivo final da avaliação. Dentre as técnicas mais comumente empregadas, encontram-se: a) entrevistas (de anamnese, clínica, lúdicas, estruturadas), sejam com um ou mais indivíduos; b) observação direta do comportamento; c) análises de documentos (fotos, exames, laudos, boletins escolares, diários, entre outros) do arquivo familiar; d) aplicação de inventários e escalas para avaliação de interesses, preferências, frequência de comportamentos, presença de sintomas, traços de personalidade etc.; e) testes de desempenho para avaliação da *performance* de um indivíduo em tarefas como de memória, atenção, inteligência e funções executivas; f) métodos projetivos ou impressionistas para avaliação indireta da personalidade; e g) tarefas experimentais, que são atividades descritas na literatura científica que possibilitam a avaliação de algum aspecto psicológico como, por exemplo, tarefas da teoria da mente (Oliveira et al., 2012) e tarefas ecológicas de funções executivas (Malloy-Diniz, Fuentes, Mattos, & Abreu, 2010; Strauss, Sherman, & Spreen, 2006). Cada uma dessas técnicas oferece dados que têm natureza qualitativa, quantitativa ou mista – isto é, tanto qualitativa quanto quantitativa. A Tabela 1 sumariza os tipos de dados extraídos pelas técnicas empregadas.

Tabela 1 Classificação das principais técnicas psicológicas empregadas em avaliação psicológica por tipo de dado

Qualitativo	Quantitativo	Misto
Entrevistas	Inventários e escalas	Métodos projetivos
Observação direta do comportamento	Testes de desempenho	Entrevistas estruturadas
Análise de documentos familiares		Tarefas experimentais

Os dados quantitativos na avaliação psicológica são aqueles que foram colhidos por meio de instrumentos e que resultam em uma representação numérica de alguma característica psicológica. Esse dado quantitativo pode ser tanto discreto quanto contínuo (Urbina, 2007). O primeiro tipo diz respeito a valores numéricos inteiros que resultam de contagens, como, por exemplo, o número de sintomas de uma classificação diagnóstica e o número de crises ao longo da vida. O segundo tipo, por sua vez, refere-se a valores numéricos que podem ser fracionados em uma escala contínua, como por exemplo o tempo de execução de uma tarefa e o escore padronizado de uma característica psicológica (ex.: *theta*). Esses dados quantitativos servem de parâmetros para comparação do indivíduo que está sendo avaliado com um grupo de referência ou com um modelo teórico ou empírico estabelecido.

Os dados qualitativos, na maioria das vezes, não são representados numericamente, mas podem receber um código numérico que não resulta de um processo de mensuração. Esses dados dizem respeito a características e qualidades do fenômeno psicológico estudado. Os dados qualitativos representados numericamente podem ser nominais ou ordinais (Urbina, 2007). Nominais são aqueles que classificam categorias como sexo (masculino e feminino) e os ordinais, aqueles que ordenam as categorias de acordo com algum princípio como escolaridade (fundamental, médio, superior). Geralmente, essas representações numéricas de dados qualitativos são usadas em pesquisas científicas. Na prática da avaliação psicológica, os dados qualitativos não recebem uma representação numérica e podem ser compreendidos como conhecimentos, percepções e impressões do profissional acerca de todo o processo de avaliação em seus detalhes, situações e características. São exemplo de dados qualitativos a entonação vocal, os tônus posturais e a expressão emocional e comportamental do avaliando durante o processo avaliativo. Vale ressaltar que esses dados também são passíveis de comparação. Contudo, diferente dos dados quantitativos em que o escore de uma pessoa é comparado aos escores de um grupo de referência, a base de comparação dos dados qualitativos é a teoria e a experiência. Por exemplo, quando um psicólogo classifica a expressão emocional de uma pessoa como embotada, ele, por meio da observação direta do comportamento, avalia as respostas emocionais da pessoa e as compara com o que é esperado culturalmente (experiência) ou com algum modelo teórico que descreve esse tipo de manifestação emocional (teoria).

Existem vantagens e desvantagens em ambos os tipos de dados e eles tendem a ser complementares. A principal vantagem dos dados quantitativos é a possibilidade de o profissional precisar o nível do fenômeno psicológico avaliado de forma empírica. A comparação do escore do indivíduo com um grupo de referência permite a inferência empírica do nível de habilidade, interesse, inclinação ou traço. Essa comparação tende a ser livre das crenças do psicólogo, pois ela não é determinada pelos conhecimentos e experiências do profissional, mas sim pela posição do escore de um indivíduo em relação aos escores de um grupo de referência. A principal desvantagem dos dados quantitativos é que eles não caracterizam especificamente os aspectos psicológicos no nível indicado. Por exemplo, duas pessoas podem apresentar um perfil de respostas idêntico a um inventário de depressão. Nesse caso, ambas serão classificadas com o mesmo nível de sintomatologia depressiva, mas os dados não serão suficientes para diferenciá-las em suas especificidades, em virtude das histórias singulares de vida e do contexto atuarem como variáveis moderadoras na vivência e expressão dos sintomas. Em outro caso, duas pessoas poderão apresentar a mesma pontuação total (p. ex., 12 pontos quando o ponto de corte para depressão é 8). Entretanto, uma delas com triagem positiva para sentimentos de menos-valia, pensamentos de acabar com a vida e desesperança profunda, enquanto no caso da segunda predominam aspectos relacionados à tristeza, perda de prazer e sintomas físicos. Assim, a primeira pessoa tenderá a apresentar uma sintomatologia mais grave do que a segunda.

A principal vantagem dos dados qualitativos é oportunizar ao profissional o entendimento das motivações, crenças e representações do avaliando acerca do fenômeno avaliado. A identificação da perspectiva do avaliando sobre um dado comportamento ou sintoma ou situação possibilita que o profissional compreenda de forma profunda e singular a dinâmica e complexidade do funcionamento psicológico dessa pessoa. Esse conhecimento tende a qualificar os dados quantitativos, aumentando a validade das interpretações feitas aos resultados dos testes psicológicos aplicados. A principal desvantagem desse tipo de dado é o nível de "ruído" ou influências que as conclusões do profissional podem sofrer. O principal problema desse tipo de dado é a baixa confiabilidade entre avaliadores. Por exemplo, um psicólogo com traços obsessivos pode classificar qualitativamente os comportamentos de um avaliando de deixar roupas sujas no chão do banheiro como sendo características de desorganização. Um outro psicólogo com traços de desorganização pode não considerar problemático esse mesmo comportamento. Essas diferenças na avaliação de um mesmo comportamento podem comprometer a confiabilidade do método avaliativo.

A integração dos dados qualitativos com os quantitativos tende a resultar na diminuição das limitações que ambas as fontes de informação possuem, culminando em um entendimento científico e teoricamente embasado acerca do estudo psicológico feito em uma avaliação psicológica. Enquanto os dados qualitativos possibilitam o entendimento de aspectos psicológicos de uma pessoa, os dados quantitativos testam ou estimam esses entendimentos, resultando em compreensões abrangentes acerca da pessoa avaliada. Esse movimento dinâmico, cíclico e complexo de retroalimentação de informações entre os dados quantitativos e qualitativos permeia todo o processo de avaliação e qualifica as conclusões alcançadas.

Dos dados qualitativos para os quantitativos

A observação do comportamento do avaliando e do que influencia os seus processos de resposta, bem como do ambiente, tem um impacto fundamental para a consideração dos resultados quantitativos. A observação ajuda a identificar se a aplicação dos testes produziu resultados válidos em relação ao desempenho da pessoa. Por vezes, ao aplicar um teste ou técnica padronizada, podemos identificar que o avaliando deu respostas aleatórias, não se comprometeu com a tarefa, ou que seu desempenho foi afetado por uma série de condições, como cansaço, privação de sono, uso de medicamentos, dentre muitas outras. Além disso, a aplicação pode ser afetada pela qualidade do ambiente, como barulhos, distratores, pouca luminosidade, erros diversos em relação à padronização, só para citar alguns. Quando isso acontece, pode-se deparar com resultados que não refletem a real habilidade do avaliando, devendo-se relativizar a interpretação dos escores quantitativos obtidos. Essas condições que podem atrapalhar os resultados devem ser relatadas nos laudos para adequada compreensão das conclusões (Zimmermann, Kochhann, Gonçalves, & Fonseca, 2017).

Certa vez, atendemos um menino com diagnóstico de Transtorno do Espectro do Autismo (TEA) para avaliação da sua capacidade intelectual. Em função dos interesses restritivos, bem como das limitações de linguagem, o menino não aderiu aos testes cognitivos verbais propostos. Utilizamos então um teste não verbal e visual, o Matrizes Progressivas Coloridas de Raven (MPCR) (Raven, Raven, & Court, 1988). Esse teste consiste em se apresentar uma matriz de figuras onde há um padrão lógico entre elas e uma das caselas da matriz é deixada em branco, devendo o examinando preencher a casela com a figura correta segundo o seu raciocínio. Na época da avaliação, esse teste estava aprovado pelo Sistema de Avaliação de Testes Psicológicos (Satepsi) do Conselho Federal de Psicologia. Fizemos a aplicação desse teste na forma de tabuleiro, onde, ao invés de apontar a resposta correta, o menino deveria escolher a figura que melhor combinava com os estímulos-alvo da casela em branco e encaixá-la, como um quebra-cabeça. Ele iniciou a tarefa atendendo às instruções, demonstrando rapidez e agilidade. Entretanto, em dado momento, sua atenção se direcionou totalmente para empilhar e organizar carrinhos que ele tinha trazido ao atendimento, e, por mais que ele continuasse a responder ao teste quando solicitado, as respostas eram visivelmente aleatórias. A observação do comportamento do menino ajudou a perceber que ele parou de olhar para os estímulos do teste, pegando a primeira peça que encontrasse e a colocando na casela faltante, indicando uma intenção de se livrar da tarefa. Os resultados, de uma forma geral, indicaram que ele tinha cometido o primeiro erro, e vários consecutivos, naquele momento em que começou a escolher as peças sem examinar o estímulo-alvo e/ou o estímulo-problema. Enquanto os dados quantitativos indicaram os erros, os qualitativos informaram o motivo desses erros. Isto é, sem a observação, poderia se entender que os erros se deram por dificuldade de raciocínio na resolução daqueles problemas. Já os dados de observação (qualitativos) evidenciaram o real motivo dos erros cometidos (falta de engajamento com a tarefa).

Nos casos em que as observações qualitativas demonstram que há problemas que comprometem a validade do dado quantitativo, novas medidas são necessárias para garantir a qualidade do processo de avaliação psicológica. Algumas possibilidades são repetir a testagem em outro momento com testes equivalentes – ou com o mesmo teste, caso o avaliando tenha tido pouco contato com ele – ou buscar formas alternativas de obter a informação. No nosso caso do menino com TEA, o uso da entrevista com a família, análise do funcionamento adaptativo em atividades da vida diária, bem como a observação da hora lúdica diagnóstica, foram fundamentais para descartar o comprometimento cognitivo que o levantamento quantitativo do teste sugeriu.

O raciocínio e a *expertise* psicológicos são as principais ferramentas da avaliação psicológica em qualquer situação profissional e podem contribuir com a melhor compreensão do trabalho realizado (Haase & Júlio-Costa, 2017). As observações e interpretações do profissional são soberanas aos resultados das muitas técnicas e testes, o que significa que, se na teoria ou na prática o psicólogo identifica alguma situação que compromete a validade ou precisão das aplicações padronizadas de instrumentos, seu entendimento profissional deve prevalecer. O uso indiscriminado de testes, sem considerar o que pode contraindicar seu uso ou relativizar seus resultados, constitui uma falha ética.

Dos dados quantitativos para os qualitativos

Muitas vezes, observamos uma convergência entre os escores dos avaliandos nos testes e as impressões que nós temos deles. Contudo, não raras vezes nos deparamos com resultados de testes psicológicos que se distanciam das observações e impressões que temos de um avaliando. Nesses casos, cabe ao profissional investigar a razão dessa discrepância e o uso de abordagens qualitativas aos dados quantitativos tendem a favorecer o entendimento desse fenômeno. Por exemplo, em uma avaliação clínica que fizemos de um adolescente que apresentava importantes traços antissociais, observamos que o escore dele no fator *Dominação* do Inventário Fatorial de Personalidade – II (Leme, Rabelo, & Alves, 2013) foi muito baixo, contrariando a observação clínica, assim como os dados das entrevistas, que sinalizavam comportamentos manipuladores e dominadores. Nesse caso, nos perguntamos se essa divergência se daria por um efeito de desejabilidade social ou por um problema na capacidade de autoavaliação do adolescente ou mesmo se essa discrepância seria intencional, entre outras razões. Para compreender o motivo desse escore tão baixo, decidimos analisar as respostas do adolescente item a item nesse fator. Nossa intenção era identificar os comportamentos que ele endossava e os que ele negava, com a finalidade de compreender ou inferir a forma como ele compreendeu os itens. Essa análise dos itens nos mostrou que o adolescente não endossava aqueles comportamentos do fator *Dominação* porque eles se referem a atitudes de controle e liderança para a realização de tarefas (p. ex., liderar uma equipe de trabalho). O adolescente tinha aversão a trabalho e buscava formas alternativas de conseguir dinheiro (pedia a familiares e ganhava sem esforços). Ele não se esforçava para cumprir tarefas necessárias, ainda menos ter que controlar e liderar uma equipe para que uma tarefa fosse feita. Essa análise qualitativa de conteúdo dos itens foi uma fonte rica de informação para inferir acerca do processo de resposta do paciente. Outras estratégias possíveis de verificação de discrepâncias seriam, por exemplo, a realização de entrevista, perguntando acerca da presença de comportamentos correlatos ao construto de interesse, ou a proposição de tarefas para observar o comportamento em ação e averiguar o grau de proximidade ou discrepância do escore do teste com a habilidade do avaliando (esse segundo caso sendo mais comum em avaliação de competências cognitivas).

O escore de um indivíduo em um teste psicológico (escore bruto), para que seja informativo em termos interpretativos, precisa ser submetido a algum tipo de transformação. Ele pode ser localizado em um posto percentílico, ou pode ser transformado em um escore padrão. O escore de percentil indica a posição relativa do avaliando em relação à amostra de referência, sinalizando o percentual de pessoas da amostra normativa que teve escore igual ou inferior a um dado escore bruto (Urbina, 2007). O escore padrão, por sua vez, consiste na transformação do escore bruto em uma escala que indica a posição do escore de um indivíduo em relação à média em unidades de desvio padrão da amostra de referência (Urbina, 2007). Essas transformações do escore bruto servem ao propósito final de interpretar o resultado do teste de uma pessoa em relação ao esperado em seu grupo de referência.

No Brasil, um país de dimensões continentais e de grande variabilidade de características sociodemográficas, econômicas e culturais, a normatização dos testes pode deixar brechas para relativizações. Podem acontecer muitos falsos positivos ou falsos negativos na avaliação quando se usam normas inapropriadas ou quando as normas dos testes são feitas em contextos mais favorecidos do que os da pessoa ou população investigadas (Zimmermann et al., 2017). Isso é especialmente verdadeiro, uma vez que os estudos de validação e normatização de testes psicológicos são geralmente feitos por pesquisadores de universidades localizadas em regiões que são,

na média, mais desenvolvidas. Além disso, esses estudos comumente utilizam amostras de conveniência ou que, mesmo tentando uma maior representatividade, não alcançam todas as regiões do Brasil. Ademais, o fato de as características da pessoa estarem compreendidas nas características de uma amostra normativa não garante que a pessoa está em condição de similaridade com essa amostra. Certa vez, uma psicóloga usou a Bateria Fatorial de Personalidade (Nunes, Hutz, & Nunes, 2010) para fazer uma avaliação psicológica para porte de arma de um senhor que vivia em uma cidade bem pequena e afastada do interior. Em termos de escolaridade e idade, esse senhor preenchia os critérios para responder ao teste, mas ao realizá-lo a psicóloga percebeu que além de ele não compreender várias palavras do teste, ele apresentava um *insight* prejudicado para responder a vários itens. Analisando a situação daquele homem, percebeu-se que ele tinha concluído o ensino médio, mas em uma escola rural e com poucos recursos. Além disso, as suas atividades de trabalho dependiam muito pouco de ensino formal, tendo ele trabalhado a vida toda em atividades rurais, não se dedicando tanto aos estudos mesmo na época em que estudava. Assim, ainda que ele tinha atingido os critérios exigidos para a aplicação do teste, os resultados da BFP certamente não representavam bem a personalidade do avaliado, tendo sido necessário buscar outras alternativas de avaliação.

Os manuais de testes psicológicos, muitas vezes, oferecem diretrizes interpretativas para os escores transformados (percentil ou padrão). Os textos geralmente apresentam um conjunto de comportamentos e características psicológicas que são comuns a pessoas de determinadas faixas de escores (superior, médio, inferior). É dever do psicólogo considerar o dado quantitativo (quando este se mostrar válido) e valer-se dos dados qualitativos para considerar os comportamentos e aspectos psicológicos que se aplicam a cada caso em específico. Por exemplo, no manual da BFP (Nunes et al., 2010), em relação à interpretação da faceta *Comunicação* do fator *Extroversão*, é indicado que pessoas com escores elevados tendem a ter facilidade para falar em público, para falar de si mesmas e para falar com pessoas desconhecidas. A aplicação conjunta dessas três características a uma pessoa pode ser equivocada. Pois, pode ser que uma pessoa com elevado escore em *Comunicação* tenha dificuldade de falar de si mesma, mas tem facilidade para falar em público e se comunicar com pessoas desconhecidas. Com isso, vê-se o impacto que a consideração que os dados qualitativos têm sobre a qualidade das interpretações dos dados quantitativos.

Integração de dados qualitativos e quantitativos

Enquanto o uso dos testes considera a perspectiva nomotética para a interpretação dos resultados, a avaliação psicológica como um processo é idiográfica. A perspectiva nomotética enfatiza os padrões, tendências populacionais e informações padronizadas e estruturadas que servem como base para comparação do desempenho de uma pessoa. Já a idiográfica refere-se aos procedimentos pouco estruturados, visando à obtenção de informações aprofundadas sobre o sujeito, tendo em vista como os resultados se relacionam com o seu histórico e contextos nos quais está inserido (Seabra & Carvalho, 2014; Tavares, 2003). Sendo assim, a abordagem nomotética segue um viés predominantemente quantitativo, enquanto a idiográfica se pauta mais na análise qualitativa.

Segundo Primi (2010), as interpretações nomotéticas são válidas para uma grande proporção dos casos avaliados, mas não para todos. Para os casos que ela não é válida, a abordagem idiográfica deve ser usada para explicar as incongruências encontradas, considerando-se outras informações disponíveis, sejam estas intraindividuais ou referentes ao contexto do indivíduo. Isso significa que a integração dos dados quantitativos e qualitativos é essencial em uma avaliação psicológica de qualidade.

A integração não ocorre somente no final do processo de avaliação, mas norteia todo o processo, de forma dinâmica. As hipóteses formuladas nas entrevistas, observação e anamnese, predominantemente na perspectiva qualitativa, orientam a escolha e uso dos procedimentos padronizados (Haase & Júlio-Costa, 2017). Da mesma forma, as observações qualitativas durante a situação de coleta padronizada dos dados permitem definir o quanto se pode confiar nos procedimentos quantitativos e que ressalvas ou adaptações devem ser feitas no uso e interpretação dos testes.

Há casos em que uma mesma hipótese necessita ser avaliada com vários instrumentos e técnicas, mesclando dados qualitativos e quantitativos. Para situações em que o fenômeno sob análise é muito complexo e precisa de diferentes formas de compreensão, isso é especialmente verdadeiro, bem como em contextos de avaliação nos quais é prevista a desejabilidade social. Imaginemos, por exemplo, o caso de uma pessoa com muitos traços patológicos de personalidade. O uso de apenas um instrumento multidimensional de avaliação psicométrica da personalidade provavelmente não traria dados suficientes para a compreensão do caso. Assim, integrar os dados do instrumento psicométrico, com a observação do clínico, entrevista com o paciente e com terceiros, bem como usar um teste projetivo ou expressivo de personalidade podem enriquecer as conclusões sobre o caso. Da mesma forma, alguém em conflito com a lei, no caso de perícias, muito provavelmente vai tender a dar respostas socialmente esperadas em testes psicométricos de autorrelato, que são de mais fácil manipulação. Nesse caso, um conjunto misto de técnicas, bem como a integração de dados, não é somente desejável, mas imprescindível, sob pena de se produzir conclusões distorcidas sobre o caso.

Alguns autores de testes e de avaliações padronizadas têm tido a preocupação em mesclar dados quantitativos e qualitativos na interpretação dos resultados, especialmente em neuropsicologia (Zimmermann et al., 2017). A observação das estratégias da pessoa para responder o teste, tipos de erro, precisão (balanço entre erros e acertos) e velocidade na resposta à avaliação dependendo do tipo de tarefa (contagem do tempo) permitem uma análise quantitativa-qualitativa (Zimmermann et al., 2017). Assim, percebe-se um aumento no interesse de pesquisadores e clínicos em integrar cada vez mais os dados qualitativos nas avaliações, entendendo que o quantitativo nem sempre é suficiente para dar as respostas necessárias sobre o desempenho e perfil da pessoa avaliada. Há um esforço crescente para que as normas de interpretação dos resultados qualitativos também sejam apresentadas ou sugeridas nos manuais.

As preocupações com a cientificidade de testes e técnicas quantitativas é amplamente documentada na literatura. Elas estão associadas com o grande avanço da psicometria, aliado aos esforços das instituições e órgãos da área de avaliação psicológica que definem parâmetros de qualidade para a construção, validação e uso dos testes psicológicos (como exemplos, *American Educational Research Association, American Psychological Association, & National Council on Measurement in Education*, 2014; Conselho Federal de Psicologia, 2018). Em face da importância do uso de critérios válidos e uniformes de interpretação de testes e informações da avaliação, alguns pesquisadores buscam estabelecer parâmetros de cientificidade também para os dados qualitativos.

Dentre os testes que visam a estabelecer critérios para avaliação qualitativa, destaca-se o Teste de Apercepção Temática (TAT; Murray, 2005). Trata-se de um teste projetivo que consiste em apresentar uma série de pranchas, selecionadas pelo examinador, ao avaliando que deverá contar uma história sobre cada uma delas. A interpretação do teste é de acordo com a perspectiva psicodinâmica e são considerados critérios para a avaliação. Como exemplo, citamos aqui os indicadores de autoimagem que estão atrelados às características psicológicas que o avaliando atribui aos protagonistas das histórias que ele criou. O manual orienta o profissional a caracterizar, por exemplo, os sentimentos, pensamentos, comportamentos e necessidades atribuídos aos protagonistas para se inferir acerca dos aspectos psicológicos que são importantes para o avaliando. Para sistematizar e padronizar o processamento desses dados qualitativos, o manual propõe modelos para alguns desses atributos psicológicos. Por exemplo, o profissional é orientado a indicar um estado psicológico de abatimento quando o enredo relacionado ao protagonista envolver a sensação de desapontamento, de tristeza, de desilusão e/ou de infelicidade.

Outra proposta de sistematização de análise de dados qualitativos é feita pelo Teste Não Verbal de Inteligência (G-36; Boccalandro, 2003), que visa à classificação quantitativa do nível intelectual e qualitativa dos tipos de erros. O G-36 é um teste de matrizes no qual a pessoa deve escolher uma figura para completar uma matriz que está incompleta. A classificação das respostas erradas segue um critério lógico, com base no tipo de raciocínio que a pessoa supostamente seguiu para cometer um erro. São analisados três tipos principais de erros: 1) o determinado por continuar a pensar em termos de identidade, demonstrando que a pessoa não conseguiu raciocinar em termos de analogia; 2) o erro ocasionado pela falta de compreensão do problema, evidenciado por uma resposta sem qualquer relação com os dados apresentados no problema, sugerindo tentativa de acertar por sorte; e 3) o erro por raciocínio incompleto, em que, embora tendo percebido a relação entre os dados apresentados no problema, a pessoa não consegue chegar na resposta correta. O levantamento dos erros fornece informações sobre o processo de resposta utilizado, permitindo concluir a maior ou menor capacidade do avaliando em compreender o teste para além dos acertos efetuados.

Na Neuropsicologia, a busca de critérios para as análises qualitativas tem sido cada vez mais frequente. Como exemplo, a tarefa de escrita (Rodrigues & Salles, 2013) e a de leitura (Rodrigues, Nobre, Gauer, & Salles, 2015) de palavras e pseudopalavras analisam a quantidade de erros e acertos, bem como o tipo de erros em uma perspectiva qualitativa. A análise qualitativa dos erros pode indicar mecanismos falhos e preservados na leitura e na escrita de acordo com o modelo cognitivo da dupla-rota (fonológica, de conversão grafema-fonema, e lexical, de reconhecimento automático da palavra inteira). Resultados qualitativos indicam diferenças nos tipos de erros cometidos por pacientes que sofreram lesão cerebrovascular no hemisfério direito comparados a pacientes com lesão no hemisfério esquerdo. Rodrigues, Pawlowski, Müller, Bandeira e Salles (2013) evidenciaram que pessoas com lesão no hemisfério esquerdo cometem mais erros de lexicalização (escrever uma palavra no lugar da pseudopalavra que foi ditada), neologismo (escrita de pseudopalavras), não palavra (escrita com combinação de letras que fogem da estrutura de uma palavra do português), não resposta (não conseguir escrever nenhum grafema da palavra ditada) e perseveração na escrita de palavras (escrita repetida de partes ou de palavra inteira ditada anteriormente). Pessoas com lesão no hemisfério direito destacam-se por erros do tipo regularização (escrita com grafemas representativos fonologicamente, mas errados ortograficamente, como escrever "páçaro" ao invés de "pássaro").

O Teste de Retenção Visual de Benton (Salles, Bandeira, Trentini, Segabinazi, & Hutz, 2015) também apresenta uma análise qualitativa de tipos específicos de erros a partir de seis diferentes categorias: Omissões, Distorções, Perseverações, Rotações, Trocas de Posição e Erros de Tamanho. Os diferentes tipos de erros são relacionados a quadros de deterioração cognitiva de acordo com a literatura. Por exemplo, erros por omissões são mais frequentes em indivíduos que apresentam déficits perceptivos e de memória, enquanto erros de perseveração se associam frequentemente a lesões no lobo frontal. Ressalta-se que, para propor normas para as análises qualitativas, estes testes são construídos considerando teorias de base bem fundamentadas, destacando-se as evidências de validade de conteúdo.

A integração de dados qualitativos e quantitativos no processo de avaliação psicológica é, ao nosso ver, fundamental para o aumento da validade e confiabilidade das interpretações e conclusões resultantes dessa prática. Enquanto os cientistas psicólogos trabalham duro na produção de instrumentos válidos e confiáveis, cabe aos profissionais se especializarem e se aperfeiçoarem no uso dessas ferramentas e na condução de um processo avaliativo como um todo. A integração de dados qualitativos e quantitativos é sempre desejável, mas nem sempre possível. Por exemplo, em contexto clínico, a depender da demanda e das características do paciente, a avaliação pode ser conduzida exclusivamente com métodos de coletas de dados qualitativos (entrevistas, observação direta do comportamento, hora lúdica diagnóstica e tarefas experimentais). Em outros contextos, como de trânsito ou de concursos públicos, muitas vezes não são incluídas técnicas de coleta de dados qualitativos, configurando-se como processos de testagem e não de avaliação psicológica. Nesses casos, somente os dados quantitativos serão utilizados com o intuito de verificar a adequação ou não da pessoa para a atividade pretendida.

Considerações finais

Este capítulo discutiu o uso de dados qualitativos e quantitativos na avaliação psicológica, bem como algumas formas de integração dos mesmos. A riqueza da avaliação psicológica consiste no uso de diferentes abordagens, mesclando as perspectivas nomotética e idiográfica. Os escores padronizados dos testes nos dão informações precisas, que otimizam o tempo e permitem uma compreensão ampla do avaliando, mas é somente interpretando qualitativamente esse resultado na vida da pessoa, considerando a forma como respondeu aos testes, seu ambiente e contexto, bem como dados da observação, que os resultados podem ser compreendidos de forma válida e abrangente.

Referências

American Educational Research Association, American Psychological Association, & National Council on Measurement in Education [Aera, APA, & NCME] (2014). *Standards for educational and psychological testing*. Washington: American Educational Research Association.

Boccalandro, E.R. (2003). *G36: teste não verbal de inteligência – Manual*. São Paulo: Vetor.

Conselho Federal de Psicologia (CFP) (2018). *Resolução CFP n. 009/2018:* Estabelece diretrizes para a realização de Avaliação Psicológica no exercício profissional da psicóloga e do psicólogo, regulamenta o Sistema de Avaliação de Testes Psicológicos – Satepsi e revoga as Resoluções n. 002/2003, n. 006/2004 e n. 005/2012 e Notas Técnicas n. 01/2017 e 02/2017. Brasília.

Haase, V.G. & Júlio-Costa, A. (2017). Como driblar a ilusão dos números? O bom uso dos testes neuropsicológicos. In: A. Júlio-Costa, R. Moura, & V.G. Haase (Orgs.). *Compêndio dos testes neuropsicológicos: atenção, funções executivas e memória* (pp. 7-22). São Paulo: Hogrefe.

Leme, I.F.A.S., Rabelo, I.S., & Alves, G.A.S. (2013). *IFP-II – Atualização dos estudos psicométricos e normas do inventário fatorial de personalidade*. São Paulo: Casa do Psicólogo.

Malloy-Diniz, L.F., Fuentes, D., Mattos, P., & Abreu, N. (2010). *Avaliação neuropsicológica*. Porto Alegre: Artmed.

Murray, H.A. (2005). *T.A.T.: Teste de Apercepção Temática* – Adaptação Brasileira: Maria Cecília de Vilhena (3a. ed.). São Paulo: Casa do Psicólogo.

Nunes, C.H.S.S., Hutz, C.S., & Nunes, M.F.O. (2013). *BFP – Bateria fatorial de personalidade*. 2a. ed. São Paulo: Casa do Psicólogo.

Oliveira, S.E.S., Pereira, P.H.S., Oliveira, M.C.R., Teixeira, A.F., Natale, L.L., & Aquino, M.G. (2012). Desenvolvimento sociocognitivo da teoria da mente: estudos interventivos com crianças de 3 e 4 anos. *Revista Brasileira de Terapias Cognitivas, 8*(1), 19-30.

Primi, R. (2010). Avaliação psicológica no Brasil: fundamentos, situação atual e direções para o futuro. *Psicologia: Teoria e Pesquisa, 26* (esp.), 25-36 [doi.org/10.1590/S0102-37722010000500003].

Raven, J.C., Raven, J., & Court, J.H. (1988). *Matrizes progressivas coloridas de Raven – Manual*. São Paulo: Casa do Psicólogo.

Rodrigues, J.C., Nobre, A., Gauer, G., & Salles, J.F. (2015). Construção da Tarefa de Leitura de Palavras e Pseudopalavras (TLPP) e desempenho de leitores proficientes. *Temas em Psicologia, 23*(2), 413-429 [doi: 10.9788/TP2015.2-13].

Rodrigues, J.C., Pawlowski, J., Müller, J.L., Bandeira, D.R., & Salles, J.F. (2013). Comparação dos erros na escrita de palavras entre adultos após AVC unilateral nos hemisférios cerebrais. *Revista Neuropsicologia Latinoamericana, 5*(4), 1-14.

Rodrigues, J.C. & Salles, J.F. (2013). Tarefa de escrita de palavras/pseudopalavras para adultos: abordagem da neuropsicologia cognitiva. *Letras de Hoje, 48*(1), 50-58.

Salles, J.F., Bandeira, D.R., Trentini, C.M., Segabinazi, J.D., & Hutz, C.S. (2015). *Teste de Retenção Visual de Benton (BVRT)*. São Paulo: Vetor.

Seabra, A.G. & Carvalho, L.F. (2014). Fundamentos da Psicometria. In: D. Fuentes., L.F. Malloy-Diniz., C.H.P. Camargo, & R.M. Cosenza (Orgs.). *Neuropsicologia: teoria e prática* (pp. 67-75). Porto Alegre: Artmed.

Strauss, E., Sherman, E.M.S., & Spreen, O. (2006). *A compendium of neuropsychological tests* (3a. ed.). Oxford: Oxford University Press.

Tavares, M. (2003). Validade clínica. *PsicoUSF, 8*(2), 125-136.

Urbina, S. (2007). *Fundamentos da testagem psicológica*. Porto Alegre: Artmed.

Zimmermann, N., Kochhann, R., Gonçalves, H.A., & Fonseca, R.P. (2017). *Como escrever um laudo neuropsicológico?* São Paulo: Pearson.

Seção 2

Aspectos históricos e profissionais da avaliação psicológica

9
Histórico da avaliação psicológica no mundo

Cristiane Faiad

Luiz Pasquali

Katya Luciane Oliveira

Depois da evolução histórica da psicologia clínica, a avaliação psicológica se qualifica como uma das áreas de maior avanço na Psicologia. Já do ponto de vista científico, sem dúvida é aquela que apresenta maior desenvolvimento, principalmente com as contribuições da psicometria, especialmente na produção de métodos e técnicas de avaliação e construção e adaptação de instrumentos (Hauck Filho & Zanon, 2015). Essa afirmação se torna mais clara ao analisarmos a história da avaliação psicológica no mundo, o que será a proposta deste capítulo, com ênfase em fatos relevantes que demarcaram a área e a consolidaram tanto como campo prático como campo epistêmico da ciência psicológica.

Antes de conhecer aspectos históricos da área, uma importante diferenciação deve ser proposta, de forma a auxiliá-los na compreensão dos fatos. Avaliação psicológica, Testagem, Testes psicológicos e Psicometria são termos amplamente utilizados, embora se diferenciem e se complementem (Hutz & Primi, 2006; Hutz, 2015). Por avaliação psicológica subentende-se o processo que pressupõe, em diferentes contextos, a análise de um conjunto de informações sobre o funcionamento/domínio psicológico de um indivíduo, ou grupo (cognitivo, afetivo, conativo, memória, atenção, dentre outros), a partir de uma demanda inicial, realizada por meio de diferentes métodos e técnicas de avaliação, visando a elaboração da hipótese diagnóstica (Conselho Federal de Psicologia – CFP, 2018; Estefania & Zalazar-Jaime, 2018; Primi, 2010). A testagem psicológica consiste na aplicação de um ou mais testes psicológicos dentro do processo de avaliação psicológica (CFP, 2013), focado na aferição de um construto psicológico. Nessa perspectiva, Hutz (2015) argumenta que a avaliação psicológica ultrapassa o que se propõe na testagem psicológica à medida que oferece também diversas propostas interventivas. O Teste Psicológico, por sua vez, é definido como um procedimento que permite a avaliação de uma amostra de comportamento de um examinando ou grupo, em determinado domínio psicológico, por meio de um processo normalizado (*American Educational Research Association, American Psychological Association, & National Council on Measurement in Education* – Aera/APA/NCME, 2014; Urbina, 2014). No que concerne à Psicometria, Hauck Filho e Zanon (2015) abordam que esta sustenta a possibilidade de observação direta entre o que é postulado pelos modelos teóricos e aquilo que se observa com dados científicos e empíricos. Assim, pode-se dizer que o Teste Psicológico busca aferir o comportamento em termos numéricos, portanto fazendo uso do modelo matemático (Pasquali, 2003).

Posto isto, observa-se a necessidade de se ter ciência sobre as diferenças conceituais apontadas.

Vejam que o grande avanço da Psicologia, enquanto ciência do conhecimento, na área da avaliação psicológica, está centrado nas mudanças da prática profissional, no entendimento do funcionamento humano, por meio de instrumentos que foram construídos e aprimorados ao longo dos séculos, respaldados por técnicas de análise cada vez mais avançadas e elaboradas. Com isso a avaliação psicológica permite subsidiar a tomada de decisão, por meio de dados inequívocos (Fernández-Ballesteros, 2013). Por se tratar de um processo complexo, sua história é marcada por diferentes contribuições teóricas; assim sendo, na sequência serão tecidas considerações sobre o registro histórico que compreende a apresentação de marcos históricos da prática profissional, o surgimento de diferentes instrumentos psicológicos e as contribuições das técnicas de análise de dados ou do pensar sobre a teoria de medida e a produção de documentos sobre o assunto.

Registros históricos

Os primeiros registros de avaliações foram na China, em 2200 a.C., quando imperadores chineses realizavam seleções de candidatos a cargos de governo por meio de aplicação de diferentes provas que avaliavam, por exemplo, o conhecimento sobre literatura clássica, dentre outros conhecimentos. Os candidatos aprovados adquiriam conquistas que os diferenciavam dos demais e as provas eram consideradas muito difíceis. Ainda na China, em 1115 a.C. foram aplicados os primeiros testes de proficiência, durante a Dinastia Chang (Cohen, Swerdlik, & Sturman, 2014). Em Roma, os estudos de Galeno deram origem à teoria dos temperamentos, que embasou por décadas a proposta de classificação da personalidade (Pasquali, 2010).

É na Idade Média (476 d.C. da queda do Império Romano a 1453 d.C. da tomada de Constantinopla) que se demarca uma proposta mais sistematizada dos testes psicológicos, na contribuição formal da psicometria (Pasquali, 2010). Na Idade Moderna (1453 a 1789 na Revolução Francesa) surgem as tentativas de se compreender as doenças mentais, sob a ótica filosófica e nos conhecimentos médicos (Flores-Mendonza & Saraiva, 2018). Na Idade Contemporânea (1789 ao início do século XIX), mais especificamente na França, que surge o que se identificou como testagem psicológica moderna (Hutz, 2015).

A testagem psicológica, tal como é conhecida atualmente, teve suas raízes a partir das pesquisas realizadas por quatro representantes significativos: Francis Galton, James McKeen Catttell, Alfred Binet e Charles Spearman. A cada um dos pesquisadores é atribuída uma década marcada por pesquisa (Hogan, 2006; Pasquali, 2010), junto a outros proeminentes da época.

Francis Galton registrou sua década de contribuições entre 1822 e 1911. Por experiências pessoais nas avaliações que participou, durante sua estadia na universidade, Galton passou a se interessar sobre processos avaliativos (Silva, 2011). Seu grande marco foram os estudos das diferenças individuais, voltados para avaliação das aptidões humanas por meio da medida sensorial (Pasquali, 2010). Os estudos de Galton sobre a hereditariedade foram incluídos em bases científicas, trazendo conceitos novos estatísticos. Tal façanha pode ter-lhe atribuído o papel de um dos primeiros cientistas sociais (cf. www.galton.org), mas, certamente, o pai da psicometria. Abriu a perspectiva de uma estatística como disciplina, influenciando teoricamente os trabalhos de Karl Pearson e Spearman e de psicometristas americanos como Cattell. Seus estudos também tiveram uma contribuição importante para o desenvolvimento da análise fatorial. Contribui ainda, por influência do darwinismo da época, com um dos primeiros estudos fundamentados na genética do comportamento (*Hereditary talent and character*), com ideias de eugenia e avaliação da inteligência, no estudo com famílias (Silva, 2011). De posteriores estudos sobre diferenças individuais, surge a ideia de que instrumentos podem ser utilizados para medir diferenças entre as pessoas, com ênfase na inteligência. Apesar de seus estudos não terem ocorrido dentro da universidade e de Galton não ter obtido diretamente um reconhecimento dos psicólogos, suas contribuições foram importantes, tanto na ideia de diferenças individuais, com ênfase em aspectos cognitivos, quanto na influência do que é herdável.

Figura 1 Francis Galton

Nesta mesma fase, Karl Pearson (1857-1936) traz uma importante contribuição ao desenvolver a técnica analítica da correlação (Pasquali, 2010), mais conhecida como *r* de Pearson. Houve uma forte influência em seu trabalho pelos estudos de Galton (para saber mais, leia sobre o experimento de hereditariedade feito com ervilhas).

Para Pasquali (2010), antes de se mencionar uma próxima década de contribuições no campo da psicometria, importante ressaltarmos os estudos realizados na Alemanha. Entre 1832 a 1920, o médico Wilhelm Max Wundt cria o primeiro laboratório de psicologia experimental, na Universidade de Leipzig. O foco dos estudos de Wundt estava nas semelhanças entre pessoas e, não, nas diferenças como até então vinha sendo o foco dos estudos de Galton – também colaborando para a concepção do processo avaliativo. Wundt orientou o doutorado de James McKeen Cattell, em seus estudos sobre diferenças individuais quanto ao tempo de reação. Finalizando seu doutorado, Cattell retorna aos Estados Unidos em 1888, e influenciado por Galton inicia uma importante contribuição para a psicometria.

Figura 2 Wilhelm Max Wundt

Em 1890, James McKeen Cattell realizou o experimento em *Mental Tests and Measurements*, voltado para avaliação das diferenças individuais e de desempenho acadêmico de crianças. Tais estudos deram origem à terminologia *mental test* (Pasquali, 2010). Cattell teve um importante papel enquanto orientador, na elaboração de inúmeras publicações e na fundação da instituição *Psychological Corporation*, responsável por importantes avanços na psicologia (Cohen, Swerdlik, & Sturman, 2014).

Figura 3 James McKeen Cattell

Fortemente influenciado por Galton e baseando-se nos princípios da técnica de correlação de Pearson, o psicólogo inglês Charles Spearman (1863-1945) inicia o estudo científico da inteligência humana, na avaliação das diferenças individuais. Por meio das obras *The proof and measurement of association between two things, General intelligence objectively determined and measured, Demonstration of formulae for true measurement of correlations* e *Correlations of sums and differences*, Spearman dá origem à Psicometria Clássica. Dentre suas importantes contribuições está a publicação de seu manuscrito sobre o fator G de inteligência.

Figura 4 Charles Spearman

A área de avaliação era marcada, até então, pela proposta de instrumentos voltados para o tempo de reação. Então, no início do século, os interesses da avaliação passaram a ser aplicados na medida de predição nos contextos da educação e saúde (Pasquali, 2010). O psicólogo francês Alfred Binet (1857-1911) traz em seu percurso de formação a influência da psicologia experimental. Na psicometria, sua importante contribuição tem origem na observação que ele fez de suas filhas, auxiliando-o a compreender o desenvolvimento cognitivo e na aplicação de instrumentos cognitivos. Em meados de 1882 foi aprovada na França uma lei que obrigava o ensino primário para as crianças, coincidindo com interesses de Binet sobre a área da educação e questões sobre subnormalidade. Tal fase implicou na visibilidade de crianças consideradas com problemas mentais (Silva, 2011) (cf. http://www.dominiopublico.gov.br/download/texto/me4661.pdf). Com o auxílio de Simon, Binet cria a Escala Binet-Simon de Inteligência, escala que se tornou importante marco nos testes psicológicos, que passou a ser utilizada em vários países e passou por reformulações realizadas por Lewis Terman e seus associados da Universidade de Stanford publicando então a Stanford Binet – que trouxe muitas reflexões sobre a medida individual.

Figura 5 Alfred Binet

Pasquali (2010) observa que no período de 1910 a 1930 foi definida como a era dos testes de inteligência. Importante destaque deve ser dado às demandas de avaliação de recrutas do exército, durante a Primeira Guerra Mundial, com a exigência de avaliações coletivas e céleres. Deste processo surgiram os testes *Army Alpha* e *Beta*, frutos das pesquisas de Yerkes em 1917. Centenas de outros instrumentos foram criados para diferentes contextos e faixas etárias nessa fase. Muitos desses avanços serão apresentados nos capítulos sobre inteligência.

Em 1930 foi demarcado o que Pasquali (2010) chamou da década da análise fatorial, que certamente se tornou, por um longo período, a técnica estatística mais utilizada no mundo, no contexto da psicologia. Notadamente, suas contribuições avançaram e muito a compreensão dos fenômenos psicológicos, inclusive as pesquisas nos campos da inteligência e personalidade. A técnica surgiu de questionamentos sobre as propostas de Spearman, nos estudos de Kelley, Thomson, Burt e Thurstone. Em 1938 Thurstone contribui com o avanço da área ao propor que a inteligência consistia de sete fatores conhecidos como habilidades mentais primárias. Em 1951 Lee Cronbach apresenta o coeficiente *Alpha* como um índice de fidedignidade para testes e escalas, e alguns anos mais tarde, em 1963, Raymond Cattell propõe os conceitos das Inteligências Fluida e Cristalizada (cf. Silva, 2002; Urbina, 2007).

Um outro movimento demarcou um grande avanço na área de avaliação, o que foi chamado como um marco para a Psicometria moderna (Nunes & Primi, 2005), com o surgimento da Teoria de Resposta ao Item (TRI). Esta proposta se desponta como recurso complementar às limitações da Teoria Clássica, mas não substituí-la. Traz avanços para as análises dos processos psicológicos à medida que possibilita a estimativa de acertos e habilidades expressas nas respostas dadas em itens específicos dos instrumentos, de modo a reduzir o número de itens dos mesmos (cf. Baker, 2001; Nakano, Primi, & Nunes, 2015, dentre outros).

Mais recentemente, na década de 2000, despontaram os estudos científicos que buscavam tirar o foco do sofrimento psíquico e investigar o seu oposto, qual seja, aspectos de preservação da saúde mental (Passarelli & Silva, 2007). Dentre esses aspectos estão fatores como o perdão, a alegria, a felicidade, as virtudes e as potencialidades, dentre outros. Essa nova corrente ficou conhecida como Psicologia Positiva (cf. Seligman, 2002, 2009, 2011). Notadamente a Psicologia Positiva se desponta como uma área que promove avanço para a avaliação psicológica, pois conforme destacam Oliveira, Nunes, Legal e Noronha (2016) há que se averiguar, de forma empírica, os postulados teóricos apresentados pela Psicologia Positiva, sendo que muitos estudos desenvolvidos nessa perspectiva teórica visam a busca de evidências de validade de medidas de bem-estar subjetivo e/ou forças de caráter. Assim, o uso de técnicas e provas próprias da psicométrica vem sendo empregado de modo a propiciar o teste de hipóteses dos epistêmicos da Psicologia Positiva.

Perspectiva nacional, frente as mudanças internacionais

Ao se analisar o panorama da avaliação psicológica no contexto nacional, buscando fazer uma breve retrospectiva, pode-se dizer que no Brasil observou-se um período de descrédito da avaliação psicológica, em razão da falta de credibilidade dos instrumentos e técnicas que foram introduzidos na realidade brasileira durante as décadas imediatamente posteriores à segunda guerra, sem serem devidamente estudados e validados para nossa realidade. Esse fato gerou uma onda de rejeição que repercutiu em um atraso significativo das pesquisas em relação a outros países da América do Sul. Na década de 1990 houve a retomada do interesse no desenvolvimento de estudos nacionais na área e com a organização dos profissionais e pesquisadores que estudavam a avaliação psicológica e a psicometria e face às deliberações do I Fórum Nacional de Avaliação Psicológica ocorrido no ano 2000 e das deliberações ocorridas durante o IV Congresso Nacional de Psicologia no ano de 2001 importantes decisões foram tomadas, resultando na publicação da Resolução 25/2001 do Conselho Federal de Psicologia e posteriormente na publicação da Resolução 02/2003 e mais recentemente na Resolução 09/2018. Dentre os profissionais que ajudam a construir a história da avaliação psicológica no Brasil e também foram os idealizadores e fundadores do Instituto Brasileiro de Avaliação Psicológica pode-se citar proeminentes pesquisadores que trouxeram de suas formações no exterior, grandes contribuições teórico-metodológicas para o Brasil. Mais informações sobre a história da avaliação psicológica no Brasil serão tratadas no capítulo 10 desta obra.

Figura 6 Luiz Pasquali, Claudio Hutz e Solange Wechsler

O surgimento de documentos normativos e sua influência na prática

Noronha e Alchieri (2005) ressaltam a importância da criação de alguns manuais sobre a avaliação, como *Fundamentos da Testagem Psicológica*, em 1949, por Lee Cronbach, e *Testagem Psicológica*, em 1954, por Anne Anastasi. Tais obras tornaram-se referências na área de avaliação por anos, trazendo de forma resumida importantes conceitos e o desenvolvimento da avaliação. Entre estes também estão a elaboração do *Technical Recommendations for Psychological Tests and Diagnostics Techniques*, em 1954.

Mas talvez o marco mais importante na produção científica do mundo ocorreu em 1954, quando algumas instituições iniciaram a produção de documentos normativos para melhoria da avaliação psicológica no mundo. Mais especificamente, em 1985, a *American Educational Research Association* (Aera), *American Psychological Association* (APA) e a *National Council on Measurement in Education* (NCME) elaboraram o *Standards,* revisado significativamente em 1999. A obra foi traduzida como Padrões para Educação e Psicologia objetivando ser uma fonte de orientação para construção e uso de testes, no intuito de promover melhores práticas no uso da medida, melhor qualificar os instrumentos e orientar a busca por critérios psicométricos para adequada interpretação dos escores fornecidos por estes. O *Standards* traz sua última versão atualizada em 2014 (Faiad & Rodrigues, 2018).

Este documento formalizou uma nova concepção de validade, visto que, até então, a validade era compreendida como uma tríade (construto, conteúdo e critério). A validade passou a ser concebida como um conceito único, que sustenta que as diversas fontes de dados utilizadas no estudo de validade de uma medida informam sempre sobre a correta forma de interpretação dos seus escores. Dessa forma, a validade de uma medida refere-se propriamente à capacidade da mesma de representar determinado construto (Primi, Mu-

niz, & Nunes, 2009). Passa a ser definida como "ao grau em que a evidência e a teoria suportam a interpretação dos escores do teste para o uso proposto pela medida (Aera, p. 9)", identificando a necessidade de um acúmulo de evidências relevantes e de uma base científica mais sólida na interpretação dos resultados dos instrumentos. Conforme o Aera, as evidências foram elencadas como a) orientadas ao conteúdo; b) relativas ao processo cognitivo subjacente ao processo de resposta; c) relativas à estrutura interna, relativas a relações com construtos conceitualmente; d) relacionadas a critérios e e) evidências baseadas nas consequências do teste (Aera, 2014). Há de se considerar, contudo, que essa proposta ainda vem sendo discutida e não traz consenso entre todos os pesquisadores (cf. Borsboom, Cramer, Kievit, Scholten, & Franić, 2009; Borsboom, Mellenbergh & van Heerden, 2004; Pasquali, 2007).

Importante destaque deve ser dado ao olhar sobre as consequências da testagem, quando Messick (1989) apresenta a necessidade do profissional se preocupar com a responsabilidade e o impacto social acarretado pelo processo de avaliação, ou seja, com a consequência do uso do escore do instrumento. A validade assume um valor social e um papel político e científico importante, não se limitando ao que o autor afirma como uma simples correlação de coeficientes entre escores de testes e um critério proposto (validade conforme um critério clássico) ou por julgamentos de *experts* onde o conteúdo seja relevante para o uso proposto por tal teste (conteúdo de validade tradicional). Por esse motivo, assumiu um conceito mais amplo que integra as considerações de conteúdo, critério e consequências em um quadro para testagem empírica de hipóteses racionais sobre significado e utilidade de escores.

Dois outros importantes conceitos foram evidenciados pelo Aera (1999, 2014), como o de acessibilidade e o *design* universal, sob um olhar mais globalizante de pensar a construção de instrumentos, levando-se em consideração aspectos técnicos e sociais que abarcam diferentes características individuais. A acessibilidade foi definida como a importância de que todos os examinandos tenham oportunidade de responder a um instrumento, levando-se em consideração sua posição/condição específica. Já o *design* universal, que surgiu nos Estados Unidos dentro da arquitetura e áreas afins na década de 1990, trouxe a ideia de maior acessibilidade, levando-se em consideração as diferentes habilidades humanas (Story, Mueller, & Mace, 1998). No campo da avaliação psicológica, o Aera estabelece a necessidade de acessibilidade para todos os candidatos avaliados, por meio de procedimentos e instruções mais simples, claros e intuitivos.

Já em meados da década de 1960, conforme apresentado por Hogan (2006), houve o marco de um ativismo, tanto legislativo quanto judicial. Algumas testagens começam a ser exigidas por lei, outras proibidas, em uma fase em que os instrumentos passaram a ser questionados nos tribunais. Tal fato ressaltou a importância de estudos cada vez mais elaborados, que demonstrassem as evidências de validade dos instrumentos e, mais que isso, enfatizou as consequências sociais dos resultados dos instrumentos nestes contextos.

Em sintonia com estes movimentos a ascensão das práticas baseadas em evidências impactou o campo da avaliação psicológica de forma significativa pela necessidade de mensuração dos efeitos e resultados de intervenções ou tratamentos (Gregory, 2015). O desenvolvimento de uma prática psicológica baseada em evidências, com avaliações periódicas de resultados, e consequen-

te desenvolvimento e melhoria dos instrumentos de medida, apresenta-se como um dos grandes objetivos da psicologia como um todo e da área de avaliação em particular (APA Task Force, 2006).

No contexto nacional notoriamente há uma convergência em adotar as diretrizes ora publicadas em âmbito internacional. De especificidade das normatizações e regulações brasileiras temos um marco em 2001 com a publicação da Resolução 25. Com ela foi possível estabelecer alguns parâmetros norteadores para avaliação psicológica ora praticada no país. Essa resolução foi um marco para regulamentação do uso, elaboração e comercialização de testes naquela ocasião. No ano seguinte, o avanço se fez sentir com a publicação da Resolução 02/2003; esta definiu e regulamentou o uso, a elaboração e a comercialização de testes psicológicos e revogou a Resolução CFP n. 025/2001. A Resolução CFP n. 007/2003 instituiu o Manual de documentos escritos produzidos pelo psicólogo decorrentes da avaliação psicológica e mais recentemente a Resolução 09/2018 estabeleceu novas diretrizes para a realização de avaliação psicológica no exercício profissional da psicologia, regulamentando o Sistema de Avaliação de Testes Psicológicos – Satepsi e revogando as Resoluções anteriores e Notas Técnicas. Nessa perspectiva, considera-se que o Brasil vem cada vez mais ganhando espaço e visibilidade no que concerne uma construção coerente aos preâmbulos internacionais, sempre respaldados nos princípios éticos da nossa profissão.

Considerações finais: um olhar para as limitações e desafios

Muitos foram os avanços alcançados pela área da avaliação psicológica, como mostra esse breve histórico. Contudo, percebe-se que ainda há muitos desafios pela frente, que podem ser alinhavados na sequência. O que se pretende não é oferecer respostas fechadas, mas fomentar os desafios para além desses avanços já conquistados. Primeiro, o que é finalmente que queremos avaliar? Uma resposta plausível seria: o construto psicológico por detrás do comportamento. Mas ali se situa o grande problema, porque a Psicologia ainda não conhece realisticamente o que seja um construto psicológico, embora as neurociências estejam produzindo avanços neste setor. Por ora, o construto psicológico se põe como um elemento muito escorregadio na área da avaliação, permitindo muita divagação por parte dos psicólogos.

Em segundo lugar, parece ser importante enfatizar o uso correto de técnicas cada vez mais aprimoradas. Sem dúvida elas têm nos proporcionado importantes avanços, contudo muitas das vezes temos ferido importantes pressupostos estatísticos que nos colocam em uma nova questão: Estamos mesmo avaliando o que pretendemos, da forma mais adequada? Seguem questões que certamente serão respondidas nas próximas décadas.

Em terceiro lugar, uma reflexão importante deve ser feita quanto às técnicas a serem utilizadas na avaliação. Talvez seja relevante começar a investigar o uso da Inteligência artificial e da Robótica como processos de avaliação do comportamento humano. Áreas que têm demonstrado êxitos em outras disciplinas como a Engenharia e a Medicina, por exemplo. Assim, os instrumentos de avaliação psicológica não somente melhoram em precisão estatística, mas em engenharia e alcance. Talvez esse seja um dos importantes desafios para a avaliação psicológica no mundo.

E tais reflexões nos fazem pensar em importantes desafios para avaliação psicológica no Brasil. De todos que poderiam ser citados, a formação toma lugar de destaque. Chama a atenção os cursos de formação em psicologia no contexto nacional que oferecem grades horárias bastante reduzidas dos conteúdos de avaliação psicológica. Não é possível se ter uma boa formação acerca dos conteúdos de avaliação psicológica, sem boas grades curriculares com disciplinas que ofereçam essa especificidade de forma robusta, quais sejam, avaliação psicológica, psicometria, psicodiagnóstico, estatística, dentre outras específicas. Se por um lado temos as limitações impostas por restrição dos conteúdos e cargas horárias de avaliação psicológica nos cursos de formação, por outro há avanços recém-conquistados como a especialização em avaliação psicológica. Essa vitória é importante, pois reconhece a avaliação psicológica como área com especificidades dentro da psicologia. Por isso, seja aqui no Brasil ou fora dele, a luta por um fazer em avaliação psicológica respaldado técnica e cientificamente nunca estará acabada, porque o comportamento humano é dinâmico e onde estarão nossos esforços senão na compreensão que subjazem esses comportamentos.

Referências

American Educational Research Association, American Psychological Association, & National Council on Measurement in Education (2014). *Standards for educational and psychological testing.* Washington, DC: American Psychological Association.

APA Task Force (2006). Evidence-based practice in psychology. *American Psychologist, 61,* 271-285 [doi: 10.1037/0003-066X.61.4.271].

Baker, F.B. (2001). *The basics of Item Response Theory.* Eric: Wisconsin.

Borsboom, D., Cramer, A.O., Kievit, R.A., Scholten, A.Z., & Franić, S. (2009). The end of construct validity. In *The Concept of Validity: Revisions, New Directions and Applications, Oct, 2008*. IAP Information Age Publishing.

Borsboom, D., Mellenbergh, G.J., & van Heerden, J. (2004). The Concept of Validity. *Psychological Review, 111*(4), pp. 1.061-1.071.

Cohen, R.J., Swerdlik, M.E., & Sturman, E.D. (2014). *Testagem e avaliação psicológica: introdução a testes e medidas*. Porto Alegre: AMGH.

Conselho Federal de Psicologia (2001). *Resolução n. 25/2001 – Define teste psicológico como método de avaliação privativo do psicólogo e regulamenta sua elaboração, comercialização e uso* [Recuperado em http://www.crprs.org.br/upload/legislacao/legislacao46.pdf].

Conselho Federal de Psicologia (2003a). *Resolução CFP n. 002/2003 – Define e regulamenta o uso, a elaboração e a comercialização de testes psicológicos e revoga a Resolução CFP n. 025/2001* [Recuperado em https://site.cfp.org.br/wp-content/uploads/2012/05/resoluxo022003.pdf].

Conselho Federal de Psicologia (2003b). *Resolução CFP n. 007/2003 – Institui o manual de documentos escritos produzidos pelo psicólogo decorrentes da avaliação psicológica* [Recuperado em http://site.cfp.org.br/wp-content/uploads/2003/06/resolucao2003_7.pdf].

Conselho Federal de Psicologia (2013). *Cartilha de Avaliação Psicológica*. Brasília: CFP [Recuperado em 29 de janeiro de 2019, de http://satepsi.cfp.org.br/docs/cartilha.pdf].

Conselho Federal de Psicologia (2018a). *Resolução n. 9, de 25 de abril de 2018*. Brasília: CFP [Recuperado em 8 de maio de 2018, de http://satepsi.cfp.org.br/docs/Resolução-CFP-no-09-2018-com-anexo.pdf].

Conselho Federal de Psicologia (2018b). *Resolução CFP n. 09/2018 – Estabelece diretrizes para a realização de avaliação psicológica no exercício profissional da psicóloga e do psicólogo, regulamenta o Sistema de Avaliação de Testes Psicológicos – Satepsi e revoga as Resoluções n. 002/2003, n. 006/2004 e n. 005/2012 e Notas Técnicas n. 01/2017 e n. 02/2017* [Recuperado em http://satepsi.cfp.org.br/docs/Resolução-CFP-nº-09-2018-com-anexo.pdf].

Estefania, C.C. & Zalazar-Jaime, M.F. (2018). Entrevistas cognitivas: revisión, directrices de uso y aplicación en investigaciones psicológicas. *Avaliação Psicológica, 17*(3), 362-370 [https://dx.doi.org/10.15689/ap.2018.1703.14883.09].

Faiad, C. & Rodrigues, C.M.L. (2018). Padrões para educação e psicologia. *Examen: Política, Gestão e Avaliação da Educação, 2*(2), 173-177.

Fernández-Ballesteros, R. (2013). *Evaluación Psicológica. Concepto, métodos y estudio de casos* (2a. ed.). Madri: Pirámide.

Flores-Mendoza, C. & Saraiva, R. (2018). Avaliação da inteligência: uma introdução. In C.L. Hutz, D.R. Bandeira, & C.M. Trentini (Orgs.). *Avaliação psicológica da inteligência e da personalidade* (pp. 17-33). Porto Alegre: ArtMed.

Gregory, R.J. (2015). *Psychological testing: History, principles, and applications*. 7a. ed. Allyn & Bacon.

Hauck Filho, N., & Zanon, C. (2015). Questões básicas sobre mensuração. In C.L. Hutz, D.R. Bandeira, & C.M. Trentini (Orgs.). *Psicometria* (pp. 23-43). Porto Alegre: ArtMed.

Hogan, T.P. (2006). *Introdução à prática de testes psicológicos*. Rio de Janeiro: LTC.

Hutz, C.S. (2015). O que é avaliação psicológica: métodos, técnicas e testes. In C.L. Hutz, D.R. Bandeira, & C.M. Trentini (Orgs.). *Psicometria* (pp. 11-21). Porto Alegre: ArtMed.

Hutz, C.S. & Primi, R. (2006). Psychological assessment in Brazil: Current trends and challenges. *The Score (Newsletter APA), 37*, 17-18.

Messick, S. (1995). Validity of psychological assessment: Validation of inferences from persons responses and performances as scientific inquiry into score meaning. *American Psychologist, 50*(9), 741.

Nakano, T.C., Primi, R., & Nunes, C.H.S.S. (2015). Análise dos itens e Teoria de Resposta ao Item (TRI). In C.S. Hutz, D.R. Bandeira, & C.M. Trentini (Orgs.). *Psicometria* (pp. 97-123). Porto Alegre: Artmed.

Noronha, A.P.P. & Alchieri, J.U.C. (2005). Reflexões sobre os instrumentos de avaliação psicológica. In R.

Primi (Org.). *Temas em avaliação psicológica* (pp. 19-36). Porto Alegre: Ibap; São Paulo: Casa do Psicólogo.

Nunes, C.H.S.S. & Primi, R. (2005). Impacto do tamanho da amostra na calibração de itens e estimativa de escores por Teoria de Resposta ao Item. *Avaliação Psicológica, 4*(2), 141-153.

Oliveira, C., Nunes, M.F.O., Legal, E.J., & Noronha, A.P. (2016). Bem-estar subjetivo: estudo de correlação com as forças de caráter. *Avaliação Psicológica, 15*(2), 177-185 [Recuperado em 31 de janeiro de 2019, de http://pepsic.bvsalud.org/scielo.php?script=sci_arttext&pid=S1677-04712016000200007&lng=pt&tlng=pt].

Passareli, P.M. & Silva, J.A. (2007). Psicologia positiva e o estudo do bem-estar subjetivo. *Estudos de Psicologia* (Campinas), *24*(4), 513-517 [doi: 10.1590/S0103-166X2007000400010].

Pasquali, L. (2003). *Psicometria: teoria dos testes na psicologia e na educação*. Petrópolis: Vozes.

Pasquali, L. (2007). Validade dos testes psicológicos: será possível reencontrar o caminho. *Psicologia: Teoria e Pesquisa, 23*, 99-107.

Pasquali, L. (2010). *Instrumentação psicológica: fundamentos e práticas*. Porto Alegre: Artmed.

Primi, R. (2010). Avaliação psicológica no Brasil: fundamentos, situação atual e direções para o futuro. *Psicologia: Teoria e Pesquisa. 26*, 25-36.

Primi, R., Muniz, M., & Nunes, C.H.S.S. (2009). Definições contemporâneas de validade de testes psicológicos. In C.S. Hutz (Org.). *Avanços e polêmicas em avaliação psicológica* (pp. 243-265). São Paulo: Casa do Psicólogo.

Seligman, M. (2002). Positive Psychology, positive prevention and positive therapy. In C.R. Snyder & S.J. Lopez (Eds.). *Handbook of Positive Psychology* (pp. 3-9). Nova York: Oxford University Press.

Seligman, M. (2009). *Felicidade autêntica: usando a psicologia positiva para a realização permanente*. Rio de Janeiro: Objetiva.

Seligman, M.E.P. (2011). *Florescer: uma nova compreensão sobre a natureza da felicidade e do bem-estar* [Flourishing: A new understanding of the nature of happiness and well-being] (C.P. Lopes, trad.). Rio de Janeiro: Objetiva.

Silva, J.A. (2002). Fatos marcantes na história dos testes psicológicos. *Paideia* (Ribeirão Preto), *12*(23), 177-178 [https://dx.doi.org/10.1590/S0103-863X2002000200013].

Silva, M.C.V.M. (2011). *História dos testes psicológicos: origens e transformações*. São Paulo: Vetor.

Story, M.F., Mueller, J.L., & Mace, R.L. (1998). *The Universal Design File: designing for people of all ages and abilities*. NC State University, Center for Universal Design [Recuperado em 18/12/2018, de https://files.eric.ed.gov/fulltext/ED460554.pdf].

Urbina, S. (2014). *Essentials of psychological testing* (2a. ed.). Hoboken: Wiley.

10
Avaliação psicológica no Brasil

Tatiana de Cássia Nakano

Rauni Jandé Roama-Alves

O presente capítulo tem como objetivo conceituar uma das áreas mais antigas da psicologia, a avaliação psicológica (AP), mais especificamente, enfocando a realidade brasileira. O termo "avaliação psicológica" tem sido utilizado para descrever um conjunto de procedimentos que têm por objetivo "coletar dados para testar hipóteses clínicas, produzir diagnóstico, descrever o funcionamento de indivíduos ou grupos e fazer predições sobre comportamentos ou desempenho em situações específicas" (Hutz, 2009, p. 298). É considerada uma atividade complexa que envolve a busca sistemática de conhecimento a respeito do funcionamento psicológico das pessoas, com o objetivo de orientar ações e decisões futuras (Primi, 2010).

Considerando-se que a história da AP brasileira (APB) se confunde com a história da própria Psicologia como ciência e profissão no país (Souza Filho, Belo, & Gouveia, 2006), ocorrendo antes mesmo da sua profissionalização, o presente texto procurará enfocar uma série de pontos importantes na temática, tais como: (a) aspectos históricos da APB; (b) APB na formação do Psicólogo; e (c) desafios, avanços e perspectivas futuras da APB.

Aspectos históricos da avaliação psicológica brasileira

Ao ser retomada a história da APB, é possível classificar seu desenvolvimento em períodos.

De acordo com Alchieri e Cruz (2003), em um momento inicial, pode-se dizer que a área esteve mais fortemente relacionada a um modelo médico (1836-1930), indo ao encontro do que se via nas próprias raízes da Psicologia moderna, também situadas nesse período. Pode-se identificar também um segundo momento, no qual a história da APB se confunde com a própria história da Psicologia no país, composto por alguns marcos, como: reconhecimento e propagação da APB no ensino universitário (1930-1960); criação dos cursos de graduação de Psicologia, com previsão de ensino da AP (1962-1987); consolidação de cursos de pós-graduação, com linhas de pesquisa em AP (1970-1987); e, por fim, a criação dos laboratórios de AP (1987 em diante). É interessante observar que foi, na época da criação dos cursos de graduação de Psicologia, que a área da AP foi efetivamente consolidada como prática privativa do profissional da Psicologia, quando envolvesse a utilização de métodos e técnicas psicológicas para fins de diagnóstico psicológico, orientação e seleção profissional, orientação psicopedagógica e solução de problemas de ajustamento (Lei Federal n. 4119/62).

Mais especificamente, os acontecimentos que permearam tais períodos podem ser datados, inicialmente, com a instalação dos primeiros laboratórios e das primeiras aplicações em psicologia no Brasil. Penna (1992) reconhece a influência francesa, principalmente, de Alfred Binet (1857-1911) e George Dumas (1866-1946) em nossa realidade. É muito provável que Binet tenha planejado o laboratório que foi instalado, em 1906, em uma instituição criada no Rio de Janeiro, chamada *Pedagogium*, com o objetivo de divulgar e desenvolver novas metodologias pedagógicas. O primeiro diretor dessa instituição, o médico Manoel Bomfim (1868-1932), estudou em Paris, com Dumas e Binet (Antunes, 2001). Na mesma época, o médico Maurício de Medeiros, que também estudou em Paris com Dumas, e em Munique com Emil Kraepelin (1855-1926), também trouxe a aplicabilidade das ideias europeias para o pequeno laboratório de psicologia instalado no Hospital Nacional de Alienados, no Rio de Janeiro, no qual também era diretor (Gomes, 2004).

Especificamente em relação aos testes psicológicos brasileiros, pode-se também localizá-los de acordo com importantes marcos históricos. Noronha e Alchieri (2002) mostraram que os primeiros testes psicológicos, da época de 1910 a 1930, se focavam em pesquisas e aplicabilidade dos instrumentos para a avaliação da inteligência, principalmente infantil, bem como seleção, indicação e avaliação de habilidades para o trabalho. A primeira escala a ser amplamente administrada no país foi a Binet-Simon, em meados dos anos de 1910, pelo médico pediatra Antonio Fernandes Figueira (1863-1928). Posteriormente, o psicólogo americano Lewis Terman modificou tal escala, denominando-a de Stanford-Binet. No Brasil, essa última versão apareceu em 1913 em Belo Horizonte, oito anos após sua publicação no país de origem (Noronha, Primi, & Alchieri, 2005).

A APB apresentou entre 1924 e 1947 um ritmo intenso de investigações e aplicabilidades, o qual acompanhou o desenvolvimento internacional na área. Os instrumentos internacionais chegavam ao Brasil com muita rapidez e eram padronizados com cuidado, atendendo aos preceitos psicométricos e culturais vigentes de acordo com as exigências da época. O lançamento do livro *Tests* por José Joaquim de Campos da Costa Medeiros e Albuquerque (1867-1934) é um marco para a época (Gomes, 2004).

De 1941 a 1951, os interesses anteriores continuaram, mas abarcando também interesses na área da Psicologia do Desenvolvimento, marcando-se pelo início da preocupação em relação aos cuidados no manejo e administração dos instrumentos psicológicos. A partir de 1951, o foco de interesse foi voltando-se para a avaliação da personalidade, orientação profissional, desenvolvimento infantil, intervenção grupal e adaptação de instrumentos (Noronha & Alchieri, 2002). Em 1947 é importante destacar um novo avanço na área, com a implantação do Instituto de Seleção e Orientação Profissional (Isop), no Rio de Janeiro, com o objetivo de realizar a seleção de pessoas tendo como base os resultados em testes psicológicos (Noronha & Reppold, 2010).

A área da avaliação psicológica, assim como a Psicologia em geral, teve como importante marco para sua consolidação a aprovação da Lei n. 4.119, em 27 de agosto de 1962, a qual regulamentou a profissão de psicólogo. Nesse mesmo ano foi também emitido o Parecer 403 do Conselho Federal de Educação, que instituiu a duração do curso universitário de Psicologia e seu currículo mínimo, o qual contemplava ementas e disciplinas voltadas para a avaliação psicológica.

Entretanto, o que se sabe é que o grande interesse na utilização de testes psicológicos a partir da década de 1960 não foi acompanhado, infelizmente, por um maior investimento em pesquisas e produção de material psicológico. Consequentemente, um período de grande estagnação relacionado à construção, adaptação ou mesmo de estudos de validade de instrumentos psicológicos se fez notar no Brasil (Wechsler, 2001). Esta situação ocasionou uma prática de uso de instrumentos estrangeiros apenas traduzidos, sem que fossem apresentadas evidências de validade ou normatização baseada em amostras brasileiras (Azevedo, Almeida, Pasquali, & Veiga, 1996). Tal prática fomentou importantes críticas, relacionadas principalmente à eficácia dos testes, questionamentos acerca de seu possível caráter excludente, bem como seu uso baseado em interpretações meramente estatísticas e não psicológicas, críticas que relacionavam a AP a um processo de rotulação e estigmatização dos indivíduos, uso de instrumentos sem evidências de validade (Bueno & Peixoto, 2018) e um elevado número de processos éticos na área (Zaia, Oliveira, & Nakano, 2018).

Tal situação somente começou a ser modificada por volta de 1990, ocasião em que uma série de ações foi iniciada, encabeçada pelo Conselho Federal de Psicologia, com o objetivo de promover uma reflexão sobre práticas inadequadas na área, as quais deram início a um processo de retomada de credibilidade da APB. Desde então, uma série de eventos, debates, incentivo à formação e pesquisa, bem como a criação da Sociedade Brasileira de Rorschach e Métodos Projetivos (ASBRo) em 1993 e do Instituto Brasileiro de Avaliação Psicológica (Ibap) em 1997 merecem ser citados como momentos importantes na área, não podendo deixar de ressaltar a criação do Sistema de Avaliação dos Testes Psicológicos (Satepsi), abordado no tópico a seguir. Outros importantes dados acerca da AP brasileira foram apresentados por Cardoso e Silva-Filho (2018), sintetizados no Quadro a seguir.

Associações científicas: Instituto Brasileiro de Avaliação Psicológica (Ibap), Associação Brasileira de Rorschach e Métodos Projetivos (ASBRo), Fórum das Entidades Nacionais da Psicologia Brasileira (Fenpb), Associação Brasileira de Orientação Profissional (Abop)
Grupos de trabalho da Associação Nacional de Pesquisa e Pós-Graduação em Psicologia (Anpepp): GT-Avaliação Cognitiva e Neuropsicológica, GT-Avaliação em Psicologia Positiva e Criatividade, GT-Avaliação Psicológica: personalidade e desenvolvimento humano, GT- Métodos Projetivos nos contextos de avaliação psicológica e GT-Pesquisa em avaliação psicológica
Publicação do Primeiro catálogo dos laboratórios de avaliação psicológica no Brasil, pelo Ibap em 2015, identificando 46 laboratórios e centros de pesquisa

Quadro 1 Principais grupos de pesquisadores em avaliação psicológica no Brasil

Fonte: Cardoso e Silva-Filho (2018)

O Sistema de Avaliação dos Testes Psicológicos (Satepsi)

Na tentativa de amenizar esta problemática, em 2001, o Conselho Federal de Psicologia (CFP) publicou uma resolução (Resolução CFP 25/2001) na qual regulamenta a elaboração, comercialização e o uso dos instrumentos psicoló-

gicos, definindo teste psicológico como método de avaliação privativo do psicólogo. A partir deste momento, um movimento no sentido de valorizar a área de APB começou a se expandir, gerando uma série de medidas encabeçadas pelo CFP como, por exemplo, a avaliação de todos os testes psicológicos existentes e em uso no Brasil.

Uma outra medida decorrente desse movimento foi estabelecida pela Resolução 002/2003 (que revogou a Resolução CFP n. 25/2001), por meio da criação e implantação do Sistema de Avaliação dos Testes Psicológicos (Satepsi).

Trata-se de um sistema contínuo de avaliação dos testes psicológicos, o qual tem, como objetivos: a regulamentação da área, a análise dos requisitos mínimos que um teste psicológico precisa apresentar, a elaboração de uma lista dos testes considerados favoráveis e desfavoráveis e a divulgação dessas informações (Reppold & Noronha, 2018). Desde a época de sua criação, esse sistema contempla uma lista com o nome dos testes que atendem aos requisitos exigidos pelo CFP, que apresentam qualidades psicométricas adequadas e que são considerados aprovados para uso profissional do psicólogo, podendo ser acessado on-line (http://satepsi.cfp.org.br/).

Convém destacar que o Satepsi é um dos poucos sistemas de avaliação de testes psicológicos existentes no cenário mundial, operacionalizado por meio de um sistema que permite a reunião dos dados de todos os instrumentos, uma regulamentação específica e uma comissão de especialistas, elementos que fornecem fundamentação técnica e científica ao sistema (Santos, 2018). Para sua criação, uma série de *guidelines* internacionais foram tomados como base, tais como aqueles propostos pela *International Test Comission*, pela *American Educational Research Association & National Council on Measurement in Education* e pela *Canadian Psychological Association*. Dada sua relevância, o Satepsi foi reconhecido pela *American Psychological Association* e a *International Testing Comission* (Reppold & Noronha, 2018) como um sistema pioneiro na certificação dos instrumentos psicológicos, servindo de modelo a ser implantado em vários países da América do Sul e aqueles de língua portuguesa.

Como consequência dessa medida, se, em um primeiro momento, o número de testes favoráveis caiu consideravelmente, nos últimos 15 anos uma importante mudança tem sido notada, com a ampliação dos instrumentos disponíveis para a prática profissional, a ponto de a quantidade ter sido quadruplicada, ampliando-se também os construtos cobertos. Tais medidas permitiram, desde então, um maior investimento no desenvolvimento de instrumentos de avaliação, a melhoria técnica dos testes disponíveis, a divulgação da importância da investigação das qualidades psicométricas dos instrumentos utilizados (Primi, 2010), o crescimento dos grupos de pesquisa em avaliação psicológica e o surgimento de novos modelos teórico-metodológicos relacionados à área (Reppold & Noronha, 2018), marcando, principalmente, a retomada da credibilidade no uso dos testes psicológicos e aumento no interesse dos profissionais por essa área.

No entanto, torna-se importante salientar que este não foi um momento único de providências no sentido de melhorar a área da ABP. O parecer favorável a cada instrumento continuará a ter valor enquanto seus estudos estiverem dentro da determinação de prazos-limite para estudos de evidências de validade, precisão e normatização. Tais prazos estão determinados na Resolução CFP n. 009/2018 (que revoga as Resoluções n. 002/2003, n. 006/2004 e n. 005/2012 e Notas Técnicas n. 01/2017 e 02/2017), a qual determina que os estudos de validade, precisão e normas dos testes psicológicos deverão ter no máximo 15 anos, a contar da data da aprovação. Se não renovados após esse período, o instrumento perde sua condição de uso e passa a ser considerado desfavorável. Tal situação começou a ser evidenciada no ano de 2018, ocasião em que os primeiros testes aprovados por ocasião da primeira avaliação, realizada em 2003, começaram a ter seus estudos renovados para que continuem aprovados.

Convém destacar, no entanto, que a área da AP não se restringe à atuação do Satepsi. Uma série de outras ações, encabeçadas pelo CFP, foram sintetizadas por Reppold e Noronha (2018), apresentadas no quadro a seguir.

Publicação da Resolução 07/2003, que institui o manual de elaboração de documentos escritos produzidos pelo psicólogo
Elaboração de Cartilhas sobre AP, visando o esclarecimento de uma série de dúvidas associadas à área, comumente encaminhadas ao CFP, com suas respostas
Relatório "Avaliação psicológica: diretrizes na regulamentação da profissão", contendo textos sobre AP em diferentes contextos com o objetivo de servir como referência
Instituição do Ano Temático da Avaliação Psicológica em 2011/2012, conduzindo uma série de discussões sobre a AP, respeito aos direitos humanos e princípios éticos que devem reger a área
Publicação do relatório "Ano da Avaliação Psicológica: textos geradores" e "Relatório do Ano Temático da Avaliação Psicológica 2011/2012", compostos por textos que propunham ações para qualificar, a médio e longo prazos, a prática da AP
Organização do Seminário Internacional do Ano Temático da AP em 2012
Lançamento do Prêmio Profissional "Avaliação Psicológica na perspectiva dos Direitos Humanos", visando estimular a produção sobre a interface AP e direitos humanos
Atualização da Resolução 002/2003 por meio da publicação da Resolução 05/2012
Criação da campanha "A banalização dos testes psicológicos prejudica toda sociedade", tendo como foco o uso responsável e ético dos instrumentos
Série de palestras visando a formação e qualificação profissional nas cinco regiões brasileiras

Quadro 2 Principais ações do CFP para a área da avaliação psicológica

Fonte: Reppold e Noronha (2012)

Mais recentemente, a publicação da Resolução 09/2018 estabeleceu diretrizes para a realização da AP no exercício profissional, regulamentou o Satepsi e revogou as resoluções anteriores (Rueda & Zanini, 2018), especificando, de maneira mais detalhada, os critérios mínimos considerados adequados na elaboração e obtenção de evidências de validade e precisão de um teste psicológico, adotando parâmetros mais elevados para alguns desses critérios psicométricos (Andrade & Valentini, 2018). No entanto sabemos que não é apenas por meio de resoluções e normativas que a AP irá ser aperfeiçoada, sendo importante destacar a questão da formação, abordada a seguir.

Avaliação psicológica brasileira na formação do psicólogo

A formação em psicologia tem sido amplamente questionada e ressaltada como um aspecto essencial (Bock, 2015; Ferrarini, Camargo, Albanese, Pan, & Bulgavoc, 2016; Lisboa & Barbosa, 2009; Noronha, Carvalho, Miguel, Souza, & Santos, 2010), notadamente perante as novas demandas profissionais e sociais, bem como a ampliação das possibilidades de atuação desse profissional em áreas emergentes (Conde, 2017; Guareschi, 2018). Na avaliação psicológica não é diferente.

Em uma breve pesquisa ao site da Coordenação de Aperfeiçoamento de Pessoal de Nível Superior (Capes), em novembro de 2018, foram encontrados 95 programas e 154 cursos de pós-graduação em Psicologia. Em 2017, eram 11 linhas específicas de AP (http://capes.gov.br/component/content/article/44-avaliacao/4681-psicologia). Números ainda maiores são encontrados para graduação que são responsáveis pela formação profissional do psicólogo. Em uma consulta breve ao e-MEC (http://emec.mec.gov.br/), base de dados oficial e única de informações relativas às instituições de Educação Superior e cursos de graduação do Sistema Federal de Ensino, no mesmo período, indicou a existência de 1.005 cursos de graduação em Psicologia no Brasil. Tais cursos, mais comumente, funcionam de forma presencial; grande parte se encontrava em instituições universitárias privadas com fins lucrativos, em turnos parciais, com duração de 10 semestres e carga horária de cerca de 4.000 horas (Lisboa & Barbosa, 2009), ou seja, a carga horária mínima estabelecida pelo Ministério da Educação e Cultura por meio das Diretrizes Curriculares Nacionais para esse curso.

A avaliação psicológica é uma área que está inserida em todas as possíveis atuações do psicólogo, visto que, para a condução de qualquer processo de intervenção psicológica, é necessário que se faça uma análise do indivíduo para que suas demandas possam ser, adequadamente, atendidas (Nunes et al., 2012). Ainda de acordo com os autores, nesse sentido, é considerada uma área de formação básica nessa ciência, relacionada a um conjunto de competências que o profis-sional deve adquirir ao longo de sua formação (relacionadas à compreensão sobre técnicas de coleta de informações, integração de dados provenientes de diferentes fontes, relato de resultados, devolução de informações e proposição de intervenção), independente da área profissional a ser escolhida posteriormente.

Entretanto, na prática, o que se nota é uma pluralidade de terminologias e ênfases da avaliação psicológica nos cursos de formação, variando desde as nomenclaturas utilizadas nas disciplinas, número de horas dedicadas à formação nessa área e os conteúdos presentes (Finelli, Freitas, & Cavalcanti, 2015; Gouveia, 2018). Mais comumente, o que se tem visto é que as disciplinas de AP são oferecidas nos primeiros semestres do curso de graduação (usualmente até o 4º semestre), em média consistindo em 3,29 disciplinas ao longo dos 5 anos de formação (Noronha, 2006), focadas no ensino de testes específicos, principalmente para avaliação da inteligência e personalidade. Desse modo, qualquer psicólogo formado em cinco anos de curso pode usar testes psicológicos, independentemente de ter aprofundado ou não seus conhecimentos nessa área (Bandeira, 2018).

Dentre as nomenclaturas encontradas, mais frequentemente as disciplinas são chamadas de Psicodiagnóstico, Técnicas de Avaliação Psicológica, Técnicas de Exame Psicológico, Psicometria e Avaliação Psicológica (Freires, Silva-Filho, Pereira, Loureto, & Gouveia, 2017). Tal situação, marcada pela presença de diferentes nomes atribuídos às disciplinas que abordam conteúdos de AP, podem evidenciar, segundo Noronha (2006), uma ausência de coerência e lógica, que traduz a falta de articulação da própria área e a necessidade de repensar a formação, considerando-se tanto a quantidade como a qualidade nas disciplinas de AP na formação do psicólogo.

A preocupação em relação a essa questão deve-se ao fato de que, se considerarmos que os testes se constituem como material de uso exclusivo de psicólogos, deveria ser esperado que seu ensino fosse priorizado durante a graduação, sendo que, na verdade, quase que o oposto ocorre. Alchieri e Bandeira (2002) apontam como uma das causas para esse fato os professores no momento de ensino dos instrumentos acabarem enfocando mais os processos de aplicação e correção dos testes, deixando de lado a transmissão de informações mais importantes, como a fundamentação teórica e clínica e os critérios psicométricos daquele instrumento.

Assim, de acordo com Noronha, Carvalho, Miguel, Souza e Santos (2010), além da revisão das cargas horárias das disciplinas de AP dos cursos de graduação em Psicologia, suas ementas também devem ser revistas, visando-se a adequação dos conteúdos ensinados. Outros problemas identificados por Bueno e Peixoto (2018), após revisão de uma série de estudos, foram identificados e se relacionam à permanência de uma visão limitada e preconceituosa em relação à AP, a falta de qualificação dos professores, a carga horária reduzida das disciplinas de AP e o ensino descontextualizado tem sido identificado como elementos que têm dificultado a melhoria da qualidade da formação na área.

Outras questões, para além do conteúdo e das ementas das disciplinas, são apontadas por Reppold e Noronha (2018), as quais afirmam que a falta de recursos materiais (indisponibilidade de instrumentos em número suficiente para seu ensino em sala de aula, bem como de material atualizado) e a falta de local adequado para a aplicação de testes nas instituições de ensino têm dificultado o ensino prático da AP e o acesso a recursos necessários para uma avaliação adequada.

Diante das dificuldades apontadas, o que se vê, na prática, é um número ainda restrito de especialistas e pesquisadores qualificados em AP (Gouveia, 2018). Tal situação possivelmente poderá ser modificada a partir de 2018, ano em que a avaliação psicológica foi reconhecida como especialidade do psicólogo. Tal reconhecimento aponta para uma série de vantagens, relacionadas à valorização das disciplinas de AP no currículo da graduação, criação de cursos de formação especializada, estímulo à formação continuada e qualificação dos profissionais, reconhecimento do mérito daqueles profissionais que já atuam na área e melhoria da qualidade do atendimento prestado (Bueno & Peixoto, 2018).

Desafios, avanços e perspectivas futuras da AP no Brasil

Um grande desafio que ainda se faz presente na área é o desenvolvimento de pesquisas, que embora tenha apresentado uma melhora nos últimos anos, ainda se encontra muito aquém do necessário. Pesquisas de três tipos devem ser incentivadas: (1) visando o desenvolvimento, adaptação, normatização e validação de instrumentos, (2) pesquisas voltadas a populações específicas como, por exemplo, pessoas com baixa escolaridade, crianças em situação de risco, adolescentes em conflito com a lei e (3) criação de linhas de pesquisa nas diversas áreas da Psicologia (Hutz & Bandeira, 2003). Ainda segundo esses autores, estes três tipos de pesquisa são essenciais e a falta do conhecimento que elas poderiam produzir traz efetivamente dano à população e à própria produção do conhecimento em várias áreas da Psicologia.

Os mesmos autores afirmam que não se pode minimizar a importância da pesquisa que visa produzir instrumentos para uso nacional, cuja amostra de padronização seja efetivamente representativa da população brasileira, visto que "tipicamente as amostras de padronização se limitam à cidade na qual o pesquisador trabalha" (Hutz & Bandeira, 2003, p. 268), não refletindo de forma precisa as outras regiões do país. A dificuldade deste tipo de pesquisa ocorre em relação aos cronogramas rígidos (quando se necessita coletar dados de amostras que envolvem muitos participantes) e o fato de que este tipo de pesquisa demanda recursos e requer prazos longos. A situação se torna ainda mais complicada se considerarmos o fato de que praticamente toda a pesquisa na área é realizada em programas de pós-graduação que lidam com prazos ditados pela Capes, gerando uma coleta de dados prejudicada.

Esta situação, segundo Hutz e Bandeira (2003), embora lentamente, está sendo modificada através do estabelecimento de parcerias e cooperação entre os diversos laboratórios de pesquisa, de forma a permitir pesquisas com amostras de vários estados. Embora ainda não sejam verificadas frequentemente amostras representativas da população brasileira em nossos instrumentos, tem se constituído como um passo essencial na melhoria da qualidade dos instrumentos psicológicos.

O importante é que, independentemente da situação em que a área de APB se encontra, continua sendo responsabilidade do psicólogo a avaliação e a escolha dos instrumentos, métodos e técnicas no exercício profissional, atentando para que esta escolha envolva somente instrumentos com qualidade técnico-científica reconhecida. Tal procedimento garantirá a ética e o rigor necessário para a reconstrução da credibilidade social dos instrumentos psicológicos. Esse é um desafio e uma perspectiva futura que está muito fortemente relacionada com a formação profissional, discutida no tópico anterior.

Outro ponto importante que já está acontecendo se refere à abertura dos testes para uso em outras profissões afins, notadamente os instrumentos que, até então eram considerados privativos do psicólogo, mas que englobam características que permitiriam que os mesmos fossem compartilhados com outras profissões específicas, tais como medicina, fonoaudiologia e educação (Primi, 2018). Assim, como em outros países, no Brasil, os testes também poderiam ser classificados em níveis, exigindo diferentes tipos de formação (Bandeira, 2018).

Uma das propostas envolve o modelo americano, o qual divide os testes em três níveis: A, B e C, em função da qualificação necessária para utilização. Tais níveis são também associados à progressiva restrição de uso profissional. No nível A, estão os testes que podem ser aplicados, corrigidos e interpretados a partir das orientações existentes no manual. Podem ser usados por pessoas que tiveram uma formação mínima em AP na graduação ("*undergraduate*"); por exemplo, estão os testes educacionais e alguns vocacionais. No B, estão os testes que requerem conhecimento técnico sobre construção de testes e seu uso e outros tópicos, como estatística, diferenças individuais. Podem ser usados por profissionais que fizeram mestrado ("*masters*") em Psicologia ou em Educação treinados adequadamente ou outros profissionais que recebem autorização em razão de algum treinamento especializado; por exemplo: testes de inteligência geral ou específica, testes de interesse. Por último, no nível C encontram-se os testes que requerem entendimento substancial sobre testagem, além de doutorado em Psicologia (raros são os casos que podem ser usados por mestres) e experiência supervisionada. Por exemplo: testes clínicos de inteligência e personalidade (Primi & Nunes, 2010). Assim, para fazer uso de determinados instrumentos, o profissional teria que comprovar domínio da técnica, sendo exigidos cursos de especialização e/ou certificados para uso de instrumentos que exigissem maior formação.

Parte dessa compreensão de utilização dos testes por competência e não por formação profissional já vem acontecendo. Como exemplo, Primi (2018) cita o teste Neupsilin, o qual, após ampla análise técnica conduzida conjuntamente pelo Conselho Federal de Psicologia e Conselho Federal de Fonoaudiologia, decidiram que o instrumento pode ser usado por ambos os profissionais, respeitando-se os propósitos específicos de cada especialidade. Igualmente, pode-se pensar em baterias de avaliação da depressão e ansiedade para psiquiatras, por exemplo. Tal questão precisa ser, cada vez mais, discutida pela área.

Considerações finais

A revisão apresentada mostrou que a avaliação psicológica no Brasil passou por diferentes períodos, envolvendo desde a utilização de instrumentos importados de outras culturas sem adequação para uso na população brasileira, o surgimento dos primeiros laboratórios de medidas, a desvalorização da área e associação com práticas rotulatórias e excludentes, alto número de infrações éticas envolvendo a AP, bem como, nas últimas décadas, movimentos importantes de retomada da sua credibilidade. Dentre esses, merecem ser destacados o surgimento de grupos de pesquisa, congressos, revistas científicas e linhas de pesquisa em programas de pós-graduação, especificamente voltados para a área. Parte desses avanços se deve à atuação do Conselho Federal de Psicologia, o qual tem liderado a elaboração de importantes documentos, resoluções e coordenado uma série de atividades em todas as regiões brasileiras. O texto se encerra citando uma importante conquista da área: o reconhecimento, recente, da avaliação psicológica como especialidade do psicólogo, a qual poderá trazer ainda mais benefícios para a área.

Referências

Alchieri, J.C. & Bandeira, D.R. (2002). Ensino da avaliação psicológica no Brasil. In R. Primi (Org.). *Temas em Avaliação Psicológica* (pp. 35-39). Campinas: Ibap/Impressão Digital do Brasil.

Alchieri, J.C. & Cruz, R.M. (2003). *Avaliação psicológica: conceito, métodos e instrumentos*. São Paulo: Casa do Psicólogo.

Andrade, J.M. & Valentini, F. (2018). Diretrizes para a construção de testes psicológicos: a Resolução CFP n. 009/2018 em destaque. *Psicologia: Ciência e Profissão*, 38 (n. esp.), 28-39 [doi: 10.1590/1982-3703000208890].

Antunes, M.A.M. (2001). *A psicologia no Brasil: uma leitura histórica sobre sua constituição*. São Paulo: Educ/Unimarco.

Azevedo, M.M., Almeida, L.S., Pasquali, L., & Veiga, H.M.S. (1996). Utilização dos testes psicológicos no Brasil: dados de estudo preliminar em Brasília. In L.S. Almeida, S. Araújo, M.M. Gonçalves, C. Machado, & M.R. Simões (Orgs.). *Avaliação psicológica: formas e contextos* (vol. 3, pp. 213-220). Braga: Apport.

Bandeira, D.R. (2018). A controvérsia do uso dos testes psicológicos por psicólogos e não psicólogos. *Psicologia: Ciência e Profissão*, 38 (n. esp.), 159-166 [doi: 10.1590/1982-3703000208860].

Bock, A.M.B. (2015). Perspectivas para a formação em psicologia. *Psicologia Ensino & Formação*, 6(2), 114-122.

Bueno, J.M.H. & Peixoto, E.M. (2018). Avaliação psicológica no Brasil e no mundo. *Psicologia: Ciência e Profissão, 38* (n. esp.), 108-121 [doi: 10.1590/1982-3703000208878].

Cardoso, L.M. & Silva-Filho, J.H. (2018). Satepsi e a qualidade técnica dos testes psicológicos no Brasil. *Psicologia: Ciência e Profissão, 38* (n. esp.), 40-49 [doi: 10.1590/1982-3703000209112].

Conde, D.L.G. (2017). Novos tempos: formação em psicologia em questão. Revista *Psicologia, Diversidade e Saúde, 6*(3), 156-157 [doi: 10.17267/2317-3394 rpds.v613.1578].

Ferrarini, N.L., Camargo, D., Albanese, L., Pan, M.A.G., & Bulgacov, Y.L.M. (2016). Formação do psicólogo brasileiro: impasses e desafios. *International Journal of Developmental and Educational Psychology, 1*(2), 271-280.

Finelli, L.A.C.F., Freitas, S.R., & Cavalcanti, R.L. (2015). Docência em avaliação psicológica: a formação no Brasil. *Revista de Estudios e Investigación em Psicología y Educación, 12*, 29-34 [doi: 10.17979/reipe.2015.0.12.567].

Freires, L.A., Silva-Filho, J.H., Pereira, R.M., Loureto, G.D.L., & Gouveia, V.V. (2017). Ensino da avaliação psicológica no norte brasileiro: analisando as ementas das disciplinas. *Avaliação Psicológica, 16*(2), 205-214.

Gomes, W.B. (2004). Avaliação psicológica no Brasil: testes de Medeiros e Albuquerque. *Avaliação Psicológica, 3*(1), 59-68.

Gouveia, V.V. (2018). Formação em avaliação psicológica: situação, desafios e diretrizes. *Psicologia: Ciência e Profissão, 38* (n. esp.), 74-86 [doi: 10.1590/1982-3703000208641].

Hutz, C.S. (2009). Ética na avaliação psicológica. In C.S. Hutz (Org.). *Avanços e polêmicas em avaliação psicológica* (pp. 297-310). São Paulo: Casa do Psicólogo.

Hutz, C.S. & Bandeira, D.R. (2003). Avaliação psicológica no Brasil: situação atual e desafios para o futuro. Em O.H. Yamamoto & V.V. Gouveia (Orgs.). *Construindo a psicologia brasileira: desafios da ciência e prática psicológica* (pp. 261-277). São Paulo: Casa do Psicólogo.

Lisboa, F.S. & Barbosa, A.J.G. (2009). Formação em Psicologia no Brasil: um perfil dos cursos de graduação. *Psicologia: Ciência e Profissão, 29*(4), 718-737 [doi: 10.1590/S1414-98932009000400006].

Noronha, A.P.P. (2006). Formação em avaliação psicológica: uma análise das disciplinas. *Interação em Psicologia, 10*(2), 245-252.

Noronha, A.P. & Alchieri, J.C. (2002). Reflexões sobre os instrumentos de avaliação psicológica. In R. Primi (Org.). *Temas em avaliação psicológica* (pp. 7-16). Campinas: Ibap/Impressão Digital do Brasil.

Noronha, A.P.P., Carvalho, L.F., Miguel, F.K., Souza, M.S., & Santos, M.A. (2010). Sobre o ensino de avaliação psicológica. *Avaliação Psicológica, 9*(1), 139-146.

Noronha, A.P.P., Primi, R., & Alchieri, J.C. (2005). Instrumentos de avaliação mais conhecidos/utilizados por psicólogos e estudantes de psicologia. *Psicologia: Reflexão e Crítica, 18*(3), 390-401 [doi: 10.1590/S0102-79722005000300013].

Noronha, A.P.P. & Reppold, C.T. (2010). Considerações sobre a avaliação psicológica no Brasil. *Psicologia: Ciência e Profissão, 30* (n. esp.), 192-201 [doi: 10/1590/S1414-989320100000500009].

Nunes, M.F.O., Muniz, M., Reppold, C.T., Faiad, C., Bueno, J.M.H., & Noronha, A.P.P. (2012). Diretrizes para o ensino de avaliação psicológica. *Avaliação Psicológica, 11*(2), 309-316.

Penna, A.G. (1992). *História da psicologia no Rio de Janeiro*. Rio de Janeiro: Imago.

Primi, R. (2010). Avaliação psicológica no Brasil: fundamentos, situação atual e direções para o futuro. *Psicologia: Teoria e Pesquisa, 26* (n. esp.), 25-35 [doi: 10.1590/S0102-37722010000500003].

Primi, R. (2018). Avaliação psicológica no século XXI: de onde viemos e para onde vamos. *Psicologia: Ciência e Profissão, 38* (n. esp.), 87-97 [doi: 10.1590/1982-3703000209814].

Primi, R. & Nunes, C.H.S.S. (2010). O Satepsi: desafios e propostas de aprimoramento. In: Conselho Federal de Psicologia (Org.). *Avaliação psicológica: diretrizes na regulamentação da profissão* (pp. 129-148). Brasília: CFP.

Reppold, C.T. & Noronha, A.P.P. (2018). Impacto dos 15 anos do Satepsi na avaliação psicológica brasileira. *Psicologia: Ciência e Profissão, 38* (n. esp.), 6-15.

Rueda, F.M. & Zanini, D.S. (2018). O que muda com a Resolução CFP n. 09/2018? *Psicologia: Ciência e Profissão, 38* (n. esp.), 16-27 [doi: 10.1590/1982-3703000208893].

Santos, A.A.A. (2018). Comemorando 15 anos de avanço na área da avaliação psicológica. *Psicologia: Ciência e Profissão, 38* (n. esp.), 03-05 [doi: 10.1590/1982-3703000102018].

Souza Filho, M.L., Belo, R., & Gouveia, V.V. (2006). Testes psicológicos: análise da produção científica brasileira no período 2000-2004. *Psicologia: Ciência e Profissão, 26*(3), 478-489 [doi: 10.1590/S1414-98932006000300011].

Wechsler, S.M. (2001). Avaliação psicológica no Brasil: tendências e perspectivas para o novo milênio. In C.R.P. 13a. região PB/RN (Org.). *A diversidade da avaliação psicológica: considerações teóricas e práticas* (pp. 17-24). João Pessoa: Ideia.

Zaia, P., Oliveira, K.S., & Nakano, T.C. (2018). Análise dos processos éticos publicados no Jornal do Conselho Federal de Psicologia. *Psicologia: Ciência e Profissão, 38*(1), 8-21 [doi: 10.1590/1982-3703003532016].

11
O papel dos Conselhos: orientações normativas, resoluções e o Satepsi

Lucila Moraes Cardoso

Daniela Sacramento Zanini

Este capítulo pretende discorrer sobre o papel do Sistema Conselho como órgão regulador da atuação profissional do psicólogo e a consequente normatização de sua atuação por meio das Resoluções do Conselho Federal de Psicologia que regulamentam a profissão, com ênfase especial nas Resoluções de Avaliação Psicológica, o Sistema de Avaliação de Testes Psicológicos (Satepsi) e os aspectos éticos envolvidos na avaliação psicológica. Neste sentido, primeiramente se discorrerá sobre o funcionamento do Sistema Conselhos. Em seguida, discutir-se-á as principais resoluções da área de avaliação psicológica, incluindo-se a que cria e regulamenta o Satepsi e, por fim, os aspectos éticos envolvidos na avaliação psicológica.

O Sistema Conselho

De acordo com a legislação brasileira, as profissões precisam ser regulamentadas por meio de leis aprovadas no Congresso Nacional, sendo recomendável que haja o reconhecimento pela Classificação Brasileira de Ocupações (CBO) (Brasil, 1988). Assim, embora a Psicologia como ciência já existisse desde o século XIX, a regulamentação da Psicologia como profissão no Brasil ocorreu apenas em 1962, por meio da Lei n. 4.119/62 (Brasil, 1962). Nove anos depois foi instituído o Sistema Conselho, por meio da criação do Conse-

lho Federal de Psicologia (CFP) e dos Conselhos Regionais de Psicologia (CRP), amparados pela Lei n. 5.766/71 (Brasil, 1971) e regulamentados pelo decreto n. 79.822 (Brasil, 1977).

O Sistema Conselho tem como função contribuir para o desenvolvimento da Psicologia como ciência e profissão, conforme previsto nos regimentos internos do Conselho Federal e Conselhos Regionais. Além disso, constituem-se como a representação máxima dos profissionais de Psicologia, tendo como prerrogativa a manutenção e estruturação da profissão (Brasil, 1977). Para levar a cabo tais funções, o Sistema Conselho é composto pelo CFP, CRP, Congresso Nacional de Psicologia (CNP) e Assembleia de Políticas, da Administração e das Finanças (Apaf).

Dentre as atribuições do CFP, destacamos as de: Legislar sobre questões relacionadas à profissão; Orientar, disciplinar e fiscalizar o exercício da profissão de psicólogo; Definir, nos termos legais, o limite de competência do exercício profissional, conforme os cursos realizados ou provas de especialização prestadas em escolas ou institutos profissionais reconhecidos; Funcionar como tribunal superior de ética profissional; Julgar, em última instância, os recursos das deliberações dos Conselhos Regionais.

Por sua vez, os Conselhos Regionais têm como função: Orientar, disciplinar e fiscalizar o exercício da profissão em sua área de competência; Funcionar como tribunal regional de ética profissional; Sugerir ao Conselho Federal as medidas necessárias à orientação e fiscalização do exercício profissional (CFP, 2018). Em síntese, no conjunto, os conselhos Federal e Regionais regulamentam, orientam e fiscalizam a profissão de psicólogo no Brasil. Contudo, enquanto os Conselhos Regionais têm como função uma atuação mais direta com o profissional psicólogo em seu campo de atuação, o Conselho Federal possui caráter de instância consultiva e regulamentadora. Ademais, destaca-se a função do CFP de legislar sobre a profissão em sua interface com as outras especialidades profissionais e construção de documentos regulamentadores da profissão (Brasil, 1977).

No sentido de tornar esse processo mais democrático, as diretrizes de atuação para o Sistema Conselho são definidas no Congresso Nacional da Psicologia (CNP). O CNP é a instância máxima que discute e delibera políticas prioritárias para o triênio subsequente, ou seja, para a gestão seguinte dos Conselhos Regionais e do Federal. Desse modo, o CNP ocorre a cada três anos e percorre um processo predefinido que envolve eventos preparatórios, pré-congressos e congressos regionais, até culminar no CNP propriamente dito.

Os eventos preparatórios são realizados em diversas localidades, com o objetivo de debater e levantar questões para a formulação de teses. Teses é o nome dado às propostas de ações que devem servir como diretrizes de atuação da gestão do CFP. As teses propostas são apreciadas, modificadas e aprovadas nos pré-congressos, que acontecem em cada Conselho Regional. Nessa instância, são eleitos os delegados que irão para os Congressos Regionais (Coreps). Esses delegados são representantes eleitos para debater e aprovar as diretrizes construídas ao longo do processo e informar as posições debatidas. Nos Coreps, que ocorrem em cada Conselho Regional, são apreciadas as teses nacionais e eleitos os delegados que irão para o CNP.

A etapa final do processo de discussão e decisão sobre as orientações às atuações dos Conselhos de Psicologia ocorre no CNP, que geralmente acontece em Brasília (CFP, 2018). Durante o CNP, as teses devem ser propostas em consonância com o tema do congresso e classificadas de acordo com os eixos do Congresso definidos pela Assembleia de Políticas, da Administração e das Finanças (Apaf).

A Apaf é a instância que delibera sobre questões de interesse da entidade, da categoria e do Sistema Conselho nos âmbitos político, administrativo e financeiro. A Apaf é composta por até três representantes do CFP e por conselheiros de todos CRPs, cujo número de representantes varia de um a três, dependendo do número de profissionais inscritos no regional (CFP, 2018). As reuniões da Apaf acontecem duas vezes ao ano no próprio CFP. Entre as principais atribuições da Apaf, pode-se citar o acompanhamento e execução das deliberações do CNP, bem como a apreciação e aprovação do regimento interno, orçamento e prestação de contas do CFP e o estabelecimento de parâmetros para cobrança de anuidades dos registros profissionais dos psicólogos nos CRs. Além disso, é na Apaf que são criados os Grupos de Trabalho (GTs) com representantes de CRs das cinco regiões do Brasil para construção das Resoluções que normatizam a atuação do psicólogo. Posteriormente, as minutas de resoluções retornam à Apaf para apreciação e aprovação por todo o Sistema Conselhos. Esse procedimento visa a tornar o processo de construção das normatizações da profissão democrático e representativo da diversidade de práticas profissionais da Psicologia brasileira em suas diferentes regiões.

Orientações normativas da profissão: as resoluções em avaliação psicológica

Idealmente, as orientações técnicas para a área devem ser pensadas e discutidas pela classe profissional, inclusive pela comunidade científica, uma vez estabelecido o diálogo entre o CFP e as entidades científicas. Dessa forma, embora o Sistema Conselho seja o responsável por instituir as orientações normativas da prática profissional do psicólogo, é altamente recomendável que essas orientações normativas sejam derivadas de uma ampla discussão democrática, que acontece por meio da Apaf, mas também subsidiadas pelas entidades científicas de cada área da Psicologia. Conforme apontado anteriormente, neste capítulo daremos ênfase especial àquelas normatizações referentes à área de avaliação psicológica.

A avaliação psicológica é uma área de conhecimento específica e um dos campos de atuação profissional do psicólogo. Como atividade profissional, está regulamentada desde o reconhecimento da profissão no Brasil, conforme § 1º do art. 13 da Lei n. 4.119 (Brasil, 1962), de forma que a história da avaliação psicológica se confunde com a própria história da Psicologia no Brasil.

De acordo com a Lei 4.119 (Brasil, 1962), "trata-se de função privativa do psicólogo a utilização de métodos e técnicas psicológicas com os objetivos de diagnóstico psicológico, orientação e seleção profissional, orientação psicopedagógica e solução de problemas de ajustamento". Entre os métodos e técnicas psicológicas, encontram-se os testes psicológicos utilizados como ferramentas para o alcance dos objetivos propostos na lei e apontados anteriormente.

Apesar de historicamente relacionado à prática profissional do psicólogo, a avaliação psicológica e o uso de testes psicológicos passaram por uma fase de descrédito e banalização no Brasil no final do século passado. Alguns aspectos podem ser relacionados a isto; entre eles, o uso indevido dos testes psicológicos por profissionais de Psicologia, as informações insuficientes sobre os procedimentos de validade, normas e padronizações dos testes e o uso de instrumentos internacionais não adaptados à população brasileira. (Borsa, Damasio, & Bandeira, 2012). O contexto nacional de descrédito dos testes psicológicos vividos a essa época gerava problemas ainda mais significativos nos contextos de avaliação psicológica compulsória, como é o caso das avaliações realizadas para obtenção da Carteira Nacional de Habilitação (CNH), concursos públicos e processos seletivos.

A fim de auxiliar na correção destas distorções na prática profissional do psicólogo ligada à avaliação psicológica e cumprindo seu papel de órgão regulador da profissão, o CFP, a partir dos anos 2000, propôs um conjunto de normativas para a área. A título de exemplo, podemos citar a Resolução CFP n. 011/2000, que "Disciplina a oferta de produtos e serviços ao público" e institui, no art. 1º, § 1º que os testes psicológicos, inventários de interesses, material de orientação vocacional, jogos e outros instrumentos são produtos da Psicologia. Nessa mesma resolução, o art. 3º, § 2º determina que a utilização dos produtos psicológicos e divulgação de seus resultados são atividades privativas dos psicólogos. Em parágrafo subsequente, o documento discute a necessidade de assegurar a qualidade desses produtos.

Destaca-se a pertinência dessa exclusividade de acesso dos testes aos psicólogos na medida em que o uso e, principalmente, a interpretação dos resultados dos mesmos requer conhecimentos técnicos e científicos específicos da área de Psicologia, tais como Psicometria, Teorias sobre desenvolvimento humano, Teorias de inteligência e personalidade, ou psicopatologias. O uso dos testes psicológicos dissociado desses saberes pode gerar um reducionismo da técnica e incorrer na possibilidade de interpretações equivocadas, com potencial para gerar agravos significativos à vida da pessoa avaliada, à sociedade e, em outra instância, à área de conhecimento da Psicologia.

No esforço do CFP em qualificar a área, em acréscimo às regulamentações que orientavam o psicólogo no uso dos produtos psicológicos para além de uma perspectiva tecnicista, o Conselho publicou, no início dos anos 2000, as Resoluções CFP n. 001/2002 e CFP n. 16/2002, que versam, respectivamente, sobre como realizar avaliações psicológicas em concurso público e processos seletivos (CFP, 2002a) e sobre obtenção da Carteira Nacional de Habilitação (CFP, 2002b). Contudo, faltava ainda normatizar a avaliação da qualidade dos testes psicológicos usados no contexto profissional. A Resolução CFP n. 002/2003 que tratava do uso, elaboração e comercialização dos testes psicológicos veio para atender essa demanda. Por meio dela foram estabelecidos os requisitos mínimos que todos os testes psicológicos deveriam conter, foi criada a Comissão Consultiva em Avaliação Psicológica (CCAP) e o Sistema de Avaliação de Testes Psicológicos (Satepsi) e ficou estabelecido que o uso de testes psicológicos que não constam na relação de testes aprovados no Satepsi pelo profissional psicólogo incorreria em falta ética.

Mais recentemente, essa resolução foi substituída pela Resolução CFP n. 09/2018, na qual consta, entre outras informações, a descrição do entendimento do que seja avaliação psicológica e a diferenciação entre fontes fundamentais e complementares de obtenção de informações no processo de avaliação psicológica. Assim, no art. 1º da referida resolução, descreve-se avaliação psicológica como "um processo estruturado de investigação de fenômenos psicológicos, composto de métodos, técnicas e instrumentos, com o objetivo de prover informações à tomada de decisão, no âmbito individual, grupal ou institucional, com base em demandas, condições e finalidades específicas" (CFP, 2018). Além disso, é reforçada a prerrogativa de que, ao profissional, é atribuída a autonomia para escolher quais serão as estratégias usadas na avaliação psicológica, desde que devidamente respaldado na literatura científica e atuando de acordo com as normativas da área. Conforme apontado por Rueda e Zanini (2018), essa descrição de avaliação psicológica corrobora com a ideia de que a avaliação psicológica é um processo mais amplo do que a testagem psicológica e que cabe ao profissional psicólogo a escolha da melhor forma de obtenção das informações necessárias ao processo avaliativo que está conduzindo, incluindo-se as escolhas relativas ao uso dos testes. Neste processo, não é a aplicação do teste o que melhor descreverá os resultados avaliativos, e sim a capacidade do avaliador de integrar essas informações de maneira sistemática e coerente com o referencial técnico-científico da Psicologia.

No art. 2º desta mesma resolução, destaca-se a informação acerca da importância do profissional sempre apoiar os processos avaliativos em fontes fundamentais de informação, tais como testes psicológicos aprovados pelo CFP para uso profissional da psicóloga e/ou entrevistas psicológicas, anamnese e/ou protocolos ou registros de observação de comportamentos obtidos individualmente ou por meio de processo grupal e/ou técnicas de grupo. A consideração destas fontes como fundamentais ao processo avaliativo psicológico se amparou no fato de que estas se constituem, por excelência, em métodos, técnicas e procedimentos de obtenção de informações psicológicas reconhecidos cientificamente e pertinentes à atividade profissional do psicólogo. Contudo, conforme apontado anteriormente, cabe ao profissional psicólogo a escolha do melhor método, técnica e/ou procedimento para realização do processo avaliativo, assim como cabe a esse demonstrar a fundamentação técnico-científica de sua escolha.

O art. 2º aponta ainda que, nos casos em que se fizer necessário, o psicólogo, para realização de seu processo avaliativo, também pode apoiar-se em fontes complementares de informações. Estas são técnicas não psicológicas que possuem respaldo da literatura científica da área e que respeitem o Código de Ética e as garantias da legislação da profissão. Ao discutir esse artigo da Resolução CFP n. 09/2018, Rueda e Zanini (2018) reforçam a necessidade de o psicólogo basear o resultado de sua avaliação psicológica nas fontes fundamentais de informações, ainda que possam usar recursos complementares para agregar informações àquelas obtidas pelas fontes fundamentais.

No ínterim entre as duas Resoluções sobre o uso e a comercialização dos testes psicológicos, também foram publicadas Resoluções específicas para alguns contextos em prol de assegurar a qualidade das atividades realizadas pelos psicólogos. Cite-se como exemplo, a Resolução CFP n. 018/2008, que dispõe acerca do trabalho do psicólogo na avaliação psicológica para concessão de registro e/ou porte de arma de fogo, a Resolução CFP n. 002/2009, que altera a Resolução CFP n. 18/2008 e dá outras providências, a Resolução CFP n. 007/2009, envolvendo a avaliação psicológica no contexto do trânsito, e a Resolução CFP n. 002/2016 voltada para realização de concurso público e processos seletivos.

O Sistema de Avaliação de Testes Psicológicos (Satepsi)

Devido à crescente demanda por ações de orientação à classe profissional, foi necessário criar novas ferramentas que pudessem facilitar o acesso do profissional às informações. Dentre as iniciativas do CFP que auxiliam no papel de divulgação das informações para a classe profissional, citamos duas que merecem destaque: os Atos Oficiais e o Satepsi.

A ferramenta atos oficiais foi lançada em 2018 e pode ser acessada pelo link https://atosoficiais.com.br/cfp. Essa ferramenta facilita a busca de portarias, resoluções administrativas/financeiras, resoluções de fiscalização e orientação profissional e resoluções do exercício profissional de áreas específicas da Psicologia. A título de exemplo, ao digitar avaliação psicológica em novembro de 2018, foram obtidos 44 atos oficiais e, clicando sobre o link de acesso, a pessoa é direcionada ao documento desejado.

Outra ferramenta interessante de orientação aos profissionais, já comentada neste capítulo, é o Satepsi. Criado com o objetivo de operacionalizar a avaliação da qualidade técnico-científica de testes psicológicos para uso profissional, o Satepsi reúne os documentos referentes à regulamentação da área de avaliação psicológica, indica os procedimentos para análise dos requisitos mínimos que os testes psicológicos devem apresentar, elabora a relação de testes considerados favoráveis e desfavoráveis ao uso profissional do psicólogo e trata da divulgação dessas informações à sociedade (Reppold & Noronha, 2018).

A gestão do Satepsi é conduzida pela Comissão Consultiva de Avaliação Psicológica (CCAP), cuja composição é definida e regulamentada pela Resolução CFP n. 03/2017 (CFP, 2017) e se constitui por sete membros doutores e especialistas em avaliação psicológica com distintas *expertises*, indicados pelas entidades científicas da área, e oriundos de distintas regiões geopolíticas do Brasil. Os prazos para vigência da gestão do Satepsi obedecem aos prazos de gestão do CFP.

No art. 1º da Resolução CFP n. 03/2017, foi estabelecida como função da CCAP conduzir o processo de avaliação dos testes psicológicos submetidos ao Satepsi e propor diretrizes, normas e resoluções no âmbito da avaliação psicológica (CFP, 2017). A CCAP pode, ainda, contar com pareceristas *ad hoc* para avaliação dos testes psicológicos submetidos, assim como para apoio em suas diversas funções.

Desde sua criação, em 2001, o Satepsi contou com a colaboração de diferentes composições da CCAP que, em conjunto, contribuíram para que o sistema impulsionasse diversas melhorias na área (Cardoso & Silva-Filho, 2018). Recentemente, ele foi reconhecido por órgãos internacionais como pioneiro na certificação dos testes psicológicos baseado em critérios internacionais (Reppold & Noronha, 2018). Conclui-se, desse modo, que a criação do Satepsi trouxe benefícios significativos à comunidade científica e em geral, assegurando que os testes psicológicos tenham suas qualidades psicométricas aferidas e disponibilizando essa informação para o profissional psicólogo que muitas vezes não teria acesso de outra forma.

Aspectos éticos da avaliação psicológica

A preocupação constante em orientar os psicólogos sobre como devem proceder no contexto de avaliação psicológica é justificável pelo número acentuado de processos éticos relacionados a essa área. Para se ter ideia, Zaia, Oliveira e Nakano (2018) analisaram os processos éticos publicados no período de 2004 a 2016 no jornal do CFP, totalizando 26 edições do jornal, e somaram 286 infrações na seção intitulada "Processos éticos". As autoras destacaram que nos três últimos exemplares da revista o conteúdo das ementas passou a ser divulgado, possibilitando verificarem que, dos 57 processos éticos descritos, 34 (60%) relacionavam-se à área da avaliação psicológica.

Considerando essa elevada incidência, a regulamentação da atividade do profissional psicólogo no processo de avaliação psicológica alinhada à garantia dos Direitos Humanos foi reforçada na Resolução CFP n. 09/2018. Esta Resolução apresenta um tópico denominado "Justiça e proteção dos direitos humanos na avaliação psicológica" em que discorre sobre os diferentes aspectos ligados à garantia de direitos, os princípios éticos da autonomia, beneficência/não maleficência, e justiça que o psicólogo deve levar em consideração em um processo de avaliação psicológica.

Considerações finais

O presente capítulo buscou apresentar o papel do Sistema Conselho como órgão regulador da atuação profissional do psicólogo, as normatizações e/ou Resoluções relacionadas à área de avaliação psicológica, o Satepsi e a intrínseca relação entre avaliação psicológica e ética profissional. Ressalta-se que ao longo dos anos diversas foram as resoluções ligadas à área, sendo imprescindível ao profissional psicólogo atentar-se para as normatizações atuais relativas a sua prática profissional.

Nota-se que, desde a década de 2000, o CFP tem contribuído para essa qualificação e o Satepsi tem se mostrado como uma importante ação no sentido de qualificar o trabalho dos psicólogos, em especial pelo seu potencial em auxiliar profissionais e pesquisadores a identificar testes psicológicos com garantia de qualidade técnico-científica. O texto evidencia como o sistema contribuiu para o desenvolvimento científico e profissional da área, e enfatiza a intrínseca relação entre avaliação psicológica e ética profissional, buscando assegurar que as ações dos psicólogos que atuam nesta área não sejam penalizadas eticamente. Desta forma, reforça-se a importância de o profissional se preparar ética e tecnicamente, conhecendo as normatizações vigentes para o exercício profissional.

O próximo capítulo deste livro discutirá de forma mais pormenorizada as implicações éticas da avaliação psicológica. Contudo, gostaríamos de ressaltar que as ações normativas do Sistema Conselho em relação à avaliação psicológica se devem à necessidade de garantir uma atividade profissional ética e qualificada do profissional, bem como a proteção dos direitos humanos daqueles que são assistidos pelos psicólogos.

Referências

Borsa, J.C., Damasio, B.F., & Bandeira, D.R. (2012). Adaptação e validação de instrumentos psicológicos entre culturas: algumas considerações. *Paideia*, 22(53), 423-432 [doi: 10.1590/S0103-863X2012000300014].

Brasil (1962). Lei n. 4.119, de 27 de agosto de 1962 – Dispõe sobre os cursos de formação em psicologia e regulamenta a profissão de psicólogo.

Brasil (1971). *Lei n. 5.766, de 20 de dezembro de 1971* – Cria o Conselho Federal e os Conselhos Regionais de Psicologia e dá outras providências.

Brasil (1977). *Decreto n. 79.822, de 17 de junho de 1977* – Regulamenta a Lei n. 5.766/71.

Brasil (1988). *Constituição da República Federativa do Brasil*. Brasília: Senado Federal/Centro Gráfico, 1988, 292 p.

Cardoso, L.M. & Silva-Filho, J.H. (2018). Satepsi e a qualidade técnica dos testes psicológicos no Brasil: *Ciência e Profissão*, 38 (n. esp.), 8-21 [https://dx.doi.org/10.1590/1982-3703000209112].

Conselho Federal de Psicologia – CFP (2000). *Resolução n. 011/2000* – Disciplina sobre a oferta de serviços ao público.

Conselho Federal de Psicologia – CFP (2002a). *Resolução n. 001/2002* – Sobre concurso público e processos seletivos.

Conselho Federal de Psicologia – CFP (2002b). *Resolução n. 016/2002* – Sobre a avaliação psicológica no trânsito.

Conselho Federal de Psicologia – CFP (2003). *Resolução n. 002/2003* – Revoga a 025/2001; elaboração e comercialização de testes psicológicos.

Conselho Federal de Psicologia – CFP (2008). *Resolução n. 018/2008* – Registro para porte de arma de fogo.

Conselho Federal de Psicologia – CFP (2009a). *Resolução n. 002/2009* – Altera a 018/ 2008; sobre porte de arma de fogo.

Conselho Federal de Psicologia – CFP (2009b). *Resolução n. 007/2009* – Revoga a 012/2000; avaliação psicológica no trânsito.

Conselho Federal de Psicologia – CFP (2016). *Resolução n. 002/2016* – Revoga a 001/2002; sobre concurso público e processos seletivos.

Conselho Federal de Psicologia – CFP (2017). *Resolução n. 003/2017* – Altera a Resolução CFP n. 034/2015, que define e regulamenta a Comissão Consultiva em Avaliação Psicológica.

Conselho Federal de Psicologia – CFP (2018a). *Resolução n. 009/2018* – Estabelece diretrizes para a realização de avaliação psicológica no exercício profissional da psicóloga e do psicólogo, regulamenta o Sistema de Avaliação de Testes Psicológicos – Satepsi e revoga as Resoluções n. 002/2003, n. 006/2004 e n. 005/2012 e Notas Técnicas n. 01/2017 e n. 02/2017.

Conselho Federal de Psicologia – CFP (2018b). *Resolução n. 011/2018* – Regulamenta a prestação de serviços psicológicos realizados por meios de tecnologias da informação e da comunicação e revoga a Resolução CFP n. 11/2012.

Reppold, C.T. & Noronha, A.P.P. (2018). Impacto dos 15 anos do Satepsi na avaliação psicológica brasileira. *Psicologia: Ciência e Profissão*, 38 (n. esp.), 8-21 [https://dx.doi.org/10.1590/1982-3703000208638].

Rueda, F.J.M. & Zanini, D.S. (2018). O que muda com a resolução CFP n. 09/2018? *Psicologia: Ciência e Profissão*, 38 (n. esp.), 16-27 [https://doi.org/10.1590/1982-3703000208893].

Zaia, P., Oliveira, K.S., & Nakano, T.C. (2018). Análise dos processos éticos publicados no Jornal do Conselho Federal de Psicologia. *Psicologia: Ciência e Profissão*, 38(1), 8-21 [https://dx.doi.org/10.1590/1982-37030003532016].

12
Os testes psicológicos aprovados no Satepsi

Josemberg Moura de Andrade

Felipe Valentini

Jacob Arie Laros

As avaliações fornecem informações importantes para a tomada de decisão e impactam diretamente na vida dos indivíduos, grupos e na sociedade como um todo. Ao ler este capítulo, certamente você vai lembrar de alguma avaliação psicológica ou educacional que se submeteu como, por exemplo, avaliações escolares, avaliação para condução de automóvel, orientação profissional, manuseio de porte de arma etc. A sociedade, por sua vez, beneficia-se quando a avaliação, seja ela educacional ou psicológica, contribui para a realização e alcance dos objetivos individuais, bem como para um melhor funcionamento das instituições (Aera, APA, & NCME, 2014). A partir das informações provenientes de tais avaliações, planos de intervenção individuais podem ser operacionalizados e políticas públicas em um contexto macrossocial podem ser operacionalizadas (Bauer, Alavarse, & Oliveira, 2015). Especificamente, na psicologia e áreas afins, é notável o potencial da avaliação psicológica para construir conhecimentos a respeito de construtos psicológicos, bem como para produzir, orientar, monitorar e encaminhar intervenções para os indivíduos avaliados (Reppold, 2011).

Importante destacar que os testes psicológicos continuam suscitando dúvidas por parte da comunidade acadêmica, usuários de testes e

meios de comunicação. Um aspecto inicial importante é a diferenciação entre testagem e avaliação psicológica. Por exemplo, Andrade e Sales (2017) identificam o uso dos testes psicológicos como uma etapa da avaliação psicológica. De acordo com os autores, a avaliação psicológica pode ser compreendida como um tripé com a possibilidade de utilização de observações e dinâmicas, entrevistas e testagem psicológica, incluindo, nessa última, testes projetivos, gráficos e psicométricos. É verdade que não necessariamente precisamos aplicar testes para que a avaliação seja considerada psicológica. A Resolução do Conselho Federal de Psicologia (CFP) n. 009/2018 faz menção às fontes fundamentais e fontes complementares de informação na avaliação psicológica. Entre as fontes fundamentais temos: (a) os testes psicológicos aprovados pelo CFP para uso profissional do(a) psicólogo(a), (b) entrevistas psicológicas, anamnese, e (c) protocolos ou registros de observação de comportamentos obtidos individualmente ou por meio de processo grupal e/ou técnicas de grupo (CFP, 2018).

Embora não seja obrigatório o uso de testes psicológicos em avaliações psicológicas, os autores do presente capítulo compartilham do pensamento de Reppold e Noronha (2018). Para as autoras, a baixa frequência de uso de testes psicológicos nas avaliações é um fato preocupante se considerarmos o risco de interpretação subjetiva que a entrevista, a observação e as técnicas não normatizadas podem implicar. A utilização de testes psicológicos normatizados e com evidências de validade e fidedignidade constituem recursos terminantemente importantes para o psicólogo à medida que permite a comparação do avaliando com seu grupo normativo ou com seu próprio desempenho em tarefas prévias.

Outras dúvidas comuns referem-se à utilização, alcance, limitações e critérios mínimos aceitos para utilização dos testes psicológicos. Pensando nesse último aspecto, o Sistema de Avaliação dos Testes Psicológicos (Satepsi) foi desenvolvido pelo CFP com o objetivo de avaliar a qualidade técnico-científica de instrumentos psicológicos para uso profissional a partir da verificação objetiva de um conjunto de requisitos técnicos, bem como divulgar informações sobre os testes psicológicos à comunidade e às(aos) psicólogas(os). De acordo com Faiad e Alves (2018), o surgimento do Satepsi ocorreu em um momento importante no qual uma gama de testes psicológicos era utilizada, mas muitos desses não apresentavam manual de aplicação e de avaliação. Os testes eram aplicados sem padronização, o que comprometia os resultados obtidos nas avaliações. Os manuais, quando existentes, não apresentavam fundamentação teórica adequada, instruções de aplicação detalhadas, instruções para avaliação, tabelas normativas e informações sobre a validade e precisão do teste.

Logicamente o cenário anteriormente apresentado não era uma regra. Mesmo antes da implantação do Satepsi, no final do século passado e início do presente século, já contávamos com testes psicológicos de qualidade psicométrica comprovada, bem como com laboratórios e pesquisadores brasileiros reconhecidos interna-

cionalmente. No entanto, como assinala Primi (2018), o Satepsi foi um importante indutor de discussões e aprimoramento para a avaliação psicológica no Brasil. Além disso, eventos recentes indicam a importância da avaliação psicológica para um universo mais amplo do que o trabalho tradicional do psicólogo no atendimento a pessoas, organizações e instituições. Tal ampliação requer uma reflexão sobre a prática profissional da avaliação psicológica.

Apesar desses momentos históricos de altos e baixos, a área de avaliação psicológica tem sido capaz de superar as críticas recebidas. Tais críticas muitas vezes servem como fonte de inspiração e impulsionam a realização de novas pesquisas, desenvolvimento de novas tecnologias e práticas mais afinadas com os direitos humanos. Essas práticas têm contribuído para o fortalecimento científico e profissional da própria psicologia e de seu compromisso com a sociedade (Bueno & Peixoto, 2018). Prova desses avanços instigados pelo *Zeitgeist* foi a inserção da seção intitulada de "Justiça e proteção dos direitos humanos na avaliação psicológica" na Resolução CFP n. 009/2018. No art. 32 é assinado que "as psicólogas e os psicólogos não poderão elaborar, validar, traduzir, adaptar, normatizar, comercializar e fomentar instrumentos ou técnicas psicológicas, para criar, manter ou reforçar preconceitos, estigmas ou estereótipos" (CFP, 2018).

Considerando a importância da testagem enquanto etapa do processo de avaliação psicológica e o Satepsi como divisor de águas, o presente capítulo tem o objetivo de discutir os testes psicológicos aprovados pelo Satepsi, considerando os critérios psicométricos utilizados para sua aprovação. Para isso, consideramos as recomendações do Satepsi, a partir da Resolução CFP n. 009, de 25 de abril de 2018. Também fizemos um levantamento dos testes atualmente (no momento da elaboração do presente capítulo) aprovados – categorizados por construto – que podem ser utilizados na prática de avaliação psicológica para fins diagnósticos. Também fizemos a classificação dos testes considerando a taxonomia expressivos/projetivos ou psicométricos.

O que é um teste psicológico? Qual é a lógica por trás dos testes psicológicos?

Como mensuramos o tamanho de uma mesa? Uma criança pequena responderá: "Com uma régua (ou metro), né, tio…" Essa pergunta parece ridícula, pois facilmente introjetamos a ideia de que uma propriedade observável de tamanho pode ser pareada a uma medida padronizada por convenção (p. ex., metro, pés e milhas). Nesse caso, a medida tem a mesma propriedade física do objeto mensurado. Um metro de plástico é um amontoado de átomos organizados em um objeto tridimensional que pode ter o seu tamanho comparado (ou pareado) à mesa. E se esse metro for construído de uma maneira padronizada podemos tomá-lo como referência para comparar o tamanho de uma mesa e de uma cadeira, gerando medidas na mesma escala. Assim, objeto e medida apresentam características físicas idênticas (Pasquali, 2010).

Mas então, como medir a distância entre o Planeta Terra e uma estrela distante? A mesma criança do exemplo anterior responderia: com uma régua gigante (mas, neste caso, faltaria o "né, tio", pois a solução não pareceria tão plausível à criança). Nesse caso, não temos uma régua gigante, mesmo assim medimos a distância entre a Terra e uma estrela qualquer. Para tanto, usamos medidas derivadas. Para estrelas mais próxi-

mas, os astrônomos costumam utilizar o ângulo entre a Terra, o Sol e a estrela em duas etapas: em um primeiro momento e seis meses após a primeira medida (quando a Terra está do outro lado do Sol, se comparada ao posicionamento em órbita na primeira medida – obviamente, isso não funciona para terraplanistas). Com os dois ângulos é possível desenhar um triângulo virtual entre a Terra, Sol e a estrela distante, e estimar os lados desse triângulo, derivando a distância entre a estrela e a Terra.

A humanidade já inventou muitas medidas diretas e derivadas bem sofisticadas para propriedades físicas e observáveis. No entanto, como mensurar algo que não observamos diretamente? Ou fenômenos que sequer temos certeza que existam na realidade? Por exemplo, como estimar a inteligência de uma pessoa, ou saber se ela está deprimida? Neste caso, até mesmo a criança do exemplo anterior não teria coragem de propor o uso de uma régua. No entanto, não existem unidades-base para a inteligência, unidades-base para a personalidade ou unidades-base para a atenção, por exemplo. Assim, um teste psicológico é uma espécie de "régua do imensurável".

Os fenômenos psicológicos, em grande parte, não são observados diretamente. Por isso, referimos aos aspectos psicológicos como construtos latentes (já apresentaremos detalhes sobre isso). Por outro lado, é possível observar, diretamente, algumas "pistas" (ou "rastros") deixados pela manifestação desses construtos. Por exemplo, uma pessoa extrovertida tenderá a ser vista como mais falante. Neste caso, a extroversão é o construto latente que "aumenta" a tendência de comportamentos observados de "falar muito".

Portanto, precisamos de estratégias indiretas se quisermos mensurar alguma coisa em psicologia, visto que a extroversão, por exemplo, não pode ser mensurada diretamente (ao menos com a tecnologia atual). Assim, os testes psicológicos são uma forma de associar um construto latente a comportamentos (ou variáveis de qualquer tipo) observados. Em outras palavras os testes são uma forma de medir aspectos psicológicos por meio dos seus "rastros" comportamentais.

Usamos a imagem de "rastros" porque a relação entre um objeto latente e um observado tem direção! Um rastro é deixado pela passagem de algo (um carro que passou na areia da praia à noite, p. ex.), e não o contrário. Portanto, o construto latente é a causa do comportamento observado. Na Figura 1 há uma representação dessa relação. As flechas indicam a direção da explicação: o construto latente (não observado, representado por um círculo) explica um conjunto de comportamentos observados.

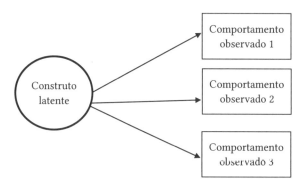

Figura 1 Relação genérica entre um construto latente e comportamentos observados

Mas onde entram os testes psicológicos? Os testes são basicamente os pilares que sustentam a ponte entre o construto latente e o comportamento observado. Vejamos alguns exemplos. Reunimos o seguinte conjunto de comportamentos: tempo que um motorista leva para percorrer uma estrada, quantidade de carros negociados em um mês e o consumo de laranjas na semana. Embora esses fenômenos possam ser observados diretamente, o conjunto não parece sustentar um construto psicológico latente. Em outras palavras, não parece haver um aspecto psicológico que explica a ocorrência conjunta desses fenômenos observados. Mas, se reunirmos os comportamentos bater nos colegas, ofender verbalmente e sacar uma arma em uma discussão podemos começar a conjecturar que por trás desses "rastros" de comportamentos há um construto psicológico de agressividade. Se esses comportamentos tendem a ser observados em conjunto (ainda que sob certas premissas ou circunstâncias) é possível que um traço latente (não observado) seja o motivo de eles aparecerem em conjunto.

Assim, um teste psicológico é um conjunto de amostras de comportamentos organizados (ou coletados) de maneira altamente sistemática a sustentar a estimação de um construto latente. No entanto, reunir esse conjunto não é uma tarefa trivial, pois é necessário encontrar evidências empíricas de que o conjunto, de fato, se associa ao construto latente (aspectos de validade).

Tecnicamente, um teste psicológico, ainda, pode ser entendido como um meio padronizado para obtenção de amostras de comportamentos em diversos contextos específicos (Allen & Yen, 2002). No art. 4º da Resolução n. 009/2018 do CFP é assinalado que os testes psicológicos objetivam identificar, descrever, qualificar e mensurar características psicológicas por meio de procedimentos sistemáticos de observação e descrição do comportamento nas suas diversas formas de expressão (CFP, 2018).

Os diferentes tipos de testes

Estamos tratando neste capítulo um teste psicológico como um conjunto, de qualquer tipo, de comportamentos organizados sistematicamente de maneira a sustentar a estimação de um construto latente. Nesse contexto, estamos utilizando o termo "comportamentos" como sinônimo para qualquer variável observada. Por exemplo, a quantidade de horas de uma conversa pode ser compreendida dentro desse termo de variável observada, assim como acertar uma questão de raciocínio abstrato, bem como o autorrelato de itens associados à personalidade. Temos consciência que "teste" é um termo mais associado à reunião de comportamentos associados ao desempenho, e "inventário" é um conjunto de itens de autorrelato. No entanto, todos (testes, inventários e instrumentos), no final, são um conjunto de variáveis observadas (ou comportamentos observados). Assim como os *Standards* (APA, Aera, & NCME, 2014) – obra de referência na área –, não faremos distinção entre os termos testes, inventários e instrumentos, mesmo que essa separação seja plausível e útil em algumas circunstâncias.

Existem diferentes taxonomias para classificação dos tipos de teste. Focaremos nesta parte apenas as classificações mais úteis para compreender o sistema Satepsi. Uma forma de separar os testes psicológicos é em função dos construtos que pretendem avaliar. Nesse sentido, em uma primeira classificação é possível separar, de maneira bastante genérica, os testes de desempenho (p. ex., inteligência e atenção) e os testes de personalidade, interesses, atitudes (Urbina, 2007). No entanto, essa classificação é bastante ampla, pois dentro da mesma categoria são classificados testes com propósitos bastante distintos (p. ex., valores e condutas sociais). Assim, no Satepsi é utilizada uma classificação específica por construto englobando as seguintes categorias: aprendizagem, condutas sociais/ desviantes, crenças/valores/atitudes, desenvolvimento, habilidades/competências, inteligência, interesses/motivações/necessidades/expectativas, personalidade, processos afetivos/emocionais, processos neuropsicológicos, processos perceptivos/cognitivos, saúde mental e psicopatologia.

Outra forma de classificar os testes psicológicos é separá-los em expressivos/projetivos ou psicométricos (Urbina, 2007), sendo os projetivos mais associados às avaliações idiográficas, e os psicométricos relacionados às testagens nomológicas. Trata-se de uma taxonomia bastante antiga e talvez problemática, pois testes projetivos também precisam demonstrar, por meio da psicometria, evidências de validade e precisão. Além disso, testes psicométricos (com estímulos fechados e correção altamente padronizada) também podem ser utilizados para fins clínicos ou idiográficos. Em que pese esse problema teórico, essa taxonomia pode ser útil do ponto de vista metodológico. De fato, o próprio Satepsi, ao avaliar os testes recebidos, pondera particularidades dependendo de sua classificação em projetivo ou psicométrico. Por exemplo, a análise de itens, hoje indispensável em testes psicométricos avaliados no Satepsi, não é condição mínima para aprovação de testes projetivos. Nesse contexto, por exemplo, o que seria considerado um item no Desenho da Figura Humana? O próprio desenho? Ou cada elemento do desenho é um item? E se uma criança apresentar um detalhe novo no desenho, isso seria um novo item? Nesse caso, por exemplo, seria difícil avaliar parâmetros de dificuldade e discriminação.

Questões de validade também devem ponderar o contexto metodológico do instrumento. Para os testes psicométricos, por exemplo, o Satepsi exige um estudo de estrutura interna (normalmente por análise fatorial ou TRI). Mas como exigir isso dos estudos do Rorschach, por exemplo? Não estamos afirmando que isso seja impossível, mas estamos argumentando que um sistema de avaliação de testes psicológicos deve ponderar as especificidades metodológicas dos instrumentos. Para tanto, a velha classificação projetivo e psicométrico pode ser útil.

A importância do Satepsi para a qualidade dos testes

Considerando todas as especificidades já discutidas sobre os testes psicológicos, como sabemos que um teste é adequado para um propósito particular? Como sabemos quais testes podem ser utilizados? Por quanto tempo um teste com evidências psicométricas comprovadas pode ser utilizado? Sobretudo para orientar a categoria dos psicólogos nessas e em outras questões, o CFP, como já assinalado, desenvolveu o Sistema de Avaliação dos Testes Psicológicos (Satepsi). O Satepsi tem o objetivo principal de avaliar a qualidade técnico-científica de instrumentos psicológicos para uso profissional.

O Satepsi foi criado em 2003 a partir de uma mobilização da classe profissional iniciada já em 2001. Tal mobilização emergiu em decorrência de uma série de críticas e ações judiciais enfrentadas pelos psicólogos brasileiros, decorrentes de processos inconsistentes de avaliação psicológica, do uso inadequado de testes, sobretudo no campo organizacional e do trânsito, bem como devido à baixa qualidade científica dos instrumentos disponíveis à época. O Satepsi

ainda é reconhecido por órgãos internacionais vinculados à área, como a *American Psychological Association* (APA) – *Division 5* e a *International Test Commission* (ITC), como pioneiro na certificação dos instrumentos psicológicos, além de servir como modelo a ser implantado por vários países da América do Sul e aqueles que utilizam língua portuguesa (Reppold & Noronha, 2018).

Os requisitos psicométricos mínimos estabelecidos pelo Satepsi para os testes psicológicos foram elaborados com base nas diretrizes propostas pela *International Test Commission* (ITC), bem como pela *American Educational Research Association* (Aera), *American Psychological Association* e *National Council on Measurement in Education* (NCME). As Resoluções CFP n. 002/2003, n. 006/2004 e n. 005/2012 trouxeram grande impacto qualitativo na área de avaliação psicológica, orientando tanto os profissionais na *praxis* da avaliação psicológica quanto os pesquisadores a buscarem maior rigor teórico, metodológico e analítico na elaboração e busca de evidências de validade, fidedignidade e normatização dos instrumentos psicológicos no Brasil. Após 15 anos de existência do Satepsi verificamos outro marco, a publicação da Resolução n. 009/2018.

De acordo com Reppold e Noronha (2018), a Resolução n. 009/2018 estabeleceu as atuais diretrizes para a realização da avaliação psicológica no exercício profissional com fins diagnósticos, sendo um resultado visível dos avanços ocorridos na avaliação psicológica no Brasil nos últimos anos, reconhecidos em publicações nacionais e internacionais. A partir de um contínuo aprimoramento, o Satepsi buscou a atualização dos critérios psicométricos alinhados aos avanços técnicos e científicos da área (Andrade & Valentini, 2018). Os autores do presente capítulo também esperam que a Resolução n. 009/2018 dê um novo impulso para o aprimoramento dos testes e, consequentemente, para o desenvolvimento da avaliação psicológica.

De forma geral, podemos assinalar que as ações do Satepsi ocasionaram uma melhoria substancial da qualidade dos testes psicológicos disponíveis hoje, promovendo também o aumento dos grupos de pesquisa no Brasil com interesse em construção e/ou adaptação de testes psicológicos. Em consonância com esse pensamento, Reppold e Noronha (2018) acrescentam que a mudança mais proeminente observada ao longo desses 15 anos no campo da avaliação psicológica foi o resgate da credibilidade do uso de testes psicológicos no nosso país e o aumento do interesse dos(as) psicólogos(as) no domínio dos conceitos e técnicas da área, determinado pelas ações do Satepsi. Por fim, Faiad e Alves (2018) recorrem à literatura e assinalam que o Satepsi pode ser considerado como um sistema de certificação nacional da qualidade técnica e científica dos testes psicológicos comercializados em nosso país.

Os testes psicológicos aprovados pelo Satepsi

Considerando que a testagem é um dos recursos utilizados nas avaliações, ressalta-se, no entanto, que nem todos os testes psicológicos são bem construídos, nem todas as práticas de testagem podem ser consideradas adequadas ou benéficas. Testes bem desenvolvidos e que são válidos para seus propósitos têm potencial de oferecer benefícios efetivos para todos os envolvidos no processo de avaliação psicológica. O uso adequado de tais testes pode resultar em melhores decisões para os indivíduos do que resultaria sem seu uso. Por outro lado, o uso inapropriado pode causar danos irreparáveis para os avaliados e outros atores afetados por decisões baseadas em testagens (Aera et al., 2014).

Por se tratar de instrumentos de uso restrito à classe de psicólogos, uma dificuldade comumente indicada por estudantes iniciantes nos cursos de graduação de psicologia é a dificuldade de acesso aos testes. É comum estudantes iniciantes perguntarem se os testes estão disponibilizados em bibliotecas, livrarias generalistas ou sítios eletrônicos públicos. Ainda, é comum perguntarem sobre a possibilidade de fotocopiar material de teste (isto é terminantemente proibido!). Outro aspecto que dificulta o acesso aos testes psicológicos é o preço dos materiais psicológicos que podem envolver cadernos de aplicação reutilizáveis ou não reutilizáveis, crivos, folhas de apuração, estímulos visuais etc.

Em função disso, podemos observar que desde a implementação do Satepsi houve uma crescente preocupação com o acesso às informações sobre os testes psicológicos. Todavia, com a publicação da Resolução n. 009/2018, o acesso à informação notadamente ganhou novo *status*. No novo site do Satepsi (http://satepsi.cfp.org.br/) são apresentados, em duas abas, os instrumentos que podem ser usados pelas(os) psicólogas(os) na prática profissional (testes psicológicos favoráveis e instrumentos não privativos do psicólogo) e aqueles que não podem ser utilizados na prática profissional (testes psicológicos desfavoráveis e testes psicológicos não avaliados).

Reppold e Noronha (2018) discutem que o Satepsi sofreu significativas mudanças com vistas à melhoria da acessibilidade e do fornecimento de informação aos usuários. O site do Satepsi possui um texto inicial e cinco abas. Nesse texto inicial constam o objetivo do Satepsi, além do link para a Resolução CFP n. 009/2018. Há também um fluxograma detalhado bastante didático para instruir o usuário sobre o uso de testes psicológicos. A primeira aba, por exemplo, refere-se à relação dos testes psicológicos que podem ou não ser utilizados. No caso dos testes aprovados e que podem ser utilizados, o usuário pode fazer a consulta utilizando o nome do teste, autor, editora, palavras-chave, áreas de aplicação ou pode solicitar o acesso à relação completa dos testes. Para cada teste é informado, além do nome, todos os autores, o construto avaliado, público-alvo, idade da amostra de normatização, tipo de aplicação e de correção, data de aprovação e datas de vencimentos dos estudos de validade e de normas. Adicionalmente, é oferecida uma lista dos instrumentos ditos não privativos, ou seja, aqueles que não se configuram como testes, mas podem compor processos avaliativos como fontes complementares de informação. Por fim, ainda no que se refere à primeira aba, em vermelho estão os testes desfavoráveis que, portanto, não podem ser usados com fins diagnósticos por não possuírem os requisitos mínimos preconizados pela Resolução CFP n. 009/2018; e os testes psicológicos não avaliados, isto é, foram atestados como testes pela Comissão Consultiva em Avaliação Psicológica, mas, por razões diversas, os respectivos manuais não foram enviados para avaliação.

Os autores do presente capítulo consideram um avanço a disponibilização dessas informações sobre os testes psicológicos. Tais informações podem ser úteis na escolha dos testes que farão parte de uma determinada bateria de testes em uma avaliação psicológica. Informações, por exemplo, sobre o grupo normativo considerado para elaboração das normas em um teste é uma informação importante para escolha de um teste.

Em relação aos testes aprovados, recentemente, Cardoso e Silva-Filho (2018) realizaram um levantamento dos testes listados no site do Satepsi. Neste levantamento os autores identificaram 180 testes psicológicos com pareceres favoráveis. Em uma primeira análise, os autores indicam que do ponto de vista quantitativo o número de testes aprovados praticamente quadruplicou se considerarmos o momento da criação do Satepsi. Além disso, nota-se que a qualidade dos materiais acompanhou os avanços da área. Observou-se também que dos 180 instrumentos disponíveis aos profissionais em fevereiro de 2018, 41 (22,8%) receberam parecer favorável em 2003 – época de implantação do Satepsi. Por fim, dos 180 testes com parecer favorável em fevereiro de 2018, verificou-se que 162 (90%) eram escalas, inventários, questionários e tarefas cognitivas para resolução, enquanto que 18 (10%) eram de métodos projetivos.

De maneira análoga ao relato de Cardoso e Silva-Filho (2018), no momento da elaboração do presente capítulo também fizemos um levantamento dos testes aprovados considerando as categorias de construto indicadas pelo Satepsi, a saber: aprendizagem, condutas sociais/desviantes, crenças/valores/atitudes, desenvolvimento, habilidades/competências, inteligência, interesses/motivações/necessidades/expectativas, personalidade, processos afetivos/emocionais, processos neuropsicológicos, processos perceptivos/cognitivos, saúde mental e psicopatologia. Para tal classificação acrescentamos duas novas categorias, a saber: criatividade e estilos parentais. Sabendo-se que a lista de testes aprovados pelo Satepsi não é estática e que pode ocorrer sobreposição de categorias em alguns construtos, os resultados são apresentados na Tabela 1. Alguns testes avaliados podem ter sobreposição, por exemplo, nas categorias de inteligência e processos cognitivos como é o caso da Bateria de Provas de Raciocínio – BPR5. Outro exemplo é o Teste Wisconsin de Classificação de Cartas (WCST), que tem sobreposição entre as categorias processos neuropsicológicos e processos perceptivos/cognitivos. Assim, a classificação apresentada é apenas uma possibilidade de categorização entre outras possíveis. Cada teste foi considerado apenas em uma categoria.

Tabela 1 Categorização dos testes aprovados no Satepsi por construto avaliado

Construto avaliado	Frequência	Percentual
Aprendizagem	01	0,6
Condutas sociais/desviantes	00	0
Crenças/Valores/Atitudes	02	1,3
Desenvolvimento	03	1,9
Habilidades/Competências	15	9,5
Inteligência	26	16,5
Interesses/Motivações/Necessidades/Expectativas	08	5,1
Personalidade	45	28,5
Processos afetivos/emocionais	06	3,8
Processos neuropsicológicos	04	2,5
Processos perceptivos/cognitivos	43	27,2
Saúde mental	01	0,6
Psicopatologia	01	0,6
Criatividade	02	1,3
Estilos parentais	01	0,6
Total	158	100,0

Como pode ser observado na Tabela 1, ao categorizar os testes encontramos 158 testes aprovados pelo Satepsi. A categoria de maior frequência foi referente aos testes de personalidade (45 testes, 28,5%), seguida dos testes que avaliam processos perceptivos/cognitivos (43 testes, 27,2%). Nesta última categoria estão incluídos, por exemplo, testes de atenção e memória. Outra categoria que se sobressai é a referente aos testes de inteligência com 26 testes (16,5%). Nesta categoria foram considerados tanto os testes verbais quanto os testes não verbais de inteligência. Na Tabela 2 é apresentada a categorização dos testes aprovados no Satepsi considerando a taxonomia expressivos/projetivos ou psicométricos.

Tabela 2 Categorização dos testes aprovados no Satepsi considerando a taxonomia expressivos/projetivos ou psicométricos

Construto avaliado	Frequência	Percentual
Expressivos/projetivos	19	12,0
Psicométricos	138	87,4
Outros (método de entrevista)	01	0,6
Total	158	100,0

Como pode ser observado na Tabela 2, ao categorizar os 158 testes, verificamos que 138 deles (87,4%) podem ser enquadrados na categoria psicométricos, pois tratam de inventários, escalas ou testes com respostas certas e erradas. Por outro lado, 19 testes (12%) podem se enquadrar na categoria expressivos/projetivos. Como já assinalado anteriormente, o fato de testes serem considerados expressivos/projetivos não significa dizer que não exigem estudos psicométricos. Por fim, um dos testes encontrados trata-se de um método de entrevista e foi classificado em uma categoria à parte.

O futuro dos testes psicológicos

Nós, autores deste capítulo, vimos o advento de disquetes, CDs, Pen-drives, bem como seus rápidos declínios. Talvez algum leitor mais jovem deste capítulo tenha visto disquetes apenas em museus. A automação das tarefas cotidianas tem ocorrido de maneira rápida nas últimas décadas. Contudo, a informatização dos testes psicológicos no Brasil está acontecendo de maneira descompassada e mais lenta do que imaginávamos. A grande maioria dos instrumentos avaliados pelo Satepsi ainda são em formato tradicional e possuem, quando muito, um sistema de apuração informatizado.

Sistemas informatizados têm inúmeras vantagens. O primeiro deles está associado à minimização de erros de aplicação e correção. Imagine que você tenha que realizar a correção de 300 resultados de testes de atenção em formato tradicional. Provavelmente, ao corrigir a ducentésima aplicação a sua precisão já não será a mesma e poderá cometer erros.

A segunda vantagem, e talvez a mais importante, é que a informatização permite a aplicação de algoritmos sofisticados de Testagem Adaptativa (*CAT – Computerized Adaptive Testing*), capazes de aplicar apenas os itens mais apropriados ao examinando. Testagens tradicionais desperdiçam tempo e recursos aplicando itens fáceis a pessoas muito habilidosas, bem como apresentando itens muito difíceis a pessoas pouco habilidosas. Com o CAT é possível aplicar a mesma quantidade de itens de uma testagem tradicional, mas obter escores de maior precisão, ou reduzir a quantidade de itens e manter o mesmo nível de precisão da testagem tradicional. O CAT foi uma grande "febre" nos Estados Unidos nas últimas duas décadas. No entanto, poucos testes foram disponibilizados em formato de CAT. Talvez esse seja um futuro importante para o desenvolvimento da testagem no Brasil.

Ressaltamos ainda que a informatização do cotidiano parece ter alcançado um novo nível na última década: a inteligência artificial. Algoritmos de *Machine Learning* conseguem predizer diagnósticos de esquizofrenia (Cao et al., 2018) e depressão (Alhanani, Ghassemi, & Glass, 2018; Lin et al., 2018), entre outros, com acurácia semelhante ou melhor do que técnicos de saúde treinados. O grande desafio é como alimentar esses algoritmos com informação relevante. Nesse contexto, é possível que os testes psicológicos forneçam informação útil ou sejam, até mesmo, incorporados nos algoritmos de *Machine Learning*. Nesse mesmo contexto, Primi (2018) traz uma importante e inovadora discussão sobre os eventos científicos e históricos ocorridos nos últimos cinco anos, especialmente no âmbito da inteligência artificial, os quais apontam para um novo papel da avaliação psicológica no mundo.

Considerações finais

Podemos fazer uma analogia dos testes psicológicos com a imagem de um *iceberg*. A parte visível do *iceberg*, acima da água, pode ser entendida como o comportamento visível. A parte submersa do *iceberg*, por outro lado, pode ser entendida como o construto, ou seja, o traço latente. Certamente, a parte visível do *iceberg* precisa e depende da parte submersa para que possa existir e aparecer aos nossos olhos. Os testes psicológicos possuem a difícil missão de trazer à tona processos muitas vezes complexos e não observáveis diretamente.

Neste capítulo buscamos destacar o papel dos testes na estimação de aspectos psicológicos não mensurados diretamente. Ressaltamos também que tal estimação só é confiável se houver evidências empíricas de validade, que associem os comportamentos observados pelo teste e o construto psicológico mensurado. Nesse contexto, o Satepsi tem sido um veículo institucional importante para que os instrumentos utilizados na prática profissional efetivamente apresentem condições técnicas mínimas para realizar essa "ponte" entre o construto psicológico e os comportamentos observados. Esclarecemos, nesse sentido, que o Satepsi cumpre um papel importante de avaliação dos testes, não obstante não é função do sistema chancelar a "validade" de um instrumento ou sequer garantir que o instrumento seja adequado para todas as situações específicas de avaliação. Novamente, um teste associa um conjunto de comportamentos observados a um construto psicológico, mas é de responsabilidade do profissional de psicologia avaliar se os comportamentos elencados no teste e o método de coleta de dados são adequados à demanda específica de avaliação.

Como assinalam Bueno e Peixoto (2018), a área de avaliação psicológica tem uma relevância histórica no desenvolvimento da Psicologia enquanto ciência e profissão, tanto no contexto internacional quanto no nacional. Na nossa opinião o Satepsi também tem tido um importante papel no desenvolvimento da área. O levantamento de testes realizado no presente capítulo não deixa de ser animador, embora muito trabalho ainda precise ser desenvolvido. Destaque deve ser dado à necessidade de melhoramento e construção e obtenção de evidências de validade/fidedignidade para novos instrumentos para as avaliações compulsórias, tais como avaliação para condução de automóvel, cirurgia bariátrica, concurso público e manuseio de arma. Espera-se que as limitações na área ainda existentes sirvam como molas propulsoras para avanços significativos na área da avaliação psicológica.

Referências

Alhanai, T., Ghassemi M., & Glass, J. (2018). Detecting depression with audio/text sequence modeling of interviews (pp. 1.716-1.720). *Interspeech-2018*. Hyderabad, Índia.

Allen, M.J. & Yen, W.M. (2002). *Introduction to measurement theory*. Illinois: Waveland Press.

American Educational Research Association, American Psychological Association, & National Council on Measurement in Education (2014). *Standards for Educational and Psychological Testing*. Washington, DC: American Educational Research Association.

Andrade, J.M. & Sales, H.F.S. (2017). A diferenciação entre avaliação psicológica e testagem psicológica: questões emergentes. In M.R.C. Lins & J.C. Borsa (Eds.). *Avaliação psicológica: aspectos teóricos e práticos* (pp. 9-22). Petrópolis: Vozes.

Andrade, J.M. & Valentini, F. (2018). Diretrizes para a construção de testes psicológicos: a Resolução CFP n. 009/2018 em destaque. *Psicologia: Ciência e Profissão*, 38 (n. esp.), 28-39 [https://doi.org/10.1590/1982-3703000208890].

Bauer, A., Alavarse, O., & Oliveira, R. (2015). Avaliações em larga escala: uma sistematização do debate. *Educação e Pesquisa*, 41 (n. esp.), 1.367-1.384 [https://doi.org/10.1590/S1517-9702201508144607].

Bueno, J.M.H., & Peixoto, E.M. (2018). Avaliação psicológica no Brasil e no mundo. *Psicologia: Ciência e Profissão*, 38 (n. esp.), 108-121 [https://doi.org/10.1590/1982-3703000208878].

Caneda, C.R.G. & Teodoro, M.L.M. (2012). Contribuições da avaliação psicológica ao porte de arma: uma revisão de estudos brasileiros. *Aletheia*, (38-39), 162-172 [Recuperado de http://pepsic.bvsalud.org/scielo.php?script=sci_arttext&pid=S1413-03942012000200013&lng=pt&nrm=iso&tlng=pt].

Cao, B., Cho, R.Y., Chen, D., Xiu, M., Wang, L., Soares, J.C., & Zhang, X.Y. (2018). Treatment response prediction and individualized identification of first-episode drug-naïve schizophrenia using brain functional connectivity. *Molecular Psychiatry* [doi: doi.org/10.1038/s41380-018-0106-5].

Cardoso, L.M. & Silva-Filho, J.H. (2018). Satepsi e a qualidade técnica dos testes psicológicos no Brasil. *Psicologia: Ciência e Profissão*, 38 (n. esp.), 40–49 [https://doi.org/10.1590/1982-3703000209112].

Conselho Federal de Psicologia (2003). *Resolução CFP n. 002/2003* [Recuperado de https://site.cfp.org.br/wp-content/uploads/2012/05/resoluxo022003.pdf].

Conselho Federal de Psicologia (2012). *Resolução CFP n. 005/2012* [Recuperado de https://site.cfp.org.br/wp-content/uploads/2012/03/Resolucao_CFP_005_12_1.pdf].

Conselho Federal de Psicologia (2018). *Resolução CFP n. 009/2018* [Recuperado de http://satepsi.cfp.org.br/docs/Resolu%C3%A7%C3%A3o-CFP-n%C2%BA-09-2018-com-anexo.pdf].

Faiad, C. & Alves, I.C.B. (2018). Contribuições do Satepsi para avaliações psicológicas compulsórias (trânsito, porte de arma e concursos públicos). *Psicologia: Ciência e Profissão*, 38 (n. esp.), 50-59 [https://doi.org/10.1590/1982-3703000208851].

Lin, E., Kuo, P., Liu, Y., Yu, Y., Yang, A.C., & Tsai, S. (2018). A deep learning approach for predicting antidepressant response in major depression using clinical and genetic biomarkers. *Frontiers in Psychiatry, 9*, 290 [doi: 10.3389/fpsyt.2018.00290].

Pasquali, L. (2010). *Instrumentação psicológica: fundamentos e práticas*. Porto Alegre: Artmed.

Primi, R. (2018). Avaliação psicológica no século XXI: de onde viemos e para onde vamos. *Psicologia: Ciência e Profissão*, 38 (n. esp.), 87-97 [https://doi.org/10.1590/1982-3703000209814].

Reppold, C.T. (2011). Qualificação da avaliação psicológica: critérios de reconhecimento e validação a partir dos direitos humanos. In Conselho Federal de Psicologia (Org.). *Ano da avaliação psicológica: textos geradores* (pp. 21-28). Brasília: Conselho Federal de Psicologia.

Reppold, C.T. & Noronha, A.P.P. (2018). Impacto dos 15 anos do Satepsi na avaliação psicológica brasileira. *Psicologia: Ciência e Profissão*, 38 (n. esp.), 6-15 [https://doi.org/10.1590/1982-3703000208638].

Urbina, S. (2007). *Fundamentos da testagem psicológica*. Porto Alegre, BR: Artmed.

13
Ética na avaliação psicológica: uma perspectiva internacional

Solange Muglia Wechsler

Dúvidas sobre procedimentos éticos em diferentes situações sempre aparecem entre os psicólogos, necessitando assim de orientações de como proceder na prática, quando utilizando instrumentos psicológicos. Questões éticas também aparecem no processo de construção/adaptação de testes psicológicos, ou ainda quando se utilizam testes psicológicos em pesquisa para diferentes tipos de intervenção. Portanto, faz-se necessário discutir os parâmetros éticos que devem guiar a atuação do psicólogo e/ou pesquisador na área da avaliação psicológica, com diferentes objetivos. O contexto cultural no qual serão utilizados os instrumentos psicológicos é outro aspecto que deve ser debatido, novamente dentro de parâmetros éticos de atuação.

No nosso país, o Conselho Federal de Psicologia (CFP, 2005) apresenta uma revisão do seu código de ética para o profissional de psicologia, procurando fomentar a sua autorreflexão e enfatizar a sua responsabilidade, pessoal e coletiva, nas suas ações e suas consequências no exercício profissional. Na resolução do CFP n. 09/2018 são apresentadas várias orientações para o uso ético na avaliação psicológica, considerando que esta atividade é de uso privativo de psicólogos segundo a Lei 4.119 que regulamentou a profissão em 1962, sendo também destacada a importância do Sistema de Avaliação de Testes Psicológicos (Satepsi). Entretanto, torna-se ainda

necessário enfatizar ações específicas que devem ser consideradas para nortear o profissional e/ou pesquisador na área da avaliação psicológica. Neste sentido, embasaremos este texto nas publicações internacionais que discorrem sobre as atitudes éticas no uso de instrumentos psicológicos, tanto para a sua prática quanto na pesquisa com os mesmos.

Ressalta-se que existem associações internacionais que vêm se preocupando com a questão ética na avaliação psicológica há vários anos. Destaca-se assim, dentre elas, a *American Psychological Association*, que já em 1954 tinha publicado um guia específico de padrões científicos e éticos para uso de instrumentos psicológicos (Campbell, 1960). Posteriormente, foram feitas várias revisões desta publicação, juntamente com a *American Educational Research Association* e o *National Council on Measurement and Education* (2014), sendo geradas as atuais orientações para psicólogos e pesquisadores da área. Outras associações internacionais, tais como a *International Association of Applied Psychology* (Iaap), bem como a *International Union of Psychological Science* (IUPsyS), também têm se preocupado com as competências básicas na psicologia aplicada ou profissional, priorizando a ética na avaliação psicológica como uma destas competências. Devem também ser destacadas as publicações elaboradas pela *International Test Commission*

(2019), que tem focado esforços na melhoria da qualidade da avaliação psicológica em nível mundial, e publicado vários guias contendo diretrizes para o uso de instrumentos psicológicos, seja de forma impressa ou computadorizada.

Conceituações de ética e sua importância

A palavra "*ética*" vem do grego (*ethos*) que significa propriedade do caráter e compreende uma parte da filosofia dedicada aos assuntos morais. Trata, portanto, dos princípios que motivam, distorcem ou orientam o comportamento humano, determinando regras e preceitos de ordem valorativa e moral de um indivíduo frente a um grupo social ou da sociedade em geral (Weiszflog, 2015).

O conceito de "*deontologia*" deriva da ética, mas é focado nos deveres e normas dentro de um determinado campo profissional, sendo também conhecido como "Teoria do Dever". Este conceito tem sido utilizado como sinônimo para a definição de "*ética profissional*", que é o conjunto de normas éticas que devem pautar a conduta de um profissional, geralmente definidas pelo "*Código de ética*" de cada categoria. No caso da avaliação psicológica, estas normas são divulgadas pelo Conselho Federal de Psicologia (CFP, 2005).

Uma distinção importante na área da avaliação psicológica deve ser feita entre "*ética e émica*", tal como observado por diferentes autores (Cheung, Van de Vijver, & Leong, 2011; Leong, Park, & Leach, 2013). Nesse sentido, a "ética" pode ser considerada como a avaliação de construtos psicológicos na sociedade em geral, enquanto que a "émica" se refere à representação de um construto psicológico dentro de uma determinada cultura, ou seja, como os membros de uma cultura entendem as suas manifestações (Infopédia, 2019). Estas distinções são relevantes ao se tratar das condutas que devem ser observadas pelos pesquisadores na construção/adaptação de testes psicológicos para diferentes países ou grupos culturais.

Princípios básicos da ética

Em uma visão histórica, preceitos éticos já aparecem no Código de Hamurabi, há mais de 2.000 a.C., documento no qual são estabelecidas punições aos doutores que causavam mal aos seus pacientes (Jadoskia, Mostardeiro, Exterkoettera, Grisarda, & Hoeller, 2017). Entretanto, foi no final da Segunda Guerra Mundial, ao ser realizado o julgamento das atrocidades que os doutores nazistas fizeram com os prisioneiros judeus nos campos de concentração, que foi estabelecido o "Código de Nuremberg", com a finalidade de regulamentar a pesquisa científica com sujeitos humanos. Outros códigos de ética foram desenvolvidos a partir dos parâmetros de Nuremberg, sendo estabelecidos pelas mais diversas categorias profissionais (Rice, 2005).

O guia de princípios éticos mais utilizado atualmente é o Belmont Repport (Department of Health, Education and Welfare, 1979), que serviu como um dos parâmetros para a elaboração das atuais diretrizes do Conselho Nacional de Saúde (Conep, Ministério da Saúde, 2012), que regulamenta os princípios éticos de cada pesquisa a ser realizada com seres humanos no nosso país. Assim sendo, qualquer pesquisa que utilize testes psicológicos deve também seguir os parâmetros éticos e ser aprovada pelo Conep, antes de seu início, pois envolve práticas com seres humanos. Os parâmetros éticos que norteiam este relatório podem ser aplicados à área da avaliação psicológica, como apontado por Hutz (2015):

• *Respeito pelas pessoas*: Refere-se à consideração das pessoas a serem envolvidas como indivíduos autônomos, que podem escolher ou não participar da avaliação psicológica. Em caso de menores, deve ser obtida a permissão de adultos para que possa ser realizada a avaliação, seja para diagnóstico ou para pesquisa.

• *Beneficência*: Os procedimentos a serem utilizados não deverão produzir dano, constrangimento ou sofrimento. No caso da avaliação psicológica, danos psicológicos podem ocorrer se a avaliação psicológica for realizada de maneira não apropriada, por profissional despreparado, em ambientes inadequados para tal, ou ainda com o uso de métodos e técnicas que não possuem qualidade científica.

• *Justiça*: Este princípio aborda o tratamento igualitário de pessoas. Por exemplo, na área da avaliação psicológica, o pesquisador ao desenvolver um teste deve procurar obter amostras nacionais e representativas, pois assim estará propiciando que um indivíduo seja comparado aos demais de forma justa, evitando preconceitos de raça ou local.

Ponderações importantes para a ética na prática profissional, ou na deontologia, foram definidos por associações internacionais: Neste sentido, a *International Union of Psychological Science* (IUPsyS) juntamente com a *International Association of Applied Psychology* (Iaap, 2016) têm buscado definir as competências básicas para a atuação profissional do psicólogo (*professional psychology*). O objetivo destas discussões é obter coerência para a preparação profissional e a regulamentação de conduta ética, em nível internacional. Os temas mais discutidos referem-se às competências de conhecimento e também de condutas que devem ser esperadas de um psicólogo na sua prática, como detalharemos a seguir:

• *Competências básicas*: Podem ser definidas por aquelas habilidades que devem possuir todos aqueles que se dizem competentes na sua prática profissional. É importante ressaltar que competências adicionais podem também ser exigidas, dependendo da área de especialidade e do ambiente sociocultural para que possa existir competência naquela prática.

• *Competência cultural*: Esta competência se refere ao conhecimento e compreensão da cultura na qual será realizado o trabalho psicológico. A competência cultural envolve, portanto, a compreensão do indivíduo como influenciado por aspectos históricos, sociais, econômicos e políticos e o impacto de tais aspectos nos resultados por métodos e técnicas psicológicas.

É interessante refletir na preocupação cultural que as associações internacionais têm trazido para a área da avaliação psicológica na medida em que se torna mais abrangente o uso de instrumentos psicológicos em nível mundial. Neste sentido, a *International Test Commission* (2019) tem muito a contribuir nas suas publicações sobre este tema, pois já gerou 7 orientações, ou diretrizes para esta área:

1) ITC Diretrizes para adaptação de testes (primeira e segunda versão).

2) ITC Diretrizes para o uso dos testes.

3) ITC Diretrizes para uso de testes baseado em computadores e na internet.

4) ITC Diretrizes para controle da qualidade de correção, análise e devolutiva de testes.

5) ITC Diretrizes para a segurança dos testes, exames e outras avaliações.

6) ITC Diretrizes para uso prático de revisões de testes, testes obsoletos e descarte de testes.

7) ITC Diretrizes para avaliação em larga escala de populações com diversidade cultural e linguística.

Traduções para o português já foram feitas para a Diretriz do uso de teste (International Test Commission, 2000), assim como para a primeira versão da Diretriz de tradução e adaptação de testes (International Test Commission, 2005). A primeira diretriz tem o foco na ética da prática profissional, enquanto que a segunda apresenta orientações para a área da pesquisa na construção/adaptação de testes, com focos na ética e na émica no uso dos testes. Devido ao impacto que estas duas diretrizes têm trazido para a área da avaliação psicológica, nos deteremos sobre seus aspectos principais e implicações para a ética.

Ética na prática profissional

Na Diretriz para o uso de testes (International Test Commission, 2000) podem ser destacadas as seguintes responsabilidades para a utilização ética dos testes:

• *Atuar de forma ética e profissional*: Promover e manter padrões éticos e profissionais e assegurar que as pessoas com as quais trabalha ou para as quais trabalha mantenham-se fiéis a um padrão de comportamento profissional ético e apropriado.

• *Garantir o uso competente de testes*: Conhecer os limites de sua própria competência e agir dentro destes limites, assim como manter-se atualizado a respeito das mudanças importantes e avanços em relação ao uso dos testes e sua construção, incluindo as mudanças de políticas e legislação.

• *Assumir responsabilidades no uso dos testes*: Responsabilizar-se pela escolha do teste usado e suas respectivas recomendações, bem como oferecer informação clara e adequada aos participantes no processo de avaliação psicológica evitando causar dano, angústia ou aflição às pessoas envolvidas.

• *Garantir segurança no uso dos testes*: Respeitar os direitos autorais e os acordos existentes sobre os testes, não ensinando pessoas de forma que possa influir no seu desempenho e assegurando que as técnicas envolvidas nos testes não sejam descritas publicamente.

• *Assegurar a confidencialidade dos resultados*: Explicar os níveis de confidencialidade às pessoas antes de iniciar o teste; proteger os dados arquivados de tal forma que só possam acessá-los quem tem o direito de fazê-lo além de retirar nomes ou outros identificadores pessoais de base de dados de resultados arquivados para fins de pesquisa.

Outras atitudes fundamentadas na ética profissional, que já foram ressaltadas por Wechsler (2003), devem ser consideradas nos diferentes passos da avaliação psicológica. Ressaltaremos a seguir aquelas orientações que julgamos mais relevantes na ética profissional em diferentes momentos da avaliação:

Seleção de testes psicológicos – Cabe ao psicólogo:

• Definir os atributos e características a serem avaliadas.

• Investigar na literatura especializada as fontes de informação e pesquisas sobre as características científicas dos mesmos como a validade e precisão.

• Considerar a idade, sexo, nível de escolaridade, nível socioeconômico, condições e a existência de normas específicas para a correção e interpretação dos resultados. Deve ser ressaltado que, no nosso país, o psicólogo deve utilizar as informações disponíveis na lista de instrumentos aprovados pelo Satepsi para a escolha de testes com qualidade científica. Falha ética é considerada se tal procedimento não for seguido pelo profissional.

Administração de testes psicológicos – Cabe ao psicólogo:

• Responsabilizar-se pela qualidade na administração dos testes, seguindo as instruções e outras orientações do manual para administração do mesmo.

• Evitar a utilização de material de teste fotocopiado ou em outras formas que não sejam as originais do teste, a fim de que seja garantida a qualidade padronizada do instrumento.

• Realizar gravações da avaliação psicológica somente com o consentimento do sujeito. O uso deste registro deverá manter o anonimato da pessoa.

• Evitar realizar uma avaliação psicológica que interfira no trabalho de outro colega.

Destaca-se que o uso da avaliação psicológica por internet foi recentemente aprovado pelo Conselho Federal de Psicologia. Dúvidas éticas sobre este procedimento devem ser solicitadas ao CRPs.

Interpretação dos resultados dos testes psicológicos – O psicólogo deverá:

• Interpretar os resultados com referência a um conjunto de normas apropriadas ao indivíduo avaliado, levando em consideração a atualidade das tabelas dos manuais.

• Avaliar quantitativamente os comportamentos e respostas do sujeito, integrando estes dados com a avaliação qualitativa.

• Assumir a responsabilidade pela interpretação de dados resultantes de pesquisa, mesmo que tenha sido necessário recorrer a outro profissional não psicólogo para ajuda em procedimentos estatísticos para finalidades de pesquisa.

Relato e devolução dos resultados da avaliação – O psicólogo deverá:

• Elaborar conclusões que não sejam influenciadas por preconceitos, distinções sociais, valores, religião ou características físicas do sujeito.

• Evitar informar quais eram as respostas esperadas ou critérios utilizados para a correção dos testes nas entrevistas devolutivas.

• Observar que o indivíduo tem direito a conhecer seus resultados e as interpretações feitas nas quais se fundamentam as conclusões retiradas. Mesmo em caso de pesquisa, devem ser criadas condições para esta devolutiva.

• Respeitar o sigilo das informações sobre os indivíduos, quer seja em congressos, reuniões científicas, entrevistas ou situações de prática profissional, ensino ou pesquisa.

A ética e a émica na adaptação de testes psicológicos

A segunda edição das Diretrizes da ITC para tradução e adaptação de testes (International Test Commission, 2017) foi publicada com o objetivo de complementar as informações da primeira versão, e, ao mesmo tempo, enfatizar os novos conhecimentos que estão sendo derivados na adaptação de testes para outras culturas por meio de novos modelos estatísticos. Outra grande preocupação é o desenvolvimento de testes para administração em larga escala, ou seja, em diferentes países do mundo. Nesse sentido, existe nesta segunda versão tanto uma preocupação com a ética, mas também com a émica, a qual se refere ao estudo da manifestação dos construtos psicológicos em diferentes culturas.

Novamente esta diretriz faz uma distinção entre *tradução* e *adaptação* de um teste. A tradução do teste refere-se à mudança de um teste de um idioma para outro, e tem um sentido mais restrito. Por outro lado, a adaptação de um teste é um processo bem mais complexo, pois visa decidir se um teste em outra cultura estaria medindo o mesmo construto psicológico da cultura original, o que envolver, verificar o formato e a equivalência dos itens, além de realizar vários estudos de validade a fim de certificar-se da sua equivalência psicológica ou educacional.

As questões éticas e émicas envolvidas neste processo podem ser sintetizadas nos seguintes passos:

Precondição para início do processo

• Obter a permissão necessária para possuir os direitos de propriedade intelectual relacionados ao teste antes de conduzir qualquer adaptação, especificando em um contrato quais modificações no teste adaptado serão aceitáveis para o detentor dos direitos autorais.

• Avaliar se a quantidade de sobreposições na definição e conteúdo do construto medido pelo teste e o conteúdo do item na população-alvo é suficiente para o uso pretendido dos resultados, preferencialmente com a ajuda de indivíduos recrutados dentro do grupo-alvo e que são também especialistas no construto mensurado.

• Minimizar a influência de quaisquer diferenças culturais e linguísticas que são irrelevantes ao uso pretendido do teste nas populações de interesse, baseando-se, preferencialmente, em métodos qualitativos com especialistas familiarizados nas diferenças culturais e não simplesmente tradutores de um idioma.

No desenvolvimento da adaptação do teste

• Utilizar procedimentos de tradução apropriados para maximizar a adequação da adaptação do teste para as populações-alvo, podendo ser utilizados delineamentos múltiplos de tradução por meio de traduções reversas e reconciliação de significados feitos por especialistas na cultura.

• Preparar os materiais e instruções de administração a fim de minimizar quaisquer problemas relacionados à cultura e/ou idioma, que podem ser causados devido às formas de resposta ao teste adaptado.

• Fornecer evidências de que o formato dos itens, escalas de classificação, categorias de pontuação, modos de administração e outros procedimentos são adequados para todas as populações-alvo, apresentando evidências qualitativas e quantitativas.

Na confirmação do teste adaptado

• Fornecer evidências estatísticas relevantes sobre a equivalência do construto, do método e do item para todas as populações pretendidas por meio de análises confirmatórias e/ou TRI.

• Utilizar delineamentos estatísticos para equacionar o procedimento de análise de dados e vincular escalas de pontuação de diferentes versões de idioma do teste.

• Apresentar evidências empíricas que apoiem as normas, confiabilidade e a validade da versão adaptada do teste para as populações pretendidas, compilando várias formas de demonstrar as qualidades psicométricas do teste adaptado.

Conclusões

Conforme apresentado nas Diretrizes formuladas pelo ITC existem preocupações éticas em vários momentos da construção/adaptação de um teste psicológico, assim como na prática profissional com o mesmo. Estas orientações, como ressalta a ITC, devem ser consideradas dentro das normas de cada país, no qual existem regulamentos profissionais e Conselhos de ética para avaliar procedimentos adequados no uso e na pesquisa com testes psicológicos.

Referências

American Educational Research Association, American Psychological Association, & National Council on Measurement and Education (2014). *Standards for Educational and Psychological Testing*. Washington, DC: American Educational Research Association.

Campbell, D.T. (1960). Recommendations for APA test standards regarding construct, trait, or discrimi-

Em suma, considera-se que as Diretrizes do ITC são um grande avanço no respeito às culturas nas quais o teste vai ser utilizado, indicando que a simples tradução de um teste não garante que este será uma medida válida para a população-alvo, mas sim que serão necessários vários passos até que a sua adaptação possa ser verificada nos padrões psicométricos. Desta maneira, as grandes críticas que recebiam os instrumentos psicológicos por serem somente traduções de outros países passam a ser superadas, pois, segundo o reconhecimento da própria ITC que congrega especialistas de diferentes países, são necessárias evidências de que o construto psicológico do teste origem também se manifesta, com algumas modificações, na cultura-alvo, para que possa ser avaliado.

Assim sendo, existem diversos momentos da formação do psicólogo que as questões éticas devem ser pontuadas e refletidas. Durante a graduação, as preocupações éticas devem estar direcionadas para a prática profissional. Já na pós-graduação, para a sua formação como pesquisador voltado para a área da avaliação psicológica, a questão ética na pesquisa com instrumentos psicológicos, construídos ou traduzidos, deve novamente ser discutida. Desta maneira poderão ser contemplados os diversos aspectos da ética, não só em nível da deontologia, mas também nos seus aspectos émicos, respeitando a nossa cultura.

nant validity. *American Psychologist, 15*(8), 546-553 [doi: org/10.1037/h0048255].

Cheung, F.M., Van De Vijver, F.J.R., & Leong, F.T.L. (2011). Toward a new approach to the study of personality in culture. *American Psychologist, 66*(7), 593-603 [doi: 10.1037/a0022389].

Conselho Federal de Psicologia (2005). *Código de ética profissional do psicólogo*. Brasília: Conselho

Federal de Psicologia [Recuperado de https://site.cfp.org.br/wp-content/uploads/2012/07/codigo-de-etica-psicologia.pdf].

Department of Health, Education, and Welfare (1979). *The Bellmont Report: Ethical Principles and Guidelines for the Protection of Human Subjects of Research*. Washington, DC: The National Commission for the Protection of Human Subjects of Biomedical and Behavioral Research.

Hutz, C.S. (2015). Questões éticas na avaliação psicológica. In C.S. Hutz, D.R. Bandeira, & C.M. Trentini (Eds.). *Psicometria* (pp. 165-174). Porto Alegre: Artes Médicas.

Infopédia (2019). *Dicionário online*. Porto: Porto Ed. [Recuperado de https://www.infopedia.pt/dicionarios/lingua-portuguesa/%C3%A9mica].

International Association of Applied Psychology (2016). *Core competences in professional Psychology* [Recuperado de https://iaapsy.org/policies-initiatives/ipcp-documents/].

International Testing Commission (2000). *The ITC Guidelines on Test Use* (Diretrizes para o uso dos testes) [Recuperado de https://www.intestcom.org/files/guideline_test_use_portuguese_brazil.pdf].

International Testing Commission (2001). International Guidelines for Test Use. *International Journal of Testing, 1*(2), 93-114.

International Testing Commission (2005). *The ITC Guidelines on Adapting Tests* (Diretrizes para a tradução e adaptação de testes) [Recuperado de https://www.intestcom.org/files/guideline_test_adaptation_brasilian_portuguese.pdf].

International Test Commission (2017). *ITC Guidelines for Translating and Adapting Tests* (2a. ed.) [Recuperado de https://www.intestcom.org/files/guideline_test_adaptation_2ed.pdf].

International Test Commission (2019). *Guidelines* (Diretrizes) [Recuperado de https://www.intestcom.org/page/5].

Jadoski, A.R., Mostardeiro, S.R., Exterkoettera, J.D., Grisarda, N., & Hoeller, A.A. (2017). O consentimento livre e esclarecido: do Código de Nuremberg às normas brasileiras vigentes. *Revista de Ciências da Saúde, 29*(2), 116-126.

Leong, F.T.L., Park, Y.S., & Leach, M.M. (2013). Ethics in psychological testing and assessment. In K.F. Geisinger (Ed.). *APA Handbook on Testing and Assessment in Psychology – Test Theory and Testing and Assessment in Industrial and Organizational Psychology*. Vol. I (pp. 265-282). Washington, DC: American Psychological Association.

Ministério da Saúde (2012). *Resolução n. 466, de 12 dezembro 2012*. Brasília: Conselho Nacional de Saúde.

Rice, T.W. (2008). The historical, ethical, and legal background of human-subjects research. *Respiratory Care, 53*(10): 1.325-1.329.

Wechsler, S. (2003). Guia de procedimentos éticos para a avaliação psicológica. In: S.M. Wechsler & R.S.L. Guzzo (Eds.). *Avaliação Psicológica: perspectiva internacional* (2a. ed., pp. 167-177). São Paulo: Casa do Psicólogo/Pearson.

Weiszflog (2015). *Michaelis Dicionário da Língua Portuguesa*. São Paulo: Melhoramentos.

14
Avaliação psicológica por meio das novas tecnologias de informação e comunicação

Marcela Mansur-Alves

Alexandre Serpa

Introdução

Há aproximadamente sessenta anos, início da década de 1970, o primeiro microcomputador se tornou disponível para uso doméstico por um cidadão comum. Hoje é impossível pensar nossas vidas sem considerar as mudanças trazidas pelas tecnologias de informação e comunicação (TICs). De acordo com o Banco Mundial[1], 46,7% das residências em todo o mundo possuem um computador e 48,2% das pessoas possuem um celular, sendo que esses dados variam segundo o continente e país. Considerando apenas o Brasil, 72,45% das pessoas possuem um computador e 26,58% são proprietárias de um celular. Os dados do relatório de usuários de internet de 2018 revelam que 4 bilhões de pessoas fazem uso da internet, isso significa que quase metade da população mundial está online. Esse número sobe ainda mais drasticamente quando consideramos os países desenvolvidos, como Estados Unidos, Canadá, Inglaterra, Alemanha, França, Espanha e Portugal, em que aproximadamente 90% da população está online[2].

Os computadores, em suas mais variadas formas (desktops, notebooks, telefones celula-

res e *tablets*), a internet e as redes sociais vêm promovendo alterações significativas na maneira como vivemos, pensamos e trabalhamos em diferentes setores e disciplinas, tais como indústria, entretenimento, saúde e educação. Produção de conhecimento em áreas, tais como a Medicina, a Física, a Aviação, a Química, a Farmácia, a Astronomia, as Engenharias, a Estatística, são, na atualidade, inimagináveis sem a presença dos computadores. Não obstante o uso disseminado das TICs em diversas disciplinas e campos de atuação, na Psicologia os avanços provenientes da inserção das TICs como parte da atuação profissional têm sido bem mais modestos quando comparados a outros campos (Krkovic, Greiff, Pásztor-Kovács, & Molnár, 2014). As possibilidades de uso de TICs para a Psicologia são várias e vão desde o desenvolvimento de estratégias de testagem psicológica até o oferecimento de serviços de psicoterapia e reabilitação cognitiva via computador (Kane & Parsons, 2017; Krkovic et al., 2014). No presente capítulo, nosso objetivo principal é apresentar o estado da arte do uso das tecnologias de informação e comunicação para a avaliação psicológica, bem como discutir os avanços e desafios nacionais e internacionais no que se refere às diretrizes e regulamentação do uso das TICs e para sua implementação técnico-científica.

---

1. http://gs.statcounter.com/platform-market-share/desktop-mobile-tablet/brazil/2018

2. https://wearesocial.com/blog/2018/01/global-digital-report-2018

Histórico do uso de tecnologia em testagem e avaliação

Nesta seção visamos apresentar ao leitor o contexto histórico passado e atual de surgimento e consolidação do uso das TICs na avaliação. Contudo, é importante considerar que a utilização de tecnologias nos processos de testagem e avaliação psicológica pode se dar de diferentes maneiras, e cada uma dessas formas de se apropriar das TICs possui vantagens e desvantagens (Benett, 1998). Portanto, essa breve revisão histórica, que não pretende ser extensiva e sistemática, vai buscar localizar temporalmente o uso das TICs na testagem e avaliação, dando especial ênfase às diferenças nas tecnologias empregadas e suas potencialidades e limitações.

Para se fazer justiça com a área da avaliação (seja ela psicológica ou neuropsicológica), parece ter havido um sincronismo inicial entre a disponibilização dos computadores para uso pessoal e o interesse por se utilizar estes computadores como veículos de testagem e avaliação (Kane & Parsons, 2017). Assim, o início da década de 1970 e o final da década de 1980 testemunharam o nascimento do que conhecemos como *computer-based-assessment* (ou simplesmente avaliação ou testagem computadorizada) (Kane & Parsons, 2017). O desenvolvimento dos primeiros testes computadorizados visava controlar a variabilidade nos testes, reduzir os vieses de aplicação e correção e aumentar a eficiência técnica e operacional dos instrumentos tradicionalmente utilizados (que, para fins deste capítulo, chamaremos de tradicionais ou de lápis e papel) (Russell, Goldberg, & O'Connor, 2003).

Esse primeiro movimento de testes computadorizados possui dois principais protagonistas e duas frentes de trabalho distintas. A primeira frente de trabalho vem de um esforço das organizações militares dos Estados Unidos (Departamento de Defesa, incluindo laboratórios na Força Aérea, no Exército e na Marinha) com o intuito de desenvolver baterias de avaliação cognitiva que pudessem ser especialmente úteis na avaliação recorrente dos efeitos de substâncias tóxicas, empregadas nas guerras químicas, em soldados no período da Guerra Fria. Esses sistemas desenvolvidos na época buscavam reduzir os efeitos de prática das testagens repetitivas ao criar formas alternativas dos testes (para revisão destes instrumentos cf. Kane & Kay, 1992). Ainda, em 1988, o Congresso dos Estados Unidos tornou obrigatória a avaliação cognitiva dos militares, pré e pós-guerras, com o intuito de detectar comprometimento cognitivo decorrente de traumatismos cranianos e transtorno do estresse pós-traumático. Esse fato alavancou ainda mais o desenvolvimento de sistemas de avaliação cognitiva computadorizados e a criação de um banco de dados (para estabelecimento de normas) de cerca de 1 milhão de militares, que não teria sido possível com o uso de testes tradicionais (Kane & Parsons, 2017). O mesmo ocorreu com a Nasa, durante a corrida espacial, que desenvolveu uma bateria de avaliação cognitiva computadorizada (a WinSCAT, cf. detalhes em Kane, Short, Sipes, & Flynn, 2005) para monitoramento do *status* cognitivo dos astronautas e dos efeitos decorrentes da ausência de força gravitacional nas funções cognitivas.

A segunda frente de investimento na testagem computadorizada se firmou em decorrência de um interesse de profissionais da área de saúde mental e clínicos em adaptar instrumentos tradicionais para versões computadorizadas (Russell et al., 2003). Testes de autorrelato da personalidade (MMPI, Inventário Multifásico Minnesota de Personalidade; Questionário de

Personalidade de Eysenck, EPQ) e testes cognitivos (Teste Wisconsin de Classificação de Cartas e as Escalas Wechsler de Inteligência para Adultos, Wais) amplamente conhecidos e utilizados receberam versões computadorizadas (Kane & Parsons 2017; Russell et al., 2003). Nesse caso, o grande motivador foi a busca por reduzir os vieses de aplicação e correção de testes com instruções complexas (algumas vezes exigindo a marcação de tempo de resposta), com materiais difíceis de manipular (como as cartas do Wisconsin e os cubos do Wais) e difíceis de armazenar (Kane & Parsons, 2017). Apesar das vantagens, a alteração do formato do teste levantou, naquela época, questões relativas à possibilidade de comparação entre os escores das versões tradicional e adaptada para computador. Essas discussões, centradas na validade do instrumento computadorizado, deram origem a um conjunto de estudos para estabelecer a equivalência das versões de vários testes tradicionais que haviam sido migrados para ambientes virtuais (Russell et al., 2003). A maior parte destes estudos esteve centrada na apresentação de evidências de validade de construto, com alguns deles mostrando elevada equivalência entre versões tradicionais e computadorizadas e outros baixos níveis de equivalência (cf. revisão em Russell et al., 2003). Associado às discussões acerca da equivalência, argumentava-se que, como o uso de computadores não era algo tão disseminado como o é atualmente, a experiência de se realizar um teste aplicado via computador se configurava como uma nova experiência, sendo possível que o desempenho de determinados grupos (tais como idosos, pessoas com baixos níveis de escolaridade e socioeconômicos, além de minorias) pudesse ser afetado por vieses relativos à familiaridade com o computador (Krkovic et al., 2014).

Foi nesse contexto que a elaboração de diretrizes acerca dos cuidados psicométricos necessários para a transposição de um teste para o ambiente virtual tornou-se imperativa. Em 1986, a Associação Psicológica Americana (APA) elaborou um conjunto preliminar de diretrizes referentes aos testes computadorizados e suas interpretações (*Guidelines for Computer-Based Tests and Interpretations*, APA, 1986). Conforme apontam Russell et al. (2003), um dos principais pontos presentes nestas diretrizes é aquele que trata da equivalência das versões tradicional e computadorizada dos testes, em que se enfatiza que os formatos serão considerados equivalentes se o escore médio, o desvio-padrão e a posição do indivíduo em ambos os formatos se assemelham. Novas diretrizes acerca do uso de computadores na avaliação psicológica foram elaboradas durante as décadas seguintes e serão abordadas com mais detalhes no tópico seguinte deste capítulo. As discussões sobre o impacto da mudança de ambiente dos testes psicológicos possuem, ainda, grande espaço na literatura científica, mas versam sobre outros aspectos que vão além da questão da equivalência (Krkovic et al., 2014). Por exemplo, Huff e Sireci (2001) enfatizam que os testes computadorizados não devem ser considerados necessariamente melhores do que os testes tradicionais, ao destacarem que estudos de validade dos primeiros devem ser realizados, assim como para quaisquer testes psicológicos. Não obstante, esses mesmos autores destacam que é raro e insuficiente centrar as discussões de validade na equivalência apenas. Eles pautam que o necessário para se avançar nesta discussão é entender se a aplicação de testes psicológicos via computador introduz qualquer outra variância irrelevante ao construto mensurado, ligada, por exemplo, à proficiência no uso do computador, à familiaridade, à interface disponível para o usuário e à ansiedade ligada ao uso de computadores, todas essas questões estão associadas à usabilidade da plataforma digital desenvolvida e às diferenças qualitativas, experiências criadas pela avaliação computadorizada.

Outro marco importante da testagem via computador é a possibilidade de desenvolver testes adaptativos, que emergiram ainda durante a década de 1980, mas cujos avanços reais podem ser vistos mais acentuadamente a partir de meados dos anos de 1990 (Kane & Parsons, 2017). Conhecida pelo acrônimo CAT (*Computer Adaptive Testing*), a testagem adaptativa vem favorecendo, a partir do uso da Teoria de Resposta ao Item (TRI), o desenvolvimento de testes mais curtos e mais eficientes (Kimura, 2017). Esse é o caso do conjunto de instrumentos desenvolvidos pelo *National Institute of Health* (NIH) dos Estados Unidos para avaliação cognitiva, sensorial, motora e emocional em diferentes idades e populações. O NIH Toolbox, como é chamado, foi totalmente implementado usando a TRI para reduzir o tempo de aplicação de alguns testes e aumentar a eficiência na avaliação[3]. Ademais, a testagem adaptativa pode, também, empregar algoritmos de decisão que fazem uso do desempenho prévio dos indivíduos no teste para selecionar os itens que virão na sequência. Assim, se um examinando acerta um item de um teste adaptativo, o item seguinte será mais difícil; de forma semelhante, se um examinando erra o item de um teste, o item seguinte será mais fácil. Apesar de parecer que a testagem adaptativa tem apenas pontos positivos, Kimura (2017) aponta que a opinião de examinandos e profissionais

nem sempre é positiva. Para alguns grupos, o CAT parece ter impactos negativos na autoeficácia para realização do teste, desmotivação pela impossibilidade de alterar a resposta dada e não cobertura completa de conteúdos educacionais (quando empregados na avaliação educacional), uma vez que os itens são calibrados de acordo com o desempenho do examinando.

Paralelamente às discussões sobre as possibilidades de usar o computador para testagem adaptativa, a rápida expansão da internet nas décadas de 1990 e, especialmente, em 2000, fomentou o aparecimento de plataformas para aplicação de testes via internet, um formato conhecido como *web-based assessment* (Schatz, 2017). Este novo formato de aplicação possibilitaria tornar o processo de testagem psicológica melhor, mais rápido, mais barato e mais acessível e disseminado (Naglieri et al., 2004). Por exemplo, um teste psicológico poderia ser rapidamente disponibilizado para pessoas falantes de um mesmo idioma e alcançar milhares de usuários potenciais num intervalo de tempo muito menor. Os testes via internet poderiam ser atualizados em questão de dias, enquanto testes tradicionais demorariam meses ou até anos, uma vez que estes últimos dependeriam de impressões de cadernos, manuais, estímulos e novas folhas de resposta. Ademais, as plataformas para aplicação via internet facilitam a liberação de relatórios e devolutivas para examinandos, que podem ser feitas em questão de horas, enquanto a correção e integração dos dados de testes aplicados no formato tradicional poderia demorar um mês ou dois. Ainda, por prescindir de materiais impressos ou fabricados, mesmo considerando o custo de manutenção dos servidores, acredita-se que testes via internet poderiam ser vendidos a preços muito mais baixos (Naglieri et al., 2004).

---

3. Para mais informações sobre o NIH Toolbox, acesse http://www.healthmeasures.net/explore-measurement-systems/nih-toolbox

Não obstante, a aplicação de testes pela internet mantém consistência e uniformidade na aplicação e apresentação dos estímulos do teste, além de possibilitar a testagem de pessoas em áreas mais remotas e de indivíduos com problemas de mobilidade, benefícios esses compartilhados pelos sistemas de atendimento psicoterápico via internet (ou *E-therapy*) (Heinlen, Welfel, Richmond, & O'Donnell, 2003).

Nesse sentido é que os maiores desenvolvedores de testes do mundo e do Brasil têm investido, nos últimos anos, tanto na criação de testes completamente administrados online quanto em plataformas online para aplicação, correção e elaboração de relatórios de testes psicológicos diversos. A Pearson possui o sistema Q-Global que foi desenvolvido em 2013 e possibilita a aplicação remota de testes psicológicos (através do envio de um link de acesso para o e-mail do examinando), bem como correção e elaboração de relatórios devolutivos. Alguns instrumentos, tais como o MMPI, podem ser aplicados em quaisquer aparelhos eletrônicos que possuam conexão com a internet[4]. Essa plataforma ainda não está disponível para o Brasil. A Hogrefe possui o sistema HTS 5 que também possibilita a aplicação, correção e elaboração de relatórios totalmente online. O HTS 5 foi desenvolvido para ser independente da plataforma de uso e funciona nos sistemas Mac, Linux e Microsoft. Além disso, o HTS 5 possibilita aplicação remota, via *tablet*, em grupo e oferece uma possibilidade de comparação dos resultados do mesmo examinando em múltiplos testes[5]. O sistema HTS 5 está disponível para uso no Brasil desde 2016, quando do lançamento do teste LJI-2 (Indicador de Julgamento de Liderança), tendo sido o primeiro sistema web para aplicação de testes psicológicos disponível no país. A Vetor Editora lançou recentemente, para o Brasil, a Plataforma Vetor On-line (VOL)[6], que permite a correção de testes aplicados em versão tradicional, mas também possibilita aplicação de testes psicológicos totalmente desenvolvidos para ambiente virtual, como o AOL (Atenção On-line), o qual avalia atenção concentrada, alternada, dividida em indivíduos entre 18 e 70 anos, e conta com aprovação do Conselho Federal de Psicologia (CFP) por meio do Sistema de Avaliação de Testes Psicológicos (Satepsi).

Não obstante a euforia dos desenvolvedores e profissionais com as inúmeras possibilidades trazidas pela testagem via internet, alguns pesquisadores possuem certas reservas e destacam pontos de discussão e limitações desse tipo de aplicação de testes (Schatz, 2017). Essas discussões estão centradas em questões como segurança dos dados do examinando e dos itens do teste (disponibilização a profissionais não capacitados para uso e ao público leigo); parâmetros psicométricos dos testes entregues através desse tipo de plataforma; variações nas configurações do hardware (idade do computador, tamanho do monitor) que poderiam afetar a acurácia na apresentação do estímulo e na contabilização do tempo de resposta; a acurácia do input que poderia variar em função do uso do mouse com fio, sem fio ou trackpads; confirmação da identidade do examinando em aplicações remotas e na possibilidade de vieses nesse tipo de aplicação quando da ausência do profissional responsável (Schatz, 2017; Naglieri et al., 2004). Alguns des-

---

4. Para mais informações sobre a Pearson Q-Global, acesse https://www.pearsonclinical.com/digital-solutions/q-global.html

5. Para mais informações sobre o Hogrefe HTS 5, acesse: https://www.hogrefe-testsystem.com/en/software.html

6. Para mais informações sobre a Plataforma AOL, acesse http://mktvetoreditora.com.br/plataformaonline2/index.html

ses pontos serão retomados na seção seguinte deste capítulo.

Para além das plataformas de aplicação de testes através da internet, os anos 2000 viram crescer também o interesse pelo uso de dispositivos portáteis, em especial dos *tablets*, para aplicação de testes psicológicos e neuropsicológicos (Schatz, 2017). Alguns dos testes mais utilizados no mundo possuem versões disponíveis para *tablet*, tais como as Escalas Wechsler de Inteligência para Crianças – 5ª edição (Wisc-V), o Teste de Vocabulário Pictórico Peabody (4a. ed.) (PPVT) e o Miniexame do estado mental (2a. ed.) (Meem), embora nenhuma delas em uso no Brasil. Além de testes conhecidos que possuem versões *touchscreen*, algumas outras iniciativas exemplificam o interesse em utilizar os *tablets* como forma de aplicação de testes. Por exemplo, Delgado, Uribe, Alonso e Díaz (2014) desenvolveram uma bateria de avaliação cognitiva para *tablet* para uso em crianças entre 3 e 9 anos de idade. O instrumento que incorpora elementos de gamificação possui boas propriedades psicométricas e está em processo de adaptação e validação transcultural para o Brasil (Valgas-Costa, 2018; Valgas-Costa & Mansur-Alves, 2016). Ainda, Elage (2016) desenvolveu uma bateria de testes de funções executivas para avaliação de crianças de 4 a 10 anos de idade, também utilizando-se do *tablet* como instrumento de aplicação. A bateria, que possui subprovas de memória de trabalho, flexibilidade cognitiva e controle inibitório, apresenta evidências de validade e fidedignidade para o contexto brasileiro. O uso de *tablets* na testagem psicológica traz como ganhos a facilidade de deslocamento e armazenamento do material de testes; por exemplo, todo o material do Wisc, contido em um único ambiente de testagem, fácil de transportar e armazenar, além

de despertar maior interesse e motivação das gerações mais jovens, mais acostumadas com esse tipo de aparelhos em diferentes esferas da vida cotidiana (Delgado et al., 2016; Russell et al., 2003). Entretanto, assim como abordado anteriormente nesse tópico, a migração de um instrumento para uma plataforma digital não garante a manutenção de suas propriedades psicométricas, especialmente a validade. Executar uma tarefa como armar objetos, construir mosaicos e organizar figuras em um espaço físico pode não representar o mesmo construto sendo mensurado ao se apontar e arrastar esses mesmos objetos na tela de um *tablet*. Alguns estudos apontam, por exemplo, que o tamanho da tela dos *tablets* não possuem efeitos (positivos ou negativos) no tempo de execução da tarefa e nem no desempenho geral (Lai & Wu, 2012). Por outro lado, outros estudos apontam que diferentes sistemas operacionais (Android e IOS) geram resultados distintos na marcação de tempo de resposta e apresentação dos estímulos (Schatz, Ybarra, & Leitner, 2015). Contudo, estes são resultados preliminares e novas investigações são necessárias para estabelecer melhor a utilidade dos *tablets* na aplicação de testes.

Sintetizando o que foi apresentado até aqui, pode-se afirmar que o uso de tecnologias de informação e comunicação na testagem psicológica é uma realidade concreta, persistente e irrevogável. São várias as formas através das quais as TICs podem se fazer presentes na avaliação psicológica, tendo cada uma delas potencialidades e limitações. Esse cenário traz como resultado a necessidade de elaboração de diretrizes para a área, em que questões relativas aos aspectos técnicos e éticos no uso das TICs para avaliação sejam apresentadas e debatidas. Na próxima seção, pretendemos apresentar algumas diretrizes envolvidas no uso das TICs para avaliação psicológica, bem como os desafios ainda existentes.

Avanços e desafios internacionais e nacionais no uso de TICs na avaliação

O uso de ferramentas de tecnologias de informação e comunicação (TICs) é bastante tímido entre os profissionais psicólogos brasileiros. As mais difundidas são as correções informatizadas de testes, um aparato útil para evitar erros de cálculo, mas muito rudimentar no que diz respeito às potenciais vantagens dos sistemas computadorizados. Dentre as quais, a capacidade de padronização do tempo de exposição de itens e tarefas aos examinandos; das instruções para administração do teste; na maximização do uso do tempo para a interpretação dos resultados, em virtude da redução do tempo investido na correção.

Múltiplos fatores podem explicar essa histórica baixa adoção dessas ferramentas. O primeiro fator de destaque dizia respeito à pequena oferta de soluções, como no caso de testes informatizados, ou mesmo a inexistência de ferramentas adequadas para o exercício de algumas atividades, como no caso de atendimentos a distância. No entanto, essa é uma realidade que veio mudando nos últimos 5 anos, e cuja tendência é de crescimento ainda mais acelerado para os próximos anos, de modo que a presença de programas computadorizados para múltiplos propósitos se torne cada vez mais comum no dia a dia dos psicólogos brasileiros.

O segundo fator diz respeito à ausência de parâmetros para o uso em ambiente profissional desses ferramentais, limitados a documentos internacionais com recomendações gerais, o que deixava os profissionais inseguros quanto aos limites éticos e boas práticas no uso dessas ferramentas. Nos anos de 2017 e 2018 foram publicadas, pelo Conselho Federal de Psicologia (CFP), notas técnicas e resoluções que passaram a abordar mais diretamente o uso de TICs em áreas de grande interesse por parte dos profissionais. Com destaque para a resolução CFP n. 11/2018, que trata da regulamentação de serviços psicológicos a distância, em todas as suas modalidades.

A resolução CFP n. 11/2018 tem como principal avanço o reconhecimento da legitimidade dos serviços online de Psicologia. Seu texto foca no estabelecimento dos limites do que pode ou não ser objeto dos serviços a distância, bem como seus aspectos éticos. Nesse sentido, reconhece como serviços autorizados aos psicólogos consultas e atendimento psicológico de tipos diferentes; processos de seleção de pessoal; utilização de testes psicológicos; e supervisão/suporte técnico às equipes em situações de emergência e desastres. Entretanto, não permite o atendimento de pessoas e grupos em situações de emergência e desastres; atendimento de pessoas e grupos em situação de violação de direitos ou de violência. Além disso, exige ainda o cadastramento e autorização prévia dos profissionais interessados em oferecer esses serviços, com renovação anual da licença. E, também, que o atendimento a crianças e adolescentes somente com autorização de ao menos um dos responsáveis legais.

No entanto, alguns pontos importantes não ficaram claros nesta resolução. No que diz respeito ao campo específico da atuação profissional dos psicólogos, há uma aparente confusão entre testagem e avaliação psicológica, o que acaba por confundir o profissional quanto aos recursos que ele poderá dispor para a efetiva prestação do serviço. Não foi também objeto da resolução o estabelecimento de referenciais, por meio de indicação da literatura ou de parâmetros específicos, dos critérios relativos às responsabilidades do profissional, dos prestadores de serviço, e de outros atores quanto a aspectos de segurança, gestão dos dados, privacidade, propriedade intelectual, dentre outros.

É preciso salientar, no entanto, que muitos dos pontos citados no parágrafo anterior são objeto de resoluções, normas e notas direcionadas à prática profissional "analógica". E podem, por extensão, serem interpretados como válidos ou adaptados à prática "digital". Mas, como veremos abaixo, a forma como tais desafios se apresentam torna necessária a contextualização desses referenciais a fim de esclarecer e auxiliar os profissionais psicólogos nessa "nova" forma de atuação e de fazer psicológico.

Ainda hoje muitos profissionais confundem o processo de avaliação com o de administração de testes ou testagem psicológica. As causas são desconhecidas, mas se pode especular que o uso da terminologia "avaliação", por si só, já induz uma confusão pela associação intuitiva entre testar e avaliar. Some-se a isso o fato de que os testes, enquanto ferramentas, talvez sejam os procedimentos mais característicos dentro de um processo de avaliação. O que leva muitos a crerem que eles em si são os únicos procedimentos de avaliação psicológica utilizados, ignorando que informações obtidas por outros meios também são parte do processo de avaliação psicológica. Ou seja, mesmo profissionais que por alguma razão não se identificam ou não adotam a avaliação psicológica como parte de sua prática podem, em algum momento, estar fazendo uso desta sem se dar conta.

A avaliação, como definida pelos *Standards for Educational and Psychological Testing*, se refere "a um processo que integra as informações dos testes com informações oriundas de outras fontes" (*American Educational Research Association, American Psychological Association, National Council on Measurement in Education*, 2014; p. 2). Essas fontes podem ser entrevistas psicológicas, anamnese, protocolos ou registros de comportamentos, técnicas e instrumentos não psicológicos, documentos técnicos (Conselho Federal de Psicologia, 2018a), bem como qualquer outro documento, método ou técnica que o profissional julgar valioso. Uma avaliação pode ainda ser parte de um programa ou política pública se desmembrando em múltiplas etapas que podem congregar conhecimentos e técnicas de áreas de conhecimentos distintas, como Sociologia, Economia e outras.

Os testes, enquanto uma das fontes usadas em um processo de avaliação, sempre partem de um referencial teórico específico, com a intenção de examinar um recorte bem definido de comportamentos, crenças ou atitudes, e cuja interpretação deve ser sempre feita à luz da epistemologia na qual o teste se fundamenta. Isso fica claro na definição conceitual do termo, sendo esse usado para se referir "a dispositivo, sistemas ou procedimentos nos quais uma amostra de comportamento de um examinando em um domínio específico é obtida e, posteriormente, avaliada e pontuada por meio de um processo padronizado" (Aera, APA, & NCME, 2014, p. 2).

Quando se decide adotar um teste em um determinado programa ou avaliação é necessário que o profissional tenha em mente alguns cuidados que estão para além da comodidade ou familiaridade daquele instrumento, seja ele em lápis e papel ou informatizado. Um dos principais fatores, se não o principal fator a ser levado em conta, é a importância ou relevância do processo e sua implicação para a vida procedente do indivíduo que se submeteu ao teste, principalmente, mas também para as instituições e/ou programas no qual a avaliação está inserida (Foster, 2013). Avaliações nomeadas *high stakes* são aquelas em que o resultado na avaliação pode ser decisivo para o acesso a um curso superior, uma vaga de emprego ou a uma certificação. As avaliações cujas consequências sejam menores são chamadas *low stakes*. Ainda assim, esses processos podem estar indiretamente ligados a eventos relevantes, como promoções ou aumentos de salários e, por isso, é desejável que mesmo nesses haja a adoção de boas práticas, semelhantes às adotadas em processos do tipo *high stakes* (*International Test Commission*, 2014). De todo modo, quanto maior a consequência, maior o rigor no controle de eventuais riscos e vulnerabilidades que um determinado processo pode conter, a fim de evitar possíveis problemas.

Garantir a segurança da informação/dados sempre é um assunto delicado. Algo que não depende de um indivíduo, empresa ou organização, mas de um conjunto ilimitado de práticas, procedimentos, conhecimentos e, por que não dizer, de sorte. Este é um tema que se encontra no cerne do debate público, muito em função da entrada em vigor da Norma Geral de Proteção dos Dados Europeia (*General Data Protection Regulation –* GDPR) em maio de 2018. O objetivo deste é o de organizar e padronizar o meio como as entidades de múltiplos setores lidam com a privacidade de dados. Mas sua influência tem sido notada para além desse objetivo inicial, sendo hoje adotada como o estado da arte no que diz respeito às boas práticas para lidar com informações de terceiros para a indústria, governo e outros atores de diferentes áreas da sociedade.

A discussão acerca da privacidade e proteção de dados na internet tomou maior corpo desde as eleições americanas de 2016. Nem tanto em

virtude da exposição das informações pessoais, afinal não são poucos os casos de vazamento de dados de milhões de usuários de redes sociais, comunidades de jogadores e fóruns de discussão e até mesmo de órgãos federais. O que parece ter chamado atenção é o suposto uso dessas informações a fim de direcionar o processo de escolha e/ou decisão de um indivíduo, seja em relação a seus hábitos de consumo, seja em relação a seu representante político. Uma regra a se ter sempre em mente é que é virtualmente impossível se proteger completamente de todas as ameaças ou vulnerabilidades presentes no mundo digital. Ou, em outras palavras, a segurança não é um processo do tipo tudo ou nada (ITC, 2014).

No âmbito da avaliação psicológica, a gestão da informação do cliente assume uma importância particular na medida em que boa parte da informação provida por ele ao profissional é sensível. Os procedimentos de segurança devem ser implementados desde a administração, passando pela correção e chegando à entrega dos resultados ao examinando. Esses cuidados devem ser tomados pelos múltiplos atores que participam direta ou indiretamente do processo: (a) profissionais psicólogos; (b) editoras; (c) desenvolvedores de testes; (d) instituições; (e) profissionais que participam dos processos de decisão; e/ou (f) prestadores de serviço (*International Testing Commission*, 2005; Aera, APA, & NCME, 2014). Ainda que sempre todos os atores estejam presentes em um processo de avaliação particular.

A manutenção da privacidade do examinando passa, primeiramente, por uma adequada gestão dos bancos de dados em que as informações estão armazenadas. Estes podem estar armazenados em servidores online ou off-line ou em computadores pessoais, dependendo do tipo de ferramenta utilizada (ITC, 2005). É essencial o uso de criptografia nos bancos de dados, sendo adequada também a gestão dos direitos de acesso a eles, bem como da adequada capacitação e atualização destes (Foster, 2013). A criptografia é também fator fundamental no caso de transmissão de dados via internet. Os recursos computacionais tanto de hardware quanto de software dos provedores de serviço e dos usuários também devem ser constantemente revisados e atualizados.

No caso dos provedores de serviços, isso pode ser aferido por meio da verificação de certificações como a *Technical Organizational Measures*[7] (TOM). Aos profissionais psicólogos compete o cuidado de selecionar os meios físicos e não físicos por meio dos quais essa informação será coletada, armazenada e acessada (ITC, 2005). As preocupações imediatas devem passar pelo tipo de hardware e softwares presentes no computador ou *tablet* (e logo, *smartphones*), mas devem se estender para além dessa realidade imediata, chegando aos provedores de serviços, tipos de plataforma e tecnologias a elas associadas (Aera, APA, & NCME, 2014).

No que se refere à segurança, principalmente da testagem, os principais desafios encontrados no mundo "digital" ainda são da mesma natureza que os do mundo "analógico", a saber o *cheating* e o *theft*. O primeiro diz respeito ao "esforço de ter uma pontuação maior do que a merecida", seja pela ação individual ou pela ação de outros, enquanto o segundo diz respeito ao comportamento proposital "de compartilhar ou vender a terceiros informações que o permitam ganhar vantagem" no teste (Foster, 2013, p. 46).

É necessário ressaltar que, embora parecidos, tais comportamentos possuem diferenças fundamentais. O ato de *theft* é sempre deliberado e, além de antiético, na maior parte das vezes também é ilegal, podendo acarretar problemas legais. Estes incluem categorias como roubar arquivos de testes ou subtestes; fotografar ou copiar itens ou questões de um teste; memorizar o conteúdo de um item; transcrever itens ou questões verbais; ou obter materiais de teste por meio de outrem que possua acesso ao teste (ITC, 2014). Já o ato de *cheating* nem sempre é deliberado e, por vezes, nem ocorre com conhecimento do examinando beneficiado. Foster (2013) cita casos em que sites de treinamento para avaliações disponibilizavam itens dos testes que seriam aplicados sem o conhecimento daqueles que pagavam pelo serviço, e esta exposição prévia ao item acabava por aumentar o desempenho dos examinandos, tendo eles ou não a habilidade necessária para respondê-lo adequadamente. São categorias desse ato a exposição prévia ao conteúdo dos itens; receber ajuda de um *expert* durante a realização do teste; o uso de auxílio de aparelhos não autorizados; realização do teste por outra pessoa; alteração das respostas dadas pelo examinando nos itens do teste; e cópia das respostas por outro examinando (ITC, 2014).

A maior parte das ações contra essas ameaças à segurança passa pela prevenção. Medidas já relatadas para o controle da privacidade dos indivíduos também são válidas para os testes, como controle de acesso aos testes e banco de itens. No âmbito da tecnologia da informação, medidas como entrega do teste sem que seja salva nenhuma informação no aparelho utilizado pelo examinando, habilitação e desabilitação de teclas ou ações, são utilizadas. Além disso, é preciso se certificar que o examinando é realmente

---

7. Para mais informações acesse https://www.mimecast.com/company/mimecast-trust-center/gdpr-center/technical-organizational-measures/

a pessoa que deveria estar fazendo o exame, sem nenhum tipo de auxílio físico ou digital externo (ITC, 2014; Foster, 2013).

No âmbito da Psicometria, a maior contribuição dos instrumentos digitais é a possibilidade de adoção de modelos e técnicas de construção de itens e testes complexos. Os testes tradicionais em papel possuem uma limitação intrínseca ligada ao meio em que são entregues ao examinando. O que constitui uma fragilidade e um facilitador para ações de *theft* e *cheating*. No meio digital, formatos de itens que envolvam o uso de conteúdos multimídia, que exijam a interação dinâmica com elementos da tela ou que controlem a exposição de determinados conteúdos, como alternativas de itens de múltipla escolha, ou dos próprios itens, são facilmente implementados. Bem como contribui para a utilização de técnicas de produção de medidas mais complexas e aprimoradas na etapa de correção de testes e de apresentação/integração de resultado. Por exemplo, métodos como a Teoria de Resposta ao Item (TRI) (Cai, Choi, Hansen, & Harrell, 2016; Raykov & Marcoulides, 2016), *Computerized Adaptive Items* (CAT) (Wainer, 1992; Meijer & Nering, 1999; Yao, Pommerich, & Segall, 2014) e *Automatic Item Generation* (AIG) (Gierl & Lai, 2012, 2018), quando combinados, podem trazer vantagens como a economia no tempo de administração do teste devido à redução do número de itens para se alcançar determinados critérios de fidedignidade na estimação da habilidade do examinando, redução da exposição dos itens, criação de múltiplas formas paralelas, criação de bancos de itens com milhões de itens, cálculos de estimativas de habilidades e normas mais precisas, dentre outros.

Há de se destacar que a efetiva implementação de técnicas psicométricas mais complexas permitirá a efetiva avaliação sobre a eficácia e efetiva aplicação destas em múltiplos contextos e propósitos, já que muitas possuem apenas aplicações de pequena escala ou em simulações. Ainda, a oportunidade de avaliar, de modo abrangente, seu impacto sobre a produção de evidências de validade e fidedignidade, seu reflexo sobre a qualidade dos escores produzidos e da interpretação sobre eles. E, por fim, dos potenciais e limitações de avaliações baseadas em tecnologias como realidade virtual, análise de *digital footprints*, avaliações por meio de jogos e outros meios alternativos de acesso à informação individual, que possam ser usados como fontes de informação para processos de avaliação.

Considerações finais

A inserção e crescimento vertiginoso das tecnologias de informação e comunicação (TIC) no cotidiano acarretou em mudanças significativas na forma como as pessoas pensam, se relacionam e trabalham. Essas mudanças vêm gerando impactos diretos e indiretos na atuação profissional do psicólogo e impulsionando importantes discussões no contexto internacional e nacional. Essas discussões culminaram, no Brasil, na publicação da Resolução n. 11/2018 pelo Conselho Federal de Psicologia, que, seguindo tendência internacional, busca regulamentar o uso das TICs no atendimento psicológico, trazendo, inclusive, a possibilidade de uso mais ampliado dos meios digitais em processos de avaliação e testagem psicológica.

Não obstante os avanços que serão advindos da resolução e das práticas de desenvolvedores, editoras e autores em andamento há alguns anos, a incorporação ampla e efetiva da tecnologia na área de avaliação psicológica no

Brasil é ainda incipiente e carece de mais reflexões. As inúmeras oportunidades trazidas pelo uso de TICs na testagem e avaliação psicológica devem ser sempre acompanhadas pela aplicação de boas práticas, no que concerne aos aspectos éticos e técnicos dessas. Ademais, o profissional deve buscar sempre equilibrar as possibilidades de ampliação do acesso trazidas pela tecnologia com um fazer crítico e cientificamente fundamentado, além de uma postura de entusiasmo e cautela que o leve a estar aberto às inúmeras discussões que ainda estão por vir.

Referências

American Educational Research Association, American Psychological Association, & National Council of Measurement in Education (2014). *Standards for Educational and Psychological Testing*. Washington, DC: Author.

American Psychological Association Committee on Professional Standards & Committee on Psychological Tests and Assessment (1986). *Guidelines for computer--based tests and interpretations*. Washington, DC: Author.

Bennett, R.E. (1998). *Reinventing assessment: speculations on the future of large-scale educational testing*. Princeton, NJ: Educational Testing Service, Policy Information Center.

Cai, L., Choi, K., Hansen, M., Harrell, L. (2016). Item response theory. *Annual Review of Statistics and its Application, 3*(1), 297-321 [doi: 10.1146/annurev-statistics-041715-033702].

Conselho Federal de Psicologia (2018a). *Resolução n. 9, de 25 de abril de 2018*. Brasília: Autor.

Conselho Federal de Psicologia (2018b). *Resolução n. 11, de 11 de maio de 2018*. Brasília: Autor.

Delgado, M., Uribe, P., Alonso, A., & Diaz, R. (2016). Teni: A comprehensive battery for cognitive assessment based on games and technology. *Child Neuropsychology, 22*(3), 276-291 [https://doi.org/10.1080/09297049.2014.977241].

Elage, G.K.C.F. (2016). *Análise das propriedades psicométricas de uma bateria de testes informatizados para avaliação das funções executivas em crianças de 4 a 10 anos*. 107 f. Dissertação (Distúrbios do Desenvolvimento) – Universidade Presbiteriana Mackenzie, São Paulo.

Foster, D. (2013). Security Issues in Technology--Based Testing. In: J.A. Wollack & J.J. Fremer (Orgs.). *Handbook of Test Security* (p. 39-83). Londres: Routledge.

Gierl, M. & Lai, H. (2012). The role of item models in automatic item generation. *International Journal of Testing, 12*(3), 273-298 [doi 10.1080/15305058.2011.635830].

Gierl, M. & Lai, H. (2018). Using automatic item generation to create solutions and rationales for computerized formative testing. *Applied Psychological Measurement, 42*(1), 42-57 [doi 10.1177/0146621617726788].

Heinlen, K.T., Welfel, E.R., Richmond, E.N., & O'Donnell, M.S. (2003). The nature, scope, and ethics of psychologists'e-therapy Web sites: What consumers find when surfing the Web. *Psychotherapy: theory, research, practice, training, 40*(1-2), 112 [doi 10.1037/0033-3204.40.1/2.112].

Huff, K.L. & Sireci, S.G. (2001). Validity issues in computer-based testing. *Educational Measurement: Issues and Practice 20*(3), 16-25 [https://doi.org/10.1111/j.1745-3992.2001.tb00066.x].

International Test Commission (2005). *ITC guidelines on computer-based and internet delivered testing* [www.intestcom.org].

International Test Commission (2014). *The ITC guidelines on the security of tests, examinations, and other assessments* [www.intestcom.org].

Kane, R.L. & Kay, G.G. (1992). Computerized Assessment in neuropsychology: a review of tests and batteries. *Neuropsychology Review, 3*(1), 1-117 [doi: 1040-7308/92/0000~000t$06.50/].

Kane, R.L. & Parsons, T.D. (2017). Introduction to neuropsychology and technology. In R.L. Kane & T.D. Parsons (Eds.). *The role of technology in clinical neuropsychology* (pp. 1-23). Oxford University Press.

Kane, R.L., Short, P., Sipes, W., & Flynn, C.F. (2005). Development and validation of the spaceflight cognitive assessment tool for windows (WinSCAT). *Aviation, Space, and Environmental Medicine, 76*(6), B183-B191.

Kimura, T. (2017). The impacts of computer adaptive testing from a variety of perspectives. *Journal of Educational Evaluation for Health Professions, 14*, 12-12 [doi: 10.3352/jeehp.2017.14.12].

Krkovic, K., Pásztor-Kovács, A., Molnár, G., & Greiff, S. (2014). New technologies in psychological assessment: The example of computer-based collaborative problem solving assessment. *International Journal of e-Assessment, 4*(1), 28-41 [Recuperado de: http://hdl.handle.net/10993/18921].

Lai, C.C. & Wu, C.F. (2012). Size effects on the touchpad, touchscreen, and keyboard tasks of netbooks. *Perceptual and motor skills, 115*(2), 481-501 [doi 10.2466/24.31.PMS.115.5.481-501].

Meijer, R.R. & Nering, M.L. (1999). Computerized adaptive testing: overview and introduction. *Applied Psychological Measurement, 23*, 187-194 [doi 10.1177/01466219922031310].

Naglieri, J.A., Drasgow, F., Schmit, M., Handler, L., Prifitera, A., Margolis, A., & Velasquez, R. (2004). Psychological testing on the Internet: new problems, old issues. *American Psychologist, 59*(3), 150-162 [doi: 10.1037/0003-066X.59.3.150].

Raykov, T. & Marcoulides, G. (2016). On the relationship between classical test theory and item response theory. *Educational and Psychological Measurement, 76*(2), 325-338 [doi 10.1177/0013164415576958].

Russell, M., Goldberg, A., & O'Connor, K. (2003). Computer-based testing and validity: A look back into the future. *Assessment in education: principles, policy & practice, 10*(3), 279-293 [https://doi.org/10.1080/0969594032000148145].

Schatz, P. (2017). Computer-Based Assessment: Current Status and Next Steps. In: R.L. Kane & T.D. Parsons (Eds.). *The role of technology in clinical neuropsychology* (pp. 28-44). Oxford University Press.

Schatz, P., Ybarra, V., & Leitner, D. (2015). Validating the accuracy of reaction time assessment on computer-based tablet devices. *Assessment, 22*(4), 405-410 [https://doi.org/10.1177/1073191114566622].

Valgas-Costa, M. (2018). *Adaptação e validação transcultural do Teste de Avaliação Neuropsicológica Infantil (Teni)*. 138 f. Dissertação (mestrado) – Programa de Pós-Graduação em Psicologia. Belo Horizonte: Universidade Federal de Minas Gerais.

Valgas-Costa, M. & Mansur-Alves, M. (2016). Estudos de familiaridade e inteligibilidade de uma ferramenta de avaliação cognitiva digital para crianças. *Anais do Congresso Nacional Universidade, EAD e Software Livre, 1*(7) [Recuperado de http://ueadsl.textolivre.pro.br/blog/?p=7745].

Yao, L., Pommerich, M., & Segall, D. (2014). Using multidimensional CAT to administer a short, yet precise, screening test. *Applied Psychological Measurement, 38*(8), 614-631 [doi 10.1177/0146621614541514].

Wainer, H. (1992). Some practical considerations when converting a linearly administered test to an adaptive format. *Technical Report n. 92-21*. Nova Jersey: Educational Testing Service.

Seção 3

A prática da avaliação psicológica em contextos específicos

15
Avaliação psicológica clínica

Adriana Jung Serafini

Apresentação

A avaliação psicológica é definida pelo Conselho Federal de Psicologia (CFP, 2018a) como um processo de investigação de fenômenos psicológicos que é constituído por métodos, técnicas e instrumentos. Esse processo visa fornecer informações para que sejam tomadas decisões em áreas individual, grupal ou institucional, de acordo com demandas, condições e fins específicos. Hutz (2015) compreende a avaliação psicológica como um processo normalmente complexo que busca lançar hipóteses ou realizar um diagnóstico sobre diversas questões (funcionamento intelectual, características de personalidade etc.) de uma pessoa ou de um grupo. Ela pode ser desenvolvida em diferentes contextos como o organizacional, escolar, comunitário, clínico, entre outros. Neste capítulo, iremos nos debruçar sobre a avaliação psicológica desenvolvida na área clínica. De acordo com a Resolução n. 02/01 (CFP, 2001), o psicólogo clínico atua na área da saúde, em diferentes contextos, realizando intervenções com o objetivo de diminuir o sofrimento humano, considerando a complexidade do indivíduo e sua subjetividade. As intervenções podem acontecer de modo individual, grupal, social ou institucional e incluem técnicas e estratégias já consagradas ou que deverão ser desenvolvidas, com objetivos de diagnóstico, prevenção ou cura. O psicólogo clínico trabalha no "estudo, diagnóstico e prognóstico em situações de crise, em problemas do desenvolvimento ou em quadros psicopatológicos, utilizando, para tal, procedimentos de diagnóstico psicológico" (CFP, 2001, p. 12).

A avaliação psicológica aplicada à clínica já é uma prática antiga e tradicional do profissional psicólogo em nosso país (Krug, Trentini, & Bandeira, 2016). Deve-se dizer que essa prática, na atualidade, possui objetivos e uma estruturação já bem conhecida, tendo sido retratada e explorada em diversas publicações (Arzeno, 1995; Cunha, 2000a; Hutz, Bandeira, Trentini, & Krug, 2016). As maiores mudanças ocorridas referem-se às resoluções do Conselho Federal de Psicologia n. 009/2018 e 007/2003 (CFP, 2003; CFP, 2018a). Tais resoluções objetivam, respectivamente, estabelecer diretrizes para a realização de avaliação psicológica no exercício profissional da psicóloga e do psicólogo, regulamentar o Sistema de Avaliação de Testes Psicológicos – Satepsi, e instituir o Manual de Elaboração de Documentos Escritos produzidos pelo psicólogo, decorrentes de avaliação psicológica. Essas resoluções são as mais atuais e revogam outras anteriores (Resoluções n. 002/2003, n. 006/2004 e n. 005/2012, e Notas Técnicas n. 01/2017 e 02/2017, Resolução CFP n. 17/2002) que já buscavam regulamentar o uso dos instrumentos psicológicos e orientar a produção de documentos, mas percebe-se que todas elas datam das últimas duas décadas. A implementação de tais resoluções surge a partir de uma preocupação do Conselho Federal de Psicologia com a precarização dos instrumentos psicológicos comercializados no país, especialmente entre as décadas de 1980 e 2000, e com o número de processos éticos vinculados à prática da avaliação psicológica (Bueno & Ricarte, 2017). Nesse período, os testes psicológicos acabavam sendo utilizados de forma indiscriminada, sendo que muitas vezes não atendiam parâmetros psicométricos mínimos na exigência de evidências de validade e fidedignidade, ou mesmo de normatização ou padronização para uso. O mesmo pode-se dizer dos documentos provenientes da avaliação psicológica, já que antes da publicação das resoluções não existia um guia oficial para o qual os profissionais pudessem recorrer no momento de relatar os resultados de um psicodiagnóstico, por exemplo.

Além das resoluções já citadas, salienta-se a importância da Comissão Consultiva em Avaliação Psicológica e a criação do Sistema de Avaliação de Testes Psicológicos (Satepsi). O Satepsi foi desenvolvido pelo Conselho Federal de Psicologia (CFP), tendo como meta analisar a qualidade técnico-científica dos testes psicológicos para uso profissional. Os instrumentos são avaliados a partir da averiguação objetiva de uma série de requisitos técnicos e suas informações são divulgadas à comunidade e aos psicólogos (CFP, 2018b). Este capítulo visa descrever as características da avaliação psicológica clínica como seus objetivos, etapas do processo e documento relacionado. Esse processo será contextualizado a partir do impacto e repercussões geradas pelas resoluções n. 009/2018 e 007/2003 do Conselho Federal de Psicologia.

Introdução

Neste capítulo, iremos compreender avaliação psicológica clínica através da conceituação de Cunha (2000b), que denomina essa prática no contexto clínico como psicodiagnóstico. Sabe-se que nem todos os autores entendem a amplitude do conceito de psicodiagnóstico do mesmo modo, como bem exploraram Krug, Trentini e Bandeira (2016) em uma ampla discussão sobre a definição de avaliação psicológica e a de psicodiagnóstico. Porém, os mesmos autores afirmam que o psicodiagnóstico envolve qualquer tipo de avaliação psicológica de caráter clínico, desde que essa avaliação esteja alicerçada em uma teoria psicológica de base e que faça uso de técnicas psicológicas reconhecidas cientificamente.

Oliveira, Silva e Yates (2016) referem que, de forma geral, o psicodiagnóstico envolve um processo de investigação onde são foco de atenção as características e funções psicológicas de um paciente. O objetivo dessa avaliação é responder à queixa ou pergunta relacionada à solicitação do psicodiagnóstico. Conforme Cunha (2000b), os objetivos do psicodiagnóstico podem envolver: a) classificação simples, b) descrição, c) classificação nosológica, d) avaliação compreensiva, e) entendimento dinâmico, f) prevenção, g) prognóstico, e h) perícia forense.

Cunha (2000b) define o psicodiagnóstico como "*um processo científico, limitado no tempo, que utiliza técnicas e testes psicológicos* (input)*, em nível individual ou não, seja para entender problemas à luz de pressupostos teóricos, identificar e avaliar aspectos específicos, seja para classificar o caso e prever seu curso possível, comunicando os resultados* (output)*, na base dos quais são propostas soluções, se for o caso*" (pp. 26).

O processo psicodiagnóstico é limitado no tempo, e irá ocorrer em um determinado número de encontros entre paciente e psicólogo. Não existe um número padrão de sessões, podendo variar de acordo com o motivo da avaliação, características do próprio paciente e das técnicas que serão utilizadas. Entretanto, conforme o plano de avaliação vai sendo delineado e estabelecido, o avaliador já pode prever a quantidade de encontros que serão necessários. Em relação ao plano de avaliação, ele é uma das etapas importantes do processo psicodiagnóstico. Essas etapas serão discutidas a seguir e constituem o processo de avaliação psicológica clínica.

Etapas do psicodiagnóstico

A primeira etapa, como já descrito por outros autores (Cunha, 2000c; Rigone & Sá, 2016) é o encaminhamento. É através dele que o avaliador pode dar início ao levantamento de hipóteses e o planejamento do processo avaliativo. Em geral, o encaminhamento ocorre através de outros profissionais e o contato entre avaliador e quem encaminha é fundamental. É possível que esse contato ocorra antes mesmo daquele entre paciente e avaliador, como nos casos em que um colega psicólogo, ou profissional de outra área (fonoaudiólogo, médico, pedagogo, entre outros), solicita a avaliação ao psicólogo avaliador.

Em outras situações o paciente pode procurar o avaliador diretamente após o encaminhamento e, nesse caso, é importante que o avaliador contate a fonte de encaminhamento para a troca de informações e esclarecimentos acerca do caso. Nesse momento, o psicólogo deve investigar quais queixas, perguntas ou questões o profissional que encaminha possui sobre o caso que está sendo encaminhado, assim como suas percepções sobre o paciente. Esses itens servirão de norte para o psicodiagnóstico, já que um dos pontos cruciais desse processo envolve o foco da avaliação. Todo psicodiagnóstico deve se direcionar a um foco que pode envolver uma ou

mais questões. Como exemplo, podemos citar o caso de uma criança que chega para a avaliação com queixas relacionadas ao aprendizado escolar em um contexto de separação dos pais. Tal situação suscita algumas hipóteses que podem se relacionar tanto à esfera cognitiva quanto emocional dessa criança.

Logo após receber o encaminhamento e explorar os motivos da avaliação, a etapa seguinte é a das entrevistas iniciais. No caso de adultos e adolescentes, essas primeiras entrevistas ocorrem, geralmente, com o próprio paciente. No caso de crianças, a primeira entrevista ocorre com os responsáveis (Serafini, 2016). Esse é o momento de compreender melhor os motivos da avaliação, as características do avaliando e dar andamento ao desenvolvimento das hipóteses e do plano de avaliação. Essas primeiras entrevistas também têm como objetivo a realização de anamnese para coleta de dados sobre a história clínica e a história de vida do paciente. Para as crianças e adolescentes, é de suma importância que se investigue os dados sobre desenvolvimento. Ainda em relação às crianças, o momento seguinte à entrevista com os responsáveis é o encontro com a própria criança, que, na maioria das vezes, se constitui na entrevista lúdica. Essa técnica tem como objetivo conhecer a realidade da criança, sendo o brinquedo um mediador na comunicação entre avaliando e avaliador (Krug, Bandeira, & Trentini, 2016).

Ao longo desses primeiros contatos, o psicólogo deverá realizar o contrato de trabalho junto ao paciente e, se for o caso, seus responsáveis. O contrato não se trata de um documento formal, mas sim uma combinação verbal entre avaliador e avaliando. Nesse momento, o psicólogo explica ao paciente sobre o funcionamento do psicodiagnóstico, seus objetivos, suas etapas e também sobre o papel de ambos (avaliando e avaliador) ao longo da avaliação. É ao longo do contrato que são feitas as combinações acerca dos dias e horários de atendimento, valores e pagamento, e sobre o número aproximado de sessões. O paciente deve se comprometer a comparecer aos encontros nas datas e horários marcados, assim como a colaborar ao longo do processo, trazendo as informações necessárias e respondendo aos instrumentos. O avaliador se compromete a realizar a avaliação dentro das combinações contratadas e a dar as devoluções aos destinatários, através das técnicas e documentos provenientes da avaliação, como as entrevistas de devolução e relatório escrito.

Somente após o avaliador ter acesso ao próprio paciente é que é possível realizar um planejamento da avaliação mais próximo da realidade. Agora o avaliador já possui dados sobre a forma como o paciente se comunica, informações sobre sua história de vida, dificuldades, interesses, preferências, entre outras. Essas informações serão importantes na escolha das técnicas que serão elencadas. Por exemplo, para um adolescente que refere detestar desenhar, a escolha de um teste gráfico como o House-Tree-Person não seria a mais adequada, assim como um teste de inteligência com subtestes verbais não deveria ser considerado para avaliar um paciente que não se comunica verbalmente de forma fluente.

Não apenas as características do paciente são importantes nesse momento de planejamento, mas também as do próprio instrumento ou técnicas que serão utilizadas. De acordo com o CFP (2018a), toda a decisão derivada da avaliação psicológica deve se fundamentar em métodos, técnicas ou instrumentos psicológicos para uso na prática do profissional do psicólogo, reconhecidos cientificamente e que são designados como

fontes de informação. As fontes de informação reconhecidas pelo CFP são: 1) fontes fundamentais: a) Testes psicológicos aprovados pelo CFP para uso profissional dos psicólogos; b) Entrevistas psicológicas, anamnese; c) Protocolos ou registros de observação de comportamentos que podem ser coletados de modo individual ou de processo grupal e/ou técnicas de grupo. 2) Fontes complementares: a) Técnicas e instrumentos não psicológicos que sejam embasados na literatura científica da área e que respeitem o Código de Ética e as garantias da legislação da profissão; b) Documentos técnicos, como protocolos ou relatórios de equipes multiprofissionais.

Assim, é necessário considerar se o teste escolhido possui as normas relativas à população à qual a pessoa que será avaliada pertence (se o instrumento contempla a faixa etária ou escolaridade do paciente, se é um instrumento para uso na área clínica, p. ex.), assim como se o teste demonstra evidências de validade e fidedignidade. Nesse momento, é importante que o psicólogo que realiza a avaliação consulte a lista de instrumentos avaliados pelo Satepsi. O avaliador (psicólogo) pode fazer uso dos instrumentos privativos ou não privativos do psicólogo que constam como favoráveis. Na lista, estão disponíveis dados como nome do instrumento, autores, editora, construto avaliado, público-alvo, idade da amostra de normatização, tipo de aplicação e formas de correção, assim como as datas de aprovação do instrumento pelo Sistema e prazos para sua utilização (normatização e validade). Essas informações, no entanto, não substituem a consulta ao manual do instrumento. O fato de o teste constar como favorável não significa que pode ser utilizado em qualquer situação. É importante que o psicólogo esteja atento às informações de normatização como, por exemplo, indicação de idade, escolaridade e área para a qual o teste foi validado. Salienta-se também que a partir da Resolução n.· 009/2018 (CFP, 2018a) fica explícito que técnicas e instrumentos não psicológicos também podem ser utilizados no processo de avaliação psicológica desde que possuam respaldo na literatura científica da área. Um exemplo são os instrumentos não comercializados publicados em artigos científicos, livros, ou de uso de outras áreas (como a psiquiatria) e que não constam na lista do Satepsi, porém possuem evidências de validade, fidedignidade e mostram-se de acordo com o Código de Ética do psicólogo.

Além disso, das características psicométricas e éticas dos instrumentos, deve-se considerar o tempo para aplicação dos testes e a ordem em que serão aplicados. Em relação à ordem, após as primeiras entrevistas, procura-se dar início à testagem pelos instrumentos menos ansiogênicos, intercalando diferentes tipos de técnicas que serão utilizadas (ex.: métodos projetivos, escalas, questionários, técnicas gráficas) para que não se torne cansativo. Cabe destacar que nenhum instrumento, *a priori*, é mais ou menos ansiogênico e que tal questão se mostra relativa ao próprio paciente. Geralmente, para uma criança com dificuldades de aprendizagem, um instrumento como as Escalas de Inteligência Wechsler gerará muito mais ansiedade do que um instrumento projetivo, enquanto que para um paciente com depressão, por exemplo, é possível que responder ao Inventário de Depressão Beck possa ser mais angustiante do que a uma escala de inteligência.

O plano de avaliação vai envolver, então, as técnicas e testes que serão utilizados. É importante salientar que avaliação psicológica não é sinônimo de testagem psicológica (Andrade & Sales, 2017) e que nem todos os casos envolverão a aplicação de testes. No entanto, nenhuma avaliação psicológica se constituirá sem a realização de entrevistas, pois elas é que poderão de fato contextualizar e atribuir significado às queixas trazidas e aos resultados das técnicas utilizadas.

Em realidade, o plano de avaliação não é considerado uma etapa estática dentro do processo, e sim possui um caráter transversal, sendo revisto e remodelado de acordo com o andamento e as necessidades do psicodiagnóstico. Desse modo, é possível redefinir hipóteses, incluir novos objetivos, substituir ou excluir instrumentos ou técnicas que haviam sido considerados em um primeiro momento. Entretanto, a partir desse primeiro planejamento é que se torna possível iniciar a aplicação dos instrumentos. É importante que o paciente seja sempre consultado e informado ao longo desse processo, já que tais mudanças podem também implicar uma redefinição do número de consultas.

A etapa que se segue à da aplicação dos instrumentos e técnicas é a de correção, levantamento e interpretação dos resultados e, logo após, a de integração das informações coletadas. A forma de correção e levantamento dos dados deve seguir os parâmetros dispostos nos manuais dos instrumentos, utilizando-se, assim como na correção, o material original (crivos, folhas de levantamento ou softwares). Durante o levantamento e interpretação dos resultados o psicólogo deverá sempre seguir a teoria que embasou a construção do teste.

Com os resultados dos instrumentos levantados e interpretados, o psicólogo reúne as demais informações obtidas por meio das demais técnicas utilizadas, como entrevistas, observações ou entrevista lúdica. Os resultados dos instrumentos e dessas técnicas devem ser comparados e intervalidados, e devem adquirir sentido quando relacionados a dados como a história clínica e a história de vida, dados de anamnese, informações obtidas com outras fontes (familiares, professores, médicos, entre outros que acompanham o paciente). Nesse momento, deve-se retomar às hipóteses iniciais e buscar confirmá-las ou refutá-las. Como já discutido, nem sempre no psicodiagnóstico se fecha um diagnóstico clínico; em muitos dos casos o que se faz é descrever facilidades e dificuldades, forças e fraquezas do sujeito, realizando-se as indicações terapêuticas adequadas para cada indivíduo.

A fase final do processo envolve a devolução do resultado da avaliação. Essa devolução pode desdobrar-se em mais de um momento (na maioria das muitas vezes é o que ocorre), já que em muitos casos não é apenas o paciente que recebe o retorno sobre a avaliação, podendo nesse momento incluir os demais profissionais que o acompanham, seus responsáveis (no caso de crianças e adolescentes isso sempre ocorre) e/ou a fonte encaminhadora. Quando a devolução envolver outras pessoas além do próprio paciente isso já deverá ser comunicado e combinado durante o contrato de trabalho. É importante ressaltar que crianças e adolescentes, quando pacientes, possuem o direito e devem, sempre, participar desse momento de devolução. A forma como os resultados serão comunicados deve ser adequada às capacidades de compreensão e à linguagem do paciente. Assim, parece nítido que a linguagem utilizada com a criança não será a mesma do que aquela que será usada com seus pais ou responsáveis; entretanto, o conteúdo deverá privilegiar os mesmos aspectos. Por outro lado, nem sempre todas as informações que são levantadas com o paciente necessariamente serão levadas para outros. Como orienta a Resolução n. 007/2003 do Conselho Federal de Psicologia (2003), os resultados de uma avaliação psicoló-

gica devem se limitar a apresentar apenas as informações necessárias relacionadas à demanda e solicitação realizada.

Como descrito por Rigone e Sá (2016), é recomendado que, na entrevista de devolução, inicie-se trazendo os resultados relativos aos aspectos mais positivos, sadios e adaptativos do avaliando para, a seguir, relatar suas fraquezas e aspectos que deverão ser alvo de intervenção, realizando os encaminhamentos necessários. É importante que o profissional respeite o ritmo e condições para a compreensão e aceitação de quem recebe os resultados. O respeito a esses aspectos favorece que o paciente ou responsáveis realmente entendam a necessidade e busquem os encaminhamentos indicados (Rigoni & Sá, 2016). Além das comunicações verbais, a etapa de devolução dos resultados envolve a elaboração de documentos escritos. O Relatório Psicológico ou Laudo Psicológico é o documento psicológico que se deriva da avaliação psicológica, e por tal razão foi elencado para ser explorado a seguir.

Documento resultante da avaliação psicológica: o relatório psicológico

O Manual de Elaboração de Documentos Escritos produzidos pelo psicólogo divide-se nas seguintes seções: I. Princípios norteadores; II. Modalidades de documentos; III. Conceito/finalidade/estrutura; IV. Validade dos documentos; e V. Guarda dos documentos (CFP, 2003). Este capítulo irá abordar exclusivamente uma das modalidades de documentos, o Relatório ou Laudo, já que esse é o documento relativo à devolução do psicodiagnóstico e é considerado como documento decorrente da avaliação psicológica. Além disso, irá tratar de algumas questões vinculadas aos princípios norteadores para construção dos documentos.

Como Princípios Técnicos de Linguagem, o CFP (2003) orienta que os documentos sejam desenvolvidos com redação estruturada, expressando o que deve ser comunicado de forma clara, concisa e harmônica e com correção gramatical. A escrita deve ser adequada à linguagem profissional, considerando a quem o documento será destinado. Em relação aos Princípios Éticos e Técnicos, o documento deverá seguir os princípios do Código de Ética Profissional do Psicólogo, considerando os cuidados relativos aos deveres do psicólogo nas suas relações com a pessoa atendida, ao sigilo profissional, às relações com a justiça e ao acesso dos dados dispostos nos documentos.

Dentre os Princípios Técnicos, o CFP (2003) postula que o processo de avaliação psicológica deve levar em consideração que as questões psicológicas, foco da avaliação, são determinadas por motivos históricos, sociais, econômicos e políticos. Desse modo, o documento elaborado deve compreender que os resultados e objetos analisados são dinâmicos e não definitivos. Ou seja, um resultado obtido em determinado momento pode sofrer modificações ao longo da vida do sujeito.

O Relatório Psicológico, ou também denominado Laudo Psicológico, é definido pelo Conselho Federal de Psicologia (CFP) através da Resolução n. 007/2003 (CFP, 2003) como um documento que apresenta a descrição das situações e/ou condições psicológicas do sujeito, considerando as determinações históricas, sociais, políticas e culturais que perpassam o processo de avaliação psicológica. Os dados contidos no relatório devem ser coletados e analisados através de instrumentos próprios do psicólogo, como é o caso dos testes psicológicos, entrevistas, observações, entre outros. A compreensão das informações obtidas através desse instrumental ocorre por meio de um referencial teórico e científico.

Lago (2017) refere que, dentre os documentos psicológicos, o Relatório é o mais complexo e que, de forma geral, traz mais dúvidas aos psicólogos em sua elaboração. De acordo com o CFP (2003), a execução do Relatório tem como objetivo apresentar a forma como a avaliação foi realizada e quais os resultados e conclusões foram obtidos pelo avaliador. Entre os itens que compõem esse documento estão: a identificação, a descrição da demanda, os procedimentos, análise e conclusão.

O item Identificação deve trazer dados como o nome *do autor ou relator*, que é o profissional que realizou a avaliação, juntamente com seu número de inscrição junto ao Conselho Regional de Psicologia, o *interessado*, ou seja, o nome de quem solicitou a avaliação (o profissional ou instituição que realizou o encaminhamento, o próprio paciente) e o *assunto* ou finalidade da avaliação.

Como já descrito por Rovinski e Lago (2015), a resolução não faz menção aos dados do avaliando, como nome, idade, escolaridade, ocupação/profissão, porém o avaliador não precisa se restringir apenas àqueles que são indicados pelo Manual. De acordo com a Resolução, os itens ali dispostos são os mínimos requeridos. Assim, é importante que, para cada caso, o avaliador inclua as informações necessárias. Para crianças e adolescentes, por exemplo, nome e idade dos responsáveis e profissão dos mesmos podem ser dados relevantes. Além disso, sugere-se que nesse item conste o período da realização da avaliação (data de início e data de término), assim como o local em que foi realizada.

A Descrição da Demanda deve incluir uma apresentação do problema ou queixa que é trazida para avaliação. É importante contextualizar essa queixa, com dados de diferentes fontes e o impacto que ela possui sobre as diversas áreas da vida do paciente e dos ambientes aos quais ele pertence/frequenta.

No item Procedimentos deve-se listar as técnicas e testes que foram utilizados ao longo do psicodiagnóstico. Refere-se o número de encontros realizados para cada recurso empregado. São citadas as entrevistas que foram realizadas e pessoas ouvidas, observações, técnicas como a entrevista lúdica e os instrumentos aplicados. É interessante que se descreva, de forma muito breve, o que cada um desses testes avalia, já que nem todas as pessoas que receberão o documento possuem familiaridade com esses instrumentos. Como referido na Resolução n. 007/2003, os procedimentos escolhidos devem ser adequados à demanda avaliada e sua complexidade.

A Análise, em geral é o item mais extenso do relatório. É aqui que serão apresentados os resultados da avaliação, as informações coletadas, sempre seguindo-se a demanda do psicodiagnóstico. Os dados apresentados deverão servir de subsídio para explicar e responder às hipóteses levantadas ao longo da avaliação. Esse item pode ser desenvolvido em formatos diversos – por exemplo, apresentando-se os resultados de cada uma das técnicas utilizadas de forma individual ou então agrupando os resultados dessas técnicas por áreas (área cognitiva, área afetiva e da personalidade, p. ex.). Independente da forma de apresentação, esses dados deverão ser integrados e compreendidos à luz da teoria que embasa cada uma das ferramentas utilizadas. Além disso, a Resolução n. 007/2003 do CFP (2003) refere que esses dados devem ser interpretados levando-se em conta as determinações históricas, sociais, econômicas e políticas em que o paciente se mostra inserido e considerando que tais resultados são dinâmicos; ou seja, retratam aquele

momento em que a avaliação foi realizada, podendo sofrer alterações conforme o desenvolvimento do sujeito, intervenções realizadas, entre outras questões.

Por fim, o item Conclusão traz o resultado da avaliação em si. Após as considerações levantadas por meio dos dados obtidos por cada uma das técnicas que foram descritas e compreendidas no item de Análise, é nessa parte do relatório que se responde às hipóteses e questões elaboradas no início e ao longo do processo de avaliação. Se for o caso, é nesse item que se define um diagnóstico, prognóstico e realizam as indicações terapêuticas. Rovinski e Lago (2016) não recomendam que esse item seja extenso, já que a discussão e a compreensão do caso ocorrem na parte de *Análise*.

Além desses itens mínimos, acredita-se que outras informações se tornam importantes ao escrever um relatório. Uma descrição da história clínica e/ou história de vida e da impressão geral transmitida sobre o paciente mostra-se relevante para contextualizar muitos dos achados advindos dos instrumentos utilizados na seção de análise. Essas informações também se mostram determinantes no momento da realização de um diagnóstico, quando deve-se considerar o início dos sintomas/problemas, sua intensidade e áreas da vida que são afetadas por eles. A impressão geral transmitida traz dados de observação do avaliador que vão além de dados relativos aos instrumentos, incluindo até mesmo a reação do paciente frente aos testes e técnicas utilizados e informações sobre a relação estabelecida entre paciente e avaliador.

Rovinski e Lago (2016) também relatam a necessidade do acréscimo de tais informações no Relatório Psicológico. As autoras recomendam que elas possam ser expostas dividindo-se o item *Análise* em duas partes, uma de apresentação dos dados (aqui entrariam a impressão geral obtida e a história pregressa, juntamente com os resultados dos instrumentos) e uma de discussão dos dados, o que seria um dos formatos de elaboração desses elementos. Outra possibilidade seria apresentar-se a *Impressão Geral transmitida* e a *História clínica/História de vida* como novos itens logo após os *Procedimentos* e antes da *Análise.*

Na finalização do documento deve-se rubricar as laudas, desde a primeira até a penúltima. A última lauda deve conter informações de local, data de emissão, assinatura do psicólogo e o seu número de inscrição no Conselho Regional de Psicologia.

Considerações finais

Este capítulo teve como objetivo definir a avaliação psicológica clínica e descrever, de forma breve, suas etapas: o encaminhamento, as entrevistas iniciais, o estabelecimento do contrato de trabalho, a elaboração do plano de avaliação e a entrevista de devolução. O capítulo também se debruçou sobre o documento proveniente desse tipo de avaliação, o Relatório Psicológico.

Buscou-se compreender o processo de avaliação psicológica clínica a partir das resoluções mais atuais do CFP (n. 009/2018 e 007/2003), discutindo a importância de tais resoluções para a orientação dos psicólogos que trabalham na área de avaliação psicológica. Entende-se a avaliação psicológica clínica como uma área consagrada da psicologia enquanto ciência e profissão no Brasil e que as maiores mudanças ocorridas nas últimas duas décadas para a prática profissional se referem à implementação das resoluções n. 009/2018 e 007/2003 e suas repercussões.

Referências

Andrade, J.M. & Sales, H.F.S. (2017). A diferenciação entre avaliação psicológica e testagem psicológica: questões emergentes. In M.R.C. Lins & J.C. Borsa (Orgs.). *Avaliação psicológica: aspectos teóricos e práticos* (pp. 9-22). Petrópolis: Vozes.

Arzeno, M.E.G. (1995). *Psicodiagnóstico clínico: novas contribuições.* Porto Alegre: Artmed.

Bueno, J.M.H. & Ricarte, M.D. (2017). Aspectos históricos da testagem psicológica: contexto internacional e nacional. In M.R.C. Lins & J.C. Borsa (Orgs.). *Avaliação psicológica: aspectos teóricos e práticos* (pp. 38-55). Petrópolis: Vozes.

Conselho Federal de Psicologia – CFP (2001). *Resolução CFP n. 02/2001 – Altera e regulamenta a Resolução CFP n. 014/00 que institui o título profissional de especialista em psicologia e o respectivo registro nos Conselhos Regionais* [Recuperado de https://site.cfp.org.br/wp-content/uploads/2006/01/resolucao2001_2.pdf – Acesso em 10/12/2018].

Conselho Federal de Psicologia – CFP (2003). *Resolução CFP n. 007/2003 – Institui o manual de elaboração de documentos produzidos pelo psicólogo, decorrentes de avaliações psicológicas e revoga a Resolução CFP n. 17/2002* [Recuperado de https://site.cfp.org.br/wp-content/uploads/2003/06/resolucao2003_7.pdf – Acesso em 06/12/2018].

Conselho Federal de Psicologia – CFP (2018a). *Resolução CFP n. 009/2018 – Estabelece diretrizes para a realização de avaliação psicológica no exercício profissional da psicóloga e do psicólogo, regulamenta o Sistema de Avaliação de Testes Psicológicos – Satepsi e revoga as Resoluções n. 002/2003, n. 006/2004 e n. 005/2012 e Notas Técnicas n. 01/2017 e 02/2017* [Recuperado de http://satepsi.cfp.org.br/docs/Resolução-CFP-n.-09-2018-com-anexo.pdf – Acesso em 10/12/2018].

Conselho Federal de Psicologia – CFP (2018b). *Sistema de Avaliação dos Testes Psicológicos – Satepsi* [Recuperado de satepsi.cfp.org.br – Acesso em 10/12/2018].

Cunha, J.A. (2000a). *Psicodiagnóstico-V*. Porto Alegre: Artmed.

Cunha, J.A. (2000b). Fundamentos do psicodiagnóstico. In J.A. Cunha. *Psicodiagnóstico-V* (pp. 23-31). Porto Alegre: Artmed.

Cunha, J.A. (2000c). Passos do processo psicodiagnóstico. In J.A. Cunha. *Psicodiagnóstico-V* (pp. 105-138). Porto Alegre: Artmed.

Krug, J.S., Bandeira, D.R., & Trentini, C.M. (2016). Entrevista lúdica diagnóstica. In C.S. Hutz, D.R. Bandeira, C.M. Trentini, & Krug, C.S. (Orgs.). *Psicodiagnóstico* (pp. 73-98). Porto Alegre: Artmed.

Krug, J.S., Trentini, C.M., & Bandeira, D.R. (2016). Conceituação de psicodiagnóstico na atualidade. In C.S. Hutz, D.R. Bandeira, C.M. Trentini, & Krug, C.S. (Orgs.). *Psicodiagnóstico* (pp. 16-20). Porto Alegre: Artmed.

Hutz, C.S. (2015). O que é avaliação psicológica: métodos técnicas e testes. In C.S. Hutz, D.R. Bandeira, & C.M. Trentini (Orgs.). *Psicometria* (pp. 11-21). Porto Alegre: Artmed.

Hutz, C.S., Bandeira, D.R., Trentini, C.M., & Krug, J.S. (2016). *Psicodiagnóstico*. Porto Alegre: Artmed.

Lago, V.M. (2017). Documentos decorrentes da avaliação psicológica. In M.R.C. Lins & J.C. Borsa (Orgs.). *Avaliação psicológica: aspectos teóricos e práticos* (pp. 173-186). Petrópolis: Vozes.

Oliveira, S.E.S., Silva, M.A., & Yates, D.B. (2016). Estudos de caso em psicodiagnóstico: criança, adolescente e adulto. In C.S. Hutz, D.R. Bandeira, C.M. Trentini, & C.S. Krug (Orgs.). *Psicodiagnóstico* (pp. 396-422). Porto Alegre: Artmed.

Rigone, M.S. & Sá, S.D. (2016). O processo psicodiagnóstico. In C.S. Hutz, D.R. Bandeira, C.M. Trentini, & C.S. Krug (Orgs.). *Psicodiagnóstico* (pp. 27-34). Porto Alegre: Artmed.

Rovinski, S.L.R. & Lago, V.M. (2015). Elaboração de documentos decorrentes da avaliação psicológica. In C.S. Hutz, D.R. Bandeira, C.M. Trentini, & C.S. Krug (Orgs.). *Psicodiagnóstico* (pp. 172-183). Porto Alegre: Artmed.

Serafini, A.J. (2016). A entrevista psicológica no psicodiagnóstico. In C.S. Hutz, D.R. Bandeira, C.M. Trentini, & C.S. Krug (Orgs.). *Psicodiagnóstico* (pp. 45-51). Porto Alegre: Artmed.

16
Avaliação psicológica hospitalar

Rafael Andrade Ribeiro

Adriana Said Daher Baptista

Falar sobre avaliação psicológica no contexto hospitalar é desafiante e prazeroso ao mesmo tempo, uma vez que temos a experiência de atuar como psicólogos hospitalares e trabalhar na docência, na formação de graduandos em psicologia e aprimoramento de psicólogos, dando supervisão em grupos, favorecendo e incentivando o trabalho de forma interdisciplinar, o que indica que estarão sendo treinados para o mercado de trabalho e a trabalharem de forma colaborativa, segundo as premissas da *World Health Organization* (WHO, 2010). A prática interdisciplinar nos faz crescer muito em vários aspectos, uma vez que se deve estar sempre disposto a aprender e ensinar o outro, num processo psicoeducacional.

Este capítulo será norteado por temáticas que envolvem avaliação psicológica e o campo do hospital. Tem-se como objetivo apresentar conteúdos e possibilidades referentes à prática do psicólogo na avaliação psicológica no contexto hospitalar. Esta proposta busca nortear a atuação do psicólogo no contexto assistencial de hospitais e ambulatórios multiprofissionais, trazendo a relevância da avaliação psicológica no contexto hospitalar.

Para melhor contextualização faz-se necessário definir os *ambientes* entendidos como locais de ação do psicólogo hospitalar, uma vez que sua ação deve ser diferenciada nos níveis de hierarquização do Sistema Único de Saúde (SUS). Segundo o Conselho Federal de Psicologia (CFP,

2007), o psicólogo hospitalar atua em instituições de saúde de nível secundário ou terciário. Entende-se como nível secundário locais com tecnologia de saúde de complexidade intermediária, como unidades de pronto-atendimento e ambulatórios médicos especializados. Já o nível terciário se refere à alta complexidade, como, por exemplo, hospitais gerais, hospitais especializados e ambulatórios de quimioterapia (Paim, 2015). Nesses ambientes, para o psicólogo, uma das principais tarefas é realizar a avaliação psicológica dos pacientes que estão vinculados a procedimentos médicos com a função de promover, proteger e/ou recuperar a saúde (CFP, 2007).

Como se sabe, o trabalho em equipe nas instituições de saúde é uma premissa para a atuação de excelência dos profissionais. Para que as ações de proteção, prevenção e/ou recuperação de saúde do paciente ocorram com efetividade, o trabalho dos profissionais deve ser coeso e com efetiva comunicação, além da adequada execução de suas avaliações clínicas. Por isso, a avaliação psicológica deve ser compreendida como ferramenta imprescindível para o psicólogo hospitalar, pois não somente possibilita a elaboração de terapêuticas específicas, como também a partir dela o profissional terá elementos e resultados clinicamente relevantes para poder discutir com a equipe de saúde e elaborar um plano terapêutico multiprofissional mais relevante para o paciente.

Para tanto, a avaliação psicológica é fundamental, já que se trabalha num nível de complexidade de problemas de saúde que abarca as condições física, psicológica, comportamental, contextual e muitas vezes espiritual, necessitando de intervenções mais tecnológicas, muitas vezes invasivas e com a ação de vários profissionais e especialidades diferentes ao mesmo tempo e espaço (Faria & Seidl, 2005). Nesta temática, compreende-se que o principal objeto de interesse do psicólogo e, consequentemente, da avaliação psicológica, seja o paciente e sua relação com a saúde/doença, como também os familiares que acompanham esse cenário.

Sabe-se que essa avaliação, por ser um processo contínuo, ocorre em todo momento no contato com o paciente e familiares, como também tem a finalidade de ser um ponto de partida (Baptista & Borges, 2017), principalmente porque muitos eventos intervenientes ocorrem em pouco tempo e o psicólogo tem que estar atento para atuar de forma focal e contextualizada ao problema de saúde, aos aspectos afetivos, cognitivos, espirituais e ao contexto sociocultural do avaliado. Sendo assim, como praxe, existe a avaliação psicológica inicial, o que vai nortear as primeiras intervenções e, após cada intervenção, ela tem que ocorrer processualmente, para se estruturar novas intervenções psicológicas, até que se chegue à finalização do acompanhamento ou ao encaminhamento do atendimento para outras instâncias de atendimento psicológico. A seguir é apresentado um fluxograma que serve como base para o atendimento, construído a partir das vivências dos autores deste capítulo.

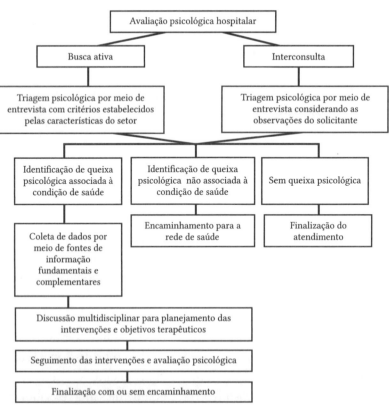

Figura 1 Fluxograma da avaliação psicológica no hospital

Outro fator de grande relevância para o papel da avaliação psicológica no contexto da saúde hospitalar é que esse psicólogo atende às normativas da Organização Mundial de Saúde (OMS, 1996) que se utiliza da Classificação Internacional das Doenças – versão 10 (CID-10)[1] para estabelecer a hipótese diagnóstica do paciente. O uso da CID-10 também favorece a comunicação da equipe e o estabelecimento da intervenção, além de "permitir tratamentos estatísticos, epidemiológicos na medida em que busca estabelecer um acordo, uma convenção" (Conselho Regional de Psicologia 6ª Região [CRP], 2005, parágrafo 1º). Sendo assim, é importante ter em mente que a CID-10 não oferece informações pormenorizadas para a compreensão do estado de saúde da pessoa e nem mesmo o que vem a seguir, referindo-se ao impacto do problema de saúde na vida da pessoa. Então, além da CID-10, a OMS também orienta a utilização da Classificação Internacional de Funcionalidade, Incapacidade e Saúde (CIF), que tem por finalidade detalhar o estado de saúde da pessoa, apontando suas funcionalidades e incapacidades, favorecendo as ações multiprofissionais (Di Nubila & Buchalla, 2008). A partir disso pode-se perceber a responsabilidade do psicólogo quanto a sua avaliação no processo, uma vez que se não for feito com propriedade poderá acarretar problemas irreparáveis para o processo de retomada da vida de forma funcional.

Avaliação psicológica no hospital

A avaliação psicológica auxilia na compreensão do problema e o estabelecimento das atividades que serão desenvolvidas, isto é, se vão ser mais voltadas para uma ação de promoção, prevenção, recuperação ou reabilitação (Paim, 2015), ou até mesmo conjugadas. Ressalta-se que a atuação do psicólogo visa ações voltadas para a tríade paciente-familiares-equipe.

Segundo Laloni e Fernandes (2018), a psicologia hospitalar no Brasil teve início na década de 1960 com a entrada de psicólogos clínicos como avaliadores da saúde mental em pacientes e também na pesquisa no hospital. Sendo assim, pode-se observar que se trata de uma área nova, em formação; muito tem que ser aprimorado, pois existe ainda a falta de sistematização na ação do psicólogo hospitalar (Gorayeb & Guerrelhas, 2003). Cabe aqui uma reflexão importante que justifica ainda a não sistematização da avaliação nesse campo, uma vez que não há o reconhecimento dos próprios cursos de psicologia com ênfase na formação profissional nessa área, pois a formação é generalista.

Independente do ambiente de atuação, é dever do psicólogo trabalhar a partir de um referencial teórico-metodológico que faz parte da sua formação (Almeida & Malagris, 2015). A pluralidade dos referenciais teóricos e filosóficos na Psicologia traz diversas possibilidades para a estruturação e compreensão dos fenômenos em um processo de avaliação psicológica. Portanto, não se almeja com este capítulo esgotar as possibilidades de ações avaliativas no ambiente hospitalar, mas sim de realizar uma orientação com aspectos essenciais a serem considerados nesse contexto, respeitando, assim, o referencial de cada profissional interessado no tema.

De acordo com a Resolução n. 218 do Conselho Nacional de Saúde, de março de 1997, considera-se que os psicólogos estão inscritos no grupo de profissionais da saúde, juntamente com assistentes sociais; biólogos; profissionais

---

1. Uma nova versão da CID, a CID-11, foi anunciada pela Organização Mundial da Saúde e entrará em vigor em 1º de janeiro de 2022.

de educação física; enfermeiros; farmacêuticos; fisioterapeutas; fonoaudiólogos; médicos; médicos veterinários; nutricionistas; odontólogos e terapeutas ocupacionais. Sendo assim, é importante ressaltar que a Psicologia Hospitalar foi reconhecida como especialidade em 2001 e foi regulamentada pela Resolução do Conselho Federal de Psicologia n. 13 no ano de 2007. Com isso pode-se observar que seria difícil a indicação nas portarias a obrigatoriedade do psicólogo hospitalar (com formação) fazendo parte da equipe mínima, já que diversas portarias do Ministério da Saúde são datadas antes desse período, então é colocado como proponente o psicólogo clínico à disposição para os atendimentos psicológicos.

Este fato pode ser observado nos escritos organizados por Mäder (2016a) no capítulo que se refere "A prática assistencial: portarias relacionadas à prática da(o) psicóloga(o) hospitalar"; no entanto, observa-se também que há dois sistemas ambulatoriais que para a sua implantação há necessidade de psicólogos técnicos responsáveis pelos setores: ambulatório de quimioterapia e hemodiálise.

Ressalta-se que nos diversos tipos de atendimento hospitalar existe diferentes formas de inserção do psicólogo nas equipes, sendo que o objetivo do psicólogo hospitalar em sua atuação tem que estar muito claro, uma vez que o direciona para a sua avaliação. Sendo assim, tem-se como objetivo: "Acolher e trabalhar com pacientes de todas as faixas etárias, bem como suas famílias, em sofrimento psíquico decorrente de suas patologias, internações e tratamentos" (Lazzaretti, Oliveira, & Guimarães, 2007, p. 21).

A distribuição das demandas no ambiente hospitalar muitas vezes segue a lógica dos procedimentos médicos, e/ou pelo grau de comple-

xidade do quadro clínico do paciente. Por isso é comum observar em hospitais, por exemplo, enfermarias de clínica médica (para casos clínicos de diversas especialidades médicas), enfermarias de cirurgia (para casos cirúrgicos de diversas especialidades médicas), enfermaria de obstetrícia e alojamento conjunto, além de unidades de terapia intensiva, pronto-socorro, centros cirúrgicos, dentre outros setores. Já os ambientes no nível ambulatorial são geralmente definidos com base na especialidade médica. Então, pode-se citar como exemplo ambulatórios de pediatria, de cardiologia, de saúde reprodutiva, de doenças metabólicas, dentre muitos outros definidos pelas instituições de saúde. Essa diversidade de setores e especialidades faz com que o psicólogo adeque a avaliação, por meio da análise de materiais científicos, para criar protocolos de avaliação psicológica específicos. Os protocolos devem ser definidos a partir do modo de acesso do psicólogo aos pacientes.

Interconsulta X busca ativa

O acesso ao paciente no ambiente hospitalar pelo psicólogo pode ocorrer de duas formas distintas denominadas *interconsulta* e *busca ativa*. A interconsulta é a modalidade na qual o atendimento do psicólogo é solicitado via equipe médica responsável pelo paciente, ou mesmo por outros profissionais de saúde que ofertam assistência ao paciente e percebem a demanda para a avaliação psicológica no ambiente hospitalar. Nesta modalidade, o psicólogo pode não pertencer a um setor específico do hospital no qual trabalha, deslocando-se até o paciente de acordo com as solicitações da equipe. Para uma boa efetividade deste modo de atuação, é importante que a equipe solicitante conheça sinais e sintomas que os pacientes possam apresentar e que justifiquem o pedido de interconsulta para o psicólogo. Para que isto ocorra faz-se necessário uma comunicação efetiva com todos os membros da equipe para que estejam atentos às queixas expressas dos pacientes, bem como evitar as possibilidades de negligência frente às possíveis queixas latentes (Carvalho & Lustosa, 2008). Gazotti e Prebianchi (2014), ao analisarem as solicitações de interconsultas, puderam observar que a maioria das solicitações são de médicos e enfermeiros, mostrando que esses profissionais são os que mais se atentam às questões psicológicas envolvidas nesse processo. Sendo assim, é importante que as avaliações sejam baseadas na comunicação com esses profissionais com a intenção de aproveitar suas percepções sobre os pacientes.

Frente a essa complexidade da interconsulta, torna-se um desafio a ação do psicólogo hospitalar somente através deste modelo de atuação, pois além da necessidade de haver uma equipe de saúde treinada para identificar demandas psicológicas, alguns fenômenos recorrentes que ocorrerem no hospital são complexos e multifatoriais, como, por exemplo, a dor. Muitos pacientes podem se queixar de dor e o que se torna mais comum, a equipe, paciente e familiares considerarem que a dor é algo apenas físico. No entanto, hoje sabe-se que é necessária uma avaliação multidimensional para se estabelecer os parâmetros da dor. Por meio de um estudo experimental Hortense, Zambrano e Sousa (2008) puderam concluir que as dores por câncer, por infarto do miocárdio, por cólica renal, por queimadura e a dor do parto foram apontadas como os tipos de dor de maior intensidade. Estes exemplos demonstram a diversidade de dor no ambiente de saúde, sendo relevante avaliar o quanto dificulta a pessoa a manter sua rotina,

suas relações e até mesmo as condições emocionais, já que a dor vem acompanhada de sintomas incapacitantes e irritabilidade.

A busca ativa, outra modalidade para abordagem inicial dos pacientes, pode ser definida como a busca do psicólogo pelas demandas psicológicas de pacientes já inseridos no ambiente hospitalar sem a solicitação prévia de outros profissionais (Mäder, 2016b). Isto é possível de ser realizado se houver critérios definidos para cada contexto do ambiente hospitalar e a presença do psicólogo rotineiramente na unidade de saúde. Nesta modalidade, o psicólogo pode realizar triagens dos pacientes presentes e os resultados de suas avaliações iniciais norteiam as intervenções e encaminhamentos necessários. As triagens podem ter a função de identificar o sofrimento já existente na relação do paciente com sua saúde/doença, ou ter a função de identificar a presença de fatores de risco para adoecimentos psíquicos futuros relacionados à condição de saúde que o leva a estar inserido no ambiente hospitalar. Essa avaliação é importante para todo o processo de acompanhamento do paciente, inclusive para a identificação da funcionalidade e/ou incapacidades relacionadas à saúde/doença (Di Nubila & Buchalla, 2008).

Importante ressaltar que os dados da triagem psicológica devem estar anotados em uma "ficha de triagem" e sempre colocados no prontuário do paciente, pois facilita a comunicação entre a equipe e os dados não se perderão ao longo do acompanhamento. Ainda há a proposta de se colocar no fim desta ficha dados bem claros quanto à conclusão dessa avaliação inicial, favorecendo o próximo passo para a continuidade do processo avaliativo. Por exemplo:

( ) Alterações psicológicas em função da doença e/ou tratamento e/ou prognóstico.

( ) Alterações psicológicas sem relação com a doença e/ou tratamento e/ou prognóstico.

( ) Adaptação e ajustamento às condições atuais da doença e/ou tratamento e/ou prognóstico.

Para exemplificar a necessidade de haver uma boa preparação do psicólogo para realizar a busca ativa mais eficiente, por meio de uma avaliação psicológica com dados que podem ser evidenciados, cita-se a ação em uma enfermaria de ginecologia cirúrgica. Neste contexto, é importante que o psicólogo tenha clareza sobre as principais queixas emocionais e psicopatologias que acometem a população de mulheres, como, por exemplo, os medos e angústias por ser submetida à histerectomia. Este procedimento de retirada do útero, mesmo quando realizado por motivos de patologias benignas em mulheres que já tenham filhos e tenham atingido a menopausa, pode evocar queixas que incluem fantasias e angústias sobre a futura saúde sexual, gerando relevante sofrimento psíquico (Melo & Barros, 2009). Portanto, neste exemplo, pode-se perceber a importância de o psicólogo realizar uma boa avaliação psicológica inicial no momento da triagem para compreender se há alterações emocionais e/ou comportamentais em função do procedimento cirúrgico, mesmo que a princípio o quadro clínico geral da paciente não sinalize o sofrimento emocional. Sendo assim, avaliação psicológica auxilia a levantar informações contextualizadas, favorecendo um diagnóstico psicológico diferencial.

Fontes de informação para coleta de dados

Tanto na busca ativa quanto na interconsulta e independente do setor, da idade do paciente, da complexidade do problema de saúde ou a quem o atendimento é destinado (tríade: paciente-familiares-equipe), o princípio da avaliação é o mesmo: *compreender a queixa e a relação do paciente com seu processo de saúde/doença*. Para esta compreensão releva-se a importância de levantar o histórico sobre a relação do paciente, e seus familiares, com seu adoecer.

A princípio, uma variável muito importante para compor a avaliação psicológica diz respeito ao motivo da internação ou motivo do acompanhamento ambulatorial. A inserção do usuário em um setor de internação pode ocorrer de maneira abrupta, em casos de situações agudas não diagnosticadas previamente, ou pode ocorrer em situações previsíveis, como em internações eletivas para procedimentos previamente agendados. Muitas vezes disponíveis no prontuário multidisciplinar, essa informação sinaliza caminhos que podem nortear a coleta de informações durante a avaliação psicológica, principalmente por esses diferentes motivos apontarem diversas mudanças na rotina, na família, no trabalho e, consequentemente, influenciado o sofrimento do indivíduo. Munido desta informação, destacam-se algumas principais fontes para a coleta de dados: a) análise de prontuários multiprofissionais; b) entrevista; c) instrumentos psicológicos validados pelo Satepsi (Guimarães-Neto & Porto, 2017); d) instrumentos complementares, incluindo questionários e diários (Borges & Baptista, 2018); fichas de avaliação específicas para cada setor; e) registros de observação (Borges & Baptista, 2018); e f) discussões multiprofissionais, dentre outras formas de coleta de dados.

Ressalta-se que na coleta de dados é importante considerar se a avaliação será feita durante a hospitalização ou nos atendimentos ambulatoriais, portanto deve-se ser criterioso na escolha dos materiais para avaliação.

a) Análise de prontuários: pode ocorrer tanto nas avaliações hospitalares quanto nas ambulatoriais. Ressalta-se a importância de se definir o que se entende por tal.

> Definir prontuário médico como o documento único constituído de um conjunto de informações, sinais e imagens registradas, geradas a partir de fatos, acontecimentos e situações sobre a saúde do paciente e a assistência a ele prestada, de caráter legal, sigiloso e científico, que possibilita a comunicação entre membros da equipe multiprofissional e a continuidade da assistência prestada ao indivíduo (Conselho Federal de Medicina [CFM], 2002, art. 1º).

O prontuário multiprofissional pode ser considerado como uma importante fonte de coleta de dados no contexto hospitalar, já que se tem o histórico da saúde do paciente e principalmente informações sobre sua linha de cuidado na instituição. É no prontuário que o psicólogo poderá encontrar as primeiras informações sociodemográficas do paciente, bem como aspectos relacionados à sua condição orgânica, ao motivo de sua internação, às suas comorbidades já identificadas e aos possíveis sinais de sofrimento psíquico percebidos pela equipe de saúde.

A leitura do prontuário não substitui a coleta de dados direta com o avaliado, nem mesmo a discussão do caso diretamente com os profissionais envolvidos na assistência, porém ele deve ser considerado imprescindivelmente como fonte de informação, preferencialmente, e se possível, antes do primeiro contato com o paciente.

b) Entrevista: uma forma de coleta de dados amplamente utilizada na área da Psicologia é sa-

bidamente a técnica mais utilizada pela sua natureza investigativa, flexibilidade (aplicável a todas as faixas etárias) e condição adaptável, levando em consideração as contingências do ambiente institucional e o perfil a quem se destina da população usuária, além de ter a característica de busca de esclarecimentos (Dallagnol, Goldberg, & Borges, 2010). Em um levantamento sobre os instrumentos de avaliação psicológica no contexto hospitalar no Brasil, também se caracteriza como a estratégia mais utilizada pelos psicólogos (Guimarães-Neto & Porto, 2017).

A entrevista permite ao profissional coletar informações de diversos âmbitos, como o físico, o afetivo, o cognitivo, o comportamental, além da história familiar, do histórico de saúde e os dados socioculturais do paciente e seus familiares. Dependendo dos seus objetivos, o psicólogo pode utilizar de entrevistas estruturadas, semiestruturadas ou não estruturadas (Belar & Deardoff, 2009).

c) Utilização de instrumentos psicológicos: atividade exclusiva do psicólogo, pode ser realizada em diversos contextos profissionais e o ambiente hospitalar se inclui nesta gama de possibilidades. A testagem pode fazer parte da avaliação psicológica, com a utilização de testes psicológicos para auxiliar decisões acerca de uma pessoa ou grupo. Porém, deve-se considerar que aspectos éticos não podem ser flexibilizados referente aos testes psicológicos, incluindo seu armazenamento, que deve ser com acesso exclusivo para psicólogos. Em um ambiente hospitalar deve-se avaliar se há a possibilidade de atender a esses critérios, além da necessidade de o instrumento ter avaliação favorável no Satepsi. Reiterado o aspecto ético, diversos instrumentos psicológicos podem ser utilizados para coleta de dados no hospital, porém pontuam-se algumas características que devem ser consideradas para a escolha do teste, como a viabilidade e adequação de uso segundo as limitações do teste, considerando, inclusive, o ambiente para aplicação. Outro ponto relevante é a adequação do teste ao estado biopsicossocial do avaliado, considerando suas especificidades socioculturais, psicológicas e seu estado orgânico. Este, inclusive, pode estar alterado crônica ou momentaneamente devido às questões médicas e deve ser compreendido para a escolha do instrumento (Borges & Baptista, 2018).

Em ambientes como as enfermarias e as unidades de terapia intensiva, a utilização dos testes pode ser mais limitada devido às peculiaridades do espaço físico para a coleta de dados, além do tempo curto que muitos pacientes permanecem internados. Borges e Baptista (2018) sinalizam, por exemplo, que testes de métodos expressivos, como Rorschach, ou testes de personalidade com grandes quantidades de itens não são muito adequados ao ambiente hospitalar devido à dinâmica do hospital, ao objetivo do psicólogo da saúde e à dificuldade de integrar os dados da avaliação. Já o uso de escalas e inventários pode ser uma possibilidade mais adequada para esse ambiente, considerando a possibilidade de administração, apesar das limitações existentes no hospital.

Como a escolha do teste para compor a avaliação depende de diversas variáveis como as já discutidas anteriormente, não se propõe, aqui, esgotar as possibilidades de instrumentos para utilização, mas, sim, sinalizar alguns testes que os autores consideram como relevantes para a prática do psicólogo hospitalar. Tem-se como exemplo de instrumentos a serem utilizados nas unidades de internação:

I – Escala de Pensamentos Depressivos (EPD): tem como objetivo avaliar distorções de pensamentos encontrados, comumente, em pessoas com depressão. É autoaplicável e composto por 26 itens (Carneiro & Baptista, 2015).

II – Escala de Percepção do Suporte Social (Epsus-A): tem como objetivo avaliar as fontes de suporte social nas dimensões afetivas, interações sociais, instrumental e enfrentamento de problemas (Cardoso & Baptista, 2016).

III – Inventário de Depressão de Beck II (BDI-II): composto por 21 itens, tem o objetivo de mensurar a gravidade dos sintomas depressivos, classificando-os entre mínimo, leve, moderado ou grave (Campos & Gonçalves, 2011).

Já nos espaços ambulatoriais, a testagem psicológica conta com características que se diferem dos ambientes de internação, pois, ali, o paciente costuma ser acompanhado pela equipe de saúde de forma mais longitudinal e em espaço físico mais propício para a avaliação. Para ilustrar esta particularidade em um ambulatório pediátrico, Macedo, Ribeiro e Dias (2018) propõem, além da avaliação psicológica inicial, o acompanhamento do desenvolvimento dos pacientes. Se estes estiverem em um tratamento de longo prazo, é possível acompanhar seu desenvolvimento físico, cognitivo e social. A aplicabilidade deste modelo de acompanhamento pode ser considerada, por exemplo, para ambulatórios de seguimento de crianças nascidas prematuras ou com outras comorbidades. Seguem alguns exemplos de instrumentos para acompanhamento do desenvolvimento nos ambulatórios.

I – Escala de Inteligência Wechsler Abreviada (Wasi): tem o objetivo de avaliar, brevemente, a inteligência. Público-alvo: crianças de 6 anos até idosos de 89 anos. Composto por quatro subtestes: vocabulário, cubos, semelhanças e raciocínio matricial (Wagner, Camey, & Trentini, 2014).

II – Bateria Psicológica para Avaliação da Atenção (BPA): tem o objetivo de avaliar a atenção geral e três tipos de atenção, sendo Atenção Concentrada, Atenção Dividida e Atenção Alternada (Rueda, 2013).

d) Utilização de materiais complementares: considerados como Fontes Complementares, os instrumentos não psicológicos podem ser utilizados pelos psicólogos desde que possuam respaldo científico da literatura e que sejam destinados a profissionais da saúde e que respeitem os padrões éticos do Código de Ética do Conselho Federal de Psicologia (CFP, 2018). Sendo assim, serão relacionados alguns instrumentos que mostram por meio de pesquisas de evidências sua eficácia nos resultados. Validados para a população brasileira, seus resultados são relevantes para a avaliação psicológica, uma vez que oferecem informações importantes para a compreensão psicológica do paciente.

I – Escala de Coma de Glasgow: não é aplicada por psicólogos e sim por outros membros da equipe de saúde: fisioterapeutas, médicos e enfermeiros. É destinada aos pacientes que sofreram um TCE (Traumatismo Cranioencefálico) fornecendo informações de como estão suas condições de consciência. O nível de consciência é avaliado pela abertura ocular, resposta verbal e resposta motora, e pode auxiliar no prognóstico da vítima e na prevenção de eventuais sequelas. Em 2018, Brennan, Murray e Teasdale propuseram uma atualização na escala, incluindo a reatividade pupilar. A nova versão é conhecida como Escala de Coma de Glasgow com Resposta Pupilar (ECG-P).

Os resultados sempre estão no prontuário do paciente e sinalizam por onde a avaliação psico-

lógica deva começar, uma vez que por meio dela o psicólogo tem acesso ao nível de consciência do paciente. Assim, quando rebaixado seu nível de consciência, sabe-se que a coleta deve ocorrer a partir dos familiares, equipe e prontuário. Para ter acesso à escala, basta entrar no endereço eletrônico: https://www.glasgowcomascale.org/downloads/GCS-Assessment-Aid-Portuguese.pdf

II – O Miniexame do Estado Mental (Meem): é um instrumento de rastreamento cognitivo, que não substitui uma avaliação mais detalhada. É de fácil aplicação, não requerendo material específico, basta o instrumento impresso e o uso de lápis e papel. Pode ser aplicado por todos os profissionais da saúde, desde que treinados. Avalia os domínios cognitivos; orientação espacial e temporal; memória imediata e de evocação; cálculo; linguagem-nomeação; repetição; compreensão; escrita; e cópia de desenho. É validado e adaptado para a população brasileira, tendo que ser levado em conta a escolaridade do avaliado (Bertolucci, Brucki, Campacci, & Juliano, 1994). O uso do Meem auxilia na avaliação no sentido de verificar se o paciente tem condições de acompanhar e armazenar as informações que são oferecidas durante o processo do diagnóstico, internação e prognóstico. Ressalta-se que atualmente o Meem II foi publicado e pode ser encontrado na forma expandida.

Para ter acesso à escala basta entrar no endereço eletrônico: https://www.ufrgs.br/telessauders/documentos/protocolos_resumos/neurologia_resumo_MEEM_TSRS.pdf

III – Escala Hospitalar de Ansiedade e Depressão (HAD): adaptada e validada no Brasil por Botega, Bio, Zomignani, Garcia Jr. e Pereira (1995) para rastrear transtornos de humor em pacientes no ambiente hospitalar, podendo ser aplicada e corrigida por todos os profissionais da saúde. A escala é constituída por 14 itens, sete avaliam ansiedade e sete a depressão. As respostas devem ser assinaladas, sendo computadas entre 0 e 3, compondo uma pontuação máxima de 21 pontos para cada escala. A HAD é interessante porque em pouco tempo é possível discriminar se a sintomatologia apresentada está mais voltada para ansiedade e/ou depressão, auxiliando no processo de avaliação. A escala está disponível em anexo na bibliografia citada.

IV – Escala de Depressão Pós-Parto de Edinburgh (EPDS): é uma escala de rastreamento que avalia os sintomas depressivos em quatro pontos, desde a ausência do sintoma até a presença de gravidade e duração em puérperas (Santos et al., 2007). Pode ser aplicada por profissionais da saúde, desde que minimamente treinados e é válida a partir de quatro semanas após o parto. Para ter acesso à escala, basta entrar no endereço eletrônico: https://www.dgs.pt/upload/membro.id/ficheiros/i008180.pdf

V – Escala Baptista de Depressão Versão Hospital-Ambulatório (Ebadep-Hosp-Amb): instrumento com boas propriedades psicométricas, é uma escala que foi pensada e construída para a população brasileira, pode ser utilizado como rastreio de sintomatologia depressiva útil para o contexto hospitalar/ambulatorial (Cremasco & Baptista, 2018). É de fácil aplicação e correção, e não possui sintomas vegetativos/somáticos que podem inflar a pontuação da escala e distorcer os resultados.

VI – WHOQOL-BREF: instrumento curto, com 26 itens e características psicométricas satis-

fatórias, desenvolvido pelo Grupo de Qualidade de Vida da OMS, avalia quatro domínios: físico, psicológico, relações sociais e meio ambiente. Este instrumento pode ser utilizado como critério para o acompanhamento de pacientes com problemas agudos e crônicos com a intenção de acompanhar e verificar como o estado de saúde está afetando sua qualidade de vida, podendo identificar quais são os domínios que o psicólogo deve direcionar suas intervenções (Fleck et al., 2000). Para ter acesso à escala, basta entrar no endereço eletrônico: http://www.revistas.ufg.br/fen/article/downloadSuppFile/12486/2452

É importante considerar como material complementar os protocolos de avaliação para diferentes setores, considerando suas características e demandas específicas, como já comentado (Capitão, Scortegagna, & Baptista, 2005). Para atingir tal finalidade, a criação de fichas de avaliação específicas para o setor pode ser uma estratégia utilizada para otimização da coleta de dados, diminuindo a probabilidade de o psicólogo se descuidar de coletar informações relevantes para o contexto de saúde com o qual está trabalhando. O profissional deve se atentar para que protocolos e fichas de avaliação não engessem sua prática clínica (Capitão et al., 2005), por isso deve estar sensível às respostas trazidas pelo paciente e seus familiares, conhecer sobre a temática de saúde que envolve seu paciente e relevar outras fontes de informação.

e) Registro de observação: compreendido como uma fonte fundamental de coleta de dados, pode ser utilizado para adquirir informações, *in loco*, do paciente e seus familiares, de todas as faixas etárias, durante suas relações interpessoais e nas reações frente às estimulações inerentes ao processo de saúde e doença (Borges & Baptista, 2018). Os planejamentos estruturados para coleta de dados devem ser contextualizados de acordo com as características específicas do paciente, incluindo a faixa etária, pois o acesso aos fenômenos desejados pode depender de técnicas específicas para evocar os comportamentos desejados para observação. Junto à população pediátrica, uma das técnicas pode ser o brincar.

O brincar permite acesso a diversos comportamentos observáveis relevantes para a avaliação psicológica, principalmente para identificação das estratégias de enfrentamento e adaptação à internação (Motta & Enumo, 2002). Outros comportamentos observáveis, mesmo que não estimulados pelo brincar, também podem ter sua importância para os registros de observação de crianças, como: conversar, assistir televisão e rezar (Motta et al., 2015).

f) Discussões multiprofissionais: auxiliam a exercitar um trabalho de colaboração em que as equipes atuam de forma interdependente com comunicação horizontal para alcançar os objetivos comuns almejados. Colocar o paciente no centro das atenções junto a sua família, assistindo-os à luz da humanização, por certo, favorecerá a qualidade do atendimento e também contribuirá para alcançar o reconhecimento da qualidade institucional. Esse trabalho só será possível se as equipes atuarem de forma conjunta e é um desafio a ser encarado pelo psicólogo hospitalar.

Outros desafios durante a coleta de dados se relacionam com o *setting* hospitalar e a restrição de tempo do psicólogo junto ao paciente. Apesar dessas condições, recomenda-se o uso de mais de uma técnica de coleta de dados para complementação da avaliação psicológica.

A partir das informações obtidas por meio das técnicas apresentadas, deve-se registrar os dados da avaliação de forma objetiva, para que toda a equipe tenha acesso aos conteúdos pertinentes ao projeto terapêutico do paciente. Ressalta-se que a sistematização desses registros auxilia a equipe a compreender a atuação do psicólogo e facilita o planejamento das ações multidisciplinares.

Registro em prontuário e documentos decorrentes da avaliação psicológica

Cada atendimento psicológico realizado junto ao paciente ou seus familiares deve ser anotado em seu prontuário multiprofissional. Esses registros são obrigatórios e devem ser realizados com cautela e objetividade. Conforme descrito no artigo 12 do Código de Ética do Psicólogo, "Nos documentos que embasam as atividades em equipe multiprofissional, o psicólogo registrará apenas as informações necessárias para o cumprimento dos objetivos do trabalho" (CFP, 2005). Outro ponto a ser considerado é a necessidade de se evitar o uso de siglas ou palavras desconhecidas pelos outros profissionais. Para uma boa comunicação entre membros da equipe é necessário que a informação relatada no prontuário esteja clara, inclusive para os profissionais não psicólogos.

Como fruto do primeiro contato com o paciente, é importante indicar no registro o motivo deste primeiro atendimento, independente da demanda ter chegado por interconsulta ou por busca ativa. Além disso, tanto o primeiro registro quanto os subsequentes devem ter informações relativas à avaliação psicológica realizada, como dados sobre comportamentos, afetos, sentimentos e pensamentos do paciente, além de aspectos relacionados ao enfrentamento e adaptação ao seu processo de saúde (Azevedo & Thomas, 2002).

Não se deve confundir os registros em prontuários, obrigatórios após cada atendimento, com documentos decorrentes da avaliação psicológica, como laudos e relatórios. Estes, desenvolvidos com dados provenientes da avaliação psicológica, podem ser elaborados no contexto hospitalar, desde que sejam solicitados. Caso seja necessário desenvolvê-los, eles devem seguir os padrões orientados pelo Conselho Federal de Psicologia (Lago, Yates, & Bandeira, 2016). Neste caso o profissional também deve se atentar ao sigilo profissional, que é sua obrigação e direito do paciente.

Considerações finais

Como apontado no início do capítulo, falar sobre avaliação psicológica no hospital acaba por ser um desafio, pois as produções científicas encontradas nos livros desta área tendem a descrever a prática do psicólogo assistencial sem focar a sistematização das suas ações, principalmente da avaliação. Pressupõe-se que isso possa estar relacionado com a forma de inserção do psicólogo no hospital, sendo muitas vezes com um papel de consultor, diferentemente do psicólogo que trabalha envolvido em um setor e que a sua prática leva à necessidade de uma ação/sistematização que visa a busca ativa da queixa e avaliações e intervenções mais pontuais.

Já as publicações de artigos científicos muitas vezes descrevem a avaliação de fenômenos psicológicos pautados nos procedimentos médicos, como transplantes, pré e pós-operatório, qualidade de vida e saúde mental associada a populações específicas, como pacientes oncológicos, em hemodiálise, em tratamento cardiológico, entre outros. Resultados de pesquisas como esses são de grande valia para a atuação do psicólogo, porém não evidenciam a sistematização da atuação.

Sendo assim, pretendeu-se com este capítulo compartilhar uma forma de pensar e estruturar a atuação do psicólogo no processo avaliativo de uma forma generalizada no ambiente hospitalar, porém com informações compreendidas como essenciais para esse processo. Ressalta-se que houve a preocupação de apontar que a avaliação psicológica deve ser uma prática que não se resume à testagem psicológica, com diferentes formas de coletas de dados, incluindo materiais complementares que auxiliam muito na avaliação psicológica, além das especificidades que o ambiente institui ao profissional.

Além disso, percebe-se uma carência de materiais para avaliação psicológica desenvolvidos e orientados para esse contexto. Isto torna necessário o uso de materiais complementares para a avaliação, além de reduzir a disponibilidade de protocolos mais efetivos. Sendo assim, pode-se evidenciar que é um campo que necessita de investimentos científicos e psicólogos dispostos a se engajarem em pesquisas para fortalecer a avaliação psicológica mais estruturada, dando consistência aos achados e, consequentemente, em intervenções mais precisas.

Referências

Almeida, R.A. & Malagris, L.E.N. (2015). Psicólogo da saúde no hospital geral: um estudo sobre a atividade e a formação do psicólogo hospitalar no Brasil. *Psicologia: Ciência e Profissão*, 35(3), 754-767 [Recuperado de https://doi.org/10.1590/1982-3703001312013].

Araújo, M. (2007). Estratégias de diagnóstico e avaliação psicológica. *Psicologia: Teoria e Prática*, 9(92), 126-141 [Recuperado de http://www.redalyc.org/articulo.oa?id=193818620008].

Azevedo, F.M. & Thomas, C.V. (2002). Registro psicológico em prontuário. *Revista SBPH, 5*(1/2), 26-28.

Baptista, M.N. & Borges, L. (2017). Processo de avaliação no contexto de saúde. In R. Gorayeb, M.C. Miyazaki, & M. Teodoro (Eds.). *Propsico – Programa de Atualização em Psicologia Clínica e Saúde* (pp. 141-168). Porto Alegre: Artmed.

Belar, C.D. & Deardorff, W.W. (2009). Clinical health psychology assessment. In C.D. Belar & W.W. Deardorff (Eds.). *Clinical health psychology in medical settings: A practitioner's guidebook* (2a. ed., pp. 47-80). Washington, DC: American Psychological Association.

Bertolucci, P.H.F., Brucki, S.M.D., Campacci, S.R., & Juliano, Y. (1994). O Miniexame do estado mental em uma população geral: impacto da escolaridade. *Arquivos de Neuro-Psiquiatria, 52*(1), 01-07 [Recuperado de https://doi.org/10.1590/S0004-282X1994000100001].

Borges, L. & Baptista, M.N. (2018). Avaliação psicológica em saúde. In M.N. Baptista, R.R. Dias, & A.S.D. Baptista (Eds.). *Psicologia hospitalar: teoria, aplicações e casos clínicos* (3a. ed., pp. 15-23). Rio de Janeiro: Guanabara Koogan.

Botega, N.J., Bio, M.R., Zomignani, M.A., Garcia Jr., C., & Pereira, W.A.B. (1995). Transtornos do humor em enfermaria de clínica médica e validação de escala de medida (HAD) de ansiedade e depressão. *Revista de Saúde Pública, 29*(5), 359-363 [Recuperado de https://doi.org/10.1590/S0034-89101995000500004].

Brennan, P.M., Murray, G.D., & Teasdale, G.M. (2018). Simplifying the use of prognostic information in traumatic brain injury – Part 1: The GCS--Pupils score: an extended index of clinical severity. *Journal of Neurosurgery*, 1.612-1.620 [Recuperado de https://doi.org/10.3171/2017.12.JNS172780].

Campos, R.C. & Gonçalves, B. (2011). The Portuguese Version of the Beck Depression Inventory-II (BDI--II). *European Journal of Psychological Assessment, 27*(4), 258-264 [Recuperado de https://doi.org/10.1027/1015-5759/a000072].

Capitão, C.G., Scortegagna, S.A., & Baptista, M.N. (2005). A importância da avaliação psicológica na saúde. *Avaliação Psicológica, 4*(1), 75-82.

Cardoso, H.F. & Baptista, M.N. (2016). *Escala de percepção de suporte social – Versão adulto (EPSUS-A)*. São Paulo: Hogrefe.

Carneiro, A.M. & Baptista, M.N. (2015). *Escala de pensamentos depressivos (EPD)*. São Paulo: Hogrefe.

Carvalho, M.R. & Lustosa, M.A. (2008). Interconsulta Psicológica. *Revista SBPH, 11*(1), 31-47.

CFM – Conselho Federal de Medicina (2002). *Resolução CFM n. 1.638/2002* [Recuperado de https://sistemas.cfm.org.br/normas/visualizar/resolucoes/BR/2002/1638].

CFP – Conselho Federal de Psicologia (2007a). *Resolução CFP n. 010/2005* [Recuperado de https://site.cfp.org.br/wp-content/uploads/2012/07/codigo-de-etica-psicologia.pdf].

CFP – Conselho Federal de Psicologia (2007b). *Resolução CFP n. 013/2007* Recuperado de https://site.cfp.org.br/wp-content/uploads/2008/08/Resolucao_CFP_nx_013-2007.pdf].

CFP – Conselho Federal de Psicologia (2010). *Resolução CFP n. 010/2010* [Recuperado de http://site.cfp.org.br/wp-content/uploads/2010/07/resolucao2010_010.pdf].

CFP – Conselho Federal de Psicologia (2018). *Resolução CFP n. 09/2018* [Recuperado de http://satepsi.cfp.org.br/docs/Resolu%C3%A7%C3%A3o-CFP-n%C2%BA-09-2018-com-anexo.pdf].

Cremasco, G.D.S. & Baptista, M.N. (2018). Análise de estrutura interna da Escala Baptista de Depressão – Versão Hospital-Ambulatório (Ebadep-Hosp-AMB). *Interação em Psicologia, 22*(2), 144-154 [https://doi.org/10.5380/psi.v22i2.55458].

CRP – Conselho Regional de Psicologia, 6ª Região (2005). *CID-10, ferramenta auxiliar no trabalho do psicólogo* [Recuperado de http://www.crpsp.org.br/portal/comunicacao/jornal_crp/143/frames/fr_conversando_psicologo.aspx].

Dallagnol, C., Goldberg, K., & Borges, V.R. (2010). Entrevista psicológica: uma perspectiva do contexto hospitalar. *Revista de Psicologia da Imed*, 2(1), 288-296 [https://doi.org/10.18256/2175-5027/psico-imed.v2n1p288-296].

Di Nubila, H.B.V. & Buchalla, C.M. (2008). O papel das classificações da OMS – CID e CIF nas definições de deficiência e incapacidade. *Revista Brasileira de Epidemiologia*, *11*(2), 324-335 [https://doi.org/10.1590/S1415-790X2008000200014].

Faria, J.B. & Seidl, E.M.F. (2005). Religiosidade e enfrentamento em contextos de saúde e doença: revisão da literatura. *Psicologia: Reflexão e Crítica*, *18*(3), 381-389 [https://doi.org/10.1590/S0102-79722005000300012].

Fleck, M.P., Louzada, S., Xavier, M., Chachamovich, E., Vieira, G., Santos, L., & Pinzon, V. (2000). Aplicação da versão em português do instrumento abreviado de avaliação da qualidade de vida "WHOQOL-bref". *Revista de Saúde Pública*, *34*(2), 178-183 [https://doi.org/10.1590/S0034-89102000000200012].

Gazotti, T.C. & Prebianchi, H.B. (2014). Caracterização da interconsulta psicológica em um hospital geral. *Revista Psicologia: Teoria e Prática*, *16*(1), 18-30.

Gorayeb, R. & Guerrelhas, F. (2003). Sistematização da prática psicológica em ambientes médicos. *Revista Brasileira de Terapia Comportamental e Cognitiva*, *5*(1), 11-19.

Guimarães-Neto, A.C. & Porto, J.D.S. (2017). Utilização de instrumentos de avaliação psicológica no contexto hospitalar: uma análise da produção brasileira. *Revista SBPH*, *20*(2), 66-88.

Hortense, P., Zambrano, É., & Sousa, F.A.E.F. (2008). Validação da escala de razão dos diferentes tipos de dor. *Revista Latino-Americana de Enfermagem*, *16*(4), 720-726 [https://doi.org/10.1590/S0104-11692008000400011].

Lago, V.M., Yates, D.B., & Bandeira, D.R. (2016). Elaboração de documentos psicológicos: considerações críticas à Resolução CFP n. 007/2003. *Temas em Psicologia*, *24*(2), 771-786 [https://doi.org/10.9788/TP2016.2-20].

Laloni, D.T. & Fernandes, Q.P. (2018). Psicologia ambulatorial em hospital geral – Critérios para assistência, ensino e pesquisa. In M.N. Baptista, R.R. Dias, & A.S.D. Baptista (Eds.). *Psicologia hospitalar: teoria, aplicações e casos clínicos* (3a. ed., pp. 25-38). Rio de Janeiro: Guanabara Koogan.

Macedo, M.C., Ribeiro, R.A., & Dias, R.R. (2018). Psicologia pediátrica: avaliação e intervenção. In M.N. Baptista, R.R. Dias, & A.S.D. Baptista (Eds.). *Psicologia hospitalar: teoria, aplicações e casos clínicos* (3a. ed., pp. 159-180). Rio de Janeiro: Guanabara Koogan.

Mäder, B.J. (2016a). A prática assistencial: portarias relacionadas à prática da(o) psicóloga(o) hospitalar. In B.J. Mäder (Ed.). *Caderno de psicologia hospitalar: considerações sobre assistência, ensino, pesquisa e gestão* (pp. 29-46). Curitiba: CRP-PR [Recuperado de http://old.crppr.org.br/uploads/ckfinder/files/AF_CRP_Caderno_Hospitalar_pdf.pdf].

Mäder, B.J. (2016b). A(o) psicóloga(o) hospitalar: atribuições, conquistas e expectativas. In B.J. Mäder (Ed.). *Caderno de psicologia hospitalar: considerações sobre assistência, ensino, pesquisa e gestão* (pp. 17-23). Curitiba: CRP-PR [Recuperado de http://old.crppr.org.br/uploads/ckfinder/files/AF_CRP_Caderno_Hospitalar_pdf.pdf].

Melo, M.C.B. & Barros, É.N. (2009). Histerectomia e simbolismo do útero: possíveis repercussões na sexualidade feminina. *Revista Brasileira de Psicologia Hospitalar*, *12*(2), 80-99.

Motta, A.B. & Enumo, S.R.F. (2002). Brincar no hospital: câncer infantil e avaliação do enfrentamento da hospitalização. *Psicologia, Saúde & Doenças*, *3*(1), 23-41.

Motta, A.B., Perosa, G.B., Barros, L., Silveira, K.A., Lima, A.S.S., Carnier, L.E., & Caprini, F.R. (2015). Comportamentos de *coping* no contexto da hospitalização infantil. *Estudos de Psicologia* (Campinas), *32*(2), 331-341 [https://doi.org/10.1590/0103-166X2015000200016].

OMS. Organização Mundial de Saúde. (1996). *Classificação Estatística Internacional de Doenças e Problemas Relacionados à Saúde: CID-10*. Décima revisão. Trad. do Centro Colaborador da OMS para a Classificação de Doenças em Português (3a. ed.). São Paulo: Edusp.

Paim, J.S. (2015). *O que é o SUS*. Rio de Janeiro: Fiocruz [Recuperado de http://www.livrosinterativoseditora.fiocruz.br/sus/4/].

Resolução n. 218, de 6 de março de 1997 – *Dispõe sobre o reconhecimento com profissionais de saúde de nível superior* [Recuperado de http://conselho.saude.gov.br/resolucoes/1997/reso218.doc].

Rueda, F.J.M. (2013). *BPA – Bateria Psicológica para Avaliação da Atenção*. São Paulo: Vetor.

Santos, I.S., Matijasevich, A., Tavares, B.F., Barros, A.J.D., Botelho, I.P., Lapolli, C., & Barros, F.C. (2007). Validation of the Edinburgh Postnatal Depression Scale (EPDS) in a sample of mothers from the 2004 Pelotas Birth Cohort Study. *Cadernos de Saúde Pública*, 23(11), 2.577-2.588 [https://doi.org/10.1590/S0102-311X2007001100005].

Wagner, F., Camey, S.A., & Trentini, C.M. (2014). Análise fatorial confirmatória da escala de inteligência Wechsler abreviada – Versão português brasileiro. *Avaliação Psicológica*, 13(3), 383-389.

WHO – World Health Organization (2010). *Framework for action on interprofessional education and collaborative practice* (WHO/HRH/HPN/10.3). Genebra: World Health Organization [Recuperado de https://apps.who.int/iris/bitstream/handle/10665/70185/WHO_HRH_HPN_10.3_eng.pdf%3jsessionid=2DBCF39DD4A75BE58C8A24C2B028916C?sequence=1].

17
Avaliação psicológica de fatores humanos em Ambientes Isolados, Confinados e Extremos (ICE)

Roberto Moraes Cruz

Paola Barros Delben

Introdução

Ambientes Isolados, Confinados e Extremos (ICE) são aqueles identificados como de alto potencial ofensivo à vida e à sua manutenção, e que exigem condutas de cuidado e proteção às pessoas que vivem, trabalham ou participam de missões esporádicas ou específicas nesses ambientes, tais como as regiões polares, subterrâneas, marítimas e estações espaciais (Palinkas, 2003; Bishop, Kobrick, Battler, & Binsted, 2010; Love & Bleacher, 2013; Strangman, Sipes, & Beven, 2014). Na literatura especializada, alguns autores utilizam a sigla ICE para se referir a ambientes isolados e confinados – *Isolated and confined environments* (Carrere & Evans, 1994; Palinkas, 2003). Neste texto, entretanto, foi adotado o conceito mais predominante de ICE (Maynard & Kennedy, 2016; Corneliussen, Leon, Kjærgaard, Fink, & Venables, 2017), com a inicial *E* representando a condição extrema (*Extreme*) e que, coincidentemente, corresponde à mesma sigla em português.

Em ambientes ICE, em função da possibilidade iminente de eventos críticos e acidentes, é relevante estudar os denominados fatores humanos e suas relações com os estressores ambientais e o uso de recursos materiais, o que necessariamente implica produzir investigações *in loco* junto aos profissionais que atuam nessas condições ambientais (Palinkas, 2003; Strangman, Sipes, & Beven, 2014). Nesse sentido, vislumbra-se, objetivamente, a necessidade de produzir a avaliação de processos psicológicos e sua relação com marcadores biológicos e estressores socioambientais, de forma a ampliar a compreensão dos fatores humanos em ambientes ICE.

O trabalho de avaliar, por parte dos psicólogos, atende a diferentes objetos de investigação, seja na pesquisa, no ensino ou na intervenção profissional, tendo em vista o que se pretende avaliar e para qual finalidade e contexto o processo de avaliação é devido (Cruz, 2002; Martinussen & Hunter, 2017). De uma forma ou de outra, a avaliação psicológica se ocupa da análise e compreensão do comportamento de indivíduos e grupos humanos específicos, conforme o nível de interesse de investigação (p. ex., psicomotor, emocional ou cognitivo) e por sua finalidade (caracterização, orientação, explicação, diagnóstico, predição), orientados por modelos teóricos e procedimentos de coleta de dados e informações (Aragón & Silva, 2002; Fernández-Ballesteros, 2014).

O objetivo deste capítulo é discutir o papel da avaliação psicológica em ambientes ICE, seja no campo da pesquisa ou da intervenção profissional. A expectativa deste texto é contribuir na ampliação do conhecimento acerca das principais contribuições técnicas e científicas que possam estimular a imersão dos psicólogos no trabalho de avaliação psicológica neste campo de estudo emergente. De forma mais específica, busca também retratar os estudos psicológicos e os procedimentos de avaliação de fatores humanos em ambientes ICE, realizados pelos pesquisadores do Laboratório Fator Humano, do Departamento de Psicologia da Universidade Federal de Santa Catarina (UFSC), pioneiros em Psicologia, no Brasil, na investigação *in loco* de fatores humanos relacionados à saúde e a segurança em regiões polares, desde 2014 (Barros-Delben, 2018).

Avaliação de fatores humanos em ambientes ICE

A presença humana em ambientes ICE remonta aos primeiros grupos nômades que se dirigiram a locais inóspitos da Terra em busca de novas possibilidades de sobrevivência, promessa e sonhos de riquezas, ocupação de novos territórios, ampliação da soberania dos povos ou, ainda, por curiosidade do novo. A realização de missões em direção ao desconhecido faz parte do processo civilizatório humano desde tempos remotos, que alimentou a construção do empreendimento científico de querer conhecer e mudar o mundo. Ambientes ICE são, portanto, parte dessa conquista humana. Geralmente homens e mulheres que se dirigem aos ambientes ICE apresentam características dos chamados "buscadores de sensações", pessoas com maior predisposição a arriscar-se, mesmo que outros fatores sejam motivadores da inserção em tais locais (Barlow, Woodman, & Hardy, 2013).

Alguns desses elementos levaram o homem às principais missões de exploração espacial e em regiões de difícil acesso e habitabilidade, como os polos do planeta (Lloyd & Apter, 2006). O polo norte atraiu pessoas em tempos remotos do desenvolvimento da espécie humana a estabelecerem residência fixa, apresentando adaptação psicofisiológica para a formação dos povos Inuítes, popularmente conhecidos como Esquimós (Skorupa, 2016). A Antártica, polo extremo oposto, o último continente do globo desbravado, é considerada a única região do planeta sem populações nativas (Palinkas & Suedfeld, 2008). O primeiro Atlas completo, publicado em 1910, imprimiu a palavra "inexplorado" na indicação da Antártica, embora compreenda 9% da superfície do globo (Mueller & Adler, 2004).

A produção científica sobre a avaliação e controle de fatores humanos em ambientes ICE, remonta à Segunda Guerra Mundial, aos interesses militares e à ciência aeroespacial e nuclear. A necessidade de compreender aspectos relacionados à habitabilidade submarina (permanecer meses mergulhado) e ao desempenho de tripulações em espaços confinados terrestres, marítimos e extraterrestres levou a uma intensa produção de conhecimentos científicos, desde então, acerca dos fatores humanos em condições críticas. O exame de aspectos psicofisiológicos e até problemas sociais e psicológicos experimentados por tripulantes, em condições de estresse prolongado, passou a ser uma fonte importante de pesquisa (Tachibana, Tachibana, & Inoue, 2017; Driskell, Salas, & Driskell, 2018).

Fatores humanos é uma expressão utilizada, genericamente, para designar os produtos da ação humana no meio ambiente que repercutem na própria capacidade ou condição humana de agir. No âmbito das atividades laborais, denomina-se fatores humanos no trabalho ao produto de ações bem ou malsucedidas (condutas seguras ou de risco) e seus respectivos potenciais de geração de consequências positivas (cuidado, prevenção) ou negativas (acidente, agravo à saúde) no ambiente de trabalho (Reason, 1995; Wilson & Corlett, 2005; Wit & Cruz, 2019).

A avaliação de fatores humanos em situações de trabalho pressupõe a busca de evidências acerca da capacidade e funcionalidade dos indivíduos diante das necessidades impostas pelo ambiente de trabalho, ao mesmo tempo em que promove a compreensão das limitações e restrições às atividades humanas em situações específicas, o potencial ofensivo ou protetivo do ambiente e dos processos de gestão do trabalho sobre as condições de saúde e segurança das pessoas (Frutuoso & Cruz, 2005; Cruz, 2010).

A avaliação psicológica de fatores humanos em ambientes ICE

Os estudos em regiões polares e a corrida espacial impulsionaram, de forma explícita, a definição de ciência psicológica de um escopo de interesse voltado à compreensão do comportamento humano em ambientes ICE. Tal empreendimento científico permitiu que outros campos pudessem se beneficiar dos investimentos na pesquisa e nas experiências observadas *in loco* e em estações remotas, especialmente a ergonomia e a fisiologia humana (Cobra, 2009; Halsey & Stroud, 2012).

Desde as primeiras publicações sobre estudos psicológicos exclusivamente no continente polar sul, na década de 1960 (Gunderson & Nelson, 1963; Suedfeld & Steel, 2000), até os dias de hoje, aproximadamente 200 trabalhos científicos são salientes nas principais bases de dados internacionais. Os quase 60 anos de estudos indicam interesses voltados aos primeiros relatos de ex-

pedicionários, que alertavam sobre os perigos da melancolia e do abuso de álcool (Zimmer, Cabral, Borges, Côco, & Hameister, 2013; Paul, Love, Hawton, Brett, McCreary, & Arendt, 2015). Outras investigações alertavam para as alterações no humor, tais como a depressão e a ansiedade, as síndromes sazonais, como a T3 polar e a síndrome do inverno, também chamada de Transtorno Afetivo Sazonal (*Seasonal Affective Disorder* – SAD), além dos problemas de adaptação, conflitos nas relações interpessoais e enfrentamento ao estresse (Dias, Scarazzato, Moschim, & Barbosa, 2014; D'Incao & Gastaud, 2015).

Recentemente, os estudos sobre comportamento seguro e fatores psicossociais ocupacionais em ambiente polares, realizados pelos pesquisadores do Laboratório Fator Humano da Universidade Federal de Santa Catarina (Barros-Delben & Cruz, 2017), têm procurado contribuir na construção de modelos teóricos e na adaptação de instrumentação psicológica voltados às demandas dos ambientes ICE (Barros-Delben, 2018). Ambientes ICE distinguem-se de outros contextos por suas características singulares, em termos de potencial de riscos à manutenção da vida, que influenciam ou determinam mudanças significativas no tônus psicofisiológico, neuropsicológico e no comportamento socioambiental (Barros-Delben & Cruz, 2017). Fatores de risco à saúde e segurança de trabalhadores são produtos da interação entre o ser humano e o meio em que está inserido. Em ambientes ICE essa interação é explicitada pelos efeitos psicofisiológicos nos indivíduos expostos, sejam em incursões de curta ou longa duração (Strangman et al., 2014), pois requer dos trabalhadores a chamada "prontidão 24 horas" para o enfrentamento de fontes estressoras ambientais (Cruz, Barros-Delben, Jesus, & Skorupa, 2018).

A exposição prolongada de seres humanos ao ambiente ICE exige estratégias de avaliações longitudinais, presenciais e por via remota, que acompanhem e verifiquem as alterações de estados psicofisiológicos, psicológicos e psicossociais em diferentes momentos das atividades e conforme as condições ambientais (Volante, Merz, Stowers, & Hancock, 2016). Variados processos de rastreamento e controle de indicadores psicofisiológicos e psicológicos são rastreados a longa distância, por meio de mecanismos computadorizados e autorreferidos, como é o caso das missões espaciais (Tachibana, Tachibana, & Inoue, 2017). Em função desses aspectos, há a necessidade de identificar alternativas viáveis para realizar avaliações psicológicas em locais de difícil acesso e demandas singulares, o que implica flexibilizar procedimentos para o acesso às pessoas e para a investigação de fenômenos psicológicos sob investigação (Skorupa, 2016; Barros-Delben, 2018).

De uma maneira geral, estudos psicológicos em ambientes ICE têm acentuado o papel da avaliação do estresse, dos fatores de riscos psicossociais, da qualidade das interações grupais, do comportamento de segurança, dos impactos dos estressores socioambientais na saúde das pessoas (Nicolas, Suedfeld, Weiss, & Gaudino, 2016; Steinach et al., 2015; Strangman, Sipes, & Beven, 2014). Estudos recentes têm procurado aperfeiçoar métodos de aferição de habilidades específicas em líderes e equipes que executam tarefas complexas em condições de altas exigências cognitivas e ambientais e de possibilidade de erros, tais como as missões espaciais, os desastres naturais e os acidentes de grandes proporções (Salas, Tannenbaum, Kozlowski, Miller, Mathieu, & Vessey (2015).

No Brasil, dentre as estratégias de avaliação de condições psicológicas para trabalhar em ambientes insalubres e de alto potencial para acidentes, destaca-se o emprego da avaliação de fatores de riscos psicossociais em espaços confinados e para o trabalho em altura, respectivamente, as Normas Regulamentadoras (NR) 33 e 35. Em ambas são estabelecidos os requisitos mínimos para avaliação, monitoramento e controle dos riscos existentes, de forma a garantir a segurança e saúde dos trabalhadores que atuam nessas condições (Brasil, 2006; Brasil, 2016). Com relação à condição de isolamento, entretanto, há necessidades de previsão legal e de metodologias de estudo mais específicas acerca do comportamento seguro nessa condição.

Em algumas estações em regiões polares, por exemplo, durante o inverno, em que não há formas de evacuação mesmo em casos de emergência, pequenos grupos convivem forçadamente por até seis meses, que variam de 10 a 250 pessoas no mesmo período, o que restringe, também, as interações sociais (Rivolier, 1992; Bootz, Lievre, & Schenk, 2015). Estudos focados em equipes que vivem e trabalham em ambientes de simulação a futuras missões espaciais, nessa direção, fornecem informações relevantes acerca dos perigos do isolamento (Bishop, Kobrick, Battler, & Binsted, 2010; Driskell et al., 2018; Palinkas, Gunderson, Holland, Miller, & Johnson, 2000; Vanhove, Herian, Harmas, Luthans, & Johnson, 2000), assim como dos problemas que podem derivar da forma de estruturação e funcionamento do trabalho entre os membros de equipes, sejam eles civis ou militares, organizadas para atuar em condições críticas.

É importante refletir que cada condição de isolamento, de confinamento ou extrema, em termos de controle dos aspectos críticos da exposição humana, acentua particularidades no processo de avaliação psicológica em função do peso de cada condição na determinação de eventos críticos, na finalidade da investigação psicológica, no grau de conhecimento do psicólogo acerca das variáveis que constituem os fatores humanos em ambientes ICE. A avaliação psicológica de fatores humanos em ambientes ICE compreende um campo de aplicação de teorias, métodos e instrumentação psicológicas, assim como de procedimentos profissionais regulares de aferição dos resultados da interação entre as condições socioambientais e o uso de funções psicológicas, nesse contexto.

O investimento na pesquisa e na intervenção psicológica em ambientes ICE, relativamente recentes, repercute nos processos de avaliação e seleção de profissionais que integram as missões técnico-científicas e militares regulares nesses ambientes, assim como no auxílio ao controle e prevenção de acidentes, adoecimentos e conflitos entre participantes dedicado a essas ações (Barros-Delben & Cruz, 2017). Profissionais que realizam ou pretendem realizar avaliações psicológicas em ambientes ICE devem ter compreensão das caraterísticas dos sistemas e das interações entre marcadores biofuncionais e comportamento humano (Flynn-Evans, Gregory, Arsintescu, & Whitmire, 2016; Landon, Slack, & Barrett, 2018). No espaço, por exemplo, há o impacto da ausência de gravidade que decorre em alterações da direção do fluxo sanguíneo e oxigenação cerebral, repercutindo no desempenho cognitivo (Deming & Vasterling, 2017). Em ambientes polares do planeta, um dos elementos relevantes de interação é o frio, que tende a reduzir a síntese de dopamina e está associado a alterações no humor, ao desconforto, à ansiedade e à depressão (Gailliot, 2014).

Dentre os construtos mais investigados em avaliações psicológicas em ambientes ICE, destacam-se: inteligência, atenção, memória, *coping*, personalidade, autonomia, *locus* de controle, assédio moral, conflitos interpessoais, estresse, carga de trabalho, vulnerabilidade, alterações do ciclo sono-vigília, fobias, humor, desempenho, satisfação, habilidades interpessoais, valores pessoais (Zimmer et al., 2013; Barros-Delben & Cruz, 2017). A instrumentação para a avaliação psicológica individual ou coletiva em ambientes ICE (testagem, entrevistas, anamnese e observações) é definida em função do acesso às pessoas e ao ambiente de trabalho.

A avaliação psicológica de fatores humanos em ambientes ICE deve levar em consideração algumas características ambientais que interferem nas condições psicológicas das pessoas: a sazonalidade, que impõe variações no humor e que está associada aos ciclos diurnos e noturnos de sono, vigília e trabalho em regiões polares e extremas; as variáveis situacionais, em que os estilos de personalidade, as necessidades pessoais e as estratégias de enfrentamento mostram-se preditoras do humor e do desempenho, especialmente em situações de emergência; o ambiente social, que promove ou restringe comportamentos de coesão ou conflitantes e que também interferem nas variações de humor e afeto; o espaço físico do local de trabalho e convivência, que, conforme o caso, acentua a experiência de confinamento e isolamento, com efeitos importantes nas condições físicas e emocionais das pessoas (Palinkas, 2003; Palinkas, Glogower, Dembert, Hansen, & Smullen, 2004).

Condições ambientais extremas, em termos de temperatura, altura ou profundidade, por exemplo, em função dos esforços físicos e mentais produzidos para lidar com os estressores ambientais, e dependendo do tempo de duração e exposição a essas condições podem implicar na manifestação de sintomas da fadiga, irritabilidade, insônia, esquecimento, dificuldade de concentração e queixas somáticas (Palinkas, 2003; Mäkinen, 2007). Crises comportamentais têm uma probabilidade baixa de ocorrência nos ambientes ICE, porém transtornos de humor ocorrem com frequência elevada. A exposição ao frio, sem a devida proteção e adaptação, implica restrições cognitivas e altera negativamente os mecanismos fisiológicos de compensação térmica, o desempenho das funções atencionais e o estado de vigilância (Leon, Sandal, & Larsen, 2011).

Em função desses aspectos, antes de iniciar uma avaliação psicológica de fatores humanos em ambientes ICE deve-se considerar as caraterísticas dos ambientes de trabalho e dos espaços de convivência, o mapeamento dos riscos inerentes àquele contexto, o uso de Equipamentos de Proteção Individual (EPI), as condições de instalações e os serviços básicos de manutenção da vida e conforto. Esses aspectos podem existir previamente à avaliação psicológica ou constituírem parte integrante da realização do processo de avaliação, triangulando, metodologicamente, inquéritos, observações abertas, *check list* de condutas de segurança, escalas para aferição de construtos psicológicos específicos, associados a outros indicadores biológicos e socioambientais.

O propósito da avaliação psicológica de fatores humanos em ambientes ICE deve ser orientado metodologicamente, de modo que sejam definidas as técnicas e os instrumentos de exame mais adequados à coleta de dados e que não haja uma sobrecarga aos respondentes. Geralmente, divide-se a avaliação em dois seguimentos: a) avaliação cognitiva, emocional e comportamental (aspectos idiossincráticos); b) avaliação das repercussões, determinantes e influenciadores das condições psicológicas (aspectos processuais

e sistêmicos). Algumas perguntas podem guiar o psicólogo em seu planejamento de avaliação psicológica em Ambientes ICE. O propósito da avaliação é para descrição de aspectos psicológicos favoráveis ou desfavoráveis ao desempenho em ambientes ICE? É para ser utilizado na prevenção, controle ou mitigação de riscos e danos? É um recurso para programação de contramedidas, ações de *pós-venção* a acidentes e adoecimentos relacionados ao trabalho?

Os procedimentos de avaliação psicológica devem ser planejados para serem executados antes, durante e após o processo de inserção, ou seja, podem ser realizados presencialmente (*in loco*, inclusive), por internet (medidas de autorrelato e testes de desempenho) ou por videoconferência (que exigem interação verbal), levando-se em consideração os períodos mais críticos (inverno) e o fenômeno da sazonalidade. Os instrumentos, em geral, podem ser adaptados para a versão de aplicação online; entretanto, deve-se ressaltar que, em alguns contextos ICE, a alternativa remota é inviável, seja pela qualidade da internet ou pela segurança do sigilo dos dados transmitidos.

Nota-se uma tendência para adaptação de instrumentos às características dos ambientes ICE, em termos de adequação dos itens à realidade dos respondentes, além da preocupação com versões breves em função dos restritos tempo e disponibilidade das pessoas para a coleta de dados (Zimmer et al., 2013; Barros-Delben, 2018). No processo de seleção de profissionais para missões polares, destaca-se a *Psychological Selection of Antarctic Personnel* (Soap), uma bateria composta por nove instrumentos psicológicos, que tem por objetivo rastrear recursos psicológicos favoráveis e desfavoráveis ao enfrentamento de condições ambientais críticas, especialmente o frio, incluindo aspectos de personalidade e transtornos mentais (Grant et al., 2007; Zimmer et al., 2013). Na avaliação do desempenho cognitivo e do humor tem sido utilizada uma bateria de testes computadorizada denominada *Automatic Neuropsychological Assessment Metric – Isolated and Confined Environments* (Anam-ICE), ou Métricas Automatizadas de Avaliação Neuropsicológica para Ambientes Isolados e Confinados, em tradução livre (Stragman, Sipes, & Beyen, 2014; Temp, Lee, & Bak, 2018; Web, 2017).

Dentre os instrumentos mais utilizados em processos de avaliação psicológica nesse contexto, com validação no Brasil, destacam-se o Perfil de Estados de Humor (Poms), a Escala de Humor de Brunel (Brums), a Escala de Afeto Positivo e Negativo (Panas), além de versões breves e adaptações reduzidas de instrumentos para estilos de personalidade, *coping*, resiliência, depressão, ansiedade e aspectos cognitivos.

Considerações finais

A avaliação psicológica é um processo de investigação das condições psicológicas das pessoas, em contexto específico, baseado em fundamentos teóricos e procedimentos técnicos válidos e confiáveis, que sejam úteis e relevantes à produção de conhecimentos psicológicos sobre as condições investigadas e à tomada de decisão das pessoas, em diferentes situações e graus de interesse. A avaliação psicológica em ambientes ICE deve levar em consideração a exposição a riscos e estressores que envolvem a presença e permanência humana nesses ambientes, tendo em vista a imprevisibilidade de eventos críticos, o acesso muitas vezes restrito para socorro em situações de emergência, a necessidade de adaptação psicofisiológica e de estratégias de enfrentamento adequadas a exposições prolongadas. Nesse sentido, é importante considerar a necessidade de realizar avaliação psicológica da aptidão de civis e militares para a inserção e pós-inserção em ambientes ICE, ou seja, na fase de preparação, durante o trabalho (*in loco*) e no retorno de missões técnico-científicas.

A finalidade da avaliação psicológica de fatores humanos em ambientes ICE é contribuir para o desenvolvimento de ações voltadas à prevenção de acidentes e agravos à saúde, assim como nos processos de adaptação e desenvolvimento de habilidades para o cuidado consigo mesmo e com as pessoas que vivem e trabalham nesses ambientes.

Referências

Aragón, L. & Silva, A. (2002). *Fundamentos teóricos de la evaluación psicológica*. México: Pax.

Barlow, M., Woodman, T., & Hardy, L. (2013). Great expectations: Different high-risk activities satisfy different motives. *Journal of Personality and Social Psychology, 105*(3), 458.

Barros-Delben, P. (2018). *Comportamento seguro em expedicionários militares do Programa Antártico Brasileiro (Proantar)*. Dissertação de mestrado, Programa de Pós--Graduação em Psicologia. Florianópolis: Universidade Federal de Santa Catarina.

Barros-Delben, P. & Cruz, R.M. (2017). Modelo conceitual de comportamento seguro a expedicionários do Programa Antártico Brasileiro (Proantar). *XXV Jornadas de Jóvenes Investigadores*, 8 al 20 de Octubre de 2017. Encarnación, Paraguay.

Bishop, S.L., Kobrick, R., Battler, M., & Binsted, K. (2010). FMARS 2007: Stress and coping in an arctic Mars simulation. *Acta Astronautica*, 66(9-10), 1.353-1.367.

Bootz, J.P., Lievre, P., & Schenk, E. (2015). Solicitation of experts in an undetermined environment: the case of a polar exploration. *Journal of Knowledge Management*, 19(5), 900-911.

Brasil (2006). Ministério do Trabalho e Emprego. *Normas regulamentadoras de segurança e saúde do trabalho – NR-33: Segurança e saúde nos trabalhos em espaços confinados*. Brasília: TEM [Recuperado de http://portal.mte.gov.br/data/files/FF8080812BE914E6012BF2FE9B8C247D/nr_33.pdf– Acesso em 11 nov. 2016].

Brasil (2016). Ministério do Trabalho e Emprego. *Manual de auxílio na interpretação e aplicação da norma regulamentadora n. 35 – Trabalho em altura* [Recuperado de: http://www.mtps.gov.br – Acesso em 11 nov. 2016].

Carrere, S. & Evans, G.W. (1994). Life in an isolated and confined environment: A qualitative study of the role of the designed environment. *Environment and Behavior*, 26(6), 707-741.

Cobra, G.O. (2009). Psicologia Polar. *Formação Profissional e Compromisso Social da Psicologia*, 2(2), 70-80.

Corneliussen, J.G., Leon, G.R., Kjærgaard, A., Fink, B.A., & Venables, N.C. (2017). Individual Traits, Personal Values, and Conflict Resolution in an Isolated, Confined, Extreme Environment. *Aerospace Medicine and Human Performance*, 88(6), 535-543.

Cruz, R.M. (2002). O processo de conhecer em avaliação psicológica. In R.M. Cruz., C. Alchieri, & J.J. Sardá. *Avaliação e medidas psicológicas: produção do conhecimento e da intervenção profissional*. São Paulo: Casa do Psicólogo.

Cruz, R.M. (2010). Nexo técnico e vigilância à saúde do trabalhador: uma agenda científica para o NTEP. In J.M.H. Machado, L. Soratto, & W. Codo. *Saúde e trabalho no Brasil: uma revolução silenciosa – O NTEP e a previdência social*, 93-123.

Cruz, R.M., Barros-Delben, P., Jesus, W.M., & Skorupa, A. (2018). Comportamento seguro em expedicionários militares do Programa Antártico Brasileiro. *Anais.*

XXIX Reunião de Administradores de Programas Antárticos Latino-Americanos (Rapal). Brasília, 1-9.

Deming, C.A., & Vasterling, J.J. (2017). Workplace Social Support and Behavioral Health Prior to Long-Duration Spaceflight. *Aerospace Medicine and Human Performance*, 88(6), 565-573.

Dias, M.V., Scarazzato, P.S., Moschim, E., & Barbosa, F.R. (2014). Iluminação e saúde humana: estado da arte em dispositivos de medição de luz no nível dos olhos. *Pós – Revista do Programa de Pós-Graduação em Arquitetura e Urbanismo da Fauusp*, 21(36), 210-227.

D'Incao, D.B. & Gastaud, M.B. (2015). Investigating the association between depressive symptoms and complaints in different seasons. *Fractal – Revista de Psicologia*, 27(2), 152-159.

Driskell, T., Salas, E., & Driskell, J.E. (2018). Teams in extreme environments: Alterations in team development and teamwork. *Human Resource Management Review*, 28(4), 434-449.

Fernández-Ballesteros, R. (2014). *Evaluación psicológica*. Pirámide.

Flynn-Evans, E., Gregory, K., Arsintescu, L., & Whitmire, A. (2016). *Risk of Performance Decrements and Adverse Health Outcomes Resulting from Sleep Loss, Circadian Desynchronization, and Work Overload*. Houston, TX: Technical report, Nasa Johnson Space Center.

Frutuoso, J.T. & Cruz, R.M. (2005). Mensuração da carga de trabalho e sua relação com a saúde do trabalhador. *Rev. Bras. Med. Trab.*, 3(1), 29-36.

Gailliot, M.T. (2014). An assessment of the relationship between self-control and ambient temperature: A reasonable conclusion is that both heat and cold reduce self-control. *International Review of Social Sciences and Humanities*, 8(1), 149-193.

Grant, I., Eriksen, H.R., Marquis, P., Orre, I.J., Palinkas, L.A., Suedfeld, P. & Ursin, H. (2007). Psychological selection of Antarctic personnel: The "Soap" instrument. *Aviation, Space, and Environmental Medicine*, 78(8), 793-800.

Gunderson, E.K. & Nelson, P.D. (1963). Adaptation of small groups to extreme environments. *Aerospace Medicine*, 34, 1.111-1.115.

Halsey, L.G., & Stroud, M.A. (2012). 100 years since Scott reached the pole: a century of learning about the physiological demands of Antarctica. *Physiological Reviews*, 92(2), 521-536.

Landon, L.B., Slack, K.J., & Barrett, J.D. (2018). Teamwork and collaboration in long-duration space missions: Going to extremes. *American Psychologist*, 73(4), 563-575.

Leon, G.R., Sandal, G.M., & Larsen, E. (2011). Human performance in polar environments. *Journal of Environmental Psychology*, 31(4), 353-360.

Lloyd, J.C. & Apter, M.J. (2006). Motivation in extreme environments: A case study of polar explorer pen. *Human Performance in Extreme Environments*, 9(1), 1.

Love, S.G. & Bleacher, J.E. (2013). Crew roles and interactions in scientific space exploration. *Acta Astronautica*, 90(2), 318-331.

Mäkinen, T.M. (2007). Human cold exposure, adaptation, and performance in high latitude environments. *American Journal of Human Biology: The Official Journal of the Human Biology Association*, 19(2), 155-164.

Martinussen, M. & Hunter, D.R. (2017). *Aviation psychology and human factors*. CRC Press.

Maynard, M.T. & Kennedy, D.M. (2016). Team adaptation and resilience: What do we know and what can be applied to long-duration isolated, confined, and extreme contexts. *Houston, TX: National Aeronautics and Space Administration*.

Mueller, G.O. & Adler, F. (2004). No crime in no-man's land? an Antarctic exploration. *Criminal Justice Studies*, 17(4), 405-409.

Nicolas, M., Suedfeld, P., Weiss, K., & Gaudino, M. (2016). Affective, social, and cognitive outcomes during a 1-year wintering in Concordia. *Environment and Behavior*, 48(8), 1.073-1.091.

Palinkas, L.A. (2003). The psychology of isolated and confined environments: Understanding human behavior in Antarctica. *American Psychologist*, 58(5), 353.

Palinkas, L.A., Glogower, F., Dembert, M., Hansen, K., & Smullen, R. (2004). Incidence of psychiatric disorders after extended residence in Antarctica. *International Journal of Circumpolar Health*, 63(2), 157-168.

Palinkas, L.A., Gunderson, E.K., Holland, A.W., Miller, C., & Johnson, J.C. (2000). Predictors of behavior and performance in extreme environments: the Antarctic space analogue program. *Aviat Space Environ Med.*, 71(6), 619-625.

Palinkas, L.A. & Suedfeld, P. (2008). Psychological effects of polar expeditions. *The Lancet*, 371(9.607), 153-163.

Paul, M.A., Love, R.J., Hawton, A., Brett, K., McCreary, D.R., & Arendt, J. (2015). Light treatment improves sleep quality and negative affectiveness in high arctic residents during winter. *Photochemistry and photobiology*, 91(3), 567-573.

Reason, J. (1995). Understanding adverse events: human factors. *BMJ Quality & Safety*, 4(2), 80-89.

Rivolier, J. (1992). *Facteurs humains et situations extrêmes*. Masson.

Salas, E., Tannenbaum, S.I., Kozlowski, S.W., Miller, C.A., Mathieu, J.E., & Vessey, W.B. (2015). Teams in space exploration: A new frontier for the science of team effectiveness. *Current Directions in Psychological Science*, 24(3), 200-207.

Skorupa, A. (2016). Work in extreme conditions – Guidelines to the introduction of Polar Leadership Program based on longitudinal psychological study of workers of Polish Polar Station on Spitsbergen: or1412. *International Journal of Psychology*, 51, 776.

Steinach, M., Kohlberg, E., Maggioni, M.A., Mendt, S., Opatz, O., Stahn, A., Tiedemann, J., & Gunga, H.C. (2015). Changes of 25-OH-vitamin D during overwintering at the German Antarctic stations Neumayer II and III. *PloS one*, 10(12), e0144130.

Strangman, G.E., Sipes, W., & Beven, G. (2014). Human cognitive performance in spaceflight and analogue environments. *Aviation, Space, and Environmental Medicine*, 85(10), 1.033-1.048.

Suedfeld, P. & Steel, G.D. (2000). The environmental psychology of capsule habitats. *Annual Review of Psychology*, 51(1), 227-253.

Tachibana, K., Tachibana, S., & Inoue, N. (2017). From outer space to Earth – The social significance of isolated and confined environment research in human space exploration. *Acta Astronautica, 140,* 273-283.

Temp, A.G., Lee, B., & Bak, T.H. (2018). *A Mixed--Methods Approach in the Arctic Archipelago of Svalbard: Studying the Cognition, Mental Health, and Lived Experiences of Small Teams in Isolation and Confinement.*

Vanhove, A.J., Herian, M.N., Harms, P.D., Luthans, F., & DeSimone, J.A. (2014). Examining Psychosocial Well-being and performance in isolated, confined and extreme environments. *National Aeronautics and Space Administration Johnson Space Center Houston.* Texas 77058.

Volante, W.G., Merz, M., Stowers, K., & Hancock, P.A. (2016). Sleep, Workload and Boredom: Subject Matter Expert Insights. In *Proceedings of the Human Factors and Ergonomics Society Annual Meeting* (vol. 60, n. 1, pp. 1.833-1.837). Los Angeles, CA: Sage.

Webb, A.N. (2017). *Effect of Cold Exposure on Memory and Attention* (Doctoral dissertation). Middle Tennessee State University.

Wilson, J.R. & Corlett, N. (2005). Methods in the understanding of human factors. In J.R. Wilson & N. Corlett (Eds.). *Evaluation of Human Work* (3a. ed., pp. 16-46). CRC Press.

Wit, P.A. & Cruz, R.M. (2019). Learning from AF447: Human-machine interaction. *Safety Science, 112,* 48-56.

Zimmer, M., Cabral, J.C.C.R., Borges, F.C., Côco, K.G., & Hameister, B.D.R. (2013). Psychological changes arising from an Antarctic stay: systematic overview. *Estudos de Psicologia* (Campinas), *30*(3), 415-423.

18
Avaliação psicológica no contexto do esporte

Andréa Duarte Pesca

Gabriela Frischknecht

Evandro Morais Peixoto

Contextualização

Desde a origem da psicologia do esporte, profissionais têm se empenhado em desenvolver aspectos do atleta visando a ampliação de suas capacidades competitivas. Tais objetivos foram explicitados pelos fundadores desta área do conhecimento: Coleman Griffith e Bruce Ogilve, que buscavam melhorar a *performance* esportiva e ajudar o atleta obter maior satisfação nesta experiência. Nesta direção, as duas principais instituições representantes da psicologia do esporte na América do Norte, *Association for Applied Sport Psychology* (Aasp) e a Divisão 47 da *American Psychological Association* (APA), enfatizam esses aspectos em suas definições de psicologia do esporte. De acordo com a Aasp, o principal objetivo do profissional em psicologia do esporte é contribuir para o melhor envolvimento, *performance* e satisfação do atleta, no esporte e no exercício físico. De maneira semelhante, a APA discorre sobre o treinamento, desenvolvimento e utilização das habilidades psicológicas em busca da melhor *performance* e bem-estar do atleta, frente às questões associadas com o ambiente esportivo e organizacional, além dos aspectos sociais da participação esportiva (Aoyagi, Potenga, Poczwardowski, Cohen, & Statler, 2012). Para o alcance de tais objetivos o psicólogo do esporte é convocado cotidianamente à tomada de decisões interventivas junto aos atletas e comissão técnica, por exemplo. Invariavelmente essas decisões são pautadas em informações coletadas a partir de processos avaliativos junto aos diferentes participantes do contexto esportivo. Este capítulo tem como principal objetivo a apresentação das diferentes etapas dos processos de avaliação no contexto da psicologia do esporte. Para tanto se estrutura em quatro etapas: 1) definição da psicologia do esporte; 2) caracterização da avaliação psicológica específica ao contexto esportivo; 3) apresentação dos procedimentos utilizados para operacionalização do processo avaliativo e 4) discussão dos avanços e desafios enfrentados pela área.

Introdução

A prática esportiva tem sido cada vez mais incentivada, proporcionando uma variedade de oportunidades de envolvimento, diversificando entre os objetivos e as exigências de cada modalidade esportiva. O desempenho de atletas e equipes é um dos aspectos mais relevantes do contexto esportivo, principalmente no que diz respeito ao enfoque competitivo, pois é necessário perceber as razões que levam um atleta a alcançar níveis mais elevados de desempenho, enquanto outros atletas apresentam menores níveis de habilidades competitivas (Gomes, 2011; Gomes & Cruz, 2007).

Embora o campo da psicologia do esporte aplicada tenha se desenvolvido, esta área de atuação ainda enfrenta desafios para obter maiores avanços. Winter e Collins (2016) sugerem critérios essenciais para um melhor desenvolvimento da área que justificam um campo profissional específico de psicologia do esporte aplicada, que são: base de conhecimento subjacente, regulação organizacional, dimensão ética, e, por fim, uma autonomia profissional.

A Psicologia do Esporte e do exercício faz parte do grupo de disciplinas que contemplam as ciências do esporte e busca produzir conhecimento sobre os aspectos psíquicos das pessoas em contextos do esporte e exercício, bem como aspectos práticos de tal conhecimento (Weinberg & Gould, 2017). Em outras palavras, a psicologia do esporte diz respeito aos embasamentos, processos e implicações da regulação psicológica das atividades esportivas (Pesca, Pereira, & Cruz, 2014). Assim, o psicólogo esportivo procura entender como fatores emocionais afetam o desempenho físico do indivíduo e compreender como a participação em esportes relaciona-se com saúde física, emocional e o bem-estar dos atletas (Weinberg & Gould, 2017; Nitsch, 1986). A psicologia do esporte e do exercício, regulamentada em termos de exercício profissional e formação pelo Conselho Federal de Psicologia [CFP] (Resolução 014/2010), desenvolveu-se como área oferecendo especificidades, com uma convivência de diversas abordagens teóricas e a aplicação de diferentes métodos e instrumentos de avaliação e intervenção (Silva, Foch, Guimarães, & Enumo, 2014). Psicólogos do esporte adotam, entre outras práticas comuns, processos de avaliação psicológica para o adequado desenvolvimento de suas atividades profissionais.

Avaliação psicológica é compreendida como um conjunto de procedimentos que visam avaliar, por métodos variados, características de indivíduos ou de grupos, de forma sistemática, para responder a uma determinada demanda. Tal processo deve ser realizado por um profissional com preparação técnica e científica (CFP, 2007), ou seja, que esteja capacitado para lidar com todas as etapas deste processo, bem como os procedimentos que podem ser utilizados, sempre levando em consideração a otimização do processo de coleta de dados, a busca de evidências e articulação com fundamentos científicos e o contexto em que o indivíduo será avaliado (CFP, 2018).

No contexto esportivo, o processo de avaliação psicológica, também conhecido como psicodiagnóstico esportivo ou perfil psicológico esportivo, diz respeito à mensuração de condutas, atitudes e aptidões psicológicas, sejam elas de cunho afetivo e/ou cognitivo, dos atletas, a fim de traçar suas habilidades e competências esportivas. Igualmente aos aspectos físicos, técnicos e táticos, os aspectos psicológicos do treinamento esportivo devem ser avaliados de forma adequada e consistente, sendo de suma importância avaliar variáveis como motivação, estresse, ansiedade, autoconfiança, autoeficácia, nível de ativação e de atenção, habilidades psicológicas de autorregulação e outros aspectos e situações que podem influenciar no funcionamento psíquico dos atletas.

Há amplo respaldo na literatura científica da área que as habilidades e competências psicológicas são influenciadores do desempenho esportivo em qualquer que seja o contexto (amador ou profissional) e nível considerado. O atleta é caracterizado por um conjunto de habilidades psicológicas das quais algumas podem ser estáveis e, por isto, dificilmente modificáveis, sendo que outras competências são passíveis de modificação por meio dos treinamentos e competições. Desta forma, podemos verificar que a prestação de serviço em psicologia esportiva dependente das características intrínsecas do atleta, sendo necessário conhecer tais aspectos, bem como geri-los e modificá-los (Serpa, 2005). As características intrínsecas ao atleta podem ser caracterizadas por um conjunto de quatro aspectos, sendo estes: a) processos emocionais; b) características de personalidade; c) funções cognitivas; d) objetivos pessoais e esportivos.

Além dos fatores mencionados, deve-se levar em consideração os fatores extrínsecos ao atleta, pois estes afetam também o desempenho esportivo, além de entender os aspectos inseridos nas tarefas que compõem o esporte que pratica, assim como a situação e momento pelo qual está passando (Weinberg & Gould, 2017; Raalte & Brewer, 2011; Serpa 2005). Por isso é necessário avaliar o desempenho técnico, tático, físico e psicológico, individual e/ou grupal, estando inserido neste processo de avaliação a eficácia, eficiência e efetividade, para desta forma orientar as decisões, sejam elas institucionais ou pessoais.

De maneira geral, na avaliação dos aspectos psicológicos, deve atentar-se aos seguintes pontos: 1) variáveis psicológicas que podem afetar o funcionamento dos atletas em treinamentos e competições; 2) recursos e riscos psicológicos do treinamento esportivo; 3) habilidades psicológicas que são objetivo de um determinado treinamento; 4) efeitos psicológicos da prática esportiva e; 5) fadiga e esgotamento psicológico (Serpa, 2005). Para que se possa atingir de maneira eficaz e eficiente o psicodiagnóstico esportivo ou o perfil psicológico do atleta, Fleury (2001) acrescenta, além dos aspectos citados,

que é preciso estabelecer objetivos que se deseja atingir por meio de intervenção adequada, porém para isto é necessário identificar o grau de habilidade imprescindível para cada variável envolvida. Outro fator importante é a escolha dos procedimentos de coleta de dados a serem adotados. Para isso deve-se analisar de forma coerente quais informações são relevantes e fazer a seleção das técnicas psicológicas mais efetivas em função das características do atleta. Por fim, não se pode esquecer da avaliação dos resultados alcançados com a intervenção realizada (Raalte & Brewer, 2011).

Procedimentos de avaliação psicológica em psicologia do esporte

A Resolução n. 9, de 25 de abril de 2018 do Conselho Federal de Psicologia estabelece as diretrizes mais atuais para a realização do processo de avaliação psicológica pelo profissional da área, regulamentando o Sistema de Avaliação dos Testes Psicológicos – Satepsi e revogando resoluções anteriores que se referem às orientações sobre elaboração, atualização, qualidade e uso de testes psicológicos. Na referida Resolução (CFP, 2018), o Conselho Federal de Psicologia retoma a definição de avaliação psicológica, indicando que é um processo sistemático de processos psicológicos, constituído por métodos, técnicas e instrumentos, tendo como finalidade obter informações para a tomada de decisão baseada nas demandas e fins específicos.

Paralelamente, o Catálogo Brasileiro de Ocupações do Ministério do Trabalho (1992) indica que o psicólogo que atua especificamente na área esportiva procederá ao estudo e exame do comportamento e das características psicológicas dos esportistas, elaborando, desenvolvendo e aplicando técnicas apropriadas, como testes para determinação de perfis de personalidade, de capacidade motora, sensorial e outros métodos de verificação para possibilitar o diagnóstico e orientação individual ou grupal dentro da atividade que desempenha.

Portanto, significa dizer que para a realização de uma prática responsável e efetiva, que respeite os princípios do processo de avaliação psicológica e do trabalho em psicologia do esporte, é necessário conhecimento sobre os diferentes procedimentos disponíveis para a coleta de informações, unido ao conteúdo teórico e especializado sobre o contexto esportivo (Montiel, Bartolomeu, & Costa, 2016). O processo de avaliação nesta área de atuação deverá levar em consideração as características do contexto no qual o indivíduo ou o grupo avaliado estiver inserido, seja ele atleta, treinador, integrante de comissão técnica, equipe esportiva, praticante de exercício, árbitro ou qualquer outro inserido neste âmbito. Assim como em qualquer especialidade de atuação, o olhar especializado e contextualizado aos objetivos da prática na área esportiva será fundamental para o alcance dos objetivos, cumprindo os aspectos fundamentais do processo.

O planejamento e a execução do processo de avaliação levarão em conta, também, as habilidades psicológicas e seus aspectos específicos, necessários ao desempenho na modalidade esportiva com a qual o avaliado está envolvido, assim como os objetivos particulares do indivíduo em sua prática, as representações que possui sobre o esporte em sua vida, associadas à história esportiva e às suas motivações particulares. Além disso, recomenda-se que sejam considerados para o objetivo da avaliação, aspectos psicológicos fundamentais, em geral desejáveis para a manutenção da prática e otimização do trabalho realizado, como motivação, habilidades de enfrentamento e persistência frente às adversidades, resiliência, organização e rotina, autoeficácia e autoconfiança, autorregulação de ativação, de ansiedade e estresse, habilidades cognitivas ligadas ao controle do foco de atenção em aspectos relevantes e de desempenho imediato, compreensão de informações no processo de ensino e aprendizagem, raciocínio, comunicação e liderança, entre outros.

Publicações de cartilhas, cadernos de orientação, resoluções, artigos, textos e capítulos de livros frequentemente destacam a importância de uma avaliação composta por etapas, desde o estabelecimento e manutenção de vínculo até a realização da devolutiva dos resultados. Indicam, sempre, a obrigatoriedade de aplicação de *um conjunto de procedimentos de coleta de dados*, utilizados de forma integrada e contextualizada. Neste sentido, apresentam-se os procedimentos mais frequentemente utilizados em psicologia do esporte, explorando não somente suas definições e objetivos, mas também indicando suas possibilidades e particularidades de uso nesta área de atuação especializada.

1) Observação: fonte primária de coleta de informações, pela qual o psicólogo verifica diretamente diferentes situações vivenciadas pelo atleta e registra no momento ou posteriormente dados pertinentes aos objetivos da avaliação. A observação de comportamentos, seja no trabalho individual com o atleta ou voltado para uma equipe, pode oferecer informações valiosas que confirmarão ou ampliarão as hipóteses de avaliação e de trabalho que serão realizadas. Por meio desta técnica é possível unir informações que se complementam e, também, demonstram possíveis variações comportamentais nas diferentes situações vivenciadas pelo atleta.

O psicólogo do esporte trabalha em um contexto muito particular, relativamente diferente, em comparação às outras especialidades. Este se fará presente na quadra, na arquibancada, na beira da piscina, no ônibus a caminho do jogo, no departamento médico ou onde houver possibilidade de coleta de dados e de intervenção. Observar os atletas, treinadores e demais profissionais nos diversos ambientes possibilita verificar as características comportamentais, individuais e relacionais que podem favorecer, ou prejudicar, o desempenho e a satisfação no esporte (Andersen, 2011). A observação é um procedimento fundamental não somente no esporte competitivo, mas também em programas de lazer e de atividade física, para promoção de saúde, no âmbito da prática de exercícios para tratamentos de saúde e melhora da qualidade de vida, por exemplo. Por meio dela acumulam-se informações comportamentais que indicam, por exemplo, manifestações de características da personalidade dos envolvidos em diferentes situações (Rubio, 2011).

Entre os aspectos a serem observados, que serão previamente definidos com base no objetivo da avaliação, podem ser elencados alguns considerados de grande importância: habilidades de comunicação (expressão, captação e compreensão na expressão e recebimento de informações); relações interpessoais, principalmente associadas às divergências e conflitos; reações emocionais, gerenciamento e estabilidade das emoções, especialmente em situações de adversidades, erros e recebimentos de críticas; ativação psicológica, pelo nível de energia e comportamentos ligados ao preparo psicofisiológico em treinos e competições; capacidade de resolução e de persistência frente aos problemas; atitudes positivas para com os colegas e sujeitos com quem interage em

situações formais (treinos e situações competitivas) e não formais. Em situações especificamente competitivas, é relevante considerar aspectos comportamentais antes, durante e após. Nestas situações sugere-se observar comportamentos em práticas preparatórias e rotinas pré-competitivas; reações comportamentais com árbitros e ligadas às regras da modalidade; manutenção e mudanças de conduta em situações de elevado nível de estresse e pressão, além dos aspectos esportivos mencionados anteriormente (Fleury, 2002).

Para além dos atletas, é válido observar também a equipe, os treinadores e, conforme adequado ao objetivo da avaliação, demais pessoas envolvidas na prática, como outros profissionais e até familiares. Sabe-se que as relações estabelecidas pelos atletas e as condutas daqueles com quem se relacionam podem interferir em seus comportamentos, nas reações emocionais e percepções sobre a situação, gerando efeitos em seus desempenhos esportivos. Mais especificamente sobre o treinador que, de modo geral, estará sempre presente, recomenda-se observar aspectos comportamentais e psicopedagógicos que afetarão a qualidade das orientações técnicas, táticas e as instruções gerais, suas manifestações verbais de encorajamento aos atletas, recompensas e punições verbais e não verbais, emissão e aspectos dos *feedbacks* (positivos e de correção), além de variações de humor em treinos e competições (Serpa, 2005).

É importante ressaltar que pessoas que sabem que estão sendo observadas podem apresentar, ainda que inicialmente, comportamentos diferentes dos que apresentaria espontaneamente, seja na presença do observador ou na presença de uma câmera de gravação (que pode ser incluída para facilitar a captação e registro das informações). O estabelecimento e a manutenção do vínculo, fundamentais desde o início do processo de avaliação, contribui com a habituação dos sujeitos à presença do avaliador. Além disso, os observadores (assim como a câmera, se utilizada) podem deixar de ser um estímulo estranho no ambiente se estiverem presentes por vários dias antes de iniciar o registro de comportamentos (Weinberg, 2013).

2) Entrevista: assim como a observação, a entrevista também é considerada uma fonte primordial de informações. Esta tem como característica básica e fundamental a interação entre o psicólogo (entrevistador) e o atleta (entrevistado). Trata-se de uma conversação dirigida ao objetivo da avaliação, para que o avaliador obtenha subsídios técnicos sobre os comportamentos do atleta, as percepções sobre as outras pessoas, sobre as situações que vivencia, sobre si mesmo e suas perspectivas de futuro (Machado & Morona, 2007). Existem diferentes modalidades de entrevista, que variam em estrutura e objetivo, mas o aspecto em comum entre elas é que, de uma forma dinâmica e interativa, o avaliador obterá as informações que serão relacionadas com aquelas coletadas pelos demais procedimentos de avaliação (Mäder, 2016).

Em psicologia do esporte recomenda-se a realização da entrevista semiestruturada, que auxilia na investigação das questões e temáticas básicas e oferece abertura para outros pontos importantes a serem identificados, de acordo com o andamento e as respostas apresentadas pelo indivíduo durante o processo. Além disso, é frequente que o psicólogo tome nota das respostas durante a sua realização, podendo, ainda, contar com o apoio de um gravador se for de consentimento do indivíduo entrevistado (atleta, treinador, entre outros). Assim como na observação, o

estabelecimento e a manutenção do vínculo são muito importantes para que o avaliado sinta-se à vontade para expressar verdadeiramente as informações solicitadas e relatadas pelo entrevistado, independente da forma de registro. Manter-se neutro diante das respostas e esclarecer sobre sigilo são comportamentos do avaliador que tendem a contribuir com a espontaneidade e honestidade do entrevistado (Weinberg, 2013).

Pela entrevista serão investigadas particularidades psicológicas do sujeito com relação à sua atividade esportiva, aspectos de seu funcionamento psicológico que ficam mais evidentes durante o processo e que interferem nos comportamentos do praticante, além de descrições sobre o seu ambiente, as relações interpessoais que estabelecem e como estes interferem em suas condutas e desempenho (Rubio, 2011). Fleury (2002) sugere que a entrevista seja realizada no início do processo de aplicação dos procedimentos, considerando tempo suficiente para obter e analisar dados essenciais sobre a história pessoal, incluindo situação familiar, história e atividades acadêmicas/profissionais, histórico de lesões, organização de rotina, hábitos diários, inclusive de sono, e história de aspectos esportivos, como representações e significados atribuídos ao esporte, trajetória, aspirações e objetivos na carreira, sensações e situações associadas aos bons e maus desempenhos em treinos e competições, relações interpessoais, desempenho motor, fisiológico e cognitivo antes, durante e depois de competições.

Cabe considerar que, dependendo dos objetivos da avaliação, as possibilidades e aspectos dos vínculos de trabalho, entrevistas poderão ser realizadas, também, com a equipe, o treinador e demais integrantes da comissão técnica (McCann, Jowdy, & Raalte, 2011). Estas poderão ser semiestruturadas ou de livre-estruturação, conforme objetivo da avaliação e perfil do entrevistado. As impressões da equipe contribuirão, por exemplo, com informações sobre demandas coletivas, enquanto as do treinador e de outros profissionais poderão fornecer dados complementares sobre as características individuais dos atletas e do grupo. Preparador físico, médico e fisioterapeuta, preparador de posições específicas esportivas, entre outros, também poderão contribuir por meio deste procedimento, de acordo com as características e foco do trabalho em questão. Evidentemente, considera-se que estas impressões estão baseadas nas percepções particulares dos entrevistados, as quais devem ser cuidadosamente analisadas pelo psicólogo avaliador até que chegue às conclusões obtidas no processo.

Além de ocorrer no início da avaliação, recomenda-se que, ao obter o conjunto de informações que respondem ao objetivo de todo o processo de investigação, seja realizada uma entrevista devolutiva para a apresentação dos resultados, explicando para o avaliado os principais resultados obtidos, possibilitando que este identifique as próprias possibilidades de desenvolvimento. Nesta, sugere-se que seja solicitado o consentimento do avaliado sobre informações que possam ser repassadas ao treinador e/ou comissão técnica, por poderem contribuir com o trabalho esportivo como um todo. Ressalta-se que, conforme os princípios da profissão, indicados na Resolução n. 07/2003 e o Código de Ética do Psicólogo (2005), somente serão repassadas informações sob uma perspectiva geral, sem exposição de particularidades do avaliado, por serem consideradas absolutamente necessárias para a otimização do trabalho e dos resultados que serão por ele obtidos.

Ressalta-se, portanto, que a entrevista possibilita a contextualização de todas as informações obtidas pelos diferentes procedimentos utilizados na avaliação, além de oferecer subsídios que permitem a articulação entre as informações. Desta forma, é possível unir todas as informações e, quando necessário, confrontá-las, tendo a entrevista como uma técnica fundamental, juntamente com a observação e os instrumentos psicológicos, apresentados a seguir (Mäder, 2016).

3) Instrumentos: uma das temáticas de maior interesse nos últimos anos em Psicologia é a elaboração de novos instrumentos de avaliação psicológica. De acordo com Reppold, Gurgel e Hutz (2014) os requisitos para instrumentos psicométricos compreendem: fundamentação teórica coerente, estudos sobre características de precisão e validade, procedimentos de administração, correção e interpretação. Em psicologia do esporte o uso de instrumentos psicológicos tem sido, de modo geral, percebido como positivo por psicólogos, avaliados e comissões técnicas, especialmente testes psicométricos. Aparentemente, tal percepção se dá por diversas razões, entre elas estão os aspectos práticos da aplicação de alguns instrumentos, como aplicação coletiva e tarefas padronizadas, além dos resultados quantitativos que, quando adequadamente interpretados e contextualizados, possibilitam uma compreensão clara sobre os aspectos psicológicos de interesse para o processo avaliativo, bem como informações gerais sobre a equipe esportiva. Por outro lado, a utilização dos instrumentos representa um desafio ético aos psicólogos inseridos no contexto esportivo, haja vista as grandes expectativas ao redor dos resultados do instrumento criadas por atletas, participantes da comissão técnica, entre outros personagens envolvidos neste cenário, sob a fantasia de "concretude" do fenômeno psicológico quando expressado através dos "números" oriundos dos instrumentos. Nessa direção é necessário o contínuo esclarecimento do lugar do instrumento (ferramenta) dentro do processo avaliativo em acordo aos procedimentos éticos regidos pelo CFP.

Os instrumentos psicológicos podem ser compreendidos como procedimentos de avaliação psicológica que "têm por objetivo identificar, descrever, qualificar e mensurar características psicológicas, por meio de procedimentos sistemáticos de observação e descrição do comportamento humano, nas suas diversas formas de expressão, acordados pela comunidade científica" (CFP, 2018, p. 4). Juntamente com a observação e a entrevista, os testes psicológicos, cujo uso profissional é regulado pelo Conselho Federal de Psicologia, estão entre as fontes fundamentais de coleta de dados em avaliação psicológica nas mais diversas áreas da Psicologia. Estes abarcam escalas, inventários, questionários e métodos projetivos. Não necessariamente são de uso obrigatório em avaliação psicológica, mas são ferramentas que, quando apresentam evidências adequadas de qualidade e são corretamente utilizadas, podem contribuir significativamente com o processo (Mäder, 2016).

No Brasil as questões relacionadas à utilização dos testes psicológicos se tornam ainda mais complexas, haja vista a escassez de instrumentos desenvolvidos ou adaptados transculturalmente especificamente para esse contexto, mais especificamente aqueles que tenham passado pelas diferentes etapas de avaliação de suas evidências de validade e de suas propriedades psicométricas que garantam os requisitos mínimos para a utilização profissional na área (CFP, 2018). Ao acessar o Sistema de Avaliação de Testes Psicológicos (Satepsi), o qual avalia e certifica os testes psicológicos que atendem os critérios mínimos para uso profissional no Brasil, observa-se que não existem instrumentos aprovados para uso específico em atletas ou outras pessoas envolvidas no contexto esportivo. Construtos fundamentais em Psicologia Esportiva, como personalidade e atenção, por exemplo, têm sido mensurados com escalas desenvolvidas para a população em geral. Vale notar que internacionalmente há um amplo conjunto de pesquisas que visam o desenvolvimento de instrumentos específicos para esse contexto, o que se justifica não apenas pela especificidade do contexto e das pessoas avaliadas, mas também pelas vantagens no estudo detalhado de construtos a partir de modelos teóricos próprios. Há modelos específicos, por exemplo, de autoconfiança no contexto esportivo com um volume acentuado de pesquisas (Vealey & Chase, 2008).

4) Técnicas e dinâmicas de grupo: entre as fontes fundamentais de coleta de dados indicadas pela Resolução n. 9 de 25 de abril de 2018 estão ainda os registros de observação de comportamentos obtidos pelos processos e técnicas de grupo. Conforme exposto, em psicologia do esporte a observação comportamental durante as interações e as diferentes situações grupais, tendem a contribuir de modo significativo com o processo de avaliação. O mesmo ocorre em situações planejadas pelo psicólogo por meio de dinâmicas de grupo (Mäder, 2016).

As dinâmicas de grupo se referem à vivência controlada (i. é, a uma situação planejada pelo avaliador) de uma situação real na qual será possível observar o comportamento de cada indivíduo em relação ao grupo e à própria situação. Estas são frequentemente utilizadas em processos seletivos para observação de habilidades de relacionamento interpessoal e de resolução de problemas, por exemplo. Em psicologia do esporte o objetivo não será de selecionar pessoas (no caso, atletas), mas sim de propor situações nas quais será possível observar características comportamentais dos avaliados que estejam relacionadas aos objetivos da avaliação, a fim de corroborar as informações obtidas pelos demais procedimentos de coleta de dados (Mäder, 2016).

Desafios e avanços internacionais e no Brasil

Conforme observado na literatura internacional, pode-se inferir que grande parte dos avanços da psicologia do esporte internacional estão associados ao desenvolvimento de instrumentos de medidas específicos à população de atletas. Dentre os principais motivos destacam-se a possibilidade de operacionalização dos construtos de interesse aos pesquisadores da área e, portanto, a possibilidade do teste de hipóteses científicas a partir desses instrumentos e alimentação da atuação profissional através de evidências científicas (Anshel, 1987; Fernándes, 2010). Esse movimento se torna mais evidente em países como Estados Unidos e países da Europa em que a psicologia do esporte já conta com grande tradição. Um exemplo disso pode ser observado no estudo de Ostrow que, já na década de 1990 (1996), compilou 314 instrumentos de avaliação utilizados em psicologia do esporte, produzidos em língua inglesa, os quais apresentavam evidências de validade e precisão publicadas em revistas internacionais no período entre 1965 e 1995.

No contexto brasileiro, instrumentos psicológicos relevantes para a área esportiva vêm sendo propostos em pesquisas, especialmente

em cursos de pós-graduação *stricto sensu*. Muitos apresentam fundamentação teórica adequada, evidências de validade e confiabilidade que dão suporte à realização de estudos na área; entretanto, ainda não atendem todas as exigências solicitadas para submissão e aprovação pelo Conselho Federal de Psicologia para que sejam empregados pelos profissionais práticos da área. Nesse sentido, pode-se afirmar que este é um dos principais desafios a serem enfrentados pela psicologia do esporte no contexto brasileiro. De acordo com Peixoto e Nakano (2014) esse desafio se caracteriza à medida que os pesquisadores da área despendem esforços para apenas uma parte do processo de construção/adaptação dos instrumentos para uso no Brasil.

O que se pôde observar é que estes esforços de construção e adaptação de instrumentos, normalmente, são realizados por profissionais cujos interesses de pesquisa estão relacionados a testes de hipóteses teóricas no campo da psicologia do esporte. Desta forma, os estudos se caracterizam como uma tentativa de superar limitações da área, como a falta de instrumentos para avaliação dos construtos de interesse, restringindo a adaptação transcultural, avaliação de evidências de estrutura interna e precisão. Nesta direção, faz-se necessário o estabelecimento de laboratórios de pesquisas com o objetivo de dar continuidade aos estudos para que estes instrumentos possam ser submetidos à avaliação do Satepsi, e posteriormente sejam disponibilizados aos profissionais da área através de sua comercialização. Mais especificamente, é urgente investimentos em estudos de normatização, para que os escores oriundo desses instrumentos possam tomar sentido psicológico (Peixoto & Nakano, 2014), bem como a construção de manuais técnicos que apresentem o arcabouço teórico que fundamenta esses instrumentos, reúna os estudos de evidências de validade e precisão e apresente instruções de aplicação, correção e interpretação dos escores do teste (CFP, 2018). Dessa maneira, a psicologia do esporte dará importante passo para a transposição das barreiras entre os esforços acadêmicos e a atuação prática, que ainda se mostram como um importante e preocupante desafio a ser enfrentado pela área.

A título de considerações finais, destaca-se que o presente capítulo se limitou à avaliação psicológica no contexto do esporte competitivo. Contudo vale ressaltar outros avanços que têm sido observados na área como a expansão da psicologia do esporte a outras manifestações esportivas. Esse desenvolvimento da psicologia do esporte no contexto brasileiro acompanha o desenvolvimento do próprio esporte com a compreensão de democratização dessa prática, movimento internacionalmente conhecido como "Esporte para todos" (Tubino, 2010). No Brasil, a consolidação deste movimento é expressa na Lei n. 9.615 (Brasil, 1998), que define quatro possíveis manifestações esportivas: Esporte-educação, Esporte-participação, Esporte-rendimento e Esporte-formação.

À medida que o esporte passa a ser compreendido através de diferentes expressões sociais e tem seu acesso garantido a um número maior de pessoas, os profissionais da psicologia do esporte passam a ter novos campos de atuação e a serem exigidos em relação a formações profissionais mais amplas. Nesse sentido, tem-se exigido, dos profissionais de psicologia, altos níveis de especialização e conhecimentos de áreas específicas, bem como uma postura interdisciplinar de atuação conjunta com profissionais de diferentes áreas e formações, além de capacidade de utilização dos conhecimentos psicológicos aplicados aos diferentes contextos esportivos a fim de torná-los compreensíveis e acessíveis a todos que fazem parte dessa ampla rede profissional. Essas novas demandas sociais se transformam em desafios profissionais à medida que se faz necessária a adaptação de procedimentos e instrumentos de avaliação psicológica em psicologia do esporte a essas novas áreas de atuação profissional. Desta forma, retoma-se a ideia de esforços contínuos para a avaliação das potencialidades desses procedimentos e instrumentos, o que em última instância contribuirá para a diminuição da lacuna entre as práticas acadêmicas e atuações profissionais (para além dos muros da universidade), ou seja, para que cada vez mais a psicologia do esporte brasileira tenha sua prática, em especial a prática de avaliação psicológica, baseada em evidências científicas.

Referências

Andersen, M.B. (2011). Aspectos abrangentes em Psicologia do Esporte. In J.L.V. Raalte & B.W. Brewer (Orgs.). *Psicologia do Esporte*. 2a. ed. São Paulo: Santos Ed.

Anshel, M.H. (1987). Psychological Inventories Used in Sport Psychology Research. *The Sport Psychologist*, *1*, 331-349.

Aoyagi, M.W., Potenga, S.T., Poczwardowski, A., Cohen, A.B., & Statler, T. (2012). Reflections and Directions: The Profession of Sport Psychology Past, Present, and Future. *Professional Psychology: Research and Practice, 43*(1), 32-38.

Brasil (1993). *Lei n. 8.672/1193, de 6 de julho de 1993* [Recuperado de http://www.planalto.gov.br/ccivil _03/Leis/L8672.htm].

Conselho Federal de Psicologia (2003). *Resolução n. 007, de 14 de junho de 2003 – Institui o Manual de Elaboração de Documentos Escritos produzidos pelo psicólogo, decorrentes de avaliação psicológica e revoga a Resolução CFP n. 17/2002* [Recuperado de: https://site.cfp.org.br/wp-content/uploads/2003/06/resolucao2003_7.pdf].

Conselho Federal de Psicologia (2005). *Resolução n. 010, de 21 de julho de 2005 – Código de Ética Profissional do Psicólogo* [Recuperado de https://site.cfp.org.br/wp-content/uploads/2012/07/codigo-de-etica-psicologia.pdf].

Conselho Federal de Psicologia (2007). *Resolução CFP n. 013/2007 – Institui a Consolidação das Resoluções relativas ao Título Profissional de Especialista em Psicologia e dispõe sobre normas e procedimentos para seu registro* [Recuperado de http:// site.cfp.org.br/wp-content/uploads/2007/09/ resolucao2007_13.pdf].

Conselho Federal de Psicologia (2010). *Avaliação psicológica: diretrizes na regulamentação da profissão.* Brasília: CFP.

Conselho Federal de Psicologia (2013). *Cartilha avaliação psicológica.* Brasília: CFP.

Conselho Federal de Psicologia (2018). *Resolução n. 9, de 25 de abril de 2018 – Estabelece diretrizes para a realização de avaliação psicológica no exercício profissional da psicóloga e do psicólogo, regulamenta o Sistema de Avaliação de Testes Psicológicos – Satepsi e revoga as Resoluções n. 002/2003, n. 006/2004 e n. 005/2012 e Notas Técnicas n. 01/2017 e n. 02/2017* [Recuperado de http://satepsi.cfp.org.br/docs/Resolu%C3%A7%C3%A3o-CFP-n%C2%BA-09-2018-com-anexo.pdf].

Conselho Regional de Psicologia (2010). *Resolução n. 014/2010 – Estabelece regulamentação da profissão de psicólogo do esporte e do exercício.* Brasília: CFP.

Fernándes, M.D.G. (2010). Evaluación psicológica en el deporte: aspectos metodológicos y prácticos. *Papeles del Psicólogo, 31*(3), 250-258.

Fleury, S. (2001). *Avaliação psicológica no esporte.* São Paulo: PH&T.

Fleury, S. (2002). *Instrumentos de avaliação psicológica no esporte* [Recuperado de http://www.fitotraining.com.br/artigos/Avaliacao_Psicologica.pdf].

Gomes, A.R. (2011). Adaptação humana e contextos desportivos: contributos da teoria para avaliação psicológica. *Avaliação Psicológica, 10*(1), p. 13-24 [Recuperado de https://repositorium.sdum.uminho.pt/bitstream/1822/14222/1/3-Artigo-Avalia%C3%A7%C3%A3o%20Psicol%C3%B3gica-Entrevista%20Adatap%C3%A7%C3%A3o%20Humana.pdf].

Gomes, A.R. & Cruz, J.F. (2007). Avaliação psicológica de atletas em contexto de formação desportiva: desenvolvimento de um guião de entrevista para crianças e jovens. *Cipde'07 – Conferência Internacional de Psicologia do Desporto & Exercício.* Braga [Recuperado de https://repositorium.sdum.uminho.pt/bitstream/1822/7922/1/4-Actas-Confer%C3%AAncia-PDE-Gui%C3%A3o%20Crian%C3%A7as.pdf].

Machado, A.P. & Morona, V.C. (2007). *Manual de avaliação psicológica.* Curitiba: Unificado.

Mäder, B.J. (Org). (2016). *Caderno de avaliação psicológica: dimensões, campos de atuação e atenção.* Curitiba: CRP-PR/Conselho Regional de Psicologia, 8ª Região.

McCann, S.C., Jowdy, D.P., & Raalte, J.L.V. (2011). In J.L.V. Raalte & B.W. Brewer (Orgs.). *Psicologia do esporte* (2a. ed.) São Paulo: Santos.

Ministério do Trabalho (1992). *Atribuições profissionais do psicólogo no Brasil* [Recuperado de: http://crp16.org.br/wp-content/uploads/2015/04/cbo.pdf].

Montiel, J.M., Bartholomeu, D., & Costa, K. (2016). A necessidade de práticas de avaliação psicológica no contexto desportivo. In E.N. Peixoto, T.C. Nakano, & M.A.A. Balbinotti (Orgs.). *Novas perspectivas para a avaliação em psicologia do esporte e do exercício.* Curitiba, PR: CRV, 2016.

Nitsch, J. (1986). *Anwendurngsfelder in der sportpsychologie*. Colônia: Bps-Verlag.

Ostrow, A. (1996). *Directory of Psychological Tests in the Sport and Exercise Sciences* (2a. ed.). Morgantown: Fitness Information Technology.

Peixoto, E.M. & Nakano, T.C. (2014). Problemas e perspectivas na utilização dos testes psicológicos em psicologia do esporte. In C.R. Campos & T.C. Nakano (Orgs.). *Avaliação psicológica direcionada a populações específicas: técnicas, métodos e estratégias* (pp. 201-232). São Paulo: Vetor.

Pesca, A.D., Pereira, F.S.A., & Cruz, R.M. (2014). Avaliação e intervenção psicológica no esporte. In M.F.M. Maia, J.T. Miranda Neto, & T.T. Maia (Orgs.). *Saúde e educação física: pesquisas, percepções e perspectivas* (pp. 269-274). Montes Claros: Unimontes.

Raalte, J.L.V. & Brewer, B.W. (2011). *Psicologia do esporte*. São Paulo: Santos.

Reppold, C.T.; Gurgel, L.G., & Hutz, C.S. (2014). O processo de construção de escalas psicométricas. *Avaliação Psicológica, 13*(2), 307-310 [Recuperado de http://pepsic.bvsalud.org/pdf/avp/v13n2/v13n2a18.pdf].

Rubio, K. (2011). A avaliação em psicologia do esporte e a busca de indicadores de rendimento. In L.F. Ângelo & K. Rubio (Orgs.). *Instrumentos de avaliação psicológica em psicologia do esporte*. São Paulo: Casa do Psicólogo.

Serpa, S. (2005). Avaliação psicológica no desporto. *Coletânea de textos de psicologia do desporto* (Texto não publicado). Lisboa: FMH-UTL.

Silva, A.M.B.; Foch, G.F.L.; Guimarães, C.P., & Enumo, S.R.F. (2014). Instrumentos aplicados em estudos brasileiros em psicologia do esporte. *Estudos Interdisciplinares em Psicologia* (Londrina), *5*(2), 77-95.

Tubino, M. (2010). *Estudos brasileiros sobre o esporte: ênfase no esporte-educação*. Maringá: Eduem-UEM.

Vealey, R.S. & Chase M.A. (2008). Self-confidence in sport. In T.S. Horn (Ed.). *Advances in Sport Psychology* (pp. 66-97). Champaign, IL: Human Kinetics.

Weinberg, R. (2013). Medidas psicológicas em esporte e exercício. In J.R. Morrow Jr., A.W. Jackson, J.G. Dich, & D.P. Mood (Orgs.). *Medida e avaliação do desempenho humano* (4a. ed.). Porto Alegre: Artmed.

Weinberg, R.S. & Gould, D. (2017). *Foundations of sport y exercise psychology* (6a. ed.). Champaing, IL: Human Kinetics.

Winter, S. & Collins, D.J. (2016). Applied Sport Psychology: A Profession? *The sport Psychologist, 30*, 89-96.

19
Avaliação psicológica no adulto

Manuela Ramos Caldas Lins

Carlos Manoel Lopes Rodrigues

Mirela Dantas Ricarte

No decorrer dos últimos anos observa-se que a saúde mental vem sendo tratada com cuidado não só pelos especialistas da área da saúde como pelo público em geral. A ciência psicológica vem ganhando espaço nas mídias e outros meios de divulgação e cada vez mais pesquisas e discussões ampliam o debate acerca da importância do cuidado com as questões internas. Atrelado a isso, os consultórios psicológicos e psiquiátricos recebem um público cada vez mais diversificado, tanto em termos de características sociais e econômicas quanto no que se refere às demandas apresentadas, o mesmo acontecendo com áreas como trabalho e educação, onde a demanda pela inserção da psicologia tem se intensificado. Tendo isso em vista, o presente texto visa contribuir com a área, apresentando algumas questões referentes à Avaliação Psicológica (AP), especialmente direcionada para o público adulto. Essa discussão faz-se importante, pois o processo de diagnóstico e intervenção, nos mais variados contextos, é permeado pela avaliação, sendo condição *sine qua non* para uma atuação profissional efetiva, ética e respeitosa, uma vez que esta tem se mostrado uma área sensível da atuação profissional (Zaia, Oliveira, & Nakano, 2018).

A AP consiste em um processo técnico e científico de levantamento de dados sobre características psíquicas e o estado e/ou processos psicológicos, direcionado a pessoas ou grupos, feito exclusivamente pelo psicólogo, através de instrumentos e técnicas que foram prévia e cuidadosamente desenvolvidas e validadas (Conselho Federal de Psicologia – CFP, 2013). Logo, a AP parte de uma coleta de informações aprofundada acerca do histórico dos sujeitos, buscando explicar como os fenômenos psicológicos se constituem (Borsa & Muniz, 2016).

Por intermédio da AP, os profissionais tentam entender questões acerca do funcionamento psicológico e as implicações que um determinado modo de funcionar têm na vida das pessoas. Este processo, portanto, é capaz de fornecer informações relevantes para o desenvolvimento de hipóteses sobre as características psicológicas, que podem se referir a como determinadas pessoas realizam atividades, à qualidade das relações interpessoais que estabelecem, dentre outras.

A AP pode ser realizada em qualquer contexto de atuação do psicólogo (Lins, Muniz, & Uehara, 2018), demonstrando que os profissionais, independente da área de atuação, precisam estar capacitados para realizá-la com proeminência, garantindo que sejam respeitados os aspectos éticos e técnicos preconizados pelo CFP, especificados principalmente na Resolução nº 9, de 25 de abril de 2018 (CFP, 2018). Dentre esses contextos, pode-se citar o clínico, da saúde e hospitalar, escolar e educacional, forense, do trabalho e organizações, esporte, social/comunitário, trânsito, orientação e aconselhamento vocacional e/ou profissional e outros (Noronha & Reppold, 2010).

A AP também pode ser desenvolvida junto aos mais variados públicos, desde crianças e adolescentes, até adultos e idosos. No que concerne especificamente aos adultos, foco do presente capítulo, Oliveira e Silva (2017) afirmam que os motivos que levam esse público a buscar uma avaliação são diversos como, por exemplo, "seleção para um emprego, candidatura para obter a carteira nacional de habilitação para dirigir os mais variados tipos de automóveis, obtenção de permissão para porte de armas, para auxílio em processos judiciais, para diagnóstico de quadros clínicos etc." (p. 319).

Independente do público-alvo, para atender as mais variadas demandas, esse processo contém determinados passos fundamentais para sua efetividade, tais como levantar os objetivos da avaliação, estabelecer os instrumentos e estratégias mais adequadas para o caso, coletar informações com o auxílio das ferramentas selecionadas, integrar os dados coletados e comunicar os resultados de forma cuidadosa e eticamente determinada (CFP, 2013; Cunha, 2003; Rigoni & Sá, 2016).

Visando cumprir esses passos de forma ética e responsável, o psicólogo deve utilizar as técnicas e ferramentas disponíveis considerando não apenas que sejam pautadas em critérios científicos, com dados empíricos que comprovem sua eficácia, mas os contextos em que cada uma pode ser usada (CFP, 2013; 2018). Lins, Muniz e Uehara (2018) afirmam que os instrumentos psicológicos são fundamentais para o trabalho avaliativo e que cabe ao profissional conhecê-los e utilizá-los de forma adequada. Ademais, não

devem ser utilizados de forma isolada, tendo em vista que fornecem informações parciais. Quanto mais fontes de informação o psicólogo utilizar, maior será a segurança de que suas conclusões se aproximam da realidade. Para Nunes, Lourenço e Teixeira (2017) a escolha dos instrumentos a serem utilizados depende do objetivo, do referencial teórico e da finalidade da avaliação. Dentre as ferramentas/instrumentos mais comumente utilizados, pode-se citar a observação, a entrevista e o teste psicológico.

No que concerne a observação, pode-se dizer que se trata de um monitoramento de ações por meios visuais ou eletrônicos (Cohen, Swerdlik, & Sturman, 2014). Esse monitoramento no âmbito científico, contudo, difere do realizado cotidianamente por todas as pessoas. Precisa ser realizado de maneira sistemática e objetiva, com registros detalhados e cuidadosos dos comportamentos tais como se apresentam (Nunes, Lourenço, & Teixeira, 2017). Para tanto, podem ser utilizados roteiros ou protocolos de avaliação, os quais podem ser estruturados e rígidos ou mais flexíveis. O uso desse material de registro ajuda a minimizar a tendenciosidade do observador, segundo essas últimas autoras.

Essa técnica, em geral, é utilizada em conjunto com outros instrumentos (entrevistas, testes, dinâmicas), mostrando-se relevante por permitir o acesso direto a comportamentos observáveis. Isso significa, de acordo com Lins e Barros (no prelo), que é possível avaliar como o sujeito se comporta em uma determinada situação no momento em que ela ocorre ao invés de avaliar seu relato posterior, o qual pode vir deturpado por diversos fatores (percepção, tempo transcorrido, esquecimento, dentre outros). Sendo assim, a observação fornece dados ao psicólogo acerca dos comportamentos observados e como eles ocorrem, além de informações sobre as interações estabelecidas e as variáveis individuais e situacionais (Souza & Aiello, 2018).

Já no que se refere a entrevista, pode-se dizer que se trata de "um conjunto de técnicas de investigação, de tempo delimitado, dirigido por um entrevistador treinado, que utiliza conhecimentos psicológicos em uma relação profissional..." (Tavares, 2000, p. 45). Entrevista psicológica não deve ser confundida com uma mera conversação entre duas ou mais pessoas, pois envolve objetivos a serem alcançados. Sendo assim, o psicólogo precisa saber o que investigar para poder conduzir o processo, permitindo obviamente que o cliente se posicione e tenha espaço para expressão.

Nas entrevistas clínicas, especificamente, diversas informações devem ser coletadas para que o profissional possa não apenas compreender o motivo da procura pelo atendimento, mas as condições históricas, sociais, culturais, físicas e emocionais que permeiam essa busca. Logo, durante as primeiras entrevistas deve buscar compreender a história de vida do cliente, bem como a história de sua sintomatologia. No caso específico do adulto, devem ser investigados aspectos relacionados aos relacionamentos românticos, a vida familiar, profissional, social e alterações físicas (Hutteman et al., 2014). Na Tabela 1 é possível identificar algumas informações importantes de serem aprofundadas.

Tabela 1 Exemplo de itens que podem ser investigados durante as entrevistas clínicas

Tópicos	Exemplos
Dados pessoais	Nome, sexo, data de nascimento, idade, estado civil, naturalidade, número de filhos (nome e idade), com quem reside, nome dos pais e irmãos (genograma)
Queixa	Descrição dos sintomas, considerando a evolução ao longo do tempo, efeitos da queixa (incluir efeitos fisiológicos), tratamentos anteriores, sentimentos despertados
História de vida: infância	Eventos marcantes relacionados ao desenvolvimento psicomotor e linguagem, socialização, aspectos escolares, condições de saúde, características emocionais
História de vida: adolescência	Eventos marcantes relacionados à socialização, aspectos escolares, condições de saúde e características emocionais
Estudo/Trabalho atual	Ocupação atual, relação com colegas, número de empregos e duração, satisfação com o trabalho atual, situação financeira
Relações sociais	Relacionamentos românticos anteriores e atuais (quantidade e qualidade das relações, incluindo aspecto sexual), círculo de amizades, capacidade de se relacionar, interesses sociais
Dia a dia	Rotina diária, *hobbies*, lazer, vícios, estressores

Fonte: Adaptada pelos autores de Silva e Bandeira (2016).

Em geral, o adulto é capaz de fornecer informações sobre si, exceto em casos de acidente, intoxicações ou transtornos que afetam suas funções cognitivas. Apesar disso, recomenda-se cautela na coleta de dados e na verificação de sua veracidade. Sendo assim, quando necessário, outros informantes (cônjuges, irmãos, amigos, dentre outros) podem ser convidados a participarem do

processo avaliativo, fornecendo informações relevantes para o entendimento do psicólogo. Em situações clínicas, caso existam outros profissionais (psiquiatras, neurologistas, dentre outros) atuando junto ao caso, também podem ser ouvidos.

A forma e estrutura das entrevistas deve ser analisada em função dos objetivos da AP, das características dos avaliandos e do contexto de atuação. A utilização de roteiros de entrevistas estruturadas ou semiestruturadas podem ser úteis em vários contextos como, por exemplo, a Entrevista de Formulação Cultural (EFC) sugerida no Manual Diagnóstico e Estatístico de Transtornos Mentais – DSM-5 (*American Psychiatric Association*, 2014) que tem por finalidade contextualizar os comportamentos observados na vivência dos indivíduos dentro de sua realidade sociocultural. Já a *Composite International Diagnostic Interview* (Cidi) tem se mostrado aplicável em serviços de triagem em saúde mental (Viana, 2016), sendo uma entrevista estruturada com finalidade de identificação de sintomas e comportamentos característicos de transtornos mentais.

A decisão de uso de roteiros de entrevistas estruturadas ou semiestruturadas, entrevistas livres ou mesmo a combinação das estratégias depende também da familiaridade e habilidade do profissional em empregar essas técnicas e conduzi-las de forma a obter as informações necessárias para o processo da AP (Silva & Bandeira, 2016). Questões teórico-metodológicas perpassam o *status* que as entrevistas assumem no processo de AP e a forma que serão utilizadas e devem ser consideradas a fim de se manter a coerência de todo processo (Barbieri, 2010).

Por fim, tem-se os testes psicológicos. Estes podem ser definidos como instrumentos padronizados que buscam fornecer amostras do comportamento, com o objetivo de descrever e/ou mensurar processos psicológicos (CFP, 2012). Eles são administrados em função do que se pretende avaliar no comportamento humano, através de procedimentos técnicos e metodologias específicas, a fim de descartar variáveis que possam eventualmente interferir nos resultados (Bueno & Ricarte, 2017).

Destaca-se que não se deve aplicar apenas um único teste e que o número de testes pode ser alterado conforme a demanda para corroborar ou descartar alguma conjectura. Além disso, devem ser contextualizados com os demais instrumentos da AP, observando e investigando a singularidade do sujeito diante do cenário sócio-histórico que está inserido, para compor os resultados de forma global, compreendendo os fenômenos sociais, cognitivos e emocionais (Muniz, 2017).

Para garantir a qualidade e eficácia de um teste é preciso se ater às condições de elaboração e análise de itens, validade, precisão e padronização, como quais as questões o teste se propõe a avaliar, se são eficazes em identificar os fenômenos investigados de forma consistente, se possuem normas para a aplicação com o manual de instrução, que deve conter todos os requisitos para a utilização (Alchieri, 2003). Ademais, Rigoni e Sá (2016) afirmam que o psicólogo, na escolha dos testes psicológicos, deve se atentar às características do cliente (idade, sexo, escolaridade, ocupação/profissão, condições físicas etc.), à ordem de aplicação dos instrumentos e ao ritmo empregado.

Visando melhorar a qualidade da prática profissional, o CFP criou o Sistema de Avaliação de Testes Psicológicos (Satepsi), no qual é possível consultar uma lista com os instrumentos que estão aprovados para uso profissional, isto é, que apresentam critérios mínimos de qualidade técnica e científica. Para Serafini, Budzyn e Fonseca (2017), por mais que essa lista represente um guia de orientação, apenas a aprovação do instrumento não indica que ele possa ser utilizado com qualquer propósito ou contexto. É necessário, segundo as referidas autoras, que o profissional leia o manual e se atente às pesquisas realizadas durante a construção do instrumento para decidir se pode ou não utilizá-lo em determinada situação. Isso indica que cabe ao psicólogo a responsabilidade pelo uso do instrumento (CFP, 2018; Hutz, 2011), inclusive no que concerne à avaliação do potencial de uso, selecionando testes tecnicamente confiáveis e considerando os vieses culturais (ITC, 2003), bem como avaliando as consequências potenciais de seu uso (Aera, APA, & NCME, 2014).

Desta forma, conhecimentos básicos sobre validade, fidedignidade e demais características psicométricas fundamentais, o uso das tabelas normativas e sua interpretação e a capacidade de avaliar a adequação da fundamentação teórica dos instrumentos para atendimento das diversas demandas da AP, são cruciais para a escolha e o uso adequado por parte dos profissionais da psicologia. A seguir (Tabela 2) serão apresentados alguns testes psicológicos que podem ser utilizados na avaliação de adultos.

Tabela 2 Principais testes psicológicos aprovados para uso junto a adultos pelo CFP

Construto	Nome	Editora	Faixa etária
Inteligência	Escala Wechsler Abreviada de Inteligência (Wasi)	Casa do Psicólogo	6 a 89 anos
	Escala de Inteligência Wechsler para Adultos (Wais-III)	Casa do Psicólogo	16 a 89 anos
	Escala Geral (MPR)	Casa do Psicólogo	10 a 69 anos
	G-36 – Teste Não Verbal de Inteligência	Vetor	18 a 66 anos
	G-38 – Teste Não Verbal de Inteligência	Vetor	18 a 66 anos
	Matrizes Avançadas de Raven	Casa do Psicólogo	18 a 63 anos
	R-1 Forma B – Teste Não Verbal de Inteligência	Vetor	16 a 67 anos
	R-1 – Teste Não Verbal de Inteligência	Vetor	16 a 67 anos
	Teste Conciso de Raciocínio (TCR)	Casa do Psicólogo	18 a 65 anos
	Teste de Inteligência (TI)	Vetor	18 a 67 anos
	Teste de Inteligência Geral Não Verbal (TIG-NV)	Casa do Psicólogo	10 a 79 anos
	Teste de Inteligência Verbal (TIV)	Vetor	17 a 50 anos
	Teste Não Verbal de Inteligência Geral Beta III	Casa do Psicólogo	14 a 83 anos
Memória	Bateria de Funções Mentais para Motorista – Teste de Memória (BFM-2)	Vetor	A partir de 18 anos
	Bateria Geral de Funções Mentais – Teste de Memória de Reconhecimento (BGFM-4)	Vetor	A partir dos 15 anos
	Figuras Complexas de Rey – Figura A	Casa do Psicólogo	A partir dos 5 anos
	Memória de Reconhecimento de Faces (Memória F)	Edites	18 a 89 anos
	Teste de Memória de Reconhecimento (TEM-R)	Casa do Psicólogo	17 a 53 anos
	Teste de Memória Visual de Rostos (MVR)	Casa do Psicólogo	18 a 80 anos
	Teste de Memória Visual para o Trânsito (MVT)	Casa do Psicólogo	16 a 67 anos
	Teste Pictórico de Memória (Tepic-M)	Vetor	17 a 97 anos

Atenção	Bateria de Funções Mentais para Motorista – Teste de Atenção Concentrada (BFM-4)	Vetor	A partir dos 18 anos
	Bateria de Funções Mentais para Motorista – Testes de Atenção (BFM-1)	Vetor	18 a 59 anos
	Bateria Geral de Funções Mentais – Testes de Atenção Concentrada (BGFM-2)	Vetor	15 a 59 anos
	Bateria Geral de Funções Mentais – Testes de Atenção Difusa (BGFM-1)	Vetor	18 a 59 anos
	Bateria Psicológica para Avaliação da Atenção (BPA)	Vetor	6 a 82 anos
	Escala de Atenção Seletiva Visual (Easv)	Casa do Psicólogo	18 a 70 anos
	Teste de Atenção Concentrada (Teaco-FF)	Casa do Psicólogo	18 a 61 anos
	Teste de Atenção Concentrada (AC15)	Vetor	16 a 60 anos
	Teste de Atenção Dividida (Teadi)	Casa do Psicólogo	18 a 72 anos
	Teste de Atenção Alternada (Tealt)	Casa do Psicólogo	18 a 72 anos
	Teste de Atenção Seletiva (TAS)	Vetor	15 a 60 anos
	Teste de Atenção Dividida e Sustentada	Vetor	18 a 72 anos
Personalidade	As Pirâmides Coloridas de Pfister (TPC)	Casa do Psicólogo	18 a 66 anos
	Bateria Fatorial da Personalidade (BFP)	Casa do Psicólogo	10 a 75 anos
	Casa – Árvore – Pessoa (HTP)	Vetor	A partir de 8 anos
	Escala Fatorial de Extroversão (EFEx)	Casa do Psicólogo	17 a 45 anos
	Escala Fatorial de Socialização (EFS)	Casa do Psicólogo	14 a 64 anos
	Inventário de Cinco Fatores NEO Revisado – versão curta (NEO-FFI-R)	Vetor	18 a 74 anos
	Inventário Fatorial de Personalidade (IFP-II)	Casa do Psicólogo	14 a 86 anos
	Palográfico	Vetor	16 a 52 anos
	Psicodiagnóstico Miocinético (PMK)	Vetor	18 a 66 anos
	Questionário de Avaliação Tipológica (Quati)	Vetor	18 a 34 anos
	Rorschach – Escola Francesa	Casa do Psicólogo	29 a 59 anos
	Rorschach – Sistema Compreensivo	Casa do Psicólogo	17 a 47 anos
	Zulliger – Escola de Paris	Hogrefe	18 a 70 anos
	Z-teste Coletivo e Individual	Hogrefe	16 a 70 anos

Fonte: Elaborada pelos autores com base nas informações disponíveis no Satepsi (busca realizada em janeiro de 2019).

Esses testes avaliam características psicológicas em adultos pertencentes a diferentes fases do ciclo vital (jovens adultos, médios adultos e velhos adultos) e é preciso cautela na escolha do instrumento e interpretação de seus resultados. Pode ser que um deles apresente melhores resultados (índices estatísticos mais robustos) para um público e não outro. Ademais, os próprios construtos podem configurar-se diferente dependendo da idade e características sociais e culturais apresentadas. Por exemplo, pode ser identificado um decréscimo na atenção e memória conforme o sujeito envelheça. A avaliação cuidadosa pode revelar que esse decréscimo está dentro dos parâmetros esperados ou que representa um indicativo de patologia mais grave. A esse despeito, Oliveira e Silva (2017) apontam que alterações cognitivas em adultos devem ser contextualizadas, já que tendem a ser mais estáveis na vida adulta quando comparadas à infância e adolescência.

Após a utilização das fontes de informações fundamentais e complementares é necessário agrupar os dados obtidos e integrar os resultados de forma a traçar um quadro que permita compreender o avaliando e sua situação atual e que forneça as devidas respostas à demanda apresentada (Borsa & Muniz, 2016). Este momento da AP é de particular importância, pois é a ocasião em que é requerida dos psicólogos a capacidade de interpretar e integrar os dados provenientes de diversas fontes, sendo uma dificuldade já identificada na área (Hazboun & Alchieri, 2014) e que impacta na produção dos resultados da AP e consequentes problemas que afetam a área (Zaia, Oliveira, & Nakano, 2018).

Estes resultados irão compor o laudo psicológico, cujos preceitos de elaboração estão definidos na Resolução CFP n. 7 de 2003, que apresenta a definição dos documentos produzidos pelos psicólogos, sua estrutura e princípios de elaboração. O laudo representa a consubstanciação de todo o processo de investigação conduzido, no entanto sua redação deve ser cuidadosa. Informações que não se relacionem com a demanda, ou que exponham para além do necessário o avaliando, não devem ser incluídas, tampouco juízos de valor, extrapolações ou inferências sem o devido embasamento nos resultados. Apesar da obviedade de um processo fundamentado nos princípios científicos da psicologia

requerer a produção de um documento baseado em evidências, a confecção de laudos mal-elaborados, tendenciosos e valorativos constitui-se como fonte importante dos processos éticos no Brasil (Zaia, Oliveira, & Nakano).

Em linhas gerais, a AP em adultos segue o esquema apresentado na Figura 1, com a ressalva deste esquema ser apenas uma sugestão genérica que pode ser reduzida ou ampliada em função de cada caso. Por exemplo, casos de AP de adultos em contextos organizacionais não implicam a elaboração de hipóteses diagnósticas, por outro lado, alguns contextos requerem a elaboração de laudos conclusivos (Rodrigues & Faiad, 2018), o que não é prática comum em contextos clínicos. Depende de cada profissional adaptar os procedimentos de AP ao seu contexto e demandas específicas, sempre com foco em garantir a qualidade dos serviços prestados, tanto em termos técnicos quanto éticos.

Como todo processo de busca de informações a AP, em seu curso, acaba por produzir uma série de documentos e registros, digitais ou físicos (encaminhamentos, prontuários, folhas de testes preenchidas, anotações, laudos etc.) cuja guarda é de responsabilidade do profissional que a conduz. A guarda destes documentos deve seguir o definido nas Resoluções CFP 07/2003 e 01/2009, com o prazo de guarda de 5 anos. Além disso, é preciso observar a legislação aplicável a cada contexto de avaliação que pode introduzir obrigações adicionais quanto à forma ou prazo de guarda dos documentos.

Com o objetivo de traçar um paralelo entre teoria e prática em avaliação psicológica no adulto, de modo a contribuir para o entendimento dos caminhos percorridos, a próxima seção apresenta um estudo de caso, que ocorreu a partir da experiência dos autores em supervisão de estágio clínico em AP.

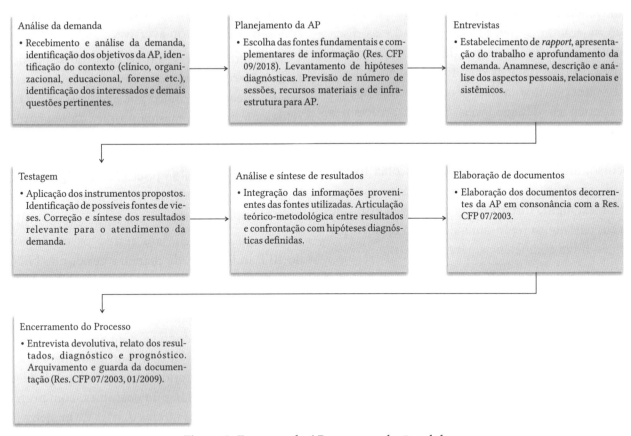

Figura 1 Esquema de AP para população adulta

Fonte: Elaborada pelos autores.

Estudo de caso

N.N., 27 anos, sexo masculino, está cursando o quarto período de Arqueologia em uma universidade pública e trabalha em um laboratório vinculado ao próprio curso. Buscou atendimento psicológico em decorrência de sua mudança comportamental recente. Relatou que não tem tido vontade de levantar da cama, fazer as tarefas diárias ou atividades que antes traziam sensação de prazer. Queixou-se também de alguns sintomas latentes como: desânimo, choro fácil, apatia, tristeza profunda e permanente. Todos esses sintomas se intensificaram gradativamente há um ano.

Visando avaliar a demanda trazida pelo cliente, foram efetuados dez encontros, com duração de 50 minutos cada. Nestes, realizou-se observações, entrevistas e a administração de testes psicológicos, selecionados em função dos sintomas indicados na demanda e consequente hipótese diagnóstica, utilizando-se a Bateria Fatorial de Personalidade – BFP (Nunes, Hutz, & Nunes, 2013) e o Inventário de Depressão de Beck – BDI-II (Gorenstein, Pang, Werlang, & Argimon, 2012).

Durante as entrevistas, N.N. informou que seus pais o pressionaram para que fizesse uma graduação e, ao ser aprovado em cursos de três universidades diferentes, escolheu o que cursar considerando o mercado de trabalho e as disciplinas previstas. Disse que desde o seu primeiro período teve dúvidas quanto à escolha por trilhar um percurso acadêmico, tendo tido apenas experiências desagradáveis, junto a professores que considera "dificultadores da aprendizagem" (sic). Quanto ao apoio da família em relação ao curso, disse que preferiam que a escolha tivesse sido um curso mais rentável e reconhecido como, por exemplo, direito ou engenharia. Disse que seus pais nunca referiram medicina por saber que "não tinha competência para tanto" (sic).

Em seu tempo livre, o cliente relatou que antes de iniciar a graduação, saía com alguns amigos esporadicamente, mas que passava bastante tempo no computador jogando on-line. Disse nunca ter gostado de praticar esportes ou se envolver em atividades coletivas. Contudo, atualmente não consegue mais "fazer nada" (sic) com os amigos. Inicialmente restringiu suas atividades por não ter tempo e aos poucos foi simplesmente perdendo o interesse. No âmbito profissional, relata que faz apenas o necessário e que só trabalha porque precisa do dinheiro, apesar de julgar que recebe pouco, o que não permite a independência financeira.

Ainda na entrevista, N.N. informou que apresenta sono desregulado, além de sentimento de inferioridade por não conseguir ter o desempenho acadêmico que julga ser esperado. Segundo ele, há aproximadamente 1 ano, com o aumento das exigências na graduação e no trabalho, "a tristeza invadiu sua vida" (sic) e tirou paulatinamente sua vontade de viver e realizar tarefas. Nos últimos 3 meses ele disse não ter ânimo, com dificuldades para levantar da cama, o fazendo apenas mediante "os berros" (sic) da genitora. Essa situação o deixa mais reativo, com comportamentos explosivos diante de qualquer situação estressora ou aversiva.

Durante as entrevistas ele mostrou-se inquieto e ansioso, sempre mexendo na cadeira ou em objetos aleatórios como, por exemplo, caneta e relógio. Manteve a mesma postura de seu corpo em praticamente toda a entrevista, com os braços apoiados sobre a mesa e os ombros levemente erguidos; gesticulou poucas vezes. Quanto ao que foi perguntado, deteve-se a responder de forma simples e curta.

No que concerne aos testes, os resultados do BFP indicaram, de maneira geral, que N.N. possui padrões relacionados à instabilidade emocional e passividade diante das situações da vida. Mostra-se um indivíduo pouco falante, que não busca o contato com outras pessoas. Não possui traços de comportamentos exploratórios, demonstrando pouca flexibilidade e abertura a novas ideias ou costumes, com preferência a executar as tarefas diárias de maneira já conhecida. Apesar disso, os resultados indicam motivação para o sucesso, perseverança, capacidade de planejamento de ações em função de uma meta, bem como nível de organização e pontualidade. Os escores obtidos no BDI-II apontam para sintomas depressivos com intensidade significativa.

A integração dos dados das entrevistas e dos instrumentos psicológicos indicaram um estado de humor depressivo e apatia, acompanhado de irritabilidade. Além disso, foram percebidas configurações afetivas instáveis relacionadas à impotência, infelicidade, desesperança, desamparo, rejeição e raiva. Esses resultados sugerem a presença de um quadro depressivo reativo relacionado com a dificuldade de escolha e vivência acadêmico/profissional. Recomendou-se que o cliente realize psicoterapia individual com o intuito de desenvolver habilidades que colaborem para a diminuição do sofrimento psicológico. O prognóstico é favorável ao se considerar os aspectos de personalidade identificados, que pode repercutir positivamente na adesão ao processo psicoterápico.

Considerações finais

O presente texto teve por objetivo apontar algumas questões relevantes quando considerada a avaliação psicológica em adultos. Essa discussão é pertinente, pois a AP é uma atividade exclusiva do psicólogo, podendo/devendo ocorrer em diversos contextos de atuação e junto a qualquer público-alvo. Sendo assim, é importante que os profissionais da área busquem se apropriar dos conceitos, teorias e construtos concernentes, para que possam ofertar um serviço ético e de qualidade técnica.

A condução de processos de AP melhor embasados técnica e teoricamente, que considerem as particularidades do ciclo de vida adulta e as consequências deste processo para estes indivíduos e para a sociedade, além de responsabilidade dos profissionais (Aera, APA, & NCME, 2014), também se insere no compromisso social da psicologia como ciência e profissão (CFP, 2013; 2018).

Referências

Alchieri, J.C. (2003). *Guia de referência: testes psicológicos comercializados no Brasil*. São Paulo: Casa do Psicólogo/Fapesp.

American Educational Research Association, American Psychological Association, & National Council on Measurement in Education (2014). *Standards for educational and psychological testing*. American Educational Research Association.

American Psychiatric Association (2014). *DSM-5: Manual diagnóstico e estatístico de transtornos mentais*. Porto Alegre: Artmed.

Barbieri, V. (2010). Psicodiagnóstico tradicional e interventivo: confronto de paradigmas? *Psicologia: Teoria e Pesquisa, 26*(3), 505-513.

Borsa, J.C. & Muniz, M. (2016). Testagem psicológica com crianças e adolescentes. In C.S. Hutz, D.R. Bandeira, C.M. Trentini & J.S. Krug (Orgs.). *Psicodiagnóstico* (pp. 238-246). Porto Alegre: Artmed.

Bueno, J.M.H. & Ricarte, M.D. (2017). Aspectos históricos da testagem psicológica: contexto internacional e nacional. In M.R.C. Lins & J.C. Borsa (Orgs.). *Avaliação psicológica: aspectos teóricos e práticos* (pp. 38-55). Petrópolis: Vozes.

Cohen, R.J., Swerdlik, M.E., & Sturman, E.D. (2014). *Testagem e avaliação psicológica: introdução a testes e medidas*. Porto Alegre: AMGH.

Conselho Federal de Psicologia (2009). *Resolução n. 1, de 30 de março de 2009*. Brasília: CFP [Recuperado em 15 de junho de 2018, de https://site.cfp.org.br/wp-content/uploads/2009/04/resolucao2009_01.pdf].

Conselho Federal de Psicologia (2012). *Resolução n. 5, de 24 de fevereiro de 2012*. Brasília: CFP.

Conselho Federal de Psicologia (2013). *Cartilha de avaliação psicológica*. Brasília: CFP.

Conselho Federal de Psicologia (2018). *Resolução n. 9, de 25 de abril de 2018*. Brasília: CFP [Recuperado em 8 de maio de 2018, de http://satepsi.cfp.org.br/docs/Resolução-CFP-no-09-2018-com-anexo.pdf].

Cunha, J.A. (2003). *Psicodiagnóstico-V*. Porto Alegre: Artmed.

International Test Commission (2003). *Diretrizes para o uso de testes: International Test Commission*. Ibap.

Hazboun, A.M. & Alchieri, J.C. (2014). Dificuldades em avaliação psicológica segundo psicólogos brasileiros. *Psico, 45*(1), 83-89 [doi: 10.15448/1980-8623.2014.1.13173].

Hutz, C. (2011). Manuais especificando seus contextos de aplicação e âmbitos de ação. In Conselho Federal de Psicologia (Org.). *Ano da avaliação psicológica: textos geradores*, 49-52.

Hutteman, R., Hennecke, M., Orth, U., Reitz, A., & Specht, J. (2014). Developmental tasks as a framework to study personality development in adulthood and old age. *European Journal of Personality, 28*, 267-278.

Lins, M.R.C. & Barros, L.O. (no prelo). Avaliação de pessoas com deficiência visual. In J.C. Borsa (Org.). *Avaliação psicológica com indivíduos em condição de vulnerabilidade psicossocial*. São Paulo: Vetor.

Lins, M.R.C., Muniz, M., & Uehara, E. (2018). A importância da entrevista inicial no processo avaliativo infantil. In M.R.C. Lins, M. Muniz, & L.M. Cardoso (Orgs.). *Avaliação psicológica infantil*. São Paulo: Hogrefe.

Muniz, M. (2017). Competências e cuidados para a administração da avaliação psicológica e dos testes psicológicos. In M.R.C. Lins & J.C. Borsa (Orgs.). *Avaliação psicológica: aspectos teóricos e práticos* (pp. 38-55). Petrópolis: Vozes.

Noronha, A.P.P. & Reppold, C.T. (2010). Considerações sobre a avaliação psicológica no Brasil. *Psicologia: Ciência e Profissão, 30*, 192-201.

Nunes, M.C.T., Lourenço, L.J., & Teixeira, R.C.P. (2017). Avaliação psicológica: o papel da observação e da entrevista. In M.R.C. Lins & J.C. Borsa (Orgs.). *Avaliação psicológica: aspectos teóricos e práticos* (pp. 23-37). Petrópolis: Vozes.

Oliveira, S.E.S. & Silva, M.A. (2017). Avaliação psicológica de adultos: especificidades, técnicas e contextos de aplicação. In M.R.C. Lins & J.C. Borsa

(Orgs.). *Avaliação psicológica: aspectos teóricos e práticos* (pp. 303-320). Petrópolis: Vozes.

Rigoni, M.S. & Sá, S.D. (2016). O processo psicodiagnóstico. In C.S. Hutz, D.R. Bandeira, C.M. Trentini, & J.S. Krug (Orgs.). *Psicodiagnóstico* (pp. 27-34). Porto Alegre: Artmed.

Rodrigues, C.M.L. & Faiad, C. Avaliação psicossocial no contexto das normas regulamentadoras do trabalho: desafios e práticas profissionais. *Psicologia Revista, 27*(2), 287-310 [doi: 10.23925/2594-3871.2018v27 i2p287-310].

Serafini, A.J., Budzyn, C.S., & Fonseca, T.L.R. (2017). Tipos de teste: características e aplicabilidade. In M.R.C. Lins & J.C. Borsa (Orgs.). *Avaliação psicológica: aspectos teóricos e práticos* (pp. 58-77). Petrópolis: Vozes.

Silva, M.A. & Bandeira, D.R. (2016). A entrevista de anamnese. In C.S. Hutz, D.R. Bandeira, C.M. Trentini, & J.S. Krug (Orgs.). *Psicodiagnóstico* (pp. 51-67). Porto Alegre: ArtMed.

Souza, D.H. & Aiello, A.L.R. (2018). Técnicas de observação no contexto clínico infantil. In M.R.C. Lins, M. Muniz, & L.M. Cardoso (Orgs.). *Avaliação psicológica infantil*. São Paulo: Hogrefe.

Tavares, M. (2000). A entrevista clínica. In J.A. Cunha. *Psicodiagnóstico – V* (pp. 45-56). Porto Alegre: Artmed.

Viana, M.C. (2016). Composite International Diagnostic Interview (Cidi). In C. Gorenstein, Y.P. Wang, & I. Hungerhühler (Orgs.). *Instrumentos de avaliação em saúde mental* (pp. 64-71). Porto Alegre: Artmed.

Zaia, P., Oliveira, K.D.S., & Nakano, T.D.C. (2018). Análise dos processos éticos publicados no Jornal do Conselho Federal de Psicologia. *Psicologia: Ciência e Profissão, 38*(1), 8-21 [doi: 10.1590/1982-3703003532016].

20
Elaboração de relatório/laudo psicológico: normativas e reflexões críticas

Sonia Regina Pasian

Fernanda Aguiar Pizeta

Erika Tiemi Kato Okino

Apresentação e objetivo do capítulo

O presente capítulo contextualizará a elaboração de relatórios psicológicos, incluindo aspectos conceituais e normativos da redação de documentos escritos em Psicologia, sua relação com a atuação profissional em diferentes campos aplicados e suas implicações nesses contextos. A elaboração de um relatório psicológico decorre de processo de avaliação e intervenção realizado por psicólogo a partir da integração de dados que podem advir de diferentes fontes, pautados em demanda específica dirigida à Ciência Psicológica. A partir desse conhecimento, são possíveis desdobramentos e direcionamentos diversos, incluindo tomadas de decisão para a atuação da própria Psicologia, podendo existir ações articuladas com outras ciências, como a Medicina e áreas da saúde, a Pedagogia, o Direito, dentre outras.

Pretende-se, ao longo deste capítulo, apresentar fundamentos para a reflexão crítica quanto à elaboração dos relatórios psicológicos, seus alcances e limites dentro da Psicologia, bem como na interface com outras ciências, e suas implicações éticas. Vislumbra-se que a organização de recursos que qualifiquem a escrita de documentos em Psicologia poderá favorecer o ensino relativo à atuação do psicólogo ainda na graduação, contribuindo também para o contínuo aprimoramento profissional.

Documentos escritos em psicologia e o relatório psicológico: conceitos e normativas

A demanda destinada a profissionais de Psicologia quanto à produção de documentos escritos se associa ao crescimento da área de avaliação psicológica (Barroso, 2010; Primi, 2010), ao próprio caráter privativo dessa atividade profissional (Brasil, 1962), e fomentou, junto ao Conselho Federal de Psicologia (CFP), a redação da Resolução n. 7/2003 (CFP, 2003), instituindo o Manual de Elaboração de Documentos Escritos. Essa resolução objetivou favorecer a escrita qualificada da atuação profissional decorrente de avaliação psicológica, considerando-se sobremaneira os princípios éticos, as implicações sociais que se desdobram do uso desses documentos e os questionamentos e queixas quanto a sua qualidade. Reconheceu-se, assim, que norteadores éticos e técnicos se faziam necessários para a elaboração de um documento derivado de ação profissional da Psicologia, estimulando a reflexão quanto à natureza dinâmica, não definitiva e não cristalizada do objeto de estudo e avaliação dessa ciência.

A Resolução CFP n. 7/2003 apresenta como princípios norteadores a linguagem escrita, aspectos éticos e técnicos, considerando, respectivamente, a necessidade de uma linguagem que permita ao leitor (normalmente, o solicitante da avaliação) a compreensão do que está escrito, de forma que seja bem estruturada e definida, com precisão técnica na comunicação, clareza e concisão; e a necessidade de se considerar os compromissos éticos da profissão na relação com os atendidos (CFP, 2003). Nesse sentido, destaca-se a relevância do sigilo profissional, ressaltando-se a responsabilidade sobre as informações presentes nos documentos. No mesmo grau de importância, ressalta-se o domínio técnico sobre o objeto em estudo, os instrumentos (procedimentos e testes psicológicos) e a especialização em avaliação psicológica. Esses fundamentos são básicos para a seleção adequada dos instrumentais, sua correta aplicação e interpretação dos resultados. Para o profissional com experiência e competência, é tranquilo reconhecer que a seleção e a aplicação adequada de instrumentos constituem ínfima parte de um processo psicodiagnóstico. Já para o avaliador iniciante, essa clareza é algo a ser amadurecido. Assim, torna-se necessário reificar dois amplos campos conceituais envolvidos, a saber: o que é avaliação psicológica e ética profissional em psicologia, temas tratados de modo específico em outros capítulos.

Nesse momento, no entanto, faz-se relevante relembrar as diretrizes básicas do Conselho Federal de Psicologia (CFP, 2018) no tocante à definição da avaliação psicológica como "um processo estruturado de investigação de fenômenos psicológicos, composto de métodos, técnicas e instrumentos, com o objetivo de prover informações à tomada de decisão, no âmbito individual, grupal ou institucional, com base em demandas, condições e finalidades específicas". Essa definição por si só pressupõe que o profissional psicólogo deve estar atento ao art. 1º do Código de Ética do Psicólogo (CFP, 2014), sobre os deveres fundamentais do psicólogo, que preconizam ao psicólogo, dentre outros, *assumir responsabilidades profissionais somente por atividades para as quais esteja capacitado pessoal, teórica e tecnicamente; prestar serviços de qualidade; fornecer, a quem de direito, informações relevantes sobre o processo avaliativo e orientar os respectivos encaminhamentos decorrentes da avaliação.* E por sua vez, o art. 2º aponta, dentre outros, que *é vedado ao psicólogo ser conivente com erros e faltas éticas na prestação de serviços profissionais; emitir documentos sem fundamentação e qualidade técnico-científica, interferir na validade e fidedignidade de instrumentos e técnicas psicológicas, adulterar seus resultados ou fazer declarações falsas* (CFP, 2014). Dessa forma, torna-se importante reforçar aos iniciantes que devem aceitar um trabalho dessa natureza apenas se tiverem clareza a respeito de três questões fundamentais: diretrizes de conduta profissional, marcos legais de nossa profissão e conhecimento técnico-científico suficiente.

Apesar da Lei 4.119 de 1962 autorizar todos os psicólogos formados em território brasileiro a fazerem uso dos instrumentos e técnicas psicológicas, é possível afirmar que, infelizmente, crescente percentual de psicólogos graduados não apresenta conhecimento e/ou treinamento suficientemente adequados para a prática em avaliação psicológica (Cruz, 2016; Noronha et al., 2013). Em grande parte dos cursos de Psicologia no Brasil, o ensino da Avaliação Psicológica inexiste ou possui reduzida carga horária, muitas vezes com amplas turmas, sem qualquer treinamento prático-profissionalizante. Assim, torna-se compreensível o número elevado de denúncias junto ao CFP, seguidos de processos éticos relacionados à prática indevida ou de má qualidade técnica na área da avaliação psicológica, principalmente em relação aos documentos escritos.

Na experiência de trabalho na formação em Psicologia temos nos deparado com o reduzido treino em pontos fundamentais requeridos em avaliação psicológica. Notamos reduzida habilidade conceitual para identificar e discriminar o fenômeno/construto psicológico, dificultando definir a finalidade da avaliação psicológica, aplicar o conhecimento na interpretação dos resultados e definir condutas profissionais aos casos. Também identificamos pouca habilidade em diferenciar avaliação psicológica e instrumentação psicológica, com risco de se tornarem meros aplicadores de instrumentos ("testólogos") ao invés de profissional que realiza processos de avaliação psicológica em sua prática. Ainda temos nos deparado com importantes limites na habilidade em produzir textos escritos, questão muito complexa, pois nos parece competência pouco desenvolvida atualmente nos cursos de graduação em Psicologia no Brasil, os quais têm priorizado que os alunos expressem seu conhecimento de forma verbal e coloquial ao invés de forma escrita e tecnicamente fundamentada em princípios estruturados. Sem o desenvolvimento dessas competências na graduação em Psicologia, logicamente as dificuldades nessa área logo se manifestarão, já na fase inicial de suas atividades. No entanto, por compreendermos que a formação profissional deve ser contínua, sendo a graduação apenas a etapa inicial desse processo, recomendamos fortemente que o psicólogo busque desenvolver essa e outras habilidades em cursos complementares de seu interesse ao longo de sua carreira.

No sentido do aprimoramento técnico e científico, em 16 de dezembro de 2018, a avaliação psicológica foi reconhecida como especialidade em Psicologia pelo Conselho Federal de Psicologia. Esse fato atendeu à antiga demanda dos especialistas da área e de duas entidades de reconhecido mérito científico, a Associação Brasileira de Rorschach e Métodos Projetivos (ASBRo) e o Instituto Brasileiro de Avaliação Psicológica (Ibap), que também foram apoiadas por 21 das 23 entidades que compõem o Fórum das Entidades Nacionais da Psicologia Brasileira (Fenpb). A Resolução que estabelecerá critérios da especialidade em avaliação psicológica encontra-se em fase de elaboração por Grupo de Trabalho a ser composto por especialistas da área. Certamente, trata-se de importante reconhecimento no sentido de valorização do conhecimento específico requerido pela área de avaliação psicológica, o que colaborará para estimular a formação adequada de profissionais e a qualificação dos serviços prestados à comunidade e aos diferentes usuários desses serviços.

A produção de documento escrito decorrente da avaliação psicológica pauta-se nos princípios básicos da própria avaliação psicológica, para a qual o Conselho estabeleceu diretrizes pela Resolução n. 9/2018 (CFP, 2018). Nesse sentido, as diretrizes brasileiras se coadunam às recomendações internacionais, especialmente quanto às boas práticas relativas ao uso de instrumentos no processo de avaliação (Aera/APA/NCME, 2014; ITC, 2018), o que tem implicações para a escrita de documentos decorrentes de sua utilização.

Dentre as modalidades de documentos escritos, o Conselho Federal de Psicologia (CFP, 2003) apresenta a Declaração, o Atestado e o Parecer Psicológico, que não decorrem especificamente do processo de avaliação psicológica, e não serão alvo do presente capítulo. Centralizamos a atenção sobre o Relatório/Laudo Psicológico. Esses termos são considerados equivalentes para o CFP, que os define da seguinte maneira: *"apresentação descritiva acerca de situações e/ou condições psicológicas e suas determinações históricas, sociais, políticas e culturais, pesquisadas no processo de avaliação psicológica"*. Derivam de *"dados colhidos e analisados, à luz de um instrumental técnico (entrevistas, dinâmicas, testes psicológicos, observação, exame psíquico, intervenção verbal), consubstanciado em referencial técnico-filosófico e científico adotado pelo psicólogo. A finalidade do relatório psicológico será a de apresentar os procedimentos e conclusões gerados pelo processo de avaliação psicológica, relatando sobre o encaminhamento, as intervenções, o diagnóstico, o prognóstico e evolução do caso, orientação e sugestão de projeto terapêutico, bem como, caso necessário, solicitação de acompanhamento psicológico, limitando-se a fornecer somente as informações necessárias relacionadas à demanda, solicitação ou petição"* (CFP, 2003).

Nessa perspectiva, a redação do relatório psicológico pode se configurar em recurso para a comunicação de resultados obtidos a partir da avaliação psicológica. Segundo o CFP (2003), tal documento escrito deve contemplar as especificidades do processo realizado, especialmente o momento histórico no qual ocorreu, o instrumental técnico de escolha do profissional, a interpretação dos dados e a conclusão, que favorece a tomada de decisão futura frente à demanda inicialmente apresentada ao profissional de Psicologia. Tais especificidades devem ser evidenciadas no documento escrito, contemplando a estrutura apresentada na Tabela 1.

A conclusão de um relatório/laudo psicológico permite identificar e compreender o processo avaliativo, contemplando a síntese dos indicadores psicológicos mais relevantes. Assim, em uma perspectiva psicodinâmica, seriam esperadas informações sobre estrutura e funcionamento psíquicos, recursos egoicos e mecanismos de defesa adaptativos e desintegradores. A integração dos achados favorece a elaboração de hipótese diagnóstica, em consonância com manuais diagnósticos utilizados em Saúde (CID-10 ou DSM-V), complementando o diagnóstico psicodinâmico, além de considerações relativas ao prognóstico e a possíveis indicações terapêuticas.

Conforme orientação do CFP, o prazo de validade do conteúdo dos documentos inscritos deve considerar a legislação vigente ou, na ausência, o prazo identificado pelo profissional de Psicologia, de forma cientificamente fundamentada. Quanto à guarda dos documentos, há indicação de que os materiais escritos e as produções individuais que os fundamentam devem ser guardados por no mínimo cinco anos ou por período maior, quando assim se fizer necessário.

A partir da estrutura e cuidados formais apontados, o relatório/laudo psicológico deverá refletir a complexidade da avaliação psicológica realizada e sua finalidade, revelando coerência e adequação dos procedimentos utilizados frente à demanda apresentada ao profissional de Psicologia, o que se refletirá na análise e conclusão do documento, à luz dos referenciais técnicos e teóricos adotados. Tais referenciais poderão estar expressos ao longo do laudo, com citações de pesquisas científicas empíricas e trabalhos teóricos, enquanto recursos para melhor compreensão dos fenômenos psicológicos avaliados e do referencial técnico-científico adotado. A apresentação dos resultados, incluindo dados relativos a instrumentos padronizados de avaliação, não deverá se dar necessariamente na ordem da aplicação dos procedimentos realizados, podendo ser mais coerente que sejam inseridos no documento conforme sua relevância para a demanda apresentada e de acordo com a ordem lógica de informações sobre o caso ou pessoa(s) avaliada(s).

Tabela 1 Estrutura do relatório ou laudo psicológico

Componente	Conteúdo
Dados de identificação	a) Autor do relatório: nome completo e número de inscrição no Conselho Regional do Profissional de Psicologia. b) Destinatário: quem solicita, por exemplo, nome dos pais (no caso de crianças e adolescentes) ou da pessoa avaliada, nome da empresa ou do profissional/serviço solicitante. Dados de caracterização do avaliado, como idade, escolaridade, profissão, procedência, estado civil, religião.
Assunto / finalidade	Razão da produção do documento (p. ex., acompanhamento ou avaliação psicológica, esclarecimento diagnóstico).
Descrição da demanda	Informações referentes à problemática apresentada; razões e expectativas que motivaram a solicitação do documento escrito. É preciso validar o uso dos instrumentais técnicos e o alcance da avaliação psicológica frente a essas razões, podendo incluir, por exemplo, a história prévia do caso a partir da consulta a prontuários e documentos institucionais, além da transcrição da demanda de avaliação psicológica, com hipótese diagnóstica ou compreensiva, caso exista.
Procedimentos	Informações sobre a coleta de dados, incluindo, número e duração das sessões, pessoas incluídas, os instrumentais técnicos utilizados em ordem de aplicação e referencial teórico-filosófico que perpassa a avaliação psicológica como um todo. Deve permitir a identificação dos passos que levaram o profissional às conclusões frente à demanda apresentada.
Análise	Descrição precisa dos dados colhidos associados à demanda em sua complexidade, com apresentação das informações exclusivamente necessárias para a finalidade específica do documento. Pode incluir atitude do avaliado, recursos e prejuízos das funções psíquicas relevantes, indícios obtidos e suas respectivas interpretações, articulando-as com a demanda da avaliação realizada.
Conclusão	Considerações sobre a avaliação realizada, a partir dos referenciais técnicos e teóricos utilizados, frente à demanda apresentada. Deve considerar o nível de complexidade do caso, com possíveis sugestões, novas investigações e planos de atendimento, quando necessário.
Finalização formal	Incluir a cidade onde foi realizada a avaliação psicológica, a data de elaboração do relatório, o nome completo e o registro profissional do psicólogo responsável, com sua devida assinatura.

Vários são os campos aplicados da ciência psicológica que requerem do profissional a elaboração de documentos escritos. Destaca-se, contudo, que o uso do relatório psicológico pode se dar em contexto diverso daquele em que foi produzido, fazendo-se importante considerar o campo aplicado da Psicologia no qual foi elaborado para garantir sua validade e confiabilidade técnico-científica.

Diferentes contextos de utilização do relatório psicológico

A principal atuação do profissional de Psicologia ainda está atrelada ao atendimento clínico, seguida de campos e interfaces com outras ciências, incluindo áreas como a saúde, o trabalho e as organizações, a educacional (Oliveira & Menezes, 2013). Ao revisar a literatura científica sobre laudos psicológicos no Brasil, Preto e Fajardo (2015) evidenciaram que os campos de aplicação da Psicologia com maior número de materiais científicos se associam à Psicologia Escolar, Psicologia Jurídica, Psicologia do Trânsito e Ensino da Psicologia. Este cenário traz desdobramentos relevantes para a formação profissional, bem como para a explicitação e publicidade do conhecimento obtido nas avaliações psicológicas a partir da elaboração de relatório/laudo psicológico em cada campo específico de aplicação.

As diversas demandas de avaliação psicológica determinam a escolha procedimental, o tipo e a qualidade dos dados necessários, bem como sua análise e interpretação, com eventuais influências para a tomada de decisão a partir desse processo de avaliação. As expectativas relativas aos documentos escritos elaborados pelos profissionais de Psicologia também se diferenciam nesses variados contextos, tendo por base as necessidades que motivaram a avaliação psicológica e as decisões dela derivadas.

A elaboração de documentos escritos na área clínica e da saúde evidencia a demanda de respostas relativas à compreensão do estado atual do avaliado, incluindo seus recursos e dificuldades frente às demandas ao longo da vida ou no momento atual. Normalmente incluem ainda indicadores para diagnóstico diferencial, prognóstico quanto à submissão a intervenções diversas (psicoterapia, cirurgias, procedimentos médicos, dentre outras) e ao processo psicoterápico ou interventivo realizado. O documento escrito poderá ser apresentado a uma equipe multiprofissional ou outro profissional de saúde que participa dos cuidados do avaliado, na busca pela qualificação de sua saúde. Dessa forma, a análise e conclusão apresentadas podem ter como objetivo a composição de uma compreensão multidisciplinar sobre o objeto da avaliação, sendo fundamental que considere, desde o princípio, dados das demais ciências implicadas nesse processo.

Na área educacional as demandas costumam se relacionar com o desempenho acadêmico e escolar. De modo geral, incluem aspectos relativos à aprendizagem formal e à socialização, sendo as crianças e os adolescentes os principais focos no processo de avaliação. As perguntas feitas à Psicologia (demandas) buscam variáveis desencadeadoras de problemas e dificuldades no contexto escolar, sugestivos de prejuízos ao desenvolvimento, além de recursos que nortearão as propostas de intervenção e manejo. A produção do documento escrito para a escola ou no contexto escolar deve prever a possibilidade de uso desse conhecimento organizado pelos profissionais de Psicologia para intervenções nesse contexto específico ou mesmo no contexto familiar. Assim, é essencial que as conclusões evidenciem os recursos do avaliado em relação a seu momento de desenvolvimento e contextos de socialização e aprendizagem, de modo a favorecer seu pleno amadurecimento.

No cenário jurídico, por sua vez, os questionamentos centram-se na compreensão de variáveis relativas ao exercício parental e à saúde mental dos filhos (em situações de separação, disputa de guarda, alienação parental, adoção, acolhimento institucional), a danos psicológicos favorecidos por pessoas ou espaços de convivência, a associações entre eventos de vida e consequências decorrentes, incluindo risco à integridade de uma pessoa ou família, de forma a contribuir para a tomada de decisões de natureza jurídica. A construção do conhecimento pela Psicologia sobre determinada pessoa ou caso/situação deve estar relacionada a possíveis intervenções de profissionais do campo jurídico (juiz, advogado, assistente social, entre outros), inclusive para a tomada de decisões envolvendo terceiros não avaliados.

Esses cenários de atuação profissional evidenciam que a elaboração de um documento escrito implica na integração de diversas habilidades do psicólogo, pois há inúmeras variáveis envolvidas numa determinada situação de vida. Em várias situações será necessário que o psicólogo elabore versões distintas do relatório psicológico, a depender das pessoas envolvidas e a quem ele se destina: o profissional solicitante (que pode ou não ser psicólogo ou da área da saúde); os pais, o educador ou coordenador pedagógico, o advogado ou juiz de direito, o administrador de uma empresa, entre tantas possibilidades. De qualquer maneira, ao elaborarmos um relatório psicológico, precisamos ter em mente os seguintes pontos: a) Quem foi o solicitante?, b) Qual a demanda?, c) Qual o objetivo do processo avaliativo?, d) A interpretação dos resultados coletados a partir do método selecionado está integrada ao contexto do avaliado?, e) As conclusões são fidedignas?, f) As conclusões respondem à questão do solicitante?

No momento da integração dos resultados e elaboração do relatório psicológico, esses pontos são norteadores para que os dados obtidos por meio dos recursos avaliativos (observação, entrevistas, procedimentos e testes psicológicos) sejam integrados e interpretados à luz do contexto so-

ciocultural do avaliado e do referencial teórico do psicólogo. Este, por sua vez, deverá elaborar um texto representativo da realidade observada, de maneira técnica, objetiva, clara, concisa e precisa. Um relatório psicológico deve fornecer, ao solicitante, esclarecimentos técnicos com embasamento científico, elementos esclarecedores para embasar hipótese diagnóstica, tomada de decisão/manejo e/ou propostas terapêuticas com base nos recursos e dificuldades pontuados no processo psicodiagnóstico. Falando de forma direta, é preciso que o relatório psicológico seja útil, válido, confiável e esclarecedor ao solicitante. Dessa forma, entende-se que deverá constar do relatório/laudo psicológico desde a identificação o objetivo da produção daquele documento, a finalidade da avaliação realizada, o alcance e os limites dessa atuação profissional, de forma a produzir conhecimento que permita verificar a consistência dos objetivos da avaliação com os procedimentos utilizados e a análise e conclusão delineados.

Integração de dados e de fontes de informação

A elaboração de um relatório/laudo psicológico exige do profissional de Psicologia estratégias de sistematização dos dados obtidos na avaliação psicológica para sua adequada integração. A interpretação desses dados, a partir dos objetivos da avaliação, exige conhecimento teórico e técnico aprofundado, para além dos manuais de testes e instrumentos utilizados (Borsa, 2016), bem como para além das expectativas dos solicitantes dos serviços da Psicologia. Os resultados devem compor uma resposta específica à demanda apresentada ao profissional de Psicologia, evitando-se conclusões vagas ou generalistas (Cohen, Swerdlik, & Sturman, 2014).

Um dos recursos para validação dos dados obtidos é buscar fontes de informações em um processo de triangulação a partir de instrumentos e/ou técnicas distintas, cruzando suas evidências. Esse processo permite compreensão holística da demanda apresentada e favorece elaboração de prognóstico mais preciso. A triangulação se refere à combinação de dados advindos de instrumentos de avaliação psicológica aplicados em uma mesma pessoa, reunindo informações complementares, cuja integração favorece a análise psicológica e conclusão do relatório psicológico. Torna-se possível, desse modo, expressar a complexidade das variáveis envolvidas nesse processo e minimizar vieses ou limitações decorrentes de dados isolados, quase sempre sem significação clínica relevante.

Em uma perspectiva psicodinâmica, por exemplo, a estrutura e funcionamento psíquicos poderiam ser depreendidos a partir de indicadores de capacidade de realização de tarefas, do funcionamento lógico associados à qualidade do pensamento e crítica à realidade compartilhada, do funcionamento afetivo e controle dos impulsos, estrutura de identidade, mecanismos de defesa mais utilizados e possíveis riscos à adaptação social. Dados da história de vida, obtidos a partir de entrevista semiestruturada, poderiam se agregar a indicadores advindos de testes psicológicos objetivos (de inteligência, p. ex.) e projetivos (gráficos, verbais, lúdicos) para compor o conhecimento sobre o avaliado. Desse modo, por exemplo, a presença de transparências no teste *House-Tree-Person* (HTP), de estruturas desorganizadas no Teste das Pirâmides Coloridas de Pfister e respostas de qualidade formal negativa no Método de Rorschach poderiam indicar a presença de prejuízos no funcionamento lógico associado à invasão de afetos no pensamento,

apesar dos sinais de bom potencial de inteligência identificado em outras atividades e pela observação do rendimento escolar em sala de aula.

Destaca-se, assim, que a elaboração de relatório/laudo psicológico está diretamente associada ao planejamento da avaliação realizada e à possibilidade de acesso às informações pelos procedimentos e métodos investigativos adotados. Dessa forma, a qualidade do documento escrito depende tanto da qualidade da escrita quanto do alcance e limites possíveis pelos dados obtidos e de sua interpretação, sendo necessário selecionar e preservar as condições técnicas para sustentar processos válidos e fidedignos de avaliação psicológica.

Desafios e limites do relatório/laudo psicológico

O desconhecimento por parte de profissionais de Psicologia quanto aos princípios norteadores da elaboração de documentos escritos decorrentes da avaliação psicológica ainda transparece na atuação dos psicólogos, mesmo após 15 anos da Resolução n. 07/2003 do CFP. Há, inclusive, questionamentos quanto à lacuna e falta de clareza na normativa brasileira sobre a obrigatoriedade da apresentação do relatório psicológico, uma vez que a comunicação dos resultados não está expressamente associada a eles (Lago, Yates, & Bandeira, 2016). As autoras refletem, contudo, que frente aos códigos de ética nacional e internacionais das Ciências Humanas e da Saúde, que enfatizam o respeito ao ser humano e a maximização dos benefícios e minimização de possíveis danos, configura-se como fundamental o registro por escrito do processo de avaliação psicológica, a qual não deveria se limitar à devolutiva verbal.

Vencido esse primeiro questionamento, Lago e Rovinski (2016) consideram que as falhas na elaboração desses documentos estariam atreladas a limitações técnicas e éticas durante o processo de avaliação psicológica. Destaca-se que a interpretação da demanda pelo próprio profissional de Psicologia pode ser o início de formulações e redação pouco claras ou inadequadas do relatório psicológico. De maneira geral, os motivos para a avaliação psicológica são apresentados por pessoas e profissionais não psicólogos, sendo essencial que o profissional de Psicologia compreenda adequadamente a solicitação apresentada, de modo a conduzir o processo de modo satisfatório, desde o enquadre e estabelecimento de contrato, e consequente redação de seu relatório psicológico. Noronha et al. (2013) destacam, no cenário da avaliação psicológica, o maior investimento no ensino da graduação associado às técnicas e aos instrumentos avaliativos, sobrepondo-se à importância dada ao treino na elaboração de documentos escritos, o que sinaliza para a necessidade de articulação entre demanda, escolha de instrumentos e produção escrita de conhecimento.

Nesse sentido, a qualidade do relatório psicológico ficaria atrelada à prática profissional e formação continuada (Rovinski & Lago, 2016), com aprimoramento desde a graduação (Borsa, 2016; Cruz, 2016; Preto & Fajardo, 2015). Também dependerá sempre da formação ética do profissional de Psicologia, de forma a refletir seu papel e função no processo de avaliação e de devolução de informações às pessoas envolvidas, incluindo o próprio avaliado e terceiros. Dentre os aspectos éticos relacionados à produção de relatório/laudo psicológico, Lago, Yates e Bandeira (2016) destacam: a escolha do conteúdo relativo às informações relevantes que serão apresentadas, que deve decorrer primordialmente da demanda de avaliação; o nível de complexidade da linguagem, que tem relação com o destinatário do documento; e o compromisso do profissional em relação a encaminhamentos pertinentes ao caso avaliado. As autoras também apresentam alguns indicadores que favorecem falhas e consequentes limitações do relatório/psicológico, associadas à linguagem não técnica ou técnica, mas desnecessária, afirmações categóricas e não fundamentadas técnica e cientificamente, dados imprecisos ou inadequadamente utilizados, além de pessoalidade na escrita e uso de expressões coloquiais ou depreciativas.

Dessa forma, o desafio da escrita de relatórios/laudos psicológicos perpassa a competência técnica do profissional desde o recebimento da demanda e sua significação à luz do contexto social, econômico e político, bem como da competência de reflexão de dados integrados e analisados a partir de determinada perspectiva teórica. Além disso, fazem-se oportunas reflexões críticas quanto ao impacto e desdobramentos desse documento na vida de pessoas, no trabalho do profissional e da sociedade, havendo estreita associação com o cumprimento do dever ético em Psicologia. Preto e Fajardo (2015) destacam repercussões do relatório/laudo psicológico para a pessoa e para a prática do profissional. Argumentam que o impacto deste documento escrito sobre uma pessoa pode fomentar o uso de tal documento para o início de ações éticas, administrativas e judiciais contra o psicólogo, o que por si só não deveria ser o motivo para o aprimoramento da qualidade dos relatórios/laudos produzidos. Frente ao compromisso ético e político da profissão, a qualidade desses documentos deve se associar à qualidade da atuação profissional, incluindo a competência do psicólogo e um processo avaliativo satisfatório (Preto & Fajardo, 2015).

Configura-se, assim, um desafio cotidiano ao psicólogo: a redação clara, concisa e organizada de um documento delimitado pela demanda apresentada, mas que muitas vezes contempla dados mais amplos. Isso requer do profissional de Psicologia a habilidade de examinar adequadamente uma teoria e uma doutrina científica (Pessoa, 2016) a partir de uma questão ou dúvida que requer a resposta no alcance e limite da ciência psicológica. Coloca-se em foco, desse modo, a necessidade sistemática de revisitar o lugar da avaliação psicológica e da produção de documentos escritos por esse profissional, de forma a qualificar a produção de conhecimento e sua expressão formal e escrita na sociedade, mantendo-se sempre atualizado em termos técnico-científicos.

Exemplo clínico – Relatório de avaliação psicológica

1 Identificação

Detalhes da história clínica desse caso podem ser examinados no capítulo sobre a Entrevista Psicológica deste livro, evidenciando a complementaridade de métodos de avaliação psicológica.

1.1 Nome: R.   Idade: 39 anos

Estado civil: Casado

Escolaridade: Ensino Médio completo (Curso Técnico)

Profissão: Estudante (Curso Técnico) e Auxiliar de Enfermagem

Naturalidade e procedência: cidade do interior do Estado de São Paulo

1.2 Profissionais responsáveis: Estagiária do 5º ano do Curso de Psicologia e sua supervisora (CRP: XXX).

1.3 Solicitante: Serviço de Triagem de Clínica-Escola de Psicologia de Universidade pública.

1.4 Finalidade: Diagnóstico psicológico para posterior encaminhamento terapêutico.

1.5 Período da avaliação: 28 de setembro, 01, 08, 15 e 29 de outubro de 2010.

1.6 Local da avaliação: Clínica-Escola de Psicologia de Universidade pública.

2 Descrição da demanda

R. procurou o serviço de atendimento psicológico na clínica-escola de Psicologia por conta própria, sem indicação de profissional ou de algum serviço. Em entrevista inicial, identificamos dificuldades no controle do comportamento sexual e ideação persecutória, justificando, inicialmente, processo psicodiagnóstico para posterior definição de proposta terapêutica ao caso (cf. detalhes no capítulo sobre entrevista psicológica).

3 Métodos e resultados

O processo de psicodiagnóstico foi realizado em cinco sessões de duração entre uma e duas horas, dependendo da técnica aplicada, com frequência de uma sessão semanal. Foram utilizadas as seguintes técnicas: Entrevista clínica no início do processo para colher dados acerca da história pessoal do paciente; Bateria de Grafismo de Hammer (HTP), Teste Gestáltico Visomotor de Bender e Questionário Desiderativo, na segunda sessão; Método de Rorschach na terceira sessão; e Teste das Pirâmides Coloridas de Pfister na quarta sessão. A análise dos resultados apresentados em cada instrumento de avaliação psicológica foi baseada em seus respectivos manuais técnicos, tendo como referencial teórico a abordagem psicodinâmica, com objetivo clínico e compreensivo do caso. Foi efetuada também uma sessão de encerramento, com entrevista devolutiva dos resultados obtidos pela avaliação. Nessa sessão foram feitas também a indicação e o encaminhamento psicoterapêutico para R., baseando-se em hipótese diagnóstica e possível prognóstico elaborado para o caso.

Ao longo das atividades, R. manteve uma postura de colaboração, empenho e atenção frente às tarefas, o que favoreceu a validade do presente processo de avaliação psicológica. Porém, sinalizou certas dificuldades no envolvimento com as tarefas, no sentido de mostrar insegurança e certo receio frente a situações novas, muitas vezes referindo não saber realizar a atividade.

Foram identificados sinais de boa capacidade produtiva, compatível com o esperado para seu grupo sociocultural de referência. Na maioria das atividades, trabalhou com ritmo adequado, sinalizando boa capacidade associativa e expressiva. No entanto, em algumas situações de maior mobilização afetiva, R. lentificou bastante seu trabalho, sinalizando inibição e prejuízo em seu funcionamento associativo, talvez como tentativas de autocontenção impulsiva que interrompem o fluxo e o encadeamento produtivo. R. também referiu, entre as queixas iniciais, sua demora para concluir atividades.

Apresentou sinais sugestivos de nível intelectual mediano, adequado ao seu grupo sociocultural de referência, apontando adequados recursos para o funcionamento lógico. Não foram encontrados sinais sugestivos de comprometimento neuropsicomotor, dentro dos limites informativos obtidos neste momento. Desse modo, as dificuldades de equilíbrio pessoal não se evidenciaram associadas a sinais de alteração

no desenvolvimento neuropsicomotor, reforçando componentes de natureza emocional.

Houve indicadores de aparente preservação do funcionamento lógico, sendo que R. se expressou, ao longo das sessões, com falas coerentes e claras, com sinais de pensamento majoritariamente prático e técnico, marcado por precisão e riqueza interpretativa. Pareceu ligar-se aos aspectos mais relevantes da realidade, captando elementos mais imediatos, alcançando adequada diferenciação perceptiva por meio da concretude de pensamento, da rigidez e da estereotipia, funcionando de forma mais conformista e com pouco exercício reflexivo e imaginativo.

Evidenciou dificuldade na apreensão do todo e de raciocínios integradores dos estímulos, prendendo-se a um estilo de contato restritivo-inibidor, limitando sua espontaneidade e lentificando seu processamento lógico. Sinalizou também recorrer a análises detalhistas e minuciosas dos estímulos, favorecendo pensamentos repetitivos e estereotipados. Exemplo deste sobreinvestimento racional pode ser a sua queixa de "não conseguir pensar em outra coisa que não o sexo" quando se depara com qualquer mulher, o que tende a comprometer seu vínculo com o ambiente. O mesmo pareceu ocorrer com relação a sua ideia, excessivamente persistente, de que chefes e colegas de trabalho tendem a achá-lo inseguro e incapaz e, por isso, ficam controlando suas ações no trabalho. R. referiu desejos sexuais frente às mulheres que encontra e suas desconfianças em relação à chefia e aos colegas de trabalho como fatos, atribuindo-lhes forte carga libidinal. Pareceu, nessas situações, não conseguir analisar criticamente os acontecimentos, prejudicando sua interpretação da realidade.

Alcançou, no entanto, superficial preservação do vínculo com o ambiente, embora permeado por elevada insegurança e temor de contato, vivenciando forte ansiedade, além de sentimentos de desajuste em relação ao meio, com sinais de tentativa de distanciamento deste, talvez temendo o descontrole impulsivo. Frente a ameaças internas, sinalizou instabilidade quanto à distinção entre realidade interna e externa, sugerindo disfuncionalidade lógica nesses momentos.

Apresentou indícios de elevada sensibilidade e forte impulsividade. Sinalizou dificuldade em coordenar afeto e razão, com tentativas exageradas de autocontrole, resultando em rigidez e exagero metódico no contato com estes impulsos, com indícios sugestivos de canalizações corporais da angústia, via somatização ou mesmo atuação sexual, como referido. Sua vida afetiva pareceu pouco desenvolvida, marcada por excesso de controle restritivo, dificultando o contato espontâneo com os afetos. Assim, a manutenção interna de sua vida afetiva pareceu prejudicada por esse elevado controle restritivo-inibidor, dificultando o uso pleno de seus recursos afetivos, sobretudo de natureza reflexiva e de elaboração. Em momentos de exacerbação afetiva sinalizou experienciar descontrole impulsivo, ou seja, falta de estabilizadores internos, resultando em elevada insegurança e ansiedade quanto ao contato afetivo, sentido como fortemente ameaçador.

Apresentou indicadores de elevadas expectativas sociais, embora sinalizando ansiedade e insegurança nestes contatos, além de pouca espontaneidade e forma de se relacionar marcadamente inibida e estereotipada. Evidenciou que sua elevada impulsividade tende a comprometer seus contatos pessoais, ou por sua tentativa exagerada de controle inibitório sobre os impulsos (prejudicando o aprofundamento das relações e o contato espontâneo) ou experienciando descontrole

impulsivo nesses contatos, resultando, por exemplo, em atuações sexuais com as mulheres.

Associado a estes indicadores sobre suas dificuldades em relacionamentos interpessoais, pode-se dizer que sua inibição excessiva expressou-se também em queixas de se sentir muitas vezes "retrancado e tímido", sobretudo no contato com superiores e autoridades. Além disso, queixou-se de promiscuidade excessiva nos contatos com as mulheres, sentindo-se descontrolado e insatisfeito.

Sinalizou autoimagem marcada por elevada angústia quanto a sua identidade sexual, sendo que esta pareceu pouco diferenciada e com sinais de imaturidade. Evidenciou autoestima rebaixada, indicando desconfiança em relação às próprias capacidades. Estes indicadores pareceram ser reforçados pelo próprio autorrelato de R. ao dizer que muitas vezes sente que não amadureceu, sentindo-se como um "moleque". Houve sinais sugestivos de intenso núcleo narcísico e homossexual em sua personalidade. Estes pareceram hipercatexizados em seu desenvolvimento, levando a tendências de atuação comportamental (p. ex., na área sexual), como buscas de alívio contra as primitivas angústias de descontrole impulsivo. Referiu, em sua história, excessiva exposição direta a relacionamentos sexuais de adultos (acompanhava uma irmã em casa de prostituição quando tinha apenas seis anos de idade), bem como de abuso sexual (irmão e primo mantiveram relação sexual com R. forçada, durante a adolescência).

Cabe ainda destacar que R. indicou, além da inibição nos contatos, desconfiança em relação a colegas de trabalho e chefias, associada a sinais de descrença em sua própria capacidade produtiva no trabalho. Parece que esses sentimentos de incapacidade de R. estão muito associados a sua percepção e quase crença de que os outros duvidam de suas habilidades. Em muitas situações relatadas, pareceu utilizar-se de mecanismos de projeção relacionados a estes aspectos tidos como inaceitáveis em sua personalidade, depositando-os em seus colegas de trabalho e na relação com sua chefia. Consequentemente, esses aspectos passaram a ser sentidos por R. como externos e ameaçadores a sua integridade, prejudicando sua interpretação precisa dos fatos ocorridos em seu trabalho e em contextos similares. Pareceu reagir a este contexto com evitação e distanciamento dos contatos, talvez pelo temor de frustração. Estes mecanismos internos pareceram favorecer a compreensão dos relatos de R. sobre seus pedidos de demissão a serviços quando imaginava que seus chefes passavam a cobrar dele maior capacidade produtiva em seu trabalho, configurando-se como possíveis fugas afetivo-sociais.

Buscando recursos adaptativos para manter preservada sua estrutura interna, R. indicou o uso de diversas estratégias defensivas com base, principalmente, na repressão. Dentre estas destacam-se a intensa repressão, restrição, inibição, evitação, dissociação, racionalização, sedução, somatização, além de mecanismos obsessivos como rigidez, minuciosidade e formação reativa. No entanto, mostraram-se insuficientes, recorrendo a mecanismos defensivos mais primitivos como a negação da realidade, idealização, regressão, onipotência, identificação projetiva e maciça projeção e atuação, como formas de garantir aparente equilíbrio psíquico e contenção de impulsos, sentidos como desorganizadores de sua estrutura interna.

4 Conclusão

Diante dos elementos apresentados, pode-se depreender aparente preservação de sua estrutura psíquica, com bons recursos internos cognitivos e de coordenação de afetos. Porém, sinalizou pontos de vulnerabilidade em sua vida afetiva e nos contatos interpessoais, sendo que seu controle excessivo e inibitório de impulsos pareceu prejudicar sua autoimagem e seus relacionamentos, além de dificultar o pleno desenvolvimento de sua vida afetiva. Indicou apresentar desenvolvimento pouco equilibrado de seus recursos, experimentando descontrole impulsivo, que pode resultar em atuações comportamentais, sinalizando acentuada imaturidade psíquica.

O conjunto de indicadores detectados faz pensar numa hipótese diagnóstica, de acordo com a Classificação Estatística Internacional de Doenças e Problemas Relacionados à Saúde (CID-10), de Transtorno de Personalidade Narcísica (F 60.8). É necessário levar em conta também, em termos psicodinâmicos, o forte núcleo homossexual e a frágil identidade, aspectos que têm conseguido dissimular pela força dos mecanismos repressivos e por perdas produtivas e sociais ao longo de seu desenvolvimento.

Diante dos inúmeros recursos internos sinalizados por R., indica-se intervenção psicoterapêutica individual, com foco principal no fortalecimento de recursos adaptativos, além de sua autoimagem, visando ao amadurecimento de seus componentes de identidade, no sentido de buscar desenvolver seus recursos, principalmente aqueles de natureza afetiva e de relações interpessoais, para assim tentar minimizar seu sofrimento psíquico e as atuações comportamentais. É necessário ainda ressaltar que, para buscar sua estabilidade funcional interna durante o processo psicoterapêutico, considera-se sensata uma avaliação psiquiátrica para possível acompanhamento medicamentoso do caso, no sentido de diminuir as situações de descontrole impulsivo e os sentimentos de ansiedade, disparadores de comportamentos imaturos. Pode-se hipotetizar, diante desse contexto, o risco de atuações comportamentais e eventuais crises de natureza depressiva, dadas as dificuldades de suporte de mobilização emocional e de eventuais frustrações de suas necessidades, sobretudo em termos prognósticos frente ao próprio processo natural de involução advindo com o passar dos anos.

Cidade, data
Nome completo, assinatura e registro profissional do psicólogo responsável

Referências

American Educational Research Association, American Psychological Association, & National Council on Measurement in Education (2014). *Standards for educational and psychological testing.* United States: Aera, APA & MCME.

Barroso, S.M. (2010) Avaliação psicológica: análise das publicações disponíveis na SciELO e BVS Psi. *Fractal: Revista de Psicologia, 22*(1), 141-154 [http://dx.doi.org/10.1590/S1984-02922010000100011].

Borsa, J.C. (2016). Considerações sobre a formação e a prática em avaliação psicológica no Brasil. *Temas em Psicologia, 24*(1), 131-143 [doi: 10.9788/TP2016.1-09].

Brasil (1962). *Lei n. 4.119, de 27 de agosto de 1962* [Recuperado de http://www.planalto.gov.br/ccivil_03/LEIS/1950-1969/L4119.htm].

Cohen, R.J., Swerdlik, M.E., & Sturman, E.D. (2014). *Testagem e avaliação psicológica: introdução a testes e medidas.* Porto Alegre: AMGH.

Conselho Federal de Psicologia (2003). *Resolução n. 007, de 14 de junho de 2003 – Institui o Manual de Elaboração de Documentos Escritos produzidos pelo psicólogo, decorrentes de avaliação psicológica e revoga a Resolução CFP n. 17/2002* [Recuperado de https://site.cfp.org.br/wp-content/uploads/2003/06/resolucao2003_7.pdf].

Conselho Federal de Psicologia (2014). *Código de Ética Profissional do Psicólogo* [Recuperado de https://site.cfp.org.br/wp-content/uploads/2012/07/Co%CC%81digo-de-%C3%89tica.pdf].

Conselho Federal de Psicologia (2018). *Resolução n. 9, de 25 de abril de 2018 – Estabelece diretrizes para a realização de Avaliação Psicológica no exercício profissional da psicóloga e do psicólogo, regulamenta o Sistema de Avaliação de Testes Psicológicos – Satepsi e revoga as Resoluções n. 002/2003, n. 006/2004 e n. 005/2012 e Notas Técnicas n. 01/2017 e n. 02/2017* [Recuperado de http://satepsi.cfp.org.br/docs/Resolu%C3%A7%C3%A3o-CFP-n%C2%BA-09-2018-com-anexo.pdf].

Cruz, R.M. (2016). Infrações ético-profissionais e ensino de avaliação psicológica: desafios para docentes e alunos. In E.T.K. Okino, P.F. Castro, F.L. Osório, S.R. Pasian, S.A. Scortegagna, L.M. Cardoso, F.R. Freitas, & A.E. Villemor-Amaral (Orgs.) (2016). *Métodos projetivos e suas demandas na psicologia contemporânea.* Florianópolis: ASBRo, 36.

International Teste Commission (2018). *ITC evaluation guidelines* [Recuperado de http://www.intracen.org/uploadedFiles/intracenorg/Content/About_ITC/How_ITC_Works/Evaluation/ITC%20Evaluation%20Guidelines%20for%20WEB%205.7.18.pdf].

Lago, V.M., Yates, D.B., & Bandeira, D.R. (2016). Elaboração de documentos psicológicos: considerações críticas à Resolução CEP n. 007/2003. *Temas em Psicologia, 24*(2), 771-786 [doi: 10.9788/TP2016.2-20].

Considerações finais

Foram apresentados fundamentos técnicos e éticos relativos à elaboração dos relatórios psicológicos, seus alcances e limites dentro da Psicologia e na interface com outras ciências. Ênfase foi oferecida na relevância de adequada formação profissional na área, implicando contínuos processos de aprimoramento técnico-científico, razão da atual publicação.

Noronha, A.P.P., Castro, N.R., Ottati, F., Barros, M.V.C., & Santana, P.R. (2013). Conteúdo e metodologias de ensino de avaliação psicológica: um estudo com professores. *Paideia, 23*(54), 129-140 [http://dx.doi.org/10.1590/1982-43272354201315].

Oliveira, I.C.V. & Menezes, A.C.S. (2013). Avaliação dos contextos de atuação, atribuições e mercado profissional: opinião da população sobre a psicologia e o psicólogo. *Psicologia Revista, 22*(1), 119-139 [Recuperado de http://revistas.pucsp.br/index.php/psicorevista/article/download/16661/12508].

Pessoa, R.C. (2016). *Elaboração de laudos psicológicos: um guia descomplicado*. São Paulo: Vetor.

Preto, C.R.S. & Fajardo, R.S. (2015). Laudo psicológico no Brasil: revisão da literatura com foco em estruturação e conteúdo. *Archives of Health Investigation, 4*(2), 40-52 [Recuperado de http://www.archhealth investigation.com.br/ArcHI/article/view/888/1177].

Primi, R. (2010) Avaliação psicológica no Brasil: fundamentos, situação atual e direções para o futuro. *Psicologia: Teoria e Pesquisa, 26* (n. esp.), 25-35 [http://dx.doi.org/10.1590/S0102-37722010000500003].

Rovinski, S.L.R. & Lago, V.M. (2016). Elaboração de documentos decorrentes da avaliação psicológica. In C.S. Hutz, D.R. Bandeira, C.M. Trentini, & J.S. Krug (Orgs.). *Psicodiagnóstico* (pp. 172-183). Porto Alegre: Artmed.

21
Entrevista psicológica no contexto clínico

Erika Tiemi Kato Okino

Sonia Regina Loureiro

Sonia Regina Pasian

Apresentação e objetivo do capítulo

A entrevista configura-se como recorrente e relevante recurso em processos de avaliação psicológica, embora nem sempre reconhecida como um instrumento merecedor dos devidos cuidados técnicos antes de sua utilização (Almeida, 2004; Hutz, Bandeira, Trentini, & Krug, 2016; Tavares, 2012). Há enorme diversidade de modelos e estratégias para uma entrevista, em termos de amplitude e possibilidades de uso, a depender do contexto e dos objetivos envolvidos em cada situação real para sua utilização. Nesse sentido, desafios e avanços nessa temática são universais e cotidianos, perpassando opções teóricas sobre o ser humano, não se tornando foco deste trabalho.

O presente capítulo foi elaborado considerando-se a riqueza informativa da entrevista quando aplicada ao contexto clínico de investigação psicológica. Assim, o conteúdo teórico-técnico sobre o tema será apresentado à luz da literatura científica e permeado pelo conhecimento acumulado ao longo de nossa experiência no contexto do ensino, da pesquisa e da extensão, no âmbito de uma universidade estadual pública, em especial na área da avaliação psicológica. Como estratégia de ensino, situações rotineiras da clínica foram utilizadas como exemplo no intuito de instrumentar, desenvolver e aprimorar habilidades que podem auxiliar estudantes de Psicologia e colegas psicólogos em sua prática clínica.

Fundamentação teórica

A entrevista psicológica certamente pode ser considerada como um dos métodos mais comuns e importantes na compreensão do ser humano na medida em que nos permite analisar a forma como cada um entende a sua realidade (Simões & Sapeta, 2018) e também se configura como poderoso recurso na avaliação psicológica (Tavares, 2012). Como disse Morrison (2010), *"fazer entrevistas em saúde mental costuma ser fácil e quase sempre bastante divertido"* (p. 11). E complementa com o posicionamento de que *"a entrevista clínica é pouco mais que ajudar as pessoas a falarem sobre si mesmas, o que a maioria das pessoas adora"* (p. 11). Um dos desafios técnicos é exatamente encontrar como ajudar as pessoas a falar de si de uma forma que amplie a compreensão sobre elas mesmas.

No campo da Psicologia, a entrevista constitui-se como recurso técnico para investigação de diversos componentes da vida, da história e dos marcadores próprios de um indivíduo e/ou grupo de pessoas. No contexto clínico tais aspectos envolvem o modo de ser da pessoa, o seu cotidiano, as suas experiências presentes e passadas, assim como suas expectativas futuras. Nesse sentido, a entrevista psicológica é bastante contrastante com a entrevista clínica realizada para avaliar as condições gerais de saúde dentro do escopo médico, onde o foco são os órgãos e os aparelhos, de forma direta e nas suas especificidades de funcionamento. Exemplos disso seriam: "Você percebeu o edema há quanto tempo? Sente dor no abdômen? E o intestino, os rins, como estão funcionando? É assim todos os dias?" Diante desse tipo de questionamentos a maioria das pessoas já se mostra familiarizada. As perguntas são diretas e as respostas dadas são decodificadas e integradas pelo médico com base no conhecimento estabelecido sobre o funcionamento dos órgãos e aparelhos.

Embora o conteúdo e a especificidade sejam diversos, o psicólogo também precisa abordar, de forma muito direta, experiências e temas que usualmente são íntimos e delicados para a pessoa, colocando em foco as peculiaridades do seu modo de ser, de se relacionar consigo e com os outros. Perguntamos-lhe sobre sentimentos, pensamentos, seus relacionamentos interpessoais na família, com amigos, seus hábitos de sono, de alimentação, sua vida sexual, suas atividades de trabalho/estudo/lazer, suas rotinas diárias, e ainda sobre suas dificuldades e recursos. A exemplo da entrevista médica, ainda que as perguntas sejam menos diretas, as respostas por si sós não trazem o esclarecimento pretendido. Elas requerem também uma integração dos significados do vivido para aquela pessoa à luz de teorias psicológicas, de modo a compreender a sua forma de ser no mundo, tendo como perspectiva os determinantes sociais do contexto e de variáveis sociodemográficas. Vale a pena lembrar ainda que temas e experiências também são representativos

de tabus culturais (Tavares, 2000) e podem trazer consigo não só um repertório de significados individuais, mas também culturais.

A situação da entrevista é pautada pela interação entrevistador/entrevistado, o que, segundo Zuardi, Crippa e Loureiro (2013), não significa uma distorção das condições naturais, pois a conduta humana ocorre sempre em um contexto de vínculos e relações humanas. Sob essa perspectiva, cabe ao entrevistador favorecer tal interação. Nas palavras de Almeida (2004): *"o objeto da entrevista psicológica é a relação entre entrevistador (a quem se pede ajuda) e o entrevistado (aquele que pede ajuda)"* (p. 35).

Este processo independe da idade do entrevistado. Carvalho, Beraldo, Pedrosa e Coelho (2004) nos lembram o largo histórico e as controvérsias sobre o relato verbal enquanto estratégia informativa para a Psicologia. Argumentam que, para além dessa questão, o relevante é perceber a utilidade e a relevância do processo de interlocução com o outro nas tentativas de sua compreensão, destacando exemplos vividos em entrevistas com crianças, faixa etária pouco explorada por meio dessa estratégia metodológica, na consideração das referidas pesquisadoras.

A entrevista psicológica é, portanto, uma atividade que exige por parte do entrevistador múltiplas habilidades no manejo de ferramentas básicas e diversificadas que integram técnicas de observação e exame do estado mental ao conhecimento teórico-prático sobre desenvolvimento humano, desenvolvimento da personalidade, indicadores de psicopatologia, análise social da família, entre outros.

Ao comentar sobre a diversidade metodológica a respeito da entrevista, Ferreira (2014) argumenta que se trata de processo de "entrevistar" o outro, colocar à vista, obrigatoriamente relacional, propondo abordagem compreensiva para esse instrumental. Embora seu foco seja a aplicabilidade desse método na Psicologia Social, seu trabalho merece destaque na seguinte passagem, essencial para qualquer profissional e opção teórica sobre entrevistas.

> *A condução de uma entrevista pressupõe competências específicas no que concerne à postura ética dos entrevistadores, às maneiras de obter dados relevantes e densos, bem como às estratégias e procedimentos técnicos para o adequado andamento dessa situação de interação particular. É, sobretudo, importante considerar algumas precauções que levem o entrevistado a ter empatia e confiança no entrevistador e a entregar-se o máximo possível ao jogo da entrevista. O entrevistador é sempre o principal responsável, quer pela instauração de um clima de confiança e de conforto para o encontro, quer pela gestão do impacto das condições (interpessoais, materiais, sociais e culturais) em que a interação decorre, tratando de fazer reduzir ao máximo os fatores que poderão tender a bloquear a confiança e a comunicação do entrevistado desde o início ao final do jogo da entrevista* (Ferreira, 2014, p. 987).

O relevante ao se realizar uma entrevista é nortear as questões e compreender as respostas dadas a partir de um crivo que atenda às demandas que motivaram o pedido de avaliação. Como primeiro elemento na organização das informações, coloca-se o foco temporal das experiências nas suas dimensões atual, passada e futura, pois esse é o marco natural que ordena a vida.

No contexto da entrevista psicológica, o tempo instrumenta a organização da história clínica, captando informações relevantes para a fundamentação de hipótese diagnóstica e elaboração da conduta. Cohen (2014) definiu a entre-

vista como *"um método de obter informação por intermédio da comunicação direta, envolvendo troca recíproca"*, muitas vezes realizada dentro de um espaço de tempo previamente determinado. Diante das possibilidades informativas da entrevista psicológica e sua importância, que poderá resultar na definição de uma conduta profissional, seja ela um encaminhamento a um colega ou a definição de objetivos a serem atingidos dentro de um processo psicoterapêutico, torna-se evidente sua relevância enquanto técnica a ser sempre aprimorada na prática profissional. Nas palavras de Pardo, Carvalho, Brito e Silva (2015): *"o uso de instrumentos de coleta de dados previamente ao planejamento de intervenções tem se revelado de fundamental importância nos trabalhos em Psicologia"* (p. 423).

Modulação da entrevista

Como qualquer método de investigação, a entrevista requer preparos técnicos por parte do entrevistador, em especial, para os iniciantes. Para eles, enfatizamos que o olhar e a escuta atenta do entrevistador são elementos fundamentais para a riqueza das informações prestadas. A situação de entrevista, segundo Zuardi e Loureiro (1996), *"é vulnerável a inúmeras variáveis relacionadas ao entrevistador, ao entrevistado (paciente, familiar ou outro informante), à interação entre eles e ao ambiente em que o exame está sendo realizado"* (p. 44).

Desenvolver boas entrevistas se mostra como importante habilidade para a prática do profissional da saúde, em especial da saúde mental. De acordo com Dalgalarrondo (2019), algumas pessoas apresentam maior facilidade em estabelecer boas relações interpessoais, o que geralmente pode favorecer a coleta de informações do paciente. No entanto, argumenta que esse pode não ser o ponto forte de alguns profissionais, afirmando que *"tal habilidade é, em parte, aprendida e, em parte, intuitiva, atributo da personalidade do profissional, de sua sensibilidade nas relações pessoais"* (p. 45). No sentido de favorecer a aprendizagem, desenvolvimento e aprimoramento dessas habilidades, elementos-chave podem e devem ser trabalhados nos cursos de graduação dos profissionais de saúde. Alguns autores, como Morrison (2010), apresentam de modo extremamente detalhado e didático, o passo a passo no ofício do entrevistar. Outra experiência relevante nesse tipo de treinamento profissional foi relatada por Abud, Zimmermann, Lucchese e De Marco (2012), ilustrando exemplo bem-sucedido na formação em área médica.

Cohen (2014) pontuou que a entrevista psicológica, quando utilizada como instrumento de avaliação psicológica, usualmente envolve mais elementos além da comunicação verbal, *"por existir abundância de comunicação não verbal a ser obtida"* (p. 9). Se o entrevistador não demonstrar sensibilidade na escuta e consideração (humana e técnica) às variáveis envolvidas no contexto, segundo Dalgalarrondo (2019) as lacunas das informações dificilmente serão preenchidas e poderão ocorrer perguntas duplicadas, ocasionando sentimentos de desconforto em ambas as partes, além de desconfiança e perda da credibilidade do entrevistado em relação ao profissional. Para quem já passou pela experiência ou já acumulou alguns anos de experiência na condução de entrevistas, é fácil observar que, enquanto clínicos iniciantes, frequentemente a preocupação (às vezes exagerada) é focada no rigor técnico e no próprio desempenho, em detrimento da pessoa ali presente, que deveria ser o foco real de atenção. Nesses contextos mui-

tas vezes ocorrem distorções expressas por uma pergunta desnecessária que foi feita "porque ela estava no roteiro" ou pela ausência de perguntas importantes que não foram feitas porque "elas não estavam no roteiro". Dizer para um aprendiz que isso não pode ocorrer nem sempre surte o efeito desejado. No processo de aprendizagem esse tipo de ocorrência sinaliza a necessidade de aprimoramento técnico, como uma meta a ser buscada pelo entrevistador e como pontos a serem retomados com a pessoa em avaliação.

Na tentativa de aprender a realizar uma boa condução da entrevista é essencial compreender que uma pergunta adicional ou sua omissão justifica-se apenas pela coerência ou incoerência com o caso em estudo. Como afirmou Dalgalarrondo (2019), o ideal é que no decorrer da prática e aprendizagem profissional o manejo técnico seja incorporado à atitude do entrevistador progressiva e naturalmente, no sentido de minimizar ou extinguir ocorrências de inconsistência entre os temas abordados pelo entrevistado e as questões do entrevistador.

Pode-se afirmar que a qualidade da interação humana entre entrevistador e entrevistado antecede a técnica, pois ela interferirá diretamente na qualidade das respostas que serão fornecidas pelo entrevistado (Tavares, 2012). As habilidades do entrevistador se revelam nas perguntas formuladas, nas evitadas e também nas suas decisões sobre quando e como falar ou apenas calar (Dalgalarrondo, 2019). Para auxiliar o treinamento em ação integral ao indivíduo, Abud, Zimmermann, Lucchese e De Marco (2012) argumentaram que *"o uso de técnicas de entrevista apropriadas, como, por exemplo, o silêncio funcional, permite estabelecer uma relação de confiança com o paciente"* (p. 438). Torna-se, desse modo, essencial a atenção nes-

Condução da entrevista

Como regra geral, independentemente do contexto em que o exercício profissional será desenvolvido, vale lembrar o art. 1º do Código de Ética do Psicólogo, que preconiza que um dos nossos deveres fundamentais é assumirmos responsabilidades profissionais somente por aquelas atividades para as quais estejamos capacitados pessoal, teórica e tecnicamente (CFP, 2005). Num primeiro momento pode suscitar estranheza, no entanto afirmamos que essa regra se estende também à realização de entrevistas, enquanto técnica de investigação e avaliação psicológica. Dependendo do contexto e objetivos da avaliação, roteiros de entrevista específicos (estruturados, semiestruturados ou abertos) integram o protocolo de conduta de várias organizações públicas e privadas de todos os setores de atuação da Psicologia.

Assim, antes de fazermos uso de qualquer proposta teórico-metodológica ou roteiro de entrevistas, é recomendável uma leitura crítica para o conhecimento e compreensão dos objetivos de cada uma das questões (gerais, específicas ou disparadoras), tendo em vista o domínio teórico-técnico sobre a temática e sobre o instrumento. No momento em que apresentamos uma pergunta ao paciente, é condição primordial que saibamos o objeto de investigação e os motivos pelos quais ele está sendo questionado, integrando-os à composição da história clínica (Tavares, 2012). Se o entrevistador não tiver clareza sobre o que está sendo perguntado, certamente ele não terá condições de avaliar a qualidade da resposta. De acordo com Dalgalarrondo (2019), boas perguntas produzem respostas úteis, tanto pelas informações esclarecedoras como pelos efeitos terapêuticos que podem exercer no paciente ao favorecer a reflexão e o contato com elementos da sua própria história de vida.

Em muitas ocasiões, perguntas adicionais serão necessárias e, em outras, perguntas de um possível roteiro deverão ser omitidas, simplesmente por serem inadequadas ao contexto. A inversão na ordem das perguntas também é fato comum e muitas vezes será necessária, e não causará prejuízos, desde que os temas faltantes possam ser abordados complementarmente no decorrer ou ao final da entrevista.

Para manter tal maleabilidade é importante que o entrevistador se aproprie mentalmente de sua técnica, da estrutura da entrevista. Condutas hábeis favorecerão a fala espontânea do paciente, viabilizando a observação de vários tópicos da apresentação, assim como suas características comportamentais, emocionais e de personalidade do entrevistado. Nesse sentido, a fala espontânea mostra-se sempre mais rica e informativa (Dalgalarrondo, 2019).

Nossa experiência mostra que frequentemente haverá momentos na entrevista em que será muito mais importante, como costumamos dizer, "descansar a caneta", olhar nos olhos do paciente e, respeitosamente, ouvir o que ele nos tem a dizer, conduta recomendada também por Morrison (2010). Costuma ser usual que, antes de procurar ajuda de um psicólogo, o paciente já tenha experimentado relatar suas necessidades para outras pessoas. De certo modo, é como se ele já tivesse passado por consulta com familiares, amigos e por vezes até mesmo com outros profissionais da área da saúde. Para cada um deles foi necessário elaborar um relato e prestar esclarecimentos sobre sua história. Cada relato exigiu, de certa forma, organização de ideias e reflexões a respeito do tema central e foram também modificadas pelos apontamentos das outras pessoas. Portanto, ao recebermos um novo paciente, muitas vezes apenas a seguinte indagação se faz necessária: *"Fale-me sobre os problemas que fizeram você procurar ajuda hoje"*. Depois disso, o relato do paciente pode ser orientado com discretas pontuações e estímulos, no intuito de enriquecer as informações essenciais sobre a história de vida, o que certamente favorecerá ao profissional a compreensão global sobre o caso, incluindo as dificuldades atuais e pregressas, assim como os recursos e a funcionalidade da pessoa em diferentes momentos da vida, de modo a ser possível elaborar sua história clínica.

Ao referir sobre os processos necessários para bem conduzir a entrevista psicológica, Morrison (2010) argumentou que *"a prática nos ensina o que perguntar e como direcionar a conversa para nos dar informações de que precisamos para ajudar os pacientes da melhor maneira"* (p.11). Contudo, é necessário que a aprendizagem que vai sustentar a prática se processe por atitudes, pela aquisição de conhecimentos sobre o funcionamento psicológico, sem perder de vista a relevância da auto-observação do entrevistador sobre as suas próprias reações ao se deparar com aspectos peculiares das pessoas.

Em princípio a entrevista psicológica, especialmente a entrevista inicial no contexto clínico, tem por objetivo estabelecer hipótese diagnóstica. Contudo, como ressaltado por Gabbard (2006), o diagnóstico final é importante, mas não deve ser o único objetivo da entrevista, advertindo que poderia se tornar um obstáculo para a relação terapêutica caso se torne o norteador da entrevista. Nessa direção, cita o trabalho de MacKinnon e Michels (1985), os quais afirmavam que *"essa*

atitude poderia fazer o paciente sentir-se como um modelo de patologia sendo examinado, o que o inibe na hora de revelar seus problemas" (Gabbard, 2006, p. 6). Destaca-se que a identificação de elementos da história clínica favorece o estabelecimento de uma hipótese diagnóstica, mas não necessariamente fornece todos os elementos necessários para tal. Muitas vezes, tornam-se necessários outros informantes e instrumentos psicológicos ou até mesmo o acompanhamento e a evolução clínica para evidenciar, com precisão, os aspectos diagnósticos. Contudo, a entrevista psicológica é o recurso técnico essencial e indispensável para os próximos passos.

Contexto da entrevista

As condições e situações relacionadas ao entrevistado e ao entrevistador podem ser determinantes na dinâmica da relação a ser estabelecida. Norteia pontos fundamentais do trabalho como, por exemplo, a escolha do instrumento, os conteúdos que serão abordados, o nível de aprofundamento, o tempo de trabalho e o tipo de registro das informações (Tavares, 2012). Mesmo no contexto clínico há variáveis importantes implicadas na relação, nas condições exemplificadas, a saber: O trabalho é desenvolvido em um consultório particular ou institucional? Em um hospital público ou privado? O paciente é atendido por uma equipe inter ou multidisciplinar? Trata-se de uma avaliação compulsória? O caso será seguido pelo próprio avaliador? A busca por ajuda foi espontânea? O processo avaliativo está envolvido em algum processo judicial e/ou litigioso?

Na tentativa de pensar sobre esse contexto, a opção teórico-metodológica do entrevistador assumirá relevante efeito, determinante nas estratégias técnicas a serem adotadas. A variabilidade de procedimentos é imensa, acompanhando a diversidade teórica relativa à compreensão das necessidades e características dos indivíduos, limitando a possibilidade de uma definição específica e exclusiva do caminho a seguir. Como comentaram Abud, Zimmermann, Lucchese e De Marco (2012), pode-se buscar facilitar o treinamento dos profissionais na área de saúde em seu processo formativo (durante ou após a graduação). Com esse objetivo, atuando na formação de médicos, os autores argumentaram: *"Optamos por fornecer-lhe informações norteadoras que o ajudem a transitar pelos fenômenos psíquicos e, desta forma, habilitá-lo melhor para sua tarefa"* (p. 437).

Dependendo desses elementos, variações na atitude e humor do entrevistado poderão existir, promovendo atitude de colaboração ou de resistência, o que certamente requererá maior destreza do entrevistador no manejo da situação de entrevista. E com isso entram na equação duas variáveis importantes: características do entrevistador e do entrevistado, conteúdos abordados na sequência deste capítulo.

Características do entrevistador e do entrevistado

Ao se apresentar ao entrevistado, a postura profissional do entrevistador se expressa primariamente por suas características sociodemográficas, tais como sexo, idade, sua origem étnico-cultural e também por seus valores e crenças, especialmente no que diz respeito a pessoas e seu funcionamento psicológico. Tais determinantes configuram condições inerentes ao ser humano em geral, não sendo possível de elas abdicarem no exercício profissional. No entanto, é essencial atenção ao modo como nossas características pessoais nos precedem nas interações e seu impacto diferenciado para os vários indivíduos em seus diferentes contextos de vida.

Por outro lado, há aspectos que refletem o preparo e o cuidado do entrevistador para estar na interação com o entrevistado. Nestes elementos estão contidos: a seleção de vestimenta adequada, a pontualidade no atendimento, o olhar atento, interessado, demonstrando disponibilidade e paciência, estabelecendo contato visual interativo e elaborando perguntas pertinentes àquela pessoa e as suas demandas, utilizando uma linguagem compreensível e adequada à bagagem sociocultural do entrevistado. Isso refletirá diretamente na relação a ser estabelecida, pois essas atitudes profissionais demonstram domínio técnico e atitude respeitosa com o entrevistado e/ou seu responsável/acompanhante (Dalgalarrondo, 2019; Morrison, 2010; Tavares, 2012). Ressalta-se que o conhecimento teórico, a experiência e o autoconhecimento do entrevistador concorrem para a realização competente de uma entrevista psicológica (Ferreira, 2014; Hutz, Bandeira, Trentini, & Krug, 2016; Tavares, 2012).

Cuidar das atitudes é também uma aprendizagem necessária. De acordo com Dalgalarrondo (2019), posturas rígidas, atitudes excessivamente neutras ou frias, respostas exageradamente emocionais, reações afetivas muito intensas e comentários valorativos são aspectos a serem evitados e aprendidos por meio da supervisão e treino.

O entrevistado também se revela por suas características sociodemográficas e dimensões socioculturais, mas não se pode perder de vista que o impacto principal na situação da entrevista psicológica se relaciona diretamente à problemática trazida. A demanda da pessoa, enquanto suas peculiaridades e gravidade e o quanto tal problemática impacta no conhecimento, nas habilidades e nos valores do entrevistador deverá ser o centro da nossa atenção. Portanto, não há um rol de características de entrevistados a serem enumeradas como as mais difíceis, nem se faz disponível um manual para as interações necessárias nesse processo. Reconhece-se, entretanto, que entrevistados com maior desorganização do funcionamento lógico, com mutismo ou com restrição do comportamento verbal exigem que o entrevistador seja mais ativo (Dalgalarrondo, 2019).

O principal desafio em foco é buscar o conhecimento sobre uma pessoa em específico. Serão variáveis relevantes do entrevistado a serem consideradas no processo da entrevista: idade, nível de escolaridade, nível de compreensão e expressão verbal, nível de clareza ou prolixidade das verbalizações e demais aspectos verificáveis no funcionamento mental. Será preciso pensar se há necessidade (ou não) de informantes complementares (familiar/responsável), sobretudo em casos infantojuvenis e dependendo da clínica do indivíduo. Outro elemento essencial é a verificação do quanto a entrevista integra uma busca espontânea ou insere-se num processo de avaliação compulsória ou situação judicial, além do interesse do avaliado com o processo avaliativo em si (Hutz, Bandeira, Trentini, & Krug, 2016).

Ao propor uma análise reflexiva sobre a *performance* em entrevistas, Wiilink e Shukri (2018) abordam o papel do entrevistador e do entrevistado, apontando caminhos úteis para sua condução e a compreensão de seus achados. Argumentam, em termos teóricos e práticos, sobre o papel da sintonização afetiva na entrevista, comentando e exemplificando o impacto das decisões do entrevistador ao planejar e ao realizar a entrevista em si. Em suas palavras: *"Entrevistas, entendidas como eventos vivos relacionais, são moldadas pela transmissão consciente e inconsciente dos afetos"* (p. 187-188). Apresentam, por fim,

algumas sugestões práticas para a condução da entrevista a partir de sua experiência e concepção teórica pautada na análise reflexiva afetiva.

Cabe-nos destacar, no entanto, a realidade dos componentes conscientes e inconscientes durante a entrevista, independentemente da opção teórico-metodológica adotada pelo clínico/pesquisador. As características do entrevistador e do entrevistado constituem-se como elementos preponderantes em qualquer entrevista, tornando-se essencial sua análise para adequadamente compreender as informações derivadas dessa interação, em seus inúmeros formatos e objetivos possíveis, como apontado neste trabalho anteriormente (Dalgalarrondo, 2019; Hutz, Bandeira, Trentini, & Krug, 2016).

Relato de dados da entrevista clínica

Ao estudar modelos de investigação científica relacionados à Saúde e às Ciências Sociais, Liem (2018) argumentou que o *design* sequencial explicativo do método misto é o mais frequente, mas também com limites metodológicos. Nesse sentido, seu trabalho procurou preencher uma lacuna da literatura, fornecendo ilustração no desenvolvimento de diretrizes para entrevistas recorrendo ao estudo da medicina alternativa complementar (CAM) entre psicólogos na Indonésia. Sua proposta buscou integrar as perspectivas quantitativa e qualitativa, evidenciando sua complementaridade na prática profissional no contexto de psicólogos na Indonésia, focalizando a temática da entrevista. Nesse sentido, o pesquisador afirma que: *"Em vez de um protocolo de entrevista, diretrizes foram desenvolvidas para a entrevista neste estudo porque o entrevistador tem mais flexibilidade ao usá-las, em vez de um roteiro mais rígido"* (Liem, 2018, p. 515).

Não é simples chegar a essa proposta, mesmo para profissionais experientes, como pode se depreender, quiçá para aqueles em processo formativo. Desse modo, apresentar (ou não) um roteiro, estruturado ou semiestruturado, para a condução de uma entrevista clínica, bem como para seu relato, torna-se ineficiente por estar descontextualizado da realidade e das necessidades específicas de cada caso em foco. Assim, nesse trabalho, compartilhamos da perspectiva analítica de Liem (2018), não como opção teórica, mas como diretriz para condução e relato da entrevista.

Há que serem respeitadas, obrigatoriamente, diretrizes éticas e técnico-científicas vigentes na época de realização da entrevista (CFP, 2005, 2018). Esse tema será objeto de outros capítulos neste livro, portanto, não será aqui aprofundado. Reiteram-se apenas as clássicas orientações didaticamente presentes em Hutz, Bandeira, Trentini e Krug (2016). Assim, o relato de dados obtidos em entrevista clínica deve ser pautado, obrigatoriamente, por seus objetivos avaliativos, como em qualquer método de investigação psicológica,

devendo responder às questões e à demanda inicialmente formulada pelo indivíduo ou pelo profissional que o encaminhou aos nossos cuidados.

Passamos, a seguir, a ilustrar esse processo com um caso clínico. Não há a pretensão de "oferecer modelo" para a prática profissional, diante da diversidade de contextos e finalidades de uma entrevista. Tem-se o desejo de evidenciar, a partir da experiência clínica e de formação de profissionais na área da Psicologia, elementos ilustrativos da riqueza informativa inerente a uma entrevista quando bem planejada e conduzida com fidelidade a seus objetivos iniciais.

Sugestão de tópicos ilustrativos

Buscou-se, nesse tópico, apresentar exemplos simples e diretos que têm se mostrado relevantes na prática formativa para condução de entrevista clínica com entrevistado adulto, no contexto de processos de avaliação psicológica. A Tabela 1 traz sugestões dos tópicos ilustrativos, bem como sua exemplificação clínica.

Tabela 1: Tópicos sugeridos para a condução de uma entrevista clínica

Tópico da entrevista	Finalidade	Sugestões de questão e exemplo clínico
Apresentação	Essencial em qualquer contexto clínico, tem por finalidade contextualizar os objetivos da entrevista, estabelecer *rapport* e motivar o participante a colaborar. O mais habitual é o cumprimento, a apresentação do entrevistador, a indicação sobre como se acomodar no ambiente, e as informações sobre os objetivos.	E – Boa tarde, D.M. Sou a psicóloga Y, estagiária do Ambulatório para quem o Dr. X solicitou que fizesse a sua avaliação psicológica. Por favor, acomode-se (indicando a cadeira). Eu gostaria, inicialmente, de conversar com você para ouvir as suas percepções sobre as suas dificuldades para depois planejar as próximas etapas da avaliação psicológica e vermos como podemos ajudá-la. Penso que vamos precisar de uns 50 minutos, uma hora. P – O Dr. X me falou, tudo bem. Você vai me explicando e vou tentar contar. E – Vou precisar fazer algumas anotações para facilitar ajuntar as informações sobre você. Tudo bem? P – Está certo. E – Então, vamos começar colhendo algumas informações gerais que me ajudem a localizar, identificar você. (Em seguida, são apresentadas algumas perguntas de identificação, incluindo: nome completo, idade, estado civil, profissão, com quem reside, religião e procedência).

Continua →

21 Entrevista psicológica no contexto clínico — Seção 3

Queixa principal	Descrição do problema atual *(importante estar atento à frequência, à duração e às flutuações dos problemas e dificuldades)*	Fale-me dos problemas/dificuldades que fizeram você procurar tratamento. O que você estava sentindo que o levou a vir aqui/buscar ajuda psicológica? Qual o principal problema que está lhe causando dificuldades? De quem foi a iniciativa de buscar ajuda? Alguém sugeriu ou lhe encaminhou? Quem? *Se não der detalhes sobre o problema atual:* Fale mais a esse respeito. (O que você quer dizer com…?) Quando isso começou? (Quando você observou pela primeira vez que algo não estava bem ou que havia algo errado?) Isso é uma coisa nova ou uma repetição de algo que você já teve antes? Se já ocorreu antes, quando foi a primeira vez? Como foi na primeira vez? Já ocorreu outras vezes? Se sim, descrever e caracterizar, abordando semelhanças e diferenças.
Contexto ambiental	Possíveis fatores precipitantes	Quando começaram os seus problemas, alguma coisa diferente estava acontecendo ou havia mudado em sua vida? Se já ocorreu antes: E das outras vezes?
História de tratamento	Tratamentos Anteriores *(faz-se importante caracterizar os tratamentos feitos, a duração e as respostas terapêuticas aos mesmos)*	Quando foi a primeira vez que você procurou tratamento por problemas emocionais? (Para que foi isso? Que tratamento(s) você fez? Que medicações usou?) Você já foi internado em hospital psiquiátrico? Ou em Hospital Dia e/ou Caps? Você já foi internado para outro tipo de tratamento médico? Se sim: Por que foi? Você toma alguma medicação ou vitaminas? Você considera que tem um problema/uma doença mental? Já foi informado do seu diagnóstico?
	Tratamento atual *(registrar as medicações atuais e dosagens; especificar a hipótese diagnóstica)*	Você estava fazendo algum tipo de tratamento no último mês? Se paciente internado: Quando você veio para o hospital? Se paciente ambulatorial (Nomear o ambulatório): Quando você começou a vir aqui? Você faz ou já fez psicoterapia?
História pessoal	Neurodesenvolvimento	Gestação – condições do nascimento Marcos – desenvolvimento motor verbal, cognitivo. Sexualidade – menarca, namoro, 1ª relação sexual.
	História escolar	Que idade entrou na escola? Como foi sua adaptação na escola? Você estudou até qual ano? Como foi/é o desempenho escolar? Interrompeu a escola por algum motivo? Qual? As suas dificuldades emocionais influenciam ou influenciaram a sua vida na escola? Tem algum projeto quanto à escola?
	História ocupacional	Que tipo de trabalho você faz? Atualmente você está trabalhando? Se sim: Há quanto tempo você está neste emprego? Se menos que seis meses: Por que você saiu do seu último emprego? Você sempre trabalhou com isso? Em que tipos de atividades você já trabalhou? Como você está se sustentando agora? Já houve algum período durante o qual você não conseguia trabalhar ou ir para a escola? Se sim: Quando foi? Como isso aconteceu?

Continua →

Tópico da entrevista	Finalidade	Sugestões de questão e exemplo clínico
	História de relacionamentos *(caracterizar os vínculos estabelecidos e procurar descrever o clima emocional de convivência se houver, com a família constituída).*	Descreva como você se relaciona com as pessoas em geral. Facilidades, dificuldades, procurando identificar com quem ou com que tipo de pessoas. Considera que tem mais facilidade ou dificuldade em quais relacionamentos? Ao longo da vida mudou o seu jeito de se relacionar com as pessoas? As dificuldades e conflitos com outras pessoas ou com seu cônjuge já precisaram de intervenções de outras pessoas, incluindo parentes, amigos, polícia, advogados/juízes. Caracterizar os relacionamentos com amigos, namoros, casamento(s), separações. Exemplos: Você tem amigos? Como se relaciona com eles? Você tem ou teve um companheiro(a)? Há quanto tempo? Como é seu relacionamento com ele(a)? Ele(a) tem ou teve algum problema de saúde?
	Saúde	Como avalia o seu estado atual de saúde? Faz tratamento para alguma doença? Usa alguma medicação, regularmente? Qual, há quanto tempo? Já fez alguma cirurgia? Já teve internação que não seja psiquiátrica? Nos últimos meses teve ganho ou perda de peso? Você acha que isso ocorreu por quê? Faz uso de álcool ou outras drogas? Já fez? Tipo? Com que regularidade e quantidade. Teve alguma alteração nesse padrão de uso? Você já sofreu violência física ou sexual? Há quanto tempo? Já se envolveu em situações em que foi violento com as pessoas? Já teve problemas legais? Quando e como foram? Quais as consequências que enfrentou?
	Hábitos e rotina	No momento atual, como está o seu interesse pelas atividades comuns da vida? Houve alguma mudança? Como você usa o seu tempo livre? Com quem você passa esse tempo livre? O que você faz regularmente, que envolve outras pessoas? Descreva como é um dia comum na sua vida atual. Como os problemas ou dificuldades que está tendo mudou a sua rotina?
História familiar	Relacionamentos e vínculos familiares	Seus pais são vivos? Como é/foi o seu relacionamento com eles? Eles têm ou tiveram algum problema de saúde? Quantos irmãos você tem? Como é seu relacionamento com eles? Caracterizar os vínculos estabelecidos e procurar descrever o clima emocional de convivência com a família nuclear ao longo da vida. Alguém na sua família tem problemas ou dificuldades emocionais? Como são esses problemas? Alguém tem alguma deficiência ou atraso?
Fechamento da entrevista	A finalidade do encerramento é resumir os pontos principais.	Certificar que a pessoa entendeu corretamente a atividade, oferecer um retorno à colaboração do paciente e, minimamente, estabelecer com ele os próximos passos que pode ser uma continuidade da entrevista com ele mesmo para completar informações, entrevista com outro informante, com a autorização do paciente, ou ainda a proposição de uma intervenção terapêutica. Em serviços-escola o encerramento pode também trazer a informação que a entrevista será vista em conjunto com o supervisor para o planejamento dos próximos passos.

Exemplo clínico

Caso: R., 39 anos, casado, 2º grau completo (curso técnico), auxiliar de Enfermagem.

Finalidade da avaliação: Diagnóstico psicológico para posterior encaminhamento terapêutico.

Local da avaliação: Clínica-escola de Psicologia em Universidade Pública no interior do Estado de São Paulo, no período de setembro/ outubro de 2010.

Descrição da demanda:

R. procurou o serviço de atendimento psicológico da clínica-escola de Psicologia da Universidade por conta própria, sem indicação de profissional ou de algum serviço. Relata que ouviu falar do serviço de Psicologia da clínica-escola por meio de programas de televisão.

Em entrevista inicial, referiu sentir-se como um adolescente, associando a isso suas dificuldades de relacionamento com mulheres, dizendo que está "sempre querendo conquistar as meninhas", "cantando" e desejando sexualmente todas as mulheres que encontra. Ainda sobre isso, diz que não consegue se controlar, sendo que muitas vezes teve casos extraconjugais e refere que isto "virou um vício muito grande". Decorrente deste seu descontrole no comportamento sexual, separou-se de sua esposa por aproximadamente seis anos. Retomou seu casamento posteriormente, argumentando desejo de se reaproximar e de cuidar do filho.

Relatou, ainda como motivo de busca de ajuda, dificuldades em lidar com chefes em diferentes experiências de trabalho, dizendo se sentir muito nervoso e "retrancado" (defensivo) no contato com estes. Referiu sentir que as chefias ficavam "em cima" dele, controlando-o e que isto parecia questionamento e desconfiança

em relação a suas habilidades e competências no trabalho, deixando-o irritado e se afastando dos contatos. Conta que, por causa dessas dificuldades, é muito instável em empregos, ficando pouco tempo e, na maioria das vezes, pede demissão quando percebe que sua relação com a chefia não está boa, segundo ele.

R. não se encontrava em atendimento clínico ou psicoterápico neste momento, embora tenha citado, na entrevista inicial, que consultou um neurologista há 18 anos, fez alguns exames e o médico recomendou o uso de Tegretol (100mg por dia). Seguiu esta orientação médica por pouco tempo e logo a abandonou. Atualmente não faz uso deste ou de qualquer outro medicamento.

Diante do conteúdo apresentado nesta entrevista inicial, considerou-se sensato realizar, inicialmente, processo psicodiagnóstico para posterior definição de proposta terapêutica ao caso. Foi realizada avaliação psicológica com as seguintes técnicas: Entrevista Clínica; Bateria de Grafismo de Hammer (HTP); Teste Gestáltico Visomotor de Bender; Questionário Desiderativo; Método de Rorschach e Teste das Pirâmides Coloridas de Pfister. A análise dos resultados apresentados em cada instrumento de avaliação psicológica foi baseada em seus respectivos manuais técnicos, tendo como referencial teórico a abordagem psicodinâmica, com objetivo clínico e compreensivo do caso.

Cabe ainda acrescentar alguns dados de história pessoal referidos por R. no tocante a sua experiência de convívio familiar. Referiu várias vivências de excessiva exposição direta a relacionamentos sexuais de adultos (acompanhava uma irmã em casa de prostituição quando tinha apenas seis anos de idade), bem como de abuso sexual (irmão e primo mantiveram relação sexual com R., forçado, durante a adolescência). Estas experiências relatadas retrataram hipercatexe de natureza sexual em momentos decisivos de seu desenvolvimento, podendo ter deixado marcas de fixação impulsiva de difícil superação e elaboração. Pode-se pensar que estes fatores podem estar associados a seu estilo de atuação comportamental de desconfianças e de promiscuidade com mulheres, talvez como tentativas compensatórias para fortalecer uma frágil imagem interna de masculinidade e poder, marcando fortes desejos narcísicos de busca de gratificação primária.

É importante ressaltar que seus relatos de interesse exagerado por mulheres também podem estar relacionados a uma forma compensatória de interesse por contato, encarando essas mulheres como objetos de satisfação. Talvez essa promiscuidade relatada por R. possa estar associada a tentativas de exibicionismo de sua parte, no entanto, destoantes de sua excessiva inibição e controle de si, caracterizando instabilidade e sofrimento psíquico.

Diante dos elementos apresentados, pode-se depreender aparente preservação de sua estrutura psíquica, com bons recursos internos cogniti-vos e de coordenação de afetos. Porém, sinalizou pontos de vulnerabilidade em sua vida afetiva e nos contatos interpessoais, sendo que seu controle excessivo e inibitório de impulsos pareceu prejudicar sua autoimagem e seus relacionamentos, além de dificultar o pleno desenvolvimento de sua vida afetiva. Indicou apresentar desenvolvimento pouco equilibrado de seus recursos, experimentando descontrole impulsivo, que pode resultar em atuações comportamentais, sinalizando acentuada imaturidade psíquica.

A entrevista clínica realizada, associada a métodos de avaliação psicológica, possibilitaram compreender vivências existentes no mundo interno, associadas a manifestações comportamentais de natureza clínica, expressões de sofrimento pessoal ao longo do desenvolvimento, ainda que com aparente adaptação social. Independentemente da abordagem teórico-metodológica utilizada, esse alcance das idiossincrasias e particularidades humanas sempre oferecerão evidências para sua validade clínica e confiabilidade, sobretudo em profissionais adequadamente treinados (Tavares, 2000, 2012).

Referências

Abud, C.C., Zimmermann, V.B., Lucchese, V.B., & De Marco, M.A. (2012). Metodologia de Ensino em Psicologia Médica e Atenção Integral ao Paciente. *Revista Brasileira de Educação Médica*, *36*(3), 436-441.

Almeida, N.V. (2004). A entrevista psicológica como um processo dinâmico e criativo. *PSIC – Revista de Psicologia da Vetor Editora*, *5*(1), 34-39.

Carvalho, A.M.A., Beraldo, K.E.A., Pedrosa, M.I., & Coelho, M.T. (2004). O uso de entrevistas em estudos com crianças. *Psicologia em Estudo*, *9*(2), 291-300 [doi: 10.1590/S1413-73722004000200015].

Cohen, R.J., Swerdlik, M.E., & Sturman, E.D. (2014). *Testagem e avaliação psicológica: introdução a testes e medidas*. Trad.: Maria Cristina G. Monteiro (8a. ed.). Porto Alegre: AMGH.

Conselho Federal de Psicologia – CFP (2005). *Código de Ética Profissional em Psicologia* [Recuperado de https://site.cfp.org.br/wp-content/uploads/2012/07/codigo-de-etica-psicologia.pdf].

Conselho Federal de Psicologia – CFP (2018). *Resolução n. 9, de 25 de abril de 2018* [Recuperado de https://atosoficiais.com.br/lei/avaliacao-psicologica-cfp?origin=instituicao].

Dalgalarrondo, P. (2019). *Psicopatologia e semiologia dos transtornos mentais* (3a. ed.). Porto Alegre: Artmed.

Ferreira, V.S. (2014). Arts and tricks of comprehensive interview. *Saúde e Sociedade, 23*(3), 979-992 [doi 10.1590/S0104-12902014000300020].

Gabbard, G.O. (2006). *Psiquiatria psicodinâmica na prática clínica* (4a. ed.). Tradução: Maria Rita Secco Hofmeister. Porto Alegre: Artmed.

Hutz, C.S., Bandeira, D.R., Trentini, C.M., & Krug, J.S. (Orgs.) (2016). *Psicodiagnóstico*. Porto Alegre: Artmed.

Liem, A. (2018). Interview schedule development for a Sequential explanatory mixed method design: complementary-alternative medicine (CAM) study among Indonesian psychologists. *International Journal of Social Research Methodology, 21*(4), 513-525 [doi: 10.1080/13645579.2018.1434864].

MacKinnon, R.A. & Michels, R. (1985). *A entrevista psiquiátrica na prática diária* (2a. ed.) Tradução: Helena Mascarenhas de Souza. Porto Alegre: Artes Médicas.

Morrison, J. (2010). *Entrevista inicial em saúde mental* (3a. ed.). Tradução: Ronaldo Cataldo Costa; Consultoria, supervisão e revisão técnica: Antônio Carlos S. Marques da Rosa. Porto Alegre: Artmed.

Pardo, M.B.L., Carvalho, M.M.S.B., Brito, A., & Silva, L.P.L. (2015). Entrevista inicial como suporte para intervenções em grupos de orientação a pais. *Psico, 46*(4), 423-431 [doi: 10.15448/1980-8623.2015.4.18538].

Simões, A.S.F. & Sapeta, A.P.G.A. (2018). Entrevista e Observação – Instrumentos científicos em investigação qualitativa. *Investigación Cualitativa, 1*(1), 43-57 [https://ojs.revistainvestigacioncualitativa.com/index.php/ric/article/view/80].

Tavares, M. (2000). A entrevista clínica. In J.A. Cunha. *Psicodiagnóstico V.* (5a. ed.). Porto Alegre: Artes Médicas Sul.

Tavares, M. (2012). Considerações preliminares sobre a condução de uma avaliação psicológica. *Avaliação Psicológica, 11*(3), 321-344.

Willink, K.F. & Shukri, S.T. (2018) Performative interviewing: affective attunement and reflective affective analysis in interviewing. *Text and Performance Quarterly, 38*(4), 187-207 [doi: 10.1080/10462937.2018.1526409].

Zuardi, A.W., Crippa, J.A.S., & Loureiro, S.R. (2013). Avaliação psiquiátrica. In J.B. Martinez, M. Dantas, & J.C. Voltarelli. *Semiologia geral e especializada*. Rio de Janeiro: Guanabara Koogan, pp. 310-320.

Zuardi, A.W. & Loureiro, S.R. (1996). Semiologia psiquiátrica. *Medicina, 29*, 44-53.

22
Avaliação psicológica aplicada aos processos de escolha e transição de carreira

Rodolfo Augusto Matteo Ambiel

A história da Orientação Profissional e de Carreira (OPC), enquanto subárea de conhecimento e campo de atuação, mistura-se com a história da avaliação psicológica, em termos do momento de surgimento e desenvolvimento técnico, teórico e metodológico, sobretudo ao longo do século XX. Em relação à avaliação psicológica, embora houvesse avanços desde meados do século XIX, foi em 1905 que aquele que pode ser considerado o marco de desenvolvimento da área surgiu, qual seja, a publicação da primeira escala de inteligência por Alfred Binet e Théodore Simon, na França (Rota Júnior, Cirino, & Gutierrez, 2018). Já quanto à área da Orientação Profissional e de Carreira, o marco consistentemente referido como sendo da fundação da área foi o livro publicado por Frank Parsons, em 1909, relatando suas experiências no *Vocational Bureau of Boston* (Blustein, 2016). O livro era intitulado *Choosing a Vocation*.

Para além da contemporaneidade, as duas áreas também convergiram historicamente em relação ao uso de instrumentos padronizados. Enquanto Binet e Simon, na França, desenvolveram uma ferramenta para a avaliação cognitiva no contexto da escola, Parsons, nos Estados Unidos, desenvolveu um questionário que visava levantar as preferências de adolescentes e jovens adultos quanto às ocupações disponíveis naquele contexto. O interlaço das histórias das duas áreas não se deu de forma aleatória: no início do século XX havia um "clima" favorável para o desenvolvimento de estratégias que possibilitassem a quantificação de aspectos do comportamento humano e a compreensão da carreira como uma sequência fixa e predefinida de passos a serem seguidos. Mais do que isso, em termos da escolha profissional e atuação ocupacional, havia uma compreensão de que o melhor desempenho no trabalho e, consequentemente, maior produtividade estariam associados ao se conseguir um encaixe entre as características das pessoas com as demandas da ocupação. Também deve-se destacar que a Primeira Guerra Mundial proporcionou o desenvolvimento de tecnologias de avaliação em larga escala, uma vez que sobretudo nos Estados Unidos havia uma demanda enorme de avaliação dos recrutas e soldados para alocação em certas funções no exército. Dessa forma, o *zeitgeist* daquele momento histórico proporcionou que os testes viessem ao encontro das necessidades da OPC e fez com que os instrumentos de avaliação tivessem um papel predominante no desenvolvimento da área.

Tendo em vista as relações entre as áreas da Orientação Profissional e de Carreira e da Avaliação Psicológica, este capítulo tem como objetivo apresentar algumas das principais correntes teóricas com enfoque em como a avaliação é praticada a partir de cada concepção. Em seguida, serão discutidos alguns avanços e desafios da área, tanto no Brasil quanto no exterior, a partir de uma proposta tipológica quanto ao objetivo de avaliação. Inicialmente será abordada a avaliação na perspectiva das diferenças individuais (Armstrong, Su, & Rounds, 2011), com enfoque nos interesses e na personalidade. Em seguida serão abordados construtos que serão configurados como mecanismos de autodirecionamento no processo de desenvolvimento de carreira (Brown & Lent, 2016), com destaque para a adaptabilidade de carreira e a autoeficácia. Antes, contudo, a fim de contextualizar a utilização dos instrumentos de avaliação em processos de OPC, serão discutidos aspectos relativos aos resultados de avaliações como promotoras de autoconhecimento.

Principais concepções teóricas em OPC: enfoque na avaliação

É importante perceber que o desenvolvimento de instrumentos de avaliação conferiu certo caráter científico à psicologia de forma geral e à OPC, de forma específica, e, por conseguinte, também foram atribuídos reconhecimento e prestígio social. Ao mesmo tempo, como lembram Bueno e Peixoto (2018), o excessivo foco nos instrumentos também se configurou como um problema, uma vez que permitiu uma associação com o modelo prescritivo médico, relacionando os resultados dos instrumentos de avaliação psicológica aos testes laboratoriais. Assim, por muito tempo (talvez, até os dias atuais, embora em menor intensidade), a testagem foi tomada como sinônimo de avaliação.

Nessa direção, Sparta, Bardagi e Teixeira (2006) informam que desde a fundação da OPC até meados do século XX, um modelo de orientação focado nos resultados dos testes foi predominante. Su, Murdock e Rounds (2015) indicam que tal modelo foi calcado nas asserções iniciais de Frank Parsons, nomeado de *traço e fator* e que serviu de base para as teorias que surgiram por volta da década de 1950, englobadas nos modelos de ajuste entre pessoa e ambiente (*P-E fit*). Sparta et al. (2006) descrevem que a prática da OPC naquele momento tendia a ser prescritiva e diretiva por parte do orientador no sentido de indicar as ocupações, profissões ou cursos que melhor se ajustassem às características pessoais avaliadas.

Possivelmente, a teoria de maior relevância desse momento histórico foi a de John Holland, a denominada Teoria de Personalidades Vocacionais e Ambientes de Trabalho (Holland, 1997), que teve grande impacto na avaliação dos interesses vocacionais. Nessa teoria, Holland propôs que as pessoas tendem a buscar e a criar ambientes de trabalho que as permitam manifestar suas preferências e características pessoais. Para tanto, sugeriu a existência de seis tipos de pessoas e ambientes, quais sejam, Realista, Investigativo, Artístico, Social, Empreendedor e Convencional (para informações mais detalhadas sobre os tipos, sugere-se a consulta a Ambiel, Hauck-Filho, Barros, Martins, Abrahams, & De Fruyt, 2018). A questão principal que interessa aqui é o que Holland chamou de congruência, ou seja, o grau de similaridade entre as características das pessoas e dos ambientes de trabalho onde elas estão inseridas. De acordo com Su et al. (2015), a congruência afeta os comportamentos e atitudes no trabalho, sendo que, quanto mais congruente (*i. e.*, uma pessoa com características predominantemente realistas que se ocupa em um ambiente com características também predominantemente realistas), maiores a satisfação no trabalho, o sucesso e a persistência na ocupação.

A teoria de Holland continua sendo uma das mais relevantes no campo da Orientação Profissional e de Carreira e é uma das mais estudadas e replicadas em diferentes culturas e línguas da história da Psicologia (Nye, Su, Rounds, & Drasgow, 2017). Muito por conta da quantidade e qualidade das evidências obtidas ao longo de mais de 50 anos que a suportam, a teoria de Holland continuou sendo pesquisada e utilizada na prática mesmo com o surgimento de novos paradigmas sobre desenvolvimento de carreira no final do século XX. Tais paradigmas, que surgiram na tentativa de explicar as profundas modificações implicadas no mundo do trabalho devido ao avanço tecnológico e da globalização (Savickas et al., 2009), foram relatados por Sparta et al. (2006) como os responsáveis pela transição de um modelo focado nos resultados de testes de avaliação para um modelo focado no processo de escolha e tomada de decisão.

Um dos pioneiros dos paradigmas mais interessados em conhecer como as pessoas se desenvolvem em relação às suas carreiras foi Donald Super que em 1949 iniciou uma pesquisa longitudinal para compreender os padrões de carreiras de homens nos Estados Unidos. Os resultados de seus estudos proporcionaram que Super (1980) publicasse sua teoria *Life Span, Life Space*, na qual propôs certas tarefas desenvolvimentais ligadas a certos períodos etários aproximados. Super (1980) e Super e Knasel (1981) foram os responsáveis por propor conceitos tais como a maturidade e a adaptabilidade de carreira, ambos bastante relevantes na literatura científica da área quando se considera os processos pelos quais as pessoas tomam decisões acerca de suas transições de carreira. De acordo com Sparta et al. (2006), a modalidade de orientação focada no processo privilegia a compreensão de como

determinantes pessoais e sociais interagem facilitando ou criando barreiras para as transições e como, a partir de tal interação, as pessoas desenvolvem recursos e aprendem competências para a tomada de decisão.

Ainda na perspectiva desenvolvimental, Lent, Brown e Hackett (1994) propuseram a Teoria Social Cognitiva de Carreira, formulada a partir dos conceitos originalmente elaborados por Bandura (1986) e de resultados de pesquisa sobre a aplicação de tais conceitos ao contexto da carreira. Nessa proposta, Lent et al. (1994) buscaram explicar como os interesses se formam, como as pessoas organizam suas decisões e como elas se iniciam e permanecem (ou evadem) de suas trajetórias acadêmicas e profissionais. Além dos interesses, a autoeficácia exerce papel central nesta teoria, sobretudo no segmento inicial, ajudando a explicar como experiências de aprendizagem estruturam crenças de capacidade que, por sua vez, informam à pessoa sobre suas preferências. Também a autoeficácia assume centralidade para se explicar como as pessoas tomam decisões e organizam suas transições.

Na América Latina, mais especificamente no Brasil, a abordagem clínica de Rodolfo Bohoslavsky, psicólogo argentino radicado neste país, se opunha frontalmente à forma com que os testes e avaliações objetivas eram utilizadas no contexto da orientação. Em seu livro, Bohoslavsky (1977) colocava sua abordagem em oposição ao que ele chamava de modalidade estatística, o que correspondia a atuações no modelo *traço e fator*. Ainda assim, o autor argentino reconhecia que o problema não era o uso dos testes em si, mas a forma descontextualizada com que os resultados muitas vezes eram aplicados.

Dessa forma, pode-se entender que a avaliação de vários construtos e processos que interessam aos profissionais e pesquisadores do campo da Orientação Profissional e de Carreira. Conforme já delineado, os instrumentos de avaliação desempenharam papel determinante na história da OPC e, atualmente, as pesquisas sobre instrumentos de avaliação continuam a impulsionar a produção de conhecimento da área no Brasil (Ambiel, Campos, & Campos, 2017). A seguir serão abordados alguns desafios e avanços da avaliação em OPC no Brasil e também no contexto estrangeiro.

Avanços na avaliação em OPC: menos diagnóstico, mais autoconhecimento

Resumindo o que já foi discutido anteriormente, a Orientação Profissional e de Carreira deixou de ter um caráter prescritivo, onde a avaliação tinha um papel de identificar características pessoais que seriam combinadas com aspectos do ambiente, e passou a ter um caráter compreensivo, no qual o processo de autoconhecimento e de aprendizagem de competências para lidar com as transições passou a ser a tônica (Sparta et al., 2016). Portanto, o papel da avaliação também mudou, bem como as formas com que os profissionais conduzem tais processos. Nesse novo cenário, os instrumentos padronizados de avaliação passaram a exercer um papel de apoio à promoção do autoconhecimento e deixou de ser o protagonista.

O autoconhecimento é um dos objetivos centrais da OPC, independente da abordagem técnica, da faixa etária ou problemática do cliente e em geral se apresenta como um desfecho positivo do processo de exploração vocacional (Faria, Taveira, & Saavedra, 2008). Por exemplo, em uma pesquisa com estudantes de Ensino Médio de escolas públicas brasileiras, Ambiel, Martins e

Hernandez (2018) descobriram que níveis mais altos de neuroticismo e de comportamento de exploração de si predizem positivamente tanto a indecisão quanto a necessidade de passar por uma orientação. Por outro lado, pessoas com crenças mais fortes de que conseguem se avaliar e descrever corretamente tendem a sentir menor necessidade de orientação quanto à primeira escolha profissional.

Assim, os resultados de uma avaliação podem ser úteis para a definição de focos de intervenção e, sobretudo, para proporcionar ao cliente uma oportunidade de avaliar seus próprios comportamentos e preferências. De acordo com Finn (2007), uma avaliação pode ajudar os clientes diretamente e não só indiretamente ao assumir também uma finalidade interventiva e promover junto ao cliente uma revisão de sua história ao ser confrontado pelos estímulos e resultados de instrumentos padronizados.

A relação disso com o autoconhecimento está no fato de que, muitas vezes, as pessoas carecem de repertório para se descrever. Ao se utilizar informações provindas de materiais construídos a partir de teorias reconhecidas e com estudos consistentes, o orientador pode ajudar o orientando a construir ou consolidar seu autoconceito, tornando-o mais capaz de falar sobre si mesmo e, sobretudo, a atribuir significados às suas preferências e transições (Savickas, 2015).

A avaliação de construtos que desvelam aspectos mais disposicionais do funcionamento psicológico, tais como interesses e personalidade (que, adiante neste texto, são abordados do ponto de vista das diferenças individuais), tem um grande potencial de fornecimento de repertório de autoconhecimento, uma vez que descreve o funcionamento humano a partir de adjetivos e de forma contextualizada e podem contribuir para que as pessoas qualifiquem suas preferências e padrões de comportamento, de forma compreensiva (Ambiel, 2016). Não obstante, duas das teorias mais replicadas em toda a história da Psicologia referem-se exatamente a esses aspectos, quais sejam, a já citada Teoria de Holland sobre os interesses e o modelo dos Cinco Grandes Fatores (Big Five – Soto & John, 2017). Ambas as teorias compartilham algumas similitudes, tais como os fatos de terem sido observadas em diferentes culturas mundo afora. Além disso, as relações entre os componentes de ambos os modelos são amplamente conhecidas. Assim, faz-se essencial que profissionais que trabalhem com OPC dominem tais teorias para que possam extrair das mesmas as informações necessárias para a promoção do autoconhecimento.

Avaliação de diferenças individuais em processos de orientação profissional e de carreira

De acordo com Dörnyei (2010), um dos objetivos da Psicologia desde sua fundação foi compreender no que uma pessoa é diferente de outra, tornando-a única. A partir dessa concepção, surgiu um ramo de pesquisa na Psicologia denominado de Diferenças Individuais que, segundo Dörnyei (2010), estuda características ou traços relacionados ao que indivíduos podem se diferir uns dos outros. Em complemento, tais características são tendências disposicionais estáveis, tais como os interesses, personalidade e habilidades cognitivas.

De forma específica, no campo de estudo sobre carreira há estudos que buscam compreender como essas características e traços interagem e explicam as escolhas de carreira. Um

desses estudos é o de Ackerman e Heggestad (1997), que descobriram que os interesses proveem a motivação e para selecionar e se engajar em tarefas específicas, enquanto personalidade e habilidades têm um papel importante no sucesso que alguém pode obter nessas atividades. No Brasil, Nunes e Noronha (2009) encontraram resultados apontando *clusters* coerentes em termos interpretativos agrupando traços de personalidade e tipos de interesse, mas os fatores cognitivos agruparam-se apenas entre si, sem mostrar maiores relações com os demais construtos. Deve-se ressaltar que em uma revisão de literatura recente (Ambiel, Campos, & Campos, 2017) pode-se perceber que pesquisas integrando aspectos da inteligência com os interesses e personalidade foram mais escassas na última década, sugerindo algum esgotamento do assunto. Por outro lado, outra revisão, conduzida por Ambiel, Lamas e Melo-Silva (2016), indicou que os estudos relacionando interesses e personalidade ainda continuam em alta na literatura nacional. Assim, neste tópico, esses construtos serão privilegiados.

No tocante aos interesses, Lent et al. (1994) os conceituam como padrões de preferência, aversão ou indiferença acerca de atividades profissionais. Savickas (1995) vai além dessa definição, informando que a palavra interesse tem em sua origem no termo latino *inter est*, que significa "estar entre" e, portanto, os interesses funcionariam tal qual uma ponte que liga o mundo interno da pessoa (*i. e.*, suas preferências e aversões, significados pessoais, história de vida) ao mundo real, por meio da seleção de atividades e engajamento nelas. Do ponto de vista operacional, os interesses podem ser entendidos a partir de duas categorizações, quais sejam, os interesses básicos e os interesses gerais. Liao et al. (2008)

definem os interesses básicos como um nível intermediário entre os interesses gerais (*i. e.*, os tipos de Holland) e as ocupações. A medida dos interesses básicos se dá por meio de atividades profissionais descritas nos itens, nos quais os respondentes marcam quanto se interessam por cada uma. Os resultados em geral se relacionam a áreas de atuação, tais como Ciências Exatas ou Ciências Humanas.

Já em relação aos interesses gerais, a avaliação se aproxima mais da descrição de características de personalidade no contexto do trabalho. É o caso da Teoria Tipológica de Holland e a Teoria de Szondi, cujos principais objetivos estão em explicar o funcionamento da pessoa quanto às suas preferências profissionais e ocupacionais, ao invés de simplesmente descrever áreas de maior ou menor preferência. Em outras palavras, teorias que buscam explicar os interesses gerais aproximam-se mais de abordagens de personalidade vocacional (Savickas, 2005). Para esclarecer as diferenças entre os níveis de interesse (geral, básico e ocupações), a Tabela 1 foi desenvolvida a partir do projeto de tese de Barros (2018) e com base nos resultados encontrados por Noronha e Ambiel (2008).

Tabela 1 Exemplos de diferentes níveis de interesses

Interesses gerais*	Interesses básicos**	Ocupações possíveis
Tipo investigativo: habilidade em manipular palavras e ideias, sendo visto pelos outros como analítico, crítico e introvertido. Valorizam profissões científicas com problemas e tarefas teóricas, preferindo trabalhar de forma independente e evitando situações que exijam interações sociais conflituosas e difíceis. Percebem-se como pessoas constantes, independentes, cultas, respeitosas, modestas e pouco populares. Apresentam alto grau de organização, independência e originalidade e compensam o déficit social por meio da intelectualidade e perfeccionismo.	Investigar as causas das doenças.	Médico patologista; médico veterinário.
	Auxiliar no tratamento de pacientes com derrame cerebral, paralisias, traumatismo, dentre outros.	Médico neurologista; fisioterapeuta; neuropsicólogo.

* Baseados na Teoria Tipológica de Holland.
** Itens da Escala de Aconselhamento Profissional (Noronha, Sisto, & Santos, 2007), mais correlacionados ao tipo Investigativo no estudo de Noronha & Ambiel (2008).

Nesta tabela pode-se perceber que independentemente da ocupação os interesses gerais são comuns, embora haja alguma especificidade em termos de interesses básicos que, por sua vez, estão também relacionados ao interesse geral. Em outras palavras, os interesses básicos se relacionam mais diretamente às ocupações e sua avaliação pode ser útil especialmente com clientes que já tenham um bom autoconhecimento e experiências prévias de trabalho. Por outro lado, os interesses gerais são menos ligados diretamente às ocupações, mas são bastante valiosos em termos de promoção de autoconhecimento, pois, como já foi referido, ao apresentar características de funcionamento pessoal os clientes podem mais facilmente se identificar (ou não) com os resultados, ajudando a reforçar seu autoconceito.

Quando se considera a avaliação de personalidade nesse contexto, sua utilização prática também diz mais respeito à promoção de autoconhecimento do que quanto às relações diretas com ocupações. Por exemplo, o estudo de Ambiel, Noronha e Nunes (2012) permitiu observar que pessoas com maiores preferências por atividades típicas da área de Artes e Comunicação (interesses básicos) apresentam uma considerável abertura à novas experiências, sobretudo quanto ao interesse a novas ideias. Assim, esse tipo de informação que pode ser obtida pelo profissional que atua com OPC a partir da utilização de instrumentos padronizados tem um grande potencial informativo no processo de orientação e pode auxiliar o cliente em suas tomadas de decisão.

Mecanismos de autodirecionamento no processo de desenvolvimento de carreira

De acordo com Savickas (2005), um processo de aconselhamento ou orientação de carreira

tem como objetivo ajudar o cliente a responder três questões: *O que* eu quero ser? *Por que* eu quero ser? *Como* eu tomo a decisão? Construtos tais como interesses e personalidade ajudam a responder a primeira pergunta (O quê?), a partir da qual é possível explorar, por meio de questionamentos e reflexão, e responder à segunda pergunta (Por quê?). Contudo, tão importante quanto a promoção do autoconhecimento, processos de OPC também objetivam auxiliar o cliente a desenvolver competências de tomada de decisão e de autogestão e direcionamento no processo de escolha.

Tais competências estão relacionadas ao que anteriormente Sparta et al. (2006) haviam nomeado como enfoque centrado no processo. Brown e Lent (2016) denominaram tais competências como mecanismos de autodirecionamento no processo de desenvolvimento de carreira que capacitam as pessoas a exercerem agência pessoal no próprio desenvolvimento de carreira e a se adaptarem às suas escolhas e trajetórias. Brown e Lent (2016) ainda destacam que as pesquisas mais recentes nessa perspectiva consideram fortemente aspectos contextuais, sobretudo sociais e econômicos, que moderam (*i. e.*, maximizam ou reduzem) a capacidade agêntica quanto aos objetivos de carreira. Atualmente, os principais construtos relacionados a essa temática relatados na literatura são a Adaptabilidade de Carreira (Savickas & Porfeli, 2012) e Autoeficácia para Tomada de Decisão de Carreira (Taylor & Betz, 1983) ou Autoeficácia para Escolha Profissional (Ambiel & Noronha, 2011).

A Adaptabilidade de Carreira, embora tenha sido proposta conceitualmente por Super e Knasel (1981), desde 2012 vem ganhando um espaço bastante importante na literatura científica sobre carreira, já que nesse ano foi lançado um número especial do *Journal of Vocational Behavior* relatando a construção transcultural da *Career Adapt-Abilities Scale* (Caas). De acordo com Savickas e Porfeli (2012), a Adaptabilidade de Carreira denota o nível de prontidão de uma pessoa para lidar com transições e decisões de carreira, planejadas ou inesperadas. O instrumento originalmente avaliava quatro competências de adaptação: Preocupação, Controle, Curiosidade e Confiança. Mais recentemente, uma quinta dimensão foi incluída, Cooperação, e já conta com alguns estudos de validade (Einarsdóttir, Vilhjálmsdóttir, Smáradóttir, & Kjartansdóttir, 2015; Nye, Leong, Prasad, Gardner, & Tien, 2017).

O outro construto, a Autoeficácia para Tomada de Decisão de Carreira tem sido estudado desde o início da década de 1980 quando Betz e Taylor construíram a *Career Decision Making Self-Efficacy Scale* (CDMSES), posteriormente nomeada apenas de *Career Decision Self-Efficacy Scale* (CDSE). A definição mais aceita acerca desse construto diz respeito às crenças de capacidade para se engajar em tarefas de decisão de carreira (Taylor & Betz, 1983). As autoras basearam-se na teoria de Bandura (1986) sobre autoeficácia e agência pessoal e também no modelo de maturidade vocacional de Crites (1961), que sugeria a existência de cinco conjuntos de competências para tomada de decisão, que eram Autoavaliação, Coleta de Informações Ocupacionais, Resolução de Problemas, Seleção de Objetivos e Planejamento de Futuro. No Brasil, Ambiel e Noronha (2012) publicaram a Escala de Autoeficácia para Escolha Profissional (EAE-EP), baseada na literatura sobre a CDSE. Uma metanálise recente indicou que, a partir de 57 estudos publicados entre 1996 e 2015, a autoeficácia para decisão de carreira foi o principal desfecho de intervenções para decisão de carreira, com um tamanho de efeito médio de 0,45, contra uma média geral (considerando todos construtos avaliados) foi 0,35 (Whiston, Li, Mitts, & Wright, 2017).

Para além das semelhanças funcionais desses construtos quanto à capacidade de autogerenciamento no processo de tomada de decisão, ambos também se mostram correlacionados empiricamente. Rudolph, Lavigne e Zacher (2017), em uma metanálise, encontraram uma correlação média na casa de 0,65. Em um estudo com adolescentes brasileiros, Ambiel, Moreira, Oliveira, Pereira e Hernandez (2018) encontraram correlações na casa de 0,50.

Vale ressaltar que tanto Autoeficácia quanto Adaptabilidade são referidas em seus devidos contextos teóricos como sendo variáveis psicossociais e/ou de domínio específico (Bandura, 1986; Savickas, 2005), ou seja, são mais dependentes das relações pessoa-meio do que propriamente traços estáveis. Isso leva ao entendimento de que são variáveis passíveis de intervenção e o arcabouço teórico acerca das duas variáveis está repleto de estudos sobre os antecedentes ou fontes de cada construto. Dessa forma, a avaliação de variáveis de autodirecionamento pode ter várias funções em um processo de OPC, desde a identificação do nível de tais competências visando a intervenção até a avaliação dos resultados dos processos, por meio de avaliações pré e pós, podendo-se assim aferir quantitativamente a mudança ocorrida por conta da intervenção.

Considerações finais

Neste capítulo buscou-se apresentar um panorama sobre a avaliação no contexto da Orientação Profissional e de Carreira. Ao percorrer a história de ambas as disciplinas, pode-se notar que há diversos pontos de convergência e mesmo de influências entre elas. Uma reflexão que se faz importante é que, embora no Brasil a categoria dos orientadores profissionais seja predominantemente formada por psicólogas e psicólogos, há profissionais de outras áreas que atuam também, sendo que, na prática, o que distingue a prática de orientadores psicólogos e não psicólogos é a utilização de certos testes, restritos aos primeiros. Por exemplo, no Brasil, a maioria dos instrumentos de avaliação de interesses, independentemente de seu enquadramento, são aprovados pelo Sistema de Avaliação de Testes Psicológicos (Satepsi), o que os torna de uso exclusivo de psicólogos. Mas deveria qualquer teste de interesses ser restrito?

Mesmo aqueles que avaliam interesses básicos? Essa discussão é mais ampla, pois resvala na definição de testes psicológicos adotado pelo Satepsi e até mesmo na lei que instituiu a Psicologia no Brasil, e este capítulo não tem a intenção de esgotar o assunto ou sugerir mudanças. O que fica é que o Brasil, em termos de avaliação em processos de Orientação Profissional e de Carreira, está bem situado em relação ao que tem sido pesquisado em outros países do mundo e acompanhando de perto os principais desenvolvimentos. Espera-se que se possa também acompanhar a experiência de colegas de outros países no sentido de regulamentar a atuação dos profissionais.

Referências

Ackerman, P.L. & Heggestad, E.D. (1997). Inteligence, personality and interests: evidence for overlapping traits. *Psychological Bulletin, 121*, 219-245 [doi: 0.1037//0033-2909.121.2.219].

Ambiel, R.A.M. (2016). Avaliação psicológica em processos de orientação profissional e de carreira. In R.S. Levenfus (org.). *Orientação vocacional e de carreira em contextos clínicos e educativos*. Porto Alegre: ArtMed.

Ambiel, R.A.M., Campos, M.I., & Campos, P.P.T.V.Z. (2017). Análise da produção científica brasileira em orientação profissional: um convite a novos rumos. *Psico-USF, 22*(1), 133-145 [doi: 10.1590/1413-82712017220112].

Ambiel, R.A.M., Hauck-Filho, N., Barros, L.O., Martins, G.H., Abrahams, L., & Fruyt, F. (2018). 18rest: a short Riasec-interest measure for large-scale educational and vocational assessment. *Psicologia: Reflexão e Crítica, 31*, 6 [Epub March 15, 2018 – https://dx.doi.org/10.1186/s41155-018-0086-z].

Ambiel, R.A.M., Lamas, K.C.A, & Melo-Silva, L.L. (2016). Avaliação dos interesses profissionais no Brasil: revisão da produção científica. *Avaliação Psicológica, 15* (n. esp), 1-9 [doi: 10.15689/ap.2016.15ee.01].

Ambiel, R.A.M., Martins, G.H., & Hernandez, D.N. (2018). Why do Adolescents Seek Career Counseling? A Predictor Study of Brazilian Students. *Temas em Psicologia, 26*(4), 1995-1996 [doi: 10.9788/TP2018.4-10En].

Ambiel, R.A.M., Moreira, T.C., Oliveira, D.A., Pereira, E.C., & Hernandez, D.N. (2018). Self-Efficacy, adaptability and intention of searching for vocational guidance in adolescents. *Paideia* (Ribeirão Preto), *28*, e2840 [doi: http://dx.doi.org/10.1590/1982-4327e2840].

Ambiel, R.A.M. & Noronha, A.P.P. (2012a). Autoeficácia para escolha profissional: teoria, pesquisas e avaliação. *Psicologia em Pesquisa, 6*(2), 171-178 [doi: 10.5327/Z1982-12472012000200010].

Ambiel, R.A.M. & Noronha, A.P.P. (2012b). *Escala de Autoeficácia para Escolha Profissional: manual técnico*. São Paulo: Casa do Psicólogo.

Ambiel, R.A.M., Noronha, A.P.P., & Nunes, M.F.O. (2012). Interesses profissionais e personalidade: um aporte para a integração dos construtos. *Avaliação Psicológica, 11*(2), 191-201 [Recuperado de http://pepsic.bvsalud.org/pdf/avp/v11n2/v11n2a05.pdf].

Bandura, A. (1986). *Social foundations of thought and action: a social cognitive theory*. Englewood Cliffs, NJ: Prentice-Hall.

Bluestein, D.L. (2016). Integrating Theory, Research, and Practice: Lessons Learned from the Evolution of Vocational Psychology. In J.P. Sampson, E. Bullock-Yowell, V.C. Dozier, D.S. Osborn, & J.G. Lenz (Eds.). *Integrating theory, research, and practice in vocational psychology: Current status and future directions*. Tallahassee, FL: Florida State University [http://doi.org/10.17125/svp2016.ch19].

Bohoslavsky, R. (1977). *Orientação vocacional: a estratégia clínica* (J.M.V. Bojart & W.M.A. Penteado, Trads.). São Paulo: Martins Fontes.

Brown, S.D. & Lent, R.W. (2016). Vocational Psychology: Agency, Equity, and Well-Being. *Annual Review of Psychology, 67*(27), 1-27 [doi: 10.1146/annurev-psych-122414-033237].

Bueno, J.M.H. & Peixoto, E.M. (2018). Avaliação psicológica no Brasil e no mundo. *Psicologia: Ciência e Profissão, 38* (n. esp.), 108-121 [https://doi.org/10.1590/1982-3703000208878].

Crites, J.O. (1961). A model for the measurement of vocational maturity. *Journal of Counseling Psychology, 8*(3), 255-259 [http://dx.doi.org/10.1037/h0048519].

Dörnyei, Z. (2010). *The Psychology of the Language Learner: individual differences in second language acquisition*. Nova York: Routledge.

Einarsdóttir, S., Vilhjálmsdóttir, G., Smáradóttir, S.B., & Kjartansdóttir, G.B. (2015). A culture-sensitive approach in the development of the Career Adapt-Abilities Scale in Iceland: Theoretical and operational considerations. *Journal of Vocational Behavior, 89*, 172-181 [https://doi.org/10.1016/j.jvb.2015.06.006].

Faria, L.C., Taveira, M.C., & Saavedra, L.M. (2008). Exploração e decisão de carreira numa transição escolar: Diferenças individuais. *Revista Brasileira de Orientação Profissional, 9*(2), 17-30 [Recuperado de http://pepsic.bvsalud.org/ pdf/rbop/v9n2/v9n2a04.pdf].

Finn, S. (2007). *In our client's shoes. Theory and techiniques of therapeutic assessment*. Nova York: Taylor and Francis Group.

Holland, J.L. (1997). *Making vocational choices: A theory of vocational personalities and work environments*. Psychological Assessment Resources.

Lent, R., Brown, S.D., & Hackett, G. (1994). Toward a Unifying Social Cognitive Theory of Career and Academic Interest, Choice and Performance. *Journal of Vocational Behavior, 45*, 79-122 [doi: 10.1006/jvbe.1994.1027].

Liao, H.Y., Armstrong, P.I., & Rounds, J. (2008). Development and initial validation of public domain Basic Interest Markers. *Journal of Vocational Behavior, 73*, 159-183 [doi: 10.1016/j.jvb.2007.12.002].

Nye, C., Leong, F., Prasad., J., Gardner, D., & Tien, H.L.S. (2017). Examining the Structure of the Career Adapt-Abilities Scale: The Cooperation Dimension and a Five-Factor Model. *Journal of Career Assessment*, 1-14 [https://doi.org/10.1177/1069072717722767].

Nye, C.D., Su, R., Rounds, J., & Drasgow, F. (2017). Interest congruence and performance: Revisiting recent metaanalytic findings. *Journal of Vocational Behavior, 98*(2017), 138-151 [doi: 10.1016/j.jvb.2016.11.002].

Rota Júnior, C., Cirino, S.D., & Gutierrez, L. (2018). Recepção/circulação dos testes de inteligência no Brasil: um recorte histórico (1920-1930). *Revista de Psicología, 27*(1), 1-15 [http://dx.doi.org/10.5354/0719-0581.2018.50748].

Rudolph, C.W., Lavigne, K.N., & Zacher, H. (2017). Career adaptability: A meta-analysis of relationships with measures of adaptivity, adapting responses, and adaptation results. *Journal of Vocational Behavior, 98*, 17-34 [https://doi.org/10.1016/j.jvb.2016.09.002].

Savickas, M.L. (2015). *Life design counseling manual*. Kent, OH: Author.

Savickas, M.L. (1995). Examining the personal meaning of inventoried interests during career Counseling. *Journal of Career Assessment, 3*(2), 188-201 [doi: 10.1177/106907279500300206].

Savickas, M.L., Nota, L., Rossier, J., Dauwalder, J., Duarte, M.E., Guichard, J., & Van Vianen, A.E.M. (2009). Life designing: A paradigm for career construction in the 21st century. *Journal of Vocational Behavior, 75*(3), 239-250 [https://doi.org/10.1016/j.jvb.2009.04.004].

Savickas, M.L. & Porfeli, E.J. (2012). Career Adapt--Abilities Scale: Construction, reliability, and measurement equivalence across 13 countries. *Journal of Vocational Behavior, 80*(3), 661-673 [https://doi.org/10.1016/j.jvb.2012.01.011].

Soto, C.J., & John, O.P. (2017). The next Big Five Inventory (BFI-2): Developing and assessing a hierarchical model with 15 facets to enhance bandwidth, fidelity, and predictive power. *Journal of Personality and Social Psychology, 113*, 117-143.

Sparta, M., Bardagi, M.P., & Teixeira, M.A.P. (2006). Modelos e instrumentos de avaliação em orientação profissional: perspectiva histórica e situação no Brasil. *Revista Brasileira de Orientação Profissional, 7*(2), 19-32 [Recuperado de http://www.redalyc.org/pdf/2030/203016895004.pdf].

Super, D.E. & Knasel, E.G. (1981). Career development in adulthood: Some theoretical problems and a possible solution. *British Journal of Guidance & Counselling, 9*, 194-201 [doi: 10.1080/03069888 108258214].

Taylor, K.M. & Betz, N.E. (1983). Applications of self-efficacy theory to the understanding and treatment of career indecision. *Journal of Vocational Behavior, 22*, 63-81.

Whiston, S.C., Li, Y., Mitts, N.G., & Wright, L. (2017). Effectiveness of career choice interventions: A meta-analytic replication and extension. *Journal of Vocational Behavior, 100*, 175-184 [doi:10.1016/j.jvb.2017.03.010].

23
Avaliação neuropsicológica

Elodie Bertrand

Daniel C. Mograbi

J. Landeira-Fernandez

O presente capítulo tem como objetivo abordar o tema da avaliação neuropsicológica e está organizado em três partes: a primeira descreve brevemente o contexto histórico que permitiu o desenvolvimento da área da neuropsicologia; a segunda apresenta a definição do exame neuropsicológico e dos seus objetivos; a terceira sumariza as diferentes etapas do processo de avaliação neuropsicológica, incluindo uma breve descrição das principais funções cognitivas e os instrumentos frequentemente usados para avaliá-las.

Neuropsicologia: breve histórico

A neuropsicologia é uma disciplina científica e clínica que estuda as relações entre o funcionamento cerebral e os comportamentos. É um campo baseado em conhecimentos interdisciplinares. De fato, o neuropsicólogo precisa de um conhecimento amplo de diferentes áreas, tais como psicologia, neurologia, neuroanatomia, neurofisiologia, psiquiatria, psicométrica, entre outros.

O termo "Neuropsicologia" tem origem na literatura científica no início do século XX. Entretanto, a história desse campo de conhecimento tem suas raízes na Antiguidade (*e. g.*, Egito 1500 a.C.), quando, com descrições de distúrbios de linguagem após danos cerebrais. Todavia, foi necessário esperar até o século XIX para que surgisse a neuropsicologia moderna, especialmente a partir dos estudos de casos de pacientes com lesões cerebrais de Pierre Paul Broca (1824-1880) e Karl Wernicke (1848-1905), entre outros. Esses trabalhos, operando a partir do método anatomoclínico, tomaram força no final do século XIX e evidenciaram uma correlação entre disfunções cognitivas e padrões de lesões cerebrais.

No século XX, especialmente durante a Segunda Guerra Mundial, Alexander Romanovich Luria (1902-1977), psicólogo soviético, desenvolveu métodos de avaliação e reabilitação das funções cognitivas em pacientes com lesões cerebrais. Com o desenvolvimento da sua Teoria dos Sistemas Funcionais (1966), Luria é hoje considerado como um dos fundadores da neuropsicologia contemporânea. Finalmente, a criação do periódico *Neuropsychologia* em 1963 e da International Neuropsychological Society em 1967 marcaram o reconhecimento oficial e contribuíram para a divulgação da produção científica na área (Finger, 1994).

No Brasil, o desenvolvimento da área se deu através de diferentes eventos, entre eles: a inauguração em 1980 da Rede Sarah de Hospitais de Reabilitação; a fundação da Sociedade Brasileira de Neuropsicologia em 1989; e, finalmente, a publicação da Resolução n. 002/2004 do Conselho Federal de Psicologia em 2004 regulamentando a prática da neuropsicologia como especialidade da psicologia. O crescimento da área nas últimas décadas no Brasil permitiu o desenvolvimento de vários projetos de pesquisa que nos deram instrumentos específicos para o contexto cultural brasileiro, mesmo que, como iremos discutir no final deste capítulo, a neuropsicologia brasileira enfrente ainda vários desafios (Arango-Lasprilla, Stevens, Paredes, Ardila, & Rivera, 2017).

Avaliação neuropsicológica: contextos de aplicação e objetivos

A avaliação neuropsicológica tem como foco a investigação dos processos cognitivos e comportamentais, levando também em consideração as questões emocionais do paciente, partindo do princípio que esses processos têm como base o funcionamento cerebral. Nesse sentido, podemos considerar que a avaliação neuropsicológica é um método para examinar indiretamente o funcionamento do cérebro por meio do estudo de comportamentos observáveis, incluindo a cognição.

Enquanto o exame neuropsicológico era originalmente reservado aos indivíduos que sofriam de traumatismo crânio-encefálicos durante a guerra, hoje em dia seus contextos de aplicação abrangem diversas condições neuropsiquiátricas. Geralmente, a avaliação neuropsicológica é recomendada para indivíduos com uma condição neurológica e/ou psiquiátrica conhecida ou suspeitada, tendo em vista que essa condição é capaz de acarretar déficits cognitivos (Lezak, Howieson, & Loring, 2016).

A avaliação neuropsicológica está preocupada em identificar as consequências cognitivas, emocionais e comportamentais da disfunção cerebral. Esse tipo de avaliação é usado para abordar várias questões, como por exemplo:

Qual é a natureza e extensão do comprometimento cognitivo? Quais são as consequências práticas do comprometimento cognitivo? Quais são as implicações de perfil cognitivo (forças e fraquezas) para a reabilitação? Segundo Lezak et al. (2016), esta avaliação pode atender seis objetivos principais, objetivos que estão frequentemente interligados.

• **Diagnóstico:** Apesar dos avanços das técnicas de neuroimagem, a avaliação neuropsicológica é necessária para o diagnóstico das condições cujo comprometimento cognitivo é um critério diagnóstico, mas evidências neuroanatômicas não estão claras, como, por exemplo, demências nos estágios iniciais. O exame neuropsicológico auxilia no diagnostico diferencial, podendo ajudar a definir a etiologia do processo. Por exemplo, devido aos perfis neuropsicológicos diferentes entre os diferentes tipos de demência, a avaliação neuropsicológica é relevante para definir se o paciente apresenta um quadro de tipo Alzheimer ou outro tipo de processos demencial.

• **Cuidados com o paciente:** Para muitos pacientes, o exame neuropsicológico permite ter informações detalhadas sobre o funcionamento cognitivo e as alterações comportamentais. Com essas informações o profissional identifica como o paciente reage aos déficits, como ele pode compensá-los e quais tipos de reabilitação podem ser benéficos. O paciente com comprometimento cognitivo se beneficia das informões sobre seu próprio funcionamento para estabelecer metas realistas. Para a família, essas informações também são necessárias, permitindo um melhor entendimento das consequências da lesão cerebral e assim uma resposta mais adequada.

• **Identificação de necessidades de tratamento:** A avaliação neuropsicológica sensível, ampla e precisa é necessária para determinar o tratamento mais adequado para cada paciente, pois um programa de reabilitação precisa ser personalizado para ser eficiente. Isso inclui o delineamento de funções deficitárias, assim como dos pontos fortes e das potencialidades para a reabilitação do paciente.

• **Avaliação da eficácia do tratamento:** A avaliação neuropsicológica pode também ter como objetivo estimar a eficácia do tratamento, quer seja ela uma reabilitação cognitiva ou outros tratamentos, como, por exemplo, um tratamento cirúrgico no caso da epilepsia ou um tratamento farmacológico no caso da demência. Nesse contexto, recomenda-se uma avaliação ampla do funcionamento do paciente, incluindo processos cognitivos, comportamentais, emocionais e sociais.

• **Pesquisa:** A avaliação neuropsicológica tem sido usada para estudar a organização da atividade cerebral e sua relação com os comportamentos, tanto nos indivíduos saudáveis quanto no contexto de distúrbios específicos.

• **Resposta a questões forenses:** A avaliação neuropsicológica pode ser usada no contexto jurídico. Ela pode apoiar as avaliações de outros profissionais em situações diversas: avaliação da capacidade de morar de uma maneira autônoma, avaliação da capacidade de retorno ao trabalho, avaliação de sequelas cognitivas e emocionais de um acidente, avaliação da responsabilidade criminal, avaliação da aptidão para dirigir, dentre outros.

Avaliação neuropsicológica: as diferentes etapas

Para poder responder às questões levantadas acima, a avaliação neuropsicológica deve ser composta por uma série de etapas. De fato,

considera-se que uma avaliação neuropsicológica sólida deve implicar no mínimo três etapas separadas, mas interligadas. Primeiramente é necessário a coleta de diversas informações sobre o paciente, isso podendo ser feito a partir de entrevistas clínicas, assim como através da leitura do prontuário médico desse paciente. Em seguida, será realizada a investigação estruturada dos processos cognitivos, usando ferramentas padronizadas, como testes, escalas, questionários. É importante ressaltar aqui que a aplicação de instrumentos padronizados, que, com frequência é vista como ponto central do exame neuropsicológico, representa apenas uma das etapas desse processo. Por fim, o profissional deverá interpretar e sintetizar os achados dessa avaliação para poder escrever o laudo e comunicar os resultados para o paciente, sua família e outros profissionais envolvidos no acompanhamento desse paciente. A fim de realizar as diferentes etapas deste processo, o profissional precisa de um conhecimento avançado de diversos campos, como a neurologia, a neuroanatomia, a psicometria, entre outros. Uma base sólida em psicologia clínica parece também essencial, já que a situação de avaliação pode ser difícil para o paciente, que pode estar diretamente confrontado com suas dificuldades. Finalmente, é preciso notar que, apesar de sempre ter uma estrutura global similar composta pelas mesmas etapas, cada avaliação deve ser individualizada, personalizada dependendo dos objetivos do exame, das características do paciente, dentre outros.

A entrevista clínica

A entrevista clínica com o paciente e eventualmente com seus familiares é a primeira etapa da avaliação neuropsicológica, pois as informações levantadas nesse momento são essenciais para o desenvolvimento dos próximos passos do exame, sendo assim a base da avaliação. O profissional começa então o processo de avaliação com uma entrevista destinada a reunir informações pessoais e clínicas, de forma a contextualizar o problema. O contexto no qual a queixa surge é relevante, pois permite ao profissional verificar se outros fatores não neuropsicológicos (p. ex., familiares, socioeconômicos, profissionais) podem ter um papel causal.

De uma maneira geral, esta entrevista destina-se a identificar a demanda e as queixas do paciente, a entender as circunstâncias dentro das quais o problema apareceu e a avaliar as atitudes do paciente em relação ao problema. Nesse sentido, o relato do paciente em relação à situação que levou à realização da avaliação neuropsicológica pode trazer informações diagnósticas relevantes, uma vez que algumas condições neurológicas e psiquiátricas podem impactar o nível de consciência que o paciente tem do seu quadro. Assim, entende-se também a importância de realizar uma entrevista com um parente ou cuidador que conheça bem o paciente e o seu dia a dia. Esta entrevista é conduzida para descobrir quais são, em comparação ao funcionamento prévio, as mudanças cognitivas e comportamentais que os familiares estão observando. É relevante entrevistar o parente sem a presença do paciente, mas com o seu consentimento, para que o familiar tenha a oportunidade de se expressar livremente, sem a preocupação de discutir aspectos que eventualmente poderiam constranger ou magoar o paciente. Nota-se que no atendimento de crianças e adolescentes a entrevista com os pais ou responsáveis é imprescindível. Nesses casos, um foco maior deve ser dado aos aspectos do desenvolvimento biológico, cognitivo e social, e perguntas sobre a gestação e o parto devem ser incluídas na entrevista.

Embora não existe consenso sobre a estruturação dessas entrevistas clínicas, muitos profissionais usam o formato de entrevista semiestruturada, na qual o profissional se refere a perguntas predeterminadas para conduzir a entrevista. Segue uma lista, não exaustiva, de tópicos a serem abordados ao longo dessa entrevista: dados sociodemográficos, motivo da consulta e queixa principal, história e progressão dos sintomas, história do desenvolvimento, história médica, incluindo os tratamentos farmacológicos prévios e atuais, histórico familiar, vida escolar e profissional, funcionamento cognitivo e desempenho nas atividades da vida diária, relacionamentos pessoais e vida social.

Ao longo dessa entrevista inicial, o profissional deve estar atento à apresentação e aos comportamentos do paciente, que podem trazer dados qualitativos relevantes para os objetivos da avaliação. Podemos citar alguns aspectos a ser observados: vestimenta e comportamentos (*e. g.*, Adequados para a situação? Presença de contatos visuais apropriados?), qualidade da fala no discurso espontâneo (*e. g.*, Presença de anomia? Fluidez? Domínio do idioma usado para a avaliação?), qualidade do pensamento (*e. g.*, Organizado? Confuso? Adequado para o assunto sendo discutido?), adequação das expressões emocionais, atenção, aspectos motivacionais.

Em complementação aos dados levantados diretamente com o paciente e seus familiares, pode ser relevante buscar informações de outras fontes. Por exemplo, no contexto hospitalar, o profissional pode examinar o prontuário, incluindo anotações de médicos e outros profissionais, e laudos dos exames médicos já realizados (*e. g.*, ressonância magnética, tomografia cerebral, eletroencefalograma). No caso da avaliação com crianças e adolescentes, o profissional também pode revisar o histórico acadêmico do aluno, incluindo boletins escolares, observações dos professores, laudos das avaliações de outros profissionais (psicólogo escolar, psicopedagogo, fonoaudiólogo etc.).

As informações coletadas nessa primeira etapa serão usadas para alcançar diferentes objetivos:

• Elaborar hipóteses sobre os déficits neuropsicológicos: essas hipóteses permitem a seleção dos instrumentos a serem aplicados, com o propósito de, em seguida, testar estas hipóteses.

• Estimar o funcionamento intelectual pré-mórbido: esta estimativa pode ser feita a partir das informações sobre a escolaridade e a ocupação profissional, por exemplo, e é necessária para poder julgar a presença de um eventual declínio cognitivo devido a lesão cerebral, já que é raro ter uma avaliação cognitiva objetiva anterior à lesão.

• Identificar os aspectos que podem limitar a realização do exame neuropsicológico, como, por exemplo, um quadro psiquiátrico de delírio grave, uma incapacidade de manter o foco, uma incapacidade de entender as instruções das tarefas devido à falta de domínio da língua usada para a realização da avaliação, uma incapacidade física de realizar algumas tarefas propostas, estado de cansaço importante e falta de motivação são alguns aspectos limitadores da avaliação.

• Interpretar os resultados da avaliação neuropsicológica.

Além disso, como já mencionamos, a avaliação neuropsicológica é frequentemente um processo demorado, que pode ser ansiogênico para os avaliados, que podem se sentir julgados e são confrontados diretamente com suas dificuldades. Assim, a necessidade de manter a cooperação do paciente ao longo do processo de avaliação é essencial. Nesse contexto, um dos objetivos dessa entrevista inicial é estabelecer desde o começo do exame uma boa relação entre o profissional e o seu paciente (Manning, 2007; Malloy-Diniz, Mattos, Abreu, & Fuentes, 2016).

Aplicação dos instrumentos padronizados

A avaliação quantitativa do funcionamento cognitivo é feita através da aplicação de tarefas padronizadas, e para cada tarefa apresentada o desempenho do paciente será comparado com a norma de uma população que apresenta características similares às do paciente (e. g., faixa etária, nível de escolaridade). Essa etapa resulta diretamente da entrevista clínica e pode ser dividida em subetapas: seleção, aplicação e correção das tarefas padronizadas.

Existem duas abordagens em relação à seleção dos instrumentos: avaliação baseada em baterias fixas e avaliação baseada na testagem de hipóteses. A abordagem baseada no uso de uma bateria fixa, ou predeterminada, de tarefas é construída para avaliar a maioria dos tipos de habilidades cognitivas, partindo do princípio de que essa bateria de tarefas permitirá detectar déficits existentes. As principais desvantagens dessa abordagem são o tempo necessário para a aplicação da bateria completa e a falta de detalhes dos processos mais específicos. Podemos dar como exemplo a "Escala de Inteligência Wechsler para Adultos 4ª edição" (Wais-IV) (Wechsler, 2008). Esse instrumento oferece informações relevantes sobre o funcionamento intelectual global do paciente; todavia, se o paciente apresentar um sintoma amnésico, a bateria Wais não permitirá a distinção entre um déficit ligado a uma alteração do lobo frontal e um ligado às regiões cerebrais temporais. Em contraste, a abordagem baseada na elaboração e testagem de hipóteses leva em consideração as características específicas de cada avaliação para a seleção dos instrumentos padronizados. A principal desvantagem dessa abordagem é a possibilidade de o profissional não avaliar uma habilidade cognitiva específica que poderia ser relevante para o entendimento do quadro.

Na prática, a maioria dos profissionais provavelmente usa uma combinação dessas abordagens, elaborando hipóteses e selecionando um amplo conjunto de tarefas, cujo objetivo é examinar a maioria das áreas cognitivas. Como mencionado acima, é a partir da anamnese e das observações comportamentais iniciais que o profissional elabora hipóteses que serão a base para a seleção dos testes necessários para a realização da avaliação neuropsicológica. De fato, o profissional dispõe de uma ampla gama de testes que medem diferentes processos cognitivos e precisa selecionar os mais adequados para responder na demanda específica e nos objetivos previamente definidos e testar as hipóteses elaboradas a partir da entrevista. Além disso, é preciso levar em consideração características do paciente (*e. g.*, idade, nível socioeducacional, deficiência sensorial e/ou motora, nível de resistência à fadiga), assim como aspectos das tarefas disponíveis (*e. g.*, características psicométricas, normas disponíveis, duração, tipo de material usado). Nota-se que a elaboração de hipóteses continua ao longo de toda a avaliação, o profissional podendo assim incluir ou excluir tarefas baseado nas novas observações e no desempenho do paciente ao longo do processo (Evans, 2012).

Nessa parte, iremos apresentar brevemente as principais habilidades cognitivas, mencionando para cada função alguns testes frequentemente usados para avaliá-las. Nota-se que essa revisão não é exaustiva. É importante também ressaltar que não existem testes que avaliem de uma forma "pura" uma habilidade cognitiva específica, consequentemente recomenda-se evitar usar somente um instrumento para avaliar uma determinada função cognitiva.

• **Atenção:** O conceito de atenção inclui diferentes capacidades como a atenção sustentada (capacidade de estar alerta em relação ao ambiente e manter esse estado para um certo período de tempo), a atenção seletiva (capacidade de focar especificamente em um tipo de estímulo no ambiente) e a atenção dividida (capacidade de usar os seus recursos atencionais para o processamento de vários estímulos simultaneamente). A avaliação dos diferentes tipos de atenção encontra-se necessária, pois um déficit na atenção prejudica o desempenho do paciente nas outras tarefas apresentadas. A *Bateria Psicológica para Avaliação da Atenção* (BPA) (Rueda, 2013) é composta por três subtestes, cada um avaliando um tipo da capacidade atencional, enquanto o teste *D-2* (Bittencourt, 2000) tem como foco específico a atenção concentrada, incluindo também a capacidade de rastreio visual.

• **Memória:** Considera-se que a habilidade de aprender e gravar novas informações é composta por um conjunto de sistemas dependendo de fatores como tempo e conteúdo. Podemos distinguir, baseado no fator "tempo", entre a memória de curto prazo, que permite reter uma quantidade limitada de informações durante alguns segundos, e a memória de longo prazo. Tradicionalmente, a memória de curto prazo na modalidade verbal é avaliada pelo subteste *Dígitos Ordem Direta* das escalas de Wechsler (*e. g.*, Wisc-III; Wais-IV) (Wechsler, 1991, 2004), que consiste na repetição de sequências numéricas e na modalidade visual pelo teste *Cubos de Corsi* (Corsi, 1972*)*, onde o paciente é instruído a repetir na mesma ordem uma sequência de movimentos realizada pelo profissional.

Em relação à memória de longo prazo, baseado no fator "conteúdo", é possível distinguir a memória episódica (registro de eventos dentro de um contexto tempo-espacial) e a memória semântica (registro do conhecimento geral). Cada sistema precisa ser avaliado individualmente, assim como os processos subjacentes. Por exemplo, no caso da memória episódica, faz-se necessário a escolha de instrumentos permitindo a avaliação dos processos de codificação, de armazenamento e de recuperação da informação. No caso da memória episódica na modalidade verbal, podemos citar o *Teste de Aprendizagem Auditivo-Verbal de Rey* (RAVLT) (De Paula & Malloy-Diniz, 2018), que consiste na aprendizagem repetida de uma lista de 15 palavras, com tarefas de evocação imediata e tardia e de reconhecimento. O teste *Figura Complexa de Rey* (Rey, 1999) pode ser usado para a avaliação da memória episódica na modalidade visual, todavia é importante ressaltar que a capacidade de recuperação do material visual parece ser influenciada pela capacidade do paciente de copiar inicialmente a figura. Assim precisa ser aplicado de forma cuidadosa, especialmente nos casos de patologias afetando as capacidades visuoespaciais, visuoconstrutivas e de planejamento, por exemplo.

• **Linguagem:** Essa função essencial para a funcionalidade do paciente devido ao seu impacto na adaptação ao ambiente e na socialização requer uma avaliação detalhada. Podemos diferenciar a linguagem receptiva e a linguagem expressiva, ambas podendo ser verbal, escrita ou gestual. O *Token Test* (Moreira et al., 2011) avalia especificamente a linguagem receptiva a partir de comandos verbais, enquanto o Teste de Nomeação de Boston pretende avaliar a linguagem expressiva verbal a partir de estímulos visuais. Existem também algumas baterias específicas para a avaliação dos diferentes aspectos da linguagem mencionados acima; por exemplo, a bateria *Boston Diagnostic Aphasia Examination* (Goodglass & Kaplan, 1983). É importante citar o *Teste de Fluência Verbal*, pelo qual solicita-se que o paciente liste palavras começando com uma letra específica (modalidade fonética, classicamente F, A, S) ou palavras de uma categoria semântica específica (modalidade semântica, classicamente usando a categoria "animal"). Além de representar uma boa medida da expressão verbal do paciente, esse teste avalia outras funções cognitivas (*e. g.*, memória semântica e funções executivas).

• **Praxias:** Correspondem na capacidade de executar movimentos simples ou sequências de movimentos de uma forma voluntária e coordenada. Apesar de não existir consenso ou padronização, a avaliação das capacidades práxicas consiste em pedir para o paciente a realização de diferentes tipos de movimentos uni ou bimanuais: gestos não representacionais (ex.: juntar e separar os dedos das mãos), gestos representacionais expressivos (ex.: saudação militar, mandar um beijo), gestos representacionais reflexivos (ex.: pentear-se usando o objeto real), gestos representacionais não reflexivos (ex.: imitar o uso do martelo).

• **Habilidades visuoconstrutivas:** Os processos de visuoconstrução (também chamados de "praxia construtiva") envolvem a capacidade de produzir padrões visuais adequadamente organizados, quer seja no âmbito bidimensional ou tridimensional. Capacidades visuais e motoras normais são pré-requisitos para a avaliação das habilidades visuoconstrutivas do paciente. A capacidade visuoconstrutiva do paciente pode ser avaliada a partir de tarefas de desenho como os testes *Desenho do Relógio* (desenho livre) e *Figura Complexa de Rey* (cópia de desenho) (Rey, 1999) ou a partir de tarefas de construção como o subteste *Cubos* das escalas de Wechsler (Wechsler, 1991, 2008), que consiste na reprodução de modelos a partir de cubos.

• **Funções executivas:** Referem-se a um conjunto de habilidades, cujo objetivo é a resolução de problemas e a tomada de decisão. Essas habilidades, altamente adaptativas, incluem: capacidade de planejamento, controle inibitório, flexibilidade mental, capacidade de abstração, velocidade de processamento, memória de trabalho (*i. e.* retenção e manipulação da informação por um curto período de tempo), entre outros. Apesar de ser uma função cognitiva extremamente complexa, diversos testes estão disponíveis para avaliar as diferentes habilidades que a compõem: teste *Stroop* (Strauss, Sherman, & Spreen, 2006), subtestes *Semelhanças* e *Dígitos Ordem Inversa* das escalas de Wechsler (Wechsler, 1991, 2008), *Wisconsin Sorting Card Test* (Heaton, Chelune, Talley, Kay, & Curtiss, 2004), *Teste das Trilhas* (Reitan, 1958), teste *Torre de Londres* (Krikorian, Bartok, & Gay, 1994) etc.

Finalmente, o último passo da etapa de avaliação padronizada é a correção dos testes baseada nas normas disponíveis. De fato, as pontuações do paciente nos testes são interpretadas pela comparação dessas pontuações com as de indivíduos saudáveis com características sociodemográficas semelhantes (ou seja, faixa etária, nível educacional, sexo semelhantes). Dessa forma, o profissional pode determinar se o desempenho do paciente é compatível com o esperado em uma determinada tarefa, se isso representa uma habilidade de destaque ou deficitária. Embora as pontuações específicas sejam importantes, o profissional analisa todos os dados da avaliação para determinar um padrão de forças e fraquezas cognitivas que serão interpretadas sob a luz das informações coletadas ao longo do processo de avaliação.

Como já foi mencionado ao longo deste capítulo, a avaliação do desempenho cognitivo baseada em testes padronizados é somente um aspecto do processo de avaliação neuropsicológica. Um exame completo avalia também as características comportamentais, sociais e emocionais do paciente. De fato, muitos pacientes com lesões cerebrais apresentam mudanças em nível da personalidade e/ou do humor. Em alguns casos, essas mudanças são secundárias às mudanças cognitivas ou, ao contrário, as mudanças ao nível do humor podem acarretar déficits cognitivos. Podemos citar aqui como exemplo clássico o quadro de pseudodemência, que se caracteriza na população idosa por episódios depressivos que acarretam alterações mnêmicas parecidas com sintomas presentes nos quadros demenciais nos estágios iniciais. Nesse contexto, entende-se a necessidade da avaliação da personalidade, assim como dos sintomas psiquiátricos, especificamente do estado de humor. Além das observações realizadas ao longo do processo de avaliação e das informações fornecidas pelo paciente e/ou seus familiares, o uso de alguns instrumentos padronizados pode trazer dados interessantes (Gainotti, 2003).

A avaliação do desempenho do paciente nas atividades da vida diária mostra-se relevante para atingir diferentes objetivos da avaliação neuropsicológica. De fato, conhecer o impacto das forças e fraquezas cognitivas do paciente na capacidade funcional é essencial para a elaboração de um plano de intervenção ou reabilitação, por exemplo. Além disso, podemos também citar o exemplo de uma avaliação cujo objetivo é auxiliar o diagnóstico diferencial de um paciente idoso que se apresenta com uma queixa de declínio cognitivo: devido ao fato de o prejuízo na capacidade funcional fazer parte dos critérios diagnósticos para a demência, um dos aspectos que permite diferenciar entre o Comprometimento Cognitivo Leve e a demência é a funcionalidade.

Existem inúmeros instrumentos para a avaliação quantitativa da capacidade funcional do paciente, a maioria sendo composta por escalas e questionários (*e. g.*, *Escala Geral de Atividades de Vida Diária* (De Paula et al., 2014)), ao passo que alguns instrumentos se baseiam na observação direta do paciente em situações simuladas (*e. g.*, *Performance Test of Activities of Daily Living* (Wajman, Schultz, Marin, & Bertolucci, 2014)). A seleção dos instrumentos a serem aplicados deve ser feita de maneira cuidadosa pelo profissional, baseado em fatores como as características do paciente, o objetivo da avaliação, propriedades psicométricas dos instrumentos, entre outros (Malloy-Diniz, Mattos, Abreu, & Fuentes, 2016).

Elaboração do laudo e comunicação dos resultados

Para a elaboração do laudo da avaliação neuropsicológica, o profissional deve integrar e interpretar as diferentes informações levantadas ao longo do processo de avaliação, tanto através das entrevistas quanto tomando como base os testes. É relevante ressaltar aqui a importância das observações qualitativas ao longo do processo de avaliação. Da mesma forma que as observações comportamentais na entrevista inicial auxiliam na seleção dos instrumentos, essas observações durante a aplicação dos instrumentos padroniza-

dos auxiliam o profissional na interpretação dos resultados. Além do registro quantitativo das respostas nos instrumentos padronizados, deve ser realizada uma observação detalhada das respostas do paciente: Quais foram os tipos de erros? O paciente pareceu reconhecer seus próprios erros? As respostas emocionais eram adequadas? O paciente apresentou sinais de impulsividade? De ansiedade? De cansaço?

O relatório da avaliação deve conter tanto a descrição dos resultados quanto a interpretação deles e finalmente sugerir recomendações. Para a elaboração do laudo, o profissional deve seguir as recomendações provenientes do Conselho Federal de Psicologia (*e. g.*, identificação do paciente, dados sobre o encaminhamento, procedimentos realizados). Além disso, ele deve levar em consideração o contexto dentro do qual a avaliação foi pedida (*e. g.*, escolar, forense), pois isso influenciará a estrutura do documento (p. ex., um laudo para fins jurídicos será mais detalhado). A entrega do laudo deve ser realizada durante uma sessão de devolução para o paciente e, eventualmente, os seus familiares. Essa sessão permite explicar os resultados e esclarecer as dúvidas para o paciente, assim como discutir as conclusões e recomendações feitas (Zimmermann, Kochhann, Gonçalves, & Fonseca, 2016).

A partir dessa descrição detalhada das etapas necessárias à realização de uma avaliação neuropsicológica completa, percebe-se que a mesma depende de um processo longo e demorado. Isso é uma característica do exame neuropsicológico que precisa ser levada em consideração na prática. Nota-se que é aconselhado dividir a avaliação em várias sessões, cujo número depende do caso. De fato, é da responsabilidade do profissional se assegurar que o paciente que está passando pelo exame está nas melhores condições fisiológicas e psicológicas para poder fornecer uma representação fidedigna de suas capacidades cognitivas no momento da avaliação das mesmas.

Considerações finais

A avaliação neuropsicológica é um processo complexo, que pede para o profissional um conhecimento amplo em diversas áreas (*e. g.*, psicologia, neurologia, neurociência, psicometria). Seus contextos de aplicação e seus objetivos são diversos, e evoluem constantemente com os avanços da medicina (*e. g.*, novos tratamentos, melhor entendimento dos processos fisiopatológicos das condições neurológicas e psiquiátricas), dos recursos tecnológicos (*e. g.*, técnicas de neuroimagem) e dos instrumentos disponíveis para a avaliação cognitiva (*e. g.*, adaptação de novos testes para a população brasileira, atualização das normas). Assim é essencial que o profissional se mantenha sempre atualizado.

A neuropsicologia, pela sua caraterística interdisciplinar e pelo fato de ser um campo de estudo relativamente recente, enfrenta diversos desafios. Como apontado recentemente por Howieson (2019), há uma necessidade de melhorar os instrumentos de avaliação: desenvolver alternativas para os instrumentos frequentemente usados (com o propósito de poder realizar reavaliação fidedigna), melhorar a validade ecológica dos testes, ampliar o leque de instrumentos considerando a influência dos aspectos emocionais e sociais no desempenho e criar versões computadorizadas dos testes.

No contexto brasileiro, percebe-se também um desafio relacionado aos instrumentos de avaliação, apontando especificamente para uma disponibilidade limitada de testes validados para a nossa população. De fato, uma recente revisão mostrou que poucas pesquisas no campo da neuropsicologia eram dedicadas ao desenvolvimento de novos testes ou adaptação de instrumentos tradicionais, apesar do crescimento importante da produção científica na área nessa última década (Ramos & Hamdan, 2016).

Referências

Arango-Lasprilla, J.C., Stevens, L., Paredes, A.M., Ardila, A., & Rivera, D. (2017). Profession of neuropsychology in Latin America. *Applied Neuropsychology: Adult*, 24(4), 318-330 [http://doi.org/10.1080/23279095.2016.1185423].

Bittencourt, M.S.B. (2000). *Teste d2: atenção concentrada; manual: instruções, avaliação, interpretação.* São Paulo: Centro Editor de Testes e Pesquisas em Psicologia [Original publicado em 1990].

Corsi, P.M. (1972). Human memory and the medial temporal region of the brain. *Dissertation Abstracts International*, 34(2).

De Paula, J.J., Bertola, L., Ávila, R.T., Assis, L.O., Albuquerque, M., Bicalho, M.A. & Malloy-Diniz, L.F. (2014). Development, validity, and reliability of the General Activities of Daily Living Scale: a multidimensional measure of activities of daily living for older people. *Revista Brasileira de Psiquiatria*, 36(2), 143-152 [http://doi.org/10.1590/1516-4446-2012-1003].

De Paula, J.J. & Malloy-Diniz, L.F. (2018). *O Teste de Aprendizagem Auditivo Verbal de Rey.* São Paulo: Vetor.

Evan, J.J. (2012). Basic concepts and principles of neuropsychological assessment. In J.M. Gurd, U. Kischka, & J.C. Marshall (Eds.). *Handbook of Clinical Neuropsychology* (2a. ed., pp. 15-27). Nova York: Oxford University Press.

Finger, S. (1994). History of Neuropsychology. In D.W. Zaidel (Ed.). *Neuropsychology* (2a. ed., pp.

1-28). São Diego, CA: US Academic Press [http://doi.org/10.1016/B978-0-08-092668-1.50007-7].

Gainotti, G. (2012). Assessment and treatment of emotional disorders. In J.M. Gurd, U. Kischka, & J.C. Marshall (Eds.). *Handbook of Clinical Neuropsychology* (2a. ed., pp. 418-435). Nova York: Oxford University Press.

Goodglass, H. & Kaplan, E. (1983). *The assessment of aphasia and related disorders* (2a. ed.). Filadélfia: Lea & Febiger.

Heaton, R.K., Chelune, G.J., Talley, J.L., Kay, G.G., & Curtiss, G. (2004). *Teste Wisconsin de classificação de cartas*. São Paulo: Casa do Psicólogo.

Howieson, D. (2019). Current limitations of neuropsychological tests and assessment procedures. *The Clinical Neuropsychologist*, 1-9 [http://doi.org/10.1080/13854046.2018.1552762].

Krikorian, R., Bartok, J., & Gay, N. (1994). Tower of London procedure: a standard method and developmental data. *Journal of Clinical and Experimental Neuropsychology*, 16(6), 840-850.

Lezak, M.D., Howieson, D.B., Loring, D.W., Hannay, H.J., & Fischer, J.S. (2016). *Neuropsychological Assessment* (M.D. Lezak, D.B. Howieson, D.W. Loring, H.J. Hannay, & J.S. Fischer, Eds.) (5a. ed.). Nova York, NY: Oxford University Press.

Malloy-Diniz, L.F., Mattos, P., Abreu, N., & Fuentes, D. (2016). *Neuropsicologia: aplicações clínicas*. Porto Alegre: Artmed.

Manning, L. (2007). *La neuropsychologie clinique: approche cognitive* (2a. ed.). Paris: Armand Colin.

Moreira, L., Schlottfeldt, C.G., Paula, J.J.D., Daniel, M.T., Paiva, A., Cazita, V., & Malloy-Diniz, L.F. (2011). Estudo normativo do Token Test versão reduzida: Dados preliminares para uma população de idosos brasileiros. *Revista de Psiquiatria Clínica, 38*(3), 97-101 [Original publicado em 1978].

Ramos, A.A. & Hamdan, A.C. (2016). O crescimento da avaliação neuropsicológica no Brasil: uma revisão sistemática. *Psicologia: Ciência e Profissão*, 36(2), 471-485 [http://doi.org/10.1590/1982-3703001792013].

Reitan, R.M. (1958). Validity of the Trail Making Test as an indicator of organic brain damage. *Perceptual and Motor Skills, 8*, 271-276.

Rey, A. (1999). *Figuras complexas de Rey: Teste de Cópia e de Reprodução de Memória de Figuras Geométricas Complexas* (M.S. Oliveira, trad.) São Paulo: Casa do Psicólogo [Original publicado em 1959].

Rueda, F.J.M. (2013). *Bateria Psicológica para Avaliação da Atenção – BPA*. São Paulo: Vetor.

Strauss, E., Sherman, E.M.S., & Spreen, O. (2006). *A compendium of neuropsychological tests: Administration, norms, and commentary*. Nova York: Oxford University.

Wajman, J.R., Schultz, R.R., Marin, S.M.C., & Bertolucci, P.H.F. (2014). Correlation and adaptation among functional and cognitive instruments for staging and monitoring Alzheimer's disease in advanced stages. *Revista de Psiquiatria Clínica, 41*(1), 5-8 [http://doi.org/10.1590/0101-60830000041158].

Wechsler, D. (1991). *Wisc-III Wechsler intelligence scale for children: Manual* (3a. ed.). Santo Antonio: Psychological Corporation.

Wechsler, D. (2008). *Wechsler adult intelligence scale (Wais-IV)* (4a. ed.). Santo Antonio: NCS Pearson.

Zimmermann, N., Kochhann, R., Gonçalves, H.A., & Fonseca, R.P. (2016). *Como escrever um laudo neuropsicológico?* (L.F. Malloy-Diniz & P. Mattos. Eds.). São Paulo: Pearson Clinical Brasil.

24
Avaliação psicológica infantil

Patrícia Waltz Schelini

O presente capítulo pretende contribuir para a compreensão do conceito de avaliação psicológica, enfatizando as especificidades deste processo na infância. Será dado destaque às etapas da avaliação infantil, com uma breve descrição dos instrumentos que podem ser utilizados pelos psicólogos brasileiros.

O Conselho Federal de Psicologia, por meio da resolução n. 09/2018 descreve a avaliação psicológica como um processo de investigação de fenômenos psicológicos que inclui métodos, técnicas e instrumentos, com o objetivo de possibilitar a tomada de decisão.

Cabe destacar dois aspectos dessa definição, ambos aplicáveis à avaliação psicológica infantil. O primeiro deles diz respeito ao fato de a avaliação necessariamente se valer de métodos, técnicas e instrumentos, de modo que não deva ser tida como equivalente à testagem, apesar de poder fazer uso de testes. O segundo ponto a ser salientado é referente à possibilidade de tomada de decisões como uma consequência da avaliação psicológica. A rejeição à realização da avaliação ou um processo avaliativo malconduzido pode afetar a qualidade das intervenções, levando à dificuldade de identificar as questões primárias que levam ao sofrimento psicológico e de eleger o tipo de intervenção apropriada (Jensen-Doss & Hawley, 2010; Cook, Hausman, Jensen-Doss, & Hawley, 2017).

A avaliação psicológica infantil, além do objetivo de viabilizar a compreensão da criança, também pode ter um caráter preventivo, identificando ou predizendo dificuldades e também as facilidades/fatores protetivos que podem colaborar com o seu desenvolvimento.

As etapas da avaliação infantil

Todo processo avaliativo tende a incluir etapas consideradas indispensáveis: (1) estabelecimento dos objetivos e identificação de especificidades do indivíduo ou grupo a ser avaliado; (2) obtenção de informações pelos meios escolhidos (observações, entrevistas, testes); (3) integração das informações obtidas; (4) indicação de respostas e conclusões à situação que motivou o processo de avaliação e (5) realização dos encaminhamentos necessários (CFP, 2007).

Na avaliação infantil, para que as etapas sejam alcançadas, dois ou três encontros iniciais com os responsáveis são necessários, de forma que os motivos ou a queixa sejam explicitados, possibilitando o estabelecimento dos objetivos do processo. As metas mais comuns da avaliação são a identificação de potencialidades, dificuldades, conflitos; e a confirmação de hipóteses sugeridas pelos responsáveis ou outros profissionais. No primeiro encontro com os responsáveis e em uma ou duas sessões posteriores, em que é sugerida a realização da anamnese, já é possível estabelecer as primeiras hipóteses compreensivas e, consequentemente, iniciar a escolha das técnicas de avaliação a serem empregadas.

Os motivos de a criança ser levada pelos seus responsáveis ao psicólogo muitas vezes são representados por sinais ruidosos, como dificuldades na escola, agressividade, excesso de agitação, problemas atencionais, isolamento, timidez e ansiedade (Achenbach, Ivanova, Rescorla, Turner, & Altholff, 2016). É importante que, no primeiro encontro com a criança, o profissional converse com ela sobre os motivos (queixas) relatados pelos seus responsáveis, uma vez que estes nem sempre são claros para ela. Ao mesmo tempo, é preciso que se crie espaço para a exposição de dúvidas e fantasias que ela possa ter sobre o atendimento, de modo que entenda qual o objetivo do processo e como ele se dará. O primeiro encontro com a criança, somado às duas ou três sessões realizadas com os responsáveis, também ajudará na opção pelas técnicas de avaliação mais apropriadas.

As técnicas utilizadas na avaliação psicológica são importantes para a obtenção de informações sobre a criança, sendo que elas podem ser classificadas como fontes fundamentais e complementares de informação. Dentre as reconhecidas como fundamentais estão a entrevista, a observação e os testes psicológicos. As complementares são representadas por técnicas não psicológicas, como o Teste de Desempenho Escolar, por exemplo (Rueda & Zanini, 2018).

Ressalta-se que não é recomendada a utilização de apenas uma técnica ou instrumento para a avaliação de crianças (CFP, 2007). Para fundamentar essa recomendação é possível citar o estudo de Rettew, Doyle, Achenbach, Dumenci e Ivanova (2009) que indicou que as avaliações fundamentadas apenas em entrevistas não estruturadas, por exemplo, tendem a serem incompletas, imprecisas e sem relação significativa com medidas padronizadas, originando uma intervenção pouco fundamentada em evidências.

A coleta de informações por meio das técnicas de avaliação tende a ocorrer em duas ou três sessões com os responsáveis e quatro ou cinco com a criança, dependendo da quantidade de técnicas escolhidas e da disponibilidade dos participantes em fornecer as informações. Cabe ressaltar que há uma escassez de testes psicológicos destinados à avaliação de pré-escolares, o que leva ao profissional a necessidade de conhecer o desenvolvimento infantil, de forma que possa fazer um bom uso de observações e eleger questionamentos apropriados para utilizar nas entrevistas com responsáveis e pessoas significativas à criança.

Em seguida à obtenção de informações, cabe ao profissional integrá-las, podendo, durante o estabelecimento de relações entre as informações obtidas por diversas técnicas e meios, constatar a necessidade de utilizar outras técnicas para complementar ou compreender certos dados.

A avaliação se encerra com a indicação das respostas e conclusões para a situação que motivou a avaliação. É pouco comum que o processo avaliativo proporcione a solução das questões apresentadas, de forma que encaminhamentos tendem a ser sugeridos (Borges & Baptista, 2018). As compreensões formuladas e possíveis encaminhamentos devem ser cuidadosamente comunicados aos responsáveis e à criança, considerando os aspectos éticos envolvidos, as evidências obtidas e as limitações da avaliação (CFP, 2007).

A importância de vários informantes

De forma geral, os responsáveis são as principais fontes de informação sobre o comportamento infantil, mas a obtenção de dados com várias pessoas relacionadas à criança permite uma avaliação mais abrangente e completa. Professores, coordenadores de escola, tios, avós e outras pessoas significativas podem fornecer relatos importantes à compreensão da criança. É recomendado que os responsáveis estejam de acordo com o estabelecimento de contato com essas outras fontes de informação (Giacomoni & Bandeira, 2016).

Cabe destacar que múltiplas fontes irão ocasionar níveis de concordância e discordância, sendo que o nível de acordo indica uma consistência comportamental em vários contextos e o grau da severidade do problema (Rocha & Emerich, 2018). As discrepâncias também devem ser consideradas por refletirem compreensões relativas aos diversos contextos em que a criança vive. Um professor provavelmente terá mais informações sobre a maneira como a criança age na escola e, como consequência, sua opinião pode divergir daquela que o responsável expressou, dada a maior proximidade que um informante tem com a criança em um determinado contexto.

Os múltiplos informantes são valiosos simplesmente por fornecerem opiniões e reflexões únicas da criança em cada contexto. Quando integradas, as informações possibilitam uma análise ao mesmo tempo completa e minuciosa.

Os testes destinados à avaliação de crianças

Os testes psicológicos (incluindo sob o termo as escalas, inventários e questionários) são comumente utilizados na avaliação infantil. A lista de instrumentos que podem ser utilizados pelos psicólogos por conterem em seus manuais estudos que evidenciam os parâmetros de validade e precisão é com certa frequência atualizada no site do Conselho Federal de Psicologia. A seguir são apresentados os testes que, no momento da escrita deste capítulo, obtiveram parecer favorável para uso.

Tabela 1 Testes destinados à avaliação de crianças (nascimento aos 12 anos de idade)

Teste	Faixa etária para a qual se destina	O que avalia
Bateria de Provas de Raciocínios (BPR-5)	7º ao 9º ano do Ensino Fundamental; 1º ao 3º ano do Ensino Médio	Raciocínio
Bateria Fatorial de Personalidade (BFP)	10 a 75 anos	Personalidade
Bateria Piaget-Head de Orientação Direita-Esquerda	6 a 13 anos	Desenvolvimento da lateralidade direita-esquerda
Bateria Psicológica para Avaliação da Atenção (BPA)	6 a 82 anos	Atenção concentrada, atenção dividida e atenção alternada
Casa-Árvore Pessoa: Técnica Projetiva de Desenho (HTP)	A partir de 8 anos	Personalidade
Desenho da Figura Humana IV (DFH-IV – Wechsler)	5 a 12 anos	Desenvolvimento cognitivo
Desenho da Figura Humana – Escala Sisto (DFH – Escala Sisto)	5 a 10 anos	Fator geral (g)
Escala de Inteligência Wechsler para Crianças – 4a. ed. (Wisc IV)	6 a 16 anos	Inteligência
Escala de Autoconceito Infantojuvenil (EAC-IJ)	8 a 16 anos	Autoconceito

Escala de Avaliação da Motivação para Aprender de Alunos do Ensino Fundamental (EMA-EF)	7 a 16 anos	Interesses, motivações, necessidades, expectativas
Escala de Inteligência Wechsler Abreviada (Wasi)	6 a 89 anos	Inteligência
Escala de Motivação para a Aprendizagem (Emapre)	7 a 16 anos	Motivação para aprendizagem
Escala de Traços de Personalidade para Crianças (ETPC)	5 a 10 anos	Personalidade
Escala Feminina de Autocontrole (Efac) e Escala Masculina de Autocontrole (Emac)	8 a 15 anos	Autoconceito
Escala Geral (MPR)	10 a 69 anos	Inteligência
Figuras Complexas de Rey – Teste de Cópia e de Reprodução de Memória de Figuras Geométricas Complexas	4 a 7 anos	Percepção e memória visual
Instrumento de Avaliação Neuropsicológica Breve Infantil (Neupsilin-Inf)	6 a 12 anos	Processos neuropsicológicos
Inventário de Depressão de Beck (BDI-II)	A partir dos 10 anos	Depressão
Inventário de Estilos Parentais (IEP)	9 a 19 anos	Estilo parental
Inventário de Habilidades Sociais, Problemas de Comportamento e Competência Acadêmica para Crianças (SSRS)	6 a 13 anos	Habilidades/competências
Inventário de Percepção de Suporte Familiar (IPSF)	11 a 60 anos	Percepção de suporte familiar
Questionário de Personalidade para Crianças e Adolescentes (EPQ-J)	10 a 16 anos	Personalidade
R2 Teste Não Verbal de Inteligência para Crianças	5 a 12 anos	Inteligência
Sistema Multimídia de Habilidades Sociais de Crianças (SMHSC – Del Prette)	7 a 12 anos	Habilidades sociais
Teste de Apercepção Infantil – Figuras de Animais (CAT-A)	5 a 10 anos	Personalidade
Teste de Apercepção Infantil – Figuras Humanas (CAT-H)	7 a 12 anos	Personalidade
Teste de Atenção Visual – Tavis 4	6 a 17 anos	Atenção visual
Teste de Criatividade Figural Infantil	2º ao 9º ano do Ensino Fundamental	Criatividade figural
Teste de Habilidade para o Trabalho Mental (HTM)	11 a 60 anos	Raciocínio verbal, numérico e abstrato
Teste de Habilidades e Conhecimento Pré-Alfabetização (THCP)	3 a 8 anos	Habilidades/competências
Teste de Habilidades Sociais para Crianças em Situação Escolar (Thas-C)	7 a 15 anos	Habilidades/competências
Teste de Inteligência Geral – Não Verbal (TIG-NV)	10 a 79 anos	Inteligência
Teste de Inteligência Não Verbal (Toni-3)	6 a 10 anos	Inteligência
Teste de Pfister em Crianças e Adolescentes	6 a 14 anos	Personalidade
Teste de Raciocínio Inferencial	11 a 73 anos	Raciocínio inferencial e inteligência (Fator G)

Teste de Retenção Visual de Benton (BVRT)	7 a 30 anos; 60 a 75 anos	Memória e percepção visual, praxia visuoconstrutiva
Teste dos Cinco Dígitos (FDT)	6 a 92 anos	Velocidade de processamento, atenção e funções executivas
Teste Gestáltico Visomotor de Bender – Sistema de Pontuação Gradual (B-SPG)	6 a 10 anos	Maturação perceptomotora
Teste Infantil de Memória – Forma Reduzida (Time-R)	Pré-escolares	Memória
Teste Não Verbal de Inteligência – SON-R	2 a 7 anos	Inteligência
Teste Não Verbal de Raciocínio para Crianças (TNVRI)	5 a 14 anos	Inteligência
Teste Wisconsin de Classificação de Cartas	6 a 17 anos	Raciocínio abstrato e estratégias de solução de problemas

Fonte: Satepsi (2018).

A avaliação terapêutica como perspectiva de atuação

A Avaliação Terapêutica (AT) não está associada a uma abordagem teórica ou a uma técnica específica, podendo ser descrita como um processo semiestruturado no qual o avaliador e o avaliado geram uma compreensão elaborada em conjunto, em um trabalho cooperativo que também inclui a intervenção psicológica (Villemor-Amaral & Resende, 2018). Tornar a avaliação um processo estimulante e imediatamente útil são objetivos da AT (Villemor-Amaral & Scortegagna, 2018).

De acordo com a proposta de AT elaborada por Finn (2007), o processo pode ser descrito por meio de quatro passos: entrevista inicial e formulação das perguntas a serem respondidas; aplicação de técnicas de avaliação; sessão de intervenção; sessão para sumarização e discussão dos resultados.

Durante a entrevista inicial com os responsáveis, eles são estimulados a caracterizar a queixa e também formular perguntas para a avaliação. As questões podem ser feitas separadamente ou por ambos os responsáveis, sendo que os questionamentos deverão dizer respeito àquilo que querem ver respondido (em relação à criança) ao final do processo. O psicólogo tem o papel de ajudar na elaboração das questões, de modo que elas reflitam o que os responsáveis querem saber sobre a criança. Cabe ressaltar a importância de as perguntas formuladas serem partilhadas com a criança (Villemor-Amaral & Scortegagna, 2018).

Após a entrevista inicial, o psicólogo inicia uma sessão com a criança e os responsáveis, perguntando para ela se ela sabe ou entende por que está ali. Nesse encontro também é explicado para ela como será o processo, dando, em seguida, a oportunidade para que ela use brinquedos que são colocados à disposição.

Para aplicação das técnicas de avaliação devem-se considerar as perguntas formuladas, sendo recomendado que o primeiro teste aplicado na criança tenha como objetivo investigar o questionamento central. Na sequência, testes variados podem ser apresentados, sempre tendo como meta a resposta às perguntas elaboradas em conjunto e o esclarecimento de divergências.

Na sessão de intervenção, os responsáveis e a criança fazem uma atividade em conjunto, como um desenho, contar histórias com fantoches ou por meio das figuras do Teste de Apercepção Temática (TAT) e do Teste de Apercepção Infantil (CAT-A ou CAT-H). O maior objetivo dessa sessão é a observação da criança quando está com os responsáveis, de modo a se verificar os comportamentos, conflitos e reforçamentos. O psicólogo atua no sentido de ajudar na obtenção de soluções adaptativas e de comportamentos diferentes, de modo a auxiliar a compreensão e resolução de conflitos (Villemor-Amaral & Scortegagna, 2018).

A discussão e a sumarização dos resultados são feitas com os responsáveis por meio de uma linguagem clara, simples, sem uso de termos técnicos. Em um primeiro momento os objetivos da avaliação são retomados e são compartilhadas as compreensões gerais e os aspectos específicos. Os responsáveis devem ser estimulados a participar, de forma que o psicólogo não seja o único a falar e se expressar.

Posteriormente, em outra sessão, ocorre a devolutiva com a criança na presença dos responsáveis. Recomenda-se a apresentação de uma história personalizada, escrita com os responsáveis. As principais características da história são: no início devem ser retratadas condições familiares e culturais semelhantes às da criança; o personagem principal representa a criança; o psicólogo pode aparecer no enredo como um cuidador ou alguém com capacidade de ajudar; o personagem principal deve passar por um desafio ou problema que represente os questionamentos formulados; os resultados mais significativos e que respondem aos questionamentos dos responsáveis e da criança devem ser incluídos no enredo, assim como as possíveis soluções (Finn, 2007; Villemor-Amaral & Scortegagna, 2018).

A avaliação terapêutica exige do psicólogo habilidades interventivas e diferencia-se da chamada avaliação tradicional principalmente pelo processo de elaboração de questionamentos, pela inclusão de uma sessão de intervenção e pela maneira como o *feedback* ocorre.

Considerações finais

A avaliação psicológica infantil impõe ao profissional a necessidade de conhecimentos acurados em relação à escuta e compreensão da queixa, à escolha de técnicas apropriadas e à habilidade de análise e integração das informações. Para tanto, é fundamental um constante aprimoramento e atualização em relação àquilo que a ciência psicológica produz.

O Conselho Federal de Psicologia, por meio do Satepsi, tem prestado um grande serviço aos profissionais ao apresentar uma lista de testes psicológicos que podem ser utilizados. No entanto, cabe ao profissional saber diferenciar avaliação de testagem, elaborar roteiros de entrevistas com questionamentos pertinentes, eleger as principais fontes de informação, compreender convergências e divergências para uma compreensão abrangente, que considere a realidade da criança e que subsidie intervenções.

A avaliação terapêutica (AT), apresentada recentemente por Finn (2007), pode ser uma tendência na prática da psicologia brasileira por ser um processo facilitador de vínculos ao incluir os responsáveis e a criança como atores que ativamente constroem questionamentos, se apropriam de resultados e modificam comportamentos.

Referências

Achenbach, T.M., Ivanova, M.Y., Rescorla, L.A. Turner, L.V., & Altholff, R.R. (2016). Internalizing/Externalizing Problems: Review and Recommendations for Clinical and Research Applications. *Journal of the American Academy of Child & Adolescent Psychiatry*, *55*(8), 647-656 [doi: https://doi.org/10.1016/j.jaac.2016.05.012].

Borges, L. & Baptista, M.N. (2018). Avaliação psicológica e psicoterapia na infância. In M. Lins, M. Muniz, & L. Cardoso (Orgs.). *Avaliação psicológica infantil* (pp. 71-90). São Paulo: Hogrefe.

Conselho Federal de Psicologia (2007). *Cartilha sobre avaliação psicológica* [Recuperado em novembro de 2018, de http://satepsi.cfp.org.br/docs/Cartilha-Avalia%C3%A7%C3%A3o-Psicol%C3%B3gica.pdf].

Cook, J.R., Hausman, E.M., Jensen-Doss, A., & Hawley, K.M. (2017). Assessment Practices of Child Clinicians: Results From a National Survey. *Assessment*, *24*(2): 210-221 [doi:10.1177/1073191115604353].

Finn, S.E. (2007). *In our clients' shoes: Theory and techniques of therapeutic assessment*. Nova York: Routledge.

Giacomoni, C.H. & Bandeira, C.M. (2016). Entrevista com pais e demais fontes de informação. In C.S. Hutz, D.R. Bandeira, & C.M. Trentini (Orgs.). *Psicodiagnóstico: avaliação psicológica*. Porto Alegre: Artmed.

Jensen-Doss, A. & Hawley, K.M. (2010). Understanding barriers to evidence-based assessment: Clinician attitudes toward standardized assessment tools. *Journal of Clinical Child & Adolescent Psychology*, *39*, 885-896 [PubMed: 21058134].

Rettew, D.C., Doyle, A., Achenbach, T.M., Dumenci, L., & Ivanova, M. (2009). Meta-analyses of agreement between diagnoses made from clinical evaluations and standardized diagnostic interviews. *International Journal of Methods in Psychiatric Research*, *18*, 169-184 [PubMed: 19701924].

Rocha, M.M. & Emerich, D.R. (2018). A importância de múltiplos informantes na avaliação psicológica infantil. In M. Lins, M. Muniz, & L. Cardoso (Orgs.). *Avaliação psicológica infantil* (pp. 159-177). São Paulo: Hogrefe.

Rueda, F.J.M. & Zanini, D.S. (2018). O que muda com resolução CFP n. 9/2018? *Psicologia: Ciência e Profissão*, *38* (n. esp.), 16-27.

Villemor-Amaral, A.E. & Resende, A.C. (2018). Novo modelo de avaliação psicológica no Brasil. *Psicologia: Ciência e Profissão*, *38* (n. esp.), 122-132.

Villemor-Amaral, A.E. & Scortegagna, S.A. (2018). Avaliação terapêutica na clínica com crianças, adolescentes e famílias. In M. Lins, M. Muniz, & L. Cardoso (Orgs.). *Avaliação psicológica infantil* (pp. 115-127). São Paulo: Hogrefe.

25
Avaliação psicológica de famílias e casais

Maycoln Teodoro

Pricila Ribeiro

O desenvolvimento individual depende de vários atores e instituições que interagem no decorrer do ciclo da vida, contribuindo para a formação identitária e emocional do ser humano. Dentre todos estes agentes, a família é um dos mais relevantes, tendo em vista que ela é que proporciona o primeiro contato do recém-nascido com pessoas significativas, que servirão de modelo social, afetivo, assim como para o desenvolvimento cognitivo (Gambin, Gambin, & Sharp, 2015). A influência familiar, além de relevante pela primazia, possui efeitos a longo prazo, tendo em vista que a relação com os pais, irmãos e cuidadores perdura por anos, fortalecendo os efeitos desta instituição na formação biopsicossocial (Kluck, Dallesasse, & English, 2017).

Socialmente, o conceito de família vem mudando rapidamente com a incorporação de novas constituições como as famílias homoafetivas ou monoparentais, em detrimento da chamada família patriarcal. Entretanto, a produção científica não consegue acompanhar, com a mesma velocidade, toda esta transformação, de modo que muitas pesquisas ainda consideram somente as famílias heterossexuais. Diversas áreas acadêmicas ou profissionais vêm se interessando por estas mudanças como o direito e a psicologia e, cada vez mais, a família vem sendo tratada como um agrupamento de pessoas reunidas por laços afetivos em detrimento aos laços de sangue. Esta mudança permite a estruturação de novas formas familiares (Lobo, 2018).

A constituição familiar pode ser percebida de diversas maneiras, de modo que a consanguinidade não se constitui mais condição primordial para a definição deste grupo. O uso de termos como "família nuclear" (ou seja, a família como sendo composta por pai, mãe e filhos) faz sentido para investigações acadêmicas, mas acaba tendo muito pouco valor clínico se esta não for a percepção do paciente. A inclusão de pessoas de fora deste núcleo, como avós e cuidadores, é cada vez mais presente e faz com que a definição do sistema familiar se amplie consideravelmente. Neste capítulo será discutida a importância do sistema familiar e das suas diversas gerações, além da avaliação clínica na prática profissional, resumindo para o leitor as ferramentas disponíveis para facilitar a obtenção de informações de algumas importantes características familiares positivas e negativas, como o apoio e o conflito.

Famílias multigeracionais

Dentre as mudanças ocorridas no sistema familiar ao longo dos anos está a coabitação de três ou mais gerações nas famílias, que se tornou frequente em decorrência de fenômenos como o aumento da longevidade, da maternidade não matrimonial e do aumento do número de divórcios (Pilkauskas & Martinson, 2014). Em arranjos domiciliares multigeracionais, os membros adultos de uma família podem acumular o papel de responsáveis pelos filhos com a função de cuidador de pais idosos quando estes perdem sua autonomia e/ou independência (Guerra, Damiano, & Fontes, 2017). Neste contexto de cuidado realizado por cuidadores familiares, situações de conflitos somadas ao despreparo do cuidador podem resultar em riscos para a saúde física e mental daquele que cuida (Bauer & Sousa-Poza, 2015). Cuidadores estão expostos a níveis altos de estresse e sobrecarga, além do aumentado risco de isolamento social e de depressão e, consequentemente, a prejuízos da qualidade de vida (Farina et al., 2017). Profissionais que assistem às famílias multigeracionais devem incluir estes fatores de risco e agravos da saúde dos cuidadores no escopo de sua avaliação e intervenção. A avaliação de agravos como depressão, estresse e outros aspectos da saúde mental foram descritos em outros capítulos deste compêndio.

Convivência multigeracional também é comum quando idosos ativos desempenham uma função estrutural na família ao fornecer suporte financeiro e no cuidado e educação dos netos (Bengtson, Lowenstein, Putney, & Gans, 2017). Quando o arranjo de convivência é bem-estruturado, pode trazer benefícios para as diversas gerações envolvidas. Silva (2012) mostrou que crianças que dispunham do suporte de avós no cuidado cotidiano eram mais calmas, mais concentradas e melhores na socialização comparadas às crianças que tinham apenas os pais ou outras pessoas como cuidadoras. Em contrapartida, para idosos o apoio no cuidado dos netos pode contribuir para a manutenção de papéis sociais (Melo et al., 2014) e ainda reduzir as chances de depressão e isolamento social (Tang, Xu, Chi, & Dong,

2016). No entanto, nem sempre as relações intergeracionais apresentam altos níveis de proximidade emocional, como nas famílias em que as condições socioemocionais desfavoráveis impõem o papel de cuidador, seja aos avós o de cuidadores dos netos (Rabelo & Neri, 2014) ou aos filhos o papel de cuidadores dos pais idosos (Adelman, Tmanova, Delgado, Dions, & Lachs, 2014).

Dentre as teorias que buscaram explicar os aspectos emocionais envolvidos na relação entre pais e filhos, as teorias da solidariedade (Bengtson & Roberts, 1991), da solidariedade-conflito (Clarke, Preston, Raskin, & Bengtson, 1999) e da ambivalência (Lüescher & Pillemer, 1998) ganharam ampla repercussão no estudo da convivência multigeracional. Estas teorias compreendem os relacionamentos intergeracionais a partir da ajuda dada ou recebida e da solidariedade ou conflito entre os membros da família e destacam a importância crescente destes elementos para a vida das famílias (Bengtson, Lowenstein, Putney, & Gans, 2017).

A solidariedade intergeracional familiar (SIF) inclui componentes comportamentais e emocionais de interação, coesão, sentimento e apoio nas interações entre pais e filhos e entre avós e netos, mensurados a partir de seis dimensões: afetiva, associativa, funcional, normativa, consensual e estrutural (Bengtson & Oyama, 2007). A solidariedade afetiva inclui os sentimentos e avaliações dos membros da família sobre suas relações com os parentes; a solidariedade associativa é caracterizada pelo tipo e frequência de contato entre os familiares; a solidariedade consensual envolve as opiniões, valores e orientações entre gerações; a solidariedade funcional implica dar e receber apoio da família; a solidariedade normativa envolve as expectativas em relação a obrigações filiais e parental e também a concordância com os valores familiares; a solidariedade estrutural corresponde às oportunidades de conivência intergeracional e é reflexo da proximidade geográfica entre os membros da família.

Esta proposta inicial da teoria da solidariedade foi vista como limitada por pressupor excessiva coesão e positividade nas relações e não incluir os conflitos entre os membros de uma família (Parrott & Bengtson, 1999). Assim, a teoria foi ampliada para incluir a dimensão de conflito e seus efeitos adversos sobre as relações e passou a ser conhecida como modelo da solidariedade--conflito familiar intergeracional (Bengtson, Giarrusso, Mabry, & Silverstein, 2002). Os conflitos englobam as tensões e divergências normais das relações humanas, e neste modelo teórico é introduzido como fator de interferência na forma como os familiares se relacionam e se apoiam (Clarke, Preston, Raskin, & Bengtson, 1999).

Este modelo da solidariedade-conflito foi criticado por ser universalista e normativo e uma outra proposta teórica surgiu como alternativa às teorias da solidariedade e conflito, a teoria da ambivalência (Luescher & Pillemer, 1998). Neste modelo teórico adotou-se o conceito de ambivalência – enquanto contradições e ambiguidades inerentes às relações humanas – com a pretensão de explicar as concomitantes emoções, positivas e negativas, presentes nas interações geracionais, especialmente nas interações de filhos adultos com pais idosos que demandam cuidado (Luescher, 2000). Sentimentos e cognições conflitantes podem resultar da incompatibilidade entre as expectativas pessoais e as imposições sociais; por exemplo, nos filhos podem surgir sentimentos ambivalentes quando renunciam às suas pretensões profissionais para assumir as responsabilidades de cuidador e nos pais quando sua expectativa quanto ao sucesso profissional ou afetivo dos filhos não foi alcançada (Rabelo & Neri, 2014).

Na atualidade, os modelos da ambivalência e da solidariedade-conflito são reconhecidos como complementares na explicação das dinâmicas familiares intergeracionais (Bengtson, Giarrusso, Mabry, & Silverstein 2002; Lowenstein, 2007). O desenvolvimento de modelos relacionais familiares é fundamental para a compreensão do funcionamento sistêmico e, posteriormente, para a operacionalização de modos avaliativos da família. Este ponto será discutido a seguir.

Avaliação de famílias

O interesse sobre o impacto das relações familiares no ciclo de vida de seus membros impulsionou o desenvolvimento de técnicas e instrumentos na psicologia que buscavam medir a intensidade destes comportamentos como a afetividade e o conflito familiar. O desenvolvimento destas medidas esbarrou, muitas vezes, na definição de família utilizada previamente pelo autor, muitas vezes restrito ao conceito de família tradicional. Teodoro (2009) descreveu três grupos de definições comumente utilizadas na literatura que poderiam orientar o clínico na avaliação psicológica. Na primeira, a família é definida pelo próprio psicólogo, impondo uma estrutura prévia que muitas vezes não é a concepção do próprio paciente. Por exemplo, pode-se, durante a avaliação, definir que a família avaliada será formada pelo pai e pela mãe. No entanto, para o paciente, sua família é a avó paterna, que o criou. Esta estratégia, apesar de facilitar a compreensão de resultados de pesquisa, limita a compreensão de uma família como sendo formada por pessoas com vínculos afetivos. Uma segunda possibilidade é estudar as relações familiares, deslocando a investigação para as díades, como pai-mãe, paciente-avó e outras. A terceira opção é investigar o sistema familiar a partir da definição de família do paciente. Desta forma, a concepção de família utilizada é da pessoa avaliada.

A investigação do sistema familiar, seja qual for a definição de família utilizada, deve ser feita de acordo com as hipóteses levantadas pelo clínico, de modo que a escolha do instrumento seja uma consequência deste processo (Teodoro, 2012). Neste sentido, é importante que a coleta de informações venha de diversas fontes, como entrevistas, anamnese e escalas, permitindo ao clínico traçar um panorama mais confiável do caso. A utilização desta estratégia, conhecida como multimétodo (Baptista, Hauck-Filho, & Borges, 2017), permite uma avaliação mais precisa, rápida e com possibilidade de acompanhamento de resultados.

Existem algumas estratégias de avaliação familiar que, tradicionalmente, são utilizadas na investigação clínica como as entrevistas e o genograma. No entanto, foram desenvolvidos no Brasil nos últimos anos alguns instrumentos aprovados pelo Sistema de Avaliação de Testes Psicológicos (Satepsi) que auxiliam a busca sistematizada de informação sobre o sistema familiar. Estas estratégias serão discutidas nas próximas seções.

Entrevistas com famílias e genograma

A entrevista clínica é uma ferramenta extremamente importante para estabelecimento de vínculo com os pacientes, obtenção de informação relevante para a hipótese diagnóstica e intervenção terapêutica. Da mesma forma, a entrevista com famílias possui estes objetivos, mas introduz um aspecto que é, ao mesmo tempo, desafiador e vantajoso: a participação de diversas pessoas que possuem vínculo afetivo entre si e visões distintas sobre a queixa ou demanda terapêutica.

As entrevistas com famílias podem ter diversas finalidades como, por exemplo, a complementação de informações para um atendimento infantil, o estabelecimento de uma rede de apoio para o paciente em tratamento ou para intervenção familiar. Em todas elas é vital estabelecer o vínculo terapêutico seguro com seus membros e, em um *rapport*, esclarecer os aspectos éticos envolvidos no processo.

Uma forma de estruturar as informações colhidas nas entrevistas familiares na prática clínica é o genograma, muito utilizado em terapia familiar sistêmica, mas aplicável em qualquer abordagem teórica para retratar a história e o padrão familiar. O genograma pode ser utilizado tanto para auxiliar na organização dos dados sobre a estrutura e o padrão relacional da família, como para acompanhar os processos de mudança decorrentes da terapia.

Wendt e Crepaldi (2008) apontam que devem ser incluídas no genograma informações sobre aspectos genéticos, médicos, sociais, comportamentais e culturais da família. Para isso é necessário estabelecer tanto o grau de parentesco entre os membros (pai, mãe, marido etc.) como a intensidade da relação afetiva entre eles (distante, intenso etc.). O genograma pode ser feito manualmente, mas existem alguns programas disponíveis que facilitam o trabalho clínico por possibilitarem o desenho familiar computacionalmente.

As entrevistas clínicas familiares podem seguir um fluxo mais aberto, na qual os objetivos vão sendo explorados sem uma estrutura prévia ou podem ser estruturadas. No Brasil, como exemplo de entrevista estruturada, tem-se o trabalho desenvolvido por Féres-Carneiro na década de 1970 e publicado em 2005. A Entrevista Familiar

Estruturada (EFE) é aprovada para uso na clínica psicológica pelo Conselho Federal de Psicologia e investiga dez dimensões que caracterizam a família como sendo ou não uma promotora de saúde entre os seus membros. As dimensões avaliadas são: comunicação, papéis, liderança, manifestação da agressividade, afeição física, interação conjugal, individuação, integração, autoestima e promoção da saúde emocional. A avaliação é feita por meio de tarefas verbais e não verbais, que são administradas pelo clínico no formato de entrevista.

Instrumentos padronizados para avaliação familiar

Com o fortalecimento da pesquisa em avaliação psicológica no Brasil foi possível, nas últimas décadas, o desenvolvimento e adaptação de instrumentos capazes de avaliar características do sistema familiar próprios para a nossa realidade. Na literatura nacional existe uma quantidade de questionários com propriedades psicométricas adequadas e que podem ser utilizados na clínica, seguindo a hipótese diagnóstica do profissional. A seguir, estes instrumentos serão apresentados detalhadamente.

Inventário de Percepção de Suporte Familiar (IPSF)

Desenvolvido por Baptista (2009), o IPSF avalia a percepção do suporte familiar em adolescentes e adultos (11 a 60 anos). O instrumento utiliza-se da definição de família fornecida pelo entrevistando, de modo que seus resultados refletem a família como o paciente a concebe. O suporte familiar tem caráter protetivo, sendo considerado fundamental para o desenvolvimento do indivíduo. O IPSF é indicado naqueles casos em que o clínico deseja conhecer mais so-bre como o paciente percebe o apoio recebido pelos familiares em três dimensões. A primeira, apoio "Afetivo-Consistente", avalia a expressão de afetividade entre os membros familiares, proximidade, clareza nas regras intrafamiliares, consistência de comportamentos e verbalizações e habilidades na resolução de problemas. A dimensão "Adaptação Familiar" descreve os sentimentos e comportamentos negativos em relação à família. Finalmente, a "Autonomia" aborda relações de confiança, liberdade e privacidade entre os membros da família.

Inventário de Estilos Parentais (IEP)

O IEP é um inventário que investiga a percepção dos filhos sobre o estilo de práticas parentais e pode ser utilizada em crianças e adolescentes de 9 a 19 anos. Os participantes devem responder, dentre um conjunto de itens que representam comportamentos dos pais, a frequência com a qual eles agem nesta situação. O estilo parental é definido como sendo o conjunto de práticas educativas que são utilizadas pelos pais na educação dos filhos. O IEP avalia um conjunto de sete práticas, sendo duas positivas e cinco negativas (Gomide, 2006).

As práticas parentais positivas são a "Monitoria Positiva", que se refere ao conhecimento sobre onde os filhos se encontram e suas preferências e o "Comportamento Moral", que trata dos ensinamentos dos valores, como honestidade, empatia, aos filhos. As práticas negativas são a "Punição Inconsistente", que investiga o grau com que os pais educam os filhos de maneira inconsistente; a "Negligência", que se refere à ausência dos pais na educação dos filhos; a "Disciplina Relaxada", caracterizada pelo estabelecimento de regras seguido pelo seu desrespeito pelos próprios pais; a "Monitoria Negativa", que ocorre quando os pais fiscalizam em demasia e finalmente o "Abuso Físico", que consiste no uso de castigos físicos para controlar o comportamento dos filhos.

Roteiro de Entrevista de Habilidades Sociais Educativas Parentais (RE-HSE-P)

A RE-HSE-P foi desenvolvida por Bolsoni-Silva e Loureiro (2010) e oferece uma análise qualitativa e quantitativa das habilidades sociais dos pais empregadas na prática educativa dos filhos. A aplicação é feita com os pais ou responsáveis e, diferentemente do Inventário dos Estilos Parentais, descrito anteriormente, esta entrevista permite avaliar a percepção dos pais sobre as habilidades sociais educativas parentais com determinado filho, inclusive crianças pré-escolares. A entrevista engloba comportamentos como comunicação, expressão dos sentimentos e estabelecimento de limites e bons índices psicométricos.

Inventário de Habilidades Sociais Conjugais (IHSC)

O IHSC, diferentemente dos instrumentos apresentados anteriormente, avalia somente o casal e pode ser utilizado em adultos, a partir de 20 anos e com escolaridade mínima do Ensino Médio, em aplicações individuais ou coletivas. A qualidade do relacionamento conjugal vem recebendo importância destacada na literatura devido à sua influência na saúde mental e qualidade de vida dos filhos. Por formarem um subsistema à parte dos filhos, sendo responsável pelo seu cuidado, o casal possui alguns padrões de funcionamento diferenciados, como afetividade aumentada e hierarquia diminuída entre os pares. O Inventário de Habilidades Sociais Conjugais avalia um comportamento específico e essencial para o bom desempenho em interações sociais que de-

mandam a convivência social com o parceiro em relações afetivas (Del Prette & Villa, 2012).

Conclusões

A família exerce um importante papel no desenvolvimento social, afetivo e cognitivo do indivíduo. Dependendo da interação entre os membros, as relações efetivas construídas ao longo da vida podem funcionar como fatores de proteção ou de risco para o desenvolvimento de psicopatologias, por exemplo. Para compreensão das relações familiares cabe a avaliação dos fatores que complexificam estas relações como: as mudanças na estrutura familiar, envolvendo relações de divórcio e de relacionamento familiar; o aumento da longevidade de alguns membros e seu impacto no arranjo de convivência da família; e a diversidade de relacionamentos entre os familiares. Deste modo, conhecer como interage o sistema familiar é de extrema relevância para a compreensão do funcionamento individual. A avaliação familiar se torna, assim, uma importante ferramenta para auxiliar o psicólogo na clínica ou na pesquisa.

Existem diversas técnicas e instrumentos que podem ser utilizados na avaliação psicológica da família. Algumas delas, como os instrumentos padronizados descritos neste capítulo, são de uso exclusivo do psicólogo. Como estratégia inicial de avaliação, recomenda-se o uso de entrevistas, que possam auxiliar o profissional a conhecer o funcionamento sistêmico e a gerar hipóteses, a serem testadas posteriormente com o uso de instrumentos psicológicos.

A utilização adequada dos instrumentos psicológicos depende de uma leitura cuidadosa do manual e da compreensão das teorias que sustentam os conceitos avaliados. Seguir todas as recomendações contidas nos manuais é parte essencial para uma boa avaliação psicológica.

Referências

Adelman, R.D., Tmanova, L.L., Delgado, D., Dions, S., & Lachs, M.S. (2014). Caregiver Burden: a clinical review. *Clinical Review & Education, 311*(10), 1.052-1.060.

Baptista, M.N. (2009). *Inventário de Percepção de Suporte Familiar – IPSF.* São Paulo: Vetor.

Baptista, M.N., Hauck-Filho, N., & Borges, L. (2017). Avaliação em psicologia clínica. In M.R.C. Lins & J.C. Borsa (Eds.). *Avaliação psicológica: aspectos teóricos e práticos* (pp. 355-367). Petrópolis: Vozes.

Bauer, J.M. & Sousa-Poza, A. (2015). Impacts of informal caregiving on caregiver employment, health, and family. *Journal of Population Ageing, 8*(3), 113-145.

Bengtson, V., Giarrusso, R., Mabry, J.B., & Silverstein, M. (2002). Solidarity, conflict, and ambivalence: Complementary or competing perspectives on intergenerational relationships? *Journal of Marriage and Family, 64*(3), 568-576.

Bengtson, V.L., Lowenstein, A., Putney, N.M., & Gans, D. (2017). Global aging and the challenge to families. In V.L. Bengtson & A. Lowenstein (Eds.). *Global aging and challenges to families* (pp. 1-26). Nova York: Routledge.

Bengtson, V.L. & Oyama, P. (2007). *Intergeneration solidarity: strengthening economic and social ties* [Recuperado de http://www.un.org/esa/socdev/unyin/documents/egm_unhq_oct07_bengtson.p].

Bengtson, V.L. & Roberts, R.E.L. (1991). Intergenerational solidarity in aging families: an example of formal theory construction. *Journal of Marriage and the Family, 53,* 856-870.

Bolsoni-Silva, A.T. & Loureiro, S.R. (2010). Validação do Roteiro de Entrevista de Habilidades Sociais Educativas Parentais (RE-HSE-P). *Avaliação Psicológica, 9,* 63-75.

Clarke, E.J.M., Preston, J., Raksin, & Bengtson, V.L. (1999). Types of conflicts and tensions between older parents and adult children. *The Gerontologist, 39,* 261-270.

Del Prette, Z.A.P. & Villa, M.B. (2012). *Inventário de Habilidades Sociais Conjugais.* São Paulo: Casa do Psicólogo.

Féres-Carneiro, T. (2005). *Entrevista Familiar Estruturada: um método clínico de avaliação das relações familiares.* São Paulo: Casa do Psicólogo, 78 p.

Gambin, M., Gambin, T., & Sharp, C. (2015). Social cognition, psychopathological symptoms, and family functioning in a sample of inpatient adolescents using variable-centered and person-centered approaches. *Journal of Adolescence, 45,* 31-43 [http://dx.doi.org/10.1016/j.adolescence.2015.08.010].

Gomide, P.I.C. (2006). *Inventário de Estilos Parentais – Modelo teórico: manual de aplicação, apuração e interpretação.* Petrópolis: Vozes.

Guerra, F.F., Damiano, K.M.T., & Fontes, M.B. (2017). Famílias multigeracionais corresidentes: caracterização da geração sanduíche e da geração pseudosanduíche. *Sociedade em Debate, 23*(1), 334-353.

Kluck, A.S., Dallesasse, S., & English, E.M. (2017). Family relations and psychopathology: Examining depressive and bulimic symptomatology. *Child Psychiatry & Human Development, 48*(5), 818-827 [doi: 10.1007/s10578-016-0705-9].

Lôbo, P. (2018). *Direito civil – Vol, 5: Famílias* (8a. ed.). São Paulo: Saraiva Educação.

Lowenstein, A. (2007). Solidarity – Conflict and ambivalence: Testing two conceptual frameworks and their impact on quality of life for older family members. *The Journals of Gerontology Series B: Psychological Sciences and Social Sciences, 62*(2), S100-S107.

Lüescher, K. & Pillemer, K. (1998). Intergenerational ambivalence: A new approach to the study of parents child relations in later life. *Journal of Marriage and the Family, 60,* 413-425.

Parrott, T.M. & Bengtson, V.L. (1999). The effects of earlier intergenerational affection, normative expectations, and family conflict on contemporary exchanges of help and support. *Research on Aging, 21*(1), 73-105.

Silva, A.M. (2012). A colaboração dos avós na educação dos netos. *Interfaces Científicas – Educação, 1*(1), 67-75.

Tang, F., Xu, L., Chi, I., & Dong, X. (2016). Psychological Well-being of Grandparents Caring for Grandchildren among Older Chinese Americans: Burden or Blessing? *Journal of the American Geriatrics Society*, 64(11), 2.356.

Teodoro, M.L.M. (2009). Família, bem-estar e qualidade de vida de crianças e adolescente. In V.G. Haase, F.O. Ferreira, e F.J. Penna. (Orgs.). *Aspectos biopsicossociais da saúde na infância e adolescência* (pp. 111-122). Belo Horizonte: Coopmed.

Teodoro, M.L.M. (2012). Alguns instrumentos para avaliações familiares no Brasil. In M. Baptista & M.L.M. Teodoro (Orgs.). *Psicologia de família: teoria, avaliação e intervenção* (pp. 168-175). Porto Alegre: Artmed.

Wendt, N.C. & Crepaldi, M.A. (2008). A utilização do genograma como instrumento de coleta de dados na pesquisa qualitativa. *Psicologia: Reflexão e Crítica, 21*(2): 302-310 [http://dx.doi.org/10.1590/S0102-79722008000200016].

26
Avaliação psicológica no contexto do trânsito

Fabián Rueda

Introdução

O objetivo do capítulo é apresentar de forma didática o processo de avaliação psicológica realizado no contexto do trânsito no Brasil. Para isso, realizar-se-á um relato dos períodos históricos que caracterizam a área, para posteriormente finalizar com as atualidades que vêm ocorrendo nos últimos anos e que, certamente, trarão impactos para a área nos próximos anos. Mais do que conclusões, o leitor poderá ter acesso ao relato histórico da área para refletir sobre o atual contexto no qual está inserido e pensar em alternativas para o desenvolvimento da avaliação psicológica no contexto do trânsito.

Antes de iniciarmos o desenvolvimento histórico da área, importante elucidar para o leitor que ao longo do texto poderá não ficar evidente a diferenciação entre avaliação psicológica no contexto do trânsito e a própria Psicologia do Trânsito, uma vez que no Brasil a Psicologia do Trânsito surgiu dentro de um contexto avaliativo. Ainda, por vezes o conceito de avaliação psicológica poderá ser confundido com testagem psicológica, por características da própria atuação do psicólogo nesse contexto, que muitas vezes fez com que a testagem psicológica fosse utilizada como sinônimo de avaliação psicológica. No decorrer do capítulo essas afirmações ficarão mais evidentes.

Alguns períodos históricos já têm sido demarcados em relatos sobre o desenvolvimento da Psicologia do Trânsito e/ou da avaliação psicológica no trânsito no Brasil (cf. Günther, Cristo, Neto, & Feitosa, 2014; Hoffmann, Cruz, & Alchieri, 2003; Rueda, 2011); no entanto, neste trabalho será realizada uma divisão proposta em quatro grandes períodos (1950 a 1980, 1981 a 1997, 1998 a 2007 e 2008 a 2017), seguidos por um quinto período (a partir de 2018), que discorrerá sobre as ações mais atuais na avaliação psicológica no contexto do trânsito. Cada um desses períodos será aqui apresentado em tópicos.

1950 a 1980

Embora possamos afirmar que avaliação psicológica no contexto do trânsito no Brasil remonte ao final do século XIX, foi nas décadas de 1940 e 1950 que os trabalhos realizados no exterior começaram a ter grande influência no país. A avaliação das características psíquicas dos motoristas já era um tema abordado por Müsterberg nos Estados Unidos, Lahy na França, Tramm na Alemanha, Mira y López na Espanha, dentre outros, que consideravam que haveria indivíduos mais propensos do que outros a se envolverem em acidentes de trânsito.

Nesse contexto, foi em 1951 que o Departamento Estadual de Trânsito do Rio de Janeiro contratou os primeiros profissionais para estudar o comportamento dos condutores, tendo como objetivo "diminuir os acidentes de trânsito por meio da aplicação de testes psicológicos". Cabe aqui fazer um primeiro parêntese para observar que, já desde o início, era atribuído ao teste psicológico um "poder" que provavelmente ele não tem. Diminuir os acidentes pela aplicação dos testes psicológicos é uma forma de desconsiderar toda uma realidade sócio-histórica-cultural dos indivíduos, assim como desconsiderar um contexto tão complexo como é o sistema/ambiente do trânsito. Importante destacar que, também no Rio de Janeiro, já em 1947, o Professor Emilio Mira y López tinha criado o Instituto de Seleção e Orientação Profissional (Isop), realizando uma atividade preventiva direcionada aos profissionais de veículos automotores. Essa atividade preventiva consistia, basicamente, na avaliação de características como a chamada naquela ocasião de atenção difusa, a visão noturna, o ofuscamento, e algumas características de personalidade, por meio da utilização do teste Psicodiagnóstico Miocinético (PMK)[1]. Esses primeiros fatos aqui relatados podem contribuir para iniciar as reflexões do leitor sobre os momentos históricos e especificidades que permearam o desenvolvimento da avaliação psicológica no contexto do trânsito no Brasil.

Dando continuidade aos fatos ocorridos no período de 1950 a 1980, em 8 de junho de 1953, uma resolução do Conselho Nacional de Trânsito (Contran) tornou obrigatório o "exame psicotécnico" para todos os candidatos à profissão de motorista. A esse respeito, também em 1953, Carvalho, Pereira e Vieira publicaram um trabalho na *Revista Arquivos Brasileiros de Psicotécnica*, que já apontava para quatro aspectos que, até hoje, podem ser questionados na área. Eram eles: (1) a avaliação realizada considerava alguns traços de personalidade, aptidão (atenção) e era realizada uma entrevista; (2) não existia nenhum perfil que indicasse o que deveria ser considerado para determinar se a pessoa estaria apta ou não para dirigir um veículo; (3) não se sabia precisar ao certo qual seria o tempo necessário para uma reavaliação no caso das pessoas consideradas inaptas a dirigir, e; (4) questionava-se a necessidade ou não de um tipo de avaliação diferenciada de acordo com o veículo que se pretendia dirigir.

A respeito desta publicação, importante destacar que os quatro aspectos mencionados parecem ser ainda atuais. Por exemplo, no caso da avaliação realizada, o processo continua mantendo as mesmas características, além de terem sido acrescidas, por meio de resoluções do Contran e do Conselho Federal de Psicologia (CFP), ao longo dos anos, a avaliação da inteligência e da memória, embora este último aspecto seja desconsiderado em grande parte das avaliações realizadas. No que se refere à inexistência do chamado "perfil", até os dias atuais essa questão é algo que permeia os debates da área e que muitos profissionais e pesquisadores defendem como sendo algo extremamente necessário. A questão que se pode pensar aqui é: Há como determinar um "perfil fechado" que seja adequado para um sistema tão complexo como é o ambiente do trânsito? Há como falar em "perfil único" em um país tão diverso e complexo como o Brasil? Há como dizer que mais ou menos de uma certa característica psicológica definirá uma pessoa como melhor ou pior motorista? Enfim, são aspectos a serem refletidos. A esse respeito, uma consideração que pode ser feita é que talvez não se deva pensar a avaliação psicológica no contexto do trânsito como sendo determinante. Aliás, pensar a avaliação como algo determinista não é próprio em nenhum outro contexto. Talvez devamos começar a pensar e entender, no contexto do trânsito, que a avaliação psicológica poderá

---

1. Emilio Mira y López foi o criador e divulgador do Psicodiagnóstico Miocinético (PMK), teste amplamente utilizado no Brasil até a primeira década do século XXI.

dar indicativos de maior ou menor propensão a se envolver em acidentes, mas não como algo determinante, pois não estamos falando de uma ciência exata. Ainda a esse respeito, pode ser feito um paralelismo com a avaliação oftalmológica realizada para obtenção ou renovação da Carteira Nacional de Habilitação (CNH). Vejamos: a avaliação oftalmológica exige uma acuidade visual específica dependendo do tipo de categoria de CNH que o candidato desejar, e estar aquém do padrão estabelecido fará com que a pessoa seja considerada inapta. No entanto, é impossível afirmar que o indivíduo que apresentar as características necessárias não irá se envolver em um acidente de trânsito, assim como não se pode afirmar, em hipótese alguma, que não apresentar tais características será determinante para o envolvimento em acidentes. Tais valores são apenas de referência. As perguntas que podemos fazer são: Por que no caso da avaliação psicológica seria diferente? Por que o trabalho do psicólogo na avaliação psicológica no contexto do trânsito recebe tantas críticas e o trabalho do médico na avaliação oftalmológica não? Por que o psicólogo é tão "cobrado" para produzir resultados que impliquem em redução do número de acidentes e essas críticas não estão tão presentes no trabalho dos médicos? Essas indagações devem ser feitas para ajudar na construção de um entendimento sobre o papel desempenhado pelo psicólogo, e mais, para entender a própria realidade social e cultural na qual nosso trabalho está inserido.

Dando continuidade aos aspectos apresentados por Carvalho, Pereira e Vieira (1953), o tempo necessário para uma reavaliação até hoje não é algo consensual, mas a pergunta seria: Há como consensuar esse prazo para uma avaliação tão complexa? Podemos considerar todas as pessoas iguais? O resultado de inapto é por causa dos mesmos aspectos sempre, a ponto de estabelecer um prazo único? Por fim, sobre avaliações diferenciadas dependendo do tipo de veículo, muitas vezes se destaca que condutores de motocicletas talvez precisem ser avaliados mais rigorosamente em aspectos cognitivos, como a atenção, por exemplo, do que motoristas de carros. Mas será que isso é de fato necessário, considerando que independente do veículo conduzido, todos os indivíduos ingressam ao mesmo sistema/contexto do trânsito? Todas essas perguntas apresentadas não têm como objetivo realizar nenhum juízo de valor, mas apenas refletir sobre o trabalho do profissional psicólogo no contexto do trânsito.

Ainda no período histórico deste tópico, é necessário destacar o importante papel que teve o Departamento Estadual de Trânsito de Minas Gerais que, na década de 1960, contratou a Professora Alice Mira y López para prestar assessoria e treinar os psicólogos na área do trânsito do estado, criando o Gabinete Psicotécnico de Trânsito. Tal gabinete foi responsável pelo lançamento da Revista do Gabinete Psicotécnico de Trânsito, que foi um meio de divulgação do trabalho dos profissionais no contexto da Psicologia do Trânsito e, mais especificamente, da avaliação psicológica realizada nesse contexto. Pode-se dizer que a iniciativa de Minas Gerais contribuiu muito para que, em 9 de fevereiro de 1962, o Contran estendesse o exame psicotécnico para todos os candidatos à obtenção da CNH. Por fim, em 1968, foi regulamentada a criação dos serviços psicotécnicos nos Departamentos Estaduais de Trânsito para todo o Brasil, o que fez com que a década de 1970 tivesse uma ampla expansão da área, até chegarmos ao segundo período histórico aqui relatado (1980 até 1998).

Antes de iniciarmos a explanação sobre esse segundo período, dois aspectos consideram-se importantes de serem destacados. Em primeiro lugar, que o modelo atual de avaliação psicológica no contexto da CNH data de 1962. Isto é, desde esse ano, quem passa por avaliação psicológica são todas as pessoas que querem obter pela primeira vez sua CNH, assim como aquelas pessoas que exercem atividade remunerada como motoristas e que, a cada cinco anos, devem renovar a CNH. Ou seja, o modelo atual de avaliação psicológica no contexto do trânsito é o mesmo há quase 60 anos. Em segundo lugar, que a Psicologia do Trânsito/Avaliação psicológica nesse contexto existe desde muito antes da própria profissão de Psicologia ser reconhecida no Brasil, em 1962, e não podemos deixar de mencionar que ela teve um papel muito importante para essa histórica conquista. Por isso é importante lembrar desse fato sempre, principalmente quando a área é questionada.

1981 a 1997

Este período foi marcado por um profícuo desenvolvimento da área, se considerarmos que foi na década de 1980 que ocorreram os primeiros congressos nacionais exclusivos da Psicologia do Trânsito (em 1982, o I Congresso Nacional de Psicologia do Trânsito ocorreu em Porto Alegre; em 1983, o II em Uberlândia; em 1985, o III em São Paulo e, em 1987, o IV no Rio de Janeiro). Junto a isso, em 1982 foi criado, na Universidade Federal de Uberlândia, pelo Professor Reinier Rozestraten, o Núcleo de Psicologia do Trânsito. Deve-se realçar que esses congressos foram, talvez, os mais importantes da Psicologia, uma vez que foram os primeiros grandes congressos nacionais que ocorreram de forma ininterrupta.

Contudo, se por um lado eles contribuíram para a promoção da área, foi neles também que começaram a aparecer as primeiras críticas à Psicologia do Trânsito. A esse respeito, cabe aqui um destaque ao que Rozestraten já dizia em 1983, que "embora as maiores contribuições na Psicologia do Trânsito sejam do psicólogo que realiza a avaliação dos candidatos à CNH, é a partir daí que se pode afirmar que, nos últimos 40 anos, pouco mudou na atuação do psicólogo do trânsito". Com isso, o autor questiona o fato de a Psicologia do Trânsito ter sido, até então, praticamente sinônimo de avaliação psicológica nesse contexto. Se fizermos um paralelo com a atualidade, tal afirmação parece não estar tão distante, uma vez que, ao dizer que um profissional é psicólogo do trânsito, hoje automaticamente a tendência é pensar que esse realiza avaliação psicológica para CNH.

Para além disso, foram também nesses eventos que começaram a aparecer questionamentos relacionados à escassez de estudos de validade e normatização para os instrumentos psicológicos utilizados na realidade do trânsito brasileiro. Neste momento é pertinente fazer mais uma reflexão, no sentido de pensar que essa realidade não era exclusividade do contexto do trânsito; muito pelo contrário, era uma realidade da utilização de testes no Brasil. Então, por que essas críticas focaram a área do trânsito? Será talvez pelo fato de ser uma área que poderia ser considerada a "cara" da Psicologia, uma vez que a maior parte da população só tinha contato com um psicólogo quando pleiteava sua CNH? Será que essas críticas, que muito afetaram a área da Psicologia do Trânsito, não tiveram uma proporção desnecessária? Desnecessária não no sentido de não serem procedentes, mas desnecessárias por focarem praticamente apenas em uma área, e não na Psicologia como um todo. Essas ponderações devem ser levadas em consideração quando se quer entender a realidade atual da Psicologia do Trânsito e, mais especificamente, da avaliação psicológica nesse contexto.

O fato é que todos esses questionamentos começaram a gerar muitas dúvidas, não apenas dentro da Psicologia, mas também na sociedade civil. O ponto positivo disso tudo foi o fato de o Conselho Federal de Psicologia começar a olhar para essa área, propondo inclusive a criação de uma Comissão Especial do Exame Psicológico para Condutores, que teve como objetivo obter dados e critérios relacionados ao exame psicológico para condutores e oferecer ao Contran uma proposta de normativa para a época. Mais informações sobre o resultado dessa comissão serão apresentadas no próximo bloco histórico.

Durante esse meio-tempo ocorreu um fato importantíssimo, que foi a publicação da Lei n. 9503, de 23 de setembro de 1997, que instituiu o Código de Trânsito Brasileiro (CTB). De forma geral, o CTB tem como objetivo maior reduzir os acidentes de trânsito, e como pilares para alcançar essa meta estão a responsabilização dos órgãos competentes, os motoristas e os pedestres que participassem e se envolvessem em acidentes de trânsito, e a potencialização da participação da sociedade na formação e segurança no trânsito. Sobre esses pilares podemo-nos perguntar: De que forma, de fato, foi potencializada a participação da sociedade nesse processo? Ainda, além da responsabilização dos motoristas via infrações de trânsito (multas), quem mais foi ou é responsabilizado pelos acidentes de trânsito? Podemos recordar aqui algumas propagandas de veículos em que um ator famoso "surfava" em cima de um veículo, ou ainda, outra propaganda na qual dois atores muito conhecidos "tiravam um racha" na estrada. O que podemos pensar sobre isso? Qual o valor simbólico que essas pro-

pagandas passavam? Não eram passíveis de responsabilização? Qual o impacto no imaginário de uma sociedade como a brasileira, que atribui tanta importância à posse de um veículo automotor? Ainda, como não fazer relação entre tantos comerciais que incentivam de forma apelativa o uso de bebida alcóolica, e que colocam em letras pequenas "se beber, não dirija". Isso não é passível de responsabilização? Enfim, o que se quer propor com estes questionamentos é uma reflexão sobre a realidade sócio-histórica-cultural do valor simbólico que o "carro" tem na sociedade brasileira, e que, muitas vezes, é diminuído, no caso da Psicologia, apenas à realização de avaliação psicológica, sem considerar o macrocontexto do sistema. No entanto, essas são reflexões que gerariam um amplo e interessante debate, que deve em algum momento começar a ser realizado, mas que fugiria do escopo deste capítulo. Assim sendo, discorreremos agora sobre o terceiro bloco histórico proposto no trabalho.

1998 a 2007

O ano de 1998 foi extremamente importante para a área de avaliação psicológica no contexto do trânsito; porém, isso não se deve a um fato positivo, uma vez que nesse ano ocorreu o veto do então presidente da República Fernando Henrique Cardoso à avaliação psicológica no processo da CNH. Em que pese o veto ter ocorrido, importante destacar que poucos dias depois ele foi derrubado pela Câmara dos Deputados. Este fato inicial deste terceiro bloco histórico, embora negativo à primeira vista, deve ser olhado positivamente, pois quiçá tenha sido a primeira vez que a Psicologia mostrou que pode-se unir enquanto categoria. O veto presidencial provocou uma enorme mobilização por parte dos Conselhos Regionais e do Conselho Federal de Psicologia, assim como de diversas associações de clínicas credenciadas aos Departamentos Estaduais de Trânsito e de inúmeros profissionais autônomos. Foi a Psicologia mostrando e afirmando a importância que seu trabalho desempenhava no contexto do trânsito.

Aliado a isso, e retomando a criação da Comissão Especial do Exame Psicológico para Condutores do CFP, em 1997, foi realizada uma proposta de revisão das normativas vigentes à época, que deu origem à publicação da Resolução Contran 80/98. É oportuno destacar que essa resolução não foi produto dessa comissão, uma vez que as resoluções sobre avaliação psicológica no contexto do trânsito do Contran são propostas na Câmara Temática de Saúde e Meio Ambiente (Câmara consultiva e não deliberativa) e apreciadas para posterior publicação pelo Contran. Porém, o fato é que o trabalho, fruto dessa comissão, contribuiu para a publicação final da Resolução Contran 80/98, que dispunha sobre os exames de aptidão física e mental e os de avaliação psicológica.

Como pontos principais dessa resolução tem-se a indicação das características psicológicas que deveriam ser mensuradas, sendo elas: (1) *Área percepto-reacional, motora e nível mental* (atenção; percepção; tomada de decisão; motricidade e reação; cognição e nível mental); (2) *Área do equilíbrio psíquico* (ansiedade e excitabilidade; ausência de quadro reconhecidamente patológico; controle adequado da agressividade e impulsividade; equilíbrio emocional; ajustamento pessoal-social; demais problemas correlatos – alcoolismo, epilepsia, drogadição, entre outros – que possam detectar contraindicações à segurança do trânsito) e (3) *Habilidades específicas* (tempo de reação; atenção concentrada;

rapidez de raciocínio; relações espaciais; outras, desde que necessárias ao aprofundamento da avaliação psicológica). A respeito dessas características, deve-se salientar que, em alguns momentos, os próprios construtos a serem mensurados se confundiam. Por exemplo, enquanto a *área percepto-reacional, motora e nível mental* tinha como uma das características a serem aferidas a atenção, a área de *habilidades específicas* fazia referência à atenção concentrada, como se estas duas fossem diferentes e pudessem ser dissociadas. No entanto, é inegável que essa normativa foi um avanço na área.

Para além das características a serem aferidas, a Resolução 80/98 trouxe outras novidades, como a mudança de nomenclatura do, até então, chamado "exame psicotécnico" para "avaliação psicológica pericial". Além disso, no documento foi instituído que todo psicólogo, para ser credenciado ao Departamento Estadual de Trânsito de um Estado, deveria possuir o Curso de Psicólogo Perito Examinador do Trânsito, com duração de 120h/aula. Estas duas novidades devem ser comentadas. A primeira porque, embora possa parecer apenas uma questão de nomenclatura, é muito mais do que isso: o fato de alterar o nome do trabalho realizado pelo psicólogo para avaliação psicológica pericial dá o caráter de importância e relevância que a função tem. Ou seja, o psicólogo não é um mero aplicador de testes, mas um perito nomeado pelo Estado, que tem como função a realização de um processo de avaliação psicológica no processo de CNH. Já em relação ao curso de Perito Examinador, o objetivo era atualizar os conhecimentos dos profissionais da área, que, em alguns casos, vinham realizando o mesmo trabalho há alguns anos ou décadas, sem nenhum tipo de atualização. Como toda exigência legal de atualização de conhecimentos, ela foi aproveitada por parte da categoria e por outra não. Contudo, discorrer sobre essa questão também fugiria do escopo deste capítulo. O fato em si é que essas mudanças foram substanciais, naquele momento, para a área da avaliação psicológica no contexto do trânsito.

Posteriormente a isso, o CFP, na tentativa de acompanhar a regulamentação do Contran, publicou a Resolução CFP n. 012/2000, que instituiu o Manual para Avaliação Psicológica de candidatos à Carteira Nacional de Habilitação e condutores de veículos automotores, e que dispunha sobre os seguintes itens: I – Conceito de Avaliação Psicológica, II – Perfil do Candidato à CNH e dos Condutores de Veículos Automotores, III – Instrumentos de Avaliação Psicológica, IV – Condições do Aplicador, V – Condições da Aplicação dos Instrumentos de Avaliação Psicológica, VI – Material Utilizado, VII – Mensuração e Avaliação e VIII – Laudo Psicológico. Em que pese a essa resolução ter acompanhado as normativas do Contran, pode-se entender que o caminho inverso teria sido mais produtivo; ou seja, o órgão representativo da classe determinar como deveria ser realizado o processo de avaliação psicológica no contexto do trânsito, e o Contran se adequar às regulamentações da categoria. De qualquer forma, mesmo isso não tendo ocorrido, esse período histórico também foi marcado por mudanças importantes.

2008 a 2017

Este último período histórico considerado neste capítulo inicia-se pela publicação da Resolução n. 267 do Contran, que substituiu a já descrita Resolução n. 80/98. Tal resolução alterou as características psicológicas que deveriam ser avaliadas, criando seis grandes blocos, com

vários aspectos contidos em cada um deles. Os seis blocos eram: (1) tomada de informação, (2) processamento de informação, (3) tomada de decisão, (4) comportamento, (5) autoavaliação do comportamento e (6) traços de personalidade. Deve ser ressaltado que esses blocos também apresentavam alguma confusão terminológica. Por exemplo, no caso da tomada de informação deveria ser avaliada a atenção difusa ou vigilância: esforço voluntário para varrer o campo visual na sua frente à procura de algum indício de perigo ou de orientação; a atenção concentrada seletiva: fixação da atenção sobre determinados pontos de importância para a direção, identificando-os dentro do campo geral do meio ambiente; a atenção distribuída: capacidade de atenção a vários estímulos ao mesmo tempo; a detecção: capacidade de perceber e interpretar os estímulos fracos de intensidade ou após ofuscamento; a discriminação: capacidade de perceber e interpretar dois ou mais estímulos semelhantes; a identificação: capacidade de perceber e identificar sinais e situações específicas de trânsito, dentre outros aspectos não muito bem explicitados, tanto do ponto de vista constitutivo quanto operacional em sua forma de avaliação. Essas dificuldades na conceituação talvez tenham sido o motivo pelo qual o trabalho do psicólogo continuou sendo realizado da mesma forma, qual seja, avaliando atenção (muitas vezes apenas um tipo, embora devessem ser avaliados no mínimo três), inteligência, alguns traços de personalidade e sendo realizada uma entrevista. Em alguns casos, excepcionais, era avaliada a memória.

Outra alteração dessa resolução, e quiçá a mais importante, foi a necessidade de o psicólogo, para ser credenciado pelos Departamentos Estaduais de Trânsito, obrigatoriamente possuir o Título de Especialista em Psicologia do Trânsito, reconhecido pelo Conselho Federal de Psicologia. Considera-se que essa exigência (defendida à época pela gestão do CFP) foi um grande avanço para a área, uma vez que o reconhecimento da especialidade pelo Conselho tinha um caráter mais prático e ligado à profissão do que teórico. Com isso, além das 360h/aula teóricas, o psicólogo deveria comprovar 120h/aula práticas, e o curso deveria ser vistoriado e aprovado pela Associação Brasileira de Ensino de Psicologia (Abep), em parceria com o CFP. Apesar da importância do reconhecimento dos cursos por parte do CFP, uma decisão liminar de 2013 fez com que a prerrogativa do CFP em reconhecer os cursos para título de especialista fosse retirada. No entanto, a maior parte dos Departamentos Estaduais de Trânsito continuou realizando essa exigência. A única diferença era que, a partir desse momento, todo curso reconhecido pelo Ministério da Educação deveria ser reconhecido pelos Conselhos Regionais para a atribuição da especialidade. Após a Resolução Contran n. 267, foram publicadas as Resoluções n. 283 e n. 425 (atualmente em vigor), mas o que elas fizeram foi prorrogar o prazo para o psicólogo poder obter tal título.

No que diz respeito ao CFP, mais uma vez o Conselho tentou acompanhar as determinações do Contran e publicou a Resolução CFP n. 007/2009, que instituiu normas e procedimentos para a avaliação psicológica no contexto do trânsito, e dispunha sobre os seguintes itens: I – Conceito de avaliação psicológica; II – Habilidades mínimas do candidato à CNH e dos condutores de veículos automotores; III – Instrumentos de avaliação psicológica; IV – Condições da aplicação dos testes psicológicos; V – Mensuração e avaliação e VI – Do resultado da avaliação psicológica. Assim como no caso ocorrido no período histórico anteriormente relatado, aqui novamente a resolução do CFP acompanhou as normativas do Contran, o que fez com que as resoluções não fossem uníssonas, no sentido de orientar em relação ao trabalho do psicólogo no contexto da avaliação psicológica para CNH.

Um resumo de 1950 a 2017

Como apresentado até o momento, a avaliação psicológica no contexto do trânsito, que muitas vezes é confundida com a própria Psicologia do Trânsito no Brasil, passou por períodos bem delimitados nos últimos quase 70 anos. O primeiro período (1950-1980) caracterizou-se por uma ampla expansão da área, principalmente nos contextos legais ligados aos Departamentos Estaduais de Trânsito, promovendo um desenvolvimento e reconhecimento da área que, inclusive, teve papel importante no próprio reconhecimento da Psicologia enquanto profissão no Brasil. O segundo momento (1981-1997) foi marcado por eventos que continuaram promovendo a área, mas que fizeram surgir as primeiras críticas ao psicólogo nesse contexto, em que pese algumas delas não serem exclusivas da área da avaliação psicológica no contexto do trânsito, como já relatado. No entanto, tais críticas levaram a um (re)pensar a área e a atuação do profissional nela. O terceiro bloco histórico (1998-2007) caracterizou-se por uma legislação mais explícita sobre o papel do psicólogo na área. Foi nesse período que se começou a pensar mais efetivamente na atualização e maior qualificação desse profissional. Por fim, o quarto período (2008-2017) pode ser descrito como o momento no qual a qualificação da área ficou mais em evidência e no qual houve uma maior aproximação entre o Contran e o CFP, haja vista a especialidade exigida na resolução do Contran, que reconhecia a prerrogativa e importância do CFP no papel da qualificação profissional.

Se até aqui foi apresentado um relato histórico da avaliação psicológica no contexto do trânsito e algumas reflexões e questionamentos foram propostos, considera-se interessante apresentar também os avanços e atualizações da área a partir de 2018. Nesse sentido, o próximo tópico abordará esses aspectos, entendendo que textos futuros que versem sobre a história da Psicologia do Trânsito no Brasil certamente considerarão 2018 como o ano inicial de um novo momento histórico.

2018 e próximos anos na avaliação psicológica no contexto do trânsito

Com certeza, pode-se afirmar que 2018 foi um ano de inúmeras mudanças, inovações e atualizações, não apenas na avaliação psicológica no contexto do trânsito, mas também na avaliação psicológica de forma geral, que certamente impactarão na área do trânsito. Iniciar-se-á a discussão deste tópico pelas atualizações mais gerais da área, que foram a publicação da Resolução CFP n. 09/2018, em 25 de abril de 2018, e que estabelece diretrizes para a realização de AP no exercício profissional da psicóloga e do psicólogo e regulamenta o Sistema de Avaliação de Testes Psicológicos (Satepsi). De forma geral, tal resolução é dividida em seis tópicos: (1) das diretrizes básicas para a realização de AP no exercício profissional da psicóloga e do psicólogo, (2) da submissão e avaliação de testes ao sistema de avaliação de testes psicológicos (Satepsi), (3) da submissão ao Satepsi de versões equivalentes de testes psicológicos aprovados (informatizadas e não informatizadas), (4) da atualização de normas de testes psicológicos, (5) da atualização de

estudos de validade de testes psicológicos, e (6) justiça e proteção dos direitos humanos na AP. Para maiores informações ver Rueda e Zanini (2018), assim como o número especial da *Revista Psicologia: Ciência e Profissão*, destinado à comemoração dos 15 anos do Satepsi. O outro aspecto que muito contribuirá para a avaliação psicológica no contexto do trânsito é a atualização do Satepsi, uma vez que o psicólogo que trabalha com avaliação para CNH lida diretamente com a utilização de testes psicológicos. Nesse sentido, o Satepsi passou por uma reformulação fruto de mais de um ano de trabalho, e inclui agora uma lista atualizada com informações referentes ao nome de cada teste, autor, editora que o comercializa, construto avaliado, formas de aplicação e correção, público-alvo e idade da amostra de normatização, assim como prazos de vigência dos estudos de normas e precisão e validade. Além disso, conta com uma aba específica e atualizada sobre "perguntas frequentes" que seguramente são de grande valia para o psicólogo na área do trânsito. Ainda, todas as resoluções sobre avaliação psicológica foram concentradas em uma única aba, incluindo as resoluções específicas para o contexto do trânsito. Também estão em destaque os testes que podem ser usados e aqueles que não podem ser utilizados na prática profissional. Para o contexto da avaliação psicológica para CNH isso é fundamental, pois o psicólogo pode consultar diariamente as atualizações que o sistema gera automaticamente sobre a vigência dos testes e, dessa forma, não utilizar instrumentos que estejam com parecer desfavorável.

Já em relação às atualidades sobre avaliação psicológica específica para o contexto do trânsito, pode-se mencionar os convênios que o CFP tem estabelecido para orientar e qualificar o trabalho profissional, as informações sobre o novo Código de Trânsito Brasileiro, a Referência Técnica de Mobilidade, Trânsito e Transporte, os novos testes que têm sido lançados e que impactarão na área, assim como a revisão da Resolução CFP n. 07/2009.

Sobre os convênios que vêm sendo realizados, o CFP já possui em andamento um de orientação e qualificação de todos os psicólogos credenciados ao Departamento Estadual de Trânsito de São Paulo, com o objetivo de padronizar alguns aspectos do processo de avaliação psicológica para CNH. Alguns desses aspectos que devem ser destacados envolvem a discussão aprofundada dos construtos que são avaliados no contexto e a importância dessa avaliação, tendo em vista, inclusive, a forma como o profissional pode transmitir essa informação para a população. Como já citado, a maior parte da população tem contato com um psicólogo apenas quando passa pelo processo de obtenção da CNH, considerando que a CNH é um direito e não uma concessão do Estado. Nesse sentido, o papel do psicólogo em informar sobre a importância e o alcance da avaliação psicológica é fundamental. Ainda em relação aos convênios, já está em andamento um trabalho em parceria entre o CFP e a Associação Brasileira de Psicologia do Tráfego (Abrapsit) para levar essas atualizações a todas as unidades da federação. Essa parceria tem a previsão de durar dois anos, e o objetivo final será ter um padrão mínimo para a realização da avaliação psicológica, mesmo sabendo que cada avaliação deve considerar as características sócio-histórico-culturais do indivíduo avaliado.

No que tange a ações que estão acontecendo em paralelo ao trabalho realizado pelo CFP, está o novo CTB, que muito provavelmente incluirá a avaliação psicológica também no processo de renovação da CNH. Isso, certamente, demandará do profissional uma resposta à sociedade sobre a real importância de seu fazer. Nesse sentido, há a necessidade de atualização constante, uma vez que outra novidade diz respeito aos próprios testes psicológicos, que cada vez mais estão sendo produzidos para serem aplicados de forma informatizada. Essa realidade demandará do psicólogo uma atualização em relação a essas novas ferramentas e trará impacto no processo avaliativo como um todo nos próximos anos.

Ainda tem-se o lançamento, em novembro de 2018, da Referência Técnica de Mobilidade, Trânsito e Transporte, fruto de uma pesquisa realizada com a categoria, que discute a área de forma abrangente, não apenas do ponto de vista da avaliação psicológica no contexto do trânsito, mas também da mobilidade urbana e humana. Certamente esse material será de grande valia para o profissional e para o desenvolvimento da área nos próximos anos. Por fim, e talvez a novidade mais importante, é a aprovação da Resolução do CFP que revogou a Resolução 007/2009. A esse respeito, deve-se destacar que, diferentemente das Resoluções CFP 012/2000 e 007/2009, que foram construídas e publicadas após as normativas do Contran, no caso desta nova resolução, foi criado um grupo de trabalho composto por especialistas da área (CFP, CCAP, Abrapsit, DETRANs, Contran) para que o CFP pudesse regulamentar como deve ser o trabalho do profissional no que diz respeito à avaliação psicológica no contexto do trânsito. Após a aprovação dessa resolução, o Contran inseriu as informações na resolução que tem como objetivo a revogação da resolução n. 425. Esse foi um passo fundamental e histórico na relação entre o Conselho Federal de Psicologia e o Conselho Nacional de Trânsito, e mostra que o trabalho que tem sido desenvolvido nos últimos anos vem dando seus frutos, evidenciando a importância do papel do psicólogo no contexto do trânsito.

À guisa de conclusão

Este capítulo abordou os períodos históricos da avaliação psicológica no contexto do trânsito, que muitas vezes se confunde com a própria Psicologia do Trânsito. Além disso, apresentou informações sobre regulamentações, processo de avaliação, assim como as atualidades da área. No entanto, cabe finalizar o trabalho perguntando: E o que nós enquanto psicólogos da área podemos fazer nesse contexto? O que está ao nosso alcance para melhorar a área e evidenciar seus diferenciais?

Sem dúvida, uma resposta para esses questionamentos é o aprimoramento! Aprimoramento esse que precisa acontecer sem esperar que ele nos seja exigido por determinação legal. Afinal, não existe profissional advogado formado há 20 anos que não precise se atualizar constantemente. O mesmo se aplica para os profissionais médicos, assim como para qualquer outra profissão. Então, por que não se aplicaria a nós, psicólogos e psicólogas?

E como nos aprimorarmos? Ela pode ocorrer por meio da Especialidade em Psicologia do Trânsito, pela Especialidade em Avaliação Psicológica (aprovada em 2018 pela Assembleia das Políticas, Administração e Finanças do Sistema Conselhos de Psicologia como a mais nova especialidade da Psicologia), ou por meio da realização de mestrados e doutorados que possuam linhas de pesquisa na área, ou que trabalhem com temáticas relacionadas à avaliação psicológica no contexto do trânsito. Ainda, participando de

congressos e eventos científicos e/ou consumindo pesquisas científicas sobre a temática.

Essa atualização, certamente, terá impactos em nossa função atual, assim como também contribuirá para nossa atuação em outros campos. Em nossa função atual poderemos (1) atualizar conhecimentos após anos de prática profissional "repetitiva", (2) respaldar nossas decisões na avaliação para CNH, (3) fazer uma avaliação crítica e criteriosa da qualidade do material que utilizamos, sem que os testes sejam impostos ou utilizados por mera rotina, tendo dessa forma autonomia para escolher os instrumentos a serem utilizados, (4) ter autonomia para conduzir o processo avaliativo da maneira que considerarmos mais adequada para cada caso, dentre outros aspectos. Já em relação a outros campos, a atualização permitirá (1) a participação em equipes multiprofissionais em órgãos de Educação, desenvolvendo programas destinados a diferentes segmentos da comunidade, (2) o atendimento a condutores envolvidos em acidente, visando à "reeducação" em nível individual, (3) participar na elaboração de políticas e diretrizes relacionadas ao trânsito, (4) realizar orientação para instrutores de trânsito sobre as variáveis psicológicas envolvidas no ato de dirigir, (5) participar em ações conjuntas junto à Previdência Social nos casos de afastamento por acidentes de trânsito, (6) nos inserirmos na esfera acadêmica, como aluno em busca de novos conhecimentos, mas principalmente como pesquisador e educador, (7) conhecer a ótica dos usuários do transporte público para propor melhorias, (8) conhecer a ótica dos usuários de carro para propor alternativas nas formas de locomoção, (9) contribuir para a elaboração de campanhas que estimulem o uso de transporte público, (10) contribuir na conscientização da população sobre o ônus social e econômico que as políticas da indústria automotiva brasileira acarretam, dentre outros aspectos. Enfim, poderemos, de fato, contribuir na esfera cidadã na qual estamos inseridos, cooperando para a diminuição dos acidentes de trânsito e para um trânsito mais seguro, que é o papel fundamental e principal da avaliação psicológica no contexto do trânsito.

Referências

Brasil (2007). *Código de Trânsito Brasileiro (CTB). Lei n. 9.503, de 23 de setembro de 1997, que institui o Código de Trânsito Brasileiro*. Brasília: Presidência da República/Casa Civil/Subchefia para Assuntos Jurídicos.

Carvalho, A.V., Pereira, A.O., & Vieira, M.V.M. (1953). O exame psicotécnico de motoristas no Distrito Federal. *Arquivos Brasileiros de Psicotécnica, 4*, 15-24.

Conselho Federal de Psicologia (2000). *Resolução n. 012/2000*. Brasília: CFP.

Conselho Federal de Psicologia (2009). *Resolução n. 007/2009*. Brasília: CFP.

Conselho Federal de Psicologia (2018). *Resolução n. 09/2018*. Brasília: CFP.

Conselho Nacional de Trânsito (2012a). *Resolução n. 267/2008*. Brasília: Contran.

Conselho Nacional de Trânsito (2012b). *Resolução n. 283/2010*. Brasília: Contran.

Conselho Nacional de Trânsito (2012c). *Resolução n. 425/2012*. Brasília: Contran.

Conselho Nacional de Trânsito (2012d). *Resolução n. 80/1998*. Brasília: Contran.

Günther, H., Cristo, F., Neto, I., & Feitosa, Z.O. (Orgs.) (2014). *Pesquisas sobre comportamento no trânsito*. São Paulo: Casa do Psicólogo.

Hoffmann, M.H., Cruz, R.M., & Alchieri, J.C. (Orgs.) (2003). *Comportamento humano no trânsito*. São Paulo: Casa do Psicólogo.

Rozestraten, R.J.A. (1988). *Psicologia do Trânsito: conceitos e processos básicos*. São Paulo: EPU/Edusp.

Rueda, F.J.M. (2011). Psicologia do Trânsito ou avaliação psicológica no trânsito: Faz-se distinção no Brasil? In Conselho Federal de Psicologia (Org.). *Ano da avaliação psicológica: textos geradores* (pp. 103-114). Brasília: CFP.

Rueda, F.J.M. & Zanini, D.S. (2018). O que muda com a Resolução CFP n. 09/2018? *Psicologia: Ciência e Profissão, 38* (n. esp.), 16-27 [doi: http://doi.org/10.1590/1982-3703000208893].

27
Avaliação psicológica no contexto forense

Sonia Liane Reichert Rovinski

A avaliação psicológica quando acontece dentro do sistema de justiça pode ter diferentes objetivos, considerando a diversidade das funções dos profissionais que a executam. Esta avaliação pode ser feita não só por psicólogos que atuam nos Tribunais de Justiça, como também por aqueles que exercem sua prática em instituições de execução de penas ou de cumprimento de medidas socioeducativas em Conselhos Tutelares, em Centros de Referência Especializados (Creas), em ONGs, entre outros. Ainda temos os psicólogos que trabalham em consultório particular e recebem solicitações, tanto do Judiciário como de seus próprios pacientes, para a realização de avaliações e emissão de laudos e pareceres para instruírem processos judiciais (Brito, 2011).

Quando uma solicitação de avaliação psicológica chega do sistema de justiça é fundamental que o profissional, antes de iniciar seu trabalho, analise com cuidado a demanda que lhe é encaminhada, quem são os agentes que a solicitam, o propósito de tal pedido (que nem sempre fica explicitado no encaminhamento) e, principalmente, avalie o uso que estes agentes farão dos dados que lhes serão apresentados. De acordo com o Conselho Federal de Psicologia, nas Referências técnicas para atuação do psicólogo em Varas de Família (2010, p. 37), o problema "Não se trata, simplesmente, de perguntar como fazer ou quais instrumentos deve utilizar, mas, antes de tudo, para quê".

Em relação ao propósito dos pedidos de avaliação psicológica, podem-se diferenciar dentro do sistema de justiça dois grandes grupos de demandas. Por um lado, temos as solicitações que buscam responder a uma questão legal, com foco na identificação e/ou responsabilização do agressor ou culpado (p. ex., em casos de denúncia de abuso sexual, definições de guarda, destituição do poder familiar ou acolhimento institucional), por outro lado, a avaliação com o objetivo de orientar um serviço de atendimento ligado ao bem-estar da vítima, com vistas a levantar suas necessidades emocionais para serem trabalhadas em um acompanhamento psicossocial ou terapêutico, como nos casos de acolhimento ou acompanhamento psicoterápico de crianças e adolescentes em situações de violência. Ainda que, muitas vezes, não se possam isolar estas duas abordagens como totalmente independentes em suas práticas, deve-se diferenciar o enfoque clínico do forense, considerando a postura ética e a fundamentação teórica que sustentam cada uma destas abordagens, evitando que ambas sejam realizadas, de forma simultânea, pelo mesmo profissional.

Quando a demanda está relacionada a uma questão jurídica, a avaliação psicológica adquire a função de prova legal e o laudo decorrente da avaliação terá por finalidade discutir questões psicológicas que se mostram relevantes à matéria legal. Nesse caso, a avaliação se caracteriza por ser uma perícia psicológica forense, diferenciando-se das avaliações com fins de subsidiar atendimento às necessidades emocionais dos sujeitos, de foco essencialmente clínico. O objetivo final da avaliação pericial forense é o de fornecer subsídio para uma tomada de decisão legal, contribuindo para um melhor exercício da justiça.

Essa vinculação da avaliação com a matéria legal pode trazer riscos para o exercício de uma boa prática profissional. A literatura aponta a preocupação quanto ao caráter investigativo que a avaliação psicológica possa tomar, afirmando que esta última não pode ser reduzida a um simples ato de investigação, de modo a perder em sua riqueza e especificidade na compreensão daquele que é avaliado. Por esta questão autores chegam a propor que se evite o uso da expressão "diagnóstico psicológico jurídico", para outro mais adequado que seria "diagnóstico ou trabalho psicológico no âmbito jurídico", de maneira a evitar a falsa ideia de que existiria um modelo diagnóstico exclusivo para o uso no contexto judicial. Da mesma forma, esses autores salientam a inexistência de procedimentos rígidos para a realização das avaliações neste tipo de contexto, podendo variar de acordo com o caso e as demandas dele decorrentes (Brito, 2011; Miranda Jr., 2010).

O importante para o psicólogo que se inicia no trabalho é desenvolver habilidades que lhe permitam transitar nessa intersecção da Psicologia com o Direito, atendendo as demandas que lhe são ofertadas, sem prejuízo ao exercício ético da profissão. Conforme discutido por Rovinski (2013), o psicólogo que for atuar neste marco teórico deve possuir conhecimento não apenas da área psicológica que está investigando, mas também do sistema jurídico em que vai operar. Deve conhecer as jurisdições e legislação vigentes relacionadas ao seu objeto de estudo, bem como

as normas estabelecidas quanto à sua atividade pericial – tanto na legislação legal quanto nas determinações do seu órgão de classe. Nessa linha de discussão, Parker e Grisso (2011) especificam conhecimentos e habilidades necessárias aos profissionais que trabalham com este tipo de avaliação. Dentre as habilidades descritas por eles, entende-se ser da maior relevância a capacidade na tradução dos pontos de interesse dos agentes jurídicos em relação às teorias, construtos e comportamentos que podem ser observados pelos psicólogos e que teriam relevância legal para a questão jurídica em discussão. Os autores salientam a importância do psicólogo em discriminar o que pode do que não pode ser deduzido para a questão legal, sempre informando às autoridades sobre o limite da ciência psicológica. Na realização de um laudo ético é fundamental que o profissional consiga traduzir seus achados em evidências legais, sempre respeitando os limites da ciência. É de responsabilidade do profissional que o documento entregue seja inteligível aos leitores leigos, não deixando margem para interpretações que extrapolem o limite do que seus dados podem afirmar.

Entendendo a lógica dos procedimentos periciais

A prática do psicólogo como perito forense está sustentada na legislação legal que trata do sistema de justiça e nas determinações éticas emitidas pelo seu órgão de classe, o Conselho Federal de Psicologia. Na área legal, as atribuições do perito são definidas de forma genérica, tanto pelo Código de Processo Civil como pelo Código de Processo Penal, que não discriminam as especificidades das áreas profissionais daqueles que realizam a perícia. Essa falta de especificidade da matéria acaba resultando em algumas incompatibilidades com a prática da profissão do psicólogo, principalmente no que se refere à relação entre peritos e assistentes técnicos. Neste caso, deve o psicólogo buscar a resolução 08/2010, que "Dispõe sobre a atuação do psicólogo como perito e assistente técnico no Poder Judiciário", bem como o Código de Ética Profissional do Psicólogo (2005) para orientar sua prática profissional. Matéria que não será discutida neste capítulo por extrapolar seus objetivos.

Na área judicial, a perícia é considerada como um meio de prova produzida por um especialista na matéria. O conceito jurídico de perícia fica definido como "exame de situações ou fatos relacionados a coisas e pessoas, praticado por especialista na matéria que lhe é submetida, com o objetivo de elucidar determinados aspectos técnicos" (Brandimiller, 1996, p. 25). A perícia não tem a pretensão de ser a verdade dos fatos, mas uma visão técnica do problema; assim, está sujeita a uma análise minuciosa por parte daqueles que estão envolvidos no litígio, pelos agentes jurídicos e, inclusive, por outros psicólogos que ingressam na dinâmica processual no papel de assistentes técnicos das partes litigantes. A perícia necessita sempre de uma requisição formal por autoridade competente, isto é, para que tenha valor de prova técnica precisa ser requisitada por delegado ou promotor de Justiça na fase pré-processual ou investigativa, e por juiz na fase processual propriamente dita (Rovinski, 2013; Silva, 2012).

Para os psicólogos iniciantes, é importante compreender a dinâmica processual na qual será inserida sua avaliação pericial. No Brasil, todo processo contencioso deve respeitar o princípio do contraditório, definido no art. 5º, LV, da Constituição Federal de 1988 (CF, 1988), que

confere aos litigantes (autor, réu), em processo judicial ou administrativo, o direito de se manifestar sobre as provas e de contraditá-las, com o objetivo de convencer o juiz da verdade que as partes conseguem trazer aos autos – chamada de *verdade formal*, que nem sempre corresponde à *verdade material*. Assim, uma vez inserido o laudo pericial no processo, este passa a ser analisado pelas partes, podendo ser contestado através de quesitos e pareceres sobre as questões controversas. Cabe ao perito não só realizar um laudo fundamentado em estudos técnicos especializados na literatura científica, como esclarecer posteriormente as divergências que poderão vir a serem apontadas. O debate entre peritos e assistentes técnicos deve se manter dentro da ética profissional, oferecendo subsídios para que o juiz elabore seu convencimento e julgue de forma adequada a matéria legal (Silva, 2012).

Características da avaliação pericial forense

Para Tavares (2012), a avaliação psicológica não pode ser reduzida a uma simples interação entre as características do sujeito (visão parcial do sujeito) e características técnicas dos procedimentos empregados (visão parcial da técnica). O reducionismo implicaria a exclusão de outros fatores advindos da complexidade da tarefa, como aqueles do contexto de encaminhamento ou da subjetividade do avaliado e do avaliador. Os diferentes fatores de influência precisam ser considerados desde o planejamento dos procedimentos de avaliação até a interpretação dos dados.

No contexto forense, a demanda é, sem dúvida, o primeiro e o mais importante fator de influência a ser considerado. Diferente da avaliação no contexto clínico, a avaliação forense tem por foco contribuir para a elucidação de uma questão legal. Dessa forma, traz desafios ao psicólogo acostumado à abordagem terapêutica na medida em que desloca o foco das necessidades do cliente para outros de repercussão jurídica. Ainda que o estado mental do sujeito seja sempre a matéria de interesse da avaliação em ambos os contextos, na área forense deve ultrapassar o diagnóstico e a compreensão do mundo interno para dirigir-se a eventos que são definidos de forma mais restrita ou a interações de natureza não clínica, decorrentes da demanda judicial (Rovinski, 2013). Por exemplo, em um processo de destituição do poder familiar, cuja perícia se dirige às condições de maternagem de uma mãe em relação a seu filho, é necessário que se avaliem suas condições emocionais, mas, de forma diferente do contexto clínico, exige-se que estes achados sejam discutidos em relação aos construtos legais a que se encontram relacionados e ao contexto de vida em que esta maternagem é exercida.

Apesar de os métodos utilizados em ambas as avaliações serem os mesmos (ex.: entrevistas e testes), o resultado final da avaliação pericial terá um alcance que ultrapassa o diagnóstico acurado de uma condição emocional, para servir de base a decisões que podem definir a liberdade de uma pessoa ou o bem-estar da sociedade (Huss, 2011). A identificação de estados psicopatológicos só será de interesse se apresentar repercussões quanto à demanda legal que lhe deu origem, diferenciando-se do contexto clínico, quando se converte no eixo central de intervenção (Echeburúa, Muñoz, & Loinaz, 2011).

Para Grisso (2003), as principais críticas feitas aos laudos de perícia psicológica dizem respeito a esta passagem dos dados clínicos para inferências em relação à questão legal, quando não seriam respeitados os limites éticos da avaliação psicológica. Para o autor, os profissionais costumam cometer três tipos de erros: por ignorância ou irrelevância (quando as conclusões são justificadas por um critério legal errado), por intromissão na matéria legal (quando o profissional busca reformular construtos jurídicos impondo suas teorias psicológicas), e por insuficiência ou incredibilidade das informações prestadas (quando não há evidências suficientes às suas conclusões). Nessa questão das inferências, o Conselho Federal de Psicologia, através da Resolução 08/2010, adverte que o psicólogo não deve adentrar nas decisões legais, que são exclusivas às atribuições dos magistrados.

Uma segunda área de diferenciação da avaliação pericial forense em relação à clínica diz respeito ao tipo de relação que se estabelece entre o avaliador e o avaliado. No contexto forense, o avaliado chega por um encaminhamento feito por uma autoridade competente, não sendo uma procura voluntária de sua parte. Seu interesse restringe-se a obter dados que satisfaçam seus interesses processuais. Em função desse caráter coercitivo e do potencial dano ou ganho causado pela avaliação, surgirão problemas no nível de cooperação e da veracidade das alegações no processo de avaliação (Machado & Abrunhosa Gonçalves, 2011). Os autores comentam que a resistência consciente e a mentira são fenômenos frequentes nesse tipo de avaliação, mas que não devem ser alvo de valoração moral. O importante é o psicólogo compreender que esses fenômenos perpassam por todas as avaliações do contexto forense e necessitam ser ultrapassados por estratégias específicas, desenvolvidas para minimizar o problema. Cabe ao avaliador ocupar um espaço mais ativo, podendo ser mais incisivo na busca de informações e no enfrentamento de contradições e inconsistências.

Outro aspecto a ser considerado é a artificialidade da avaliação na medida em que o perito terá que inferir sobre as condutas do periciado em contextos que extrapolam o *setting* avaliativo. É importante que se obtenha uma história de vida bastante detalhada do avaliado, para que se possam relacionar os achados (principalmente aqueles de testagem psicológica) com seus comportamentos manifestos na vida real. A falta de uma validade ecológica dos achados pode ainda se tornar mais significativa em função do viés cultural que separa avaliado do avaliador. Quando há diferenças socioeconômicas e culturais importantes, é essencial que o psicólogo fique atento à sua formulação de juízos de valor implícitos em relação aos seus periciados. É fundamental que os instrumentos utilizados no processo avaliativo estejam ajustados às características da população que seu avaliado corresponde (Machado & Abrunhosa Gonçalves, 2011).

Da mesma forma como o psicólogo deve estar atento às influências de sua subjetividade no processo avaliativo, deve considerar as influências da subjetividade do avaliado decorrentes da compreensão que possui do processo a que está sendo submetido. A experiência com sujeitos de contextos sociais desfavorecidos, em processos da Vara da Infância e Juventude, mostra que, muitas vezes, estes comparecem para a perícia com informações distorcidas sobre os procedimentos a serem realizados, sobre o objetivo da avaliação e com pouca informação sobre seus direitos. Assim, mantêm uma postura submissa ou até agressiva, que pode ser erroneamente interpretada pelo perito quando a relaciona a causas diferentes daquelas em que se encontram vinculadas. Para Tavares (2012), o avaliado vai reagir frente a seu entrevistador de acordo com a percepção que construiu sobre a demanda e o processo que irá se submeter. Por isso, é de fundamental importância que se esclareçam os objetivos do trabalho desde o início da avaliação, de forma a motivá-lo a participar mais colaborativamente dentro de uma perspectiva real da avaliação. Para Machado e Abrunhosa Gonçalves (2011), é necessário que o perito avalie sempre a motivação do periciado em relação ao processo judicial, descrevendo seu nível de participação em relação aos demais achados do laudo pericial entregue à autoridade que o solicitou, explicitando se o nível de colaboração pode ter trazido riscos à validade dos dados colhidos.

Considerando a necessidade de uma maior segurança aos dados informados aos agentes jurídicos e os constantes riscos à veracidade das informações, é importante que a metodologia utilizada no processo avaliativo não se restrinja ao discurso do avaliado, mas inclua todas as fontes que se fizerem necessárias para a compreensão do caso. Para Packer e Grisso (2011), o psicólogo perito deve também considerar a possibilidade de erro inerente a seus métodos de investigação. Assim, é indicado que possa cruzar informações de diferentes fontes, seja de entrevistas com terceiros ou diferentes tipos de instrumentos psicológicos. Machado e Abrunhosa Gonçalves (2011) indicam a utilização de estratégias de avaliação multimétodo, a triangulação dos informantes e a checagem da simulação, através dos indicadores de instrumentos e de achados discutidos na literatura.

Cabe lembrar que familiares chamados para complementar dados de história do periciado podem, muitas vezes, compartilhar da motivação para a distorção de informações que são trazidas ao processo. No entanto, é difícil que ambos (avaliado e familiares) possam verbalizar da mesma forma uma falsificação, permitindo que o perito identifique contradições que possam ser, posteriormente, avaliadas e confirmadas em sua veracidade. A identificação de condutas simuladoras na entrevista é sempre um fator de risco, pois não existem indicadores inequívocos para confirmá-las. Os estudos sugerem que o perito fique atento a manifestações que se mostrem atípicas ao que é esperado para cada tipo de diagnóstico. Assim, uma apresentação dramatizada ou excessivamente cautelosa, inconsistência nos relatos dos sintomas ou confirmação de sintomas óbvios podem ser considerados como indicadores de possível simulação. Para checá-los os autores sugerem que o perito use mais perguntas abertas (perguntas fechadas permitem a confirmação de sintomas) e prolongue a entrevista, gerando cansaço. Quando a inconsistência de resultados é encontrada em instrumentos psicológicos, sugere-se que estes sejam reaplicados algum tempo depois para confirmar se os comportamentos manifestados se mantêm iguais. O perito deve lembrar que a simulação é sempre uma criação por parte do avaliado, por isso não pode ser reduzida a indicadores inequívocos; mas, por outro lado, esta característica exige por parte do periciado esforço para manter o mesmo tipo de comportamento nas diferentes situações propostas pelo psicólogo, sendo mais difícil de ser mantida de forma consistente quando aumenta a complexidade e diversidade das tarefas (Rovinski, 2013).

O uso de instrumentos de avaliação psicológica na perícia forense segue as mesmas orientações básicas consideradas em outros contextos, quando os testes devem contribuir na compreensão do problema, mas nunca ser a resposta direta à demanda – no caso, o resultado de um teste nunca será a resposta a uma questão legal. A decisão de utilizar instrumentos psicológicos na perícia deve contemplar requisitos específicos para a questão forense, tais como: a) a escolha do teste precisa ser sustentada em sua relevância à questão legal específica que motivou o pedido de avaliação; b) considerar sempre a natureza hipotética dos resultados do teste, buscando ajustar os dados obtidos à própria história de vida do periciado; c) considerar as limitações na reconstrução de contextos, buscando outras fontes de informações para a validade ecológica; d) considerar a validade aparente, quando devem ser escolhidos os instrumentos que possuem maior aceitabilidade pela comunidade que receberá os resultados (Melton et al., 1997).

A prática da perícia psicológica em nossa realidade brasileira deve considerar, também, que o uso dos testes está regulamentado pelo Conselho Federal de Psicologia, através da Resolução 09/2018 e pelo Sistema de Avaliação dos Testes Psicológicos – Satepsi. Na resolução fica definido o conceito e a utilização dos instrumentos, exigindo-se que estes sejam aprovados pela comissão de avaliação do Satepsi. O psicólogo deve consultar de forma sistemática o site do CFP a fim de verificar se o instrumento que pretende utilizar encontra-se na lista de aprovados, pois esta lista se modifica constantemente. Se na época da utilização do instrumento este não se encontrava aprovado, há justificativa para invalidação da perícia como prova técnica.

Sintetizando as questões metodológicas, podemos afirmar que as estratégias utilizadas na perícia, seja através de entrevistas ou de instrumentos psicológicos, devem sempre buscar a produção de dados relevantes para a matéria legal, voltados às habilidades funcionais que estão sendo questionadas no processo (capacidade para trabalhar, para cuidar de um filho, para administrar sua própria vida etc.). As estratégias devem estar disponíveis, devem ser éticas, práticas e aceitas no contexto profissional e social. Devem ser evitados modelos padronizados de investigação, para valorizar aqueles que se dirigem às necessidades do caso em questão, tanto em relação ao sujeito avaliado como em relação às questões legais envolvidas. As características do contexto forense exigem o uso de múltiplas fontes de informação, preferencialmente que cubram as áreas de autoinforme, testes psicológicos e informações de terceiros. Ficam valorizados prontuários, relatos de atendimentos em outros serviços, como de Conselho Tutelar ou Creas. Informações contraditórias devem ser valorizadas e compreendidas em sua complexidade, pois o periciado pode manifestar comportamentos diversos em diferentes circunstâncias. Por fim, a integração dos dados deve ir além da simples confirmação de hipóteses, para buscar refutar a não confirmação de hipótese. Isto é, o psicólogo na área forense não pode partir de pressupostos de verdade. Apenas quando ele pode descartar os argumentos que contestam sua hipótese, pode vir a afirmá-la com mais segurança, como aquela que representa o resultado final de seus achados (Rovinski, 2013).

Ética e avaliação pericial forense

A prática da perícia psicológica, da mesma forma como todas as outras práticas do psicólogo, deve respeitar os princípios éticos, de forma a não trazer prejuízos aos seus avaliados. O profissional deve considerar o Código de Ética Profissional do Psicólogo (2005) quanto a seus deveres e responsabilidades, bem como a Resolução 08/2010 do CFP, na especificação da prática dos princípios deontológicos na área forense. A integração destas orientações será apresentada a seguir conforme discussão já apresentada por Rovinski (2017).

Na área das relações com o cliente, o Código de Ética veda ao psicólogo "Ser perito, avaliador ou parecerista em situações nas quais seus vínculos pessoais ou profissionais, atuais ou anteriores, possam afetar a qualidade do trabalho a ser realizado ou a fidelidade aos resultados da avaliação" (art. 2º, letra "k", CFP, 2005). Essa limitação é especificada na Resolução 08/2010 (CFP, 2010), quando veda ao profissional psicoterapeuta: a) atuar como perito ou assistente técnico de pessoas atendidas por ele e/ou de terceiros envolvidos na mesma situação litigiosa; b) produzir documentos advindos do processo psicoterápico com a finalidade de fornecer informações à instância judicial acerca das pessoas atendidas, sem o consentimento formal destas últimas, com exceção de Declaração. A orientação ética busca impedir, principalmente, que se confundam os vínculos terapêuticos com os de trabalho pericial. Isto porque, no primeiro caso, existe um contrato de sigilo que ao ser estabelecido não poderá ser rompido por outro que não tenha essa mesma abrangência. Portanto, estabelecido o vínculo terapêutico com a pessoa do atendido, independentemente do tempo que possa ter transcorrido desse atendimento, o profissional não podcrá mais exercer frente ao paciente o papel de perito ou parecerista.

Na questão referente ao sigilo profissional, a princípio o psicólogo está compromissado em manter "a confidencialidade, a intimidade das pessoas, grupos ou organizações, a que tenha acesso no exercício profissional" (art. 9º, CFP, 2005). No entanto, são citadas situações de quebra de sigilo quando "previsto em lei" ou baseado na "decisão na busca do menor prejuízo", momento em que o psicólogo deve se restringir a prestar "as informações estritamente necessárias" (art. 10°, CFP, 2005). No caso da avaliação psicológica solicitada pelo juízo (perícia), entende-se que ela se encontra nas situações previstas em lei, porque tem por objetivo trazer informações para a tomada de decisão. O sigilo, aqui, ficaria restrito a uma comunicação de dados que tenha relevância para a matéria legal. Todavia, para garantir procedimentos éticos em todo processo avaliativo, é necessário que o psicólogo forense comunique ao seu cliente as limitações do sigilo na relação que estão estabelecendo antes de iniciar a coleta de dados, quando aquele poderá decidir de forma voluntária sobre o que vai ou não comunicar ao perito.

Em relação à devolução dos resultados da avaliação, diz o art. 1°, par. "g" (CFP, 2005), que o psicólogo deve "Informar, a quem de direito, os resultados decorrentes da prestação de serviços psicológicos, transmitindo somente o que for necessário para a tomada de decisões que afetem o usuário ou beneficiário". No caso forense, a devolução deve ser feita à autoridade competente que solicitou a perícia, isto é, se o pedido de uma avaliação for feito pelo juiz, é a ele que os resultados devem ser remetidos, cabendo-lhe, posteriormente, dar ciência do documento às partes envolvidas no processo. Nesse caso, não estaria o psicólogo se abstendo da devolução, mas apenas encaminhando-a a quem é de direito, o receptor do processo.

Nada impede que o psicólogo forense se coloque à disposição do avaliado para o esclarecimento de dúvidas em relação ao laudo, mas apenas após o mesmo tornar-se público em audiência com o juiz ou através de publicação oficial. Deve o psicólogo tomar cuidado para não criar uma via de comunicação independente ao processo judicial, quando deixaria seu papel de assessor dos agentes jurídicos para assumir a coordenação da dinâmica processual. Esse tipo de atitude extrapolaria a função da perícia e colocaria o profissional frente a situações que não poderia manejar.

Para que os princípios éticos sejam respeitados é importante que o psicólogo mantenha cuidados na aplicação da metodologia em todas as etapas da avaliação pericial. Estes cuidados foram sintetizados por Rovinski (2013) a partir da revisão da literatura que trata sobre este tema, em três momentos do processo avaliativo: pré-avaliação, durante a avaliação e pós-avaliação. Na pré-avaliação, ou preparação da perícia, deve o psicólogo identificar a questão de relevância legal e clarificar suas determinações. Uma vez identificado o foco, deve considerar sua própria competência para realizar o processo avaliativo, assim como considerar possíveis conflitos de interesse que possam colocar em risco o trabalho, quando deve declinar do mesmo. Deve estabelecer o valor de seu trabalho, se este já não estiver previamente definido pela justiça. Deve prever um modelo de coleta de dados, de forma a definir quem será entrevistado e a sequência das entrevistas e possível utilização de instrumentos. Este planejamento, no entanto, pode vir a ser modificado no decorrer dos trabalhos.

No momento da avaliação propriamente dita, deve o profissional iniciar com esclarecimentos ao periciado dos objetivos da avaliação, dos limites de sua abrangência e do sigilo das informações prestadas, e de quem receberá o laudo final. É fundamental diferenciar os papéis de perito e de terapeuta, que o periciado possa vir a confundir. Este procedimento inicial de esclarecimento corresponde ao consentimento informado, que no caso da perícia oficial pode ou não vir a ser assinado pelo periciado. O importante é que as informações necessárias sejam repassadas ao mesmo. É fundamental também que o avaliado seja motivado a participar, considerando os inúmeros fatores coercitivos existentes na perícia. Os procedimentos devem considerar as múltiplas fontes de informação, sempre voltadas para a busca de informações relevantes para a matéria legal. Devem-se garantir as condições mínimas do *setting* avaliativo.

No momento posterior à coleta de dados, os cuidados éticos estão relacionados a dois tópicos: interpretação dos dados e comunicação dos dados. A interpretação dos dados deve considerar a cooperação do avaliado durante os procedimentos, relacionando seu comportamento com as informações de terceiros e dados de testagem. Todos os dados colhidos devem ser organizados numa perspectiva idiossincrática. Os dados normativos fornecem apenas informações comparativas com grupos semelhantes. O perito deve usar o raciocínio científico para justificar relações causais e fundamentar suas conclusões nos achados que foram descritos. Os dados informados devem ter pertinência à matéria legal, ainda que o psicólogo deva abster-se de respondê-la diretamente, mantendo-se nos limites da ciência. Deve referir as fontes de informação relacionadas aos dados coletados e evitar linguagem excessivamente técnica que possa dificultar a compreensão das informações apresentadas aos leitores leigos.

A elaboração do relatório sobre os achados da avaliação

No contexto forense, a previsão do tipo de documento a ser entregue pelo perito, em decorrência de seu trabalho técnico, é o laudo. O novo Código de Processo Civil (CPC, 2015), no art. 465, especifica que "O juiz nomeará perito especializado no objeto da perícia e fixará de imediato o prazo para a entrega do laudo". Algumas regras para a apresentação deste documento são ainda especificadas no art. 473, que exige: a) a exposição do objeto da perícia; b) a análise técnica ou científica realizada pelo perito; c) a indicação do método utilizado; d) e uma resposta conclusiva aos quesitos apresentados pelo juiz, pelas partes e pelo órgão do Ministério Público.

No Brasil, a elaboração dos documentos técnicos pelo psicólogo está prevista pela Resolução 07/2003, do Conselho Federal de Psicologia, que trata do Manual de elaboração de documentos escritos produzidos pelo psicólogo. Nesta resolução são apresentados quatro tipos de documentos, estando dentre eles o Relatório/Laudo psicológico, que atende as exigências do novo CPC. Portanto, pode o psicólogo perito seguir as normativas desta resolução para a elaboração do laudo a ser entregue ao juiz, pois não encontrará problemas de incompatibilidade entre as determinações legais e as de seu conselho de classe.

A Resolução 07/2003 traz princípios norteadores da linguagem escrita. A orientação é que os documentos apresentem redação bem estruturada e definida para o que se quer comunicar. Deve ter uma ordenação que possibilite uma boa compreensão pelo leitor do documento, o que é fornecido pela estrutura, composição de parágrafos ou frases, além da correção gramatical. O emprego de frases e termos deve ser compatível com as expressões próprias da linguagem profissional, garantindo a precisão da comunicação, evitando a diversidade de significações da linguagem popular, considerando a quem o documento será destinado. A comunicação deve ainda apresentar como qualidades: a clareza, a concisão e a harmonia.

A estrutura do documento Laudo, conforme proposto pela resolução, diz respeito a cinco seções: a) Identificação; b) Descrição da demanda; c) Procedimentos; d) Análise; e) Conclusão. A estrutura carece de especificações relacionadas às diferentes áreas de trabalho. Assim, há necessidade de se adaptar as diferentes seções ao contexto forense, conforme se apresentará a seguir. Na seção Identificação fica previsto informar quem elabora o documento, quem o solicita e a razão ou finalidade do mesmo. Devem ser acrescentadas, ainda, informações a respeito do processo, como seu número, vara judicial onde tramita e o juiz que solicitou a perícia, bem como dados sobre as partes que litigam e que são objeto de avaliação. Na Descrição da demanda, a orientação é que se apresentem os motivos que geraram o pedido de avaliação, que no caso forense deve direcionar-se aos principais fatos processuais que geraram o pedido de perícia, geralmente encontrados na petição inicial do processo. Na seção Procedimentos não há necessidade de adaptações, apenas uma preocupação maior quanto ao detalhamento dos procedimentos e técnicas utilizadas. Esta parte do laudo refere-se às fontes de informação; portanto, devem incluir todas que foram utilizadas, inclusive contatos com escola ou clínicas de saúde. Também devem ser referidas as fontes que não foram obtidas e que se faziam necessárias, de forma a discutir, posteriormente, a limitação dos achados. A seção Análise constitui-se em uma exposição descritiva de forma metódica, objetiva e fiel dos dados colhidos e das situações vividas relacionadas à demanda. No contexto forense torna-se importante apresentar de forma independente os dados colhidos das inferências destes à questão legal. Assim, devem ser criadas duas subseções de análise. Na primeira devem ser apresentados os dados brutos, com breve síntese da história colhida nas entrevistas e dos dados objetivos de testagem. Na segunda subseção deve-se apresentar a compreensão psicológica destes dados, possíveis diagnósticos clínicos, se houverem, e suas repercussões à matéria legal, podendo-se incluir referências teóricas. Após, finalizar com a seção Conclusão, onde deve ser apresentado o posicionamento do perito, com suas hipóteses psicológicas de relevância à matéria legal. Todo posicionamento precisa estar fundamentado nos dados que foram apresentados anteriormente no documento e se manter nos limites da ciência. Suas conclusões, ainda que relacionadas à matéria legal, nunca devem se constituir em uma tomada de decisão judicial, que cabe em última instância ao juiz.

Por fim, deve-se acrescentar que na Resolução 07/2003 (CFP) não há referências sobre a resposta a quesitos no documento Laudo. Estes, no entanto, são formulados ao perito antes mesmo do início da perícia e devem ser respondidos por ele. Os quesitos são respondidos imediatamente após a seção Conclusão, de modo sintético e convincente. Se não houver dados para a resposta aos quesitos ou se o perito não puder ser categórico, deve usar a expressão "sem elementos de convicção". Quando houver quesito malformulado, deve responder "prejudicado"; ou se extrapolarem os fundamentos da ciência psicológica, pode-se usar o termo "extrapola o escopo da perícia".

Considerações finais

A avaliação psicológica no contexto forense trará sempre algum tipo de repercussão aos direitos legais daquele que é avaliado. Portanto, cuidados éticos precisam ser tomados em todas as fases de realização do processo avaliativo. O profissional deve ter especial atenção aos fatores de interferência relacionados à sua capacitação técnica, ao papel que desempenha, seu instrumental de trabalho e às limitações da ciência quanto ao que pode ou não afirmar aos agentes jurídicos. É indicado aos que se iniciam nesta área de trabalho que busquem uma boa formação na área da avaliação psicológica, bem como busquem os subsídios necessários para compreender o funcionamento das instâncias judiciais onde seu trabalho será inserido. Devido à complexidade das situações de demandas na área forense, é sugerido que os primeiros casos sejam supervisionados com profissionais mais experientes no assunto.

Referências

Brandimiller, P.A. (1996). *Perícia judicial em acidentes e doenças do trabalho*. São Paulo: Senac.

Brito, L.M.T. (2011). Avaliação psicológica no contexto das instituições de justiça. In Conselho Federal de Psicologia. *Ano da Avaliação Psicológica – Textos geradores* (pp. 85-88). Brasília: CFP.

Conselho Federal de Psicologia (2003). *Institui o Manual de Elaboração de Documentos Escritos produzidos pelo psicólogo, decorrentes de avaliação psicológica e revoga a Resolução CFP 17/2002 – Resolução CFP 07/2003*. Brasília: CFP.

Conselho Federal de Psicologia (2005). *Código de Ética Profissional dos Psicólogos – Resolução CFP 10/2005*. Brasília: CFP.

Conselho Federal de Psicologia (2010a). *Referências técnicas para a atuação do psicólogo em Varas de Família/CFP*. Brasília: CFP.

Conselho Federal de Psicologia (2010b). *Dispõe sobre a atuação do psicólogo como perito e assistente técnico no Poder Judiciário – Resolução CFP 08/2010*. Brasília: CFP.

Echeburúa, E., Muñoz, J.M., & Loinaz, I. (2011). La evaluación psicológica forense frente a la evaluación clínica: propuestas y retos de futuro. *International Journal of Clinical and Health Psychology, 11*(1), p. 141-159.

Huss, M.T. (2011). *Psicologia Forense – Pesquisa, prática clínica e aplicações*. Porto Alegre: Artmed.

Machado, C. & Abrunhosa Gonçalves, R. (2011). Avaliação psicológica forense: características, problemas técnicos e questões éticas. In M. Matos, R. Abrunhosa Gonçalves, & C. Machado. *Manual de Psicologia Forense: contextos, prática e desafios* (pp. 15-29). Braga: Psiquilíbrios.

Melton, G., Petrila, J., Poythress, N., & Slobogin, C. (1997). *Psychological evaluation for the court* (2a. ed.). Nova York: Guilford.

Miranda Junior, H.C. (2010). *Um psicólogo no tribunal de família: a prática na interface direito e psicanálise*. Belo Horizonte: Arte Sã.

Parker, I.K. & Grisso, T. (2011). *Specialty Competencies in Forensic Psychology*. Nova York: Oxford.

Rovinski, S.L.R. (2013). *Fundamentos da perícia psicológica forense* (3a. ed.). São Paulo: Vetor.

Rovinski, S.L.R. (2017). Avaliação psicológica no contexto legal. In M.R.C. Lins & J.C. Borsa. *Avaliação psicológica: aspectos teóricos e práticos* (pp. 414-426). Petrópolis: Vozes.

Silva, D.M.P. (2012). *Psicologia Jurídica no Processo Civil Brasileiro* (2a. ed.). Rio de Janeiro: Forense.

Tavares, M. (2012). Considerações preliminares à condução de uma avaliação psicológica. *Avaliação Psicológica, 11*(3), 321-334.

28
Violência: instrumentos para identificação, rastreio e avaliação

Lelio Moura Lourenço

Thiago Virgílio da Silva Stroppa

Luciana Xavier Senra

Introdução

O presente capítulo se ocupa do preocupante fenômeno da violência e dos instrumentos que visam avaliá-lo/mensurá-lo. Para isso discorre-se sobre a violência, suas características e tipologia para, posteriormente, enumerar e descrever algumas formas específicas de violência; apresentar a importância da avaliação da mesma e elencar alguns instrumentos capazes de realizar tal tarefa, na tentativa de oferecer um panorama das possibilidades de estratégias que podem ser traçadas com intuito de intervir junto ao fenômeno, bem como para prevenir novas ocorrências.

Embora existam dificuldades para a definição e descrição da violência, de acordo com Waiselfisz (2012), existem alguns elementos que podem ser apontados objetivando esta conceituação, estes são: o dano que se produz em indivíduo ou grupo de indivíduos pertencentes à determinada classe ou categoria social, gênero ou etnia; e a noção de coerção ou força. Sendo assim, o autor entende que a violência ocorre quando "em uma situação de interação, um ou vários atores agem de maneira direta ou indireta, maciça ou esparsa, causando danos a uma ou a mais pessoas em graus variáveis, seja em sua integridade física, seja em sua integridade moral, em

suas posses, ou em suas participações simbólicas e culturais" (Waiselfisz, 2012, p. 8).

A definição que a Organização Mundial da Saúde (OMS) apresenta para a violência é, do mesmo modo, bem aceita para a compreensão do fenômeno, mas sobretudo a mais adotada e citada nos estudos sobre o tema. Para a OMS a violência é vista como o "uso intencional da força física ou do poder, em ameaça ou real, contra si próprio, outra pessoa, contra um grupo ou comunidade, que resulte ou tenha probabilidade de resultar em injúria, morte, dano psicológico, privação ou prejuízos no desenvolvimento" (Krug, Dahlberg, Mercy, Zwi, & Lozano, 2002, p. 5).

Quanto à tipologia do fenômeno destaca-se que a violência pode ser expressa de diversas formas, como por exemplo: psicológica, física, sexual, privação, negligência, financeira e patrimonial (Krug et al., 2002; Minayo, 2005). Ainda neste sentido a violência pode ser classificada também em três categorias: a) violência dirigida contra si mesmo ou autoinfligida; b) violência interpessoal; e, por fim, c) violência coletiva (Krug et al., 2002).

O presente capítulo refere-se especificamente à categoria da violência interpessoal, conforme a caracterização da OMS (Krug et al., 2002). As seções do texto que ora se apresenta têm por escopo salientar dados da literatura científica acerca desta categoria. A primeira seção compõe-se de informações relativas à violência envolvendo crianças e adolescentes, inclusive violência escolar e *bullying*. Por seu curso, a segunda seção abrange violência doméstica ou intrafamiliar, incluindo nesta modalidade a violência contra a mulher cometida por parceiros íntimos. Em cada uma destas, pretende ainda explanar instrumentos que podem auxiliar no rastreio e avaliação da gravidade destas formas de violência.

Nota-se que é nesta categoria (violência interpessoal) a maior evidência da proximidade dos conceitos e descrições dos estudos no âmbito da saúde pública, com os estudos desenvolvidos na área de Psicologia Social acerca da agressividade e violência. Dito de outro modo, a aproximação dos entendimentos mencionados, além de explicitar uma característica essencial para entendimento do fenômeno – intencionalidade –, mostra a importância de, sob o ponto de vista da Psicologia, conceber ainda aspectos ou atributos importantes para este mesmo entendimento, tais como a motivação, a expressão emocional de raiva, as funções executivas, as atitudes e a consciência evidenciadas em um comportamento agressivo e violento que no seguimento da Psicologia Social são compreendidos como sinônimos (Fiske & Taylor, 2017).

Antes de serem abordadas a importância da mensuração das diferentes formas de violência e a descrição dos instrumentos pertinentes, salienta-se também a necessidade de serem desenvolvidos mais estudos cujo público-alvo seja o perpetrador das atitudes e condutas agressivas e violentas. Raine (2015) tece importantes ideias e apresenta dados significativos a respeito de como uma pessoa se comporta, interpreta e sig-

nifica a agressividade de modo a colocar em ação diversas formas de violência contra outra pessoa, grupo, instituição e comunidade, episódica ou constantemente, tal como a criminalidade, a qual pode ser mais comumente analisada como violência urbana

Contudo, o citado autor, mesmo defendendo uma perspectiva que se pauta em um entendimento biológico e evolutivo da violência, traz contribuições multidimensionais para compreensão não somente do comportamento, mas dos processos psíquicos, dos traços de personalidade e dos processos de aprendizagem, principalmente de quem pratica a violência. Isto permite inferir, por exemplo, que as estratégias para mensuração da violência carecem de contemplar todas essas dimensões em relação ao agressor, dado que, predominantemente, as vítimas são as protagonistas de estudos e intervenções no tema da violência.

A referida inferência conduz ainda a uma breve explanação sobre os traços de personalidade e/ou os estudos dedicados aos transtornos de personalidade que evidenciam condutas agressivas, violentas e cruéis. Não cabe aqui discorrer sobre o tema personalidade, vista a existência de outros capítulos que o exploram minuciosamente, mas é importante citar os transtornos desafiador opositor (TOD) (percebido ainda na infância) e o transtorno de personalidade antissocial. Porém, este último com uma nuança muito mais problemática do que o primeiro, haja vista a torpeza e crueldade às quais pessoas (adultas predominantemente) que o possuem revelam em relação a outra pessoa, tamanha a falta de empatia e das emoções que a constituem (Raine, 2015). No TOD, são notáveis as frustrações e a incapacidade de lidar com elas, as reações intempestivas, a ausência de diplomacia emocional, desafio e oposição a contextos e regras, envolvimento em *bullying*, dentre outros problemas (Raine, 2015).

Em ambos os transtornos citados como ilustração de casos em que verifica-se associação com situações de perpetração com a violência, observa-se a importância de se avaliar e rastrear a violência em todas as suas formas de manifestações, com todas as pessoas envolvidas e em diferentes momentos do desenvolvimento e curso de vida, pois os sujeitos com TOD e/ou com transtorno de personalidade antissocial tendem a estar envolvidos, primeiro, com algum episódio conflituoso na vida escolar, por exemplo, e no curso de vida como um todo, revelando-se, posteriormente, um agressor de mulheres ou aquele comprometido por uso de drogas ilícitas e isolamento.

No que tange à identificação e à avaliação da gravidade da violência em diferentes âmbitos, salienta-se que elas se justificam e se fazem necessárias dados os impactos imediatos, de médio e longo prazos para os envolvidos, sobretudo as vítimas, as quais, quando os episódios não envolvem letalidade, evidenciam prejuízos nas relações interpessoais, institucionais, na saúde física e mental. Além disso, o fenômeno explicita ainda lesões físicas envolvendo acidentes por negligência e privação de cuidados; inadequação dos serviços de saúde para assistência das vítimas e subnotificação dos casos; e impedimento da vivência escolar devido à evasão e/ou coação para envolvimento dos adolescentes em gangues (Minayo, 2005; Souza, Valencia, Dahl, & Cavalcanti, 2011; Unicef, 2018).

Os instrumentos para compreensão, descrição, avaliação, diagnóstico e notificação do fenômeno são imprescindíveis, embora a complexidade seja histórica e, até mesmo, se mostre inovadora nas formas de manifestação, haja vista

a inegável e inevitável transformação da sociabilidade por meio das *social networks* e redes virtuais de relacionamento. Observa-se que estes dispositivos interferem e/ou viabilizam mediações destes relacionamentos, evidenciando-os como hostis, vexatórios, constrangedores e humilhantes, e, igualmente, com prejuízos graves para a vida das pessoas. O fenômeno, pois, manifesto e disseminado em ambiente virtual, fez do Brasil, no ano de 2018, o segundo país do mundo com maior número de crianças e adolescentes hostilizados e agredidos em ambiente de internet, dado que endossa a importância dos instrumentos (Ipsos, 2018; Unicef, 2018).

Violência/agressividade envolvendo crianças e adolescentes

De acordo com a literatura sobre o desenvolvimento humano no período compreendido como adolescência as mudanças físicas (inclusive da maturidade cerebral) e as psicossociais tendem a ser mais facilmente observadas em comportamentos impulsivos, agressivos e violentos (Habizang, Diniz, & Koller, 2014; Melo, Neto, Alchieri, & Figueiroa, 2015). Contudo, esta mesma literatura indica a importância da distinção das condutas consideradas aceitáveis ou normais deste momento do desenvolvimento daquelas devido a situações de negligência, abuso físico ou sexual, punição inconsistente e "disciplina relaxada", bem como por fatores de risco como "baixo nível socioeconômico, a baixa coesão familiar, a ausência de monitoramento das atividades dos filhos, a indiferença e os problemas familiares e escolares" (Melo, Neto, Alchieri, & Figueiroa, 2015, p. 1.862).

Dentre as condutas consideradas aceitáveis ou normais para o período, é possível citar a dificuldade de controlar os impulsos dado o processo de maturação do sistema nervoso central e, obviamente, das funções executivas e controle inibitório; assim como as denominadas "explosões emocionais", sobretudo de raiva, que desencadeiam em comportamentos agressivos, haja vista as novas circuitarias das comunicações neuronais do sistema límbico (uma das estruturas responsáveis pela expressão emocional e consolidação da memória) com o córtex frontal, estrutura com função também de inibir e controlar essas explosões. Na prática, isto é observado em mudanças repentinas do estado de humor, dificuldades de aprendizagem, agressividade, isolamento, dentre outras condutas (Bezerra, Gusmão, & Fermoseli, 2017).

Escala para Avaliação do Comportamento Agressivo em Adolescentes (Escovia)

É com base nestas referências, com respaldo no conceito de violência da OMS de 2002 e com referência teórica do Modelo Geral da Agressão de Anderson e Bushman (2002), o qual visa integrar as Teorias da Aprendizagem Observacional Cognitiva, a do processamento de informação da Huesmann, a Teoria Cognitiva Neoassociativa de Berkowitz para a compreensão de atos agressivos motivados a partir das estruturas do conhecimento e memórias provenientes de múltiplas fontes (individuais, sociais, ambientais, familiares etc.); que a Escala para Avaliação do Comportamento Agressivo de Adolescentes (Escovia) (Melo, Neto, Alchieri, & Figueiroa, 2015), foi validada para mensuração e avaliação do comportamento agressivo de adolescentes.

A escala Escovia mostrou evidência de validade como instrumento para a avaliação do comportamento agressivo de adolescentes. A análise

resultou em uma escala com 39 itens, sendo 20 da Fase A e 19 itens da Fase B, sete fatores e soluções de variância explicados por 53,7% na Fase A e 45,7% na Fase B (Melo et al., 2015).

A Fase A é composta por itens com descrição de tipos de cenas de comportamento violento na mídia e os quatro fatores abrangidos são: Fator 1: Violência percebida no âmbito comunitário (revela destrutividade, manifestação social da violência, a percepção da violência comunitária) com variância total de 4.3; Fator 2: Violência percebida no âmbito familiar (sinalização da necessidade de limites, a violência interpessoal e a percepção da violência familiar) com variância total de 2.4; Fator 3: Violência percebida no âmbito individual (sinaliza a falta de estrutura social, abandono, solidão e a percepção da violência individual) com variância total de 2.2; e, por fim, Fator 4: Violência percebida contra si mesmo (sinaliza a autoagressividade) com variância total de 1.8 (Melo et al., 2015).

A Fase B, composta por tipos de comportamento violento percebidos no dia a dia, apresenta a definição de três fatores: Fator 1: Limites, a falta de monitoramento familiar e problemas em casa apresentando variância total de 3.9; Fator 2: Brincadeira destrutiva, violenta, gangues de rua, diversão violenta para sair da rotina, percepção de si nas dimensões da violência comunitária, apresentando variância total de 2.8; Fator 3: A falta, as dificuldades vivenciadas e as tentativas de sair da dificuldade, a percepção de si nas dimensões da violência individual com variância total de 2.4 (Melo et al., 2015).

Os itens pertencentes ao questionário, tanto na fase A quanto na fase B, foram submetidos ao procedimento analítico do instrumento que consistiu na Análise Fatorial, com objetivo de verificar a dimensionalidade do instrumento, e foram confirmados através da sua carga fatorial sempre maior que 0,40 e pela plausibilidade teórica. O resultado do valor de Alfa, calculado para conjuntos de itens, foi acima de 0,80, considerado uma boa correlação item-total, confirmando evidências de validade pela estrutura interna (Melo et al., 2015).

Violência escolar e *bullying*

No que tange à violência que acomete a escola e seus atores, denominada na literatura por violência escolar ou *bullying* (Cézar, Passos, & Castilho, 2017), é importante considerar características e tipologias também envolvendo o ambiente virtual (Oliveira, Lourenço, & Senra, 2015). Segundo o Unicef (2018), sendo as crianças e os adolescentes os mais envolvidos em *cyberbullying*, essa modalidade de violência abrange, inclusive, o contexto escolar, o que aponta para o entendimento da violência escolar e *bullying* como

> o conjunto de atos e agressões, empregados sem motivação aparente e com intenção de humilhar, ameaçar, perseguir, controlar, ferir, coagir, ameaçar física, psicológica e sexualmente, depreciar, danificar e expor à condição vexatória indivíduos, grupos (alunos, professores, gestores e funcionários) e a instituição escolar, por meios presenciais ou virtuais (Senra, 2016).

As referidas características da violência e os comportamentos agressivos entre jovens no contexto escolar recebem grande atenção e repercussão na imprensa, tal como todas as demais formas de violência, visto que é considerada um fenômeno preocupante para a sociedade, seja pelo medo de que ela ocorra, seja pelos diversos impactos e o alto número de desfechos fatais. Quando se manifesta nas escolas torna-se necessária uma atenção particular, pois a escola deveria ser um ambiente voltado para a construção da cidadania, da autonomia e do conhecimento; entretanto, com a presença da violência, acaba por tornar-se um espaço não socializador e que impõe medo na comunidade em geral (Unicef, 2018).

O *bullying* pode ser entendido como uma forma específica de violência escolar, sendo um fenômeno mundial e alvo de grandes preocupações em todo o mundo decorrentes dos elevados riscos que acarreta para os envolvidos (Silva, Oliveira, Lamas, & Barbosa, 2011). O *bullying*, especificamente, é definido como a exposição de uma pessoa à intimidação e às ações negativas repetidas ao longo do tempo, por parte de uma pessoa ou um grupo que constitui seus pares mediante as quais não tem como se defender. Sendo assim, entende-se que o *bullying* possui três características fundamentais na sua definição, que são: ações negativas com comportamentos agressivos intencionais e não desejados por parte da vítima; padrão de ação repetitivo e permanente e, por fim, o desequilíbrio de poder ou força (Hutchings & Clarkson, 2015, Olweus, 2011; Senra, 2012).

Tendo em vista as breves considerações referentes à violência escolar, interessa ressaltar a relevância de instrumentos que identifiquem e que possam avaliar a gravidade dos impactos para os envolvidos. Os instrumentos ora aqui apresentados foram elencados junto à literatura científica sobre o tema por meio de buscas em algumas bases eletrônicas de dados como *GoogleSchoolar, Eric, Redalyc, PsycInfo, Dialnet e Web of Science*, com a associação do descritor *school violence* com *bullying instrument, scale, questionaire, measurement* e *assessment*, abrangendo publicações entre os anos de 2000 e 2018. Entre as publicações catalogadas eleitas para a análise, isto é, aquelas que tinham por objetivo principal a identificação, rastreio e avaliação da gravidade da violência escolar e *bullying*, foi possível elencar os instrumentos que se seguem.

Bateria de Escalas de Violência Escolar (Bevesco)

No que tange à temática da violência escolar aponta-se como um instrumento para avaliação e rastreio do fenômeno a Bateria de Escalas de Violência Escolar (Bevesco). A Bevesco foi elaborada a partir do desenvolvimento de pesquisas junto ao Nevas (Núcleo de Estudos em Violência e Ansiedade Social) e apresentou evidências de validade para alunos do Ensino Fundamental (sexto, sétimo, oitavo e nono anos) e do Ensino Médio (primeiro, segundo e terceiro anos). Trata-se de uma bateria de escalas de autorrelato, as quais avaliam situações de vitimização, perpetração e observação de violência escolar. A Bevesco consiste em três escalas (vítima, perpetrador e observador) que investigam o fenômeno da violência escolar através de itens de violência física, ameaça e assédio sexual, violência psicológica e moral; danos patrimoniais, institucionais e pessoais, e coação; e, *cyber*-agressões, que envolvem todos os atores da comunidade escolar (alunos, professores, funcionários e gestores) (Senra, 2016).

Embora seja uma bateria composta de três escalas, as subescalas podem ser utilizadas de modo independente, ou seja, não possui a obrigatoriedade do uso simultâneo das três, o que tende a favorecer o desenvolvimento de estudos sobre as diferentes formas de atuação em V.E. Além disso, a Bevesco conta com 52 itens no total, que são respondidos pelos próprios alunos em escala do tipo *Likert* de quatro pontos

(nunca, poucas vezes, muitas vezes, sempre) e os escores para o tipo de atuação na violência escolar são obtidos por meio do somatório dos itens (Senra, 2016).

A primeira escala, para vítimas, possui 22 itens divididos em dois componentes, sendo $\alpha = 0.88$ para o componente ultraje psicológico e danos morais, com 12 itens; e de $\alpha = 0.84$ para o componente injúria, ameaça e violação física e sexual, com 10 itens. A segunda escala, de perpetradores, possui apenas um componente (violação física, sexual e psicológica e danos patrimoniais e pessoais) com 19 itens, sendo o coeficiente de confiabilidade com $\alpha = 0.85$. A terceira e última escala, a de observador, possui 17 itens divididos em dois componentes. O coeficiente de confiabilidade foi representado por meio do *alpha* de *Crombach*, sendo $\alpha = 0.826$ para o componente coação e danos patrimoniais institucionais e pessoais, com 12 itens; e $\alpha = 0.741$ para o componente *cyber*-agressões com 5 itens (Senra, 2016).

Questionário de Investigação de Prevalência de Violência Escolar (Qipve)

A partir da carência de instrumentos de investigação e da necessidade de avaliações precisas, Stelko-Pereira (2009) iniciou o desenvolvimento de um instrumento de avaliação de violência escolar, realizando a validade do mesmo e apurando a consistência interna dos itens cujas respostas estavam em escala *Likert*. O Questionário de Investigação de Prevalência de Violência Escolar (Qipve) foi criado de modo a investigar a violência escolar a partir de múltiplos informantes da escola, tendo quatro versões (alunos, professores, inspetores e diretores/coordenadores pedagógicos) (Stelko-Pereira, 2009; Stelko-Pereira, Williams, & Freitas, 2010).

Mais especificamente a versão estudantes do questionário Qipve foi composta de modo a verificar a violência física, a violência psicológica/emocional e a violência contra o patrimônio ocorrida na escola. Em linhas gerais, o instrumento é composto por 40 questões e mensura a frequência de violência na escola, quais os conteúdos de ameaças e xingamentos mais recorrentes, a percepção da existência de medidas de segurança por alunos, os motivos aparentes para a violência entre alunos, as consequências impostas pela escola a comportamentos agressivos dos alunos, a identificação de quais são os agressores mais frequentes, as pessoas a quem o aluno recorre quando tem problemas na escola e se apresenta comportamentos de risco. Para além disso, o questionário conta com questões abertas para permitir a livre-expressão dos respondentes e o instrumento também avalia a frequência com que o aluno foi vítima e/ou autor de violência na escola nas dimensões: violência física, violência psicológica e violência material (Stelko-Pereira, Williams, & Freitas, 2010).

Questionário *Bullying* de Olweus

O Questionário *Bullying* de Olweus (1993) foi traduzido e adaptado pelo Centro de Formação de Professores e Educadores de Infância da Universidade do Minho em Portugal através das pesquisadoras Pereira e Tomás (1994), com revisão em 2006. Essa versão portuguesa foi adaptada para o Brasil por Barbosa et al. (2009). Este questionário é autorrespondido de forma individual pelos próprios participantes, permitindo estimar a prevalência de *bullying* e identificar os papéis de atuação nas situações de agressividade entre

pares no cotidiano escolar, isto é, agressor, vítima e espectadores/observadores ou não envolvidos. O Questionário de *Bullying* é composto por 42 questões com opções de resposta em formato dicotômico e/ou ordinal, distribuídas em quatro blocos, estes são: (A) caracterização socioeconômica; (B) identificação de comportamentos de vitimização de *bullying*; (C) agressividade; e (D) referente ao ambiente escolar.

O trato psicométrico dado aos elementos apurados por meio do Questionário de Olweus é proveniente de testes estatísticos paramétricos e não paramétricos, tais como Qui-quadrado, correlação de *Sperman* e/ou testes de diferenças de médias entre grupos tais como Teste t e Anova, bem como a correlação de *Person*. Além dos estudos com o citado questionário, são identificados na literatura os estudos de prevalência, os quais tendem a nortear e delinear intervenções frente ao *bullying* (Melin & Pereira, 2015). É importante ressaltar que tais testagens são condicionadas ao perfil amostral e aos objetivos do estudo que tenha adotado o instrumento mencionado como uma das formas de serem obtidas informações acerca do *bullying* no ambiente escolar (Pereira, 2009).

Violência cometida por parceiros íntimos

A violência por parceiros íntimos consiste, de acordo com Krug et al. (2002), em uma modalidade de violência classificada como interpessoal e o principal tipo de violência contra a mulher. Isto é, abrange pessoas de pequenos grupos tal como é a família, perpetrando atos de agressão física, sexual, psicológica, patrimonial ou material, controle e coerção de condutas, dentre outros. Tendo isso em vista, embora desde o

Relatório Mundial sobre Violência e Saúde da OMS em 2002 se tenha problemas para coletar, disponibilizar e analisar dados procedentes dessas circunstâncias, estudos denotam avanços na sistematização e números relativos à prevalência desse tipo de violência, haja vista o uso de instrumentos que visam mensurar o fenômeno abordando diretamente às vítimas e/ou identificá-las. Estes estudos explicitam predominantemente o dos instrumentos CTS2 e Evipi (Cezario, Fonseca, Lopes, & Lourenço, 2015).

Escala de Violência entre Parceiros Íntimos (Evipi)

Adentrando para a temática da violência entre parceiros íntimos, tem-se a Escala de Violência entre Parceiros Íntimos (Evipi) que permite rastrear, identificar e avaliar as vítimas de violência entre parceiros íntimos, sobretudo no que concerne à injúria e violência física corporal; aos danos à saúde, à sexualidade e ao patrimônio; e ao controle comportamental (Lourenço & Baptista, 2017). Em linhas gerais, a Evipi procura identificar, rastrear e avaliar a violência que ocorre entre parceiros íntimos de ambos os sexos, pertencentes à faixa etária entre os 18 a 65 anos de idade, seja em relacionamento íntimo hétero ou homossexual. A Escala de Violência entre Parceiros Íntimos (Evipi) conta com 53 itens respondidos no formato Likert, é de autorrelato e pode ser aplicada de forma individual ou coletiva, sem limite de tempo, mas em geral varia de 15 a 25 minutos (Lourenço & Baptista, 2017).

As normas para correção e interpretação da Evipi levaram em conta três informações psicométricas básicas (pontuação bruta do respondente; percentis referentes à pontuação bruta e o escore padronizado Z. Sendo assim, para cada uma das dimensões do instrumento (três fatores) foram estipulados pontos de corte para a classificação da gravidade da situação apresentada. Para o Fator 1 (Injúria e violência física corporal), o nível 1, alerta: refere-se ao resultado entre 7 e 15 pontos; o nível 2, crítico: refere-se a resultados iguais ou superiores a 16 pontos. Para o Fator 2 (Danos à saúde, sexualidade e patrimônio) não foram estabelecidos escores para o nível de alerta, sendo que o resultado de apenas um ponto bruto nesta dimensão já é identificado como nível crítico. Por fim, o Fator 3 (Controle comportamental) tem o nível de alerta entre os escores 3 e 5; o nível crítico, por sua vez, para escores acima de cinco (Lourenço & Baptista, 2017).

Conflict Tactics Scales (CTS 2)

O *Family Research Laboratory* desenvolveu uma série de instrumentos de identificação de violência na família. O primeiro instrumento, *Conflict Tatic Scale* (CTS1), obteve grande aceitação na comunidade científica, tendo sido utilizado em cerca de setenta mil participantes em pesquisas realizadas em mais de 20 países (Moraes, Hasselmann, & Reichenheim, 2002; Straus et al., 1996).

Posteriormente foi desenvolvida a *Revised Conflict Tatic Scale*-CTS2, sendo este instrumento mais específico para a identificação da violência entre indivíduos que tenham uma relação de namoro, casamento ou afins. A CTS2 é estruturada e multidimensional, sendo composta por cinco escalas, cada uma representando uma dimensão; três delas são compostas por itens que abordam táticas de resolução de conflitos através de negociação, agressão psicológica e violência física; por fim, as outras duas dimensões referem-se às possíveis consequências da violência na saúde individual do respondente e de seu companheiro(a) e a existência de coerção sexual no relacionamento do casal. Ao todo, o CTS2 contém 78 itens que descrevem possíveis ações do respondente e, reciprocamente, de seu companheiro (Moraes, Hasselmann, & Reichenheim, 2002).

Considerações finais

A violência é um preocupante fenômeno que acomete toda a sociedade. Portanto, é fundamental que existam ferramentas que possam rastrear, avaliar e mensurar tais situações de violação, ferimentos e danos nas suas diversas formas, contextos e situações, haja vista ser um fenômeno com impactos severos para a saúde física e mental, individual e coletiva em todo o mundo, independente de contextos cultural, econômico, político e religioso.

Em especial atenção ao contexto brasileiro, nota-se uma realidade alarmante, marcada por tragédias, maior amplitude dos fatores de risco para a ocorrência da violência e a dificuldade não somente para agregar informações, o que ocasiona subnotificações, mas faz do país o sétimo do mundo mais difícil para o cotidiano da mulher; a segunda nação em que mais há casos de violência contra crianças e adolescentes, principalmente na escola (Ipsos, 2018) e o que mais mata pessoas devido a questões de gênero e orientação sexual (Secretaria Nacional da Juventude, 2018). Sendo assim, ainda que as informações existentes e os instrumentos possibilitem uma melhor agenda para sistematizar ações que proporcionem cessação dos problemas, são necessários mais estudos que visam desde a construção até a validação de mais ferramentas para que se consiga atingir tais objetivos.

Referências

Anderson, C.A. & Bushman, B. (2002). Human aggression. *Annual Review of Psychology, 53*(1), 27-51.

Barbosa, A.J.G. (2010). Evidências de validade do Questionário de *Bullying* para o contexto brasileiro [CD-ROM]. In La Federación Iberoamericana de Asociaciones de Psicología (Fiap). *Anais do VII Congreso Iberoamericano de Psicologia.*

Bezerra, M.G.C.E., Gusmão J.E.L.S., & Fermoseli, A.F.O. (2017). A importância da emoção no processo de consolidação da memória e da aprendizagem. *Ciências Biológicas e de Saúde Unit, 4*(2), 57-68.

Cézar, N., Passos, L.A., & De Castilho, S.D. (2017). *Bullying* nas escolas: preconceito, estigmas e desafios da educação dos sentimentos e para a paz. *Revista e-Curriculum, 15*(3), 787 [https://doi.org/10.23925/1809-3876.2017v15i3p787-820].

Cezario, A.C.F., Fonseca, D.S., Lopes, N.C., & Lourenço, L.M. (2015). Violência entre parceiros íntimos: uma comparação dos índices em relacionamentos hétero e homossexuais. *Temas em Psicologia, 23*(3), 565-575 [https://doi.org/10.9788/TP2015.3-04].

Fiske, S.T. & Taylor, S.E. (2017). *Social Cognition – From Brains to Culture* (3a. ed.). Londres: Sage.

Habigzang, L.F., Diniz, E., & Koller, S.H. (2014). *Trabalhando com adolescentes: teoria e intervenção psicológica.* Porto Alegre: Artmed.

Hutchings, J. & Clarkson, S. (2015). Introducing and piloting the KiVa bullying prevention programme in the UK. *Educational & Child Psychology, 32*(1), 49-61.

Ipsos (2018a). *Global Views on Cyberbullying* [Recuperado de https://www.ipsos.com/en-za/global-views-cyberbullying].

Ipsos (2018b). *Perigos da percepção 2018* [Recuperado de https://www.ipsos.com/pt-br/perigos-da-percepcao-2018].

Krug, E.G., Dahlberg, L.L., Mercy, J.A., Zwi, A.B., & Lozano, R. (Eds.) (2002). *World report on violence and health*. Genebra: World Health Organization.

Lourenço, L.M. & Baptista, M.N. (2017). *Evipi: Escala de Violência entre Parceiros Íntimos*. São Paulo.

Melim, M. & Pereira, B.O. (2015). Perfis dos intervenientes no *bullying*: características desenvolvimentais das crianças envolvidas. In L.M. Lourenço, & L.X. Senra (Orgs.). Violência e agressividade: perspectivas psicossociais e educacionais. *Juruá Psicologia* (Curitiba), *1*, 127-154.

Melo, M.C.B., Falbo Neto, G.H., Alchieri, J.C., & Figueiroa, J.N. (2015). Avaliação do comportamento agressivo de adolescentes. *Ciência & Saúde Coletiva*, *20*(6), 1.861-1.868 [https://doi.org/10.1590/1413-81232015206.16582014].

Minayo, M.C.S. (2005). Violência intrafamiliar: orientações para prática em serviço. In Ministério da Saúde/Secretaria de Vigilância em Saúde. *Impacto da violência na saúde dos brasileiros* (pp. 10-41). Brasília: Ministério da Saúde/Secretaria de Políticas de Saúde.

Moraes, C.L., Hasselmann, M.H., & Reichenheim, M.E. (2002). Adaptação transcultural para o português do instrumento "Revised Conflict Tactics Scales (Cts2)" utilizado para identificar violência entre casais. *Cadernos de Saúde Pública*, *18*(1), 163-176 [https://doi.org/10.1590/S0102-311X2002000100017].

Oliveira, J.C.C., Lourenço, L.M., & Senra, L.X. (2015). A produção científica sobre o *cyberbullying*: uma revisão bibliométrica. *Psicologia em Pesquisa*, *9*(1), 31-39 [https://doi.org/10.5327/Z1982-1247201500010005].

Olweus, D. (1993). *Bullying at school – What we know and what we can do*. Oxford: Blackwell.

Olweus, D. (2011). *What is bullying?* [Recuperado de http://www.olweus.org/public2m /bullying.page].

Pereira, B. & Tomás (1994). *Questionário Bullying – A agressividade entre crianças no espaço escolar* [Revisto em 2006].

Pereira, B.O. (2006). Prevenção da violência em contexto escolar: diagnóstico e programa de intervenção. In J.C.S. Neto & M.L. Nascimento (Orgs.). *Infância,* violência, instituição e políticas públicas (pp. 43-51). São Paulo: Expressão e Arte.

Raine, A. (2015). *A anatomia da violência: as raízes biológicas da criminalidade*. Porto Alegre: Artmed.

Secretaria Nacional da Juventude (2018). *Diagnóstico da juventude brasileira e proposições de ações estratégicas*. Rio de Janeiro: Diagnóstico da Juventude LGBT.

Senra, L.X. (2012). *Associação entre violência doméstica e* bullying *em adolescentes da rede pública municipal de Juiz de Fora* [Dissertação de mestrado]. Juiz de Fora: Programa de Pós-Graduação em Psicologia/UFJF.

Senra, L.X. (2016). *Construção, validação e normatização da bateria de escalas de violência escolar (Bevesco)* [Tese de doutorado]. Juiz de Fora: Programa de Pós-Graduação em Psicologia/UFJF.

Silva, A.N., Oliveira, J.C., Lamas, K.A., & Barbosa, A.G. (2011). Pesquisas sobre *bullying* no Brasil (pp. 11-32). In A.G. Barbosa, L.M. Lourenço, & B. Pereira, B. (Orgs.). *Bullying: conhecer e intervir*. Juiz de Fora: UFJF.

Souza, F.M., Valencia, E., Dahl, C., & Cavalcanti, M.T. (2011). A violência urbana e suas consequências em um centro de atenção psicossocial na zona norte do município do Rio de Janeiro. *Saúde e Sociedade*, *20*(2), 363-376 [https://doi.org/10.1590/S0104-12902011000200009].

Stelko-Pereira, A.C. (2009). *Violência em escolas com características de risco contrastantes* [Dissertação de mestrado]. São Carlos: Curso de Pós-Graduação em Educação Especial/Universidade Federal de São Carlos.

Stelko-Pereira, A.C., Williams, L.C.A., & Freitas, L.C. (2010). Validade e consistência interna do Questionário de Investigação de Prevalência de Violência Escolar – Versão estudantes. *Avaliação Psicológica*, *9*(3), 403-411.

Straus, M.A., Hamby, S.L., Boney-Mccoy, S., & Sugarman, D.B. (1996). The revised Conflict Tactics Scales (CTS2): Development and preliminary psychometric data. *Journal of Family Issues*, *17*, 283-316.

Unicef (2018). *Metade dos adolescentes do mundo sofre violência por parte dos colegas dentro e no entorno da escola* [Recuperado de https://www.unicef.org/brazil/pt/media_38862.html].

Waiselfisz, J.J. (2012). *Mapa da violência 2012 – Crianças e adolescentes do Brasil*. Rio de Janeiro: Centro Brasileiro de Estudos Latino-Americanos [Recuperado de http://www.mapadaviolencia.org.br/pdf2012/MapaViolencia2012_Criancas_e_Adolescentes.pdf].

29
Estados de *flow*: definição e interfaces com o contexto do trabalho

Larissa Sanford Ayres Farina

Clarissa Pinto Pizarro de Freitas

Cláudio Simon Hutz

Segundo alguns autores, a Psicologia Positiva (PP) foi assim chamada pela primeira vez por Maslow, em 1954, em seu livro *Motivação e personalidade*. Já nessa época, o autor sugeriu que a Psicologia, além do legado de reparar, poderia também se ater aos aspectos saudáveis dos indivíduos para que fosse possível se obter uma visão mais integrada dos seres humanos (Hutz & Pacico, 2016). Apesar de não existir uma unanimidade entre os autores sobre como e quando esse campo de estudo surgiu, a análise da literatura torna claro que somente na última metade do século passado é que a construção do conhecimento por uma perspectiva positiva sobre as qualidades das pessoas, estados de bem-estar e saúde mental que elas vivenciam se fortificou (Seligman & Csikszentmihalyi, 2000; Farina, Rodrigues, & Hutz, 2018; Hutz & Pacico, 2016).

Entre os fenômenos investigados nas diferentes interfaces da Psicologia Positiva (*e. g.*, Psicologia Positiva Organizacional, Psicologia Positiva Escolar), os estudos sobre *flow* têm se destacado pelo impacto positivo dessa experiência para o indivíduo que o vivencia (Bakker, 2008; Csikszentmihalyi, 1999), pelas repercussões positivas do *flow* para aqueles que convivem com ele e o contexto no qual está inserido (Farina, Rodrigues, & Hutz, 2018; Salanova, Rodríguez-Sán-chez, Schaufeli, & Cifre, 2014). O *flow* se constitui como uma vivência individual e transitória, a qual se caracteriza como um estado de altos níveis de bem-estar para o indivíduo que vivencia esse estado (Csikszentmihalyi, 1990, 1999). O estado de *flow* tem sido investigado em diferentes contextos, como no esporte (Sklett, Loras, & Sigmundsson, 2018), no contexto escolar (Torres-Delgado, 2017), assim como o impacto desse no contexto laboral (Bakker, 2008; Farina et al., 2018; Tandon, 2017).

Em razão do *flow* estar associado a desfechos positivos para o indivíduo, assim como para aqueles que convivem com ele (Csikszentmihalyi, 1990, 1999; Farina et al., 2018; Salanova et al., 2014), o presente capítulo apresenta uma discussão sobre a relação do *flow* com a Psicologia Positiva, a definição desse e as dimensões que constituem esse estado. Dentre os diferentes contextos no qual o *flow* tem sido investigado, o presente capítulo centrou-se na discussão das experiências de *flow* no contexto do trabalho (Bakker, 2008; Farina et al., 2018; Salanova et al., 2014).

Optou-se por discutir as relações do *flow* no trabalho porque as situações vivenciadas no ambiente laboral repercutem sobre a qualidade de vida dos profissionais, no desempenho laboral deles e para o sucesso das organizações (Farina et al., 2018). Desta forma, o presente capítulo discute a relevância do *flow* para a promoção de bem-estar e do desenvolvimento das habilidades dos profissionais, as especificidades do *flow* no trabalho e seu impacto nas organizações.

Psicologia Positiva e o *flow*

A ciência da experiência subjetiva, traços e instituições positivas surgem para potencializar a qualidade de vida, o desenvolvimento dos indivíduos e prevenir as patologias. Antes disso, o foco no estudo de aspectos negativos era preponderante frente aos demais, resultando na falta de pesquisa e reflexão a respeito dos pontos que se concentram na melhora da vida das pessoas (Hutz & Pacico, 2016; Seligman & Csikszentmihalyi, 2000). Ao se analisar a história, percebe-se que, possivelmente, esse enfoque na correção de problemas tenha se dado a partir de acontecimentos como as guerras mundiais. Fatos traumáticos como esse proporcionaram vivências extremamente desagradáveis e provavelmente desencadearam a necessidade de se tratar os males por eles ocasionados (Hutz & Pacico, 2016). Sendo assim, após anos de soma de conhecimentos e desenvolvimento de práticas voltadas para a recuperação da saúde, a Psicologia Positiva aparece com o objetivo de complementar a ciência psicológica. Essa abordagem, a partir de então, passa a incluir o estudo das características positivas dos seres humanos que também são consideradas importantes para a compreensão global dos indivíduos (Seligman & Csikszentmihalyi, 2000).

Observa-se que a PP tem como foco as qualidades e os aspectos saudáveis das pessoas, de modo a estabelecer o estudo das condições e dos processos que permitem o florescimento ou o desenvolvimento ótimo das pessoas, grupos e instituições como fundamento e norte para o desenvolvimento de pesquisas e intervenções (Seligman, 2013; Seligman & Csikszentmihalyi, 2000). A experiência ou estado de florescimento pode ser compreendida como um estado que permite que o indivíduo busque, de modo saudável, desenvolver de forma plena aspectos psicológicos, biológicos e sociais. O estado de florescimento está relacionado a um contexto favorável ao desenvolvimento positivo do indivíduo, mas isso não está limitado por aspectos culturais, idade ou outras características do indivíduo, de modo que o estado de florescimento pode ser vivenciado em qualquer etapa do ciclo vital (Seligman, 2013; Seligman & Csikszentmihalyi, 2000).

Outro aspecto relevante do florescimento é que esse está associado à presença de maiores índices de bem-estar subjetivo e menores níveis de estresse (Schotanus-Dijkstra et al., 2016). Em razão do estado de florescimento potencializar que os indivíduos vivenciem maiores níveis de bem-estar e menores índices de estresse, esse pode atuar como um fator protetivo no processo de envelhecimento por estar associado a um estilo de vida saudável, recuperação de doenças e menor risco do agravamento de doenças crônicas (*e. g.*, doenças cardíacas, câncer, asma e diabetes) (Fuller-Thomson & West, 2018; Seligman, 2013).

Os profissionais que atuam a partir da perspectiva da PP podem fundamentar o seu trabalho na promoção de um contexto e clima interno que permita o florescimento dos indivíduos e o fortalecimento das suas forças humanas. As forças podem ser compreendidas como fatores dos indivíduos que contribuem para eles terem um melhor desempenho nas atividades que desenvolvem, as quais podem atuar como fatores revigorantes e são identificadas pelos indivíduos como características pessoais legítimas e positivas (Carlomagno, 2016). Exemplos de forças humanas podem ser os recursos pessoais (*e. g.*, autoestima, otimismo), modos de pensar (*e. g.*, flexibilidade cognitiva), sentir (*e. g.*, disposição a vivenciar estados de *flow*) e comportar-se (*e. g.*, habilidades interpessoais).

Além dos estudos sobre florescimento, os pesquisadores em prevenção da saúde na perspectiva da PP descobriram que existem qualidades nas pessoas que têm sido associadas a uma diminuição da doença mental, tais como: coragem, otimismo, habilidades interpessoais, fé, trabalho ético, esperança, honestidade, perseverança, a capacidade de entrar em *"flow"* e ter *"insight"*, entre outras (Seligman & Csikszentmihalyi, 2000). A PP atualmente tem como principal finalidade expandir os estudos e práticas com foco nas competências humanas, a fim de compreender e conhecer como desenvolvê-las. É interessante notar que, apesar desse enfoque nas qualidades humanas, essa abordagem também não deixa de lado os dilemas e as dificuldades que fazem parte da vida dos indivíduos (Seligman & Csikszentmihalyi, 2000).

Frente ao exposto, observa-se que o papel da PP neste século tem sido promover o fortalecimento de uma ciência focada na compreensão e na promoção das potencialidades humanas e dos estados de florescimento (Farina et al., 2018; Seligman & Csikszentmihalyi, 2000). Dentre as investigações realizadas em PP, estão os estudos realizados sobre o *flow*. Esses estudos têm buscado abranger os diferentes contextos em que os estados de *flow* podem ocorrer, as forças humanas associadas ao *flow* e ao impacto desse estado em diferentes dimensões da vida dos indivíduos (Farina et al., 2018; Moneta & Csikszentmihalyi, 1996; Csikszentmihalyi, 1990).

A importância de investigar os fatores associados ao *flow*, assim como o seu processo, são reconhecidos no impacto positivo dessa experiência nos índices de bem-estar dos indivíduos, contribuindo para que eles vivenciem maiores níveis de saúde mental, desenvolvimento pessoal e das habilidades utilizadas na experiência que promove o *flow*. Além disso, o estado de *flow* também pode contribuir para o indivíduo avaliar de forma positiva a qualidade global de sua experiência (Moneta & Csikszentmihalyi, 1996; Csikszentmihalyi, 1990).

Flow: definição e seus fatores promotores

O *flow* caracteriza-se como um estado psicológico, o qual pode estar presente em situações avaliadas pelo indivíduo como desafiadoras, para as quais ele percebe que possui habilidades e recursos para obter êxito (Csikszentmihalyi, 1999; Moneta & Csikszentmihalyi, 1996). Entre as principais características do *flow*, estabelece-se que esse é um *estado transitório*, no qual o indivíduo avalia que está frente a um desafio, para o qual ele tem habilidades específicas para ser bem-sucedido, está motivado para se envolver nessa situação, sente prazer ao realizá-la, e, consequentemente, ao estado de bem-estar vivenciado durante o *flow* pode aumentar suas capacidades em realizar a tarefa com maestria (Csikszentmihalyi,1999).

O *flow* também pode ser compreendido como a experiência de um estado positivo, no qual o indivíduo consegue permanecer com sua atenção focada nas atividades que realiza sem esforços, além de ter um grande controle sobre suas ações e a integração dos esforços realizados por sua mente e seu corpo (Csikszentmihalyi, 1999; Moneta & Csikszentmihalyi, 1996).

Ao vivenciar o *flow* o indivíduo pode sentir que está absorvido em um estado de bem-estar, de modo a alcançar uma alta qualidade da experiência subjetiva. Quando o indivíduo está vivenciando o estado de *flow*, ele vivencia altos índices de motivação intrínseca, confia em suas habilidades para desenvolver a atividade, envolve-se cognitiva e afetivamente com a atividade, além de sentir uma diversidade de afetos positivos, como felicidade, satisfação e alegria (Csikszentmihalyi, 1999; Moneta & Csikszentmihalyi, 1996).

A experiência desse estado está diretamente relacionada ao contexto e à situação na qual o indivíduo está inserido, de forma que os fatores internos (e. g., motivação intrínseca, autoeficácia) e os fatores externos (e. g., diversidade da tarefa, *feedback* positivo e construtivo) contribuem diretamente para que o indivíduo vivencie a situação de *flow*. Entre os fatores comumente identificados no nível individual estão: a presença de altos índices de motivação intrínseca para a realização da atividade e altos níveis de autoeficácia em relação à atividade que está sendo desenvolvida (Csikszentmihalyi, 1990, 1999; Sklett et al., 2018; Tandon, 2017; Torres-Delgado, 2017). As características associadas ao contexto e à atividade englobam: a presença de desafios e oportunidades no mesmo nível das habilidades do indivíduo; uma diversidade adequada de estímulos e de complexidade da tarefa; clareza do conteúdo; metas claras; *feedback* positivo e construtivo (Csikszentmihalyi, 1990; Moneta & Csikszentmihalyi, 1996; Nakamura & Csikszentmihalyi, 2002).

A presença de altos índices de motivação intrínseca para o desenvolvimento das atividades pode ser identificada como um dos fatores que contribuem para o indivíduo vivenciar o *flow* (Csikszentmihalyi, 1990, 1999; Torres-Delgado, 2017). A motivação intrínseca refere-se ao indivíduo realizar suas atividades por um desejo interno e pela satisfação que obtém ao desenvolver essas atividades, ou seja, pelo indivíduo agir por própria vontade e escolha (Deci & Ryan, 2012). Pode-se observar que, quando os indivíduos estão intrinsecamente motivados para realizar suas atividades, esses buscam realizá-las com excelência. O prazer que os indivíduos obtêm ao desenvolver as atividades contribui para o maior envolvimento com essas, assim como no desenvolvimento das habilidades para realizar essas tarefas (Deci & Ryan, 2012; Halbesleben, Neveu, Paustian-Underdahl, & Westman, 2014). Em uma visão geral, a motivação intrínseca pode ser descrita como o desejo do indivíduo realizar suas ações, pois visualiza o prazer e a satisfação própria como consequências das atividades realizadas (Deci & Ryan, 2012; Halbesleben et al., 2014; Kuvaas, Buch, Wibel, Dysvik, & Nerstad, 2017). Observa-se que os indivíduos intrinsecamente motivados para realizarem suas atividades buscam aprimorar suas habilidades, podem ter maior disposição para realizá-las e sentem prazer ao desenvolver essas atividades (Kuvaas et al., 2017). Frente ao exposto, pode-se notar que a motivação intrínseca assume um papel fundamental na experiência do *flow*, tendo em vista que a motivação intrínseca contribui para o indivíduo se envolver no desenvolvimento da atividade e sentir prazer ao realizá-la (Csikszentmihalyi, 1990; Torres-Delgado, 2017). Por exemplo, um indivíduo que esteja intrinsecamente motivado para aprender e praticar uma arte marcial, como *Jiu-Jitsu*, pode vivenciar estados de *flow* em sua prática, permanecendo envolvido no processo de aprendizado dessa arte marcial e se sentindo satisfeito com essa, apesar de não ter qualquer retorno financeiro e que para alcançar excelência seja necessário no mínimo sete anos de prática.

O estado de *flow* ocorre em situações que o indivíduo compreende como desafiadoras e percebe que possui habilidades para ser bem-sucedido no desenvolvimento dessas. Em razão disso, as percepções de autoeficácia do indivíduo sobre determinada atividade impactam diretamente nas oportunidades de vivenciar estados de *flow* (Csikszentmihalyi, 1990; Sklett et al., 2018; Tandon, 2017). A autoeficácia se refere às crenças do indivíduo sobre suas habilidades para organizar e realizar as atividades necessárias para alcançar seus objetivos e metas (Bandura, 1997). Observa-se que se pode avaliar a autoeficácia como uma dimensão geral (Scholz, Gutiérrez-Doña, Sud, & Schwarzer, 2002), ou de forma específica a um contexto, tal como a autoeficácia para pular de paraquedas (Sklett et al., 2018). Diversos estudos têm demonstrado que a autoeficácia avaliada de forma geral contribui na explicação de diversos desfechos positivos (*e. g.*, maiores índices de satisfação com a vida e menores níveis de estresse, Rand, 2017), inclusive o *flow* (Tandon, 2017). Entretanto, compreende-se que avaliar dimensões específicas da autoeficácia pode produzir maior clareza e resultados ainda mais robustos sobre as relações dos desfechos positivos e da autoeficácia, porque aquela permite compreender em profundidade o impacto dessas em cada desfecho analisado (Bandura, 1997).

A avaliação das dimensões específicas da autoeficácia ganha especial atenção nos estudos que busquem compreender a sua contribuição para os estados de *flow*, tendo em vista que as percepções do indivíduo sobre as suas habilidades para uma determinada atividade contribuem para ele avaliar essa atividade como um desafio, uma atividade entediante ou estressante. Ao avaliar a atividade como um desafio, o indivíduo apresenta maiores chances de vivenciar o *flow* (Csikszentmihalyi, 1990, 1997; Sklett et al., 2018; Tandon, 2017). No caso contrário, ao entender que a atividade é pouco desafiadora, o indivíduo pode se sentir entediado e não vivenciar tais estados. Ainda em situações que o indivíduo considere que não tem habilidades para ser bem-sucedido na realização de uma atividade, devido a dificuldades intrínsecas ou complexidade da tarefa, ele pode se sentir estressado, e, consequentemente não vivenciar o *flow* (Csikszentmihalyi, 1990). Por exemplo, entre atletas profissionais de paraquedismo foi observado que, quanto maiores os índices de autoeficácia para pular de paraquedas, maiores eram os níveis de *flow* vivenciados pelos atletas (Sklett et al., 2018).

As características do contexto que contribuem para os indivíduos vivenciarem estados de *flow* podem ser compreendidas como complementares aos fatores individuais que possibilitam a ocorrência desse estado. Nesta perspectiva, observa-se que, para os indivíduos vivenciarem estados de *flow*, as atividades nas quais eles estão envolvidos devem estar em congruência com suas habilidades (Csikszentmihalyi, 1990; Moneta & Csikszentmihalyi, 1996).

A equivalência entre a complexidade da tarefa e as habilidades do indivíduo é relevante, pois o estado de *flow* requer que o indivíduo esteja totalmente absorvido na realização da atividade e perceba que possui controle e domínio das atividades que desenvolve. Ao entrar nesse estado de absorção e prazer o indivíduo não se preocupa com a complexidade da atividade e confia que suas habilidades são o suficiente para ele realizar a atividade adequadamente. Nesse processo, pode-se também observar que, conforme aumentam as oportunidades de ação e a complexidade da atividade, paralelamente as habilidades do indivíduo se ampliam, de forma que há um aumento do foco, da consciência e da realização das ações de forma ordenada para o desenvolvimento da tarefa (Csikszentmihalyi, 1990; Moneta & Csikszentmihalyi, 1996; Nakamura & Csikszentmihalyi, 2002). Pode-se utilizar como exemplo aulas de dança. Caso um bailarino seja convidado a participar de uma aula de dança para leigos, rapidamente ele poderá ficar entediado, enquanto os dançarinos não profissionais podem vivenciar um estado de *flow*. Por outro lado, caso os mesmos alunos de dança e o bailarino fossem convidados a aprender uma coreografia que envolve alto grau de complexidade, o bailarino poderá vivenciar *flow*, enquanto os alunos de dança apresentarão grandes chances de avaliarem essa situação como estressante.

Outro aspecto relevante da atividade para que o indivíduo vivencie situações de *flow* é que essa deve envolver uma diversidade adequada de estímulos e complexidade da tarefa (Csikszentmihalyi, 1990; Moneta & Csikszentmihalyi, 1996; Nakamura & Csikszentmihalyi, 2002). A compreensão do que seria uma quantidade adequada de estímulos, assim como de quão complexa pode ser uma atividade para permitir a ocorrência do *flow*, é subjetiva a cada indivíduo e a cada situação. Entretanto, pode-se compreender que o estado de *flow* envolve um estado de atenção concentrada, com um aumento crescente da complexidade da tarefa e das habilidades requeridas para desenvolvê-las adequadamente, de modo a requerer o envolvimento integral do indivíduo (Csikszentmihalyi, 1990; Moneta &

Csikszentmihalyi, 1996; Nakamura & Csikszentmihalyi, 2002). Nesse cenário, pode-se pensar que atividades com um conjunto de estímulos e demandas simultâneas podem dificultar a ocorrência do *flow*, em comparação a situações em que o indivíduo pode se dedicar à realização de uma única tarefa. Por exemplo, pode-se supor que uma telefonista de *telemarketing* apresente uma menor probabilidade de vivenciar *flow* em seu trabalho devido à alta frequência de estímulos e demandas quando comparada a um atleta de natação que se prepara para uma competição de alta *performance* numa modalidade específica.

A clareza do conteúdo e a presença de metas claras são elementos que podem contribuir para os indivíduos vivenciarem o *flow* (Csikszentmihalyi, 1999; Nakamura & Csikszentmihalyi, 2002; Moneta & Csikszentmihalyi, 1996). O indivíduo ter clareza sobre o conteúdo da atividade é essencial, pois o processo de *flow* envolve um aumento gradual da complexidade da tarefa, requer foco e envolvimento do indivíduo, assim como está relacionado à melhora gradual do desempenho do indivíduo na atividade realizada. Similarmente, o estabelecimento de metas claras, ou passos para o desenvolvimento da atividade, pode contribuir para o indivíduo compreender como a tarefa pode se tornar mais complexa, como ele pode melhorar o seu desempenho e se tornar mais eficiente no desenvolvimento da mesma (Csikszentmihalyi, 1999; Nakamura & Csikszentmihalyi, 2002; Moneta & Csikszentmihalyi, 1996).

Ao buscar uma situação fictícia para exemplificar a importância da clareza do conteúdo e das metas pode-se pensar em dois estudantes de pós-graduação que iniciam o seu mestrado. Na primeira orientação do Estudante 1, a sua orientadora lhe explica o funcionamento do curso do mestrado, a importância de se dedicar às atividades de pesquisa, ensino e extensão, assim como traça com o aluno o formato inicial da sua dissertação e explica o que é esperado em relação ao desempenho acadêmico do mesmo (*e. g.*, número de artigos a serem submetidos, colaboração em pesquisas e participação em eventos). O Estudante 2, orientado por outro professor, não recebe instruções de como deve realizar a sua dissertação e nem qual o desempenho acadêmico esperado dele. Com base nos dois casos fictícios, pode-se assumir que o Estudante 1 apresentará mais chances de vivenciar estados de *flow* ao longo do seu mestrado, em comparação ao Estudante 2, tendo em vista que primeiro tem clareza de suas atividades enquanto mestrando e pode estabelecer metas para alcançar o desempenho que é esperado dele.

Por fim, outro aspecto que pode contribuir para o indivíduo vivenciar o *flow* são os *feedbacks* positivos e construtivos (Csikszentmihalyi, 1999; Moneta & Csikszentmihalyi, 1996; Nakamura & Csikszentmihalyi, 2002). O retorno sobre o desempenho do indivíduo e o seu progresso pode oportunizar a correção de foco nas situações em que isso for necessário, assim como contribuir, por meio do *flow*, para o desenvolvimento das habilidades do indivíduo em um processo de aumento contínuo da complexidade e dificuldade das tarefas a serem realizadas (Csikszentmihalyi, 1999; Moneta & Csikszentmihalyi, 1996; Nakamura & Csikszentmihalyi, 2002). Pode-se utilizar o desenvolvimento de tenistas de alta *performance* como exemplo: aqueles que são acompanhados com treinadores que orientam como eles podem melhorar o seu desempenho de forma positiva e construtiva podem ter mais chances de vivenciar o *flow*.

Apesar de ser possível listar um conjunto de fatores que podem contribuir para os indivíduos vivenciarem o estado de *flow*, é impossível limitar o estado de *flow* a uma atividade ou contexto. O *flow* se caracteriza como um estado de consciência em que as pessoas ficam totalmente imersas em uma atividade, gostando intensamente do que estão fazendo (Csikszentmihalyi, 1999; Moneta & Csikszentmihalyi, 1996; Nakamura & Csikszentmihalyi, 2002).

Dimensões do *flow*

Ao longo dos estudos, Csikszentmihalyi (1990) observou que, apesar das particularidades desse estado para cada indivíduo e situação, algumas características eram repetidamente citadas na descrição do estado de *flow*, independentemente do *background* cultural, da idade, classe social, escolaridade e profissão dos entrevistados. Foram identificadas nove dimensões positivas que constituem esse estado, que são: a) equilíbrio desafio-habilidade; b) fusão entre ação e atenção; c) objetivos claros; d) *feedback* imediato; e) concentração intensa na tarefa; f) controle absoluto das ações; g) perda da autoconsciência; h) perda da noção de tempo; i) e experiência autotélica (Csikszentmihalyi, 1990; Jackson & Csikszentmihalyi, 1999).

Foi observado também que o estado de *flow* poderia variar em seu nível de intensidade e profundidade. O estado de *flow* atingiria a sua maior intensidade e profundidade quando o indivíduo vivenciasse altos índices nas nove dimensões acima citadas, de modo que a intensidade e a profundidade diminuiriam conforme diminuísse a presença de altos níveis nas dimensões que constituem esse estado (Jackson & Csikszentmihalyi, 1999).

A dimensão *equilíbrio desafio-habilidade* refere-se à percepção do indivíduo que possui habilidades suficientes para realizar a atividade na qual está envolvido. O indivíduo compreender que suas habilidades permitem que ele tenha sucesso no desenvolvimento da atividade é relevante, pois caso avalie a atividade como muito difícil ou complexa pode vivenciar um estado emocional de medo e ansiedade. Por outro, caso compreenda que a atividade não requer o uso de todo potencial de suas habilidades, pode se sentir entediado e não investir em esforço necessário para o desenvolvimento adequado da mesma. Em razão disso, essa dimensão pode ser compreendida como a primeira etapa para o estado de *flow*, pois caso o indivíduo não avalie a situação como desafiadora, poderá não investir energia necessária para se envolver nessa atividade (Csikszentmihalyi, 1990; Jackson & Csikszentmihalyi, 1999).

A dimensão *fusão entre ação e atenção* engloba os comportamentos do indivíduo de focar-se e se concentrar de forma profunda na atividade que está sendo realizada. A atenção do indivíduo centra-se exclusivamente na tarefa que está sendo realizada, de modo que o indivíduo pode perceber uma fusão entre o seu corpo e mente. Esse estado de concentração intensa pode criar a sensação de que o indivíduo não precisa planejar os seus movimentos ou pensar como suas ações devem ser realizadas. Em razão da alta concentração e intensidade de envolvimento com a tarefa que o indivíduo vivencia, ele pode compreender que suas ações são espontâneas, ignorando o esforço físico e/ou mental que esteja sendo realizado para o desenvolvimento da tarefa (Csikszentmihalyi, 1990; Jackson & Csikszentmihalyi, 1999). Utilizando o contexto esportivo como exemplo, observa-se que um ci-

clista que vivencia altos níveis na dimensão *fusão entre ação e atenção* durante uma competição pode manter sua concentração no trajeto sem receber a interferência de ações externas (*e. g.*, adversários, torcida, clima).

A terceira dimensão apresentada refere-se às *metas claras*, que pode ser entendida como a compreensão das etapas ou objetivos da atividade que está sendo desenvolvida. Os objetivos podem ser estabelecidos por agentes externos, como treinadores e supervisores, ou podem ser metas estabelecidas pelo próprio indivíduo em relação ao seu desempenho na tarefa. O estabelecimento de metas claras contribui para que o indivíduo possa se envolver com a tarefa, assim como o auxilia a ter clareza sobre as ações nas quais deve focar a sua atenção e diminui as chances de ele se distrair com estímulos externos ou aspectos não relevantes da tarefa (Csikszentmihalyi, 1990; Jackson & Csikszentmihalyi, 1999). Por exemplo, para um atleta de natação buscar atingir maior velocidade no nado é imprescindível aprender a executar a técnica de nado com precisão.

O *feedback imediato* também é uma dimensão do *flow*, que se refere a um processo de retroinformação sobre como a atividade está sendo desenvolvida. A retroinformação pode ser realizada de forma interna (*e. g.*, indivíduo observa o seu desempenho enquanto realiza a tarefa), ou externa (*e. g.*, recebe o *feedback* de seus colegas, treinadores ou superiores). O *feedback imediato* no processo de *flow* contribuiu para o indivíduo permanecer focado na realização da atividade, assim como aprimorar o seu desempenho durante o desenvolvimento da mesma. Observa-se que este *feedback* também pode auxiliar o indivíduo a ter consciência sobre o seu desempenho, observar quais aspectos necessitam ser melhorados, quais ações devem ser realizadas e se há necessidade do ajuste de suas metas (Csikszentmihalyi, 1990; Jackson & Csikszentmihalyi, 1999). Utilizando novamente um exemplo da área esportiva, um atleta de atletismo que esteja em estado de *flow* ao longo do treino e note que está realizando um movimento errado em sua corrida, pode, durante o mesmo treino, focar-se em melhorar esse movimento e assim permanecer no estado de *flow*.

A dimensão *concentração intensa na tarefa* constitui-se como uma das características mais evidentes do estado de *flow*, pois essa abrange o estado de profunda concentração que o indivíduo está quando vivencia o mesmo. A concentração também se caracteriza como uma das habilidades que pode ser desenvolvida para auxiliar o indivíduo a vivenciar o *flow* (Jackson & Csikszentmihalyi, 1999). Ao observar o comportamento de um professor universitário em situação de *flow*, pode-se notar a importância da concentração intensa na tarefa. Ao vivenciar o *flow* o professor deve estar atento aos seus alunos, se eles estão compreendendo a discussão teórica que está sendo realizada, assim como deve ser capaz de dar continuidade à sua explicação com fluidez. A fim de que o professor seja capaz de desempenhar essas tarefas simultaneamente e vivenciar o *flow*, ele deve estar profundamente concentrado no desenvolvimento dessas.

O *controle absoluto das ações* se refere às crenças do indivíduo sobre suas habilidades para ser bem-sucedido na tarefa, a sensação de segurança ao realizar aquela atividade e a percepção de possuir controle sobre a forma que irá desenvolvê-la. Essa dimensão abrange as percepções do indivíduo que se ele se esforçar em aprimorar suas habilidades, manter-se concentrado na atividade e alcançar suas metas, será bem-sucedido.

A presença de altos índices na dimensão *controle absoluto das ações* contribui para o indivíduo vivenciar o *flow*, pois compreender que se tem domínio sobre a forma que uma tarefa será desenvolvida pode auxiliá-lo a avaliar essa experiência como prazerosa, manter-se concentrado e persistir no desenvolvimento da mesma (Csikszentmihalyi, 1990; Jackson & Csikszentmihalyi, 1999). Como exemplo, pode-se pensar em um piloto de Fórmula 1. Quando ele entende que tem controle sobre a direção e a forma de realizar o trajeto pode vivenciar o *flow*, pois confia em suas habilidades e é capaz de se concentrar no desenvolvimento dessa atividade.

A *perda da autoconsciência* é uma dimensão com características mais subjetivas, em comparação a outras dimensões que se referem predominantemente a aspectos cognitivos (*e. g.*, *concentração intensa na tarefa*). A *perda da autoconsciência* pode ser compreendida como um estado em que o indivíduo perde temporariamente a representação de si mesmo, deixa de se preocupar com o seu desempenho em comparação a outras pessoas, e, consequentemente, envolve-se profundamente com a atividade que está realizando. Observa-se que ao indivíduo vivenciar altos níveis de *perda da autoconsciência*, ele vivencia um estado de profunda concentração e prazer na atividade desenvolvida, ampliando sua consciência corporal, habilidades motoras e cognitivas (Csikszentmihalyi, 1990; Jackson & Csikszentmihalyi, 1999). Pode-se usar, como exemplo, o caso de um artista cênico que vivencia *flow* durante a apresentação de uma peça; ao se perceber totalmente integrado ao personagem, está tão imerso na cena que esquece o que está acontecendo além do palco.

A dimensão *perda da noção de tempo* busca descrever as percepções distorcidas que o indivíduo vivencia durante o estado de *flow*. As distorções do tempo podem envolver a sensação subjetiva de que o tempo foi prolongado, de modo que o indivíduo tem a percepção de que em um curto espaço de tempo pode realizar diversas decisões e ações com calma. De modo contrário, por vezes o indivíduo avalia que um período de tempo extenso passou rapidamente. As mudanças na percepção subjetiva da passagem do tempo estão associadas ao estado de profunda concentração do *flow*. Não há clareza sobre a contribuição das mudanças na percepção subjetiva sobre a passagem do tempo para a vivência de *flow*. Entretanto, por ser uma característica frequentemente descrita nas experiências de *flow*, constitui-se como uma dimensão relevante na compreensão desse estado (Csikszentmihalyi, 1990; Jackson & Csikszentmihalyi, 1999).

A *experiência autotélica* pode ser compreendida como uma consequência das oito dimensões anteriores de forma integrada. Essa se caracteriza principalmente pelo prazer que o indivíduo vivencia durante o estado de *flow*. Ao vivenciar altos índices na dimensão da *experiência autotélica* o indivíduo percebe que a atividade desenvolvida origina altos níveis de satisfação e prazer, de modo que o indivíduo sente-se intrinsecamente motivado para realizá-la. A satisfação e o prazer que o indivíduo vivencia ao desenvolver a tarefa que lhe origina *flow* faz com que ele não se preocupe com os resultados dessa, de modo a não se preocupar com incentivos externos e recompensas posteriores (Csikszentmihalyi, 1990; Jackson & Csikszentmihalyi, 1999). Um exemplo da *experiência autotélica* pode ser observado em pessoas que vivenciam o *flow* ao realizar trabalhos de voluntariado, porque se compreende que esses indivíduos sentem-se bem ao atuar de forma altruísta, sem buscar recompensas ao realizar essas ações.

Flow no Trabalho

O estudo no *flow* no trabalho se fortaleceu devido ao desenvolvimento da Psicologia Positiva Organizacional e do Trabalho (PPOT). A PPOT surge como uma linha da Psicologia Positiva em integração com a Psicologia Organizacional, que busca atender a uma demanda das organizações de produzir conhecimento científico no meio organizacional que valorize os profissionais. Nesse cenário, a PPOT surge como uma ferramenta para auxiliar os gestores e os profissionais a desenvolverem ações que possibilitem o desenvolvimento pessoal dos trabalhadores, e, simultaneamente, contribua para que esses profissionais tenham um bom desempenho no trabalho, utilizem seus talentos, encontrem sentido em sua prática profissional e se sintam realizados com suas atividades laborais (Carlomagno, 2016).

O *flow* no trabalho pode ser analisado por meio de uma perspectiva geral, ou como um fenômeno intrinsecamente associado ao contexto laboral. A primeira perspectiva compreende que as experiências de *flow* podem ocorrer no meio organizacional (Csikszentmihalyi, 1999). Já a segunda propõe a compreensão do *flow* no trabalho enquanto um fenômeno que se diferencia da experiência de *flow* geral, em razão de englobar aspectos específicos ao conteúdo e contexto do trabalho (Bakker, 2008).

Ao compreender que experiências de *flow* podem acontecer no contexto laboral, sem diferenciar essas experiências de *flow* daquelas que podem ocorrer em outras situações (*e. g.*, prática esportiva), entende-se que o trabalho é um espaço favorável às experiências de *flow* (Csikszentmihalyi, 1990, 1999). O ambiente laboral pode ser um espaço favorável ao *flow* quando:

a) as atividades laborais estão em consonância com as habilidades dos trabalhadores, nem acima das capacidades dos profissionais, pois isso poderia levá-los à exaustão, e nem estão abaixo de suas habilidades, uma vez que nessa situação eles poderiam ficar entediados; b) as atividades laborais envolvem uma diversidade de atividades, sem o excesso de estímulos, e nem com atividades predominantemente repetitivas; c) as metas de trabalho são desafiadoras e flexíveis; d) há clareza sobre o papel de cada profissional e do conteúdo de trabalho de cada um deles; e) e os colaboradores têm a oportunidade de receber *feedback* imediato. Nesse contexto, observa-se que as atividades laborais podem ser avaliadas como prazerosas, de modo que os profissionais sintam-se intrinsecamente motivados para realizá-las e assim vivenciem o estado de *flow* (Csikszentmihalyi, 1990, 1999; Tandon, 2017; Torres-Delgado, 2017).

A análise do *flow* no trabalho como um fenômeno intrinsecamente associado ao ambiente ocupacional origina-se do conceito de *flow* cunhado por Csikszentmihalyi (1990) e busca analisar em profundidade como a experiência do *flow* ocorre no contexto laboral (Bakker, 2008). O *flow* no trabalho caracteriza-se como um estado transitório de intenso bem-estar, no qual os trabalhadores estão absorvidos na realização de suas atividades laborais, avaliam as tarefas desenvolvidas como prazerosas e estão intrinsecamente motivados para realizá-las (Bakker, 2008).

Ao propor o conceito de *flow* no trabalho, Bakker (2008) propôs que esse fenômeno se constitui pelas dimensões absorção, prazer no trabalho e motivação intrínseca. A dimensão absorção refere-se a um estado de profunda concentração do profissional na realização do seu trabalho. Ao vivenciar altos índices de absorção, observa-se que o profissional torna-se completamente focado no desenvolvimento de suas tarefas laborais, pode perder a noção do tempo e parar de prestar atenção a estímulos externos não relacionados ao trabalho (Bakker, 2008). Ao vivenciar o estado de absorção o profissional dedica muitas horas consecutivas para a execução da tarefa laboral, sem perceber ou sem sentir o desgaste do trabalho, apesar do tempo dedicado na execução da tarefa.

A dimensão prazer no trabalho engloba o envolvimento positivo que o profissional tem no desenvolvimento de sua atividade profissional. A presença de altos níveis da dimensão prazer no trabalho indica que o profissional está profundamente envolvido com a atividade e gosta das tarefas que está realizando, ou seja, o trabalhador vivencia diversos afetos positivos durante a realização do seu trabalho, como alegria, contentamento e felicidade. Além disso, o prazer no trabalho indica que o trabalhador avalia suas tarefas laborais e condições de trabalho de forma positiva (Bakker, 2008). O estado de prazer no trabalho pode ser identificado no discurso de profissionais que, apesar de trabalharem longos turnos de trabalho e estarem envolvidos em atividades complexas, avaliam as suas experiências laborais de forma positiva.

A dimensão motivação intrínseca ao trabalho tem origem no conceito de motivação intrínseca proposta por Deci e Ryan (2012), e assim como as dimensões absorção e prazer no trabalho, busca adaptar as características da experiência de *flow* definidas por Csikszentmihalyi (1990), para o *flow* no trabalho. A motivação intrínseca ao trabalho engloba o desejo de os profissionais realizarem as suas tarefas laborais pela satisfação que obtêm do desenvolvimento dessas, ou seja, a motivação para realizar a tarefa origina-se do prazer em executá-la (Bakker, 2008). A motivação intrínseca ao trabalho é identificada em situações em que o profissional se envolve em atividades do trabalho de forma voluntária, ou opta por ampliar sua carga laboral com tarefas mais complexas, mesmo que o aumento da carga de trabalho não origine qualquer retorno financeiro para ele. Por exemplo, profissionais que se voluntariam para ações de mentoria ou trabalham voluntariamente como tutores, mesmo que isso não origine qualquer retorno financeiro.

Ao analisar as três dimensões do *flow* no trabalho, pode-se compreender a motivação intrínseca e a absorção como dimensões que atuam como gatilhos a experiência do *flow* no trabalho. Em outras palavras, pode-se entender que a presença dessas dimensões é necessária para a ocorrência do *flow* no trabalho. Por outro lado, o prazer no trabalho se constitui como resultado da interação dessas duas, constituindo-se como a dimensão do *flow* que se refere ao bem-estar sentido quando o profissional está em um estado de *flow* no trabalho (Bakker, 2008; Salanova et al., 2014).

As experiências de *flow* no trabalho possibilitam que os indivíduos vivenciem altos índices de bem-estar e desenvolvam suas habilidades (Bakker, 2008; Salanova et al., 2014). A importância do *flow* também pode ser observada no potencial que esse estado de bem-estar tem de contagiar as pessoas que convivem com alguém que vivencia o *flow*. Observa-se que a intensa concentração, o prazer, o forte interesse e a motivação intrínseca, podem impactar de forma positiva nas pessoas que presenciam essa situação (Salanova et al., 2014).

A presença de experiências de *flow* no trabalho também pode ter um impacto positivo para as organizações. Observa-se que altos índices de *flow* no trabalho estão relacionados a contextos laborais com abundância de recursos em nível organizacional, como os recursos do trabalho (*e. g.*, apoio social e autonomia) (Salanova et al., 2014), e em nível individual, como os recursos pessoais (*e. g.*, autoeficácia e esperança) (Zubair & Kamal, 2015). As experiências de *flow* também podem atuar como fatores protetivos à sobrecarga laboral, pois reduzem o impacto negativo dos índices de demanda elevados (Farina et al., 2018). Além disso, os maiores índices de *flow* promovem a formação de novas fontes de recursos ou fortalecimento daqueles já existentes no ambiente ocupacional (*e. g.*, afetos positivos, otimismo, *feedback* positivo dos supervisores, satisfação com a vida) (Datu & Mateo, 2015).

As associações negativas das experiências de *flow* com as demandas laborais e positivas com o bem-estar, os recursos pessoais e do trabalho indicam que as experiências de *flow* podem atuar como um gatilho para espirais de ganho (Salanova et al., 2014). O espiral de ganho pode ser compreendido como uma relação cíclica que promove o aumento de recursos e desfechos positivos. No espiral de ganho diferentes dimensões positivas estão relacionadas (*e. g.*, autoeficácia e *flow*), de modo que ao longo do tempo os benefícios dessas dimensões podem ser intensificados (*e. g.*, a experiência de *flow* permite o desenvolvimento de novas habilidades, que, consequentemente, promovem o aumento de autoeficácia dos indivíduos) (Halbesleben et al., 2014). Dessa forma, as experiências de *flow* no trabalho que um profissional vivencia contribuem para o fortalecimento dos recursos pessoais dele. O aumento dos recursos pessoais, por exemplo, pode ampliar a percepção desse profissional sobre a presença de recursos no trabalho. A abundância de recursos no trabalho e pessoais, em longo prazo, contribuiria para esse profissional vivenciar o *flow* no trabalho com maior frequência. Posteriormente, essas experiências de *flow* contribuiriam novamente ao fortalecimento dos recursos pessoais do profissional.

Considerações finais

Ao longo do capítulo foi apresentado que o *flow* se constitui como um estado transitório, no qual o indivíduo vivencia altos índices de prazer e se percebe absorvido na atividade que realiza, sendo que ele está intrinsecamente motivado para desenvolvê-la e pode perder a noção do tempo (Csikszentmihalyi, 1990; Jackson & Csikszentmihalyi, 1999). O estado de *flow* está associado a benefícios ao indivíduo, tais como aumento dos recursos pessoais (*e. g.*, autoeficácia) e maiores níveis de saúde mental (Moneta & Csikszentmihalyi, 1996; Csikszentmihalyi, 1990). Esse estado também pode contribuir para originar um ambiente positivo no qual esse indivíduo se insere (Farina et al., 2018; Salanova et al., 2014).

Ao analisar o cenário internacional e nacional, observa-se que, apesar dos avanços sobre as experiências de *flow* em diferentes áreas (*e. g.*, psicologia do esporte, Sklet et al., 2018; psicologia organizacional, Tandon, 2017; e psicologia escolar, Torres-Delgado, 2017), são escassos os estudos sobre o *flow* no contexto clínico (Nakamura & Csikszentmihalyi, 2002). Estudos futuros podem auxiliar a compreender como o

flow pode ocorrer no processo terapêutico, investigando o papel do terapeuta nesse processo e avaliando como esse estado pode auxiliar na promoção do autoconhecimento do paciente.

No contexto brasileiro, observa-se que os estudos sobre o *flow* ainda são incipientes, sendo que as pesquisas sobre esse fenômeno têm sido realizadas predominantemente no contexto esportivo, no escolar e no organizacional. Estudos que compreendam os fatores associados e o processo de *flow* nos diferentes contextos são necessários, especialmente para avaliar as particularidades do *flow* na cultura brasileira. Outro aspecto que se constitui como um desafio é o desenvolvimento de intervenções baseadas em evidências para a promoção de *flow* em diferentes ambientes, tais como o escolar, esportivo, organizacional e clínico.

Por fim, observa-se que o *flow* pode se constituir como um elemento diferencial onde os indivíduos que o alcançam poderão manter-se motivados para o desenvolvimento de suas habilidades e realizar suas atividades com excelência, enquanto aqueles que não o vivenciam poderão enfrentar exaustão por realizarem as tarefas sem estarem intrinsecamente motivados e sem sentirem prazer. Com base nessas discussões, o presente capítulo buscou contribuir ao avanço do conhecimento em Psicologia Positiva, apresentando a definição do *flow*, o impacto positivo deste em diferentes dimensões da vida do indivíduo, assim como os fatores que contribuem para a ocorrência desse e as dimensões que constituem o *flow*.

Referências

Bakker, A.B. (2008). The work-related flow inventory: construction and initial validation of the Wolf. *Journal of Vocational Behavior, 72*(3), 400-414 [doi: 10.1016/j.jvb.2007.11.007].

Bandura, A. (1997). *Self-efficacy: The exercise of control*. Nova York, NY: Freeman.

Carlomagno, L.L.L. (2016). Liderança positiva. In A.P. Corrêa (Org.). *Psicologia positiva, teoria e prática* (pp. 232-239). São Paulo: Leader.

Csikszentmihalyi, M. (1990). *Flow: The psychology of optimal experience*. Nova York: Harper & Row.

Csikszentmihalyi, M., (1999). If we are so rich, why aren't we happy? *American Psychologist, 54*(10), 821-827 [doi: 10.1037/0003-066X.54.10.821].

Datu, J.A.D. & Mateo, N.J. (2015). Work-related flow dimensions differentially predict anxiety, life satisfaction, and work longevity among filipinos counselors. *Current Psychology, 36*(2), 203-208 [doi: 10.1007/s12144-015-9401-3].

Deci, E.L., & Ryan, R.M. (2012). Motivation, personality, and development within embedded social contexts: An overview of self-determination theory. In R.M. Ryan (Ed.). *Oxford Handbook of human motivation* (pp. 85-107). Oxford, UK: Oxford University Press.

Farina, L.S.A., Rodrigues, G.R., & Hutz, C.S. (2018). Flow and Engagement at Work: A Literature Review. *Psico-USF, 23*(4), 633-642 [doi: 10.1590/1413-82712018230404].

Fuller-Thomson, E. & West, K.J. (2018) Flourishing despite a cancer diagnosis: factors associated with complete mental health in a nationally-representative sample of cancer patients aged 50 years and older, *Aging & Mental Health* [doi: 10.1080/13607863.2018.1481926].

Halbesleben, J.R.B., Neveu, J.-P., Paustian-Underdahl, S.C., & Westman, M. (2014). Getting to the "COR": Understanding the Role of Resources in Conservation of Resources Theory. *Journal of Management*, 40(5), 1.334-1.364 [doi: 10.1177/0149206314527130].

Hutz, C.S., & Pacico, J.C., (2016). Psicologia positiva: avanços de uma nova abordagem. In A.P. Corrêa (Org.). *Psicologia positiva, teoria e prática* (pp. 78-84). São Paulo: Leader.

Jackson, S.A. & Csikszentmihalyi, M. (1999). *Flow in Sports*. Champaign: Humam Kinetics.

Kuvaas, B., Buch, R., Weibel, A., Dysvik, A., & Nerstad, C.G. (2017). Do intrinsic and extrinsic motivation relate differently to employee outcomes? *Journal of Economic Psychology*, 61, 244-258 [doi: 10.1016/j.joep.2017.05.004].

Maslow, A.H. (1954). *Motivation and Personality*. Nova York: Harper & Row Publishers.

Moneta, G.B. & Csikszentmihalyi, M. (1996). The effect of perceived challenges and skills on the quality of subjective experience. *Journal of Personality, 64*(2), 275-310 [doi: 10.1111/j.1467-6494.1996.tb00512.x].

Nakamura, J. & Csikszentmihalyi, M. (2002). The concept of Flow. In C.R.Snyder & S.J. Lopez (Eds.). *Handbook of Positive Psychology* (pp. 89-105). Nova York: Oxford University Press.

Rand, K.L. (2017). Hope, Self-Efficacy, and Optimism Conceptual and Empirical Differences. In M.W. Gallagher & S.J. Lopez (Eds.). *The Oxford Handbook of Hope* (pp. 45-59). Nova York, NY: Oxford University Press.

Salanova, M., Rodríguez-Sánchez, A.M., Schaufeli, W.B., & Cifre, E. (2014). Flowing together: a longitudinal study of collective efficacy and collective flow among workgroups. *The Journal of Psychology, 148*(4), 435-455 [doi: 10.1080/00223980.2013.806290].

Schotanus-Dijkstra, M., Pieterse, M.E., Drossaert, C.H.C., Westerhof, G.J., Graaf, R., ten Have, M., Walburg, J.A., & Bohlmeijer, E.T. (2016). *Journal of Happiness Studies*, 17, 1.351-1.370 [doi: 10.1007/s10902-015-9647-3].

Seligman, M.E.P. (2013). *Flourish: A visionary new understanding of happiness and well-being*. Nova York: Free Press.

Seligman, M.E.P. & Csikszentmihalyi, M. (2000). Positive psychology: An introduction. *American Psychologist, 55*(1), 5-14 [doi: 10.1037//0003-066X.55.1.5].

Sklett, V.H., Loras, H.W., & Sigmundsson, H. (2018). Self-Efficacy, Flow, Affect, Worry and Performance in Elite World Cup Ski Jumping. *Frontiers in psychology*, 9(1.215) [doi: 10.3389/fpsyg.2018.01215].

Tandon, T. (2017). A Study on Relationship between Self Efficacy and Flow at Work among Young Adults. *International Journal of Indian Psychology*, 4(4) [doi: 10.25215/0404.069].

Torres-Delgado, G. (2017). Intrinsic Motivation and Flow Condition on the Music Teacher's Performance. *Research in Pedagogy*, 7(1), 145-157 [doi: 10.17810/2015.56].

Zubair, A. & Kamal, A. (2015). Work related flow, psychological capital, and creativity among employees of software houses. *Psychological Studies, 60*(3), 321-331 [doi: 10.1007/s12646-015-0330-x30-x].

Seção 4

Construtos cognitivos e híbridos

30
Avaliação psicológica da inteligência

Carolina Rosa Campos

Priscila Zaia

Ricardo Primi

Definição de inteligência: breve retomada histórica

A inteligência é um conceito amplo e diversificado e tem sido tema de interesses que envolvem tanto investigações acerca de suas características biológicas como processos cognitivos e traços latentes (Almeida, 1994; Oliveira-Castro & Oliveira-Castro, 2001). Além disso, tem se mostrado um dos atributos mais valorizados, apresentando relevância não apenas para o sistema escolar em geral, mas também para as condutas cotidianas e interações sociais e profissionais (Anastasi & Urbina, 2000; Faria, 2007).

O construto de inteligência e seu significado pode abarcar distintas definições pelo fato de que diferentes culturas valorizam habilidades e conhecimentos diferentes (Sisto, Ferreira, & Matos, 2006). Na tentativa de defini-la, alguns pesquisadores compreendem a inteligência como um conjunto de habilidades cognitivas que estariam associadas à capacidade de adaptação e sobrevivência (Almeida et al., 2010; Kane & Gray, 2005; McGrew, 2009), podendo ser representada pela capacidade dos indivíduos em planejamento e resolução de problemas, aprendizagem e associações (Primi, 2003).

Essa amplitude que abarca o construto pode ser explicada por seu histórico pautado pela in-

fluência de grandes pesquisadores que buscavam defini-lo e medi-lo (Campos & Nakano, 2012). Ao longo de um século de pesquisa, desde os trabalhos de Galton, Binet e Spearman, a grande questão prende-se à possibilidade de inteligência ser definida a partir de um único fator (fator g) ou através de múltiplos fatores.

Spearman defende a ideia da inteligência geral (fator g), compreendida pela capacidade do indivíduo em estabelecer relações e aprender (Almeida & Primi, 2009; Spearman, 1927). Reconhecido por idealizar a análise fatorial, a inteligência seria considerada, em seu modelo, como um fator geral subjacente ao desempenho, envolvendo fatores específicos que teriam uma influência da cultura e da aprendizagem, ou seja, de determinantes externos que seriam ativados pelo fator g (Kaufman, Reynolds, Liu, Kaufman, & McGrew, 2012). Sob o ponto de vista psicométrico, este modelo assumiu grande importância na literatura científica, sendo base de muitos instrumentos psicológicos, bem como fornecendo embasamento para outros estudos importantes posteriores, tais como os desenvolvidos por Thurstone e Guilford (Almeida, Guisande, Primi, & Ferreira, 2008).

Progressivamente, a ideia da existência de fatores cognitivos mais gerais e específicos passou a ser explorada, como o Modelo Hierárquico de

Vernon, o qual, através do fator g, desmembra fatores de grande grupo, de pequeno grupo até chegar aos fatores específicos que envolvem conteúdo e formato de tarefas (Vernon, 1950). Em paralelo surgiu Cattell, o qual propôs a divisão do fator geral em duas capacidades gerais, a inteligência fluida (Gf) e cristalizada (Gc) (Cattell, 1941, 1943).

De acordo com o modelo, a *inteligência fluida* (*Gf*) pode ser compreendida como a capacidade do indivíduo de realizar operações mentais frente a novas tarefas e que não podem ser executadas de forma automática, estando associada a componentes não verbais e pouco dependentes de conhecimento prévio e influência cultural. Também pode ser vista como uma capacidade de organização das informações novas, formação de relação entre ideias, e, de certa forma, dependendo de fatores biológicos, fatores que a aproximam mais do fator g (Alfonso, Flanagan, & Radwan, 2005; Almeida, Lemos, Guisande, & Primi, 2008; Primi, 2014).

Já a *inteligência cristalizada* (*Gc*) está relacionada ao "estoque" de aprendizagens adquiridas por meio de experiências culturais e educacionais vivenciadas pelo indivíduo em atividades escolares, por exemplo. Está relacionada às habilidades fluidas, pois é resultado do exercício do raciocínio fluido em experiências de aprendizagem, dando origem ao conhecimento adquirido por meio destas experiências (Cattell, 1963).

Posteriormente, Horn, estudante de Cattell, elaborou uma revisão dos escritos do modelo proposto por este, partindo do pressuposto de que a inteligência seria composta por uma estrutura multidimensional hierárquica. Nele haveriam dois níveis com fatores gerais e específicos, contemplando, também, as habilidades na aprendizagem. Tal proposta dá origem a um modelo composto pela inteligência fluida, inteligência cristalizada, pelos processamentos visual e auditivo, memória de curto e longo prazos, velocidade de processamento e de decisão e conhecimento quantitativo (Cattell, 1998). Assim sendo, pode-se dizer ainda que a integração das ideias desses dois autores sugere uma teoria multidimensional de inteligência, focada na visão de que as capacidades humanas estariam diretamente relacionadas às tarefas apresentadas aos indivíduos.

A Teoria Cattel-Horn-Carrol (CHC) de Inteligência

John B. Carroll publicou uma extensa metanálise dos principais estudos psicométricos da inteligência propondo um modelo chamado Teoria dos Três Estratos. Posteriormente, McGrew e Flanagan (1998) propuseram uma síntese dos modelos desenvolvidos por Cattel, Horn e Carroll, a qual ficou conhecida como Teoria CHC de inteligência, sendo esta compreendida como uma das teorias atuais mais abrangentes e reconhecidas sobre o construto (McGrew, 2005; Schneider & McGrew, 2012). Dada sua relevância, foi alvo de vários estudos envolvendo testes de inteligência (Baumgartl & Primi, 2005; Benson, 2008; Flanagan, 2000; Floyd, Keith, Taub, & McGrew, 2007; Gomes & Borges, 2007; Primi et al., 2001).

O modelo CHC segue uma estrutura hierárquica que compreende a inteligência como habilidade multidimensional, tendo o fator geral (g) em um terceiro estrato, mais amplo, indicando uma capacidade global, 17 fatores de grupo no estrato II associados a processos e conteúdos comuns (inteligência fluida, velocidade de decisão, velocidade de processamento, memória de curto prazo, eficiência de aprendizagem, fluência de recuperação, inteligência cristalizada, conhecimento quantitativo, leitura e escrita, conhecimento de domínios específicos, processamento visual, processamento auditivo, habilidade tátil, cinestésica, olfatória, psicomotora e inteligência emocional) e os vários fatores ligados às tarefas mais específicas subjacentes aos testes de inteligência se localizariam no estrato I (Kovacs & Conway, 2016; Scheneider & McGrew, 2018).

Visando clarificar e detalhar as habilidades, a Tabela 1 apresenta uma breve descrição dos fatores pertencentes ao Estrato II, bem como a composição de habilidades específicas, tomando-se a literatura científica (McGrew, 2009; McGrew, LaForte, & Schrank, 2014; Primi, Correia, & Almeida, 2018; Primi, Nakano, & Wechsler, 2012; Schneider & McGrew, 2012, 2018).

Tabela 1 Descrição das habilidades gerais e habilidades específicas correspondentes ao modelo Cattel-Horn-Carroll (CHC)

Fatores amplos (Estrato II)	Descrição	Habilidades específicas
Inteligência Fluida (Gf)	Definida como a capacidade para raciocinar em situações novas ou inesperadas, envolve a capacidade de resolver problemas novos, relacionar ideias, induzir conceitos abstratos.	Raciocínio Sequencial Geral (RG); Indução (I); Raciocínio Quantitativo (RQ); Raciocínio Piagetiano (RP); Velocidade de Raciocínio (RE).
Velocidade de Decisão (Gt)	Definida pela rapidez em fornecer respostas corretas em problemas de compreensão e raciocínio e tomar decisões envolvendo processamentos complexos.	Tempo de Reação Simples (R1); Tempo de Reação para Escolha (R2); Velocidade de Processamento Semântico (R4); Velocidade de Comparação Mental (R7).
Velocidade de Processamento (Gs)	Definida pela capacidade de realizar, rapidamente, tarefas comuns dentro de um limite de tempo.	Velocidade Perceptual (P); Velocidade de Resposta ao Teste (R9); Facilidade Numérica (N).
Memória de Curto Prazo (Gwm)	Envolve a capacidade de manutenção de informações por curto período de tempo, ocorrendo a recuperação logo em seguida.	Extensão da Memória (MS); Capacidade de Aprendizagem (L1); Memória de Trabalho (MW).
Eficiência de Aprendizagem (Gl)	Relacionada ao armazenamento e consolidação da informação a longo prazo.	Memória Associativa (MA); Memória para Significados (MM); Memória Espontânea (M6).
Fluência de Recuperação (Gr)	Envolve a extensão e fluência para recuperar informações por associações a outros itens, podendo envolver a criatividade e produção de ideias.	Fluência de Ideias (FI); Fluência para Associações (FA); Fluência p/Expressões (FE); Facilidade de Nomear (NA); Fluência de Palavras (FW); Fluência Figural (FF); Flexibilidade Figural (FX); Sensibilidade para Problemas (SP); Originalidade/ Criatividade (FO).

Continua →

Fatores amplos (Estrato II)	Descrição	Habilidades específicas
Inteligência Cristalizada (Gc)	Definida a partir de experiência e conhecimentos aprendidos, inclui a compreensão da comunicação, estando associada ao conhecimento declarativo e de procedimentos.	Desenvolvimento da Linguagem (LD); Conhecimento Léxico (VL); Capacidade Auditiva (LS); Informação Geral (K0); Informação sobre a Cultura (K2); Informação sobre a Ciência (K1); Desempenho em Geografia (A5); Capacidade de Comunicação (CM); Produção Oral e Fluência (OP); Sensibilidade Gramatical (MY); Proficiência em Língua Estrangeira (KL); Aptidão para Língua Estrangeira (LA).
Conhecimento Quantitativo (Gq)	Definido pela compreensão de conceitos e relações quantitativas, manipulação de símbolos numéricos, estando associado à capacidade de utilizar informações quantitativas.	Conhecimento Matemático (KM); Realização Matemática (A3).
Leitura e Escrita (Grw)	Envolve habilidades básicas de leitura e escrita utilizadas na compreensão da linguagem escrita e na expressão de pensamentos pelo ato de escrever, estando associada à capacidade de decodificação, composição e compreensão de textos.	Decodificação da Leitura (RD); Compreensão da Leitura (RC); Compreensão da Linguagem Verbal (V); Capacidade para Completar Sentenças (CZ); Capacidade Ortográfica (SG); Capacidade de Escrita (WA); Conhecimento do Uso da Língua Nativa (EU); Velocidade de Leitura (RS).
Conhecimento de Domínios Específicos (Gkn)	Relacionado ao domínio do conhecimento declarativo e processual especializado, estando associado a conhecimentos adquiridos ao longo da vida em determinadas áreas específicas.	Informações científicas gerais (K1); Conhecimento cultural (K2); Conhecimento Mecânico (MK); Proficiência em língua estrangeira (KL); Conhecimento de assinatura (KF); Habilidade na leitura labial (LP).
Processamento Visual (Gv)	Definido como capacidade de sintetizar estímulos visuais e gerar, perceber, armazenar e transformar imagens visuais.	Visualização (VZ); Relações Espaciais (SR); Memória Visual (MV); Velocidade de Finalização (CS); Flexibilidade de Finalização (CF); Análise Espacial (SS); Integração Perceptual em Série (PI); Estimação de Comprimento (LE); Percepção de Ilusões (IL); Alternações Perceptivas (PN); Imagens (IM).
Processamento Auditivo (Ga)	Envolve a compreensão e síntese da configuração auditiva, percepção, análise e síntese sonora e a capacidade discriminativa de sons e de nuanças em estruturas musicais complexas.	Codificação Fonética (PC); Discriminação da Linguagem Sonora (US); Resistência a Estímulos Auditivamente Distorcidos (UR); Memória para Padrões de Sons (UM); Discriminação Geral de Sons (U3); Localização Temporal (UK); Avaliação e Discriminação musical (U1, U9); Manutenção e Avaliação do Ritmo (U8); Discriminação da Duração do Som (U6); Discriminação da Frequência Sonora (U5); Limiar da Audição e Linguagem (UA, UT, UU); Tom Absoluto (UP); Localização Sonora (UL).

Continua →

Habilidade Tátil (Gh)	Habilidades para perceber e processar informações significativas em sensações hápticas, não apenas referente ao toque, mas à cognição realizada com sensações táteis.	Sensibilidade Tátil (TS); Ainda não há fatores de capacidade cognitiva cientificamente comprovados associados, embora TS possa estar relacionado com as habilidades mais amplas (Gf, Gv, Ga).
Habilidade Cinestésica (Gk)	Habilidades para perceber e processar informações significativas ao posicionamento do corpo, peso, movimento, entre outros.	Sensibilidade Cinestésica (KS); Ainda não há fatores de capacidade cognitiva cientificamente comprovados associados.
Habilidade Olfatória (Go)	Habilidades para detectar e processar informações significativas do sistema olfativo relacionado a odores.	Memória Olfativa (MO).
Habilidade Psicomotora (Gp)	Habilidades para realizar movimentos motores do corpo físico com precisão, coordenação ou força.	Destreza manual (P1); Destreza dos dedos (P2); Força estática (P3); Equilíbrio corporal bruto (P4); Controle de coordenação (P6); Estabilidade das mãos e braços (P7); Precisão de controle (P8) e Sequência de Movimentos (AI).
Inteligência Emocional (Ge)	Capacidade de percepção de expressões emocionais, estando associada a compreensão do comportamento emocional e de resolução de problemas por meio das emoções.	Percepção de emoção (EP); Conhecimento da emoção (Ek); Gerenciamento das Emoções (EM); Utilização da emoção (EU).

De acordo com Kaufman, DeYoung Gray, Brown e Mackintosh, (2009), a Teoria CHC é uma teoria complexa e que traz consigo uma evolução frente aos modelos de inteligência, principalmente por integrar diferentes concepções, sem desprezar nenhuma delas. Por esse motivo, a literatura científica infere que o modelo CHC é o que possui as melhores evidências psicométricas para descrever as aptidões humanas, de maneira a ser considerado como o modelo mais adequado para embasar a construção de instrumentos psicológicos para a avaliação da inteligência, internacional e nacionalmente (Abu--Hamour & Al-Hmouz, 2017; James, Jacobs, & Roodenburg, 2015; Hurks & Bakker, 2016; Lecerf, Rossier, Favez, Revert, & Coleaux, 2010; Wechsler & Nakano, 2016).

Dado o fato do modelo ser, atualmente, referência para compreensão do fenômeno da inteligência, a seguir será apresentado um levantamento dos testes de inteligência nacionais aprovados pelo Sistema de Avaliação de Testes Psicológicos (Satepsi), sob a perspectiva do modelo CHC.

Testes brasileiros de avaliação da inteligência

O objetivo deste tópico é apresentar os testes de inteligência, disponíveis no Brasil e aprovados pelo Sistema de Avaliação de Testes Psicológicos (Satepsi) (Tabela 2). Posteriormente, uma análise do conteúdo de seus itens com base no modelo teórico CHC, indicando ainda qual fator amplo da inteligência esses testes medem, foi realizada (Tabela 3). Importante ressaltar que se trata de uma análise preliminar, cuja classificação teórica dos fatores específicos é inicial, podendo ser ampliada e melhor explorada conforme o aprofundamento da temática e dos instrumentos utilizados em estudos futuros.

Tabela 2 Lista dos testes de inteligência aprovados pelo Satepsi*

Instrumento psicológico
Escala de Inteligência Wechsler para crianças – 4ª edição (Wisc-IV)
Escala de Inteligência Wechsler Abreviada (Wasi)
Escala de Inteligência Wechsler para Adultos (Wais-III)
Escala de Matrizes de Vienna – 2, Versão informatizada (WMT-2)
Escala de Maturidade Mental Colúmbia – Edição Brasileira Revisada (CMMS3) **
Escala Geral (MPR)
Matrizes Progressivas Avançadas de Raven
Matrizes Progressivas Coloridas de Raven
Teste de Memória de Reconhecimento de Faces
R-1 Teste Não Verbal de Inteligência
R-2 Teste Não Verbal de Inteligência para Crianças
Raciocínio Abstrato (BRD-AR)
Raciocínio Espacial (BRD-SR)
Raciocínio Mecânico (BRD-MR)
Raciocínio Verbal (BRD-VR)
Teste Conciso de Raciocínio – TCR
Teste D70 – Manual revisado e ampliado
Teste de Desenvolvimento do Raciocínio Indutivo (TDRI)
Teste de Inteligência (TI)
Teste de inteligência geral – não verbal – TIG-NV
Teste de inteligência geral não verbal – Toni-3
Teste de Inteligência Verbal (TIV)
Teste dos relógios (B e C)
Teste Matrizes de Vienna – 2 (WMT-2)
Teste Não Verbal de Inteligência – forma B – R-1
Teste Não Verbal de Inteligência – G-36
Teste Não Verbal de Inteligência – G-38
Teste Não Verbal de Inteligência Geral Beta-III (Subtestes Raciocínio Matricial e Códigos)
Teste Não Verbal de Inteligência SON-R 2 ½-7 [a]
Teste Não Verbal de Raciocínio para Crianças – TNVRI
Teste Verbal de Inteligência (V-47)

*Análise da lista de testes favoráveis resgatada em 4 de janeiro de 2019 de http://satepsi.cfp.org.br/testesFavoraveis

** Para análise apresentada foi avaliada a versão anterior do teste, dada a não disponibilidade da nova até a data da pesquisa.

A partir da análise do conteúdo dos itens de cada instrumento apresentado na Tabela 2, objetivou-se delinear as habilidades cognitivas específicas mensuradas segundo as facetas da Teoria CHC da inteligência. Este processo foi realizado por três psicólogos, com experiência em avaliação psicológica e construção de instrumentos associados ao tema.

A fim de elucidar a apresentação dos resultados da análise, as baterias (instrumentos constituídos por mais de um subteste), foram representadas separadamente indicando qual fator cada subteste avalia. Por outro lado, aqueles que se caracterizam por apenas um subteste foram agrupados por fator avaliado. Dessa forma, as primeiras tabelas referem-se às Escalas Wechsler da Inteligência (Wisc-IV, Wasi e Wais-III). Ambas avaliam o construto aqui referido a partir de diferentes subtestes, os quais requerem que o testando apresente habilidades específicas. O Wisc-IV caracteriza-se por uma escala voltada à avaliação da inteligência em crianças a partir de 6 anos até adolescentes de 16 anos e 11 meses (Rueda, Noronha, Sisto, Santos, & Castro, 2013). A Escala Wasi constitui-se em um instrumento abreviado de investigação das capacidades cognitivas e é destinada à faixa etária mais ampla dentre as três, iniciando aos 6 anos até 89 anos (Trentini, Yates, & Heck, 2014). Por sua vez, o Wais-III permite a avaliação de adolescentes, a partir de 16 anos a adultos de até 89 anos (Nascimento, 2005).

Tabela 3 Escala de Inteligência Wechsler para crianças (Wisc-IV)

Instrumento psicológico	Descrição	Habilidade medida pela Teoria CHC
Escala de Inteligência Wechsler para crianças – 4a. ed. (Wisc-IV)	É composta por 15 subtestes e, segundo seu manual, tem como objetivo avaliar a capacidade intelectual e o processo de resolução de problemas.	
	Cubos	Gsm (MW), Gv (Vz)
	Semelhanças	Gc (K0, VL)
	Dígitos	Gsm (MS, MW)
	Conceitos figurativos	Gf (I)
	Código	Gsm (L1), Gs (R9)
	Vocabulário	Gc (VL)
	Sequência de números e de letras	Gsm (MW)
	Raciocínio matricial	Gf (I)
	Compreensão	Gc (K0)
	Procurar símbolos	Gsm (L1), Gs (R9)
	Completar figuras	Gv (Vz)
	Cancelamento	Gsm (L1)
	Informação	Gc (K0)
	Aritmética	Gq (A3, KM)
	Raciocínio com palavras	Gc (K0), Gf (RG)

Tabela 4 Escala de Inteligência Wechsler Abreviada (Wasi)

Instrumento psicológico	Descrição	Habilidade medida pela Teoria CHC
Escala de Inteligência Wechsler Abreviada (Wasi)	É formada por 4 subtestes e possibilita uma medida breve da inteligência, permitindo estimar o funcionamento cognitivo geral, verbal e não verbal.	
	Vocabulário	Gc (VL)
	Semelhanças	Gc (K0, VL)
	Cubos	Gsm (MW), Gv (Vz)
	Raciocínio matricial	Gf (I)

Tabela 5 Escala de Inteligência Wechsler para Adultos (Wais-III)

Instrumento psicológico	Descrição	Habilidade medida pela Teoria CHC
Escala de Inteligência Wechsler para Adultos (Wais-III)	É composta por 14 subtestes e constitui-se em ferramenta de avaliação da capacidade intelectual.	
	Completar figuras	Gv (Vz)
	Vocabulário	Gc (VL)
	Códigos	Gsm (L1), Gs (R9)
	Semelhanças	Gc (K0, VL)
	Cubos	Gsm (MW), Gv (Vz)
	Aritmética	Gq (A3, KM)
	Raciocínio matricial	Gf (I)
	Dígitos	Gsm (MS, MW)
	Informação	Gc (K0)
	Arranjo de figuras	Gf (RG)
	Compreensão	Gc (K0)
	Procurar símbolos	Gsm (L1), Gs (R9)
	Sequência de números e letras	Gsm (MW)
	Armar objetos	Gv (Vz)

A partir da análise compreendida nas tabelas 3, 4 e 5 é possível observar que os subtestes oriundos das escalas Wechsler mensuram a inteligência através de diferentes habilidades, notadamente aquelas referentes aos seguintes fatores amplos do estrato II da teoria CHC: inteligência fluida (Gf), inteligência cristalizada (Gc), conhecimento quantitativo (Gq), processamento visual (Gv), memória de curto prazo e velocidade de processamento (Gs).

A próxima análise referiu-se ao Teste Não Verbal de Inteligência SON-R 2 ½-7 [a]. Este instrumento caracteriza-se como não verbal, pois pode ser administrado sem o uso da linguagem falada, facilitando sua aplicação em indivíduos que ainda não desenvolveram a fala ou apresentam algum atraso nesta etapa do desenvolvimento. Esta versão brasileira do teste é reduzida, baseada no SON-R 2 ½-7, publicado originalmente na Holanda em 1998 e destina-se à avaliação de crianças entre 2 ½ a 7 anos (Laros, Tellegen, Jesus, & Karino, 2011).

Tabela 6 Teste Não Verbal de Inteligência (SON-R 2 ½-7[a]

Instrumento psicológico	Descrição	Habilidade medida pela Teoria CHC
Teste Não Verbal de Inteligência SON-R 2 ½-7 [a]	Compõe-se de 4 subtestes para avaliação da capacidade cognitiva.	
	Mosaicos	Gv (SS), Gsm (MS)
	Categorias	Gc (K0), Gf (I)
	Situações	Gc (K0), Gf (I), Gv (SS)
	Padrões	Gf (RG)

Considerando a análise dos fatores da Teoria CHC e os itens dos subtestes do SON-R aqui discutido e apresentado na Tabela 6, notou-se que a inteligência pode ser medida, nesse instrumento, por quatro fatores amplos (Estrato II), sendo eles velocidade de processamento (Gv), memória de curto prazo (Gsm), inteligência cristalizada (Gc) e inteligência fluida (Gf).

Em seguida, apresenta-se a Bateria de Provas de Raciocínio (BPR-5), a qual constitui-se em duas formas (A e B), destinando-se a alunos do Ensino Fundamental (forma A) e a alunos do Ensino Médio e universitário (forma B). Sua organização contém cinco subtestes e cada um avalia um tipo diferente de raciocínio: abstrato, verbal, numérico espacial e mecânico.

Tabela 7 Bateria de Provas de Raciocínio (BPR-5)

Instrumento psicológico	Descrição	Habilidade medida pela Teoria CHC
Bateria de Provas de Raciocínio (BPR-5)	Organiza-se em 5 subtestes para avaliar cinco diferentes tipos de raciocínio.	
	Raciocínio Verbal	Gf e Gc (K0)
	Raciocínio Abstrato	Gf (I)
	Raciocínio Mecânico	Gf (RQ), Gc (K0), Gq (KM), Gkn (MK)
	Raciocínio Espacial	Gf (I), Gv (Vz)
	Raciocínio Numérico	Gf (I, RQ), Gq (KM, A3)

A análise apresentada na Tabela 7 demonstra a capacidade da bateria em investigar habilidades associadas a quatro fatores amplos: inteligência cristalizada (Gc), inteligência fluida (Gf), conhecimento quantitativo (Gq) e processamento visual (Gv). Em seguida, os instrumentos que não são considerados baterias, visto que avaliam a inteligência por meio de uma única tarefa ou uma única habilidade, foram analisados. Os resultados estão apresentados na Tabela 8.

Tabela 8 Testes psicológicos de habilidades específicas

Instrumento psicológico	Descrição	Habilidade medida pela Teoria CHC
Teste de Memória de Reconhecimento de Faces	Avalia o nível da capacidade das pessoas em memorizar e evocar faces de forma mediata.	Gwm (MW)
Raciocínio Abstrato (BRD-AR)	Avalia a capacidade de estabelecer relações abstratas em situações novas.	Gf (I)
Raciocínio Espacial (BRD-SR)	Avalia a capacidade de visualização, manipulação e transformação de representações mentais.	Gf (I), Gv (Vz)
Raciocínio Mecânico (BRD-MR)	Mede a capacidade de integração de informações do cotidiano, visando resolução de problemas.	Gf (RQ), Gc (K0), Gq (KM), Gkn (MK)
Raciocínio Verbal (BRD-VR)	Mede a capacidade de estabelecer relações abstratas entre conceitos verbais e vocabulário.	Gf e Gc (K0)
Teste de Desenvolvimento do Raciocínio Indutivo (TDRI)	Avalia a capacidade de resolução de problemas de raciocínio analógico por meio de figuras geométricas.	Gf (I)
Teste de Inteligência Verbal (TIV)	Avalia a extensão do significado das palavras e busca a relação entre elas.	Gf e Gc (K0)

A análise na Tabela 8 apresenta diferentes testes psicológicos que podem ser utilizados pontualmente, de acordo com a habilidade específica que o aplicador visa avaliar. No entanto, deve-se ter claro que, para isso, um amplo conhecimento do modelo teórico é imprescindível, uma vez que demanda a conciliação da perspectiva teórica com a prática.

Dentre os diversos testes aprovados pelo Satepsi e apresentados na Tabela 2 deste capítulo, observou-se que, em grande parte deles, a inteligência é avaliada por apenas um fator amplo da Teoria CHC, a inteligência fluida (Gf). Segundo Schneider e Newman (2015), esta faceta refere-se à capacidade do indivíduo de controlar a atenção de maneira flexível para resolver novos problemas e tem, como aspecto mais importante, o raciocínio indutivo, o qual é descrito como a habilidade de discernir regras e padrões a partir do que está sendo observado. Neste quesito, a inteligência fluida (Gf) pode ser considerada uma habilidade cognitiva de alta ordem, se aproximando, em níveis correlacionais, com o fator g de inteligência, o que a torna mais evidente

em instrumentos de mensuração da inteligência (Carroll, 2003; Gomes & Borges, 2009). A Tabela 9, a seguir, lista todos os instrumentos que se enquadram neste aspecto.

Para finalizar, realizou-se também a análise dos itens de dois instrumentos psicológicos que não se dividem em subtestes e mensuram a inteligência através de dois fatores amplos da Teoria CHC, o Teste de inteligência geral – não verbal – TIG-NV e o Teste Verbal de Inteligência (V-47). Embora tenham sido citados na Tabela 9, como instrumentos que avaliam inteligência fluida, foi possível identificar que também medem outras habilidades do modelo CHC.

O Teste de Inteligência Geral – não verbal – TIG-NV pode ser administrado em crianças a partir de 10 anos até adultos de 79 anos, compondo-se de 30 matrizes de figuras, com seis alternativas de respostas cada uma. A avaliação de seus itens, segundo o modelo de CHC da inteligência, demonstrou que a mensuração desse construto se relaciona à inteligência fluida (Gf) e ao processamento visual (Gv). Por fim, o Teste Verbal de Inteligência (V-47) tem como objetivo

Tabela 9 Instrumentos que medem Inteligência Fluida (Gf)

Instrumento psicológico
Escala de Matrizes de Vienna – 2, Versão Informatizada (WMT-2)
Escala de Maturidade Mental Colúmbia – Edição Brasileira Revisada (CMMS 3)
Escala Geral (MPR)
Matrizes Progressivas Avançadas de Raven
Matrizes Progressivas Coloridas de Raven
Teste Conciso de Raciocínio – TCR
Teste D70 – Manual revisado e ampliado
Teste de Inteligência (TI)
Teste de inteligência geral – não verbal – TIG-NV
Teste de inteligência geral não verbal – Toni-3
Teste dos relógios (B e C)
Teste Matrizes de Vienna – 2 (WMT-2)
Teste Não Verbal de Inteligência – forma B – R-1
Teste Não Verbal de Inteligência – G-36
Teste Não Verbal de Inteligência – G-38
Teste Não Verbal de Inteligência Geral Beta-III
Teste Não Verbal de Raciocínio para Crianças – TNVRI
Teste Verbal de Inteligência (V-47)
R-1 Teste Não Verbal de Inteligência
R-2 Teste Não Verbal de Inteligência para Crianças

avaliar a capacidade de compreensão verbal dos indivíduos, estabelecendo relações classificatórias entre elementos, sendo permitida sua aplicação em adolescentes e adultos. Segundo a análise da Teoria CHC, os indivíduos que têm suas habilidades mensuradas através deste teste devem apresentar capacidades relacionadas à inteligência cristalizada (Gc) e à inteligência fluida (Gf).

Considerações finais

O objetivo deste capítulo foi discorrer sobre o construto da inteligência sob a perspectiva de seus principais modelos teóricos, abordando brevemente uma retomada histórica e dando foco à teoria mais utilizada atualmente entre pesqui-

sadores para sua compreensão. Posteriormente, visando contribuir com a aplicabilidade prática, buscou-se apresentar uma análise dos instrumentos psicológicos aprovados pelo Satepsi, a partir da Teoria CHC e dos fatores específicos que abarcam o modelo.

As pesquisas têm mostrado, ao longo dos anos, as diversas habilidades que compõem o construto da inteligência, sendo improvável encontrar consenso sobre a quantidade de tipos diferentes de inteligência que possam existir. Nesse sentido, ao tentar compreendê-la em seus termos práticos, torna-se mais produtivo manter o foco em quais capacidades podem ser mensuradas na prática cotidiana dos indivíduos (Schneider & Newman, 2015).

Ao considerar a importância dos testes que medem a inteligência e sua contribuição na compreensão das habilidades apresentadas pelos indivíduos, torna-se possível reconhecer o papel que desempenham nos processos de avaliação profissional. Como demonstrado pela análise dos testes psicológicos, cada instrumento pode medir algumas habilidades específicas do construto, mas nenhum deles consegue englobar, em sua totalidade, todos os aspectos presentes no modelo de Cattell, Horn e Carroll. Para que isso fosse possível, seria necessário que o mesmo teste conseguisse medir todos os fatores específicos que constituem o Estrato I da Teoria CHC (Primi, 2003), situação que ainda não é encontrada em nenhum instrumento nacional.

Ainda neste sentido, faz-se relevante pontuar que as baterias existentes atualmente são desenvolvidas para medir a inteligência geral e fazem isso testando uma ampla variedade de habilidades cognitivas para, em seguida, estimar as pontuações médias e compreender o que, de fato, os subtestes medem em comum (Schneider & McGrew, 2013). Portanto, ao se pensar na prática profissional, torna-se importante ressaltar a necessidade de reconhecer a existência dos diferentes testes disponíveis para medir a inteligência, mas, principalmente, a existência de modelos como a Teoria CHC, que se caracteriza como uma taxonomia das habilidades, auxiliando o direcionamento das escolhas dos instrumentos que possam melhor se adequar à demanda (Schneider & Newman, 2015).

Dessa forma, almeja-se que as informações apresentadas neste capítulo possam corroborar a prática cotidiana dos profissionais da Psicologia, notadamente em relação à escolha do instrumento mais adequado para avaliação das habilidades cognitivas. Espera-se também que estudos futuros sejam realizados com os instrumentos que ainda não apresentam análise de seus itens, tendo sido esta uma das limitações deste estudo.

Referências

Abu-Hamour, B. & Al-Hmouz, H. (2017). Prevalence and pattern of learning difficulties in primary school students in Jordan. *Australian Journal of Learning Difficulties*, 21(2), 99-113 [doi: 10.1080/19404158.2017.1287104].

Alfonso, V.C., Flanagan, D.P., & Radwan, S. (2005). The Impact of the Cattell-Horn-Carroll Theory on Test development and Interpretation of Cognitive and Academic Abilities. In D.P. Flanagan & P.L. Harrison (Orgs.). *Contemporary Intellectual Assessment* (2a. ed., pp. 185-202). Nova York: Guilford.

Almeida, L.S. (1994). *Inteligência: definição e medida*. Aveiro: CIDInE.

Almeida, L.S., Guisande, M.A., & Ferreira, A.I. (2009). *Inteligência: perspectivas teóricas*. Coimbra: Almedina.

Almeida, L.S., Lemos, G., Guisande, M.A., & Primi, R. (2008). Inteligência, escolarização e idade: normas por idade ou série escolar? *Avaliação Psicológica*, 7(2), 117-125.

Almeida, L.S., Guisande, A.M.A., Primi, R., & Ferreira, A. (2008). Construto e medida da inteligência: contributos da abordagem fatorial. In A. Candeias, L.S. Almeida, A. Roazzi, & R. Primi (Orgs.). *Inteligência: definição e medida na confluência de múltiplas concepções* (pp. 49-80). São Paulo: Casa do Psicólogo.

Almeida, L.S., Nascimento, E., Lima, A.O.F., Vasconcelos, A.G., Akama, C.T., & Santos, M.T. (2010). Bateria de Provas de Raciocínio (BPR-5): estudo exploratório em alunos universitários. *Avaliação Psicológica*, 9(2), 155-162.

Almeida, L.S. & Primi, R. (2009). Considerações em torno da medida de inteligência. In L. Pasquali (Org.). *Instrumentação psicológica* (pp. 387-410). Porto Alegre: Artmed.

Anastasi, A. & Urbina, S. (2000). *Testagem psicológica* (7a. ed.). Porto Alegre: Artes Médicas.

Andrés-Pueyo, A. (2006). Modelos psicométricos da inteligência. In R. Colom & C.E. Flores-Mendonza (Orgs.). *Introdução à psicologia das diferenças individuais* (pp. 73-100). Porto Alegre: Artmed.

Baumgartl, V.O. & Primi, R. (2005). Os aspectos mais avaliados em processos organizacionais. In V.O. Baumgartl & R. Primi (Orgs.). *Contribuições da avaliação psicológica no contexto organizacional: um estudo com o BPR-5, BMF-1 e o PMK* (pp. 21-28). São Paulo: Casa do Psicólogo.

Benson, N. (2008). Cattell-Horn-Carroll cognitive abilities and reading achievement. *Journal of Psychoeducational Assessment*, 26, 27-41 [doi: 10.1177/0734282907301424].

Campos, C.R. & Nakano, T.C. (2012). Produção científica sobre avaliação da inteligência: O estado da arte. *Interação Psicológica*, 16(2), 271-282 [https://doi.org/10.5380/psi.v16i2.22619].

Cattell, R.B. (1941). Some theoretical issues in adult intelligence testing. *Psychological Bulletin, 38*, 592.

Cattell, R.B. (1943). The measurement of adult intelligence. *Psychological Bulletin, 40,* 153-193.

Cattell, R.B. (1963). Theory of fluid and crystallized intelligence: A critical experiment. *Journal of Educational Psychology, 54*(1), 1-22 [http://dx.doi.org/10.1037/h0046743].

Cattell, R.B. (1998). Where is intelligence? Some answers from the triadic theory. In J.J. McArdle & R.W. Woodcock (Orgs.). *Human cognitive abilities in theory and practice* (pp. 29-38). Nova Jersey: Erlbaum.

Faria, L. (2007). Teorias implícitas da inteligência: estudos no contexto escolar português. *Paideia*, 12 (23), 93-103 [http://dx.doi.org/10.1590/S0103-863X2002000200007].

Flanagan, D.P. (2000). Wechsler-Based CHC Cross-Battery Assessment and Reading Achievement: Strengthening the Validity of Interpretations Drawn from Wechsler Test Scores. *School Psychology Quarterly*, 15(3), 295-329.

Floyd, R.G., Keith, T.Z., Taub, G.E., & McGrew, G.E. (2007). Cattell-Horn-Carroll Cognitive Abilities and Their Effects on Reading decoding Skills: *g* Has Indirect Effects, More Specific Abilities Have Direct Effects. *School Psychology Quarterly*, 22(2), 200-233.

Gomes, C.M.A. & Borges, O.N. (2007). Validação do modelo de inteligência de Carroll em uma amostra brasileira. *Avaliação Psicológica*, 6(2), 167-179.

Hurks, P.P.M. & Bakker, H. (2016). Assessing intelligence in children and youth living in the Netherlands. *International Journal of School & Educational Psychology*, 4(4), 266-275 [doi: 10.1080/21683603.2016.116675].

James, L., Jacobs, K., & Roodenburg, J. (2015). Adoption of the Cattell-Horn-Carroll Model of Cognitive Abilities by Australian Psychologists. *Australian Psychologist*, 50(3), 194-202.

Kane, M.J. & Gray, J.R. (2005). Fluid intelligence. In N.J. Salkind (Ed.). *Encyclopedia of Human Development* (pp. 528-529). CA: Sage [doi: 10.4135/9781412952484].

Kaufman, S.B., DeYoung, C.G., Gray, J.R., Brown, J., & Mackintosh, N. (2009). Associative learning predicts intelligence above and beyond working memory and processing speed. *Intelligence, 37*, 374-382.

Kaufman, S.B., Reynolds, M.R., Liu, X., Kaufman, A.S., & McGrew, K.S. (2012). Are cognitive g and academic achievement g one and the same g? An exploration on the Woodcock-Johnson and Kaufman tests. *Intelligence*, 40, 123-138 [doi: 10.1016/j.intell.2012.01.009].

Kovacs, K. & Conway, A.R.A. (2016). Process overlap Theory: a unified account of the general factorial of intelligence. *Psychological Inquiry*, 27(3), 151-177.

Kvist, A.V. & Gustafsson, J. (2008). The relation between fluid intelligence and the general factor as a function of cultural background: A test of Cattell's investment theory. *Intelligence, 36*, 422-436.

Laros, J.A., Tellegen, O.J., Jesus, G.R., & Karino, C. (2011). *Teste Não Verbal de Inteligência SON-R 2 1/2-7[a] – Manual.* São Paulo: Casa do Psicólogo.

Lecerf, T., Reverte, I., Coleaux, L., Favez, N., & Rossier, J. (2010). Indice d'aptitude général pour le Wisc-IV: normes francophones. *Pratiques Psychologiques, 16,* 109-121 [doi: 10.1016/j.prps.2009.04.001].

McGrew, K.S. (2005). The Cattell-Horn-Carroll theory of cognitive abilities: past, present, and future. In D.P. Flanagan & P.L. Harrison (Eds.). *Contemporary intellectual assessment: theories, tests, and issues* (pp. 136-177). Nova York: Guilford.

McGrew, K.S. (2009). CHC theory and the human cognitive abilities project: Standing on the shoulders of the giants of psychometric intelligence research. *Intelligence, 37,* 1-10.

McGrew, K.S. & Flanagan, D.P. (1998). *The intelligence test desk reference (ITDR): Gf-Gc cross-battery assessment.* Needham Heights: Allyn & Bacon.

McGrew, K.S., LaForte, E.M., & Schrank, F.A. (2014). *Technical Manual – Woodcock Johnson IV.* Rolling Meadows, IL: Riverside.

Nascimento, E. (2005). Wais-III: *Escala de Inteligência Wechsler para Adultos – Manual técnico.* São Paulo: Casa do Psicólogo.

Oliveira-Castro, J.M. & Oliveira-Castro, K.M. (2001). A função adverbial de "inteligência": definições e usos em Psicologia. *Psicologia: teoria e pesquisa, 17*(3), 257-264 [doi: 10.1590/S0102-37722001000300008].

Primi, R. (2002). Inteligência fluida: definição fatorial, cognitiva e neuropsicológica. *Paideia, 12*(23), 57-75 [doi: 10.1590/S0103-863X2002000200005].

Primi, R. (2003). Inteligência: avanços nos modelos teóricos e nos instrumentos de medida. *Avaliação Psicológica, 1*(1), 67-77.

Primi, R., Correia, T.A., & Almeida, L.S. (2018). Bateria de Provas de Raciocínio (BPR-5). In C.S. Hutz, D.R. Bandeira, & C.M. Trentini (Orgs.). *Avaliação psicológica da inteligência e da personalidade* (pp. 109-122). Porto Alegre: Artmed.

Primi, R., Nakano, T.C., & Wechsler, S.M. (2012). Cross-battery factor analysis of the Battery of Reasoning Abilities (BPR-5) and Woodcock-Johnson Tests of Cognitive Ability (WJ-III). *Temas em Psicologia, 20*(1), 121-132.

Primi, R., Santos, A.A.A., Vendramini, F.T., Muller, F.A., Lukjanenko, M.F., & Sampaio, I.S. (2001). Competências e habilidades cognitivas: diferentes definições dos mesmos construtos. *Psicologia: Teoria e Pesquisa, 17*(2), 151-159 [doi: 10.1590/S0102-37722001000200007].

Rueda, F.J., Noronha, A.P., Sisto, F.F., Santos, A.A., & Castro, N.R. (2013). *Wisc-IV: Escala Wechsler de Inteligência para crianças.* São Paulo: Pearson.

Schneider, W.J. & McGrew, K. (2012). The Cattell-Horn-Carroll model of intelligence. In D. Flanagan & P. Harrison (Eds.). *Contemporary Intellectual Assessment: Theories, Tests, and Issues* (3a. ed.) (pp. 99-144). Nova York: Guilford.

Schneider, W.J. & McGrew, K. (2013). *Individual Differences in the Ability to Process Information.* In B.J. Irby, G. Brown, R. Lara-Alecio, & S. Jackson (Eds.). *The Handbook of Educational Theories* (pp. 767-782). Charlotte: Information Age Publishing.

Schneider, W.J. & McGrew, K.S. (2018). The Cattell-Horn-Carroll Theory of Cognitive Abilities. In D. Flanagan & E.M. McDonough (Eds.). *Contemporary Intellectual Assessment – Fourth Edition: Theories, Tests, and Issues* (4a. ed.) (pp. 73-163). Nova York: Guilford.

Schneider, W.J. & Newman, D.A. (2015). Intelligence is multidimensional: Theoretical review and implications of specific cognitive abilities. *Human Resource Management Review, 25,* 12-27 [doi: 10.1016/j.hrmr.2014.09.004].

Sisto, F.F., Ferreira, A., & Matos, M.P.B. (2006). TCR e R1: duas medidas do fator g. *Revista de Psicologia da Vetor Editora, 7*(1), 69-77.

Spearman, C. (1904). General intelligence: objectively determined and measured. *American Journal of Psychology, 15,* 201-293.

Spearman, C. (1927). *The abilities of man.* Nova York: MacMillan.

Trentini, C.M., Yates, D.B., & Heck, V.S. (2014). *Escala de Inteligência Wechsler Abreviada (Wasi): Manual profissional*. São Paulo: Casa do Psicólogo.

Vernon, P.E. (1950). *The structure of human abilities.* Londres: Methuen.

Wechsler, S.M. & Nakano, T.C. (2016). Cognitive assessment of Brazilian children and youth: Past and present perspectives and challenges. *International Journal of School & Educational Psychology*, 4(4), 215-224 [doi:10.1080/21683603.2016.1163654].

31
Avaliação psicológica e criatividade

Tatiana de Cássia Nakano

A criatividade vem sendo, historicamente, marcada por questionamentos acerca da possibilidade de sua medida. Dada sua relevância nos mais diferentes contextos, o presente capítulo tem como objetivo apresentar o conceito, discutir questões referentes à sua avaliação, apresentando ainda os principais benefícios relacionados à sua medida e os principais métodos utilizados. Apresenta ainda os instrumentos utilizados e um estudo de caso de como a avaliação da criatividade, se bem conduzida, pode se mostrar importante na trajetória pessoal e profissional dos indivíduos.

Criatividade ou criatividades?

Historicamente, várias foram as compreensões acerca da criatividade, as quais deram origem a um grande número de definições para o construto. A criatividade, dentro de uma concepção mais ampla, pode ser definida como um potencial que se manifesta em condições e clima apropriado, possibilitando, a cada indivíduo, a manifestação de sua expressão criativa (De la Torre, 2014). Pode também ser compreendida como uma capacidade relacionada à resolução de problemas (Sternberg & Lubart, 1996), a qual envolve um processo cognitivo que permite identificar as dificuldades, gerar múltiplas possibilidades de resolução de um problema, testar hipóteses e comunicar os resultados (Torrance, 1966) ou ainda pela criação de um produto que

seja novo e útil, definido dentro de um contexto social (Plucker, Beghetto, & Daw, 2004).

Diferentemente de muitos mitos ainda presentes no senso comum, a criatividade não é uma característica rara, presente somente nos gênios ou relacionada somente às artes. Ela é uma característica presente em todos os indivíduos, sob a forma de potencial criativo, o qual irá se manifestar de forma mais intensa ou menos, de acordo com a presença de estímulos sociais e pessoais. Assim, a criatividade em seu nível mais comum se encontraria presente em todas as pessoas, sendo aquele tipo de criatividade que permite resolver problemas rotineiros, no dia a dia, os quais exigem soluções criativas. Pode ser manifestada, por exemplo, quando você inventa uma nova receita de comida usando os ingredientes que tem disponíveis em sua casa, combinando-os de forma a criar um novo prato, procurando um caminho diferente para ir ao trabalho, inventando uma música de autoria própria no violão, decorando sua casa. Note-se que, nesse tipo de criatividade, o valor das ideias fornecidas pelo sujeito relaciona-se diretamente com sua capacidade de resolver o problema ou desafio, de forma que elas se mostram satisfatórias para o próprio sujeito. Assim, mesmo que, no primeiro exemplo, o prato criado possa eventualmente não satisfazer um crítico de gastronomia ou, no segundo exemplo, se o caminho escolhido for mais longo ou levar mais tempo, se, para o sujeito que o desenvolveu, a ideia atendeu ao propósito buscado, para ele a solução encontrada será criativa (dentro de uma criatividade em um nível mais individual).

Especialistas em criatividade sabem que essas contribuições relativamente pequenas, embora não possam ser consideradas ilustres, mostram-se altamente criativas e merecem tanto reconhecimento quanto os demais tipos (Helfand, Kaufman, & Beghetto, 2017). O reconhecimento da existência desse tipo de criatividade tem se mostrado muito útil ao permitir que a ideia de que somente algumas poucas pessoas podem ser criativas seja desfeita, além de atuar no sentido de reconhecer o importante papel que a criatividade desempenha na vida cotidiana e da necessidade de seu incentivo em ambientes diários, tais como escolas, sala de aula, local de trabalho, casa e contextos sociais.

Faz-se necessário, para que isso aconteça, que certos mitos sejam desfeitos, principalmente aqueles que relacionam a criatividade à loucura (o indivíduo criativo é considerado diferente dos demais e, por isso, isolado da sociedade), ou tida como um dom (pertencente a poucas pessoas que teriam nascido com essa habilidade). Isso porque tais ideias, errôneas, acabam fazendo com que os indivíduos nunca tenham sido preparados para acreditar que todas as pessoas pudessem ter algum tipo de criatividade, tanto que é comum ouvir, até hoje, frases do tipo: "Não adianta, não nasci criativo" ou "Não tenho criatividade porque na minha família não tem ninguém criativo". Desse modo, não se pode falar em "criatividade", no singular. Devemos falar em "criatividades", as quais podem se manifestar nos mais diferentes domínios, tais como verbal, corporal, motor, musical, científico, nos desenhos, dentre inúmeras outras possibilidades.

Considerando-se ainda que a criatividade tem se mostrado uma exigência nos tempos atuais, perante as novas demandas, sendo visualizada como uma característica desejável e importante, dada sua influência nos aspectos pessoal, social e profissional (Lubart, 2007). Cada vez mais, os diferentes contextos precisam de pessoas que pensem em soluções de problemas, que levem a inovações, que apresentem um pensamento questionador, dentre outras características que estão relacionadas à criatividade (Almeida, Nogueira, Jesus, & Mimoso, 2013; Muniz & Martinez, 2015). E para que elas possam ser identificadas e terem seu potencial aproveitado, a avaliação dessa característica se mostra essencial.

Avaliação da criatividade: principais benefícios

Historicamente, um período de maior interesse pela criação de instrumentos de avaliação da criatividade se centra nas décadas de 1960 e 1970, quando o tema alcança sua máxima expansão nos Estados Unidos. Na Espanha, essa preocupação se introduz com um atraso de 20 anos, ocorrendo por volta da década de 1980, quando se sucedem diversos encontros nacionais e a apresentação de diversas teses de doutorado, segundo retomada histórica realizada por De la Torre (1991). Parece iniciar-se então uma procura por formas de se avaliar a criatividade, marcada pela busca de estratégias e instrumentos que possam melhor compreender o fenômeno criativo.

E por que avaliar a criatividade? A resposta envolve uma série de benefícios apresentados na literatura científica, amparados, principalmente, na possibilidade de se obter respostas a algumas questões: Que domínios ou áreas o indivíduo apresenta seu maior potencial? Qual é o nível de habilidade criativa que ele já tem desenvolvido? Que predições são possíveis de serem feitas sobre a produtividade desse sujeito? Quais seus pontos fortes e fracos? Qual tipo de programa de estimulação é mais apropriado para um indivíduo com esse perfil? (Treffinger, Schoonover, & Selby, 2013). Outras vantagens são encontradas na literatura científica e se encontram sintetizadas no quadro a seguir.

1) Ajudar no reconhecimento e desenvolvimento de talentos individuais; 2) ampliar o conhecimento sobre a natureza e o desenvolvimento da criatividade; 3) oferecer informações que podem ser utilizadas no planejamento de professores ou instrutores interessados em programas para estímulo da criatividade; 4) possibilitar pesquisas que comparem o efeito de técnicas criativas em situações de pré e pós-participação em programa de treinamento; 5) favorecer que a criatividade saia do reino do mistério e superstição; e 6) oferecer conhecimentos que facilitem o avanço da teoria e da pesquisa em criatividade (Treffinger, 1995).
1) Expandir a visão de potencial humano, permitindo o reconhecimento de outras habilidades importantes, além da valorização tradicional da inteligência; 2) compreender e predizer a produtividade de pessoas no trabalho; 3) descobrir diferentes maneiras com que as pessoas demonstram os seus talentos; 4) avaliar as características de um produto criativo; 5) expandir a compreensão de elementos ambientais que facilitam ou impedem o desenvolvimento de potenciais criativos; e 6) predizer a produção criativa após um considerável percurso de tempo (Puccio & Murdock, 1999).
Permitir a identificação de indivíduos criativos e o uso dessas informações para posterior orientação desses para áreas nas quais possam realizar-se mais plenamente, em nível pessoal e profissional. As autoras ainda afirmam que esse tipo de avaliação permite também que, cada vez mais precocemente, indivíduos criativos possam ser identificados e, a partir disso, torne-se possível compreender quais atitudes, comportamentos e sentimentos podem conduzir a uma alta produtividade na vida adulta. A partir de sua predição, a criatividade tornar-se-ia mais próxima de ser atingida, não sendo, portanto, privilégio de indivíduos específicos (Nakano & Wechsler, 2012).
No contexto escolar, a avaliação de alunos (o que entendem como criatividade, qual sua percepção sobre seu nível criativo, quais áreas apresentam maior interesse e/ou facilidade, aquelas que apresentam mais dificuldade ou que gostariam de ter a oportunidade de desenvolver, dentre outras questões) pode ser visualizada como uma oportunidade de elaborar um projeto de criatividade que contemple os interesses dos alunos e que seja particular àquele grupo (Nakano, 2018).
No contexto organizacional e do trabalho, a produção de novas ideias passa a ser valorizada pelas organizações, como forma de obter um valor diferencial (Almeida et al., 2013), caracterizando-se como um ponto crucial para a inovação e o sucesso em longo prazo das companhias (Alencar & Fleith, 2003), podendo gerar ganhos tanto para a empresa quanto para o funcionário.

Quadro 1 Principais benefícios da avaliação da criatividade

Diante das vantagens apontadas, importante número de pesquisas tem se voltado à avaliação dessa característica por meio da utilização de diferentes métodos e instrumentos, os quais serão abordados a seguir.

Métodos e instrumentos de avaliação da criatividade

Usualmente, dentre os principais métodos e instrumentos utilizados para avaliar esse construto estão os testes de criatividade, inventários de personalidade, inventários de interesses e atitudes, classificações e indicações feitas por professores, pares e supervisores, julgamento do produto criado, estudos de biografias, inventários biográficos, atividades e realizações criativas relatadas pela própria pessoa (Cropley, 1999; El-Murad & West, 2004; Eysenck, 1999; Wechsler, 2008). Uma classificação desses métodos, encontrada na literatura científica, aponta para seis diferentes categorias: formal, informal, qualitativo, quantitativo, objetivo e subjetivo (Lubart, 2007; Treffinger et al., 2013):

• Métodos informais: podem ser realizados a qualquer tempo e em qualquer lugar onde a observação dos comportamentos do sujeito seja possível de ser realizada. É um procedimento mais livre que pode ocorrer, por exemplo, no ambiente escolar, durante as atividades em sala de aula, nas observações durante os períodos livres (tais como intervalos, horário de almoço), em qualquer momento em que o comportamento do sujeito possa ser observado (Nakano, 2018).

• Métodos formais: envolvem a coleta de informações provenientes de uma série de fontes e utilizam instrumentos padronizados, geralmente testes, escalas de avaliação ou questionário, aplicados individualmente ou de forma coletiva. As respostas dos sujeitos são avaliadas e fornecem um resultado que é interpretado e comunicado ao indivíduo depois que a análise estiver completa.

• Métodos qualitativos: geralmente fornecem dados sobre o contexto, incluindo observações, coleta de dados biográficos e estudos de caso, de modo a auxiliar os profissionais a identificarem as circunstâncias que favoreçem ou dificultam certos comportamentos criativos. Tais informações são utilizadas para auxiliar os profissionais a compreenderem melhor os valores, preconceitos e questões relacionadas ao contexto, na tentativa de entender melhor sua influência ou planejar condições para o desenvolvimento da criatividade (Treffinger et al., 2013). Tais medidas qualitativas têm sido realizadas basicamente através da análise de biografias de pessoas que tiveram grande destaque social e que de alguma forma contribuíram para alguma área, recebendo reconhecimento público pelo seu feito. Comumente se utilizam também observações, entrevistas livres e análise da produção criativa. Tais métodos tentam reunir dados pessoais sobre a história de vida do indivíduo (comumente envolvendo infância, interesses, história acadêmica e

atividades de lazer), como forma de encontrar indicadores de criatividade presentes na trajetória de vida do indivíduo, assim como situações-problema e modelos de resolução de problemas (Wechsler, 2008).

• Métodos quantitativos: envolvem a utilização de instrumentos padronizados e números para compreensão de algum fenômeno, assim como procedimentos estatísticos, derivados de testes, pesquisas, inventários de autorrelato e escalas de avaliação. Tais instrumentos permitem que se classifique o nível de habilidade de um sujeito, transformando-o em um valor numérico, utilizado para descrever atributos, características ou objetivos, geralmente representados por percentil, média, passíveis de gerar interpretações comparando o desempenho do indivíduo com outros (Treffinger et al., 2013). Especificamente na criatividade, a avaliação quantitativa vem sendo realizada por meio do uso de instrumentos validados e precisos, com rigor na utilização de um critério padronizado de avaliação (Nakano & Wechsler, 2012), sendo mais comum a utilização de testes psicológicos.

• Critérios subjetivos: envolvem medidas tais como autoavaliação, julgamento entre juízes, indicações por pares, avaliação de produtos, portfólios. Tais critérios se mostram mais suscetíveis à influência de outras variáveis, tais como o conceito de criatividade que a pessoa tem, a cultura que ela vive, dentre outros fatores.

• Critérios objetivos: pode-se citar, como exemplos, a utilização de indicadores tais como número de ideias geradas, número de ideias originais). Mais comumente, algumas características criativas vêm sendo tomadas como medidas, inicialmente propostas por Guilford (1967). O autor propôs uma série de características cognitivas que estariam presentes nas pessoas criativas, sendo que, dentre essas, quatro acabariam por assumir papel central (fluência – número de ideias; flexibilidade = diferentes categorias de ideias; elaboração = adição de detalhes à resposta; originalidade = respostas não comuns) e tidas como base para uma série de instrumentos desenvolvidos posteriormente. Posteriormente, Torrance (1966) ampliou esse modelo, com a adição de características emocionais (expressão de emoção, fantasia, movimento, dentre outras). A partir de seu modelo, as características descritoras da pessoa criativa passaram a ser divididas em características cognitivas e emocionais, sendo importante destacar a relevância de ambas para a expressão criativa.

Dada a diversidade de possibilidades, Eysenck (1999) e El-Murad e West (2004) apresentaram uma proposta de agrupamento das medidas de avaliação da criatividade, dividindo-as de acordo com seu foco: aspectos cognitivos, aspectos conativos, aspectos emocionais, aspectos ambientais e *performance* criativa. A definição de cada categoria e exemplos de como a criatividade é avaliada em relação aos aspectos enfocados é apresentada no Quadro 2.

Aspecto avaliado	Definição	Exemplo de método/instrumento
Aspectos Cognitivos	De acordo com Lubart (2007), os testes cognitivos de criatividade têm sido apontados como o modo mais comum de avaliar essa habilidade, visto que conseguem focar as capacidades mais significativas. Apresentam ainda, como vantagem, o fato de serem breves, fáceis de colocar em prática, apontam aspectos objetivos (de modo a permitir a comparação entre as pessoas). Por outro lado, no entanto, usualmente se mostram mais suscetíveis à crítica, baseada no argumento de que tais instrumentos medem apenas um aspecto criativo, a citar, o cognitivo, de modo que se encontrariam demasiadamente ligados à inteligência.	Testes de pensamento divergente, voltados à capacidade dos indivíduos de gerar um grande número de respostas alternativas a um problema. Exemplo de atividade proposta: inventar o maior número possível de usos diferentes para um clipe (usualmente empregada em medidas de criatividade verbal). Ou ainda completar o estímulo por meio da elaboração de um desenho (usualmente empregada em medidas de criatividade figural). Provas de *insight*, de associações remotas e de metáforas, voltadas à avaliação da capacidade de codificação, comparação e combinação entre elementos. Exemplo de atividade proposta: completar a frase "O macaco é o... da floresta" (Primi, 2006).
Aspectos Conativos	Lubart (2007) argumenta que críticas também são elaboradas, baseando-se na constatação de que, usualmente, os itens desse tipo de instrumento compreendem muitos domínios diferentes, de maneira que não se pode medir o quanto o julgamento acerca da motivação, interesses ou traços de personalidade estariam sujeitos a distorções, bem como não se tem garantia de que tais medidas funcionam de forma imparcial. Além disso, o autor ressalta que uma pessoa pode ser tentada a escrever poemas sem, no entanto, ter o potencial para isso. Os itens que avaliam esse aspecto comumente envolvem Escala Likert, na qual o indivíduo tem que assinalar o grau com que se identifica ou concorda com o conteúdo da frase (concordo totalmente, concordo parcialmente, discordo totalmente – dentre outras possibilidades de resposta).	Inventários de atitudes e interesses, baseados na hipótese de que uma pessoa criativa expressaria atitudes e interesses que favoreceriam atividades criativas. Exemplo de item: "Me interesso por exposições de arte". Inventários de personalidade, embasados na crença de que a criatividade é composta por um conjunto de fatores de personalidade, não sendo, portanto, um traço cognitivo. Exemplo de item: "Tenho o hábito de analisar um grande número de alternativas quando me vejo diante de um problema". Medidas de estilos cognitivos, as quais avaliam as maneiras preferenciais de tratar a informação. Exemplo: "Diante de um problema, prefiro conversar com outras pessoas do que tomar uma decisão sozinho".

Aspectos Emocionais	Lubart (2007) argumenta que, embora ainda pouco utilizadas na avaliação do fator emocional da criatividade, pesquisas têm sugerido sua importância e influência dos estados emocionais na avaliação do potencial criativo.	Lista de verificação de traços emocionais, estilos afetivos e expressão emocional, por meio de instrumentos de autorrelato, geralmente realizada por meio de uma lista de adjetivos (triste, nervoso etc.), a partir dos quais o indivíduo tem que assinalar seu grau de concordância com o conteúdo do item ou atribuir um valor ao nível com que se identifica, tomando-se a intensidade das emoções sentidas por ele. Exemplo de item: "Sou uma pessoa alegre". Testes de inteligência emocional, nos quais os sujeitos devem identificar as emoções apresentadas em imagens, situações ou vídeos, definindo e indicando os comportamentos mais adequados à situação emocional apresentada no instrumento.
Aspectos Ambientais	As medidas de aspectos ambientais relacionados à criatividade baseiam-se na constatação de que o desenvolvimento da criatividade seria facilitado pela presença de um ambiente favorável. Consequentemente, a avaliação do contexto de um indivíduo e de onde ele se desenvolveu deveria permitir e/ou determinar de forma indireta seu nível de criatividade (Lubart, 2007).	Inventários biográficos, nos quais acredita-se que as experiências do passado podem prever realizações futuras. Exemplo de item: Você já escreveu uma poesia? Já fez algum quadro ou ilustração? Eminência criativa em termos de reconhecimento, universalidade da contribuição, influência sobre outros, originalidade, avaliação dos resultados daquilo que é importante para uma determinada sociedade e cultura, e permanência da ideia no tempo. Exemplo de item: Você já recebeu algum prêmio?
Performance Criativa	Voltadas à avaliação de produtos por especialistas ou de comparação de desempenho entre indivíduos, as medidas de *performance* criativa visam avaliar a criatividade em termos de utilidade, originalidade e relevância, tanto em termos quantitativos quanto qualitativos (David, Nakano, Morais, & Primi, 2011).	Estudo da biografia de pessoas eminentes; Julgamento de produção criativa realizado por juízes *experts* e especialistas; Indicações feitas por professores, pares e supervisores; Medidas objetivas de execução, por meio de autorrelato e levantamento das produções criativas que a pessoa já realizou e/ou reconhecimento de sua produção (por meio de prêmios e honrarias recebidas), tomando-se critérios objetivos (número e natureza das produções criativas realizadas ao longo da vida).

Quadro 2 Síntese dos principais aspectos, métodos e instrumentos utilizados na avaliação da criatividade

Fonte: Nakano (2018).

Ainda que as possibilidades de avaliação da criatividade sejam amplas, no Brasil temos, até o momento, somente quatro instrumentos aprovados pelo Sistema de Avaliação dos Testes Psicológicos (Satepsi) do Conselho Federal de Psicologia, para uso profissional: Avaliação da Criatividade por Figuras – Testes de Torrance, versão brasileira (Wechsler, 2004a), Avaliação da Criatividade por Palavras – Testes de Torrance, versão brasileira (Wechsler, 2004b), Escala de Estilos de Pensar e Criar (Wechsler, 2006) e Teste de Criatividade Figural Infantil (Nakano, Wechsler, & Primi, 2011). Todos apresentam evidências de validade, precisão e normatização para uso na população brasileira (constantes em seus respectivos manuais), sendo, os dois primeiros, adaptação de instrumentos internacionais e, os dois últimos, testes desenvolvidos no país. Informações mais detalhadas sobre cada instrumento são fornecidas no Quadro 3.

Nome do instrumento	Autor(es)	Tipo de atividade	Aspectos avaliados
Avaliação da Criatividade por Figuras – Testes de Torrance	Wechsler (2004a)	3 atividades de completar figuras a partir de estímulos incompletos	13 características criativas (fluência, flexibilidade, elaboração, originalidade, expressão de emoção, fantasia, movimento, perspectiva incomum, perspectiva interna, uso de contexto, combinações, extensão de limites e títulos expressivos). Agrupados em índice criativo figural 1 (características criativas cognitivas) e índice criativo figural 2 (características criativas cognitivas e emocionais).
Avaliação da Criatividade por Palavras – Testes de Torrance	Wechsler (2004b)	6 atividades a serem respondidas sob a forma verbal	8 características criativas (fluência, flexibilidade, elaboração, originalidade, expressão de emoção, fantasia, perspectiva incomum e analogias/metáforas). Agrupados em índice criativo verbal 1 (características criativas cognitivas) e índice criativo verbal 2 (características criativas cognitivas e emocionais).
Escala de Estilos de Pensar e Criar	Wechsler (2006)	100 frases a serem respondidas por meio de Escala Likert	5 estilos de pensar e criar: cauteloso-reflexivo, inconformista-transformador, lógico-objetivo, emocional-intuitivo e relacional-divergente.
Teste de Criatividade Figural Infantil	Nakano, Wechsler e Primi (2011)	3 atividades de completar figuras a partir de estímulos incompletos	13 características criativas (fluência, flexibilidade, elaboração, originalidade, expressão de emoção, fantasia, movimento, perspectiva incomum, perspectiva interna, uso de contexto, combinações, extensão de limites e títulos expressivos). Agrupados em índice criativo figural 1 (características criativas cognitivas) e índice criativo figural 2 (características criativas cognitivas e emocionais).

Quadro 3 Instrumentos disponíveis comercialmente e aprovados para uso pelo Satepsi

Fonte: Nakano (2018).

A revisão dos instrumentos disponíveis aponta, positivamente, para a possibilidade de se avaliar a criatividade na população brasileira. No entanto, alguns cuidados se fazem essenciais durante a seleção do método a ser utilizado, a fim de que uma avaliação adequada seja feita, do aspecto criativo almejado, dados os múltiplos componentes desse construto (De la Torre & Violant, 2006). Recomenda-se, nesse sentido, que a escolha dos instrumentos deverá se dar de acordo com os objetivos buscados, conside-rando-se, principalmente, a quantidade de informação científica que já se obteve a partir de seu uso (Puccio & Murdock, 1999), assim como sua adequação à população-alvo. Deve-se ainda ter clareza que, ao se avaliar a criatividade, nenhuma medida, isoladamente, conseguirá cobrir todas as dimensões desse construto, de modo que os resultados devem ser restritos ao tipo de criatividade que o instrumento selecionado se propõe a avaliar ou ainda ampliados pelo uso de diferentes técnicas e/ou instrumentos.

Não se deve esquecer também que, como abordado inicialmente no texto, não se trata de um único tipo de criatividade, mas sim de "criatividades". Assim, ao se tentar medir um construto tão complexo, o psicólogo deve tomar cuidado em não achar que, por meio de um único instrumento, será capaz de avaliá-la em sua totalidade. Tal atitude geraria a crença de que se o indivíduo não é criativo em uma área, provavelmente não será em outras, de modo a desconsiderar a existência de evidências de que a criatividade seria composta por uma grande diversidade de domínios específicos (Kim, 2011), ignorando-se, por exemplo, suas diferentes manifestaçoes (verbal, corporal, musical, p. ex.), as quais podem capturar diferentes facetas da criatividade. Nesse mesmo sentido, Alencar, Fleith e Bruno-Faria (2010) ressaltam a importância de que o pesquisador tenha em mente o fato de que o construto criatividade é multidimensional e complexo, não devendo, por esse motivo, restringir a criatividade exclusivamente ao que está sendo avaliado pelos instrumentos, dada a importância de se incluir múltiplas fontes na avaliação de um indivíduo, não só as quantitativas, mas, também, observações, avaliação de produtos por especialistas, dentre outras possibilidades.

Desafios e avanços a serem alcançados na temática

Convém destacar que, dentre os desafios a serem enfrentados pela área da avaliação da criatividade, a lacuna em relação a alguns tipos de estudos, os quais ainda precisa de maior investimento por parte dos pesquisadores. Dentre eles, Nakano (2018) destaca: (1) estudos do tipo longitudinal (que objetivem verificar o processo de desenvolvimento das pessoas criativas), (2) a importância de investigações com o objetivo de distinguir o conceito de criatividade de outros construtos, notadamente o conceito de inteligência (ainda não consensual entre os modelos teóricos e pesquisadores), (3) necessidade de desenvolvimento de estudos preditivos sobre a criatividade na vida real, (4) a ampliação dos aspectos medidos pelos instrumentos nacionalmente disponíveis para uso profissional (visto que os quatro existentes na lista do Satepsi se voltam somente à avaliação da pessoa criativa, não havendo, até o momento, instrumentos para avaliação do produto, processo e ambiente), (5) a investigação da criatividade ao longo do ciclo vital e em populações minoritárias (as quais, usualmente, não são contempladas nos estudos psicométricos encontrados nos manuais de testes).

Estudo de caso

Um exemplo de como a avaliação da criatividade pode proporcionar uma série de benefícios para o indivíduo será apresentado. O caso envolve um menino de 12 anos, estudante do 6º ano do Ensino Fundamental, que foi encaminhado, pela escola, após indicação do professor, para avaliação com suspeita de alta habilidade/superdotação.

O sujeito passou por uma bateria de testes, envolvendo instrumentos para avaliação da inteligência e da criatividade, bem como análise de suas produções escolares, observação em sala de aula e notas. Para avaliação da criatividade foi utilizado um teste de criatividade figural e outro de criatividade verbal e, para inteligência, uma bateria de raciocínio (verbal, espacial, mecânico, numérico e abstrato).

Os resultados indicaram, na bateria de inteligência, desempenho considerado na média, comparado com outros indivíduos com a mesma idade e escolaridade, de modo que a alta habilidade/superdotação acadêmica não foi confirmada. No entanto, por outro lado, os resultados no teste de criatividade figurativa apontaram um desempenho superior aos iguais, com percentil de 95 na medida de criatividade figural (indicando que seu resultado superou 95% das pessoas em iguais condições de idade e escolaridade). Alguns exemplos dos desenhos realizados pelo menino, a partir de estímulos pouco definidos, são apresentados a seguir.

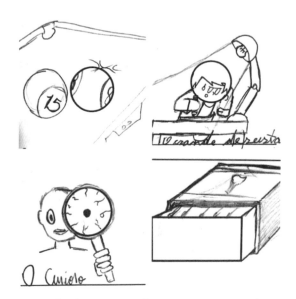

Figura 1 Exemplo de respostas figurativas no teste de criatividade

Os exemplos apresentados apontam para a presença de respostas que se mostram bastante originais, com grande número de detalhes e visualização sob perspectivas incomuns, características usualmente presentes nos desenhos realizados por indivíduos criativos.

A avaliação da criatividade e o resultado obtido nos testes permitiram que a superdotação do tipo produtivo-criativa ou talentosa pudesse ser identificada, possibilitando que, ao final do processo de avaliação psicológica, um laudo fosse encaminhado para a escola. Esse tipo de alta habilidade/superdotação marca-se pela presença de uma criatividade acima da média, principalmente sendo notável características tais como ideias originais e divergentes, capacidade de perceber um problema de diferentes perspectivas, curiosidade, vinculada ao desenvolvimento de ideias, produções artísticas ou produtos inovadores (Chagas, 2007).

Por fim, tal avaliação possibilitou que ajustes fossem realizados para o atendimento de suas necessidades educacionais especiais (por meio do enriquecimento curricular, desenvolvimento de projetos e experiências de estimulação compatíveis com suas habilidades, participação em atividades extracurriculares), assim como o ingresso em um programa de atendimento à superdotação, frequentado em horário oposto ao escolar. Por meio desse programa, a escola regular, assim como seus pais, passaram também a receber orientações acerca de como atender melhor às especificidades e necessidades diferenciadas do sujeito, de modo a incentivar seus interesses na área artística e criativa.

Considerações finais

A criatividade tem se mostrado, cada vez mais, uma característica valorizada nos mais diferentes contextos. Por esse motivo, sua avaliação tem despertado o interesse de profissionais das mais diferentes áreas. Especificamente o psicólogo conta, hoje, com uma série de métodos e técnicas para poder realizar essa avaliação com bastante segurança.

No entanto, para que seja realizada de forma adequada, o profissional que realiza a avaliação da criatividade precisa considerar uma série de aspectos: (1) compreender esse fenômeno como um construto multidimensional (que envolve vários elementos e que, por isso, pode se manifestar sob diferentes formas); (2) que ela existe sob diferentes graus (podendo, p. ex., se manifestar sob a forma da criatividade do dia a dia ou ainda em um nível de criatividade que faz com que a pessoa se torne destaque em alguma área); (3) que todo indivíduo possui potencial criativo, não sendo sua expressão restrita aos gênios ou relacionada somente às artes, e que, portanto, não é privilégio de alguns pou-

cos indivíduos; (4) que a expressão criativa vai depender de condições ambientais e dos estímulos e oportunidades oferecidas ao indivíduo, (5) que não existe uma única medida que seja válida para todos os casos e que possa explicar todos os tipos possíveis de criatividade, e que por isso a melhor forma de realizar a avaliação deve ser a utilização de uma combinação de métodos e instrumentos, qualitativos e quantitativos; (6) que a criatividade pode ser desenvolvida e estimulada; (7) que o conhecimento do nível de criatividade de um indivíduo se mostra tão importante quanto o conhecimento das barreiras que impedem a manifestação criativa.

Outras recomendações envolvem o reconhecimento de que uma série de fatores poderá influenciar os resultados obtidos por essa avaliação, sendo importante destacar o método utilizado (técnicas e instrumentos selecionados), o foco a ser avaliado (pessoa criativa, processo, produto ou ambiente), quem está avaliando, quando e como esse processo é feito, a fim de que uma compreensão mais exata possa ser feita acerca da avaliação realizada. Não se pode esquecer que os dados provenientes da avaliação da criatividade devem ser utilizados na tentativa de compreender as características individuais, interesses e necessidades, entendimento das forças e déficits individuais, de modo a traçar sua manifestação no momento atual, sob circunstâncias e condições particulares (Treffinger et al., 2013) e, portanto, sujeita a mudanças.

Referências

Alencar, E.M.L.S. & Fleith, D.S. (2003). *Criatividade: múltiplas perspectivas*. Brasília: UnB.

Alencar, E.M.L.S., Fleith, D.S., & Bruno-Faria, M.F. (2010). *Medidas de criatividade: teoria e prática*. Porto Alegre: Artes Médicas.

Almeida, L., Nogueira, S.I., Jesus, A.L., & Mimoso, T. (2013). Valores e criatividade em trabalhadores portugueses. *Estudos de Psicologia* (Campinas), *30*(3), 425-435.

Chagas, J.F. (2007). Conceituação e fatores individuais, familiares e culturais relacionados às altas habilidades. In D.S. Fleith & E.M.L.S. Alencar (Orgs.). *Desenvolvimento de talentos e altas habilidades: orientação a pais e professores* (pp. 15-24). Porto Alegre: Artmed.

Cropley, A.J. (1999). Education. In: M.A. Runko & S.R. Pritzker (Orgs.). *Encyclopedia of creativity* (vol. 1, pp. 629-642). São Diego, CA: Academic Press.

David, A.P.M., Nakano, T.C., Morais, M.F., & Primi, R. (2011). Competências criativas no ensino superior. In S.M. Wechsler & T.C. Nakano (Orgs.). *Criatividade no ensino superior: uma perspectiva internacional* (pp. 14-53). São Paulo: Vetor.

De la Torre, S. (1991). *Evaluacion de la creatividad.* Madri: Escuela Española.

De la Torre, S. (2014). Apresentação e Prólogo. In O.C. Ribeiro & M.C. Moraes (Orgs.). *Criatividade em uma perspectiva transdisciplinar: rompendo crenças, mitos e concepções* (pp. 15-24). Brasília: Liber Livro.

De la Torre, S. & Violant, V. (2006). *Compreender y evaluar la creatividad.* Malaga: Algibe.

El-Murad, J. & West, D.C. (2004). The definition and measurement of creativity: what do we know? *Journal of Advertising Research, 44*(2), 188-201.

Eysenck, H. (1999). As formas de medir a criatividade. In M.A. Boden (Org.). *Dimensões da criatividade* (pp. 203-225). Porto Alegre: Artes Médicas.

Guilford, J.P. (1967). *The nature of human inteligence.* Nova York: McGraw-Hill.

Helfand, M., Kaufman, J.C., & Beghetto, R.A. (2017). The Four C Model of Creativity: Culture and context. In V.P. Glăveanu (Ed.). *Palgrave handbook of creativity and culture research* (pp. 15-360). Nova York: Palgrave.

Kim, K.H. (2011). The APA 2009 division 10 debate: are the Torrance Tests of Creative Thinking still relevant in the 21st century? *Psychology of Aesthetics, Creativity, and the Arts, 5*(4), 302-308.

Lubart, T. (2007). *Psicologia da criatividade.* Porto Alegre: ArtMed.

Muniz, L.S. & Martinez, A.M. (2015). A expressão da criatividade na aprendizagem da leitura e da es-

crita: um estudo de caso. *Educação e Pesquisa, 41*(4), 1.039-1.054.

Nakano, T.C. (2018). A criatividade pode ser medida? – Reflexões sobre os métodos utilizados e questões envolvidas. *Arquivos Brasileiros de Psicologia, 70*(1), 128-145.

Nakano, T.C. & Wechsler, S.M. (2012). Criatividade: definições, modelos e formas de avaliação. In C.S. Hutz (Org.). *Avanços em Avaliação Psicológica e Neuropsicológica de crianças e adolescentes II* (pp. 327-361). São Paulo: Casa do Psicólogo.

Nakano, T.C., Wechsler, S.M., & Primi, R. (2011). *Teste de Criatividade Figural Infantil: manual técnico.* São Paulo: Vetor.

Plucker, J.A., Beghetto, R.A., & Daw, G.T. (2004). Why isn't creativity more important to educational psychologists? – Potentials, pitfalls, and future directions in creativity research. *Educational Psychologist, 39*, 83-96.

Primi, R. (2006). *Teste de Criação de Metáforas: critérios de pontuação e interpretação.* Itatiba: USF.

Puccio, G.J. & Murdock, M.C. (1999). *Creativity assessment: readings and resources.* Búfalo, NY: Creative Education Foundation.

Sternberg, R.J. & Lubart, T.I. (1996). Investing in creativity. *American Psychologist, 51*, 677-688.

Torrance, E.P. (1966). *Torrance tests of creative thinking.* Lexington: Personnel.

Treffinger, D.J. (1995). School development, talent development, and creativity. *Roeper Review, 18*, 93-97.

Treffinger, D.J., Schoonover, P.F., & Selby, E.C. (2013). *Educating for creativity & innovation.* Waco, TX: Prufrock.

Wechsler, S.M. (2004a). *Pensando criativamente com palavras – Testes de Torrance (versão brasileira).* Campinas: Lamp/Impressão Digital.

Wechsler, S.M. (2004b). *Pensando criativamente com figuras – Testes de Torrance (versão brasileira).* Campinas: Lamp/Impressão Digital.

Wechsler, S.M. (2006). *Estilos de pensar e criar (manual)*. Campinas: Lamp/Impressão Digital.

Wechsler, S.M. (2008). *Criatividade: descobrindo e encorajando*. Campinas: Lamp/Impressão Digital.

Wechsler, S.M. (2009). Avaliação da criatividade: possibilidades e desafios. In C.S. Hutz (Org.). *Avanços e polêmicas em avaliação psicológica* (pp. 93-126). São Paulo: Casa do Psicólogo.

32
Instrumentos de avaliação das habilidades sociais no Brasil

Zilda A.P. Del Prette

Almir Del Prette

O objetivo deste capítulo é apresentar os principais instrumentos de avaliação de habilidades sociais (HS), com propriedades psicométricas aferidas, disponíveis no Brasil. Comparando com levantamento anterior (Del Prette & Del Prette, 2009), observa-se um grande crescimento de diferentes recursos de avaliação disponibilizados. Dado o limite de espaço para este capítulo, decidiu-se não abordar várias questões próprias do processo avaliativo e de diagnóstico, por exemplo, por que, como e o que avaliar, alcance e limitações dos instrumentos e avaliação multimodal. O leitor poderá localizá-las na literatura da área (Caballo, Uria, & Salazar; 2009; Del Prette & Del Prette, 2009, 2017a; Gresham, 2002). Entretanto, é importante apresentar os principais conceitos da área, que orientam a construção, aplicação, apuração e interpretação da maioria desses instrumentos que são: Tarefa Interpessoal, Habilidades Sociais, Competência Social e Déficits em Habilidades Sociais. E também alguns pressupostos da avaliação de habilidades sociais antes de apresentar os instrumentos.

Tarefa interpessoal

O termo *tarefa interpessoal* é derivado do conceito de tarefa social, de McFall (1982), que enfatiza o caráter situacional das habilidades sociais. Nesse sentido, propõe que todo processo interativo deve ser visto como uma tarefa social. Concordamos com a posição de McFall, contudo preferimos adotar o termo interpessoal, uma vez que, conforme argumentamos (Del Prette & Del Prette, 2017b), o mesmo explicita melhor a situação. Tarefa interpessoal abrange todos os envolvidos em uma interação social, independentemente de ser diádica ou composta de mais participantes. O conceito derivado desse termo sugere, portanto, que a avaliação deve considerar todos os participantes de uma interação, mesmo quando o foco reside em apenas uma delas. Por que isso é importante? Porque as pessoas em interações podem ter tarefas complementares ou opostas. Uma avaliação focada em apenas um membro da interação, mesmo quando diádica, pode alcançar nuanças diferentes, considerando a complementaridade ou não da tarefa. Suponha, por exemplo, que um indivíduo atribuiu a si mesmo a incumbência de conseguir a adesão de um colega de trabalho para um encontro do grupo ao final do expediente. Por outro lado, a pessoa abordada tem planos diferentes. Quando as tarefas não são complementares, a exigência de um repertório de HS é maior para o êxito do que quando elas se complementam. O conceito de tarefa interpessoal é importante para avaliação, não apenas das classes de HS, mas também da competência social.

Habilidades sociais

Os instrumentos e recursos de avaliação e diagnóstico de habilidades sociais necessariamente precisam ter como base uma definição clara desse termo. Um instrumento baseado em uma definição que toma HS como traço de personalidade irá se diferenciar de outro que a entende como comportamentos. Considerando HS como comportamentos, não há problema quanto a variações conceituais se houver concordância de que o mesmo é um conceito descritivo. Ou seja, habilidades sociais são comportamentos presentes nas interações entre pessoas (Del Pretté & Del Prette 2017a, 2017b). Como as situações são bastante variáveis, elas criam diferentes demandas comportamentais. Isso significa que essa variedade comportamental deve ser classificada em diferentes classes de HS. Utilizamos o termo portfólio de habilidades sociais (Del Prette & Del Prette 2017b, p. 27) para designar um conjunto de habilidades sociais em uma intervenção. Em resumo pode-se dizer que as HS são: (a) situacionais/culturais; (b) aprendidas; (c) ensinadas, o que é coerente com sua proximidade em relação ao campo da Análise do Comportamento e da Terapia Comportamental (Del Prette & Del Prette, 2018). Conforme Skinner (1953/1967), o comportamento das pessoas, em uma interação, pode funcionar tanto como antecedentes quanto como consequentes para o comportamento do outro. Além disso, como explicitado exaustivamente (Caballo, Ururtia, & Salazar, 2009; Del Prette & Del Prette, 2017a; Del Prette & Del Prette, 2019; Gresham, 2009), as HS sociais são aprendidas por meio de processos de aprendizagem por observação (modelação/imitação), principalmente), por regras (instrução) e por consequências (modelagem, discriminação). Esses processos (que derivam técnicas) podem ser sobrepostos tanto no ensino planejado (terapia, intervenção educativa, treinamento) quanto no incidental.

Competência social

O termo Competência Social (CS) algumas vezes foi usado como sinônimo de HS (cf. Del Prette & Del Prette, 1999. Entretanto, segundo alguns autores (McFall, 1982; Del Prette & Del Prette, 1999; Schlundt & McFall, 1985), os conceitos deles derivados não são equivalentes. Como explicitado, HS é um conceito descritivo que se refere a uma variedade de comportamentos interpessoais, separados em classes e subclasses. Por outro lado, CS (Del Prette & Del Prette, 2017b) é um conceito avaliativo sobre o desempenho (manifesto e/ou privado) em uma tarefa interpessoal, que atende às demandas da situação e produz consequências orientadas por critérios instrumentais e éticos. Nesse sentido, um bom repertório de HS pode ser considerado condição necessária, porém não suficiente para a CS. Isso tem duas implicações imediatas, conceituais e operacionais: (a) a avaliação do repertório de HS é um recurso importante, mas limitado a estratégias de processos de ensino-aprendizagem de HS; (b) é de fundamental importância a elaboração de instrumentos de avaliação da CS (cf. Comodo, 2016).

Déficits de habilidades sociais

O termo é bastante elucidativo e está intrinsecamente ligado à avaliação e ao diagnóstico. Supõe-se, portanto, déficits em habilidades sociais quando alguém não atinge índices esperados em relação à etapa de desenvolvimento em que se encontra, aos papéis sociais que vivencia e diante de situações interpessoais específicas de suas experiências cotidianas. Nesse sentido, a noção de déficit é situacional. Para alguns autores (Del Prette & Del Prette, 2016; Gresham, 2002), os déficits podem ser classificados em três tipos: (a) aquisição, desempenho e fluência. No primeiro caso, refere-se a indicadores de não ocorrência de algumas habilidades diante de demandas do ambiente. No segundo caso, trata-se de indicadores de ocorrência de habilidades sociais, porém com frequência inferior às esperadas. E no terceiro tem-se o desempenho, contudo com nível de proficiência abaixo do desejável para as situações vivenciadas. Tanto o primeiro como o segundo caso podem ser aferidos por meio de instrumentos de autorrelato. O déficit de fluência somente pode ser melhor diagnosticado pela observação direta, seja em situação natural, seja em situação estruturada de desempenho de papéis.

A avaliação de habilidades sociais

A base mais visível das habilidades sociais e da competência social são os comportamentos publicamente observáveis emitidos. A observação direta produz somente parte dos dados necessários para uma avaliação multimodal (Del Prette & Del Prette, 2009), uma vez que o desempenho socialmente competente supõe processos menos acessíveis, de autocontrole e automonitoria, que incluem pensamentos, atribuições, autorregras, metas e reações fisiológicas de ansiedade, incômodo, medo etc. (Del Prette & Del Prette, 2017a, 2017b).

A avaliação inicial de habilidades sociais baseia-se, tipicamente, na caracterização das classes e subclasses de habilidades sociais presentes no repertório do indivíduo (com medidas de frequência, dificuldade, intensidade, duração etc.) e dos possíveis comportamentos problemáticos concorrentes com o desempenho dessas classes de habilidades, aqui incluindo os eventos privados concorrentes. Também é importante avaliar a topografia dos comportamentos apresentados pelo indivíduo, uma vez que esta, quando deficitária, pode afetar negativamente a funcionalidade de seu desempenho em interação social.

Considerando que as habilidades sociais são situacionais-culturais, é importante caracterizar sob quais contextos (familiar, escolar, de trabalho, de lazer etc.) e com que tipo de interlocutores (familiares, pessoas de autoridade, professores, colegas, amigos etc.) o indivíduo apresenta recursos e/ou déficits de habilidades sociais e falhas de competência social. As normas culturais estabelecem padrões de expectativas e demandas diferenciadas de desempenho social também conforme as características sociodemográficas do indivíduo. Daí a importância de se cotejar eventuais déficits com as características sociodemográficas do indivíduo avaliado, como gênero, idade, ocupação, papéis sociais, *status* socioeconômico etc. Em Del Prette e Del Prette (2017b) o leitor pode encontrar uma análise mais detalhada da influência do contexto, dos papeis sociais e do desenvolvimento sobre o repertório de habilidades sociais juntamente com uma proposta de portfólio que pode orientar a avaliação.

O conjunto das informações obtidas em um processo de avaliação de habilidades sociais pode ser analisado sob um enfoque idiográfico ou sob um enfoque nomotético (Del Prette & Del Prette, 2005). No enfoque idiográfico a análise é basicamente uma comparação entre características da própria pessoa, visando identificar os pontos "fortes" e "fracos" do repertório social do indivíduo e relaciiná-los a outras características adaptativas ou não adaptativas a seu funcionamento psicológico. Sob um enfoque nomotético, as características interpessoais de cada indivíduo são cotejadas com a referência populacional normativa para a identificação de seus déficits e recursos. Ainda que as duas análises sejam utilizadas pelas diferentes abordagens conceituais do campo do THS, comumente o enfoque idiográfico está mais associado a uma avaliação funcional, que é típica da abordagem da Análise do Comportamento.

Del Prette e Del Prette (2009) destacam os recursos diretos (baseados na observação) e os indiretos (baseados no relato) de avaliação que visam contemplar a multidimensionalidade das habilidades sociais. Entre os recursos diretos encontram-se: (a) observação em situação natural e estruturada, incluindo videogravação e procedimentos de desempenho de papéis; (b) autorregistros e registros fisiológicos. Entre os instrumentos de avaliação indireta encontram-se: (a) autorrelato via entrevistas, inventários, escalas, testes lápis-papel; (b) avaliação por outros, incluindo entrevistas, inventários, *checklists*, sociograma. Em geral, considera-se a observação (item a) como mais confiável, porém, além de insuficiente para avaliar a competência social, impõe desafios na coleta de dados para a pesquisa e a prática. Os questionários e inventários, mais amplamente utilizados, produzem indicadores relativamente confiáveis e mais facilmente coletados e analisados, podendo contemplar tanto comportamentos públicos como privados (nesse caso por meio de relato). O autorregistro e a observação por outros têm sido menos utilizados no Brasil.

Instrumentos para a avaliação no Brasil

Neste capítulo serão apresentados os instrumentos de relato, especialmente escalas, inventários e questionários com indicadores psicométricos aceitáveis. A Tabela 1 lista, em ordem cronológica, os instrumentos recomendados pelo Conselho Federal de Psicologia por suas propriedades psicométricas, com manuais de aplicação, apuração e interpretação publicados e, portanto, disponíveis no Brasil para pesquisadores e profissionais da área. A Tabela 2 apresenta, também em ordem cronológica, os instrumentos aferidos em suas propriedades psicométricas de validade e confiabilidade e com algum uso em pesquisa publicada, porém ainda sob disponibilidade junto aos autores.

Tabela 1 Instrumentos de relato aprovados pelo Conselho Federal de Psicologia, publicados em forma de manuais e acessórios no Brasil, com indicação de sigla, foco, população-alvo a que se destinam, método de avaliação/informante e referência aos autores/adaptadores

Nome e sigla	Foco	Alvo	Método	Referência
1) Inventário de Habilidades Sociais 2 (IHS2-Del-Prette)	HS	Adultos (18-59a)	AAV	Del Prette & Del Prette, 2018 [Original de 2001]
2) Inventário Multimídia de Habilidades Sociais para Crianças (IMHSC-Del-Prette)	HS	Crianças (7-12a)	Pais/prof. AAV	Del Prette e Del Prette, 2005
3) Inventário de Habilidades Sociais para Adolescentes (Ihsa-Del-Prette)	HS	Adolescentes	AAV	Del Prette e Del Prette, 2009
4) Inventário de Habilidades Sociais Conjugais (Ihsc-Villa & Del-Prette)	HS	Adultos/casais	AAV	Villa e Del Prette, 2012
5) Teste de Habilidades Sociais para Crianças e Adolescentes em Situação Escolar (Thas-C)	HS	Crianças e adolescentes	AAV	Bartholomeu, Silva e Montiel, 2014

Continua →

Nome e sigla	Foco	Alvo	Método	Referência
6) Sistema de Avaliação de Habilidades Sociais (SSRS)	HS, CA, CP	Crianças (6-13a)	Pais/prof. AAV	Gresham e Elliott, 2016 [Adaptação: Del Prette, Freitas, Bandeira e Del Prette]
7) Roteiro de Entrevista de Habilidades Sociais Educativas Parentais (RE-HSE-P)	HSE, Prática negativa, HS, CP	Pais/respons. Crianças	AAV Pais/resp.	Bolsoni-Silva et al., 2016
8) Questionário de Avaliação de Habilidades Sociais, Comportamentos e Contextos para Universitários (QHC-Universitários)	HS, ansiedade, depressão	Universitários	AAV	Bolsoni-Silva e Loureiro, 2017
9) Roteiro de Habilidades Sociais Educativas para Professores (RE-HSE-Pr)	HSE, Prática negativa, HS, CP	Professor Crianças	AAV Professor	Bolsoni-Silva, Marturano & Loureiro, 2018

Tabela 2 Instrumentos de relato produzidos ou adaptados no contexto brasileiro, com sigla, foco, população-alvo a que se destinam, método de avaliação/informante e referência aos autores/adaptadores, com publicação associada

Nome e sigla	Foco	Alvo	Método	Referência
1) Inventário de Comportamentos para Criança e Adolescentes (CBCL/6-18)	CS e CP	Crianças e adolescentes	Pais/prof. AAV	Bordin, Mari e Caeiro, 1995; Brasil e Bordin, 2010; Rocha et al., 2013
2) Escala Multidimensional de Reatividade Interpessoal (Emti)	HS Empáticas	Crianças e adolescentes	AAV	Koller, Camino e Ribeiro, 2001
3) Escala de Empatia para Crianças e Adolescentes (Eeca)	HS Empáticas	Crianças e adolescentes	AAV	Koller, Camino e Ribeiro, 2001
4) Escala Matson de Habilidades Sociais para Adolescentes (Messy)	HS e CP	Adolescentes	AAV	Teodoro e cols., 2005
5) Escala para Autoavaliação ao Falar em Público (SSPS)	Dificuldade de falar em público	Adultos	AAV	Osorio, Crippa e Loureiro, 2008
6) Inventário de Empatia (IE)	HS Empáticas	Adultos	AAV	Falcone et al., 2008
7) Questionário de Respostas Socialmente Habilidosas para professores (QRSH)	HS	Pré-escolares	Prof.	Bolsoni-Silva, Marturano e Loureiro, 2009
8) Escala de Comportamento Social para Pré-Escola e Jardim de Infância (PBKS)	HS e PC	Pré-escolares	Pais/prof.	Dias, Freitas e Del Prette, 2009
9) Questionário de Respostas Socialmente Habilidosas (QRSH) para pais	HS	Pré-escolares	Pais	Bolsoni-Silva, Marturano e Loureiro, 2011
10) Inventário de comportamentos sociais acadêmicos (Icsa)	HS Acadêmicas	Universitários	AAV	Soares, Mourão e Mello, 2011
11) Inventário de Autoavaliação para Jovens (YSR)	CS e CP	Adolescentes	AAV	Rocha, 2012
12) Inventário de Habilidades Sociais Educativas para Pais (Ihse-Pais)	HS Educativas	Pais/responsáveis	AAV	Del Prette e Del Prette, 2013a
13) Inventário de Habilidades Sociais Educativas para Professores do Ensino Fundamental (Ihse-Prof.)	HS Educativas	Professores do E. Fundamental	AAV	Del Prette e Del Prette, 2013b

14) Inventário de Habilidades Sociais Assertivas (IHS)	HS Assertivas	Mulheres	AAV	Teixeira, 2015
15) Inventário de Estilos de Enamoramento (IEE)	HS de Namoro	Adolescentes e adultos	AAV	Gomes, Soares, Mourão e Hernandez, 2016
16) Inventário de Habilidades Sociais para Cuidadores Familiares de Idosos (IHS-CI)	HS de cuidadores	Cuidadores de idosos	AAV	Pinto, 2016
17) Questionário de Ansiedade Social para Adultos (Caso)	Ansiedade social	Adultos	AAV	Wagner, Moraes, Oliveira e Oliveira, 2017
18) Inventário de Habilidades de Enfrentamento Antecipatório para a Abstinência de Álcool e Outras Drogas (Idhea-AD)	HS de enfrentamento ao álcool e drogas	Abstinentes em recuperação	AAV	Sá, Olaz e Del Prette, 2017
19) Escala de *coping* para situações sociais acadêmicas interpessoais difíceis (Ecssaid)	HS de *coping*	Universitários	AAV	Soares et al., 2018
20) Escalas Multidimensionais de Expressão Social Parte Motora (Emes-M)	HS	Adultos	AAV	Pereira, Dutra--Thomé e Koller, 2018
21) Inventário de Habilidades Sociais para Idosos (Ihsi)	HS	Idosos	AAV	Braz, Fontaine, Del Prette e Del Prette (no prelo)
22) Inventário de Habilidades Sociais Educativas para Professores Universitários (Ihse-PU-Prof.)	HS Educativas	Professores universitários	AAV	Del Prette e Del Prette, 2017c
23) Inventário de Habilidades Sociais Educativas para Professores Universitários – versão estudante (Ihse-PU-Estudante)	HS Educativas	Professores universitários	Aluno	Santos, 2019; Vieira--Santos, Del Prette e Del Prette, 2018

As tabelas 1 e 2 permitem algumas constatações e comparações com a situação descrita anteriormente (Del Prette & Del Prette, 2009). A primeira de um aumento de três para nove (67%) instrumentos publicados com seus respectivos manuais e acessórios para avaliação. Considerando o avaliador, 28 instrumentos (87%) baseiam-se em autoavaliação. A avaliação por outros (pais, professores, responsáveis, estudantes, cônjuge) é complementar à autoavaliação em quatro instrumentos e exclusiva de outros três.

Em relação às classes de habilidades sociais avaliadas, ainda que com sobreposições, predominam no levantamento atual os instrumentos que avaliam classes específicas de habilidades sociais (53%) sobre os que avaliam o repertório geral (41%). No primeiro grupo destacam-se os instrumentos para habilidades sociais educativas (6), seguidos pelos instrumentos que avaliam habilidades sociais assertivas e de enfrentamento (3), empáticas (3 cada), acadêmicas dos alunos (2), conjugais (1) e de namoro (1). Adicionalmente, e em parte acoplados aos anteriores, observa-se que os instrumentos contemplam a avaliação de problemas de comportamento (7), ansiedade/depressão (1), ansiedade social (1) e falar em público (1).

Quanto à população-alvo, constata-se que mais da metade dos instrumentos (59%) focaliza ou inclui a avaliação do repertório de habilidades sociais de adultos, com algumas especificidades: três instrumentos para universitários, dois para pais ou responsáveis e cinco específicos para idosos, mulheres inseridas no mercado de trabalho, casais, abstinentes em recuperação e cuidadores de idosos. Em termos de habilidades sociais profissionais, foram disponibilizados quatro instrumentos para professores, sendo dois para os de Ensino Fundamental e Médio e dois para professores universitários.

Na sequência segue-se uma breve descrição de cada um dos instrumentos, conforme a ordem em que aparecem nas tabelas 1 e 2.

1) Inventário de Habilidades Sociais2 (IHS2-Del-Prette)

Trata-se da reedição atualizada do IHS-Del-Prette (Del Prette & Del Prette, 2001), vigente até 2018, com ampla utilização e publicações no Brasil e outros países e adaptação para outros países (cf. Del Prette & Del Prette, 2013c). A versão atual, IHS2-Del-Prette (Del Prette & Del Prette, 2019) foi atualizada em amostra de 4.250 pessoas, estratificada, com normas por sexo e faixa etária (18-38 anos e 19-59 anos). É um instrumento de autorrelato para avaliação de habilidades sociais, disponibilizado em forma de um *kit* impresso (manual, fichas de aplicação e de apuração), com opção de apuração informatizada online. Contém 38 itens, cada um deles descrevendo uma situação de relação interpessoal e uma demanda de habilidade para reagir àquela situação. O respondente estima a frequência com que reage da forma sugerida em cada item, em escala tipo *Likert*, com cinco pontos (de zero, *nunca ou raramente* a 4, *sempre ou quase sempre*). A nova estrutura fatorial reteve 30 itens, com alta consistência interna excelente ($\alpha = 0{,}944$) que explicou 59,8% da variância total e uma estrutura de cinco fatores com consistência satisfatória a alta: (F1, $\alpha = 0{,}934$) Conversação assertiva; (F2, $\alpha = 0{,}774$) Abordagem afetivo-sexual; (F3, $\alpha = 0{,}894$) Expressão de sentimento positivo; (F4, $\alpha = 0{,}840$) Autocontrole/Enfrentamento; (F5, $\alpha = 0{,}840$) Desenvoltura social. As análises indicaram bons índices de ajuste geral e local e invariância configural e escalar entre sexos e entre duas faixas de idade.

2) Inventário Multimídia de Habilidades Sociais para Crianças (IMHSC-Del-Prette)

O IMHSC-Del-Prette é parte de um sistema de avaliação e promoção de habilidades sociais, destinado a crianças de sete a 12 anos de idade, disponibilizado em *kit* de produtos impressos (manual e fichas) e CDs de aplicação e apuração (Del Prette & Del Prette, 2005). Possui 21 itens que ilustram interações sociais de crianças entre si e com adultos, sob a forma de esquetes de vídeo (somente para autoavaliação) e em versão impressa com imagens digitalizadas (tanto para autoavaliação como para avaliação por pais ou professores). Cada item apresenta uma situação de interação social seguida por três alternativas de reação: (a) habilidosa; (b) não habilidosa passiva; (c) não habilidosa ativa. Em cada item a criança é solicitada a indicar qual a reação que costuma apresentar. Em cada reação é solicitada a indicar; (a) a *frequência* com que apresenta cada reação; (b) a *adequação* que atribui a cada uma delas; (c) a *dificuldade* que apresenta na emissão da reação socialmente habilidosa. Na avaliação pelo professor ou outro adulto, a *frequência* de cada habilidade no repertório da criança, a *adequação* de cada uma das três reações e a *importância* da reação habilidosa para o ajustamento social da criança Os itens se agrupam em quatro subescalas: (F1) *Empatia/Civili-*

dade; (F2) *Assertividade de Enfrentamento*; (F3) *Autocontrole*; (F4) *Participação*. O sistema possui um gerenciador informatizado que organiza os dados produzidos pela autoavaliação e pela avaliação do adulto, gerando um protocolo individual com os escores, gráficos Excel e planilha exportável para programas estatísticos.

3) Inventário de Habilidades Sociais para Adolescentes (IHSA-Del-Prette)

Instrumento de autorrelato, validado em amostra de adolescentes de 12 a 17 anos, com 38 itens que contemplam habilidades requeridas na relação com diferentes interlocutores (parceiro/a afetivo-sexual, pais e irmãos, colegas, amigos, pessoas de autoridade, desconhecidos ou não especificados) que podem ocorrer em contexto público (escola, trabalho, lazer, consumo) e privado (familiar e íntimo) ou não especificado. Em cada item o adolescente é solicitado a julgar (a) sua *dificuldade* em apresentar a reação indicada no item; (b) a *frequência* com que apresenta aquela reação. É disponibilizado em um *kit* contendo manual impresso, fichas de aplicação e apuração, com opção de apuração informatizada online (Del Prette & Del Prette, 2009). Produz um escore geral de frequência com consistência interna de 0,896 e uma estrutura de seis fatores: (F1: $\alpha = 0,820$) *Empatia*; (F2: $\alpha = 0,728$) *Autocontrole*; (F3: $\alpha = 0,751$) *Civilidade*; (F4: $\alpha = 0,679$) *Assertividade*; (F5: $\alpha = 0,698$) *Abordagem afetiva*; (F6: $\alpha = 0,615$) *Desenvoltura Social*. Essa estrutura foi confirmada em amostra de 2.291 adolescentes (Leme, Campos, Coimbra, Del Prette, & Del Prette, 2016) e uma versão breve de 16 itens (Leme, Valentini, Campos, Del Prette, & Del Prette (2017), foi produzida com estrutura de quatro fatores: Autocontrole, Abordagem Afetiva, Em-

patia e Assertividade), demonstrando invariância do instrumento em relação a sua configuração, idade e sexo dos participantes.

4) Inventário de Habilidades Sociais Conjugais (Ihsc-Villa&Del-Prette)

É um instrumento de autorrelato com 32 itens, com estrutura e conteúdo similares aos do IHS-Del-Prette disponibilizado em forma de um *kit* impresso (manual, fichas de aplicação e de apuração), com opção de apuração informatizada online (Villa & Del Prette, 2012). Cada item descreve uma situação interpessoal específica de relacionamento conjugal e uma possível reação de um dos cônjuges. O respondente estima e assinala a frequência com que apresenta a reação descrita com base em escala tipo *Likert* que varia de zero (*nunca ou raramente*) a 4 (*sempre ou quase sempre*). A Análise Fatorial reteve 28 itens, com boa consistência interna total ($\alpha = 0,82$), e cinco fatores: (F1: $\alpha = 0,76$) *Expressividade/Empatia*; (F2: $\alpha = 0,71$) *Autoafirmação assertiva*; (F3: $\alpha = 0,59$) *Autocontrole reativo*; (F4: $\alpha = 0,56$) *Autocontrole proativo* e (F5: $\alpha = 0,57$) *Conversação assertiva*.

5) Teste de Habilidades Sociais para Crianças e Adolescentes em Situação Escolar (Thas-C)

Instrumento de autorrelato (Bartholomeu, Silva, & Montiel, 2014), com 23 itens pontuados em Escala *Likert* (Nunca = 1, Às vezes = 2 e Sempre = 3) de frequência com que a criança se comporta da forma descrita nos itens. Alguns itens são pontuados de forma inversa, já que a conduta socialmente hábil está definida no oposto do que a frase propõe. O instrumento produz uma estrutura de três fatores que explicaram 34,17% de variância: (F1, $\alpha = 0,87$),

Civilidade e Altruísmo; (F2, $\alpha = 0,84$), Desenvoltura e autocontrole na interação social; (F3, $\alpha = 0,60$), Assertividade com enfrentamento. Foram efetuados estudos de análise confirmatória e de Rash com evidências favoráveis ao instrumento.

6) Sistema de Avaliação de Habilidades Sociais (SSRS)

Originalmente desenvolvido nos Estados Unidos (Gresham & Elliott, 1990), foi publicado no Brasil após inúmeros estudos de adaptação (Gresham & Elliott, 2016, adaptação de Del Prette, Freitas, Bandeira, & Del Prette). O instrumento avalia habilidades sociais, problemas de comportamento e competência acadêmica de crianças com base: (a) na autoavaliação pela criança (somente para habilidades sociais); (b) avaliação por pais ou responsáveis (para habilidades sociais e comportamentos problemáticos); (c) avaliação por professores (habilidades sociais, comportamentos problemáticos e competência acadêmica). A escala de habilidades sociais avalia a *frequência* com que a criança apresenta cada reação e a *importância* de cada item para o desenvolvimento da criança (avaliada pelos pais); a de comportamentos problemáticos avalia a *frequência* com que a criança apresenta cada item; a de competência acadêmica avalia aspectos do desempenho acadêmico (geral, leitura, matemática, motivação geral, estímulo dos pais, funcionamento intelectual e comportamento geral), classificando a criança em relação aos colegas (*entre os 10% piores* até *entre os 10% melhores*). A análise fatorial exploratória (*Principal Axis Factoring*) apontou uma estrutura de cinco fatores para a escala de habilidades sociais para pais e quatro para professores e estudantes; para as escalas de pro-

blemas de comportamento, foram encontrados dois fatores para pais e três para professores. A confiabilidade das escalas (alfa de Cronbach), indicou valores altos para as escalas globais de habilidades sociais (Criança $\alpha = 0,73$; Pais $\alpha = 0,85$; Professores $\alpha = 0,92$), problemas de comportamento (Pais $\alpha = 0,84$; Professores $\alpha = 0,89$) e competência acadêmica (Professores $\alpha = 0,98$). Para as subescalas, os valores de alfa foram mais baixos, porém considerados razoáveis, para habilidades sociais (Criança $\alpha = 0,41$ a $0,63$; Pais $\alpha = 0,58$ a $0,75$; Professores $\alpha = 0,82$ a $0,91$) e para problemas de comportamento (Pais $\alpha = 0,66$ a $0,85$; Professores $\alpha = 0,79$ a $0,89$. A análise fatorial confirmatória revelou índices satisfatórios de ajuste para os três instrumentos e cerca de 50 estudos forneceram indicadores importantes de validade e confiabilidade. O SSRS produz indicadores normativos de frequência, importância e posição relativa para o escore total e os escores fatoriais de cada escala, em percentis separados para o sexo masculino e feminino.

7) Roteiro de Entrevista de Habilidades Sociais Educativas Parentais (RE-HSE-P)

Contém 25 itens de comportamentos sociais adequados, respondidos por pais (Bolsoni-Silva, Marturano, & Loureiro, 2011). Cada item é apresentado sob a forma de pergunta (p. ex., *Faz pedidos?*) com três alternativas de resposta (Não se aplica; Se aplica um pouco; Certamente se aplica). Indicadores psicométricos foram obtidos junto a amostras de crianças com e sem queixas de problemas de comportamento. Os estudos mostraram consistência interna para a escala global ($\alpha = 0,82$), validade discriminante e concorrente.

8) Questionário de Avaliação de Habilidades Sociais, Comportamentos e Contextos para Universitários (QHC-Universitários)

É um instrumento para estudantes universitários (Bolsoni-Silva & Loureiro, 2017), composto por questões referentes à forma e frequência com que os alunos se comportam em relação a seus pais, amigos, namorado(a), companheiros de moradia e público desconhecido. As questões estão organizadas em duas partes. A Parte 1 que contém 19 questões de frequência, avaliando três fatores: Comunicação e Afeto; Enfrentamento e Falar em Público, cujo alfa total foi de 0,792. Já a Parte 2 é composta por 217 opções de respostas quanto à qualidade de interações sociais que avaliam diferentes habilidades sociais aplicadas em diversos contextos de interação, incluindo pais, irmãos, colegas, amigos e namorados, solicitando a descrição de consequências que o estudante considera obter nas interações sociais, bem como seus sentimentos relacionados. A Parte 2 produz dois fatores: Potencialidades interpessoais e Dificuldades interpessoais, sendo o alfa total de 0,933. Tanto a Parte 1 quanto a Parte 2 apresentam consistência satisfatória ($\alpha = 0,657$), validade discriminante nos indicadores de ansiedade e depressão e validade concorrente com o IHS-Del-Prette (Del Prette & Del Prette, 2001).

9) Roteiro de Habilidades Sociais Educativas para Professores (RE-HSE-Pr)

Entrevista que avalia a interação professor-aluno, elaborada de forma similar ao RE-HSE-P (Bolsoni-Silva, Marturano, & Loureiro, 2016). Conta com 9 perguntas-guia e 80 itens que são organizados em três grandes categorias: Comunicação, Afeto e Limites. Tais itens são codificados em Habilidades sociais educativas (HSE-Pr), Práticas negativas (PR NEG), Contexto (CON),

Problemas de comportamento (Probl) e Habilidades sociais (HS) que também possuem duas subescalas: Total Positivo e Total Negativo. Discrimina criança com e sem problemas de comportamento, meninos de meninas e pré-escolares de escolares, com consistência interna total de $\alpha = 0,66$.

10) Inventário de Comportamentos para Criança e Adolescentes (CBCL/6-18)

Produzido nos Estados Unidos (*Child Behavior Checklist* ou CBCL, Achenbach & Rescorla, 2001), é parte de um sistema de avaliação de crianças e adolescentes (6 a 18 anos), feita pelos pais (há uma versão para professores, Teacher's Report Form ou TRF, Achenbach & Rescorla, 2001), com 120 itens e três opções de resposta: (0) "não é verdadeira", (1) "um pouco verdadeira ou às vezes verdadeira" e (2) "muito verdadeira ou frequentemente verdadeira". Os itens do CBCL são agrupados em duas grandes áreas: (a) Escala Total de Competências, incluindo Competência em Atividades (atividades preferidas), Competência Social (padrões de interação social) e Competência Escolar (competências e desempenho acadêmico); b) Problemas de Comportamento, agrupados em oito escalas-síndromes, que são reagrupadas em três escalas: Escalas de Internalização (EI): Ansiedade/Depressão, Retraimento/Depressão, Queixas Somáticas; Escala de Externalização (EE): Problemas de Sociabilidade, Problemas de Atenção, Problemas com o Pensamento e Escala Total de Problemas de Comportamento (ET): Comportamento de Quebrar Regras e Comportamento Agressivo. A apuração é informatizada e contempla normas transculturais de referência. O primeiro estudo de validação feito no Brasil (Bordin, Mari, & Caeiro, 1995) com 49 crianças de 4 e 12 anos, comparou os resultados do CBCL com um ou mais diagnósticos psiquiátricos segundo critérios da 10ª edição da Classificação Internacional de Doenças (CID-10), revelando a sensibilidade do instrumento para identificação correta. Estudos posteriores confirmaram a validade convergente do CBCL com o K-Sads-PL (Brasil & Bordin, 2010) e indicaram consistência interna para a Escala Total de Problemas de Comportamento: 0,95, em crianças encaminhadas e não encaminhadas para serviços de saúde mental (Rocha et al., 2013), bem como confirmação da estrutura fatorial e capacidade discriminativa das escalas (Rocha et al., 2013).

11) Escala Multidimensional de Reatividade Interpessoal (Emti)

Instrumento lápis-papel, com 21 itens que avaliam preocupação com outras pessoas, em quatro subescalas: (1) Consideração Empática: contém componentes afetivos da empatia, a emoção e sentimentos alter-orientados; (2) Tomada de Perspectiva do Outro: adotar, espontaneamente, o ponto de vista psicológico do outro, antecipando seus comportamentos e reações; (3) *Personal Distress*: experimentar ansiedade com relação ao infortúnio dos outros; (4) Fantasia: partilhar, imaginativamente, sentimentos percebidos em personagens fictícios. Na adaptação brasileira (Koller, Camino, & Ribeiro, 2001) junto a 320 adolescentes (de 14 a 16 anos de idade) de ambos os sexos apresentou consistência interna maior para a escala global ($\alpha = 0,72$) e para a primeira subescala ($\alpha = 0,67$).

12) Escala de Empatia para Crianças e Adolescentes (Eeca)

Instrumento de autoavaliação, com 22 itens, que avalia aspectos ligados à aceitação das diferenças individuais e ao contágio emocional. Na mesma adaptação brasileira anterior (Koller, Camino, & Ribeiro, 2001), apresentou consistência global moderada ($\alpha = 0,67$) e correlação significativa com as Escalas do Emti.

13) Escala Matson de Habilidades Sociais para Adolescentes (Messy)

Produzida nos Estados Unidos (*Matson Evaluation of Social Skills with Youngsters*, Matson, Rotatori, & Helsen, 1983), a Messy avalia, com base em 62 questões, habilidades sociais e problemas de comportamento em adolescentes. Em cada item o respondente pontua o quanto são verdadeiras, em uma escala de cinco pontos, afirmações sobre suas características. Na validação brasileira (Teodoro, Käppler, Rodrigues, Freitas, & Haase, 2005), foram encontrados indicadores satisfatórios de propriedades psicométricas e uma estrutura de quatro fatores: (F1, $\alpha = 0,87$) *Agressividade/Comportamento Antissocial*; (F2, $\alpha = 0,84$) *Habilidades Sociais/Assertividade;* (F3, $\alpha = 0,74$) *Vaidade/Arrogância*; (F4, $\alpha = 0,47$) *Solidão/Ansiedade Social.*

14) Escala para Autoavaliação ao Falar em Público (SSPS)

Desenvolvida originalmente por Hofmann e DiBartolo (2000), considerando o falar em público como um dos medos mais prevalentes, tanto na população geral como nos indivíduos com Transtorno de Ansiedade Social (TAS). É autoaplicável, composto por 10 itens pontuados em Escala *Likert* de 0 a 5, com consistência total satisfatória ($\alpha = 0,81$) e duas subescalas de cinco itens cada: (Se1, $\alpha = 0,64$) *Autoavaliação Positiva*; (Se2, $\alpha = 0,94$) *Autoavaliação Negativa. A SSPS foi adaptada para o Brasil (Osório, Crippa, &

Loureiro, 2008a), demonstrando validade discriminativa para 88 casos *versus* 90 não casos de TAS em relação à Scid-IV (N = 178; p < 0,001). Os sujeitos com TAS apresentaram maior avaliação negativa de si e menor avaliação positiva em relação aos não casos, em concordância com o aporte teórico do instrumento.

15) Inventário de Empatia (IE)

Instrumento com 40 afirmações para as quais o respondente estima a frequência com que a ele se aplicam, em uma escala tipo *Likert* que varia de 1 (*nunca*) a 5 (*sempre*). A análise fatorial (Falcone e cols., 2008) produziu quatro subescalas: (1) *Tomada de Perspectiva* ($\alpha = 0,85$), que avalia a motivação e capacidade para compreender a perspectiva e os sentimentos da outra pessoa; (2) *Flexibilidade Interpessoal* ($\alpha = 0,78$), identifica capacidade para entender e aceitar pontos de vista muito diferentes; (3) *Altruísmo* ($\alpha = 0,75$), que avalia a capacidade para sacrificar temporariamente as próprias necessidades em benefício das necessidades da pessoa-alvo; (4) *Sensibilidade Afetiva* ($\alpha = 0,72$), que focaliza sentimentos de compaixão e de interesse pelo estado emocional da outra pessoa. As normas preliminares foram obtidas em amostra de 713 estudantes universitários.

16) Questionário de Respostas Socialmente Habilidosas (QRSH) Professores

Contém 25 itens respondidos por professores (Bolsoni-Silva, Loureiro, & Marturano, 2009), em resposta a perguntas (p. ex., *Faz pedidos?*) sobre comportamentos sociais adequados da criança, com três alternativas de resposta (*Não se aplica; Se aplica um pouco; Certamente se aplica*). Indicadores psicométricos foram obtidos junto a amostras de crianças com e sem queixas de problemas de comportamento, produzindo uma estrutura de três fatores: (F1, $\alpha = 0,93$) Sociabilidade e Expressividade Emocional; (F2, $\alpha = 0,93$) Iniciativa Social; (F3, $\alpha = 0,73$) Busca de Suporte. Os estudos mostraram resultados favoráveis em termos de consistência interna, validade discriminante, concorrente e preditiva.

17) Escala de Comportamento Social para Pré-Escola e Jardim de Infância (PBKS)

Originalmente produzida nos Estados Unidos (*Preschool and Kindergarten Behavior Scale, PKBS*; Merrell, 2003), é parte de um conjunto de escalas de avaliação do comportamento social de pré-escolares entre 3 a 6 anos de idade, com 34 itens de habilidades sociais e 42 de problemas de comportamento, avaliados quanto à frequência (de *Nunca* = 0 a *Frequentemente* = 3). Na adaptação brasileira (Dias, Freitas, & Del Prette, 2009), aferida junto a pais e professores de 143 crianças de ambos os sexos, a análise fatorial indicou uma estrutura de três fatores para a escala de habilidades sociais (Cooperação Social, Independência Social e Interação Social) e dois fatores de comportamentos problemáticos (Externalizantes e Internalizantes), que explicaram, respectivamente, 45,38% e 42,12% da variância dos dados. Os indicadores de consistência interna foram satisfatórios para as escalas, variando de 0,79 a 0,95.

18) Questionário de Respostas Socialmente Habilidosas (QRSH) Pais

Contém 25 itens de comportamentos sociais adequados, respondidos por pais (Bolsoni-Silva, Marturano, & Loureiro, 2011). Cada item é apresentado sob a forma de pergunta (p. ex.,

Faz pedidos?) com três alternativas de resposta (*Não se aplica; Se aplica um pouco; Certamente se aplica*). Indicadores psicométricos foram obtidos junto a amostras de crianças com e sem queixas de problemas de comportamento. Os estudos mostraram consistência interna para a escala global ($\alpha = 0,82$), validade discriminante e concorrente.

Bolsoni-Silva, A.T., Marturano, E.A., e Loureiro, S.R. (2011). Estudos de Confiabilidade e Validade do Questionário de Respostas Socialmente Habilidosas Versão para Pais – QRSH-Pais. *Psicologia: Reflexão e Crítica, 24*(2), 1-9.

19) Inventário de Comportamentos Sociais Acadêmicos (Icsa)

Instrumento de autoavaliação com 34 itens de comportamentos sociais acadêmicos de estudantes universitários (Soares, Mourão, & Mello, 2011). Testado em amostra de 559 estudantes, produziu 6 fatores: (F1, $\alpha = 0,73$) Comportamento adequado em sala de aula; (F2, $\alpha = 0,81$) Comportamento indisciplinado em sala de aula; (F3, $\alpha = 0,77$) Cordialidade no relacionamento interpessoal; (F4, $\alpha = 0,59$) Desrespeito a professores e colegas; (F5, $\alpha = 0,66$) Autoexposição e assertividade; (F6, $\alpha = 0,60$) Comportamento em eficácia acadêmica.

20) Inventário de Autoavaliação para Jovens (YSR)

Originalmente produzido por Achenbach e Rescorla (2001), o *Youth Self-Report* foi validado para o Brasil por Rocha (2012). Focaliza alguns itens pertinentes à competência social, e a maior parte dele é dedicada a problemas de comportamento. A primeira parte avalia competências variadas (prática de esportes, atividades extraescolares, relacionamento com amigos e desempenho acadêmico); a segunda parte contém 105 itens de problemas de comportamento e 14 de comportamentos socialmente desejáveis, não necessariamente habilidades sociais. O YSR fornece um perfil do adolescente nas escalas de Atividades, Social e Desempenho Acadêmico, cuja soma produz a Escala de Competências e em 8 escalas de problemas de comportamento (*Isolamento/Depressão, Ansiedade/Depressão, Queixas Somáticas, Problemas Sociais, Problemas de Atenção, Problemas de Pensamento, Comportamento de Quebrar Regras e Comportamento Agressivo*) que *são reagrupadas na Escala de Internalização* (EI), *Escala de Externalização* (EE) e *Escala Total de Problemas de Comportamento* (ET). Estudo de Rocha (2012) mostrou alta consistência da versão brasileira do YSR ($\alpha = 0,92$ para adolescentes não encaminhados a serviços de saúde mental e $\alpha = 0,95$ para encaminhados) e confirmação do modelo fatorial (RMSEA = 0,032).

21) Inventário de Habilidades Sociais Educativas – Pais (Ihse-Pais)

Inventário de autorrelato com 60 itens que descrevem comportamentos sociais de pais na relação com os filhos (Del Prette & Del Prette, 2013a). Os itens são avaliados pelos pais em Escala *Likert – Nunca* ou *Quase Nunca* (0) a *Sempre* ou *Quase Sempre* (4) e foram elaborados a partir do Sistema de Categorias de Habilidades Sociais Educativas, proposto por Del Prette e Del Prette (2008). Propriedades psicométricas preliminares (Del Prette & Del Prette, 2013a), aferidas em uma amostra de 433 genitores (25% pais e 75% mães) de filhos entre 2 e 17 anos, produziram um escore total ($\alpha = 0,957$) e cinco escores fatoriais: (F1, $\alpha = 0,936$) Estabelecer limites, corrigir, controlar; (F2, α = 0,883) Demonstrar afeto e atenção; (F3, α = 0,851); Conversar/dialogar; (F4, α = 0,791) Induzir disciplina; (F5, α = 0,748) Organizar condições educativas. (Nota: O instrumento foi utilizado em vários estudos já publicados.)

22) Inventário de Habilidades Sociais Educativas para Professores (Ihse-Prof)

Inventário de autorrelato com 64 itens que descrevem comportamentos do professor de Ensino Fundamental na relação com os alunos (Del Prette & Del Prette, 2013b). Os itens são avaliados pelo professor em uma Escala *Likert – Nunca* ou *Quase Nunca* (0) a *Sempre* ou *Quase Sempre* (4) e foram elaborados a partir do Sistema de Categorias de Habilidades Sociais Educativas, proposto por Del Prette & Del Prette (2008). As propriedades psicométricas preliminares foram aferidas em uma amostra de 513 professores da pré-escola ao Ensino Médio (Del Prette & Del Prette, 2013b). O instrumento é composto por duas escalas. A Escala 1, Organizar Atividade Interativa, tem 14 itens e produz um escore total (α = 0,957) e três escores fatoriais: (F1, α = 0,758), Dar instruções sobre a atividade; (F2, α = 0,800) Selecionar, disponibilizar materiais e conteúdos; (F3, α = 0,730) Organizar o ambiente físico. A Escala 2, Conduzir Atividade Interativa, tem 50 itens e produz um escore total (α = 0,948) e quatro escores fatoriais: (F1, α = 0,895) Cultivar afetividade, apoio, bom humor; (F2, α = 0,891) Expor, explicar e avaliar de forma interativa; (F3, α = 0,847) Aprovar, valorizar comportamentos; (F4, α = 0,857) Reprovar, restringir, corrigir comportamentos. (Nota: O instrumento foi utilizado em vários estudos já publicados.)

23) Inventário de Habilidades Assertivas (IHA)

É um instrumento de autorrelato de habilidades assertivas avaliadas funcionalmente em termos de frequência, nível de desconforto (eventos privados), eventos antecedentes (variáveis situacionais de cada item, incluindo autorregras) e eventos consequentes (alcance dos objetivos e avaliação social). Foi validado em uma amostra de mulheres com idade acima de 18 anos, inseridas no mercado de trabalho. Apresenta uma folha de rosto de instruções e uma folha de 16 itens adaptados do IHS-Del-Prette (Del Prette & Del Prette, 2001). Ao lado de cada item são apresentadas cinco colunas com os seguintes indicadores: frequência, desconforto, efetividade, adequação social e adequação pessoal. A resposta para *frequência* e *efetividade* é registrada em escala tipo *Likert* de proporção (0-2 a 9-10 vezes em 10 situações desse tipo) e para *desconforto* (0 = Nenhum a 4 = Muitíssimo). Para *adequação social*, a escala varia de -2 = Reprova muito a 2 = Aprova muito; para *adequação pessoal* da própria resposta assertiva, considerando os ganhos e perdas decorrentes da mesma, também escala tipo *Likert* (-2 = Muito inadequada a 2 = Muito adequada). A análise fatorial exploratória dos dados desse instrumento (Teixeira, 2015), conduzida com base no indicador de frequência, produziu um fator único, com consistência interna de 0,82.

24) Inventário de Estilos de Enamoramento (IEE)

Instrumento de autorrelato com 26 itens, validado em amostra de 303 pessoas de ambos os sexos, de 18 e 30 anos (Gomes, Benevides, Mourão, & Hernandez (2016), produzindo uma estrutura de dois fatores: (F1, α = 0,85) Estilo Sutil de Enamoramento (ESE) e (F2: α = 0,87)

Estilo Direto de Enamoramento (EDE) e validade convergente com o IHS-Del-Prette.

25) Inventário de Habilidades Sociais para Cuidadores Familiares de Idosos (IHS-CI)

Avalia as habilidades sociais que o cuidador familiar precisa apresentar para interagir de forma socialmente competente com: (a) o idoso cuidado, (b) outros familiares ou amigos envolvidos na situação de cuidado e (c) profissionais da área de saúde que assistem o idoso. Contém 24 itens, para os quais os cuidadores devem indicar a frequência com que apresentam o comportamento descrito em cada item (*nunca, de vez em quando, muitas vezes* ou *sempre*). Estudo com 205 cuidadores de idosos familiares produziu uma estrutura de três fatores: (F1, $\alpha = 0,87$) Expressividade afetiva; (F2, $\alpha = 0,79$) Comunicação assertiva ($\alpha = 0,60$); (F3, $\alpha = 0,60$) Busca por Formação/Informação. Mostrou também relação com variáveis externas, apontando validade convergente, discriminante, e associação com construtos relacionados (Queluz, Barham, Del Prette, Fontaine, & Olaz, 2017; Queluz, Barham, Del Prette, & Santos, 2018), correlacionando-se positivamente com qualidade de vida e interação positiva cuidador-idoso e negativamente com depressão e sobrecarga (Queluz et al., 2018).

26) Questionário de Ansiedade Social para Adultos (Caso)

Originalmente produzido por Caballo & cols. (2010), compõe-se de 30 itens que avaliam, em Escala *Likert* de 7 pontos (0 = nenhum até 6 = muitíssimo), sintomas do Transtorno de Ansiedade Social (TAS)/Fobia Social, como mal-estar, tensão ou nervosismo em diferentes situações sociais. Na adaptação brasileira com amostra de 18 a 63 anos (Wagner, Moraes, Oliveira, & Oliveira, 2017) evidenciou consistência interna altamente satisfatória ($\alpha = 0,93$) e uma estrutura de cinco fatores: (F1, $\alpha = 0,87$) Falar em público/interação com pessoas em posição de autoridade; (F2, $\alpha = 0,85$) Interação com o sexo oposto; (F3, $\alpha = 0,80$) Interação com pessoas desconhecidas; (F4, $\alpha = 0,78$) Expressão assertiva de incômodo, desagrado ou raiva; (F5, $\alpha = 0,77$) Ficar em evidência ou fazer papel de ridículo.

27) Inventário de Habilidades de Enfrentamento Antecipatório para a Abstinência de Álcool e Outras Drogas (Idhea-AD)

Instrumento de autorrelato, com 30 itens, que avaliam o repertório de habilidades de enfrentamento antecipatório em indivíduos acima de 18 anos, em tratamento voluntário para Transtorno por Uso de Substâncias. Produz um escore geral de 30 itens ($\alpha = 0,88$) e três escores fatoriais: (F1, $\alpha = 0,89$) Assertividade e planejamento para situações de alto risco de consumo de substâncias; (F2, $\alpha = 0,83$) Expressão emocional de sentimentos positivos para a manutenção da abstinência; e (F3, $\alpha = 0,77$) Autocontrole emocional em situações adversas. Possui evidências satisfatórias de precisão e de validade de conteúdo, de estrutura interna, convergência por construto relacionado (autoeficácia para a abstinência) e critério concorrente (com nível de envolvimento com a substância e tempo de abstinência). A aplicação, individual, dura em média 20 minutos e a correção é realizada pela soma das pontuações fatoriais, com interpretação por percentis e dados normativos de acordo com o tipo de substância consumida, o tempo de abstinência e o tipo de tratamento.

28) Escala de *Coping* para Situações Sociais Acadêmicas Interpessoais Difíceis (Ecssaid)

Instrumento de autoavaliação de estratégias de enfrentamento para situações interpessoais consideradas difíceis no contexto universitário brasileiro (Soares & cols., 2018). Testada junto a 1.366 universitários, de 17 a 39 anos, reteve 26 itens com quatro fatores: F1 (α = 0,73), focado na emoção; focado no suporte social (α = 0,81), focado na religião (α = 0,83) e focado no problema (α = 0,70).

29) Escalas Multidimensionais de Expressão Social Parte Motora (Emes-M)

Versão original desenvolvida por Caballo (2003) e adaptada ao Brasil (Pereira, Dutra-Thomé, & Koller, 2018), que avalia as habilidades sociais em adultos. Originalmente composta por 64 itens e 12 fatores, na validação brasileira com 925 indivíduos de ambos os sexos, de 18 a 35 anos, apresentou boas propriedades psicométricas, retendo 56 itens, produzindo um escore geral e oito escores fatoriais: (F1, α = 0,883) Iniciar e manter conversações; (F2, α = 0,740) Dizer não; (F3, α = 0,718) Ser elogiado; (F4, α = 0,829) Falar em público; (F5, α = 0,831) Expressar afeto positivo; (F6, α = 0,724) Expressar afeto negativo; (F7, α = 0,738) Expressar desacordo/opiniões contrárias; (F8, α = 0,712) Defender direitos.

30) Inventário de Habilidades Sociais para Idosos (Ihsi)

Trata-se de versão do Inventário de Habilidades Sociais (Del Prette & Del Prette, 2001) adaptada para a população idosa, com 20 itens aos quais o respondente deve estimar a frequência com que as afirmações a ele se aplicam, em escala tipo *Likert* de 5 pontos (zero = nunca ou raramente a 4 = sempre ou quase sempre). Estudos psicométricos conduzidos com amostra de 616 idosos de 60 e 94 anos mostram indicadores satisfatórios de consistência interna e uma estrutura confirmada de quatro fatores: (F1, α = 0,80) *Expressividade emocional*; (F2, α = 0,77) *Assertividade*; (F3, α = 0,70) *Conversação e desenvoltura social*; (F4, α = 0,70) *Abordagem afetivo-sexual*.

31) Inventário de Habilidades Sociais Educativas para Professores Universitários (Ihse-PU-Prof)

Instrumento de autorrelato para autoavaliação de professores universitários em habilidades sociais educativas (Del Prette & Del Prette, 2017c). A versão inicial compunha-se de 64 itens construídos a partir dos estudos e instrumentos anteriores dos autores sobre habilidades sociais educativas, análise da literatura sobre ensino superior e concepções interativas sobre ensino e aprendizagem associados a desenvolvimento adulto. Estudos psicométricos preliminares com 405 respondentes retiveram 42 itens com alta consistência interna (α = 0,928) e uma estrutura de quatro fatores também com boa consistência interna: (F1, α = 0,845) Assertividade e Manejo de disciplina; (F2, α = 0,788) Afetividade e diálogo; (F3, α = 0,881) Mediação reflexiva e liderança; (F4, α = 0,836) Autocontrole e gestão de conflitos. (Nota: Instrumento tomado como referência para a versão estudante, parcialmente publicada.)

32) Inventário de Habilidades Sociais Educativas para Professores Universitários – versão estudante (Ihse-PU-Aluno)

Instrumento em que estudantes universitários avaliam as habilidades sociais educativas de seus professores (Vieira-Santos, 2019; Vieira-Santos, Del Prette, & Del Prette, 2018), elaborado a partir da adaptação dos itens do Ihse-PU-Prof (Del Prette & Del Prette, 2017c). Com base no modelo de medida formativo, foram retidos 49 itens, que se organizaram em cinco dimensões: Aprovar e valorizar os comportamentos dos alunos; Expor, explicar e avaliar de maneira interativa; Cultivar afetividade, apoio e bom humor; Reprovar comportamentos indesejáveis dos alunos; Orientar atividades. Essa estrutura apresentou bons índices de ajuste ($X2 = 3645.23$, $p<0,001$, $df = 941$, X2 ajustado $= 3,87$, RMSR $= 0,03$). Na modelagem de caminho (*Partial Least Squares Path Modeling* – PLS-PM, Sanchez, 2013) evidenciou uma dimensão de ordem superior (coeficiente de determinação R2 $= 1,00$, redundância média $= 0,644$, GoF $= 0,803$) denominada de habilidades sociais educativas.

À guisa de conclusão

Quando se compara os dados das tabelas 1 e 2 com o levantamento publicado anteriormente (Del Prette & Del Prette, 2009), observa-se um crescimento de 12 para 32 instrumentos (62,5%) de avaliação de habilidades sociais em nosso país, com quase um terço deles disponibilizados sob a forma de manuais publicados. Importante lembrar que os instrumentos apresentados neste capítulo recaem na categoria de inventários e questionários de autorrelato e que, certamente, se consideradas as demais modalidades de instrumentos e procedimentos, essa proporção é maior. Tal crescimento evidencia, de um lado, o interesse crescente pelo campo teórico prático e de pesquisa das habilidades sociais e, por outro, uma demanda no campo da avaliação, diagnóstico e intervenção.

A produção de instrumentos de avaliação, com propriedades satisfatórias de validade e precisão, constituem uma base importante para o movimento das Habilidades Sociais no Brasil, que vem se consolidando de forma expressiva uma história de cerca de 30 anos (Del Prette & Del Prette, 2019). Eles permitem um refinamento de informações sobre o desenvolvimento das habilidades sociais ao longo da vida, em diferentes populações, comparando-se faixas etárias, culturas e experiências escolares. Em uma perspectiva de intervenção, trazem tanto ao atendimento terapêutico quanto ao educacional e preventivo elementos para planejamento, condução e avaliação de intervenções que podem vir a compor o escopo das práticas psicológicas baseadas em evidência.

Os instrumentos apresentados neste capítulo refletem algumas das bases conceituais importantes do campo das habilidades sociais. Pode-se destacar aqui o reconhecimento da especificidade situacional das habilidades sociais, com a ampliação de instrumentos para diferentes faixas etárias (crianças, adolescentes, adultos e idosos) e demandas próprias do ciclo vital e da cultura (namoro, conjugalidade, cuidado familiar com os idosos), diferentes papéis sociais e profissionais (agentes educativos como pais e professores, mulheres inseridas no mercado de trabalho) e problemas específicos com implicações para as relações interpessoais como ansiedade, depressão, drogadição, falar em público). Também é importante destacar a preocupação com a avaliação multimoda, pelo menos em termos de diferentes informantes, verificada para a avaliação de crianças e professores e que poderiam também ser exploradas em diferentes contextos.

Além de reconhecer esses aspectos de crescimento dos recursos de avaliação destacados neste capítulo, podem ser sugeridos encaminhamentos ainda não contemplados nessa listagem, tais como: (a) avaliação dos estágios iniciais do ciclo vital (crianças menores e bebês); (b) avaliação de habilidades sociais relacionadas a demandas por habilidades sociais e competência social, associadas a diferentes papéis sociais em atividades profissionais das áreas de saúde e da gestão de pessoal; (c) instrumentos para avaliar as subclasses de habilidades sociais de automonitoria e competência social que poderiam contribuir para estudos longitudinais do desenvolvimento, tal como definidas neste campo teórico-prático. Em relação a esse último aspecto, cabe reconhecer o encaminhamento inicial em relação à avaliação da automonitoria em crianças pequenas (Dias, 2014) e da competência social relacionada a *bullying* (Comodo, 2016) que abrem perspectivas promissoras para a pesquisa e a prática

voltadas para a promoção do desenvolvimento e da saúde na infância e na adolescência.

Este capítulo reúne, para pesquisadores e profissionais interessados no campo teórico-prático das habilidades sociais, uma base de consulta a instrumentos referendados por publicações e/ou aprovados pelo CFP. Com isso, esperamos uma ampliação do diálogo entre eles e, por outro lado, esforços em parcerias na pesquisa para avaliação psicológica. Mesmo reconhecendo-se que o *que* e *como* avaliar dependem, em última instância, dos pressupostos conceituais em que se apoiam o pesquisador e o profissional, o conjunto de medidas ou indicadores, produzidos por diferentes instrumentos de avaliação no Brasil, constitui um convite e um desafio ao diálogo entre correntes epistemológicas para o avanço da teorização e da prática do treinamento de habilidades sociais.

Referências

Achenbach, T.M. (1991). *Manual for the Child Behavior Checklist and 1991 Profile.* Burlington: University of Vermont Press.

Bartholomeu, D.; Silva, M.C.R., & Montiel, J.M. (2014). *Teste de Habilidades Sociais em Crianças para o Ensino Fundamental* (Thas-C). São Paulo: Memnon.

Bolsoni-Silva, A.T. & Loureiro, S.R. (2017). *Teste psicológico – Questionário de Avaliação de Habilidades Sociais, comportamentos e contextos para universitários (QHC-Universitários).* São Paulo: Hogrefe/Cetepp.

Bolsoni-Silva, A.T., Loureiro, S., & Marturano, E.M. (2016). *Roteiro de Entrevista de Habilidades Sociais Educativas Parentais (RE-HSE-P) – Manual técnico.* São Paulo: Hogrefe/Cetepp.

Bolsoni-Silva, A.T., Marturano, E.M., & Loureiro, S.R. (2009). Contributions for the construction and validation for the Questionnaire of Socially Skillful

Answers, Teachers' Version – QRSH-PR. *The Spanish Journal of Psychology*, 12(1): 349-359.

Bolsoni-Silva, A.T., Marturano, E.A., & Loureiro, S.R. (2011). Estudos de confiabilidade e validade do Questionário de Respostas Socialmente Habilidosas, Versão para Pais – QRSH-Pais. *Psicologia: Reflexão e Crítica, 24*(2), 1-9.

Bolsoni-Silva, A.T., Marturano, E.M., & Loureiro, S.R. (2016). *Roteiro de Entrevista de Habilidades Sociais Educativas para Professores – Manual Técnico – RE-HSE-Pr.* São Paulo: Hogrefe/Cetepp.

Bordin, I.A. (2010). Convergent validity of K-Sads-PL by comparison with CBCL in a Portuguese speaking outpatient population. *BMC Psychiatry*, 19(10), 83.

Bordin, I.A.S., Mari, J.J, & Caeiro, M.F. (1995). Validação da versão brasileira do "Child Behavior Checklist" (CBCL): Dados preliminares. *Revista ABP-Apal, 17*(2), 55-66.

Caballo, V.E. (2003). *Manual de avaliação e treinamento das habilidades sociais*. São Paulo: Santos.

Caballo, V.E., Irurtia, M.J., & Salazar, I.C. (2009). Abordagem cognitiva na avaliação e intervenção sobre habilidades sociais (pp. 67-107). In A. Del Prette & Z.A.P. Del Prette (Orgs.). *Psicologia das habilidades sociais: diversidade teórica e suas implicações*. Petrópolis: Vozes.

Caballo, V.E., Salazar, I.C., Irurtia, M.J., Arias, B., & Hofmann, S.G. (2010). Ciso-A Research Team – Measuring social anxiety in 11 countries: development and validation of the Social Anxiety Questionnaire for Adults. *European Journal of Psychological Assessment, 26*, 95-107.

Comodo, C.N. (2016). *Vítimas, autores e testemunhas de* bullying: *uma avaliação das habilidades sociais e de indicadores da competência social*. Tese de Doutorado. São Carlos: Programa de Pós-Graduação em Psicologia/Universidade Federal de São Carlos.

Del Prette, A. & Del Prette, Z.A.P. (2009). *Inventário de Habilidades Sociais para Adolescentes (Ihsa-Del-Prette): manual de aplicação, apuração e interpretação*. São Paulo: Casa do Psicólogo.

Del Prette, A. & Del Prette, Z.A.P. (2017a). *Psicologia das relações interpessoais e habilidades sociais: vivências para o trabalho em grupo* (11a. ed., 3a. reimpr.). Petrópolis: Vozes.

Del Prette, A. & Del Prette, Z.A.P. (2017b). *Competência social e habilidades sociais: manual teórico-prático*. Petrópolis: Vozes.

Del Prette, A. & Del Prette, Z.A.P. (2018). A relação entre habilidades sociais e análise do comportamento: história e atualidades. In N. Kienen, S.R.S.A. Gil, J.C. Luzia, & J. Gamba (Orgs.). *Análise do comportamento: conceitos e aplicações a processos educativos clínicos e organizacionais* (pp. 39-53). Londrina: UEL.

Del Prette, Z.A.P. & Del Prette, A. (2001). *Inventário de Habilidades Sociais (IHS-Del-Prette): manual de aplicação, apuração e interpretação*. São Paulo: Casa do Psicólogo.

Del Prette, Z.A.P. & Del Prette, A. (2005). *Sistema multimídia de habilidades sociais para crianças: manual de aplicação, apuração e interpretação*. São Paulo: Casa do Psicólogo.

Del Prette, Z.A.P. & Del Prette, A. (2006). Avaliação muldimodal de habilidades sociais em crianças: procedimentos, instrumentos e indicadores. In M. Bandeira, Z.A.P. Del Prette, & A. Del Prette (Orgs.). *Estudos sobre habilidades sociais e relacionamento interpessoal* (pp. 47-68). São Paulo: Casa do Psicólogo.

Del Prette, Z.A.P. & Del Prette, A. (2008). Um sistema de categorias de habilidades sociais educativas. *Paideia: Cadernos de Psicologia e Educação, 18*(41).

Del Prette, Z.A.P. & Del Prette, A. (2009). Avaliação de habilidades sociais: bases conceituais, instrumentos e procedimentos. In A. Del Prette & Z.A.P. Del Prette (Orgs.). *Psicologia das habilidades sociais: diversidade teórica e suas implicações* (pp. 187-229). Petrópolis: Vozes.

Del Prette, Z.A.P. & Del Prette, A. (2013a). *Inventário de Habilidades Sociais Educativas – versão Pais* (Ihse-Pais): dados psicométricos preliminares [Relatório não publicado, disponível, com os autores].

Del Prette, Z.A.P. & Del Prette, A. (2013b). *Inventário de Habilidades Sociais Educativas – versão Professores* (Ihse-Professores): dados psicométricos preliminares [Relatório não publicado, disponível com os autores].

Del Prette, Z.A.P. & Del Prette, A. (2013c). Social Skills Inventory (SSI-Del-Prette): characteristics and studies in Brazil. In F.L. Osório (Org.). *Social anxiety disorders: from theory to practice* (pp. 49-62). Nova York: Nova Science.

Del Prette, Z.A.P. & Del Prette, A. (2016). *Psicologia das habilidades sociais na infância: teoria e prática* (6a. ed., 3a. reimpr.; 1a. em 2005). Petrópolis: Vozes.

Del Prette, Z.A.P. & Del Prette, A. (2017). *Inventário de Habilidades Sociais Educativas para Professores Universitários* (Ihse-PU): dados psicométricos preliminares [Relatório não publicado, disponível com os autores].

Del Prette, Z.A.P. & Del Prette, A. (2018). *Inventário de Habilidades Sociais (IHS2-Del-Prette): manual de aplicação, apuração e interpretação*. São Paulo: Pearson.

Del Prette, Z.A.P. & Del Prette, A. (2019). Studies on Social Skills and Social Competence in Brazil: A History in Construction. In S.H. Koller (Ed.). *Psychology in Brazil: Scientists Making a Difference.* Holder Springer Nature: Switzerland AG [no prelo].

Del Prette, Z.A.P., Villa, M.B., Freitas, M.G., & Del Prette, A. (2008). Estabilidade temporal do Inventário de Habilidades Sociais Conjugais (Ihsc). *Avaliação Psicológica, 7,* 67-74.

Dias, T.P. (2014). *Conceituação, avaliação e promoção de automonitoria em pré-escolares e sua relação com competência social e comportamentos-problema.* Tese de Doutorado. São Carlos: Programa de Pós-Graduação em Psicologia/Universidade Federal de São Carlos.

Dias, T.P., Freitas, L.C., Del Prette, Z.A.P., & Del Prette, A. (2011). Validação da escala de comportamentos sociais de pré-escolares para o Brasil. *Psicologia em Estudo* (Maringá), *16*(3), 447-457.

Falcone, E.M.O., Ferreira, M.C., Luz, R.C.M., Fernandes, C.S., Faria, C.A., D'Augustin, J.F., & Sardinha, A. (2008). Inventário de Empatia (IE): desenvolvimento e validação de uma medida brasileira. *Avaliação Psicológica, 7,* 321-334.

Gomes, C.A.O., Benevides, A., Mourão, L., & Hernandez, J.A.E. (2016). Inventário de estilos de enamoramento: construção e validação. *Avaliação Psicológica, 15*(2), 151-159.

Gresham, F.M. (2002). Social skills assessment and instruction for students with emotional and behavioral disorders. In K.L. Lane, F.M. Gresham, & T.E. O'Shaughnessy (Eds.). *Children with or at risk for emotional and behavioral disorders* (pp. 242-258). Boston: Allyn & Bacon.

Gresham, F.M. (2009). Análise do Comportamento aplicada às habilidades sociais. In Z.A.P. Del Prette & A. Del Prette (Orgs.). *Psicologia das habilidades sociais: diversidade teórica e suas implicações* (pp. 18-66). Petrópolis: Vozes.

Gresham, F.M. & Elliott, S.N. (1990). *Social Skills Rating System.* Circle Pines, MN: American Guidance Service.

Gresham, F.M. & Elliott, S.N. (2016). *Inventário de habilidades sociais, problemas de comportamento e competência acadêmica para crianças: SSRS, manual de aplicação, apuração e interpretação* [Del Prette, Z.A.P., Freitas, L.C., Bandeira, M., & Del Prette, A. Autores da adaptação e padronização brasileira]. São Paulo: Pearson.

Hofmann, S.G. & DiBartolo P.M. (2000). An instrument to assess self-statements during public speaking: scale development and preliminary psychometric properties. *Behavior Therapy, 31,* 499-515.

Koller, S.H., Camino, C., & Ribeiro, J. (2001). Adaptação e validação interna de duas escalas de empatia para uso no Brasil. *Estudos de Psicologia, 18*(3), 43-53.

Matson, J.L., Rotatori, A.F., & Helsel, W.J. (1983). Development of a rating scale to measure social skills in children: The Matson Evaluation of Social Skills with Youngsters (Messy). *Behavior Research and Therapy, 21*(4), 335-340.

McFall, R.M. (1982). A review and reformulation of the concept of social skills. *Behavioral Assessment, 4,* 1-33.

Merrell, K.W. (2003). *Preschool and Kindergarten Behavior Scales* (2. ed.). Austin, TX: PRO-ED.

Osório, F.L., Crippa, J.A.S., & Loureiro, S.R. (2008a). Escala para autoavaliação ao falar em público (SSPS): adaptação transcultural e consistência interna da versão brasileira. *Revista de Psiquiatria Clínica, 35,* 207-211.

Pereira, A.S., Dutra-Thomé, L., & Koller, S.H. (2018). Propriedades psicométricas da escala multidimensional de expressão social – Parte motora (Emes-M) em uma amostra brasileira. *Avaliação Psicológica, 17*(1), 131-141.

Pinto, F.N.F.R. (2016). *Construção e análise psicométrica de um Inventário de Habilidades Sociais para Cuidadores de Idosos Familiares.* Tese de doutorado. São Carlos: Programa de Pós-Graduação em Psicologia/Universidade Federal de São Carlos.

Queluz, F.N.F.R., Barham, E.J., Del Prette, Z.A.P., Fontaine, A.M.G.V., & Olaz, F.O. (2017). Inventário de Habilidades Sociais para Cuidadores de Idosos (IHS-CI): evidências de validade. *Avaliação Psicológica, 16*(1), 78-86.

Queluz, F.N.F.R., Barham, E.J., Del Prette, Z.A.P., & Santos, A.A.A. (2018). Inventário de Habilidades Sociais para Cuidadores Familiares de Idosos (IHS-CI): relações com indicadores de bem-estar psicológico. *Temas em Psicologia, 26*(2), 537-564.

Rocha, M.M. (2012). *Evidências de validade do "Inventário de Autoavaliação para Adolescentes" (YSR/2001) para a população brasileira.* Tese de doutorado. São Paulo: Instituto de Psicologia/Universidade de São Paulo.

Rocha, M.M., Rescorla, L.A., Emerich, D.R., Silvares, E.F.M., Borsa, J.C., Araújo, L.S. et al. (2013). Behavioral/Emotional Problems in Brazilian Children: Findings from Parents' Reports on the Child Behavior Checklist. *Epidemiology and Psychiatric Sciences, 22*, 329-338.

Romera-Leme, V.B., Campos, J.R., Coimbra, S., Del Prette, A., & Del Prette, Z.A.P. (2016). Social Skills Inventory for Adolescents (Ihsa-Del-Prette): Evidence of construct validity and reliability. *Psico, 47*(3), 169-178.

Romera-Leme, V.B., Valentini, F., Campos, J.R., Del Prette, Z.A.P., & Del Prette, A. (2017). Psychometric properties of the brief version of the Social Skills Inventory for Adolescents. *The Spanish Journal of Psychology, 20*(36), 1-9.

Sá, L.G.C., Olaz, F.O., & Del Prette, Z.A.P. (2017). Initial psychometric properties of the Inventory of Anticipatory Coping Skills for Abstinence from Alcohol and Other Drugs. *Avaliação Psicológica, 16*(2), 176-186.

Sanchez, G. (2013). *PLS Path Modeling with R.* Berkeley: Trowchez.

Schlundt, D.G. & McFall, R.M. (1983). New directions in the assessment of social competence and social skills. In L. L'Abate & M.A. Milan (Eds.). *Handbook of social skills training and research.* Nova York: Wiley.

Skinner, B.F. (1953/1967). *Ciência e comportamento humano* [J.C.R Todorov & R. Azzi, trad.]. Brasília: UnB [original de 1953].

Soares, A.B., Mourão, L., Maia, F.A., Medeiros, H.C.P., Monteiro, M.C., Barros, R.R.N., & Rodrigues, P.V.S. (2018). Construction and validity evidence of a scale for coping with difficult social academic interpersonal situations. *Psicologia: Reflexão e Crítica, 31*, 24.

Soares, A.B., Mourão, L., & Mello, T.V.S. (2011). Estudo para a construção de um instrumento de comportamentos acadêmico-sociais para estudantes universitários. *Estudos e Pesquisas em Psicologia, 11*(2), 488-506.

Teixeira, C.M. (2015). *Assertividade: escala multimodal e caracterização do repertório de mulheres inseridas no mercado de trabalho.* Tese de doutorado. São Carlos: Universidade Federal de São Carlos.

Teodoro, M.L., Käppler, K.C., Rodrigues, J.L., Freitas, P.M., & Haase, V.G. (2005). The Matson Evaluation of Social Skills with Youngsters (Messy) and its Adaptation for Brazilian children and adolescents. *Interamerican Journal of Psychology, 39*(2), 239-246.

Vieira-Santos, J. (2019). *Habilidades sociais educativas de docentes universitários na avaliação de alunos: validação de um instrumento* (Tese de doutorado). São Carlos: Programa de Pós-Graduação em Psicologia/Centro de Educação e Ciências Humanas/Universidade Federal de São Carlos.

Vieira-Santos, J., Del Prette, A., & Del Prette, Z.A.P. (2018). Inventário de Habilidades Sociais Educativas do Professor Universitário – versão aluno (Ihse-PU-Aluno): dados preliminares. *Avaliação Psicológica, 17*(2), 260-270.

Villa, M.B. & Del Prette, Z.A.P. (2012). Inventário de Habilidades Sociais Conjugais (Ihsc-Villa & Del-Prette): Manual de aplicação, apuração e interpretação. São Paulo: Casa do Psicólogo.

Wagner, M.F., Moraes, J.F.D., Oliveira, A.A.W., & Oliveira, M.S. (2017). Análise fatorial do Questionário de Ansiedade Social para Adultos. *Arquivos Brasileiros de Psicologia, 69*(1), 1-12.

33
Avaliação psicológica e atenção

Luiz Renato Rodrigues Carreiro

Walter Machado-Pinheiro

A atenção tem sido classicamente associada à habilidade de selecionar eventos do ambiente, garantindo a estes prioridade e processamento diferenciado. No clássico livro *Princípios da psicologia*, Williams James já descrevia (James, 1890, p. 403-404): *"Everyone knows what attention is. It is the taking possession by the mind, in clear and vivid form, of one out of what seem several simultaneously possible objects or trains of thought. Focalization, concentration, of consciousness are of its essence. It implies withdrawal from some things in order to deal effectively with others"*, o que em uma tradução livre pode ser entendido por "Todo mundo sabe o que é atenção. É tomar posse pela mente, de forma clara e vívida, de um dentre vários objetos ou conjuntos de pensamento simultaneamente possíveis. Focalização, concentração, consciência são a sua essência. Implica [sua] retirada de algumas coisas para lidar efetivamente com outras". Nessa descrição fica claro que atenção é um processo cognitivo essencial para compreensão dos processos perceptivos. Além disso, James aponta para atenção como um processo envolvido na seleção de informações tanto do mundo externo (objetos) como do mundo interno (pensamentos). Após os escritos de William James, estudos sobre a atenção e suas diferentes implicações, incluindo as que guardam relações com outras funções cognitivas, como as funções executivas, têm ocupado lugar de destaque nas ciências cogni-

tivas. Neste sentido, estudos têm buscado compreender como operacionalizam-se os diferentes tipos de atenção, para além dos tipos clássicos, como atenção sustentada, dividida ou alternada. Há ainda os trabalhos que aproximam os estudos básicos dos estudos aplicados, tendo como modelos os transtornos que envolvem déficits associados à atenção.

Outro ponto fundamental que tem ocupado as pesquisas é a busca pelos substratos neurais (em termos de circuitarias e áreas cerebrais envolvidas) nas diferentes habilidades ou subsistemas atencionais. Esse tema é particularmente importante com o crescimento da Neuropsicologia como uma ciência que busca estabelecer relações entre processos mentais e o funcionamento cerebral, utilizando conhecimento das neurociências com relação à estrutura e funcionamento cerebral, e da psicologia, que instiga a investigação das operações mentais associadas à expressão dos processos cognitivos e do comportamento (Haase et al., 2012). Desse modo, o presente capítulo tem por objetivo apresentar e discutir avanços teóricos, metodológicos e aplicações práticas do estudo da atenção enquanto função cognitiva associada a regiões e circuitarias cerebrais específicas. A atividade dessas regiões se expressa por padrões comportamentais que podem estar comprometidos em diferentes condições clínicas associadas ao desenvolvimento, ou adquiridas em função de lesões ou quadros neurodegenerativos.

Ao definir funções cognitivas, devemos considerar todas as habilidades que permitem ao ser humano obter conhecimento sobre o mundo e interagir com ele de forma adaptativa e coerente (Carreiro & Teixeira, 2012). Nessa perspectiva, o estudo da atenção suscita investigações dentro das ciências cognitivas com questões do tipo: Como recebemos e processamos as múltiplas informações ambientais? Há limites na capacidade de processamento de tais informações? Como selecionamos, armazenamos, evocamos e utilizamos cada uma delas? Essas habilidades dependem de processos mais básicos e precoces (sensoriais) ou mais elaborados e tardios (cognitivos)? Os processos de seleção são voluntários ou automáticos? Eles são dependentes da localização espacial dos estímulos? Ou são dependentes da sua expectativa de ocorrência no tempo? Além disso, a seleção pode ser baseada em atributos específicos dos estímulos, tais como cor, forma ou movimento? Por fim, o que determina a escolha do alvo a ter prioridade de processamento?

Em sua definição, William James também ressalta o caráter seletivo e limitado da atenção, dizendo que muitas vezes é necessário retirá-la de um objeto para poder lidar de modo mais eficiente com outro. Assim, é possível compreender a atenção como uma função responsável pela seleção de informações prioritárias, permitindo um processamento eficaz e diferenciado. A atenção pode assim ser definida como uma habilidade de seleção de estímulos externos e internos associada a processos neurais específicos que permitem alocar recursos para processar melhor aspectos selecionados do que aspectos não selecionados (Carrasco, 2018; Petersen & Posner, 2012; Posner, 2012). Além disso, as funções relacionadas à atenção são responsáveis pelo ajuste dinâmico e flexível das percepções ligadas à nossa experiência, à volição, às expectativas e às tarefas orientadas a objetivos, estando assim também relacionadas às funções executivas. Portanto, a atenção, enquanto processo neuropsicológico, é central para a cognição, interagindo de modo efetivo com a memória, por exemplo, e ampliando sua eficácia em reter e evocar informações (Knudsen, 2018). Ainda, estudos recentes enfatizam o papel da atenção em vários processos ativos que dão suporte à manutenção da memória de trabalho (Rhodes & Cowan, 2018).

De fato, há muitos trabalhos que descrevem a atenção como um sistema complexo que permite ao indivíduo filtrar informações relevantes em função de determinantes internos e/ou externos, manter e manipular informações mentais além de monitorar e modular respostas a estímulos. Desse modo, a atenção está relacionada com vários processos básicos, como seleção sensorial (filtrar, focalizar e alterar o local do foco), seleção de respostas (intenção de responder, iniciação e inibição da resposta), de desempenho sustentado, como requerido em tarefas que requerem vigilância ou sustentação da atenção no tempo (cf. Carrasco, 2011, para revisão). Diante de seu envolvimento na seleção de estímulos e no direcionamento de processos mentais como memória de trabalho e outros aspectos das funções executivas, a atenção é vista como um processo básico, capaz de interferir no funcionamento de várias outras funções cognitivas (Rhodes & Cowan, 2018).

Modos de orientação da atenção

A compreensão dos aspectos envolvidos no processamento atencional tem evoluído a partir do próprio desenvolvimento de métodos em ciências cognitivas (Posner & Rothbart, 2018; Posner, 2012). Do mesmo modo que ocorre com outras funções cognitivas, é necessário salientar que a atenção não é um constructo único, seus subsistemas constituintes são recrutados do modo diferenciado em função das demandas requeridas pelas tarefas. Habilidades atencionais que dirigem a atenção para localizações espaciais são diferentes daquelas relacionadas com a expectativa temporal de ocorrência de um evento, ou das habilidades atencionais necessárias para encontrar um alvo em meio a distratores, por exemplo (Carreiro & Teixeira, 2012).

Nesse sentido, a chamada orientação voluntária da atenção ocorre de modo deliberado, intencional, sendo também descrita como endógena ou intrínseca; já a orientação automática estaria associada com a captura reflexa (não volitiva) de recursos para processamento de estímulos que ocorrem no ambiente de maneira inesperada, originando um tipo de orientação que é também dito exógeno ou extrínseco (Carreiro & Teixeira, 2012). De qualquer modo, em ambos os casos, o processamento dos estímulos é facilitado quando estes correm no local para onde a atenção foi previamente orientada. Além do direcionamento voluntário ou automático da atenção para uma região do espaço, também foi descrita e estudada a orientação temporal da atenção (Machado-Pinheiro et al., 2015; Nobre & Coull, 2010, para uma revisão desse tópico). Isso significa que também existem mecanismos que permitem alocar recursos atencionais para processar estímulos que ocorrerão num determinado momento no tempo. De fato, em uma série de experimentos, Nobre e & Coull (2010) demonstraram que os mecanismos responsáveis pela orientação temporal da atenção, apesar de usarem circuitos neurais diferentes, como regra geral, seguem os mesmos princípios que determinam a alocação espacial da atenção, facilitando o processamento e as respostas motoras quando o aparecimento de um estímulo coincide com a expectativa dos sujeitos.

Ante o exposto, parece claro que a complexidade dos processos atencionais reflete, na verdade, uma integração de diferentes modos de direcionamento atencional (seja no espaço ou no tempo), que permitem ao organismo focar-se em estímulos do ambiente voluntariamente. Entretanto, a ocorrência inesperada de um estímulo pode atrair automaticamente a atenção para si, refletindo interações entre as demandas externas e metas internas (Machado-Pinheiro et al., 2004). Importante salientar que a orientação automática para um estímulo inesperado é, do ponto de vista adaptativo e ecológico, muito relevante. Qualquer estímulo inesperado deve ter prioridade de processamento, já que pode representar um risco à integridade do organismo. De qualquer modo, qualquer que seja sua relevância ecológica, a existência destes processos seletivos dados pela atenção impede que um excesso de informação (muitas desnecessárias) seja processado pelo sistema nervoso central, viabilizando o processamento efetivo e diferenciado dos estímulos prioritários a cada momento (Petersen & Posner, 2012). Tal seleção é necessária porque há limites em nossa capacidade de processar informações sensoriais, sendo que parte destes limites são provavelmente impostos pelo alto custo energético da atividade neuronal envolvida na computação cortical (Carrasco, 2011).

Modelos de estudo da atenção

Muitos modelos têm sido utilizados na literatura para estudar os diferentes modos de orientação da atenção. Dentre eles, talvez o tradicional tempo de reação (TR) seja o mais utilizado. Classicamente utilizado por Posner e colaboradores em diferentes estudos (Posner, 2012), o tempo de reação é a medida da latência da resposta motora a partir do aparecimento de um estímulo-alvo. Assim, menores TRs a um estímulo indicam maior eficiência no processamento deste, sendo que a correta orientação da atenção espacial e/ou temporal são fatores que sabidamente interferem (reduzem) estes TRs (Posner, 2012). De fato, foi através do TR que Posner e colaboradores demonstraram que o uso de uma pista visual central, orientando voluntária e previamente a atenção para uma região do espaço onde um estímulo-alvo teria alta probabilidade de ocorrer (condição válida), reduzia os TRs em relação à condição em que o estímulo ocorria numa posição diferente para a qual a atenção do voluntário havia sido orientada (condição inválida) – o Paradigma de Posner (Lellis et al., 2013; Petersen & Posner, 2012; Posner, 2012).

Quando a pista visual central foi substituída por uma pista visual periférica não informativa (ou seja, não indicava uma maior probabilidade da ocorrência do estímulo-alvo naquele lado), resultados interessantes foram observados. Agora, TRs menores para alvos ipsolaterais à pista só ocorreram quando o intervalo entre pista e alvo era igual ou menor que 200m, a chamada facilitação precoce. Após 300m de intervalo, alvos ipsolaterais geravam TRs maiores do que alvos contralaterais, fenômeno conhecido como inibição de retorno (Posner & Rothbart, 2018). A inibição de retorno parece refletir uma tendência ecologicamente importante do nosso cérebro que é a busca pelo novo. Assim, é mais custoso responder a um segundo estímulo visual quando ele acontece numa região previamente

estimulada e que não tinha nenhuma relevância comportamental. O primeiro exemplo, com as pistas centrais preditivas, exemplifica uma condição de direcionamento voluntário da atenção; já o segundo estudo exemplifica um modelo de direcionamento automático da atenção, onde a pista em si não tinha nenhuma característica de previsibilidade. Nesse sentido, outros autores, seguindo os estudos clássicos de Nobre e & Coull (2010), demonstraram que tanto a utilização de pistas simbólicas centrais para orientação temporal voluntária da atenção quanto o controle de previsibilidade da ocorrência de um alvo no tempo, a partir de pistas não explícitas, foram capazes de direcionar temporalmente a atenção, melhorando o desempenho sob tais condições. Portanto, a probabilidade temporal de ocorrência dos estímulos permitiu uma preparação do indivíduo para responder, o que sugere uma alocação prévia dos recursos atencionais para os intervalos indicados de forma temporal, gerando, consequentemente, TRs menores (Machado-Pinheiro et al., 2015; Nobre & Coull, 2010).

Outro modelo bastante utilizado para se estudar interação entre mecanismos automáticos e voluntários na organização do comportamento é o clássico teste *Stroop*. O teste *Stroop* representa um exemplo de como processos automáticos interferem na execução de uma tarefa principal. O teste baseia-se na observação de que *nomear a cor* de um estímulo incongruente (ex.: VERDE – escrito em vermelho) é mais difícil do que nomear a cor de um estímulo congruente (ex.: VERMELHO – escrito em vermelho). Assim, o atributo irrelevante do estímulo incongruente (a palavra VERDE) interfere sobre a nomeação da cor (Portugal et al., 2018; MacLeod, 1991 para uma revisão). Para realizar a tarefa *Stroop* os sujeitos devem priorizar o processamento do atributo relevante (a cor) e/ou inibir o processamento do atributo irrelevante (a palavra). Entretanto, a leitura de uma palavra é um processo mais automático do que a nomeação da cor na qual ela foi escrita, e por isso a leitura interfere e conflita (no caso dos estímulos incongruentes) com a tarefa de nomear a cor. O responsável pelo controle cognitivo neste protocolo é o sistema executivo atencional, que também é essencial para inibir respostas habituais visando adaptar-se às novas demandas, como por exemplo em protocolos *"stop signal"*. Nestes a emissão de uma resposta motora habitual deve ser cancelada após a ocorrência de um sinal específico de "PARE". Trabalhos anteriores já investigaram o momento a partir do qual a resposta que vinha sendo elaborada para a tarefa *Stroop* não conseguiria mais ser inibida, o chamado ponto de não retorno (Portugal et al., 2018). Além disso, recentemente foi demonstrado que os mecanismos envolvidos nos processos inibitórios necessários à execução das tarefas *Stroop* e *Stop* interagem: é mais difícil inibir uma resposta motora em execução (em resposta ao sinal *Stop*) quando a tarefa *Stroop* é mais simples (condição congruente). Isso indica que o ponto de não retorno ao sinal *Stop* depende da dificuldade na execução da tarefa primária, o que já havia sido previsto pelo modelo teórico da "corrida de cavalo", que tem sido usado para interpretar os resultados obtidos no paradigma *"stop signal"* (Logan & Cowan, 1984). Tal modelo entende o resultado do ensaio *Stop* como dependente de uma "corrida" entre os processos de emissão e de inibição da resposta motora. O processo que terminar primeiro determinará se a resposta será emitida ou inibida. Dessa forma, o modelo prevê que a tarefa primária influencia diretamente o resultado dos ensaios *Stop*: tarefas que gerem TRs menores estão associadas a uma maior dificuldade na inibição da resposta, já que

o processo de emissão de resposta ganharia a corrida com maior frequência. Contrariamente, se os TRs da tarefa fossem mais lentos (tarefas mais difíceis), permitiriam que o processo de inibição ganhasse a corrida, aumentando a probabilidade de inibição. Dessa forma, manipulações na tarefa primária que afetem os TRs (*e. g.*, a congruência do estímulo *Stroop*) também afetariam a competição entre os processos de emissão e inibição de resposta. O modelo também implica que, quanto antes o sinal *Stop* for apresentado, maior a chance de o processo inibitório ganhar a corrida (Logan & Cowan, 1984). Todos esses pressupostos foram confirmados por Portugal e colaboradores (2018), assim como o envolvimento das funções executivas na organização do comportamento sob tais condições. Importante salientar ainda que este mesmo estudo revelou correlações importantes entre o nível de impulsividade atencional e motora e o desempenho observado nas tarefas *Stroop* e *Stop*, fortalecendo o elo entre funções inibitórias/atenção e impulsividade.

Além disso, outros procedimentos envolvendo medidas biológicas têm trazido grande avanço ao estudo da atenção. Merecem especial destaque os avanços obtidos pelas técnicas de eletroencefalografia – EEG (incluindo aí estudos com potenciais evocados), neuroimagem (como a ressonância magnética funcional – fMRI e a tomografia por emissão de pósitrons – *PET scan*) e registros da latência e distribuição espacial dos movimentos oculares.

Desenvolvimento da atenção e substratos neuroanatomofuncionais

A técnica de neuroimagem funcional permitiu que muitas tarefas cognitivas fossem avaliadas em termos das áreas do cérebro que elas ativam. Dentro desta perspectiva, os estudos dos mecanismos atencionais têm sido frequentemente examinados por tal técnica e têm apoiado a hipótese proposta por Posner e colaboradores (Posner & Rothbart, 2018; Posner, 2012) que propõe a existência de três redes neurais relacionadas a diferentes aspectos da atenção: alerta, orientação e atenção executiva. O alerta é definido como alcançar e manter um estado de alta sensibilidade a estímulos por vir, e envolve uma mudança no estado interno após a apresentação de um sinal que informa que um alvo está para ocorrer, sem, entretanto, indicar onde. Orientação é a priorização de informações de entrada sensorial, envolvendo a alocação seletiva da atenção para uma região em particular do espaço ou momento no tempo. Já a atenção executiva envolve os mecanismos de monitoramento e resolução de conflitos entre pensamentos, sentimentos e respostas (cf. Posner, 2012; Posner & Rothbart, 2018, para revisão). O sistema de alerta tem sido associado com regiões talâmicas, bem como áreas frontais e parietais do córtex. Orientar envolve alinhar a atenção com uma fonte de sinais sensoriais, podendo ocorrer de modo explícito, como quando os movimentos oculares acompanham os movimentos de atenção (orientação aberta da atenção), ou podem ocorrer quando orientamos a atenção sem qualquer movimento ocular (orientação encoberta da atenção). O sistema de orientação para eventos visuais tem sido associado a áreas cerebrais posteriores, incluindo o lobo parietal superior e a junção têmporo-parietal, e aos campos oculares frontais (*frontal eye fields*). É possível determinar a anatomia da orientação voluntária da automática utilizando-se a ressonância magnética para rastrear mudanças no fluxo sanguíneo cerebral, método conhecido como ressonância magnética funcional relacionada a eventos. Este

indicou que o lobo parietal superior está associado à orientação da atenção após a apresentação de uma pista preditiva. Importante mencionar que tal região do lobo parietal está intimamente relacionada com a área intraparietal lateral (LIP) de macacos, classicamente envolvida na produção de movimentos oculares. Este fato fortalece uma hipótese clássica na literatura que estabelece uma conexão entre a orientação da atenção e a programação de movimentos oculares, a chamada Teoria Pré-Motora da atenção visual. Já quando um alvo ocorre em um local inesperado e a atenção precisa ser movida para um novo local, há atividade na junção têmporo-parietal. De fato, lesões na junção têmporo-parietal no lobo temporal superior têm sido consistentemente relacionadas a dificuldades na orientação (Posner & Rothbart, 2018). Por fim, o controle executivo da atenção é frequentemente estudado por tarefas que envolvem conflitos, como, por exemplo, o já descrito teste *Stroop* e suas variações. Estudos revelaram que a resolução do conflito da tarefa de *Stroop* ativa as áreas frontais da linha média (córtex cingulado anterior) e o córtex pré-frontal dorso-lateral (MacLeod, 1991; cf. Posner, 2012; Posner & Rothbart, 2018, para revisão).

Posner e Rothbart (2018) apontam ainda para a importância das redes atencionais do cérebro como sistemas de controle como um comportamento organizado, indicando, resumidamente, como se dá seu desenvolvimento. Segundo eles, durante a infância as redes de alerta e orientação são dominantes no controle das ações, mas depois a rede executiva passa a preponderar no controle das ações, constituindo a base das diferenças individuais ao longo do desenvolvimento na função atencional.

Ainda sobre o desenvolvimento das habilidades atencionais, Waszak, Li e Hommel (2010) utilizaram as condições válidas e inválidas (baseando-se nas tarefas de Posner) para investigar os custos e benefícios produzidos por pistas exógenas na orientação da atenção e a capacidade de ignorar informações conflitantes em indivíduos com idade variando entre 6 e 89 anos. Eles verificaram que a capacidade de orientar encobertamente a atenção sofria uma rápida e significativa melhora durante a infância, enquanto que a capacidade de lidar com informações conflitantes apresentava um desenvolvimento mais lento, mas novos estudos são necessários para se saber precisamente quais fatores promovem este desenvolvimento e sua cronologia exata.

Lellis e colaboradores (2013) testaram a capacidade de orientação da atenção (voluntária e automática) em função da escolaridade em crianças de 6 a 11 anos. Eles observaram uma diminuição sistemática dos TRs em função do aumento da idade, além de mudanças específicas nos padrões atencionais: houve diminuição da diferença entre a condição válida e inválida, nos testes de orientação voluntária. Padrão semelhante foi obtido nos testes com orientação automática, indicando que ambas as formas de orientação da atenção tornam-se mais eficazes com a progressão da idade, refletindo potencialmente efeitos da maturação neuronal. Estudos sobre atenção concentrada também podem ser vistos no trabalho de Carrciro et al. (2015). Tal artigo analisou contribuições de diferentes estudos que utilizaram testes de cancelamento (onde são indicados alvos em uma folha e o participante deve riscar aqueles idênticos a um modelo) para avaliação do desenvolvimento da atenção em uma amostra normativa de crianças e sua comparação em amostra clínica com TDAH. Como resultado houve melhor desempenho atencional com a progressão da idade, além da possibilidade de uso desses instrumentos para caracterização de grupos com e sem indicadores compatíveis com TDAH.

Prejuízos atencionais no TDAH

Muitas condições que afetam diretamente o sistema nervoso podem causar alterações nas habilidades atencionais, como no caso de pacientes com lesão no córtex parietal posterior, a clássica síndrome de heminegligência. Entretanto, outras condições, não associadas diretamente a lesões, mas a alterações no neurodesenvolvimento também podem causar prejuízos no processamento atencional. O Transtorno de Déficit de Atenção e Hiperatividade (TDAH) tem sido um modelo importante para esse estudo. O TDAH caracteriza-se por um padrão de desatenção e/ou hiperatividade persistente e mais grave do que é normalmente observado em pessoas com a mesma faixa etária, causando prejuízos significativos em mais de um ambiente. A desatenção normalmente se expressa por não prestar atenção em detalhes ou cometer erros por descuido, ter dificuldade de manter a atenção em tarefas ou atividades lúdicas ou de seguir instruções até o fim e não terminar tarefas. Além disso, pessoas com TDAH são facilmente distraídas por estímulos externos e esquecidas em relação a atividades cotidianas. Já a hiperatividade e a impulsividade se expressam, frequentemente, através do remexer ou batucar as mãos ou os pés, se contorcer na cadeira, agir como se estivesse "com o motor ligado", e pela dificuldade para esperar a sua vez, interromper ou se intrometerem situações não direcionadas a si (American Psychiatric Association, 2014). Esses sinais surgem na infância, mas acabam se tornando mais expressivos com aumento das demandas escolares, podendo ainda variar de acordo com a idade e o nível de desenvolvimento e maturação do indivíduo. Avaliações devem ser feitas com cautela, e indicam a necessidade de pesquisas que identifiquem, do ponto de vista cognitivo, quais domínios atencionais ou de hiperatividade-impulsividade estão mais comprometidos nos diferentes casos de TDAH. Para identificar estes domínios há alguns instrumentos padronizados, mas com uma pequena quantidade de domínios de habilidades atencionais cobertas. Desse modo, há necessidade de ampliar instrumentos, sejam eles, testes psicológicos ou neuropsicológicos ou instrumentos de relato que possam caracterizar melhor as habilidades e prejuízos atencionais de modo a cobrir amplamente o espectro de habilidades atencionais descritas na literatura (Carreiro, 2018; Carreiro et al., 2014).

Instrumentos de avaliação da atenção

No Brasil, o uso de instrumentos para avaliação psicológica é orientado pelo Sistema de Avaliação de Testes Psicológicos (Satepsi), desenvolvido pelo Conselho Federal de Psicologia com o objetivo de avaliar a qualidade técnico-científica de instrumentos psicológicos para uso profissional a partir da verificação de requisitos técnicos. Ele gera também uma base de informações sobre os testes psicológicos disponíveis à comunidade e aos psicólogos (http://satepsi.cfp.org.br/). Dos 158 testes aprovados e disponíveis neste site (consulta em novembro de 2018), verificou-se que 25 deles avaliam habilidades atencionais explícita ou não explicitamente descritas em seus constructos. Os principais constructos descritos foram: Atenção (n = 3); Atenção concentrada (n = 8); Atenção dividida (n = 3); Atenção alternada (n = 2); Atenção seletiva (n = 2); Atenção difusa (n = 1); Atenção sustentada (n = 1); e não explicitamente descritas, mas correlacionadas (n = 8), como por exemplo habilidades neuropsicológicas ou inteligência, mas que possuem subtestes de atenção (ex.: Neupsilin-inf e Wisc-IV). Destes, a grande maioria tem dados normativos para avaliação de adolescentes (n = 13) e adultos (n = 20), enquanto que para crianças há poucos (n = 6).

Além dos testes psicológicos de uso restrito para psicólogos, como os indicados acima, há outros instrumentos em lápis e papel que não são restritos aos psicólogos e que têm ampla utilização pela comunidade científica, para avaliação de crianças pré-escolares até adolescentes. Destaca-se nesse âmbito a Coleção Avaliação Neuropsicológica Cognitiva cujo primeiro volume versa sobre atenção e funções executivas (Seabra & Dias, 2012), fornecendo instrumentos para avaliação neuropsicológica com praticidade e podendo ser aplicados por profissionais habilitados das áreas clínica ou educacional. Assim, reforça-se a escassez de instrumentos, padronizados, validados e com amplo espectro de faixa etária, e de constructos para avaliação dos tipos/subsistemas da atenção.

Salientamos ainda que o uso de instrumentos computadorizados na avaliação cognitiva, desenvolvidos para fins específicos ou versões computadorizadas de testes tradicionais, uniformizam as condições de apresentação dos estímulos e de coleta de respostas, ampliando o controle das condições de avaliação. A implementação de novos procedimentos de avaliação mediados por tecnologia é fundamental tanto no desenvolvimento de pesquisas quanto na prática clínica dos psicólogos. Tais instrumentos ampliam a possibilidade de identificar habilidades prejudicadas ou não em cada indivíduo, a fim de estabelecer seu perfil de funcionamento cognitivo e intervenção adequada.

Avaliação psicológica tradicional e informatizada da atenção nas queixas de TDAH

Grupos de pesquisa do Programa de Pós-graduação em Distúrbios do Desenvolvimento da Universidade Presbiteriana Mackenzie têm trabalhado no desenvolvimento e testagem de baterias de avaliação informatizada para a caracterização neuropsicológica da atenção no desenvolvimento infantil e nas queixas de TDAH. Esses trabalhos são derivados de protocolos de pesquisa que utilizam testes computadorizados de orientação voluntária, automática da atenção, conjuntamente a instrumentos em lápis e papel (Carreiro, 2018; Carreiro et al., 2014; Lellis et al., 2013). Nos testes com lápis e papel houve um aumento significativo de acertos e pontos em função da idade, tanto para crianças com TDAH quanto as sem TDAH. Entretanto, o número de erros (especialmente omissões) foi significativamente maior no grupo com TDAH (Carreiro et al., 2015). Os resultados do Teste Wisconsin (no qual deve-se desenvolver e manter uma estratégia adequada de resolução de problemas para atingir um objetivo futuro em função de mudanças no ambiente) mostraram que, com o aumento da idade, ocorreu diminuição no número de ensaios administrados, ou seja, do número de respostas necessárias para concluir o teste, bem como diminuição no total de erros e de respostas perseverativas (permanecer na mesma resposta mesmo quando essa é indicada como incorreta), tanto para crianças com TDAH quanto para aquelas sem o transtorno. Entretanto, a eficácia do desempenho de crianças sem TDAH na execução da tarefa pôde ser verificada em razão do menor número de ensaios administrados, maior número de acertos, menor número de respostas e erros perseverativos (Carreiro, 2018).

Ao analisar o desempenho das crianças com e sem TDAH nos testes computadorizados verificou-se uma diminuição dos TRs em função do aumento da faixa etária, o que pode ser explicado pelo processo de maturação cerebral e consequente desenvolvimento das habilidades de manter e direcionar sua atenção. Outro resultado importante foi que crianças com TDAH na faixa etária mais baixa (6-7 anos) produziram respostas mais rápidas, porém com mais erros, o que pode ser indício de uma maior impulsividade em função das queixas de TDAH. Deste modo, esses trabalhos sugerem que o uso de testes computadorizados para a avaliação da atenção pode complementar a caracterização de crianças com sinais de desatenção e hiperatividade, do mesmo modo que já acontece com os tradicionais testes de lápis e papel (Carreiro et al., 2015; Lellis et al., 2013).

Estudos deste tipo também são úteis para orientar a intervenção mais adequada, já que identificar o tipo de subsistema atencional alterado contribui com uma intervenção mais especializada. Neste sentido, é possível propor um treino de habilidades cognitivas (tanto individualmente como no contexto de sala de aula) para tornar este direcionamento voluntário mais eficaz, reduzindo os prejuízos na interação ambiental associados a dificuldades atencionais no TDAH. Modelos de intervenção em funções executivas e autorregulação também têm mostrado efeitos nas queixas de TDAH.

Dentre os instrumentos utilizados internacionalmente para avaliação dos prejuízos cognitivos no TDAH, há o teste de Desempenho Contínuo de Conners (Conners' Continuous Performance Test – CPT – versões II e III), que é um instrumento computadorizado que se propõe a avaliar mecanismos envolvidos na função da atenção-

-concentração e consiste na apresentação sucessiva de letras, em intervalos variáveis de tempo, na tela de um computador (Tallberg et al., 2018). O participante deve pressionar uma tecla todas as vezes que surgir qualquer letra, menos a letra "X", para a qual a resposta deverá ser suprimida. O teste avalia os erros e os TRs, e os dados obtidos são comparados a um banco de resultados construído a partir de participantes com sinais compatíveis com o TDAH e em populações sem características do transtorno. Recentemente, Tallberg et al. (2018) avaliaram que o CPT II tem grande utilidade clínico-diagnóstica para crianças com TDAH, demonstrando ser útil no processo de avaliação interdisciplinar das queixas de desatenção e hiperatividade. De fato, de modo geral, há um crescente interesse na busca de novos procedimentos de avaliação que utilizem tarefas informatizadas em processos de avaliação psicológica e neuropsicológica. Esta é uma tendência necessária dentro da neuropsicologia em virtude das vantagens já mencionadas.

Outra abordagem de avaliação importante e promissora são as análises multimodais entre diferentes indicadores, como testes, escalas, inventários, inclusive aqueles respondidos por múltiplos informantes. Por exemplo, indicadores de desatenção obtidos em testes computadorizados medindo erros e TRs junto a dados obtidos através de registros de relatos respondidos por múltiplos informantes, como pais e professores das crianças. Ou ainda correlações entre os dados dos testes computadorizados (TRs e erros) e escalas de autorrelato que avaliem, por exemplo, impulsividade, ansiedade e/ou tomada de decisão (Portugal et al., 2018). Tais métodos têm revelado resultados promissores e podem auxiliar na maior compreensão dos diferentes subsistemas atencionais envolvidos no TDAH, especialmente

em relação àqueles que ainda não são classicamente utilizados na avaliação psicológica como orientação espacial voluntária e automática da atenção ou a atenção temporal. A grande variabilidade de prejuízos cognitivos no TDAH, associada à variabilidade de trajetórias particulares de desenvolvimento, domínios de prejuízos e padrão de comorbidades, define diferentes perfis do transtorno. Assim, avaliações e intervenções nesses quadros requerem estratégias individuais de manejo. O uso de escalas e roteiros de entrevista diagnóstica tem auxiliado na identificação de queixas de desatenção e hiperatividade. Há na literatura científica nacional e internacional diferentes instrumentos, como por exemplo a Adult Self-Report Scale (ASRS-18), que avalia indicadores de desatenção e hiperatividade/impulsividade no contexto da via adulta, ou a Entrevista Diagnóstica do TDAH em Adultos (Diva 2.0), que tem o objetivo de obter informações sobre sintomas durante a vida que estejam associados ao TDAH. (Para uma revisão desses instrumentos e suas referências, cf. Paes, 2018.)

Diante do que foi apresentado, reforça-se que, cada vez mais, a associação do perfil neuropsicológico do desenvolvimento da atenção e sua expressão comportamental precisa ser mais bem definida, tanto ao longo do desenvolvimento infantil típico quanto quando há condições clínicas que afetam o neurodesenvolvimento, como no caso do TDAH. Reconhecer quais são as habilidades neuropsicológicas preservadas e comprometidas em cada criança ou adolescente com TDAH e, a partir daí, entender como essas habilidades se expressam nas suas interações nos ambientes escolar, familiar e de trabalho é algo que se faz muito necessário e pode auxiliar significativamente na escolha da melhor abordagem para facilitar o desenvolvimento de crianças com queixas de desatenção e hiperatividade.

Referências

American Psychiatric Association – APA (2014). *Manual Diagnóstico e Estatístico de Transtornos Mentais* – DSM-5 (5a. ed.). Porto Alegre: Artmed.

Carrasco, M. (2011). Visual attention: the past 25 years. *Vision Research, 51*(13), 1.484-1.525 [doi: 10.1016/j.visres.2011.04.012].

Carrasco, M. (2018). How visual spatial attention alters perception. *Cognitive Processing, 19* (supl.), 77-88 [doi: 10.1007/s10339-018-0883-4].

Carreiro, L.R.R. (2018). *Desenvolvimento e testagem de uma bateria de avaliação informatizada de atenção para a caracterização neuropsicológica do Transtorno do Déficit de Atenção e Hiperatividade.* Relatório de pesquisa/Projeto Universal CNPq.

Carreiro, L.R.R., Reppold, C.T., Mariani, M.M.C., Lellis, V.R.R., Dias, N.M., Fioravanti-Bastos, A.C.M., & Seabra, A.G. (2015). Habilidades cognitivas ao longo do desenvolvimento: contribuições para o estudo da atenção concentrada. *Psicologia: Teoria e Prática, 17*, 153-170.

Carreiro, L.R.R., Schwartzman, J.S., Cantiere, C.N., Silva, N.A., Martin, M.A.F., Chiquetto, C.M., Baraldi, G.S., Mariani, M.M.C., Seraceni, M.F.F., & Teixeira, M.C.T.V. (2014). Protocolo interdisciplinar de avaliação neuropsicológica, comportamental e clínica para crianças e adolescentes com queixas de desatenção e hiperatividade. *Psicologia: Teoria e Prática, 16*, 155-171.

Carreiro, L.R.R. & Teixeira, M.C.T.V. (2012). Avaliação da atenção. In: C.S. Hutz. (Org.). *Avanços em avaliação psicológica e neuropsicológica de crianças e adolescentes II* (pp. 57-92). São Paulo: Casa do Psicólogo.

Haase, V.G., Salles, J.F., Miranda, M.C., Malloy-Diniz, L., Abreu, N., Argollo, N. ..., & Bueno, O.F.A. (2012). Neuropsicologia como ciência interdisciplinar: consenso da comunidade brasileira de pesquisadores/clínicos em neuropsicologia. *Revista Neuropsicologia Latinoamericana, 4*(4), 1-8.

James, W. (1890). *Principles of psychology.* Nova York: Holt.

Knudsen, E.I. (2018). Neural Circuits That Mediate Selective Attention: A Comparative Perspective. *Trends in Neuroscience, 41*(11), 789-805 [doi: 10.1016/j.tins.2018.06.006].

Lellis, V.R.R., Mariani, M.M.C., Ribeiro, A.F., Cantiere, C.N., Teixeira, M.C.T.V., & Carreiro, L.R.R. (2013). Voluntary and automatic orienting of attention during childhood development. *Psychology & Neuroscience, 6*, 15-21.

Logan, G.D. & Cowan, W.B. (1984). On the ability to inhibit thought and action: A theory of an act of control. *Psychological Review, 91*, 295-327.

Machado-Pinheiro, W., Faria Jr., A.J.P., Gawryszewski, L.G., & Ribeiro-do-Vale, L.E. (2004). Experimental context modulates warning signal effects. *Brazilian Journal of Medical and Biolological Research, 37*, 1.063-1.069.

Machado-Pinheiro, W., Tavares, G., Faria Jr., A.J.P., Gawryszewski, L.G., & Ribeiro-do-Vale, L.E. (2015). Temporal context manipulations and manual reaction times: the influence of temporal attention on behavioral performance. *Psychology & Neuroscience, 8*(2), 168-182.

MacLeod, C.M. (1991). Half a century of research on the Stroop effect: An integrative review. *Psychological Bulletin, 109*, 163-203.

Nobre, A.C. & Coull, J.T. (2010). *Attention and Time.* Oxford, UK: Oxford University Press, 470p. [doi: 10.1093/acprof:oso/9780199563456.001.0001].

Paes, I.T. (2018). *Caracterização dos sinais de desatenção e hiperatividade ao longo do desenvolvimento do adulto.* Dissertação (Mestrado em Distúrbios do Desenvolvimento). São Paulo: Universidade Presbiteriana Mackenzie.

Petersen, S.E. & Posner, M.I. (2012). The attention system of the human brain: 20 years after. *Annual Review of Neuroscience, 35*, 73-89 [doi: 10.1146/annurev-neuro-062111-150525].

Portugal, A.C.A., Afonso Jr., A.S., Caldas, A.L., Maturana, W., Mocaiber, I., & Machado-Pinheiro, W. (2018). Inhibitory mechanisms involved in

Stroop-matching and stop-signal tasks and the role of impulsivity. *Acta Psychologica, 191*, 234-243 [doi: 10.1016/j.actpsy.2018.10.003].

Posner, M.I. (2012). Imaging attention networks. *Neuroimage, 61*(2), 450-456 [doi: 10.1016/j.neuroimage.2011.12.040].

Posner, M.I. & Rothbart, M.K. (2018). Temperament and brain networks of attention. *Philosophical Transactions of the Royal Society B: Biological Sciences, 373* [http://dx.doi.org/10.1098/rstb.2017.0254].

Rhodes, S. & Cowan, N. (2018). Attention in working memory: attention is needed but it yearns to be free. *Annals of the New York Academy of Sciences* [doi: 10.1111/nyas.13652].

Seabra, A.G. & Dias, N.M. (Org.). (2012). *Avaliação neuropsicológica cognitiva: atenção e funções executivas*. São Paulo: Memnon.

Tallberg, P., Råstam, M., Wenhov, L., Eliasson, G., & Gustafsson, P. (2018). Incremental clinical utility of continuous performance tests in childhood ADHD – An evidence-based assessment approach. *Scandinavian Journal of Psychology* [doi: 10.1111/sjop.12499].

Waszak, F., Li, S.C., & Hommel, B. (2010). The development of attentional networks: cross-sectional findings from a life span sample. *Developmental Psychology, 46*(2), 337-349 [doi: 10.1037/a0018541].

34
Avaliação psicológica da leitura e escrita

Natália Martins Dias

Bruna Tonietti Trevisan

Alessandra Gotuzo Seabra

Leitura e escrita: compreendendo os construtos e dificuldades em sua aquisição

Leitura e escrita são, na sociedade atual, instrumentos imprescindíveis para a comunicação, registro e aquisição de história, cultura e conhecimento. Seu domínio é condição essencial para a efetiva inserção do indivíduo em sociedade, permitindo-lhe acesso a todo e qualquer tipo de informação. Prejuízos nessas habilidades, porém, podem ocorrer, com repercussões sobre a autonomia e efetiva participação do indivíduo em uma sociedade que cada vez mais depende do domínio de tais habilidades. Nessas situações faz-se necessário investigar a extensão e natureza de tais dificuldades, com vias a prover alternativas para tratamento/(re)habilitação. Esse processo profissional e científico refere-se à avaliação psicológica.

Leitura e escrita: modelos teóricos

Diversos são os modelos que descrevem a arquitetura funcional e componentes envolvidos na leitura. Em menor número há modelos específicos para a escrita; no entanto, muitas vezes conclusões acerca dos modelos de leitura são generalizados e aplicados também à escrita. Não

cabe aqui uma revisão abrangente de modelos, no entanto citaremos alguns de relevância para entendimento dos processos envolvidos nessas complexas habilidades.

Um bom ponto de partida é o modelo proposto por Scarborough (2001), que apresenta as competências para compreensão de leitura divididas em processos simultâneos de: a) compreensão de linguagem, que inclui a ativação do significado das palavras, compreensão de sentenças, inferências, monitoramento de compreensão e conhecimento de estrutura textual; e b) reconhecimento de palavras, contendo consciência fonológica, decodificação e reconhecimento direto (Scarborough, 2001). Assim, a operação conjunta de processos de reconhecimento de palavras, cada vez mais automáticos, e de compreensão de linguagem, cada vez mais estratégicos, resultaria em crescente competência do leitor.

Apesar da relevância de habilidades linguísticas nesse processo, especificamente as de linguagem oral, manteremos o foco deste capítulo nos processos da linguagem escrita. Assim, no que tange aos processos da linguagem escrita, modelos procuram explicar tanto os envolvidos no reconhecimento de palavras quanto nos processos de compreensão de leitura.

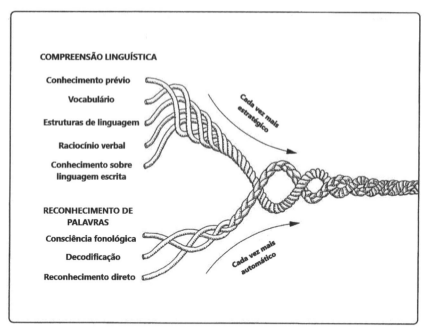

Figura 1 Modelo de leitura de Scarborough (2001)

O reconhecimento de palavras, por exemplo, tem sido explicado por modelos como o da dupla-rota (Ellis & Young, 1988). Segundo este modelo, uma palavra pode ser reconhecida por meio de dois processos: 1) a rota fonológica, que possibilita a (de)codificação de unidades sublexicais, permitindo a leitura por conversão grafema-fonema e a escrita por codificação fonema-grafema; e 2) a rota lexical, que permite a análise das unidades morfêmicas por meio de reconhecimento ortográfico direto e acesso ao léxico.

Outro modelo de reconhecimento é o conexionista, que sugere que o reconhecimento de palavras se dê por ativação de conexões entre classes de representações ortográfica, fonológica e semântica. Por meio destas ativações, a leitura pode ser realizada por acesso fonológico direto (importante, p. ex., na leitura de pseudopalavras, com acesso dos aspectos ortográficos aos fonológicos) ou por acesso ao sistema semântico (p. ex., no caso da leitura de palavras de baixa frequência, em que o acesso à representação semântica faz a mediação entre o mapeamento entre a grafia e a fonologia) (Taylor, Rastle, & Davis, 2013).

Na Abordagem Cognitiva da Compreensão Leitora, essas habilidades de reconhecimento de palavras, ao lado de outras como fluência de leitura e vocabulário, por exemplo, são processos de "baixa ordem" (ou nível básico). Este modelo considera que tais processos, embora necessários, não são suficientes para a competência leitora e aponta para o papel fundamental dos processos de "alta ordem" (ou nível superior) para a compreensão de leitura. Dentre esses processos, destaca a alocação atencional, as funções executivas e os processos inferenciais (Kendeou, van den Broek, Helder, & Karlsson, 2014).

Além destes, com menor consenso na área, autores têm sugerido a fluência de leitura como componente independente dos processos de reconhecimento de palavras. Autores como Norton e Wolf (2012), por exemplo, compreendem que a fluência envolve um processamento não apenas preciso, mas automático, de unidades sublexicais/lexicais, possibilitando a liberação de recursos cognitivos (marcantemente da memória de trabalho) para processamento de aspectos associados à compreensão do material lido.

Até aqui vê-se que a leitura, entendida de modo básico como a capacidade de identificar palavras, incluindo acessar sua pronúncia e significado, envolve pelo menos três componentes (e cada um desses, diversos outros subcomponentes): *reconhecimento de palavras, compreensão linguística e fluência*. O resultado do bom funcionamento desses processos é uma leitura com compreensão ou competente. De forma análoga, podemos compreender os processos envolvidos na escrita, conforme sugerido por Dias e Godoy (2013): *ortografia*, que envolve a capacidade de codificar palavras, podendo ser empregadas as rotas fonológica ou lexical; *grafia* ou *caligrafia*, que se refere aos aspectos psicomotores e fluência na produção da escrita; e a *composição*, mais complexa, que se refere à produção textual que, para além do desenvolvimento da linguagem oral e escrita, tem participação crítica das funções executivas.

Dificuldades de aprendizagem, transtornos de aprendizagem e transtornos adquiridos

Queixas que envolvem dificuldades de leitura e escrita não são prerrogativas da clínica infantojuvenil. Apesar de serem mais comuns nesta faixa etária, tais queixas também podem ser encontradas em adultos. Neste tópico, discorremos sobre algumas delimitações que se fazem relevantes: 1) entre dificuldade de aprendizagem e transtorno de aprendizagem; e 2) entre esse último, aqui também referido como transtorno ou alteração do desenvolvimento, e as alterações adquiridas.

Problemas na aquisição da leitura e escrita (dificuldades de aprendizagem – DA) podem se dar como consequência de condições pedagógicas, socioeconômicas, socioemocionais ou mesmo serem decorrentes de condições primárias que afetam o neurodesenvolvimento e, como consequência, a aprendizagem, como é o caso de deficiência intelectual, alguns quadros de Transtorno de Déficit de Atenção e Hiperatividade, e outros neurológicos/psiquiátricos. Aqui não há dificuldades específicas relacionadas à linguagem escrita, e outros fatores (condições primárias que afetam o desenvolvimento ou fatores ambientais) explicam as dificuldades experimentadas pelo indivíduo. Estas são as chamadas *dificuldades de aprendizagem*.

Em outras condições, porém, as dificuldades na aquisição da leitura e escrita são específicas, inesperadas e não podem ser explicadas por outros fatores ou condições. Nesses casos, pode-se suspeitar de um transtorno de aprendizagem ou, conforme a nova edição do DSM-5, *Transtorno Específico de Aprendizagem* (Associação Psiquiátrica Americana [APA], 2014). Destaca-se que o termo *dislexia*[1] está incluído nesse transtorno e pode ser usado quando as dificuldades referem-se especificamente ao reconhecimento de palavras ou à fluência (APA, 2014). A diferença fundamental em relação a uma DA é que

---

1. "A dislexia é um transtorno de aprendizagem específico, de origem neurobiológica. É caracterizada por dificuldades com reconhecimento de palavras preciso e/ou fluente e por deficiências na capacidade de ortografia e decodificação. Essas dificuldades tipicamente resultam de um déficit no componente fonológico da linguagem que é muitas vezes inesperado em relação a outras habilidades cognitivas e à provisão de instrução efetiva em sala de aula. Consequências secundárias podem incluir problemas de compreensão de leitura e redução da experiência de leitura, as quais podem impedir o crescimento do vocabulário e do conhecimento prévio" (*International Dyslexia Association* [https://dyslexiaida.org]).

o transtorno específico de aprendizagem é de origem neurobiológica, ou seja, há um padrão disfuncional no funcionamento de determinadas regiões do cérebro dos indivíduos acometidos, o que implica alterações específicas no processamento de informação.

A nova classificação do DSM-5 permite identificar os domínios e sub-habilidades que podem estar comprometidos em um dado indivíduo (entre os domínios de Leitura, Escrita e, também, Matemática). Para conhecimento do leitor, apresentamos aqui as dificuldades específicas em leitura e escrita, conforme Critério A do DSM-5. Para o diagnóstico, pelo menos um deles deve persistir por pelo menos seis meses, apesar do oferecimento de intervenções eficazes dirigidas a eles: 1) Leitura de palavras de forma imprecisa ou com esforço (ex., lê palavras isoladas em voz alta de modo incorreto ou lento e hesitante, frequentemente adivinha palavras, tem dificuldade de soletrá-las); 2) Dificuldade em compreender o sentido do que é lido (ex., pode ler o texto com precisão, mas não compreende a sequência, as relações, as inferências ou sentidos mais profundos do que é lido); 3) Dificuldades para ortografar (ou escrever ortograficamente) (ex., pode adicionar, omitir ou substituir vogais e consoantes); 4) Dificuldades com a expressão escrita (ex., comete múltiplos erros de gramática ou pontuação nas frases; emprega organização inadequada de parágrafos; a expressão escrita de ideias não tem clareza).

No DSM-5, a categoria do Transtorno Específico de Aprendizagem situa-se na classificação mais ampla dos Transtornos do Neurodesenvolvimento (APA, 2014), ou seja, não é decorrente de uma lesão ou evento neurológico, não há uma perda de habilidade adquirida, e sim caracteriza-se pela dificuldade na aquisição das habilidades.

Nos casos em que perda ou redução da habilidade de leitura ocorra como consequência de uma lesão cerebral, o quadro é designado como *alexia ou dislexia adquirida* (com ou sem agrafia, perda ou redução da habilidade de escrita). Tais quadros frequentemente acompanham outros como afasias ou outras disfunções cognitivas e podem reduzir de forma importante a autonomia do indivíduo. Tais quadros se dividem em alexias periféricas (alexia por negligência, consequente a alterações em processos atencionais típicos da Síndrome de Negligência; e alexia pura, caracterizada pela dificuldade no processamento visual dos símbolos linguísticos; pode haver total incapacidade para leitura ou pode estar preservada a capacidade de reconhecimento de letras) e centrais (decorrentes de prejuízo na linguagem, podem acometer as rotas de leitura: Alexia de superfície, com prejuízo em componentes da rota lexical; Alexia semântica, dificuldades específicas na compreensão de leitura; Alexia fonológica, com prejuízo em componentes da rota fonológica; e Alexia profunda, prejuízo pronunciado na leitura fonológica e presença de paralexias na leitura lexical). As alexias têm sido explicadas sobretudo pelos modelos da dupla-rota e conexionista (Carthery-Goulart, 2017).

Atendo-se não a quadros clínicos, mas aos construtos envolvidos, ou seja, leitura e escrita, os próximos tópicos terão como foco ajudar o leitor a compreender como pode se dar a avaliação desses processos.

Avaliação da queixa de dificuldades de leitura e escrita

Como no caso de qualquer construto psicológico, ao considerar a avaliação da leitura e escrita, o profissional deve ter em mente que este é um processo abrangente e dinâmico. É necessário compreender a queixa, seu histórico, investigar fatores de risco e proteção, compreender o contexto da manifestação das dificuldades e respostas a elas dos envolvidos (indivíduo, família, professores). Nesse sentido, o profissional deve fazer uso de um arsenal de técnicas e estratégias de avaliação, o que lhe proverá fundamento para um entendimento da queixa e do que está subjacente a ela, fornecendo base para intervenções mais apropriadas.

Ao início do processo, a *anamnese* colabora ao entendimento da demanda, histórico das dificuldades, marcos do desenvolvimento, com foco especial em linguagem oral, primeiras experiências escolares, presença de familiares (pais, irmãos) com dificuldades escolares ou, eventualmente, diagnósticos de transtornos do neurodesenvolvimento. Quando a dificuldade com a leitura e escrita se dá não por alterações no desenvolvimento ou problemas em sua aquisição, mas consequente a um evento neurológico, faz-se fundamental compreender qual a demanda que a leitura e escrita possui na vida do indivíduo, habilidade e experiência prévia ao evento neurológico e dificuldades atuais. Aqui, é conveniente agregar informações a partir de entrevista e exames de outros profissionais. Conhecimento acerca das relações estrutura-função será relevante para colaborar no levantamento de hipóteses.

No caso de crianças e adolescentes a anamnese é realizada com os cuidadores. No caso de adultos, estes próprios podem prover as informações, se em condições para tal. O fato principal é que a anamnese possibilita aprofundamento da compreensão da demanda e levantamento e seleção de hipóteses a serem testadas no curso do processo de avaliação.

Durante esse processo, *informações de outras fontes* colaboram para refinar as hipóteses, como relatórios e hipóteses diagnósticas de outros profissionais (como neurologistas, fonoaudiólogos), *exames* previamente realizados, entre outros. No caso de crianças e adolescentes, *informações provenientes da escola* são de relevância e, ainda, pode-se consultar os *cadernos escolares* que, em geral, podem revelar padrões de desempenho relevantes.

A essas fontes de informação juntam-se resultados da aplicação de instrumentos próprios da área na investigação de aspectos cognitivos e socioemocionais do funcionamento do indivíduo. É o caso dos *instrumentos padronizados*, como questionários/escalas/inventários e testes (neuro)psicológicos. Tais instrumentos padronizados permitem mensurar e quantificar desempenhos em áreas de interesse, possibilitando sua interpretação a partir de um enfoque nomotético. No âmbito da neuropsicologia, o enfoque ideográfico é ainda condição necessária, agregando ao processo o conhecimento do perfil de funcionamento e sua relação com o desempenho no "mundo real". Antes de aprofundar no tema dos instrumentos padronizados, uma distinção entre avaliação psicológica e neuropsicológica no contexto da avaliação da leitura e escrita se faz necessária.

Uma diferença fundamental entre a avaliação psicológica e a neuropsicológica refere-se ao fato de esta última pautar-se em modelos próprios da neuropsicologia para interpretação dos desempenhos obtidos em testes ou tarefas neuropsicológicas. Tais modelos podem permitir tanto a interpretação anatomoclínica dos resultados como a interpretação dos processos cognitivos subjacentes ao desempenho obtido. Nesse sentido, inclui o enfoque nomotético, característico da avaliação psicológica, mas também incorpora uma interpretação com base nos processos envolvidos na resposta, sempre fundamentado em modelos da área. Ainda, um diferencial é o uso do enfoque ideográfico, que pode ser utilizado na avaliação psicológica, mas é prática padrão e caracteriza a avaliação neuropsicológica. É bastante comum ainda o uso de tarefas clínicas, que são elaboradas para oferecer demandas a processos específicos e assim delinear áreas de interesse para intervenção. Em suma, a avaliação neuropsicológica da leitura e escrita exige conhecimento aprofundado de modelos neurocognitivos (ou de correlação estrutura-função, se numa abordagem mais clássica). O leitor interessado em aprofundar a leitura sobre as diferenças e convergências entre a avaliação psicológica e neuropsicológica pode consultar Mansur-Alves (2018).

Cabe ainda mencionar que, sob a perspectiva da neuropsicologia, a avaliação de queixa de dificuldades de leitura e escrita não se limita à avaliação apenas desses construtos. Ao compreender os processos associados e habilidades precursoras, por exemplo, o profissional fará uso de instrumentos para ampla mensuração de habilidades, como por exemplo linguagem oral, nomeadamente as habilidades envolvidas no chamado processamento fonológico, e funções executivas, sobretudo processos de memória de trabalho. Inteligência sempre deve ser mensurada em tais condições, além de outras habilidades (como habilidades visomotoras, atencionais e práxicas), cuja pertinência é investigada caso a caso (Silver et al., 2008).

Especificamente nas alterações adquiridas, consulta a exames de neuroimagem e relatórios de outros profissionais colaborará na construção de hipóteses clínicas a partir da aplicação do conhecimento profissional sobre rela-

ções estrutura-função. Nestes casos, conforme Carthery-Goulart (2017), além da linguagem, outras funções cognitivas devem ser avaliadas (como atenção, processamento visual etc.), sendo comum o emprego de baterias de diagnóstico de afasias (que incluem triagem para avaliação de leitura) ou outras baterias que permitem triagem de habilidades linguísticas de relevância, a exemplo do Neupsilin (Fonseca, Salles, & Parente, 2009) e da bateria Montreal-Toulouse (Parente et al., 2016).

Tanto em alterações adquiridas quanto do desenvolvimento, a avaliação qualitativa, a partir de tarefas clínicas que manipulem características psicolinguísticas das palavras para a leitura e/ou escrita ou mesmo de textos, pode revelar padrões de dificuldades, colaborando na identificação de componentes preservados e alterados. Para tanto, porém, é imprescindível o conhecimento dos modelos cognitivos de leitura/escrita.

Instrumentos padronizados na testagem da leitura e escrita: âmbito nacional

Duas revisões recentes da literatura levantaram os instrumentos disponíveis para avaliação de leitura (Dias et al., 2016) e escrita (Leon et al., 2016) no âmbito nacional, a primeira considerando o recorte 2009-2013; a segunda, 2009-2014. Não convém neste capítulo reproduzir as tabelas já apresentadas nesses artigos, porém optamos por apresentar os mais utilizados nos estudos nacionais (a partir de sua utilização por, pelo menos, cinco estudos nas referidas revisões). A isso foi acrescida uma nova revisão em sites das principais editoras nacionais na área de avaliação psicológica e neuropsicológica e nova busca no site do Satepsi para atualização com novos instrumentos. A lista gerada, que não contempla todas as possibilidades para avaliação disponíveis no contexto brasileiro, é apresentada no Quadro 1 e tem como objetivo apenas direcionar o leitor na seleção de instrumentos para mensuração de leitura e escrita. O quadro traz informações de localização e público-alvo. Nenhum dos instrumentos apresentados no quadro é de uso restrito ao psicólogo. Não são apresentados instrumentos para avaliação de outros construtos, embora essa necessidade deva ser analisada frente ao caso. Baterias breves podem colaborar nessa decisão, permitindo uma triagem inicial e identificação de demandas para avaliação mais pormenorizada. No contexto nacional, cabe mencionar o Neupsilin (Fonseca et al., 2009) e Neupsilin-inf (Salles et al., 2016).

Quadro 1 Instrumentos padronizados para mensuração de leitura e escrita

Instrumento	Fonte/referência	Público-alvo Faixa etária
Teste de Desempenho Escolar (TDE)*	Stein, L.M. (1994). *TDE – Teste de desempenho escolar: manual para aplicação e interpretação.* São Paulo: Casa do Psicólogo.	1ª à 6ª série do Ensino Fundamental/2º ao 7º ano do Ensino Fundamental
Técnica Cloze	Dias, A.S. (2008). *Evidências de validade de uma prova de compreensão em leitura em estatística* [Dissertação de mestrado]. Programa de Pós-Graduação em Psicologia/ Universidade São Francisco. • Lima, T.H. (2015). *Compreensão de leitura em alunos do Ensino Fundamental II: o teste de Cloze como alternativa de avaliação* [Tese de doutorado]. Programa de Pós-Graduação em Psicologia/ Universidade São Francisco.	Escolares a partir do 2º ano do Ensino Fundamental até adultos
Teste de Desempenho Cognitivo-linguístico – versão individual	Capellini, A.S. & Smythe, I. (2012). *Protocolo de Avaliação de Habilidades Cognitivo-linguísticas – Livro do profissional e do professor.* Ribeirão Preto: Book Toy.	Escolares do 1º ao 5º ano do Ensino Fundamental
Avaliação dos Processos de Leitura – Prolec	Capellini, S.A., Oliveira, A., & Cuetos, F. (2010). *Prolec: Provas de Avaliação dos Processos de Leitura.* São Paulo: Casa do Psicólogo.	2º ao 5º ano do Ensino Fundamental
Teste de Competência de Leitura de Palavras e Pseudopalavras – TCLPP	Seabra, A.G. & Capovilla, F.C. (2010). *Teste de Competência de Leitura de Palavras e Pseudopalavras (TCLPP).* São Paulo: Memnon.	1ª à 4ª série do Ensino Fundamental/2º ao 5º ano do Ensino Fundamental
Teste Contrastivo de Compreensão Auditiva e de Leitura – Tccal	Capovilla, F.C. & Seabra, A.G. (2013). Teste Contrastivo de Compreensão Auditiva e de Leitura. In: A.G. Seabra, N.M. Dias, & F.C. Capovilla (Orgs.). *Avaliação Neuropsicológica Cognitiva: leitura, escrita e aritmética.* Vol. 3. São Paulo: Memnon.	Crianças de 6 a 11 anos
Prova de Escrita sob ditado de palavras e pseudopalavras (Pepp)/ Prova de Escrita sob Ditado (versão reduzida)	Seabra, A.G. & Capovilla, F.C. (2013). Prova de escrita sob ditado (versão reduzida). In: A.G. Seabra, N.M. Dias, & F.C. Capovilla (Orgs.). *Avaliação neuropsicológica cognitiva: leitura, escrita e aritmética* (pp. 70-74). Vol. 3. São Paulo: Memnon.	Crianças de 6 a 11 anos

Continua →

Instrumento	Fonte/referência	Público-alvo Faixa etária
Lista de palavras/escrita sob ditado	Pinheiro, A.M.V. (1994). *Leitura e escrita: uma abordagem cognitiva*. Campinas: Psy. • Pinheiro, A.M.V. (1996). *Contagem de frequência de ocorrência de palavras expostas a crianças na faixa pré-escolar e séries iniciais do 1º grau*. São Paulo: Associação Brasileira de Dislexia.	Estudos realizados com escolares do Ensino Fundamental I
Coleção Anele, vol. 1: Avaliação de Leitura de Palavras e Pseudopalavras Isoladas – LPI	Salles, J.F., Piccolo, L.R., & Miná, C.S. (2017). *Avaliação de Leitura de Palavras e Pseudopalavras Isoladas – LPI. Coleção Anele 1*. São Paulo: Vetor.	6 a 12 anos
Coleção Anele, vol. 2: Avaliação de Compreensão de Leitura Textual – Comtext	Corso, H.V., Piccolo, L.R., Miná, C.S., & Salles, J.F. (2017). *Avaliação da Compreensão de Leitura Textual para Crianças – Comtext. Coleção Anele 2*. São Paulo: Vetor.	9 a 12 anos
Coleção Anele, vol. 3: Tarefa de Escrita de Palavras e Pseudopalavras	Rodrigues, J.C., Mina, C.S., & Salles, J.F. (2017). *Tepp – Tarefa de Escrita de Palavras e Pseudopalavras – Coleção Anele 3*. São Paulo: Vetor.	34 a 82 anos
Coleção Anele, vol. 4: Tarefa de Leitura de Palavras e Pseudopalavras	Rodrigues, J.C., Mina, C.S., & Salles, J.F. (2018). *TLPP – Tarefa de leitura de Palavras e Pseudopalavras: para crianças e adolescentes entre 10 e 13 anos, adultos e idosos – Coleção Anele 4*. São Paulo: Vetor.	10 a 13 anos e adultos
Coleção Anele, vol. 5: Avaliação da Fluência de Leitura Textual	Basso, F., Mina, C.S., Piccolo, L.R., & Salles, J.F. (2018). *Avaliação da fluência de leitura textual – Coleção Anele 5*. São Paulo: Vetor.	7 a 10 anos
Discurso Narrativo Escrito Infantil	Prando, M.L., Santos, R.M., Jacobsen, G.M., Gonçalves, H.A., Siqueira, L.S., Moraes, A., ... & Fonseca, R.P. (2016). Discurso narrativo escrito infantil. In R.P. Fonseca, N. Zimmermann, & M.L. Prando (Eds.). *Tarefas para avaliação neuropsicológica: avaliação de linguagem e funções executivas em crianças* (pp. 138-172). São Paulo: Memnon.	6 a 12 anos

* Uma nova edição do TDE, com normas atualizadas, está prestes a ser publicada.

Dentre as conclusões das revisões mencionadas, no que tange à leitura, Dias et al. (2016) apontaram algumas limitações da área. Entre elas o fato de poucos instrumentos permitirem a avaliação de adultos (na revisão mencionada apenas a *Técnica de Cloze* foi identificada para avaliação de adultos, sendo os estudos conduzidos com amostras de universitários). Outros pontos levantados foram: poucos instrumentos disponíveis para avaliação de adolescentes e necessidade de instrumentos que permitam a mensuração de distintos componentes da leitura competente, nomeadamente dos processos de fluência de leitura. Com relação ao levantamento dos instrumentos de avaliação da escrita, as conclusões não foram muito diferentes e apontaram para: a necessidade de instrumentos que cubram os diversos componentes da escrita, especificamente os processos de produção textual; e carência de recursos para avaliação de adolescentes e adultos (León et al., 2016). É importante destacar que muitas dessas demandas parecem ter sido endereçadas em estudos subsequentes. Mais recentemente, novos instrumentos foram publicados, possibilitando ampliar os construtos e faixas etárias cobertas pelas ferramentas disponíveis até então.

No que tange à demanda de avaliação de habilidades precursoras, em 2013 foi publicado o *Teste de Habilidades e Conhecimento Pré-alfabetização* (Saldanha-Silva et al., 2013), utilizado para crianças entre 4 e 7 anos de idade, que avalia diferentes habilidades cognitivas para estabelecer o nível de conhecimento pré-alfabetização da criança a partir de cinco domínios: habilidades perceptomotoras, linguagem, pensamento quantitativo, memória e atenção. Para avaliação de habilidades iniciais de leitura e escrita, há também algumas tarefas que permitem a avaliação de conhecimento de letras e sons, leitura e escrita de palavras com estrutura consoante-vogal simples, como a *Tarefa de Reconhecimento de Letras e sons* e a *Tarefa de Leitura e Escrita*, ambas disponíveis em Pazeto, León e Seabra (2017).

Como se vê, há amplo crescimento da área, com número crescente de instrumentos disponíveis para avaliação de diferentes componentes, em diferentes populações. Os volumes 3 e 4 da Coleção Anele, por exemplo, possibilitam a avaliação de adultos e idosos, podendo compor baterias para avaliação de queixas de leitura e escrita, adquiridas ou do desenvolvimento, nessa população. Dispor de instrumentos de boa qualidade psicométrica e fundamentados em sólidos modelos da área é pré-requisito para uma avaliação compreensiva, que possa oferecer diretrizes confiáveis a um processo de intervenção (habilitação ou reabilitação). De forma a ilustrar a avaliação de um caso em que há queixas relativas à leitura e escrita, a seção seguinte apresenta a descrição de um estudo de caso, do processo de avaliação e das conclusões alcançadas.

Estudo de caso

José, 12 anos, 7º ano do Ensino Fundamental de escola privada, compareceu para avaliação, a pedido de seus pais, com encaminhamento de sua psicopedagoga, em função de dificuldades escolares. Seus pais relataram que as dificuldades eram presentes desde o período de alfabetização. Também havia queixas relacionadas à desatenção, desorganização e dificuldade de planejamento e tomada de decisão. Ao final do ano anterior à avaliação, José havia sido indicado para reprovação pela escola, porém houve acordo quanto ao acompanhamento e suporte para que sua aprovação ocorresse.

Durante seu período de alfabetização, após identificação de suas dificuldades, foi realizada avaliação neuropsicológica, na qual obteve como resultado "déficit de atenção leve". Realizou acompanhamento fonoaudiológico e psicopedagógico durante cerca de dois anos. Aos 9 anos de idade, durante período da família no exterior, realizou somente aulas particulares como complemento à escola. Com o retorno da família, iniciou nova avaliação psicopedagógica, dando continuidade ao acompanhamento interventivo.

José é o primeiro filho do casal. Nasceu a termo, tendo alta com a mãe. Apresentou desenvolvimento neuropsicomotor dentro do esperado. Possui astigmatismo, porém não faz uso de óculos. Há histórico familiar de dificuldades escolares (pai e mãe). José possui amigos e boa socialização. Não há queixas importantes quanto a sono e alimentação.

Diante das informações iniciais coletadas por meio da entrevista de anamnese e contato com a fonte encaminhadora, foram levantadas as seguintes hipóteses iniciais: a) Transtorno de déficit de atenção/hiperatividade (TDAH); b) Transtorno específico de aprendizagem (Dislexia e/ou Discalculia); ou c) Dificuldades de aprendizagem secundárias à alteração do processamento auditivo, questões emocionais ou ao astigmatismo não corrigido.

De modo a melhor compreender seu perfil cognitivo atual foi conduzida avaliação abordando habilidades relacionadas à eficiência intelectual, atenção, funções executivas, memória, linguagem oral, escrita e aritmética. Também foram investigados aspectos comportamentais gerais e relacionados à aprendizagem. Para tanto, foram utilizados instrumentos padronizados, tarefas complementares e inventários, descritos a seguir. A avaliação foi conduzida ao longo de quatro sessões com duração de 1h30min cada, além de entrevista de anamnese realizada com os pais e coleta de dados com a escola.

Avaliação pela Escala Wechsler de Inteligência para Crianças – 4ª edição (Wisc-IV) (Wechsler, 2013) revelou que a habilidade cognitiva geral de José corresponde ao nível médio de inteligência, com QI 97. Todos os índices obtidos foram classificados na média, a saber: *Compreensão verbal (QI = 99), Organização perceptual (QI = 104), Memória Operacional (QI = 91) e Velocidade de processamento (QI = 95)*. Quanto aos aspectos atencionais, José apresentou desempenho oscilante com maior dificuldade em tarefa de atenção dividida (Rueda, 2013), com desempenhos variando de médio inferior e médio superior. Em algumas dessas tarefas, apresentou erros por impulsividade, os quais não foram computados por tê-los observado e corrigido imediatamente. Em relação a processos mnésicos, apresentou resultados entre médio inferior e médio em relação ao esperado para a idade em tarefas de memória de curto-prazo e memória de trabalho (auditiva/verbal) (Weschler, 2013), o que pode demonstrar, de forma geral, uma capacidade adequada em relação a manipular informações mentalmente, como realizar cálculos mentais e

executar instruções com várias etapas. Também demonstrou desempenho, de forma geral, dentro do esperado em tarefa de memória episódica verbal (evocação imediata e tardia) e capacidade de aprendizagem (Oliveira, Mograbi, Gabrig, & Charchat-Fichaman, 2016) apenas com resultado abaixo do esperado na evocação da inicial da primeira lista do RAVLT. Esses resultados indicam que, embora tenha desempenho abaixo do esperado na evocação das listas apresentadas inicialmente (assim como em dígitos ordem direta), José se beneficia da estratégia de repetição para memorização, não apresentando, inclusive, prejuízo após estímulos distratores ou passagem de tempo. Já na parte de reprodução de memória do teste Figuras Complexas de Rey (Oliveira & Rigoni, 2010), que avalia memória episódica visual de evocação tardia, obteve desempenho inferior à média, com percentil 10. Isto denota capacidade prejudicada, na qual a pessoa tende a fazer distorções de forma, alterações nas localizações e omissão de elementos. As funções executivas também foram avaliadas, por serem fundamentais para organização e regulação do comportamento, ajudando o indivíduo a orientar seu comportamento a objetivos, a se comportar de forma adequada e a planejar caminhos para solucionar problemas. Neste caso, foram avaliados os seguintes componentes: monitoramento, flexibilidade, controle inibitório e planejamento.

Em tarefa de fluência verbal (Oliveira, Mograbi, Gabrig, & Charchat-Fichaman, 2016), que envolve habilidade de evocação lexical e automonitoramento, apresentou resultados entre médios e superiores, o que sugere capacidade adequada para observar e regular seu próprio comportamento, assim como observado qualitativamente durante outras tarefas. Mas em tarefas que exigem planejamento prévio à execução (Oliveira & Rigoni, 2010), teve desempenho insatisfatório, demonstrando dificuldade quanto a se organizar e estruturar a tarefa de modo a otimizar o alcance de um determinado objetivo. Essa dificuldade pode estar presente quando José precisa realizar tarefas e problemas novos e, principalmente, quando precisa planejar suas ações antes de iniciar atividades. Inibição e flexibilidade, avaliadas pelo Teste de Cinco Dígitos (Sedó, de Paula, & Maloy-Diniz, 2014), apresentaram-se rebaixadas. Deste modo, indica-se que José apresentou dificuldade quanto às habilidades de funções executivas, de forma mais específica, em inibição, flexibilidade e planejamento; mas não em automonitoramento. A capacidade de visoconstrução foi avaliada por meio da parte de cópia do teste Figuras Complexas de Rey (Oliveira & Rigoni, 2010), na qual José obteve percentil 40 (médio), o que sugere desempenho preservado na capacidade de percepção visual, mas cometendo algumas distorções de forma e localização. No entanto, no subteste Cubos (Wisc-IV) obteve ponderado 12 (médio superior). Quanto à capacidade visoperceptiva, obteve ponderado 11 (médio) por meio do subteste Completar Figuras (Wisc-IV). Desse modo, José apresentou capacidade preservada quanto à percepção de estímulos visuais, na manipulação de figuras tridimensionais, bem como quanto ao desempenho em atividades visoconstrutivas de cópia.

Na avaliação das habilidades da linguagem oral, obtève desempenhos dentro do esperado em tarefas de repetição de palavras e pseudopalavras, que envolve memória fonológica de curto prazo, e em nomeação de figuras, que envolve acesso lexical e vocabulário expressivo (disponíveis em Seabra & Dias, 2012). No entanto, apresentou dificuldade em tarefas de consciência fonológica (Seabra & Capovilla, 2012), que avaliam a habilidade de manipular os sons da fala, abordando: síntese silábica e fonêmica, rima, aliteração, segmentação silábica e fonêmica, manipulação silábica e fonêmica, transposição silábica e fonêmica.

A habilidade de aritmética, avaliada pelo Teste de Desempenho Escolar (citado no Quadro 1), apresentou inferior ao esperado para a idade. No entanto, apresentou erros aleatórios, inclusive em atividades muito simples, o que pode ser em decorrência de dificuldades atencionais, de memória operacional ou funções executivas. No entanto, no subteste de aritmética do Wisc-IV obteve desempenho médio, com ponto ponderado 10.

Quanto à habilidade de leitura, verificada pela Avaliação de Leitura de Palavras e Pseudopalavras Isoladas (Anele 1: LPI; citado no Quadro 1), José apresenta desenvolvimento inferior quanto à capacidade de reconhecimento de palavras (regulares e irregulares) e de pseudopalavras indicando prejuízo no uso das rotas fonológica e lexical de leitura. No entanto, em tarefas de compreensão de leitura (texto), verificadas pela Avaliação de Compreensão de Leitura Textual (Anele 2: Comtext; citado no Quadro 1), apresentou desempenhos, de forma geral, dentro da média, com dificuldades específicas em questões inferenciais.

Em relação à habilidade de escrita, ainda apresenta erros relacionados a prejuízo na rota fonológica (trocas fonológicas) e na rota lexical (regras e regularizações). Sua produção textual ainda apresenta prejuízo quanto à coesão, pontuação e estrutura. Embora tenha relatos de comportamentos relacionados a dificuldades de atenção, a escala de sintomas de desatenção e hiperatividade (Mattos, 2006) respondida pela escola não demonstrou a presença significativa de tais sintomas. A mesma escala respondida pela mãe demonstrou a presença significativa de cinco sintomas de desatenção (ponto de corte: 6). Não apresentou sinais de ansiedade ou de depressão, conforme escalas específicas.

Em resumo, por meio dos resultados obtidos na avaliação verificou-se que José apresenta capacidades adequadas de eficiência intelectual, memória episódica auditiva, memória operacional, atenção seletiva e alternada, automonitoramento, visoconstrução e linguagem oral. Porém, apresentou dificuldades em memória episódica visual, funções executivas (inibição, flexibilidade e planejamento), consciência fonológica, aritmética, leitura e escrita. Desse modo, José apresenta desempenho em leitura em desacordo com seu nível intelectual e oportunidades de estimulação cognitiva. Além disso, apresenta prejuízos em consciência fonológica e funções executivas. Tal perfil cognitivo, em conjunto com prejuízos no desempenho escolar de forma geral, sugere um quadro de Transtorno específico de aprendizagem (especificamente, Dislexia), em comorbida-de com outros prejuízos, como os atencionais e de funções executivas (APA, 2014).

Considerações finais

Diante da importância da leitura e da escrita na sociedade atual, é fundamental avaliar tais competências de modo a promover intervenções adequadas. Para tanto, é necessário conhecer modelos teóricos que subsidiem a avaliação, bem como selecionar instrumentos pertinentes ao caso específico e que possuem parâmetros psicométricos adequados. Nesse contexto, este capítulo apresentou referenciais teóricos atuais sobre a competência de leitura e escrita, bem como seus componentes específicos, e descreveu os principais instrumentos usados no Brasil para proceder à sua avaliação. Na parte final do capítulo, a descrição de um estudo de caso objetivou ilustrar como diferentes técnicas de avaliação podem ser integradas para uma compreensão aprofundada sobre as queixas relacionadas à linguagem escrita.

Referências

Associação Psiquiátrica Americana (APA) (2014). *Manual Diagnóstico e Estatístico de Transtornos Mentais DSM-5*. Porto Alegre: Artmed.

Carthery-Goulart, M.T. (2017). Definição, classificação, diagnósticos das dislexias adquiridas. In J.F. Salles & A.L. Navas (Eds.). *Dislexias do desenvolvimento e adquiridas* (pp. 399-412). São Paulo: Pearson.

Dias, N.M. & Godoy, D.O. (2013). A linguagem escrita para além do reconhecimento de palavras: considerações sobre processos de compreensão e de escrita. In A.G. Seabra, N.M. Dias, & F.C. Capovilla (Eds.). *Avaliação Neuropsicológica Cognitiva: leitura, escrita e aritmética* (pp. 10-18). São Paulo: Memnon.

Dias, N.M., Leon, C.B.R., Pazeto, T.C.B., Martins, G.L., Prust, A.P., & Seabra, A.G. (2016). Avaliação da leitura no Brasil: Revisão da literatura no recorte 2009-2013. *Psicologia: Teoria e Prática*, 18(1), 113-128.

Ellis, A.W. & Young, A.W. (1988). *Human Cognitive Neuropsychology*. Hove, UK: Erlbaum.

Fonseca, R.P., Salles, J.F., & Parente, M.A.M.P. (2009). *Instrumento de avaliação neuropsicológica breve – Neupsilin*. São Paulo: Vetor.

Kendeou, P., van den Broek, P., Helder, A., & Karlsson, J. (2014). A Cognitive View of Reading Comprehension: Implications for Reading Difficulties.

Learning Disabilities Research & Practice, 29(1), 10-16.

Leon, C.B.R., Pazeto, T.C.B., Martins, G.L., Prust, A.P., Seabra, A.G., & Dias, N.M. (2016). Como avaliar a escrita? Revisão de instrumentos a partir das pesquisas nacionais. *Psicopedagogia*, 33(102), 331-345.

Mansur-Alves, M. (2018). Contrastando avaliação psicológica e neuropsicológica: acordos e desacordos. In L.F. Malloy-Diniz, D. Fuentes, P. Mattos, & J.N. Abreu (Eds.). *Avaliação neuropsicológica* (cap. 1). Porto Alegre: Artmed.

Mattos, P., Serra-Pinheiro, M.A., Rohde, L.A., & Pinto, D. (2006). Apresentação de uma versão em português para uso no Brasil do instrumento MTA--Snap-IV de avaliação de sintomas de transtorno do déficit de atenção/hiperatividade e sintomas de transtorno desafiador e de oposição. *Revista de Psiquiatria Rio Grande do Sul*, 28(3), 290-297.

Norton, E.S. & Wolf, M. (2012). Rapid Automatized Naming (RAN) and Reading Fluency: Implications for Understanding and Treatment of Reading Disabilities. *Annual Review of Psychology*, 63(1), 427-452.

Oliveira, M.S. & Rigoni, M.S. (2010). *Manual do Figuras Complexas de Rey: teste de cópia e de reprodução de memória de figuras geométricas complexas*. São Paulo: Casa do Psicólogo.

Oliveira, R.M., Mograbi, D.C., Gabrig, I.A., & Charchat-Fichaman, H. (2016). Normative data and evidence of validity for the Rey Auditoy Verbal Learning Test, Verbal Fluency Test and Stroop Test with Brazilian children. *Psychology & Neuroscience*, 9(1), 54-67.

Parente, M.A.M.P., Fonseca, R.P., Pagliarin, K.C., Barreto, S.S., Soares-Ishigaki, E., Hubner, L.C., ... & Ortiz, K.Z. (2016). *Bateria Montreal Toulouse de Avaliação da Linguagem – Coleção MTL, Brasil*. São Paulo: Vetor.

Pazeto, T.C.B., León, C.R., & Seabra, A.G. (2017). Avaliação de habilidades preliminares de leitura e escrita no início da alfabetização. *Psicopedagogia*, 34(104), 137-147.

Rueda, F.J.M. (2013). *Bateria Psicológica para Avaliação da Atenção – BPA*. São Paulo: Vetor.

Saldanha-Silva, R., Flores-Mendoza, C., & Santos, M.T. (2013). *Teste de Habilidades e Competências Pré-alfabetização*. São Paulo: Vetor.

Salles, J.F., Fonseca, R.P., Parente, M.A.M.P., Barbosa, T., Miranda, M.C., Cruz-Rodrigues, C., & Mello, C.B. (2016). *Instrumento de Avaliação Neuropsicológica Breve Infantil – Neupsilin-Inf*. São Paulo: Vetor.

Scarborough, H.S. (2001). Connecting early language and literacy to later reading (dis)abilities: Evidence, theory, and practice. In S. Neuman & D. Dickinson (Eds.). *Handbook for research in early literacy* (pp. 97-110). Nova York, NY: Guilford.

Seabra A.G. & Capovilla F.C. (2012). Prova de Consciência Fonológica por produção Oral. In .A.G. Seabra & N.M. Dias. *Avaliação Neuropsicológica Cognitiva: linguagem oral*. São Paulo: Memnon.

Seabra, A.G. & Dias, N.M. (2012). *Avaliação Neuropsicológica Cognitiva: linguagem oral*. São Paulo: Memnon.

Sedó, M., de Paula, J.J., & Maloy-Diniz, J.F. (2014). *FDT – Five Digit Test*. São Paulo: Cetepp/Hogrefe.

Silver, C.H., Ruff, R.M., Iverson, G.L., Barth, J.T., Broshek, D.K., Bush, S.S., Koffler, S.K., & Reynolds, C.R. (2008). Learning disabilities: The need for neuropsychological evaluation. *Archives of Clinical Neuropsychology*, 23(2), 217-219.

Taylor, J.S.H., Rastle, K., & Davis, M.H. (2013). Can cognitive models explain brain activation during word and pseudoword reading? – A meta-analysis of 36 neuroimaging studies. *Psychological Bulletin*, 139(4), 766-791.

Wechsler, D. (2013). *Escala Wechsler de Inteligência para Crianças – Manual técnico*. São Paulo: Casa do Psicólogo.

35
Metacognição: mensuração e desafios em avaliação psicoeducacional

Evely Boruchovitch

Patrícia Waltz Schelini

Acácia A.A. dos Santos

Introdução

A metacognição é um construto muito importante, dentre os que surgiram, na década de 1970, sendo possivelmente um dos principais responsáveis pela revolução da teoria cognitiva (McCombs, 2017). Embora a metacognição seja um conceito investigado desde os anos de 1970, sua importância para a Psicologia Educacional é cada vez mais aquilatada, na contemporaneidade. Pesquisadores a consideram um componente-chave para a aprendizagem estratégica e autorregulada. A autorregulação diz respeito à capacidade de o indivíduo se responsabilizar pelo próprio processo de aprender. Envolve, sem sombra de dúvida, metacognição, motivação e emprego apropriado de estratégias de aprendizagem. O fortalecimento da capacidade metacognitiva é visto como possível e muito promissor para a melhoria do rendimento escolar e acadêmico de estudantes (McCombs, 2017; Tzohar-Rozen & Kramarski, 2014; Weinstein, Acee, & Jung, 2011; Weinstein, Palmer, & Acee, 2016; Winne, 2018).

Considerando a relevância da metacognição para a aprendizagem de qualidade, bem como os problemas educacionais brasileiros, em todos os segmentos da escolarização, o presente capítulo tem como objetivo discorrer, em linhas gerais, sobre as formas como a metacognição tem sido medida na literatura internacional e nacional. Ênfase será dada ao exame dos avanços em sua mensuração em nosso meio. Tem-se em vista contribuir para o aumento do conhecimento acerca de como mensurar a metacognição de forma mais válida e confiável na expectativa de que dados mais fidedignos emerjam e impactem, de modo preciso, nos diagnósticos e nas intervenções psicoeducacionais.

Metacognição: considerações sobre o construto

O termo metacognição foi cunhado por Flavell, em 1979, a partir de seus estudos sobre a memória de crianças pequenas. A metacognição se refere, pois, ao "conhecimento e cognição sobre o fenômeno cognitivo" (Flavell, 1979, p. 906) ou conhecimentos que se tem sobre os próprios processos cognitivos e seus produtos (Flavell, 1976). Para Flavell (1979), a metacognição é uma cognição de nível elevado. É a cognição acerca da própria cognição. É consciente e orientada ao alcance bem-sucedido de uma meta. Para Winne (2018), a metacognição é uma qualidade do pensamento. Tem uma importância capital na aquisição da linguagem, na comunicação e compreensão oral, na leitura, escrita, atenção, memória, resolução de problemas, entre outros processos psicológicos (Boruchovitch, Schelini, & Santos, 2010).

Em 1987, Flavell distinguiu o conhecimento metacognitivo, das experiências metacognitivas e da regulação metacognitiva, tal como descrito em McCombs (2017). O conhecimento metacognitivo diz respeito ao conjunto de informações que se adquire e se tem sobre os processos cognitivos, de forma que se possa controlá-los e utilizá-los a serviço de uma melhor resolução de problemas ou para se aprender mais e melhor. O conhecimento metacognitivo foi dividido por Flavell (1976) em três categorias: autoconhecimento (conhecimento de si, de seus pontos fracos e fortes), conhecimento das demandas da tarefa e conhecimento acerca das estratégias de aprendizagem. Além do conhecimento metacognitivo, Flavell (1987) também identificou que a metacognição envolve os processos de monitoramento e controle metacognitivos. Enquanto o monitoramento metacognitivo diz respeito à capacidade de o indivíduo examinar e avaliar o curso e o progresso durante a realização de uma atividade cognitiva, o controle metacognitivo refere-se à capacidade de regulação, possibilitando que ajustes sejam feitos, sobretudo quando se percebe, por meio do monitoramento metacognitivo, problemas na consecução da tarefa (Boruchovitch et al., 2010; Dunlosky & Metcalfe, 2009; Narvaja & Jaroslavsky, 2004). A título de ilustração, pode-se citar uma situação na qual um estudante que não estudou nada para uma prova até a sua véspera e resolve então ler e resumir todos os textos que cairão nela. Embora este estudante saiba que aprende bem por meio de resumos (conhecimento metacognitivo), ao resumir o primeiro texto ele nota que fazer resumo naquele momento de véspera de prova lhe tomará muito tempo, do pouco que ainda dispõe, (monitoramento metacognitivo) e resolve então apenas ler o máximo de textos que conseguir até a prova (regulação ou controle metacognitivos).

Existem dois modelos teóricos principais que muito contribuem para a compreensão da metacognição: o Modelo de Monitoramento Metacognitivo de Flavell (Flavell, 1979) e o modelo de Nelson e Narens (1990). Ao se examinarem os modelos, constata-se que Flavell (1979) enfatizou a estrutura e os componentes da metacognição, ao passo que Nelson e Narens (1990) focaram no fluxo da informação do nível cognitivo para o nível metacognitivo e vice-versa. É importante mencionar não só que os dois modelos se complementam, mas também que seus autores convergem quanto à metacognição ser um processamento de nível elevado, decorrente da experiência e do acúmulo de conhecimento. Na literatura brasileira, ambos modelos foram descritos detalhadamente em Boruchovitch et al. (2010). A seguir, discorrer-se-á sobre as formas como a metacognição vem sendo mensurada na literatura nacional e internacional.

Metacognição: principais instrumentos de medida

No âmbito educacional, várias foram as iniciativas de mensurar a metacognição em sua complexidade (Bartalo, 2006; Boruchovitch & Santos, 2015; Dunlosky & Metcalfe, 2009; França & Schelini, 2018; Oliveira, Boruchovitch, & Santos 2010; Pascualon-Araújo & Schelini, 2015; Weinstein & Palmer, 1990; Weinstein et al., 2016; Zimmerman & Martinez-Pons, 1986). Constata-se que esforços têm se concentrado em avaliar a metacognição principalmente pelo uso de estratégias de aprendizagem e por meio do exame do monitoramento metacognitivo.

A metacognição aferida pelas escalas de estratégias de aprendizagem

As estratégias de aprendizagem foram definidas por Nisbet e Schucksmith (1987) como sequências integradas de procedimentos para facilitar a aquisição, o armazenamento e a utilização da informação. Embora existam várias nomenclaturas para designá-las, teóricos tendem a concordar que elas podem ser classificadas em dois grupos principais: estratégias cognitivas e estratégias metacognitivas. Concordam também quanto à sua interdependência e inter-relação (McCombs, 2018; Winne, 2018). Enquanto as estratégias cognitivas operam diretamente sobre a informação, as metacognitivas envolvem os processos de planejamento, de monitoramento e de regulação do pensamento e das ações (Boruchovitch & Santos, 2006; Dembo, 1994; McCombs, 2017).

Na literatura internacional foram desenvolvidas escalas para medir as estratégias de aprendizagem. Como exemplos das principais podem ser citadas: o *Learning and Study Strategies Inventory* – versão para universitários (Weinstein, Zimmerman, & Palmer, 1988; Weinstein et al., 2016) e para alunos do Ensino Médio (Weinstein & Palmer, 1990); o *Motivated Strategies for Learning Questionnaire* – MSLQ (Pintrich & Groot, 1989). Todos esses instrumentos foram usados em muitas investigações e apresentaram boas evidências de validade e precisão. Recentemente, o Lassi – versão universitária – foi revisado. Assim, alguns itens tiveram sua redação refinada e novos itens contemplando estratégias relacionadas

à busca de apoio e uso de recursos institucionais foram acrescentados (Weinstein et al., 2016). Tanto o Lassi quanto o MSLQ contêm várias subescalas relacionadas a variáveis que impactam a aprendizagem, mas há neles itens claramente destinados à mensuração das estratégias metacognitivas. Uma descrição detalhada do conteúdo dessas escalas, na literatura nacional, pode ser encontrada em Boruchovitch e Santos (2006).

Inspiradas na literatura internacional, algumas escalas nacionais para medir estratégias de aprendizagem e metacognição foram desenvolvidas. Entre elas destacam-se a Escala para Avaliação das Estratégias de Aprendizagem para alunos do Ensino Fundamental (Boruchovitch & Santos, 2001; Oliveira, Boruchovitch, & Santos, 2010) e para alunos do Ensino Superior (Santos & Boruchovitch, 2005; Boruchovitch & Santos, 2015). De modo similar à literatura internacional, ambas escalas mostraram-se sensíveis à mensuração da dimensão metacognitiva e apresentaram evidências de validade e propriedades psicométricas aceitáveis. Ademais, recentemente o Lassi para alunos universitários foi traduzido e adaptado para utilização em nosso meio, tanto na versão impressa quanto on-line, seguindo rigorosos procedimentos de *back-translation* e de estudos-piloto, contando com a participação de um dos autores da escala original (Boruchovitch, Felicori, Goes, & Taylor, 2018). Procedimentos semelhantes foram utilizados por Boruchovitch, Goes, Felicori e Taylor (2018) para a tradução e adaptação do Lassi-HS (Weinstein & Palmer, 1990) para seu uso entre alunos do Ensino Médio brasileiro. Estudos para aferição de evidências de validade e precisão das versões brasileiras destas escalas encontram-se em fase inicial.

A Escala de Metacognição (Emeta) avalia o conhecimento metacognitivo, o monitoramento e as estratégias metacognitivas de crianças entre 9 e 12 anos. Trata-se de uma escala do tipo Likert de 4 pontos, composta por 16 itens, tendo sido realizados estudos para identificar as evidências de validade e precisão, bem como para estabelecer as normas da Emeta (Pascualon-Araujo & Schelini, 2015). Derivada da Emeta, a Escala de Metacognição Sênior (Emeta-S), formulada por França e Schelini (2018), objetiva a avaliação da metacognição de idosos, sendo composta por 34 itens destinados à análise do conhecimento metacognitivo, monitoramento e regulação. Foram realizados estudos para a identificação das evidências de validade e precisão, bem como para o estabelecimento das normas da escala.

Para além do uso de escalas, porém com menor frequência, tem-se identificado também ao uso de entrevistas (Zimmerman & Martinez-Pons, 1986) e de protocolos autorreflexivos para o exame de estratégias metacognitivas e dos processos metacognitivos (Brito & Boruchovitch, 2014). Ademais, uma outra forma muito utilizada para o exame de metacognição tem sido a investigação do monitoramento metacognitivo, conforme descrito a seguir.

Avaliação do monitoramento metacognitivo

O monitoramento metacognitivo consiste na capacidade de avaliar o processamento contínuo de informações relativas a uma tarefa cognitiva e de compreender e relatar diferentes níveis de certeza/incerteza quanto à adequação do desempenho (Roebers & Spiess, 2017). Nesse sentido, é importante saber como mensurá-lo de forma a atender os parâmetros psicométricos estabelecidos (Aera, APA, & NCME, 2013).

O julgamento metacognitivo é frequentemente utilizado para avaliar o monitoramento, podendo ser emitido em três momentos distintos: antes, durante ou após a realização de uma tarefa. Quando a tarefa cognitiva é apresentada ao indivíduo, os julgamentos correspondem às estimativas sobre a realização, como mencionar se acertou ou errou. Caso o julgamento ocorra antes da execução da tarefa, é designado como prospectivo. Durante a realização de uma atividade, o indivíduo pode estimar se seu desempenho é satisfatório e adequado para atingir os objetivos pretendidos. Os julgamentos feitos antes ou durante as tarefas são chamados de: *ease-of-learning* (facilidade de aprendizagem – estimativa de tempo de estudo para o entendimento de uma informação), *judgements of learning* (julgamentos de aprendizagem ou JoLs – estimativa da possibilidade de que uma informação recém-aprendida será lembrada com sucesso), *feeling-of-knowing* (sensação de conhecimento ou FoK – reconhecimento de quais informações não foram recordadas) (Robey, Dougherty, & Buttaccio, 2017). Os julgamentos feitos depois da tarefa são chamados de "julgamentos de confiança" e são designados como retrospectivos. Os julgamentos de confiança são assim chamados por refletirem a estimativa do indivíduo sobre a probabilidade de acerto de uma tarefa já realizada (Huff & Nietfeld, 2009; Son & Schwartz, 2002).

Sob outra perspectiva, e com base na categorização das formas de avaliação da metacognição proposta por Garret et al. (2007) e Desoete (2008), os julgamentos feitos pelos indivíduos podem ser entendidos como ferramentas de avaliação off-line do monitoramento metacognitivo quando são solicitados antes ou após a realização de tarefas. Levando-se em consideração que as avaliações off-line podem ser realizadas antes ou depois da atividade cognitiva, é importante observar que, quanto maior o intervalo de tempo entre a conclusão da tarefa e o momento da avaliação, maior a possibilidade de o indivíduo distorcer ou sofrer lapsos de memória em relação ao seu desempenho. Além disso, baixas habilidades de auto-observação geram relatos com menos acurácia (Boruchovitch et al., 2010; Desoete, 2008; Schelini et al., 2016).

As avaliações on-line ocorrem durante a realização das tarefas, sendo que Schelini et al. (2016) citam o uso da técnica *Think-Aloud Protocols* (Protocolos de Pensar em Voz Alta) como um exemplo de avaliação on-line, uma vez que o participante verbaliza seus pensamentos sobre a atividade que está realizando, relatando a maneira como resolve a tarefa, as dificuldades encontradas e o efeito do uso de estratégias para resolvê-la. Há ainda a avaliação on-line por meio do *Report Writing* (Relatório Escrito), na qual o participante descreve seus comportamentos, e o *Talking About* (Falando Sobre), que objetiva uma reflexão sobre aspectos essenciais ao processo de aprendizagem, indo além da descrição de comportamentos (Panaoura & Philippou, 2005; Schelini et al., 2016).

Para além da consideração sobre o momento em que o julgamento é emitido, Pieschl (2009) destacou a questão da abrangência. Assim, os julgamentos podem se referir a um item específico ou a um conjunto de itens que compõem uma tarefa. Para que o julgamento seja útil na avaliação do funcionamento metacognitivo é sempre necessário compará-lo com o desempenho real do indivíduo.

Schraw (2009) descreve medidas tradicionalmente utilizadas para calcular a precisão e ajustamento dos julgamentos metacognitivos: acurácia absoluta, viés e discriminação. Estas medidas utilizam como dados principais os julgamentos feitos antes ou após a conclusão das tarefas e o desempenho real do indivíduo. A acurácia absoluta, ou índice de calibração (*calibration*), corresponde à precisão dos julgamentos que o indivíduo faz sobre seu desempenho, sendo obtida pela comparação entre o desempenho real e a estimativa que o indivíduo faz sobre o seu desempenho. Quanto menor a diferença entre o desempenho estimado e o real, maior a acurácia (Schraw, 2009). Em geral, a acurácia dos julgamentos aumenta conforme se adquire maior familiaridade com a tarefa executada (Efklides, 2006). O viés é o grau em que um indivíduo subestima ou superestima seu desempenho (Pieschl, 2009; Schraw, 2009). Por último, a discriminação avalia se o indivíduo é mais preciso em estimar acertos ou erros (Schraw, 2009). Geralmente, os relatos refletem uma maior confiança para respostas corretas do que para respostas incorretas (Allwood, 2010; Roebers, 2002).

A comparação entre estimativas de desempenho feitas antes da realização da tarefa e o desempenho real fornece informações sobre a capacidade preditiva dos julgamentos. Os estudos partem da hipótese de que o primeiro contato com a tarefa permite que o indivíduo identifique a demanda e compare com suas condições de atendê-la (o que corresponde ao monitoramento metacognitivo e fundamenta o julgamento) e, posteriormente, direcione suas ações para cumprir a tarefa (Son & Schwartz, 2002). Os julgamentos feitos pelos indivíduos influenciam suas escolhas sobre tempo e estratégias de estudo (Finn, 2008; Son & Schwartz, 2002).

Na literatura nacional foram feitos esforços para avaliação do monitoramento metacognitivo. Zampieri e Schelini (2013) propuseram uma técnica de investigação do monitoramento metacognitivo de crianças do Ensino Fundamental durante a realização de três subtestes de uma bateria de inteligência. Para tanto, primeiramente realizaram uma atividade de familiarização com a emissão de julgamentos por meio de perguntas que o participante certamente soubesse a resposta ("Quantos anos você tem?"), bem como perguntas com baixa probabilidade de que ele soubesse responder corretamente ("Quanto pesa um carro?"). Para cada resposta do participante era perguntado: "Você acha que acertou esta resposta?", e "De 0 a 100, qual você acha que é a chance de ter acertado?" Este último conjunto de perguntas teve como objetivo mostrar ao participante que seria natural não ter certeza sobre respostas a algumas perguntas (Garret et al., 2006). Em seguida eram apresentadas três tarefas padronizadas que envolviam habilidades intelectuais e feitas duas perguntas a respeito da confiança de acerto – uma dicotômica e outra escalar. Ao final de cada tarefa também era feita a seguinte pergunta: "Destes (37, 35 ou 28) exercícios que você acabou de fazer, quantos você acha que acertou?" Os resultados indicaram que os participantes apresentavam habilidades de monitoramento metacognitivo e que algumas medidas de monitoramento mostraram-se significativamente melhores entre os participantes com desempenho mais alto nas tarefas intelectuais.

Sob a mesma perspectiva, Deffendi e Schelini (2015) propuseram a Técnica de Monitoramento da Criatividade – TMC destinada à verificação dos julgamentos (estimativas) dos participantes em relação aos próprios desempenhos em um teste de criatividade. A TMC permite o julgamento do desempenho sobre a geração de ideias diante da tarefa criativa (fluência);

mudança de perspectiva em relação ao problema (flexibilidade); o detalhamento das ideias e proposta de soluções inovadoras (originalidade). Ressalta-se que se trata de uma escala numérica, que varia de 0 a 10, e é formada por seis itens diretamente associados a cada uma das atividades do teste de criatividade, além de um item final sobre o desempenho no teste de modo geral. Os itens da técnica foram criados a partir da descrição das características criativas que compõem o Índice Criativo Verbal 1 (fluência, flexibilidade, elaboração e originalidade) apresentadas por Wechsler (2004) no manual do teste de Avaliação da Criatividade por Palavras – Versão Verbal.

Outro instrumento para aferição do monitoramento metacognitivo foi construído por Tanikawa e Boruchovitch (2016) para estudantes do Ensino Fundamental. Ele é composto por oito perguntas, quatro de Língua Portuguesa e quatro de Matemática, relacionadas ao conteúdo curricular previsto para cada ano/série, com níveis crescentes de dificuldade. É essencial mencionar que todas as questões foram avaliadas por dois juízes especialistas na área da Educação, a fim de verificar se o conteúdo e o nível de dificuldade estavam apropriados à série ou ao ano. Ambos os juízes concordaram integralmente quanto à pertinência e à adequação dos itens para os diferentes anos escolares. O percentual de concordância entre eles foi de 100%. Para cada exercício há duas questões que avaliam o monitoramento, uma inicial (antes de o estudante responder à questão), e outra após o seu término. Como exemplo de questão referente ao Monitoramento Metacognitivo de Língua Portuguesa do 3º ano, mostrava-se para os participantes uma ilustração de um helicóptero e se solicitava que escrevessem a palavra referente ao desenho. Após realizar a leitura do exercício o participante deveria responder à seguinte questão: "Quanto você se sente capaz de responder esta questão? [...] eu sei responder; [...] eu sei responder mais ou menos e [...] eu não sei responder". Depois desse questionamento, pedia-se ao estudante que resolvesse o exercício proposto. Antes de passar para o exercício seguinte, o aluno deveria responder: "Você acaba de responder à questão. O que você acha: [...] eu acertei; [...] eu não sei se acertei e [...] acho que errei". Outro exemplo referente à Matemática: foi solicitado que o estudante resolvesse uma conta de adição envolvendo três casas decimais. Da mesma forma que nas questões de Língua Portuguesa, o estudante tinha que responder os itens referentes aos monitoramentos inicial e final. A pontuação é aferida levando-se em consideração o grau de congruência entre o monitoramento inicial, a real capacidade do estudante de solucionar o exercício proposto e o monitoramento final. A análise de conteúdo dos itens do instrumento feita por juízes especialistas, somada ao fato de que ele continha questões que mediam não só o conhecimento do conteúdo programático, em si, mas também que avaliavam a precisão do julgamento inicial e final dos participantes quanto ao seu conhecimento e desempenho nas questões propostas, permitiu inferir sua validade preliminar de conteúdo e de construto. Sua consistência interna foi também aferida pelo *Alpha de Cronbach*, obtendo-se o valor aceitável de $\alpha = 0,673$, sobretudo quando se leva em conta o número reduzido de itens que o compõem (Prieto & Muñiz, 2000).

Dada a importância da metacognição para o processo de aprendizagem, tanto no que se refere às estratégias de aprendizagem como ao monitoramento cognitivo, há estudiosos no Brasil dedicados a desenvolver instrumentos para avaliá-los. De modo congruente com o prisma internacional, os estudos aqui trazidos referem algumas das investigações para a avaliação da metacognição e abrem perspectivas para sua continuidade, salientando a relevância de que sejam suportados por evidências de validade e por estimativas de precisão para que possam ser aplicados na prática profissional.

Desafios e direções para a pesquisa futura

Os desafios de encontrar medidas válidas e confiáveis da metacognição persistem, a despeito dos avanços alcançados até então. Como descrito em Boruchovitch et al. (2010), a metacognição é um construto complexo que inclui a inter-relação de dois tipos distintos de conhecimento, o que torna sua operacionalização mais difícil. Inclui diversos processos e subprocessos que estão contidos nas estratégias de aprendizagem de natureza metacognitiva (Boruchovitch & Santos, 2006; Dembo, 1994; Hacker, 1998).

Segundo Desoete (2008) e Zimmerman e Schunk (2011), as abordagens retrospectivas e as técnicas investigativas como Pensar em voz alta, bem como a observação do comportamento em situação real de resolução de problemas e o uso de procedimentos on-line têm complementado o uso de escalas de autorrelato e possibilitado avanços consideráveis na mensuração de construtos complexos como a metacognição e a autorregulação da aprendizagem, dentre outros. Ao lado disso, Dinsmore, Alexander e Loughlin (2008) mencionam que a incorporação dos mecanismos autorregulatórios ao construto metacognição fez com que ele deixasse de ser eminentemente cognitivo e metacognitivo e o aproximasse do conceito de autorregulação, em geral definido como multidimensional e no qual a metacognição é um dos fatores essenciais. Assim, a metacognição adentrou mais no universo do comportamento. Estudos recentes mostram também a necessidade de se estudar o afeto, a motivação e as interações sociais sob a perspectiva da metacognição (Tzohar-Rozen & Kramarski, 2014; Winne, 2018).

Em nível nacional constata-se que, comparado ao início das investigações sobre a metacognição, os problemas relacionados à sua mensuração se reduziram. Hoje o cenário é diferente, indicando progressos no número de instrumentos de medida com mais evidências de validade e maior nível de confiabilidade. Entretanto, nossas pesquisas continuam ainda permeadas por uma ênfase no mapeamento do conhecimento metacognitivo. Menor atenção tem sido dada ao estudo dos comportamentos metacognitivos. Assim, faz-se necessário reafirmar recomendações anteriores no sentido de que avancemos em direção a uma maior utilização de medidas de coleta de dados como o "Pensar em voz alta" em situações reais de resolução de problemas, ao maior emprego de métodos retrospectivos e da observação sistemática do comportamento do estudante em situação natural de estudo e aprendizagem. Igualmente importante é a realização de estudos em ambientes virtuais e em plataformas on-line que possibilitam a capturar vários aspectos do construto simultaneamente. A combinação de metodologias qualitativas e quantitativas na mensuração dos processos metacognitivos é também uma outra necessidade a ser pautada na agenda de pesquisa, pois juntas estas metodologias se complementam e se tornam mais sensíveis à captação da complexidade do construto (Boruchovitch et al., 2010).

Considerações finais

Evidências mostram que o foco de pesquisas sobre a metacognição continua sendo muito importante não só para as áreas de Avaliação Psicológica e Psicoeducacional, mas também para a Psicologia Escolar e Educacional (McCombs, 2017; Zimmerman & Schunk, 2018). O fortalecimento das estratégias metacognitivas tem beneficiado estudantes de diversos segmentos da escolarização (McCombs, 2017; Weinstein et al., 2011; Winne, 2018). O conhecimento metacognitivo, o fortalecimento da autorreflexão e a compreensão dos aspectos metacognitivos associados ao aprender empoderam os alunos e os ajudam a superar dificuldades de aprendizagem (Boruchovitch, 2017; Panadero, Klug, & Järvala, 2016). Segundo Panadero et al. (2016), quanto mais o aluno entender sobre como ele aprende, maiores são suas condições de fazer ajustes e aprender melhor. É essencial que a pesquisa sobre avaliação da metacognição continue a avançar no país e que, sobretudo, haja maior ênfase na avaliação mais fidedigna dos processos de monitoramento e controle metacognitivos em situações reais de aprendizagem. Espera-se, assim, que os dados obtidos por meio de instrumentos de medida, cujas interpretações sejam oriundas de fontes de validade diversificadas, especialmente as de critério, que conduzam a diagnósticos mais confiáveis e práticas educativas mais eficazes. Tem-se, ainda, a expectativa que construtos associados à autorregulação da aprendizagem, como afetividade, motivação, dentre outros, possam ser examinados à luz da teoria metacognitiva para que possamos compreender o papel da metacognição em suas explicações (Tzohar-Rozen & Kramarski, 2014, Winne, 2018).

Referências

Allwood, C.M. (2010). The realism in children's metacognitive judgments of their episodic memory performance. In A. Efklides & P. Misailidi (Eds.). *Trends and prospects in metacognition research* (pp. 149-169). Nova York, NY: Springer.

American Educational Research Association, American Psychological Association, & National Council on Measurement in Education (2013). *Standards for Educational and Psychological Testing.* Washington.

Bartalo, L. (2006). *Mensuração de estratégias de estudo e aprendizagem de alunos universitários: Learning and study strategies inventory (Lassi) – Adaptação e validação para o Brasil.* Marília: Universidade Estadual Paulista "Júlio de Mesquita Filho".

Boruchovitch, E., Felicori, C.M., Goes, N.M., & Acee, T.W. (2018). Tradução e adaptação do *Learning and Study Strategies Inventory – Lassi*, de Weinstein, C.E., Palmer, D.R., & Acee, T.W. (2016). Manuscrito não publicado. Campinas: Faculdade de Educação/Unicamp.

Boruchovitch, E., Goes, N.M., Felicori, C.M., & Acee, T.W. (2018). Tradução e adaptação do *Learning and Study Strategies Inventory – Lassi-HS*, de Weinstein, C.E., & Palmer, D.R. (1990). Manuscrito não publicado. Campinas: Faculdade de Educação/Unicamp.

Boruchovitch, E. & Santos, A.A.A. (2001). *Escala de avaliação de estratégias de aprendizagem para crianças do Ensino Fundamental.* Relatório técnico não publicado. Bragança Paulista: USF.

Boruchovitch, E. & Santos, A.A.A. (2006). Estratégias de aprendizagem: conceituação e avaliação. In A.P. Noronha, A.A.A. Santos, & F.F. Sisto (Orgs.). *Facetas do fazer em avaliação psicológica* (pp. 107-124). São Paulo: Vetor.

Boruchovitch, E. & Santos, A.A.A. (2015). Psychometric studies of the learning strategies scale for university students. *Paideia, 25*(60), 19-27 [doi: 10.1590/1982-43272560201504].

Boruchovitch, E., Schelini, P.W., & Santos, A.A.A. (2010). Metacognição: conceituação e medidas. In A.A.A. Santos, F.F. Sisto, E. Boruchovitch, &

Nascimento, E. (Orgs.). *Perspectivas em avaliação psicológica* (pp. 123-143). São Paulo: Casa do Psicólogo.

Cunha, N.B. & Boruchovitch, E. (2016). Percepção e conhecimento de futuros professores sobre seus processos de aprendizagem. *Pró-Posições, 27*, 31-56.

Deffendi, L.T. & Schelini, P.W. (2016). O monitoramento metacognitivo em tarefas que envolvem a criatividade verbal. *Psicologia: Teoria e Pesquisa, 32*(3), 1-8 [doi: http://dx.doi.org/10.1590/0102-3772e323221].

Dembo, M.H.(1994). *Applying educational psychology.* Nova York: Longman.

Desoete, A. (2008). Multi-method assessment of metacognitive skills in elementary school children: What you test is what you get. *Metacognition Learning, 3*, 189-206 [doi: 10.1007/s11409-008-9026-0].

Dinsmore, L.D., Alexander, P.A., & Loughlin, S.M. (2008). Focusing the conceptual lens on metacognition, self-regulation, and self-regulated learning. *Educational Psychology Review, 20*, 391-409 [doi:10.1007/s10648-008-9083-6].

Dunlosky, J. & Metcalfe, J. (2009). *Metacognition.* Los Angeles: Sage.

Efklides, A. (2006). Metacognition and affect: What can metacognitive experiences tell us about the learning process? *Educational Research Review, 1*(1), 3-14 [doi: 10.1016/j.edurev.2005.11.001].

Finn, B. (2008). Framing effects on metacognitive monitoring and control. *Memory & Cognition, 36*(4), 813-821 [doi: 10.3758/MC.36.4.813].

Flavell, J.H. (1976). Metacognitive aspects of problem solving. In L.B. Resnik (Ed.). *The nature of intelligence.* Hillsdale: Lawrence Erlbaum.

Flavell, J.H. (1979). Metacognition and cognitive monitoring: A new area of cognitive – developmental inquiry. *American Psychologist, 34*, 906-911.

Flavell, J.H. (1987). Speculations about the nature and development of metacognition. In F. Weinert & R. Kluwe (Eds.). *Metacognition, motivation, and understanding* (pp. 21-29). Hillsdale: Lawrence Erlbaum.

França, A.B. & Schelini, P.W. (2018). Escala de avaliação da metacognição em idosos: evidências de validade e consistência interna. *Psicologia: Teoria e Pesquisa, 33,* 1-8 [doi: 10.1590/0102.3772e3324].

Garret, J., Alman, M., Gardner, S., & Born, C. (2007). Assessing students' metacognitive skills. *American Journal of Pharmaceutical Education, 71*(1), 1-7.

Garret, A.J., Mazzocco, M.M.M., & Baker, L. (2006). Development of the metacognitive skills of prediction and evaluation in children with or without Math disability. *Learning Disabilities Research & Practice, 21*(2), 77-88 [doi: 10.1111/j.1540-5826.2006.00208.x].

Huff, J.D. & Nietfeld, J.L. (2009). Using strategy instruction and confidence judgements to improve metacognitive monitoring. *Metacognition and Learning, 4*(2), 161-176 [doi: 10.1007/s11409-009-9042-8].

Narvaja, P. & Jaroslavsky, M.C. (2004). Metacognition and the acquisition of knowledge processes underlying science. *Interdisciplinaria* (n. esp.), 143-147.

McCombs, B. (2017). Historical review of learning strategies research: Strategies for whole learner – A tribute to Claire Ellen Weinstein and early researchers of this topic. *Frontiers in Education, 2,* 2-20 [doi:10.3389/feduc.2017.00006].

Nelson, T.O. & Narens, L. (1990). Metamemory: A theoretical framework and new findings. In G.H. Bower (Ed.). *The psychology of learning and motivation* (vol. 26, pp. 125-173). Nova York: Academic Press.

Nisbet, J. & Schucksmith, J. (1987). *Estrategias de aprendizaje.* Madri: Santillana.

Oliveira, K.L., Boruchovitch, E., & Santos, A.A.A. (2010). *Escala de avaliação de estratégias de aprendizagem para o Ensino Fundamental – EAVAP-EF – Manual.* São Paulo: Casa do Psicólogo.

Panadero, E., Klug, J., & Järvelä, S. (2016). Third wave of measurement in the self regulated learning field: When measurement and intervention come hand in hand. *Scandinavian Journal of Educational Research, 60*(6), 723-735.

Panaoura, A. & Philippou, G. (2005). The measurement of young pupils' metacognitive ability in mathe-matics: The case of self-representation and self-evaluation. *Journal Proceedings of Cerme, 4,* 1-10.

Pascualon-Araujo, J. & Schelini, P.W (2015). Evidências de validade de uma escala destinada à avaliação da metacognição infantil. *Psicologia: Teoria e Pesquisa, 31,* (2), 163-171 [doi:10.1590/0102.3772e3324].

Pieschl, S. (2009). Metacognitive calibration: An extended conceptualization and potential applications. *Metacognition Learning, 4*(1), 3-31 [doi: 10.1007/s11409-008-9030-4].

Pintrich, P.R. & Groot, E.V. (1989). Motivational and self-regulated learning components of classroom academic performance. *Journal of Educational Psychology, 82,* (1) 33-40.

Robey, A.M., Dougherty, M.R., & Buttaccio, D.R. (2017). Making retrospective confidence judgments improves learners' ability to decide what not to study. *Psychological Science, 28*(11), 1.683-1.693 [doi: 10.1177/0956797617718800].

Roebers, C.M. (2002). Confidence judgments in children's and adults' event recall and suggestibility. *Developmental Psychology, 38,* 1.052-1.067 [doi:10.1037/0012-1649.38.6.1052].

Roebers, C.M. & Spiess, M. (2017). The development of metacognitive monitoring and control in second graders: A short-term longitudinal study. *Journal of Cognition and Development, 18*(1), 110-128 [doi: 10.1080/15248372.2016.1157079].

Santos, A.A.A. & Boruchovitch, E. (2005). *Escala de avaliação de estratégias de aprendizagem para crianças do Ensino Fundamental.* Relatório técnico não publicado. Itatiba: USF.

Schelini, P.W., Deffendi, L.T., Fujie, M.A., Boruchovitch, E., & Freitas, M.F.R.L. (2016). Avaliação do monitoramento metacognitivo: análise da produção científica. *Avaliação Psicológica, 15* (n. esp.), 57-65 [doi:10.15689/ap.2016.15ee.06].

Schraw, G. (2009). A conceptual analysis of five measures of metacognitive monitoring. *Metacognition Learning, 4,* 33-45 [doi: 10.1007/s11409-008-9031-3].

Son, L.K. & Schwartz, B.L. (2002). The relation between metacognitive monitoring and control.

In T.J. Perfect & B.L. Schwartz (Eds.). *Applied Metacognition* (pp. 15-35). Cambridge: Cambridge University Press.

Tanikawa, H.A.M. & Boruchovitch, E. (2016). O monitoramento metacognitivo de alunos do Ensino Fundamental. *Psicologia Escolar e Educacional, 20*, 457-464 [doi: 10.1590/2175-3539/2015/02031012].

Tzohar-Rozen, M. & Kramarski, B. (2014). Metacognition, motivation and emotions: Contribution of self-regulated learning to solving mathematical problems. *Global Education Review, 1*(4), 76-95.

Weinstein, C.E., Acee, T.W., & Jung, J. (2011). Self--regulation and learning strategies. *New Directions for Teaching and Learning, 126*, 45-53 [doi:10.1002/tl.443].

Weinstein, C.E. & Palmer, D.R (1990). *Lassi – Learning and Study Strategies Inventory*. Clearwater, FL: H&H Publishing.

Weinstein, C.E., Palmer, D.R., & Acee, T.W. (2016). *Lassi – Learning and Study Strategies Inventory* (3a. ed.). Clearwater, FL: H&H Publishing.

Weinstein, C.E., Zimmerman, B.J., & Palmer, D.R. (1988). Assessing learning strategies: The design and development of the Lassi. In E.T. Goetz & P.A. Alexander (Orgs.). *Learning and study strategies – Issues in assessment, instruction and evaluation* (pp. 25-40). São Diego: Academic Press.

Winne, P.H. (2018). Cognition and metacognition within self-regulated learning. In D.H. Schunk & J.A. Greene (Orgs). *Handbook of self-regulated learning and performance* (pp. 36-48). Nova York, Routledge.

Zampieri, M. & Schelini, P.W. (2013). Monitoramento metacognitivo de crianças de acordo com o nível de desempenho em medidas de capacidades intelectuais. *Psico, 44*(2), 280-287.

Zimmerman, B.J., Bonner, S., & Kovach, R. (1996). *Developing self-regulated learners:beyond achievement to self-efficacy*. Washington: American Psychology Association.

Zimmerman, B.J. & Schunk, D.H. (2011). *Handbook of self-regulation of learning and performance*. Nova York, NY: Taylor & Francis.

36
Avaliação psicológica e memória

Gabriela Peretti Wagner
Candice Steffen Holderbaum
Renata Kochhann

1 Avaliação psicológica e memória: introdução

Este capítulo é intitulado "Avaliação psicológica e memória". Os sistemas de memória, conjunto de processos cognitivos que incluem a formação, o armazenamento e a evocação de informações (Baddeley, 2012; Izquierdo, 2011; Squire, 2004), constituem o alvo de muitas pesquisas clínicas e experimentais (Cabeza & Moscovitch, 2013), bem como consistem uma queixa comum em avaliação psicológica. A proposta deste capítulo consiste em discutir os diferentes sistemas e processos de memória em humanos, problematizando a importância do conhecimento dos mesmos para a avaliação psicológica. Além disso, são apresentados diferentes paradigmas de avaliação da memória, priorizando instrumentos de natureza auditivo-verbal e visuoespacial. Por se tratar da avaliação psicológica deste conjunto de processos cognitivos, discute-se ainda a questão do diagnóstico das queixas enquanto primárias ou secundárias. Na sequência, são lançados alguns desafios em relação à avaliação da memória nos cenários nacional e internacional. Por fim, apresenta-se um caso clínico em que é efetuada uma avaliação neuropsicológica de um paciente com queixas de memória.

2 Avaliação psicológica e memória: contextualização, estado da arte e contribuições da neuropsicologia

Queixas de memória são extremamente comuns na clínica da avaliação psicológica. Exemplos dessas queixas podem incluir perder objetos, ter dificuldades em registrar informações novas, esquecer compromissos ou informações, entre outras. Ao se tratar da avaliação clínica de pacientes, os desafios aqui incluem: 1) avaliar a possibilidade de que o comprometimento da memória seja secundário a prejuízos em outro(s) sistema(s) cognitivo(s); 2) identificar o(s) sistema(s) de memória prejudicado(s); 3) analisar que etapa da memorização está comprometida; 4) descrever a natureza do prejuízo desta função cognitiva, tentando estabelecer se a dificuldade tem causas reversíveis ou não reversíveis. Estes são os temas que serão abordados nesta seção do capítulo.

O **primeiro desafio** enfrentado na avaliação de queixas de memória se refere à identificação de que se trata de um prejuízo de memória ou não. Inúmeros pacientes procurando avaliação psicológica relatam dificuldades mnemônicas e, já na entrevista inicial, é possível que sejam identificados sinais de que não se trata de comprometimentos da memória (Haase, Chagas, Gonzaga, Mata, Silva, & Géo, 2008). Um exemplo diz respeito à queixa dos pacientes (comumente idosos) de que estão "esquecendo" o nome das pessoas. A não localização de palavras durante o discurso é uma das características da anomia, um problema em um dos componentes da função linguagem que tende a ser muito confundido com prejuízos de memória. Outro exemplo que ilustra uma situação frequente diz respeito à presença de esquecimentos em pacientes com problemas atencionais. A chance de um sistema cognitivo memorizar uma informação sem que o indivíduo esteja atento a ela é muito pequena. Por exemplo, quando esquecemos onde deixamos nossas chaves, podemos estar diante de uma situação em que o processo de largar a chave ocorreu de forma tão automática e desatenta que o sistema cognitivo não registrou a informação. Nesses casos, o esquecimento realmente aconteceu, mas não por prejuízos de memória e sim pela falta de atenção no momento da realização daquela atividade. Portanto, ao realizar uma avaliação psicológica, o profissional deve ficar atento ao fato de que nem toda queixa de memória corresponde necessariamente a um prejuízo desta função.

Em relação ao **segundo desafio**, a partir da consideração de que a queixa de um paciente possa ser explicada por prejuízos cognitivos em outros processos mentais, avalia-se também se o comprometimento é de fato da memória e, neste caso, de qual dos sistemas de memória. O entendimento sobre estes diferentes sistemas vem sendo construído, revisado e modificado ao longo das últimas décadas (Cabeza & Moscovitch, 2013; Squire, Knowlton, & Musen, 1993; Tulving, 1984). Essas alterações são desencadeadas principalmente diante da identificação de casos de dissociação dupla (Davies,

2010). A dissociação dupla pode ser encontrada na análise de casos clínicos ou através de experimentos e permite concluir que dois processos mentais funcionam de forma independente. Especificamente no caso da memória, existem diversas classificações possíveis, mas uma síntese delas pode ser observada na Tabela 1, em que são listados os principais sistemas de memória e suas respectivas estruturas cerebrais. Salienta-se que os distintos sistemas de memória são processados por diferentes estruturas cerebrais, que trabalham de maneira independente, mas relacionada.

Basicamente, em termos funcionais, há uma classificação em relação ao tempo de armazenamento da informação e uma em relação ao conteúdo (Izquierdo, 2011). Quanto ao tempo de armazenamento da informação, podemos classificar a memória em sensorial, de curto e de longo prazo. No que diz respeito ao conteúdo, há a memória declarativa ou explícita e existe a memória não declarativa ou implícita (Tabela 1). A memória explícita pode ser de natureza episódica ou semântica. A memória implícita, por sua vez, é composta por hábitos, condicionamentos e *priming*, entre outros (Squire et al., 1993; Squire, 2004; Tulving, 1984). Há ainda a memória de trabalho (Baddeley, 2012), um sistema de manipulação online e de armazenamento de curto prazo. A memória de trabalho é composta por quatro elementos, cada um com funções distintas: executivo central (gerenciador de recursos atencionais); *buffer* episódico (também chamado de retentor ou de alça episódica; faz o intercâmbio de informações entre o sistema de curto e o de longo prazo); alça fonológica (responsável pelo processamento de informações de cunho auditivo-verbal); e alça visuoespacial (promove a manipulação de informações de natureza visuoespacial). A memória de trabalho é processada através das estruturas do córtex pré-frontal e exerce um papel importante em diferentes tarefas cognitivas e cotidianas, visto que é demandada quando outros processos mentais entram em ação (Baddeley, 2012; Squire, 2004).

Tabela 1 Sistemas de memória conforme o conteúdo

Tipo de memória	Região cerebral
Memórias declarativas/explícitas	
Episódica	Lobo temporal medial
	Diencéfalo
Semântica	Lobo temporal medial
	Diencéfalo
Memórias não declarativas/implícitas	
Procedural	Estriado
Pré-ativação	Neocórtex
Condicionamento	Amígdala/cerebelo

Fonte: adaptado de Squire (2004).

Conhecer estes diferentes subsistemas de memória é fundamental para o processo de avaliação psicológica. As diferentes falhas de memória podem ocorrer por prejuízos estruturais e/ou funcionais em sistemas distintos (Cabeza & Moscovitch, 2013). Além disso, para garantir o adequado acesso a essas informações, é de extrema importância que os testes psicológicos utilizados contemplem estes subsistemas (Baddeley, 2012; Squire, 2004; Tulving, 1984). Salienta-se que os testes mais frequentemente usados em avaliação psicológica costumam contemplar as memórias de curto e longo prazos, bem como as memórias explícitas e a memória de trabalho.

Quanto ao **terceiro desafio** em uma avaliação psicológica da memória, que diz respeito às etapas da memorização, tem-se a formação/aquisição (*encoding*), a consolidação/armazenamento (*consolidation*) e a evocação/recordação (*retrieval*) (Baddeley, 2012; Izquierdo, 2011; Milner, Squire, & Kandel, 1998; Squire, 2004). Essas etapas e suas respectivas estruturas podem ser visualizadas na Tabela 2. A *formação ou aquisição* acontece quando o indivíduo é exposto ao estímulo, o que pode ocorrer através de qualquer modalidade perceptual. Clinicamente, para uma adequada formação da memória, é necessário que o paciente esteja atento ao que será apresentado. Caso contrário, a formação estará prejudicada e, provavelmente, as demais etapas também. A *consolidação ou armazenamento* ocorre quando o indivíduo memoriza a informação. Para tal, são necessários os processos de atenção e representação mental (em seres humanos, geralmente se dá na forma de imagens e/ou na forma de símbolos linguísticos). Uma adequada consolidação de informações de natureza consciente (explícita) depende do funcionamento das estruturas temporais mesiais, especialmente dos hipocampos e córtex entorrinal. Por fim, em relação à *evocação ou recuperação*, esta consiste no ato de lembrar de algo que foi armazenado (Milner et al., 1998; Squire, 2004; Tulving, 1984). Para tal, obviamente é necessário que a informação tenha sido consolidada de alguma forma, ou então não será possível de ser evocada. Um determinado estímulo pode ser apresentado ao indivíduo através de diferentes modalidades sensoriais (visual, auditiva, tátil, gustativa ou olfativa) e, com isso, uma memória pode ser formada e consolidada, para posteriormente ser evocada.

Tabela 2 As etapas/processos de formação da memória e as respectivas estruturas cerebrais

Processo da memória	Região cerebral
Codificação	Córtices visual/olfativo/auditivo/motor/somatossensorial
	Córtex pré-frontal
	Lobo temporal medial (hipocampo e córtices entorrinal e perirrinal)
Consolidação	Hipocampo
	Neocórtex
Evocação	Lobo temporal medial (hipocampo e córtices entorrinal e perirrinal)
	Córtices pré-frontais medial e lateral
	Córtex cingulado posterior

Fonte: adaptado de Tromp, Dufour, Lithfous, Pebayle e Després (2015).

É importante salientar que, em avaliação psicológica, as memórias predominantemente testadas são as de natureza visuoespacial ou auditivo-verbal (Lezak, Howieson, Bigler, & Tranel, 2012), apesar de os seres humanos serem capazes de formar, armazenar e evocar outras formas de memória. Desta forma, diferente dos modelos animais, as memórias humanas são geradas, consolidadas e evocadas predominantemente através das vias cognitivas auditivo-verbal e visuoespacial (Lezak et al., 2012; Milner et al., 1998). Em uma avaliação psicológica é necessário avaliar as três etapas preferencialmente com estímulos apresentados em ambas as formas (auditivo-verbal, com dígitos, palavras, frases e histórias, bem como visuoespacial, com figuras diversas, com conteúdo semântico ou não, e com cenas e situações). Recomenda-se que o examinando seja avaliado com tarefas que envolvam tanto as modalidades de recordação livre e com pistas, bem como através de reconhecimento, pois estes processos estão relacionados a sistemas cerebrais diferenciados (Lezak et al., 2012).

Por fim, o **quarto e último desafio** diz respeito à identificação da etiologia do prejuízo, e, nesse caso, é necessário que o psicólogo reflita sobre as possíveis causas dos déficits identificados (Lezak et al., 2012). A etiologia por trás das dificuldades de memória pode variar, podendo estas estar associadas a uma lesão ou disfunção cerebral (após acidente vascular cerebral ou traumatismo craniano, p. ex.) ou doenças neurológicas (como epilepsia ou quadros demenciais, p. ex.), bem como a manifestações ou transtornos psiquiátricos (como depressão, ansiedade, estresse). Algumas doenças crônicas podem ser progressivas, com prejuízos que aumentam ao longo do tempo. Doenças agudas tendem a ser associadas a prejuízos estáveis. Como os sistemas de memória são processados com a participação de estruturas de diferentes regiões cerebrais, é comum que lesões em diferentes áreas provoquem prejuízos de memória. Não é papel do psicólogo fazer o diagnóstico da etiologia dos problemas de memória, apesar de poder levantar algumas hipóteses. É fundamental que um neurologista esteja acompanhando o caso, pois cabe a ele solicitar exames (de sangue, de imagem etc.) e analisar o quadro clínico do paciente em questão. No entanto, é esperado que, ao final da avaliação psicológica, fique demonstrado se existe prejuízo e, em caso positivo, em qual(is) sistema(s) ou processo(s) de memória os déficits são encontrados.

Com o objetivo de contemplar estes quatro objetivos que compõem a avaliação psicológica de queixas de memória, é importante levar em consideração que os registros mnemônicos podem ser formados nas cinco modalidades perceptuais. Desta forma, há memórias visuoespaciais, auditivo-verbais, táteis, gustativas e olfativas. No Brasil, em se tratando de instrumentos reconhecidos pelo Satepsi (Sistema de Avaliação de Testes Psicológicos) do Conselho Federal de Psicologia (CFP), estão disponíveis apenas os de modalidade auditivo-verbal e visuoespacial. Uma lista contendo sugestões de instrumentos pode ser visualizada na Tabela 3.

Tabela 3 Relação de alguns testes que avaliam a memória aprovados pelo Satepsi

Teste	Faixa etária	Sistemas/componentes/etapas
Teste Pictórico de Memória (Tepic-M) (Rueda & Sisto, 2007)	Entre 17 e 97 anos	Memória visual de natureza episódica e semântica; memória de curto prazo.
Teste de Aprendizagem Auditivo- -Verbal de Rey (RAVLT) (Paula & Malloy-Diniz, 2018)	De 6 a 92 anos	Memória auditivo-verbal episódica; memória de curto prazo; consolidação, armazenamento e evocação. Aprendizado.
Figuras Complexas de Rey (Oliveira & Rigoni, 2010)	Figura A: de 5 a 88 anos Figura B: de 4 a 8 anos	Memória visuoespacial de curto prazo.
Teste de Retenção Visual de Benton (BVRT) (Trentini, Hutz, Bandeira, Salles, & Segabinazi, 2016)	De 7 a 30 anos e de 60 a 75 anos	Memória visuoespacial de curto prazo.
Instrumento de Avaliação Neuropsicológica Breve (Neupsilin) (Fonseca, Salles, & Parente, 2009)	De 12 a 90 anos	Dentre os sistemas de memória avaliados neste instrumento estão: memória visual de curto prazo, memória prospectiva, memória episódica (evocação imediata, tardia, reconhecimento), memória semântica, e memória de trabalho.
Instrumento de Avaliação Neuropsicológica Breve Infantil (Neupsilin-INF) (Salles, Fonseca, Parente, Cruz-Rodrigues, Mello, & Barbosa, 2016)	De 6 a 12 anos	Dentre os sistemas de memória avaliados neste instrumento estão: memória episódico-semântica visoespacial, memória episódica verbal (evocação imediata e tardia), memória semântica, e memória de trabalho.
Escalas Wechsler de Inteligência para Crianças (Wisc IV) (Rueda, Noronha, Sisto, Santos, & Castro, 2013) e Adultos (Wais III) (Nascimento, 2004)*	De 6 a 16 anos (Wisc IV) De 16 a 89 anos (Wais III)	Alguns de seus subtestes avaliam a memória semântica (ex. Vocabulário e Informação) e memória de trabalho (ex. Dígitos e Aritmética).

* Salienta-se que estes instrumentos não produzem medidas objetivas diretas de memória. Alguns subtestes, quando analisados pelo profissional psicólogo em termos de processos, demandam diferentes sistemas de memória.

Além dos instrumentos recomendados pelo Satepsi, a investigação também pode ser complementada com instrumentos que tenham sido validados para o Brasil através de publicações científicas. Como exemplo temos a Escala de Estadiamento da Demência (do original *Clinical Dementia Rating – CDR –* Morris, 1993), que preconiza, dentre outros domínios, a avaliação da memória episódica através da composição do relato de um informante associado ao desempenho do paciente (Chaves et al., 2007). Esta escala deve ser utilizada em pacientes idosos. Ainda, durante o processo avaliativo, a análise qualitativa do desempenho do paciente deverá ser observada e relatada sempre que for pertinente. Estas observações poderão ser realizadas durante a realização das avaliações formais ou também quando há a utilização de tarefas ecológicas.

3 Desafios e avanços internacionais e nacionais em avaliação psicológica da memória

Em relação aos sistemas de memória, alguns desafios se tornam importantes nos cenários nacional e internacional da avaliação psicológica. Entre estes desafios, três merecem destaque: 1) carência de instrumentos disponíveis para avaliação de memórias olfativas, gustativas e táteis, bem como de baterias completas de avaliação de diferentes sistemas e etapas da memória; 2) limitações por parte dos psicólogos clínicos na compreensão dos processos cognitivos à luz da neuropsicologia e preferência destes profissionais pela obediência a padrões e normas; 3) ensino de graduação em avaliação psicológica variando entre os diferentes países. Estes desafios serão discutidos nesta seção do capítulo, a seguir.

Em relação ao **primeiro desafio**, salienta-se que os cenários internacional e nacional cresceram muito no que diz respeito à disponibilização da avaliação psicológica da memória através de paradigmas auditivo-verbais e visuoespaciais, em diferentes faixas etárias. Estes existem em grande número fora do Brasil (Lezak et al., 2012; Strauss, Sherman, & Spreen, 2006), mas vem aumentando as opções em quantidade e qualidade de testes no cenário nacional. Dentre os testes amplamente conhecidos e utilizados no exterior que recentemente foram disponibilizados no país, destaca-se o Teste de Retenção Visual de Benton (BVRT – normatização brasileira de Trentini, Hutz, Bandeira, Salles, & Segabinazi, 2016), bem como o Teste de Aprendizagem Auditivo-Verbal de Rey (RAVLT – adaptação e normatização brasileira de Paula & Malloy-Diniz, 2018). Porém, infelizmente não se pode dizer o mesmo em relação às memórias geradas através de outras modalidades perceptuais, bem como de baterias mais amplas e completas de avaliação dos sistemas de memória. Fora do país estão disponíveis, por exemplo, o *Tactual Performance Test* (TPT – Lezak et al., 2012) ou o *Smell Identification Test* (SIT – Strauss et al., 2006), respectivamente para memórias táteis e olfativas. Dependendo dos prejuízos de memória apresentados pelos pacientes e das causas dos mesmos, é possível que sistemas auditivo-verbais e/ou visuoespaciais estejam prejudicados, o que faz com que, em Reabilitação Neuropsicológica, seja necessário utilizar/estimular outros sistemas de memória para a recuperação ou reorganização funcional.

Como exemplos de baterias mais amplas e completas tem-se a *Wechsler Memory Scale* (WMS – em suas diferentes edições – Lezak et al., 2012; Strauss et al., 2006) e o *Rivermead Behavioural Memory Test* (RBMT – Lezak et al., 2012; Strauss et al., 2006). Estas baterias apresentam o diferencial de avaliar diferentes sistemas de memória (predominantemente de curto e longo prazos, de trabalho e explícitas, tanto episódicas quanto semânticas), mediante os paradigmas clássicos de recordação livre, com pistas e de reconhecimento. Também avaliam as diferentes etapas/processos, de distintas naturezas (predominantemente auditivo-verbais e visuoespaciais). No que se refere às tarefas verbais, destaca-se ainda que estas baterias costumam levar em consideração diferentes representações mentais verbais – números, palavras, frases, histórias etc.

Por fim, é importante salientar a importância de se avaliar os componentes autobiográficos de memória, os quais podem ser avaliados através do RBMT, por exemplo. Desta forma, quando comparado ao cenário internacional, no Brasil ainda há desafios importantes, isto é, a disponibilização de instrumentos que permitam avaliações de memória de maneira mais completa. Contudo, isto não resolve a questão de que não há, no Brasil, instrumentos normatizados para a avaliação de memórias olfativas, gustativas e/ou táteis. Desta forma, adaptar baterias de referência internacional e mais amplas ao cenário nacional não resolve o problema da avaliação de memórias de natureza distinta da auditivo-verbal e visuoespacial. Portanto, há que se investir na adaptação e normatização de baterias mais completas, para distintas faixas etárias, bem como na disponibilização de testes que avaliem memórias de natureza olfativa, gustativa, motora e somatossensorial.

Em relação ao **segundo desafio**, destaca-se o avanço internacional das Neurociências e da Neuropsicologia e, com isso, a necessidade de que o profissional de psicologia seja hábil a pensar em cognição. Durante os últimos 30 anos, no cenário nacional, cresceu exponencialmente o cuidado em relação ao desenvolvimento de paradigmas de avaliação psicológica, bem como a obediência a padrões normativos e a necessidade de estudos de validade, o que foi fundamental para aprimorar a avaliação psicológica. O Satepsi (Sistema de Avaliação dos Testes Psicológicos), órgão consultivo do Conselho Federal de Psicologia (CFP), inspirou-se na *International Test Comission* (ITC, 2001) e na *American Psychological Association* (APA – Cicchetti, 1994) para qualificar a adaptação, construção, validação, padronização e normatização de instrumentos de avaliação psicológica no Brasil. Em se tratan-do da oferta de instrumentos de qualidade no Brasil, felizmente tem-se avançado nos últimos anos. Porém, ainda é necessário trabalhar para que os profissionais brasileiros sejam capazes de pensar os processos cognitivos por trás dos testes – algo central para a avaliação neuropsicológica da memória, mas também para outras habilidades e capacidades mentais, como atenção, percepção, linguagem e funções executivas, por exemplo. Esta é uma discussão importante e, em termos de matrizes de pensamento psicológico, diz respeito às abordagens nomotética e idiográfica da psicologia (para uma revisão, sugere-se consultar Haase, Gauer, & Gomes, 2018; para a compreensão da importância que faz diferentes abordagens à avaliação neuropsicológica, recomenda-se a leitura de Casaletto & Heaton, 2017). Considera-se que obedecer a normas e padrões é tão importante quanto pensar os processos mentais envolvidos em cada tarefa cognitiva, o que qualifica a avaliação dos sistemas de memória (e também de outros processos cognitivos) e permite a compreensão dos prejuízos neuropsicológicos à luz das neurociências (Haase et al., 2008; Milner et al., 1998). Inclusive, pensar o(s) processo(s) por trás do teste permite que o profissional identifique as queixas dos pacientes como primárias ou secundárias, algo já discutido na seção 2 deste capítulo.

Em relação ao **terceiro desafio**, é importante que se reflita e que sejam promovidas ações voltadas ao ensino de graduação e de pós-graduação em avaliação psicológica no Brasil. Este desafio está diretamente relacionado ao anterior e deve ter como alvo, além da prática clínica (segundo desafio), o ensino do desenvolvimento de instrumentos de avaliação psicológica (Cicchetti, 1994; ITC, 2001) e também, em se tratando da avaliação dos processos cognitivos, da problematização das Neurociências, da Neuropsicologia e de se pensar nos sistemas cognitivos (Casaletto & Heaton, 2017; Milner et al., 1998). A Neuropsicologia vem crescendo internacionalmente – dentro e fora da Psicologia – e é fundamental que se pensem estratégias de habilitação e de qualificação do profissional psicólogo para a avaliação psicológica no cenário nacional (Arango-Lasprilla, Stevens, Morlett Paredes, Ardila, & Rivera, 2017; Ponsford, 2017), especialmente no que diz respeito à utilização e à interpretação dos resultados dos instrumentos de avaliação.

4 Estudo de caso

O caso estudado se refere a um paciente atendido em uma clínica privada de Porto Alegre/RS, que foi avaliado entre os meses de julho e agosto do ano de 2018. R., sexo masculino, destro, com 71 anos de idade e 20 anos de estudo formal (Ensino Superior completo – Medicina), é monolíngue falante do português brasileiro. Atualmente trabalha em seu consultório privado. Quanto aos aspectos de saúde geral, o paciente tem história prévia de aneurisma de aorta torácica. Devido a esta patologia, R. realizou cirurgia seis meses antes de iniciar a avaliação neuropsicológica. Não há histórico prévio de problemas psiquiátricos, auditivos e de visão ou de uso abusivo de álcool e tabaco. Contudo, durante muitos anos, R. fez uso de benzodiazepínicos, mas relata ter parado com este uso um pouco antes de iniciar a avaliação neuropsicológica. O paciente está realizando tratamento farmacológico com diversas medicações para controle cardiovascular, em uso também de vitaminas E e B, além do uso de Valdoxan® 25mg e Donaren® 5mg (ambos para controle de sintomas depressivos), e Stilnox®, se necessário (para controle da insônia).

A esposa relata que as queixas de esquecimento tiveram início há aproximadamente dois anos e que percebe que o marido está piorando. O paciente relata piora do esquecimento após a realização da cirurgia da aorta há seis meses. Em um exame de neuroimagem realizado através de Tomografia Computadorizada de crânio em junho de 2018, constava proeminência dos sulcos corticais telecenfálicos, das fissuras de Sylvius e das cisternas da base, associado à dilatação do sistema ventricular, achados decorrentes da redução volumétrica do parênquima cerebral. Além disso, ficaram evidenciadas calcificações vasculares nos sistemas vertebrobasilar e carotídeo. Os exames laboratoriais não apresentaram alterações.

Foi realizada a avaliação psicológica deste paciente com os seguintes instrumentos:

• Realização de rastreio cognitivo através do Miniexame do Estado Mental – Meem (Kochhann, et al., 2010).

• Avaliação de sintomas de depressão através da Escala de Depressão Geriátrica – GDS-15 (Almeida & Almeida, 1999) e de ansiedade através da Escala de Ansiedade Geriátrica – GAI (Massena, et al., 2015).

• Entrevista com informante (esposa): para avaliação de atividades básicas e instrumentais de vida diária, através da *Activities of Daily Living Questionnaire* – ADL-Q (Medeiros & Guerra, 2009) e do *Functional Assessment Questionnaire* – FAQ (Assis et al., 2015); para estadiamento de possível quadro demencial através da *Clinical Dementia Rating* – CDR (versão brasileira de Chaves et al., 2007); para identificação de outros sintomas psiquiátricos que pudessem explicar as queixas foi utilizado o Inventário Neuropsiquiátrico (NPI) (Camozzato et al., 2008).

- Teste de Aprendizagem Auditivo-Verbal de Rey – RAVLT (de Paula & Malloy-Diniz, 2018), utilizado para a avaliação na memória episódica verbal – evocação imediata, recente e tardia, aprendizado e reconhecimento de novas informações, velocidade de esquecimento e interferências pró e retroativa (tendência de memórias antigas interferirem na evocação de memórias mais recentes e vice-e-versa).
- Escala Wechsler de Inteligência – Wais III (Nascimento, 2004): foram aplicados os subtestes Códigos, Aritmética, Raciocínio Matricial, Dígitos (ordens direta e inversa), Procurar Símbolos, e Sequência de Números e Letras (SNL). Estes subtestes permitem uma avaliação da atenção alternada e concentrada; resolução de problemas matemáticos; da memória episódica de curto prazo e da memória operacional (memória de trabalho: capacidade de armazenar e manipular informações de curto prazo); e da capacidade de raciocínio abstrato (capacidade de distinguir detalhes essenciais dos não essenciais, organização perceptual, visualização espacial). Como crítica, salienta-se que este instrumento não diferencia os desempenhos por nível de escolaridade (o paciente em questão tem escolaridade superior e, portanto, altos índices de reserva cognitiva). Além disso, os subtestes não possuem um padrão normativo de interpretação independente.
- Bateria Montreal-Toulouse de Avaliação da Linguagem – MTL (Fonseca et al., 2016): foram utilizados subtestes para avaliação da compreensão oral e escrita, escrita sob ditado, fluência verbal semântica e fonológica, nomeação oral e escrita, e cálculo numérico.
- Bateria Montreal de Avaliação da Comunicação – MAC (Fonseca et al., 2008): foi utilizado o subteste para avaliação da fluência verbal livre (evocação lexical que avalia processos linguísticos no nível da palavra, flexibilidade cognitiva, busca e manutenção de estratégias bem-sucedidas, iniciação e inibição verbal).
- Instrumento de Avaliação Neuropsicológica Neupsilin (Fonseca, Salles, & Parente, 2009): foram utilizados subtestes para avaliação da memória de trabalho (capacidade de armazenar e manipular informações de curto prazo) e de memória semântica de longo prazo (conhecimento obtido ao longo da vida), leitura automática, processamento de inferências e resolução de problemas.
- Teste Hayling (Zimmermann, Cardoso, Kristensen, & Fonseca, 2017): para avaliação da iniciação e inibição oral, bem como a flexibilidade cognitiva (capacidade de alternar entre estímulos diferentes), componentes de funções executivas.
- Teste de Trilhas – TMT (Zimmermann, Cardoso, Kristensen, & Fonseca, 2017): para avaliação da iniciação e inibição visuomotora, bem como a flexibilidade cognitiva (capacidade de alternar entre estímulos diferentes); trata-se de um instrumento que avalia componentes de funções executivas.
- *Consortium to Establish a Registry for Alzheimer's Disease* – Cerad (Bertolucci et al., 2001): foi utilizado o subteste de cópia e evocação de figuras para avaliação de habilidade de praxia construtiva e memória visual.
- Teste BPA – Bateria de Provas de Atenção (Rueda, 2013): para a avaliação da atenção concentrada, dividida e alternada.
- Teste dos Cinco Dígitos – FDT (Sedó, de Paula, & Malloy-Diniz, 2015): para a avaliação da velocidade de leitura, contagem,

escolha e alternância de quantidades numéricas. Além disso, possibilita a avaliação de inibição e flexibilidade verbal. Trata-se de um teste que avalia componentes de funções executivas.

• Tarefa ecológica (em processo de validação) para avaliar a memória episódica verbal através da utilização de pistas semânticas tanto no momento da codificação das informações quanto na evocação das mesmas que não forem livremente evocadas. Além de finalizar com a avaliação do reconhecimento das informações aprendidas.

A seguir são apresentados os resultados e as interpretações das avaliações.

Na avaliação do humor, R. não evidenciou escores sugestivos de sintomas de ansiedade (GAI = 9) ou depressão (GDS = 1). No rastreio cognitivo, através do Meem, ele apresentou escore de 24, ou seja, exatamente no ponto de corte para sua escolaridade. Apesar de esse desempenho não indicar objetivamente prejuízos, devido à alta reserva cognitiva do paciente, a pontuação bruta serve de alerta para um possível prejuízo.

Em entrevista realizada com sua esposa, ela relatou que R. está apresentando prejuízo funcional leve (ADL-Q = 25 e FAQ = 4). Na CDR, feita em parte com o paciente e em parte com a informante, foram obtidas as seguintes pontuações (Memória = 1, Orientação = 0,5, Julgamento e Solução de Problemas = 0,5, Assuntos da Comunidade = 0,5, Lar e Passatempos = 1, Cuidados Pessoais = 0), gerando um escore total da soma dos boxes de 3.5, indicando um estágio demencial leve (O'Bryant et al., 2010). Na avaliação dos sintomas neuropsiquiátricos, somente foi observado um aumento de sintomas de delírio (achar que está sendo roubado/traído), mas que podem ser atenuados através de manejo comportamental, segundo relato da esposa.

No restante da avaliação neuropsicológica, foram observados prejuízos em atenção alternada (BPA), com percentil de 20 a 10, atenção dividida (BPA), com percentil entre 10 e 1, fluência verbal semântica (MTL), com escore z = -1,76, e no Teste Hayling – Erros parte B/15 (capacidade de inibição verbal), com escore z = -2,45. O desempenho nos demais testes e tarefas estava dentro do esperado para a idade e escolaridade do paciente.

As avaliações dos diversos tipos de memórias são apresentadas na Tabela 4. Priorizou-se discutir a avaliação da memória do paciente na tabela em função do tema deste capítulo. Pode ser observado prejuízo somente na memória de trabalho (em tarefa realizada com números) e na memória episódica verbal, tanto na evocação recente e tardia quanto no reconhecimento de novas informações. Também foi observado que novas informações interferem na evocação de informações previamente aprendidas.

Na tarefa ecológica para avaliar a memória episódica verbal através da utilização de pistas semânticas realizada com o paciente pode ser observado que ele não conseguiu se beneficiar da utilização destas pistas, o que é um indicativo de que ele não está conseguindo armazenar novas informações. Este aspecto é sugestivo de um processo de demência devido à doença de Alzheimer (Dubois et al., 2014), cuja confirmação depende de avaliação por médico neurologista. Cognitivamente demonstrou-se o prejuízo de diversos sistemas e etapas da memória.

Tabela 4 Síntese dos resultados da avaliação da memória do paciente R

Instrumento/tarefa	Escore bruto	Escore Z/ Ponderado/ Percentil	Escore esperado	Classificação do desempenho
MEMÓRIA DE TRABALHO				
Aritmética – Wais III	14	11	>8	Médio
Dígitos – Wais III	9	6	>8	**Limítrofe**
SNL – Wais III	7	9	>8	Médio
Memória de trabalho – Neupsilin	23	0,06	> -1,5	Preservado
MEMÓRIA SEMÂNTICA				
Memória semântica – Neupsilin	5	0,22	> -1,5	Preservado
MEMÓRIA EPISÓDICA VISUAL				
Memória visual – Cerad	7	–	>4	Preservado
MEMÓRIA EPISÓDICA VERBAL				
Memória imediata – RAVLT (A1)	4	25	>50	Médio inferior
Memória recente – RAVLT (A6)	2	<5	>50	**Inferior**
Memória tardia – RAVLT (A7)	1	<5	>50	**Inferior**
Reconhecimento – RAVLT	-11	<5	>50	**Inferior**
Aprendizado total – RAVLT	25	5	>50	**Inferior**
Aprendizado ao longo das tentativas – RAVLT	5	25 a 5	>50	Médio inferior
Velocidade de esquecimento – RAVLT	0,5	25 a 5	>50	Médio inferior
Interferência proativa – RAVLT	0,75	50 a 25	>50	Médio
Interferência retroativa – RAVLT	0,4	<5	>50	**Inferior**

Como foi possível observar no caso, o paciente R. foi avaliado de maneira a cumprir os quatro desafios lançados na segunda seção deste capítulo. Estes desafios foram: 1) avaliar a possibilidade de que o comprometimento da memória seja secundário a prejuízos em outro(s) sistema(s) cognitivo(s); 2) identificar o(s) sistema(s) de memória prejudicado(s); 3) analisar que etapa da memorização está comprometida; 4) descrever a natureza do prejuízo desta função cognitiva, tentando estabelecer se a dificuldade tem causas reversíveis ou não reversíveis.

Quanto ao **primeiro desafio**, sabe-se que muitas vezes a memória pode estar prejudicada por prejuízos em outros sistemas cognitivos e também por fatores emocionais e comportamentais. Desta forma, o paciente R. foi avaliado em relação ao humor e à ansiedade, bem como à atenção, funções executivas e linguagem. Também foi essencial a entrevista com a familiar (neste caso, a esposa do paciente). Em avaliação de adultos e idosos com queixas de memória, é imprescindível que um familiar/cuidador seja entrevistado, a fim de complementar a investigação. Em relação ao **segundo desafio**, o paciente R. foi avaliado no que diz respeito à memória de curto e de longo prazos, episódica e semântica, bem como à memória de trabalho. No que diz respeito ao **terceiro e quarto desafios**, o paciente R. foi avaliado em relação a diferentes processos e etapas da memória – formação, consolidação e evocação, através de paradigmas verbais e visuoespaciais.

5 Considerações finais

A estrutura e os objetivos deste capítulo incluíram: discutir os diferentes sistemas e processos de memória em humanos, problematizando a importância do conhecimento dos mesmos para a avaliação psicológica; apresentar diferentes paradigmas de avaliação da memória, priorizando instrumentos de natureza auditivo-verbal e visuoespacial (que são os disponíveis no cenário nacional); problematizar o diagnóstico das queixas de memória enquanto primárias ou secundárias; expor alguns desafios em se tratando da avaliação da memória nos cenários nacional e internacional; ilustrar a avaliação psicológica da memória através da apresentação de um caso clínico em que é efetuada uma avaliação neuropsicológica.

Como lacunas e perspectivas futuras, sugere-se, para a avaliação psicológica brasileira, que sejam investidos esforços tanto nos segmentos de formação e qualificação profissional quanto na ampliação de instrumentos psicológicos de avaliação da memória. Em se tratando da **formação e qualificação profissional**, é fundamental que se difunda mais as diretrizes de construção, adaptação, validação, padronização e normatização de instrumentos de avaliação (Cicchetti, 1994; ITC, 2001), bem como em relação a pensar os sistemas de memória (Cabeza & Moscovitch, 2013) e a cognição em termos de comunicação entre processos mentais, ou seja, de maneira funcional (Arango-Lasprilla et al., 2017; Casaletto & Heaton, 2017; Haase et al., 2008). Estas iniciativas são necessárias tanto em termos de graduação quanto em se tratando da pós-graduação. É necessário que os profissionais psicólogos sejam sensibilizados e capacitados para compreender e utilizar adequadamente os instrumentos, bem como a pensar a cognição e o comportamento. No que tange à **questão dos instrumentos**, é fundamental que baterias amplas sejam traduzidas, adaptadas e normatizadas para o contexto nacional, comtemplando diferentes faixas etárias de investigação. Neste capítulo foram mencionadas as diferentes edições da *Wechsler Memory Sca-*

le (WMS) e o *Rivermead Behavioural Memory Test* (RBMT – Lezak et al., 2012; Strauss et al., 2006), mas estes são apenas exemplos. A disponibilização no Brasil de instrumentos internacionalmente conhecidos permite o desenvolvimento de pesquisas que possam ser melhor aceitas e também citadas por pesquisadores de outros países, aumentando a visibilidade das investigações brasileiras. É fundamental também que sejam desenvolvidos e/ou adaptados instrumentos de avaliação de memórias de outras naturezas – olfativas, gustativas, motoras e somatossensoriais. Exemplos de instrumentos existentes que podem ser normatizados para o Brasil incluem o *Tactual Performance Test* (TPT – Lezak et al., 2012) e o *Smell Identification Test* (SIT – Strauss et al., 2006). Em se tratando de pacientes adultos e idosos, investir em outras formas de avaliar a memória é relevante em função de que estas podem ser marcadores precoces de doenças neurodegenerativas, como Parkinson (Haehner, Hummel, Hummel, Sommer, Junghanns, & Reichmann, 2007) e Alzheimer (Schiffman, Graham, Sattely-Miller, Zervakis, & Welsh-Bohmer, 2002), por exemplo. Além disso, a avaliação da memória também pode ser útil no acompanhamento do desenvolvimento infantil típico ou atípico (Spreen, Risser, & Edgell, 1995).

Referências

Arango-Lasprilla, J.C., Stevens, L., Morlett Paredes, A., Ardila, A., & Rivera, D. (2017). Profession of neuropsychology in Latin America. *Applied Neuropsychology: Adult, 24*(4), 318-330.

Baddeley, A. (2013). Working memory: theories, models and controversies. *Annual Review of Psychology, 63,* 1-29.

Cabeza, R. & Moscovitch, M. (2013). Memory Systems, Processing Modes, and Components: Functional Neuroimaging Evidence. *Perspectives on Psychological Science, 8*(1), 49-55.

Casaletto, K.B. & Heaton, R.K. (2017). Neuropsychological assessment: past and future. *Journal of the International Neuropsychological Society, 23,* 778-790.

Cicchetti, D.V. (1994). Guidelines, criteria, and rules of thumb for evaluating normed and standardized assessment instruments in psychology. *Psychological Assessment, 6*(4), 284-290.

Davies, M. (2010). Double dissociation: Understanding its role in cognitive neuropsychology. *Mind & Language, 25*(5), 500-540.

Dubois, B., Feldman, H.H., Jacova, C., Hampel, H., Molinuevo, J.L., Blennow, K., & Cummings, J.L. (2014). Advancing research diagnostic criteria for Alzheimer's disease: the IWG-2 criteria. *The Lancet – Neurology, 13*(6), 614-629.

Izquierdo, I. (2011). *Memória* (2a. ed.). Porto Alegre: Artmed.

Haase, V.G., Chagas, P.P., Gonzaga, D.M., Mata, F.G., Silva, J.B.L., & Géo, L.A. (2008). Um sistema nervoso conceitual para o diagnóstico neuropsicológico. *Contextos Clínicos, 1*(2), 125-138.

Haase, V.G., Gauer, G., & Gomes, C.M.A. (2018). Neuropsicometria: modelos nomotético e idiográfico. In L.F. Malloy-Diniz et al. (Eds.). *Avaliaçao Neuropsicológica* (pp. 17-22). Porto Alegre: Artmed.

Haehner, A., Hummel, T., Hummel, C., Sommer, U., Junghanns, S., & Reichmann, H. (2007). Olfactory loss may be a first sign of idiopathic Parkinson's disease. *Movement Disorders, 22*(6), 839-842.

International Test Commission (2001). International Guidelines for Test Use. *International Journal of Testing, 1*(2), 93-114.

Lezak, M.D., Howieson, D.B., Bigler, E.D., & Tranel, D. (2012). *Neuropsychological Assessment.* Nova York: Oxford University Press.

Milner, B., Squire, L.R., & Kandel, E.R. (1998). Cognitive neuroscience and the study of memory. *Neuron, 20*, 445-468.

O' Bryant, S.E., Lacritz, L.H., Hall, J. et al. (2010). Validation of new interpretative guidelines for clinical dementia rating scale sum of boxes score in the national Alzheimer's coordinating center database. *Archives of Neurology, 67*(6), 746-749.

Ponsford, J. (2017). International growth of neuropsychology. *Neuropsychology, 31*(8), 921-933.

Schiffman, S.S., Graham, B.G., Sattely-Miller, E.A., Zervakis, J., & Welsh-Bohmer, K. (2002). Taste, smell and neuropsychological performance of individuals at familial risk for Alzheimer's disease. *Neurobiology of Aging, 23*(3), 397-404.

Spreen, O., Risser, A.H., & Edgell, D. (1995). *Developmental neuropsychology*. Nova York: Oxford University Press.

Squire, L.R. (2004). Memory systems of the brain: A brief history and current perspective. *Neurobiology of Learning and Memory, 82*, 171-177.

Squire, L.R., Knowlton, B., & Musen, G. (1993). The structure and organization of memory. *Annual Review of Psychology, 44*, 453-495.

Strauss, E., Sherman, E.M.S., & Spreen, O. (2006). *A compendium of neuropsychological tests – Administration, norms, and commentary.* Nova York: Oxford University Press.

Tromp, D., Dufour, A., Lithfous, S., Pebayle, T., & Després, O. (2015). Episodic memory in normal aging and Alzheimer disease: Insights from imaging and behavioral studies. *Ageing Research Reviews, 24*, 232-262.

Tulving, E. (1984). How mány memory systems are there? *American Psychologist, 40*(4), 385-398.

Referências – Instrumentos citados

Almeida, O.P. & Almeida, S.A. (1999). Confiabilidade da versão brasileira da Escala de Depressão em Geriatria (GDS) – Versão reduzida. *Arquivos de Neuro-Psiquiatria, 57*(2B), 421-6.

Assis, L.O., de Paula, J.J., Assis, M.G., Moraes, E.N., & Malloy-Diniz, L.F. (2015). Pfeffer's Functional Activities Questionnaire: An integrative review of the Brazilian literature. *Estudos Interdisciplinares sobre o Envelhecimento, 20*, 297-324.

Bertolucci, P.H., Okamoto, I.H., Brucki, S.M.D., Siviero, M.O., Neto, J.T., & Ramos, L.R. (2001). Applicability of the Cerad neuropsychological battery to Brazilian elderly. *Arquivos de Neuro-Psiquiatria, 59*(3-A), 532-536.

Camozzato, A.L., Kochhann, R., Simeoni, C., Konrath, C., Franz, A.P., Carvalho, A.F., & Chaves, M.L. (2008). Reliability of the Brazilian Portuguese version of the Neuropsychiatric Inventory (NPI) for patients with Alzheimer's disease and their caregivers. *International Psychogeriatrics, 20*, 383-393.

Chaves, M.L., Camozzato, A.L., Godinho, C., Kochhann, R., Schuh, A., Almeida, V.L. et al. (2007). Validity of the clinical dementia rating scale for the detection and staging of dementia in Brazilian patients. *Alzheimer Disease and Associated Disorders, 21*, 210-217.

Fonseca, R.P., Parente, M.A.M.P., Côté, H., Ska, B., & Joanette, Y. (2008). *Bateria Montreal de Avaliação da Comunicação – Bateria MAC.* São Paulo: Pró-Fono.

Fonseca, R.P., Parente, M.A.M.P., Pagliarin, K.C., Barreto, S.S., Soares-Ishigaki, E.C.S., Hübner, L.C., Ortiz, K.Z. (2016). *Bateria Montreal-Toulouse de Avaliação da Linguagem (MTL).* São Paulo: Vetor.

Fonseca, R.P., Salles, J.F., & Parente, M.A.M.P. (2009). *Instrumento de Avaliação Neuropsicológica Breve Neupsilin.* Porto Alegre: Vetor.

Kochhann, R., Varela, J.S., Lisboa, C.S., & Chaves, M.L.F. (2010). The Mini Mental State Examination: review of cutoff points adjusted for schooling in a large Southern Brazilian sample. *Dementia & Neuropsychologia, 4*(1), 35-41.

Massena, P.N., de Araújo, N.B., Pachana, N., Laks, J., & de Pádua, A.C. (2015). Validation of the Brazilian Portuguese Version of Geriatric Anxiety

Inventory – GAI-BR. *International Psychogeriatrics*, 27(07), 1.113-1.119.

Medeiros, M.E.D., & Guerra, R.O. (2009). Tradução, adaptação cultural e análise das propriedades psicométricas do Activities of Daily Living Questionnaire (ADLQ) para avaliação funcional de pacientes com a doença de Alzheimer. *Revista Brasileira de Fisioterapia*, 13(3), 257-266.

Morris, J.C. (1993). The Clinical Dementia Rating (CDR) – Current version and scoring rules. *Neurology*, 43(11), 2.412-2.414.

Nascimento, E. (2004). Adaptação, validação e normatização do Wais-III para uma amostra brasileira. In D. Wechsler. *Wais III: manual para administração e avaliação*. São Paulo: Casa do Psicólogo.

Oliveira, M.S. & Rigoni, M.S. (2010). *Figuras complexas de Rey*. São Paulo: Casa do Psicólogo.

Paula, J.J. & Malloy-Diniz, L.F. (2018). *Teste de Aprendizagem Auditivo-Verbal de Rey (RAVLT)*. São Paulo: Vetor.

Rueda, F.J.M. (2013). *Bateria Psicológica para Avaliação da Atenção – BPA*. São Paulo: Vetor.

Rueda, F.J.M. & Sisto, F.F. (2007). *Teste Pictórico de Memória (Tepic-M)*. São Paulo: Vetor.

Salles, J.F., Fonseca, R.P., Parente, M.A.M.P., Cruz-Rodrigues, C., Mello, C.B., & Barbosa, T. (2016). *Instrumento de Avaliação Neuropsicológica Breve Neupsilin Infantil (Neupsilin-Inf)*. São Paulo: Vetor.

Sedó, M., de Paula, J.J., & Malloy-Diniz, L.F. (2015). *Five Digit Test* / teste dos cinco dígitos. São Paulo: Hogrefe.

Trentini, C.M., Hutz, C.S., Bandeira, D.R., Salles, J.F., & Segabinazi, J.D. (2016). *Teste de Retenção Visual de Benton (BVRT)*. São Paulo: Vetor.

Wechsler, D. (2013). *Escala Weschsler de inteligência para crianças: Wisc-IV* – Manual técnico. Tradução do manual original: Maria de Lourdes Duprat (4a. ed.). São Paulo: Casa do Psicólogo.

Zimmermann, N., Cardoso, C.O., Kristensen, C.H., & Fonseca, R.P. (2017). Brazilian norms and effects of age and education on the Hayling and Trail Making Tests. *Trends in Psychiatry and Psychotherapy*, 39(3), 188-195.

37
Inteligência emocional

José Maurício Haas Bueno

Ana Carolina Zuanazzi

A inteligência emocional (IE) tem sido um dos temas mais investigados em psicologia recentemente. As pesquisas têm se concentrado em quatro linhas de temáticas: a) desenvolvimento de instrumentos para medi-la, b) investigação de sua pertinência como um novo tipo de inteligência, c) investigação da rede nomotética de relações com outras variáveis, e d) investigação de seu impacto na vida das pessoas.

Nesse percurso, o desenvolvimento e utilização de instrumentos de avaliação por desempenho resultou na compreensão da inteligência emocional como uma habilidade, enquanto a utilização de instrumentos de avaliação por autorrelato resultou na compreensão da inteligência emocional como traço. É relevante indicar que medidas desenvolvidas a partir dessas duas formas de compreensão apresentam correlações muito baixas entre si, mostrando que avaliam aspectos distintos do funcionamento mental, em que as medidas por desempenho parecem se situar no campo das habilidades cognitivas, enquanto as medidas por autorrelato estariam mais no campo de estudo da personalidade e áreas correlatas (Davis & Humphrey, 2014; Petrides, 2017). Este capítulo se concentra na compreensão da inteligência emocional no campo das habilidades cognitivas (inteligência emocional como habilidade), e apresenta as principais definições e instrumentos de avaliação da inteligência emocional identificados na literatura nacional e internacional, suas principais características, vantagens e desvantagens, relações com outras variáveis, impactos na vida cotidiana e possíveis direções futuras nas investigações sobre o tema. Nessa obra, há um capítulo específico que foca no modelo de inteligência emocional como traço de personalidade.

Introdução

A inteligência emocional tem sido estudada na concepção psicométrica das habilidades cognitivas, e foi originalmente proposta como um conjunto de habilidades primárias, organizadas em quatro níveis hierárquicos, de acordo com a complexidade dos processos envolvidos: a) percepção de emoções, b) utilização da emoção para facilitar o pensamento (facilitação do pensamento), c) compreensão de emoções e d) regulação de emoções. A *percepção de emoções* envolve as habilidades de identificar as emoções em si mesmo e em outras pessoas, assim como de perceber conteúdo emocional em ambientes físicos e expressões artísticas. Envolve a identificação de diferenças e nuanças decorrentes do contexto e da cultura, e entre expressões emocionais autênticas e falseadas. Inclui também a capacidade de expressar as emoções no comportamento, facilitando o processo de comunicação com outras pessoas (Mayer, Caruso, & Salovey, 2016).

Quando uma informação emocional passa pelo sistema perceptual e é identificada, ela será processada de alguma forma. Uma possibilidade, portanto, é a *utilização dessa informação emocional para facilitar o pensamento*, que envolve a habilidade de gerar rudimentos emocionais a partir de lembranças ou da imaginação, como forma de auxiliar as tomadas de decisão, o julgamento e a compreensão das experiências de outras pessoas. Também envolve a utilização das informações emocionais (sentimentos) para a seleção de prioridades e direcionamento dos esforços cognitivos e comportamentais para a resolução de problemas relevantes para o indivíduo, utilizar diferentes estados emocionais para explorar os diferentes entendimentos da realidade que esses estados produzem, selecionar afazeres e priorizar tarefas que sejam compatíveis com o estado emocional atual (Mayer et al., 2016).

A sucessão de experiências emocionais gera um conjunto de conhecimentos que auxiliam na *compreensão das emoções* em situações novas ou futuras. Nesse nível estão as habilidades de compreender o que causa as emoções e seus prováveis impactos no pensamento e no comportamento (p. ex., a raiva é causada pela percepção de uma situação injusta, cujo causador é interpretado como um mal a ser eliminado, aumentando as chances de que um comportamento agressivo seja desencadeado). Também envolve a compreensão de situações complexas, que despertam um coquetel de emoções simultâneas, às vezes contraditórias entre si, como amar e odiar uma mesma pessoa, por exemplo; ou transições de uma emoção para outra, conforme os eventos se sucedem (da raiva à satisfação e talvez à culpa, p. ex., quando um problema é resolvido satisfatoriamente), ou ainda a previsão de situações que provavelmente irão despertar algum tipo de emoção ou conjunto de emoções (p. ex., prever a reação própria ou de outra pessoa, caso o time perca, não ganhe uma promoção esperada ou não consiga alcançar um objetivo almejado). Além disso, esse nível envolve a capacidade de diferenciar estados de humor (geralmente, mais duradouros e característicos da identidade da pessoa) de estados emocionais (geralmente mais situacionais e transitórios) (Mayer et al., 2016).

Finalmente, a regulação de emoções requer abertura para o significado que as emoções veiculam, sejam elas prazerosas ou desprazerosas, assim como a capacidade de monitorar as próprias emoções e de utilizá-las de forma construtiva dentro de um contexto. Também envolve a escolha das estratégias de manutenção, redução ou intensificação de uma resposta emocional, tanto em si quanto em outras pessoas, e em conformidade com os objetivos desejados (Mayer et al., 2016).

A partir dessa definição da inteligência emocional, muitos instrumentos surgiram para avaliá-la. Este capítulo se concentra nos resultados obtidos com o instrumento mais utilizado e referenciado em pesquisas para avaliação da inteligência emocional como habilidade: o *Mayer-Salovey-Caruso Emotional Intelligence Test (Msceit)*, cujas características e propriedades psicométricas são descritas a seguir.

Avaliação da inteligência emocional como habilidade

Os autores proponentes da inteligência emocional desenvolveram diversos instrumentos para avaliá-la, em um processo de aprimoramentos que resultou no *Mayer-Salovey-Caruso Emotional Intelligence Test (Msceit)* (Mayer, Salovey, & Caruso, 2002). No Msceit, cada um dos quatro eixos da inteligência emocional (percepção de emoções, utilização da emoção para pensar, compreensão emocional e regulação emocional) é avaliado por dois tipos de tarefas (subtestes), de modo que o teste todo é composto por oito subtestes, identificados por letras de A até H, dispostos em 141 itens (Mayer et al., 2002).

Por envolverem problemas emocionais, que geralmente admitem mais de uma resposta adequada, os autores optaram pela utilização de sistemas de pontuação baseados na concordância com o consenso geral e na concordância com especialistas. A concordância com o consenso geral é aquela em que um participante recebe pontos proporcionais à porcentagem de pessoas da amostra normativa que escolheram a mesma alternativa que ele. Por exemplo, se um participante escolheu uma alternativa junto com 45% da amostra normativa, então seu escore naquele item é de 0,45. Na pontuação por concordância com especialistas, o participante recebe pontos proporcionais ao número (porcentagem) de especialistas que escolheram a mesma alternativa que ele. Nos estudos de normatização do Msceit, os especialistas foram 21 membros da *International Society for Research on Emotions (Isre)*, sendo 10 homens e 11 mulheres, de oito diferentes países ocidentais (Mayer et al., 2002).

Embora distintos, esses dois métodos de pontuação estão altamente correlacionados entre si ($r_{(N = 705)}$ = 0,908; Mayer et al., 2002). No entanto, nesses tipos de pontuação os itens mais difíceis acabam sendo menos discriminativos, porque os respondentes tendem a se distribuir mais equitativamente entre as alternativas de resposta e, consequentemente, a receber pontuações mais parecidas entre si nesses itens. Uma consequência disso é que o instrumento indica mais a ausência de erros básicos ao lidar com emoções do

que a habilidade para lidar com situações emocionais complexas (Fiori et al., 2014).

Apesar dessas dificuldades, o Msceit é o instrumento mais utilizado nos estudos para compreensão da estrutura fatorial da inteligência emocional, de sua pertinência como um novo tipo de inteligência e suas relações com outras variáveis. Em relação à sua estrutura interna, uma análise fatorial confirmatória mostrou bons índices de ajuste dos dados aos modelos de um, dois e quatro fatores. O modelo com quatro fatores corresponde às quatro habilidades primárias relacionadas à inteligência emocional. O modelo com dois fatores divide o construto em *área experiencial*, que engloba os fatores de percepção de emoções e facilitação do pensamento, e a *área estratégica*, que engloba as medidas de compreensão e de regulação de emoções. O modelo unifatorial expressa um resultado global de inteligência emocional (Mayer et al., 2002).

Os índices de fidedignidade pelo método das metades foi sempre acima de 0,70 para as soluções com um, dois e quatro fatores, e foram semelhantes para os dois sistemas de pontuação. Além disso, observou-se que eles tendem a aumentar conforme se caminha das pontuações nas habilidades primárias para a mais geral, provavelmente em decorrência do aumento do número de itens (Mayer et al., 2002).

Sanchez-Garcia, Extremera e Fernandez-Berrocal (2016) confirmaram as estruturas fatoriais com um, dois e quatro fatores obtidas por Mayer et al. (2002), e obtiveram índices de precisão satisfatórios (de 0,71, em facilitação do pensamento, a 0,94, na pontuação total em inteligência emocional) com a versão espanhola do Msceit (N = 3448). Outros estudos, no entanto, encontraram resultados ligeiramente diferentes. Por exemplo, a versão italiana do Msceit encontrou uma estrutura com três fatores, em que as habilidades de percepção de emoções e facilitação do pensamento permaneceram em um único fator (área experiencial) ao lado de outros dois fatores correspondentes às habilidades de compreender e de regular emoções. Os índices de fidedignidade (pelo método das metades) das pontuações geral e das quatro habilidades variaram de 0,60 a 0,79 (Curci, Lanciano, Soleti, Zammuner, & Salovey, 2013). Por sua vez, as versões romena e chinesa do Msceit obtiveram melhores índices de ajuste para as estruturas com dois e quatro fatores. Na versão romena, as consistências internas variaram de 0,78 a 0,92 e na versão chinesa variaram de 0,68 a 0,94 (Iliescu, Ilie, Ispas, & Ion, 2013; Mao et al., 2016).

Todos os estudos são ao menos parcialmente compatíveis com o modelo teórico original. Assim, pode-se considerar que o construto é estável e robusto a ponto de ser identificado apesar das diferenças idiomáticas e culturais dos locais onde foi pesquisado. Posto isso, outra pergunta importante seria: A inteligência emocional pode ser considerada como um novo tipo de inteligência?

Para investigar essa possibilidade foram avaliados os seguintes critérios: 1) a inteligência emocional deve apresentar correlações moderadas com testes tradicionais de inteligência, mostrando que compartilham variância suficiente com essas medidas para serem consideradas uma forma de inteligência; 2) as habilidades relacionadas à inteligência emocional (percepção de emoções, facilitação do pensamento, compreensão e regulação de emoções) devem apresentar correlações positivas e significativas e mais fortes entre si do que com outras medidas de inteligência, para indicar que apresentam alguma variância única e, portanto, diferem de outros

tipos de inteligência já estabelecidos; 3) a inteligência emocional deve predizer critérios que claramente estejam relacionados com a facilidade para lidar com emoções; e 4) a inteligência emocional deve apresentar predominantemente correlações baixas e não significativas com traços de personalidade, tal como testes tradicionais de inteligência, para demonstrar que a IE não está no domínio dos construtos relacionados à personalidade (MacCann & Roberts, 2008).

Vários estudos apontam que a inteligência emocional cumpre esses critérios. Por exemplo, em um estudo com uma amostra de participantes italianos adultos (N = 183) foram encontradas correlações moderadas (0,23 a 0,46) de todas as habilidades da IE com medidas de inteligência fluida (Matrizes Progressivas de Raven) e cristalizada (subteste de vocabulário do Wais) ao lado de correlações mais baixas com traços de personalidade, numa faixa de correlações que variou de -0,14 a 0,24 (Curci et al., 2013).

Uma investigação bastante robusta sobre a pertinência da IE como um dos fatores do segundo estrato do modelo CHC merece destaque, pois foi realizada com 688 estudantes universitários (predominantemente americanos) e empregou modelagem de equações estruturais para investigar o ajuste a cinco diferentes modelos teóricos de habilidades cognitivas. Além disso, os autores obtiveram três indicadores (medidas) para cada habilidade considerada (inteligência fluida, inteligência cristalizada, raciocínio quantitativo, processamento visual e memória de longo prazo) e seis indicadores de inteligência emocional, sendo duas para cada uma das habilidades de percepção (faces e paisagens), compreensão (mudanças e misturas) e regulação de emoções (em si mesmo e em relacionamentos). Os melhores índices de ajuste foram para o modelo em que a IE aparece como uma das habilidades cognitivas do segundo estrato no modelo CHC (MacCann, Joseph, Newman, & Roberts, 2014).

Resultados como esses apoiam a consideração da inteligência emocional como um conjunto de habilidades altamente correlacionadas entre si (formando um fator diferenciado de outras habilidades), moderadamente correlacionadas com outros tipos de inteligência (integrando o conjunto de habilidades cognitivas como um novo tipo de inteligência) e pobremente relacionadas com traços de personalidade (distinguindo-se de variáveis desse campo do funcionamento mental). Além disso, há evidências de que a inteligência emocional prediz aspectos da vida real para além dos traços de personalidade (validade incremental). Por exemplo, um estudo com universitários espanhóis (N = 502) mostrou que a inteligência emocional prediz o bem-estar psicológico, mesmo após o controle dos cinco grandes fatores de personalidade (Sanchez-Garcia et al., 2016).

De forma semelhante, outro estudo mostrou que as habilidades de compreender e de regular emoções se correlacionaram com empatia em policiais romenos do sexo masculino (N = 118) e que a inteligência emocional e o desempenho no trabalho de enfermeiras estão relacionados positiva e significativamente, tanto na opinião de seus supervisores (r = 0,25) quanto de pacientes (r = 0,28) (Iliescu et al., 2013). Tanto a atividade de policiais quanto a de enfermeiras costumam ser altamente estressantes. Por isso, é possível que o efeito da inteligência emocional no desempenho desses profissionais seja o de fazer com que as situações estressantes sejam interpretadas mais como um desafio do que como uma ameaça, como mostra um estudo realizado com universitários americanos (N = 126) (Schneider, Lyons, & Khazon, 2013).

Outros estudos apontam que pessoas emocionalmente inteligentes tendem a pensar de forma flexível e na obtenção de resultados de longo prazo. Por exemplo, estudantes universitários (N = 232) com inteligência emocional mais elevada tenderam a responder de forma flexível à interação com outras pessoas, escolhendo entre cooperar ou competir de acordo com o contexto e com o objetivo de maximizar os ganhos de longo prazo (Fernández-Berrocal, Extremera, Lopes, & Ruiz-Aranda, 2014). Outro estudo, com adultos espanhóis (N = 688), revelou que indivíduos com inteligência emocional mais elevada tendem a acreditar que as habilidades emocionais e cognitivas podem ser alteradas através do aprendizado e do treinamento comportamental (teoria implícita incremental), enquanto indivíduos com baixa inteligência emocional tendem a acreditar que elas sejam predeterminadas e imutáveis (teoria implícita de entidade) (Cabello & Fernández-Berrocal, 2015).

Alguns autores se preocuparam em investigar a inteligência emocional no campo da saúde mental. Zeidner e Matthews (2016), por exemplo, em um estudo de modelagem de equações estruturais com 185 estudantes universitários israelenses, chamam a atenção para o papel mediador que o suporte social exerce na relação entre inteligência emocional e saúde mental (com o controle do efeito de raciocínio verbal). Mao et al. (2016), por sua vez, verificaram que pacientes esquizofrênicos chineses (N = 76) apresentaram pontuações inferiores às de um grupo-controle (N = 728) nas habilidades que compõem a área estratégica da inteligência emocional (compreensão e regulação de emoções).

Outros pesquisadores investigaram ainda a relação da inteligência emocional com problemas de conduta e de caráter. Kahn, Ermer, Salovey e Kiehl (2016), por exemplo, verificaram que o traço de insensibilidade emocional é preditor negativo e significativo da inteligência emocional de adolescentes americanos encarcerados (N = 176), mesmo após o controle da inteligência geral. Outro estudo, realizado com 474 estudantes universitários e 151 adolescentes do ensino médio de uma cidade do sul da Espanha, encontrou que a IE apresenta covariância única e negativa com agressividade física, mas não com agressividade verbal em ambos os grupos, após controle dos traços de personalidade dos cinco grandes fatores (García-Sancho, Salguero, & Fernández-Berrocal, 2016).

Esse conjunto de estudos mostra que é possível predizer uma ampla gama de variáveis e ocorrências no mundo real a partir da inteligência emocional, medida pelo Msceit. No Brasil, há também um conjunto de evidências que aponta na mesma direção. Alguns estudos investigaram as propriedades psicométricas do Msceit e outros propuseram novos instrumentos de medida para avaliação da inteligência emocional ou alguma de suas habilidades. Esses estudos são apresentados a seguir.

Investigações sobre a estrutura interna do Msceit resultaram uma solução com dois fatores correspondentes às áreas experiencial e estratégica, com índices de consistência interna acima de 0,70 para as habilidades e escore total (Dantas & Noronha, 2005). Resultados ligeiramente diferentes, mas ainda compatíveis com a proposta teórica original da inteligência emocional, foram obtidos por Jesus Jr. e Noronha (2008), que encontraram uma estrutura com três fatores, correspondentes à área experiencial (percepção de emoções e facilitação do pensamento), compreensão de emoções e regulação de emoções. Os índices de consistência interna (alfa de Cronbach) variaram de 0,62 (compreensão de emoções) a 0,90 (pontuação to-

tal em inteligência emocional). Esses estudos são compatíveis com os das versões romena e chinesa do Msceit (Iliescu et al., 2013; Mao et al., 2016) no primeiro caso, e com a versão italiana (Curci et al., 2013) no segundo caso. Além disso, Primi, Bueno e Muniz (2006) encontraram evidências de validade discriminante para o Msceit em relação a medidas tradicionais de inteligência (BPR-5) e de personalidade (16PF) (N = 107). Esses resultados apoiam a consideração da inteligência emocional como um tipo de inteligência relacionada ao processamento cognitivo de informações emocionais.

Outros estudos brasileiros se preocuparam em investigar os efeitos da inteligência emocional em atividades ocupacionais. Um estudo mostrou que a abertura às emoções (baixa regulação emocional) de um grupo de estudantes de psicologia (N = 83) se correlacionou com o desempenho no estágio em psicoterapia, segundo a avaliação dos seus supervisores (Freitas & Noronha, 2006). Em outro estudo, realizado com trabalhadores das áreas administrativa, comercial e de produção de empresas do interior de São Paulo (N = 119), a área estratégica se mostrou uma boa preditora do desempenho no trabalho, mesmo após o controle da inteligência (validade incremental) (Cobêro, Primi, & Muniz, 2006).

Outros dois estudos ainda foram realizados com policiais militares. Em um deles (N = 40), os autores relataram que as habilidades de perceber, usar a emoção para facilitar o pensamento e de regular as emoções se correlacionaram com diferentes aspectos do desempenho desses profissionais, como agressões físicas (-) e autocontrole (+), companheirismo (-), disciplina (+), resignação (+) e humildade (+) (Muniz & Primi, 2007). No outro estudo (N = 24), os autores concluíram que indivíduos estressados tendem a experienciar situações emocionais com menos interferência do raciocínio (Muniz, Primi, & Miguel, 2009).

Além disso, um estudo encontrou que as relações entre inteligência emocional e estresse se alteram em função do tipo de ambiente de trabalho. Numa repartição pública ligada ao sistema legislativo, os autores encontraram uma correlação negativa entre regulação de emoções e estresse, enquanto num hospital público municipal foi a compreensão de emoções que se correlacionou positivamente com estresse, sugerindo que outros aspectos, além da inteligência emocional, devem influenciar na adequada regulação do estresse (Miguel & Noronha, 2009).

A despeito desses estudos terem sido realizados com participantes de ocupações bastante distintas entre si, a inteligência emocional, ou alguma de suas habilidades, foi capaz de predizer o desempenho desses profissionais, mostrando, inclusive, que acrescenta poder preditivo ao que já pode ser predito por testes de inteligência tradicionais. Além disso, os dados alertam para o fato de que nem sempre a inteligência emocional é fator de controle do estresse no trabalho. No caso do ambiente hospitalar, por exemplo, compreender emoções parece trazer uma carga emocional a mais para os profissionais desse contexto ocupacional.

Pesquisadores brasileiros também trabalharam no desenvolvimento de novos instrumentos para avaliação da inteligência emocional ou de algumas de suas habilidades. O Teste Informatizado de Percepção de Emoções Primárias (Miguel & Primi, 2014), por exemplo, apresenta alguns avanços em relação aos instrumentos tradicionais para avaliação da percepção de emoções. Um deles é que seus estímulos são apresentados no formato de vídeo (no lugar de imagens estáticas), conferindo maior proximidade com situações de vida reais em que a percepção de emoções é requerida. Outro avanço é que esses vídeos foram produzidos por estímulos de conteúdo conhecido, o que facilita a identificação de uma resposta como correta, em vez da utilização do consenso. Além disso, foi encontrado um fator de distorção da percepção, relacionado com as interferências de características pessoais na capacidade de perceber emoções, dando a elas um sentido tão peculiar que parece distorcido em relação ao que costuma ser percebido pela maioria das pessoas. Esse instrumento apresenta bons indicadores de validade, com base na estrutura interna (validade fatorial, N = 924) e na relação com outras variáveis (aspectos de personalidade medidos pelo Rorschach, N = 222). Os índices de precisão, no entanto, ficaram abaixo do desejado (0,70), o que os autores atribuem ao baixo número de itens dos fatores avaliados.

Outro instrumento brasileiro para a avaliação do construto é o Teste de Inteligência Emocional para Crianças (Bueno, 2008), cujos estudos psicométricos foram realizados com estudantes do segundo, terceiro e quarto anos do Ensino Fundamental (N = 663). O instrumento é composto por estórias nas quais um personagem experimenta uma emoção. Em seguida, são feitas perguntas sobre esse personagem, que exploram as habilidades relacionadas com a inteligência emocional. O instrumento apresentou bons indicadores de validade com base na estrutura interna, especialmente para o fator geral de inteligência emocional ($\alpha = 0,88$), validade desenvolvimental (os escores médios aumentam progressivamente da segunda para a quarta série) e convergente-discriminante (fatores distintos, mas moderadamente correlacionados com medidas de inteligência fluida e cristalizada, além de correlações baixas e negativas com o traço de neuroticismo).

Excetuando os dois últimos exemplos de instrumentos desenvolvidos no Brasil, o conjunto de estudos internacionais e brasileiros apresentado foi realizado com o Msceit. Embora se possa criticar que as evidências são dependentes do uso desse instrumento, esses estudos envolveram amostras de participantes bastante distintas entre si e representativas de diferentes idiomas e culturas, como a norte-americana, europeia, asiática, hebreia e brasileira. Apesar disso, esse conjunto de resultados converge quanto à (pelo menos parte da) mesma estrutura fatorial, relações progressivamente menores com outras variáveis conforme se afasta do construto principal (habilidades da inteligência emocional entre si, e dessas com outros tipos de inteligência e com traços de personalidade), predição de critérios importantes do mundo real, como aspectos relacionais (agressividade, p. ex.), bem-estar, empatia, estresse, saúde mental e desempenho no trabalho em diversas áreas profissionais. Assim, esses dados apoiam a consideração da inteligência emocional como um novo tipo de inteligência relacionada ao processamento de informações emocionais, bem como a sua inclusão no segundo estrato do modelo CHC das habilidades cognitivas.

Perspectivas futuras

As concepções teóricas na ciência são consideradas de forma relativa, temporária, ou seja, aceita-se uma teoria até que um modelo mais robusto seja apresentado pela comunidade científica. Schneider, Mayer e Newman (2016), por exemplo, apresentam um modelo alternativo que distingue as habilidades cognitivas entre frias e quentes. As inteligências frias se organizam em quatro níveis, conforme o grau de complexidade das habilidades que a constituem: 1) as habilidades motoras, 2) o processamento perceptual, 3) o controle da atenção (inteligência fluida + memória de trabalho), e 4) a aquisição de conhecimentos gerais e específicos (composto basicamente pela inteligência cristalizada, leitura, escrita e cálculos, além da capacidade de armazenar e recuperar informações da memória de longo prazo). As inteligências quentes, por sua vez, envolvem o processamento de informações com significados mais pessoais, como as que despertam nossas emoções (inteligência emocional), que envolvem nossas identidades (inteligência pessoal) e que afetam nossos relacionamentos com outras pessoas (inteligência social).

Essa é apenas uma nova proposta teórica, em que a inteligência emocional é incluída desde a sua concepção, e cujo poder de explicação do mundo real teria que ser investigado por meio de novas pesquisas. Há que se verificar, por exemplo, as relações entre as inteligências quentes e estas com os níveis de habilidades das inteligências frias. Para isso, talvez seja necessário empregar novas técnicas estatísticas, como a análise de redes, para buscar evidências que sustentem ou refutem o modelo teórico proposto.

Além disso, há também propostas de alteração do próprio modelo de inteligência emocional como habilidade. Elfenbein e MacCann (2017), por exemplo, propõem um modelo com seis habilidades básicas: percepção de emoções, expressão emocional, regulação da atenção emocional, compreensão de emoções, regulação de emoções em si mesmo e regulação de emoções em outras pessoas. As autoras apresentam uma revisão da literatura científica que apoia a ideia de que essas habilidades estariam positivamente relacionadas entre si, uma das premissas básicas para a consideração de uma nova inteligência. No entanto, a construção de instrumentos para avaliação desse conjunto de habilidades e a verificação empírica dessa possibilidade permanecem por serem investigadas.

No contexto brasileiro é necessário avançar em assuntos mais básicos, como a disponibilização de instrumentos para a avaliação da inteligência emocional. Embora haja iniciativas como a de Bueno (2008), com a construção de um teste para avaliação da inteligência emocional em crianças, e a de Miguel e Primi (2014), com a apresentação de um teste informatizado para avaliação da percepção de emoções, ainda falta uma bateria completa para avaliação da inteligência emocional em adolescentes e adultos. Não há, por exemplo, um teste sequer para avaliação da inteligência emocional aprovado pelo Sistema de Avaliação de Testes Psicológicos (Satepsi) do Conselho Federal de Psicologia. A versão em português do Msceit (não submetida ao Satepsi) pode ser comprada diretamente da editora americana, mas com um custo bastante elevado e para fins de pesquisa, o que limita consideravelmente as possibilidades de sua utilização.

Além disso, o desenvolvimento de novos instrumentos deve levar em consideração novas perspectivas teóricas sobre as habilidades que compõem a IE. Gross (2015), por exemplo, apresenta uma nova proposta teórica sobre regulação de emoções, que poderia levar à construção de um instrumento mais bem fundamentado teoricamente.

Considerações finais

Este capítulo ofereceu uma visão geral sobre o modelo teórico e os principais resultados empíricos da inteligência emocional compreendida como uma habilidade cognitiva. Esse conjunto de informações se limita aos dados obtidos com o uso do Msceit, que é o principal, mas não o único instrumento para avaliação da inteligência emocional como habilidade. Ainda assim, os resultados obtidos com versões do instrumento para diferentes idiomas e culturas permitem observar que há correspondência entre o comportamento das pontuações no instrumento e a teoria que o fundamenta (validade com base na estrutura interna) e que as pontuações no instrumento permitem predizer uma série de variáveis e critérios do mundo real com as quais seria esperado que a inteligência emocional se correlacionasse (validade com base nas relações com outras variáveis). Os principais avanços que esse conjunto de dados proporciona é a obtenção de um instrumento válido e fidedigno para avaliação da inteligência emocional em diferentes culturas e a inclusão da inteligência emocional como uma das inteligências do segundo estrato do modelo CHC das habilidades cognitivas. No entanto, outras pesquisas são necessárias, especialmente no contexto cultural brasileiro, para desenvolver novos instrumentos, testar novos modelos teóricos para o construto e a eficácia de programas de intervenção para o desenvolvimento da inteligência emocional.

Referências

Bueno, J.M.H. (2008). *Construção de um instrumento para avaliação da inteligência emocional em crianças*. Tese de doutorado. Itatiba: USF [Recuperado em 14 de novembro de 2018, de https://www.usf.edu.br/galeria/getImage/427/6932606611633978.pdf].

Cabello, R. & Fernández-Berrocal, P. (2015). Implicit theories and ability emotional intelligence. *Frontiers in Psychology*, 6, art. 700 [doi: 10.3389/fpsyg.2015.00700].

Cobêro, C., Primi, R., & Muniz, M. (2006). Inteligência emocional e desempenho no trabalho: um estudo com Msceit, BPR-5 e 16PF. *Paideia, 16*(35), 337-348 [doi: 10.1590/S0103-863X2006000300005].

Curci, A., Lanciano, T., Soleti, E., Zammuner, V.L., & Salovey, P. (2013). Construct validity of the Italian version of the Mayer-Salovey-Caruso Emotional Intelligence Test (Msceit). *Journal of Personality Assessment, 95*(5), 486-494.

Dantas, M.A. & Noronha, A.P.P. (2005). Inteligência emocional: parâmetros psicométricos de um instrumento de medida. *Estudos e Pesquisas em Psicologia, 5*(1), 59-72 [Recuperado em 12 de novembro de 2018, de http://pepsic.bvsalud.org/scielo.php?script=sci_arttext&pid=S1808-42812005000100005&lng=pt&tlng=pt].

Davis, S. & Humphrey, N. (2014). Ability Versus Trait Emotional Intelligence. *Journal of Individual Differences, 35*(1), 54-62 [doi: 10.1027/1614-0001/a000127].

Elfenbein, H. & MacCann, C. (2017). A closer look at ability emotional intelligence (EI): What are its component parts, and how do they relate to each other? *Social and Personality Psychology Compass, 11*(7), e12324 [doi: 10.1111/spc3.12324].

Fernández-Berrocal, P., Extremera, N., Lopes, P., & Ruiz-Aranda, D. (2014). When to cooperate and when to compete: Emotional intelligence in interpersonal decision-making. *Journal of Research in Personality, 49*, 21-24 [doi: 10.1016/j.jrp.2013.12.005].

Fiori, M., Antonietti, J., Mikolajczak, M., Luminet, O., Hansenne, M., & Rossier, J. (2014). What Is the Ability Emotional Intelligence Test (Msceit) Good for? *An Evaluation Using Item Response Theory – Plos ONE, 9*(6), e98827 [doi: 10.1371/journal.pone.0098827].

Freitas, F.A. & Noronha, A.P.P. (2006). Inteligência emocional e avaliação de alunos e supervisores: evidências de validade. *Psicologia: Teoria e Prática, 8*(1), 77-93 [Recuperado em 13 de novembro de 2018, de http://editorarevistas.mackenzie.br/index.php/ptp/article/view/1019].

García-Sancho, E., Salguero, J., & Fernández-Berrocal, P. (2016). Ability emotional intelligence and its relation to aggression across time and age groups. *Scandinavian Journal of Psychology, 58*(1), 43-51 [doi: 10.1111/sjop.12331].

Gross, J. (2015). Emotion Regulation: Current Status and Future Prospects. *Psychological Inquiry, 26*(1), 1-26 [doi: 10.1080/1047840x.2014.940781].

Iliescu, D., Ilie, A., Ispas, D., & Ion, A. (2013). Examining the Psychometric Properties of the Mayer-Salovey-Caruso Emotional Intelligence Test. *European Journal of Psychological Assessment, 29*(2), 121-128 [doi: 10.1027/1015-5759/a000132].

Jesus Jr., A.G. & Noronha, A.P.P. (2008). Parâmetros psicométricos do Mayer Salovey Caruso Emotional Intelligence Test – Msceit. *Psic – Revista de Psicologia da Vetor Editora, 9*(2), 145-153.

Kahn, R., Ermer, E., Salovey, P., & Kiehl, K. (2016). Emotional Intelligence and Callous – Unemotional Traits in Incarcerated Adolescents. *Child Psychiatry & Human Development, 47*(6), 903-917 [doi: 10.1007/s10578-015-0621-4].

MacCann, C., Joseph, D., Newman, D., & Roberts, R. (2014). Emotional intelligence is a second-stratum factor of intelligence: Evidence from hierarchical and bifactor models. *Emotion, 14*(2), 358-374 [doi: 10.1037/a0034755].

MacCann, C. & Roberts, R. (2008). New paradigms for assessing emotional intelligence: Theory and data. *Emotion, 8*(4), 540-551 [doi: 10.1037/a0012746].

Mao, W., Chen, L., Chi, C., Lin, C., Kao, Y., Hsu, W. et al. (2016). Traditional Chinese version of the Mayer-Salovey-Caruso Emotional Intelligence Test (Msceit-TC): Its validation and application to schizophrenic individuals. *Psychiatry Research, 243*, 61-70 [doi: 10.1016/j.psychres.2016.04.107].

Mayer, J., Caruso, D., & Salovey, P. (2016). The ability model of emotional intelligence: Principles and updates. *Emotion Review, 8*(4), 290-300 [doi: 10.1177/1754073916639667].

Mayer, J.D., Salovey, P., & Caruso, D.R. (2002). *Mayer-Salovey-Caruso Emotional Intelligence Test (Msceit) User's Manual*. Toronto: MHS.

Miguel, F.K. & Noronha, A.P.P. (2009). Estudo da relação entre inteligência emocional e estresse em ambientes de trabalho. *Avaliação Psicológica, 8*(2), 219-228

[Recuperado em 14 de novembro de 2018, de http://pepsic.bvsalud.org/scielo.php?script=sci_arttext&pid=S1677-04712009000200008&lng=pt&tlng=pt].

Miguel, F.K. & Primi, R. (2014). Estudo psicométrico do Teste Informatizado de Percepção de Emoções Primárias. *Avaliação Psicológica*, *13*(1), 1-9 [Recuperado em 14 de novembro de 2018, de http://pepsic.bvsalud.org/scielo.php?script=sci_arttext&pid=S1677-04712014000100002&lng=pt&tlng=pt].

Muniz, M. & Primi, R. (2007). Inteligência emocional e desempenho em policiais militares: validade de critério do Msceit. *Aletheia*, *25*, 66-81 [Recuperado em 13 de novembro de 2018, de http://pepsic.bvsalud.org/scielo.php?script=sci_arttext&pid=S1413-03942007000100006&lng=pt&tlng=pt].

Muniz, M., Primi, R., & Miguel, F.K. (2009). Investigação da inteligência emocional como fator de controle do stress em guardas municipais, *Psicologia: Teoria e Prática*, *9*(1), 27-41 [Recuperado em 13 de novembro de 2018, de http://editorarevistas.mackenzie.br/index.php/ptp/article/view/678].

Petrides, K. (2017). Intelligence, Emotional. *Reference Module in Neuroscience and Biobehavioral Psychology*, 1-6 [doi: 10.1016/B978-0-12-809324-5.05601-7].

Primi, R., Bueno, J.M.H., & Muniz, M. (2006). Inteligência emocional: validade convergente e discriminante do Msceit com a BPR-5 e o 16PF. *Psicologia: Ciência e Profissão*, *26*(1), 26-45 [doi:10.1590/S1414-98932006000100004].

Sanchez-Garcia, M., Extremera, N., & Fernandez-Berrocal, P. (2016). The factor structure and psychometric properties of the Spanish version of the Mayer-Salovey-Caruso Emotional Intelligence Test. *Psychological Assessment*, *28*(11), 1.404-1.415 [doi: 10.1037/pas0000269].

Schneider, T., Lyons, J., & Khazon, S. (2013). Emotional intelligence and resilience. *Personality and Individual Differences*, *55*(8), 909-914 [doi: 10.1016/j.paid.2013.07.460].

Schneider, W., Mayer, J., & Newman, D. (2016). Integrating Hot and Cool Intelligences: Thinking Broadly about Broad Abilities. *Journal of Intelligence*, *4*(1), 1 [doi: 10.3390/jintelligence4010001].

Zeidner, M. & Matthews, G. (2016). Ability emotional intelligence and mental health: Social support as a mediator. *Personality and Individual Differences*, *99*, 196-199 [doi: 10.1016/j.paid.2016.05.008].

38
A habilidade de *mindfulness*

Carolina Baptista Menezes

Mindfulness tornou-se um termo amplamente conhecido e discutido na ciência psicológica, bem como bastante citado e divulgado pela mídia para o público geral. No entanto, à medida que esta disseminação aumenta, também crescem os equívocos e as confusões conceituais acerca deste fenômeno. Afinal, o que é *mindfulness*? Existe apenas um, ou diversos sentidos atrelados a este termo? Quais as suas origens? Qual a sua relação com a área da Psicologia? As respostas a estas questões são cruciais para que possamos entender o(s) significado(s) de *mindfulness* e suas implicações teóricas e práticas.

Assim, este capítulo visa a percorrer as vertentes filosóficas e epistemológicas da palavra *mindfulness*, a partir das quais é possível explorar seus diferentes significados e as diferentes formas em que o construto pode ser utilizado. Com base nestas premissas, serão apresentadas as operacionalizações que hoje existem deste conceito e os instrumentos disponíveis para a sua avaliação. Por fim, discute-se as limitações da área no campo da avaliação psicológica, considerando aspectos tanto teóricos e clínicos, encerrando-se o capítulo com algumas considerações sobre o tema.

1 Os diferentes tipos de *mindfulness*

A palavra *mindfulness* possui uma variedade de significados. É um termo guarda-chuva que pode ser usado para referir-se a uma diversidade de práticas, processos e características. De modo sintetizado, a palavra *mindfulness* tem sido utilizada no âmbito acadêmico em dois contextos principais, a saber: a) como tradução de *conceitos* e *práticas meditativas*, tanto orientais como ocidentais; e b) como um *construto psicológico*, o qual pode, ou não, estar relacionado ao contexto da prática meditativa (Reppold & Menezes, 2016).

1.1 Mindfulness *no contexto de conceitos e práticas meditativas*

Historicamente, considerando o contexto de *conceitos* e *práticas meditativas*, a utilização da palavra *mindfulness* está atrelada à tradição budista (Bodhi, 2011). Devido à semântica desse vocábulo, o qual, segundo dicionários da língua inglesa, significa "a qualidade ou estado de estar consciente ou atento (*aware*) a alguma coisa", *mindfulness* foi a palavra escolhida para traduzir aquilo que o budismo originalmente descreve como a qualidade mental que se busca desenvolver por meio de um sistema de práticas, dentre elas a meditação. Portanto, o vocábulo *mindfulness* (em português referido como atenção plena) é uma tradução da palavra *Sati*, da língua pali (ou *Smrti* em sânscrito), estando seu sentido relacionado etimologicamente ao verbo *Sarati*, cuja tradução é lembrar ou recordar. No contexto dos ensinamentos budistas e da prática meditativa, *Sati* relaciona-se principalmente – mas não apenas – a permanecer ou lembrar-se de estar consciente do momento presente.

Com a disseminação do budismo no Ocidente, além de traduzir o conceito de *Sati*, o termo *mindfulness* também passou a ser utilizado para descrever uma prática de meditação propriamente dita, surgindo a expressão "meditação *mindfulness*". No entanto, a maior popularidade do termo – ainda relacionado ao contexto de *conceitos* e *práticas meditativas* – em áreas como Psicologia, Psiquiatria, Medicina, Neurociências, Educação, entre outras, deu-se principalmente pelo surgimento do Programa Baseado em *Mindfulness* para Redução do Estresse (*Mindfuness-Based Stress Reduction Program* – MBSR). Esta intervenção, em que a meditação *mindfulness* e outras práticas e preceitos de origem budista formam a base e o fundamento de toda a proposta terapêutica, foi criada na década de 1970 nos Estados Unidos pelo médico Jon Kabat-Zinn como uma terapia complementar para auxiliar indivíduos no enfrentamento e no manejo de problemas médicos (Kabat-Zinn, 2011).

Outro advento que também contribuiu para a expansão e incorporação do termo *mindfulness* (relacionado a *conceitos e práticas meditativas*) no Ocidente e no campo científico foi o surgimento do *Mind and Life Institute,* em 1987. O seu intuito era, e ainda é, promover e facilitar encontros e diálogos regulares entre o Dalai Lama (e monges budistas) junto a cientistas e clínicos, a fim de discutir as intersecções entre premissas e práticas budistas e o conhecimento científico sobre diversos aspectos do desenvolvimento humano saudável.

Assim, a crescente incorporação do termo *mindfulness* na "*mainstream science*" e a disseminação do MBSR estimularam a disseminação deste fenômeno, influenciando o surgimento de diversas modalidades de Intervenções Baseadas em *Mindfulness*, conhecidas como *Mindfulness-Based Interventions* (MBIs). No entanto, é importante destacar que atualmente deve-se distinguir entre três concepções metodológicas referentes a intervenções ou treinos de *mindfulness*: a) meditação *mindfulness*; b) programas baseados em *mindfulness*; e c) psicoterapias informadas em *mindfulness* (Chiesa & Malinowski, 2011).

A "meditação *mindfulness*" refere-se à prática meditativa *per se*, ou seja, à prática oriunda das filosofias orientais que a cultivam (também conduzidas no Ocidente), sem haver necessariamente uma relação direta e/ou obrigatória com algum protocolo de intervenção ou com alguma diretriz clínica ou científica. Por outro lado, os "programas baseados em *mindfulness*", cuja origem deve-se ao MBSR, utilizam a meditação *mindfulness*, mas, diferente da meditação apenas, estes programas são geralmente orientados para fins clínicos, com o intuito de promover estratégias para o manejo de condições físicas e mentais. Além disso, estão alicerçados em uma combinação de preceitos filosóficos orientais (especialmente budistas) e teorias e metodologias científicas. Além do MBSR, exemplos de programas são a Terapia Cognitiva Baseada em *Mindfulness* (MBCT) e a Prevenção de Recaída Baseada em *Mindfulness* (MBRP), dentre outros. Já as "psicoterapias informadas em *mindfulness*", embora incorporem pressupostos budistas em sua abordagem teórica e processual, realizam sua prática terapêutica a partir de modelos teóricos e técnicas psicoterapêuticas, ao contrário dos programas baseados em *mindfulness*, os quais utilizam ensinamentos e técnicas de *mindfulness* como elemento central do processo pedagógico e prático. Exemplos de psicoterapias informadas em *mindfulness* são a Terapia Dialética Comportamental (DBT) e a Terapia de Aceitação e Compromisso (ACT).

Portanto, apesar de compartilharem algumas concepções teóricas e/ou práticas, estas três abordagens – meditação *mindfulness*, programas baseados em *mindfulness* e psicoterapias informadas em *mindfulness* – também possuem particularidades que as tornam diferentes quanto ao processo e quanto aos seus objetivos. Logo, a utilização de termos genéricos, como *mindfulness-based interventions*, ou simplesmente práticas de *mindfulness*, pode ser insatisfatória, sendo necessária a especificação de qual prática, ou qual intervenção, está se aludindo. Além disso, conforme será discutido a seguir, alguns instrumentos de mensuração do construto *mindfulness* são mais direcionados a determinadas abordagens.

1.2 Mindfulness *no contexto de construto psicológico*

Já na condição de *construto psicológico*, a palavra *mindfulness* tem dois usos principais na Psicologia, sendo estes oriundos de epistemologias diferentes e, consequentemente, empregados de maneiras distintas. Existe a compreensão de *mindfulness* como característica psicológica na perspectiva de Ellen J. Langer, exclusivamente atrelada à Psicologia Social Experimental, e existe o construto de habilidade de *mindfulness*, estando este originalmente relacionado às concepções budistas de *sati* e a interpretações contemporâneas da ciência psicológica acerca deste termo.

Através dos estudos de Ellen J. Langer (Langer & Moldoveanu, 2000), o termo *mindfulness* vem sendo estudado e empregado na Psicologia desde a década de 1970. Seus trabalhos

baseiam-se no referencial teórico e metodológico da Psicologia Social Experimental, de modo que toda a teoria que postulou sobre *mindfulness*, desde a sua origem até os dias atuais, é comumente referida como "*mindfulness* sem meditação". Na perspectiva de Langer, a ideia de *mindfulness* surge para explicar um padrão mental que se contrapõe ao que ela cunhou de *mindlessness*. São fenômenos psicológicos diretamente relacionados a como processamos cognitivamente o mundo e os estímulos, sendo que no entendimento de Langer, tudo que fazemos, fazemos de forma *mindless* ou *mindful*. *Mindlessness* pode ser traduzido para o português como "falta de atenção ou falta de cuidado" e caracteriza-se por um padrão rígido de processamento, que dificulta a percepção de aspectos e detalhes potencialmente novos sobre alguma informação/situação. É um modo automatizado de funcionamento, pouco reflexivo e crítico. Por outro lado, a solução para esta falta de atenção é a consciência e a percepção de que agimos desta forma, cujo processo caracteriza o atributo psicológico *mindfulness*. Para Langer, *mindfulness* refere-se a uma capacidade humana universal que não depende da meditação para ser aplicada e/ou desenvolvida. É um estilo cognitivo que busca ativamente mudar pensamentos e percepções. O estado mental de *mindfulness*, também descrito por ela como *mindful attention*, apoia-se nas qualidades de criar novas categorias (*i. e.*, considerar diferentes classificações para a mesma coisa), ter abertura a informações novas (*i. e.*, estar mais atento ao ambiente, percebendo-o de formas diferentes e estando atento às suas mudanças) e ter consciência de distintas perspectivas (*i. e.*, entender os fenômenos a partir de diferentes ângulos e interpretações).

A outra utilização da palavra *mindfulness* no contexto de *construto psicológico* surge da necessidade de embasar cientificamente a concepção clássica do budismo (Quaglia, Brown, Lindsay, Creswell, & Goodman, 2015). Assim, à medida que esta concepção teórica e as intervenções baseadas em *mindfulness* foram sendo crescentemente incorporadas ao campo da ciência psicológica, foram ocorrendo tentativas de operacionalizar e mensurar esta habilidade. Neste sentido, grande parte das definições propostas e suas respectivas medidas psicométricas objetivam avaliar o grau em que *mindfulness* se modifica em decorrência da prática meditativa ou práticas afins. Neste sentido, esta habilidade pode ser o resultado imediato de alguma prática ou uma característica comportamental de um momento específico (o estado de *mindfulness*), como também pode refletir um resultado de longo prazo, representando uma característica mais estável e duradoura (o traço de *mindfulness*). No entanto, as discussões e proposições em torno deste construto também passaram a englobar a compreensão de que esta qualidade mental pode ser um traço ou disposição que se manifesta em maior ou menor grau nos indivíduos, independente da experiência com meditação e/ou práticas afins. Portanto, o construto de habilidade de *mindfulness* pode designar tanto um estado mental quanto um traço, que podem, ou não, ter relação com práticas meditativas. Nesses contextos, diferentes terminologias têm sido utilizadas de forma indiscriminada para referir-se a este construto psicológico, a saber, *mindfulness skills* (habilidade(s) de *mindfulness*), *dispositional mindfulness* (*mindfulness* disposicional) e *trait mindfulness* (traço de *mindfulness*).

É importante destacar, contudo, que mesmo quando é considerado um estado ou traço/disposição, esta concepção de *mindfulness* disposicional ou habilidades de *mindfulness* não representa a mesma proposta por Langer. Além de possuírem epistemologias e bases teóricas distintas, para Langer, *mindfulness* compreende um estilo cognitivo e reflexivo, enquanto as habilidades de *mindfulness* englobam tanto um componente cognitivo não reflexivo (p. ex., não julgar) como afetivo (p. ex., não reagir).

Também vale ressaltar que, embora o modelo teórico de Langer seja bastante conhecido e influente na Psicologia ocidental, havendo um instrumento psicométrico específico para a sua avaliação, o construto psicológico de *mindfulness* que mais vem sendo pesquisado e utilizado no campo da avaliação psicológica e áreas afins é o de habilidade de *mindfulness*. Por isso, e considerando que a concepção de Langer é oriunda de uma base teórica distinta, os instrumentos formulados a partir da sua teoria, ou que integram a sua perspectiva de forma indistinta na tentativa de operacionalizar o construto habilidade de *mindfulness*, não farão parte do escopo das próximas seções deste capítulo.

2 A definição operacional da habilidade de *mindfulness* e sua avaliação

Atualmente existe uma diversidade de instrumentos disponíveis para avaliar o construto habilidade de *mindfulness*. No entanto, mesmo que estes busquem representar um mesmo fenômeno, e ainda que algumas vezes sejam semelhantes e estejam correlacionados, diferenças no conteúdo e na estrutura indicam que existem algumas divergências entre os pesquisadores sobre como o construto de *mindfulness* deve ser operacionalizado. De modo resumido, as operacionalizações de *mindfulness* variam e se diferenciam conforme enfatizam determinados elementos em torno da sua definição: como um estado ou um traço; como um processo ou um desfecho; como um construto unifatorial ou multifatorial; e como um fenômeno que é relacionado exclusivamente a concepções budistas, ou exclusivamente a interpretações psicológicas das concepções budistas, ou ainda como a integração destas duas vertentes.

Conceitualmente, talvez a maior concordância em torno deste construto esteja relacionada às noções de atenção (*attentiveness*) e consciência (*awareness*) ao momento presente, já que estas perpassam diferentes descrições da concepção clássica de *Sati*. Por isso, desde uma das primeiras definições ocidentais e de base científica a respeito de *mindfulness*, proposta por Jon Kabat Zinn, estes aspectos vêm sendo destacados. Segundo este autor, *mindfulness* é um modo específico de prestar atenção, isto é, de modo intencional, no momento presente, sem julgamento (Kabat-Zinn, 2011). Observa-se que não há uma distinção se esta definição se refere exclusivamente à qualidade mental que se quer desenvolver, à prática de *mindfulness* propriamente dita, ou a ambos. Não obstante, esta tornou-se uma das definições mais amplamente utilizadas e propagadas para descrever *mindfulness* no contexto científico e ocidental.

Desde então, outros modelos teóricos ocidentais vêm sendo propostos. Por exemplo, Bishop e colegas propuseram que o fenômeno *mindfulness* deve ser definido a partir de dois fatores, sendo um a autorregulação da atenção para manter o foco na experiência presente, e o outro uma atitude de aceitação e curiosidade com relação ao momento presente (Bishop et al., 2004). Já Brown e Ryan (2003) destacam a importância da consciência e da atenção, mas entendem que o aspecto do não julgamento é inerente à qualidade desta atenção (receptiva),

não caracterizando uma atitude separada por si só. Portanto, para eles a habilidade *mindfulness* deve ser definida como uma atenção e consciência abertas e receptivas aos eventos e experiências que estão acontecendo.

Em consonância com a definição proposta por Brown e Ryan (2003), alguns autores argumentam que à medida que a ciência psicológica foi tentando operacionalizar a noção de *mindfulness*, alguns aspectos centrais da concepção budista foram sendo modificados (Quaglia et al., 2015). Por exemplo, muitas concepções ocidentais enfatizam as ideias de aceitação e não julgamento, as quais denotam um processo de desidentificação com os próprios pensamentos e sentimentos. Contudo, diferentes interpretações budistas consideram o pensamento um aspecto importante do processo de *mindfulness*, caracterizando o momento em que a lucidez e a compreensão correta do fenômeno sendo contemplado emergem, ou seja, o momento do *insight* (Bodhi, 2011). Portanto, nos textos originais do budismo, as capacidades de sustentar a atenção e a consciência formam a base para a realização de um estágio posterior, no qual surgem os aspectos cognitivos de pensamento, discernimento e compreensão. Neste sentido, argumenta-se que o não julgamento não deveria ser considerado como parte da descrição teórica de *mindfulness* (tal como concebida pelos textos budistas originais), mas como uma instrução prática para o desenvolvimento de *mindfulness*; ou seja, como uma estratégia que pode permitir o desengajamento do padrão mental discursivo habitual. Em outras palavras, a atitude de não julgamento (ou aceitação) seria uma ferramenta para desenvolver *mindfulness*, mas não seria a qualidade de *mindfulness* em si (Bodhi, 2011; Quaglia et al., 2015).

Logo, quando se considera as tentativas de operacionalizar *mindfulness* dentro do escopo da ciência psicológica, é importante ponderar que estas baseiam-se em grande parte nas descrições clássicas de *mindfulness* (*Sati*), mas também incorporam elementos específicos que advêm de uma interpretação ocidental e psicológica acerca do fenômeno. Além disso, retomando a ideia de que existem três principais abordagens de *mindfulness* no contexto de conceitos e práticas meditativas, a saber, meditação *mindfulness*, programas baseados em *mindfulness* e psicoterapias informadas em *mindfulness*, a variação das operacionalizações e seus instrumentos também decorre da influência de distintas perspectivas clínicas e metodológicas, de modo que alguns instrumentos atendem objetivos específicos em torno de determinada perspectiva. Por exemplo, o *Kentucky Iventory of Mindfulness Skills* (Baer, Smith, & Allen, 2004) tem a sua origem conceitual bastante relacionada à DBT, sendo o seu uso, portanto, especialmente recomendado para avaliar esta abordagem específica. A seguir, serão descritos os instrumentos que buscam avaliar o construto de habilidades de *mindfulness*.

2.1 Instrumentos originais

Freiburg Mindfulness Inventory (FMI; Buchheld, Grossman, & Walach, 2001): Neste instrumento, *mindfulness* é avaliada como a habilidade de observar o momento presente sem julgamento, e com abertura a experiências negativas, sendo que seu objetivo é medir esta capacidade em meditadores experientes. O inventário é composto por 30 itens, os quais devem ser avaliados de forma unidimensional. As respostas devem ser marcadas em uma escala tipo *Likert* de 4 pontos, variando entre *raramente* e *quase sempre*. No estudo de precisão do instru-

mento original, o qual foi realizado com uma amostra de participantes de um retiro intensivo de meditação, o índice de consistência interna foi de 0,93. A comparação dos escores antes e após um retiro intensivo de meditação mostrou um aumento aproximado de um desvio padrão. Em um estudo subsequente (Walach, Buchheld, Buttenmüller, Kleinknecht, & Schmidt, 2006), um novo formato da FMI de 14 itens foi desenvolvido, cujo objetivo é avaliar as habilidades de *mindfulness* em pessoas que não possuem experiência com meditação. Os resultados indicaram um bom índice de consistência interna (alfa de 0,86). Os escores correlacionaram-se de forma significativa e teoricamente esperada aos de outros instrumentos que avaliavam dissociação, autoconsciência, saúde geral. Análises de componente principal indicaram que esse teste também é composto por um único fator. Assim, o uso da versão completa é recomendado para amostras que envolvam praticantes de meditação, ao passo que o uso da versão menor é recomendado para populações sem experiência com a prática.

Mindful Attention Awareness Scale (Maas – Brown & Ryan, 2003) – Esta escala mede o quanto uma pessoa consegue estar atenta e consciente das experiências do momento presente no seu cotidiano. É composta por 15 itens, os quais devem ser avaliados através de um único fator. As respostas são fornecidas em uma escala tipo *Likert* de 6 pontos, que variam entre *quase sempre* e *quase nunca*. No estudo de precisão, realizado com uma amostra de adultos, o seu índice de consistência interna foi de 0,87. A escala foi capaz de diferenciar praticantes de meditação de não praticantes, com escores significativamente maiores no grupo de praticantes. Brown e Ryan (2003) também validaram a versão estado (Maas-State), a qual é composta por cinco itens que avaliam a experiência momentânea de *mindfulness*.

Kentucky Inventory of Mindfulness Skills (Kims – Baer, Smith, & Allen, 2004) – Baseada no conceito de habilidades de *mindfulness* da DBT, esta escala é composta por 39 itens que medem o grau em que uma pessoa manifesta as habilidades de *mindfulness* na vida diária (independente da experiência com meditação) através de quatro facetas: observar (alfa de 0,91), descrever (alfa de 0,84), agir com consciência (alfa de 0,83) e aceitar sem julgamento (alfa de 0,87). Os itens são respondidos por meio de uma Escala *Likert* de 5 pontos (*nunca ou quase nunca – sempre ou quase sempre verdadeiro*). Os escores relacionaram-se de forma significativa e apresentaram evidências de validade convergente e divergente com variáveis relacionadas à personalidade e saúde mental, como neuroticismo, alexitimia, inteligência emocional, tendência à esquiva, dissociação e ajustamento emocional.

Five-Facet Mindfulness Questionnaire (FFMQ– Baer et al., 2008) – Este instrumento foi desenvolvido a partir da solução que melhor representou a combinação de diferentes questionários e operacionalizações previamente existentes de *mindfulness*. Os resultados indicaram uma estrutura fatorial de cinco facetas, a saber, observar (notar e prestar atenção a estímulos internos e externos, como sensações, emoções, cognições, cheiros, sons etc.); descrever (capacidade de nomear as experiências observadas com palavras); agir com consciência (prestar atenção às atividades do momento presente, em contraste à ideia de piloto automático); não julgar as experiências internas (não adotar uma postura avaliativa dos pensamentos e emoções); não reagir às experiências internas (permitir que pensamentos e sentimentos apareçam e desapareçam, sem fixar-se neles ou sem ser influenciado ou conduzido por eles). A escala é composta por 39 itens que devem ser respondidos em uma Escala *Likert* que varia entre *nunca ou quase nunca* e *muito frequentemente ou quase sempre*. Os coeficientes de consistência interna para as facetas foram: observar = 0,83, descrever = 0,91, agir com consciência = 0,87, não julgar = 0,87, e não reagir = 0,75. Praticantes de meditação apresentaram escores significativamente maiores nesse instrumento do que amostras de não meditadores.

Toronto Mindfulness Scale (TMS – Lau et al., 2006) – Diferente das escalas apresentadas anteriormente, cujo foco principal é avaliar *mindfulness* como um traço ou disposição (*i. e.*, tendência geral de manifestar as habilidades na vida diária), a TMS busca avaliar o estado de *mindfulness*, particularmente a experiência durante a meditação. Logo após a prática, as pessoas devem avaliar, por meio de uma Escala *Likert* de 5 pontos (*nem um pouco – muito*), o grau em que os itens descritos refletem a experiência que tiveram com a prática. O instrumento é composto por dois fatores: a) curiosidade (alfa de 0,86), que reflete o interesse e curiosidade sobre as experiências internas, e b) descentramento (alfa de 0,87), que enfatiza a consciência das experiências sem uma identificação com as mesmas ou sem ser influenciado e conduzido pelas mesmas. Grande parte das relações esperadas com outros construtos foram confirmadas (p. ex., personalidade, experiência dissociativa, reflexão), sendo que os escores da TMS relacionaram-se positiva e significativamente com uma maior experiência em meditação *mindfulness* e aumentaram significativamente em um grupo que passou por uma intervenção do programa MBSR.

Cognitive and Affective Mindfulness Scale-Revised (Cams-R – Feldman, Hayes, Kumar, Greeson, & Laurenceau, 2007) – Este instrumento foi desenvolvido com o intuito de constituir-se como uma medida breve de autorrelato de *mindfulness* com itens que cobrissem a amplitude do construto e que fossem escritos na linguagem cotidiana. Assim, através de 12 itens, esta escala mede os quatro aspectos que foram considerados centrais pelos autores na definição de *mindfulness*: atenção, foco no presente, consciência, e aceitação de pensamentos e sentimentos na vida diária. No entanto, estes componentes devem ser interpretados de modo unidimensional a partir de um escore total. As respostas são fornecidas em uma escala tipo *Likert* de 4 pontos que variam entre *raramente/nunca* e *quase sempre*. A consistência interna foi de 0,77, tendo sido obtidas evidências de validade convergente e discriminante em relação a medidas como estresse, outras escalas de *mindfulness*, regulação emocional e capacidade de resolução de problemas.

Philadelphia Mindfulness Scale (PHS – Cardaciotto, Herbert, Forman, Moitra, & Farrow, 2008) – Esta escala possui 20 itens que avaliam dois fatores separados de *mindfulness*: consciência e aceitação. A dimensão consciência (alfa = 0,75) refere-se ao monitoramento contínuo da experiência interna e externa; já a dimensão aceitação (alfa = 0,82) diz respeito à atitude de não julgamento e de abertura às experiências, sem tentativas de evitá-las ou fugir das mesmas. Considerando a frequência com que experien-

ciaram cada afirmação nas duas últimas semanas, as pessoas devem responder os itens em uma Escala *Likert* de 5 pontos (*nunca – muito frequentemente*).

Southampton Mindfulness Questionnaire (SMQ – Chadwick et al., 2008) – Este questionário mede o quanto uma pessoa responde de forma "*mindful*" (com atenção plena) a pensamentos e imagens estressantes. Embora seu objetivo seja investigar quatro aspectos de *mindfulness*, a saber, observação *mindful*, não aversão, não julgamento e "*letting go*" (desprendimento), os autores recomendam a sua interpretação a partir de um escore total. É composto por 16 itens, os quais sempre começam com a frase "Normalmente, quando eu tenho pensamentos ou imagens estressantes". As respostas são marcadas em uma escala tipo *Likert* de 7 pontos (*concordo totalmente – discordo totalmente*). Os estudos indicaram a solução de um único fator, bem como bom índice de consistência interna (alfa de 0,89) e correlações esperadas com escores de escalas de afeto e da Maas. O questionário também foi capaz de diferenciar pessoas com e sem experiência com meditação na direção esperada.

Child and Adolescent Mindfulness Measure (Camm – Greco, Baer, & Smith, 2011) – Esta escala é direcionada para crianças e jovens acima de 9 anos, sendo que os estudos de validação incluíram amostras com idade máxima de 17 anos. Baseia-se na conceitualização originalmente proposta na Escala Kims. Contudo, apesar de a Kims consistir na avaliação de quatro fatores, na Camm a versão unifatorial de 10 itens foi a que obteve melhores índices psicométricos, com uma consistência interna de 0,80. Os itens refletem os conteúdos sobre falta de consciência do momento presente e respostas de julgamento e não aceitação de pensamentos e sentimentos. Os respondentes devem avaliar, em uma Escala *Likert* de 5 pontos, com que frequência as afirmativas são verdadeiras em suas vidas (0 = nunca verdadeiro; 4 = sempre verdadeiro). Assim como em estudos com amostras adultas, os escores da Camm apresentaram correlação positiva significativa com desfechos de qualidade de vida e competência acadêmica, e correlação negativa significativa com sintomas internalizantes e externalizantes, bem como com desfechos de supressão do pensamento e inflexibilidade psicológica.

Mindfulness Process Questionnaire (MPQ – **Erisman & Roemer, 2012**) – Ao contrário da maioria dos instrumentos que buscam avaliar *mindfulness* como um desfecho, este questionário procura medir o fenômeno como um processo; ou seja, pretende compreender como a pessoa emprega esta habilidade e como percebe a forma com que está engajada neste processo. Portanto, ao invés de investigar o "êxito de estar *mindful*", o MPQ mensura o grau em que a pessoa tenta engajar-se neste processo. Os autores propõem que a base conceitual deste instrumento está relacionada aos modelos ocidentais de intervenções de *mindfulness* (programas baseados em *mindfulness* e psicoterapias informadas em *mindfulness*). O questionário é unifatorial (alfa de 0,71), contendo sete itens que devem ser respondidos (SMS – Tanay & Bernstein, 2013) em uma Escala *Likert* de 5 pontos (1 = não me representa nem um pouco; 5 = me representa totalmente). O estudo que buscou evidências de validade demonstrou que, nos modelos de regressão múltipla, este instrumento gerou um incremento significativo (em relação a outros instrumentos que avaliam *mindfulness* como um traço/desfecho) na melhora de diversas variáveis psicológicas (estresse, bem-estar e regulação emocional). Além disso, o instrumento foi testado em participantes com algum tipo de transtorno de ansiedade que passaram por uma intervenção chamada Terapia Comportamental Baseada na Aceitação. Os achados indicaram que, nesses participantes, comparado ao grupo-controle, as mudanças no MPQ apresentaram correlação significativa com as mudanças nos sintomas psicológicos (depressão e estresse) e na regulação emocional.

State Mindfulness Scale (SMS – **Tanay & Bernstein, 2013**) – Esta escala avalia *mindfulness* como um estado mental e um comportamento, os quais podem ser dependentes e variáveis de acordo com o contexto. O instrumento inclui 23 perguntas abrangendo dois níveis do construto: os objetos da atenção *mindful* (A pessoa presta atenção em quê?); e o estado metacognitivo de *mindfulness* (Como a pessoa presta atenção?). Portanto, o instrumento pode gerar um escore total (a = 0,95), e também para dois fatores: *mindfulness* da mente (*state-mind*; a = 0,90) e *mindfulness* do corpo (*state-body*; a = 0,95). Além de bons índices de consistência interna, a validação também demonstrou bom índice de teste-reteste no período de seis semanas (r = 0,68, p = 0,01). Considerando o objetivo de medir o estado de *mindfulness*, o estudo de busca de evidências de validade também avaliou a validade de construto do instrumento no contexto de uma intervenção de *mindfulness*. Conforme hipotetizado, apenas o grupo da intervenção, em comparação ao grupo-controle, demonstrou níveis mais altos dos escores imediatamente após a prática de meditação *mindfulness* em cada uma das quatro sessões conduzidas ao longo de quatro semanas.

2.2. Instrumentos validados no Brasil

Questionário das Cinco Facetas de Mindfulness **(FFMQ-BR – Barros, Kozasa, Souza, & Ronzani, 2014)** – No Brasil, a análise fatorial do instrumento indicou que duas facetas da versão original deveriam ser divididas em outras duas facetas, totalizando sete fatores na versão brasileira. A faceta "descrição" foi dividida em positiva e negativa, e a faceta "ação com consciência" foi dividida em agir no piloto automático e agir distraidamente. O estudo indicou um alfa de 0,81 para seu escore total, bem como índices aceitáveis para as facetas: não julgamento ($\alpha = 0,78$), ação com consciência – piloto automático ($\alpha = 0,79$), observação ($\alpha = 0,76$), descrição – itens positivos ($\alpha = 0,76$), descrição – itens negativos ($\alpha = 0,75$), não reatividade ($\alpha = 0,68$) e ação com consciência – distração ($\alpha = 0,63$). As respostas devem ser fornecidas em uma Escala *Likert* de 5 pontos. A pesquisa de Barros e colaboradores também evidenciou validade de critério do instrumento ao revelar que os participantes com prática de meditação obtiveram escores significativamente maiores nas dimensões do FFMQ-BR em relação ao grupo que não meditava.

Escala de Atenção Plena e Consciência **(Maas – Barros, Kozasa, Souza, & Ronzani, 2015)** – A versão brasileira contém 15 itens que devem ser respondidos por meio de uma escala tipo *Likert* de 6 pontos (quase sempre – quase nunca). A estrutura unidimensional gerou a melhor solução, sendo seu alfa de *Cronbach* igual a 0,83. Em relação às evidências de validade de critério, foram encontradas correlações estatisticamente significativas entre o instrumento e a Escala de Bem-Estar Subjetivo. No estudo que avaliou evidências de validade do instrumento, não foram observadas diferenças significativas na comparação dos escores entre praticantes e não praticantes de meditação.

Freiburg Mindfulness Inventory **(FMI – Hirayama et al., 2014)** – Esta é uma versão de adaptação cultural do FMI para o português brasileiro. A tradução contou com as etapas de tradução inicial, síntese das traduções e retrotradução, passando por um comitê de especialistas composto por 14 sujeitos fluentes em português e inglês. Posteriormente, foi realizado um pré-teste com o objetivo de verificar a compreensão dos itens e sua equivalência por especialistas e por sujeitos classificados como da "população em geral". Segundo os autores, o instrumento foi de fácil entendimento e foi encontrada equivalência esperada com a versão original. No entanto, ainda é preciso o aprimoramento da escala e estudos envolvendo a busca de evidências de validade do instrumento para o contexto brasileiro.

Escala Filadélfia de Mindfulness **(EFM – Silveira, Castro, & Gomes, 2012)** – A validação brasileira desta escala apresentou uma solução de dois fatores. O fator I, Aceitação, agregou 10 itens e relacionou-se a 20,30% da variância comum. O fator II, *Awareness*, agregou os outros 10 itens, explicando 15,93% da variância. Os dois fatores apresentaram adequados índices de consistência interna: 0,86 (fator I) e 0,81 (fator II). Houve evidências de validade convergente entre o fator *Awareness* e os dados de uma escala de autoconsciência, e divergente entre o fator Aceitação e facetas mal-adaptativas da autoconsciência, como a ansiedade social e a ruminação.

3 Considerações teóricas, práticas e metodologias acerca dos instrumentos

Em termos teóricos, os estudos de busca de evidências de validade, em geral, mostram que, de fato, os instrumentos que avaliam a habilidade de *mindfulness* apresentam evidências de validade de conteúdo e discriminante, uma vez que produzem um incremento na variância explicada de desfechos que também são influenciados por outras medidas correlatas. Portanto, apesar de este construto apresentar convergência com outras variáveis psicológicas, tal como traços de personalidade, qualidade de vida, bem-estar e regulação emocional, ele parece mensurar um fenômeno particular. Desse modo, avaliar a relação de *mindfulness* com outras variáveis psicológicas pode auxiliar no entendimento de como esta habilidade contribui para o funcionamento psicológico saudável e como pode ser integrada a teorias psicológicas que visam a explicar o comportamento humano. Não obstante, é vital que se considere a base epistemológica da definição operacional sendo utilizada, já que diferentes definições e seus respectivos instrumentos podem estar descrevendo e avaliando aspectos diferentes daquilo que chamam de *mindfulness*.

Do ponto de vista prático, uma das principais aplicações dos instrumentos que avaliam habilidade de *mindfulness* é verificar se esta, de fato, se modifica após intervenções ou práticas de *mindfulness*, uma vez que o incremento nesta habilidade tem sido hipotetizado como o ingrediente ativo por trás dos benefícios destes treinamentos. Segundo uma meta-análise que buscou responder esta questão, as medidas de *mindfulness* tiveram mudanças significativas consideradas moderadas em resposta às intervenções, quando comparado a grupos-controle (lista de espera e controle ativo), tanto para amostras clí-

nicas como saudáveis (Goldberg et al., 2018). Além disso, as mudanças de *mindfulness* decorrentes de intervenções apresentaram correlação significativa moderada com a mudança de outros desfechos benéficos. Portanto, existem evidências moderadas de que o construto de *mindfulness* pode ser um bom sinalizador dos efeitos de intervenções baseadas em *mindfulness*, e de que o aumento nesta habilidade poderia ser um dos mecanismos que explicam as mudanças em outras variáveis psicológicas.

Contudo, os achados também sugerem que diferentes tipos de meditação e diferentes graus de experiência podem se relacionar de modos distintos com diferentes facetas de *mindfulness*, quando a habilidade é avaliada de forma multifatorial (Cebolla et al., 2017). Este dado reforça a ideia de que nem todas as intervenções baseadas em *mindfulness* ou nem todos os tipos de meditação se relacionam da mesma forma com as diferentes operacionalizações da habilidade de *mindfulness*. Assim, considerando que as diferentes medidas de *mindfulness* podem ter objetivos específicos e mensurar aspectos específicos (p. ex., mensura estado ou traço?), a escolha do instrumento deve estar teórica e metodologicamente bem-embasada e em conformidade com a intervenção que está sendo avaliada. É igualmente importante destacar que aqueles instrumentos que não foram desenvolvidos com o intuito de avaliar os efeitos de práticas de *mindfulness* e meditação devem ser usados em outros contextos, tal como para avaliar atributos psicológicos em diferentes populações, bem como o efeito de outras práticas e intervenções psicológicas.

No tocante aos aspectos metodológicos no âmbito da avaliação psicológica, observa-se que, apesar do grande número de instrumentos existentes, parece não haver um consenso sobre a melhor definição operacional para o construto, tampouco sobre a melhor solução fatorial. Todas as escalas focam na qualidade da atenção e da consciência como elementos centrais, mas variam com relação à inclusão de outros elementos/fatores (p. ex., aceitação, não julgamento, observação, entre outros). Além disso, Quaglia e colegas (2015) argumentam que os níveis de *mindfulness* podem variar muito entre as pessoas, sendo a quantidade de treinamento em *mindfulness* uma forte influência sobre esta variação. No entanto, os autores discutem que os instrumentos disponíveis possivelmente não conseguem capturar todas estas variações, especialmente no que tange à sensibilidade em níveis avançados e de grande *expertise* nesta habilidade. Por isso, alguns autores questionam se os instrumentos existentes estão, de fato, medindo *mindfulness* do ponto de vista conceitual e também do ponto de vista prático (Quaglia et al., 2015).

4 Conclusão

Em suma, apesar da mensuração da habilidade de *mindfulness* ser cada vez mais comum na área da avaliação psicológica, ainda é necessário obter uma maior compreensão da natureza do construto e de como ele se expressa. Ainda existem limitações teóricas e metodológicas na mensuração psicométrica de *mindfulness*, as quais são reflexo da diversidade de operacionalizações e respectivos instrumentos, e do fato de que muitos possuem concepções teóricas e objetivos diferentes. Por isso é recomendável que, ao usar um instrumento de *mindfulness*, os autores sejam bem específicos com relação ao instrumento que está sendo utilizado, e que discutam os aspectos de *mindfulness* avaliados, conforme a proposição teórica que embasa o instrumento em questão. A escolha adequada do instrumento também deve estar relacionada à população investigada, já que muitas medidas foram criadas e validadas em populações específicas. Desse modo, será possível evitar o uso indiscriminado do termo e gerar conhecimento que ajude a identificar, por exemplo, se as diferentes concepções de *mindfulness* convergem ou não, ou quais elementos de fato caracterizam o construto. Além disso, ainda é necessário compreender se estas diferentes concepções se relacionam de formas particulares com outras variáveis psicológicas e com diferentes práticas de *mindfulness*.

Referências

Baer, R.A., Smith, G.T., & Allen, K.B. (2004). Assessment of mindfulness by self-report: The Kentucky Inventory of Mindfulness Skills. *Assessment*, *11*, 191-206.

Baer, R.A., Smith, G.T., Lykins, E., Button, D., Krietemeyer, J., Sauer, S. ..., & Williams, J.M.G. (2008). Construct validity of the Five Facet Mindfulness Questionnaire in meditating and nonmeditating samples. *Assessment*, *15*(3), 329-342.

Barros, V.V., Kozasa, E.H., Souza, I.C.W., & Ronzani, T.M. (2014). Validity evidence of the brazilian version of the five facet mindfulness questionnaire (FFMQ). *Psicologia: Teoria e Pesquisa*, *30*(3), 317-327 [https://doi.org/10.1590/S0102-37722014000300009].

Barros, V.V., Kozasa, E.H., Souza, I.C.W., & Ronzani, T.M. (2015). Validity evidence of the brazilian version of the Mindful Attention Awareness Scale (Maas). *Psicologia: Reflexão e Crítica*, *28*(1), 87-95 [https://doi.org/10.1590/1678-7153.201528110].

Bishop, S.R., Lau, M., Shapiro, S., Carlson, L., Anderson, N.D., Carmody, J. ..., & Devins, G. (2004). Mindfulness: A proposed operational definition. *Clinical Psychology: Science and Practice, 11*(3), 230-241.

Bodhi, B. (2011). What Does Mindfulness Really Mean? A Canonical Perspective. *Contemporary Buddhism, 12*(1), 19-39.

Brown, K.W. & Ryan, R.M. (2003). The benefits of being present: mindfulness and Its role in psychological well-being. *Journal of Personality and Social Psychology, 84*(4), 822-848.

Buchheld, N., Grossman, P., & Walach, H. (2001). Measuring mindfulness in insight meditation (vipassana) and meditation-based psychotherapy: the development of the Freiburg Mindfulness Inventory (FMI). *Journal for Meditation and Meditation Research, 1*, 11-34.

Cardaciotto, L., Herbert, J.D., Forman, E.M., Moitra, E., & Farrow, V. (2008). The assessment of present-moment awareness and acceptance: The Philadelphia Mindfulness Scale. *Assessment, 15*(2), 204-223.

Cebolla, A., Campos, D., Galiana, L., Oliver, A., Tomás, J.M., Feliu-Soler, A. ..., & Baños, R.M. (2017). Exploring relations among mindfulness facets and various meditation practices: Do they work in different ways? *Consciousness and Cognition, 49*, 172-180 [https://doi.org/10.1016/j.concog.2017.01.012].

Chadwick, P., Hember, M., Symes, J., Peters, E., Kuipers, E., & Dagnan, D. (2008). Responding mindfully to unpleasant thoughts and images: Reliability and validity of the Southampton mindfulness questionnaire (SMQ). *British Journal of Clinical Psychology, 47*, 451-455.

Chiesa, A. & Malinowski, P. (2011). Mindfulness-based approaches: are they all the same? *Journal of Clinical Psychology, 67*(4), 404-424 [https://doi.org/10.1002/jclp.20776].

Erisman, S.M. & Roemer, L. (2012). A Preliminary Investigation of the Process of Mindfulness. *Mindfulness, 3*(1), 30-43 [https://doi.org/10.1007/s12671-011-0078-x].

Feldman, G., Hayes, A., Kumar, S., Greeson, J., & Laurenceau, J. (2007). Mindfulness and emotion regulation: The development and initial validation of the Cognitive and Affective Mindfulness Scale-Revised (Cams-R)29. *Journal of Psychopathology and Behavioral Assessment, 29*(3), 177-190.

Goldberg, S.B., Tucker, R.P., Greene, P.A., Simpson, T.L., Hoyt, W.T., Kearney, D.J., & Davidson, R.J. (2018). What can we learn from randomized clinical trials about the construct validity of self-report measures of mindfulness? A meta-analysis. *Mindfulness* [https://doi.org/10.1007/s12671-018-1032-y].

Greco, L.A., Baer, R.A., & Smith, G.T. (2011). Assessing mindfulness in children and adolescents: Development and validation of the Child and Adolescent Mindfulness Measure (Camm). *Psychological Assessment, 23*(3), 606-614 [https://doi.org/10.1037/a0022819].

Hirayama, M.S., Milani, D., Rodrigues, R.C.M., Barros, N.F., Alexandre, N.M.C., Hirayama, M.S. ..., & Alexandre, N.M.C. (2014). The perception of behavior related to mindfulness and the Brazilian version of the Freiburg Mindfulness Inventory. *Ciência & Saúde Coletiva, 19*(9), 3.899-3.914 [https://doi.org/10.1590/1413-81232014199.12272013].

Kabat-Zinn, J. (2011). Some reflections on the origins of MBSR, skillful means, and the trouble with maps. *Contemporary Buddhism, 12*(1), 281-306 [https://doi.org/10.1080/14639947.2011.564844].

Langer, E.J. & Moldoveanu, M. (2000). The construct of mindfulness. *Journal of Social Issues, 56*(1), 1-9.

Lau, M.A., Bishop, S.R., Segal, Z.V., Buis, T., Anderson, N.D., Carlson, L. ...., & Devins, G. (2006). The Toronto Mindfulness Scale: Development and validation. *Journal of Clinical Psychology, 62*(12), 1.445-1.467.

Quaglia, J.T., Brown, K.W., Lindsay, E.K., Creswell, J.D., & Goodman, R.J. (2015). From Conceptualization to Operationalization of Mindfulness. In K.W. Brown, J.D. Creswell, & R.M. Ryan (Orgs.). *Handbook of Mindfulness: Theory, Research, and Practice* (pp. 151-170). Nova York: The Guilford Press.

Reppold, C. & Menezes, C.B. (2016). Mindfulness. In *Avaliação em Psicologia Positiva: Técnicas e Medidas* (pp. 45-73). São Paulo: Hogrefe/Cetepp.

Silveira, A.C., Castro, T.G., & Gomes, W.B. (2012). Adaptation and validation of the Philadelphia Mindfulness Scale among Brazilian adults. *Psico-USF*, *17*(2), 215-223 [https://doi.org/10.1590/S1413-82712012000200005].

Tanay, G. & Bernstein, A. (2013). State Mindfulness Scale (SMS): Development and initial validation. *Psychological Assessment*, *25*(4), 1.286-1.299 [https://doi.org/10.1037/a0034044].

Walach, H., Buchheld, N., Buttenmüller, V., Kleinknecht, N., & Schmidt, S. (2006). Measuring mindfulness – The Freiburg Mindfulness Inventory (FMI). *Personality and Individual Differences*, *40*, 1.543-1.555.

Seção 5

Avaliação da personalidade

39
Avaliação da personalidade no Brasil utilizando métodos projetivos

Anna Elisa de Villemor-Amaral

Lucila Moraes Cardoso

Este capítulo tem como objetivo contextualizar perspectivas de uso dos métodos projetivos para a compreensão da personalidade dentro dos processos de avaliação psicológica. Neste sentido, pretende-se retomar brevemente as características e a complexidade envolvida nesses métodos e os problemas para sua validação, buscando ampliar a discussão sobre seu uso em combinação com outras estratégias de avaliação. Objetiva-se também abordar os benefícios de realizar a discussão dos resultados dos métodos projetivos para potencializar o autoconhecimento do examinando.

A demanda para avaliação de personalidade ocorre nos mais distintos contextos de avaliação psicológica e pode ser realizada utilizando-se variados recursos. Dentre os recursos mais utilizados tem-se um conjunto de ferramentas tradicionalmente conhecidas como métodos projetivos. Os métodos projetivos envolvem tarefas vagas ou ambíguas com instruções relativamente amplas, fazendo com que o examinando se utilize de referenciais próprios para organizar as informações e produzir uma resposta, revelando assim características sobre o funcionamento psíquico do examinando. Dentre esses métodos pode-se citar como os mais conhecidos no Brasil aqueles que envolvem identificar com que manchas de tintas se parecem, tal como Rorschach e o Zulliger; relatar histórias a partir de uma imagem, como os Testes de Apercepção Temática; fazer desenhos, como o House-Tree-Person (HTP); construir pirâmides coloridas, como o Pfister, entre outros.

A complexidade desse conjunto de métodos envolve diversas polêmicas, tais como a dificuldade de encontrar uma nomenclatura capaz de representá-los, dada a variedade dos fenômenos apreendidos por esses métodos, a começar pela própria natureza do objeto de estudo, a personalidade, e de suas características fundamentalmente idiográficas, quando tomadas como um todo relacionado. Ainda que não se tenha encontrado respostas unanimemente aceitas para a escolha de nomenclaturas, é importante lembrar que desde que Weiner (2000) argumentou sobre a presença de projeção nas respostas ao Rorschach, e Meyer e Kurtz (2006) questionaram a separação clássica entre métodos objetivos e métodos projetivos e propuseram a abolição definitiva da palavra projetivo, ainda não se encontrou um termo que melhor abarcasse o conjunto de instrumentos conhecidos como projetivos. Desde então, vários nomes têm sido adotados, incluindo-se métodos expressivos, métodos de autoexpressão ou, mais recentemente consolidado para o Rorschach, método baseado no desempenho típico, como é o caso do Rorschach

Performance Assessment System (R-PAS). A ideia é ressaltar que as respostas a este tipo de método demonstram o modo típico de uma pessoa funcionar ao resolver um problema, por exemplo, dizer com o que as manchas se parecem, com o que estamos de acordo.

O repúdio ao termo projetivo surgiu da necessidade de afirmar que nem toda resposta contém projeções no sentido psicanalítico do termo, o que é verdade! Mas a justa necessidade de desatrelar o modo de se avaliar de uma teoria específica, a psicanalítica, pode ter levado a um exagero que compromete desnecessariamente uma terminologia já consagrada, uma vez que o termo projetivo continua em vigência no nome das diversas associações internacionais dedicadas a esses métodos (cf. *International Society of the Rorschach and Projective Methods*; *Reseaux Internationel du Rorschach et the Methodes Projectives*, *Societé français de Psychanalise et Psychologie Projective*, para citar apenas alguns).

Talvez valha a pena lembrar que o termo projetivo, criado por Frank (1939), também não aludia à psicanálise. Este autor, em sua época, usou descobertas recentes da física como modelo e se referia aos fenômenos em que partículas não podem ser observadas diretamente, mas cuja presença é registrada por meio das marcas deixadas em seu percurso. Essa ideia de Frank (1939) de que as respostas das pessoas a determinados estímulos, em determinadas tarefas, trazem uma marca de algo que não se observa diretamente, é justamente o que se pode considerar como o cerne da ideia contida na nomenclatura Método de Desempenho Típico, trazida por Mihura e Meyer (2018), entendendo que típico, neste caso, se refere aos comportamentos e modo de agir que são próprios da pessoa, isto é, às características que registram sua singularidade, como uma marca na maioria das coisas que faz. Por essa razão, manteremos neste capítulo o termo método projetivo, não simplesmente para honrar uma tradição, mas por consideramos clara a alusão que este termo faz ao tipo de fenômeno observado.

Os desafios para assegurar as qualidades psicométricas dos métodos projetivos têm sido apontados em diversos autores internacionais (p. ex., Lilienfeld, Wood, & Garb, 2000; Mihura et al., 2018) e nacionais (p. ex., Cardoso & Villemor-Amaral, 2017; Fensterseifer & Werlang, 2008; Villemor-Amaral & Pasqualini-Casado, 2006). De modo que notamos avanços significativos no que se refere a adequações dos métodos projetivos aos requisitos psicométricos mínimos esperados dos testes psicológicos no Brasil.

A título de exemplo, pode-se citar que em revisão recente Reppold et al. (2018) avaliou positivamente a quantidade de métodos projetivos disponíveis na lista de instrumentos com parecer favorável para uso do Satepsi. Segundo levantamento feito pela autora em julho de 2017, dos 173 instrumentos listados 32 (18,5%) destinavam-se à avaliação do construto personalidade e destes 18 (10,40% do total de testes favoráveis) em formato de inventário ou escala e 14 (8,1%) métodos projetivos. Quando se considera o fato de que os estudos das qualidades psicométricas desses instrumentos são muito mais complexos do que os de questionários, escalas ou inventários, dado seu caráter holístico e eminentemente idiográfico, chega a surpreender a frequência quase equilibrada dos dois tipos.

Ao analisar a lista dos instrumentos com parecer favorável no Satepsi, constatamos que a maioria dos métodos projetivos disponíveis são testes de manchas de tinta, havendo diversos sistemas interpretativos do Rorschach e do Zulliger. Há também diferentes versões dos testes de apercepção temática, dos testes das pirâmides coloridas de Pfister e do BBT, cujo critério de escolha para uso de uma versão ou outra decorre da idade ou sexo da pessoa que será avaliada.

Outro dado interessante é o fato de que cinco métodos projetivos receberam parecer favorável após 2014, nos últimos cinco anos considerando a data de publicação deste capítulo. O que se pode concluir daí é que, embora as pesquisas para validação de métodos projetivos ocorram com menor frequência nos últimos anos, as principais dentre elas estão recomendadas para uso profissional em nosso país e constituem um grupo quase tão numeroso quanto o de instrumentos de autorrelato para avaliação da personalidade.

Feito esse comentário a respeito da nomenclatura e das qualidades psicométricas, vamos avançar nas discussões sobre os benefícios de uso desses métodos, no sentido de compreender que, embora o estudo dos mesmos seja bastante complexo, há que se destacar que é por meio deles que se pode acessar uma série de informações sobre o funcionamento mental, mais fácil e rapidamente identificadas na resposta a tarefas mais abertas e ambíguas, pois estas dão espaço e maior visibilidade das "marcas" individuais ou do que se tem de mais típico. Mas a complexidade do funcionamento psíquico de cada indivíduo só poderá de fato ser apreendida mediante uma combinação de métodos que, no conjunto e integrados, possam trazer mais informações do que qualquer um deles separadamente.

Não é novidade que cada estratégia de avaliação envolve benefícios e vieses específicos. Os instrumentos de autorrelato, por exemplo, são mais propensos às influências da desejabilidade social e do nível de conhecimento que o respondente tem de si, enquanto que os instrumentos de heterorrelato, aqueles respondidos por terceiros a respeito do examinando, parecem sofrer mais interferências das relações sociais e das expectativas externas sobre este.

Como já comentado em outras oportunidades, uma das vantagens para uso dos métodos projetivos seria o fato de que esses são menos suscetíveis à desejabilidade social na medida em que não permitem vislumbrar o que seria a melhor resposta, e possíveis simulações incidiriam mais no conteúdo de algumas das respostas do que no complexo conjunto de indicadores implicados na análise feita por um perito (Villemor-Amaral, 2009). Vergonha, pudor, elementos narcísicos ou o desconhecimento sobre si participam em menor ou maior grau no desempenho em todos os testes, mas não interferem do mesmo modo nestes dois tipos.

Assim, o uso concomitante dos métodos projetivos com outras estratégias avaliativas favorece a obtenção de informações complementares sobre a dinâmica de personalidade da pessoa avaliada (Villemor-Amaral & Pasqualini-Casado, 2006). Enriquece e torna mais fiel a compreensão sobre a pessoa, de modo que convergências ou divergências entre os resultados contribuem para uma nova *gestalt*. Finn (2017) sintetiza os avanços dessa discussão na medida em que destaca uma perspectiva interessante de integração das informações geradas. Segundo o autor, ao integrar dados de testes de autorrelato e métodos de avaliação da personalidade com base no desempenho da pessoa, ou projetivos, é possível obter informações adicionais, imperceptíveis em cada técnica isoladamente, o que tornará mais fácil a discussão dos resultados com o cliente, podendo inclusive trazer benefícios terapêuticos imediatos.

Ao tratar das possíveis integrações entre instrumentos de autorrelato e métodos projetivos, Finn (2017) exemplificou com possíveis resultados apresentados no MMPI-2 – um inventário de personalidade, e no Rorschach, relatando que somente em alguns casos, bem menos do que ingenuamente se pretenderia – que os dois tipos de instrumentos tendem a se confirmar ao apresentarem boa concordância nos indicadores, de modo que, ao confirmarem determinados dados, geram mais confiança sobre os resultados da avaliação. Em outros casos, porém, o MMPI-2 e Rorschach podem revelar discordâncias importantes, e isso não significa que um avalia melhor do que o outro. O teste MMPI-2 é um instrumento de autorrelato altamente estruturado, que na sua totalidade revela traços e problemas dos quais os clientes não estão plenamente conscientes, mas as respostas em geral refletem a autopercepção dos clientes sobre si mesmos no momento do teste.

Para Finn (2017), há cinco possibilidades de convergência ou divergência entre os resultados do MMPI-2 e do Rorschach. Como já afirmado, em alguns casos os resultados dos dois instrumentos indicam a mesma direção, por exemplo, (1) não denotam falhas no funcionamento, com baixos indicadores de patologia em ambos ou (2) quando observam-se falhas no funcionamento psicológico, seja na situação mais estruturada do teste de autorrelato, seja na não estruturada, típica da técnica projetiva. Assim, os dois instrumentos concordam porque não há interferência subjacente ao processo de resposta do examinando, de modo que os problemas dos clientes na vida são mais evidentes no seu funcionamento do dia a dia, e estes estão conscientes destes problemas. Na experiência de Finn (2017), os clientes com esse padrão de resultados têm histórias de vida consistentes com os resultados dos testes e não são muito surpreendidos com os resultados da avaliação.

As outras combinações de resultados envolvem a discordância entre os dados gerados pelos dois instrumentos. Existe a possibilidade (3) de haver baixos indicadores de perturbação no MMPI-2 em contraste com elevados indicadores de perturbação no Rorschach. No caso, as pessoas com este padrão divergente de resultados apresentam funcionamentos psicopatológicos que tendem a emergir em situações menos estruturadas, mais inusuais e que mobilizam mecanismos de defesa mais regressivos para lidar com as dificuldades fora do habitual. No entanto, esses pacientes geralmente funcionam bem em situações familiares e estruturadas, conseguindo usar recursos intelectuais para lidar com suas angústias. Tais clientes muitas vezes desconhecem a natureza de suas dificuldades e, portanto, são incapazes de comunicá-las. Conforme afirma Finn (2017), uma busca cuidadosa de informações na história de vida muitas vezes revela vários eventos incomuns no passado desses clientes.

Os dois últimos padrões de divergência envolvem discrepâncias entre o Rorschach e o MMPI-2, havendo elevada perturbação no MMPI-2 e poucos sinais patológicos no Rorschach. Isto pode ser encontrado em dois tipos de clientes e será o engajamento na tarefa que permitirá compreender melhor o sentido desta divergência. No primeiro caso, (4) se o examinando mostra engajamento adequado, e isto costuma ocorrer nos casos de avaliação de imputabilidade penal ou para fins forenses, o desacordo entre os dois conjuntos de resultados demonstra que o cliente tem maior controle sobre suas autopercepções, tentando conscientemente endossar psicopatologia no teste de autorrelato, de modo que é justamente a falta de perturbação no Rorschach o que sugeriria a possibilidade de fingimento, exagero, ou mesmo um "grito de socorro" de alguém que precisa se mostrar pior do que realmente é. Na última possibilidade, (5) o padrão de respostas altamente perturbado no MMPI-2 contrapondo-se a um resultado relativamente saudável no Rorschach pode ocorrer em situações nas quais os clientes não têm nenhuma motivação para fingir psicopatologia, mas uma reação extremamente defensiva de retraimento ou constrição, em resposta à força regressiva provocada pelos estímulos do Rorschach, resultou numa produção muito empobrecida de respostas, seja por quantidade limitada de respostas ou por predominância de respostas determinadas exclusivamente pela forma, podendo chegar à situação de ser necessário invalidar aquele protocolo.

Essa perspectiva de integração entre os diferentes métodos permite um refinamento na compreensão do funcionamento psíquico do indivíduo, amplia a visão do conjunto dinâmico e naturalmente possibilita um melhor planejamento de como deverá ser feita a entrevista final de *feedback* e discussão com o cliente sobre os resultados da avaliação. Ainda que tradicionalmente a discussão dos resultados específicos de cada teste com os clientes tenha sido desaconselhada por muitos profissionais, diversos clínicos apontam os benefícios de dar *feedback* desses resultados para os clientes. Destacam-se como principais justificativas para essa mudança de postura na relação com o cliente a compreensão de que esse compartilhar permite compreender melhor os dados e favorece o bom relacionamento terapeuta-cliente, o aumento da sua cooperação no processo e uma impressão mais positiva do cliente com relação ao profissional que o atende (Finn & Tonsager, 1997), levando-o a perceber que afinal todos os testes realizados tinham, cada um, seu propósito. Com esta perspectiva em mãos, que considera o estilo de resposta do cliente aos diferentes estímulos, a discussão sobre os resultados pode ser melhor dimensionada pelo profissional, que selecionará com mais propriedade o que falar e até onde ir com as informações sobre os achados durante o processo.

Adicionalmente, uma contribuição original de Finn (2017) seria o procedimento de inquérito estendido. Este pode ser feito tanto com testes de autorrelato quanto projetivos, mas no segundo caso sua realização pode ser ainda mais enriquecedora no processo. Trata-se de um prolongamento da aplicação do teste, feita obrigatoriamente após sua aplicação padronizada, na qual se estabelece um diálogo acerca das impressões do cliente sobre o teste e suas observações a respeito das próprias respostas e eventuais relações destas com a queixa ou as perguntas para avaliação. Este procedimento facilita eventualmente a produção de *insights*, o que constitui em si uma vantagem para os resultados finais. Principalmente o inquérito estendido permite que o avaliador funcione como um "parteiro" (Finn, 2017), alguém que ajuda na ampliação de autopercepção, sem correr o risco de trazer alguma interpretação precipitada, fora de *timing*, o que traria consequências ruins para o processo e para a continuidade do tratamento.

Na discussão sobre os resultados dos testes, o psicólogo compartilha impressões com o cliente, permitindo que elas sejam corrigidas, confirmadas, revisadas ou ampliadas. Assim, o avaliador capta e usa a linguagem do cliente, coletando exemplos de sua vida relacionados aos dados gerados pelos testes, bem como explorando com o cliente as circunstâncias em que os fatos ocorreram (Finn, 2017). Cumpre ressaltar que esses diálogos devem ser feitos com muito cuidado, de modo que, conforme destacam Finn e Martin (2013), os testes psicológicos devem funcionar, sobretudo, como amplificadores da empatia por parte do avaliador.

Como exemplo de divergência do tipo 5, conforme explicitado acima, trazemos o caso de Deise[1], uma senhora de 54 anos que buscava ajuda após passar pelo médico de um serviço público de saúde e ser por este medicada por conta de uma depressão que se manifestava já havia uns dois anos. Esta depressão começou quando a cliente perdeu injustamente o emprego e ao mesmo tempo precisou cuidar de sua mãe com Mal de Alzheimer. Procurou uma clínica-escola devido ao atendimento gratuito, pois não tinha condições financeiras para pagar consultas particulares. A cliente relatou na primeira sessão que estava terrivelmente deprimida, ficando alguns dias sem conseguir sair da cama nem para tomar banho. Contou os acontecimentos que a levaram a essa condição e enfatizou principalmente a dura tarefa de ter que cuidar da mãe, já muito deteriorada mentalmente, porém com boa saúde física, o que tornava muito mais difícil conter seus comportamentos inadequados. Deise era casada e com dois filhos adultos, mas afirmou não ter ajuda deles nos cuidados com a mãe, muito menos de seu irmão, que mal as visitava. Queixou-se muito da falta de atenção por parte de todos.

Deise estava animada na primeira sessão, bem-vestida, perfumada e trouxe um presente para a avaliadora, com quem não tinha tido contato até então. Sentou-se no sofá relaxadamente, colocando os pés para cima. Contou sobre sua depressão, os sintomas, e mostrou uma foto que seu marido tirara dela após três dias sem se levantar da cama. A foto foi feita a pedido dela para que se pudesse registrar seu estado lamentável. Contou o quanto passou por situações difíceis na vida, como o alcoolismo e depois a morte do pai. Contou também sobre outros empregos, dos quais foi demitida injustamente. Para a avaliadora, a atitude da cliente não parecia a de alguém com depressão, mas guardou esta impressão para si.

Como perguntas que gostaria que fossem respondidas com a avaliação, Deise formulou quatro questões, a saber: "Por que tenho dificuldades para lidar com perdas? Por que tenho dificuldade para lidar com o desprezo de outras pessoas? Por que tenho medo de ficar sozinha? Por que me sinto só, mesmo estando rodeada de pessoas?" Conforme combinado com a avaliadora terapeuta, essas quatro perguntas constituiriam o foco do processo.

De acordo com a recomendação, em avaliação terapêutica é aconselhável começar a aplicação de testes com aquele que tem mais validade aparente sobre o que se quer investigar. Como no caso foi a depressão o motivo que levou Deise a procurar ajuda, aplicou-se inicialmente a Ebadep, escala de autorrelato para avaliação da depressão. Deise pontuou 116, o que indica sintomatologia depressiva severa.

Em seguida aplicou-se o Rorschach, que revelou alguém com muita dificuldade de percepção do outro e de si mesma e com uma tendência à compreensão distorcida da realidade. A incongruência entre o nível de patologia demonstrado na escala de depressão e o relativo equilíbrio emocional observado no Rorschach confirmou o que já se levantara como hipótese na primeira entrevista, a necessidade de apresentar-se muito doente, um pedido enfático de cuidados.

É importante destacar que no caso de Deise a incongruência de resultados não ajudou apenas a confirmar uma hipótese, mas ajudou sobretudo a avaliadora a planejar o modo como faria a in-

---

1. Nome fictício. Aproveitamos para agradecer a Mayara Salgado, mestranda e membro do grupo de pesquisa "Avaliação psicológica em contextos de saúde mental" do LAPSaM, pela condução do atendimento e concordância com o uso do mesmo.

tervenção e a discussão final dos resultados com a cliente, de modo a não negar suas queixas, mas ajudá-la a compreender o quanto ela queria ter os cuidados que sentia que tinha perdido e como podia haver situações que os cuidados ocorriam, mas ela não os identificava como tais. A informação no Rorschach sobre dificuldades no contato com a realidade e na autopercepção foram também muito úteis para ajudar a avaliadora a planejar com cautela o modo de conversar sobre os resultados com Deise, cuidando para não avançar em pontos que devessem ser abordados, no caso dela, em uma terapia de longa duração.

Em sessão usada para discussão dos resultados dos instrumentos psicológicos e percepções do profissional, optou-se por mencionar a depressão como algo que existia, mas que já não a representava integralmente. Reafirmou-se que de fato ela tinha tido perdas importantes de pessoas e coisas que lhe faziam muita falta e que isso era uma justa causa de sofrimento. Foi dito a ela que os testes – principalmente aquele das manchas – tinham mostrado que havia mais conteúdos emocionais do que ela percebia claramente, destacando-se entre esses o desejo intenso por afeto e atenção e a expectativa de receber cuidados, tanto quanto ela se sentia obrigada a dispensar, sendo provável que a doença fosse a maneira que lhe foi possível de pedir ajuda e cuidado às pessoas ao redor. Apontou-se os pontos positivos sobre sua disposição para sair de casa, conversar com mais pessoas e aceitar ajuda dos seus familiares nos cuidados com a sua mãe, que vinham acontecendo recentemente, assim como sua iniciativa de procurar um psicólogo.

Quanto às perguntas para a avaliação feitas na sessão inicial, conforme exposto acima, de modo muito resumido, destacam-se os apontamentos feitos pela psicóloga, a título de respos-

tas: a dificuldade de aceitar perdas estaria relacionada ao sentimento de perda de cuidados e de atenção de alguém para ajudá-la. Como exemplo disso falou-se da perda da sua mãe "para o Alzheimer", o que lhe tirou "o colo", usando suas próprias palavras. Do mesmo modo, o sentimento de desprezo se relacionava com a maneira como ela percebia a situação quando não recebia o cuidado esperado, mesmo que isso não fosse exatamente, ou necessariamente, o modo como os outros a estivessem tratando. A cliente foi naturalmente se dando conta de uma nova maneira de perceber sua história, tendo chegado, por si mesma, à compreensão de que esses achados também ajudavam a responder sobre o medo de ficar sozinha, assim como o sentir-se só mesmo estando acompanhada.

Certamente muito mais foi dialogado com a cliente, não sendo objetivo no momento apresentar a totalidade do caso. O exemplo citado vem apenas ilustrar como o Rorschach gerou informações pertinentes sobre o funcionamento psíquico da cliente, seja nos seus aspectos psicométricos, seja na análise temática das respostas fornecidas pela mesma e, principalmente, como o uso dos métodos projetivos concomitante a estratégias de autorrelato possibilitam uma compreensão mais abrangente dos fenômenos psíquicos envolvidos na tomada de decisão. Serviu também para compreender a melhor forma de dialogar com a cliente e estimulá-la para uma terapia de mais longa duração.

Considerações finais

O intuito neste capítulo era demonstrar que os métodos projetivos contribuem para os processos de avaliação psicológica, não somente com acréscimos de dados para elucidação de uma queixa e orientação de tratamentos. Sua contribuição se dá de modo singular, já que, além de trazer informações novas e menos acessíveis cognitivamente pelo respondente, possibilitam uma confrontação com os demais dados obtidos por meio de outros instrumentos ao longo do processo avaliativo, confrontação que por si só pode adicionar e incrementar a compreensão do caso. Além disso, uma compreensão mais completa e minuciosa das habilidades e dos recursos defensivos do cliente será muito relevante para a organização e seleção dos resultados que serão sumarizados e discutidos com ele ao final do processo.

Referências

Cardoso, L.M. & Villemor-Amaral, A.E. (2017). Critérios de cientificidade dos métodos projetivos. In M.R.C. Lins & J.C. Lins (Eds.). *Avaliação psicológica: aspectos teóricos e práticos* (pp. 159-172). Petrópolis: Vozes.

Fensterseifer, L. & Werlang, B.S.G. (2008). Apontamentos sobre o *status* científico das técnicas projetivas. In A.E. Villemor-Amaral & B.S.G. Werlang (Eds.). *Atualizações em métodos projetivos para avaliação psicológica* (pp. 15-33). São Paulo: Casa do Psicólogo.

Finn, S.E. (2017). *Pela perspectiva do cliente – Teoria e técnica da avaliação terapêutica*. São Paulo: Hogrefe.

Finn, S.E. & Martin, H. (2013). *Therapeutic Assessment: Using psychological testing as a brief therapy*. Psychology Press.

Finn, S.E. & Tonsager, M.E. (1997). Information-gathering and therapeutic models of assessment: Complementary paradigms. *Psychological Assessment, 9*(4), 374-385 [doi: 10.1037/1040-3590.9.4.374].

Frank, L.K. (1939). Projective Methods for the Study of Personality. *Journal of Psychology: Interdisciplinary and Applied, 8*, 389-413.

Lilienfeld, S.O., Wood, J.M., & Garb, H.N. (2000). The scientific status of Projective Techniques. *Psychological Science in the Public Interest, 1*(2), 27-67.

Meyer, G.J. & Kurtz, J.E. (2006). Advancing personality assessment terminology: Time to retire "objective" and "projective" as personality test descriptors. *Journal of Personality Assessment, 87*(3), 223-225 [doi: 10.1207/s15327752jpa8703_01].

Mihura, J.L. & Meyer, G.J. (Orgs.) (2018). *Uso do Sistema de Avaliação por Performance no Rorschach (R-PAS)*. São Paulo: Hogrefe/Cetepp.

Mihura, J.L., Bombel, G., Dumitrascu, N., Roy, M., & Meadows, E.A. (2018). Why we need a formal systematic approach to validating psychological tests: The case of the Rorschach Comprehensive System. *Journal of Personality Assessment*, 1-19 [doi: 10.1080/00223891.2018.1458315].

Reppold, C.T., Serafini, A.J., Magnan, E.S., Damion, M., Kaiser, V., & Almeida, L. (2018). Análise de manuais de testes psicológicos aprovados pelo Satepsi para adultos. *Psicologia: Teoria e Prática, 20*(3), 100-120 [doi: 10.5935/1980-6906/psicologia. v20n3p100-120].

Villemor-Amaral, A.E. (2009). Métodos projetivos em avaliações compulsórias: indicadores e perfis. In C.S. Hutz (Ed.). *Avanços e polêmicas em avaliação psicológica* (pp. 157-174). São Paulo: Casa do Psicólogo.

Villemor-Amaral, A.E. & Pasqualini-Casado, L. (2006). A cientificidade das técnicas projetivas em debate. *Psico-USF, 11*(2), 185-193 [doi: 10.1590/ S1413-82712006000200007].

Weiner, I.B. (2000). *Princípios de interpretação do Rorschach*. São Paulo: Casa do Psicólogo.

40
Avaliação das habilidades socioemocionais e traços de personalidade em crianças

Ana Carina Stelko-Pereira

Karina da Silva Oliveira

Ricardo Primi

A vida em sociedade requer esforços para prever e influenciar o modo como as pessoas se relacionam umas com as outras, com o objetivo de aumentar as chances de ocorrência de interações produtivas e felizes. Nesse sentido, já na infância, familiares, professores, dentre outros, deveriam se voltar ao ensino e estímulo às habilidades socioemocionais (HSE), porém, na prática, o que se nota é que este ensino comumente é assistemático e sem avaliações continuadas que poderiam potencializar esta aprendizagem. A sistematização mais precisa do conceito e de ferramentas de avaliação das HSE das crianças é o primeiro passo para o ensino programado destas, sendo necessário ainda muito investimento e pesquisa nestes pontos. Diante do exposto, o objetivo deste capítulo é apresentar, de forma sucinta: a) o que são as habilidades socioemocionais e como elas se relacionam ao modelo de personalidade *Big Five*; b) quais os desafios para mensurá-las e o que já se produziu na temática, descrevendo alguns instrumentos existentes, e c) como as informações geradas pela avaliação destas habilidades podem ser empregadas em contexto escolar dentro de uma proposta formativa, que busque aprimorar o modo de ser e agir de toda uma geração.

O modelo da personalidade *Big Five* em crianças

As HSE são atributos da personalidade humana. A ideia mais comum é que as pessoas exibem inclinações na maneira de pensar, sentir e se comportar que são estáveis ao longo do ciclo de vida (infância, adolescência, velhice) e aos vários contextos de que participam (familiar, profissional, educacional etc.), ao que se denomina personalidade. Contudo, ao mesmo tempo, essas tendências se modificam ao longo da vida e são influenciadas pelas experiências e demandas sociais (Specht, Egloff, & Schmukle, 2011). As HSE se referem às facetas mais maleáveis ou de ordem inferior, as quais podem ser alvo de intervenção, especialmente durante os primeiros anos de vida. Referem-se também às facetas que estão associadas a capital humano, que por sua vez se constituem em desfechos individuais e sociais importantes – por exemplo: aprendizagem, grau de estudo, bem-estar, realização no trabalho, responsabilidade social, dentre outros (Organização para a Cooperação e Desenvolvimento Econômico [Oecd], 2017, Kankaraš, 2017).

Dentre as diferentes teorias e modelos da personalidade, o modelo dos Grandes Cinco Fatores, mais conhecido como *Big Five*, tem se aproximado do consenso entre pesquisadores. Segundo John e Srivastava (1999), os cinco fatores do modelo são: 1) "*Openness*" ou *abertura a experiências*, o qual se refere ao interesse em vivenciar diferentes experiências, buscando-se a originalidade; 2) "*Conscientiousness*" ou *conscienciosidade* que envolve a capacidade de controlar impulsos de modo a cumprir com tarefas e regras; 3) "*Extroversion*" ou *extroversão*, que implica agir com disposição e energia nas relações com outras pessoas e objetos; 4) "*Agreeableness*" ou *amabilidade*, relativo a orientar-se de modo pró-social e pela coletividade, 5) "*Neuroticism*" que indica *instabilidade emocional* e a presença de sentimentos negativos, como tristeza e ansiedade.

Estudos de meta-análise verificaram o grau de associação entre as características de personalidade dentro do modelo *Big Five* e variáveis relevantes ao desenvolvimento humano, notadamente uma série de habilidades socioemocionais. Em suas conclusões, diferentes autores têm apontado que as características da personalidade predizem saúde mental ($r = 0,43$), comportamentos saudáveis ($r = 0,18$) e saúde física ($r = 0,06$), sendo que neuroticismo, amabilidade e conscienciosidade associam-se com saúde mental ($r = 0,24$ para os três fatores citados, $r = 0,11$ com extroversão e $r = 0,06$ com abertura a novas experiências (Strickhouser, Zell, & Krisan, 2017).

Há também índices médios de correlação significativos e superiores a 0,30 entre resiliência e características da personalidade ($r = -0,46$ para neuroticismo, $r = 0,42$ para extroversão e conscienciosidade, $r = 0,34$ para abertura a experiências e $r = 0,31$ para amabilidade) (Oshio, Taku, Hirano, & Saeed, 2018). Já em relação à associação entre atividades físicas e personalidade, nota-se correlações estatisticamente relevantes para quatro fatores do *Big Five*: extroversão ($r = 0,10$), neuroticismo ($r = -0,07$), conscienciosidade ($r = 0,10$) e abertura a experiências ($r = 0,03$) (Wilson & Dishman, 2015). Também são relatadas correlações significativas entre os fatores e rendimento acadêmico na educação primária, especialmente com conscienciosidade e abertura (Poropat, 2014) e os cinco fatores e rendimento acadêmico no Ensino Superior, também especialmente com conscienciosidade (Stajkovica, Bandurab, Lockec, Leed, & Sergenta, 2018) e associação negativa significativa entre desonestidade acadêmica (trapacear, plagiar, receber ajuda sem autorização) e conscienciosidade e amabilidade (Giluk & Postlethwaite, 2015).

Big Five e habilidades socioemocionais

Há duas abordagens na literatura que procuram conceituar as habilidades socioemocionais – que se incluem no campo amplo chamado de aprendizagem socioemocional. Uma se baseia em construtos comumente estudados na psicologia educacional e social (Osher e cols., 2016; cf. tb. Casel [www.casel.org]; Damásio, 2017) como motivações, crenças, objetivos, interesses e valores. Outra se baseia nos construtos definidos pelo modelo *Big Five* da personalidade. Baseada na análise fatorial essa abordagem organizou um sistema taxonômico derivado de estudos empíricos composto por dimensões relativamente independentes tentando representar todas as fontes de diferenças individuais nas características socioemocionais. Nessa abordagem procura-se organizar as habilidades socioemocionais usando a taxonomia do modelo *Big Five* (Kyllonen, Lipnevich, Burrus, & Roberts, 2014; Oecd, 2018).

Em especial, Santos e Primi (2014) apresentam detalhadamente a aproximação das HSE aos cinco grandes domínios de personalidade. Para esses autores, o modelo não apenas contribui para a compreensão das habilidades envolvidas no desenvolvimento das competências socioemocionais, como também favorece o desenvolvimento de medidas que auxiliem no processo de avaliação destas competências. Dentro desta perspectiva, os mesmos autores afirmam que o domínio (1) Abertura a experiências, que se relaciona à tendência em abrir-se para novas vivências estéticas, culturais e intelectuais, pode ser observado na infância por meio de atributos de temperamento, tais como: curiosidade, sensibilidade e prazer em atividades com baixa resistência. Por sua vez, o domínio (2) Conscienciosidade, que está associado à tendência em ser organizado, esforçado e responsável, pode estar relacionado a características como atenção, concentração, empenho em controlar atitudes e impulsos, persistência e capacidade de aguardar por recompensas.

Ainda nesse sentido, o domínio (3) Extroversão, que se define pela tendência em dirigir interesses e energia ao mundo externo, a pessoas e coisas, estaria associado a atributos de temperamento, tais como: vitalidade social e emotividade positiva. O penúltimo domínio (4) Amabilidade, está relacionado à tendência em mostrar-se cooperativo, e pode estar associado à característica como boa vontade, sociabilidade, acolhimento e disponibilidade social. Por fim, o quinto domínio (5) Estabilidade emocional, ou neuroticismo, define-se pela consistência de reações emocionais frente a situações desafiadoras, ou ainda pela forma em lidar com as emoções negativas, podendo ser observado através de características psicológicas, tais como: ansiedade, depressão e introspecção, por exemplo.

Complementando esta compreensão proposta por Santos e Primi (2014), é possível verificar que, segundo a Oecd (2018), as principais HSE e sua relação com o modelo *Big Five* podem ser descritas como:

a) *Performance na tarefa*, a qual relaciona-se ao fator *conscienciosidade* do modelo *Big Five* e, resumidamente, diz respeito a comportamentos do indivíduo, relativos ao estabelecimento de altos padrões de exigência para si mesmo e trabalhar para alcançá-los, honrar compromissos, ser pontual e confiável, evitar distrações na realização de suas tarefas, manter-se na tarefa até seu término.

b) *Regulação emocional* associa-se com *neuroticismo* envolvendo a efetividade em modular a própria ansiedade e acalmar-se diante de problemas, manter-se positivo e otimista consigo e com a vida, adotar estratégias adequadas para regular emoções como raiva e irritação.

c) *Colaboração* corresponderia à característica da personalidade *amabilidade*, a qual incluiria ser bondoso, atentar para a necessidade alheia, acreditar que as pessoas costumam ter boas intenções, desculpar os erros dos outros, viver em harmonia com as pessoas e valorizar a interação humana.

d) *Disponibilidade para novas aprendizagens* envolveria a característica *abertura a experiências* que engloba interessar-se por aprender, ser curioso, ser tolerante com diferentes pontos de vista e valores, apreciar conhecer pessoas de diferentes culturas, exercitar a criatividade.

e) *Engajamento com outros* se associa a *extroversão* que envolve comportamentos como abordar outras pessoas para iniciar e manter relações sociais, apresentar as próprias opiniões, necessidades e sentimentos, exercer influência social e demonstrar energia, excitação e espontaneidade diante da vida.

Além destas HSE, haveria ainda outras habilidades compostas (Oecd, 2018), as quais seriam autoeficácia (o quanto os indivíduos acreditam em suas habilidades para realizar tarefas e atingir objetivos), pensamento crítico (habilidade de avaliar informações de modo independente) e metacognição (capacidade de refletir sobre suas ações, pensamentos e sentimentos relacionando com experiências de vida).

Sendo então as características da personalidade tão importantes e as HSE facetas desta, se mostra necessário o desenvolvimento de maneiras de mensurá-las, especialmente no período da infância, em que a personalidade se mostra mais maleável e no qual se constroem bases para sustentar outras aprendizagens relevantes posteriores (Oecd, 2018). Por exemplo, se a criança apresenta poucas habilidades de identificação do sentimento de raiva, reflexão quanto às condições que a essa se associam e modulação deste sentimento (estabilidade emocional) poderá ter dificuldades nos relacionamentos interpessoais e, eventualmente, ser excluída de grupos sociais importantes, os quais permitiriam diversas aprendizagens.

Desafios e avanços na mensuração de HSE no âmbito do modelo *Big Five* em crianças

Em relação à aplicabilidade do modelo *Big Five* à infância, o que se pode notar é que, embora os estudos voltados a esta temática ainda sejam escassos, se comparados ao volume de trabalhos voltados a adultos (Tackett, Herzhoff, Kushner, & Rule, 2016), há evidências de que tal modelo seja adequado para descrever a personalidade de crianças e adolescentes (Measelle, John, Ablow,

Cowan, & Cowan, 2005). Measelle e col. (2005) afirmam que, fazendo uso de instrumentos de heterorrelato, obtidos por meio de julgamento de pais, professores e pares, assim como em instrumentos de autorrelato como o *Burkeley Puppet Interview* (BPI), descrito mais adiante, foram encontradas evidências importantes que confirmam os cinco fatores (extroversão, conscienciosidade, neuroticismo, amabilidade e abertura a experiências) como um modelo apropriado para explicar, avaliar e compreender a personalidade, também, na infância, já aos 5 anos de idade.

No que diz respeito à estabilidade dos dados referente à personalidade infantil, Measelle e colab. (2005) apontam para o fato de que é possível identificar um período entre um a dois anos de estabilidade para as características avaliadas por meio do BPI. Dentre os fatores que demonstraram maior estabilidade, destacam-se os fatores *extroversão*, *amabilidade* e *conscienciosidade*, e, aos 6 e 7 anos, os fatores *neuroticismo* e *abertura* a experiências se tornam mais consistentes. Os autores concluem que, mesmo em desenvolvimento, a personalidade na infância já apresenta indicadores de estabilidade e de possível impacto na vida adulta.

Há diversas opções para a avaliação da personalidade em adultos por meio do modelo *Big Five*, podendo ser encontradas versões gratuitas e comercializadas (Hamby, Taylor, Snowden, & Peterson, 2016). Alguns destes instrumentos encontram-se aprovados pelo Sistema de Avaliação de Testes Psicológicos (Satepsi) para a realização deste tipo de avaliação em diferentes momentos do desenvolvimento (Nunes et al., 2012). Entretanto, instrumentos que busquem avaliar HSE, em especial em crianças, são menos comuns, principalmente se considerarmos que, embora escalas em que adultos avaliem as HSE das crianças sejam importantes (heterorrelato), também é relevante considerar a própria opinião da criança (autorrelato), uma vez que os adultos não acessam diretamente o que esta pensa e sente e nem sempre estão atentos aos comportamentos relevantes delas, de modo a fundamentar a avaliação da personalidade infantil.

Em uma revisão coordenada pelo terceiro autor deste capítulo, conduzida em parceria entre o Instituto Ayrton Senna e grupos de pesquisa da Universidade São Francisco e Universidade Federal de Pernambuco, documento que se encontra em elaboração para publicação, foram identificadas 98 publicações que apresentavam instrumentos para a avaliação das HSE. Tal pesquisa possibilitou identificar, em âmbito nacional e internacional, ao menos 68 instrumentos com este foco, sendo 7,48% (n = 52) de autorrelato e 23,52% (n = 16), de heterorrelato. O autoconhecimento foi uma das HSE mais frequentemente investigadas pelos instrumentos e não foram identificadas medidas baseadas no modelo *Big Five*. Tal resultado aponta para o fato de que, tradicionalmente, as HSE têm sido avaliadas através de construtos específicos, isolados um dos outros, dificultando uma avaliação abrangente das HSE na infância.

Ainda que seja fundamental o desenvolvimento de medidas que se mostrem lúdicas, adequadas à infância e que busquem avaliar as HSE por meio de uma compreensão mais ampla da personalidade, há alguns desafios que devem ser considerados. Conforme apontado por Soto, John, Gosling e Potter (2008), algumas das dificuldades se referem a: a) menor coerência entre as respostas da criança, de modo que itens de questionários que medem um mesmo fator podem apresentar baixa consistência interna, b) menor diferenciação entre as respostas de itens que medem fatores diferentes e c) tendência maior à aquiescência, isto é, de se concordar ou discordar sistematicamente com os itens, independentemente do conteúdo que está sendo questionado. Algumas razões para tais desafios, conforme apontado também por Soto e colab. (2008), se referem aos fatos de que crianças, quando comparadas com adolescentes e adultos, apresentam menores níveis de habilidades relacionadas ao vocabulário, abstração, compreensão verbal e experiências em responder a testes, visto que tais habilidades se encontram ainda em desenvolvimento.

Ainda que existam estas dificuldades, há instrumentos de autorrelato que vêm sendo empregados, internacionalmente, especialmente para uso em crianças com idades a partir de 10 anos. Nesse sentido, um dos instrumentos mais utilizados para avaliar a personalidade é o *Big Five Inventory* (BFI), o qual possui 44 itens, havendo uma versão com linguagem mais simples, podendo ser utilizado para crianças com, no mínimo, 10 anos de idade (John, Nauman, & Soto, 2008). Este instrumento está disponível gratuitamente para uso em pesquisas e há uma versão em português (para mais informações, cf. www.ocf.berkeley.edu). O instrumento é capaz de detectar uma maior variação comum nas respostas aos itens quando, quem responde, apresenta mais idade, ou seja, o BFI apresenta maior validade para uso em indivíduos mais velhos (34% de variância nas respostas de indivíduos de 10 anos e 45% naqueles com 20 anos).

Ainda conforme Soto e colab. (2008), os itens do BFI que exigem a maior compreensão verbal para serem respondidos se referem aos do fator *abertura* a experiências e, por outro lado, os que exigem menor compreensão verbal são aqueles pertencentes ao fator *neuroticismo*. Porém, afirmam que o grau de compreensão necessário para responder a cada fator não é determinante para a coerência nas respostas de cada participante, sendo mais importante a etapa desenvolvimental que o indivíduo se situa. Isso porque os mesmos autores notaram que, quando se é mais jovem, menores correlações entre os itens do BFI que medem extroversão são encontradas do que quando se é mais velho, talvez por este fator ser mais maleável entre a infância e a adolescência. Já nas respostas aos itens de amabilidade e conscienciosidade ocorre o oposto, não há aumento da coerência nas respostas aos itens conforme se envelhece, mas as respostas de amabilidade se diferenciam substancialmente das de conscienciosidade com uma maior idade, possivelmente pelo fato de o indivíduo passar a compreender a complexidade de definições do que é certo e errado, bom e mau, por exemplo. E, por fim, as respostas aos itens de neuroticismo e abertura a experiências tanto aumentam a coerência nas respostas dadas dentro de cada fator quanto estes passam a diferenciar-se mais dos outros fatores a partir do aumento da idade. Os autores sugerem que sejam realizados mais estudos, especialmente longitudinais, para se explicar este padrão evolutivo da personalidade.

Outro exemplo de medida de autorrelato internacional trata-se do *Berkeley Puppet Interview* (BPI) (Measelle et al., 2005), o qual tem como objetivo avaliar problemas emocionais e comportamentais, funcionamento social e escolar em crianças com idades entre 4 e 8 anos. A aplicação do instrumento ocorre por meio de uma entrevista semiestruturada, e em cada item são apresentados dois fantoches idênticos (Iggy e Ziggy), os quais realizam afirmações acerca de si mesmos, tais como "Eu sou uma criança triste" e "Eu não sou uma criança triste". Cabe, ao ava-

liando, optar pelo fantoche com o qual mais se identifique. Há evidências importantes relacionadas à validade de conteúdo, estrutura interna e culturais. Quanto à precisão do instrumento, a análise da consistência interna do instrumento apontou para valores de alfa de 0,65 para o total, 0,68 para relação com pares, 0,72 para aspectos internalizantes e 0,79 para os externalizantes. O BPI encontra-se disponível apenas em língua inglesa.

Um instrumento brasileiro foi desenvolvido pelo terceiro autor deste capítulo junto ao Instituto Ayrton Senna e pesquisadores parceiros: o instrumento Senna 1.0. Para a elaboração do instrumento, Primi, Santos, John e Fruyt (2016) primeiramente utilizaram os dados resultantes de uma revisão de literatura realizada por Santos e Primi (2014), a partir da qual selecionaram oito instrumentos que avaliavam construtos similares aos das HSE. Em seguida, estes foram aplicados a estudantes do Rio de Janeiro pertencentes a 16 escolas, totalizando cerca de 3.000 participantes. As respostas aos instrumentos foram analisadas a partir da análise fatorial exploratória, com a finalidade de compor um instrumento válido e conciso. Posteriormente aplicou-se o instrumento em 24.605 alunos do 5º ao 9º ano do Ensino Fundamental e do Ensino Médio, realizando-se análise fatorial confirmatória.

O estudo resultou na produção de um instrumento com 62 itens para alunos de 11 a 14 anos e de 92 questões para adolescentes de 15 a 17 anos, o qual pode ser aplicado como ferramenta para auxiliar a promoção de tais habilidades em escolas. Após a publicação da versão Senna 1.0, os autores anteriormente mencionados entenderam que havia a necessidade de ampliar o escopo das competências avaliadas pelo instrumento, elaborando uma nova versão chamada

Senna 2.0. Esta última versão avalia as dimensões: (1) Abertura ao novo, com 27 itens, investigando curiosidade para aprender, imaginação criativa e interesse artístico; (2) Autogestão, com 45 itens, analisando determinação, organização, foco, persistência e responsabilidade; (3) Engajamento com os outros, que investiga iniciativa social, assertividade, entusiasmo, com 27 itens; (4) Amabilidade, com 36 itens, que mensura compaixão, respeito, confiança e modéstia e (5) Resiliência emocional, com 27 questões, que avalia modulação do estresse, autoconfiança e tolerância à frustração (Santos & Primi, 2014).

Avaliação de habilidades socioemocionais como subsídio para intervenções do psicólogo em contexto escolar

A instituição escolar é um ambiente propício para se estimular habilidades relacionadas ao interagir socialmente, ter autonomia diante de sua própria aprendizagem, cuidar da sua saúde e ter uma vida plena, o que certamente se relaciona ao desenvolvimento de HSE e ao fazer do psicólogo escolar. A busca pelo ensino e aprimoramento das HSE se alinha à promoção de saúde mental em contexto escolar, sendo defendido que o espaço escolar é primordial para ações preventivas aos transtornos mentais e ao fomento de maior bem-estar ao longo da vida (Brasil, 2007; Perfect & Morris, 2011).

A escola, sendo um contexto facilitador de promoção de saúde mental, certamente deveria envolver o desenvolvimento das HSE, por diversas razões. Nesse local é mais simples o acesso aos serviços pelos alunos e famílias, uma vez que o espaço escolar já faz parte do dia a dia destes (Atkins, Hoagwood, Kutash, & Seidman, 2010), há facilitação da mudança e manutenção de respostas no contexto em que efetivamente ocorrem e não em um contexto artificial como o *setting* terapêutico, existindo ainda disponibilidade de grande número de pessoas (Arora et al., 2016) em uma fase do ciclo da vida em que os indivíduos se mostram mais maleáveis para alterações comportamentais e cujas experiências contribuem significativamente para o modo como atuarão quando adultos.

Para além destas vantagens, Dowdy, Ritchey e Kamphaus (2010) afirmam que a escola seja um espaço ideal para o estabelecimento de uma política coletiva de promoção de saúde mental, o que aprimoraria o modo de ser e agir de toda uma geração. Segundo os mesmos autores, é necessário descobrir e atuar não apenas em fatores de risco e de proteção a transtornos de saúde mental referentes a alunos específicos, como também conhecer as características de importância relativa à saúde de grupos, como por classes, idade, *status* socioeconômico, sexo, escolas, regiões e estados. Ao se saber destas características, pode-se desenvolver e avaliar estratégias coletivas mais efetivas, inclusive superando-se o antigo dilema da atuação do psicólogo escolar, referente a ter muitos alunos para atender, impossibilitando a aplicação de estratégias individuais intensivas.

Se a promoção de saúde mental em escolas é relevante, os programas que são aplicados nesse prisma devem ser baseados em evidências, a fim de que não se empregue recursos financeiros e humanos em esforços pouco relevantes. Porém, segundo Arora e colab. (2016), antes mesmo de se advogar por práticas baseadas em evidências neste contexto, deve-se estimular a elaboração de avaliações também baseadas nestas (*Evidence Based Assessment*, EBA) e de cunho populacional, não sendo apenas ao nível individual. Uma avaliação de tipo EBA estabelece um claro objetivo de avaliação e emprega a ciência para eleger os construtos relevantes e os métodos e processos para avaliar estes construtos (Hunsley & Mash, 2007). A EBA aplicada em uma perspectiva populacional de promoção de saúde mental envolve todos os estudantes, de modo a diferenciar grupos e alunos que necessitem de intervenções mais específicas e a se agir de modo pró-ativo, antes que os problemas se tornem mais severos, segundo Dowdy e colab. (2010).

A carência de EBA no contexto escolar é decorrente de diversos fatores. Há carência de instrumentos padronizados amplamente disponíveis que avaliem construtos relevantes no âmbito educacional, seja avaliando construtos acadêmicos (proficiência em português, p. ex.) ou variáveis que moderam ou medeiam o processo de ensino que procura gerar aprendizagem, isto é, as competências acadêmicas (como persistência para aprender, colaboração, entre outros). Para além destes fatores que dificultam o uso de EBA, há também a falta de indicadores adequados quanto às propriedades psicométricas dos instrumentos e pouca praticidade quanto à forma de aplicação, correção e utilização de resultados, considerando-se que, nem sempre, profissionais específicos para esta mensuração poderão ser contratados (Arora et al., 2016; Dowdy et al., 2010).

No Brasil, esta realidade é semelhante, uma vez que são poucas as avaliações aplicadas amplamente em escolas. Para citar algumas, tem-se as provas que fornecem os índices do Índice de Desenvolvimento de Educação Básica (Ideb), do Exame Nacional do Ensino Médio (Enem) e o Questionário de Avaliação de Saúde do Escolar (Instituto Brasileiro de Geografia e Estatística, IBGE, 2016), o qual avalia superficialmente diversos construtos e não teve suas propriedades

psicométricas mensuradas. Buscando superar esta lacuna, faz-se necessário o desenvolvimento de instrumentos específicos à promoção de saúde mental no contexto escolar. Estes instrumentos precisam avaliar os aspectos mais determinantes para a formação global dos estudantes, uma vez que não seria correto aplicar demasiadas avaliações, onerando as instituições escolares e despendendo, inadequadamente, o tempo de alunos e docentes (Arora et al., 2016; Dowdy et al., 2010). As habilidades socioemocionais (HSE) seriam um destes aspectos determinantes. Por exemplo, a Oecd (2018) se dedicou a estudá-las; na Califórnia (Estados Unidos), cerca de um milhão de estudantes de seis distritos daquele Estado se envolveram em avaliações e intervenções quanto a tais habilidades (West, Buckley, Krachman, & Bookman, 2017) e, no Brasil, Santos e Primi (2014) fornecem diversos argumentos sobre a importância do desenvolvimento de tais habilidades para o bem-estar individual e coletivo, devendo ser alvo de políticas públicas.

Dentro desta perspectiva o que se pode notar é que, com a introdução das HSE nos currículos escolares, uma demanda importante de ações é apresentada aos psicólogos, pois há a necessidade de que os sistemas de avaliação dos objetivos de ensino englobem, também, instrumentos que sejam capazes de realizar o monitoramento do desenvolvimento destas habilidades em larga escala (Primi et al., 2016). Assim, conforme apontado por Primi (2018), o foco das ações do psicólogo, dentro desta perspectiva são diferentes das ações tradicionalmente realizadas no contexto educacional, as quais comumente visam avaliar com a finalidade de realizar orientações individuais.

Dentro desta necessidade diferenciada, voltada às HSE, o psicólogo deve ser capacitado a: 1) elaborar e desenvolver políticas públicas buscando o monitoramento das características psicológicas, observando aspectos desenvolvimentais agregados por séries escolares e idades, por exemplo; 2) gerir equipes de coleta de dados relativa a tal monitoramento, uma vez que possivelmente as avaliações englobarão todos os alunos ou muitos alunos, sendo necessária a participação de outros profissionais, como os docentes; 3) organizar análises interdisciplinares e com a participação da comunidade escolar (pais, alunos, docentes) quanto aos resultados obtidos, de modo a fundamentar as ações a serem desenvolvidas; 4) produzir relatórios após a coleta de dados e as análises participativas que sejam úteis à gestão escolar, seja em nível de uma única escola ou em nível da educação municipal, estadual e, até mesmo, nacional, quando dados de diversos locais são combinados; e 5) promover o avanço contínuo das HSE juntamente às outras capacidades desenvolvidas em contexto educacional, a partir da proposição de intervenções amplas, como inclusão de atividades comuns a diferentes disciplinas, com o objetivo de fomentar as HSE.

Considerações finais

O desenvolvimento de ações que auxiliem tanto no desenvolvimento quanto na avaliação das HSE na infância caracteriza-se como um importante foco de investigação para os profissionais e pesquisadores em psicologia. Isto porque, conforme apresentado ao longo deste capítulo, existem evidências de que o fortalecimento destas habilidades pode estar associado a bons desfechos em diferentes esferas e momentos do ciclo vital. Ao buscar compreender as HSE em função do modelo de personalidade conhecido como *Big Five*, o que se pôde notar é que as HSE se apresentam como facetas mais maleáveis da personalidade, favorecendo a intervenção e o desenvolvimento destas, em especial na infância.

Embora exista relativo consenso acerca da relevância destes temas e de seus impactos positivos ao longo da vida, observa-se que, mais comumente, a avaliação destes se dá por meio dos construtos isolados, de modo que há ainda poucos instrumentos e técnicas que auxiliem no processo de avaliação mais ampla destas habilidades. Há também lacunas importantes relacionadas às HSE junto ao contexto educacional, em especial, na formação de professores, aplicação de programas e ações baseadas em evidências. Desse modo, pode-se afirmar que este contexto deve ser considerado como um campo de investigação rico em possibilidades e que, portanto, estudos desta natureza devem ser conduzidos.

Referências

Arora, P.G., Connors, E.H., George, M.W., Lyon, A.R., Wolk, C.B., & Weist, M.D. (2016). Advancing Evidence-Based Assessment in School Mental Health: Key Priorities for an Applied Research Agenda. *Clinical Child and Family Psychology Review, 19*, 271-284 [doi: 10.1007/s10567-016-0217-y].

Atkins, M.S., Hoagwood, K.E., Kutash, K., & Seidman, E. (2010). Toward the Integration of Education and Mental Health in Schools. *Adm Policy Mental Health, 37*(1-2), 40-47 [doi: 10.1007/s10488-010-0299-7].

Brasil (2007). Decreto 6.286, de 5 de dezembro de 2007, institui o Programa Saúde na Escola – PSE, e dá outras providências. *Diário Oficial da União.* Brasília.

Damásio, B.F. (2017). Mensurando habilidades socioemocionais de crianças e adolescentes: desenvolvimento e validação de uma bateria (nota técnica). *Trends in Psychology, 25*(4), 2.043-2.050 [doi: 10.9788/tp2017.4-24pt].

Dowdy, E., Ritchey, K., & Kamphaus, R.W. (2010). School-Based Screening: A Population-Based Approach to Inform and Monitor Children's Mental Health Needs. *School Mental Health, 2*, 166-176 [doi: 10.1007/s12310-010-9036-3].

Giluk, T.L. & Postlethwaite, B.E. (2015). Big Five personality and academic dishonesty: A meta-analytic review. *Personality and Individual Differences, 72* (1), 59-67 [doi: 10.1016/j.paid.2014.08.027].

Hamby, T., Taylor, W., Snowden, A.K., & Peterson, R.A. (2016). A Meta-Analysis of the Reliability of Free and For-Pay Big Five Scales. *The Journal of Psychology, 150*(4), 422-430 [doi: 10.1080/00223980.2015.1060186].

Hunsley, J. & Mash, E.J. (2007). Evidence-based assessment. *Annual Review of Clinical Psychology, 3*(1), 29-51 [doi: 10.1146/annurev.clinpsy.3.022806.091419].

Instituto Brasileiro de Geografia e Estatística (2016). *Pesquisa Nacional de Saúde do Escolar: 2015*. Rio de Janeiro: IBGE.

John, O.P., Naumann, L.P., & Soto, C.J. (2008). Paradigm Shift to the Integrative Big-Five Trait Taxonomy: History, Measurement, and Conceptual Issues. In O.P. John, R.W. Robins, & L.A. Pervin (Eds.). *Handbook of Personality: Theory and Research* (pp. 114-158). Nova York, NY: Guilford.

John, O.P. & Srivastava, S. (1999). The Big Five Trait taxonomy: History, measurement, and theoretical perspectives. In L.A. Pervin & O.P. John (Eds.). *Handbook of Personality: Theory and Research* (pp. 102-138). Nova York, NY: Guilford.

Kankaraš, M. (2017). Personality matters: Relevance and assessment of personality characteristics, *Oecd Education Working Papers, n.* 157. Paris: Oecd [doi: 10.1787/8a294376-en].

Kyllonen, P.C., Lipnevich, A.A., Burrus, J., & Roberts, R.D. (2014). Personality, motivation, and college readiness: A prospectus for assessment and development. *ETS Research Report Series, 1-48* [doi: 10.1002/ets2.12004].

Measelle, J.R., John, O.P., Ablow, J.C., Cowan, P.A., & Cowan, C.P. (2005). Can Children Provide Coherent, Stable, and Valid Self-Reports on the Big Five Dimensions? A Longitudinal Study From Ages 5 to 7. *Journal of Personality and Social Psychology, 89*(1), 90-106 [doi: 10.1037/0022-3514.89.1.90].

Nunes, M.F.O., Borsa, J.C., Nunes, C.H.S.S., & Barbosa, A.A.G. (2012). Avaliação da personalidade em crianças e adolescentes: possibilidades no contexto brasileiro. In C.S. Hutz (Org.). *Avanços em avaliação psicológica e neuropsicológica de crianças e adolescentes II* (pp. 252-276). São Paulo: Casa do Psicólogo.

Organização de Cooperação e de Desenvolvimento Econômico [Oecd] (2018). *Social and Emocional Skills: Well-being, Connectedness, and Sucess*. Paris: Oecd.

Osher, D., Kidron, Y., Brackett, M., Dymnicki, A., Jones, S., & Weissberg, R.P. (2016). Advancing the science and practice of social and emotional learning: Looking back and moving forward. *Review of Research in Education, 40*(1), 644-681 [doi: 10.3102/0091732X16673595].

Oshio, A., Taku, K., Hirano, M., & Saeed, G. (2018). Resilience and Big Five personality traits: A meta-analysis. *Personality and Individual Differences, 127*(1), 54-60 [doi: 10.1016/j.paid.2018.01.048].

Perfect, M.M. & Morris, R.J. (2011). Delivering school-based mental health services by school psychologists: education, training, ethical issues. *Psychology in the Schools, 48*(10) [doi: 10.1002/pits.20612].

Poropat, A.E. (2014). A meta-analysis of adult-rated child personality and academic performance in primary education. *British Journal of Educational Psychology, 84*(2), 239-252 [doi:10.1111/bjep.12019].

Primi, R. (2018). Avaliação psicológica no século XXI: de onde viemos e para onde vamos. *Psicologia: Ciência e Profissão, 38* (n. esp.), 87-97 [doi: 10.1590/1982-3703000209814].

Primi, R., Santos, D., John, O.P., & Fruyt, F. (2016). Development of an inventory assessing social and emotional skills in Brazilian youth. *European Journal of Psychological Assessment, 32*(1), 5-16 [doi: 10.1027/1015-5759/a000343].

Santos, D., & Primi, R. (2014). Resultados preliminares do Projeto de Medição de Competências Socioemocionais no Rio de Janeiro. Rio de Janeiro: Oecd/Instituto Ayrton Senna/Secretaria Estadual do Rio de Janeiro.

Santos, M.V., Silva, T.F., Spadari, G.F., & Nakano, T.C. (2018). Competências socioemocionais: análise da produção científica nacional e internacional. *Gerais: Revista Interinstitucional de Psicologia, 11*(1), 4-10.

Soto, C.J., John, O.P., Gosling, S.D., & Potter, J. (2008). The developmental psychometrics of Big Five self-reports: Acquiescence, factor structure, coherence, and differentiation from ages 10 to 20. *Journal of Personality and Social Psychology, 94*(4), 718-737 [doi: 10.1037/0022-3514.94.4.718].

Specht, J., Egloff, B., & Schmukle, S.C. (2011). Stability and change of personality across the life course: The impact of age and major life events on mean-level and rank-order stability of the Big Five. *Journal of Personality and Social Psychology, 101*(4), 862-882 [doi: 10.1037/a0024950].

Stajkovica, A.D., Bandurab, A., Lockec, E.A., Leed, D., & Sergenta, K. (2018). Test of three conceptual models of influence of the Big Five personality traits and self-efficacy on academic performance: A meta-analytic path-analysis. *Personality and Individual Differences, 120,* 238-245 [doi: 10.1016/j.paid.2017.08.014].

Strickhouser, J.E., Zell, E., & Krizan, Z. (2017). Does Personality Predict Health and Well-Being? A Metasynthesis. *Health Psychology, 36*(8), 797-810 [doi: 10.1037/hea0000475].

Tackett, J.L., Herzoff, K., Kushner, S.C., & Rule, N. (2016). Thin slices of child personality: perceptual, situational, and behavioral contributions. *Journal of Personality and Social Psychology, 110*(1), 150-166 [doi: 10.1037/pspp0000044].

West, M., Buckley, K., Krachman, S.B., & Bookman, N. (2017). Development and implementation of student social-emotional surveys in the Core Districts. *Journal of Applied Developmental Psyhcology, 55*(1), 119-129 [doi: 10.1016/j.appdev.2017.06.001].

Wilson, K.E. & Dishman, R.K. (2015). Personality and physical activity: A systematic review and meta-analysis. *Personality and Individual Differences, 72,* 230-242 [doi: 10.1016/j.paid.2014.08.023].

41
Avaliação da personalidade e o modelo dos cinco grandes fatores

Jeferson Gervasio Pires

Carlos Henrique Sancineto da Silva Nunes

Maiana Farias Oliveira Nunes

Ao interagir com as pessoas, mapeamos informações sobre elas, de forma que seja viável inferir, em um processo não profissional de avaliação (Pasquali, 2001), sua personalidade e, se preciso, descrevê-la em nosso cotidiano. Como exemplo, ao longo de um ano letivo, os alunos observam as características mais marcantes de seus professores e, da mesma forma, os professores conhecem seus alunos. Depois de algum tempo de convivência já é possível que os alunos consigam elaborar uma descrição de características de seus professores, inclusive com alguma confiança. O mesmo tende a ocorrer em relação aos professores. Isso é possível porque, na maioria das vezes, as pessoas irão expressar comportamentos consistentes e esse padrão possibilitará que os demais reconheçam nessas pessoas características típicas, que as diferenciem das demais em sociedade. Podemos dizer que a percepção sobre as características psicológicas de certo professor tende a ser compartilhada entre grande parte dos alunos, o que indica que elas possuem certa concordância grupal, mostrando-se consistentes em relação a como são percebidas. As características que costumam ser observadas nos indivíduos em suas interações sociais, enquanto trabalham ou em outros contextos, fazem referência a manifestações do que é denominado na literatura científica como traços

de personalidade. A avaliação dos traços de personalidade permite conhecer o modo mais típico das pessoas agirem, perceberem/interpretarem o ambiente e sentirem o que lhes ocorre (Costa & McCrae, 1992a).

Diferentes modelos foram propostos nas últimas décadas para a compreensão de quais seriam os traços de personalidade mais recorrentes em diferentes sociedades e como se organizam (John, Angleitner, & Ostendorf, 1988). Dentre os modelos propostos, o dos Cinco Grandes Fatores (CGF) é um que tem recebido grande atenção por parte da comunidade científica e tem se mostrado relevante em pesquisas envolvendo personalidade em contextos muito variados. No presente capítulo, além de discutirmos o modelo dos CGF, apresentaremos alguns instrumentos para sua avaliação. Igualmente, destacaremos alguns avanços e desafios que esses instrumentos têm possibilitado ao campo da personalidade, destacando sua importância nas descobertas relacionadas ao desenvolvimento humano ao longo do ciclo vital.

O que são traços de personalidade?

Traços de personalidade representam padrões de funcionamento (cognitivo, comportamental e emocional) individuais, que podem ser reconhecidos nas diferentes culturas. Por serem relativamente estáveis, esses padrões fazem com que as pessoas se comportem de determinadas formas típicas, e demonstram, por consequência, as diferenças individuais. O estudo dos traços tem origem nas teorias fatoriais da personalidade, desenvolvidas por Gordon Allport (1897-1967), Raymond Cattel (1905-1998) e Hans Eysenck (1916-1997) (Nunes, Zanon, & Hutz, 2017). Em comum, esses teóricos concordavam com a hipótese léxica, ou seja, de que as pessoas possuem tendência a utilizar palavras para descrever características que sejam relevantes em suas interações sociais (Nunes et al., 2017). No entanto, diante da variedade de termos possíveis para descrever as pessoas, o que pode ser identificado, por exemplo, em dicionários, esses autores valeram-se de análises estatísticas, especialmente a análise fatorial, com o objetivo de identificar de que forma os fenômenos psicológicos poderiam ser compreendidos em termos de dimensões (ou fatores) (Nunes et al., 2017). A partir disso, diferentes modelos foram propostos para explicar a personalidade (John, Angleitner, & Ostendorf, 1988).

Um dos modelos mais aceitos cientificamente para organizar hierarquicamente os traços de personalidade refere-se aos Cinco Grandes Fatores (CGF) (John, Naumann, & Soto, 2008; Silva & Nakano, 2011). Trata-se de um modelo que representa a personalidade de forma simples, elegante e econômica (Nunes, Hutz, & Nunes, 2010). Sua estrutura, composta por cinco dimensões básicas, resulta da convergência de estudos reportando análises fatoriais, realizadas de forma independente, em diferentes culturas. Por isso, são chamadas de "fatores". Nessas análises tem-se concluído que os traços são ortogonais, não correlacionados uns com os outros, mas que podem ser subdivididos em facetas, que são um conjunto de subfatores intercorrelacionados, gerando-se uma taxonomia hierárquica (Oecd, 2016); o que justifica o rótulo de "Grandes". Vale mencionar que outras medidas de personalidade, criadas a partir de diferentes modelos, quando submetidas a análises fatoriais, evidenciam uma estrutura similar aos CGF (Nunes et al., 2017). Os cinco grandes fatores serão apresentados na sequência.

Extroversão (E) é o nome atribuído a um conjunto de características que indica como as pessoas interagem com as demais. Está associado com a quantidade e a intensidade das relações interpessoais, revelando o nível de atividade, necessidade de estimulação e da capacidade de alegrar-se dos indivíduos. Pessoas altas em *extroversão* são reconhecidas por serem sociáveis, comunicativas, falantes, otimistas, dominantes e assertivas. Além disso, gostam de ser o centro das atenções, mostram-se à vontade para falar sobre si, preferem tarefas coletivas, e conseguem manifestar seus interesses e/ou lutar por seus direitos (Costa & McCrae, 1992a; Nunes et al., 2010, 2017). Por outro lado, aqueles que são baixos em *extroversão* tendem a ser reservados, preferem tarefas individuais, não gostam de ser o centro das atenções, e a valorizam nos momentos em que estão sozinhos. Inclusive, para essas pessoas, muita interação social pode representar uma demanda que elas possuem dificuldade para lidar.

Abertura (O) diz respeito ao conjunto de características que indica a tendência ao comportamento exploratório, além do interesse por novas experiências. Refere-se ao quão curiosas, imaginativas e abertas às experiências as pessoas são, revelando ainda seu nível de flexibilidade de forma geral e o quão convencionais ou inovadores são seus valores. A abertura pode referir-se a aspectos distintos, seja mais vinculada a ações ou ideias, ou seja, a mesma pessoa pode ter alta abertura para novas ideias, mas baixa abertura para mudança de rotina (ações). Pessoas altas em *abertura* são conhecidas por serem curiosas, imaginativas, criativas, e por possuírem valores não convencionais. Além disso, gostam de explorar novos elementos, costumam possuir interesses artísticos e valorizam a vivência de diferentes e novas experiências. Por outro lado, pessoas baixas em *abertura* costumam ser mais convencionais e tradicionais, além de mais rígidas e dogmáticas em suas preferências e crenças, mostrando-se pouco abertas às novas ideias ou às novas ações (Costa & McCrae, 1992a; Nunes et al., 2010, 2017).

Por sua vez, *Realização* ou *Conscienciosidade* (C) indica o grau de disciplina, de responsabilidade e de busca pela qualidade no que fazem. Revela o quanto as pessoas são persistentes, organizadas, controladas e motivadas em dar conta de suas demandas cotidianas. Indivíduos altos em *realização* são conhecidos por serem trabalhadores, pontuais, responsáveis; muitas vezes detalhistas, e por concluírem aquilo que se propõem a fazer. Essas pessoas conseguem manter a motivação, ainda que diante de dificuldades, e têm clareza dos seus objetivos (Costa & McCrae, 1992a; Nunes et al., 2010, 2017). Por outro lado, aqueles que são baixos em *realização* possuem como característica o pouco comprometimento com as tarefas, podendo desistir de tarefas ou de objetivos com facilidade, frente a obstáculos; tendem a ser mais indecisos quanto ao que querem, planejam menos suas ações e não se preocupam com a qualidade dos trabalhos que realizam. Costumam ser conhecidas como relapsas, irresponsáveis e descuidadas.

Ao seu turno, *Socialização* ou *Amabilidade* (A) é a dimensão da personalidade que diz respeito à profundidade das relações interpessoais. Revela a qualidade das interações que as pessoas mantêm, que pode variar de grande nível de empatia e compaixão, interesse genuíno em promover bem-estar das pessoas; até, no outro extremo, caracterizar-se por padrões de crueldade, hostilidade e antagonismo. Indivíduos altos em *socialização* são reconhecidos por serem sinceros, generosos, bondosos, amáveis, prestativos e altruístas. Essas pessoas tendem a confiar nos demais, mostrando-se competentes em oferecer carinho, perdão e cuidado (Costa & McCrae, 1992a; Nunes et al., 2010, 2017). Diferentemente, pessoas baixas em *socialização* são tidas como intolerantes, cínicas, manipuladoras, competitivas, vingativas e pouco confiáveis. Além disso, tendem a ser egoístas, não cooperando nem confiando nos demais.

Por fim, *Neuroticismo* (N) é o domínio da personalidade que indica o nível de ajustamento emocional das pessoas, revelando como elas experienciam e expressam suas emoções negativas (aflição, angústia, sofrimento) no cotidiano. Esse traço varia entre estabilidade e a instabilidade emocional, sobrelevando a tendência de como as pessoas reagem emocionalmente às ocorrências do cotidiano. Pessoas altas em *neuroticismo* são conhecidas por apresentarem sofrimento emocional, níveis elevados de ansiedade, de depressão, impulsividade em situações em que vivenciam de emoções negativas, e preocupação excessiva com a opinião dos demais (Costa & McCrae, 1992a; Nunes et al., 2010, 2017). Por outro lado, pessoas com baixo *neuroticismo* são reconhecidas por apresentarem estabilidade nas emoções, além de resiliência para lidar com as questões do cotidiano. Essas pessoas se mostram mais tranquilas e calmas, conseguindo avaliar objetivamentre as experiências cotidianas que geram desconforto, controlando, por consequência, suas preocupações, raiva e impulsividade.

Os cinco fatores de personalidade são variáveis contínuas. Ou seja, não podemos dizer que alguém é "extrovertido" ou "introvertido", mas sim que as pessoas se localizam em algum ponto relativo nesses traços, que pode variar dos níveis mais baixos aos mais elevados. Essa característica reflete a natureza dimensional do modelo CGF. Igualmente, tem-se relatado que homens e mulheres possuem padrões diferenciados em alguns desses traços, especialmente em países com maior igualdade entre os sexos (Giolla & Kajonius, 2018). Além disso, sabe-se que os cinco grandes fatores predizem uma diversidade de comportamentos futuros, a exemplo da qualidade dos relacionamentos sociais, adaptabilidade às mudanças na vida, sucesso profissional, saúde, felicidade e mortalidade (McAdams & Olson, 2010), o que torna relevante seu estudo e avaliação em relação a diferentes fases e áreas da vida e em diferentes contextos.

Avaliação dos cinco grandes fatores de personalidade

Uma diversidade de instrumentos para avaliação dos traços de personalidade, com base no modelo dos CGF, foi proposta nos últimos anos. No âmbito internacional, observa-se grande quantidade de instrumentos disponíveis, como o *Big Five Inventory* (BFI), *Revised NEO Personality Inventory* (NEO PI-R), *Five-Factor Personality Inventory*, *Ten Item Personality Inventory*, o *Global Personality Inventory*, o *Traits Personality Questionnaire*, o *Big Five Marker Scales*, o *Project Talent Personality Inventory (PTPI)*; além do *Hierarchical Personality Inventory for Children*, que é voltado para crianças.

Para mapear o uso desses instrumentos na literatura brasileira, realizamos uma busca por artigos na Biblioteca Virtual de Saúde-Psi (BVS-PSI), em setembro de 2018. Utilizando das palavras-chave: "*big five*", "cinco grandes fatores", e "traços de personalidade", resgatamos 508 trabalhos. Desses, identificamos 62 pesquisas que avaliavam a personalidade com algum instrumento criado com base no modelo dos CGF. Foi possível identificar um aumento no uso desses instrumentos na literatura brasileira, especialmente entre 1998 e 2018, apresentando pico de publicação em 2012.

Mais detalhadamente sobre os resultados dessa revisão, pode-se destacar que a Bateria Fatorial de Personalidade (BFP), os adjetivos marcadores da personalidade proposto por Hutz, a Escala Fatorial de Extroversão (EFEx), a Escala Fatorial de Socialização (EFS), o Inventário de Personalidade NEO – Revisado (NEO PI-R), o Inventário de Cinco Fatores Reduzido de Personalidade NEO – versão curta (NEO FFI-R), e o Inventário reduzido dos Cinco Fatores de Personalidade (ICFP-R) são os instrumentos mais utilizados nas pesquisas sobre o tema. Dentre os instrumentos mais pesquisados, citados anteriormente, quase a totalidade é comercializado e encontra-se com parecer favorável pelo Sistema de Avaliação dos Testes Psicológicos (Satepsi).

Em virtude da diversidade de instrumentos disponíveis, destacaremos dois construídos em cenário internacional, o *Big Five Inventory – BFI-2* (Soto & John, 2016) e o *Revised NEO Personality Inventory –* NEO PI-R (Costa & McCrae, 1992b), além da Bateria Fatorial de Personalidade (BFP), desenvolvida no Brasil, como exemplos de instrumentos padrão-ouro para avaliação da personalidade no modelo dos cinco grandes fatores. Esses instrumentos têm obtido uma série de evidências favoráveis de validade, indicativos do quão adequadas são essas ferramentas para avaliação da personalidade.

Os instrumentos destacados compõem-se por diferentes quantidades de itens, sendo o BFI-2 com 60, a BFP com 126, e o NEO-PI-R possui 240 afirmativas; além de uma versão reduzida, o NEO-FFI (*NEO Five-Factor Inventory*), contendo 60 itens. Quanto ao processo de resposta aos itens, tanto a BFP quanto o BFI-2 utilizam o autorrelato. Ou seja, o respondente deve ler seus itens e indicar o quanto concorda com cada uma das afirmativas. Por sua vez, o NEO PI-R, além de possuir uma forma de autorrelato, conta com uma forma de heterorrelato. Nessa última forma, um terceiro (p. ex., a mãe ou o pai) avalia o respondente principal.

Esses três instrumentos podem ser respondidos individual ou coletivamente, tanto em formato lápis e papel quanto através de plataformas *online*. Para respondê-los utiliza-se escalas com cinco (BFI-2, NEO PI-R) ou sete pontos (BFP).

Comparando-se a composição da BFP, que foi desenvolvida no Brasil, com o BFI-2 e o NEO PI-R, podemos constatar que esses instrumentos se mostram altamente congruentes no nível dos fatores. No entanto, algumas diferenças no nível das facetas (subfatores) podem ser identificadas. Uma comparação entre a estrutura interna desses instrumentos é apresentada na Figura 1. É importante notar que, apesar de terem sido documentadas correlações entre muitas das facetas dos fatores correspondentes nos instrumentos indicados, apenas as relações mais fortes estão sendo apontadas na figura.

Fatores gerais	BFI-2	BFP	NEO-PI-R
	Facetas de personalidade		
Abertura		Abertura a ideias	Ideias
		Liberalismo	Valores
	Imaginação criativa		Fantasia
	Sensibilidade estética		Estética
			Sentimentos
		Busca por novidades	Ações variadas
	Curiosidade intelectual		
Conscienciosidade		Competência	Competência
		Ponderação	Ponderação
		Empenho/dedicação	Esforço para realizações
			Senso de dever
	Produtividade		Autodisciplina
	Organização		Ordem
	Responsabilidade		

41 Avaliação da personalidade e o modelo dos cinco grandes fatores

Fatores gerais	BFI-2	BFP	NEO-PI-R
	Facetas de personalidade		
Extroversão	Sociabilidade	Nível de comunicação	
	Nível de energia	Dinamismo	Atividade
	Assertividade	Assertividade	Assertividade
		Interações sociais	Gregariedade
			Emoções positivas
			Busca de sensações
			Acolhimento
		Altivez	
Socialização/Amabilidade			Franqueza
	Compaixão	Amabilidade	Altruísmo
			Complacência
	Respeito	Pró-sociabilidade	
			Sensibilidade
			Modéstia
	Confiança nas pessoas	Confiança	Confiança
Neuroticismo	Depressão	Depressão	Depressão
	Ansiedade		Ansiedade
			Raiva/hostilidade
	Volatilidade emocional	Instabilidade emocional	
		Vulnerabilidade	Vulnerabilidade
			Impulsividade
			Embaraço
		Passividade/falta de energia	

Figura 1 Comparação das estruturas internas da BFI-2, da BFP e do NEO-PI-R

Outra característica desses instrumentos, que merece ser mencionada, refere-se a variações nos rótulos atribuídos às suas facetas. Parcialmente ela é decorrente de diferentes focos que os autores do teste deram à construção dos instrumentos e seus itens. Fora isso, essa variação também pode ser entendida como um exemplo do que é chamado *jangle fallacy*, que representa a utilização de diferentes termos para se referir a um mesmo fenômeno (National Research Council, 2012). Como exemplos, podemos mencionar: "volatilidade emocional" e "instabilidade emocional", "Empenho/dedicação" e "esforço para realizações", "trabalho em equipe" e "colaboração".

Além de fidedignidade adequada em seus fatores, esses instrumentos apresentam congruência nas associações com outros instrumentos de personalidade baseados no CGF. Tanto no estudo de Soto e John (2009), que investigaram associações entre os fatores do BFI e do NEO-PI-R, quanto no estudo de Nunes et al. (2010), que verificaram as associações entre os cinco fatores medidos com o NEO-PI-R e com a BFP, há clara indicação de que os instrumentos avaliam aspectos altamente similares da personalidade.

Contextos de aplicação da avaliação da personalidade

Especificamente sobre as pesquisas no Brasil, os instrumentos têm sido utilizados para verificar associações entre personalidade e fenômenos da Psicologia Positiva, variáveis organizacionais, saúde, comportamento no trânsito, cognição, interesses profissionais, dentre outros. A Tabela 1 detalha os contextos de aplicação das pesquisas revisadas neste capítulo. Destaca-se que 10 pesquisas revisadas não tinham um contexto específico destacado nos artigos, de modo que a tabela apresenta a informação referente a 52 artigos.

Contextos em que as pesquisas ocorreram	F	%
Psicologia Positiva (afetos, BES, amor, otimismo, autoestima, *coping*, forças de caráter, *mindfulness*)	10	19,2
Organizacional (empreendedorismo, trabalho contraprodutivo, qualidade de vida de gestores, bem-estar nas organizações, condutas adversas no trabalho, desempenho no trabalho)	7	13,5
Outros (construção e validação de testes; testagem de modelos)	7	13,5
Saúde (transtornos de personalidade, alimentares, sono, dependência de nicotina, depressão e lúpus)	6	11,5
Habilidades sociais	4	7,7
Risco no trânsito, conduta antissocial, conduta desviante, agressão	4	7,7
Cognição (falsas memórias, pensamentos ruminativos, estilos cognitivos, habilidades cognitivas)	4	7,7
Escolha profissional, interesses	2	3,8
Escolha do parceiro, ciúme romântico	2	3,8
Esporte	2	3,8
Experiências de outra natureza (signos do zodíaco, contato com ETs)	2	3,8
Segurança pública	1	1,9
Preferência musical	1	1,9
Total	52	100

Tabela 1 Contextos em que ocorrem as pesquisas com o CGF, no Brasil

Para além da utilização em pesquisas, os instrumentos de personalidade com base nos CGF mostram-se úteis em diferentes campos. Podemos destacar como exemplos a Psicologia clínica, da Saúde, Orientação Profissional e de Carreira, Psicologia Organizacional, e a Psicologia Educacional, entre outros. Dada a especificidade de uso em cada um desses contextos, não será possível detalhá-los neste capítulo. Caso o leitor tenha interesse em aprofundar o conhecimento sobre os contextos de aplicação, recomenda-se a leitura dos demais capítulos desse compêndio, que tratam da aplicação da avaliação psicológica em contextos variados.

Traços de personalidade ao longo do ciclo vital

Um importante avanço na pesquisa sobre a personalidade que os instrumentos com base nos CGF têm possibilitado diz respeito ao conhecimento quanto a padrões de funcionamento, individuais e grupais, ao longo do ciclo vital. Estudos têm evidenciado que a personalidade se desenvolve ao longo do tempo (Roberts, Martin, & Olaru, 2015; Soto & John, 2012), ocasionando, por consequência, mudanças longitudinais nos traços. Operacionalmente, essas mudanças referem-se ao quanto as pessoas conseguem se manter em sua pontuação relativa na distribuição de um traço, ao longo do tempo (McAdams & Olson, 2010).

Mudanças na personalidade podem ser compreendidas por meio do nível médio dos traços (*mean level change*) ou pela consistência no ranqueamento dos traços (*rank order consistency*) (Specht et al., 2011). O primeiro caso compreende as mudanças de ordem normativa, ou seja, o quanto certos grupos de pessoas diferenciam-se

nos traços de personalidade, por exemplo: adolescentes x adultos x idosos. Por sua vez, a segunda forma incluiria as mudanças que ocorrem, em um mesmo grupo, ao longo do ciclo vital; ou seja, tem interesse em saber como os traços de personalidade mudam da infância à idade avançada. Para além de apenas realizar comparações entre grupos, De Fruyt e Bartels (2006) mencionam a análise do traço em nível individual, verificando o quanto uma pessoa muda em um determinado traço de personalidade, em relação a ela mesma, ao longo do tempo. Esse tipo de avaliação pode indicar mudanças nos traços possivelmente não identificadas em pesquisas envolvendo muitos participantes que não adotem procedimentos específicos para detectar tais efeitos.

Apesar das evidências de que a personalidade se desenvolve ao longo do ciclo vital, tem-se documentado que essas mudanças sofrem um efeito *plateau*. Entende-se que a personalidade muda até uma determinada idade, sendo que depois tais mudanças tenderiam a gradualmente diminuir. A esse respeito, Srivastava et al. (2003) indicam que a visão biológica dos cinco fatores defende a hipótese "*plaster*", ou de engessamento. Nessa hipótese, os cinco traços de personalidade, supostamente, parariam de mudar aos 30 anos de idade (Terracciano et al., 2006). Por outro lado, uma visão ambiental do desenvolvimento da personalidade compreende que as mudanças nos traços persistiriam ao longo do ciclo vital, influenciando, inclusive, a vida adulta.

Terracciano, Costa e McCrae (2006) reportaram mudanças normativas na personalidade ao final da adolescência e aos 30 anos, com declínio de Neuroticismo e Extroversão, e aumento de Amabilidade e Conscienciosidade; sendo que Abertura inicialmente aumenta e depois reduz. Além disso, há evidências de que, após os

30 anos, há um contínuo normativo em Abertura, Neuroticismo e Extroversão, o que sugere para os autores que há pouca mudança para a maior parte dos traços após essa idade (Costa & McCrae, 1988). Esse padrão de consistência no ranqueamento dos traços tem sido corroborado em meta-análises (Ardelt, 2000; Roberts & DelVecchio, 2000), apesar de que não se pode falar em concordância quanto à idade em que se dá o efeito *plateau,* já que essas (novas) evidências têm reportado sua ocorrência aos 50 anos.

Roberts e Mroczek (2008) revisaram evidências de mudanças longitudinais no nível médio dos traços de personalidade e elaboraram quatro argumentos fundamentais. Primeiramente, as mudanças ocorrem, predominantemente, nos adultos com idades intermediárias (20-40 anos), o que, para os autores, se coloca como uma contradição à compreensão clássica na ciência de que as mudanças na personalidade se dariam mais fortemente nas fases inicial e mais avançada da vida. O segundo ponto descrito é que a personalidade continua a mudar mesmo na idade adulta, o que poderia ser explicado pelo fato de que as pessoas funcionam como sistemas abertos, sendo possuidoras da capacidade de mudar ao longo de toda a vida. Para os autores, inclusive, isso se mostra contrário ao efeito *plateau* na personalidade.

Na sequência, Roberts e Mroczek (2008) argumentam que o tempo possui um efeito positivo nas mudanças que ocorrem na personalidade. Esses autores destacam que apesar de potencialmente as pessoas se afastarem de suas predisposições biológicas, elas possuem a tendência de voltar para seus "centros" (linha de base). Esses centros funcionam como um conjunto de características básicas, geneticamente modelado, que seriam passíveis de reconhecimento por outras pessoas. No entanto, os autores entendem que,

ao regressar ao seu centro, traz-se consigo novas características, obtidas nesse afastamento. Ou seja, de alguma forma, as pessoas preservam "algum atributo" desses afastamentos, em seus traços, o que poderia dar a ideia de mudança.

Roberts e Mroczek (2008) também postulam que a direção das mudanças ocorre em sentido positivo, fortalecendo a adaptabilidade, de forma que, com o passar do tempo, as pessoas tendem a se tornar cada vez mais confiantes, responsáveis, calmas e maduras. McAdams e Olson (2010) validam essa visão quando lembram que, conforme a idade avança, especialmente do início da vida adulta à velhice, as pessoas tendem a se sentir mais confortáveis consigo, tornam-se menos inclinadas às variações de humor e às emoções negativas (Specht et al., 2011), além de mostrarem-se mais responsáveis, cuidadoras, e menos impulsivas, envolvendo-se menos em situações de risco.

Mais recentemente, Damian et al. (2018) analisaram dados de personalidade por cinco décadas, e reportaram que as pessoas tendem a aumentar seus níveis de Conscienciosidade e Amabilidade, e reduzirem o de Neuroticismo conforme envelhecem. Aqueles com escores mais elevados em Conscienciosidade e Amabilidade, aos 16 anos, continuaram com pontuações mais elevadas nesses fatores aos 66 anos. Os autores destacaram que a média da mudança no nível médio dos traços foi de meio desvio padrão, além do fato de que as mudanças se deram em sentido positivo, tal como preconizado por Roberts e Mroczek (2008). Outrossim, as análises de mudanças no nível individual mostraram que de 20 a 60% das pessoas apresentaram mudanças nos traços de personalidade.

Uma diversidade de estudos comparou níveis médios nos traços de personalidade entre indivíduos adultos mais jovens (até 56 anos) e mais velhos (a partir de 57 anos) (Costa & McCrae, 1988; Costa et al., 2000; Damian et al., 2018; Gonzatti et al., 2017; Roberts et al., 2006; Soto et al., 2011; Specht et al., 2011; Terracciano et al., 2006). Apesar de algumas divergências nos achados, é possível destacar um padrão no desenvolvimento dos traços de personalidade ao longo do ciclo vital, especialmente se considerado quatro dos cinco grandes fatores. Pode-se destacar que os traços Abertura, Extroversão e Neuroticismo tendem a reduzir com o avanço da idade, ao passo que Amabilidade tende a aumentar. Por sua vez, o fator Conscienciosidade não apresentou um padrão claro no desenvolvimento, já que os achados se mostram mais divergentes. Essa divergência em relação ao ranqueamento dos fatores de personalidade é, por si, uma justificativa para a condução de novos estudos que objetivem comparar a personalidade de diferentes grupos etários; além de sinalizar a necessidade de um levantamento dessas comparações no nível das facetas, permitindo uma compreensão mais objetiva do fenômeno.

O que estaria por trás das mudanças na personalidade? Enquanto algumas teorias a respeito do desenvolvimento dos traços compreendem que a maturidade seria o fator subjacente às mudanças que ocorrem nas pessoas ao longo do ciclo vital, outras teorias sugerem interação entre demandas genéticas e ambientais influenciando tanto a estabilidade quanto as mudanças nos traços. Porém, conforme lembra Specht et al. (2011), se reconhecemos que as mudanças na personalidade ocorrem, exclusivamente, por conta da maturidade, então, eventos significativos de alto impacto, que ocorrem na vida (a exemplo da morte de um ente, o nascimento de um filho, casamento, desemprego) não deveriam gerar impacto na personalidade, independente da idade. E do contrário, se compreendermos que a personalidade muda por conta das experiências de vida e das contingências no ambiente, portanto, essas experiências deveriam exercer influência sobre a personalidade, independentemente da idade.

Ainda que pareça sensato esperar que eventos significativos de vida sejam capazes de gerar mudanças na personalidade, evidências têm indicado que, na verdade, alguns desses eventos pouco influenciam na média dos traços de personalidade (Chopik, 2018; Costa, Herbst, McCrae, & Siegler, 2000). E quando influenciam, impactam o funcionamento individual em diferentes magnitudes, dependendo do estágio de desenvolvimento em que o indivíduo se encontra, em que os mais novos, e os mais velhos, em comparação com aqueles com idade intermediária (Soto et al., 2011; Specht et al., 2011) são mais influenciados.

Por outro lado, não podemos negligenciar o papel das escolhas pessoais, realizadas em algum momento, no funcionamento individual dos traços em longo prazo. Por exemplo, tem-se documentado que a realização de psicoterapias pode reduzir o autorrelato de estresse e ansiedade (Roberts et al., 2017), atributos relacionados ao traço Neuroticismo. Além disso, sabe-se que a inatividade física, aos 20-30 anos, está associada com declínio em Extroversão, Abertura, Amabilidade e Conscienciosidade, aos 50 (Stephan et al., 2018), de forma que os traços de personalidade predizem a saúde e a mortalidade ao longo da vida. É importante ressaltar que, apesar de estáveis, os traços de personalidade não são, exatamente, fixos. Apesar disso, porém, há evidência de que apenas querer mudar a personalidade, intencionalmente, não é suficiente para que ocorra aumento nos traços (Hudson et al., 2018). Portanto, compreender a influência dos eventos de vida, e das escolhas pessoais, na personalidade são desafios ao campo de pesquisa da Personalidade e do Desenvolvimento.

Considerações finais

Este capítulo teve como objetivo apresentar e discutir a avaliação da personalidade, especificamente por meio do modelo dos Cinco Grandes Fatores, e abordar aspectos relacionados ao desenvolvimento humano e suas relações com os traços de personalidade. No contexto internacional observamos muitos avanços no que se refere à avaliação da personalidade, seja pelo uso da testagem adaptativa, de delineamentos de pesquisa mais sofisticados, e o uso crescente da tecnologia de informação para viabilizar as avaliações. No Brasil, também observamos grande interesse na temática e o crescimento da realização de pesquisas que aplicam esse tema em variados contextos. Um desafio que persiste é a aproximação entre o conhecimento científico produzido e a formação básica e continuada do psicólogo, que em alguns casos não consegue aproveitar o material científico atualizado. Desse modo, este capítulo traz elementos iniciais para os profissionais com interesse no tema, que devem ser complementados com leituras adicionais para viabilizar boas práticas de pesquisa, avaliação e intervenção.

Referências

Ardelt, M. (2000). Still Stable after All These Years? Personality Stability Theory Revisited. *Social Psychology Quarterly, 63*(4), 392-405 [Recuperado de http://www.jstor.org/stable/2695848].

Costa, P.T., Jr., Herbst, J.H., McCrae, R.R., & Siegler, I.C. (2000). Personality at midlife: Stability, intrinsic maturation, and response to life events. *Assessment, 7*, 365-378 [doi:10.1177/107319110000700405].

Costa, P.T. & McCrae, R.R. (1992a). The five-factor model of personality and its relevance to personality disorders. *Journal of Personality Disorders, 6*, 343-359.

Costa, P.T., Jr. & McCrae, R.R. (1992b). *Revised NEO Personality Inventory (NEO-PI-R) and Five Factor Inventory (NEO-FFI) professional manual.* Odessa, FL: Psychological Assessment Resources.

Chopik, W.J. (2018). Does personality change following spousal bereavement? *Journal of Research in Personality, 72*, 10-21 [doi:10.1016/j.jrp.2016.08.010].

Damian, R.I., Spengler, M., Sutu, A., & Roberts, B.W. (2018). Sixteen going on sixty-six: A longitudinal study of personality stability and change across 50 years. *Journal of Personality and Social Psychology. Advance online publication* [doi: 10.1037/pspp0000210].

De Fruyt, F. & Bartels, M. (2006). Five Types of Personality Continuity in Childhood and Adolescence. *Journal of Personality and Social Psychology, 91*(3), 538-552 [doi: 10.1037/0022-3514.91.3.538]

Giolla, E.M. & Kajonius, P.J. (2018). Sex differences in personality are larger in gender equal countries: Replicating and extending a surprising finding. *International Journal of Psychology* [doi:10.1002/ijop.12529].

Gonzatti, V., Cunha, A.M., Bastos, A.G., Argimon, I.I.L., Tatay, C.M., & Irigaray, T.Q. (2017). Personality factors in adults and the elderly: a comparative study. *Avaliação Psicológica, 16*(3), 256-260 [doi: 10.15689/ap.2017.1603.11921].

Hudson, N.W., Briley, D.A., Chopik, W.J., & Derringer, J. (2018). You have to follow through: Attaining behavioral change goals predicts volitional personality change. *Journal of Personality and Social*

Psychology. Advance online publication [http://dx.doi.org/10.1037/pspp0000221].

Instituto Brasileiro de Geografia e Estatística (2018). *Projeções e estimativas da população do Brasil e das unidades da Federação*. Rio de Janeiro: Estudos e Pesquisas [Recuperado de https://www.ibge.gov.br/apps/populacao/projecao/].

John, O.P., Angleitner, A., & Osttendorf, F. (1988). The lexical approach to personality: A historical review of trait taxonomic research. *European Journal of Personality*, 2, 171-203 [doi:10.1002/per.2410020302].

John, O.P. Naumann, L.P., & Soto, C.J. (2008). Paradigm shift to the integrative Big Five trait taxonomy. In *Handbook of personality: Theory and research* (pp. 114-158). Nova York: Guilford [Recuperado de http://www.ocf.berkeley.edu/~johnlab/2008chapter.pdf].

McAdams, D.P., & Olson, B.D. (2010). Personality development: Continuity and change over the life course. *Annual Review of Psychology*, 61, 517-542 [doi:10.1146/annurev.psych.093008.100507].

McCrae, R.R., & Costa, P.T. (1994). The stability of personality: Observation and evaluations. *Current Directions in Psychological Science*, 3, 173-175.

National Research Council (2012). *Education for Life and Work: Developing Transferable Knowledge and Skills in the 21st Century*. Washington, DC: National Academies Press.

Nunes, C.H.S.S., Hutz, C.S., & Nunes, M.F.O. (2010). *Bateria Fatorial de Personalidade (BFP)*. *Manual técnico*. São Paulo: Casa do Psicólogo.

Nunes, C.H.S.S., Zanon, C., & Hutz, C.S. (2017). Avaliação da personalidade a partir de teorias fatoriais de personalidade. In C.S. Hutz, D.R. Bandeira, & C.M. Trentini (Org.) (2018). *Avaliação psicológica da inteligência e da personalidade*. Porto Alegre: Artmed, vol. 1, pp. 217-232.

Oecd (2016). *Longitudinal study of social and emotional skills in cities*. Paris: Oecd [Recuperado de http://www.oecd.org/callsfortenders/CfT%20100001311%20Longitudinal%20Study%20of%20Social%20and%20Emotional%20Skills%20in%20Cities.pdf]

Pasquali, L. (2001). *Técnicas de Exame Psicológico – TEP: manual*. São Paulo: Casa do Psicólogo/Conselho Federal de Psicologia.

Roberts, B.W. & DelVecchio, W.F. (2000). The rank-order consistency of personality traits from childhood to old age: A quantitative review of longitudinal studies. *Psychological Bulletin*, 126, 3-25 [doi: 10.1037/0033-2909.126.1.3].

Roberts, B.W. & Mroczek, D. (2008). Personality Trait Change in Adulthood. *Current Directions in Psychological Science*, 17(1), 31-35 [Recuperado de https://doi.org/10.1111/j.1467-8721.2008.00543.x].

Roberts, R.D., Martin, J.E., & Olaru, G. (2015). *A Rosetta Stone for Noncognitive Skills Understanding, Assessing, and Enhancing Noncognitive Skills in Primary and Secondary Education*. Asia Societies [Recuperado de http://asiasociety.org/files/A_Rosetta_Stone_for_Noncognitive_Skills.pdf].

Silva, I.B. & Nakano, T.C. (2011). Modelo dos cinco grandes fatores da personalidade: análise de pesquisas. *Avaliação Psicológica*, 10(1), 51-62 [Recuperado de http://pepsic.bvsalud.org/scielo.php?script=sci_arttext&pid=S1677-04712011000100006&lng=pt&tlng=pt].

Soto, C.J. & John, O.P. (2009). Ten facet scales for the Big Five inventory: convergence with NEO PI-R facets, self-peer agreement, and discriminant validity. *Journal of Personality*, 43, 84-90 [https://doi.org/10.1016/j.jrp.2008.10.002].

Soto, C.J. & John, O.P. (2016). The Next Big Five Inventory (BFI-2): Developing and Assessing a Hierarchical Model With 15 Facets to Enhance Bandwidth, Fidelity, and Predictive Power. *J Pers Soc Psychol*. [doi:10.1037/pspp0000096].

Specht, J., Egloff, B., & Schmukle, S.C. (2011). Stability and change of personality across the life course: The impact of age and major life events on mean-level and rank-order stability of the Big Five. *Journal of Personality and Social Psychology*, 101(4), 862-882 [doi: 10.1037/a0024950].

Srivastava, S., John, O.P., Gosling, S.D., & Potter, J. (2003). Development of personality in early and middle adulthood: Set like plaster or persistent change? *Journal of Personality and Social Psychology, 84,* 1.041-1.053.

Stephan, Y., Sutin, A.R., Luchetti, M., Bosselut, G., & Terracciano, A. (2018). Physical activity and personality development over twenty years: Evidence from three longitudinal samples. *Journal of Research in Personality, 73,* 173-179 [doi: 10.1016/j.jrp.2018.02.005].

Terracciano, A., Costa, P.T., Jr., & McCrae, R.R. (2006). Personality plasticity after age 30. *Personality and Social Psychology Bulletin, 32,* 999-1.009 [doi: 10.1177/0146167206288599].

42
Teoria dos Cinco Fatores de Personalidade (TCF): uma introdução teórico-conceitual e aplicada para avaliação

Marcela Mansur-Alves

Renata Saldanha-Silva

Introdução

Quando tratamos de resgatar a história da Psicologia da Personalidade é possível perceber momentos de grandes avanços e outros de relativa estabilidade. O início do século XX representou um claro avanço tanto da conceitualização da personalidade quanto no desenvolvimento de testes para sua avaliação, tanto do ponto de vista objetivo quanto compreensivo (Groth-Marnat & Wright, 2016; Martin-Fernandez & Ben-Porath, 2018). Grande parte dos principais instrumentos (Inventário Multifásico Minnesota de Personalidade/MMPI, Teste de Apercepção Temática, Rorschach, p. ex.) e teorias da personalidade (Sigmund Freud, Abraham Maslow, Henry Murray, Gordon Allport e outros) foram desenvolvidos entre os anos de 1920 e 1940. Contudo, o campo tinha claramente alcançado um esgotamento e estava "sobrevivendo por aparelhos" entre os anos de 1970-1980 (McAdams & Pals, 2006). O esgotamento esteve, em parte, atrelado a um avanço de teorias ambientalistas que deslocaram o foco da pessoa para a situação, desconsiderando a existência de características ou disposições que eram inerentes à pessoa. Ademais, o campo de estudos da personalidade em si era marcado por uma diversidade enorme de propostas teóri-

cas para sua descrição, que tinham pouco ou nada em comum e que impossibilitavam um avanço genuíno no entendimento da mensuração, da estrutura e dinâmica da personalidade (McAdams & Pals, 2006).

Não obstante, os últimos trinta anos testemunharam um renascimento da Psicologia da Personalidade, representado por progressos significativos na conceitualização, descrição e mensuração (McAdams & Olson, 2010; McAdams & Pals, 2006). Esse renascimento foi possível apenas a partir de uma reformulação na forma de teorizar e pesquisar proporcionada pelo advento do Modelo dos Cinco Grandes Fatores (CGF), proveniente, especialmente, das sistematizações oferecidas por Robert McCrae e Paul Costa nas décadas de 1980 e 1990. O modelo CGF vem se impondo progressivamente desde a década de 1990, sendo um dos mais aceitos na psicologia contemporânea para descrição da estrutura e natureza da personalidade humana (Deary, Weiss, & Betty, 2010). Além da replicabilidade, o modelo CGF possui extensas evidências de validade preditiva, tais como para desempenho no trabalho, satisfação com o trabalho, bem-estar subjetivo, qualidade de vida, desempenho acadêmico, rendimento esportivo, envolvimento com o sistema jurídico, divórcio, estabilidade no relacionamento, longevidade, saúde física, saúde mental, resposta à psicoterapia, criação de vínculo terapêutico, apenas para citar alguns estudos (Deary et al., 2010; Iliceus et al., 2017; Judge & Zapata, 2015; Malouff, Thorsteinsson, Schutte, Bhullar, & Rooke, 2010; Poropat, 2009; Roberts et al., 2017). Ainda, o modelo proporcionou a realização de pesquisas transculturais, de psicologia comparada e de pesquisas sobre o desenvolvimento da personalidade (Church, 2016; Freeman & Gosling, 2010; McAdams & Olson, 2010; McCrae et al., 2005).

O modelo CGF (descrito em detalhes em capítulos anteriores deste compêndio) oferece, pois, um ponto de partida necessário e importante para o entendimento da personalidade, bem como para sua avaliação. Contudo, como qualquer outro modelo, é incapaz de explicar de forma mais detalhada e completa o funcionamento da personalidade, nem pode oferecer explicações teóricas suficientes para resultados de pesquisa que parecem ser inconsistentes. Por exemplo, como a personalidade pode ser estável e mudar ao mesmo tempo? Se os traços de personalidade (as cinco dimensões do modelo CGF) são fortemente influenciados pela biologia, como o ambiente físico e social afeta a nossa personalidade? Foi nesse contexto que, em 1999, McCrae e Costa propuseram um aprofundamento do modelo CGF por meio de uma teoria, ambiciosa, que eles chamam de Teoria dos Cinco Fatores (TCF) (McCrae & Costa, 2003).

Nesse sentido, temos como objetivo principal apresentar ao leitor a Teoria dos Cinco Fatores, em seus aspectos teórico-conceituais e em suas possibilidades de aplicação mais prática para a avaliação psicológica. Não temos, contudo, intenção de esgotar o assunto que é, por definição, extremamente complexo. Almejamos, apenas, aguçar a curiosidade do leitor para as inúmeras possibilidades que essa estrutura conceitual oferece para nosso entendimento de como a personalidade opera a cada momento e ao longo do ciclo de vida.

Teoria dos Cinco Fatores

Conforme apontado na seção anterior, a TCF oferece uma estrutura para explicações causais dentro do campo da Psicologia da Personalidade. Um pressuposto importante desta estrutura é que ela opera como um sistema que possui diferentes níveis de análise, representados por componentes inter-relacionados e que sofrem diferencialmente influência da biologia e do ambiente. Assim, pois, dentro desse referencial conceitual, a personalidade pode ser entendida como "um sistema no qual as tendências inatas da pessoa interagem com o ambiente social para produzir as ações e as experiências de uma vida individual" (McCrae, 2006, p. 215). A Figura 1 apresenta os componentes do sistema, conforme propostos pela TCF.

Uma primeira conclusão lógica que parte da observação do esquema é que personalidade deixa de ser sinônimo de traços e passa a incorporar outros elementos. É possível observar neste esquema a presença de componentes centrais (que são representados pelos retângulos) e componentes que os autores consideram como periféricos (as elipses). Dentre os componentes periféricos, há uma separação entre *inputs* e *outputs*. Bases biológicas (genes, estruturas cerebrais) e influências externas (ambiente social, tais como cultura, família, situações) são *inputs*, uma vez que representam as relações que a personalidade estabelece com o ambiente interno (corpo) e externo. Por outro lado, a biografia objetiva seria um *output* do sistema, já que é o resultado observável da ação dos componentes centrais do sistema (tendências básicas e adaptações características) no mundo externo e interno. Em outras palavras, a biografia objetiva representaria tudo o que a pessoa faz, pensa ou sente ao longo de toda sua vida e em um momento particular (McCrae & Costa, 2003).

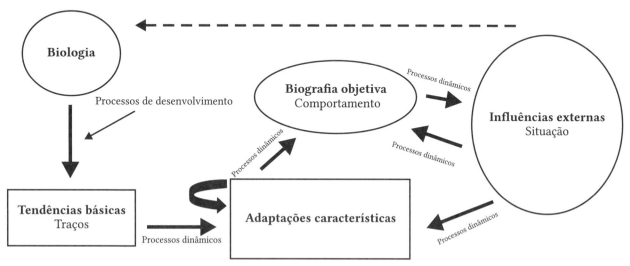

Figura 1 Representação esquemática do sistema de personalidade proposto pela TCF
Adaptado de McCrae e Costa (2003)

Em relação aos componentes centrais, McCrae e Costa (2003) destacam as tendências básicas, as adaptações características e o autoconceito, sendo que este último seria também uma adaptação característica, que recebe maior destaque pela importância que assume na estruturação da personalidade. As tendências básicas são disposições gerais, internas e abstratas que são responsáveis pelas consistências existentes no comportamento, sentimento e pensamento entre situações e ao longo do tempo (Mansur-Alves & Saldanha-Silva, 2017; McAdams & Olson, 2010). Para a TCF, por se tratar da personalidade, as tendências básicas seriam representadas por cinco traços ou dimensões mais gerais (aquelas que já conhecemos amplamente através do modelo dos cinco grandes fatores), subdivididos em componentes mais específicos, que seriam as facetas. Mais recentemente, alguns autores têm acrescentado outras evidências acerca da organização hierárquica dos traços de personalidade, propondo níveis de descrição mais gerais do que os cinco traços (o fator geral de personalidade, p. ex., cf. detalhes em Arias, Jenaro, & Ponce, 2018) e níveis mais específicos do que as facetas, chamados de nuanças ou respostas habituais (McCrae, 2015). O Quadro 1 apresenta uma descrição sintética dos cinco traços básicos e suas facetas, conforme proposta de Costa e McCrae (1992).

Tendência básica	Definição	Facetas
Neuroticismo	Refere-se à reatividade emocional do indivíduo, às tendências para preocupação, à suscetibilidade ao humor negativo (tristeza, raiva, ansiedade, frustração, insegurança e medo) e à propensão à psicopatologia (Shiner & Caspi, 2003). O termo estabilidade emocional é, em geral, encontrado nos contextos em que esse traço é visto como uma qualidade positiva ou associado à resiliência.	Vulnerabilidade Impulsividade Hostilidade Humor deprimido Ansiedade Constrangimento
Extroversão	Pode ser entendida como um sistema que promove a exploração e a abordagem ativa do ambiente, incluindo o social (Shiner & Caspi, 2003).	Gregarismo Atividade Assertividade Acolhimento Emoções positivas Busca de sensações
Amabilidade	Diz respeito às tendências interpessoais, ou melhor, à qualidade da orientação interpessoal (Shiner & Caspi, 2003).	Complacência Sensibilidade Confiança Altruísmo Modéstia Franqueza
Conscienciosidade	Refere-se às variações observadas nas capacidades de controle emocional, comportamental e cognitivo.	Ordem Deliberação Competência Busca por realizações Autodisciplina Dever
Abertura a experiências	Descreve a profundidade, a complexidade e a qualidade da vida mental e experiencial do sujeito (Shiner & Caspi, 2003).	Fantasia Ideias Valores Estética Ações Sentimentos

Quadro 1 Descrição das tendências básicas e suas facetas, segundo a TCF

As tendências básicas (TB), também chamadas de traços de personalidade, são inatas e tendem à estabilidade (em indivíduos cognitivamente intactos), variando quantitativamente entre os indivíduos (frequência e intensidade), mas qualitativamente universais (McCrae & Sutin, 2018). Isso significa dizer que as cinco tendências básicas parecem se replicar nas culturas letradas, já tendo se mostrado consistentes em mais de 50 países distribuídos em todos os continentes (McCrae et al., 2005). Tais descobertas, associadas a estudos que apontaram padrões semelhantes mesmo em outros primatas (chimpanzés, avaliados pelos profissionais do zoológico, p. ex.), seriam indicativos de que tais características são definidas biologicamente e podem ter apresentado importância na evolução das espécies, haja vista que todas as cinco grandes dimensões representam, em algum nível, maneiras como as pessoas lidam consigo mesmas, com os outros e com a sociedade, elementos de extrema importância para a sobrevivência das espécies mais complexas, como nós, mamíferos. As facetas e as nuanças, entretanto, não alcançam as mesmas evidências de universalidade, o que nos leva a levantar a hipótese de que talvez as diferenças culturais atuem nestes níveis, mais do que no nível dos traços mais amplos (Church, 2016).

Por outro lado, alguns estudos sugerem que as cinco tendências básicas não se replicam em culturas não letradas, como grupos isolados da Bolívia, onde, mesmo com adaptações às escalas de auto e heterorrelato, não foi possível identificar as cinco grandes dimensões (Gurven, Von Rueden, Massenkoff, Kaplan, & Leo Vie, 2013). Tais resultados requerem maior análise, e replicação, haja vista que é possível, por exemplo, que limitações da linguagem tenham dificultado a tradução das escalas para tais grupos mais

isolados, o que dificultaria a identificação de hábitos ou atividades que sejam coerentes com aqueles que representam o traço nas escalas originais. Perguntas comuns em escalas de autorrelato, como: "gosto de resolver quebra-cabeças", "não gosto de mendigos", podem exigir um estudo de inteligibilidade criterioso para verificar que situações seriam exatamente equivalentes em uma comunidade onde não houvesse quebra-cabeças ou mendigos. Outra possibilidade para que não se encontre as cinco tendências básicas se deve a limitações dos próprios procedimentos de análise estatística (geralmente correlação e análise fatorial), que dependem, em essência, de variabilidade entre os respondentes para que determinada dimensão apareça. Assim, se em determinado grupo todas as pessoas apresentam os mesmos níveis de Conscienciosidade, este fator não aparecerá como dimensão separada de personalidade, não porque não exista na população, mas por não variar neste grupo (o que chamamos de restrição de variabilidade). Ainda assim, é possível manter a conclusão de que as tendências básicas são, pelo menos, quase-universais, e passíveis de estudo na maioria das culturas.

O outro componente central do sistema de personalidade são as adaptações características (AC). Estas são estruturas concretas, resultantes da interação entre as tendências básicas e o ambiente (McCrae & Costa, 2003). Todos os aspectos do nosso funcionamento psicológico que são aprendidos ou resultantes de processos de aprendizagem seriam adaptações características, ou seja, hábitos, valores, atitudes, motivos, religiosidade, crenças, esquemas, autoconceito, estratégias de regulação emocional e outros mais. Elas são adaptações porque são fundamentais para nossa adaptação ao ambiente e são características porque remetem à combinação única entre nossas tendências básicas (McCrae & Costa, 2003). Alto neuroticismo, por exemplo, seria uma tendência básica, mas as estratégias de enfrentamento emocionais seriam adaptações características. Alta abertura a experiências é uma TB, mas gostar de frequentar teatros e museus seria uma AC, pois dependeria de uma combinação entre a faceta de abertura, a estética e oportunidades para que este gosto tenha se desenvolvido (morar em uma cidade em que haja museus e teatros). As adaptações características, embora possam ser diferencialmente estáveis, mudam mais (tanto intencionalmente quanto não intencionalmente) do que nossas tendências básicas, refletindo conteúdos que são social e culturalmente específicos (McAdams & Pals, 2006).

Neste sistema, uma importante adaptação característica é o autoconceito. Este seria um autoesquema acessível à consciência, uma visão adquirida de *self*, construída com base nas experiências de vida e em *feedback* social (Allik & McCrae, 2004). Do autoconceito fazem parte nossos traços, nossa identidade social e nossa imagem corporal, por exemplo. O nosso autoconceito está associado a uma percepção seletiva das informações que nos rodeiam, de modo que seja consistente com nossos traços (tendências básicas) e favoreça a manutenção de um senso de coerência ao indivíduo (McCrae & Costa, 2003). Por exemplo, uma pessoa com elevado nível de conscienciosidade pode desenvolver um autoconceito extremamente atrelado ao seu desempenho, dando mais atenção e valor a *feedbacks* provenientes de atividades e tarefas profissionais e acadêmicas, do que a outros aspectos de sua vida. Por outro lado, alguém com elevado neuroticismo poderia ignorar seus talentos e conquistas, construindo uma imagem pessoal baseada nos fracassos percebidos. Outro aspecto do autoconceito que vem sendo estudado por alguns pesquisadores é a narrativa de vida ou identidade narrativa. Os estudiosos desse construto ressaltam que nosso autoconceito relatado não seria organizado de maneira alfabética em listas independentes, ao contrário, ele seria estruturado como um livro, uma história que integra passado e futuro, oferecendo unidade e propósito às nossas vidas (McCrae & Costa, 2003; McAdams & McLean, 2013). Empiricamente, a identidade narrativa vem sendo estudada através de entrevistas semiestruturadas, buscando examinar a dinâmica interna destas narrativas (estrutura e conteúdo) e os fatores externos que modelariam os relatos públicos dessa história privada (McAdams & McLean, 2013).

O autoconceito é especialmente importante para a TCF porque os seus idealizadores entendem que ele seria a fonte de informação a partir da qual os indivíduos responderiam aos inventários de personalidade. Embora tenhamos como levantar informações sobre a personalidade através de diários, entrevistas, outros testes e observações, as escalas e inventários de autorrelato ou relato de informantes são, ainda, o método "padrão-ouro" para avaliação da personalidade (McCrae & Sutin, 2018). Não obstante, uma grande dificuldade com esse tipo de instrumento é que os itens dos inventários são ao mesmo tempo indicadores dos traços e das adaptações características, ou seja, os itens de uma escala de personalidade não perguntam diretamente sobre os traços, mas sobre crenças, valores e comportamentos que estão associados aos primeiros, mas que podem ter diferentes causas (McCrae & Sutin, 2018). A isto dá-se o nome de princípio da dualidade, que não é exclusiva da avaliação da personalidade, mas está, geralmente, atrelada à mensuração de qualquer variável latente (Costa &

McCrae, 2017). Vamos ao seguinte exemplo: o item "Me comporto de maneira honesta com as pessoas" poderia ser um indicador de Amabilidade, de Conscienciosidade, mas também poderia refletir uma norma cultural ou mesmo um comportamento que foi extensivamente ensinado pelos pais. Assim, uma forma de superar esta dificuldade inerente à avaliação de construtos psicológicos não diretamente observáveis é o uso de vários itens (indicadores) para se referir a um traço, que, quando agregados, possibilitariam a emergência de uma medida mais pura do mesmo. Ou seja, um item de uma escala, analisado isoladamente, poderia refletir um hábito, uma norma cultural ou uma crença, mas, quando agregados, a interpretação conceitual remeteria a uma disposição mais geral, tais como os traços (McCrae & Sutin, 2018).

Por fim, os últimos elementos da TCF são o que os autores chamam de processos dinâmicos, que regulariam as interações entre os vários componentes do sistema. McCrae e Costa (2003) ressaltam que há vários processos dinâmicos no sistema, tais como percepção, raciocínio, condicionamento operante, respondente, aprendizagem por observação e imitação, planejamento, *role-playing* e os processos maturacionais e desenvolvimentais. Esses processos operam em um dado momento, oferecendo um recorte do aqui-agora, mas também podem ser utilizados para compreender como a personalidade se desenvolve ao longo do ciclo da vida. Alguns desses processos podem levar anos, enquanto outros podem acontecer em poucos dias ou meses (McCrae & Sutin, 2018). Vamos a um exemplo: a redução dos níveis médios de neuroticismo (tendência básica) só começa a acontecer depois dos 40 anos, muito provavelmente em virtude de mudanças maturacionais, tais como alteração na produção e liberação de alguns hormônios associados ao estresse (processos desenvolvimentais); por outro lado, é possível aprender novas formas de regulação emocional (adaptação característica) em um intervalo de alguns meses, em resposta à psicoterapia, por exemplo. Um outro ponto importante no que concerne aos processos dinâmicos é a influência bidirecional que existe entre as adaptações características, conforme pode ser observado na Figura 1, pela seta preta mais espessa. Se na proposta dos autores da TCF, a relação entre tendências básicas, adaptações características e biografia objetiva é sempre unidirecional, significando que um comportamento não pode criar um traço, da mesma forma que não poderia uma adaptação característica criar um traço, uma adaptação característica pode se desenvolver a partir de outra. Para fins de ilustração, se humildade é um valor importante para mim (AC), posso desenvolver a crença de que é errado expor e falar sobre as minhas conquistas pessoais (a crença seria outra AC). Não obstante, os processos envolvidos no desenvolvimento de uma adaptação característica qualquer podem ser diferentes para pessoas diferentes, de forma que alguém poderia aprender a cozinhar lendo livros e outra pessoa poderia aprender frequentando aulas de gastronomia. Segundo McCrae e Sutin (2018), até esses processos dinâmicos alternativos poderiam refletir as nossas tendências básicas. No exemplo, introvertidos poderiam preferir aprender através de livros, enquanto extrovertidos poderiam aprender melhor frequentando aulas. Um outro postulado de funcionamento do sistema de personalidade diz que os traços não sofrem influência direta do ambiente que leve a mudanças significativas naqueles, embora os autores reconheçam que possa haver exceções (McCrae & Costa 2003; McCrae & Sutin, 2018). Um estudo recente, por exemplo, apontou que a exposição a um desastre natural de grandes proporções (um terremoto com alto impacto de destruição) pode levar a um declínio dos níveis de neuroticismo na população afetada (Milojev, Osborne, & Sibley, 2014). Ademais, parece haver mudanças em extroversão e neuroticismo como resposta à psicoterapia (Roberts et al., 2017).

A TCF oferece, pois, a partir de tudo o que foi exposto nos parágrafos anteriores, um referencial mais completo e elaborado da estrutura e funcionamento da personalidade humana, que permite superar as limitações e críticas apresentadas ao modelo CGF. Não obstante, os autores da TCF ainda não elaboraram de forma mais clara algumas questões importantes que permanecem em aberto acerca da personalidade, a saber: Como explicar, usando este referencial, os transtornos de personalidade? Como e em qual nível de descrição da personalidade a psicoterapia funciona? Responder a estas questões consiste em desafios atuais da TCF, os quais tentaremos abordar de forma breve nos parágrafos seguintes.

Por se tratar dos transtornos de personalidade, mais recentemente eles passaram a ser vistos a partir de uma perspectiva dimensional que os considera como resultantes de variantes extremas dos traços de personalidade do espectro típico, sendo esta perspectiva amplamente aceita pela comunidade científica (Gore & Widiger, 2013; Griffin & Samuel, 2014). Isso quer dizer que os mesmos traços poderiam descrever funcionamento típico ou atípico. Ainda que esta compreensão não seja compartilhada por outros estudiosos da área, havendo, portanto, discordâncias, McCrae, Lockenhoff e Costa (2005) pontuam que os traços em si não seriam patológicos nem em seus extremos, o que levaria aos transtornos de personalidade seria uma combinação de ele-

vados níveis de determinados traços de personalidade com experiências ambientais específicas. Poderíamos supor, então, que o próprio transtorno de personalidade seria uma adaptação característica considerando a TCF. Em condições normativas, é esperado que o indivíduo encontre, em sua história de vida, formas de adaptação ao ambiente em que vive, respeitando suas limitações biológicas. Assim, por exemplo, uma pessoa com nível elevado de Neuroticismo tenderá a ser mais vulnerável, mais irritável e com maior dificuldade para lidar com estressores. É provável, pois, que ela busque maneiras de compensar as dificuldades que possa ter em consequência dos traços, desenvolvendo determinados tipos de adaptações características (neste caso, p. ex., ela poderia aprender a usar o humor para expressar momentos de irritabilidade, evitando ser agressiva, ou poderia desenvolver um bom repertório de habilidades sociais, a fim de conseguir suporte dos outros em momentos de estresse).

Para desenvolver estes padrões mais adaptativos de expressão do traço, no começo é necessário que o indivíduo conte com um ambiente propício, previsível e estável, onde os cuidadores principais saibam como reagir a expressões emocionais e comportamentais inadequadas, e que sejam capazes de construir um vínculo de apego seguro com a criança. Em casos em que a criança já apresenta determinados níveis de traço que, combinados, indicam vulnerabilidade para algum transtorno de personalidade (Gore & Widiger, 2013; Griffin & Samuel, 2014) a falta de um ambiente propício ao desenvolvimento de adaptações protetoras pode levar ao desenvolvimento de adaptações extremas, que funcionem no momento em que se desenvolvem – numa família desestruturada ou violenta, por exemplo – mas que deixam de ser adaptativos com o tempo, quando muda o ambiente. Como aquela adaptação foi construída cedo na vida é pouco provável que, sem uma intervenção externa (psicoterapia, p. ex.) ela consiga mudar suas formas típicas de responder, preferindo, muitas vezes, selecionar ambientes em que seus padrões continuem funcionando (um ambiente semelhante àquele onde cresceu). Como exemplo, podemos imaginar uma criança que apresente elevados níveis extremamente elevados de Neuroticismo e extremente baixos níveis de Conscienciosidade e amabilidade (padrões comuns ao transtorno de personalidade limítrofe, ou *borderline*). Esta criança, que apresenta tendência básica associada a maior irritabilidade, desorganização, e dificuldade de lidar com estresse, vive em um ambiente estressor, com cuidadores que punem as expressões emocionais de tristeza ou raiva, agredindo ou ridicularizando, e pontuando sempre o quanto ela é desagradável ou indigna de amor. Como complemento, imaginemos que esta criança sofreu uma experiência de abuso sexual por um parente, que começa a oferecer atenção e presentes como forma de pagamento para que guarde segredo. As adaptações características que esta criança desenvolve – ser excessivamente amável, usar sua sexualidade como forma de conseguir atenção, inibir a expressão das emoções até não aguentar mais – permitem que ela se adapte, do ponto de vista psicológico, tanto quanto possível, e por isso passam cada vez mais a fazer parte de seu "jeito natural de ser". Com o tempo, mesmo que esta pessoa já não esteja mais sob os cuidados dos pais abusivos ou do parente responsável pelos abusos, pode manter estes mesmos padrões de relacionamento, o que levará a muitas dificuldades nas relações interpessoais e sofrimento, condizentes com o diagnóstico de personalidade *borderline*. Neste caso, os níveis de cada um dos CGF não muda-

ram, mas a forma de expressá-los, o que levou ao desenvolvimento do transtorno. Mas o que distinguiria, então, um transtorno psiquiátrico qualquer (ansiedade ou depressão) dos transtornos de personalidade, já que podemos supor que ambos seriam resultantes de uma combinação de vulnerabilidades individuais e ambientais? A diferença estaria em que, diferente dos demais transtornos mentais, a combinação entre as vulnerabilidades individuais e os estressores pode ter ocorrido muito cedo no desenvolvimento, a ponto de os sintomas se misturarem com a própria personalidade do indivíduo. Nesses casos, os padrões desadaptativos são indissociáveis da própria identidade do sujeito, que não consegue identificar um momento na vida em que os sintomas apareceram.

No que se refere às inferências acerca das mudanças na personalidade por meio de intervenções, atualmente é possível dizer que a grande maioria das estratégias e protocolos de tratamento que apresentam eficácia cientificamente comprovada estão direcionados para promoção de mudanças nas adaptações características (comportamentos, crenças, esquemas, autoconceito, autoestima, estratégias de enfrentamento, estratégias de regulação emocional, valores) e nos processos dinâmicos (processos de aprendizagem, p. ex.), uma vez que estas são mais diretamente acessadas pelo clínico e mais responsivas a mudança do que os traços. Assim, entende-se o mecanismo de ação das estratégias interventivas por meio de um eixo *bottom-up*, ou seja, parte-se dos níveis mais específicos e superficiais de descrição e funcionamento da personalidade para níveis cada vez mais gerais e profundos (Allemand & Flückiger, 2017). Alguns autores defendem que um acúmulo de mudanças nos níveis mais específicos (adaptações características, respostas habituais e facetas) poderia levar, em última instância, a alterações nas tendências básicas. Entretanto, as evidências existentes para mudanças em traços de personalidade não são provenientes de intervenções especificamente elaboradas para alterar os traços, e sim vêm como produto de ensaios clínicos que têm como alvo transtornos mentais, mais comumente transtornos de ansiedade e depressão, embora mais recentemente dados de uma meta-análise tenham apontado que as mudanças poderiam acontecer nos traços e serem duradouras (para detalhes Roberts et al., 2017).

Um aspecto importante da TCF é que ela emergiu de estudos populacionais e de grupos (abordagem nomotética). Contudo, pretende ser uma moldura para descrever e explicar o desenvolvimento e funcionamento da personalidade em nível individual. Nesse sentido, faz-se importante pensar em como a TCF poderia ser útil e aplicável à avaliação do indivíduo. Na seção seguinte, abordaremos de forma breve as possibilidades de aplicação da TCF à avaliação psicológica.

Exemplo de caso: aplicação da TCF no contexto de avaliação psicológica

Conforme abordado nos tópicos anteriores, a TCF pode auxiliar na compreensão de transtornos psiquiátricos, especificamente os de personalidade, além de auxiliar no entendimento de como as pessoas desenvolvem formas típicas de lidar com adversidades e se relacionar com os outros. Do ponto de vista da avaliação psicológica, compreender como se estruturou a personalidade pode ser útil para a realização de uma análise mais ampla dos padrões de funcionamento do indivíduo avaliado, para a construção de diagnósticos mais precisos,

além de auxiliar na compreensão de comorbidades, e nas melhores indicações de intervenção, encaminhamento e prognóstico (Eaton, Rodriguez-Seijas, Carragher, & Krueger, 2015; Rodriguez-Seijas, Eaton, & Krueger, 2015). Assim, por exemplo, dois assassinos com mesmo histórico de violência prévia e tendo cometido o mesmo tipo de crime podem apresentar possibilidades diferentes de ressocialização de acordo com a configuração de suas características de personalidade (Walters, 2018). Aquele com maiores níveis de amabilidade teria mais chances de desistir de uma vida de crimes, já que esta dimensão aumenta as chances de criação de vínculo com o terapeuta, além de facilitar a criação de novas formas de adaptação sem violência. Poderíamos supor que tal indivíduo com elevada amabilidade desenvolveu seus padrões agressivos como adaptação característica em resposta a uma história de vida em que se valorizou a violência, e não por uma dificuldade biológica de desenvolver vínculos e empatia. Assim, as estratégias terapêuticas para um criminoso com alta amabilidade tenderiam a surtir efeito mais rápida e facilmente.

Como forma de ilustrar as interações entre traços, adaptações e demais processos associados à constituição da personalidade, bem como suas implicações para a avaliação psicológica, a seguir será apresentado um caso clínico.

> Bárbara tem 20 anos e tem se sentido muito confusa, desorganizada, ansiosa e com dificuldades para planejar e tomar decisões. Os motivos principais da procura são: (1) Bárbara está em seu 3º curso de graduação e não está satisfeita (fez um período de administração, um de artes e atualmente está no segundo período do curso de psicologia), (2) tem apresentado dificuldades importantes para manter relacionamentos afetivos, tanto de amizade quanto de namoro.

Os pais são separados desde que tinha 2 anos e, desde então, viveu com a mãe, visitando o pai apenas nos feriados e algumas férias. Mudou-se para a casa do pai e madrasta há seis meses, após uma briga com a mãe, em que Bárbara a acusou de tê-la alienado de seu pai na infância (tal percepção, por parte da paciente, se deu devido a uma disciplina da faculdade que abordou o tema da alienação parental). A mãe não aceitou as acusações e expulsou a filha de casa. Neste novo contexto (casa do pai), Bárbara tem se percebido como ainda mais desatenta, desorganizada e com dificuldades para lidar com suas escolhas profissionais e com as relações interpessoais. A propósito das relações, a paciente informa que tem dificuldades principalmente em namoros, que costumam ser conturbados e de curta duração. Tem poucos amigos e muitas dificuldades para confiar neles e compartilhar emoções e informações íntimas.

Sobre a infância, informações coletadas com Bárbara e com seus pais indicam que era uma criança de temperamento fácil, bastante ativa e amável. A mãe recebeu diagnóstico de Transtorno de Personalidade Borderline quando Bárbara tinha 6 anos, e desde então faz acompanhamento psicológico e psiquiátrico. A própria mãe admite que sua relação com a filha era afetuosa, porém simbiótica. As duas moravam juntas e a criança conviveu com poucas pessoas além da mãe, já que a mesma acreditava ter que defender a filha de más influências, e da possibilidade de se magoar. Dizia frequentemente a Bárbara que as pessoas não são confiáveis, são maldosas, incluindo o pai que as teria abandonado por achar que eram "feias e burras". A mãe admite ter dito à filha muitas mentiras sobre o pai e a madrasta, além de ter sempre tentado restringir o contato de Bárbara com a família paterna e mesmo com amigos da mesma idade. A mãe informa, ainda, que Bárbara foi uma criança muito dependente, e que tendia a aceitar sempre suas sugestões de roupas, amigos,

passeios e opiniões. A mãe escolheu os dois primeiros cursos de graduação que Bárbara iniciou. O curso de psicologia foi escolhido por sugestão da madrasta, que também é psicóloga, o que deixou a mãe bastante frustrada. Segundo a mãe de Bárbara, ter seguido a sugestão da madrasta fez com que Bárbara se tornasse hostil com ela e mais próxima da família paterna.

No processo de levantamento de perfil geral de funcionamento, foram avaliados os traços de personalidade de Bárbara. Nos focaremos, para este exemplo, em seu perfil de Neuroticismo, embora outras dimensões – como níveis mais baixos de Conscienciosidade, geralmente associados a maior dificuldade para planejar e seguir metas – também desempenhem um papel importante para a compreensão geral do caso. Seu nível geral de Neuroticismo foi médio, mas observou-se um padrão de discrepância entre as facetas: embora a maioria indique níveis médios a baixos, as facetas ansiedade e hostilidade se apresentaram em níveis elevados. Na mesma direção, o processo de avaliação revelou padrões de crenças desadaptativas associadas principalmente a estas facetas: acreditava que o mundo e as pessoas eram pouco confiáveis e perigosos, e que ela mesma era uma pessoa frágil e incapaz. Tais crenças podem ter sido desenvolvidas graças a um estilo de criação muito protetor, com longa história de alienação parental, em associação com suas tendências básicas de ansiedade e desconfiança nas pessoas. Tais padrões, juntos, podem ter motivado comportamentos de busca por reasseguramento, dificuldades para fazer escolhas e esquiva de convívio íntimo. Como os comportamentos de Bárbara parecem ser resultado de uma combinação entre facetas – mais maleáveis do que os fatores gerais – e o estilo de criação muito controlado que viveu – também mais passíveis de serem relativizados agora que vive em contexto diferente, em terapia é possível que ela desenvolva novas adaptações e que dê novo significado a sua história de vida de maneira relativamente rápida. Compreender as relações entre os traços e suas variadas formas de adaptação permite, conforme apresentado acima, desenvolver modelos de intervenção e prever resultados de maneira mais consistente, além de permitir uma compreensão clínica mais apurada de como mesmo perfis semelhantes de traços podem se associar à história de vida, criando formas únicas de ser e funcionar no mundo.

Considerações finais

Este capítulo teve como objetivo central oferecer ao leitor uma introdução aos principais postulados teóricos-conceituais da Teoria dos Cinco Fatores (TCF). A TCF fornece uma moldura mais completa da estrutura e dinâmica da personalidade, integrando evidências empíricas acumuladas em mais de trinta anos de pesquisas com os CGF e representando um avanço nas investigações acerca da personalidade humana. Não obstante, a TCF é ainda extremamente recente e os próprios autores apontam para a necessidade de conduzir estudos que possam verificar empiricamente vários postulados da teoria, colocando-a, assim, à prova seus principais pressupostos teóricos (McCrae & Sutin, 2018). Ademais, um modelo teórico-conceitual sólido e empiricamente embasado pode significar avanços importantes no contexto da avaliação psicológica, do ponto de vista nomotético, como para a construção de instrumentos, mas também idiográfico, ao trazer consistência, profundidade e amplitude às interpretações e análises feitas em processos de avaliação e testagem psicológica para diversos contextos.

Referências

Allemand, M. & Flückiger, C. (2017). Changing personality traits: Some considerations from psychotherapy process-outcome research for intervention efforts on intentional personality change. *Journal of Psychotherapy Integration, 27*(4), 476-494 [doi: 10.1037/int0000094].

Allik, J. & McCrae, R.R. (2004). Toward a geography of personality traits: Patterns of profiles across 36 cultures. *Journal of Cross-Cultural Psychology, 35*, 13-28 [doi: 10.1177/0022022103260382].

Arias, V.B., Jenaro, C., & Ponce, F.P. (2018). Testing the generality of the general factor of personality: An exploratory bifactor approach. *Personality and Individual Differences, 129*, 17-23 [doi: 10.1016/j.paid.2018.02.042].

Church, A.T. (2016). Personality traits across cultures. *Current Opinion in Psychology, 8*, 22-30 [doi: 10.1016/j.copsyc.2015.09.014].

Costa, P.T. & McCrae, R.R. (1992). *NEO PI-R Professional Manual*. Odessa, FL: Psychological Assessment Resources.

Costa, P.T. Jr. & McCrae, R.R. (2017). The NEO Inventories as instruments of psychological theory. In T.A. Widiger (Ed.). *Oxford handbook of the Five-Factor Model* (pp. 11-37). Nova York: Oxford University Press.

Deary, I.J., Weiss, A., & Batty, G.D. (2010). Intelligence and personality as predictors of illness and death: How researchers in differential psychology and chronic disease epidemiology are collaborating to understand and address health inequalities. *Psychological Science in the Public Interest, 11*(2), 53-79 [doi: 10.1177/1529100610387081].

Eaton, N.R., Rodriguez-Seijas, C., Carragher, N., & Krueger, R.F. (2015). Transdiagnostic factors of psychopathology and substance use disorders: a review. *Social Psychiatry and Psychiatric Epidemiology*, *50*(2), 171-182 [doi: 10.1007/s00127-014-1001-2].

Freeman, H.D. & Gosling, S.D. (2010). Personality in nonhuman primates: a review and evaluation of past research. *American Journal of Primatology*, *72*(8), 653-671 [doi: 10.1002/ajp.20833].

Gore, W.L. & Widiger, T.A. (2013). The DSM-5 Dimensional Trait Model and Five-Factor Models of General Personality. *Journal of Abnormal Psychology*, *122*(3), 816-821 [doi: 10.1037/a0032822].

Griffin, S.A. & Samuel, D.B. (2014). A closer look at the lower-order structure of the Personality Inventory for DSM-5: Comparison with the Five-Factor Model. *Personality Disorders: Theory, Research, and Treatment*, *5*(4), 406-412 [doi: 10.1037/per0000074].

Groth-Marnat, G. & Wright, A.J. (2016). *Handbook of psychological assessment*. Hoboken, NJ: John Wiley & Sons.

Gurven, M., Von Rueden, C., Massenkoff, M., Kaplan, H., & Lero Vie, M. (2013). How universal is the Big Five? Testing the five-factor model of personality variation among forager-farmers in the Bolivian Amazon. *Journal of Personality and Social Psychology*, *104*(2), 354-370 [doi: 10.1037/a0030841].

Iliescu, D., Macsinga, I., Sulea, C., Fischmann, G., Vander Elst, T., & De Witte, H. (2017). The five-factor traits as moderators between job insecurity and health: A vulnerability-stress perspective. *Career Development International*, *22*(4), 399-418 [doi: 10.1108/CDI-08-2016-0146].

Judge, T.A. & Zapata, C.P. (2015). The person-situation debate revisited: Effect of situation strength and trait activation on the validity of the Big Five personality traits in predicting job performance. *Academy of Management Journal*, *58*(4), 1.149-1.179 [doi: 10.5465/amj.2010.0837].

Malouff, J.M., Thorsteinsson, E.B., Schutte, N.S., Bhullar, N., & Rooke, S.E. (2010). The five-factor model of personality and relationship satisfaction of intimate partners: A meta-analysis. *Journal of Research in Personality*, *44*(1), 124-127 [doi: 10.1016/j.jrp.2009.09.004].

Mansur-Alves, M. & Saldanha-Silva, R. (2017). Interfaces entre os estudos dos traços de personalidade e as terapias cognitivo-comportamentais. In Federação Brasileira de Terapias Cognitivas, C.B. Neufeld, E.M.O. Falcone, & B.P. Rangé (Orgs.) *Procognitiva – Programa de Atualização em Terapia Cognitivo-comportamental*: Ciclo 4 (pp. 87-131). Porto Alegre: Artmed Panamericana [Sistema de Educação Continuada a Distância, v. 3].

Martin-Fernandez, K. & Ben-Porath, Y. (2018, January 24). Personality Assessment in Clinical Psychology. *Oxford Research Encyclopedia of Psychology* [Recuperado de http://psychology.oxfordre.com/view/10.1093/acrefore/9780190236557.001.0001/acrefore-9780190236557-e-71].

McAdams, D.P. & McLean, K.C. (2013). Narrative identity. *Current Directions in Psychological Science*, *22*(3), 233-238 [doi: 10.1177/0963721413475622].

McAdams, D.P. & Olson, B.D. (2010). Personality development: Continuity and change over the life course. *Annual Review of Psychology*, *61*, 517-542 [doi: 10.1146/annurev.psych.093008.100507].

McAdams, D.P. & Pals, J.L. (2006). A new big five: Fundamental principles for an integrative science of personality. *American Psychologist*, *61*(3), 204-217 [doi: 10.1037/0003-066X.61.3.204].

McCrae, R.R. (2006). O que é personalidade? In C. Flores-Mendoza & R. Colom (Orgs.). *Introdução à psicologia das diferenças individuais* (pp. 203-218). Porto Alegre: Artmed.

McCrae, R.R. (2015). A more nuanced view of reliability: Specificity in the trait hierarchy. *Personality and Social Psychology Review*, *19*(2), 97-112 [doi: 10.1177/1088868314541857].

McCrae, R.R. & Costa, P.T. (2003). *Personality in adulthood: A five-factor theory perspective*. Nova York, NY: Guilford Press.

McCrae, R.R. & Sutin, A.R. (2018). A five-factor theory perspective on causal analysis. *European Journal of Personality*, *32*, 151-166 [doi: 10.1002/per.2134].

McCrae, R.R. & Terracciano, A. (2005). Universal features of personality traits from the observer's perspective: data from 50 cultures. *Journal of*

Personality and Social Psychology, 88(3), 547-561 [doi: 10.1037/0022-3514.88.3.547].

Milojev, P., Osborne, D., & Sibley, C.G. (2014). Personality resilience following a natural disaster. *Social Psychology and Personality Science, 5*, 760-768 [https://doi.org/10.1177/1948550614528545].

Poropat, A.E. (2009). A meta-analysis of the five-factor model of personality and academic performance. *Psychological Bulletin, 135*(2), 322-338 [doi: 10.1037/a0014996].

Roberts, B.W., Luo, J., Briley, D.A., Chow, P.I., Su, R., & Hill, P.L. (2017). A Systematic Review of Personality Trait Change Through Intervention. *Psychological Bulletin*. Advance online publication [doi: 10.1037/bul0000088].

Rodriguez-Seijas, C., Eaton, N.R., & Krueger, R.F. (2015). How Transdiagnostic Factors of Personality and Psychopathology Can Inform Clinical Assessment and Intervention. *Journal of Personality Assessment, 97*(5), 425-435 [doi: 10.1080/00223891.2015.1055752].

Walters, G.D. (2018). Predicting short- and long-term desistance from crime with the NEO personality inventory-short form: Domain scores and interactions in high risk delinquent youth. *Journal of Research in Personality, 75*, 37-45 [doi: 10.1016/j.jrp.2018.05.004].

43
Avaliação da personalidade em crianças

Ana Cristina Resende

O estudo da personalidade é considerado uma das áreas mais consolidadas e desafiadora na psicologia. No entanto, é importante salientar que a personalidade de uma pessoa está ligada a variáveis biológicas e a uma variedade de fatores psicológicos, sociais e ambientais (Weiner & Greene, 2017). Neste capítulo vamos nos ater aos estudos no âmbito da psicologia.

Vários teóricos buscam entender e descrever o que é a personalidade, mas não há ainda um consenso entre eles quanto a uma definição única para esse construto. Dentre os modelos teóricos podemos citar os psicanalíticos, behavioristas, neobehavioristas, humanistas e cognitivos. Contudo, independente da teoria, quando se trata de avaliar a personalidade os psicólogos acordam, em sua maioria, que consiste em descrever padrões relativamente estáveis de pensar, sentir e agir (Carvalho, Pianowski, Reis, & Silva, 2017). E para avaliar a personalidade, particularmente de crianças, os estudiosos indicam a utilização de multimétodos para que a criança possa se expressar por meio de atividades verbais, não verbais, mais lúdicas e livres (*i. e.*, por meio de desenhos, jogos, filmes, bonecos), outras que exigem mais concentração e atenção, sendo os três métodos mais comumente citados: as entrevistas (com pais, avós, professores e demais cuidadores, bem como a entrevista lúdica com a criança), a avaliação/ observação do comportamento e a administração de uma bateria de instrumentos padroniza-

dos de avaliação de personalidade (instrumentos de autorrelato, heterorrelato e projetivo/baseado no desempenho) (Garro, 2016; Kaslow, Finklea, & Chan, 2018). Nesse sentido, vamos discorrer brevemente sobre o processo de avaliação da personalidade em crianças, bem como sobre os métodos mais utilizados para isso ao longo deste capítulo, além de fazer considerações importantes sobre os desafios de se envolver neste tipo de investigação.

O desenvolvimento da personalidade em crianças tende a ser um processo de amadurecimento gradual e constante, mas ocorre mais rapidamente na primeira infância, a ponto de num curto período de tempo a criança alcançar significativamente mais recursos psicológicos quando comparada com crianças somente alguns meses mais novas. Ademais, a maioria dos estudiosos sustentam que as características de personalidade tendem a flutuar ao longo do desenvolvimento e também não se estabilizam até a adolescência. Discrepâncias foram encontradas entre resultados de avaliação de personalidade de crianças das mesmas idades de um mesmo país, mas de regiões diferentes (p. ex., centro urbano *versus* zona rural), como também entre crianças de uma mesma cidade, mas de tipos de escolas diferentes (públicas e privadas). Assim, as crianças estão muito mais suscetíveis ao meio e, naturalmente, apresentam ritmos e intensidades instáveis no desenvolvimento de sua personalidade até a fase da adolescência (Nascimento,

Resende, & Ribeiro, 2017; Piaget & Inhelder, 1962; Soto, 2016).

Considerando que os traços de personalidade se desenvolvem e mudam ao longo da vida, especialmente quando se trata de crianças, muitos estudos que utilizam a teoria dos traços de personalidade, particularmente o modelo dos Cinco Grandes Fatores de Personalidade – CGF[1], observaram a universalidade da estrutura de personalidade na infância em diferentes culturas. Ou seja, assim como a personalidade dos adultos nos mais diversos países podem ser descritas por meio do CGF, a personalidade das crianças também pode ser descrita por meio de fatores semelhantes, o que não significa que seriam exatamente os mesmos cinco fatores aplicáveis aos adultos (Tackett et al., 2012).

Apesar disso, por meio de estudos longitudinais (Hampson & Edmonds, 2018; Hampson et al., 2016), foi possível observar que a mesma estrutura dos CGF pode ser usada para descrever a personalidade de um grupo de crianças avaliadas por meio do heterorrelato de pais e professores e, mesmo assim, alguns desses traços serem semelhantes aos encontrados quando essas crianças se tornam adultas (dados coletados por meio de instrumentos de autorrelato).

Outras pesquisas também demonstraram que conhecendo a personalidade das crianças ajuda a prever o curso de suas vidas (Hampson & Edmonds, 2018; Hampson et al., 2016). Por exemplo, estudiosos do CGF em crianças puderam certificar que o traço de conscienciosidade na infância (traço relacionado à autodisciplina, controle dos impulsos e foco nos objetivos) estava positivamente associado a maiores cuidados com a saúde e maiores níveis de escolaridade na vida adulta. Assim, os autores observaram que crianças menos conscienciosas tenderam a ter menos controle dos seus impulsos e autodisciplina ao longo do seu desenvolvimento. Como resultado, elas foram menos propensas a alcançar níveis mais elevados de estudos e a desenvolver hábitos de melhoria da saúde que exigem esforços de autocontrole e planejamento, como alimentação saudável e exercício, e abstendo-se de fumar, beber e fazer uso abusivo de drogas (Hampson & Edmonds, 2018; Hampson et al., 2016). Essas descobertas fornecem uma confirmação adicional da importância de ensinar a autodisciplina e direcionamento para atingir metas em crianças pequenas para promover as consequências benéficas da autorregulação para a saúde, e para alcançar níveis mais elevados de escolaridade.

Considerando ainda o modelo dos CGF, estudos têm demonstrado algumas relações e consequências dos traços de personalidade em crianças. Por exemplo, o desenvolvimento do neuroticismo (traço relacionado à instabilidade emocional, vulnerabilidade, depressão e baixa autoestima) parece diferir fortemente entre os gêneros. Meninos e meninas mostram graus semelhantes de ansiedade e tristeza ao longo da infância, mas ao final dessa etapa e inícios da adolescência as meninas tornam-se cada vez mais propensas aos afetos negativos, ao passo que os meninos não. Também foi observado que crianças com baixos traços de agradabilidade, conscienciosidade e alto neuroticismo, as quais apresentavam taxas mais altas de psicopatologias externalizantes (caracterizadas por comportamentos agressivos e violadores de regras), ao passo que as crian-

---

1. O modelo dos Cinco Grandes Fatores (CGF) é caracterizado por cinco dimensões abrangentes da personalidade (extroversão, agradabilidade, conscienciosidade, neuroticismo e abertura à experiência), as quais se referem a um modelo empírico e baseado em experimentos de pesquisas, que pode ser aplicado a indivíduos provenientes das mais diversas culturas (Allik & Realo, 2015).

ças com baixos traços de extroversão e altos em neuroticismo mostraram maiores taxas de psicopatologias internalizantes (caracterizadas por ansiedade e depressão) (Soto, 2016; Soto & Tackett, 2016).

Outros pesquisadores verificaram que sintomas psicopatológicos não administrados ainda na infância acabam perturbando o desenvolvimento saudável e desencadeando problemas emocionais e comportamentais que tendem a repercutir prejudicialmente no decorrer de sua vida. Com isso, suas perspectivas de interações sociais tenderão a ser mais limitadas e o sucesso nos âmbitos educacionais e profissionais poderá ser bem menor. Esses estudos apontaram que crianças e adolescentes que estavam em situação de vulnerabilidade social, e apresentavam problemas psicológicos de personalidade que não foram tratados ainda na infância, representavam um segmento grande das populações nos sistemas socioeducativos e prisionais (Johnson et al., 2005; Pacheco, Alvarenga, Reppold, Piccinini, & Hutz, 2005).

A psicologia destaca a importância da avaliação da personalidade em crianças, quer seja com o foco na prevenção, no diagnóstico diferencial, na compreensão e/ou descrição de psicopatologias, na predição e descrição de comportamentos cotidianos, ou com o foco na elaboração de um planejamento psicoterapêutico mais adequado para elas, ou ainda para avaliar os ganhos adquiridos durante a terapia e planejar objetivos futuros para o tratamento. Independente do foco, o objetivo sempre visa o menor custo e o maior benefício para a criança avaliada, tendo por fim o aumento da sua qualidade de vida e das pessoas com as quais ela convive, assim como reduzir a prevalência de problemas psicológicos na adolescência e na vida adulta. Apesar dessa ênfase

e dos avanços alcançados nessa área nos últimos anos, a avaliação da personalidade em crianças continua desafiadora e complicada, cujo progresso continua aquém do progresso da avaliação da personalidade em adultos (Garro, 2016; Smith & Handler, 2014).

Os avanços mais lentos na avaliação da personalidade em crianças quando comparados com a avaliação de personalidade em adultos podem ser corroborados por uma série de questões. Uma delas pode ser devido à menor compreensão da personalidade infantil na literatura psicológica, que acaba sendo uma das causas, e das consequências dessa disparidade. Outra questão pode estar relacionada à hesitação em diagnosticar problemas clínicos específicos ou distúrbios nessa faixa etária por parte dos psicólogos. Essa relutância provavelmente se origina de preocupações com a estigmatização ou um rótulo permanente ligado a uma criança, cuja fase de desenvolvimento da personalidade é considerada instável (Garro, 2016; Soto & Tackett, 2016).

O processo de avaliação da personalidade em crianças

Para avaliar a personalidade em crianças, ou seja, identificar se a forma de pensar, sentir e se comportar delas consiste em padrões naturais de sua fase do desenvolvimento, ou se consiste em comportamentos inadequados transitórios e reforçados pelo ambiente (como birra ou baixa tolerância à frustração), ou se tratam de sintomas psicopatológicos de transtorno de ansiedade, depressão ou esquizofrenia, demanda conhecimento aprofundado em psicologia do desenvolvimento, da personalidade, de psicopatologia infantil, funcionamento familiar, bem como o conhecimento em medidas da psicologia e o treinamento sólido em práticas de avaliação baseadas em evidências científicas. Sob o amplo espectro das melhores práticas de avaliação, os instrumentos padronizados referenciados em normas têm ocupado um dos papéis principais, mas, ao mesmo tempo, o uso de entrevistas, observações do comportamento e outras técnicas, tais como estratégias lúdicas, desenhos, jogos e filmes, também podem ser integradas a uma estrutura de avaliação abrangente e mais completa.

Como a avaliação da personalidade da criança consiste em um processo de avaliação psicológica, essa avaliação deve ter demandas específicas, pois, segundo a Resolução 09/2018 do Conselho Federal de Psicologia, essa avaliação é definida como "um processo estruturado de investigação de fenômenos psicológicos, composto de métodos, técnicas e instrumentos, com o objetivo de prover informações à tomada de decisão, no âmbito individual, grupal ou institucional, com base em demandas, condições e finalidades específicas" (art. 1º).

Para iniciar e concluir uma avaliação de personalidade de modo efetivo, o psicólogo deve, antes de tudo, esclarecer para o cliente o que é um processo de avaliação psicológica (com foco na avaliação de personalidade) e, depois, estabelecer um contrato formal de trabalho. Cabe ao avaliador informar que seu papel será reunir o máximo de informações para compreender melhor o avaliado, utilizar os procedimentos científicos e éticos mais adequados para responder às demandas e fazer orientações e recomendações no final do processo. O avaliador também deve elucidar o papel dos responsáveis pela criança, assim como, posteriormente, fazer um contrato com a criança e esclarecer como serão os encontros. O papel do responsável pela criança, e da própria criança, será fornecer com sinceridade as informações que serão necessárias para a compreensão das questões de avaliação, bem como informar de antemão quem terá acesso aos resultados da avaliação e, como o avaliador, ter compromisso com o processo (frequência, pontualidade, cooperação e participação ativa) e comunicar com antecedência as faltas (Cunha, 2007; Finn, 2017).

A etapa seguinte consiste em ajudar os responsáveis pelo cuidado da criança, assim como a criança e aquele que a encaminhou (no caso de profissionais da escola ou médicos, p. ex.) a formular perguntas de encaminhamento relevantes a serem respondidas pela avaliação. Essas perguntas devem envolver dúvidas ou incertezas sobre a criança que incomodam os solicitantes da avaliação, ou envolver esclarecimentos de questões específicas importante para se tomar alguma decisão na vida da criança. Para a criança, a pergunta deve envolver questões ou problemas que têm sido difíceis para ela administrar (Finn, 2017).

Alguns exemplos de perguntas seriam: Esta criança tem um transtorno depressivo ou bipolar? Quais características de personalidade (p. ex., neuroticismo, psicotismo, dependência, autocríticas) estão mais associadas com a origem e evolução da doença física dessa criança? Qual é o tipo de tratamento mais adequado para ela? As dificuldades emocionais dessa criança podem evoluir para um transtorno psiquiátrico? Por que a criança começou a não gostar mais de ir à escola? Por que ela tem tido pesadelos constantes e não tem conseguido dormir à noite? Por que ela tem ficado agressiva, triste e chorona nos últimos meses? Por que meu filho não respeita limites e infringe normas sociais o tempo todo? A criança também poderia junto com o avaliador elaborar as seguintes perguntas: Por que não consigo ficar quieta na escola e não tenho vontade de fazer as tarefas? Por que eu bato nos meus colegas e no meu irmão, mesmo sabendo que não posso?

Ao estimular os clientes a formularem suas próprias questões sobre o que querem entender sobre a criança, e estimular a criança sobre o que quer aprender a respeito de seus problemas, o avaliador propicia ao cliente a possibilidade de transformar um turbilhão de emoções e sofrimento ou preocupações em perguntas concretas, além de favorecer processos psicológicos importantes ligados à exploração do próprio mundo interior. Por outro lado, as perguntas formuladas orientam o avaliador na seleção dos instrumentos de avaliação mais pertinentes aos objetivos do cliente e na condução de todo o processo de avaliação. As perguntas indicam qual é o entendimento atual do solicitante/responsável sobre os problemas da criança e o nível de ansiedade associado a eles, como também orienta na investigação do histórico da queixa (apresentada em forma de perguntas de avaliação), desde sua origem até as principais consequências na vida da criança (Aschieri, De Saeger, & Durosini, 2015; Handler, 2014).

Posteriormente, o mais importante é desenvolver a habilidade de integrar informações provenientes de diferentes circunstâncias de modo harmônico e compreensivo, considerando o contexto em que a criança está inserida. O final desse processo consiste em escrever o relatório psicológico e fornecer *feedback* para o solicitante da avaliação, bem como para os pais e a criança avaliada, utilizando uma linguagem apropriada para a capacidade de compreensão de cada um deles, respondendo às demandas específicas nos respectivos relatórios. É importante que o avaliador tenha disponibilidade para discutir os resultados da avaliação antes de serem entregues ao cliente, bem como depois, para verificar como ficou para ele a compreensão dos resultados (Finn, 2017; Smith & Handler, 2014).

Métodos avaliativos da personalidade em crianças

Para realizar adequadamente as avaliações de personalidade em crianças são necessários múltiplos recursos clínicos e técnicos, que tenham fundamentos na literatura científica da psicologia que sustentem o seu uso para coleta de informações importante para este fim. Além disso, os métodos utilizados devem corresponder ao nível de desenvolvimento da criança.

É importante entender que nenhum método em particular deve ser usado sozinho para responder às perguntas de avaliação (demandas). Não existe uma abordagem única para avaliação e diagnóstico que seja superior a todas as outras. Métodos distintos de avaliação fornecem fontes únicas de dados. É a integração de vários métodos, dando a cada um o seu devido valor, que constitui o padrão para uma boa prática de avaliação psicológica. Meyer et al. (2001) relataram uma série de estudos que mostraram claramente um número drasticamente alto de erros de diagnóstico quando apenas um instrumento ou um método de mensuração foi usado, ao invés de múltiplas medidas que permitem uma integração de dados que produz uma descrição de personalidade mais compreensiva e compatível com a realidade da criança.

Com a pouca disponibilidade de instrumentos para avaliar crianças com menos de 6 anos de idade, Garro (2016) sugere estratégias que podem remediar em parte essa falha. Primeiro, é crucial para crianças pequenas, que estão em creches ou pré-escolas, que os avaliadores sejam meticulosos ao receber e analisar as contribuições e relatórios de pessoas desses ambientes, considerando tanto as dificuldades quanto os pontos fortes da criança, além de considerar detalhadamente todas as informações que os pais/familiares e médicos também podem fornecer. Os avaliadores devem considerar ainda as influências entre as crianças e seus ambientes ao realizar avaliações. Um exemplo de tal influência seria uma situação em que uma criança com maior instabilidade emocional está sendo criada por qualquer um de seus genitores com depressão, que tem menos tolerância e responde com mais irritação às explosões da criança. Dada essa situação, ao longo do tempo, as dificuldades dos genitores em responder com calma ao comportamento da criança pode exacerbar os problemas existentes com a regulação emocional e colocar a criança em maior risco de desenvolver também uma depressão ou ansiedade.

Em segundo lugar, é possível que famílias, creches ou escolas geralmente tenham perspectivas diferentes sobre o funcionamento de uma criança. Elas podem discordar sobre se existe um problema ou sobre a natureza, intensidade, frequência ou duração do(s) problema(s). Essas perspectivas variadas podem refletir diferentes crenças e valores sobre o que a criança deveria ou não estar fazendo. À luz das transações recíprocas entre crianças e seus ambientes, também é possível que uma criança apresente diferenças reais em seu funcionamento entre a casa e a escola ou creche.

Terceiro, a avaliação deve ser flexível. Essa flexibilidade frequentemente implica abertura ao uso de técnicas e estratégias que não são referenciadas por normas (instrumentos não padronizados). Por exemplo, observar as crianças em ambientes naturais para captar as habilidades da vida real das crianças, com tarefas e pessoas que existem em sua vida cotidiana, o que é fundamental para aumentar o conforto e diminuir qualquer sentimento de ameaça que a criança possa sentir quando está num ambiente que não lhe é familiar. Essa abordagem permite que as crianças demonstrem seus conhecimentos, habilidades, disposições e outros aspectos do desenvolvimento, solucionando problemas que ocorrem naturalmente, interagindo e conversando com indivíduos, agindo e experimentando em seus ambientes. Essas avaliações também permitem a identificação de crianças em situação de risco ou com necessidades especiais.

A seguir serão apresentados alguns métodos de avaliação da personalidade que podem ser utilizados com crianças.

Instrumentos padronizados

Dentre os instrumentos padronizados estão os *checklist* de comportamentos e os testes psicológicos de personalidade, estes últimos são de uso privativo do psicólogo. A vantagem dos instrumentos padronizados é que eles oferecem um parâmetro de comparação do resultado da criança avaliada com outras da mesma faixa etária, assim é possível ter uma noção mais precisa do que seriam os comportamentos, sentimentos e pensamentos típicos ou comuns para uma determinada fase do desenvolvimento, bem como o que seria considerado incomum ou patológico. Dentre os instrumentos padronizados de personalidade temos aqueles de autorrelato, os de heterorrelato e os testes projetivos, estes últimos também denominados de testes baseados no desempenho.

Os instrumentos de autorrelato (escalas, inventários, questionários) permitem à criança expressar como ela pensa, sente e se comporta diante de uma situação geralmente simples e familiar.

A criança normalmente se expressa por meio de resposta de múltipla escolha (na maior parte das vezes por meio de respostas de sim ou não) aos itens de um teste, que são sentenças curtas relacionadas a eventos que muitas crianças experienciam rotineiramente. Esses instrumentos podem oferecer informações muitas vezes não disponíveis nos relatos de outros informantes. A desvantagem deles é que essas informações são limitadas ao que a criança é capaz de dizer sobre si, dependendo de sua capacidade cognitiva, de sua motivação para responder e do quão consciente elas estão de suas características e comportamentos. Contudo, à medida que se desenvolvem, o avaliador pode cada vez mais contar com as próprias crianças para fornecer informações sobre elas mesmas, pois se tornam inestimáveis repórteres de suas próprias experiências afetivas e cognitivas (Tackett, Herzhoff, Kushner, & Rule, 2016; Weiner & Greene, 2017). Exemplos desses instrumentos disponíveis no Brasil atualmente são: a Escala de Autoconceito Infantojuvenil – EAC-IJ; Questionário de Personalidade para Crianças e Adolescentes – EPQ-J; Escala de Stress Infantil – ESI; Escala de Traços de Personalidade para Crianças – ETPC; Sistema Multimídia de Habilidades Sociais de Crianças – SMHSC e Inventário de Habilidades Sociais, Problemas de Comportamento e Competência Acadêmica para Crianças – SSRS.

Por outro lado, os instrumentos de heterorrelato propiciam a criança ser avaliada de acordo com o ponto de vista do relato de terceiros que convivem com ela. Quando se trata de adulto, ele dispõe de recursos verbais mais desenvolvidos do que a criança. Entre eles, os pais são considerados os informantes por excelência da personalidade das crianças, pois são capazes de observar uma variedade de comportamentos em diferentes situações e por longo intervalo de tempo, tendo acesso a comportamentos que, para outros, podem parecer infrequentes. Além disso, mães e pais apresentam concordância moderadamente alta em relação aos traços de personalidade de seus filhos (Tackett et al., 2016). Nesta categoria podemos incluir os *checklist* de comportamentos de crianças, que geralmente são instrumentos planejados para serem preenchidos por pais, professores ou avós ou demais cuidadores ou responsáveis, e incluem uma série de itens referentes aos comportamentos típicos e não típicos de crianças. Um exemplo de *checklist* utilizado com frequência no Brasil é o Inventário de Comportamentos da Infância e Adolescência 6-18 anos – *Child Behavior Checklist* (CBCL), que tem como objetivo medir os problemas de comportamento em crianças e adolescentes de acordo com as informações fornecidas. Um exemplo de entrevista semiestruturada seria o Roteiro de Entrevista de Habilidades Sociais Educativas Parentais – RE-HSE-P, que tem como objetivo descrever funcionalmente a capacidade social e educacional relacionadas à interação entre pais e filhos.

Os instrumentos projetivos[2], por sua vez, se fundamentam na observação de como a criança executa uma tarefa, normalmente lúdica para ela, com poucos limites de como deve ser feita (fazer desenhos, contar histórias, dizer o que

---

2. Os instrumentos ou testes projetivos também são denominados de medidas baseadas no desempenho (*performance based measures*) na literatura científica. Os proponentes dessa nomenclatura entendem que ela descreve melhor o tipo de medida ou teste psicológico, pois trata-se de uma medida de avaliação da personalidade que é baseada no desempenho ou no comportamento da pessoa enquanto ela realiza uma tarefa. Assim, a pessoa não precisa falar como normalmente ela pensa, sente ou se comporta, como é solicitado nas medidas de autorrelato. O avaliador observa diretamente como o avaliado se comporta, quantificando e documentando comportamentos importantes, que serão corrigidos com base em parâmetro de comparação do resultado de outras pessoas que se comportam de forma semelhante (Weiner & Greene, 2017).

uma mancha de tinta poderia ser, montar uma pirâmide com quadradinhos coloridos). O desempenho no teste consiste em uma amostra global do comportamento em diferentes situações, recolhida em uma condição padronizada, que permite fazer inferências sobre o funcionamento da criança em outros contextos não avaliativos. Uma vantagem dos instrumentos projetivos é que possuem uma aplicação bem acessível às crianças, pois não exigem habilidades de leitura e autorreflexão de como elas normalmente pensam, sentem e se comportam diante de uma situação, mesmo que simples e familiar, como exigem os métodos de autorrelato (escalas, inventários, questionários). Outra vantagem desse tipo de instrumento é que, devido à metodologia indireta que emprega, ele é mais propenso para revelar características de personalidade que a criança ou o cuidador/responsável muitas vezes não reconhece plenamente ou hesita em admitir quando questionado sobre elas diretamente. Esse tipo de instrumento traz à tona preocupações subjacentes, questões traumáticas ou conflituosas que a criança não conseguiria expressar por meio da fala e que os adultos que convivem com ela muitas vezes não teriam muita noção desses traumas e conflitos psicológicos (Cardoso & Resende, 2018; Weiner & Greene, 2017). Exemplos de instrumentos projetivos disponíveis no Brasil são: o Teste das Pirâmides Coloridas de Pfister; o Teste de Apercepção Infantil – Figuras Animais e Figuras Humanas (CAT-A e CAT-H); o Teste House-Tree-Person (HTP).

Entrevistas

A entrevista consiste no modo mais fácil de se obter a cooperação do avaliado, bem como de entender como cada um dos envolvidos (solicitante, criança, pais ou outros cuidadores, p. ex.) elabora a demanda da avaliação, e, com isso, podem administrar de uma série de variáveis intervenientes (fantasias, expectativas, medos, propósitos não éticos e conflitos de interesses, p. ex.) que podem prejudicar todo o processo. É por meio dela que se faz mais facilmente o exame detalhado das queixas, o levantamento da história de vida da criança, que se dá sentido para a maioria das informações dos testes e métodos utilizados para a avaliação, e que se observa a reação da pessoa à situação atual da sua vida (Cunha, 2007; Finn, 2017).

As entrevistas podem ser estruturadas (com questões padronizadas que devem ser perguntadas em uma ordem específica), semiestruturadas (roteiro flexível de questões, mas com o foco maior nas questões de avaliação), ou não estruturadas (adaptadas às questões investigadas e baseada no julgamento e habilidades do psicólogo). Contudo, independente da finalidade da entrevista (i. e., para fazer diagnóstico, encaminhamentos, devoluções), o avaliador precisará dispor de recursos relacionais, de capacidade de comunicação e empatia para ouvir o que o outro tem para dizer, sem perder de vista os objetivos que provocaram a situação de entrevista (Santos, 2014).

Com a criança a entrevista deve ter questões sobre a família, escola, amigos e brincadeiras. Caso a criança tenha dificuldade de se expressar verbalmente, ou simplesmente para não ser uma atividade cansativa, parte da entrevista pode ser mediada por atividades lúdicas para a criança. À medida que a criança brinca, ela também tende a revelar suas atitudes mais defensivas, sua reatividade emocional, medos, preferências e habilidades sociais, seus pensamentos e projetos, sua autopercepção e percepção das pessoas com as quais convive (Lins, Muniz, & Uehara, 2018).

Avaliação do comportamento

De acordo com Miller e Leffard (2014) a avaliação comportamental é um processo de coleta sistemática de observações de um conjunto de comportamentos-alvo, para depois gerar hipóteses sobre as funções causais importantes e maneiras de se controlar esses comportamentos, de modo que possa, posteriormente, planejar o tratamento e monitorar o seu progresso. Por exemplo, imagine que uma criança na escola que se torna disruptiva (desobediente e desafiadora, transgredindo as normas em sala de aula) após a introdução do trabalho de matemática. Uma interpretação específica da situação do comportamento pode levar a uma intervenção, como reduzir a dificuldade do trabalho de matemática para a criança. A função que justifica tal intervenção é que a criança estava escapando do difícil trabalho de matemática. Ao fazer essa conclusão, o avaliador pode estar perdendo a causa real do comportamento, que pode ou não ter nada a ver com o trabalho de matemática e possivelmente cometer um desserviço à criança. Por exemplo, pode ser que a criança tenha um déficit da habilidade em pedir ajuda, talvez esteja frustrada por causa de problemas que está tendo com colegas, ou tenha alguma dificuldade de aprendizagem em matemática ou talvez está controlando a situação para sair do trabalho desafiador. Pode-se observar que existem muitas causas potenciais do comportamento da criança, algumas das quais são situacionalmente específicas e outras distantes da situação. Para cada uma dessas funções formuladas por meio de hipóteses, reduzir a dificuldade do trabalho não apenas não ensina a matemática à criança ou uma habilidade generalizável; em vez disso, reforça o comportamento de fuga (Miller & Leffard, 2014).

O próximo objetivo central da avaliação comportamental é planejar intervenções com base nas necessidades individualizadas do cliente. Como exemplo, para uma criança social e emocionalmente retraída, a função do comportamento pode ser a discórdia dos pais, e a intervenção é logicamente intervir no nível do sistema familiar. Para outra criança com os mesmos sintomas, pode haver um claro déficit de habilidades sociais que resulta em falas autodepreciativas e consequentemente o retraimento. Para essa criança, as intervenções podem incluir instrução de habilidades sociais diretas e psicoterapia. Assim, o objetivo final da avaliação comportamental é monitorar a resposta à intervenção, ou seja, o monitoramento do progresso do comportamento.

Considerações finais

Este capítulo não esgota todas as informações importantes a respeito da avaliação da personalidade em crianças, apenas traz algumas questões que devem ser consideradas quando se trata de realizar este tipo de investigação. Lembre-se que, quanto mais novas elas são, mais variabilidade encontraremos em relação à sua personalidade, bem como mais influenciáveis são pelo contexto sociocultural.

O processo de avaliação de personalidade da criança é semelhante a qualquer processo de avaliação infantil. A diferença está no foco, que é a avaliação dos pensamentos, sentimentos e comportamentos da criança que podem estar desajustados ou indicando alguma psicopatologia. Quanto mais cedo os desajustes são identificados, mais fácil será a prevenção e os cuidados para que a criança não tenha o seu desenvolvimento psicológico comprometido e que essas questões não tenham repercussões cada vez mais graves ao longo de sua vida, e na vida das pessoas com as quais convive.

Aqui também não foram esgotados todos os métodos existentes de avaliação de personalidade, e nem mesmo explorou toda a riqueza daqueles que foram explicitados. É importante lembrar que dados obtidos por meio de diferentes métodos de avaliação (autorrelato, projetivos, entrevistas e relatos de outros, observação do comportamento) podem, muitas vezes, ser discrepantes, mas é esta discrepância que amplia o quadro clínico e aumenta a validade das conclusões tiradas. É imprescindível que o avaliador seja capaz de integrar essas informações de modo harmônico e coerente, considerando o meio em que a criança está inserida.

Referências

Allik, J. & Realo, A. (2015). *Universal and Specific in the Five Factor Model of Personality* (Vol. 1) [https://doi.org/10.1093/oxfordhb/9780199352487.013.23].

Aschieri, F., De Saeger, H., & Durosini, I. (2015). L'évaluation thérapeutique et collaborative: preuves empiriques. *Pratiques Psychologiques*, *21*(4), 307-317 [doi:10.1016/j.prps.2015.09.005].

Cardoso, L.M. & Resende, A.C. (2018). O uso dos métodos projetivos na avaliação de crianças. In M.R.C. Lins, M. Muniz, & L.M. Cardoso (Orgs.). *Avaliação psicológica infantil* (p. 245-264). São Paulo: Hogrefe.

Carvalho, L.D.F., Pianowski, G., Reis, A.M., & Silva, R.G.C. (2017). Personality: the National Panorama From the Standpoint of International. *Psicologia em Revista*, *23*(1), 123-146.

Cunha, J.A. (2007). *Psicodiagnóstico V* [Recuperado de https://professorsauloalmeida.files.wordpress.com/2015/02/psicodiagnc3b3stico-v-jurema-alcides-cunha.pdf].

Finn, S. (2017). *Pela perspectiva do cliente – Teoria e técnica da avaliação terapêutica*. São Paulo: Hogrefe.

Garro, A. (Org.). (2016). *Early Childhood Assessment in School and Clinical Child Psychology*. Nova York: Springer.

Hampson, S.E. & Edmonds, G.W. (2018). A new twist on old questions: A life span approach to the trait concept. *Journal of Personality*, *86*(1), 97-108.

Hampson, S.E., Edmonds, G.W., Barckley, M., Goldberg, L.R., Dubanoski, J.P., & Hillier, T.A. (2016). A Big Five approach to self-regulation: Personality traits and health trajectories in the Hawaii longitudinal study of personality and health. *Psychology, Health and Medicine*, *21*(2), 152-162 [doi: 10.1080/13548506.2015.1061676].

Handler, L. (2014). The Use of Therapeutic Assessment with Children and Adolescents. In L. Smith & L. Handler (Orgs.). *The Clinical Assessment of Children and Adolescents: A Practitioner's Handbook* (pp. 53-72). Nova York: Routledge.

Kaslow, N.J., Finklea, J.T., & Chan, G. (2018). Personality Assessment: A Competency-Capability Perspective. *Journal of Personality Assessment*, *100*(2), 176-185 [doi: 10.1080/00223891.2017.1381970].

Lins, M.R.C., Muniz, M., & Uehara, E. (2018). A importância da entrevista inicial no processo avaliativo infantil. In M.R.C. Lins, M. Muniz, & L.M. Cardoso (Orgs.). *Avaliação psicológica infantil* (pp. 143-158). São Paulo: Hogrefe.

Meyer, G.J., Finn, S.E., Eyde, L.D., Kay, G.G., Moreland, K.L., Dies, R.R. ..., & Reed, G.M. (2001). Psychological testing and psychological assessment: A review of evidence and issues. *American Psychologist*, *56*(2), 128-165 [doi: 10.1037/0003-066X.56.2.128].

Meyer, G.J., Viglione, D.J., Mihura, J.L., Erard, R.E., & Erdberg, P. (2017). *R-PAS – Sistema de Avaliação por Performance no Rorschach*. São Paulo: Hogrefe.

Miller, J.A. & Leffard, A.S. (2014). Behavioral Assessment. In S. Smith & L. Handler (Orgs.). *The Clinical Assessment of Children and Adolescents: A Practitioner's Handbook* (pp. 115-137). Nova York: Routledge.

Nascimento, R.S.G.F., Resende, A.C., & Ribeiro, R.K.S.M. (2017). *Crianças, adolescentes e o método de Rorschach, sistema compreensivo*. São Paulo: Casa do Psicólogo.

Piaget, J. & Inhelder, B. (1962). *The psychology of the child*. Nova York: Basic Books.

Smith, S.R. & Handler, L. (Orgs.) (2014). *The clinical assessment of children and adolescents: A practitioner's handbook*. Nova York: Routledge.

Soto, C.J. (2016). The Little Six Personality Dimensions From Early Childhood to Early Adulthood: Mean-Level Age and Gender Differences in Parents' Reports. *Journal of Personality*, *84*(4), 409-422 [doi: 10.1111/jopy.12168].

Soto, C.J. & Tackett, J.L. (2016). Personality traits in childhood and adolescence: Structure, development, and outcomes. *Cancer Research*, *76*(4), 358-362 [doi: 10.1177/0963721415589345].

Stanfill, M.L., Viglione, D.J., & Resende, A.C. (2013). Measuring psychological development with the rorschach. *Journal of Personality Assessment*, *95*(2), 174-186 [doi: 10.1080/00223891.2012.740538].

Tackett, J.L., Herzhoff, K., Kushner, S.C., & Rule, N. (2016). Thin slices of child personality: Perceptual, situational, and behavioral contributions. *Journal of Personality and Social Psychology*, *110*(1), 150-166 [doi: 10.1037/pspp0000044].

Tackett, J.L., Slobodskaya, H.R., Mar, R.A., Deal, J., Halverson, C.F., Baker, S.R. ..., & Besevegis, E. (2012). The Hierarchical Structure of Childhood Personality in Five Countries: Continuity From Early Childhood to Early Adolescence. *Journal of Personality*, *80*(4), 847-879 [doi: 10.1111/j.1467-6494.2011.00748.x].

Weiner, I.B. & Greene, R.L. (2017). *Handbook of personality assessment*. Nova Jersey: John Wiley & Sons.

44
Avaliação da inteligência emocional e da personalidade: aproximações e distinções

Fabiano Koich Miguel

Ana Carolina Zuanazzi

José Maurício Haas Bueno

Apresentação

Como foi apresentado no capítulo 37 deste compêndio, a inteligência emocional é um construto proposto no início da década de 1990 (Salovey & Mayer, 1990) que diz respeito à capacidade de utilizar o raciocínio com informações emocionais. Mais especificamente, diz respeito à capacidade de perceber as emoções em si mesmo e nos outros, de perceber como os estados de humor influenciam o modo de pensar, de compreender por que as emoções surgem (*i. e.*, que situações levaram a vivenciar certos afetos) e como os estados emocionais podem transitar e se mesclar a outros sentimentos ao longo do tempo, e de utilizar essas informações para regular as emoções em si mesmo e nas outras pessoas, com o objetivo de promover crescimento pessoal e adaptação às relações sociais (Mayer, Caruso, & Salovey, 2016).

O modelo de inteligência emocional foi originalmente proposto como uma capacidade de raciocínio, estando, portanto, relacionada a outros tipos de inteligência, o que vem sendo confirmado em pesquisas que avaliam o construto por meio de instrumentos de desempenho (MacCann, Joseph, Newman, & Roberts, 2014). Por esse motivo, esse modelo é chamado de mo-

delo cognitivo de inteligência emocional. Não obstante, foram propostos outros modelos que se baseavam no modelo cognitivo original, mas incluíam outros aspectos, como autoestima, motivação, otimismo, resiliência, liderança, entre diversos outros. Esses modelos foram chamados na literatura de modelos mistos, por incluir características psicológicas além da esfera do raciocínio (Mayer, Salovey, & Caruso, 2008). Outro diferencial dos modelos mistos também era a utilização de inventários de autorrelato como método de avaliação. Diferente dos instrumentos de desempenho, em que o avaliando necessita resolver uma tarefa, os inventários dos modelos mistos utilizavam frases que o avaliando respondia em escalas tipo Likert. Por exemplo, em vez de fotografias de rostos de pessoas para identificar que emoção elas estavam expressando, havia frases como "Eu consigo identificar as emoções das outras pessoas".

Apesar de os dois tipos de modelo denominarem seu construto como inteligência emocional, as duas formas de avaliação (desempenho e autorrelato) tornaram claro que não estavam se referindo ao mesmo processo psicológico. No exemplo anterior, para identificar qual emoção expressa numa fotografia, é necessário identificar componentes do rosto (lábios, olhos, testa etc.)

que estão ou não tensionados e integrar esses dados de forma a identificar a que emoção se referem. Já em relação à frase (item de autorrelato), seria necessário que o sujeito recordasse situações de sua vida em que foi ou não hábil em identificar emoções nas pessoas e ponderar em que nível ou intensidade a frase corresponde ao que foi recordado. Diversas pesquisas foram conduzidas correlacionando testes de desempenho com testes de autorrelato e os índices sempre foram baixos ou próximos de nulo (Brackett, Rivers, Shiffman, Lerner, & Salovey, 2006; Di Fabio & Saklofske, 2014; Zeidner, Shani-Zinovich, Matthews, & Roberts, 2005). Com o tempo, estudos com os modelos mistos propostos nas décadas de 1990 e de 2000 foram diminuindo. Contudo, um novo modelo de inteligência ganhou notoriedade a partir da década de 2010 ao propor a avaliação de como o indivíduo percebe suas capacidades emocionais. Esse modelo é chamado de traço inteligência emocional (*trait emotional intelligence* em inglês; Petrides et al., 2016).

Em ambos os modelos (cognitivo ou traço) estuda-se qual a relação da inteligência emocional com características de personalidade, levando-se em consideração se deveria haver correlações entre esses aspectos psicológicos. Quando se trata de aspectos intelectuais, espera-se que apresentem correlações baixas a nulas com características de personalidade, uma vez que tratam de processos psicológicos diferenciados. Por exemplo, a definição de inteligência espacial é a capacidade de utilizar imagens mentais para resolver tarefas relacionadas à localização no espaço. Não está especificado se (ou parece lógico que) um indivíduo com essa capacidade desenvolvida será mais extrovertido ou mais introvertido. Similarmente, ao se considerar inteligência emocional como uma habilidade cognitiva, ini-

cialmente se esperaria que também apresentasse correlações baixas com traços de personalidade. Mas essa relação pode ser dependente da forma como a inteligência emocional é compreendida e avaliada. A seguir serão apresentados estudos relacionando personalidade com os dois principais modelos atuais de inteligência emocional: cognitivo e traço.

Inteligência emocional como capacidade cognitiva

Atualmente o instrumento mais utilizado internacionalmente para avaliar inteligência emocional segundo o modelo cognitivo é o *Mayer-Salovey-Caruso Emotional Intelligence Test* (Msceit – Mayer, Salovey, & Caruso, 2002). Diversos estudos já correlacionaram o Msceit com medidas de traços de personalidade. De fato, os índices tendem a ser baixos ou não significativos; contudo, ainda são em uma magnitude levemente mais alta do que se esperaria de outros tipos de inteligência. As pesquisas mostram índices que variam (em módulo) de r = 0,00 a 0,33 (Lopes, Salovey, & Straus, 2003; Mayer et al., 2008; Miguel, Finoto, & Miras, 2013; O'Connor Jr. & Little, 2003; Schulte, Ree, & Carretta, 2004). Embora a maioria das correlações seja baixa ou não significativa, é possível encontrar algumas moderadas, com significância estatística. De maneira geral, inteligência emocional e suas áreas específicas tendem a mostrar correlações significativas com traços de personalidade de neuroticismo (r = -0,17 em média), abertura a novas experiências (r = 0,18 em média) e agradabilidade (r = 0,25 em média). Esses resultados indicam que existe uma interação leve entre inteligência emocional e personalidade no sentido esperado, *i. e.*, menor instabilidade emocional, maior curiosidade por novos assuntos e maior preocupação com as interações sociais. Não obstante, as baixas magnitudes de correlação ainda indicam que inteligência emocional e personalidade são construtos mais independentes do que relacionados (Mayer et al., 2016).

Uma possível causa para essa discrepância pode ser o formato dos instrumentos de avaliação. Enquanto a inteligência emocional é avaliada por desempenho, na maioria das vezes os traços de personalidade são avaliados por autorrelato, constituindo fontes de informação diferentes, conforme já discutido. Contudo, alguns estudos já foram conduzidos utilizando medidas de desempenho para avaliar personalidade, como o Teste das Manchas de Tinta de Rorschach. Assim mesmo, foram encontradas poucas e baixas correlações com o Msceit (Muniz & Primi, 2008).

Embora a relação entre inteligência emocional (como capacidade cognitiva) e personalidade seja baixa, ainda assim considera-se que ambos construtos interajam para prever os comportamentos no dia a dia. Por exemplo, para regular as emoções, um indivíduo mais extrovertido pode utilizar de estratégias mais sociáveis, como ir para festas ou fazer atividades intensas com amigos; já um indivíduo mais introvertido pode preferir regular seu estresse lendo um livro ou assistindo um filme.

De fato, Davis e Humphrey (2014) encontraram que, em pacientes depressivos, é a interação entre o traço e a habilidade de inteligência emocional que produzem bons resultados no enfrentamento de fatores estressores, como disfunção familiar, eventos de vida negativos e adversidade socioeconômica. Segundo os autores, a habilidade de inteligência emocional parece ser a responsável pelo direcionamento da atenção para as fontes causadoras de estresse, enquanto o traço

inteligência emocional é o responsável pela efetivação das estratégias de enfrentamento (evitativo). De forma semelhante, um estudo com universitários espanhóis mostrou que a relação entre a inteligência emocional como habilidade e a satisfação com a vida é mediada pela intensidade de afetos positivos e negativos. Assim, a habilidade de inteligência emocional age reduzindo os afetos negativos e aumentando os positivos em uma dada situação. Ao aprender e implementar essa estratégia no comportamento, essa habilidade se transforma em um traço, cuja função será acionada sempre que uma situação semelhante requerer o seu uso (Extremera & Rey, 2016). Esses estudos sugerem que a inteligência emocional avaliada como capacidade seja um processo mais básico, cognitivo e implantado situacionalmente. A adoção dessas estratégias de forma mais duradoura estabelece padrões de comportamento que caracterizam a forma como o indivíduo lida com situações emocionais, que se constitui no traço inteligência emocional.

Inteligência emocional como traço de personalidade

Como mencionado, embora os modelos mistos que surgiram nos anos de 1990 e 2000 atualmente sejam pouco pesquisados, o modelo de traço inteligência emocional proposto por Petrides e Furnham (2000) tem sido utilizado em uma vasta quantidade de publicações. O modelo reconhece que existem as capacidades cognitivas propostas pelo modelo de desempenho, mas que também é possível (e recomendado) avaliar a percepção que o indivíduo tem das suas próprias capacidades, assemelhando-se ao conceito de autoeficácia emocional. Nesse sentido, as pesquisas são predominantemente baseadas no inventário de autorrelato denominado *Trait Emotional Intelligence Questionnaire* (TEIQue), em que o avaliando responde em escala tipo Likert sua percepção sobre vários aspectos da vivência emocional. O modelo (assim como o TEIQue) é dividido em quatro domínios principais, que recebem nomenclatura e interpretações diferentes do modelo cognitivo original, e também são compostos por diversas facetas: bem-estar, sociabilidade, emocionalidade e autocontrole (Petrides et al., 2016).

O bem-estar diz respeito à sensação percebida de felicidade e plenitude quando o indivíduo leva em consideração conquistas anteriores e expectativas para o futuro. A faceta de autoestima está relacionada à percepção que o indivíduo tem de si mesmo, podendo estar confiante e satisfeito com suas características (nível elevado) ou sentir-se desvalorizado ou sem capacidade para transpor os desafios (nível baixo). A faceta de felicidade está mais diretamente relacionada à satisfação com a vida e à vivência de emoções positivas no presente, podendo mostrar-se alegre e animado ou triste e negativista. Já a faceta de otimismo também diz respeito ao bem-estar, mas em relação às expectativas futuras, podendo o indivíduo enxergar as coisas por um viés otimista e esperançoso ou pessimista e com expectativas negativas para o futuro (Petrides et al., 2016).

A sociabilidade está relacionada à qualidade das relações sociais e à segurança com que o indivíduo interage ativamente com as pessoas, em diversos contextos. A faceta de consciência social diz respeito às crenças que o indivíduo tem sobre suas habilidades sociais, *i. e.*, quão competente se sente para dialogar, interagir e se expressar para as outras pessoas, podendo se sentir confiante em participar de eventos sociais ou sentir-se ansioso e inseguro em ambientes pouco fami-

liares, não conseguindo se expressar adequadamente. A faceta de gerenciamento das emoções diz respeito à capacidade percebida de gerenciar os sentimentos das outras pessoas, podendo se sentir capaz de ajudar os outros a se acalmarem, a despertar motivação ou então sentir-se incapaz de influenciar os sentimentos dos outros, sentindo-se sobrecarregado quando participa de uma situação em que a outra pessoa vivencia emoções intensamente. Já a faceta de assertividade diz respeito a quanto o indivíduo se percebe como sendo franco e direto quando precisa pedir ou receber coisas, fazer ou receber elogios, entre outras formas de comunicação. Nesse sentido, pode se sentir capaz de assegurar seus próprios direitos ou sentir-se inseguro quando precisa apresentar suas opiniões ou negar participar de uma atividade que considera injusta, frequentemente permitindo que outras pessoas extraiam vantagem (Petrides et al., 2016).

A emocionalidade diz respeito à gama de emoções vivenciadas pelo indivíduo e à qualidade dessas experiências. A faceta de percepção das emoções está relacionada a como o indivíduo percebe o que ele e as outras pessoas estão vivenciando afetivamente, podendo se sentir capaz de compreender claramente as expressões emocionais ou sentir-se confuso quanto às suas emoções, também reduzindo a importância de perceber o que as outras pessoas sentem. A faceta de expressão das emoções diz respeito a quão fluente o indivíduo se sente em relação à capacidade de comunicar seus sentimentos às outras pessoas, seja por meio de palavras ou por uso da expressão corporal, podendo se sentir capaz de expressar adequadamente e se fazer entender ou sentir dificuldade de ser compreendido. A faceta de relacionamentos diz respeito à qualidade das relações mais próximas (família, parceiros e amigos), podendo se sentir preenchido e satisfeito com seu círculo de interações, dando atenção às pessoas, ou sentir dificuldade para desenvolver um relacionamento profundo com outras pessoas, podendo se manifestar como hostil. Já a faceta de empatia está relacionada à capacidade de se colocar no lugar das outras pessoas, de modo a compreender os motivos e desejos dos outros. O indivíduo pode se sentir capaz de compreender pontos de vista diferentes, as razões por que as pessoas sentem certas emoções, e assim conseguir interagir mais proximamente, ou então sentir dificuldade em compreender outras opiniões, frequentemente apresentando pontos de vista mais autocentrados (Petrides et al., 2016).

Por fim, o autocontrole está relacionado a como o indivíduo controla seus desejos e necessidades frente às pressões do meio. A faceta de regulação das emoções está relacionada à capacidade percebida de controlar em si mesmo as vivências de emoções negativas e prolongar estados positivos, podendo se sentir mais estável emocionalmente e com capacidade de superar eventos difíceis ou sentir-se ansioso ou até mesmo deprimido, podendo ser tomado por períodos de intensa vivência afetiva desagradável. A faceta de gerenciamento do estresse diz respeito à capacidade de se acalmar e permanecer no controle das emoções quando situações estressantes acontecem, podendo se sentir capaz de enfrentar desafios ou se esquivar de situações exigentes. Já a faceta de controle da impulsividade está relacionada ao controle dos desejos e impulsos, podendo o indivíduo reconhecer que é capaz de pensar antes de tomar uma decisão, sem ser excessivamente cauteloso, ou sentir necessidade de receber gratificação mais cedo do que ter que esperar, agindo impulsivamente (Petrides et al., 2016).

Como visto, a descrição do traço inteligência emocional e suas facetas foca na percepção que o indivíduo tem de suas capacidades emocionais, em vez de avaliar a capacidade em si. Assim, como seria esperado, pesquisas mostram que o TEIQue se correlaciona fortemente com diversos traços de personalidade, em níveis que variam de r = 0,00 a 0,75 (Petrides et al., 2016; Siegling, Furnham, & Petrides, 2015), sendo a maioria dos índices significativos e acima de 0,40.

Como o TEIQue apresenta correlações altas com traços de personalidade, já se questionou o quanto esse instrumento traria de contribuições além do que já pode ser avaliado por inventários de personalidade. Buscando responder a essa questão, foi realizada uma metanálise revisando a validade incremental do questionário, incluindo 24 artigos e 114 análises (Andrei, Siegling, Aloe, Baldaro, & Petrides, 2016). Os resultados apresentaram que o teste tem contribuições que adicionam aos resultados de inventários tradicionais de personalidade, contudo o nível de efeito dessa contribuição foi bastante pequeno (r^2 = 0,06), indicando ainda alta proximidade do traço inteligência emocional com testes de personalidade.

Além disso, foram realizados estudos de análise fatorial com instrumentos que avaliam traços de personalidade segundo o modelo dos cinco grandes fatores (extroversão, agradabilidade, conscienciosidade, neuroticismo e abertura) e o modelo de três fatores de Eysenck (extroversão, neuroticismo e psicoticismo) (Petrides, Pita, & Kokkinaki, 2007). Os resultados mostraram que a maioria das facetas do TEIQue carrega um fator distinto dos outros fatores de personalidade, sendo que alguns poucos apresentaram maior carga fatorial nos fatores esperados (*e. g.*, regulação das emoções em neuroticismo).

O TEIQue tem mostrado correlações não apenas com inventários de autorrelato de personalidade, mas também outros instrumentos no formato de autorrelato. Por exemplo, uma pesquisa (Di Fabio & Saklofske, 2014) investigou a relação do Msceit e do TEIQue com autoeficácia na escolha de carreiras, *i. e.*, a crença nas próprias habilidades para tomar decisão na hora de escolher uma carreira. O TEIQue apresentou correlações mais altas que o Msceit, cujas correlações foram baixas ou não significativas. Os autores reconheceram que esse resultado pode ter sido encontrado porque as pessoas que têm uma percepção melhor de si pontuam mais alto tanto no TEIQue quanto nas escalas de autoeficácia.

De fato, pesquisas como essa suscitam o questionamento do quanto os construtos inteligência emocional por desempenho e por autorrelato poderiam estar correlacionados. Por exemplo, ao se considerar a descrição de inteligência emocional e a descrição de empatia, uma hipótese bastante razoável seria de que ambos estariam relacionados pelo menos em um nível baixo. Contudo, não é isso que se encontra na literatura, sendo as correlações próximas de nulo com Msceit (Mayer et al., 2016). Um motivo para isso pode ser que empatia tradicionalmente é avaliada por meio de autorrelato (Lietz et al., 2011), ou seja, avalia-se a percepção que o indivíduo tem sobre sua empatia, e não o comportamento empático em si.

Nesse mesmo sentido, e levando-se em conta que os instrumentos de inteligência emocional por desempenho e autorrelato tendem a apresentar correlações muito baixas entre si, percebe-se que as pessoas não conseguem avaliar adequadamente suas próprias capacidades cognitivas (Mayer et al., 2016). Diversos motivos podem estar contribuindo para esse fato. Um deles é que

desempenho em testes cognitivos não necessariamente implica utilizar comportamentos inteligentes no dia a dia, pois fatores como interesse, autoestima e autoeficácia podem influenciar como o indivíduo interage com o mundo (Mayer et al., 2016). Além disso, alguns aspectos do traço inteligência emocional, nomeadamente sociabilidade e bem-estar, apresentam correlações positivas e significativas (r = 0,19 a 0,43) com narcisismo (Petrides, Vernon, Schermer, & Veselka, 2011). Nesse sentido, uma melhor percepção das habilidades emocionais talvez não esteja relacionada a melhores capacidades, e sim a uma visão mais grandiosa de si.

Além da questão relacionada à visão irreal que o indivíduo pode ter das próprias capacidades, os inventários de autorrelato também são suscetíveis à desejabilidade social, *i. e.*, ao falseamento das respostas buscando transmitir uma imagem diferenciada a partir do que se pensa ser socialmente aceitável. Essa questão pode ser problemática em situações em que a avaliação tenha um resultado importante para o indivíduo, como emprego ou benefício de saúde. De fato, uma pesquisa investigou a possibilidade de falsear as respostas em um inventário de autorrelato de traço inteligência emocional (Tett, Freund, Christiansen, Fox, & Coaster, 2012). Os 182 participantes (estudantes de graduação) primeiro responderam ao teste honestamente e depois fingindo que estavam concorrendo a uma vaga de emprego (três possibilidades foram atribuídas: enfermagem, gerente de *marketing* e programador de computador). Como esperado, ao responder forçando as respostas, os escores foram maiores em facetas relacionadas com as vagas atribuídas. Além disso, pessoas que obtiveram escores mais baixos em traço inteligência emocional quando responderam honestamente tenderam a atribuir escores 60% melhores ao responder forçando uma boa imagem para a vaga, mostrando possibilidade maior de manipulação quando o indivíduo percebe que tem baixas capacidades.

Ademais, como esperado, os escores no TEIQue apresentam correlações baixas ou nulas com medidas de inteligência por desempenho (Ferrando et al., 2011; Petrides et al., 2016). Apesar desses resultados, ainda assim é possível encontrar relações com outros critérios que envolvem desempenho, como sucesso acadêmico, em que traço inteligência emocional e desempenho de estudantes segundo avaliações dos professores correlacionaram-se em nível r = 0,29 (Ferrando et al., 2011). Entre outros exemplos de critérios externos, o TEIQue apresentou correlações negativas com depressão, presença de transtornos de personalidade, uso de drogas, estresse no trabalho, absenteísmo e comportamentos desviantes no ambiente escolar. Também apresentou correlações positivas com estilo de enfrentamento (*coping*) adaptativos, desempenho no trabalho, compromisso com o trabalho, avaliação positiva por pares e satisfação conjugal (Petrides, 2017; Petrides et al., 2016).

Além dos aspectos apresentados anteriormente, o modelo de traço também propôs uma nova contribuição ao apresentar que nem sempre a inteligência emocional pode ser uma capacidade adaptativa, podendo também ser utilizada para fins antissociais. Uma pesquisa encontrou que indivíduos com altos escores em tríade sombria (traços de narcisismo, maquiavelismo e psicopatia) também apresentam alta inteligência emocional, especialmente no que diz respeito a utilizar a capacidade de influenciar o estado emocional dos outros para manipulação

e benefício próprio (Nagler, Reiter, Furtner, & Rauthmann, 2014).

Portanto, apesar das limitações relacionadas ao autorrelato, percebe-se que o construto traço inteligência emocional apresenta contribuições para a avaliação psicológica. De fato, levando-se em consideração um procedimento multimétodo (Mihura, 2012), poderia ser interessante para o psicólogo contrapor os resultados de testes de desempenho com testes de autopercepção, a fim de investigar o quanto o indivíduo se percebe adequadamente.

Considerações finais

Após essa revisão, percebe-se que a relação de inteligência emocional com personalidade é dependente de como o primeiro construto é avaliado. Baseando-se no modelo de capacidade cognitiva, os testes de desempenho apresentam correlações baixas com traços de personalidade, relacionando-se levemente a aspectos como neuroticismo e agradabilidade. Já baseando-se no modelo de traço, os testes de autorrelato apresentam correlações elevadas com personalidade.

Não obstante, as pesquisas mostram que o traço inteligência emocional pode ter validade incremental, *i. e.*, contribuir com a avaliação para além dos testes já existentes de personalidade. De fato, análises fatoriais mostram que o traço inteligência emocional se manifesta como um construto distinto dos outros fatores de personalidade, mas contribuindo para a avaliação da personalidade. Pesquisas mais recentes vêm buscando verificar a possibilidade de se avaliar um fator geral da personalidade (da mesma maneira que se faz com a inteligência) e que estaria relacionado a um aspecto geral de adaptação socioemocional, contudo o posicionamento do traço inteligência emocional nesse modelo ainda está para ser verificado (Petrides, 2017; Petrides et al., 2016).

Por enquanto, encontra-se que o construto apresenta correlações com outros aspectos, além da personalidade medida por autorrelato, aspectos esses que também se correlacionam com inteligência emocional avaliada por desempenho. Um direcionamento de pesquisas proposto recentemente (Roberts, MacCann, Guil, & Mestre, 2016) recomenda uma busca pela unificação dos dois modelos, propondo-se instrumentos que avaliem aspectos de ambos.

Por fim, o nome atribuído ao modelo de traço já foi questionado na literatura, uma vez que os construtos avaliados por autorrelato não atendem os critérios para serem considerados um tipo de inteligência, já que não se correlacionam com testes de raciocínio (Zeidner et al., 2005). Por isso chamar de traço "inteligência" emocional pode ser equivocado. Por causa disso, mais recentemente, esse construto vem recebendo uma nova nomenclatura, que é traço autoeficácia emocional (Petrides et al., 2016).

Referências

Andrei, F., Siegling, A.B., Aloe, A.M., Baldaro, B., & Petrides, K.V. (2016). The incremental validity of the Trait Emotional Intelligence Questionnaire (TEIQue): A systematic review and meta-analysis. *Journal of Personality Assessment*, 98(3), 261-276 [https://doi.org/10.1080/00223891.2015.1084630].

Brackett, M.A., Rivers, S.E., Shiffman, S., Lerner, N., & Salovey, P. (2006). Relating emotional abilities to social functioning: A comparison of self-report and performance measures of emotional intelligence. *Journal of Personality and Social Psychology*, 91(4), 780-795 [https://doi.org/10.1037/0022-3514.91.4.780].

Davis, S.K. & Humphrey, N. (2014). Ability versus trait emotional intelligence: Dual influences on adolescent psychological adaptation. *Journal of Individual Differences*, 35(1), 54-62 [https://doi.org/10.1027/1614-0001/a000127].

Di Fabio, A. & Saklofske, D.H. (2014). Comparing ability and self-report trait emotional intelligence, fluid intelligence, and personality traits in career decision. *Personality and Individual Differences*, 64, 174-178 [https://doi.org/10.1016/j.paid.2014.02.024].

Extremera, N. & Rey, L. (2016). Ability emotional intelligence and life satisfaction: Positive and negative affect as mediators. *Personality and Individual Differences*, 102, 98-101 [https://doi.org/10.1016/j.paid.2016.06.051].

Ferrando, M., Prieto, M.D., Almeida, L.S., Ferrándiz, C., Bermejo, R., López-Pina, J.A. ..., & Fernández, M.C. (2011). Trait emotional intelligence and academic performance: Controlling for the effects of IQ, personality, and self-concept. *Journal of Psychoeducational Assessment*, 29(2), 150-159 [https://doi.org/10.1177/0734282910374707].

Lietz, C.A., Gerdes, K.E., Sun, F., Geiger, J.M., Wagaman, M.A., & Segal, E.A. (2011). The Empathy Assessment Index (EAI): A Confirmatory factor analysis of a multidimensional model of empathy. *Journal of the Society for Social Work and Research*, 2(2), 104-124 [https://doi.org/10.5243/jsswr.2011.6].

Lopes, P.N., Salovey, P., & Straus, R. (2003). Emotional intelligence, personality, and the perceived quality of social relationships. *Personality and Individual Differences*, 35(3), 641-658 [https://doi.org/10.1016/S0191-8869(02)00242-8].

MacCann, C., Joseph, D.L., Newman, D.A., & Roberts, R.D. (2014). Emotional intelligence is a second-stratum factor of intelligence: Evidence from hierarchical and bifactor models. *Emotion*, 14(2), 358-374 [https://doi.org/10.1037/a0034755].

Mayer, J.D., Caruso, D.R., & Salovey, P. (2016). The ability model of emotional intelligence: Principles and updates. *Emotion Review*, 8(4), 290-300 [https://doi.org/10.1177/1754073916639667].

Mayer, J.D., Salovey, P., & Caruso, D.R. (2002). *Mayer-Salovey-Caruso Emotional Intelligence Test (Msceit): User's manual*. Nova York: Multi-Health Systems.

Mayer, J.D., Salovey, P., & Caruso, D.R. (2008). Emotional intelligence: New ability or eclectic traits? *American Psychologist*, 63(6), 503-517 [https://doi.org/10.1037/0003-066X.63.6.503].

Miguel, F.K., Finoto, B.A.S., & Miras, B.D. (2013). Percepção emocional e traços de personalidade: Estudo de validade divergente. *Encontro: Revista de Psicologia*, 16(24), 107-120.

Mihura, J.L. (2012). The necessity of multiple test methods in conducting assessments: The role of the Rorschach and self-report. *Psychological Injury and Law*, 5(2), 97-106 [https://doi.org/10.1007/s12207-012-9132-9].

Muniz, M. & Primi, R. (2008). Inteligência emocional e personalidade avaliada pelo método de Rorschach. *Psico (PUCRS)*, 39(1), 48-57.

Nagler, U.K.J., Reiter, K.J., Furtner, M.R., & Rauthmann, J.F. (2014). Is there a "dark intelligence"? Emotional intelligence is used by dark personalities to emotionally manipulate others. *Personality and Individual Differences*, 65, 47-52 [https://doi.org/10.1016/j.paid.2014.01.025].

O'Connor Jr., R.M. & Little, I.S. (2003). Revisiting the predictive validity of emotional intelligence: Self-report versus ability-based measures. *Personality and Individual Differences*, 35(8), 1.893-1.902 [https://doi.org/10.1016/S0191-8869(03)00038-2].

Petrides, K.V. (2017). Intelligence, emotional. In *Reference module in neuroscience and biobehavioral psychology* (pp. 1-6). Elsevier [Recuperado de http://dx.doi.org/10.1016/B978-0-12-809324-5.05601-7].

Petrides, K.V. & Furnham, A. (2000). On the dimensional structure of emotional intelligence. *Personality and Individual Differences*, 29(2), 313-320 [https://doi.org/10.1016/S0191-8869(99)00195-6].

Petrides, K.V., Mikolajczak, M., Mavroveli, S., Sanchez-Ruiz, M.-J., Furnham, A., & Pérez-González, J.-C. (2016). Developments in trait emotional intelligence research. *Emotion Review*, 8(4), 335-341 [https://doi.org/10.1177/1754073916650493].

Petrides, K.V., Pita, R., & Kokkinaki, F. (2007). The location of trait emotional intelligence in personality factor space. *British Journal of Psychology*, 98(2), 273-289 [https://doi.org/10.1348/000712606X120618].

Petrides, K.V., Vernon, P.A., Schermer, J.A., & Veselka, L. (2011). Trait emotional intelligence and the dark triad traits of personality. *Twin Research and Human Genetics*, 14(01), 35-41 [https://doi.org/10.1375/twin.14.1.35].

Roberts, R.D., MacCann, C., Guil, R., & Mestre, J.M. (2016). Reimagining emotional intelligence: A healthy, much needed, and important progression for the field. *Emotion Review*, 8(4), 334-334 [https://doi.org/10.1177/1754073916650506].

Salovey, P. & Mayer, J.D. (1990). Emotional intelligence. *Imagination, Cognition and Personality*, 9(3), 185-221 [https://doi.org/10.2190/DUGG-P24E-52WK-6CDG].

Schulte, M.J., Ree, M.J., & Carretta, T.R. (2004). Emotional intelligence: Not much more than g and personality. *Personality and Individual Differences*, 37(5), 1.059-1.068 [https://doi.org/10.1016/j.paid.2003.11.014].

Siegling, A.B., Furnham, A., & Petrides, K.V. (2015). Trait emotional intelligence and personality: Gender-invariant linkages across different measures of the big five. *Journal of Psychoeducational Assessment*, 33(1), 57-67 [https://doi.org/10.1177/0734282914550385].

Tett, R.P., Freund, K.A., Christiansen, N.D., Fox, K.E., & Coaster, J. (2012). Faking on self-report emotional intelligence and personality tests: Effects of faking opportunity, cognitive ability, and job type. *Personality and Individual Differences*, 52(2), 195-201 [https://doi.org/10.1016/j.paid.2011.10.017].

Zeidner, M., Shani-Zinovich, I., Matthews, G., & Roberts, R.D. (2005). Assessing emotional intelligence in gifted and non-gifted high school students: Outcomes depend on the measure. *Intelligence*, 33, 369-391 [https://doi.org/10.1016/j.intell.2005.03.001].

45
O teste de Rorschach e a personalidade em ação

Anna Elisa de Villemor-Amaral

Giselle Pianowski

Em 2021 o teste de Rorschach completará 100 anos, marco histórico significativo. Momento oportuno para girarmos um olhar a 360 graus e observar o passado, o presente e o futuro, mas, contrariando a tradição de introduzir um texto deste gênero, não vamos começar a falar do método a partir de sua história, ou pela biografia do seu criador. Deixemos este preâmbulo de lado, remetendo os interessados para a diversidade de literatura que traz essas informações. Para os menos familiarizados com as origens, que querem ter os dados principais desta história mais à mão, encontra-se no final do capítulo um pequeno resumo biográfico de Herman Rorschach (para mais informações sobre a história do Rorschach, cf. Searls, 2017, Meyer, Viglione, Mihura, Erard, & Erdberg, 2017; Morgenthaler, 1974).

Considerando-se o passado e o presente de Psicologia como ciência, e da avaliação psicológica mais especificamente, talvez nenhum teste tenha sido alvo de tanta polêmica, por vezes exageradamente polarizada, havendo um extremo de críticas e detratação e outro de enaltecimento ou mistificação, tomando-se o teste tal como um oráculo (cf. Mihura, Meyer, Dumitrascu, & Bombel, 2013; Wood, Nezworski, Garb, & Lilienfeld, 2006). O fato é que um estudo da percepção de formas fortuitas aparentemente simples (Rorschach, 1921) desenvolve-se e persiste há um século, agora com mais vigor e respaldo científico do que nunca (cf. Mihura et al., 2013; Mihura, Bombel, Dumitrascu, Roy, & Meadows, 2018). Nos seus mais recentes desenvolvimentos, novas definições sobre os fundamentos permitem ampliar o entendimento de como funciona, o quanto é útil e no que consiste sua utilidade, seja para avaliações e diagnósticos, seja para as contribuições possíveis no processo psicoterapêutico como vem sendo demonstrado recentemente (Finn, 2017).

Assim, convidamos o leitor a adentrar em uma perspectiva atual do controverso e famoso teste das manchas de tinta de Rorschach. Para isso, introduziremos um pouco das classificações atuais que pertinentemente inserem o teste de Rorschach entre os testes baseados no desempenho. Em seguida, passaremos pelo campo interpretativo da personalidade em ação, discutindo brevemente os processos de elaboração de respostas envolvidos na análise e identificação de perceptos nas manchas de tinta, bem como quais os domínios e focos interpretativos gerais que atingem um nível superior de evidência de validade na avaliação da personalidade pelo Rorschach. Por fim, traremos um panorama sobre as aplicações práticas deste instrumento e como suas contribuições têm enriquecido a ciência da personalidade ao redor do mundo.

Um teste de personalidade baseado no desempenho típico

Usualmente identificado como um teste projetivo no contexto brasileiro, os instrumentos que fazem uso de tarefas e estímulos padronizados, como o Rorschach, têm sido alvo de amplas discussões sobre a adequação da nomenclatura e classificação até então atribuídas (cf. Meyer & Kurtz, 2006; Miguel; 2014). Independente disso, parece consensual a abordagem e entendimento do teste de Rorschach como um instrumento que se baseia no desempenho do respondente como fonte de dados sobre sua personalidade, a serem interpretados sistematicamente, desempenho tal identificado ao longo de todo processo de análise do estímulo e resposta sobre o que as manchas de tinta se parecem para o respondente (Meyer et al., 2011/2017; Meyer, 2017; Mihura & Meyer, 2017).

No entanto, o teste de Rorschach se diferencia de outras conhecidas ferramentas baseadas no desempenho, como as de inteligência ou memória, por não impor ao respondente desempenho máximo, ou seja, não envolve a exigência de alta *performance* e/ou de maior quantidade de acertos (Cronbach, 1990; Charek, Meyer, Mihura, & O'Gorman, 2018; Meyer, 2017; Mihura et al., 2013; Mihura & Meyer, 2017). A tarefa envolvida no teste de Rorschach, por sua vez, impulsiona o respondente a se comportar para uma resolução, o que o faz acessando suas habilidades cognitivas que sustentam o seu funcionamento usual. O teste de Rorschach se enquadra, então, entre os instrumentos de desempenho típico e não máximo, no qual o respondente irá revelar componentes de como funciona tipicamente no cotidiano, e não de como ele potencialmente poderá atuar quando se depara com tarefas que exigem acertos ou alta *performance*. Assim, fazendo uso do teste de Rorschach, pelo comportamento observado e sistematicamente computado, o avaliador poderá fazer generalizações com confiança sobre como esse funciona cotidianamente nos variados contextos de sua vida (Meyer, 2017; Mihura et al., 2013; Mihura & Meyer, 2017).

Isso é ainda mais relevante por ser o Rorschach o único teste, dentre os baseados no desempenho típico para avaliação de traços da personalidade, que possui um sistema interpretativo referenciado à norma (Meyer et al., 2011/2017; Mihura & Meyer, 2017) e com validade evidenciada após procedimentos sistemáticos e formais (*i. e.*, revisão sistemática e metanálise; cf. Mihura et al., 2013, 2018). A tarefa do Rorschach permite assim a coleta de uma amostra do comportamento *in-vivo* do respondente, enquanto a sistematização e normatização da medida respalda cientificamente todas as inferências interpretativas possíveis (Meyer et al., 2011/2017; Mihura & Meyer, 2017; Searls, 2017).

Ainda no que concerne a seu caráter de desempenho típico, a tarefa e estímulos envolvidos no teste de Rorschach permitem que características da personalidade da pessoa avaliada sejam acessadas por meio do seu comportamento e não de sua narrativa. Isso faz com que os aspectos interpretativos coletados não sejam dependentes do autoconhecimento ou da capacidade de análise introspectiva do respondente. Isso confere ao Rorschach, e demais instrumentos baseados no desempenho, um *status* diferencial em relação aos comumente usados testes de autorrelato, podendo incrementar a avaliação da personalidade no uso de multimétodos (Meyer, 1997; Meyer et al., 2011/2017; Mihura & Meyer; 2017; Mihura, 2012; Mihura & Graceffo, 2014).

O processo de elaboração de respostas ao Rorschach

No teste de Rorschach, as particularidades dos estímulos visuais somadas à tarefa-base de dizer com que cada imagem se parece, estabelecem para o examinando o desafio de resolver apropriadamente a atividade fazendo uso de processos psicológicos subjacentes, isto é, os processos de elaboração de resposta. Apesar da simplicidade aparente, a tarefa-base do teste de Rorschach impõe complexidade ao respondente no momento de elaboração de suas respostas. O mesmo deverá se organizar frente a um estímulo ambíguo e multifacetado, selecionando as respostas – os perceptos – que considerar mais apropriadas frente aos estímulos e tarefa. Para tanto, fará uso de seus recursos psicológicos subjacentes, imprimindo suas particularidades em cada escolha e comportamento durante a testagem (Exner, 2003; Meyer et al., 2011/2017; Weiner, 2003).

Os processos de elaboração de respostas no Rorschach são, então, os dados fundamentais que se espera acessar em um protocolo do Rorschach, visto que eles se referem aos elementos psicológicos latentes que direcionam os comportamentos e percepção do indivíduo durante a análise das manchas de tinta, a decisão pelas respostas e as qualificações que atribui às respostas dadas (Exner, 2003; Meyer et al., 2011/2017). Esses processos latentes norteiam todo comportamento do respondente durante a tarefa, e o acesso a eles se torna o foco da interpretação do Rorschach que permitirá, com maior probabilidade, prever o comportamento dos avaliados em outros contextos (Exner, 2003; Meyer et al., 2011/2017; Weiner, 2003).

Ainda, pelo caráter voltado para o desempenho típico e não máximo ou autorrelatado, algumas pesquisas têm demonstrado que o processo de elaboração de resposta ao teste de Rorschach se difere neurologicamente do envolvido em outros instrumentos, como os de autorrelato. De acordo com Giromini, Viglione, Zennaro e Cauda (2017), a tarefa e estímulos do Rorschach ativam as áreas têmporo-ocipital superiores (áreas relacionadas a análises visuais) e frontoparietais (áreas relacionadas a processos atencionais), além de se mostrarem fortes ativadores de algumas pequenas regiões subcorticais, partes do sistema límbico (áreas relacionadas à percepção e processamento de emoções, especialmente em relação à memória).

Neste sentido, um dos ganhos do teste de Rorschach tem sido apontado pela sua particular capacidade de ativar áreas do hemisfério direito relacionadas às emoções dos respondentes (Giromini et al., 2017; Finn, 2012). Em contraste, os instrumentos de autorrelato colocam a pessoa diante de perguntas específicas que mobilizam recursos predominantemente cognitivos/verbais e não necessariamente emocionais, o que permite a pessoa buscar, nas opções de resposta, aquela que melhor corresponde ao que conhece ou pensa sobre si, ou até mesmo a resposta que considera mais adequada socialmente (Finn, 2012).

Finn (2012) reforça o ganho na avaliação psicológica de instrumentos, como o Rorschach, que ativam e acessam o funcionamento cerebral do hemisfério direito e subcortical, permitindo obter informações carregadas emocionalmente e que o respondente não teria autonomia para descrevê-las ou reconhecê-las de outra forma. Assim, os testes baseados no desempenho, como o Rorschach, têm sido apontados como boas fontes sobre a regulação emocional dos examinandos, permitindo interpretações de como esta atua, explicando parte do comportamento e funcionamento individual. Em suma, o desempenho no Rorschach porá em marcha os recursos neuropsicológicos da pessoa, que refletirão seu nível de maturidade, expresso pelo domínio maior ou menor dos processos cognitivos sobre o funcionamento emocional.

A personalidade em ação

Tendo em mente as definições e distinções que categorizam o teste de Rorschach como um teste de desempenho típico, e tendo por base os processos de elaboração de respostas associados à tarefa e estímulos do teste de Rorschach, a personalidade em ação pode ser entendida como o comportamento observado e atuante no momento de resposta ao teste (Meyer et al., 2011/2017). Durante todo o processo de resposta observa-se, na elaboração da resposta e no conceito final, a resposta em si, a combinação de recursos cognitivos e afetivos, que, combinados, expressam suas características de personalidade (Exner, 2003; Meyer et al., 2011/2017; Weiner, 2003).

O registro e análise, de forma padronizada, minuciosa e sistemática, das respostas e comportamentos durante a testagem, isto é, da personalidade em ação, é a fonte dos dados interpretativos do teste de Rorschach. De forma geral e sumarizada, fazendo uso da amostra comportamental da personalidade colhida enquanto o respondente atua durante a testagem, o examinador poderá conhecer alguns de seus recursos psicológicos relacionados à sua capacidade produtiva e motivacional; à sua construção e curso do pensamento, o que inclui dados sobre a sua competência na compreensão e acurácia no julgamento; à representação que faz de si e de outros, o que explicita particularidades de suas relações pessoal e interpessoal; além de revelar

a vivência de perturbações ou emoções negativas que podem estar permeando o funcionamento e adaptação da pessoa avaliada (Meyer et al., 2011/2017; Mihura & Meyer, 2017).

Essa amostra comportamental é então avaliada de forma padronizada e confrontada com expectativas normativas, permitindo interpretações individualizadas sobre a personalidade da pessoa examinada. O conjunto interpretativo do teste de Rorschach permite identificar aspectos e recursos psicológicos saudáveis e adaptativos e características e manifestações patológicas que possam estar prejudicando o ajuste e desenvolvimento da pessoa no contexto em que está inserida (Exner, 2003; Meyer et al., 2011/2017; Weiner, 2003).

Um dos destaques do teste de Rorschach, enquanto instrumento que avalia a personalidade em ação, é o intenso investimento em pesquisa que tem recebido, consistindo no instrumento com maior número de evidências de validade já atestado por meio de metanálise (cf. Mihura et al., 2013, 2018). Assim, chegou-se a um conjunto organizado de variáveis interpretativas que, com respaldo científico evidenciado, compreendem domínios interpretativos amplos na avaliação da personalidade dos respondentes (Meyer et al., 2011/2017).

Tal organização e rigor científico pode ser identificada no sistema mais recente e atualizado do teste de Rorschach, que é o Sistema de Avaliação por Performance no Rorschach (R-PAS; Meyer et al., 2011/2017). No R-PAS os indicadores interpretativos foram agrupados em quatro domínios amplos, quais sejam, Engajamento e processamento cognitivo, Problemas de percepção e pensamento, *Stress* e *distress* e Percepção de si e outros. Para além, dados sobre comportamentos e observações realizadas durante a aplicação são pontuados, contribuindo para avaliação do examinando.

O domínio Engajamento e processamento cognitivo inclui indicadores do processo de elaboração de respostas relacionados a aspectos motivacionais, a recursos psicológicos fundamentais para resolução da tarefa e para a produtividade do examinando, dos quais destaca-se o índice Complexidade, variável relacionada à sofisticação cognitiva e estilo de resposta no desempenho do teste. O domínio Problemas de percepção e pensamento está associado a processos de formação do pensamento, à acuidade perceptiva e a recursos do examinando para a compreensão e julgamento situacional. O *Stress e distress* é um domínio relacionado à presença ou à suscetibilidade a sofrimento psicológico, no qual investigam-se sentimentos como desvalorização e insegurança. E o domínio Percepção de si e outros corresponde à representação que o examinando tem de si e do outro, chave para o entendimento e avaliação de dois componentes centrais da personalidade, o *self* e o funcionamento interpessoal (Meyer et al., 2011/2017).

Para além, os dados extraídos de uma testagem com o teste de Rorschach podem incluir conteúdos ricos para uma avaliação idiográfica, que poderão adicionalmente ser utilizados pelo avaliador em prol do avaliando. Tais conteúdos permitem, de particular aplicabilidade em contexto clínico, o enriquecimento da compreensão sobre aspectos individuais e conteúdos peculiarmente importantes para o respondente em questão (Meyer et al., 2011/2017).

Atualidades e aplicações do teste de Rorschach

Na prática, o teste de Rorschach demanda tempo e esforço para ser aprendido, assim como demanda tempo e esforço para ser aplicado, analisado e interpretado. Isto exige muito investimento, o que faz com que seu uso, de modo adequado, preciso e válido, dependa muito tanto do treino do aplicador quando da base científica do instrumento em si. Diferente de questionários, escalas e inventários, nos quais a resposta dada é a informação direta a ser interpretada sobre o construto que se quer explorar, no teste de Rorschach cada resposta é apenas um ponto de partida que será codificado conforme diversos critérios. Ao fim, é esta codificação que será computada como escore individual e somente então se chegará à informação pretendida: quais são as caraterísticas da personalidade do respondente (Meyer et al., 2011/2017).

Certamente é a complexidade de sua análise e interpretação que, se por um lado possibilita uma visão fidedigna da pessoa, por outro lado abre espaço para equívocos e imprecisões por parte de quem não está suficientemente instruído. Essa é uma das razões que torna o ensino do teste de Rorschach demorado e sua utilização menos frequente do que outras técnicas de mais simples manejo (para mais informações, cf. Viglione, Meyer, Resende, & Pignolo, 2017).

Apesar da complexidade para o profissional, é um instrumento rico e simples de ser respondido, o que o faz útil em vários contextos de avaliação da personalidade. Isso o faz pertinente para crianças, adolescentes e adultos, sempre que houver necessidade de uma análise mais abrangente e aprofundada da pessoa (para explorar aplicações e interpretabilidade do teste de Rorschach, cf. o livro sobre estudos de caso de Mihura & Meyer, 2017).

O teste de Rorschach tem sido empregado em contextos mais específicos, numa perspectiva eminentemente clínica. No contexto judiciário ou forense, seu uso é requerido quando as características de personalidade do indivíduo são importantes como possível prova, dando subsídios para a definição de condutas e predição de comportamento. Além disso, alguns outros contextos, como o de seleção de pessoal, podem obter benefícios relevantes do uso do teste de Rorschach na composição do quadro de funcionários em cargos de alta exigência e demanda, uma vez que permite conhecer mais a fundo as capacidades cognitivas necessárias para funções de maior complexidade, a capacidade de controle e tolerância ao estresse (Mihura & Meyer, 2017). Finalmente, é importante lembrar que o teste de Rorschach tem sido também usado como instrumento para pesquisa de outras temáticas na Psicologia, como por exemplo acompanhamento de resultados de intervenções terapêuticas (Yazigi, Semer, Amaro, Fiore, Silva, & Botelho, 2011).

Na clínica propriamente dita, seu uso tem sido, tradicionalmente, para avaliações de psicopatologias e da personalidade, além de para o planejamento de tratamentos. Mas recentemente tem se demonstrado a utilidade do teste de Rorschach como instrumento para intervenção terapêutica imediata na medida em que pode ser usado, sempre e necessariamente após sua aplicação convencional e padronizada, como catalisador de *insights*, mobilizador de experiências emocionais e consequentemente acelerador de autoconhecimento. Finn (2017) traz um modo criativo de trabalhar com as respostas dadas no modo de aplicação convencional, adicionando uma nova etapa ao procedimento padrão, a qual chamou de Inquérito Estendido. Isto porque, toda aplicação do teste de Rorschach envolve necessariamente uma fase de inquérito, denominada Fase de Esclarecimento no R-PAS, na qual as respostas da pessoa são retomadas para esclarecimentos necessários à codificação das respostas.

A proposta em Avaliação Terapêutica (AT) de Finn (2017) é de, após esta fase de esclarecimento padronizada, dar continuidade a uma exploração mais livre e dialogada sobre as respostas dadas e sobre a experiência de responder ao teste de Rorschach. Isso permite que a pessoa entre em contato com características que lhe são peculiares, surgidas ao responder ao teste e que não lhe eram totalmente perceptíveis até então. Estabelece-se um diálogo de observação e reflexão sobre particularidades no modo de responder ou no conteúdo de algumas respostas, que visa favorecer um processo colaborativo de autoconhecimento, sem interpretações precipitadas dadas pelo avaliador terapeuta. Trata-se, então, de uma outra habilidade do profissional que demanda treinamento adicional para que seja feita com sensibilidade e cautela, de modo que traga um real benefício para o cliente.

Além disso, como previamente mencionado, evidências neuropsicológicas têm lançado luz sobre alguns dos processos cerebrais ativos enquanto o respondente analisa e associa as imagens a objetos e aspectos específicos. De acordo com Finn (2012), instrumentos como o teste de Rorschach, devido à ambiguidade dos estímulos e da instrução que geram imprecisão e incerteza, ativam áreas cerebrais que remetem o respondente a um universo de registros mnêmicos igualmente ambíguos, pouco estruturados, que tipicamente caracterizam as experiências emocionais mais primitivas de vida. Trata-se do vivido em um estágio muito inicial do desenvolvimento, em que as impressões sensoriais e afetivas marcam as conexões neurais, principalmente das vias subcorticais do hemisfério direito, muito antes do pleno desenvolvimento do córtex que, regido pelo pensamento lógico e a linguagem, possibilita maior controle cognitivo da ação.

A similaridade entre as experiências ambíguas e difusas dos primeiros anos de vida, com a ambiguidade das manchas de tinta e a tarefa de dizer com o que se assemelham, faz com que a atividade no presente – a de responder ao teste – eventualmente ative os registros das vivências similares no passado, evocando respostas que, no presente, trazem as marcas daquelas. Se, nos momentos iniciais do desenvolvimento, fortes cargas de afeto não podiam ser contidas, dada a imaturidade da criança e a ausência de um cuidador continente, as estruturas subcorticais principalmente do hemisfério direito ficam marcadas pela grande desorganização das conexões neurais (Shore, 2009).

Esta desorganização típica a eventos traumáticos, que interfere e se manifesta pelas características da personalidade, aparecerá nas respostas às manchas de tinta na medida em que as imagens do Rorschach ativam o funcionamento dessas regiões e permitem a experiência emocional similar. Desse modo, vivências muito traumáticas, que não puderam ser suficientemente contidas e elaboradas, serão perceptíveis nas respostas às manchas e permitirão acessar características da personalidade do respondente (Finn, 2012). Assim, a identificação de emoções perturbadoras e sinalizadoras de traumas constituem alguns dos componentes interpretativos propiciados pelo teste de Rorschach que respaldam a relevância de seu uso clínico.

Em suma, a importância e a utilidade do Rorschach traspassam o ambiente clínico, enriquecendo a tomada de decisão e a base interpretativa para tomada de decisões em diversos âmbitos de atuação da Psicologia. De credibilidade cada vez mais atestada cientificamente, o Rorschach abre espaço para um leque de investigações científicas que potencialmente irá incrementar ainda mais a avaliação da personalidade aplicada em benefício da promoção da saúde.

Pequena biografia de H. Rorschach

Conforme anunciado no início deste capítulo, para os interessados em conhecer um pouco mais sobre a história do criador do teste de Rorschach, incluímos aqui uma breve biografia do autor. Herman Rorschach nasceu em 1884 em Zurique, na Suíça, e formou-se em medicina em 1910, mesmo ano em que se casou com uma colega russa. Depois de trabalhar em várias instituições de saúde mental assume, em 1915, o posto de médico adjunto no Asilo de Herisau (Morgenthaler, 1974). Em uma biografia recente, Searls (2017) relembra o pitoresco fato de que, por ironia do destino, na escola secundária com seus 16 ou 17 anos, Rorschach foi "batizado" como *Klex*, palavra que significa mancha em alemão. Isto ocorreu ao ingressar na Fraternidade Scaphusia, uma entidade estudantil na qual era costume se atribuir apelidos aos membros. Esses apelidos faziam alusão, de forma relativamente jocosa, a alguma peculiaridade do novo membro. Embora não se saiba com certeza qual peculiaridade teria levado à escolha deste apelido, supõe-se duas possibilidades: uma seria sua grande habilidade para desenhar muito bem e rapidamente com lápis ou tinta, e a outra seria seu interesse pelo jogo *Klecksographie*, um passatempo popular na época, apreciado pelas crianças e jovens (Bohm, 1973). Uma vez fazendo parte desta fraternidade, todos adotavam o apelido com o qual ficavam conhecidos e marcavam seus pertences pessoais. No *Rorschach Archives*, em Berna, pode-se ver, atualmente, o boné de Rorschach de seus tempos de escola com o nome Klex gravado na parte interna.

Rorschach começou, em 1911, os experimentos que culminariam, em 1921, com a publicação de seu método para psicodiagnóstico (Rorschach, 1921/1974). Mas não foi o primeiro a propor o uso de manchas de tinta como teste psicológico. Segundo Bohm (1973), Alfred Binet e Victor Henri já tinham criado uma prova de imaginação com este tipo de estímulo, e estes autores atribuíram a Leonardo Da Vinci a primazia de sugerir, em seu livro sobre desenho, a observação de manchas de tinta, já que assim seria estimulado a produzir diversas composições artísticas.

Herman Rorschach faleceu muito cedo, aos 38 anos, em 1922, apenas um ano após publicar seu *Psychodiagnostik* (Psicodiagnóstico; Rorschach 1921/1974). Entretanto, seu método continuou vivo ao longo destes quase cem anos, difundiu-se pelo mundo inteiro e, de acordo com Mihura (2018), nenhum outro teste de personalidade foi alvo de tantas pesquisas e desenvolvimento como este.

Referências

Bohm, E. (1973). *Manual del psicodiagnóstico de Rorschach*. Madri: Morata.

Charek, D.B., Meyer, G.J., Mihura, J.L., & O'Gorman, E.T. (2018). Correspondence of maximum and typical performance measures of cognitive processing. *Assessment*. Advance online publication [doi: 10.1177/1073191118793531].

Cronbach, L.J. (1990). *Essentials of psychological testing* (5a. ed.). Nova York: Harper Collins.

Exner, J.E. (2003). *The Rorschach: A Comprehensive System – Vol. 1: Basic foundations* (4a. ed.). Hoboken. NJ: Wiley.

Finn, S.E. (2012). Implications of recent research in neurobiology for psychological assessment. *Journal of Personality Assessment, 94*(5), 440-449.

Finn, S.E. (2017). *Pela perspectiva do cliente: Teoria e técnica da avaliação terapêutica*. São Paulo: Hogrefe.

Giromini, L., Viglione, D.J., Zennaro, A., & Cauda F. (2017). Neural activity during production of Rorschach responses: An fMRI study. *Psychiatric Research: Neuroimaging, 262*, 25-31 [doi: 10.1016/j.pscychresns.2017.02.001].

Meyer, G.J. (1997). On the integration of personality assessment methods: The Rorschach and MMPI. *Journal of Personality Assessment, 68*, 297-330 [doi: 10.1207/s15327752jpa6802_5].

Meyer, G.J. (2017). What Rorschach performance can add to assessing and understanding personality. *International Journal of Personality Psychology, 3*, 36-49.

Meyer, G.J. & Kurtz, J.E. (2006). Advancing personality assessment terminology: time to retire "objective" and "projective" as personality test descriptors. *Journal of Personality Assessment, 87*(3), 223-225 [doi: 10.1207/s15327752jpa8703_01].

Meyer, G.J., Viglione, D.J., Mihura, J.L., Erard, R.E. & Erdberg, P. (2011). *Manual R-PAS: Sistema de Avaliação por Performance no Rorschach* [Tradução 2017 por Danilo Rodrigues Silva e Fabiano Koich Miguel]. São Paulo: Hogrefe.

Miguel, F.K. (2014). Mitos e verdades no ensino de técnicas projetivas. *Psico-USF, 19*(1), 97-106.

Mihura, J.L. (2012). The necessity of multiple test methods in conducting assessments: The role of the Rorschach and self-report. *Psychological Injury and Law, 5*, 97-106 [doi: 10.1007/s12207-012-9132-9].

Mihura, J.L., Bombel, G., Dumitrascu, N., Roy, M., & Meadows, E.A. (2018). Why we need a formal systematic approach to validating psychological tests: The case of the Rorschach Comprehensive System. *Journal of Personality Assessment*, 1-19.

Mihura, J.L. & Graceffo, R.A. (2014). Multimethod assessment and treatment planning. In C.J. Hopwood &

R.F. Bornstein (Eds.). *Multimethod clinical assessment* (pp. 285-318). Guilford.

Mihura, J.L. & Meyer, G.J. (Orgs.) (2018). Uso do Sistema de Avaliação por Performance no Rorschach (R-PAS). São Paulo: Hogrefe/Cetepp.

Mihura, J.L., Meyer, G.J., Dumitrascu, N., & Bombel, G. (2013). The validity of individual Rorschach variables: Systematic reviews and meta-analyses of the Comprehensive System. *Psychological Bulletin, 139*, 548-605.

Morgenthaler, W. (1974). Prefácio em Rorschach, H. *Psicodiagnóstico*. São Paulo: Mestre Jou.

Rorschach (1974/1921). *Psicodiagnóstico*. São Paulo: Mestre Jou.

Searls, D. (2017). *The Inkblots: Hermann Rorschach, His Iconic Test, and the Power of Seeing*. Londres: Simon & Schuster.

Schore, A.N. (2009). Right brain affect regulation: An essential mechanism of development, trauma, dissociation, and psychotherapy. In M. Fosha, D. Solomon, D.J. Viglione, G.J. Meyer, A.C. Resende, & C. Pignolo (2017). A survey of challenges experienced by new learners coding the Rorschach. *Journal of Personality Assessment, 99*, 315-323 [doi: 10.1080/00223891.2016.1233559].

Weiner, I.B. (2003). *Principles of Rorschach interpretation* (2a. ed.). Mahwah, NJ: Erlbaum.

Wood, J.M., Nezworski, M.T., Garb, H.N., & Lilienfeld, S.O. (2006). The controversy over Exner's Comprehensive System for the Rorschach: The critics speak. *Independent Practitioner, 26*, 73-82.

Yazigi, L., Semer, N.L., Amaro, T.D.C., Fiore, M.L.D.M., Silva, J.F.R.D., & Botelho, N.L.P. (2011). Rorschach and the Wais-III after one and two years of psychotherapy. *Psicologia: Reflexão e Crítica, 24*(1), 10-18.

46
Avaliação dos traços sombrios da personalidade

Nelson Hauck

Natália Costa Simões

O termo "tríade sombria" parece ter surgido pela primeira vez em uma publicação de Paulhus e Williams (2002). Esses autores investigaram reivindicações de estudos anteriores que, sem ter, de fato, testado a sobreposição entre maquiavelismo, narcisismo e psicopatia, alegavam que esses traços eram a mesma coisa. A conclusão dos autores foi mista: detectou-se um elo em comum, mas muita variância específica também. Após esse trabalho, o assunto permaneceu, durante quase uma década, sem grande expressividade e volume nos principais veículos de publicação científica. Foi então que, a partir da publicação de instrumentos breves destinados à avaliação conjunta da tríade, houve um crescimento no interesse pelo tema, sendo hoje um dos mais explorados das revistas da área (cf., p. ex., volumes de *Personality and Individual Differences*). O presente capítulo oferece uma introdução conceitual à tríade sombria da personalidade, revisando algumas das principais estratégias de avaliação e questões em aberto na literatura.

Tríade sombria: contrastes e similaridades

Em um trabalho clássico na área, Christie e Geis (1970) revisaram mais de 30 estudos publicados no período de 1959 até 1969, a fim de conhecer os principais aspectos da personalida-

de "maquiavélica". O nome do traço foi em homenagem a Nicolai Machiaveli, filósofo italiano conhecido por sua obra política, na qual algumas ideias seriam sugestivas de que "os fins justificam os meios". Os autores descreveram a personalidade maquiavélica como envolvendo táticas de manipulação interpessoal, visão fria e racional do mundo e das pessoas, e moralidade superficial. Essa conceituação permanece precisa, e inspirou muito da pesquisa que se seguiu. Atualmente, o maquiavelismo tem sido considerado uma propensão ao uso estratégico e manipulativo das pessoas e dos recursos sociais para conquistar recompensas pessoais (Dahling, Whitaker, & Levy, 2009). Um indivíduo maquiavélico tende a ser explorador e interesseiro, competente em influenciar outras pessoas, sendo sempre orientado para a realização das próprias metas.

Uma concepção mais refinada do conceito a partir de facetas também é possível. Rauthmann e Will (2011) descreveram o maquiavelismo como abrangendo quatro domínios distintos: afetivo, comportamental, cognitivo e motivacional. De um ponto de vista afetivo, o maquiavelismo envolve reduzida emotividade e escassas reações demonstrativas de afeto, reduzida empatia e tendências alexitímicas. Em relação ao comportamento, percebe-se um estilo manipulativo, estratégico, agressivo, antagonista e autocentrado, no qual o sujeito utiliza de uma variedade de táticas interpessoais para conseguir o que deseja, sendo hábil em gerenciar e promover sua aparência. Em relação ao aspecto cognitivo, é comum o cinismo, a moral e ética maleáveis e indefinidas, e a visão pessimista do ser humano e do mundo em geral, o que muitas vezes serve de justificativa para burlar as regras. De um ponto de vista motivacional, o maquiavelismo envolve egocentrismo, uso de táticas insensíveis e satisfação na autopromoção e na influência social.

O narcisismo enquanto traço envolve senso de grandiosidade, atribuição de excessiva importância a si mesmo e às próprias conquistas, intitulação e fantasias recorrentes de sucesso, poder, brilho, beleza ou amor ideal (Raskin & Hall, 1979). Um indivíduo altamente narcisista tende a esperar receber favores especiais (p. ex., receber um presente sem motivo aparente), mas sem assumir responsabilidade de devolver o favor, constantemente desvalorizando o mérito alheio. Paralelamente a essas características, o narcisismo mais patológico tende a vir acompanhado de vulnerabilidade. Embora possa soar paradoxal, o narcisismo patológico está associado a sentimentos recorrentes de raiva, inferioridade, vergonha, humilhação ou vazio em resposta a críticas externas (Pincus et al., 2009). Quando combinadas, grandiosidade e vulnerabilidade tendem a produzir um quadro mais patológico de narcisismo.

O narcisismo também pode ser avaliado a partir de seus componentes afetivos, comportamentais, cognitivos e motivacionais. Afetivamente, o narcisismo tende a envolver reduzida empatia afetiva, mas menos prejuízos do que o maquiavelismo e a psicopatia (Wai & Tiliopoulos, 2012). Em termos comportamentais, o narcisismo envolve manifestações de arrogância, soberba, excessiva vaidade e ostentação (Pincus et al.,

2009). Cognitivamente, o narcisismo pode envolver vieses na autopercepção, em que o indivíduo pode acreditar que possui mais capacidades do que de fato possui ou falhar em reconhecer limitações e defeitos pessoais (Raskin, Novacek, & Hogan, 1991). Por fim, quanto ao aspecto motivacional, o narcisismo envolve necessidade de admiração e de ser o centro das atenções, desejo de poder e objetivos materialistas.

Por sua vez, a psicopatia pode ser descrita como uma constelação de personalidade que envolve frieza emocional e insensibilidade, exploração interpessoal e comportamentos impulsivos e agressivos (Patrick & Drislane, 2014). Indivíduos com altos níveis de psicopatia são considerados "camaleões sociais", capazes de usar a aparência necessária para enganar outras pessoas e se dar bem. Embora a psicopatia não seja exclusiva do contexto criminal, uma vez que acontece também em populações não forenses, foram estabelecidas associações entre psicopatia e comportamentos antissociais (Yang, Wong, & Coid, 2010). Alguns autores também atribuem um temperamento intrépido e dominante (*boldness*) como sendo um aspecto central da psicopatia, responsável pelo reduzido aprendizado aversivo e pela excessiva exposição ao risco (Patrick & Drislane, 2014). Vale mencionar que os aspectos de insensibilidade e exploração interpessoal da psicopatia são, algumas vezes, denominados de "psicopatia primária" ou então "Fator 1". Enquanto isso, os aspectos de desinibição e agressividade são chamados "psicopatia secundária" ou "Fator 2".

Assim, a psicopatia envolve falta de empatia afetiva, falta de remorso e reduzida capacidade de estabelecer elos afetivos (Patrick & Drislane, 2014). Comportamentalmente, a psicopatia está associada à desinibição (falta de controle inibitório), sendo comuns a impulsividade, a agressividade e a busca por sensações. Cognitivamente, a psicopatia envolve a racionalização e o *locus* de controle externo (externalização da culpa), o uso de conhecimentos técnicos superficiais como forma de impressionar às pessoas e "parecer inteligente", e o uso recorrente de mentiras. Por fim, os aspectos motivacionais abrangem interesses egocêntricos e que desconsideram as necessidades e os direitos das demais pessoas, havendo uma tendência à busca de satisfação imediata das necessidades pessoais.

Apesar dos contrastes, as variáveis da tríade também apresentam alguma sobreposição. Os resultados das meta-análises de O'Boyle, Forsyth, Banks, Story e White (2015) e de Vize, Lynam, Collison e Miller (2018) ilustram essa situação. Ambos os trabalhos investigaram o quanto as variáveis da tríade se associam aos cinco grandes fatores da personalidade (extroversão, amabilidade, conscienciosidade, neuroticismo e abertura). Enquanto maquiavelismo e psicopatia tendem a apresentar correlações negativas moderadas com amabilidade e conscienciosidade, narcisismo apresenta correlação negativa com amabilidade, mas também correlações positivas com extroversão e abertura. Além disso, outro estudo de meta-análise encontrou que o fator geral da tríade sombria apresenta uma quase perfeita sobreposição com o inverso de um fator conhecido como modéstia/humildade (Hodson et al., 2018). Assim, em suma, o elo comum da tríade parece ser, portanto, a baixa empatia afetiva, a insensibilidade e a falta de modéstia e humildade.

Vale ressaltar que, também coerente com uma visão dimensional da tríade, estudos taxométricos sustentam a dimensionalidade dessas variáveis (Kam & Zhou, 2016). Isso indica que o que denominamos "psicopatas", "narcisistas" e "maquiavélicos" não são um grupo estrutural-

mente diferente de pessoas. Esses indivíduos, de fato, pontuam extremamente baixo em amabilidade (e conscienciosidade, no caso da psicopatia e do maquiavelismo), inexistindo um ponto de corte natural que os separe dos demais. É também por esse motivo que o estudo e a avaliação da tríade sombria podem ser conduzidos tanto em contextos forenses quanto em pessoas de contextos comunitários.

Avaliação dos traços sombrios

Os autores Paulhus e Williams (2002) concluíram que a avaliação desses três traços estava mais associada a três instrumentos em específico: o Mach IV, o *Narcissistic Personality Inventory* (NPI) e o *Self-Report Psychopathy Scale* (SRP-II). Todavia, eles não esgotam as possibilidades de recursos técnicos.

No caso da psicopatia, a revisão de literatura da tese de doutorado do primeiro autor do presente capítulo permitiu localizar 40 instrumentos psicométricos elaborados para avaliar um ou mais traços de psicopatia na literatura internacional. Apesar do grande número de instrumentos, a ferramenta mais utilizada é, de longe, o *Psychopathy Checklist-Revised* (PCL-R; Hare, 2003) e suas versões para jovens (*Psychopathy Checklist: Youth Version* e *Antisocial Screening Process Device*) e de rastreio (*Psychopathy Checklist: Screening Version*). Todas essas ferramentas são escalas pontuadas a partir de entrevista clínica, que pode ser suplementada ou, em alguns casos, substituída por uma revisão de arquivos institucionais (como, p. ex.: revisão de registro de prisão dos detentos, infrações disciplinares etc.) (Hauck & Teixeira, 2012). A escala PCL-R inspirou o desenvolvimento de muitos dos demais instrumentos de medida de psicopatia, tanto na população clínica como não clínica. Nesses contextos não clínicos, os principais instrumentos de autorrelato utilizados são o *Levenson Self-Report Psychopathy Scale*, o *Psychopathic Personality Inventory – Revised*, o *Self-Report Psychopathy Scale* e o *Triarchic Psychopathy Measure*.

É possível observar que os instrumentos de psicopatia orbitam em torno de dois temas centrais: a psicopatia primária (insensibilidade e exploração interpessoal) e a psicopatia secundária (desinibição e agressividade). A dimensão primária (ou Fator 1) é caracterizada por baixos níveis de ansiedade, propensão à mentira e postura egoísta e manipuladora em relação às demais pessoas. A secundária (ou Fator 2) é caracterizada por impulsividade e estilo de vida fútil e parasitário, ausência de planejamento em longo prazo, intolerância à frustração, irritabilidade e comportamento antissocial. Como mencionado anteriormente, alguns autores consideram que o temperamento intrépido é também um constituinte da psicopatia, motivo pelo qual esse traço aparece em alguns instrumentos (p. ex., *Psychopathic Personality Inventory – Revised* e *Triarchic Psychopathy Measure*).

No caso do maquiavelismo e do narcisismo, foi conduzida, para o presente capítulo, uma revisão da literatura a fim de apurar quais seriam as principais escalas ou estratégias de avaliação utilizadas. As buscas foram realizadas nas bases *Psycinfo e Science Direct*, além de uma *hand search* realizada no Google Acadêmico (nesta foram encontrados 107.000 relatórios, por conveniência e entendendo que as primeiras páginas são as mais relacionadas com a busca, optou-se considerar os 200 primeiros relatórios). A busca nas bases de dados foi realizada com base nos termos apresentados a seguir: "Narcisismo" *ou* "Maquiavelismo" *e* "Avaliação" *ou* "Instrumen-

tos" *ou* "Inventário" *ou* "Escala" *ou* "Questionário". Os termos foram buscados em três idiomas, a saber: português, espanhol e inglês. A triagem dos estudos foi efetuada de acordo com os seguintes critérios de inclusão: (a) artigos empíricos; (b) necessidade da mensuração de ao menos um traço (maquiavelismo e/ou narcisismo), utilizando algum instrumento para avaliação desses traços (sendo o foco do instrumento avaliar um desses dois traços) e (c) o público-alvo dos estudos e da aplicação dos instrumentos deveria ser adultos maiores de 18 anos.

Para a avaliação de maquiavelismo foram encontrados quatro instrumentos: Mach-IV, *The Mach-B scale*, *Machiavellian Personality Scale* e *German Machiavellianism Scale*. Em contraste, para avaliação do narcisismo, foram encontrados 19 instrumentos. São eles: *The Five-Factor Narcissism Inventory; Morey, Waugh, and Blashfield Narcissism Scale; Wink and Gough Narcissism Scale; Narcissistic Personality Disorder Scale; Narcissism-Hypersensitivity Scale; Narcissistic Admiration and Rivalry Questionnaire; Collective Narcissism Scale; Narcissistic Injury Scale; Communal Narcissism Inventory; Narcissistic Grandiosity Scale; Narcissism-Aloofness-Confidence-Empathy; The Hurlbert Index of Sexual Narcissism; Narcissistic Traits Scale; Raskin and Novacek Narcissism Scale; Single Item Narcissism Scale; O'brien Multiphasic Narcissism Inventory; Murray's Narcism Scale; Inventario del Trastorno Narcisista de la Personalidad* e *Serkownek Narcissism Scale*.

Existe grande diversidade na cobertura de traços e domínios em cada instrumento. Em relação à fundamentação teórica de instrumentos que avaliam o maquiavelismo, o Mach IV foi desenvolvido com base em três fatores: táticas interpessoais (que envolvem manipulação interpessoal e orientação estratégica), cinismo humano (visão "sem cor" do mundo, descrença da humanidade) e moralidade abstrata (pode mudar seus valores caso necessário para atingir seus objetivos). O instrumento *The Mach-B scale* apresenta uma estrutura fatorial diversa de acordo com o sexo biológico do participante, sendo que para o sexo masculino o maquiavelismo é entendido como busca por autobenefício, misantropia e imoralidade, e, para o sexo feminino, o traço é apresentado em dois fatores, pragmatismo e agilidade na elaboração de estratégias. O *Machiavellian Personality Scale* apresenta quatro fatores, a desconfiança em relação a outras pessoas, desejo por *status* e reconhecimento, desejo e busca por controle, e manipulação interpessoal amoral.

No caso do narcisismo, é possível observar bastante ênfase nos componentes da grandiosidade e pouca ênfase na vulnerabilidade. No instrumento NPI é possível observar sete fatores para definição do traço: autoridade, autossuficiência, superioridade, exibicionismo, exploração, vaidade e direito. No *Narcissistic Traits Scale*, são seis fatores: identidade, autodirecionamento, empatia, intimidade, grandiosidade e busca de atenção. Apenas o *Pathological Narcisism Inventory* (Pincus et al., 2009) apresenta uma avaliação equilibrada de ambos os componentes grandiosidade e vulnerabilidade.

Também existem instrumentos que proporcionam uma avaliação conjunta dos traços da tríade sombria. O *Dirty Dozen* (DD) é um inventário breve de autorrelato, composto por 12 itens que avaliam traços de psicopatia, maquiavelismo e narcisismo (quatro itens para cada fator). No estudo original (Jonason & Webster, 2010), a consistência interna (α de Cronbach) das escalas do instrumento se mostrou aceitável, entre 0,62 e 0,87. Os itens são respondidos em

uma Escala Likert, variando de 1 = Discordo totalmente a 5 = Concordo totalmente.

Com a finalidade de ampliar a cobertura latente proporcionada pelo *Dirty Dozen*, Jones e Paulhus (2014) apresentaram um novo inventário breve para a avaliação da tríade, o *Short Dark Triad*. O SDT é um instrumento de autorrelato composto por 27 itens que avaliam traços de psicopatia, maquiavelismo e narcisismo (nove itens para cada fator). No estudo original, a consistência interna (α de Cronbach) das escalas do instrumento foi aceitável, psicopatia $\alpha = 0,77$, maquiavelismo $\alpha = 0,71$ e narcisismo $\alpha = 0,74$. Os itens são respondidos em uma Escala Likert, variando de 1 = Discordo totalmente a 5 = Concordo totalmente.

Desafios na avaliação da tríade sombria

Os instrumentos de avaliação da tríade, apesar de alavancarem a pesquisa na área, apresentam limitações. Um primeiro aspecto é que, como visto anteriormente, cada fator da tríade pode ser desmembrado em facetas ou subdimensões. A cobertura de todas essas características é bastante prejudicada, tanto no DD quanto no SDT. Embora o SDT tenho sido cuidadosamente preparado para incluir um conteúdo negligenciado pelo DD, alguns aspectos permanecem não endereçados. A vulnerabilidade do narcisismo patológico e o temperamento destemido da psicopatia não são contemplados em nenhum dos dois inventários.

Um segundo tópico é que a estrutura fatorial dos instrumentos DD e SDT tem se mostrado pouco replicável. Embora alguns estudos tenham de fato encontrado três fatores para o DD (p. ex., Nascimento & Gouveia, 2017) e o SDT

(Pechorro et al., 2018), o mesmo não tem sido relatado em outras investigações (Rogoza & Cieciuch, 2017). Parece haver alta correlação entre os itens de psicopatia e maquiavelismo, que tendem a se aglutinar em um fator apenas, separados apenas dos demais itens de narcisismo. Essa alta sobreposição pode ter a ver com a redação de itens com conteúdo muito similar para cobrir facetas teoricamente distintas.

Um terceiro tópico é que os itens do DD e do SDT apresentam uma ampla parcela de variância comum. De fato, Paulhus e Williams (2002) relataram, em seu trabalho pioneiro, que havia uma parcela de sobreposição entre os três fatores. Como discutido anteriormente, também Hodson et al. (2018) encontraram um fator geral plenamente consistente com falta de modéstia e de humildade. Em outras palavras, existem razões teóricas para encontrar um fator geral da tríade em estudos fatoriais. Por outro lado, essa sobreposição pode também ser devida a outros fenômenos indesejáveis: a desejabilidade social e os estilos de resposta. A avaliação via autorrelato de traços desejáveis pode produzir variância valorativa, que tenderá a se manifestar como um fator geral, confundido com um fator de traço (Bäckström, Björklund, & Larsson, 2009). Embora essa preocupação seja menor em estudos com coletas anônimas, a presença de variância valorativa, mesmo em pequena quantidade, pode distorcer a estrutura fatorial dos instrumentos. Além da desejabilidade social, também a aquiescência (tendência a concordar com os itens independentemente do conteúdo) pode contaminar os dados. Esse estilo de resposta acaba se confundindo à variância traço, também prejudicando a estrutura fatorial das escalas.

Uma possibilidade que pode permitir o refinamento da avaliação de autorrelato dos traços sombrios é a elaboração de novos instrumentos com maior cobertura e menor susceptibilidade a estilos de resposta. Além de ampliar a cobertura teórica, seria desejável diminuir o viés da desejabilidade social por meio de procedimentos de neutralização valorativa (Bäckström et al., 2009; Costa & Hauck Filho, 2017). A ideia é escrever itens evitando-se palavras ou expressões com valência excessivamente negativa, que tendem a produzir variância valorativa. Seguindo esse procedimento, minimiza-se a influência da desejabilidade social. Outra questão é manter um número equilibrado de itens positivos e negativos para cada fator. Embora isso, por si, não controle a aquiescência, poderá proporcionar condições de que modelos complexos sejam aplicados para o controle desse estilo de resposta (Aichholzer, 2014). Modelos fatoriais de intercepto randômico podem assim ser implementados, isolando a variância devida à aquiescência dos fatores de traço verdadeiros.

Considerações finais

O presente capítulo deste livro teve como objetivo introduzir leitoras e leitores à teoria e à avaliação dos traços sombrios da personalidade. Foram, inicialmente, apresentadas as definições de cada fator da tríade junto aos componentes mais específicos de cada um. Na sequência, apresentou-se uma revisão dos principais instrumentos utilizados na área, sendo feita uma avaliação crítica da cobertura teórica proporcionada. Por fim, discutiram-se alguns desafios para a avaliação e a pesquisa na área, sendo propostas algumas possíveis soluções a serem exploradas. Espera-se que o capítulo tenha sido útil como um breve vislumbre dos frutos colhidos pela pesquisa até então e dos problemas e questões ainda a serem enfrentados.

Referências

Aichholzer, J. (2014). Random intercept EFA of personality scales. *Journal of Research in Personality*, *53*, 1-4 [https://doi.org/10.1016/j.jrp.2014.07.001].

Bäckström, M., Björklund, F., & Larsson, M.R. (2009). Five-factor inventories have a major general factor related to social desirability which can be reduced by framing items neutrally. *Journal of Research in Personality*, *43*(3), 335-344 [https://doi.org/10.1016/j.jrp.2008.12.013].

Christie, R. & Geis, F. (1970). *Studies in machivellianism*. Nova York: Academic Press.

Costa, A.R.L. & Hauck Filho, N. (2017). Menos desejabilidade social é mais desejável: neutralização de instrumentos avaliativos de personalidade. *Temas em Psicologia*, *21*(3), 239-249 [https://doi.org/10.5380/psi.v21i3.53054].

Dahling, J., Whitaker, B., & Levy, P. (2009). The development and validation of a new Machiavellianism scale. *Journal of Management*, *35*(2), 219-257 [https://doi.org/10.1177/0149206308318618].

Hare, R.D. (2003). *Manual for the Psychopathy Checklist – Revised* (2a. ed.). Toronto: Multi-Health Systems.

Hauck, N.F. & Teixeira, M.A.P. (2012). Instrumentos psicométricos de avaliação da personalidade psicopática: Uma revisão das literaturas nacional e internacional. In E. Boruchovitch, E. Nascimento, & A.A.A. Santos (Eds.). *Avaliação psicológica nos contextos educativos e psicossocial.* (pp. 229-253). São Paulo: Casa do Psicólogo.

Hodson, G., Book, A., Visser, B.A., Volk, A.A., Ashton, M.C., & Lee, K. (2018). Is the Dark Triad common factor distinct from low Honesty-Humility? *Journal of Research in Personality*, *73*, 123-129 [https://doi.org/10.1016/j.jrp.2017.11.012].

Jonason, P.K. & Webster, G.D. (2010). The dirty dozen: A concise measure of the dark triad. *Psychological Assessment*, *22*(2), 420-432 [https://doi.org/10.1037/a0019265].

Jones, D.N. & Paulhus, D.L. (2014). Introducing the short Dark Triad (SD3): a brief measure of dark personality traits. *Assessment*, *21*(1), 28-41 [https://doi.org/10.1177/1073191113514105].

Kam, C.C.S. & Zhou, M. (2016). Is the dark triad better studied using a variable-or a person-centered approach? An exploratory investigation. *PLoS ONE*, *11*(8), 29-32 [https://doi.org/10.1371/journal.pone.0161628].

Nascimento, S. & Gouveia, V. (2017). Dark Triad Dirty Dozen: avaliando seus parâmetros via TRI. *Psico-USF*, *22*(2), 299-308 [https://doi.org/10.1590/1413-82712017220209].

O'Boyle, E.H., Forsyth, D.R., Banks, G.C., Story, P.A., & White, C.D. (2014). A Meta-Analytic Test of Redundancy and Relative Importance of the Dark Triad and Five-Factor Model of Personality. *Journal of Personality*, s.n., s.d. [https://doi.org/10.1111/jopy.12126].

Patrick, C.J. & Drislane, L.E. (2014). Triarchic Model of Psychopathy: Origins, Operationalizations, and Observed Linkages with Personality and General Psychopathology. *Journal of Personality* [https://doi.org/10.1111/jopy.12119].

Paulhus, D.L. & Williams, K.M. (2002). The dark triad of personality: Narcissism, machiavellianism and psychopathy. *Journal of Research in Personality*, *36*, 556-563.

Pechorro, P., Caramelo, V., Oliveira, J.P., Nunes, C., Curtis, S.R., & Jones, D.N. (2018). The Short Dark Triad (SD3): Adaptation and Psychometrics among At-Risk Male and Female Youths. *Deviant Behavior*, 1-14 [https://doi.org/10.1080/01639625.2017.1421120].

Pincus, A.L., Ansell, E.B., Pimentel, C.A., Cain, N.M., Wright, A.G.C., & Levy, K.N. (2009). Initial construction and validation of the Pathological Narcissism Inventory. *Psychological Assessment*, *21*(3), 365-379 [https://doi.org/10.1037/a0016530].

Raskin, R., Novacek, J., & Hogan, R. (1991). Narcissism, Self-Esteem, and Defensive Self-Enhancement. *Journal of Personality*, *59*(1), 19-38 [https://doi.org/10.1111/j.1467-6494.1991.tb00766.x].

Raskin, R.N. & Hall, C.S. (1979). A narcissistic personality inventory. *Psychological Reports*, *45*(2), 590 [Recuperado de http://www.ncbi.nlm.nih.gov/pubmed/538183].

Rauthmann, J.F. & Will, T. (2011). Proposing a Multidimensional Machiavellianism Conceptualization. *Social Behavior and Personality: An International Journal*, *39*(3), 391-403 [https://doi.org/10.2224/sbp.2011.39.3.391].

Rogoza, R. & Cieciuch, J. (2017). Structural Investigation of the Short Dark Triad Questionnaire in Polish Population. *Current Psychology* [https://doi.org/10.1007/s12144-017-9653-1].

Vize, C.E., Lynam, D.R., Collison, K.L., & Miller, J.D. (2018). Differences among dark triad compo-nents: A meta-analytic investigation. *Personality Disorders: Theory, Research, and Treatment*, *9*(2), 101-111 [https://doi.org/10.1037/per0000222].

Wai, M. & Tiliopoulos, N. (2012). The affective and cognitive empathic nature of the dark triad of personality. *Personality and Individual Differences*, *52*(7), 794-799 [https://doi.org/10.1016/j.paid.2012.01.008].

Yang, M., Wong, S.C.P., & Coid, J. (2010). The efficacy of violence prediction: a meta-analytic comparison of nine risk assessment tools. *Psychological Bulletin*, *136*(5), 740-767 [https://doi.org/10.1037/a0020473].

47
Introdução às forças de caráter

Ana Paula Porto Noronha

Caroline Tozzi Reppold

Introdução

Você já ouviu falar em forças de caráter? E em Psicologia Positiva (PP)? Há alguns outros capítulos no presente livro que se dedicam a apresentar a PP. O presente capítulo tem o objetivo de discutir, sob a perspectiva científica, este construto psicológico, que tem circulado, de maneira superficial, por algumas mídias sociais. As forças são discutidas pela Psicologia Positiva e têm se destacado em razão de sua importância para os variados contextos de trabalho do psicólogo.

A Psicologia Positiva é um movimento inicialmente liderado por pesquisadores da América do Norte, que defenderam a necessidade de um olhar mais atento para as características positivas dos indivíduos. Martin Seligman, seu grande propositor, quando presidente da *American Psychological Association*, enfatizou a necessidade de que os aspectos saudáveis dos indivíduos fossem estudados (Seligman, 1998). O autor defendia que o bem-estar subjetivo, o otimismo, a bondade, a humildade, a perseverança e a resiliência, como exemplos, deveriam receber a mesma atenção que os outros construtos da Psicologia como as psicopatologias (Snyder & Lopez, 2009).

O estudo de traços individuais positivos tem sido considerado um objetivo fundamental da Psicologia Positiva desde o início do campo. Já em 2000, Seligman e Csikszentmihalyi propunham que a Psicologia Positiva deveria ser compreendida em três níveis. Em nível subjetivo, envolve experiências subjetivas relacionadas ao bem-estar, às emoções e à felicidade, por exemplo. Em nível individual, abrange a análise de traços individuais positivos. Especificamente, as forças de caráter. Finalmente, em nível grupal, a PP engloba valores relacionados a virtudes cívicas e à análise de instituições e circunstâncias que promovem uma vida cidadã, pautada, por exemplo, pelo respeito aos demais, empatia, compaixão e pela ética.

Castro Solano e Cosentino (2018) afirmam que, apesar de o estudo das forças e virtudes ter sido ignorado durante muito tempo pela Psicologia, nos últimos anos houve um crescente interesse dos pesquisadores sobre seus conceitos. Sob a perspectiva da Psicologia Positiva, a compreensão de traços positivos foi grandemente influenciada pela *Values in Action* (VIA) (Peterson & Seligman, 2004). De acordo com os autores, o VIA é uma classificação das 24 forças de caráter, proposta a partir de uma extensa pesquisa com duração de três anos, que envolveu contribuições de mais de 50 acadêmicos e clínicos, além de revisão de literatura de textos históricos e obras religiosas.

Desenvolvimento

Então, vamos à compreensão do conceito! Para Dahlsgaard, Peterson e Seligman (2005), as forças referem-se ao conjunto de características positivas importantes para que o indivíduo tenha uma vida feliz. Outros autores também afirmam que as forças de caráter proporcionam um caminho saudável para que indivíduos contribuam para a sociedade e prosperem (Seider, Jayawickreme, & Lerner, 2017).

De acordo com Park (2009), o estudo das forças do caráter sob a perspectiva da Psicologia Positiva começou em 1999, quando um grande grupo de estudiosos se reuniu com o objetivo comum de elaborar uma lista inicial de forças, que servisse de base para uma definição mais completa dos traços positivos. Peterson e Seligman (2004) continuaram esse trabalho, apresentando a relação em várias conferências e refinando-a após sugestões dos participantes. Isto posto, as forças de caráter foram amplamente divulgadas por esses dois autores, psicólogos estadunidenses, que organizaram a classificação intitulada "Manual de sanidades".

O objetivo dos autores foi catalogar as características positivas para fazer uma contraposição ao Manual de Diagnóstico e Estatístico de Transtornos Mentais (DSM V), que, em sua quinta edição, oferece critérios diagnósticos para um grande rol de transtornos mentais. Porém, é importante destacar que os autores não estavam desmerecendo o DSM-V, tampouco tiveram a intenção de desconstruir o que já havia sido descoberto em relação aos transtornos e seus tratamentos. Eles quiseram chamar a atenção dos psicólogos, teóricos e pesquisadores sobre a relevância de estudar os traços positivos dos indivíduos.

Depois de analisar as tradições religiosas mais dominantes do mundo, como por exemplo o cristianismo, o islamismo, o taoismo e o budismo, os autores distinguiram seis virtudes, compreendidas como qualidades humanas que levam o indivíduo a fazer o que é moralmente valorizado (Najderska & Cieciuch, 2018). Eles também analisaram outros documentos, além dos livros religiosos, como grandes obras de filósofos, pois muitos deles estudaram as virtudes e o caráter. Nessa consideração, Peterson e Seligman (2004) afirmam que a moralidade está fortemente associada à religião, além de ser traduzido pelos costumes culturais e sociais gerados por civilizações antigas. Assim, as forças são valorizadas socialmente; contudo, embora seja desejável, raramente alguém exibe todas as 24. Nesse sentido, é evidente que o estudo das forças de caráter não se iniciou com a Psicologia Positiva, mas há décadas atrás. Desde os primórdios do século XX, a investigação das características morais já era presente (Cosentino, 2014).

Ainda com o intuito de compreender o que são forças de caráter, Park (2009) a descreve como características individuais que podem se manifestar por meio de pensamentos, sentimentos e ações; e podem ser avaliadas em graus, ao invés de se considerar apenas sua presença ou ausência, de modo dicotômico. Algumas páginas adiante vamos voltar ao tema "medidas das forças de caráter".

No que se refere à diferenciação entre forças e virtudes, as primeiras são consideradas os ingredientes das virtudes, que, por sua vez, são as características fundamentais valorizadas pelos filósofos morais e pensadores religiosos, a saber: *sabedoria e conhecimento* (que inclui as forças criatividade, curiosidade, pensamento crítico, amor ao aprendizado, sensatez); *cora-*

gem (composta pelas forças autenticidade, bravura, vitalidade, perseverança); *humanidade* (bondade, amor e inteligência social); *justiça* (cidadania, imparcialidade, liderança); *temperança* (modéstia, prudência, autorregulação, perdão); e *transcendência* (gratidão, espiritualidade, humor, apreciação do belo, esperança). Estas seis grandes categorias de virtude aparecem de forma recorrente em pesquisas históricas, de modo que são entendidas como universais e como meios para resolver as tarefas necessárias para a sobrevivência e o avanço da espécie (Dahlsgaard et al., 2005).

Em relação ao *amor pelo aprendizado*, os autores destacam que ele pode ser conceituado de diferentes maneiras. Sob a perspectiva da Psicologia Positiva, é compreendido como uma predisposição universal, que varia entre as pessoas, para assimilar um conteúdo particular ou desenvolver um interesse individual específico. Mais especialmente, o amor pelo aprendizado descreve a maneira pela qual o indivíduo assimila informações e habilidades novas; ou seja, diz respeito a gostar de aprender um ou vários conteúdos. Dominar novas habilidades e buscar conhecimentos, seja por conta própria ou formalmente, são características presentes em quem possui a força em questão (Peterson & Seligman, 2004).

A *criatividade* inclui originalidade e inventividade e diz respeito a pensar em maneiras diferentes e produtivas de realizações. A produção de comportamentos e ideias reconhecidamente incomuns em si não define criatividade, pois a originalidade do indivíduo precisa fazer uma contribuição positiva à vida da pessoa ou de outros, de modo que os comportamentos ou ideias relevantes precisam ser também adaptativos.

Os indivíduos criativos dedicam muito tempo, energia e paixão ao desenvolvimento de seus interesses, e tendem a ser autônomos e independentes, nesse sentido (Park, 2009).

O interesse, a procura de novidade e a abertura à experiência retratam a força de caráter *curiosidade*. Ela pode ser definida como o interesse intrínseco do indivíduo pela experiência e conhecimento em si mesmos, de modo que pessoas com curiosidade têm necessidade de saber e se encantam por vários assuntos distintos. Essas pessoas perseguem novidade, variedade e desafio em sua experiência com o mundo. De fato, quando as pessoas se sentem curiosas, elas dedicam mais atenção à atividade, processam mais informações e são mais propensas a persistir nas tarefas. A função imediata da curiosidade é aprender, explorar e imergir na tarefa que inicialmente a estimulou (Park, 2009). Assim, sentimentos de curiosidade podem ser definidos como reconhecimento, busca e intenso desejo de explorar informações novas e desafiadoras (Lopez, Pedrotti, & Snyder, 2018).

No que diz respeito ao *pensamento crítico*, ele envolve uma acurada percepção da realidade. Pensar sobre os acontecimentos; examiná-los por várias perspectivas; não tirar conclusões precipitadas; mudar de ideia, caso seja necessário; bem como examinar a informação de forma racional e objetiva, exemplificam o pensamento crítico. Ele pode ser compreendido como a vontade do indivíduo de procurar ativamente por evidências que contrariem suas crenças favoritas, planos ou objetivos e de ponderar tais evidências.

O oposto do pensamento crítico é pensar exclusivamente de forma a favorecer os próprios pontos de vista atuais, sem questionamentos (Peterson & Seligman, 2004).

A *sensatez* pode ser entendida como sabedoria, e diz respeito ao produto do conhecimento e da experiência, mas que transcende a acumulação de informação adquirida pela educação formal, estando, portanto, relacionada à maturidade. É a coordenação das informações que o indivíduo reúne de suas vivências e seu uso tende a aumentar o bem-estar. No contexto social, a sensatez permite ao indivíduo ouvir os outros, avaliar o que dizem e, então, oferecer bons conselhos. A pessoa que possui a força sensatez é capaz de proporcionar reflexões interessantes para as pessoas e de analisar o mundo e as relações de modo que façam sentido para si mesma e para os outros (Park, 2009).

Características como integridade e honestidade retratam a força de caráter *autenticidade* na qual as pessoas são fiéis a si mesmas, e que traduzem precisamente seus estados internos, compromissos e intenções. As pessoas que possuem tal força respeitam seus sentimentos e apresentam um padrão regular de comportamento que seja consistente com os valores adotados. Assim, pode-se resumir que a autenticidade é a apresentação genuína de si próprio a outros, bem como a tradução do que é ser moralmente coerente, ou seja, ser uma pessoa verdadeira consigo mesma e com os outros (Lopez et al., 2018).

Alguém que não recua diante de ameaças, desafios, dores ou dificuldades possui a força de caráter *bravura*. Ela inclui heroísmo, mas não se restringe a ele, pois trata também de posturas intelectuais e emocionais. O indivíduo com a força bravura consegue superar as reações naturais ao medo, que seriam respostas de fuga, enfrentando a situação que é assustadora. Adicionalmente, a bravura implica julgamento, uma vez que é necessária a avaliação e a compreensão do risco. Portanto, uma pessoa corajosa deve ter disposição para assumir eventuais riscos. O que se pode dizer, em síntese, é que a bravura requer a presença de perigo, perda, risco ou dano, e que ela é valiosa por permitir que as pessoas diminuam a resposta imediata ao perigo e avaliem o curso de ação apropriado (Lopez et al., 2018).

De acordo com Peterson e Seligman (2004), muitas realizações humanas exigem que os indivíduos se envolvam em uma tarefa por um período prolongado, que pode durar dias, semanas ou anos. A *perseverança* pode ser compreendida como a continuação de uma ação voluntária em direção a uma meta, superando obstáculos e adversidades. No entanto, deve-se destacar que possuir perseverança não implica insistir ininterruptamente, pois é importante que o indivíduo avalie se há necessidade de interromper o que está fazendo, pois, do contrário, ela pode ser entendida como mal-adaptativa.

A *vitalidade* foi descrita inicialmente por Ryan e Frederick (1997) como uma experiência consciente de possuir energia. Refere-se a sentir-se vivo e demonstrar entusiasmo por várias atividades. Pessoas com vitalidade tendem a estar alertas e energizadas, lidam melhor com o estresse, possuem uma contagiante capacidade de energizar as pessoas com quem entram em contato. A força de caráter está relacionada a fatores psicológicos e somáticos. No nível somático, a vitalidade está associada à boa saúde física e ao funcionamento corporal, bem como à ausência de fadiga e doenças. No nível psicológico, vitalidade reflete experiências de disposição. Em todas as faixas etárias, a força em questão é entendida como um importante marcador de saúde. Na pesquisa de Akin, Akin e Uğur (2016), os participantes com maior vitalidade apresentaram flexibilidade cognitiva, clareza de sentimentos e mais atenção plena.

A força *amor* inclui relações românticas e de amizade, além de amor entre pais e filhos e os vínculos emocionais entre membros de equipes, colegas de trabalho, entre outros. O amor é sinalizado pela troca de ajuda, consolo e aceitação. Envolve sentimentos positivos fortes, compromisso e até mesmo sacrifício. Ele é uma emoção primária e está no núcleo central do movimento da Psicologia Positiva. Representa uma postura cognitiva, comportamental e emocional voltada para o outro. Sternberg (1986) é um dos principais autores sobre o tema. Ele propôs a Teoria Triangular do Amor, que inclui três componentes, a saber: intimidade, paixão e a decisão/compromisso. Intimidade envolve sentimentos positivos sobre o parceiro e sobre a relação. Já a paixão diz respeito à atração, ao desejo, ao romance, à satisfação por estar envolvido em um relacionamento. Por fim, a decisão/compromisso refere-se à escolha sobre a manutenção do relacionamento.

A força de caráter *bondade* incide sobre a tendência do indivíduo de ser bom com outras pessoas; de ser misericordioso e interessado no bem-estar alheio; de praticar boas ações e de cuidar dos outros. A bondade inclui cuidado, compaixão, amor altruísta e delicadeza. As pessoas com esta força reconhecem que o outro é merecedor de atenção e tem uma orientação comum do eu para o outro. Implica fazer favores e boas ações para os outros, ajudar e cuidar das pessoas (Park, 2009).

Inteligência social refere-se à capacidade de entender e administrar emoções; avaliar seus próprios sentimentos; à capacidade de perceber emoções em si mesmo e nos outros com precisão; identificar conteúdo emocional nas expressões e gestos dos outros e usar esta informação para facilitar o pensamento. As pessoas que possuem alta inteligência emocional demonstram uma refinada capacidade de perceber as emoções nos relacionamentos e revelam um profundo entendimento de suas relações emocionais,

de modo que possuam habilidade para processar informação emocional, de origem interna quanto externa (Peterson & Seligman, 2004).

Tratar os indivíduos de maneira semelhante, sem deixar que seus sentimentos ou questões pessoais influenciem suas decisões sobre os outros, traduz a força de caráter *justiça*. Ela implica dar a todos uma chance justa, de modo que as mesmas regras se apliquem aos envolvidos. Os autores afirmam que a justiça é o produto do julgamento moral, ou seja, o processo pelo qual se determina o que é moralmente correto ou errado. Estar comprometido com a justiça em todas as suas relações sociais, desenvolver habilidades de arranjos equitativos, tornar-se sensível a questões de injustiça social, ter compaixão e cuidar dos outros e desenvolver a percepção necessária para a compreensão relacional são características que compõem a força justiça. O desenvolvimento da justiça está relacionado ao processo de evolução cognitiva, fruto da maturação biológica e da experiência (Peterson & Seligman, 2004).

Por sua vez, *cidadania* implica responsabilidade social, lealdade e trabalho em equipe, que conjuntamente representam um sentimento de identificação e senso de obrigação em relação a um bem comum para si e para o coletivo. Assim, o foco são os laços sociais e políticos que unem os cidadãos na busca de um bem comum. A presença da força cidadania indica que o indivíduo trabalha para o bem do grupo e não para ganhos pessoais, sendo que os principais valores incluem a inserção social, identidade coletiva, solidariedade de grupo e tomada de decisão grupal. A cooperação é mais valorizada do que a concorrência, e as necessidades e preferências do grupo têm precedência sobre as individuais. O senso de equipe e a responsabilidade social são outros indicadores dessa força. Wagner e Ruch (2015) encontraram a maior relação entre cidadania com idade, quando comparada às demais forças, em adolescentes.

No que se refere à *liderança*, o indivíduo que pontua alto na força reúne características cognitivas e emocionais propícias para influenciar e ajudar os outros, dirigir e motivar suas ações para o sucesso coletivo. De fato, é característico de alguém com forte liderança, coordenar atividades, criar e desenvolver boas relações entre os integrantes de um grupo, organizar sistemas sociais de forma bem-sucedida. Eles gerenciam confortavelmente suas próprias atividades e as atividades dos outros de modo integrado, e suas principais características são socialização, autoridade, domínio, carisma, ascendência e assertividade. Estudos têm demonstrado que é possível fortalecer a liderança, a modéstia e o pensamento crítico desde a infância até a vida adulta (Peterson & Seligman, 2004).

No entanto, deve-se ressaltar que, quanto à modéstia, para que o indivíduo se torne humilde, parece fundamental que desde criança aprenda a considerar os *feedbacks* positivos e negativos. Pessoas com alta modéstia deixam suas realizações falarem por si. Elas não gostam de ser o centro das atenções, não atribuem crédito excessivo a suas realizações, assim como reconhecem sem problema seus erros. São pessoas que se sentem agraciadas por terem boas experiências de vida. Há que se destacar que a modéstia é uma força mais socialmente orientada, ou seja, mesmo aqueles que são pouco modestos podem se comportar modestamente se acreditarem que ela é pertinente em uma situação particular. Para Wang, Zhang e Jia (2016), a modéstia de profissionais que exerçam função de liderança pode favorecer o desenvolvimento da criatividade dos funcionários com os quais eles trabalhem.

O *perdão* pode ser considerado uma forma especializada de compaixão, piedade, pena, ou seja, conceitos que refletem gentileza, compaixão ou leniência em relação ao outro. O perdão representa um conjunto de mudanças internas por alguém que foi ofendido. Quando as pessoas perdoam, suas motivações básicas em relação ao transgressor tornam-se mais positivas. De acordo com Girard e Mullet (2012), a disposição para o perdão varia em razão da idade, de modo que há menor presença dele entre crianças do que entre adultos mais velhos.

Prudência implica ter cuidado com suas escolhas, não assumir riscos indevidos, não dizer ou fazer coisas que venham a gerar arrependimento futuro. Assim, prudência é uma orientação ao futuro, uma forma de raciocínio prático e autogerenciamento que ajuda alguém a atingir objetivos de longo prazo de forma efetiva, por meio da ponderação das consequências das ações realizadas. A pessoa prudente não sacrifica objetivos de longo prazo, por pequenos prazeres imediatos. Ao contrário, ela valoriza o que trará mais satisfação ao final. Importante mencionar que a força de caráter prudência não deve ser confundida com outras características como ser medroso; ficar paralisado; estar exageradamente cauteloso, tenso ou tímido (Lopez et al., 2018).

A força *autorregulação* envolve o controle eficaz de impulsos. A capacidade de se autorregular é aprendida. Isto posto, há um certo grau de aprendizagem e internalização do autocontrole que repreende uma tendência automática. De modo mais completo, pode-se afirmar que a autorregulação envolve avaliação, compreensão e aceitação das emoções, a administração de comportamentos impulsivos e o engajamento em comportamentos dirigidos, além do uso flexível de estratégias apropriadas para modular a intensidade e duração da resposta emocional (Peterson & Seligman, 2004).

Assim como as demais, *gratidão* é uma força de caráter que aumenta o bem-estar e é benéfica para a sociedade como um todo. Gratidão é entendida como um sentimento de alegria em resposta a algo recebido, que pode ser material ou não, como por exemplo um momento de felicidade evocado pela contemplação de um pôr do sol. Ela permite que as pessoas apreciem os aspectos positivos da vida, pois a gratidão gera um sentimento de contentamento e satisfação em resposta a uma ação recebida por alguém (Froh, Fan, Emmons, Bono, Huebner, & Watkins, 2011). Adicionalmente, ela pode ser definida como uma força que contribui para a satisfação com a vida, com a qualidade das relações interpessoais e também aumenta a propensão das pessoas a confiar nos outros (Gruszecka, 2015).

Espiritualidade refere-se a crenças baseadas na convicção de que há uma dimensão transcendente, portanto não física, da vida, que, quando presente, funciona como estratégia de enfrentamento das adversidades. Nesse sentido, pode-se conceituar espiritualidade como crenças coerentes a respeito do significado do universo e de seu lugar nele, bem como na crença em um propósito maior. Ela desempenha um papel central na formação da identidade dos indivíduos, embora pode se desenvolver em qualquer fase do ciclo de vida. Vaillant (2013) afirma que a espiritualidade é universal, embora o conteúdo específico de crenças espirituais possa variar nas diferentes culturas.

Possuir uma visão alegre mesmo diante da adversidade, com vistas a viver com mais leveza, caracteriza as pessoas que pontuam alto na força *humor*. Humor tem sido referido como uma disposição que envolve reformular uma situação para divertir os outros e tornar a situação mais estimulante e agradável. Nesse sentido, ele não se restringe ao lúdico, mas também à presença da alegria na adversidade, como uma habilidade para fazer os outros sorrirem (Yue, Leung, & Hiranandani, 2016).

Perceber e apreciar a beleza, a excelência e/ou desempenho de habilidades em vários domínios da vida, da natureza à arte, da matemática à ciência e experiência cotidiana são características dos indivíduos que endossam fortemente a força *apreciação do belo*. Haridas, Bhullar e Dunstan (2017) chamaram a apreciação do belo de "força do coração com foco em si", composta também por vitalidade, esperança, curiosidade, espiritualidade, inteligência social e cidadania. Os autores, ao relacionarem tais elementos com outros, identificaram coeficientes moderados com afetos positivos e com sintomas depressivos, embora no último caso a correlação tenha sido negativa, o que permite compreender que quanto mais presentes essas forças, menos sintomas depressivos o indivíduo apresenta.

Em seu turno, pessoas que endossam a *esperança* são aquelas que aguardam o melhor para o futuro e trabalham para alcançá-lo, pois acreditam que o bom futuro é algo que pode ser conquistado. Consiste na capacidade do indivíduo para criar caminhos para os objetivos desejados e a persistência para se atingir os respectivos objetivos (Peterson & Seligman, 2004). A título de ilustração da relevância do conceito para a atuação do psicólogo, McDermott, Donlan, Zaff e Prescott (2016) afirmam que a esperança previu positiva e significativamente o engajamento acadêmico de estudantes universitários, enquanto na pesquisa de Hausler et al. (2017) a esperança foi a força de caráter que se correlacionou mais fortemente com o bem-estar subjetivo.

Medidas das forças de caráter no Brasil

No Brasil, o estudo das forças de caráter é recente. Prova disso é que na revisão sistemática apresentada por Reppold, Gurgel e Schiavon (2015), que investigou o perfil dos estudos brasileiros sobre Psicologia Positiva publicados entre 1980 e 2014, nenhuma das forças aparecem listadas como construto de interesse dos artigos retidos na busca. Os estudos sobre o tema têm sido desenvolvidos no Brasil principalmente pelo grupo de pesquisa liderado pela Profa. Ana Paula Noronha.

Noronha e Barbosa (2016) elaboraram a Escala de Forças de Caráter (EFC), composta por 71 itens, que avaliam as 24 forças. Ela foi construída com base no *Values in Action* de Peterson e Seligman (2004). Ainda em 2015, Noronha, Dellazzana-Zanon e Zanon investigaram a estrutura interna da EFC e identificaram que a melhor solução desse instrumento era unifatorial. As análises foram realizadas com fatores de segunda ordem, tomando-se como referência as 24 forças de caráter. Foram realizados estudos de validade por meio da relação com personalidade, com estilos parentais e suporte social. A estimativa de precisão indicou bons índices. A escala, bem como os estudos psicométricos e as tabelas normativas podem ser encontrados em Noronha e Barbosa (2016).

Intervenções relacionadas às forças de caráter

As forças de caráter têm sido dos construtos mais frequentes e aplicados nas práticas desenvolvidas sob os preceitos da Psicologia Positiva em diferentes contextos. Investigando o campo da saúde, Reppold, Kaiser, D'Azevedo e Almei-da (2018) desenvolveram um estudo de revisão avaliando ensaios clínicos randomizados envolvendo intervenções em Psicologia Positiva realizadas nessa área e concluíram que as forças de caráter são abordadas na maioria das intervenções publicadas, seja como variável experimental ou como desfecho (primário ou secundário). Uma das práticas mais recorrentes refere-se à identificação das principais forças individuais (chamadas "forças de assinatura") e o uso dessas forças de uma nova maneira. Em geral, essas intervenções têm sua eficácia demonstrada, inclusive com resultados que se estendem no tempo, conforme revelam os estudos de *follow-up*. Intervenções que buscam a promoção das forças de caráter são identificadas em contexto clínico (aumentando autoestima, felicidade, autoeficácia etc.), hospitalar (aumentando qualidade de vida, adesão a tratamento etc.) e também em situações de reabilitação neuropsicológica (p. ex., no tratamento de pacientes pós-AVC) (Reppold, Kaiser, D'Azevedo, & Almeida, 2018).

No campo educacional, intervenções envolvendo a promoção de forças também têm sido descritas e pesquisadas internacionalmente em diferentes níveis de ensino, desde o pré-escolar até o universitário. Essas práticas buscam favorecer o bem-estar e o desenvolvimento, por exemplo, da criatividade, do amor à aprendizagem, do pensamento crítico, da sensatez, da bravura, da compaixão, da autocompaixão, da autorregulação emocional, da inteligência social, da cidadania e do senso de justiça. Alguns dos principais programas educacionais desenvolvidos sob os princípios da Psicologia Positiva utilizam as forças de caráter como recursos para aumentar o desempenho acadêmico e diminuir a ocorrência de situações de *bullying* escolar e a manifestação de sintomas relacionados à ansiedade e humor deprimido, e os resultados de sua aplicação indicam sua eficácia. Para uma revisão dos estudos nessa área, sugere-se a leitura de Reppold, Gurgel e Almeida (2018). No entanto, visto que a Psicologia Positiva tem como foco central a promoção de saúde e do bem-estar, e não apenas a prevenção de problemas (sejam eles de internalização, externalização ou relacionados ao desempenho escolar), cada vez mais é esperado que as intervenções realizadas nessa perspectiva envolvam a identificação e promoção de forças e virtudes que possam aumentar o engajamento em sala de aula, o senso de realização e a convivência harmônica e colaborativa entre os membros da comunidade escolar/acadêmica.

Considerações finais

Pesquisadores de diversos países discutiram a utilidade das forças de caráter construídas para explicar vários aspectos do funcionamento humano, como bem-estar, desempenho escolar/acadêmico, experiência de trabalho positiva, ou satisfação com a vida (Akin et al., 2016; Castro Solano & Cosentino, 2018; Dahlsgaard et al., 2005; Haridas et al., 2017, entre outros). A literatura revela que certas forças de caráter – por exemplo, esperança, bondade, inteligência social, espiritualidade e perdão –, assim como as emoções positivas e a resiliência, podem mo-

deradamente minimizar os efeitos negativos do estresse e do trauma, prevenindo sintomas depressivos e outros transtornos mentais, o que colabora em termos de intervenções baseadas em evidências. No Brasil, experiências nessa linha também têm sido descritas. Dois exemplos, vindos do meio acadêmico, são a intervenção em gratidão, realizada por Cunha, Pellanda e Reppold (2018), e o programa de autorregulação emocional e desenvolvimento de compaixão e autocompaixão, intitulado Cultivando o Equilíbrio Emocional, realizado por Bertolino, Pilli, Menezes e Reppold (2018), ambos envolvendo alunos universitários.

O conjunto dessas pesquisas envolvendo as forças de caráter, realizadas em âmbito nacional ou internacional, tem demonstrado que diferentes programas de prevenção e intervenção baseados na perspectiva da Psicologia Positiva são exequíveis e eficazes, com resultados muitas vezes de tamanho de efeito moderado, mas duradouros. Nesse sentido, seja considerando os resultados obtidos, o alcance de seus efeitos ou o rigor metodológico com que são conduzidos, esses estudos representam avanço importante para a ciência psicológica em prol do fortalecimento de traços e valores positivos, em especial por ser a sala de aula um espaço privilegiado para aprendizagem de novas condutas e vivência de novas experiências em nível individual e coletivo.

Referências

Akin, U., Akin, A., & Uğur, E. (2016). Mediating Role of Mindfulness on the Associations of Friendship Quality and Subjective Vitality. *Psychological Reports, 119*(2) 516-526 [doi: 10.1177/0033294116661273].

Bertolino, C.O., Pilli, J., Menezes, C.B., & Reppold, C.T. (2018). Educando as emoções: apresentação do Programa Cultivando o Equilíbrio Emocional. In

C. Hutz & C.T. Reppold. (Orgs.). *Intervenções em Psicologia Positiva aplicadas à saúde* (pp. 153-180). São Paulo: Leader.

Castro Solano, A. & Cosentino, A.C. (2018). IVyF abreviado – IVyFabre: análisis psicométrico y de estructura factorial en Argentina. *Avances en Psicología Latinoamericana, 36*(3), 619-637 [doi:

http://dx.doi.org/10.12804/revistas.urosario.edu.co/apl/a.4681].

Cosentino, A.C. (2014). Character strengths: Measurement and studies in Argentina. In A.C. Solano (Ed.). *Positive Psychology in Latin America* (pp. 111-137). Nova York: Springer.

Cunha, L.F., Pellanda, L.C., & Reppold, C.T. (2018). Intervenções em gratidão. In C. Hutz & C.T. Reppold (Orgs.). *Intervenções em Psicologia Positiva aplicadas à saúde* (pp. 81-98). São Paulo: Leader.

Dahlsgaard, K., Peterson, C., & Seligman, M.E.P. (2005). Shared Virtue: The Convergence of Valued Human Strengths Across Culture and History. *Review of General Psychology, 9*(3), 203-213.

Froh, J.J., Fan, J., Emmons, R.A., Bono, G., Huebner, E.S., & Watkins, P. (2011). Measuring gratitude in youth: assessing the psychometric properties of adult gratitude scales in children and adolescents. *Psychological Assessment, 23*(2), 311-324 [doi: 10.1037/a0021590].

Girard, M. & Mullet, E. (2012). Development of the Forgiveness Schema in Adolescence. *Universitas Psychologica, 11*(4), 1.235-1.244.

Gruszecka, E. (2015). Appreciating Gratitude: Is Gratitude an Amplifier of Well-Being? *Polish Psychological Bulletin, 46*(2), 186-196 [doi :10.1515/ppb-2015-0025].

Haridas, S., Bhullar, N., & Dunstan, D.A. (2017). What's in character strengths? Profiling strengths of the heart and mind in a community sample. *Personality and Individual Differences, 113*, 32-37 [doi: 10.1016/j.paid.2017.03.006].

Hausler, M., Strecker, C., Huber, A., Brenner, M., Höge, T., & Höfer, S. (2017). Distinguishing Relational Aspects of Character Strengths with Subjective and Psychological Well-being. *Frontiers Psychology, 11* [doi: 10.3389/fpsyg.2017.01159].

Lopez, S.J., Pedrotti, J.T., & Snyder, C.R. (2018). *Positive psychology: The scientific and practical explorations of human strengths.* Sage.

McDermott, E.R., Donlan, A.E., Zaff, J.F., & Prescott, J.E. (2016). A Psychometric Analysis of Hope, Persistence, and Engagement Among Reengaged Youth. *Journal of Psychoeducational Assessment, 34*(2), 136-152 [doi: 10.1177/0734282915593029].

Najderska, M. & Cieciuch, J. (2018). The structure of character strengths: Variable-and person-centered approaches. *Frontier in Psychology, 9*(153), 1-12 [doi:10.3389/fpsyg.2018.00153].

Noronha, A.P. & Barbosa, A.J.G. (2016). Escala de forças de caráter: construção e estudos psicométricos. In C. Hutz (Org.). *Avaliação em Psicologia Positiva* (pp. 21-43). São Paulo: Hogrefe/Cetep.

Noronha, A.P., Dellazzana-Zanon, L.L., & Zanon, C. (2015). Internal Structure of the Characters Strengths Scale in Brazil. *Psico-USF, 20*(2), 229-235 [doi:10.1590/1413-82712015200204].

Park, N. (2009). Character Strengths. In S.J. Lopez (Ed.). *The encyclopedia of positive psychology* (pp. 135-141). United Kingdom: Blackwell.

Peterson, C.E. & Seligman, M.E.P. (2004). *Character strengths and virtues.* Nova York, NY: Oxford University Press.

Reppold, C.T., Gurgel, L., & Almeida, L.S. (2018). Intervenções de Psicologia Positiva no contexto da Psicologia Escolar. In T. Nakano (Ed.). *Psicologia Positiva aplicada à educação* (pp. 7-18). São Paulo: Vetor.

Reppold, C.T., Gurgel, L.G., & Schiavon, C.C. (2015). Research in Positive Psychology: a Systematic Literature Review. *Psico-USF, 20*(2), 275-285 [doi: 10.1590/1413-82712015200208].

Reppold, C.T., Kaiser, V., D'Azevedo, L., & Almeida, L.S. (2018). Intervenções em Psicologia Positiva na área da saúde: O que os ensaios clínicos informam sobre a efetividade dessas intervenções? In C. Hutz & C.T. Reppold (Eds.). *Intervenções em Psicologia Positiva aplicadas à saúde.* São Paulo: Leader.

Ryan, R.M. & Frederick, C. (1997). On energy, personality and health: Subjective vitality as a dynamic reflection of well-being. *Journal of Personality, 65*, 529-565.

Seider, S., Jayawickreme, E., & Lerner, R.M. (2017). Theoretical and Empirical Bases of Character Development in Adolescence: A View of the Issues. *Journal of Youth and Adolescence, 46*, 1.149-1.152 [doi:10.1007/s10964-017-0650-3].

Seligman, M.E.P. (1998). Building human strength: Psychology's forgotten mission. *American Psychologist Association Monitor*, 29(1) [doi: 10.1037/e529932010-003].

Seligman, M.E.P. & Csikszentmihalyi, M. (2000). Positive Psychology: An introduction. *American Psychologist, 55*(1), 5-14.

Snyder, C.R. & Lopez, S.J. (2009). *Psicologia positiva: uma abordagem científica e prática das qualidades humanas*. Porto Alegre: ArtMed.

Sternberg, R.J. (1986). A triangular theory of love. *Psychological Review*, 93(2), 119-135 [Recuperado de ttp://pzacad.pitzer.edu/~dmoore/psych199/1986_sternberg_trianglelove.pdf].

Vaillant, G.E. (2013). Psychiatry, religion, positive emotions and spirituality. *Asian Journal of Psychiatry*, 6(6), 590-594 [doi: 10.1016/j.ajp.2013.08.073].

Wagner, L. & Ruch, W. (2015). Good character at school: positive classroom behavior mediates the link between character strengths and school achievement. *Frontiers in Psychology, 6*(610), 1-13 [doi: 10.3389/fpsyg.2015.00610].

Wang, J., Zhang, Z., & Jia, M. (2016). Understanding How Leader Humility Enhances Employee Creativity: The Roles of Perspective Taking and Cognitive Reappraisal. *The Journal of Applied Behavioral Science*, 24, 1-27 [doi: 10.1177/0021886316678907].

Yue, X.D., Leung, C.L., & Hiranandani, N.A. (2016). Adult playfulness, humor styles, and subjective happiness. *Psychological Reports, 119*(3), 630-640 [doi: 10.1177/0033294116662842].

48
Avaliação dos transtornos da personalidade no Brasil: panorama geral e ferramentas disponíveis

Lucas de Francisco Carvalho

Introdução

Estima-se que aproximadamente um terço da população mundial tenha algum transtorno psiquiátrico (Kessler & Üstün, 2008). Por isso, esses transtornos são considerados como prioridade em termos de desafios globais em saúde (Collins et al., 2011). Especificamente quanto aos transtornos da personalidade, foco deste capítulo, estima-se que 13% da população geral, em países ocidentais, apresente pelo menos um desses transtornos (Germans, Van Heck, & Hodiamont, 2012), enquanto um estudo epidemiológico realizado na cidade de São Paulo encontrou 6,8% das pessoas apresentando transtorno da personalidade. Apesar disso, refletindo desafios reportados em outros países (Paris, 2015), no Brasil a avaliação e o diagnóstico dos transtornos da personalidade são negligenciados. Um dos fatores que possivelmente contribui para esse cenário no país é a lacuna quanto a ferramentas para avaliação dos traços patológicos típicos desses transtornos, tal qual já reportada anteriormente (Carvalho, Bartholomeu, & Silva, 2010). Por isso, nas últimas décadas, esforços foram realizados para preencher essa lacuna, o que culminou no desenvolvimento do Inventário Dimensional Clínico da Personalidade 2 (IDCP-2; Carvalho & Primi, no prelo). Este capítulo tem como foco apresentar informações relevantes quanto aos transtornos da personalidade e os traços patológicos tipicamente avaliados, bem como sobre o IDCP-2 enquanto ferramenta desenvolvida no Brasil com fundamentação conceitual e empírica robustamente estabelecida para avaliação desses traços.

Transtornos da personalidade

De acordo com a perspectiva dimensional, os traços da personalidade são compreendidos em um *continuum* entre o saudável e o patológico. Pessoas que manifestam traços da personalidade em suas expressões saudáveis tendem a lidar adequadamente com as demandas do dia a dia, possuem objetivos claramente estabelecidos, apresentam percepções realistas e positivas sobre si e os outros, além de estabelecer relacionamentos interpessoais positivos e duradouros. No outro polo, pessoas que apresentam diversos traços da personalidade em níveis patológicos tendem a ter dificuldade para lidar com as demandas do cotidiano, restrições quanto ao estabelecimento de objetivos pessoais, distorções importantes quanto à visão de si mesmas e outros, além de prejuízos manifestos nos relacionamentos com as outras pessoas (Skodol, Clark et al., 2011). Dependendo dos traços patológicos apresentados e intensidade, uma pessoa pode apresentar um quadro de transtorno da personalidade.

Os transtornos da personalidade se caracterizam por três atributos globais: inflexibilidade adaptativa, círculo vicioso e estabilidade tênue (Millon, 2011). A inflexibilidade adaptativa se refere a um número pequeno e pouco eficaz de estratégias empregadas para atingir objetivos, se relacionar com outros, ou lidar com o *stress*; o círculo vicioso diz respeito às percepções, necessidades e comportamentos que perpetuam e intensificam as dificuldades preexistentes no indivíduo; e a estabilidade tênue está relacionada com uma baixa resiliência do indivíduo frente a condições psicoestressoras. Além disso, pessoas diagnosticadas com transtornos da personalidade apresentam visões negativas sobre si mesmas e prejuízos importantes nas relações interpessoais que estabelecem (Skodol, Clark et al., 2011).

Na Tabela 1 podem ser visualizados os 10 transtornos da personalidade oficialmente reconhecidos de acordo com a classificação diagnóstica em psiquiatria (i. é, Manual Diagnóstico e Estatístico dos Transtornos Mentais; APA, 2013). Na tabela estão também apresentados alguns dos principais traços que compõem esses transtornos, de acordo com modelos taxonômicos atuais (Kotov et al., 2017) e as seções 2 e 3 do DSM-5 (APA, 2013).

Tabela 1 Transtornos da personalidade

Transtorno da personalidade	Traço
Borderline	Instabilidade de humor; impulsividade; insegurança de separação; problemas de identidade
Esquizoide	Anedonia; evitação de intimidade; evitação generalizada; isolamento social
Esquizotípico	Excentricidade; desregulação perceptual; crenças e experiências atípicas; desconfiança; evitação de intimidade; isolamento social
Paranoide	Desconfiança; evitação de intimidade; agressividade; rancorosidade
Antissocial	Inconsequência; culpabilização externalizante; rebeldia; indiferença; busca por sensação; falsidade
Narcisista	Grandiosidade; indiferença; manipulação; egocentrismo; dominância
Histriônico	Busca por atenção; sedução manipulativa; submissividade; sexualidade exagerada; dramatização
Evitativo	Ansiedade; evitação social; evitação de relações íntimas; depressividade
Dependente	Submissividade; dependência emocional; insegurança; medo de abandono
Obsessivo-compulsivo	Minuciosidade; perfeccionismo; rigidez; constrição emocional; inflexibilidade moral; *workaholic*

Observa-se que há traços patológicos e combinações que permitem as distinções entre cada transtorno da personalidade, embora algumas características sejam compartilhadas entre dois ou mais transtornos. Modelos atuais em psiquiatria têm buscado aprofundar a compreensão de como esses transtornos se relacionam no nível dos traços. Por exemplo, o *Hierarchical Taxonomy of Psychopathology* (HiTOP – Kotov et al., 2017). O nível de espectros do HiTOP sinaliza como os transtornos da personalidade, entre outros, podem estar associados. Os espectros compostos por traços patológicos são: internalizante, transtornos do pensamento, externalizante desinibido, externalizante antagonista e desapego. Por exemplo, compõem o espectro transtorno do pensamento, os transtornos esquizotípico, esquizoide e paranoide, embora o paranoide também esteja presente no espectro externalizante antagonista.

A avaliação e diagnóstico dos transtornos da personalidade é tópico atual de discussão, já que existem questionamentos sobre quais traços compõem esses transtornos, em qual medida e quais critérios e regras específicas devem ser aplicadas para adequadamente diagnosticar esses transtornos. Essas e outras críticas vêm sendo largamente debatidas na literatura (Brown & Barlow, 2005; Ortigo, Bradley, & Westen, 2010; Widiger & Trull, 2007; Zimmerman, 2011). A despeito dos questionamentos sobre o diagnóstico específico dos transtornos da personalidade, esse procedimento deve seguir as convenções gerais em psiquiatria (e na saúde mental de modo geral). O processo diagnóstico deve ser iniciado com procedimentos de triagem (Alnaes & Torgersen, 1988; Zimmerman et al., 2008), isto é, uma avaliação para identificação de condições patológicas específicas que devem ser investigadas. As suspeitas diagnósticas levantadas na etapa de triagem devem ser aprofundadas e confirmadas no estágio seguinte, no qual o diagnóstico propriamente é realizado (Davies & Wilson, 2006; Germans et al., 2012).

Especificamente no caso dos transtornos da personalidade, evidências prévias sugerem que, tal qual em outras partes do mundo (Paris, 2015), existe uma lacuna no Brasil quanto à avaliação dos traços que tipicamente compõem esses transtornos. A escassez de instrumentos para avaliação de traços patológicos foi apontada em revisão prévia da literatura (Carvalho, Bartholomeu, & Silva, 2010). Em uma revisão narrativa em andamento (Carvalho, Gomes, & Silva, em construção), observou-se o uso, em pesquisa, de ferramentas desenvolvidas em outros países (*e. g.*, *Personality Inventory for DSM-5*;

PID-5), mas sem estudos específicos no Brasil para verificação das propriedades psicométricas da versão nacional, o uso de instrumentos não especificamente desenvolvidos para avaliação de traços patológicos da personalidade (*e. g.*, Rorschach), e de instrumentos focados em um grupo específico de traços (*e. g.*, Psychopathy Checklist Revised; PCL-R). Apesar disso, observou-se um número expressivo de publicações com um instrumento desenvolvido no Brasil, que é um dos focos deste capítulo, e será abordado nos próximos parágrafos.

Uma vez que os transtornos da personalidade são composições de diferentes traços em suas expressões patológicas, o diagnóstico desses transtornos depende da avaliação desses traços patológicos. A avaliação dos traços patológicos é usualmente realizada sob a perspectiva dimensional, que considera que os traços da personalidade diferem entre as pessoas em termos de níveis, mas todas as pessoas apresentam algum nível em todos os traços (Hopwood et al., 2018; Krueger, Derringer, Markon, & Skodol, 2011; Samuel & Widiger, 2008). Dentro dessa perspectiva, as ferramentas avaliativas no formato autorrelato (i. é, a pessoa reporta sobre ela mesma) são as mais utilizadas. No Brasil, considerando a Lei 4.119, de 1962, testes para avaliação de traços patológicos da personalidade somente podem ser utilizados por psicólogos quando a finalidade é o "diagnóstico psicológico" (tópico "a" do parágrafo primeiro, artigo 13). Diagnóstico psicológico aqui é compreendido como um processo para identificação de construtos psicológicos relevantes que auxiliem na compreensão sobre o funcionamento geral da pessoa do ponto de vista psicológico. Embora diversos testes para avaliação de traços da personalidade estejam disponíveis no Brasil para uso profissional do psicólogo, o IDCP-2 é o único que tem parecer favorável para uso de acordo com o Sistema de Avaliação de Testes Psicológicos (Satepsi), cujo foco específico é na avaliação de uma gama ampla de traços patológicos relacionados aos diversos transtornos da personalidade.

O Inventário Dimensional Clínico da Personalidade 2 (IDCP-2)

O IDCP-2 é uma revisão de seus antecessores, o Inventário Dimensional dos Transtornos da Personalidade (IDTP – Carvalho & Primi, 2016) e o Inventário Dimensional Clínico da Personalidade (IDCP – Carvalho & Primi, 2015). Os antecessores do IDCP-2 são testes de autorrelato compostos por dimensões, relacionadas especificamente a um transtorno da personalidade (IDTP) ou relacionadas a traços patológicos da personalidade (IDCP). O desenvolvimento desses instrumentos teve como base a teoria de Theodore Millon (Millon, 2011) e os critérios diagnósticos para transtornos da personalidade de acordo com o eixo II do DSM-IV-TR (APA, 2003).

O IDTP e o IDCP apresentam fragilidades e limitações em comparação ao IDCP-2. Uma vez que cada uma das dimensões do IDTP foi interpretada como avaliando um transtorno da personalidade específico, e essa concepção é desarmônica com a concepção dimensional atual (i. é, cada transtorno é composto por vários traços), essa ferramenta foi abandonada e, a partir dela, foi desenvolvido o IDCP. Apesar de ter as mesmas bases do IDTP, o IDCP foi concebido integralmente em uma perspectiva dimensional, composto por 12 dimensões distintas, cada uma relacionada a um traço patológico relevante para avaliação dos transtornos da personalidade. São as dimensões: Dependência, Agressividade, Ins-

tabilidade de humor, Excentricidade, Necessidade de atenção, Desconfiança, Grandiosidade, Isolamento, Evitação a críticas, Autossacrifício, Conscienciosidade e Impulsividade.

As propriedades psicométricas do IDCP e suas dimensões foram investigadas em estudos focando em evidências de validade com base na estrutura interna e na relação com variáveis externas, bem como coeficientes de fidedignidade por consistência interna (Carvalho & Primi, 2015; Carvalho, Primi, & Stone, 2014). Além disso, o IDCP foi utilizado para investigação das relações entre traços patológicos e diversos construtos: violência conjugal (Madalena, Falcke, & Carvalho, 2015, 2018), percepção de emoções (Miguel & Pessotto, 2016), mecanismos de defesas (Carvalho, Reis, & Pianowski, 2018), traços do modelo dos Cinco Grandes Fatores (Carvalho & Primi, 2016), sintomas de transtorno de estresse pós-traumático (Tep – Reis & Carvalho, 2016; Reis, Carvalho, & Elhai, 2016) e depressão e ansiedade (Carvalho & Arruda, 2016a); e para verificação de perfis de grupos específicos: pacientes com transtornos da personalidade (Abela, Carvalho, Cho, & Yazigi, 2015), praticantes de meditação (Carvalho & Arruda, 2018), trabalhadores voluntários (Hiendlmayer, Sette, & Carvalho, 2018) e usuários de *videogames* (Miguel, Carvalho, & Dionisio, 2017).

Visando melhorias na capacidade avaliativa, os autores do IDCP estabeleceram diretrizes para revisão do instrumento (Carvalho & Primi, no prelo). São elas: atualização do teste com base em modelos que abarcassem traços para além do DSM-IV-TR e da teoria de Millon; revisão das dimensões em subcomponentes mais específicos; e nivelação do número de itens por dimensão. A partir dessas diretrizes, o IDCP foi revisado em estudos focando cada uma de suas dimensões

(Carvalho, 2018; Carvalho & Arruda, 2016b; Carvalho & Martins, 2017; Carvalho & Pianowski, 2015; Carvalho, Pianowski, & Miguel, 2015; Carvalho, Pianowski, Silveira, Bacciotti, & Vieira, 2016; Carvalho & Sette, 2015, 2017; Carvalho, Sette, & Ferrari, 2016; Carvalho, Sette, Primi, & Capitão, 2014; Carvalho & Silva, 2016; Carvalho, Souza, & Primi, 2014a, 2014b).

Os modelos utilizados para as revisões foram: facetas compondo o modelo alternativo para os transtornos da personalidade da Seção 3 do DSM-5 (APA, 2013); dimensões derivadas do modelo prototípico que dá base para o *Shedler Westen Assessment Procedure* (Swap – Westen & Shedler, 1999), e as dimensões propostas no modelo de Clark (1990). Já que aproximadamente 30% dos itens do IDCP foram mantidos no IDCP-2, e dado o alinhamento entre as bases teóricas do teste, pode-se considerar que o IDCP-2 mantém em suas bases influências do eixo II do DSM-IV-TR (mantido na seção 2 do DSM-5; APA, 2013) e da teoria de Millon. Também deve-se considerar que foram encontradas evidências empíricas sugerindo o alinhamento entre as dimensões do IDCP-2 com o modelo recentemente proposto, o HiTOP (Pianowski, Carvalho, & Miguel, no prelo).

Fruto das revisões, cada uma das dimensões do IDCP-2 produz, além dos escores totais, escores mais específicos chamados de fatores. O número de fatores nas dimensões foi empiricamente determinado, variando de dois a seis. Esses fatores foram estabelecidos a partir de procedimentos estatísticos robustos, utilizando a análise paralela para estabelecimento do número máximo de fatores e a *exploratory structural equation modeling* (e-sem) para determinação dos fatores. Além disso, buscou-se explicitamente manter um número similar de itens por dimensão, que variou entre 13 e 23, e por fator (entre 3 e 10

itens). Para a versão final do IDCP-2, os estudos de revisão apresentam também evidências de validade com base em variáveis externas, no geral, utilizando como indicador externo os fatores do PID-5. As dimensões, fatores e respectivas definições estão apresentadas na Tabela 2.

Não somente pelas revisões e atualizações realizadas para produção do IDCP-2, mas também pela especificidade de seus fatores, os escores gerados pelo teste tendem a ser mais informativos em comparação às versões anteriores. Enquanto o IDCP fornece 12 escores para o profissional, o IDCP-2 pode fornecer até 47 escores, no nível dos fatores, e também 12 escores, no nível das dimensões. Vale ressaltar que o IDCP-2 não obrigatoriamente precisa ser aplicado como um todo, isto é, o profissional pode escolher quais fatores e/ou dimensões são mais relevantes frente a uma determinada situação (Carvalho & Primi, no prelo).

Nesse sentido, pode-se pensar em um caso clínico hipotético. Um paciente avaliado clinicamente pelo IDCP poderia obter uma pontuação igual a três na dimensão Conscienciosidade, sugerindo dificuldades clinicamente relevantes quanto à preocupação com detalhes e perfeccionismo exagerados, foco no trabalho com restrição afetiva às pessoas, entre outros. Contudo, a mesma avaliação, realizada pelo IDCP-2, poderia indicar que a pontuação geral igual a três nessa dimensão, na verdade, está mais relacionada com os fatores Compulsão ao trabalho e Constrição emocional, ambos com pontuação igual a quatro (e nos demais as pontuações variaram entre 2 e 3). De acordo com as tabelas normativas do IDCP-2, essas pontuações indicam que o paciente tem uma clara tendência para exibir os traços patológicos relacionados aos fatores citados, mas não para os demais traços que compõem a dimensão Conscienciosidade.

Tabela 2 Dimensões e fatores do IDCP-2

	Fator	Definição
Dependência	Autodesvalorização	Autodesvalorização e demonstração de sentimentos de incapacidade e culpa.
	Evitação de abandono	Ansiedade de separação e medo de ser abandonado ou ficar só.
	Insegurança	Submissão e necessidade constante de que os outros tomem decisões pela pessoa.
Agressividade	Antagonismo	Agressividade e interesse por conteúdos agressivos, com iniciativas de repressão e imposição.
	Violência	Agressividade física, incluindo vivência e descontrole de raiva, e comportamentos física e moralmente agressivos aos outros.
Instabilidade de humor	Vulnerabilidade	Oscilação de humor, imprudência gerando culpa, e tendência à perda do controle com capacidade para se ferir.
	Preocupação ansiosa	Ansiedade e preocupação exagerada com o futuro e sobre ter alguém que dê apoio.
	Desesperança	Sentimento de tristeza, desânimo e pensamentos suicidas.
Excentricidade	Desapego interpessoal	Desapego, desinteresse e desadaptação aos relacionamentos interpessoais.
	Estilo excêntrico	Percepção de que os outros o veem como alguém estranho.
	Paranormalidade	Crenças em experiências e fenômenos sobrenaturais.
	Persecutoriedade	Sentimentos e crenças sobre ser alvo de planos secretos e sobre ser secretamente monitorado.
	Despersonalização	Distanciamento da realidade, incluindo sentimentos de irrealidade e confusão de identidade.
	Inexpressividade emocional	Rebaixamento nas vivências e nas expressões emocionais.
Necessidade de atenção	Sedução e manipulação	Comportamentos de manipulação para ter atenção, utilizando muitas vezes a sedução.
	Intensidade emocional	Crença em ter sentimentos mais extremos que os outros e necessidade de demonstrá-los.
	Busca por atenção	Necessidade exagerada de ser o centro das atenções, estar sempre entre pessoas e ter muitos amigos.
	Superficialidade interpessoal	Crenças sobre conseguir, rapidamente e com facilidade, estabelecer vínculos interpessoais íntimos.
Desconfiança	Suspiciosidade	Suspeita exagerada de que os outros irão prejudicá-lo.
	Desconfiança nas relações	Falta de confiança no outro, sempre evitando novas relações.
	Controle	Necessidade de ter controle sobre as pessoas e as situações.
	Enganosidade alheia	Crença de que os outros sempre irão enganar, explorar e prejudicar.
	Desconfiança irritada	Irritabilidade e falta de paciência derivadas da falta de confiança nas pessoas.

Grandiosidade	Necessidade de reconhecimento	Necessidade de estar no centro das atenções e ser reconhecido por suas qualidades.
	Superioridade	Crença de que os outros invejam suas qualidades e de ser melhor que as pessoas.
	Dominância	Crença e uso da manipulação para conseguir as coisas do seu jeito.
	Indiferença	Falta de interesse pelos problemas dos outros e crenças de que somente os próprios problemas são importantes.
Isolamento	Individualismo	Preferência por realizar atividades sozinho, podendo envolver irritação quando colocado em situações que envolvem contato com as pessoas.
	Isolamento social	Preferência por não ter contato com as pessoas.
	Evitação de intimidade	Evitação de relações íntimas e restrição das informações sobre si.
	Apatia emocional	Dificuldade para se entusiasmar com as situações do cotidiano.
Evitação a críticas	Ansiedade	Preocupação com a possibilidade de ocorrência de eventos desagradáveis e com o futuro.
	Evitação generalizada	Constrangimento ao falar em público e em situações sociais, dificuldade em estabelecer relacionamento interpessoal e medo de ser o foco das atenções.
	Evitação de relações íntimas	Dificuldade de se envolver emocionalmente e pouco interesse em amizades íntimas.
Autossacrifício	Masoquismo	Preferência por ajudar os outros mais do que se ajudar, implicando prejuízos a si mesmo.
	Depressividade	Sentimentos de autodesvalia e humor triste.
	Desesperança autodirigida	Crenças de que as próprias ações não trarão frutos favoráveis por culpa própria.
	Submissividade	Crença de que os outros são melhores do que si e tendência a se rebaixar.
Conscienciosidade	Necessidade de rotina	Dificuldades para lidar com mudanças no cotidiano e nas tarefas do dia a dia.
	Preocupação com detalhes	Preocupação excessiva com detalhes que tendem a não ser percebidos pelos outros.
	Meticulosidade	Necessidade de sempre obter perfeição ao lidar com as tarefas.
	Compulsão ao trabalho	Foco excessivo no trabalho e rigidez interpessoal.
	Perfeccionismo autodirecionado	Necessidade de fazer tudo com perfeição, focando em si e nas atividades, com pouca importância quanto às pessoas.
	Constrição emocional	Restrição e formalidade interpessoal, emocional e financeira.
Inconsequência	Impulsividade	Impulsividade, imprudência e tomada rápida de decisão, de maneira pouco ponderada.
	Tomada de risco	Estilo aventureiro e imprudente, incluindo tomada de risco e busca por situações perigosas.
	Enganosidade	Busca por atingir os objetivos usando controle, mentiras e ludibriações.

Nota: Tabela adaptada de Carvalho e Primi (no prelo). Ressalta-se que a dimensão Inconsequência do IDCP-2 era nomeada de Impulsividade no IDCP.

Limitações atuais e perspectivas futuras do IDCP-2

Embora as pesquisas até o presente momento sugiram que o IDCP-2 possa ser clinicamente utilizado por profissionais, pesquisas com foco clínico precisam ser conduzidas, permitindo que se conheça melhor as capacidades dessa ferramenta, e certamente suas limitações. Estudos com foco clínico já foram iniciados e estão em andamento, sobretudo para estabelecimento de pontos de corte para as dimensões do IDCP-2 (Carvalho & Costa, 2018; Carvalho, Pianowski, & Hacuk Filho, 2017; Carvalho, Sette, & Miguel, 2018; Carvalho, Sette, & Capitão, 2016) e para verificação de sua capacidade preditiva (Carvalho & Pianowski, no prelo). Apesar disso, não foram encontrados estudos clínicos utilizando delineamentos de acurácia diagnóstica que permitam a identificação de perfis e pontos de corte mais isentos de vieses metodológicos.

Além disso, versões do IDCP-2 em outros formatos, diferentes do atualmente disponível, podem permitir sua aplicação em contextos para além da clínica. Por exemplo, versões do teste em escolha forçada podem habilitar seu uso para contextos de seleção; e formatos breves, mais específicos para determinados transtornos, podem viabilizar o uso em contextos em que o tempo é um fator limitante. Nesse contexto, já foram iniciados estudos para o desenvolvimento de versões específicas do IDCP-2 de acordo com o HiTOP (Kotov et al., 2017), isto é, versões específicas do teste que tenham como foco um único transtorno da personalidade, incluindo os traços patológicos compreendidos como relevantes no HiTOP. Junto a isso, também pretende-se elaborar versões do IDCP-2 para o nível dos espectros (internalizante, transtornos do pensamento, externalizante desinibido e antagonista, e desapego) do HiTOP, possibilitando que o profissional utilize as versões do IDCP-2 de acordo com demandas específicas e o tempo disponível para as avaliações.

Considerações finais

Publicações anteriores indicam que no mundo, incluindo o Brasil, os transtornos da personalidade tendem a ser subdiagnosticados. Diversos fatores podem auxiliar no entendimento desse fenômeno, por exemplo, em comparação aos "transtornos clínicos" (p. ex., transtornos de ansiedade e de humor), os transtornos da personalidade movimentam menos a indústria farmacêutica, já que se conhece pouco sobre os mecanismos psicofarmacológicos nesses casos. Um fator que possivelmente explique, em parte, o fenômeno do subdiagnóstico e também a escassez de pesquisas é o número limitado de ferramentas que avaliem os traços patológicos típicos dos transtornos da personalidade.

As informações apresentadas neste capítulo buscam informar o leitor acerca de algumas especificidades relacionadas à avaliação dos traços típicos dos transtornos da personalidade no Brasil. Entre esses pontos, tenta-se lidar com a lacuna quanto aos instrumentos avaliativos no país ao se apresentar detalhes sobre o IDCP-2, instrumento desenvolvido no Brasil. Contudo, transmitir esses conhecimentos é somente um dos passos iniciais. É necessário que pesquisadores busquem ampliar o nicho de pesquisas no país em relação aos transtornos da personalidade. Com igual peso, é necessário que os profissionais nas diversas frentes de atuação se instrumentalizem para avaliar traços patológicos da personalidade, por exemplo, na clínica.

Referências

Abela, R.K., Carvalho, L.F., Cho, S.J.M., & Yazigi, L. (2015). Validity Evidences for the Dimensional Clinical Personality Inventory in Outpatient Psychiatric Sample. *Paideia*, *25*, 221-228.

Alnaes, R. & Torgersen, S. (1988). DSM-III symptom disorders (Axis I) and personality disorders (Axis II) in an outpatient population. *Acta Psychiatrica Scandinavica*, *78*(3), 348-355 [doi: 10.1111/j.1600-0447.1988.tb06346.x].

American Psychiatry Association (2003). *Manual Diagnóstico e Estatístico dos Trantornos Mentais* (4a. ed., texto revisado). Washington: American Psychiatry Association.

American Psychiatric Association (2013). *Diagnostic and Statistical Manual of Mental Disorders* (5a. ed.). Washington: APA.

Brasil/Presidência da República (1962). *Lei n. 4.119, de 27 de agosto de 1962*. Capítulo III: Dos direitos conferidos aos diplomados. Brasília: Casa Civil.

Brown, T.A. & Barlow, D.H. (2005). Dimensional versus categorical classification of mental disorders in fifth edition of the diagnostic and statistical manual of mental disorders and beyond. *Journal of Abnormal Psychology*, *114*, 551-556.

Carvalho, L.F. (2018). Review Study of the Impulsiveness Dimension of the Dimensional Clinical Personality Inventory. *Universitas Psychologica*, *17*(1), 1-11.

Carvalho, L.F. & Arruda, W. (2016a). Association between anxiety and depression symptoms with pathological personality traits. *Revista Psicología desde el Caribe*, *33*, 1-18.

Carvalho, L.F. & Arruda, W. (2016b). Revisão da dimensão isolamento do inventário dimensional clínico da personalidade. *Temas em Psicologia*, *24*(1), 47-61.

Carvalho, L.F. & Arruda, W. (2018). Assessment of pathological personality traits in meditation practitioners and non-practitioners. *Paideia*, *28*, 1-10.

Carvalho, L.F., Bartholomeu D., & Silva, M.C.R. (2010). Instrumentos para avaliação dos transtornos da personalidade no Brasil. *Avaliação Psicológica*, *9*(2), 289-298.

Carvalho, L.F. & Costa, A. (2018). Clinical cut-off point for the Distrust dimension of the Dimensional Clinical Personality Inventory 2 (IDCP-2). *Scand J Psychol*, *1*, 1-7.

Carvalho, L.F., Gomes, G., & Silva, E. (em construção). Publications on personality disorders in Brazil: a narrative review. *Avaliação Psicológica*.

Carvalho, L.F. & Martins, D.F. (2017). Revisão da dimensão desconfiança do Inventário Dimensional Clínico da Personalidade. *Psico*, *48*(2), 152-162.

Carvalho, L.F., Moreira, T.C., & Ambiel, R.A.M. (2017). Relações entre adaptabilidade de carreira e traços patológicos da personalidade em trabalhadores brasileiros. *Revista Psicologia: Organizações e Trabalho*, *17*, 159-164.

Carvalho, L.F. & Pianowski, G. (2015). Revision of the dependency dimension of the Dimensional Clinical Personality Inventory. *Paideia*, *25*(60), 57-65.

Carvalho, L.F. & Pianowski, G. (in press). Dependency, Mood Instability, and Inconsequence traits on discriminating Borderline Personality Disorder. *Trends Psychiatry Psychother*.

Carvalho, L.F., Pianowski, G., & Hauck Filho, N. (2017). Establishing a clinically relevant cutoff to the Dependency Scale from the dimensional clinical personality inventory. *Psychiatry Res*, *251*, 26-33.

Carvalho, L.F., Pianowski, G., & Miguel, F.K. (2015). Revision of the aggressiveness dimension of Dimensional Clinical Personality Inventory. *Psicologia: Teoria e Prática*, *17*(3), 146-163.

Carvalho, L.F., Pianowski, G., Silveira, F.J., Bacciotti, J.T., & Vieira, P.G. (2016). Eccentricity dimension of the Dimensional Clinical Personality Inventory: Review and psychometric properties. *Estudos de Psicologia*, *21*(4), 359-368.

Carvalho, L.F. & Primi R. (2015). Development and internal structure investigation of the Dimensional Clinical Personality Inventory. *Psicologia: Reflexão e Crítica*, *28*(2), 322-330.

Carvalho, L.F. & Primi, R. (2016a). Estudo psicométrico preliminar do Inventário Dimensional dos

Transtornos da Personalidade (IDTP). *Interação em Psicologia, 20,* 193-205.

Carvalho, L.F. & Primi, R. (2016b). Prototype Matching of Personality Disorders Prototypes with the Dimensional Clinical Personality Inventory. *Psicologia: Teoria e Pesquisa, 32,* 1-9.

Carvalho, L.F. & Primi R. (no prelo). *Manual técnico do Inventário Dimensional Clínico da Personalidade 2 (IDCP-2) e versão triagem (IDCP-triagem).* São Paulo: Pearson.

Carvalho, L.F., Primi, R., & Stone, G.E. (2014). Psychometric Properties of the Inventário Dimensional Clínico da Personalidade (IDCP) using the Rating Scale Model. *Avances en Psicologia Latinoamericana, 32,* 429-442.

Carvalho, L.F., Reis, A.M., & Pianowski, G. (2018). Investigating correlations between defense mechanisms and pathological personality characteristics. *Revista Colombiana de Psiquiatria,* 1-12.

Carvalho, L.F. & Sette, C.P. (2015). Review and verification of the psychometric properties of the mood instability dimension of the Dimensional Clinical Personality Inventory. *Acta Colombiana de Psicología, 18*(2), 115-127.

Carvalho, L.F. & Sette, C.P. (2017). Revision of the Criticism Avoidance dimension of the Dimensional Clinical Personality Inventory. *Estudos de Psicologia, 34*(2), 219-231.

Carvalho, L.F., Sette, C., & Capitão, C.G. (2016). Investigation of the clinical functioning of the Attention Seeking Dimensional Clinical Personality Inventory. *Psicologia, 30,* 49-60.

Carvalho, L.F., Sette, C.P., & Ferrari, B.L. (2016). Revision of the grandiosity dimension of the Dimensional Clinical Personality Inventory and verification of its psychometric properties. *Trends Psychiatry Psychother, 38*(3), 147-155.

Carvalho, L.F., Sette, C., & Miguel, F.K. (2018). Investigation of the clinical functioning of the Dimensional Clinical Personality Inventory 2 criticism avoidance dimension. *Trends Psychiatry Psychother, 40,* 93-103.

Carvalho, L.F., Sette, C.P., Primi, R., & Capitão, C.G. (2014). Propriedades psicométricas da versão revisada da dimensão necessidade de atenção do inventário dimensional clínico da personalidade. *Temas em Psicologia, 22*(1), 147-160.

Carvalho, L.F. & Silva, G.F.C. (2016). Review of the self-sacrifice dimension of the dimensional clinical personality inventory. *Psicologia: Reflexão e Crítica, 29*(1), 6.

Carvalho, L.F., Souza, B.D.B., & Primi, R. (2014a). Psychometric properties of the revised conscientiousness dimension of *Inventário Dimensional Clínico da Personalidade (IDCP). Trends Psychiatry Psychother, 36,* 23-31.

Carvalho, L.F., Souza, B.D.B., & Primi, R. (2014b). Revisão da Dimensão Conscienciosidade do Inventário Dimensional Clínico da Personalidade. *CES – Revista Psicologia, 7,* 1-14.

Clark, L.A. (1990). Toward a consensual set of symptom clusters for assessment of personality disorder. In C.D. Spielberger & J.N. Butcher (Eds.). *Advances in personality assessment.* Nova Jersey: Lawrence Erlbaum Associates.

Collins, P.Y., Patel, V., Joestl, S.S., March, D., Insel, T.R., Daar, A.S. ..., & Glass, R.I. (2011). Grand challenges in global mental health. *Nature, 475*(7.354), 27-30.

Davies, G. & Wilson, M. (2006). Pre-hospital care and triage in the UK. *Surgery, 24*(6), 190-193 [doi: 10.1383/surg.2006.24.6.190].

Germans, S., Van Heck, G.L., Hodiamont, P.P.G. (2012). Results of the search for personality disorder screening tools: clinical implications. *Journal of Clinical Psychiatry, 73*(2), 165-173.

Hiendlmayer, C., Sette, C., & Carvalho, L.F. (2018). Investigação do perfil de personalidade em trabalhadores voluntários. *Psicologia Revista, 27,* 199-218.

Hopwood, C.J., Kotov, R., Krueger, R.F., Watson, D., Widiger, T.A., Althoff, R.R. ..., & Bornovalova, M.A. (2018). The time has come for dimensional personality disorder diagnosis. *Personal Ment Health, 12*(1), 82-86.

Kessler, R.C. & Üstün, T.B. (2008). *The WHO World Mental Health Surveys: Global Perspectives on the Epidemiology of Mental Disorders.* Nova York: Cambridge University Press.

Kotov, R., Krueger, R.F., Watson, D., Achenbach, T.M., Althoff, R.R., Bagby, R.M. ..., & Eaton, N.R. (2017). The Hierarchical Taxonomy of Psychopathology (HiTOP): A dimensional alternative to traditional nosologies. *J Abnorm Psychol, 126,* 454-477.

Krueger, R.F., Kotov, R., Watson, D., Forbes, M.K., Eaton, N.R., Ruggero, C.J. ..., & Bagby, R.M. (2018). Progress in achieving quantitative classification of psychopathology. *World Psychiatry, 17*(3), 282-293.

Madalena, M., Falcke, D., & Carvalho, L.F. (2015). Violência conjugal e funcionamentos patológicos da personalidade. *Arquivos Brasileiros de Psicologia, 67,* 122-139.

Madalena, M., Falcke, D., & Carvalho, L.F. (2018). Intimate Partner Violence: The Predictive Power of Experiences in the Family of Origin and of Personality Disorder Traits. *Temas em Psicologia, 26,* 93-109.

Miguel, F.K. & Pessotto, F. (2016). Projective aspects on cognitive performance: distortions in emotional perception correlate with personality. *Psicologia: Reflexão e Crítica, 29*(7), 1-8.

Millon, T. (2011). *Disorders of personality: Introducing a DSM/ICD spectrum from normal to abnormal.* John Wiley & Sons.

Ortigo, K.M., Bradley, B., & Westen, D. (2010). An empirically based prototype diagnostic system for DSM-V and ICD-11. In T. Millon, R.F. Krueger, & E. Simonsen (Eds.). *Contemporary directions in psychopathology: Scientific foundations of the DSM-V and ICD-11* (pp. 374-390). Nova York: Guilford Press.

Paris, J.A. (2015). *A concise guide to personality disorders.* Washington: APA.

Pianowski, G., Carvalho, L.F., & Miguel, F.K. (in press). Investigating the Spectra constellations of the

Hierarchical Taxonomy of Psychopathology (HiTOP) model for personality disorders based on empirical data from a community sample. *Rev. Bras. Psiquiatr.*

Reis, A.M. & Carvalho, L.F. (2016). Traços patológicos da personalidade como preditores do Transtorno de Estresse Pós-traumático – Tept. *Psicologia em Pesquisa, 10,* 85-92.

Reis, A.M., Carvalho, L.F., & Elhai, J.D. (2016). Relationship between PTSD and pathological personality traits in the context of disasters. *Psychiatry Research, 30,* 91-97.

Samuel, D.B. & Widiger, T.A. (2008). A Meta--Analytic Review of the Relationships between the Five-Factor Model and DSM-IV-TR Personality Disorders: A Facet Level Analysis. *Clin. Psychol. Rev., 28,* 1.326-1.342.

Westen, D. & Shedler, J. (1999). Revising and assessing Axis II – Part I: Developing a clinically and empirically valid assessment method. *American Journal of Psychiatry, 156*(2), 258-272.

Widiger, T.A. & Trull, T.J. (2007). Place Tectonics in the Classification of Personality Disorder: shifting to a dimensional model. *American Psychologist, 62*(2), 71-83.

Zimmerman, M. (2011). Is There Adequate Empirical Justification for Radically Revising the Personality Disorders Section for DSM 5? *Personality Disorders: Theory, Research, and Treatment, 25*(2), 206-221 [doi: 10.1037/a0022108].

Zimmerman, M., Chelminski, I., & Young, D. (2008). The frequency of personality disorders in psychiatric patients. *Psychiatric Clinics of North America, 31*(3), 405-420 [doi: 10.1016/j.psc.2008.03.015].

49
Digital phenotyping: perspectivas futuras para avaliação e diagnóstico dos transtornos da personalidade

Giselle Pianowski

Catarina P. Sette

Lucas de Francisco Carvalho

Introdução

A tecnologia tornou-se essencial e onipresente no cotidiano das pessoas, e está relacionada ao uso da internet e *smartphones*, possibilitando comunicação instantânea e quase ininterrupta entre os usuários (Radovic et al., 2016; Sarwar & Soomro, 2013), o acesso às redes sociais, a utilização de e-mail, dentre diversas outras atividades práticas e exploratórias, como visualizar notícias e o uso variado de aplicativos (p. ex., navegação pelo Sistema de Posicionamento Global (GPS)). Atualmente, em um contexto em que a população aumenta a uma taxa de cerca de duas pessoas por segundo (equivalente a 1,2% ao ano), há mais aparelhos de celulares no mundo do que pessoas e os *tablets* e *smartphones* estão se multiplicando cinco vezes mais rápido do que os humanos (Independent, 2018).

Entre os países com maior número de usuários de *smartphones* estão China e Estados Unidos da América (Statista Inc., 2018). Segundo a 29ª Pesquisa Anual de Administração e Uso de Tecnologia da Informação nas Empresas, realizada pela Fundação Getúlio Vargas de São Paulo (FGV-SP), no Brasil, temos 220 milhões de *smartphones* e, de acordo com o levantamento, realizado em dezembro de 2017, aproxima-

damente 210 milhões de habitantes. Ainda em 2018 o Brasil terá 306 milhões de dispositivos portáteis em uso, incluindo *smartphones*, *notebooks* e *tablet*s (Meirelles, 2018).

A internet também apresenta grande número de uso, com quatro bilhões de usuários em todo o mundo (Internet World Stats, 2017). Com isso, nossos hábitos, comportamentos diários e formas de expressão vêm mudando a partir das mudanças na comunicação por meio das novas tecnologias (Lazer et al., 2009; Oberst, Wegmann, Stodt, Brand, & Chamarro, 2017). Esse desenvolvimento e crescimento exponencial no uso da internet e *smartphones* têm implicações para diversas áreas, incluindo a da saúde (Beckmann & Lew, 2016; Meier, Fitzgerald, & Smith, 2013; Steinhubl, Muse, & Topol, 2015; Kleiman & Nock, 2018), e especificamente o campo da saúde mental (Glenn & Monteith, 2014; Torous et al., 2015).

Apesar do grande número de usuários das tecnologias e da aplicação tecnológica em pesquisas de diversas áreas, as pesquisas clínicas voltadas para área da saúde mental ainda são escassas (Torous & Roberts, 2017). Apesar disso, nos últimos anos tem-se observado um aumento gradual de pesquisas utilizando a tecnologia como fonte de informações relevante para a saúde mental, o que tem gerado uma crescente discussão sobre expectativas de avanços importantes na prática da psiquiatria e psicologia como resultado desta integração (*e. g.*, Golbeck, Robles, Edmondson, & Turner, 2011; Quercia, Lambiotte, Stillwell, Kosinski, & Crowcroft, 2012; Lambiotte & Kosinski, 2014).

Nessa perspectiva, novas áreas relacionando a tecnologia e a saúde mental podem surgir, desde que os avanços tecnológicos permitam seu desenvolvimento e estabelecimento. Este é o caso do campo emergente, que tem sido chamado de *digital phenotyping*. Esse termo se refere às informações geradas espontaneamente pelo usuário durante suas atividades no ambiente virtual, como, por exemplo, manuseio de redes sociais ou buscas na internet (Torous, Kiang, Lorme, & Onnela, 2016). Assim, de acordo com os autores, o usuário deixará, momento a momento, dados digitais do seu fenótipo enquanto se comporta selecionando e usando variadas aplicações propiciadas pelos dispositivos digitais. Esse campo de pesquisa surgiu para lidar com variadas demandas do uso da informação digital (*i. e.*, comportamento digital) na saúde mental. Pesquisas vêm sendo desenvolvidas para compreender o funcionamento dos usuários a partir dessas informaçõcs deixadas por eles na internet, das quais também se destaca o uso da nomenclatura rastros ou pegadas digitais (*i. e.*, *digital foot-prints*; cf. Kosinski, Stillwell, & Graepel, 2013; Venkatesh & Christensen, 2017).

Entre os construtos tipicamente investigados nesse contexto, os traços da personalidade têm sido foco constante das pesquisas. A maior parte dos estudos concentra-se nos aspectos saudáveis da personalidade rastreados por informações digitais, os rastros ou pegadas digitais, a partir da perspectiva do modelo dos Cinco Grandes Fatores (CGF) (Kosinski et al., 2013; Park et al., 2015; Youyou, Kosinski, & Stillwell, 2015). Pesquisas com foco nos aspectos patológicos da personalidade e suas relações com os rastros digitais são mais escassas, apesar de evidências sugerirem que as informações postadas em sítios virtuais são importantes vias de acesso aos traços patológicos da personalidade (Moreau, Laconi, Delfour, & Chabrol, 2015; Pearson & Hussain, 2015; Toseeb & Inkster, 2015). Este capítulo objetiva apresentar um panorama geral das perspectivas futuras para avaliação e diagnóstico dos transtornos da personalidade a partir do *digital phenotyping*.

Digital phenotyping: conceitos e construtos relacionados

Além do campo de estudo focando nos rastros digitais e traços da personalidade tipicamente avaliados pelo CGF, há um nicho de estudos direcionado para a perspectiva da biologia digital, com maior interesse voltado para os biomarcadores digitais (cf. *Digital Biomarkers Journal*), investigando o uso de biossensores para coletar dados digitais relacionados a aspectos biológicos, anatômicos ou fisiológicos, bem como utilizando algorítimos para transformação desses dados em informações interpretáveis (Torous et al., 2015). Embora os nichos voltados para rastros digitais e biomarcadores digitais sejam relacionados a dados digitais (cf. Adams et al., 2017), o primeiro tem como foco aspectos saudáveis do comportamento digital (Inkster, Stillwell, Kosinski, & Jones, 2016) enquanto o segundo considera aspectos fisiológicos dos transtornos mais do que suas características comportamentais. Nenhum desses campos de estudo tem como foco das atenções os aspectos patológicos e comportamentais ao mesmo tempo.

Com o objetivo de lidar com os diversos aspectos das patologias em humanos (*e. g.*, diagnóstico e tratamento) e a expressão dos transtornos mentais por meio do comportamento digital, em 2015 um novo campo emergiu, chamado *digital phenotyping* (ou *digital phenotype*) (Jain, Powers, Hawkins, & Brownstein, 2015; Torous et al., 2016). Diferente do campo de rastros digitais, focando em aspectos psicológicos positivos/saudáveis, e do campo dos biomarcadores digitais, focando em processos biológicos e fisiológicos, o *digital phenotyping* representa uma área de pesquisa que lida com a quantificação do fenótipo humano manifestado por meio do comportamento digital, focando na expressão digital dos transtornos mentais.

De fato, o primeiro nome dado ao grupo de informações derivado da interação entre humanos e tecnologia foi *digital phenotype* (Jain et al., 2015). Esse conceito refere-se a quanto *"a interação de um indivíduo com as tecnologias digitais afeta todo o espectro da doença humana, desde o diagnóstico, tratamento e gerenciamento de doenças crônicas"* (no original: *"an individual's interaction with digital technologies affects the full spectrum of human disease from diagnosis, to treatment, to chronic disease management"* (p. 462)). Em outras palavras, o *digital phenotype* diz respeito à quantidade de dados relacionados à saúde que alguém fornece por meio da interação com a tecnologia (Wiederhold, 2016). De acordo com os autores que propuseram esse termo (Jain et al., 2015), o conceito de *digital phenotype* permite a expansão na habilidade para diagnosticar condições médicas, redefinindo o que nós sabemos sobre a expressão das doenças.

Também em 2015, considerando o conceito e as implicações relacionados ao *digital phe-notype*, o termo *digital phenotyping* foi proposto (Torous et al., 2016), definido como a quantificação consecutiva do fenótipo humano em nível individual utilizando dados fornecidos de *smartphones* e outros acessórios digitais. Nesse caso, Torous et al. (2016) clarificaram e operacionalizaram o conceito do *digital phenotyping* (DP) em relação ao potencial de acesso à informação sobre as pessoas, no nível individual e na vida cotidiana (*i. e.*, *in-situ*), utilizando não somente *smartphones*, mas qualquer dispositivo tecnológico.

A coleta de dados no contexto do DP é caracterizada pela captura dos comportamentos das pessoas, as experiências cotidianas e interações com o ambiente, utilizando tanto avaliações ativas (*e. g.*, questionários) como avaliações passivas (*e. g.*, número de ligações, tom da voz ou trajetórias baseadas no GPS). Tal qual pode ser observado, diferente dos nichos de rastreio digital e biomarcadores digitais, o DP tem como foco aspectos dos transtornos psiquiátricos (Torous, Onnela, & Keshavan, 2017), concordando com o conceito corrente de digitalização da mente (Barrett, Steinhubl, Muse, & Topol, 2017).

Muitas são as implicações práticas para os transtornos psiquiátricos, em termos de avaliação, diagnóstico e intervenção, a partir da perspectiva do DP. Por exemplo, avaliação dos comportamentos de uso de *smartphones* para predição de transtornos mentais (*e. g.*, ginger.io), plataformas para o gerenciamento de dados pessoais (*e. g.*, MyData) e para uso em pesquisass biomédicas (*e. g.*, plataforma Beiwe), dispositivos digitais para rastreio da saúde física e mental (*e. g.*, simband da Samsung), sistema inteligente de saúde pública para monitoramente de doenças epidêmicas (*i. e.*, HealthMap), e jogos para gerenciamento e melhoria cognitiva (*e. g.*, NeuroRacer). Além disso, laboratórios focados em pesquisas sobre DP e tópicos relacionados já foram estabelecidos (*e. g.*, Onnela Lab da Harvard School of Public Health).

Corroborando a tendência atual acerca do DP, compreendemos que, mais que possível, é desejável que os dados gerados a partir da relação entre a interface humana e a tecnologia em saúde mental sejam utilizados para pesquisas especificamente tratando de categorias diagnósticas específicas. Embora exista o reconhecimento da possibilidade prática ampla de uso do DP na psiquiatria de um modo geral (Torous et al., 2017a; Torous, Firth, Mueller, Onnela, & Baker, 2017b), ainda existe um número relativamente pequeno de estudos que tenham como foco algum diagnóstico específico dentro dessa perspectiva (*e. g.*, Torous et al., 2017b; Ben--Zeev et al., 2017), provavelmente por causa da recenticidade desta área de estudo. Uma das categorias diagnósticas que podem se beneficiar de estudos sob a ótica do DP é a dos transtornos da personalidade (TP – APA, 2013). As buscas assistemáticas realizadas para confecção deste texto não possibilitaram que estudos e referências focando nos TPs na perspectiva do DP fossem encontrados, embora pesquisas com rastros digitais sirvam como base para este novo campo.

Digital phenotyping e transtornos da personalidade: aplicações e implicações

As aplicações do DP para TPs dependem da publicação de estudos, formando uma base inicial de evidências empíricas. Embora evidências empíricas vindas de estudos claramente baseados no DP talvez ainda não tenham sido apresentadas para a área de TPs, achados prévios podem fornecer suporte inicial para esse campo. Por exemplo, estudos investigando a relação entre a autopromoção e comportamentos antissociais no Facebook com traços narcisistas e antissociais (Carpenter, 2012); correlações entre o comportamento de postar *selfies* em redes sociais online (RSO) e traços narcisistas e psicopatas (McCain et al., 2016); desenvolvimento de modelos preditivos para predição de traços psicopatas baseados nos comportamentos observados no Twitter (Preotiuc-Pietro, Carpenter, Giorgi, & Ungar, 2016); relação entre comportamentos de autopromoção no Instagram e traços patológicos de narcisismo (Moon, Lee, Lee, Choi, & Sung, 2016). Além disso, revisões sistemáticas e metanálises (Carvalho & Pianowski, 2017; Gnambs & Appel, 2017; Liu & Baumeister, 2016) encontraram traços narcisistas como os mais recorrentes nos estudos realizados até o presente momento. Duas dessas revisões (Gnambs & Appel, 2017; Liu & Baumeister, 2016) utilizaram todos os tipos de dados relacionados ao narcisismo e ao comportamento em RSO, incluindo autorrelato, e uma outra (Carvalho & Pianowski, 2017) considerou somente dados baseados em informações que podem ser extraídas da internet sem a interferência dos usuários (*i. e.*, informações típicas de DP). Em todos os casos, os pesquisadores encontraram relações fortes entre traços narcisistas e o número de amigos nas RSO.

Pela ótica do DP, o uso da tecnologia para acessar novas fontes de informação (*i. e.*, fontes antes não usadas ou não existentes) pode ir além do que a psiquiatria tradicional já fornece. Por exemplo, podemos considerar um paciente clinicamente diagnosticado com TP borderline. Em relação aos traços principais desse transtorno (*i. e.*, instabilidade de humor, impulsividade, comportamento de tomada de risco e tendência a automutilação), os dados fornecidos por um *smartphone* pode permitir encontrar padrões de comportamento como, por exemplo, comportamento dependente em postagens de textos e imagens nas RSO, padrões erráticos ou exagerados para responder e enviar mensagens e ligações, comportamentos de risco rastreados por GPS, e até mesmo impulsividade medida por acessórios com avaliação fisiológica (p. ex., batimentos cardíacos e condutância da pele).

Uma vez que os procedimentos típicos do DP comecem a ser utilizados para avaliação e diagnóstico de TPs, diversas implicações benéficas devem ser observadas. Os benefícios gerais no uso do DP em psiquiatria foram discutidos previamente (Jain et al., 2015; Onnela & Rauch, 2016), e provavelmente possa ser aplicado para qualquer categoria diagnóstica, incluindo os TPs. Entre as principais vantagens, podemos destacar: acesso a uma quantidade virtualmente infinita de informação (*e. g.*, por meio de RSO; utilizando acessórios digitais específicos, baseado na tecnologia de *smartphones*, como GPS ou câmeras), o que pode levar a determinação de novos padrões disfuncionais para grupos clínicos (*e. g.*, adicionando ou refinando critérios do TP narcisista) ou até mesmo estabelecendo novos transtornos (*e. g.*, reincluir TPs excluídos dos manuais atuais), bem como reconhecer grupos de risco; acesso a um número sem precedente de pessoas, potencialmente aumentando o acesso aos cuidados da saúde; coleta de dados rápida, sem custos e ecológica (*i. e.*, *in-situ*); acesso à informação independentemente da pessoa (*i. e.*, dados passivos, que não consumam tempo e não impliquem erros relacionados à percepção e interpretação do avaliado), que permitem o acesso a informações (*e. g.*, GPS e tom de voz) não acessíveis por outros meios; comunicação entre os dados coletados e diversas outras informações relevantes relacionadas à saúde, como informações genéticas e de testes laboratoriais; possibilidade de estabelecimento de um modelo psiquiátrico prioritariamente baseado em predição (*i. e.*, prevenção e detecção prematura) e não emergencial, possibilitando a identificação de sintomas antes da expressão do fenótipo tradicional.

Em última instância, todos os benefícios listados se referem à possibilidade de melhorias nas intervenções (*e. g.*, rastreio de trajetórias de risco individuais) para os diversos transtornos mentais, incluindo os TPs. Nesse contexto, o refinamento diagnóstico e o avaliativo devem implicar aprimoramento na tomada de decisão em relação a procedimentos interventivos adequados para cada diagnóstico, bem como os dispositivos tecnológicos poderão ser utilizados como intervenções por si sós ou como complemento às intervenções tradicionais, por exemplo, em conjunto aos remédios (Hird, Ghosh, & Kitano, 2016).

Além disso, uma das principais questões relacionadas aos TPs, corrente e controversa, está relacionada à existência ou não de alguns desses transtornos (cf. o modelo alternativo para TPs; APA, 2013). Essa questão tem sido debatida e soluções têm sido propostas na última década, e inclui críticas quanto aos critérios que compõem cada um dos TPs e como esses critérios podem e devem ser agrupados. Recentemente um modelo foi proposto na tentativa de revistar a nosologia tradicional em saúde mental (cf. Kotov et al., 2017). O uso de procedimentos típicos do DP para esse caso, como a coleta de dados em tempo real por meio de dados passivos em *smartphones*, pode facilitar a lidar com questões como essas, auxiliando na determinação de padrões disfuncionais empiricamente verificados e/ou no estabelecimento de novos padrões a serem estudados.

Digital phenotyping: desafios na área

Tal qual tipicamente ocorre em campos emergentes, há muito o que ser feito antes que a perspectiva do DP seja completamente adotada e aplicada em psiquiatria (Jain et al., 2015; Torous et al., 2016; Venkatesh & Christensen, 2017; Onnela & Rauch, 2016) e mais especificamente para o diagnóstico dos TPs. O primeiro desafio é o estabelecimento de equipes de trabalho multiprofissionais qualificadas para implementar as tecnologias requeridas para coleta de dados; então, deve-se desenvolver plataformas integrativas (para ambos sistemas, Apple e Android) e de acesso aberto para armazenamento, agrupamento e compartilhamento de dados.

Uma vez que os dispositivos e as plataformas já estejam operando, será necessário que investigações sejam conduzidas em relação às variáveis comportamentais e fisiológicas relevantes para predição de traços patológicos da personalidade e convertidas em dados digitais brutos; em outras palavras, o padrão de funcionamento patológico no ambiente virtual dos vários TPs precisará ser investigado e determinado. Conhecer os padrões patológicos nos ambientes virtuais, e de acordo com dados fisiológicos, permitirá a comparação desses padrões com as linhas de base de grupos amostrais, favorecendo a predição primária desses transtornos psiquiátricos. A aplicação e o reconhecimento desses padrões também dependerão da verificação de quais são as análises adequadas para se trabalhar com os dados brutos, incluindo algorítimos de *deep learning* e *machine learning* (*e. g.*, Saeb, Cybulski, Schueller, Kording, & Mohr, 2017).

A clareza das diretrizes éticas quanto a como as informações podem e devem ser utilizadas (*e. g.*, privacidade e responsabilidade aos dados) é tão importante quanto os benefícios, o processo de estabelecimento de um novo campo de investigação e quanto as produções que surgem de suas aplicações práticas. Tópico esse que já está em discussão (*e. g.*, Torous & Nebeker, 2017; Torous & Roberts, 2017). Considerando a falta de restrições operacionais, típica da era digital, as preocupações com questões éticas são desafiadas pela amplitude e abertura do ambiente virtual (Onnela & Rauch, 2016; Torous & Nebeker, 2017; Torous et al., 2017a; Venkatesh & Christensen, 2017). Os aspectos éticos tradicionais, como confidencialidade e segurança, vêm desafiando os cientistas na discussão sobre os impactos mais amplos da integração emergente das ferramentas e dados digitais e práticas de saúde (cf. Torous & Nebeker, 2017).

Considerações finais

Até o presente momento, as evidências iniciais indicam expectativas de melhorias a partir das aplicações do DP para as várias condições em saúde mental, tal qual os TPs, o que deverá expandir os conceitos das psicopatologias e a própria visão quanto a essas condições (*e. g.*, auxiliando a determinar a natureza taxonômica dos transtornos; Onnela & Rauch, 2016; Torous et al., 2016; Wiederhold, 2016). Afirmar que o DP irá resolver a dificuldade persistente em saúde mental, *i. e.*, a quantificação dos fenótipos patológicos, talvez não seja uma afirmação exagerada. Entretanto, é ainda muito cedo para se afirmar o quão viável e longe as aplicações do DP de fato irão no incremento dos conhecimentos atualmente estabelecidos. Além disso, tal qual apresentado anteriormente, diversos obstáculos ainda precisam ser abordados e resolvidos. A partir disso, uma vez que esses obstáculos tenham sido superados e diretrizes éticas tenham sido claramente estabelecidas, pesquisadores e profissionais atuantes na assistência em saúde mental precisarão estar preparados para lidar com as inserções práticas do DP na rotina profissional dos variados âmbitos em saúde mental (*e. g.*, Mohr, Weingardt, Reddy, & Schueller, 2017).

Referências

Adams, Z.W., McClure, E.A., Gray, K.M., Danielson, C.K., Treiber, F.A., & Ruggiero, K.J. (2017). Mobile devices for the remote acquisition of physiological and behavioral biomarkers in psychiatric clinical research. *Journal of Psychiatric Research, 85*, 1-14 [doi: 10.1016/j.jpsychires.2016.10.019].

American Psychiatric Association (2013). *Diagnostic and Statistical Manual of Mental Disorders.* Arlington, VA: American Psychiatric Association.

Barrett, P.M., Steinhubl, S.R., Muse, E.D., & Topol, E.J. (2017). Digitising the mind. *The Lancet, 389*(10.082), 1877 [doi: 10.1016/S0140-6736(17)31218-7].

Beckmann, J.S. & Lew, D. (2016). Reconciling evidence-based medicine and precision medicine in the era of big data: challenges and opportunities. *Genome Medicine, 8*(1), 134 [doi: 10.1186/s13073-016-0388-7].

Ben-Zeev, D., Brian, R., Wang, R., Wang, W., Campbell, A.T., Aung, M.S.H. ..., & Scherer, E.A. (2017). CrossCheck: Integrating self-report, behavioral sensing, and smartphone use to identify digital indicators of psychotic relapse. *Psychiatric Rehabilitation Journal, 40*, 266-275 [doi: 10.1037/prj0000243].

Carpenter, C.J. (2012). Narcissism on Facebook: Self-promotional and anti-social behavior. *Personality and individual differences, 52*(4), 482-486 [doi: 10.1016/j.paid.2011.11.011].

Carvalho, L.F. & Pianowski, G. (2017). Pathological personality traits assessment using Facebook: systematic review and meta-analyses. *Computers in Human Behavior, 71*, 307-317 [doi: 10.1016/j.chb.2017.01.061].

Glenn, T. & Monteith, S. (2014). New measures of mental state and behavior based on data collected from sensors, smartphones, and the Internet. *Current Psychiatry Reports, 16*(12), 523 [doi: 10.1007/s11920-014-0523-3].

Gnambs, T. & Appel, M. (2017). Narcissism and Social Networking Behavior: A Meta-Analysis. *Journal of Personality, 86*(2), 200-212 [doi: 10.1111/jopy.12305].

Golbeck, J., Robles, C., Edmondson, M., & Turner, K. (2011). Predicting personality from twitter. In *Privacy, Security, Risk and Trust Passat and Ieee Third International Conference on Social Computing SocialCom*, 149-156.

Hird, N., Ghosh, S., & Kitano, H. (2016). Digital health revolution: perfect storm or perfect opportunity for pharmaceutical R&D? *Drug Discovery Today, 21*(6), 900-911 [doi: 10.1016/j.drudis.2016.01.010].

Independet (2018). *There are officially more mobile devices than people in the world* [Recuperado de https://www.independent.co.uk/life-style/gadgets-and-tech/news/there-are-officially-more-mobile-devices-than-people-in-the-world-9780518.html].

Inkster, B., Stillwell, D., Kosinski, M., Jones, P. (2016). A decade into Facebook: where is psychiatry in the digital age? *The Lancet Psychiatry, 3*(11), 1.087-1.090 [doi: 10.1016/S2215-0366(16)30041-4].

Internet World Stats (2017). *Internet Usage Statistics* [Recuperado de https://internetworldstats.com/].

Jain, S.H., Powers, B.W., Hawkins, J.B., Brownstein, J.S. (2015). The digital phenotype. *Nature Biotechnology, 33*(5), 462-463 [doi: 10.1038/nbt.3223].

Kleiman, E.M. & Nock, M.K. (2018). Real-time assessment of suicidal thoughts and behaviors. *Current Opinion in Psychology, 22*, 33-37 [doi: 10.1016/j.copsyc.2017.07.026].

Kosinski, M., Stillwell, D., & Graepel, T. (2013). Private traits and attributes are predictable from digital records of human behavior. *Proceedings of the National Academy of Sciences, 110*(15), 5.802-5.805 [doi: 10.1073/pnas.1218772110].

Kotov, R., Krueger, R.F., Watson, D., Achenbach, T.M., Althoff, R.R., Bagby, R.M. et al. (2017). The Hierarchical Taxonomy of Psychopathology (HiTOP): A dimensional alternative to traditional nosologies. *Journal of Abnormal Psychology, 126*(4), 454-477 [doi: 10.1037/abn0000258].

Lambiotte, R. & Kosinski, M. (2014). Tracking the digital footprints of personality. *Proceedings of the Ieee, 102*, 1.934-1.939 [doi: 10.1109/JPROC.2014.2359054].

Lazer, D., Pentland, A., Adamic, L., Aral, S., Barabasi, A.L., Brewer, D., Christakis, N. et al. (2009). Computational social science. *Science, 323*(5.915), 721-723 [doi: 10.1126/science.1167742].

Liu, D. & Baumeister, R.F. (2016). Social networking online and personality of self-worth: A meta-analysis. *Journal of Research in Personality, 64*, 79-89 [doi: 10.1016/j.jrp.2016.06.024].

McCain, J.L., Borg, Z.G., Rothenberg, A.H., Churillo, K.M., Weiler, P., & Campbell, W.K. (2016). Personality and selfies: Narcissism and the Dark Triad. *Computers in Human Behavior, 64*, 126-133 [doi: 10.1016/j.chb.2016.06.050].

Meier, C.A., Fitzgerald, M.C., & Smith, J.M. (2013). eHealth: extending, enhancing, and evolving health care. *Annual Review of Biomedical Engineering, 15*, 359-382 [doi: 10.1146/annurev-bioeng-071812-152350].

Meirelles, F.S. (2018). *29ª Pesquisa Anual do Uso de TI* [Recuperado de https://eaesp.fgv.br/sites/eaesp.fgv.br/files/pesti2018gvciappt.pdf].

Mohr, D.C., Weingardt, K.R., Reddy, M., & Schueller, S.M. (2017). Three Problems With Current Digital Mental Health Research... and Three Things We Can Do About Them. *Psychiatric Services, 68*, 5 [Recuperado de https://ps.psychiatryonline.org/doi/pdf/10.1176/appi.ps.201600541].

Moon, J.A., Lee, E., Lee, J.-A., Choi, T.R., & Sung, Y. (2016). The role of narcissism in self-promotion on Instagram. *Personality and Individual Differences, 101*, 22-25 [doi: 10.1016/j.paid.2016.05.042].

Moreau, A., Laconi, S., Delfour, M., & Chabrol, H. (2015). Psychopathological profiles of adolescent and young adult problematic Facebook users. *Computers in Human Behavior, 44*, 64-69 [doi: 10.1016/j.chb.2014.11.045].

Oberst, U., Wegmann, E., Stodt, B., Brand, M., & Chamarro, A. (2017). Negative consequences from heavy social networking in adolescents: The mediating role of fear of missing out. *Journal of Adolescence, 55*, 51-60 [doi: 10.1016/j.adolescence.2016.12.008].

Onnela, J.P. *Lab da Harvard School of Public Health* [Recuperado de https://www.hsph.harvard.edu/onnela-lab/].

Onnela, J.P. & Rauch, S.L. (2016). Harnessing Smartphone-Based Digital Phenotyping to Enhance Behavioral and Mental Health. *Neuropsychopharmacology, 41*(7), 1.691-1.696 [doi: 10.1038/npp.2016.7].

Park, G., Schwartz, H.A., Eichstaedt, J.C., Kern, M.L., Kosinski, M., Stillwell, D.J. et al. (2015). Automatic personality assessment through social media language. *Journal of Personality and Social Psychology, 108*(6), 934-952 [doi: 10.1037/pspp0000020].

Pearson, C. & Hussain, Z. (2015). Smartphone Use, Addiction, Narcissism, and Personality: A Mixed Methods Investigation. *International Journal of Cyber Behavior, Psychology and Learning, 5*(1), 17-32 [doi: 10.4018/ijcbpl.2015010102].

Preotiuc-Pietro, D., Carpenter, J., Giorgi, S., & Ungar, L. (2016). Studying the Dark Triad of Personality through Twitter Behavior. *Conference: the 25th ACM Internacional*, 761-770 [doi: 10.1145/2983323.2983822].

Quercia, D., Lambiotte, R., Stillwell, D., Kosinski, M., & Crowcroft, J. (2012). *The personality of popular facebook users*. Conference on computer supported cooperative work, Seattle, *955-964* [doi: 10.1145/2145204.2145346].

Radovic, A., Vona, P.L., Santostefano, A.M., Ciaravino, S., Miller, E., & Stein, B.D. (2016). Smartphone applications for mental health. *Cyberpsychology & Behavior, 19*(7), 465-470 [doi: 10.1089/cyber.2015.0619].

Saeb, S., Cybulski, T.R., Schueller, S.M., Kording, K.P., & Mohr, D.C. (2017). Scalable passive sleep monitoring using mobile phones: Opportunities and obstacles. *J Med Internet Res, 19*(4), e118.

Sarwar, M. & Soomro, T.R. (2013). Impact of smartphone's on society. *European Journal of Scientific Research, 98*(2), 216-226 [Recuperado de http://s3.amazonaws.com/academia.edu.documents/37269766/tech_writ.pdf?AWSAccessKeyId=AKIAIWOWYYGZ2Y53UL3A&Expires=1495466839&Signature=zdcPV7FFOrXlxi12DOOwtsKQ7fE%3D&response-content-disposition=inline%3B%20filename%3DImpact_of_Smartphone.pdf].

Statista Inc. (2018). *Number of smartphones users worldwide from 2014 to 2020 (in billions)* [Recuperado de https://www.statista.com/statistics/330695/num-ber-of-smartphone-users-worldwide/].

Steinhubl, S.R., Muse, E.D., & Topol, E.J. (2015). *The emerging field of mobile health. Science Translational Medicine, 7*(283), 283rv3-283rv3 [doi: 10.1126/scitranslmed.aaa3487].

Torous, J., Firth, J., Mueller, N., Onnela, J.P., & Baker, J.T. (2017b). Methodology and Reporting of Mobile Heath and Smartphone Application Studies for Schizophrenia. *Harvard Review of Psychiatry, 25*(3), 146-154 [doi: 10.1097/HRP.0000000000000133].

Torous, J., Kiang, M.V., Lorme, J., & Onnela, J.P. (2016). New tools for new research in psychiatry: a scalable and customizable platform to empower data driven smartphone research. *JMIR Mental Health, 3*, e16 [doi: 10.2196/mental.5165].

Torous, J. & Nebeker, C. (2017). Navigating Ethics in the Digital Age: Introducing Connected and Open Research Ethics (Core), a Tool for Researchers and Institutional Review Boards. *Journal of Medical Internet Research, 19*(2), e38 [doi: 10.2196/jmir.6793].

Torous, J., Onnela, J.P., & Keshavan, M. (2017a). New dimensions and new tools to realize the potential of RDoC: digital phenotyping via smartphones and connected devices. *Translational Psychiatry, 7*(3), e1053 [doi: 10.1038/tp.2017.25].

Torous, J. & Roberts, L.W. (2017). Needed Innovation in Digital Health and Smartphone Applications for Mental Health: Transparency and Trust. *Jama Psychiatry, 74*(5), 437-438 [doi:10.1001/jamapsychiatry.2017.0262].

Torous, J., Staples, P., Shanahan, M., Lin, C., Peck, P., Keshavan, M., & Onnela, J.P. (2015). Utilizing a personal smartphone custom app to assess the patient health questionnaire-9 PHQ-9 depressive symptoms in patients with major depressive disorder. *Jmir Mental Health, 2*, e8 [doi: 10.2196/mental.3889].

Toseeb, U. & Inkster, B. (2015). Online social networking sites and mental health research. *Frontiers in Psychiatric, 6*, 36 [doi: 10.3389/fpsyt.2015.00036].

Venkatesh, S. & Christensen, H. (2017). Using life's digital detritus to feed discovery. *The Lancet Psychiatry, 4*(3), 181 [doi: 10.1016/S2215-0366(16)30351-0].

Wiederhold, B.K. (2016). Using Your Digital Phenotype to Improve Your Mental Health. *Cyberpsychology, Behavior, and Social Networking, 19*(7), 419s. [doi: 10.1089/cyber.2016.29039.bkw].

Youyou, W., Kosinski, M., & Stillwell, D. (2015). Computer-based personality judgments are more accurate than those made by humans. *Psychological and Cognitive Sciences, 112*(4), 1.036-1.040 [doi: 10.1073/pnas.1418680112].

50
Avaliação e diagnóstico dos transtornos da personalidade: modelos categórico, dimensional e híbrido

Sérgio Eduardo Silva de Oliveira

As pessoas se diferenciam umas das outras por um conjunto de características que as tornam únicas. Essas características fazem parte de um todo complexo, dinâmico e multideterminado, tanto por elementos internos (biológicos e psicológicos) quanto por componentes externos (ambientais e culturais), o qual pode ser chamado de personalidade. Vale salientar que há uma dificuldade de se definir esse construto de forma consensual entre os estudiosos da Psicologia da Personalidade. Diferentes escolas psicológicas tentam conceituar personalidade e muitas vezes essas definições se complementam e em outras tantas se contradizem. Apesar dessas inconsistências, a personalidade é um dos principais focos de interesse das ciências psicológicas. Para além das diferenças entre as abordagens, os cientistas tendem a concordar que a personalidade pode ser definida como um padrão, relativamente estável ao longo do tempo, de pensar, sentir, comportar e interagir consigo mesmo, com o outro e com o mundo.

O jeito de ser de uma pessoa (i. é, sua personalidade) pode ser tanto fonte de prazer e satisfação na vida quanto fonte de sofrimento e prejuízos. Um transtorno da personalidade é identificado justamente quando uma pessoa apresenta um padrão de comportamentos mal-adaptativos, o qual resulta em sofrimento ou em prejuízos psicossociais para a própria pessoa e/ou para os

que a cercam. O presente capítulo tem como objetivo apresentar três modelos conceituais e diagnósticos de transtornos da personalidade, bem como discutir formas de avaliação.

Conceitos-chave da Psicologia da Personalidade

Antes de discutirmos a patologia da personalidade e alguns modelos diagnósticos, penso ser necessário esclarecer alguns conceitos-chave que profissionais e cientistas da Psicologia da Personalidade utilizam nas discussões acerca do tema. Para iniciar, vamos diferenciar os conceitos de *temperamento, caráter* e *personalidade*. A palavra *temperamento* é utilizada para se referir ao componente inato e hereditário de reatividade emocional, motora e atencional aos estímulos internos e externos, assim como à capacidade autorregulatória dessas reações (Rothbart & Bates, 2006). O temperamento pode ser observado em bebês (Bornstein et al., 2015) e tem influência sobre a personalidade (Sterry et al., 2010). O *caráter*, por sua vez, refere-se aos aspectos morais, valorativos e de violação de regras da personalidade. O caráter tem menos influência hereditária, é construído ao longo do desenvolvimento e é influenciado por processos de maturação (Cloninger, Bayon, & Svrakic, 1998). Por fim, a *personalidade*, de acordo com a definição de

Allport (1937) – o pai da Psicologia da Personalidade – pode ser entendida como "a organização dinâmica dentro do indivíduo dos sistemas psicológicos que determinam seu ajustamento único ao seu ambiente" (p. 48). A personalidade é um conceito maior e engloba os conceitos de temperamento e caráter.

Outras palavras-chave que merecem atenção são *traços*, *fatores*, *domínios*, *facetas* e *estruturas* da personalidade. A expressão *traços de personalidade* foi sistematizada principalmente por Allport e refere-se a estruturas neuropsicológicas que subjazem os padrões de pensamento, sentimento e comportamento que um indivíduo apresenta em resposta a uma demanda específica do ambiente (Roberts & Jackson, 2008). Os *fatores da personalidade*, por sua vez, se assemelham aos traços, mas têm a especificidade de serem determinados de forma empírica por meio de análises fatoriais. Essa perspectiva foi principalmente desenvolvida por Cattell, o qual inicia uma abordagem psicométrica da personalidade (Cattell, 1943). Os *domínios* e *facetas da personalidade* são palavras usadas para descrever traços amplos da personalidade (domínios) e traços específicos da personalidade (facetas). O termo faceta foi introduzido por Costa e McCrae (1985) no primeiro manual do Inventário de Personalidade NEO e refere-se a um aspecto específico e único de um traço mais amplo da personalidade. Por exemplo, o domínio Extroversão (traço amplo da personalidade) é constituído pela faceta Acolhimento (traço específico da personalidade). Esses conceitos de domínios e facetas da personalidade também advêm de análises fatoriais e estão associados à *estrutura da personalidade*. Essa expressão é usada para indicar a organização empírica, por meio de análises fatoriais, dos componentes da personalidade em diferentes níveis hierárquicos.

Avaliação e diagnóstico da personalidade: do processo ao produto

Existem diferentes formas e modelos de avaliação da personalidade. O profissional pode optar por aquele método que melhor atende suas necessidades e bases teóricas. De modo geral, a avaliação da personalidade pode ser feita com base em cinco técnicas distintas: 1) observação direta do comportamento; 2) entrevista; 3) testes objetivos; 4) testes projetivos ou impressionistas; e 5) testes expressivos (Wellausen & Oliveira, 2016). Essas técnicas podem (e, muitas vezes, devem) ser aplicadas conjuntamente. Por exemplo, recomendo que a observação e a entrevista sempre façam parte do processo avaliativo da personalidade, independente das outras técnicas que serão empregadas. A seleção do(s) teste(s) e a introdução dele(s) no plano de avaliação requerem cuidados técnicos, como orientam Wellausen & Oliveira (2016) e Oliveira (2018a).

O produto da avaliação da personalidade pode ser em nível descritivo e/ou nosológico. Caso o profissional tenha o objetivo de avaliar o perfil de personalidade de uma pessoa, o resultado será descritivo, apresentando a forma como os principais traços de personalidade caracterizam essa pessoa. Agora, caso o foco do profissional seja verificar a presença de algum transtorno da personalidade, o produto da avaliação será um diagnóstico nosológico (quando for identificado um quadro patológico). Para aprofundar o processo de avaliação e diagnóstico da personalidade recomendo a leitura de Oliveira (2018a, 2018b) e de Wellausen e Oliveira (2016).

Personalidade saudável e patológica

Um mesmo traço de personalidade varia de pessoa para pessoa e pode inclusive variar dentro de uma amplitude saudável ou em uma amplitude patológica, resultando em comportamentos mal-adaptativos. Por exemplo, a faceta Acolhimento do domínio Extroversão, em pessoas psicologicamente saudáveis, pode variar de condutas de afeto e espontaneidade a atitudes de reserva e formalidade. Em pessoas com funcionamento patológico, os comportamentos desse traço podem variar de intensa conexão a frieza (Widiger & Mullins-Sweatt, 2009). Os graus de adaptabilidade e flexibilidade de um traço são indicadores de saúde ou patologia. Para que um traço seja considerado mal-adaptativo ele deve satisfazer o critério dos três "P"s, isto é, ele deve ser patológico (diferente da cultura), pervasivo (expresso em diferentes contextos) e persistente (duradouro) (Oliveira, 2018a). Os traços patológicos da personalidade podem ou gerar sofrimento para a pessoa ou trazer prejuízos sociais, familiares, ocupacionais ou mesmo legais.

Existem diferentes modelos de compreensão, avaliação e diagnóstico da personalidade. Os principais são: o modelo estrutural (cf. Oliveira & Bandeira, 2013, 2018); o prototípico (cf. Wellausen & Trentini, 2013, 2018); o categórico (American Psychiatric Association, 2014); o dimensional (Mullins-Sweatt, 2013); e o híbrido (American Psychiatric Association, 2014). São objetos de interesse deste capítulo discutir os modelos categórico, dimensional e híbrido.

Modelo categórico de diagnóstico da personalidade

O modelo de diagnóstico de transtornos da personalidade mais utilizado por psicólogos e psiquiatras, até o presente momento, é o categórico. Com base nesse modelo, o clínico identifica um conjunto de sintomas em seu paciente e aplica algoritmos para determinação da pertença ou não do paciente a uma determinada categoria diagnóstica. Esse modelo foi introduzido na terceira edição do DSM e se mantém até a atualidade como o método diagnóstico oficial. Ele propõe dez categorias diagnósticas distintas, as quais são organizadas em três grupos criados qualitativamente com base nas características que os tipos patológicos compartilham entre si. A Tabela 1 apresenta os tipos de patologia da personalidade de acordo com seu grupo e a quantidade de critérios diagnósticos (*i. e.*, quantidade de traços patológicos que caracterizam o transtorno), assim como a quantidade mínima de traços necessários para o diagnóstico (American Psychiatric Association, 2014).

Como pode ser observado nas duas últimas colunas da Tabela 1, o modelo categórico é politético, isto é, ele apresenta um conjunto de critérios maior do que o necessário para o diagnóstico. Por exemplo, nove traços patológicos caracterizam o transtorno da personalidade borderline; contudo, são necessários a identificação de cinco traços para esse diagnóstico. Essa abordagem politética produz uma grande heterogeneidade intragrupo (Morey, Benson, Busch, & Skodol, 2015). No caso do transtorno da personalidade borderline, por exemplo, é possível que um paciente satisfaça os cinco primeiros critérios (evitação de abandono, instabilidade nas relações, perturbação da identidade, impulsividade e automutilação/suicídio) e outro paciente satisfaça os cinco últimos critérios (automutilação/suicídio, instabilidade afetiva, vazio crônico, raiva incontrolada e paranoia/dissociação). Ambos os pacientes recebem o mesmo diagnóstico, mas eles compartilham somente um traço em comum, no caso automutilação/suicídio.

Tabela 1 Transtornos da personalidade de acordo com o modelo categórico do DSM-5

Grupo	Transtorno da personalidade	Número de critérios	Ponto de corte
A	Paranoide	7	4
	Esquizoide	7	4
	Esquizotípica	9	5
B	Antissocial	7	3
	Borderline	9	5
	Histriônica	8	5
	Narcisista	9	5
C	Evitativa	7	4
	Dependente	8	5
	Obsessivo-compulsiva	8	4
Outros	Mudança de personalidade devido a outra condição médica		
	Outro transtorno da personalidade especificado		
	Transtorno da personalidade não especificado		

O diagnóstico de um transtorno da personalidade, de acordo com esse modelo, deve considerar, para além dos traços específicos (critério A), a persistência e inflexibilidade dos traços (critério B), o sofrimento ou prejuízo decorrentes deles (critério C), a estabilidade ou durabilidade da manifestação dos traços (critério D) e a independência da manifestação dos traços de outros transtornos mentais (critério E) e de condições médicas e/ou de uso de substâncias (critério F) (American Psychiatric Association, 2014).

Além dos tipos específicos de transtornos da personalidade, existem três categorias residuais (cf. grupo Outros na Tabela 1). No caso de alguma condição médica gerar uma alteração no comportamento e na personalidade de um paciente, o diagnóstico correto é "Mudança de personalidade devido a outra condição médica". As outras duas categorias diagnósticas residuais seguem o padrão de todo o DSM-5. Essas duas possibilidades diagnósticas estão disponíveis para todos os demais transtornos mentais: outro transtorno especificado e transtorno não especificado. A primeira opção é utilizada quando um paciente apresenta prejuízos clinicamente significativos por causa de suas características da personalidade, mas seus traços não se encaixam em nenhuma das categorias existentes. Dessa forma, o clínico dá o diagnóstico e especifica a razão pela qual deu esse diagnóstico (ex.: Transtorno de Personalidade com apresentação atípica). A segunda opção é usada quando o clínico observa prejuízos clinicamente significativos decorrentes do funcionamento da personalidade de um paciente, mas os traços observados não satisfazem uma categoria específica. Nesse caso, o clínico dá o diagnóstico e reporta que não há informações suficientes para um diagnóstico específico (American Psychiatric Association, 2014).

O método de avaliação mais comumente utilizado nesse modelo diagnóstico é a *Structured Clinical Interview for DSM-5 Personality Disorders* (Scid-5-PD; First, Williams, Benjamin, & Spitzer, 2016). Essa é uma entrevista clínica estruturada, a qual visa a investigação dos traços patológicos da personalidade conforme descrito no modelo categórico do DSM-5. No Brasil, a versão adaptada é de acordo com o DSM-IV-TR (Scid-II – Melo & Rangé, 2010). Apesar de haver diferenças entre as duas versões (Scid-5-PD e Scid-II), os critérios diagnósticos nas duas últimas edições do DSM (IV-TR e 5) são os mesmos. Uma descrição mais detalhada da Scid-II pode ser obtida em Oliveira (2018a).

Modelo dimensional de avaliação da personalidade

Alternativamente ao modelo categórico, pesquisadores têm investido no desenvolvimento de modelos empiricamente baseados e com melhores indicadores científicos para a compreensão e diagnóstico da patologia da personalidade. Esse modelo implica uma mudança paradigmática, passando de um sistema qualitativo para um quantitativo de avaliação da personalidade. Nessa abordagem, as diferenças individuais não são indicadas pelos tipos de patologia, mas pela quantidade do nível de um determinado traço.

Widiger e Simonsen (2005) sumarizaram um total de 18 modelos dimensionais alternativos para a avaliação dos transtornos de personalidade. Dentre esses modelos, o dos Cinco Grandes Fatores da Personalidade é com maior consistência científica e abrangência mundial. Apesar desse modelo ter sido formulado com base na população geral, diversos estudos têm verificado a aplicabilidade do modelo para população clínica – com transtornos de personalidade (Mullins-Sweatt, 2013). A literatura indica que a maioria dos transtornos de personalidade está associada com altos níveis de neuroticismo, introversão, antagonismo e negligência (Trull & Durrett, 2005). Trull e Widiger (2013) defendem a ideia de que o modelo dos cinco grandes fatores pode explicar os transtornos de personalidade

como listados no DSM-IV-TR e no DSM-5, em termos de variantes mal-adaptativas e/ou variantes extremas dos domínios e facetas do modelo. Para esses autores, esse modelo extrapola a simples caracterização diagnóstica do DSM-IV-TR oferecendo descrições compreensivas da personalidade.

O diagnóstico de um transtorno da personalidade nesse modelo compreende quatro passos: 1) descrever a pessoa nas facetas e domínios; 2) identificar os traços mal-adaptativos pela elevação de qualquer faceta; 3) determinar se o prejuízo alcança um nível clinicamente significativo; e 4) corresponder o perfil dimensional do indivíduo com perfis prototípicos, isto é, com os tipos descritos no DSM-IV-TR (Widiger & Mullins-Sweatt, 2009; Mullins-Sweatt, 2013). A Tabela 2 apresenta os perfis de traços esperados para cada tipo de transtorno da personalidade.

No Brasil, existem dois instrumentos aprovados pelo Sistema de Avaliação de Testes Psicológicos (Satepsi) do Conselho Federal de Psicologia para a avaliação dos traços da personalidade de acordo com esse modelo dimensional dos Cinco Grandes Fatores da Personalidade. Um deles é a Bateria Fatorial da Personalidade (BFP – Nunes, Hutz, & Nunes, 2010), um instrumento composto por 126 itens respondidos em uma escala de sete pontos, onde 1 significa "discordo totalmente" e 7 "concordo totalmente". A BFP possibilita ao clínico estimativas de 17 facetas da personalidade e dos cinco grandes domínios. O outro instrumento é o Inventário de Personalidade NEO Revisado (NEO-PI-R – Costa & McCrae, 2009). Esse inventário foi adaptado para o Brasil e consiste de 240 itens respondidos em uma escala de 5 pontos, sendo 1 "discordo fortemente" e 5 "concordo fortemente". O NEO-PI-R oferece estimativas de seis facetas da personalidade para cada um dos cinco grandes domínios da personalidade (conforme descrito na Tabela 2).

Tabela 2 Relação entre as facetas dos cinco grandes fatores da personalidade e os transtornos da personalidade

Domínio	Faceta	PRN	EZD	EZT	ATS	BDL	HST	NRC	EVT	DPD	OCP
Neuroticismo vs. Estabilidade emocional	Ansiedade vs. Despreocupação			A	B	A			A	A	A
	Hostilidade vs. Imparcialidade	A			A	A		A			
	Depressão vs. Otimismo					A					
	Autoconhecimento vs. Falta de vergonha				A	B	A	B	B	A	
	Impulsividade vs. Repressão				A	A	A				B
	Vulnerabilidade vs. Intrepidez					B	A		A	A	
Extroversão vs. Introversão	Acolhimento vs. Frieza	B	B	B					B		A
	Gregarismo vs. Retraimento	B	B	B	A		A		B		
	Assertividade vs. Submissão				A			A	B	B	
	Atividade vs. Passividade		B		A		A				
	Busca de sensações vs. Sem vida		B		A		A	A	B		B
	Emoções positivas vs. Anedonia		B	B			A				
Abertura vs. Fechamento	Fantasia vs. Concretude						A				
	Estética vs. Desinteresse										
	Sentimentos vs. Alexitimia		B			A	A	B			B
	Ações variadas vs. Previsibilidade	B	B		A	A	A	A	B		B
	Ideias vs. Mente fechada			A							B
	Valores vs. Dogmatismo	B									B
Socialização vs. Antagonismo	Confiança vs. Desconfiança	B	B	B	B	A	B			A	
	Franqueza vs. Falsidade	B				B		B			
	Altruísmo vs. Exploração					B		B			
	Complacência vs. Agressão	B				B	B	B		A	
	Modéstia vs. Arrogância					B		B	A	A	
	Sensibilidade vs. Dureza	B				B		B			
Conscienciosidade vs. Desinibição	Competência vs. Displicência									B	A
	Ordem vs. Desorganização			B							A
	Senso de dever vs. Irresponsabilidade				B						A
	Esforço por realizações vs. Desânimo										A
	Autodisciplina vs. Negligência				B		B				A
	Ponderação vs. Precipitação				B	B	B				A

Nota: PRN: paranoide; EZD: esquizoide; EZT: esquizotípico; ATS: antissocial; BDL: borderline; HST: histriônico; NRC: narcisista; EVT: evitativa; DPD: dependente; OCP: obsessivo-compulsivo; A: alto = elevação do traço; B: baixo = rebaixamento do traço.

Fonte: Widiger e Mullins-Sweatt (2009).

Modelo híbrido de avaliação da personalidade

Um modelo integrativo das abordagens categórica e dimensional foi proposto na quinta edição do DSM. Nesse modelo, um transtorno da personalidade é diagnosticado quando um indivíduo apresentar prejuízos no funcionamento da personalidade e apresentar traços patológicos da personalidade (critérios A e B, respectivamente). O prejuízo no funcionamento da personalidade (critério A) é avaliado por meio da análise de quatro domínios organizados em duas grandes dimensões: a do *self* e a interpessoal. Para a avaliação do funcionamento do *self* são investigados os níveis de prejuízo da identidade e do autodirecionamento. Por outro lado, o funcionamento interpessoal envolve a avaliação das capacidades para empatia e intimidade. A avaliação dessas variáveis é feita de forma dimensional e pode ser executada com o auxílio da Escala do Nível de Funcionamento da Personalidade (American Psychiatric Association, 2014). Ainda, a literatura internacional tem apresentado instrumentos de autorrelato para a avaliação desse construto (cf., p. ex., Morey, 2017). A Tabela 3 apresenta os componentes, em nível hierárquico, que compõem o modelo dimensional do funcionamento da personalidade.

Tabela 3 – Organização hierárquica dos domínios do funcionamento da personalidade do DSM-5

Nível I	Nível II	Nível III	Nível IV
Funcionamento da personalidade	Self	Identidade	Noção de *self*
			Autoestima
			Regulação emocional
		Autodirecionamento	Definição de objetivos
			Pró-sociabilidade
			Autorreflexão produtiva
	Interpessoal	Empatia	Apreciação das motivações dos outros
			Tolerância a perspectivas divergentes
			Autorregulação em prol dos outros
		Intimidade	Conexão Profunda e duradoura
			Desejo e capacidade para proximidade
			Respeito mútuo

Esse sistema diagnóstico inclui, no critério B, um modelo de traços patológicos da personalidade, o qual compreende 25 facetas distribuídas em cinco fatores de segunda ordem, a saber: Afetividade negativa, Distanciamento, Antagonismo, Desinibição e Psicoticismo (a Tabela 4 apresenta a organização hierárquica da estrutura da patologia dos traços de personalidade). Esse modelo de traços foi construído em sólida base empírica (Krueger, Derringer, Markon, Watson, & Skodol, 2012) e tem sido replicado em diferentes culturas (Al-Dajani, Gralnick, & Bagby, 2015). O principal método de avaliação desses traços é por meio de um inventário que está disponível em quatro versões, a saber: 1) autorrelato, em que a pessoa responde sobre si mesma, com 220 itens (Krueger et al., 2012); 2) heterorrelato, em que um familiar ou pessoa de convívio do indivíduo que está sendo avaliado responde sobre ele, com 218 itens (Markon, Quilty, Bagby, & Krueger, 2013); 3) autorrelato reduzido, com 100 itens (Maples et al., 2015); e 4) autorrelato breve, com 25 itens que estimam somente os cinco domínios, sem considerar as facetas (Anderson, Sellbom, & Salekin, 2018).

Tabela 4 Organização hierárquica do modelo de traços patológicos da personalidade do DSM-5

Nível I	Nível II	Nível III	Nível IV	Nível V	Nível VI
Patologia da personalidade	Internalizante	Afetividade negativa	Afetividade negativa	Afetividade negativa	Labilidade Emocional
					Ansiedade
					Insegur. de separação
					Submissão
					Hostilidade [a]
					Perseveração
					Tendência à depressão [a]
					Desconfiança [a]
					Afetividade Restrita [a,b]
		Distanciamento	Distanciamento	Distanciamento	Retraimento
					Evitação da intimidade
					Anedonia
					Tendência à depressão [a]
					Afetividade restrita [a]
					Desconfiança [a]
	Externalizante	Externalizante	Antagonismo	Antagonismo	Manipulação
					Desonestidade
					Grandiosidade
					Busca de atenção
					Insensibilidade
					Hostilidade [a]
			Desinibição	Desinibição	Irresponsabilidade
					Impulsividade
					Distratibilidade
					Exposição a riscos
					Perfeccionismo rígido [b]
				Psicoticismo	Crenças e exp. incomuns
					Excentricidade
					Desregulação cog. e perc.

Nota: [a] facetas que se repetem em outros domínios; [b] facetas invertidas, isto é, a falta da faceta caracteriza o domínio.

O diagnóstico de um transtorno da personalidade nesse modelo é feito de forma hierárquica. Primeiro, verifica-se a presença ou não de um transtorno da personalidade por meio da avaliação do critério A. O exame desse critério busca responder à pergunta: "A pessoa avaliada tem prejuízos no funcionamento da sua personalidade?" Caso ela tenha um prejuízo moderado em ao menos dois dos quatro domínios (identidade, autodirecionamento, empatia, intimidade) é provável que ela tenha um transtorno da personalidade. O segundo passo é avaliar a presença de traços patológicos da personalidade (critério B). Essa etapa tem o objetivo de identificar os conteúdos da personalidade, ou, em outras palavras, os aspectos da personalidade, que geram os prejuízos para a pessoa. Uma vez identificado o perfil de traços patológicos da personalidade da pessoa avaliada, verifica-se se esse perfil se assemelha com algum dos seis perfis prototípicos apresentados no DSM-5 (cf. Tabela 5). Ainda é preciso verificar a difusão (critério C) e a estabilidade dos traços (critério D), de modo que seja caracterizada a inflexibilidade e a durabilidade dos traços. Por fim, deve-se excluir possíveis explicações alternativas para os traços (diagnóstico diferencial), de modo a certificar que os traços não são mais bem-explicados por outro transtorno mental (critério E), por efeitos de substâncias ou outras condições médicas (critério F) e nem pela fase desenvolvimental ou pelo contexto cultural do indivíduo (critério G) (American Psychiatric Association, 2014). Sugestões de avaliação dos critérios C a G podem ser encontradas em Oliveira (2018b).

Considerações finais

A compreensão, avaliação e diagnóstico da patologia da personalidade variam de acordo com a abordagem que o clínico utiliza. Estudos suportam evidências científicas para modelos dimensionais, além das vantagens clínicas, por oferecer uma descrição mais detalhada e precisa das características das pessoas. Enquanto o modelo categórico oferece pouca descrição das especificidades do sujeito, o modelo dimensional discrimina exatamente os traços e características da personalidade que merecem atenção clínica. A avaliação dessas características pode ser feita por meio de diferentes métodos. Independente do método empregado, a qualidade da avaliação irá depender da qualificação do profissional para essa prática.

Sérgio Eduardo Silva de Oliveira

Tabela 5 Traços específicos dos transtornos da personalidade no modelo alternativo dimensional do DSM-5

Domínios	Facetas	Transtornos da Personalidade mantidos no Modelo Híbrido						Transtornos da Personalidade removidos no Modelo Híbrido				Outras categorias	
		EZT	ATS	BDL	NRC	EVT	OCP	PRN	EZD	HST	DPD	PAG	DPS
Quantidade de traços necessários		4	6	4	2	3	3	-	-	-	-	-	-
Afetividade negativa	Insegurança de separação			✓							✓		
	Ansiedade			✓		✓✓					✓		✓
	Labilidade emocional			✓						✓			
	Hostilidade		✓	✓✓				✓				✓	
	Perseveração						✓						
	Submissão										✓		
Distanciamento	Desconfiança	✓						✓					
	Afetividade restrita	✓					✓	✓					
	Tendência à depressão			✓								✓	✓
	Retraimento	✓				✓			✓				
	Evitação de intimidade					✓	✓	✓	✓				
	Anedonia					✓			✓				✓
Antagonismo	Manipulação		✓							✓			
	Desonestidade		✓										
	Insensibilidade		✓										
	Busca de atenção				✓✓					✓			
	Grandiosidade				✓✓								
Desinibição	Irresponsabilidade		✓										
	Impulsividade		✓	✓✓									
	Distratibilidade												
	Perfeccionismo rígido						✓✓						
	Exposição a riscos		✓	✓✓									
Psicoticismo	Excentricidade	✓											
	Desregulação cog. e percep.	✓											
	Crenças e exp. incomuns	✓						✓					

Nota: EZT: esquizotípico; ATS: antissocial; BDL: borderline; NRC: narcisista; EVT: evitativa; OCP: obsessivo-compulsivo; PRN: paranoide; EZD: esquizoide; HST: histriônico; DPD: dependente; PAG: passivo-agressivo; DPS: depressivo; ✓ traço específico que pode estar presente; ✓✓ traço que deve estar presente – no caso do transtorno da personalidade borderline basta que ao menos um dos três traços esteja presente.

Fonte: Hopwood, Thomas, Markon, Wright e Krueger (2012).

Referências

Al-Dajani, N., Gralnick, T.M., & Bagby, R.M. (2015). A psychometric review of the Personality Inventory for DSM-5 (PID-5): Current status and future directions. *Journal of Personality Assessment, 98*(1), 62-81.

Allport, G.W. (1937). *Personality: A psychological interpretation*. Nova York: Holt.

American Psychiatric Association (2014). *Manual diagnóstico e estatístico de transtornos mentais* (5a. ed.). Porto Alegre: Artmed.

Anderson, J.L., Sellbom, M., & Salekin, R.T. (2018). Utility of the Personality Inventory for DSM-5–Brief Form (PID-5-BF) in the Measurement of Maladaptive Personality and Psychopathology. *Assessment, 25*(5), 596-607.

Bornstein, M.H., Putnick, D.L., Gartstein, M.A., Hahn, C.S., Auestad, N., & O'Connor, D.L. (2015). Infant temperament: stability by age, gender, birth order, term status, and socioeconomic status. *Child Development, 86*(3), 844-863.

Cattell, R.B. (1943). The description of personality: basic traits resolved into clusters. *The Journal of Abnormal and Social Psychology, 38*(4), 476-506.

Cloninger, C.R., Bayon, C., & Svrakic, D.M. (1998). Measures of temperament and character in mood disorders: A model of fundamental states as personality types. *Journal of Affective Disorders, 51*, 21-32.

Costa, P.T., Jr. & McCrae, R.R. (1985). *The NEO Personality Inventory Manual*. Odessa, FL: Psychological Assessment Resources.

Costa, P.T., Jr., & McCrae, R.R. (2009). *NEO-PI-R – Inventário de Personalidade NEO Revisado – Manual*. São Paulo: Vetor.

First, M.B., Williams, J.B., Benjamin, L.S., & Spitzer, R.L. (2016). *Structured Clinical Interview for DSM-5 Personality Disorders: Scid-5-PD*. Arlington, VA: American Psychiatric Association Publishing.

Hopwood, C.J., Thomas, K.M., Markon, K.E., Wright, A.G.C., & Krueger, R.F. (2012). DSM-5 Personality Traits and DSM-IV Personality Disorders. *Journal of Abnormal Psychology, 121*(2), 424-432.

Krueger, R.F., Derringer, J., Markon, K.E., Watson, D., & Skodol, A.E. (2012). Initial construction of a maladaptive personality trait model and inventory for DSM-5. *Psychological Medicine, 42*(9), 1.879-1.890.

Maples, J.L., Carter, N.T., Few, L.R., Crego, C., Gore, W.L., Samuel, D.B., ... & Krueger, R.F. (2015). Testing whether the DSM-5 personality disorder trait model can be measured with a reduced set of items: An item response theory investigation of the Personality Inventory for DSM-5. *Psychological Assessment, 27*(4), 1.195-1.210.

Markon, K.E., Quilty, L.C., Bagby, R.M., & Krueger, R.F. (2013). The development and psychometric properties of an informant-report form of the Personality Inventory for DSM-5 (PID-5). *Assessment, 20*(3), 370-383.

Melo, N.M.M., & Rangé, B.P. (2010). Scid-II-DSM-IV – Entrevista clínica estruturada para transtornos da personalidade: tradução e utilização na DPA/IP/UFRJ. *Anais da 8ª Mostra de Terapia Cognitivo-comportamental, 67*. Rio de Janeiro: Uerj.

Morey, L.C. (2017). Development and initial evaluation of a self-report form of the DSM-5 level of personality functioning scale. *Psychological Assessment, 29*, 1.302-1.308.

Morey, L.C., Benson, K.T., Busch, A.J., & Skodol, A.E. (2015). Personality disorders in DSM-5: Emerging research on the alternative model. *Current Psychiatric Reports, 17*(24), 1-9.

Mullins-Sweatt, S.N. (2013). Entendendo a personalidade patológica por meio de modelos gerais de personalidade: abordagem dos Cinco Grandes Fatores. In L.F. Carvalho & R. Primi (Orgs.). *Perspectivas em psicologia dos transtornos da personalidade: implicações teóricas e práticas* (pp. 91-109). São Paulo: Casa do Psicólogo.

Nunes, C.H.S.S., Hutz, C.S. & Nunes, M.F.O. (2010). *Bateria Fatorial de Personalidade (BFP) – Manual técnico*. São Paulo: Casa do Psicólogo.

Oliveira, S.E.S. (2018a). Integração entre teoria, pesquisa e prática no psicodiagnóstico da personalidade: relato de caso. In C.S. Hutz, D.R. Bandeira, & C.M.

Trentini (Orgs.). *Avaliação psicológica da inteligência e da personalidade* (pp. 447-486). Porto Alegre: Artmed.

Oliveira, S.E.S. (2018b). O modelo híbrido de diagnóstico dos transtornos da personalidade no DSM-5. In C.S. Hutz, D.R. Bandeira, & C.M. Trentini (Orgs.). *Avaliação psicológica da inteligência e da personalidade* (pp. 280-299). Porto Alegre: Artmed.

Oliveira, S.E.S. & Bandeira, D.R.B. (2013). O diagnóstico estrutural da personalidade segundo o modelo de Otto F. Kernberg. In L.F. Carvalho & R. Primi (Orgs.). *Perspectivas em psicologia dos transtornos da personalidade: implicações teóricas e práticas* (pp. 239-263). São Paulo: Casa do Psicólogo.

Oliveira, S.E.S. & Bandeira, D.R.B. (2018). Avaliação da patologia da personalidade por meio do Inventário de Organização da Personalidade. In C.S. Hutz, D.R. Bandeira, & C.M. Trentini (Orgs.). *Avaliação psicológica da inteligência e da personalidade* (pp. 265-279). Porto Alegre: Artmed.

Roberts, B.W. & Jackson, J.J. (2008). Sociogenomic personality psychology. *Journal of Personality, 76*, 1.523-1.544.

Rothbart, M.K. & Bates, J.E. (2006). Temperament. In W. Damon, R.M. Lerner, & N. Eisenberg (Vol. ed.). *Handbook of Child Psychology: Vol.3.* (6a. ed.). *Social, Emotional, and Personality Development* (pp. 99-166). Nova York: Wiley.

Sterry, T.W., Reiter-Purtill, J., Gartstein, M.A., Gethardt, C.A., Vannatta, K., & Noll, R.B. (2010). Temperament and peer acceptance: The mediating role of social behavior. *Merrill-Palmer Quarterly, 56*(2), 189-219.

Trull, T.J. & Durrett, C.A. (2005). Categorical and dimensional models of personality disorder. *Annual Review of Clinical Psychology, 1*, 355-380.

Trull, T.J. & Widiger, T.A. (2013). Dimensional models of personality: the five-factor model and the DSM-5. *Dialogues in clinical neuroscience, 15*(2), 135-146.

Wellausen, R.S. & Oliveira, S.E.S. (2016). Psicodiagnóstico e as patologias da personalidade. In C.S. Hutz, D.R. Bandeira, & C.M. Trentini (Orgs.). *Psicodiagnóstico* (pp. 274-305). Porto Alegre: Artmed.

Wellausen, R.S. & Trentini, C.M. (2013). Uma aproximação entre a pesquisa e a clínica dos transtornos de personalidade: Shedler-Westen Assessment Procedure – Swap-200. In L.F. Carvalho & R. Primi (Orgs.). *Perspectivas em psicologia dos transtornos da personalidade: implicações teóricas e práticas* (pp. 220-238). São Paulo: Casa do Psicólogo.

Wellausen, R.S. & Trentini, C.M. (2018). Modelos teórico-clínicos psicodinâmicos e o método Shedler-Westen Assessment Procedure (Swap-200) de avaliação da personalidade. In C.S. Hutz, D.R. Bandeira, & C.M. Trentini (Orgs.). *Avaliação psicológica da inteligência e da personalidade* (pp. 233-264). Porto Alegre: Artmed.

Widiger, T.A. & Mullins-Sweatt, S.N. (2009). Five-Factor Model of Personality Disorder: A Proposal for DSM-V. *Annual Review of Clinical Psychology, 5*, 197-220.

Widiger, T.A. & Simonsen, E. (2005). Alternative dimensional models of personality disorder: Finding a common ground. *Journal of Personality Disorders, 19*(2), 110-130.

Seção 6

Avaliação de transtornos mentais e quadros patológicos

51
Avaliação psicológica na esquizofrenia

Arthur de Almeida Berberian

Cândida Helena Lopes Alves

Apresentação

A esquizofrenia é um transtorno psiquiátrico devastador que afeta aproximadamente 0,7% da população (Moreno-Küster, Martín & Pastor, 2018) e está entre uma das quinze principais causas de incapacidade no mundo (GBD, 2016). O acometimento normalmente ocorre no auge do potencial produtivo do indivíduo, sendo seu curso crônico e incapacitante. De fato, poucos são os indivíduos que voltam a ter o funcionamento compatível com as expectativas pré-mórbidas, o que gera grandes custos humanos e financeiros (Desai, Lawson, Barner, & Rascati, 2013; McEvoy, 2007).

A avaliação psicológica (AP) exerce importante papel em pelo menos três frentes quando aplicada à esquizofrenia: 1) em prevenção, pelo oferecimento de medidas objetivas e padronizadas que mensuram sinais de vulnerabilidade ou de risco relativo para o desenvolvimento de psicose ou de esquizofrenia (Fusar-Poli et al., 2017; Young et al., 2005); 2) no auxílio ao estabelecimento de diagnóstico e planos de tratamento, com o estudo de propriedades psicométricas de instrumentos que se propõem reduzir a variabilidade de resultados das avaliações e facilitar a elaboração de planos de tratamento (Fonseca et al., 2017; Higuchi et al., 2014; Kay, Fiszbein, & Opler, 1987); e 3) em pesquisa, em que o racional de acúmulo de evidências de validade e de

convergência de resultados serve para testar modelos, teorias e desenvolvimento de novas terapêuticas (Gadelha et al., 2015; Ochsner, 2008; Warrier et al., 2018). O objetivo deste capítulo é descrever o estado da arte de cada uma destas três frentes da AP na esquizofrenia.

Avaliação psicológica como ferramenta para prevenção da esquizofrenia

O racional da AP quando aplicado à prevenção de psicose e/ou esquizofrenia se confunde com a lógica de prevenção dos transtornos mentais (TM) de modo geral. Isso ocorre porque, em idade pré-escolar, dificilmente se encontram sinais de vulnerabilidade em estado avançado e que possam ser relacionados a um TM específico (Angold & Costello, 2001). Isso não significa que diversos fatores de risco nesta idade não possam ser identificados, mas que os mesmos são pouco específicos para determinar uma tendência para o desenvolvimento de um ou outro TM. Por exemplo, é possível identificar elementos relacionados ao temperamento da criança, como impulsividade e comportamento agressivo, que parecem expressar-se junto a traços de irritabilidade, medo e/ou timidez (Rosenbaum et al., 1993; Tamm et al., 2017). Em nível familiar, a qualidade da relação com os pais, divórcio ou perda de um ente querido, por exemplo, podem ser fatores de risco e, conforme o modo pelo qual a criança enfrentará tais eventos, um processo de vulnerabilidade pode se estabelecer e iniciar um caminho que culminará em um tipo específico de TM posteriormente, se for o caso.

Atualmente, os TM são compreendidos como sendo condições da trajetória da vida e que evoluem a partir de alterações do neurodesenvolvimento (Fusar-Poli et al., 2017; Kessler et al., 2005). Essas alterações ocorrem a partir de interações entre fatores genéticos, biológicos (como a estrutura e o funcionamento cerebral), psicológicos, sociais (moradia, condição financeira, rede de suporte e cultura) e ambientais (influência dos pais, qualidade das relações, exposição a eventos estressores). Tais fatores vão se acumulando e interagindo entre si. O produto desta complexa interação irá variar entre um jovem com boa saúde mental até outro com maior vulnerabilidade para desenvolver um ou mais TM (Caspi et al., 2002, 2003).

É justamente o estudo dos diferentes construtos desta complexa interação entre fatores de vulnerabilidade, organizados em etapas, que a AP pode contribuir com seus procedimentos de mensuração padronizados. As etapas que guiam a AP são: 1) o conhecimento sobre os estágios do desenvolvimento, com seus padrões específicos de habilidades, 2) o conhecimento de múltiplos contextos e 3) a noção de interações entre fatores biológicos, psicológicos e sociais (Cicchetti & Toth, 1992; Masten, Faden, Zucker, & Spear, 2008; O'Connell, Boat, & Warner, 2009).

No Brasil, o uso deste tipo de racional preventivo é muito recente pelas instituições governamentais, sendo a saúde mental infantil um assunto pouco considerado no que concerne ao conceito de saúde pública (Vicente, Higarashi, & Furtado, 2015). Ainda que haja um denso corpo de literatura internacional que evidencia a relevância do uso da AP e de intervenções com foco em prevenção de TM, infelizmente os currículos responsáveis pela formação de psicólogos brasileiros são mais norteados mais por referencial teórico do que por evidências científicas.

Tradicionalmente, num processo clínico de aplicação da AP, a investigação de dados sobre o início da vida e do desenvolvimento é obtida no processo de anamnese, quando uma pessoa ou a família de um paciente procura ajuda psicológica. No entanto, em países desenvolvidos, as práticas atuais buscam estratégias integrativas entre saúde mental e protocolo pedagógico escolar, que combinam intervenções práticas dentro da sala de aula (Fazel, Hoagwood, Stephan, & Ford, 2014). A AP, com protocolos válidos de mensuração de traços de vulnerabilidade para TM, visa investigar os estágios iniciais do desenvolvimento de todos os TM. Esses traços ocorrem em diferentes intensidades e em um *continuum* que vai desde fatores de risco relativo, que segue de sinais menos intensos e insuficientes para um diagnóstico de TM, até chegar num estado de sintomas graves, que configuram o quadro clássico da doença (March, 2009; McGorry, Killackey, & Young, 2008). Quando as ciências da saúde e humanas, bem como as áreas de pesquisa educacionais consideram essas evidências, uma nova direção para pesquisas e atuação com AP se abre.

A AP fornece medidas para um sistema de triagem múltipla para determinar a necessidade de intervenções para promoção de saúde mental nas escolas. Essa triagem inclui a administração de medidas a um grupo específico; o uso dessas medidas por profissionais de saúde mental que atuam na escola e interpretam os dados para identificar quais alunos preenchem critérios, ou seja, ultrapassam um ponto de corte predeterminado de intensidade de sintomas e fase de intervenção cautelosa, evitando estigmas, que entrevista e aprofunda a AP para realizar os devidos encaminhamentos e cuidados com a criança ou adolescente (Walker et al., 2014).

Quando realizada num contexto de suporte com vários níveis, a AP pode incluir componentes que correspondem a diferentes tipos de intervenções. Por exemplo, uma escola pode completar uma escala de "clima escolar" (que mede a percepção de alunos ou professores de como o ambiente de salas de aula e escolas, como um todo, afeta a educação) para selecionar uma intervenção universal de desenvolvimento de caráter em toda a escola, ou pode usar uma triagem programa para identificar crianças em risco de suicídio (Gould et al., 2009). As escolas usam vários métodos para identificar alunos que poderiam se beneficiar de intervenções, incluindo avaliação comportamental funcional, indicações de professores ou alunos e triagem sistemática. A triagem representa o risco de identificação excessiva das crianças (falso-positivos) e falha em reconhecer uma condição (falso-negativos) (Goodman et al., 2000). Desde que esses riscos sejam gerenciados, e se a triagem for feita com métodos padronizados e por pessoal bem-treinado, com consentimento informado de crianças e cuidadores e dentro do contexto de capacidade de serviço disponível para aqueles que apresentem uma condição positiva, esta técnica pode fornecer um mecanismo útil para as escolas para identificar e apoiar os alunos com distúrbios psicológicos.

Os serviços de saúde mental quando incorporados nos sistemas educacionais criam um *continuum* de cuidados integrativos que podem promover saúde, saúde mental e, ao mesmo tempo, sucesso educacional. A AP tem papel estratégico na fase de triagem e de tomada de decisão, no processo de identificação de casos que necessitam de maiores cuidados e proteção. Estratégias para integrar os diferentes níveis de intervenções dentro de uma escola e o uso de recursos de dentro da escola são provavelmente os mais sustentáveis.

Os serviços de intervenção precoce em psicose e TM no Brasil são (Brietzke et al. 2011): o Programa de Primeiro Episódio Psicótico (PEP) da Universidade Federal de São Paulo (Unifesp); o Programa Asas (Avaliação e Seguimento de Adolescentes e Adultos Jovens em São Paulo) que é patrocinado pelo Instituto de Psiquiatria da Faculdade de Medicina da Universidade de São Paulo; o Programa para o Reconhecimento e Intervenção Precoce em Psicose (Prip), Departamento de Psiquiatria da Universidade Federal do Rio de Janeiro; Programa de Reconhecimento e Intervenção para Indivíduos em Estados Mentais de Risco (Prisma) da Unifesp.

Esses grupos e também pesquisadores com foco em AP de indivíduos em risco para desenvolverem TM têm buscado traduzir e disponibilizar medidas para este tipo de trabalho preventivo na psiquiatria. Mencionamos aqui alguns destes instrumentos: o Questionário de Capacidades e Dificuldades (*Strengths and Difficulties Questionnaire* – SDQ), que é uma medida útil em psicopatologia aplicada a crianças e jovens de 4 a 16 anos (Stivanin, Scheuer, & Assumpção, 2008); o *Comprehensive Assessment of At-Risk Mental States* (Caarms), traduzido e adaptado pelo Prisma da Unifesp; o Questionário Prodromal (PQ), um instrumento de triagem e autorrelato com 92 itens para indivíduos com ultra-alto risco (UHR) para desenvolver psicose (Gonçalvez et al., 2012); e a escala Examination of Anomalous Self-Experience (Ease), que vem sendo adaptada para o Brasil pelo Prip da UFRJ. Para avaliação de qualidade de vida, mencionamos o questionário de saúde – versão curta (Short form Health Survey Questionainner – SF-36) (Cunha, 2007).

Deste modo, o avanço da AP para o foco de prevenção permite que a psicologia fique também voltada para promoção de saúde mental, e não apenas para combater a doença mental. Essas perspectivas favorecem uma aproximação entre os diversos campos da psicologia com a psiquiatria e profissionais da educação, que também compreenderão seus pacientes a partir da perspectiva do desenvolvimento ao longo da vida.

Avaliação psicológica para auxílio diagnóstico e *status* de sintomas na esquizofrenia

Juntamente com o médico psiquiatra e equipe de saúde mental, o psicólogo que faz uso da AP tem papel fundamental no auxílio para estabelecimento de diagnóstico. Ele investiga objetiva e sistematicamente todas as dimensões de psicopatologia da doença. São elas: sintomas positivos, negativos, desorganizados, depressivos e cognitivos (Higuchi et al., 2014; Levine & Rabinowitz, 2007; Lindenmayer, Grochowskim, & Hyman, 1995).

Os sintomas positivos são definidos como exacerbações de funções, tais como alteração de pensamento e percepções (incluindo delírios e alucinações); os negativos incluem diminuição da volição, da afetividade e dos movimentos espontâneos. Também incluem negativismo, retraimento social, redução da fala, anedonia, alogia, abulia e retraimento social. Os sintomas desorganizados são alterações na capacidade de associação de ideias e contexto, comportamentos desorganizados, tangencialidade e desagregação de pensamento. Os sintomas depressivos podem ocorrer já antes da fase aguda da doen-

ça, como também cursar de modo episódico ou constante; os déficits cognitivos podem ocorrer em diversos aspectos do processamento, incluindo velocidade de processamento, atenção, memória, funções executivas e cognição social.

A partir da anamnese com foco em informações objetivas e subjetivas, o avaliador deve considerar o motivo do encaminhamento, queixas do paciente, relato dos familiares, histórico da doença pessoal e de familiares. A entrevista deve buscar dados relevantes sobre o neurodesenvolvimento com todos os elementos relacionados aos traços de vulnerabilidade para desenvolvimento de TM, conforme descrito na seção anterior deste capítulo. Informações mais completas sobre esse racional podem ser encontradas no estudo de Berberian e Alves (2018). Destacamos alguns pontos, como histórico de gestação, presença de complicações obstétricas, desenvolvimento psicomotor, de fala, linguagem, histórico de desempenho escolar, social, familiar e laboral. Faz-se necessário utilizar de entrevistas e uso de testes padronizados, seguindo a interpretação dos resultados pelos métodos nomotético e idiográficos de avaliação.

A escolha de medidas padronizadas e com adequadas propriedades psicométricas é fator fundamental para investigação sistemática de comportamento e sua comparação a um referencial normativo populacional. Isto constitui o método nomotético de avaliação. A avaliação idiográfica significa levantar hipóteses quanto às funções deficitárias dentro do contexto e nível de funcionamento individual (Kremen et al., 2004; Wykes & Reeder, 2004). As interpretações são realizadas a partir de um modelo teórico escolhido para o processamento da informação e novas hipóteses são levantadas e testadas. Assim, a inclusão de tarefas durante a avaliação também é um fator importante (Wykes & Reeder, 2004).

Os instrumentos utilizados nesta fase de estabelecimento de diagnóstico variam desde escalas de sintomas (Higuchi et al., 2014), protocolos de medidas cognitivas ou neuropsicológicas (Berberian et al., 2018), testes projetivos (Zuanazzi et al., 2015), medidas de funcionalidade e qualidade de vida (Silva et al., 2017). A AP fornece dados importantes que seguem contribuições tanto para o modelo categórico de diagnóstico quanto para o dimensional (Ortiz & Lacaz, 2012). O diagnóstico é feito a partir da anamnese objetiva e subjetiva. Muitas vezes a avaliação neuropsicológica é solicitada para fortalecimento de evidências complementares para fechamento de diagnóstico, uma vez que alterações cognitivas são esperadas neste transtorno e são consideradas nucleares para previsão longitudinal de funcionalidade do paciente (Berberian et al., 2018; Green & Harvey, 2014). Além disso, a observação de comportamento em contextos naturalísticos dará sentido para os resultados da AP e de desfecho funcional. Informações sobre funcionamento social podem também ser adquiridas por meio de outros profissionais, tais como outros psicólogos que já acompanharam o caso, terapeutas ocupacionais, acompanhante terapêutico, profissionais do Centro de Atenção Psicossocial (Caps), hospital dia, entre outros (Berberian & Scarpato, 2012).

Após esta investigação a interpretação dos resultados da avaliação deve responder outras perguntas importantes, tais como: Qual o nível geral de funcionamento intelectual da pessoa? Qual o nível provável de funcionamento pré-mórbido? Como se compara o funcionamento geral do paciente, por exemplo, aspectos sociais, educacionais, cognitivos, autonomia, independência e laboral desta pessoa com outras da mesma idade, sexo e escolaridade na população geral? (Wykyes & Reeder, 2005).

Após a coleta de todas as informações do processo de AP, deve-se realizar a formulação do caso. Esta técnica constitui um modo sistemático e coerente para integração e interpretação dos achados de uma avaliação e proposta de objetivos terapêuticos. Para isso devem-se utilizar modelos teóricos ou dados empíricos consolidados para orientar a proposta de intervenção. Por exemplo, se for uma intervenção com foco em cognição, deve-se utilizar um modelo teórico que oriente a escolha das técnicas de intervenção para se alcançar os objetivos estabelecidos (Berberian et al., 2018; Wykes & Reeder, 2005). Já num caso de intervenção em psicoterapia cognitivo-comportamental ou de treino de habilidades sociais, a formulação deve seguir seu escopo teórico.

A formulação deve conter detalhes suficientes para facilitar a compreensão dos pontos fortes e fracos do paciente compreendidos pela AP. Na formulação de caso, é importante contemplar aspectos como fatores motivacionais, de humor, autoestima e *insight*; e estratégias de enfrentamento e crenças que o paciente tem sobre a própria doença. Devem-se incluir orientações a familiares e profissionais e sugestões para tratamento. Por fim, metas terapêuticas, a partir das dificuldades e facilidades dos pacientes e familiares, devem ser elaboradas em conjunto e continuamente ser reavaliadas pela AP para garantir a eficácia do plano terapêutico (Berberian & Scarpato, 2014).

Desafios e avanços internacionais e no Brasil

A psicometria fornece uma metodologia de acúmulo de evidências de validade e precisão para além de testes psicológicos. Esse método de convergência e divergência de resultados é à base de avanço para muitas das áreas do saber científico. Entretanto, tradicionalmente os construtos pela AP da esquizofrenia, não necessariamente, apresentam convergência com as descobertas emergentes da neurociência clínica e da genética, pois eles seguem muitas vezes o racional de categorias diagnósticas ou categorias de sintomas (Barch et al., 2009; Insel et al., 2010). Nem sempre as dimensões ou categorias de sintomas avaliados e validados pelos métodos da psicometria constituem elementos de predição fidedignos como resposta a tratamentos. É possível que a mensuração dos construtos pela AP, que são baseados na apresentação de sinais e sintomas, podem não capturar mecanismos subjacentes fundamentais de uma disfunção ou traço relacionado a um TM.

Atualmente, existem dados de doenças que antes eram considerados como unitários com base na apresentação clínica. No entanto, em exames laboratoriais mostraram-se heterogêneos. Ao mesmo tempo, síndromes que parecem clinicamente distintas podem resultar da mesma etiologia. Em função deste tipo de desafio que o Instituto de Saúde Mental Americano (NIMH) lançou em 2010 o projeto intitulado *Research Domain Criteria* (RDoC) para criar uma estrutura para pesquisa em fisiopatologia, especialmente para genômica e neurociência, que em última análise irá informar futuros esquemas de classificação de psicopatologia. A classificação será feita a partir da incorporação de dados sobre a fisiopatologia das doenças de maneiras que, eventualmente, ajudarão a identificar novas metas para o desenvolvimento de terapêuticas e fornecer uma melhor correspondência entre os resultados da pesquisa e a tomada de decisão clínica.

Os principais desafios internacionais da AP aplicada a TM complexos como a esquizofrenia é justamente elaborar medidas de comportamento, de cognição, de aspectos emocionais que acumulem evidências de validade convergente com dados de exames laboratoriais testados por iniciativas como o RDoC. Por exemplo, uma elegante iniciativa, dentro da neuropsicologia, que vem buscando este tipo de convergência é a iniciativa *Cognitive Neuroscience Treatment Research to Improve Cognition in Schizophrenia* (CNTRICS) (Barch et al., 2009). Ela busca selecionar paradigmas ou medidas da neuropsicologia cognitiva para uso em pesquisas translacionais (ou de tradução) para serem utilizados em ensaios clínicos. Para isso, as tarefas de neuropsicologia devem ter sensibilidade para mensurar processos cognitivos discretos, evitando o problema da impureza de medida; tarefas que distinguam entre déficits cognitivos específicos e desempenho ruim devido a déficits generalizados resultantes de sedação por medicação ou baixa motivação, e a capacidade de vincular déficits cognitivos a sistemas neurais específicos usando modelos animais, neuropsicologia e neuroimagem funcional (Barch et al., 2009).

Os autores acreditam que a mensuração de processamentos cognitivos específicos que estão ligados a sistemas neurais específicos, usando uma abordagem de neurociência cognitiva, oferece vantagens únicas, especialmente para pesquisa translacional. Uma das principais vantagens é a capacidade de usar os resultados dos estudos animais e humanos para identificar alvos moleculares que modulam sistemas cognitivos específicos.

Nosso grupo de pesquisa, por exemplo, utilizou este racional de validade convergente para associar medidas cognitivas, genéticas e de modelo animal em uma amostra de esquizofrenia (Gadelha et al., 2015) a partir da noção de que o sistema renina-angiotensina é um importante regulador da pressão arterial e do equilíbrio de fluidos corporais e tem funções importantes no sistema nervoso central. Uma das funções desse sistema é a regulação das vias de dopamina cerebral que também modula habilidades neuropsicológicas. Um dos componentes-chave desse sistema é a enzima conversora da angiotensina I, que estava reduzida nos núcleos da base de pacientes com esquizofrenia, verificados em estudos *post-mortem*. Assim, este estudo buscou explorar se os níveis da enzima conversora da angiotensina I estariam associados ao desempenho cognitivo na esquizofrenia. Os resultados mostraram que pacientes com alta atividade desta enzima tiveram pior desempenho na tarefa de aprendizado verbal Hopkins (HVLT), em comparação com os pacientes com baixo nível de atividade desta enzima.

Nesse mesmo estudo, para esclarecer este achado, foi realizada uma avaliação do desempenho cognitivo de camundongos transgênicos com três cópias do gene desta mesma enzima, no teste de reconhecimento de objetos (NOR), que mostrou que tais animais apresentaram prejuízo na NOR comparados com duas cópias de animais do tipo selvagem. Os resultados observados em pacientes com esquizofrenia e modelo animal sugerem a associação deste nível de enzima conversora da angiotensina I com déficits cognitivos na esquizofrenia. Esse achado pode apoiar a avaliação de novos protocolos de tratamento e/ou de drogas inovadoras para intervenção específica de déficits cognitivos em esquizofrenia, prevendo a atividade concomitante desta enzima e avaliações comportamentais.

Estudo de caso com AP voltada para formulação e tratamento

Nesta seção faremos a descrição de um estudo e formulação de um caso a partir dos dados de uma AP. Paciente D., com 48 anos, há dois anos veio, juntamente com sua mãe para a capital do Estado, para morar com seu pai que já estava nesta cidade anteriormente. Ela tinha 6 anos quando o pai se mudou.

Apresentou episódio psicótico aos 18 anos de idade. Nunca se casou ou viveu independentemente. Deixou a escola aos 15 anos de idade e trabalhou como empregada doméstica antes e após o surto. Todos os seus trabalhos tenderam a ser curtos, devido a dificuldades que apresentava na realização de suas tarefas. Iniciou tratamento no ambulatório há dois anos. O médico psiquiatra solicitou avaliação neuropsicológica e AP para formulação de plano de tratamento. A paciente se queixa de dificuldades de memória.

Os dados da anamnese revelaram o seguinte: com índice de massa corporal de 35, D. possui dificuldade de permanecer em pé e para se locomover. Apresenta rotina empobrecida e permanece grande parte do tempo dormindo. Quase não sai de casa, embora, após ser bastante encorajada, aceita passear no parque. Participa em um número de tarefas domésticas que realiza de modo rotineiro. Fazia poucas atividades caseiras e não conseguia mudar o modo de realizar uma tarefa rotineira, por exemplo, varrer o chão ou lavar louça, ou quando lhe era oferecida uma ferramenta nova para ser utilizada, por exemplo, uma panela nova. Quando fica incomodada, torna-se agressiva e impulsiva, e não mais consegue se organizar para finalizar as tarefas. Apesar de ter poucas atividades, ela não percebia este elemento como seu principal problema. Apenas dizia sofrer de dificuldades de memória. Não apresenta nenhuma internação há cinco anos. Dependente de cuidados psiquiátricos.

O uso da Panss (Cintia) revelou maior quantidade de sintomas negativos, tais como apatia, isolamento social e falta de espontaneidade. A fala e o comportamento são lentificados e sua fala é esteriotipada e perseverativa. Ocasionalmente relata ouvir vozes. Apesar de ter alucinações auditivas, sua apresentação é mais caracterizada por sintomas negativos (falta de motivação).

A avaliação neuropsicológica revelou ausência de diferenças entre habilidades de execução e verbal, pelas Escalas Wechsler de Inteligência para adultos (Wais-III) (Wechsler, 2004). O desempenho em tarefas de memória verbal e visual estavam comprometidos e sua memória de trabalho adequada (dentro do desvio padrão mínimo).

Apresentou lentificação importante para iniciar tarefas que envolviam produção de palavras de modo espontâneo ou de produção de desenhos. Baixo desempenho em fluência de palavras e de desenhos, completou poucas categorias (abstração) e apresentou elevado escore de respostas perseverativas no Teste de Categorização de Cartas Wisconsin (Heaton et al., 2004). Revelou dificuldade em flexibilidade cognitiva e comportamento metódico e persistente a partir de observação em ambientes naturalísticos (sua residência). Esses dados foram relacionados com os dados da anamnese de que a paciente tinha rotina empobrecida, pouco engajamento em atividades e não conseguia mudar o modo de como fazer uma tarefa rotineira.

Seu baixo funcionamento executivo, principalmente em tarefas que necessitam de abstração, início e produção de comportamentos, flexibilidade cognitiva e controle inibitório, foram verificados como responsáveis por explicar sua dificuldade de adaptação a mudanças quando o ambiente assim lhe exige. Assim, ela não consegue se engajar em situações rotineiras e não novas. De fato, sua percepção de proble-

mas em memória foi confirmada pela avaliação neuropsicológica.

A paciente demonstrou motivação para melhorar sua memória e a equipe a incentivou a se engajar no tratamento por meio desta autopercepção que demonstrou. Os aspectos positivos da paciente, revelados pela AP, foram: paciente apresenta *insight* sobre dificuldades de memória, o que ajudou na adesão; a memória de trabalho de D. permite que a mesma tenha conversas um pouco mais longas; estava motivada para iniciar o tratamento de memória e, quando ocorria insistência, ela concordava em caminhar no parque. Como dificuldades, a AP revelou dificuldades em controle inibitório (perda de foco); baixo automonitoramento; falta de *insight* sobre sua falta de motivação e baixo engajamento em outras tarefas.

Seu estilo de cognitivo foi classificado como sendo lento, rígido, com falta de início de comportamento e perseverativo. Fatores não cognitivos observados foram desinteresse, retraimento social, agressividade frente a irritações, porém é amigável e gosta de se relacionar. Como ciclo de manutenção dos problemas, D. apresenta evitação ou dificuldades de enfrentamento, irritabilidade e impulso quando é desafiada e retoma o padrão da rotina empobrecida sempre que frustrada.

Como objetivos iniciais do tratamento, após a formulação do caso, foram: melhora da memória e enriquecimento da rotina. Para o primeiro objetivo buscou-se o exercício neuropsicológico e também solicitar para a paciente se lembrar o que conversou com a irmã, uma vez por semana. Para o enriquecimento da rotina, solicitou-se que ela fosse acompanhar a irmã no supermercado, uma vez por semana. Essas metas discretas consideram seu perfil neuropsicológico e sua dificuldade de locomoção.

Considerações finais

Há ainda dificuldades no estabelecimento de políticas nacionais e de currículos de psicologia que direcionam a AP para a prevenção de TM e promoção de saúde mental de crianças e adolescentes. Mesmo assim, estamos vivendo uma época de transição em que esforços importantes estão sendo realizados para superar esses desafios (Estanislau & Bressan, 2014). Até pouco tempo as iniciativas eram isoladas na busca por estratégias de prevenção. Atualmente, parcerias e iniciativas, como a do Instituto Nacional de Psiquiatria do Desenvolvimento (http://inpd. org.br/) têm preenchido parte dessa lacuna.

O uso da AP direcionado não apenas para contribuição do estabelecimento de diagnóstico e formulação de planos de tratamentos, mas também para a testagem e desenvolvimento de novos programas, bem como a busca de validade convergente com outras metodologias que também visam compreender e aprimorar o tratamento da esquizofrenia, como é o caso da iniciativa CNTRICS, deve ser cada vez mais incentivado pelos currículos de psicologia das universidades brasileiras. Ao mesmo tempo, a criação de centros de pesquisas e editais de fomento devem ser promovidos para que alcancemos melhores resultados na promoção de um país com melhores índices de problemas psiquiátricos.

Referências

Angold, A. & Costello, E.J. (2001). The epidemiology of depression in children and adolescents. In I. Goodyer (Ed.). *The Depressed Child and Adolescent: Developmental and Clinical Perspectives* (2a. ed., pp. 143-178). Nova York: Cambridge University Press.

Barch, D.M., Carter, C.S., Arnsten, A., Buchanan, R.W., Cohen, J.D., Geyer, M. ..., & Heinssen, R. (2009). Selecting paradigms from cognitive neuroscience for translation into use in clinical trials: Proceedings of the Third CNTRICS meeting. *Schizophrenia Bulletin, 35*(1), 109-114 [http://doi.org/10.1093/schbul/sbn163].

Berberian, A.A. & Alves, C.H.L. (2018). Promoção e prevenção de saúde mental na idade pré-escolar. In: N.M. Dias & A.G. Seabra (Eds.). *Neuropsicologia com pré-escolares: Avaliação e intervenção* (Coleção Neuropsicologia na Prática Clínica). São Paulo: Pearson.

Berberian, A.A., Gadelha, A., Dias, N.M., Mecca, T.P., Comfort, W.E., Bressan, R.A., & Lacerda, A.T. (2018). Component mechanisms of executive function in schizophrenia and their contribution to functional outcomes. *Brazilian Journal of Psychiatry* [http://doi.org/10.1590/1516-4446-2018-0021].

Berberian, A.A. & Scarpato, B.S. (2012). A avaliação cognitiva na esquizofrenia: implicações para prática clínica. In C.S. Noto & R.A. Bressan. *Esquizofrenia: avanços no tratamento multidisciplinar.* Porto Alegre: Artmed.

Brietzke, E., Neto, A., Dias, A., Mansur, R., & Affonseca, R. (2011). Intervenção precoce em psicose: um mapa das iniciativas clínicas e de pesquisa na América Latina. *Brazilian Journal of Psychiatry, 33* (supl. 2), s213-s224.

Caspi, A., McClay, J., Moffitt, T.E., Mill, J., Martin, J., Craig, I.W., Taylor, A., & Poulton, R. (2002). Role of genotype in the cycle of violence in maltreated children. *Science, 297*, 851-854.

Caspi, A., Sugden, K., Moffitt, T.E., Taylor, A., Craig, I.W., Harrington, ..., & Poulton, R. (2003). Influence of life stress on depression: moderation by a polymorphism in the 5-HTT gene. *Science, 301*(5.631), 386-389.

Cicchetti, D. & Toth, S.L. (1992). The role of developmental theory in prevention and intervention. *Development and Psychopathology, 4*, 489-493.

Cunha, C. (2007). *Avaliação transversal da qualidade de vida de cuidadores de crianças e adolescentes com câncer por meio de um instrumento genérico – 36 item short form health survey questionnaire (SF-36).* Dissertação de Mestrado. Uberlândia: Universidade Federal de Uberlândia.

Desai, P., Lawson, K., Barner, J., & Rascati, K. (2013). Estimating the direct and indirect costs for community-dwelling patients with schizophrenia. *Journal of Pharmaceutical Health Services Research,* 4(4), 187-194.

Estanislau, G.M. & Bressan, R.A. (2014). *Saúde mental na escola: o que os educadores devem saber.* Porto Alegre: Artmed.

Fazel, M., Hoagwood, K., Stephan, S., & Ford, T. (2014). Mental health interventions in schools 1: Mental health interventions in schools in high-income countries. *The Lancet Psychiatry, 1*(5), 377-387.

Fonseca, A.O., Berberian, A.A., Meneses-Gaya, C., Gadelha, A., Vicente, M.O., Nuechterlein, K.H., Bressan, R.A., & Lacerda, A.L.T. (2017). The Brazilian standardization of the Matrics consensus cognitive battery (MCCB): Psychometric study. *Schizophrenia Research, 185,* 148-153 [http://doi.org/10.1016/j.schres.2017.01.006].

Fusar-Poli, P., Rutigliano, G., Stahl, D., Davies, C., De Micheli, A., Ramella-Cravaro V., Bonoldi, I., & McGuire, P. (2017). Long-term validity of the At Risk Mental State (Arms) for predicting psychotic and non-psychotic mental disorders. *European Psychiatry, 42,* 49-54.

Gadelha, A., Vendramini, A.M., Yonamine, C.M., Nering, M., Berberian, A., Suiama, M.A. ..., & Hayashi, M.A.F. (2015). Convergent evidences from human and animal studies implicate angiotensin I-converting enzyme activity in cognitive performance in schizophrenia. *Translational Psychiatry, 5* [http://doi.org/10.1038/tp.2015.181].

GBD (2016). Disease and Injury Incidence and Prevalence Collaborators (2017). Global, regional, and national incidence, prevalence, and years lived with disability for 328 diseases and injuries for 195 countries, 1990-2016: a systematic analysis for the Global Burden of Disease Study 2016. *Lancet, 390*(10.100), 1.211-1.259.

Gonçalves, P., Martins, P., Gordon, P., & Louzã, M. (2012). Prodromal Questionnaire: translation, adaptation to Portuguese and preliminary results in ultra-high risk individuals and first episode psychosis. *Jornal Brasileiro de Psiquiatria, 61*(2), 96-101.

Goodman, R., Ford, T., Simmons, H., Gatward, R., & Meltzer, H. (2000). Using the Strengths and Difficulties Questionnaire (SDQ) to screen for child psychiatric disorders in a community sample. *The British Journal of Psychiatry, 177,* 534-539.

Gould, M., Marrocco, F., Hoagwood, K., Kleinman, M., Amakawa, L., & Altschuler, E. (2009). Service use by at-risk youths after school-based suicide screening. *Journal of the American Academy of Child and Adolescent Psychiatry, 48*(12), 1.193-1.201.

Green, M.F. & Harvey, P.D. (2014). Schizophrenia Research – Cognition Cognition in schizophrenia: Past, present, and future. *SCOG, 1*(1), e1–e9 [http://doi.org/10.1016/j.scog.2014.02.001].

Heaton, R.K., Chelune, G.J., Talley, J.L., Kay, G.G., & Curtiss, G. (2004). *Teste Wisconsin de Classificação de Cartas.* São Paulo: Casa do Psicólogo.

Higuchi, C.H., Ortiz, B., Berberian, A.A., Noto, C., Cordeiro, Q., Belangero, S.I. ..., & Bressan, R.A. (2014). Factor structure of the positive and negative syndrome scale (Panss) in Brazil: Convergent validation of the brazilian version. *Revista Brasileira de Psiquiatria, 36*(4) [http://doi.org/10.1590/1516-4446-2013-1330].

Insel, T., Cuthbert, B., Garvey, M., Heinssen, R., Pine, D., Quinn, K. ..., & Wang, P. (2010). Research Domain Criteria (RDoC): Toward a. *American Journal of Psychiatry Online,* (jul.), 748-751 [http://doi.org/10.1176/appi.ajp.2010.09091379].

Kay, S., Fiszbein, A., & Opler, L. (1987). The Positive and Negative Syndrome Scale (Panss) for Schizophrenia. *Schizophrenia Bulletin, 13*(2), 261-276.

Kessler, R.C., Berglund, P., Demler, O., Jin, R., Merikangas, K.R., & Walters, E.E. (2005). Lifetime prevalence and age-of-onset distributions of DSM-IV disorders in the National Comorbidity Survey Replication. *Archives of General Psychiatry.* 62(6), 593-602 [doi: 10.1001/archpsyc.62.6.593].

Kremen, W.S., Seidman, L.J., Faraone, S.V., Toomey, R., & Tsuang, M.T. (2004). Heterogeneity of schizophrenia: a study of individual neuropsychological profiles. *Schizophrenia Research*. 71(2-3), 307-321.

Levine, S.Z. & Rabinowitz, J. (2007). Revisiting the 5 Dimensions of the Positive and Negative Syndrome Scale. *Journal of Clinical Psychopharmacology, 27*(5), 431-436.

Lindenmayer, J.P., Grochowski, S., & Hyman, R.B. (1995). Five factor model of schizophrenia: Replication across samples. *Schizophrenia Research, 14*(3), 229-234 [http://doi.org/10.1016/0920-9964 (94)00041-6].

March, J.S. (2009). The future of psychotherapy for mentally ill children and adolescents. *Journal of Child Psychology and Psychiatry, 50*(1-2), 170-179 [doi: 10.1111/j.1469-7610.2008.02034.x].

Masten, A.S., Faden, V.B., Zucker, R.A., & Spear, L.P. (2008). Underage drinking: A developmental ramework. *Pediatrics, 121*(4), S235-S251 [doi: 10.1542/peds.2007-2243A].

McEvoy, J.P. (2007). The costs of schizophrenia. *Journal of Clinical Psychiatry, 68*, 4-7.

McGorry, P.D., Killackey, E., & Young, A. (2008). Early intervention in psychosis: concepts, evidence and future directions. *World Psychiatry, 7*, 148-156.

Moreno-Küstner, B., Martín, C., & Pastor, L. (2018). Prevalence of psychotic disorders and its association with methodological issues. A systematic review and meta-analyses. *PLoS One, 13*(4), e0195687.

Ochsner, K.N. (2008). The Social-Emotional Processing Stream: Five Core Constructs and Their Translational Potential for Schizophrenia and Beyond. *Biological Psychiatry, 64*(1), 48-61 [http://doi.org/10.1016/j.biopsych.2008.04.024].

O'Connell, M.E., Boat, T., & Warner, K.E. (2009). *Preventing Mental, Emotional, and Behavioral Disorders Among Young People: Progress and Possibilities.* Washington (DC): National Academies Press [Retomado de https://www.ncbi.nlm.nih.gov/books/NBK32783/].

Ortiz, B. & Lacaz, F.S. (2012). Esquizofrenia: diagnóstico e dimensões clínicas. In C.S. Noto & R.A. Bressan. *Esquizofrenia: avanços no tratamento multidisciplinar.* Porto Alegre: Artmed.

Rosenbaum, J.F., Biederman, J., Bolduc-Murphy, B.A., Faraone, S.V., Chaloff, J., & Hirshfeld, D.R. (1993). Behavioral inhibition in childhood: A risk factor for anxiety disorders. *Harvard Review of Psychiatry, 1*, 2-16.

Silva, T., Berberian, A., Gadelha, A., Villares, C., Martini, L., & Bressan, R. (2017). Validação da Recovery Assessment Scale (RAS) no Brasil para avaliar a capacidade de superação das pessoas com esquizofrenia. *Jornal Brasileiro de Psiquiatria, 66*(1), 1-8.

Silva, P., Gadelha, A., Melcop, A., Pan Neto, P., Moriyama, T., Graeff-Martins, A., Bordin, I., & Bressan, R. (2010). Validation of the Portuguese version of the Comprehensive Assessment of At-Risk Mental States (Caarms). *7th biennial conference of the International Early Psychosis Association – 29th November to 1st December.* Amsterdã.

Stivanin, L., Scheuer, C., & Assumpção, F. (2008). SDQ (Strengths and Difficulties Questionnaire): identificação de características comportamentais de crianças leitoras. *Psicologia: Teoria e Pesquisa, 24*(4), 407-413.

Tamm, L., Epstein, J.N., Loren, R.E.A., Becker, S.P., Brenner, S.B., Mamberger, M.E., Peugh, J., & Halperin, J.M. (2017). Generating Attention, Inhibition, and Memory: A Pilot Randomized Trial for Preschoolers with Executive Functioning Deficits. *Journal of Clinical Child & Adolescent Psychology, 20*, 1-15 [doi: http://dx.doi.org/10.1080/15374416.2016.1266645].

Vicente, J., Higarashi, I., & Furtado, M. (2015). Transtorno mental na infância: configurações familiares e suas relações sociais. *Escola Anna Nery Revista de Enfermagem, 19*(1), 107-114 [doi: 10.5935/1414-8145.20150015].

Walker, H., Small, J., Severson, H., Seeley, J. & Feil, E. (2014). Multiple-gating approaches in universal screening within school and community settings. In R.J. Kettler, T.A. Glover, C.A. Albers, & K.A. Feeney-Kettler (Eds.). School psychology book series. Universal screening in educational settings: Evidence-based decision making for schools (pp. 47-75). Washington, DC, US: American Psychological Association.

Warrier, V., Toro, R., Chakrabarti, B., Børglum, A.D., Grove, J., Agee, M. ..., & Baron-Cohen, S. (2018). Genome-wide analyses of self-reported empathy: Correlations with autism, schizophrenia, and anorexia nervosa. *Translational Psychiatry*, 8(1) [http://doi.org/10.1038/s41398-017-0082-6].

Wechsler, D. (2004). *Wais-III: Manual para administração e avaliação* (Villena, M.C. de, Trad.). São Paulo: Casa do Psicólogo.

Wykes, T. & Reeder, C. (2005) *Cognitive Remediation Therapy for Schizophrenia*. Routledge.

Yung, A., McGorry, P., McFarlane, C., Jackson, H., Patton, G., & Rakkar, A. (1996). Monitoring and care of young people at incipient risk of psychosis. *Schizophrenia Bulletin, 22*(2) 283-303.

Yung, A., Yung, A., Yuen, H., Mcgorry, P., Phillips, L., Kelly, D., Dell'olio, M., Francey, S., Cosgrave, E., Killackey, E., Stanford, C., Godfrey, K., & Buckby, J. (2005). Mapping the Onset of Psychosis: The Comprehensive Assessment of At-Risk Mental States. Austrália/Nova Zelândia. *Journal of Psychiatry, 39*, 964-971.

Zuanazzi, A. & Ribeiro, R. (2015). Testes projetivos na avaliação psicológica da esquizofrenia: uma revisão da literatura. *Estudos Interdisciplinares em Psicologia, 6*(2), 71-91.

52
Avaliação psicológica no suicídio

Makilim Nunes Baptista

Maycoln Teodoro

Gabriela Cremasco

Definir o que é considerado comportamento suicida pode ser um complicador em termos de teoria, prevalência e avaliação. A automutilação, por exemplo, pode ser considerada como um comportamento suicida; no entanto, pode haver a automutilação com ou sem intenção de morte, além do que as definições sobre comportamento suicida também podem ser diferentes, dependendo de qual associação/definição adotada, como, por exemplo o US *Center for Disease Control and Prevention* (CDC), o *American Pychiatric Association* (APA) ou a Organização Mundial de Saúde (OMS). As definições adotadas neste capítulo serão a do CDC (2015), que pontua a ideação suicida como um pensamento, consideração ou planejamento do suicídio; tentativa de suicídio como comportamento auto-dirigido, potencialmente prejudicial e não fatal com a intenção de morte; e suicídio como morte causada por comportamento intencional e pre-judicial. Ressalta-se que, termos como tentativa fracassada, suicídio não fatal e suicídio bem-su-cedido são considerados pejorativos, não devendo ser utilizados (Klonsky, May, & Safer, 2016).

As estimativas indicam que mais de 800 mil pessoas no mundo morrem por ano em decor-rência do suicídio, o que equivale a uma morte a cada 40 segundos. Sabe-se ainda que, para cada pessoa que comete o ato, existem pelo menos outras vinte tentativas. Além disso, consta entre as vinte principais causas de morte na popula-ção geral e a segunda principal causa em pessoas com idade entre 15 e 29 anos, sendo considera-da no ano de 2012 como responsável por 1,4% de todas as causas de morte no mundo (*World Health Organization* [WHO], 2017).

O Ministério da Saúde divulgou um estudo intitulado Boletim Epidemiológico com infor-mações referentes ao perfil das pessoas que ten-taram suicídio e daquelas que morreram em de-corrência disso, no Brasil, entre os anos de 2011 e 2016. Foram identificadas 48.204 tentativas de suicídio, sendo 33.269 (69,0%) em indivíduos do sexo feminino. Em relação às mulheres, a maior parte dos casos de tentativas de suicídio (73,1%) ocorre entre a idade de 10 e 39 anos, nas regiões Sudeste (44,8%) e Sul (33,4%) do país. Já para os homens, a faixa etária com mais casos foi entre 10 e 39 anos (71,1%), com maior concentração nas regiões Sudeste (42,8%) e Sul (34,9%) (Brasil, 2017).

Em termos de mortes por suicídio propria-mente ditas, foi registrado, entre 2011 e 2015, um total de 55.649 casos, o que equivale a uma taxa de 5,5 pessoas para cada 100 mil habitan-tes. A faixa etária com maior índice foi a partir dos 70 anos (8,9/100 mil habitantes) e em in-dígenas (15,2/100 mil habitantes). Entre os homens, a maior prevalência foi nos sujeitos acima de 70 anos (17,1/100 mil habitantes), ao passo que nas mulheres, a faixa etária mais frequente variou entre 50 e 59 anos (3,8/100). Os estados com maior número de mortes foram o Rio Grande do Sul (10,3/100), seguido de Santa Catarina (8,5/100) e do Mato Grosso do Sul (8,5/100). Os métodos de suicídio mais utilizados foram o enforcamento, intoxicação exógena e arma de fogo, respectivamente. É importante pontuar a necessidade de se conhecer os meios mais utilizados para o suicídio com o intuito de se desenvolver estratégias de controle e prevenção, tais como a restrição ao acesso de pesticidas/agrotóxicos e o acesso a armas de fogo, por exemplo (Brasil, 2017).

O suicídio na infância e adolescência, apesar de menos frequente do que na fase adulta, ocupou a 10ª posição entre as causas de morte nos Estados Unidos da América. Apesar da controvérsia existente sobre a intencionalidade ou não do ato suicida em crianças com menos de 10 anos, o Centers for Disease Control and Prevention mostrou uma taxa de 0,17 caso por 100 mil habitantes para a faixa etária entre 5 e 11 anos. Já para os adolescentes (12-17 anos), foi encontrada uma prevalência de 5,18 casos por 100 mil habitantes. Comparações entre crianças mais novas e adolescentes que cometeram suicídio indicam uma maior frequência de meninos que tinham maior índice de problemas com familiares ou amigos, sendo que apenas 7,70% deixaram alguma carta ou bilhete (Sheftall, Asti, Horowitz, Felts, Fontanella, Campo, & Bridge, 2016).

Algumas iniciativas governamentais como as da Organização Mundial da Saúde (2000) e do Ministério da Saúde (2017) têm sido desenvolvidas ao longo dos últimos anos com a finalidade de proporcionar aos profissionais da área da saúde e da mídia em geral informações que contribuam na identificação precoce de questões relacionadas ao comportamento suicida, além de instruções de manejo com pessoas em risco e aspectos relativos à prevenção. Além disso, visam contribuir na desmistificação do tema, trabalhando com os principais tabus que o cercam.

Em 2014, a *World Health Organization* publicou um documento que sumarizava alguns fatores de risco para o suicídio, divididos em três eixos. O primeiro, ligado ao sistema de saúde e à sociedade, listava a dificuldade em acessar os equipamentos que promovem atendimento físico e psicológico, além da cobertura inapropriada dos meios de comunicação sobre o tema. Este primeiro eixo contempla o nível macro e é fortemente influenciado pela elaboração de políticas públicas que interferem tanto na diminuição do consumo de álcool e outras drogas como em campanhas que promovem a prevenção do comportamento suicida. A segunda categoria diz respeito à comunidade e ao relacionamento pessoal do indivíduo. Neste eixo são listados alguns fatores que podem aumentar a chance do suicídio, como presença de guerra e desastres, discriminação, abuso, violência, relacionamentos conflituosos e senso de isolamento. Finalmente, a terceira categoria é ligada ao indivíduo e lista fatores de risco as tentativas prévias de suicídio, presença de transtornos mentais, uso abusivo de álcool, desesperança, dor crônica, falência financeira e histórico familiar de suicídio.

O processo de avaliação do comportamento suicida

É muito provável que um profissional de saúde, especificamente um clínico, tenha contato frequente com pessoas que informem sobre ideação suicida e/ou tentativas anteriores. Além das informações anteriores de comportamento suicida, é mister que o psicoterapeuta tenha em sua prática avaliativa inicial questões sobre essas temáticas, independentemente do problema apresentado como hipótese diagnóstica. Abordar esse tema é de fundamental importância, principalmente naqueles pacientes que estão sendo avaliados por possíveis transtornos mentais e/ou que possuam fatores de risco associados ao comportamento suicida; como uso de drogas, depressão, impulsividade, desesperança, dentre outros aspectos (Erford, Jackson, Bardhoshi, Duncan, & Atalay, 2018).

A avaliação nos casos de comportamento suicida é um processo complexo e amplo. De nada adianta somente ter o conhecimento sobre a existência de ideação passiva, ativa ou tentativas anteriores, apesar de serem informações fulcrais. O fundamental é, a partir de conhecimentos das características psicossociais, dos fatores de risco, de proteção e das contingências, compreender quais variáveis devem ser manejadas, a fim de se pensar em um processo de intervenção capaz de modificar cognições, afetividade e comportamentos; além disso, as variáveis do psicoterapeuta e da relação parecem ser fundamentais no processo de avaliação de comportamento suicida (Baptista, 2010; Bolton, Gunnell, & Turecki, 2015).

Implementar a avaliação de comportamento suicida não é tarefa simples, já que dezenas de fatores podem estar presentes nos casos de ideação, tentativas e suicídio. Variáveis presentes em quem está sendo avaliado podem ser tão importantes quanto as de quem está avaliando, já que conhecimento teórico, experiência prática, conhecimento em psicometria, habilidade em integração de dados, dentre outras características, parecem ser cruciais para uma avaliação adequada. Além disso, a literatura vem apontando baixos índices de previsibilidade em avaliação de pacientes que irão tentar e/ou se suicidar e, até mesmo vem sendo questionado o quanto as habilidades e prática do clínico são aspectos que realmente aumentam a probabilidade de detecção de tentativas futuras, ou seja, a acurácia (Berman & Silverman, 2014; Regehr, LeBlanc, Bogo, Paterson, & Birze, 2015).

Nesse sentido, como apontam Baptista, Hauck-Filho e Borges (2017), o processo de avaliação psicológica deve contemplar a utilização de multimétodos, ou seja, quanto mais informações em um menor espaço de tempo, mais e diferentes fontes possíveis, mais o clínico terá possibilidade de traçar um panorama sobre o caso. Obviamente, a utilização de multimétodos também deverá estar associada ao treinamento que o clínico possui em relação aos seus métodos de avaliação, além de seu amplo conhecimento teórico e habilidades práticas no manejo do comportamento suicida.

Por multimétodos se entende a utilização de diferentes processos de levantamento de informações, tais como anamneses, entrevistas estruturadas/semiestruturadas e/ou livres (mas direcionadas ao problema), utilização de protocolos específicos de avaliação, escalas psicométricas, métodos projetivos, informações de prontuários, levantamento de informações por intermédio de discussão de caso com outros profissionais, dentre outros. É importante lembrar que não necessariamente as escalas psicométricas devem ser utilizadas no processo de avaliação; no entanto, podem ser bastante úteis em avaliações rápidas e acompanhamento dos resultados de intervenção (Baptista & Borges, 2017).

Além dos apontamentos anteriores pode haver protocolos e escalas mais ou menos completas para avaliar o comportamento suicida; algumas com apenas uma pergunta sobre tentativas anteriores, outras com várias perguntas sobre letalidade. Outra consideração importante é se o comportamento suicida pode ser considerado como um traço ou estado; ou seja, se ele faz parte de uma experiência crônica ou situacional, sendo que ainda não há um consenso sobre essa questão. Da mesma forma, grupos de pessoas associadas a culturas específicas podem ter mais ou menos motivação para falar sobre o assunto, quando questionados; como no caso de pessoas ligadas a religiões que consideram o suicídio como um ato pecaminoso (Klonsky et al., 2016). De maneira geral, como apontam Bernert, Hom e Roberts (2014), algumas informações podem ser cruciais no processo de avaliação de comportamentos suicidas, utilizando protocolos e medidas válidas e fidedignas, tais como fatores de risco e de proteção e avaliação do grau de intenção suicida (baixo, médio, alto). No entanto, o manejo de todo o processo interventivo também deve levar em consideração: quais intervenções são mais recomendadas para casos específicos; as especificidades do manejo clínico; o treinamento do profissional de saúde; os procedimentos que envolvem planejamento de segurança ao paciente, como ativação de uma rede de apoio familiar e social e as considerações éticas envolvidas na quebra do sigilo psicoterápico.

Entrevista

Devido à complexidade fenomenológica do suicídio e aos tabus e preconceitos existentes na sociedade, podem ocorrer dificuldades na avaliação e intervenção, presentes principalmente em profissionais com pouca prática ou sem treinamento específico. Entretanto, existem diversas ferramentas com as quais os profissionais de saúde podem contar na avaliação desse comportamento. A entrevista é a principal maneira para que o clínico possa estabelecer um contato de qualidade e profícuo com o paciente. De modo geral, os pacientes suicidas apresentam características que são comuns e que devem ser avaliadas durante as sessões (WHO, 2014). A primeira delas é a confusão entre o desejo de viver e de morrer, chamado de ambivalência. A segunda é a impulsividade, fundamental para a passagem ao ato. A impulsividade pode, a partir do acontecimento de um ato percebido como negativo, impulsionar o sujeito para a tentativa. Finalmente, o paciente costuma apresentar uma rigidez cognitiva, na qual os pensamentos, sentimentos e ações apresentam-se muito restritivos. A presença desses fenômenos pode aumentar os riscos de uma tentativa e devem ser abordados terapeuticamente. A identificação por parte do clínico de alguma dessas características psicológicas ou de ideação suicida no paciente leva, inevitavelmente, à necessidade de perguntas sobre a existência de algum plano específico para morrer/se matar/tirar sua vida e sobre o desejo de o paciente implementar essa ideia.

Revisões sistemáticas e/ou meta-análises trazem informações cruciais de pontos a serem abordados nas entrevistas, bem como podem dar dicas importantes de protocolos e escalas a serem utilizados como ferramentas auxiliares na avaliação. As entrevistas, anamneses ou protocolos abordam aspectos relacionados aos dados sociodemográficos, comportamentos suicidas (ideação passada e atual e tentativas anteriores), fatores de risco (ex.: relativos à personalidade, problemas de saúde) e proteção (ex.; suportes familiar e social, motivos para viver), existência de transtornos mentais atuais e passados, precipitadores, dentre outros pontos importantes. Atualmente existe uma infinidade de protocolos de avaliação de comportamentos suicidas, principalmente em língua inglesa, tais como o *Columbia Suicide Ideation Rating Scale, Modified Scale for Suicide Ideation* e *Suicide Status Form* (Franklin et al., 2017; Sommers-Flanagan & Shaw, 2017).

Uma proposta de entrevistas para pacientes suicidas baseada em Worchel e Gearing (2010) e First (2015) foi descrita por Souza e Teodoro (2018), incluindo os seguintes temas:

1) Dados sociodemográficos. Usados para fortalecer os vínculos com o paciente e recolher informações que propiciem conhecimento da rede de apoio, fatores de risco e de proteção como uso de drogas lícitas ou ilícitas, condição médica e também informações sobre a vida social do paciente.

2) Problema identificado/história. Descrição das queixas listadas pelo paciente, incluindo tentativas de suicídio, condição médica etc.

3) Suicidabilidade atual. Aspectos ligados ao comportamento suicida como ideação suicida, planejamento, intenção, viabilidade, letalidade do método escolhido, presença de impulsividade e desesperança.

4) História de suicídio. Avaliação minuciosa das tentativas passadas, investigando, para cada tentativa, a sua natureza, o método, a letalidade, os fatores posteriores ao fato e suas consequências.

5) Evidências de história de suicídio familiar ou de colegas.

6) Presença de fatores de risco e de proteção existentes na vida do paciente.

Botega, D'Oliveira, Cais e Stefanello (2009) sugerem uma classificação simples do risco suicida que auxilia no manejo e acompanhamento da evolução do paciente. Para isso, o clínico deve, a partir da entrevista, pontuar a existência de alguns comportamentos suicidas e classificar o risco em baixo (presença de alguns pensamentos suicidas sem plano); médio (presença de pensamentos e planos, mas há a pretensão de cometer suicídio imediatamente); alto (existe um plano definido, os meios para fazê-lo e planeja fazê-lo prontamente). O risco pode ser agravado caso o paciente tenha tentado o suicídio recentemente.

Como apontam Erford et al. (2018), as entrevistas clínicas são muito utilizadas na avaliação do comportamento suicida, mas não há informações mais detalhadas sobre em que condições as escalas de avaliação de suicídio são empregadas. Os autores ainda relatam que a utilização conjunta de entrevistas e escalas psicométricas poderia trazer informações complementares fundamentais para o clínico. Do ponto de vista geral, o clínico deve ser capaz de obter informações amplas e restritas sobre os possíveis níveis de cada paciente, no sentido de avaliar as possíveis intervenções. Por exemplo, Harris, Syu, Lello, Chew, Willcox e Ho (2015), disponibilizam uma espécie de barômetro de avaliação de risco de suicídio, como propósito importante do processo de avaliação.

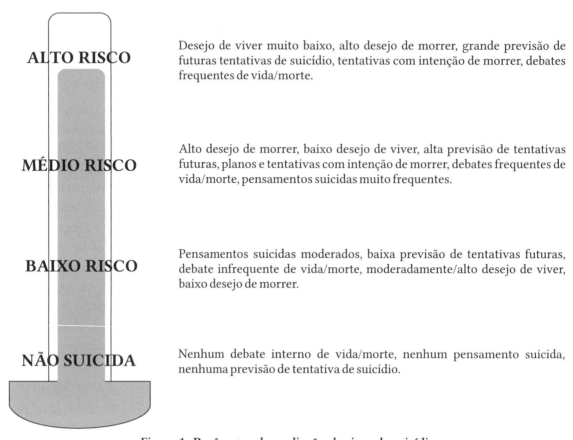

Figura 1 Barômetro de avaliação de risco de suicídio

Fonte: Elaborado com base em Harris et al., 2015.

Escalas

Apesar de os protocolos também serem definidos como escalas de heteroavaliação, o profissional de saúde pode se beneficiar também da utilização de escalas autoaplicativas como ferramentas auxiliares na prática clínica, tanto na avaliação inicial e acompanhamento quanto na avaliação de resultados de intervenções. Infelizmente, as escalas heteroaplicativas e as autoaplicativas desenvolvidas no Brasil são raras e não há exemplares dessas escalas avaliadas e aprovadas pelo Sistema de Avaliação de Testes Psicológicos (Satepsi). No entanto, as escalas que abordam a temática depressão trazem questões sobre ideação e/ou tentativas de suicídio, que podem ser aprofundadas em entrevistas subsequentes. Como exemplo, o Inventário de Depressão de Beck (BDI-II) e as Escalas Baptista de Depressão, em suas versões adulto e infantojuvenil (Ebadep-A e Ebadep-IJ).

De maneira específica, as escalas psicométricas, que têm como intuito principal avaliar o comportamento suicida, podem ser encontradas, às dezenas, na literatura internacional (cf. Range & Knott, 1997). Elas podem ser selecionadas por objetivos (avaliação clínica ou rastreamento), versões completas ou curtas (*short versions*), específicas em seu objetivo (ex.; avalia apenas ideação ativa, passiva ou tentativas anteriores, letalidade das tentativas), por faixa etária (crianças, adolescentes, adultos e idosos), ou mesmo específicas a ambientes (ex.; prisões). Também é importante mencionar que poucas são as escalas desenvolvidas para comprovar teorias sobre o suicídio, o que acaba por gerar uma lacuna na literatura sobre a relação entre avaliação psicológica e desenvolvimento teórico. Além disso, outros métodos, como os projetivos e os de apercepção, podem ser muito úteis na avaliação do comportamento suicida (Klonsky et al., 2016).

Uma particularidade sobre as escalas psicométricas a respeito do comportamento suicida mostra o quanto elas são úteis na previsibilidade de tentativas ou de novas tentativas de suicídio. Medidas de sensibilidade, especificidade e/ou relacionadas a elas mostram o quanto os testes, por exemplo, são capazes de captar pessoas com comportamento suicida e o quanto são confiáveis no sentido de preverem novas tentativas de suicídios futuros. Muitas delas possuem sensibilidade, especificidades, poder preditivo positivo e negativo altos quando avaliados em estudos isolados ou mesmo em delineamentos não experimentais. No entanto, quando utilizados critérios mais restritivos, a maioria das escalas não possui capacidade alta de previsibilidade e/ou acurácia, o que pode estar associado, além das qualidades psicométricas das escalas, ao fenômeno complexo, permeado pela influência de diversas variáveis e, consequentemente, de difícil previsibilidade (Bolton et al., 2015; Erford et al., 2018; Runeson, Odeberg, Pettersson, Edbom, Adamsson, & Waern, 2017).

Além disso, outras escalas podem ser utilizadas para complementar a avaliação, como aquelas que avaliam fatores de risco e proteção ou mesmo características de personalidade (ex.: impulsividade, neuroticismo), e mesmo aquelas que avaliam as razões ou motivos para viver (Baptista, no prelo; Linehan, Goodstein, Nielsen, & Chiles, 1983). Obviamente, o profissional de saúde deve apresentar conhecimentos mínimos em psicometria ao avaliar as possibilidades existentes em sua escolha; além disso, a escolha da escala a ser utilizada dependerá de uma série de características de avaliação, tais como: o objetivo da avaliação (clínico, rastreamento), o tempo disponível (várias sessões e/ou encontros ou apenas um tempo curto), o contexto (internação hospitalar, ambulatório, Caps etc.), necessidade de treinamento (Batterham et al., 2015).

Novas tecnologias

A utilização de avaliação tradicional, tais como entrevistas e/ou protocolos estruturados, escalas ou outros métodos, possui diversas vantagens e desvantagens; no entanto, novas metodologias e tecnologias vêm sendo utilizadas na avaliação do comportamento suicida. Como afirmam Bolton et al. (2015), a utilização de inteligência artificial (*Learning Machines*) parece estar abrindo um novo campo de estudos sobre a temática. Utilização de estimulação sobre comportamento suicida em paralelo ao estudo de neuroimagens parece fornecer dados importantes para predição, como, por exemplo, o emprego de testes de apercepção temática desenvolvidos para a temática do suicídio, controlando inclusive o tempo de reação das pessoas, com suas reações neurológicas.

Acessos remotos, nos quais o indivíduo responde a escalas via dispositivos eletrônicos, com tratamento guiado por terapeutas, também vêm sendo utilizados com sucesso em alguns países.

Por exemplo, Nielssen et al. (2015) relatam um programa desenvolvido na Austrália, intitulado *MindSpot*, e ativo desde 2012, no qual as pessoas participam respondendo a determinadas escalas via dispositivos eletrônicos (celular, *tablet*, computador). Com base no resultado elas podem ser indicadas a participar de cursos de tratamento sobre a temática do suicídio e/ou ter acesso a informações mais detalhadas no sistema de saúde local, ou, ainda, a serem avaliadas minuciosa e remotamente por terapeutas sobre o comportamento suicida.

Ao serem detectadas por critérios bem-definidos presentes nos pontos de corte das escalas utilizadas essas pessoas são convidadas a entrar em contato (via e-mail, site ou telefone) com um profissional treinado, para complementar a avaliação e faz as indicações necessárias ao tratamento. Isso poderá ser feito pelo sistema de saúde local, quando elas residirem em locais mais afastados, ou até mesmo serem acionados mecanismos de visitas de urgência dos profissionais de serviços de saúde locais para intervenção. Obviamente, o sistema de saúde do país deve ter especificidades para que esse tipo de serviço possa dar resultados esperados, desde o treinamento dos profissionais de saúde mental para comportamentos suicidas, a comunicação e cooperação eficiente entre os vários dispositivos de saúde, a rapidez na tomada de decisão e até a disponibilização de recursos materiais (ex.: ambulâncias ou transporte de profissionais de saúde para atendimento emergencial). Como apontam Nielssen et al. (2015), o fato de as pessoas responderem às escalas via remota pode auxiliar na maior exposição dos comportamentos suicidas, quando comparados à avaliação face a face, pelo menos em um primeiro momento, e em casos mais severos.

Conclusão

O comportamento suicida envolve diversos atos nos quais o sujeito se coloca em situações de risco que podem levar, de modo intencional, à perda da vida. Nesses atos estão incluídas as tentativas e as ideações com ou sem planejamento que compõem um contínuo. Esse tipo de comportamento está relacionado mais frequentemente a alguns transtornos psicológicos, como os de humor; mas também podem ocorrer em pessoas sem qualquer diagnóstico anterior. Por esse motivo, é extremamente importante para o desenrolar do processo clínico conhecer os fatores de risco e de proteção para evitar novas tentativas. O processo avaliativo do paciente envolve estratégias multimétodo, nas quais o clínico se utiliza de entrevistas e questionários. Nesse processo é extremamente relevante desenvolver uma relação terapêutica sólida, na qual seja possível acionar a rede de proteção familiar e social em caso da identificação do comportamento suicida.

Referências

Baptista, M.N. (2010). Questões sobre avaliação de processos psicoterápicos. *Psicologia em Pesquisa*, 4(2), 109-117 [Recuperado de http://pepsic.bvsalud. org/scielo.php?script=sci_arttext&pid=S1982-12472010000200004&lng=pt&tlng=pt].

Baptista, M.N. (no prelo). Avaliando "depressões": dos critérios diagnósticos às escalas psicométricas. *Avaliação Psicológica*.

Baptista, M.N. & Borges, L. (2017). Processo de avaliação no contexto de saúde. In R. Goraybe, M.C.

Miyasaki, & M. Teodoro (Eds.). *Propsico – Programa de Atualização em Psicologia Clínica e da Saúde* (vol. 1, pp. 41-168). Porto Alegre: Artmed Panamericana.

Baptista, M.N., Hauck-Filho, N., & Borges, L. (2017). Avaliação em psicologia clínica. In M.R.C. Lins & J.C. Borsa (Eds.). *Avaliação psicológica: aspectos teóricos e práticos* (pp. 355-367). Petrópolis: Vozes.

Brasil/Ministério da Saúde (2017a). *Prevenção do suicídio – Manual dirigido a profissionais das equipes de saúde mental* [Recuperado de https://www.cvv.org.br/wp-content/uploads/2017/05/manual_prevencao_suicidio_profissionais_saude.pdf]].

Brasil/Ministério da Saúde (2017b). *Suicídio: saber, agir e prevenir* [Recuperado de http://portal arquivos2.saude.gov.br/images/pdf/2017/setembro/21/2017-025-Perfil-epidemiologico-das-tentativas-e-obitos-por-suicidio-no-Brasil-e-a-rede-de-atencao-a-saude.pdf].

Berman, A.L. & Silverman, M.M. (2014). Suicide risk assessment and risk formulation part II: Suicide risk formulation and the determination of levels of risk. *Suicide and Life-Threatening Behavior, 44*(4), 432-443 [doi: 10.1111/sltb.12067].

Bernert, R.A., Hom, M.A., & Roberts, L.W. (2014). A review of multidisciplinary clinical practice guidelines in suicide prevention: toward an emerging standard in suicide risk assessment and management, training and practice. *Academic Psychiatry, 38*(5), 585-592 [doi: 10.1007/s40596-014-0180-1].

Bolton, J.M., Gunnell, D., & Turecki, G. (2015). Suicide risk assessment and intervention in people with mental illness. *BMJ, 351*, 1-12 [doi: 10.1136/bmj.h4978].

Botega, N.J., Werlang, B.S.G., & Cais, C.F.S. (2006). Prevenção do comportamento suicida. *Psicologia, 37*(3), 213-220.

Center for Disease Control and Prevention (CDC) 2015. *Definitions: Self-directed violence* [Recuperado de http://www.cdc. gov/violenceprevention/suicide/definitions.html].

Erford, B.T., Jackson, J., Bardhoshi, G., Duncan, K., & Atalay, Z. (2018). Selecting suicide ideation assessment instruments: A meta-analytic review. *Measurement and Evaluation in Counseling and Development, 51*(1), 42-59 [doi: 10.1080/07481756.2017.1358062].

First, M.B. (2015). *Manual de diagnostico diferencial do DSM-5*. Porto Alegre: Artmed.

Franklin, J.C., Ribeiro, J.D., Fox, K.R., Bentley, K.H., Kleiman, E.M., Huang, X., Musacchio, K.M., ... & Nock, M.K. (2017). Risk factors for suicidal thoughts and behaviors: A meta-analysis of 50 years of research. *Psychological Bulletin, 143*(2), 187-232 [doi: 10.1037/bul0000084].

Harris, K.M., Syu, J.-J., Lello, O.D., Chew, Y.L.E., Willcox, C.H., & Ho, R.H.M. (2015). The ABC's of suicide risk assessment: Applying a tripartite approach to individual evaluations. *PLoS ONE, 10*(6), 1-21 [doi:10.1371/journal.pone.0127442].

Klonsky, E.D., May, A.M., & Saffer, B.Y. (2016). Suicide, suicide attempts, and suicidal ideation. *Annual Review of Clinical Psychology, 12*(1), 307-330 [doi: 10.1146/annurev-clinpsy-021815-093204].

Linehan, M.M., Goodstein, L.J., Nielsen, S.L., & Chiles, J.A. (1983). Reasons for staying alive when you are thinking of killing yourself: The Reasons for Living Inventory. *Journal of Consulting and Clinical Psychology, 51*(2), 276-286 [doi: 0022-006X/83/5102-0276$00.75].

Nielssen, O., Dear, B., Staples, L., Dear, R., Ryan, K., Purtell, C., & Titov, N. (2015). Procedures for risk management and a review of crisis referrals from the MindSpot Clinic, a national service for the remote assessment and treatment of anxiety and depression. *BMC Psychiatry, 15*, 304-309 [doi: 10.1186/s12888-015-0676-6].

Organização Mundial da Saúde (OMS) (2000). *Prevenção do suicídio: um manual para profissionais da mídia* [Recuperado de http://www.who.int/mental_health/prevention/suicide/en/suicideprev_media_port.pdf].

Range, L.M. & Knott, E.C. (1997). Twenty suicide assessment instruments: Evaluation and recommendations. *Death Studies, 21*(1), 25-58 [Recuperado de https://aquila.usm.edu/fac_pubs/5211].

Regehr, C., LeBlanc, V.R., Bogo, M., Paterson, J., & Birze, A. (2015). Suicide risk assessments: Examining influences on clinicians' professional judgment. *American Journal of Orthopsychiatry*, *85*(4), 295-301 [doi: 10.1037/ort0000075].

Runeson, B., Odeberg, J., Pettersson, A., Edbom, T., Adamsson, I.J., & Waern, M. (2017). Instruments for the assessment of suicide risk: A systematic review evaluating the certainty of the evidence. *PLoS ONE*, *12*(7), 1-13 [doi: 10.1371/journal.pone.0180292].

Sheftall, A.H., Asti, L., Horowitz, L.M., Felts, A., Fontanella, C.A., Campo, J.V., & Bridge, J.A. (2016). Suicide in elementary school-aged children and early adolescents. *Pediatrics*, *138*(4), e20160436 [doi: 10.1542/peds.2016-0436].

Sommers-Flanagan, J. & Shaw, S.L. (2017). Suicide risk assessment: What psychologists should know. *Professional Psychology: Research and Practice*, *48*(2), 98-10 [doi: 10.1037/pro0000106].

Souza, R.S.B. & Teodoro, M. (2018). Comportamento suicida: caracterização, avaliação e manejo clínico. In: R. Gorayeb, C. Miyazaki, & M. Teodoro (Org.). *Propsico: Programa de Atualização em Psicologia Clínica e da Saúde* (pp. 9-32). Porto Alegre: Artmed Panamericana.

Werlang, B.S.G. & Botega, N.J. (2006). Entrevista semiestruturada para Autópsia Psicológica (Esap) em casos de suicídio. In H. Corrêa & S. Perez Barrero (Orgs.). *Suicídio: uma morte evitável* (pp. 187-195). São Paulo: Atheneu.

Worchel, D. & Gearing, R.E. (2010). *Suicide assessment and treatment – Empirical and evidence-based practices*. Nova Yok: Springer.

World Health Organization (WHO) (2014). *Country reports and charts available* [Recuperado de www.who.int/mental_health/prevention/suicide/country_reports/en/index.html].

World Health Organization (WHO) (2017). *Depression and other common mental disorders: Global health estimates* [Recuperado de http://www.who.int/mental_health/management/depression/prevalence_global_health_estimates/en/].

53
Avaliação psicológica do estresse

Roberto Moraes Cruz

Jamir João Sardá Jr.

Introdução

Você já experimentou situações da vida em que ocorreram mudanças importantes ou intensas e que lhe cabia tomar decisões para seguir adiante? Já se encontrou em situações que lhe pareciam aversivas e que lhe exigiram esforços adicionais para se adaptar a elas ou, ao contrário, precisou se afastar imediatamente dessas situações porque lhe parecia desconfortável ou perigoso permanecer nelas? Já se percebeu em situações em que por mais que você se esforçasse para cumprir metas e prazos, o tempo e sua energia não foram suficientes para cumpri-los, e, em função disso, experimentou sensações físicas e emocionais desagradáveis?

Essas questões assinalam a manifestação do fenômeno denominado estresse, entendido, de forma ampla, como uma reação do organismo frente a mudanças ambientais ou situações desafiadoras ou ameaçadoras, que exigem um repertório de respostas físicas, emocionais e cognitivas, visando ajustar-se a essas mudanças/situações ou a se retirar delas (Graeff, 2003; Alchieri & Cruz, 2004; Godoy, Rossignoli, Pereira, Garcia--Cairasco, & Umeoka, 2018).

A experiência do estresse faz parte da evolução da espécie humana, na sua busca por sobrevivência e adaptação às adversidades e às mudanças nas condições ambientais. O corpo humano parece ter sido projetado para experimentar o estresse e reagir a ele, seja fugindo, enfrentando ou simplesmente "se congelando" diante de situações tensas ou impactantes. O funcionamento do corpo assinala que você está experimentando o estresse quando há aumento da frequência cardíaca e da pressão arterial, as mãos começam a transpirar, os músculos enrijecem, os sentidos ficam mais aguçados, preparando o corpo para agir. O estresse é um fenômeno presente cotidianamente na vida das pessoas: no nascimento, nos processos de socialização, no trânsito, no processo de encarreiramento profissional, nas situações de adoecimento, nas relações sociais e amorosas. Ou seja, em situações percebidas como positivas ou negativas, a experiência do estresse é uma realidade no cotidiano humano, implicando maior ou menor adaptação a essas situações ao longo da vida.

Neste capítulo, o fenômeno do estresse é abordado sob a ótica da avaliação psicológica. Para tal, será realizada primeiramente uma discussão teórica acerca do construto estresse, sua dimensionalidade e sobre suas relações com construtos correlatos. Em seguida será apresentada uma breve revisão da literatura acerca da avaliação do estresse e seus instrumentos de medida, discutindo-se as ênfases e necessidades de mensuração do estresse. Ao final, haverá ilustração de um caso clínico envolvendo o fenômeno estresse e sua caracterização no âmbito de um processo de avaliação psicológica.

Estresse: construção conceitual e modelos teóricos

Dentre os diversos objetos de estudo da Psicologia, o estresse tem sido um dos fenômenos mais investigados. Desde os estudos de Walter Cannon (1871-1945) e Hans Selye (1907-1982), em meados do século passado, às contribuições científicas atuais das neurociências, que incluem estudos de marcadores biológicos e genéticos e imagens com ressonância magnética, é possível afirmar, seguramente, que um longo caminho de descobertas científicas foi percorrido (Goldstein & Kopin, 2007).

Cannon elaborou o conceito de "reação de emergência", inicialmente para descrever a reação imediata do organismo à percepção de ameaças, mediada pela epinefrina e secretada pela medula adrenal, que teria a função de preparar o organismo para a luta ou a fuga. Selye, por sua vez, cunhou o termo Síndrome de Adaptação Geral (GAS) para descrever um padrão comum de resposta biológica ao estresse prolongado ou excessivo (Quick & Spielberger, 1994), já identificado por Cannon como um padrão de luta ou fuga, sugerindo, ambos, que o corpo humano age como um sistema de respostas funcionais às situações ameaçadoras à sobrevivência humana, constituído por três processos ou fases: a) alarme: faz com que o sistema nervoso central e o endócrino liberem hormônios específicos (cortisol, adrenalina e noradrenalina), fornecendo energia instantânea para que o corpo possa enfrentar o estímulo estressor; b) resistência: fase em que, persistindo o estressor, o corpo busca se adaptar, recrutando hormônios adicionais para renovar a energia gasta; c) exaustão: quando os recursos do organismo atingem o esgotamento e o sistema parassimpático passa a dominar, levando à perda da capacidade de reagir e enfrentar o estressor, adoecendo.

Ao longo da segunda metade do século XX, o termo estresse se tornou popular, com diferentes significados; ora atribuindo-se o fenômeno do estresse a uma situação ou condição de vida (o trabalho ou determinada situação social é estressante....), ora a sintomas diversos experimentados pelas pessoas (estou estressado, exausto... parece que vou explodir...), refletindo muitas vezes a ideia de sobrecarga física ou tensão emocional. Soma-se a isso o uso do termo estresse em outras disciplinas, como a Física e a Engenharia, geralmente identificado como uma pressão ou força sob um objeto (a viga está sob estresse...). Independente dessas atribuições, a construção do conhecimento científico sobre estresse mostra-se consolidada na literatura especializada.

Em termos científicos, o estresse é definido como um padrão de respostas não específicas do organismo, mediado pelo sistema nervoso e endócrino frente a uma dificuldade da vida ou a um evento percebido como uma ameaça, como angustiante ou excessivo. Figueroa-Fankhanel (2014) salienta que o estresse repercute no desempenho de uma pessoa (comportamento) e promove alterações cognitivas, emocionais e na resposta neurofisiológica, especialmente quando a resposta do organismo é cronicamente ativada durante períodos prolongados de estresse, o que reflete em desgaste físico e emocional.

Historicamente, os desafios de conceituar o fenômeno do estresse produziram basicamente três modelos importantes em torno dos quais se estruturam os processos de pesquisa, intervenção e avaliação do estresse: a) o modelo baseado na resposta; b) o modelo transacional; c) o modelo baseado no estímulo. Em todos eles há o esforço em caracterizar as relações específicas entre as demandas externas, o processo corporal e as respostas psicológicas (Krohne, 2002; Figueroa-Fankhanel, 2014).

No modelo baseado na resposta compreende-se o estresse como sendo um conjunto inespecífico de respostas do corpo a qualquer demanda feita sobre ele, responsável pela ativação do nervo simpático, da resposta endócrina e do sistema imunológico. Esse modelo tem origem no conceito físico de estresse, utilizado para explicar as forças externas ou pressões que afetam as estruturas ou meios materiais e que precisam ser projetadas para poder suportá-las sem deformidade. O termo evoluiu para as ciências comportamentais por meio dos estudos de Cannon e Selye, baseados em uma perspectiva biofuncional, que enfatiza os sinais e sintomas produzidos no organismo pela exposição aos agentes nocivos.

O modelo transacional sugere que o estresse acarreta um julgamento particular sobre as demandas ambientais ou internas. Em outras palavras, uma resposta ao estresse é um resultado da relação entre a pessoa e o meio ambiente. O pressuposto básico desse modelo é que o estresse envolve um processo de interação entre demandas e funções psicológicas, ou seja, há um processo de avaliação cognitiva acerca dos eventos estressores que permite que uma pessoa possa reagir a esses eventos, seja de forma adaptativa ou não.

O modelo baseado nos estímulos, desenvolvido por Holmes e Rahe em 1967, compreende o estresse como um evento ou experiência de vida. Esse evento pode ser inesperado ou necessário, exigindo mudanças nos padrões de vida do indivíduo. O modelo foca no estressor em si e em suas demandas (p. ex., social, física, psicológica)

e procura enfatizar como o estressor desafia as habilidades adaptativas de uma pessoa (Cohen, 2000; Cohen, Gianaros, & Manuck, 2016).

Independente da ênfase teórica sob qual interpretam os achados científicos acerca do fenômeno estresse, destacam-se a necessidade de compreensão dos processos biopsicossociais relacionados à vivência de situações desafiadoras ou ameaçadoras ao ser humano, suas repercussões internas no organismo e suas relações com o espectro social e econômico mais amplo.

Há evidências importantes acerca do impacto do estresse no sistema imunológico, no humor e na funcionalidade do organismo, resultando em um aumento da vulnerabilidade a doenças, ao aparecimento de lesões musculoesqueléticas e de transtornos mentais, especialmente sob a experiência do estresse crônico ou recorrente (Duman & Monteggia, 2006). Desenhos metodológicos retrospectivos e prospectivos apontam para os efeitos etiológicos do estresse em variados distúrbios de humor, notadamente a ansiedade e a depressão, traumas em geral, doenças cardiovasculares e gastrointestinais, problemas dermatológicos, assim como promove efeitos importantes nos ciclos menstruais e no sistema reprodutor masculino (Kelly, Kennedy, Cryan, Dinan, Clarke, & Hyland, 2015; Lee, Sung, Kim, Lee, Park, & Shim, 2015; Van der Kolk, 2017).

Há também a possibilidade de desenvolver padrões de enfrentamento desadaptativos sob eventos estressantes, incluindo o tabagismo, o uso de substâncias psicoativas e o comportamento alimentar compulsivo para tentar aliviar a tensão interna (Koob et al, 2014; McCaul, Wand, Weerts, & Xu, 2018). Além disso, o estresse é um importante fator de interferência à investigação de condições clínicas e na promoção ou adesão a tratamentos médicos e psicológicos.

Avaliação psicológica do estresse

Há várias maneiras de medir o estresse, devendo ser considerado no plano da avaliação não somente os sinais e sintomas manifestados no padrão de respostas, mas também as características dos eventos aversivos ou ameaçadores aos quais a pessoa está exposta, os recursos de enfrentamento utilizados, o grau de resiliência identificado, as oportunidades ou restrições à manutenção da sobrevivência e ao crescimento pessoal.

A avaliação do estresse deve considerar alterações biofisiológicas, emocionais e comportamentais detectadas por meio de exames de sangue, urina, saliva, da pressão arterial, da frequência cardíaca, do humor e do afeto, das funções executivas, responsáveis por controlar e regular os pensamentos, as emoções e a tomada de decisão. Vários são os procedimentos de medida, incluindo os exames clínicos, as técnicas de observação e entrevista, os instrumentos de autorrelato, expressivos e projetivos, e as tarefas cognitivas.

Na avaliação psicológica do estresse há o pressuposto do construto, tendo em vista as diferentes ênfases de estudo em termos de modelo teórico-base e sua associação a outros construtos que gravitam em torno da extensão que o conceito estresse é entendido e assimilado. Há métodos de avaliação do estresse com ênfase biológica, psicológica, ambiental e cultural, tendo em vista os pressupostos da compreensão acerca da natureza e extensão do estresse como fenômeno (Figueroa-Frankhanel, 2014). Sob influência dessa variedade de ênfases teórico-metodológicas, a avaliação psicológica do estresse e a mensuração de suas propriedades têm sido associadas a um amplo espectro de fenômenos.

Em um breve levantamento sobre avaliação psicológica do estresse em Scopus, Pubmed e BVS-Brasil, utilizando os descritores *stress*, ou *psychological stress*, e *psychological assessment*, ou *psychological measures*, nos últimos 5 anos, é possível encontrar um número elevado de publicações – em torno de 30.000 artigos –, indicando o amplo interesse de estudos sobre estresse e fenômenos correlatos para diferentes finalidades e perfis de estudo. Restringindo os descritores para *stress* e *psychological measures*, nos últimos 5 anos foram identificados quase 500 artigos.

A leitura exploratória dos títulos e resumos dos artigos permitiu identificar que a maioria dos estudos versa sobre condições estressoras, fatores de risco, marcadores psicológicos, doenças ou condições clínicas associadas ao estresse, transtorno do estresse pós-traumático, fatores psicológicos em populações específicas (ex.: cuidadores, profissionais de saúde, pessoas desempregadas), assim como intervenções psicológicas e tecnologias mediadas por computador. Observa-se, portanto, que a ênfase das pesquisas acerca da avaliação psicológica do estresse é principalmente na identificação de aspectos relacionados a outros fenômenos correlatos investigados. Dentre esses destacam-se: resiliência, estratégias de enfrentamento, autoeficácia, estresse ocupacional, *burnout*, estresse percebido, transtorno do estresse pós-traumático, ansiedade, depressão...

Observa-se que, enquanto nas décadas anteriores o foco de desenvolvimento de instrumentos era identificar sintomas de estresse, nos últimos anos há uma ampliação do escopo de investigação e mensuração do estresse para outros fenômenos correlatos. Além disso, foi possível perceber que a maioria dos artigos utiliza instrumentos de medida como método para a coleta de dados e poucos artigos discutem a qualidade psicométrica dos instrumentos ou aspectos teórico-metodológicos referentes à construção de instrumentos de medida para a mensuração do estresse.

Esse aspecto é claramente percebido quando é utilizado o descritor *psychometric properties* e *stress*. O número de artigos encontrados é reduzido significativamente para pouco menos de 70, dentre os quais, 4 versam sobre a validação de questionários produzidos no exterior para a população brasileira (Apolinario, et al., 2016; Lima-Verde, Pozza, Rodrigues, Velly, & Guimarães, 2013; Ribeiro et al., 2014; Solano et al., 2016).

Destaca-se na literatura internacional sobre mensuração do estresse o estudo de Figueroa-Fankhanel (2014), que além de apresentar uma excelente discussão teórica acerca dos modelos de estresse – realiza à exaustão uma revisão dos instrumentos de mensuração do estresse existentes –, aponta a necessidade de uma reflexão apurada sobre a necessidade de avaliar as diversas dimensões do fenômeno estresse e seus correlatos. Na produção científica brasileira destaca-se a extensa revisão integrativa realizada por Teixeira et al. (2015) acerca dos instrumentos de mensuração do estresse infantil no período de 2004 a 2014.

Nesse âmbito, constata-se o desenvolvimento de instrumentos de mensuração do estresse para populações ou condições clínicas específicas (doenças crônicas como artrite, diabetes, dor crônica, câncer (Apolinario et al., 2016; Bringhenti, Luft, & Oliveira, 2010)), para outras condições de saúde (risco à gravidez, infertilidade, cuidadores de doentes crônicos, violência sexual (Damone et al., 2018; Khadr et al., 2018)) ou ainda para grupos específicos (adolescentes, universitários, LGBT (Campos, Carlotto, & Marôco, 2012, 2013)).

Um outro ponto importante a ser destacado diz respeito à frequência com que alguns instrumentos são utilizados em pesquisas. Dentre os principais temos: o Inventário de *Burnout* (Pereira, 2015; Tamayo & Tróccoli, 2009; Zeni et al., 2013), a Escala de Depressão, Ansiedade e Estresse – Dass (Silva et al., 2016), a *Kessler Psychological Distress Scale* – K-6 ou K-10 (Mewton et al., 2016) e o Inventário de Autoeficácia (Benight et al., 2015). Isso parece ocorrer provavelmente pelas sólidas propriedades psicométricas e pela amplitude da avaliação do estresse por meio de fenômenos correlatos como as estratégias de enfrentamento, a resiliência ou a autoeficácia.

Um outro aspecto que desperta a atenção é o incremento de pesquisas que utilizam recursos estatísticos avançados como os procedimentos de validade confirmatória e a Teoria de Resposta ao Item (Devinea et al., 2016), assim como de tecnologias mediadas por computadores ou aplicativos no acesso e mensuração do estresse e fenômenos correlatos (Olff, 2015). Esses aspectos acentuam os cuidados com os processos de validação teórica da dimensionalidade dos construtos estudados, o aperfeiçoamento na discriminação de itens mais adequados e a calibração dos instrumentos de medida mediante determinados perfis de resposta. O uso de aplicativos e procedimentos informatizados tem facilitado a utilização dos instrumentos de medida, a coleta e a organização de dados para tratamento e análise, permitindo uma maior interação entre pesquisadores/avaliadores e usuários por meio de interfaces mais ergonômicas.

Em uma consulta à plataforma Satepsi (CFP) foram identificados apenas dois instrumentos de mensuração do estresse em situação favorável à sua comercialização e ao uso profissional por parte dos psicólogos brasileiros: a Escala de Vulnerabilidade ao Estresse no Trabalho (Event), que mensura eventos estressantes, e a Escala de Stress para Adolescentes (ESA), que mensura sintomas de estresse. Dois outros testes passaram a ter parecer desfavorável no Satepsi em 2018. Assim, é possível perceber que no cenário brasileiro, embora a produção de conhecimento científico sobre o fenômeno estresse continue crescendo, há uma carência de testes psicológicos desenvolvidos para a população, bem como uma reduzida adaptação de instrumentos internacionais.

Todos esses aspectos assinalados, tanto em termos de produção de conhecimento quanto de disponibilidade de instrumentos válidos e confiáveis para mensuração do estresse e fenômenos correlatos, evidenciam um caminho promissor mas desafiante no Brasil para o investimento na produção de instrumentos de exame psicológico que auxiliem na conduta clínica de investigação das características do estresse.

Para ilustrar um processo de avaliação psicológica do estresse foi selecionado um caso clínico, adaptado de Figueroa-Fankhanel (2014), a fim de aprofundar a discussão. Esse caso clínico foi orientado conforme o modelo desenvolvido por Cruz (2002), que pressupõe quatro dimensões do processo de avaliação psicológica: objeto, objetivo, campo teórico e método.

Caso clínico: avaliação psicológica de um quadro de estresse

Caracterização do caso

Paula é uma mulher de 32 anos que recentemente deu à luz a um menino, e está amamentando. Paula está casada há 7 anos e esse bebê é o primeiro filho do casal. Ela afirma que sempre foi uma pessoa saudável, com dieta adequada e prática de atividade física regular. Seu marido é executivo e trabalha cerca de 60 horas por semana. Paula tem se mostrado muito motivada quando se trata de sua carreira. Nos últimos 10 anos ela trabalhou, cerca de 12 horas por dia, como advogada em uma empresa especializada em fraudes corporativas. Atualmente, está em vias de abrir a sua própria empresa, como sócia. Isso deverá ser concretizado nos próximos 10 meses. A ausência do trabalho por causa da maternidade lhe causou uma sensação estranha. Na realidade, ela não se recorda de ter estado longe do trabalho por mais de uma semana consecutiva.

Após a licença-maternidade, Paula retornou à empresa em que trabalhava. Estava ansiosa para que isso ocorresse e esperava ser uma ocasião alegre, o que não ocorreu. Duas semanas após retornar ao trabalho passou a perceber que muitas mudanças aconteceram em seu corpo e em sua saúde geral. Sentia taquicardia, sua pressão arterial se elevou, tinha dificuldades para dormir, além de se sentir nervosa e tensa. Passados dois meses de retorno àquele ambiente, mostrava-se preocupada com o que essas mudanças poderiam significar em sua vida profissional. A sensação era de que poderia não ser capaz de cuidar de sua família e nem ter sucesso em sua carreira. Diante disso, procurou orientação médica. Desejava entender o que estava acontecendo e como poderia tratar desses sintomas. Uma vez que não foram diagnosticadas alterações orgânicas importantes, o médico a encaminhou a um psicólogo.

Processo de avaliação psicológica: objeto, objetivo, campo teórico e método

O processo de avaliação psicológica consistiu em duas etapas: na primeira, constituída de duas sessões, buscou-se levantar informações relevantes à elaboração da hipótese inicial, tendo em vista a necessidade de especificação da demanda para a atuação do psicólogo; na segunda etapa, realizada em quatro sessões, foram implementados os procedimentos de investigação específicos à busca de evidências para validar a hipótese inicial. Ao final da primeira etapa foi definido o *objetivo* da avaliação psicológica, ou seja, a direção da conduta do psicólogo no processo de investigação, o que implica situá-lo em um *campo teórico*, considerando o estado da arte do conhecimento do objeto da avaliação e tendo em vista o contexto específico do caso, assim como em um *método* de investigação, o que exige a definição de procedimentos específicos – técnicas e instrumentos de exame – para serem utilizados na validação da hipótese inicial (aceitar, refutar ou especificar um outro entendimento sobre o caso) ao longo da segunda etapa da avaliação psicológica.

No processo de avaliação psicológica foram investigados, por meio de anamnese e entrevista psicológica: o histórico clínico de Paula, a compreensão do seu estado de saúde geral e sintomas, além das repercussões familiares, sociais e laborais observadas por ela acerca de seu funcionamento psicossocial. O histórico de sinais e sintomas, associados à história de vida e trabalho, verificados nas sessões iniciais, apontaram a necessidade de realizar procedimentos de investigação da hipótese clínica geral de um quadro de estresse. Em função dessa hipótese foi aplicado um conjunto de instrumentos de exame para avaliar sintomas de estresse, eventos estressores, qualidade das funções executivas, humor e a presença de comorbidades ou transtornos mentais, com base nos critérios diagnósticos da CID-10 e do DSM-V. Os dados e as informações geradas foram interpretados à luz de literatura especializada.

Análise e discussão

Na avaliação inicial, Paula admitiu sentir-se tensa com as mudanças experimentadas em sua vida nos últimos meses e quanto às suas condições de saúde. Referia estar se sentindo nervosa, inquieta e cada vez mais preocupada em relação ao seu futuro. Demonstrou preocupação com o fato de que "Se não posso lidar com isso que está acontecendo na minha vida, então eu não posso ser parceira de sucesso na empresa". Revelava preocupação com o fato de não apresentar os recursos emocionais necessários para iniciar um novo empreendimento profissional.

Paula relatou que frequentemente tinha a sensação de estar "com a vida fora de controle", o que levava a pensamentos autodestrutivos e de fracasso: "Eu nunca mais serei capaz de gerenciar". No trabalho, ela se percebeu facilmente distraída e notou que estava ficando cada vez mais difícil se concentrar. Começou a esquecer tarefas importantes e estava tendo problemas para cumprir prazos. Além disso, Paula não estava dormindo ou comendo bem, não fazia exercícios, tomava café três vezes ao dia e começou a beber dois copos de vinho por noite para se acalmar. Também admitiu ter pouco apoio do marido. Considera que seu trabalho, casamento e bebê são "uma bênção" para ela, porém admite que é um desafio equilibrar todos eles em sua vida.

Paula tem observado estar acima do peso, quase sem tempo para ter intimidade com o parceiro e muito preocupada com sua casa e finanças. Reflete que, antes da maternidade, teria sido capaz de lidar com todas as demandas do dia a dia. As exigências diárias, os horários e tarefas mudaram dramaticamente o seu modo de funcionamento familiar, social e laboral, e observa que não consegue acompanhar essas mudanças em sua vida. Desde o nascimento do bebê tem se percebido nervosa, inquieta e cada vez mais preocupada com o seu futuro. Muitas vezes sente-se triste e indefesa. A distração, a falta de concentração e o esquecimento mais frequentes reforçam a sua crença de que é um fracasso.

Ao longo do processo de avaliação foram identificados que os principais eventos estressantes significativos na vida de Paula foram o nascimento do filho e o retorno ao trabalho. Contudo, outros eventos estressantes se sobrepuseram: o excesso de trabalho, a falta de apoio familiar, a privação de sono, as mudanças de hábitos e rotinas. Todos esses aspectos refletiram na manifestação da crença de desesperança sobre seu papel de mãe, no excesso de expectativas acerca do seu desempenho frente às exigências e desafios profissionais, além do sentimento de sobrecarga, de desânimo e ansiedade.

Paula demonstrou sintomas significativos de estresse psicológico e fisiológico, embora não configurados como sintomas de estresse pós--traumático. Apresentou desempenho satisfatório nos testes de atenção concentrada e memória. Os escores das escalas de desesperança não foram significativos. Foram identificados escores moderados da ansiedade, mas não de depressão. Ou seja, há indícios de que Paula apresenta um sofrimento mental associado a uma situação atual associada aos escassos recursos de enfrentamento a estressores. A presença de outros transtornos mentais, com base em critérios diagnósticos do DSM foi descartada.

O quadro clínico apresentado por Paula é compatível ao Transtorno de Adaptação. Na CID-10 (OMS, 1993), TA é definido como um estado de sofrimento e de perturbação emocional que ocorre no curso de um período de adaptação a uma mudança existencial importante ou a um acontecimento estressante que altera o funcionamento psicobiológico e o desempenho social. Paula demonstrou, em uma etapa da vida específica, que as situações de estresse afetaram a sua integridade por meio da manifestação de sintomas fisiológicos e psicológicos importantes. No TA experimenta-se um estado de desequilíbrio funcional do organismo em função da exigência de recursos psicobiológicos para lidar com eventos estressantes, uma espécie de ação defensiva do organismo (Lipp, 2007). A vulnerabilidade pessoal, as restrições de suporte familiar/social e a intensidade do evento estressor desempenharam um papel importante na manifestação dos sintomas de TA em Paula.

No DSM-V (APA, 2014), o TA está incluído no espectro clínico de *transtornos relacionados a trauma e a estressores*. É descrito como uma resposta ao estresse, desencadeada após a ocorrência de um acontecimento estressante, podendo ser traumático ou não. O diagnóstico de TA é usado quando a resposta a um estressor satisfaz ao *critério A* – desenvolvimento de sintomas emocionais ou comportamentais em resposta a um estressor ou estressores identificáveis, ocorrendo dentro de três meses do início do estressor ou estressores –, mas não satisfaz aos demais critérios de transtorno do estresse pós-traumático ou de outro transtorno mental.

No TA, os sintomas são caracterizados como intrusivos e mal-adaptativos, manifestados no pensamento repetitivo, na perda de interesse por atividades diárias, na dificuldade de concentração, em prejuízos no sono e na redução da autoconfiança (Maercker, Einsle, & Kollner, 2007; Livio, Lameu, & Souza, 2013), aspectos referidos exaustivamente por Paula no processo de avaliação psicológica. Esse quadro sintomatológico foi acentuado em função das crenças disfuncionais sobre a maternidade, das excessivas autoexigências e expectativas profissionais e da reduzida rede de apoio.

Conclusão

Diante das evidências, verifica-se que a condição de saúde e sintomas apresentados por Paula é compatível com o diagnóstico de TA com sintomas de ansiedade. Tristeza, falta de prazer, crises de choro, nervosismo, ansiedade, preocupação, insônia, dificuldade de concentração, sensação de estar oprimida e pensamentos recorrentes foram alguns dos principais sintomas manifestados por Paula e plausíveis com o TA. As respostas desadaptativas ao estresse e aos sintomas de ansiedade estão relacionadas ao enfrentamento do estresse e foram identificadas como tendo ocorrido dentro de três meses do início do evento estressor.

O presente estudo de caso pretendeu ilustrar a importância de um processo de avaliação psicológica baseado em evidências, isto é, em um modelo racional e processual orientado clinicamente pela busca do diagnóstico mais provável, considerando os resultados dos procedimentos utilizados e o confronto com os critérios e achados científicos pertinentes.

Referências

Alchieri, J.C. & Cruz, R.M. (2004). *Estresse: conceitos, métodos, medidas e possibilidades de intervenção.* São Paulo: Casa do Psicólogo.

American Psychiatric Association – APA (2014). *DSM-5: Manual Diagnóstico e Estatístico de Transtornos Mentais.* Porto Alegre: Artmed.

Apolinario, P.P., Trevisan, D.D., Rodrigues, R.C.M., Jannuzzi, F.F., Ferreira, J.F., Oliveira, H.C. et al. (2016). Psychometric Performance of the Brazilian Version of the Diabetes Distress Scale in Patients With Diabetes Mellitus Type 2. *J. Nurs. Meas., 24*(2), 101-113.

Benight, C.C., Shoji, K., James, L.E., Waldrep, E.E., Delahanty, D.L., & Cieslak, R. (2015). Trauma Coping Self-Efficacy: A Context-Specific Self-Efficacy Measure for Traumatic Stress. *Psychol. Trauma, 7*(6), 591-599.

Bringhenti, M.E., Luft, C.B., & Oliveira, W.F. (2010). Transtorno do estresse pós-traumático em acidentes de trânsito: validação de escala. *Psico USF, 15*(2), 193-203.

Campos, J.A.D.B., Carlotto, M.S., & Marôco, J. (2012). Inventário de Oldenburg para estudantes: adaptação cultural e validação para o português. *Psicologia: Reflexão e Crítica, 25*(4), 709-718.

Campos, J.A.D.B., Carlotto, M.S., & Marôco, J. (2013). Inventário de Burnout de Copenhagen – versão estudantes: adaptação e validação transcultural para Portugal e Brasil. *Psicologia: Reflexão e Crítica, 26*(1), 87-97.

Cohen, J.I. (2000). Stress and mental health: a biobehavioral perspective. *Issues in Mental Health Nursing, 21*(2), 185-202.

Cohen, S., Gianaros, P.J., & Manuck, S.B. (2016). A stage model of stress and disease. *Perspectives on Psychological Science, 11*(4), 456-463.

Cruz, R.M. (2002) O processo de conhecer em avaliação psicológica. In R.M. Cruz, J.A. Alchieri, & J.J. Sardá Junior (Orgs.). *Avaliação e medidas psicológicas: produção de conhecimento e da intervenção profissional* (pp. 15-24). São Paulo: Casa do Psicólogo.

Damone, A.L., Joham, A.E., Loxton, D., Earnest, A., Teede, H.J., & Moran, L.J. (2018). Depression, anxiety and perceived stress in women with and without Pcos: a community-based study. *Psychol. Med.* (22), 1-11.

Devinea, J., Fliegeb, H., Kocaleventc, R., Mierkea, A., Klappa, B.F., & Rose, M. (2016). Evaluation of Computerized Adaptive Tests (CATs) for longitudinal monitoring of depression, anxiety, and stress reactions. *Journal of Affective Disorders, 190*(15), 846-853.

Duman, R.S. & Monteggia, L.M. (2006). A neurotrophic model for stress-related mood disorders. *Biological psychiatry, 59*(12), 1.116-1.127.

Figueroa-Fankhanel, F. (2014). Measurement of stress. *Psychiatric Clinics, 37*(4), 455-487.

Godoy, L.D., Rossignoli, M.T., Pereira, P.D., Garcia-Cairasco, N., & Umeoka, E.H.D.L. (2018). A comprehensive overview on stress neurobiology: basic concepts and clinical implications. *Frontiers in Behavioral Neuroscience, 12*, 127.

Goldstein, D.S. & Kopin, I.J. (2007). Evolution of concepts of stress. *Stress, 10*(2), 109-120.

Graeff, F.G. (2003). Bases biológicas do transtorno de estresse pós-traumático. *Revista Brasileira de Psiquiatria, 25* (supl. I), 21-4.

Kelly, J.R., Kennedy, P.J., Cryan, J.F., Dinan, T.G., Clarke, G., & Hyland, N.P. (2015). Breaking down the barriers: the gut microbiome, intestinal permeability and stress-related psychiatric disorders. *Frontiers in Cellular Neuroscience, 9*, 392.

Khadr, S., Clarke, V., Wellings, K., Villalta, L., Goddard, A., Welch, J. ..., & Viner, R. (2018). Mental and sexual health outcomes following sexual assault in adolescents: a prospective cohort study. *The Lancet Child & Adolescent Health, 2*(9), 654-665.

Koob, G.F., Buck, C.L., Cohen, A., Edwards, S., Park, P.E., Schlosburg, J.E. ..., George, O. (2014). Addiction as a stress surfeit disorder. *Neuropharmacology, 76*, 370-382.

Krohne, H.W. (2002). Stress and coping theories. *International Encyclopedia of the Social Behavioral Sciences, 22*, 15.163-15.170.

Lee, S.P., Sung, I.K., Kim, J.H., Lee, S.Y., Park, H.S., & Shim, C.S. (2015). The effect of emotional stress and depression on the prevalence of digestive diseases. *Journal of Neurogastroenterology and Motility, 21*(2), 273.

Lima-Verde, A.C., Pozza, D.H., Rodrigues, L.L., Velly, A.M., & Guimaraes, A.S. (2013). Cross-cultural adaptation and validation for Portuguese (Brazilian) of the pictorial representation of illness and self measure instrument in orofacial pain patients. *J. Orofac. Pain., 27*(3), 271-275.

Lipp, M.E.N. (2007). Transtorno de adaptação. *Boletim da Academia Paulista de Psicologia, 27*(1).

Livio, T.S., Lameu, J.D.N., & Souza, W.F.D. (2013). Intervenção clínica para o transtorno de adaptação: uma revisão sistemática. *Revista Brasileira de Terapias Cognitivas, 9*(2), 93-100.

Maercker, A., Einsle, F., & Kollner, V. (2007). Adjustment disorder as stress response syndromes: a new diagnostic concept and it's exploration in a medical sample. *Psychopathology, 40*, 135-146.

McCaul, M.E., Wand, G.S., Weerts, E.M., & Xu, X. (2018). A paradigm for examining stress effects on alcohol-motivated behaviors in participants with alcohol use disorder. *Addiction Biology, 23*(2), 836-845.

Mewton, L., Kessler, R.C., Slade, T., Hobbs, M.J., Brownhill, L., Birrell, L. et al. (2016). The psychometric properties of the Kessler Psychological Distress Scale (K6) in a general population sample of adolescents. *Psychol Assess, 28*(10), 1.232-1.242.

Olff, M. (2015). Mobile mental health: a challenging research agenda. *Eur. J. Psychotraumatol., 19*(6), 278-282.

Organização Mundial da Saúde – OMS (1993). *Classificação de transtornos mentais e de comportamento da CID-10.* Porto Alegre: Artmed.

Pereira, A.M.B. (2015). Elaboração e validação do ISB – Inventário para Avaliação da Síndrome de Burnout. *Bol. Psicol., 65*(142), 59-71.

Quick, J.C. & Spielberger, C.D. (1994). Walter Bradford cannon: pioneer of stress research. *International Journal of Stress Management, 1*(2), 141-143.

Ribeiro, M.R.C., Britto e Alves, M.T.S.S., Batista, R.F.L., Ribeiro, C.C.C., Schraiber, L.B., Barbieri, M.A. et al. (2014). Confirmatory factor analysis of the WHO Violence Against Women instrument in pregnant women: results from the Brisa prenatal cohort. *PLoS One, 9*(12), e115382-e115382.

Silva, H.A.D., Passos, M.H.P.D., Oliveira, V.M.A.D., Palmeira, A.C., Pitangui, A.C.R., & Araújo, R.C.D. (2016). Short version of the Depression Anxiety Stress Scale-21: is it valid for Brazilian adolescents? *Einstein* (São Paulo), *14*(4), 486-493.

Solano, J.P.C., Bracher, E.S.B., Faisal-Cury, A., Ashmawi, H.A., Carmona, M.J.C., Lotufo Neto, F. et al. (2016). Factor structure and psychometric properties of the Connor-Davidson resilience scale among Brazilian adult patients. *São Paulo Med. J.,* *134*(5), 400-406.

Tamayo, M.R., & Tróccoli, B.T. (2009). Construção e validação fatorial da Escala de Caracterização do Burnout (ECB). *Estud. Psicol.* (Natal), *14*(3), 213-221.

Teixeira, C.A.B., Crepaldi, E.T.S., Gheraldi-Donato, E.C.S., Reisdorfer, E., Carvalho, A.M.P., & Santos, P.L. (2015). Testes psicológicos utilizados para avaliar estresse na criança: uma revisão integrativa. *Arq. Cienc. Saúde Unipar, 19*(1), 53-58.

Van der Kolk, B.A. (2017). Developmental Trauma Disorder: Toward a rational diagnosis for children with complex trauma histories. *Psychiatric Annals, 35*(5), 401-408.

Zeni, C.P., Coelho, R.P.C., Ferreira, A.M., Machado, P.O., Tramontina, S., & Grassi-Oliveira, R. (2013). Tradução e adaptação semântica para versão em português do Stressful Life Events Schedule (Sles). *Psico-USF, 18*(2), 221-230.

54
Avaliação psicológica para os transtornos de ansiedade

Eliane Mary de Oliveira Falcone

Raquel Menezes Gonçalves

Introdução

A ansiedade é compreendida como uma reação ao perigo ou ameaça, caracterizada por tensão física e apreensão em relação ao futuro, que tem o propósito de proteger o organismo e garantir a sobrevivência. Situações de emergência, tais como incêndios, acidentes etc., costumam ativar reações primitivas de lutar ou fugir para nos colocar a salvo. Assim, a ansiedade pode ser funcional e apropriada em nossa vida. Entretanto, quando se manifesta de forma crônica ou aguda, gerando preocupação e sofrimento intenso, além de prejuízos funcionais ao indivíduo, a ansiedade assume um caráter clinicamente relevante e passa a ser considerada como um transtorno mental (Barlow & Durand, 2017).

Segundo a Global Burden of Disease (2016), os transtornos de ansiedade, juntamente com os transtornos de humor, estão entre as maiores causas de incapacitação em todo o mundo. Dados brasileiros indicam uma prevalência de 12 meses de 12,7% (Blay et al., 2018). Tais estudos sugerem que a ansiedade clínica e seus sintomas geram uma carga econômica, social e de tratamento significativa. Além de prejuízos na qualidade de vida, os indivíduos com transtorno de ansiedade tendem a faltar ao trabalho com maior frequência, são mais dependentes financeiramente, apresentam níveis mais elevados de perturbação conjugal, de abuso de substâncias e de procura médica (Clark & Beck, 2012). Nesse sentido, avaliar e tratar a ansiedade e seus transtornos constitui um desafio para as áreas de pesquisa, prevenção e intervenção, já que representam um problema de saúde pública em todo o mundo.

Pretende-se apresentar, neste capítulo, as estratégias de avaliação psicológica dos transtornos de ansiedade em indivíduos adultos, fundamentadas na terapia cognitivo-comportamental (TCC), que segue os padrões de um modelo de intervenção e avaliação baseado em evidências (Antony & Roa, 2005) e tem sido referida na literatura como a mais adequada para a avaliação e o tratamento de problemas clínicos como transtornos de ansiedade, de humor e da personalidade, assim como dor crônica, dependência de substâncias e dificuldades interpessoais (Dobson & Dobson, 2010; Falcone, 2018). Após uma revisão sobre o modelo cognitivo da ansiedade clínica e de seus transtornos, serão especificados os recursos utilizados na avaliação cognitivo-comportamental.

Embora a quinta edição do manual estatístico e diagnóstico dos transtornos mentais (DSM-5) tenha deslocado o Transtorno do Estresse Pós-Traumático (Tept) e o Transtorno Obsessivo-Compulsivo (TOC) para outras categorias diagnósticas, ambos serão incluídos neste capítulo, uma vez que seus sintomas cognitivos, emocionais e comportamentais seguem os mesmos princípios do modelo cognitivo dos transtornos da ansiedade.

O modelo cognitivo dos transtornos de ansiedade

Como mencionado anteriormente, a ansiedade possui um caráter adaptativo, uma vez que prepara os indivíduos para responder contra perigos e emergências que podem ter uma consequência fatal. Entretanto, quando esta se manifesta frente a situações que não apresentam perigo real, toma a forma de uma reação desadaptativa (Barlow & Durand, 2017), a qual é caracterizada por um senso de vulnerabilidade ampliado e por processos cognitivos disfuncionais (a situação é vista como irrealisticamente perigosa e os próprios recursos para enfrentá-la são subestimados). A vulnerabilidade é compreendida como uma percepção de si mesmo como sujeito a perigos internos e externos, os quais são considerados incontroláveis ou insuficientes para permitir um senso de estar seguro (Clark & Beck, 2012).

A percepção de vulnerabilidade clínica é fortalecida a partir do processamento cognitivo disfuncional. Tal processamento envolve avaliações ou crenças distorcidas, as quais podem predispor o indivíduo para prever ou avaliar as situações como ameaçadoras (Barlow & Durand, 2017). A estimativa exagerada da intensidade e da probabilidade de ocorrência da ameaça leva a comportamentos de evitação passiva (p. ex., não confrontar o objeto/experiência ativadores da ansiedade) ou ativa (p. ex., pedir reasseguramento/ajuda, adotar uma postura defensiva). O padrão de esquiva comportamental, por sua vez, além de reforçar a ansiedade a longo prazo, leva a prejuízos funcionais para o indivíduo em seu contexto social, afetivo ou profissional (Clark & Beck, 2012).

Os estímulos ativadores da ansiedade, assim como a vulnerabilidade para o perigo podem ser externos (p. ex., estar em um elevador, em um avião, em um lugar deserto, falar com pessoas desconhecidas, estar em local pouco asséptico, fazer um exame etc.) ou internos (p. ex., experimentar sensações inócuas como adormecimento nas extremidades, tonteira, falta de ar, ruborizar, esquecer palavras em uma conversa etc.). Esses ativadores variam de acordo com o tipo de transtorno de ansiedade e seus vieses cognitivos específicos (Clark & Beck, 2012), conforme descrito a seguir.

Indivíduos com diagnóstico de transtorno de ansiedade social (TAS) temem interagir com uma ou mais pessoas ou se comportar em contextos sociais de forma humilhante ou constrangedora, como demonstrar ansiedade ou agir de forma inadequada (American Psychiatric Association, 2013). O sentimento de medo ou pavor pode ser também ativado pela antecipação à possibilidade de enfrentar uma situação social. O constrangimento costuma estar associado à forma como o indivíduo se percebe na interação com os outros (p. ex., demonstrar ansiedade, sudorese, rubor, falar de forma desajeitada, cometer lapso verbal, esquecer o que vai falar etc.) (Falcone, 2014). Os fóbicos sociais se avaliam de forma negativa e altamente crítica, considerando o próprio comportamento social como mais negativo, em comparação com a avaliação de um observador. Esse padrão leva a expectativas negativas do ambiente social, ativando a ansiedade e reforçando a previsão de ser avaliado negativamente (Clark & Beck, 2012; Falcone, 2014). Ativadores internos tais como sentir um leve tremor são interpretados como fraqueza de caráter; não saber responder a uma pergunta específica pode indicar incompetência etc. Esses vieses atencionais induzem a detecção exacerbada de pistas ameaçadoras no ambiente social (Falcone, 2014; Hofmann, 2014).

O transtorno de pânico (TP) é caracterizado pela presença de ataques inesperados (não possuem um desencadeador óbvio) recorrentes, sendo que, pelo menos um dos ataques foi seguido por um período mínimo de um mês, no qual o indivíduo experimentou preocupações sobre ter novos ataques, bem como inquietação com as implicações do ataque ou das consequências do mesmo, implicando mudanças significativas no comportamento relacionado aos ataques (American Psychiatric Association, 2013). No TP, o medo de perder o controle, ter um ataque, ficar maluco ou sofrer um infarto ou AVC representa ameaça (catástrofe interna). Ativadores externos (p. ex., sensação de estar preso em um supermercado ou em um engarrafamento) ou interno (p. ex., sensações corporais inócuas, como aceleração dos batimentos cardíacos, tonteira, falta de ar, formigamento na mão etc.) tendem a ser interpretados como ameaça e podem provocar um círculo vicioso de percepção do perigo e ativação fisiológica, levando à catastrofização do perigo e subsequente ataque de ansiedade (Hofmann, 2014; Manfro, Heldt, & Dreher, 2019).

Indivíduos com transtorno da ansiedade generalizada (TAG) costumam sentir ansiedade frequente (na maioria dos dias) e se preocupam excessivamente com temas variados da vida, tais como ser demitido no trabalho, sofrer um acidente, perder pessoas queridas, sofrer falência financeira, ser reprovado em um exame etc. Além disso, outros temas menos relevantes como conserto do carro, chegar atrasado, trocar mercadoria etc. também costumam ser fonte de preocupação. Sintomas associados incluem: inquietude, sensação de tensão ou de estar no limite, dificuldade em se concentrar, sensação de cansaço, tensão muscular e problemas com o sono (American Psychiatric Association, 2013). As preocupações características do TAG constituem uma estratégia para se prevenir contra os acontecimentos adversos da vida, tendo como base a intolerância e a incerteza (Costa, Gallois, & Teche, 2019; Roemer & Orsilo, 2016). Assim, esses indivíduos interpretam a ameaça de forma exagerada, superestimando a probabilidade de ocorrência da mesma. Se um filho ainda não chegou da escola é porque sofreu um acidente grave ou foi assaltado e morto; se o telefone toca após as 23 horas é porque alguém dará uma notícia ruim. As outras explicações mais amenas e plausíveis para esses fatos são ignoradas.

O transtorno obsessivo-compulsivo (TOC) é caracterizado pela presença de obsessões (pensamentos, impulsos ou imagens recorrentes e persistentes que são vivenciados como intrusivos e indesejados) e/ou compulsões (comportamentos repetitivos ou atos mentais nos quais um indivíduo se sente compelido a executar em resposta a uma obsessão ou de acordo com regras que devem ser aplicadas rigidamente) (American Psychiatric Association, 2013). Manifesta-se em dimensões que envolvem limpeza, dúvida, simetria, pensamentos proibidos ou tabus e ferimentos. Indivíduos com TOC tendem a experimentar vulnerabilidade quando confrontados com obsessões relacionadas a crenças que incluem um ou mais dos seguintes domínios: alta avaliação do risco, excesso de responsabilidade, fusão pensamento-ação (p. ex., se penso, então vai acontecer), evitação de pensamentos ruins, intolerância à incerteza e perfeccionismo (Cordioli, Vivan, & Braga, 2019). Por exemplo, um paciente com crenças relacionadas a excesso de responsabilidade pode pensar, ao assinar um relatório do trabalho, que o mesmo contém blasfêmias comprometedoras para a empresa. Para neutralizar esse pensamento obsessivo, o indivíduo se engaja em compulsões (checar repetidamente o documento), evitações (recusar-se a assinar documentos) ou reasseguramentos (perguntar a um colega de trabalho sobre o conteúdo do que foi assinado), que aliviam temporariamente a ansiedade mas reforçam essas ideias distorcidas (Cordioli, Vivan, & Braga, 2019).

O transtorno de estresse pós-traumático (Tept) é desencadeado após uma situação que envolva morte ou ameaça de morte, lesão grave ou violência sexual. Vivenciar, testemunhar, saber de uma ocorrência com alguém próximo ou ter sido exposto a detalhes aversivos de um trauma podem levar a sintomas de quatro categorias: (1) revivescência (pensamentos intrusivos, pesadelos, *flashbacks*, mal-estar ou alta resposta fisiológica frente a estímulos que lembrem o trauma); (2) evitações (evitar entrar em contato com estímulos externos (situações) ou internos (pensamentos, memórias) relacionados ao trauma; (3) alterações negativas no humor e nas cognições (dificuldade em lembrar de aspectos importantes do trauma, passar a ter crenças negativas a respeito de si mesmo, do mundo e de outras pessoas, culpar-se ou culpar outros, emoções negativas persistentes como medo, horror, raiva, culpa ou vergonha, perda de interesse em atividades anteriormente satisfatórias, sentir-se distanciado das outras pessoas ou não se sentir mais capaz de experimentar emoções positivas; (4) hiperexcitabilidade (dificuldades com o sono, comportamentos imprudentes ou autodestrutivos, irritabilidade ou surtos de raiva, dificuldade para se concentrar, hipervigilância ou respostas de sobressalto exageradas) (American Psychiatric Association, 2013). Indivíduos com Tept apresentam dificuldade em perceber sinais de segurança e interpretam estímulos internos ou externos não perigosos como potenciais eventos traumáticos. O constante senso de medo leva a duas consequências principais: (1) interpretações negativas sobre o trauma e suas sequelas (ex.: "Nenhum lugar é seguro", "Estou morto por dentro") e (2) mal processamento da memória autobiográfica, levando à baixa elaboração e descontextualização do trauma (Tractenberg, Silva, Kristensen, & Grassi-Oliveira, 2019). Nesse sentido, uma memória específica de um aspecto do trauma pode ser percebida como se ele estivesse ocorrendo novamente, podendo desencadear inclusive sensações físicas (como dor) experimentadas no momento do evento. As estratégias utilizadas pelos clientes para lidar com os sintomas, como evitações e ruminações, colaboram para manter ou agravar o transtorno (Ehlers & Clark, 2012).

Avaliação dos transtornos de ansiedade

A avaliação psicológica de clientes com transtornos de ansiedade requer uma anamnese complexa. De acordo com Antony e Rowa (2005), devem ser consideradas, além das características diagnósticas, fatores precipitadores da ansiedade, comportamentos de evitação (incluindo evitação situacional, cognitiva e interoceptiva), compulsões e reasseguramentos que contribuem para a manutenção do quadro, sintomas físicos e resposta a eles, déficits em habilidades específicas, sofrimento e prejuízo no funcionamento, desenvolvimento e curso do problema, histórico de tratamentos anteriores, história familiar, questões médicas, problemas associados, comorbidades e grau de *insight*.

No âmbito cognitivo-comportamental, as estratégias de avaliação têm como objetivo desenvolver uma conceitualização do caso a ser tratado. Conceitualização consiste em uma formulação que descreve e depois explica os problemas que o cliente apresenta (Kuyken, Padesky, & Dudley, 2010). Ao combinar as dificuldades relatadas pelo cliente com a teoria e a pesquisa em TCC, a conceitualização esclarece como o indivíduo desenvolveu determinado transtorno e por que este se mantém. Além disso, ela permite estabelecer previsão sobre a adesão e a adequação dos procedimentos a serem adotados no tratamento, assim como os possíveis resultados a serem obtidos (Dobson & Dobson, 2010; Kuyken et al., 2010). As principais ferramentas utilizadas na avaliação e conceitualização de caso incluem: entrevista, experimentos comportamentais, registros de automonitoria e medidas de autorrelato, as quais serão especificadas a seguir.

a) A entrevista

Várias entrevistas de avaliação dos transtornos psicológicos têm como objetivo identificar o diagnóstico que o cliente apresenta. Tais entrevistas são estruturadas ou semiestruturadas e servem para garantir que os sintomas identificados atendam aos critérios do DSM, em vez de conduzirem a conceitualização dos problemas do cliente. Além disso, demandam tempo e custos elevados (Dobson & Dobson, 2010). Por outro lado, uma entrevista estruturada pode fornecer informações úteis sobre a gravidade dos sintomas identificados, os seus processos cognitivos-chave, estratégias de enfrentamento, nível de sofrimento, sintomas concorrentes, prejuízos funcionais etc. Desse modo, a Entrevista Estruturada para Transtornos de Ansiedade para o DSM-IV (Adis-IV) (Clark & Beck, 2012; Dobson & Dobson, 2010) tem sido recomendada como contribuição à conceitualização de caso, além de fornecer diagnóstico.

Uma vez que a avaliação cognitivo-comportamental requer dados que extrapolam as informações diagnósticas para entender os problemas dos clientes a partir de uma conceitualização de caso, a entrevista clínica não estruturada se torna necessária (Dobson & Dobson, 2010). Ela deve identificar cada um dos problemas ou sintomas específicos que estão motivando a procura do tratamento, evitando estabelecer inferências. É fundamental a obtenção de uma lista abrangente de situações provocadoras de ansiedade, a fim de que sejam identificados os gatilhos que ativam as reações ansiosas (Clark & Beck, 2012). Para cada problema específico devem ser registrados: as situações ativadoras (externas ou internas), as emoções experimentadas, os pensamentos ou avaliações frente a situações relacionadas à emoção, os comportamentos que o cliente adota e as consequências. Cada problema deve ser descrito com base em um evento recente (p. ex., "Você lembra a última vez em que isso ocorreu? Poderia me fazer um relato?") para que o cliente possa revelar mais claramente as emoções e significados da experiência (Dobson & Dobson, 2010).

Tomando como exemplo um cliente que procura terapia por experimentar elevada ansiedade em situações sociais (problema), o terapeuta deverá explorar cada uma das situações do contexto social que ativam ansiedade. Supondo que ele informe sentir-se ansioso quando entra na sala de aula onde vários alunos já se encontram sentados, o terapeuta solicita que este relate uma experiência em que isso aconteceu. Durante o relato, o terapeuta pergunta: "Como você se sentiu ao ver que a sala estava cheia (situação) e você precisava entrar?" (emoção); "O que havia de pior ou de mais ameaçador na experiência de entrar na sala, com várias pessoas dentro?" (pensamentos/significados); "O que você fez?" (Comportamento, provavelmente evitação); "O que aconteceu depois?" (Consequência, provavelmente alívio da ansiedade, seguido de vergonha por não ter enfrentado.) Os significados dessas consequências para o cliente também devem ser identificados.

A história de cada problema deve ser explorada (início e contexto de vida naquele momento; p. ex., "O que estava acontecendo em sua vida quando isso começou?" Se um dos problemas relatados pelo cliente se refere a um diagnóstico (p. ex., ansiedade, depressão), este deve ser especificado também do mesmo modo: quando os sintomas começaram, assim como sua recorrência e contexto de vida em cada uma das recidivas. Explorar como o cliente se comportava antes de aparecer o problema pode ser útil para a identificação de possíveis fatores precipitadores do início do transtorno (Clark & Beck, 2012; Dobson & Dobson, 2010).

A história desenvolvimental também deve ser investigada, com o objetivo de identificar fatores de vulnerabilidade, tanto de temperamento (p. ex., timidez, impulsividade) como padrões cognitivos construídos a partir de experiências negativas ao longo do desenvolvimento (Kuyken et al., 2010). Tais experiências podem incluir: vivências repetidas de negligência, abandono, humilhação ou trauma; práticas parentais de superproteção, restrição de independência e autonomia; estilo de regulação emocional baseado na evitação e nas expectativas de perigo (Clark & Beck, 2012). Os fatores de vulnerabilidade ou predisponentes descrevem elementos que levam uma pessoa a responder de uma forma particular a uma circunstância de vida (Kuyken et al.,

2010). Experiências de vida positivas (p. ex., boas relações de amizade, talentos artísticos ou esportivos etc.) podem interagir com os fatores predisponentes, favorecendo a resiliência e amenizando a vulnerabilidade. Essas experiências são chamadas de fatores protetores e também devem ser identificadas (Kuyken et al., 2010).

Algumas vezes pode ser útil para a coleta de dados obter informações de cônjuges, pais, irmãos ou amigos próximos ao cliente, com o seu consentimento, no sentido de esclarecer dúvidas ou complementar dados. Informações referentes ao impacto dos comportamentos do cliente sobre as emoções dos familiares podem trazer mais esclarecimentos à conceitualização (Dobson & Dobson, 2010).

A relação terapêutica se constitui um importante ingrediente da entrevista de avaliação baseada em TCC. Além de exercer um papel de aceitação e de não julgamento, o terapeuta trabalha de acordo com um estilo colaborativo, no qual o cliente é solicitado a contribuir para o processo. O primeiro contribui com os seus conhecimentos teóricos e empíricos adquiridos em sua experiência profissional. O segundo, com a sua compreensão e a consciência únicas, observando sua própria experiência, identificando emoções, comportamentos e significados relacionados (Kuyken et al., 2010).

b) Os experimentos comportamentais

Além das informações obtidas na entrevista, o terapeuta pode obter dados úteis ao observar o seu cliente durante as sessões (p. ex., pedir reasseguramento ou conselhos, mudar de assunto bruscamente etc.). A observação também pode ser obtida através de testes comportamentais, realizados no consultório ou em áreas próximas, em que os comportamentos do cliente frente a determinada situação são observados e seus pensamentos e emoções são identificados (Dobson & Dobson, 2010). Por exemplo, em uma situação revelada pelo cliente acerca de sua ansiedade em conversar com seu chefe, um experimento de jogos de papéis nos quais o terapeuta representa o chefe pode revelar mais claramente as reações do cliente, assim como seus pensamentos, contato ocular, estilo de fala etc.

Um cliente com fobia social, atendido na clínica-escola de uma universidade, não conseguia revelar, durante a entrevista, quais os pensamentos negativos experimentados quando conversava com uma pessoa desconhecida. Tal dificuldade era consequência de sua completa evitação a esse tipo de experiência. O teste comportamental foi realizado com a colaboração de uma aluna voluntária que desconhecia o problema do cliente. Uma conversa de 10 minutos foi gravada e depois ouvida pelo cliente, que avaliou os momentos mais difíceis da conversa, seus pensamentos negativos e emoções relacionados. Além disso, a intensidade da emoção foi graduada, assim como as crenças nos pensamentos negativos. O cliente também foi observado pedindo informações na secretaria da universidade, além de revelar seus pensamentos e emoções. Os testes comportamentais contribuíram para a identificação dos dados cognitivos (sou burro), emocionais (taquicardia) e comportamentais (esquiva do contato ocular, voz muito baixa, cabeça baixa) (Fernandes, Fiqueiredo, & Falcone, 2012).

As observações realizadas através dos testes comportamentais fornecem evidências empíricas dos dados coletados na entrevista. Na medida em que são obtidos em situações reais, eles podem apresentar vantagens sobre os questionários de autorrelato (Falcone, 2014).

c) Registros de automonitoria

Os registros de automonitoria são anotações sistemáticas efetuadas pelo próprio cliente que facilitam a coleta de dados psicopatológicos de forma descritiva (Craske & Tsao, 1999). Nesses registros são relatados o número de observações (ex., ataques de pânico, rituais, interações sociais, emoções disfóricas) em um dado período de tempo (ex., uma semana, um dia), além de informações adicionais que contribuam para compreender a ocorrência das observações (ex., situação, hora do dia, pensamentos, emoções, sintomas físicos e comportamentos associados). Embora a validação empírica destes registros se baseie em métodos menos convencionais (Antony & Rowa, 2005), essas ferramentas são de grande utilidade na identificação personalizada da manifestação do transtorno, no empirismo colaborativo e na posterior conceitualização cognitiva do caso (Cohen et al., 2013). Além disso, auxiliam na conscientização da relação entre os elementos relatados pelo cliente, favorecendo a psicoeducação.

Craske e Tsao (1999) fornecem uma revisão de registros de automonitoria para diferentes transtornos de ansiedade. No Tept, por exemplo, o cliente pode ser orientado a registrar a frequência de revivescências, incluindo sua duração, fatores precipitadores, sintomas físicos, comportamentais e intensidade do sofrimento. Já no TAG, o registro deve ocorrer sempre que houver um episódio de preocupação e incluir informações como fatores precipitadores, duração, sintomas físicos, comportamentos, possíveis imagens catastróficas, avaliação do grau de perigo envolvido na situação, intensidade do sofrimento e percepção de controle.

d) Medidas de autorrelato

A avaliação psicológica de um transtorno mental requer uma investigação cuidadosa do(s) diagnóstico(s) do cliente em questão. Nesse sentido, as medidas de autorrelato são instrumentos valiosos, pois, além de permitirem checar um diagnóstico de maneira mais objetiva do que a entrevista clínica, colaboram para compreender sintomas que porventura não tenham sido investigados na entrevista inicial (Clark & Beck, 2012). Medidas de autorrelato fornecem informações detalhadas sobre a tipologia, a frequência e a gravidade dos sintomas, o que aumenta a precisão da compreensão do quadro clínico apresentado (Clark & Beck, 2012). Esses instrumentos oferecem uma abordagem padronizada para a coleta de dados diagnósticos, sendo particularmente úteis em pesquisas, que exigem dados sistematizados para inferir diagnóstico numa dada população e proporcionam uma linha de base para comparação após o tratamento (Dugas & Robichaud, 2009).

Antony, Orsillo e Roemer (2001) elaboraram uma revisão de instrumentos baseados em evidências. No que concerne à utilização dessas medidas, atenção especial deve ser dada à confiabilidade do instrumento psicométrico, dada a partir de fatores como consistência interna, estabilidade e equivalência; e validade, considerando-se fatores como conteúdo, critério e construto (Souza et al., 2017). Alguns exemplos de instrumentos com boas propriedades psicométricas na avaliação diagnóstica dos transtornos de ansiedade incluem: *Generalized Anxiety Disorder Questionnaire* (GAD-Q – Newman et al., 2002), o questionário mais utilizado para investigar sintomas de TAG; *Yale-Brown Obsessive-Compulsive Scale-Symptom Checklist* (Ybocs-SC – Goodman et al., 1989), escala utilizada mundialmente para avaliar a gravidade do TOC; *Post-traumatic stress disorder checklist 5* (PCL-5 – Weathers et al., 2013), que investiga os sintomas de Tept de acordo com o DSM-5; *Liebowitz Social Anxiety Scale* (Heimberg et al., 1999), amplamente utilizada na investigação do TAS; e *Panic Disorder Severity Scale* (PDSS) (Shear et al., 2001), que investiga sintomas de transtorno do pânico. Além da investigação diagnóstica existem instrumentos psicométricos elaborados para investigar padrões de comportamento evitativos que serão abordados no plano de tratamento, além de servirem como indicadores de sucesso do tratamento (Antony & Rowa, 2005). A *Mobility Inventory for Agoraphobia* (Chambless et al., 1985), destinada a investigar situações evitadas na agorafobia, é um exemplo de escala com evidência empírica.

O modelo transdiagnóstico de avaliação dos transtornos de ansiedade e do humor: pesquisas recentes sugerem que os transtornos mentais possuem características comuns (Insel et al., 2010). Taxas elevadas de comorbidade entre os transtornos de ansiedade e de humor corroboram essas sugestões. O modelo transdiagnóstico considera os transtornos mentais a partir de espectros e propõe uma abordagem que leva em consideração uma perspectiva dimensional entre os diagnósticos, em contraste à formulação categorial predominantemente utilizada. Uma vantagem de reduzir a ênfase nos diagnósticos categoriais é a flexibilidade diagnóstica, visto que muitos clientes não se encaixam perfeitamente nas categorias diagnósticas vigentes e possuem alto grau de comorbidade (Barlow & Durand, 2017). Por outro lado, embora as taxas de comorbidade sejam elevadas, elas variam de transtorno para transtorno. Além disso, o diagnóstico adicional mais comum para todos os transtornos de ansiedade foi o de depressão maior (50% dos casos), sugerindo que ainda há sentido em distinguir os transtornos de ansiedade específicos (Barlow & Durand, 2017).

Modelos de avaliação transdiagnóstica preconizam dimensões básicas e comuns entre os transtornos. Nesse sentido, entrevistas clínicas transdiagnósticas devem investigar construtos afetivos, cognitivos e comportamentais compartilhados entre eles. Barlow & Durand (2017) consideram três características comuns ao que denominam "síndrome do afeto negativo": atenção autofocada, percepção de incontrolabilidade e imprevisibilidade e tendências comportamentais (p. ex., evitação). Sadín et al. (2012) destacam o perfeccionismo, a orientação negativa a problemas, a ruminação, a evitação e a intolerância à incerteza como características comuns envolvidas na vulnerabilidade e manutenção desses transtornos. Marcadores biológicos (p. ex., aumento da frequência cardíaca conjugado com medidas psicométricas) complementam a avaliação.

No que concerne às medidas de autorrelato transdiagnósticas, o *Anxiety Disorder Diagnostic Questionnaire* (ADDQ) (Norton & Robinson, 2010) possui boas propriedades psicométricas (Smith, Paulus, & Norton, 2016). Ele é dividido em cinco partes nas quais o cliente avalia em uma escala do tipo Likert, de zero (nenhum) a oito (muito grave), a intensidade de medo, ansiedade ou preocupação frente a estímulos como objetos, situações, sensações corporais, pensamentos ou memórias.

Cabe ressaltar que esse novo enfoque científico não exclui o modelo categorial, mas possibilita, através de uma visão mais ampla, aprimorar o acesso psicológico aos clientes cujos sintomas e padrão de funcionamento não se limitam a modelos categoriais (Sadín et al., 2012). Tal mudança representa o que há de mais atual nas publicações científicas relacionadas ao tema deste capítulo.

Considerações finais

As terapias baseadas em evidências estão entre as mais importantes mudanças no campo da psicologia clínica (Antony & Rowa, 2005). A avaliação cognitivo-comportamental, como uma abordagem baseada em evidências, é congruente com a análise característica dos métodos experimentais aplicados à clínica, em contraste com a prática fundamentada apenas na intuição, na experiência não sistemática e em teorias (Savoia & Camargo, 2010).

Este capítulo procurou fornecer informações acerca das estratégias de avaliação que se mostram efetivas no diagnóstico e na conceitualização cognitivo-comportamental dos transtornos de ansiedade. Uma vez que a classificação diagnóstica não é suficiente para a obtenção de uma análise funcional envolvida no entendimento de como um transtorno se formou e por que se mantém, a entrevista clínica, complementada pelos testes comportamentais, pelos registros de automonitoria e pelos instrumentos de autorrelato, são indispensáveis para a avaliação psicológica baseada em evidências (Clark & Beck, 2012; Dobson & Dobson, 2010; Kuyken et al., 2010).

As estratégias de avaliação aqui detalhadas constituem as ferramentas mais utilizadas para auxiliar na identificação do quadro clínico, bem como de sua caracterização, etiologia e manutenção, gerando informações imprescindíveis para a conceitualização cognitiva do cliente. Com base nestas informações, é possível planejar e conduzir um plano de tratamento adequado ao caso, aumentando, dessa forma, as chances de sucesso na melhora do quadro clínico.

Referências

American Psychiatric Association (2013). *Diagnostic and statistical manual of mental disorders* (5a. ed.). Washington, DC: Author.

Antony, M.M., Orsillo, S.M., & Roemer, L. (Eds.) (2001). *Practitioner's guide to empirically-based measures of anxiety*. Nova York: Kluwer Academic/Plenum.

Antony, M.M. & Rowa, K. (2005). Evidence-Based Assessment of Anxiety Disorders in Adults. *Psychological Assessment, 17*(3), 256-266.

Barlow, D.H. & Durand, V.M. (2017). *Psicopatologia: uma abordagem integrada* (2a. ed.). São Paulo: Centage Learning.

Blay, S.L., Fillenbaumb, G.G., Mello, M.F., Quintanaa, M.I., Mari, J.J., Bressana, R.A., & Andreolia, S.B. (2018). 12-month prevalence and concomitants of DSM-IV depression and anxiety disorders in two violence-prone cities in Brazil. *Journal of Affective Disorders, 232*, 204-211.

Chambless, D.L., Caputo, G.C., Jasin, S.E., Gracely, E.J., & Williams, C. (1985). The Mobility Inventory for Agoraphobia. *Behaviour Research and Therapy, 23*(1), 35-44.

Clark, D.A. & Beck, A.T. (2012). *Terapia cognitiva para os transtornos de ansiedade*. Porto Alegre: Artmed.

Cohen, J.S., Edmunds, J.M., Brodman, D.M., Benjamin, C.L., & Kendall, P.C. (2013). Using Self-Monitoring: Implementation of Collaborative Empiricism in Cognitive-Behavioral Therapy. *Cognitive and Behavioral Practice, 20*(4), 419-428.

Cordioli, A.V., Vivan, A.S. & Braga, D.T. (2019). Terapia cognitivo-comportamental no transtorno obsessivo-compulsivo. In A.V. Cordioli & E.H. Grevet (Orgs.). *Psicoterapias: abordagens atuais* (4a. ed., p. 619-635). Porto Alegre: Artmed.

Costa, M.A., Gallois, C.B., & Teche, S.P. (2019). Psicoterapias no tratamento de pacientes com transtorno de ansiedade generalizada. In A.V. Cordioli, & E.H. Grevet (Orgs.). *Psicoterapias: abordagens atuais* (4a. ed., pp. 585-600). Porto Alegre: Artmed.

Craske, M.G. & Tsao, J.C.I. (1999). Self-monitoring with panic andanxiety disorders. *Psychological Assessment, 11*, 466-479.

Dobson, D. & Dobson, K. (2010). *A terapia cognitivo-comportamental baseada em evidências*. Porto Alegre: Artmed.

Dugas, M.J. & Robichaud, M. (2009). *Tratamento cognitivo-comportamental para o transtorno de ansiedade generalizada: da ciência para a prática*. Rio de Janeiro: Cognitiva.

Ehlers, A. & Clark, D.M. (2000). A cognitive model of posttraumatic stress disorder. *Behaviour Research and Therapy, 38*(4), 319-345.

Falcone, E.M.O. (2014). Limites entre ansiedade fóbica e ansiedade social normal. In A.L.S. King, A.E. Nardi, & A. Cardoso (Orgs.). *Nomofobia: Dependência do computador, internet, redes sociais? Dependência do telefone celular?* (pp. 59-65). São Paulo: Atheneu.

Falcone, E.M.O. (2018). Terapias cognitivo-comportamentais: história, evolução e princípios teóricos. In N.A. Zanelatto & R. Laranjeira (Orgs.). *O tratamento da dependência química e as terapias cognitivo-comportamentais – Um guia para terapeutas* (2a. ed., pp. 73-86). Porto Alegre: Artmed.

Fernandes, C.S., Figueiredo, C., & Falcone, E.M.O. (2012). Conceituação e tratamento cognitivo-comportamental de um caso de fobia social generalizada em um contexto de clínica-escola. In E.M.O. Falcone, A.D. Oliva, & C. Figueiredo (Orgs.) *Produções em terapia cognitivo-comportamental* (pp. 522-528). São Paulo: Casa do Psicólogo.

GBD (2016), DALYs, & HALE (colabs.) (2017). Global, regional, and national disability-adjusted life-years (DALYs) for 333 diseases and injuries and healthy life expectancy (Hale) for 195 countries and territories, 1990-2016: a systematic analysis for the Global Burden of Disease Study 2016. *Lancet, 390*(10.100), 1.260-1.334.

Goodman, W.K., Price, L.H., Rasmussen, S.A., Mazure, C., Fleischmann, R.L., Hill, C.L., Heninger, G.R., & Charney, D.S. (1989). The Yale-Brown

Obsessive Compulsive Scale. I. Development, use, and reliability. *Archives of General Psychiatry, 46*(11), 1.006-1.111.

Hofmann, S.G. (2014). *Introdução à terapia cognitivo-comportamental contemporânea.* Porto Alegre: Artmed.

Insel, T., Cuthbert, B., Garvey, M. Heinssen, R., Pine, D.S., Quinn, K., Sanislow, C., & Wang, P. (2010). Research Domain Criteria (RDoC): Toward a New Classification Framework for Research on Mental Disorders. *American Journal of Psychiatry, 167*(7), 748-751.

Kuyken, W., Padesky, C.A., & Dudley, R. (2010). *Conceitualização de casos colaborativa.* Porto Alegre: Artmed.

Manfro, G.G., Heldt, E., & Dreher, C.B. (2019). Terapia cognitivo-comportamental no transtorno de pânico. In A.V. Cordioli & E.H. Grevet (Orgs.). *Psicoterapias: abordagens atuais* (4a. ed., pp. 554-568). Porto Alegre: Artmed.

Newman, M.G., Zuellig, A.R., Kachin, K.E., Constantino, M.J., Przeworski, A., Erikson, T., & Cachman-McGrath, L. (2002). Preliminary reliability and validity of the generalized anxiety disorder questionnaire-IV: a revised self-reported diagnostic measure of the generalized anxiety disorder. *Behavior Therapy, 33*(2), 215-233.

Norton, P.J. & Robinson, C.M. (2010). Development and evaluation of the anxiety disorder diagnostic questionnaire. *Cognitive Behavior Therapy, 39*(2), 137-149.

Roemer, L. & Orsillo, S.M. (2016). Uma terapia comportamental baseada em aceitação para o transtorno de ansiedade generalizada. In D.H. Barlow (Org.). *Manual clínico dos transtornos psicológicos* (5a. ed. pp. 206-236). Porto Alegre: Artmed.

Sadín, B., Chorot, P., & Valiente, R.M. (2012). Transdiagnóstico: nueva frontera en psicología clínica. *Revista de Psicopatología y Psicología Clínica, 17*(3), 185-203.

Savoia, G. & Camargo, K. (2010). Evidências na terapia cognitivo-comportamental. In T. Melnik & A.G. Atallah (Orgs.). *Psicologia baseada em evidências – Provas científicas da efetividade da psicoterapia.* São Paulo: Santos (pp. 19-31).

Shear, M.K., Rucci, P., Williams, J., Frank, E., Grochocinski, V., Vander, B.J., Houck, P., & Wang, T. (2001). Reliability and validity of the Panic Disorder Severity Scale: replication and extension. *Journal of Psychiatry Research, 35*(5), 293-296.

Smith, A.H., Paulus, D.J., & Norton, P.J. (2017). Transdiagnostic assessment of anxiety symptoms using the Anxiety Disorder Diagnostic Questionnaire – weekly version. *Anxiety, Stress & Coping, 30*(1), 96-106.

Souza, A.C., Alexandre, N.M.C., & Guirardello, E.B. (2017). Propriedades psicométricas na avaliação de instrumentos: avaliação da confiabilidade e da validade. *Epidemiologia e Serviços de Saúde, 26*(3), 649-659.

Tractenberg, S.G., Silva, G.R., Kristensen, C.H., & Grassi-Oliveira, R. (2019). Terapia cognitivo-comportamental no tratamento dos transtornos relacionados a trauma e a estressores. In A.V. Cordioli, & E.H. Grevet (Orgs.). *Psicoterapias: abordagens atuais* (4a. ed., pp. 601-618). Porto Alegre: Artmed.

Weathers, F.W., Litz, B.T., Keane, T.M., Palmieri. P.A., Marx, B.P., & Schnurr, P.P. (2013). *The PTSD Checklist for DSM-5 (PCL-5).* Boston, MA: National Center for PTSD.

55
Avaliação psicológica dos transtornos alimentares

Marília Consolini Teodoro

Eva Martins da Conceição

Carmem Beatriz Neufeld

A avaliação psicológica de indivíduos com transtornos alimentares (TA), assim como com outras populações, tem como um dos objetivos principais auxiliar na compreensão do funcionamento psicológico dessas pessoas. Para que isso ocorra de forma satisfatória é ideal que o processo se inicie com um levantamento dos objetivos da avaliação com posterior escolha dos instrumentos e estratégias mais adequados. Nesse sentido, é importante ressaltar que um processo de avaliação baseado em métodos cientificamente sustentados tende a favorecer respostas mais confiáveis, bem como um processo de intervenção mais eficaz (CFP, 2007).

No contexto de TA, a avaliação psicológica pode ser equivocadamente compreendida como o conjunto de instrumentos que fornecem o diagnóstico. Porém, na avaliação desses transtornos, é necessário que sejam feitas avaliações de todos os aspectos envolvidos na gênese e manutenção dos mesmos, devido ao fato de se apresentarem como multifatoriais. Nesse sentido, devem ser feitas avaliações de rastreamento de sintomas, de fechamento de diagnóstico, de comportamentos associados, qualidade de vida, bem como comorbidades, como ansiedade, estresse e depressão. Tais avaliações permitem a análise do nível de prejuízo e uma completa compreensão do quadro clínico, com posterior elaboração de estraté-

gias adequadas para o tratamento e assim indicadores de um bom prognóstico (Freitas, Gorenstein, & Appolinario, 2002).

O presente capítulo, portanto, tem o intuito de apresentar um *overview* sobre os TA mais comuns e suas peculiaridades, as quais implicam particularidades também nas estratégias de avaliação. Serão apresentados ainda os instrumentos mais recomendados pela literatura científica para aplicação com essa população, relacionados a fechamento de diagnóstico, rastreamento de sintomas, cognições e comportamentos associados. Além disso, serão apresentadas as limitações e avanços nesse contexto.

Uma breve compreensão sobre os transtornos alimentares (TA)

Os transtornos alimentares, de acordo com o DSM 5, são caracterizados por perturbação persistente na alimentação ou no comportamento relacionado à alimentação, o que resulta no consumo ou absorção alterados de alimentos e compromete de forma significativa a saúde física ou o funcionamento psicossocial. No DSM 5 estão classificados 5 transtornos, quais sejam: pica, transtorno de ruminação, transtorno alimentar restritivo/evitativo, anorexia nervosa, bulimia nervosa e transtorno de compulsão alimentar, sendo que o transtorno de Pica é o único que pode ser assumido junto com outro transtorno. Além disso, destes, três têm recebido a maioria da atenção das pesquisas. São eles: anorexia nervosa, bulimia nervosa e transtorno de compulsão alimentar (APA, 2014; Keel, 2017).

Anorexia nervosa

Na anorexia nervosa (AN) há a restrição do consumo de energia necessário, o que resulta em um peso corporal significativamente baixo, ou seja, menor do que o minimamente esperado. Assim, a restrição deliberada de ingestão de alimentos resulta na emaciação, que é o enfraquecimento e debilidade característicos da doença. Pessoas com esse transtorno apresentam um medo intenso de engordar e ganhar peso. Geralmente apresentam também distúrbios da imagem corporal, que incluem percepções de excesso de peso quando a realidade é uma aparência emagrecida, autoavaliação influenciada pelo peso e forma, bem como deficiência de reconhecimento das consequências médicas a partir do baixo peso (Keel, 2017).

Critérios diagnósticos de acordo com o DSM 5:

A	Restrição da ingestão calórica em relação às necessidades, levando a um peso corporal significativamente baixo no contexto de idade, gênero, trajetória do desenvolvimento e saúde física. Peso significativamente baixo é definido como um peso inferior ao peso mínimo normal ou, no caso de crianças e adolescentes, menor do que o minimamente esperado.
B	Medo intenso de ganhar peso ou de engordar, ou comportamento persistente que interfere no ganho de peso, mesmo estando com peso significativamente baixo.
C	Perturbação no modo como o próprio peso ou a forma corporal são vivenciados, influência indevida do peso ou da forma corporal na autoavaliação ou ausência persistente de reconhecimento da gravidade do baixo peso corporal atual.

• Tipo restritivo: durante os últimos três meses, o indivíduo não se envolveu em episódios recorrentes de compulsão alimentar ou comportamento purgativo (*i. e.*, vômitos autoinduzidos ou uso indevido de laxantes, diuréticos ou enemas). Esse subtipo descreve apresentações nas quais a perda de peso seja conseguida essencialmente por meio de dieta, jejum e/ou exercício excessivo.

• Tipo compulsão alimentar purgativa: nos últimos três meses o indivíduo se envolveu em episódios recorrentes de compulsão alimentar purgativa (*i. e.*, vômitos autoinduzidos ou uso indevido de laxantes, diuréticos ou enemas).

Especificar se:

• Em remissão parcial: depois de terem sido preenchidos previamente todos os critérios para anorexia nervosa, o Critério A (baixo peso corporal) não foi mais satisfeito por um período sustentado, porém ou o Critério B (medo intenso de ganhar peso ou de engordar ou comportamento que interfere no ganho de peso), ou o Critério C (perturbações na autopercepção do peso e da forma) ainda está presente.

• Em remissão completa: depois de terem sido satisfeitos previamente todos os critérios para anorexia nervosa, nenhum dos critérios foi mais satisfeito por um período sustentado.

Especificar a gravidade atual:

• O nível mínimo de gravidade baseia-se, em adultos, no índice de massa corporal (IMC) atual (cf. a seguir) ou, para crianças e adolescentes, no percentil do IMC. Os intervalos abaixo são derivados das categorias da Organização Mundial da Saúde para baixo peso em adultos; para crianças e adolescentes, os percentis do IMC correspondentes devem ser usados. O nível de gravidade pode ser aumentado de maneira a refletir sintomas clínicos, o grau de incapacidade funcional e a necessidade de supervisão.

Leve: IMC ≥17kg/m2

Moderada: IMC 16-16,99kg/m2

Grave: IMC 15-15,99kg/m2

Extrema: IMC < 15Kg/m2

Com início geralmente na adolescência ou idade adulta jovem, é um transtorno que atinge em sua maioria mulheres. Um ponto importante é que muitos indivíduos apresentam um período, antes do preenchimento de todos os critérios do DSM 5 para o transtorno, marcado por mudanças no comportamento alimentar. A critério de exemplo, algumas pessoas se recuperam após um episódio enquanto outras apresentam um padrão flutuante de ganho de peso e recaídas. Há ainda os indivíduos que apresentam um curso crônico (APA, 2014).

O DSM 5 (APA, 2014) aponta ainda o elevado risco de suicídio nesses pacientes. Em relação às associações com outros transtornos, o DSM 5 aponta que indivíduos com transtornos de ansiedade ou com traços obsessivos na infância apresentam maior risco de desenvolverem AN (APA, 2014). Nesse sentido, a necessidade de uma boa avaliação psicológica com esses pacientes deve lançar mão de estratégias para realização de um bom diagnóstico diferencial, devido às diversas outras possíveis causas do baixo peso, quais sejam: condições médicas, transtorno depressivo maior, esquizofrenia, transtorno por uso de substância, transtorno de ansiedade social, transtorno obsessivo-compulsivo, transtorno dismórfico corporal, bulimia nervosa ou transtorno alimentar restritivo/evitativo (APA, 2014; Keel, 2017).

Por outro lado, há também os transtornos que podem estar presentes de forma comórbida à AN, o que reforça a necessidade de uma avaliação criteriosa. Em geral, transtornos bipolares, depressivos e de ansiedade são comorbidades com a AN. Além desses, o TOC e transtornos por uso de álcool e outras substâncias também podem ser comórbidos (APA, 2014).

Bulimia nervosa

A bulimia nervosa (BN) é compreendida como a associação entre episódios de compulsão alimentar e comportamento compensatório. Estes têm a função de compensar a ingestão compulsiva e controlar o peso. Além disso, pessoas com BN tem uma autoavaliação influenciada de forma indevida pelo peso ou forma corporal (Keel, 2017). A compulsão alimentar é o consumo de uma quantidade grande de alimentos em um tempo limitado, junto com uma sensação de perda de controle, o que difere o episódio de uma refeição normal. Já os comportamentos compensatórios inadequados presentes na BN incluem vômito induzido, uso de laxantes, diuréticos e abuso de jejum e exercícios físicos, que devem ocorrer no mínimo uma vez por semana durante três meses (APA, 2014; Keel, 2017).

Assim como na AN, a BN atinge principalmente mulheres. Diferente da AN, porém, a BN geralmente se desenvolve no fim da adolescência e início da fase adulta. Um ponto importante é que há tentativas de esconder os sintomas, devido à vergonha de seus problemas alimentares. Assim, a compulsão geralmente ocorre em segredo ou de forma muito discreta. O DSM 5 indica como gatilhos deste comportamento os fatores de estresse, afeto negativo relacionado ao corpo, peso ou alimentos, restrições dietéticas, entre outros. Assim, a compulsão tem função de aliviar tais sentimentos em curto prazo; porém, a disforia e autoavaliação negativas aparecem como consequências tardias (APA, 2014).

Algumas condições clínicas aparecem associadas à BN, como sintomas gastrointestinais, lacerações esofágicas, rupturas gástricas e arritmias cardíacas, sendo que algumas podem ser fatais (APA, 2014). Assim como na AN, há também um alto risco de suicídio na BN e comorbidades também são muito comuns. Há maior frequência com transtornos bipolares, depressivos e ansiosos. Podem apresentar também comorbidade com transtorno de personalidade borderline (APA, 2014).

De acordo com a APA (2014), os critérios são:

A	Episódios recorrentes de compulsão alimentar. Um episódio de compulsão alimentar é caracterizado pelos seguintes aspectos: 1) Ingestão, em um período de tempo determinado (p. ex., dentro de cada período de duas horas), de uma quantidade de alimento definitivamente maior do que a maioria dos indivíduos consumiria no mesmo período sob circunstâncias semelhantes. 2) Sensação de falta de controle sobre a ingestão durante o episódio (p. ex., sentimento de não conseguir parar de comer ou controlar o que e o quanto se está ingerindo).
B	Comportamentos compensatórios inapropriados recorrentes a fim de impedir o ganho de peso, como vômitos autoinduzidos; uso indevido de laxantes, diuréticos ou outros medicamentos; jejum; ou exercício em excesso.
C	A compulsão alimentar e os comportamentos compensatórios inapropriados ocorrem, em média, no mínimo uma vez por semana durante três meses.
D	A autoavaliação é indevidamente influenciada pela forma e pelo peso corporais.
E	A perturbação não ocorre exclusivamente durante episódios de anorexia nervosa.

Especificar se:

• Em remissão parcial: depois de todos os critérios para bulimia nervosa terem sido previamente preenchidos, alguns, mas não todos os critérios, foram preenchidos por um período de tempo sustentado.

• Em remissão completa: depois de todos os critérios para bulimia nervosa terem sido previamente preenchidos, nenhum dos critérios foi preenchido por um período de tempo sustentado.

Especificar a gravidade atual: O nível mínimo de gravidade baseia-se na frequência dos comportamentos compensatórios inapropriados (cf. a seguir). O nível de gravidade pode ser elevado de maneira a refletir outros sintomas e o grau de incapacidade funcional.

Leve: média de 1 a 3 episódios de comportamentos compensatórios inapropriados por semana.

Moderada: média de 4 a 7 episódios de comportamentos compensatórios inapropriados por semana.

Grave: média de 8 a 13 episódios de comportamentos compensatórios inapropriados por semana.

Extrema: média de 14 ou mais comportamentos compensatórios inapropriados por semana.

Transtorno de compulsão alimentar

O transtorno de compulsão alimentar (TCA) apresenta, como na BN, episódios recorrentes de compulsão alimentar; porém, há ausência de comportamentos compensatórios inadequados. Assim, os episódios de compulsão são também caracterizados por comer grandes quantidades de alimentos em curto período de tempo, mesmo sem estar com fome, até se sentir desconfortavelmente cheio, comer sozinho devido a sentimentos de vergonha pela quantidade ingerida, com sentimentos de enjoo e culpa após o episódio (Keel, 2017).

Novamente, é um transtorno mais comum em mulheres do que em homens, mas com menos diferença entre os gêneros se comparado à AN e BN. Ainda como na BN, os episódios de compulsão devem ocorrer em média uma vez por semana durante três meses no mínimo (APA, 2014; Keel, 2017).

A idade de início para o TCA, em média, é na adolescência ou início da fase adulta, mas também pode ter início na infância, com um risco maior de ganho de peso e desenvolvimento de obesidade independentemente do início. Assim, diferente da AN e da BN, pessoas com TCA tendem a ter obesidade ou a estar significativamente acima do peso, mesmo não sendo critério para fechamento do diagnóstico (APA, 2014; Keel, 2017).

Os critérios diagnósticos para TCA, de acordo com o DSM 5 (APA, 2014), são:

A	Episódios recorrentes de compulsão alimentar. Um episódio de compulsão alimentar é caracterizado pelos seguintes aspectos: 1) Ingestão, em um período determinado (p. ex., dentro de cada período de duas horas), de uma quantidade de alimento definitivamente maior do que a maioria das pessoas consumiria no mesmo período sob circunstâncias semelhantes. 2) Sensação de falta de controle sobre a ingestão durante o episódio (p. ex., sentimento de não conseguir parar de comer ou controlar o que e o quanto se está ingerindo).
B	Os episódios de compulsão alimentar estão associados a três (ou mais) dos seguintes aspectos: 1) Comer mais rapidamente do que o normal. 2) Comer até se sentir desconfortavelmente cheio. 3) Comer grandes quantidades de alimento na ausência da sensação física de fome. 4) Comer sozinho por vergonha do quanto se está comendo. 5) Sentir-se desgostoso de si mesmo, deprimido ou muito culpado em seguida.
C	Sofrimento marcante em virtude da compulsão alimentar.
D	Os episódios de compulsão alimentar ocorrem, em média, ao menos uma vez por semana durante três meses.
E	A compulsão alimentar não está associada ao uso recorrente de comportamento compensatório inapropriado como na bulimia nervosa e não ocorre exclusivamente durante o curso de bulimia nervosa ou anorexia nervosa.

Especificar se:

• Em remissão parcial: depois de terem sido previamente satisfeitos os critérios plenos do transtorno de compulsão alimentar, a hiperfagia ocorre a uma frequência média inferior a um episódio por semana por um período de tempo sustentado.

• Em remissão completa: depois de terem sido previamente satisfeitos os critérios plenos do transtorno de compulsão alimentar, nenhum dos critérios é mais satisfeito por um período de tempo sustentado.

Especificar a gravidade atual:

O nível mínimo de gravidade baseia-se na frequência de episódios de compulsão alimentar (cf. a seguir). O nível de gravidade pode ser ampliado de maneira a refletir outros sintomas e o grau de incapacidade funcional.

Leve: 1 a 3 episódios de compulsão alimentar por semana.

Moderada: 4 a 7 episódios de compulsão alimentar por semana.

Grave: 8 a 13 episódios de compulsão alimentar por semana.

Extrema: 14 ou mais episódios de compulsão alimentar por semana.

Estratégias de avaliação

Rastreamento de sintomas

A partir de hipóteses de desenvolvimento de transtornos alimentares é importante fazer uma investigação de risco. No cenário clínico e de pesquisa, o instrumento Eating Atitudes Test (EAT 26) é um dos mais aplicados nessa etapa de rastreamento de sintomas e de comportamentos de risco. Este questionário autoaplicável indica a presença de padrões alimentares anormais e a gravidade das preocupações apresentadas pelo paciente em relação ao TA, como medo de ganho de peso, intenção de emagrecimento, entre outros (Magalhães & Mendonça, 2005). Sua primeira versão foi desenvolvida por Garner et al. (1979) e era composta por 40 itens, em uma escala Likert de 6 pontos. Mudanças necessárias levaram à versão final de 26 itens, com um resultado definido pela soma dos escores e com um maior risco de desenvolvimento de TA quanto maior o escore (Garner et al., 1982; Fortes, Amaral, Almeida, Conti, & Ferreira, 2016). A literatura aponta que o EAT – Teste de Atitudes Alimentares (TAA 26) foi traduzido para o português por Nunes (1994) e validado para a população brasileira feminina jovem de Porto Alegre por Nunes, Camey, Olinto e Mari (2005). Esse estudo apresentou coeficientes de baixa validade para sensibilidade e valor preditivo positivo, e também baixa estabilidade temporal. Outro estudo validou o instrumento para a população masculina da cidade de São Paulo, tendo como resultado qualidades psicométricas adequadas. O instrumento também foi traduzido e validado para a população de adolescentes femininos brasileiros de Ribeirão Preto, por Bighetti (2003), com um ponto de corte de 21 pontos ou mais para sintomas de TA e validado para a população de adolescentes masculinos de Juiz de Fora, por Fortes et al. (2016), apresentando boas qualidades psicométricas nestes dois últimos estudos.

Outro instrumento utilizado para rastreamento de pacientes com alto risco de desenvolvimento de algum TA e voltado para avaliação de traços psicológicos e comportamentais comuns à AN e BN, é o Eating Disorder Inventory (EDI), que foi desenvolvido por Garner, Olmstead e Polivy (1983). É autoaplicável e composto originalmente por 64 itens divididos em 8 subescalas, sendo 3 delas sobre aspectos psicopatológicos específicos das TA, quais sejam: ímpeto para magreza, insatisfação corporal e bulimia. A versão revisada é composta por mais 3 subescalas, totalizando 91 itens (Freitas, Gorenstein, & Appolinario, 2002).

Diferente de instrumentos autoaplicáveis, Zweig e Leahy (2012) apresentam em seu livro *Treatment Plans and Interventions for Bulimia and Binge-Eating Disorder* uma estratégia em versão de entrevista semiestruturada denominada *Evaluation of Eating Disorders*. Esse instrumento, disponibilizado no livro para uso clínico, é uma entrevista clínica semiestruturada recomendada a ser utilizada na primeira sessão com pacientes com BN ou TCA, que inclui perguntas sobre áreas relevantes e importantes da avaliação do estado atual do paciente, bem como de seu estado anterior ao desenvolvimento do transtorno. Além disso, são investigados sintomas e severidade dos mesmos, saúde mental, sintomas comórbidos, saúde física, riscos de suicídio, cognições, relacionamentos, gatilhos emocionais e metas de tratamento.

Esse instrumento é importante na medida em que guia o terapeuta na conceitualização do caso, seleção de intervenções no tratamento e nível de cuidados. Com uma avaliação bem-feita com essa entrevista, pode ser considerado inclusive que o paciente precisa de encaminhamento imediato para cuidados médicos. Depois da aplicação, a partir dos dados, o terapeuta monta o plano de tratamento, e o instrumento deve ser sempre revisto para conferir se os pontos destacados na entrevista estão sendo abordados adequadamente. A essa entrevista também podem ser adicionados os escores de outros testes realizados (Zweig & Leahy, 2011).

Avaliação da imagem corporal

A superavaliação do corpo, peso e alimentos ingeridos é um dos pontos centrais dos TA. Aliada a isso, a satisfação com a vida passa a apresentar uma forte relação com o peso e forma do corpo. Todos esses pontos estão ligados ainda ao descontentamento com a imagem corporal e também à distorção da mesma, uma das características mais comuns nos TA. Compõem o distúrbio da imagem corporal: a insatisfação com o tamanho do corpo e preferência pela magreza, distorção do tamanho do corpo real, e, numa visão cognitivo comportamental, distorções cognitivas em relação ao corpo e ao modo como os outros veem seu corpo, estratégias de evitação de situações de exposição, entre outros (Kashani, Barroso, Brasiliano, HochGraf, Cordas, & Conti, 2013).

Concomitantemente à presença dessa distorção, aparece o comportamento de checagem do corpo ou repúdio extremo do mesmo: olhar-se no espelho passa a ser um comportamento obrigatório com finalidade de checagem do corpo, ou passa a ser um comportamento muito temido. Essa checagem é fator central na doença e relacionada à sua etiologia e manutenção na medida em que reforça erros cognitivos do peso ou forma ideais. Na mesma direção, assim como a checagem influencia a imagem corporal, a evitação também a afeta, já que o comportamento de evitação da exposição do corpo ao próprio olhar é compreendido como insatisfação ou relutância na aceitação de limites do corpo. Assim, ambos comportamentos são capazes de influenciar os pensamentos e sentimentos em relação ao corpo (Campana, 2007).

Nesse sentido, a distorção da imagem corporal e os comportamentos de checagem e evitação podem ser considerados como um dos problemas mais difíceis de tratar nesses pacientes, e, assim, avaliá-los e tratá-los são pontos estritamente necessários. Além disso, a literatura aponta que a mudança na imagem corporal e na insatisfação com o corpo são essenciais para mudança duradoura no quadro de AN e bom prognóstico (Campana, Campana, & Tavares, 2009; Kashani et al., 2013).

Mountford, Haase e Waller (2006), na tentativa de compreender as cognições relacionadas à checagem corporal, desenvolveram a Body Checking Cognitions Scale (BCCS), que é um questionário de 19 itens com uma escala tipo Likert de 5 pontos, sendo que escores mais altos estão associados a maior acionamento cognitivo e a crenças mais consistentes que forçariam os pacientes a realizar a checagem de seus corpos (Kachani et al., 2011; Mountford et al., 2006; Kashani et al., 2013). A BCCS foi traduzida e adaptada para o português por Kachani et al. (2011) (Escala de Checagem Corporal e Cognições, ECCC). Também foram feitas validações de conteúdo e de consistência interna. Os resultados apontaram boa compreensão verbal e concordância entre os itens.

O Body Shape Questionnaire (BSQ-34) é um questionário autoaplicável de 34 itens desenvolvido por Cooper, Taylor, Cooper e Fairburn (1987), que mensura a satisfação e as preocupações com a forma do corpo em uma escala Likert de 6 pontos. No Brasil, foi traduzido por Cordás e Castilho (1994) como Questionário sobre a Imagem Corporal, e validado para a população de adolescentes brasileiros por Conti, Cordás e Latorre (2009), com resultados adequados. Di Pietro (2009) também realizou um estudo de tradução do instrumento e ainda a validação do mesmo para uma população brasileira não clínica, com resultados satisfatórios.

Também utilizada para avaliar satisfação corporal, a Stunkard's Figure Rating Scale, ou Escala de Silhuetas, foi desenvolvida por Stunkard, Sorensen e Schlusinger (1983), adaptada e validada no Brasil por Scagliusi, Alvarenga, Polacow, Cordas, Queiroz e Coelho (2006), e apresentou boas qualidades psicométricas. É utilizada para verificar a insatisfação corporal a partir da teoria de que a mesma é dada pela distância entre o corpo real e o corpo ideal. Ela é composta por 9 figuras que variam entre imagens de silhuetas muito magras a silhuetas muito gordas. Os pacientes devem selecionar primeiro a figura que melhor representa seu corpo e depois selecionar a figura que representa o corpo que gostariam de ter (Campana, Campana, & Tavares, 2009; Scagliusi et al., 2006).

Em relação aos comportamentos de checagem do corpo, há dois instrumentos interessantes. O Body Checking Questionnaire (BCQ), ou

Questionário de Checagem do Corpo (QCC), é indicado para avaliar a frequência do comportamento de checagem do corpo. É composto originalmente por 23 itens em uma escala likert de 5 pontos, sendo que quanto maior a soma dos resultados mais severo é o padrão de checagem do paciente. Já o Body Image Avoidance Qiuestionnaire (Biaq) (Rosen, Srebnik, Saltzberg, & Wendt, 1991), ou "Questionário de Evitação da Imagem Corporal (Biaq)", é utilizado para avaliar a frequência dos comportamentos de evitação do corpo. Ambos foram, de forma satisfatória, traduzidos, adaptados e validados para uma população de mulheres brasileiras por Campana (2007).

O padrão ouro na avaliação de TA

O Eating Disorders Examination Questionnaire (EDE-Q) (Fairburn & Beglin, 1994) é um questionário autoaplicável baseado na versão de entrevista clínica semiestruturada do Eating Disorders Examination (EDE) (Cooper & Fairburn, 1987). Esta foi desenvolvida com o objetivo de superar as limitações dos instrumentos de autorrelato e para avaliar a psicopatologia específica dos TA. O EDE-Q é considerado o instrumento padrão ouro na avaliação de TA e inclui quatro subescalas relacionadas às características cognitivas dos TA: contenção, preocupação com a alimentação, preocupação com a forma e preocupação com o peso. Também há itens de avaliação sobre sintomas comportamentais específicos, como a frequência de compulsão alimentar, vômitos autoinduzidos, uso de laxantes, uso incorreto de diuréticos e exercícios excessivos. O instrumento contém 28 itens classificados em uma escala Likert de 7 pontos, onde 0 reflete a ausência de sintomatologia do TA e 6 reflete a presença diária ou substancial de sintomatologia

do TA (Cooper & Fairburb, 1987; Fairburn & Beglin, 1994; Isooma et al., 2016; Luce, Crowther & Pole, 2008).

Ambos são utilizados para obtenção de informações descritivas sobre os sintomas e diagnósticos, e devido ao padrão ouro também são utilizados na validação de outras avaliações (Berg, Peterson, Frazier, & Crow, 2012). O EDE e o EDE-Q têm sido traduzidos em muitas linguagens e validado em muitas populações, com boas qualidades psicométricas; porém, ainda não há uma versão no Brasil.

Outros instrumentos

A Ecap (Escala Compulsão Alimentar Periódica), ou Binge Eating Scale, foi desenvolvida por Gormmally et al. (1982) com o objetivo principal de avaliar os problemas de compulsão alimentar em pessoas obesas. É baseada nos critérios do DSM IV de Compulsão Alimentar, e a partir dela é possível discriminar a gravidade da compulsão nos indivíduos obesos; porém, não é um instrumento diagnóstico (Melo, 2011). No Brasil, foi traduzida e adaptada por Freitas, Lopes, Coutinho e Appolinario (2001) e validada por Freitas (2002), apresentando boas qualidades psicométricas.

Outro instrumento bastante utilizado é o Bulimic Investigatory Test Edinburgh (Bite) (Henderson & Freeman, 1987), desenvolvido para identificar comportamentos bulímicos, como ingestão excessiva de alimentos, bem como para identificar os métodos purgativos utilizados, como indução de vômito, jejum, uso de laxantes, entre outros. Além disso, é utilizado para avaliar os aspectos cognitivos e comportamentais relacionados à BN, avaliar a severidade do caso e verificar a resposta ao tratamento (Magalhães & Mendonça, 2005). A literatura aponta que o Bite foi traduzido para o português por Cordás e Hochgraf (1993), como Teste de Investigação Bulímica de Edimburgo e está validado em população brasileira (Nunes, 2003). Também há um estudo que traduziu e adaptou o Bite para uso em adolescentes brasileiros (Ximenes, Colares, Bertulino, & Couto, 2011), o qual apontou boa equivalências linguística, conceitual e da escala e mostrou índices de precisão e validade de conteúdo.

Desenvolvido para avaliar as diferentes crenças fundamentais e suposições relevantes nos TA e embasado na Teoria Cognitivo Comportamental, o Eating Disorder Belif Questionnaire é um questionário de autorrelato útil para pesquisa e prática clínica. A partir de revisões sobre o tema e do pressuposto de que a psicopatologia central dos TA está no significado atribuído ao peso e à forma e que crenças sobre alimentação estão em uma posição secundária, os autores desse instrumento perceberam a necessidade de avaliar de forma mais clara as diferenças entre crenças sobre peso e forma e crenças sobre alimentação (Cooper, Cohen-Tovée, Todd, Wells, & Tovée (1997). Ainda não há, para o Brasil, tradução e validação desse questionário.

Outro instrumento importante na literatura é o Three Factor Eating Questionnaire (Tfeq) (Stunkard & Messick, 1985), ou Questionário Alimentar de Três Fatores (QATF), que é um dos mais utilizados como instrumento auxiliar na avaliação do comportamento alimentar, ao abordar três dimensões do mesmo, quais sejam: restrição cognitiva (controle cognitivo da ingestão de alimentos), desinibição (ingestão determinada por fatores emocionais ou externos) e fome (sensação de fome e realização de excessos alimentares) (Santana, 2016). Esse instrumento foi desenvolvido para indivíduos com extrema restrição alimentar ou falta total de restrição alimentar. Sua versão original consta com itens de verdadeiro ou falso, bem com e questões em escala likert. Há também duas versões reduzidas, com 18 e 21 itens. A literatura aponta traduções e adaptações culturais do TFEQ para algumas populações, quais sejam: chinesa, tailandesa, alemã, portuguesa e mexicana. No Brasil, foi realizada por Santana (2016) a adaptação transcultural e validação do instrumento para estudantes brasileiros do Ensino Superior, com resultados adequados.

O funcionamento psicossocial também é afetado com a presença de um TA. Nesse sentido, é importante avaliar as habilidades de socialização do indivíduo, bem como seu relacionamento pessoal, familiar e sexual, e seu humor. Assim, a avaliação do comprometimento clínico ACC (ou Clinical Impairment Assessment – CIA), instrumento desenvolvido em 2008 por Bohn, Doll, Cooper, O'Connor, Palmer e Fairburn (2008), foi desenvolvido para preencher uma lacuna na área, relacionada à medida do impacto dos TA's nesse funcionamento psicossocial. Esse instrumento é uma medida de autorrelato de 16 itens que avaliam o comprometimento psicossocial secundário a características de um transtorno alimentar através de 3 subdomínios, quais sejam: deficiência pessoal, social e cognitiva. Os itens são apresentados em uma escala Likert de 4 pontos e a pontuação final varia de 0 a 48, que fornece um índice de gravidade do comprometimento psicossocial nos últimos 28 dias (Bohn et al., 2008; Moser, 2011).

Risco de suicídio

Como foi descrito, pacientes com AN e BN apresentam riscos de suicídio, o que leva à necessidade de uma avaliação psicológica abrangente que inclua a determinação de ideação e comportamentos suicidas, bem como outros fatores de risco e história de tentativas. Por isso, pacientes que apresentam sintomas depressivos e comportamentos de autoflagelação repetida necessitam de uma avaliação padrão de risco de suicídio. Características impulsivas que forem identificadas, como abuso de álcool ou substâncias, também indicam a necessidade dessa avaliação (APA, 2014; Treasure, Shimidt, & Furth, 2003). (Para estudo da avaliação de ideação suicida, cf. capítulo deste livro sobre o tema.)

Avanços na área

O contexto dos comportamentos alimentares tem recebido cada vez mais atenção e estudos. Atenção especial tem sido dada ao comportamento denominado *Grazing*, definido por Conceição et al. (2014) como o ato de comer quantidades pequenas/modestas de alimentos de maneira repetitiva e não planejada. Até 2012, taxas de prevalência desse comportamento na população geral eram ainda desconhecidos. Uma pesquisa posterior mostrou que esse é um comportamento relativamente comum na população de mulheres jovens saudáveis (Lane & Szabó, 2013). Outras pesquisas mostram que o comportamento está muito relacionado a falhas em dietas, piores resultados em tratamentos para ingestão alimentar compulsiva e também a piores resultados, menor perda de peso ou recuperação do peso em pessoas após cirurgia bariátrica (Conceição et al., 2014). Ademais, tem sido relacionado a outros fatores conexos à obesidade e parece ter elevada prevalência em distúrbios alimentares, como bulimia nervosa e anorexia, além da possível coocorrência com

compulsão alimentar e associação a afeto negativo, desinibição alimentar e fome, depressão e pior saúde mental (Afonso, 2017; Conceição et al., 2014, 2016, 2017, 2018; Freitas, 2016; Lane & Szabó, 2013; Reas, Wisting, Kapstad, & Lask, 2012). Além disso, Heriseanu et al. (2017) apontam resultados de outras pesquisas, as quais mostram associações encontradas entre comportamento de *Grazing*, alto nível de perda de controle e sintomas depressivos, ansiosos e estresse em obesos.

A partir desses importantes achados foi desenvolvido o instrumento Rep(eat)-Q (*Repetitive Eating Questionnaire*), por Conceição et al. (2017), que é um questionário de autorrelato originalmente de 15 itens para avaliar o comportamento de *Grazing*/Petisco Contínuo sob a definição proposta pelos próprios autores, qual seja: comer quantidades pequenas/modestas de alimentos de maneira repetitiva e não planejada, sem ser em resposta à sensação de fome ou saciedade, bem como sob as principais características desse comportamento na literatura. Foi proposto ainda pelos autores dois tipos de petisco contínuo: petisco compulsivo e não compulsivo.

Esse questionário desenvolvido deve ser respondido com base na frequência do comportamento nos últimos 28 dias através de uma escala Likert de 7 pontos (0 = nunca e 6 = todos os dias da semana), gerando duas subescalas: a) *Grazing* compulsivo, associado com a sensação de que a pessoa não é capaz de resistir ao ato de comer, sentindo-se tentada a voltar ao comportamento, mesmo que tente resistir; e b) Comer repetitivo, que caracteriza a ingestão repetitiva (Conceição et al., 2014; 2017). Esse instrumento foi validado para a população portuguesa comunitária e para a população clínica portuguesa de pessoas submetidas à cirurgia bariátrica (Conceição et al., 2017); validação na qual, a partir dos resultados da análise fatorial, foram excluídos 3 itens, o que resultou na versão final do instrumento com 12 itens (Conceição et al., 2017). Tal instrumento também foi validado para a população clínica portuguesa de adolescentes obesos (Afonso, 2017). No Brasil, o instrumento está em processo de adaptação e validação por Teodoro, Neufeld e Conceição.

Lane e Szabó (2013) sugerem futuras pesquisas sobre a prevalência do *Grazing* na comunidade geral e na população clínica, devido à importância que tem mostrado em muitos contextos. Um estudo mais recente (Conceição et al., 2008) mostrou evidências dos conceitos de *Grazing* e seus subtipos em uma escala de perda de controle. Esse estudo exemplifica o uso do Rep(eat)-Q como uma medida de triagem e de maior compreensão sobre a manifestação desse comportamento (*Grazing)* e seus subtipos em transtornos alimentares e na relação com a perda de controle, a qual tem sido também foco de estudos. Ademais, o uso do questionário pode contribuir no âmbito de fechamento de diagnóstico e intervenções psicológicas (ANS, 2017; Carter & Jansen, 2012; Lane & Szabó, 2013).

Dificuldades e limitações

Em relação aos instrumentos, pode-se listar algumas limitações. Uma delas é relacionada à publicação da última edição do DSM 5, porque a maioria dos instrumentos ainda não está adaptada às revisões desse manual, o que leva à necessidade de revisões nos instrumentos hoje utilizados (Wade, 2008).

Uma outra questão é a utilização de medidas de autorrelato, que deve ser feita com cautela e com auxílio de outras medidas, pois em casos de TA em nível mais severo e com natureza egossintônica, essas medidas realizam uma avaliação muito subjetiva de pacientes. Nesses casos, muitos sintomas são omitidos ou negligenciados pelos próprios pacientes e a avaliação nem sempre é realizada com qualidade (Bohn, 2008).

Nos avanços na área destaca-se um ponto importante, que é a perda de controle e sua avaliação associada à psicopatologia de TAs e a diferentes comportamentos alimentares problemáticos (compulsão alimentar objetiva e subjetiva e *Grazing* compulsivo e não compulsivo). Muito tem sido estudado e debatido, e o estudo de Conceição et al. (2018) investigou o papel da perda de controle alimentar como mediador entre comportamentos alimentares problemáticos e psicopatologia. Os autores concluíram que há evidências para considerar a perda de controle como indicador de desordem alimentar. Além disso, há evidências para a conceituação de diferentes comportamentos, incluindo o *Grazing*, em escala contínua de perda de controle e psicopatologia (Conceição et al., 2018). Nesse sentido, essas descobertas mostram-se também como parte de limitações da área porque indicam a necessidade de mais estudos que investiguem esses conceitos e que trabalhem com as atualizações e adaptações necessárias em instrumentos já utilizados.

Por último, porém não menos importante, as limitações relacionadas à qualidade das avaliações de qualidades psicométricas sempre devem receber atenção. Pesquisadores da área devem atentar-se às questões metodológicas de estudos psicométricos para garantir a qualidade da validação dos instrumentos.

Considerações finais

Os TA são síndromes que apresentam elevadas taxas de prevalência na população e que têm seus critérios diagnósticos amplamente estudados. Os instrumentos para a avaliação dos transtornos alimentares (TA) surgem neste contexto a fim de auxiliar no estudo e aprimoramento dos critérios, bem como auxiliar no processo de intervenção. Esses instrumentos podem abranger diversos aspectos do TA, ser mais específicos para uma manifestação particular ou ainda focar em questões relacionadas e secundárias ao transtorno.

No contexto da avaliação aparecem controvérsias sobre critérios diagnósticos e métodos mais adequados. Há também constantes avanços e os estudos científicos de conceituação de comportamentos alimentares, e sua relação com a psicopatologia tem se mostrado cada vez mais importante no desenvolvimento de instrumentos de avaliação. Nesse sentido, há consenso em entender que a área de avaliação é essencial para a área clínica e que há uma gama de instrumentos disponíveis, que devem ser utilizados de forma cautelosa e cuidadosa. Porém, infelizmente, muitas vezes essa etapa de avaliação é negligenciada ou excluída do processo terapêutico.

A partir destes apontamentos, o presente capítulo objetivou apresentar alguns aspectos importantes da avaliação dos TA e fornecer um painel sobre instrumentos utilizados e estudos atuais sobre o tema. Esse tema, apesar dos avanços já existentes, ainda tem espaço para muitas investigações a fim de auxiliar na melhor compreensão desses transtornos, marcados por complexidade de conceituação, desenvolvimento, etiologias e manifestação de sintomas.

Referências

Afonso, N.T. (2017). *Validação do questionário Rep(eat)-Q para avaliação de petisco contínuo em adolescentes obesos.* Dissertação de mestrado. Braga: Escola de Psicologia/Universidade do Minho.

Agência Nacional de Saúde Suplementar – ANS (2017). *Manual de diretrizes para o enfrentamento da obesidade na saúde suplementar brasileira.* ANS, 47 p.

American Psychological Assciation – APA (2014). *DSM-5 – Manual Diagnóstico e Estatístico de Transtornos Mentais* (5a. ed.). Portol Alegre: Artmed.

Berg, K.C., Peterson, C.B., Frazier, P., & Crow, S.J. (2012). Psychometric evaluation of the eating disorder examination and eating disorder examination-questionnaire: a systematic review of the literature. *International Journal of Eating Disorders, 45,* 428-438.

Bigheti, F. (2003). *Tradução e validação do Eating Attitudes Test (EAT-26) em adolescentes do sexo feminino na cidade de Ribeirão Preto.* Dissertação de mestrado. Ribeirão Preto: Escola de Enfermagem de Ribeirão Preto/USP.

Bohn, K. (2008). Clinical Impairment Assessment – CIA. In: T. Wade. *Encyclopedia of Feeding and Eating Disorders* (pp. 1-3). Springer.

Bohn, K., Doll, H.A., Cooper, Z., O'Connor, M., Palmer, R. L., & Fairburn, C.G. (2008). The measurement of impairment due to eating disorder psychopathology. *Behaviour Research and Therapy, 46*(10), 1.105-1.110.

Campana, A.N.N.B. (2007) *Tradução, adaptação transcultural e validação do "Body Image Avoidance Questionnaire (Biaq) e do "Body Checking Questionnaire (BCQ)" para a língua portuguesa no Brasil.* Dissertação de mestrado. Campinas: Universidade Estadual de Campinas.

Campana, A.N., Campana, M.B., & Tavares, M.C.G.C.F. (2009). Escalas para avaliação da imagem corporal nos transtornos alimentares no Brasil. *Avaliação Psicológica, 8*(3), 437-446.

Carter, F.A. & Jansen, A. (2012). Improving psychological treatment for obesity. Which eating behaviours should we target? *Appetite, 58*(3), 1.063-1.069.

Conceição, E.M.L. (2017). "Repetitive eating questionnaire [Rep(eat)-Q]: Enlightening the concept of grazing and psychometric properties in a Portuguese sample". *Appetite, 117*, 351-358.

Conceição, E.M.L.; Gomes, F.V.S.; Vaz, A.R.; Pinto-Bastos, A.; & Machado, P.P.P. (2017). Prevalence of eating disorders and picking/nibbling in elderly women. *International Journal of Eating Disorders*, 1-8.

Conceição, E.M.L., Machado, P.P., Vaz, A.R., Pinto-Bastos, A., Ramalho, S.P., Silva, C., & Arrojado, F. (2016). Apolo-Bari, an internet-based program for longitudinal support of bariatric surgery patients: study protocol for a randomized controlled trial. *Trials, 17*(1), 1-14.

Conceição, E.M.; Mitchell, J.E.; Engle, S.; Machado, P.P.P.; Lancaster, K.; Wonderlich, S. (2014). What is "Grazing"? Reviewing its Definition, Frequency, Clinical Characteristics and Impact on Bariatric Surgery Outcomes, and Proposing a Standardized Definition, *Surgery for Obesity and Related Diseases, 10*(5), 973-982.

Conceição, E.M.L., Pinto-Bastos, A., Vaz, A.R., Brandão, I., & Ramalho, S. (2018). Problematic eating behaviors and psychopathology in patients undergoing bariatric surgery: The mediating role of loss of control eating. *Internacional Journal of Eating Disorders*, 1-11.

Conti, M.A., Cordás, T.A., & Latorre, M.R.D.O. (2009). A study of the validity and reliability of the Brazilian version of the Body Shape Questionnaire (BSQ) among adolescents. *Revista Brasileira de Saúde Materno Infantil, 9*(3), 331-338.

Cooper, M., Cohen-Tovée, E., Todd, G., Wells, A., & Tovée, M. (1997). The eating disorder belief questionnaire: Preliminary development. *Behaviour Research and Therapy*, 35(4), 381-388.

Cooper, Z. & Fairburn, C. (1987). The eating disorder examination: A semi-structured interview for the assessment of the specific psychopathology of eating disorders. *International Journal of Eating Disorders,* 6(1), 1-8.

Cooper, P.J., Taylor, M., Cooper, Z., & Fairburn, C.G. (1987). The development and validation of the Body Shape Questionnaire. *International Journal of Eating Disorders, 6*, 485-494.

Cordás T.A. & Castilho, S. (1994). Imagem corporal nos transtornos alimentares: instrumento de avaliação: Body Shape Questionnaire. *Psiquiatria Biológica, 2*(1), 17-21.

Cordás, T.A. & Hochgraf, P.B. (1993) O Bite: Instrumento para avaliação da bulimia nervosa – Versão para o português. *Jornal Brasileiro de Psiquiatria, 42*, 141-144.

Di Pietro, M. & Silveira, D.X. (2009). Internal validity, dimensionality and performance of the Body Shape Questionnaire in a group of Brazilian college students. *Brazilian Journal of Psychiatry, 31*(1), 21-24.

Fairburn, C.G. & Beglin, S.J. (1994). Assessment of eating disorders: interview or self-report questionnaire? *International Journal of Eating Disorders,* 16(4), 363-370.

Fairburn, C.G. & Beglin, S.J. (2008). Eating disorder examination questionnaire (6.0). In C.G. Fairburn (Org.). *Cognitive behavior therapy and eating disorders*. Nova York: Guilford.

Fairburn, C.G., Cooper, Z., & O'Connor, M. (2008). Eating disorder examination (16.0D). In C.G. Fairburn (Org.). *Cognitive behavior therapy and eating disorders*. Nova York: Guilford.

Fortes, L.S., Amaral, A.C.S., Almeida, S.S., Conti, M.A., & Ferreira, M.E.C. (2016). Qualidades psicométricas do Eating Attitudes Test (EAT-26) para adolescentes brasileiros do sexo masculino. Psicologia: *Teoria e Pesquisa, 32*(3), 1-7.

Freitas, A.C.P. (2016). *Petísco contínuo em pacientes pré e pós cirurgia bariátrica: validação do questionário REP(EAT)-Q*. Dissertação de mestrado. Braga: Escola de Psicologia/Universidade do Minho.

Freitas, S., Gorenstein, C., & Appolinario, J.C. (2002). Instrumentos para a avaliação dos transtornos alimentares. *Brazilian Journal of Psychiatry, 24*(3), 34-38.

Freitas, S.R. (2002). *Tradução, adaptação para o português e validação da Binge Eating Scale (BES) – Escala de Compulsão Alimentar Periódica*. Dissertação de mestrado. Rio de Janeiro: Universidade do Estado do Rio de Janeiro.

Garner, D.M., Olmstead, M.P., & Polivy, J. (1983). Development and validation of a multidimensional eating disorder inventory for anorexia nervosa and bulimia. *International Journal of Eating Disorders, 2*(2), 15-34.

Henderson, M. & Freeman, C.P.L. (1987). A self-rating scale for bulimia: the Bite. *British Journal of Psychiatry, 150*, 18-24.

Heriseanu, A.I., Hay, P., Corbit, L., & Touyz, S. (2017). Grazing in adults with obesity and eating disorders: A systematic review of associated clinical features and meta-analysis of prevalence. *Clinical Psychology Review, 58*, 16-32

Isomaa, R., Lukkarila, I.L., Ollila, T., Nenonen, H., Charpentier, P., Sinikallio, S., & Karhunen, L. (2016). Development and preliminary validation of a Finnish version of the Eating Disorder Examination Questionnaire (EDE-Q). *Nordic Journal of Psychiatry, 70*(7), 542-546.

Kachani, A.T., Barroso, L.P., Brasiliano, S., Hochgraf, P.B., Cordás, T.A., & Conti, M.A. (2013). Psychometric Evaluation of the Body Checking Cognitions Scale (BCCS) – Portuguese Version. *Perceptual and Motor Skills, 116*(1), 175-186.

Lane, B. & Szabó, M. (2013). Uncontrolled, repetitive eating of small amounts of food or "grazing": Development and evaluation of a new measure of atypical eating. *Behavior Change, 30*, 57-73.

Luce, K.H., Crowther, J.H., & Pole, M. (2008). Eating Disorder Examination Questionnaire (EDE-Q): Norms for undergraduate women. *International Journal of Eating Disorders, 41*(3), 273-276.

Magalhães, V.C. & Mendonça, G.A. (2005). Transtornos alimentares em universitárias: estudo de confiabilidade da versão brasileira de questionários

autopreenchíveis. *Revista Brasileira de Epidemiologia, 8*, 236-245.

Melo, M.M.O. (2011). *Compulsão alimentar, imagem corporal e qualidade de vida em crianças e adolescentes obesos*. Dissertação de mestrado. Belo Horizonte: Faculdade de Medicina/Universidade Federal de Minas Gerais.

Moser, C.M. (2011). *Avaliação da funcionalidade em pacientes adultos com transtornos alimentares*. Dissertação de mestrado. Porto Alegre: Faculdade de Medicina/Programa de Pós-Graduação em Ciências Médicas, Psiquiatria/Universidade Federal do Rio Grande do Sul.

Mountford, V., Haase A.M, & Waller G. (2006). Body checking in the eating disorders: associations between cognitions and behaviors. *International Journal of Eating Disorders, 39*, 708-715.

Nunes, M.A., Bagatini, L.F., Abuchaim, A.L., Kunz, A., Ramos, D., Silva, J.A. et al. (1994). Distúrbios da conduta alimentar: considerações sobre o teste de atitudes alimentares (EAT). *Revista ABP-Apal, 16*(1), 7-10.

Nunes, M.A. et al. (2005) The validity and 4-year test-retest reliability of the Brazilian Version of the Eating Attitudes Test-26. *Brazilian Journal of Medical and Biological Research, 38*(11), 1.655-1.662.

Reas, D.L., Wisting, L., Kapstad, H., & Lask, B. (2012). Nibbling: Frequency and relationship to BMI, pattern of eating, and shape, weight, and eating concerns among university women. *Eating Behaviors, 13*, 65-66.

Rosen, J.C., Srebnik, D., Saltzberg, E., & Wendt, S. (1991). Development of a body image avoidance questionnaire. *Psychological Assessment: A Journal of Consulting and Clinical Psychology, 3*(1), 32-37.

Scagliusi, F.B., Alvarenga, M., Polacow, V.O., Cordas, T.A., Queiroz, G.K.O., Coelho, D., Philippi, S.T., & Lancha Jr., A.H. (2006) Concurrent and discriminant validity of the Stunkard's figure rating scale e adapted into Portuguese. *Appetite, 47*, 77-82.

Stunkard, A.J. & Messick, S. (1985). The three-factor eating questionnaire to measure dietary restraint, disinhibition and hunger. *Journal of Psychosomatic Research*, 29(1), 71-83.

Treasure, J., Shimidt, U., & Furth, E. (2003). *The Handbook of Eating Disorders*. Wiley.

Wade, T. (2008). *Encyclopedia of Feeding and Eating Disorders*. Springer.

Zweig, R.D. & Leahy, R.L. (2011). *Treatment Plans and Interventions for Bulimia and Binge-Eating Disorder.* Nova York: The Guilford.

56
Avaliação em psicopatologia

Nelson Hauck

Transtornos mentais são padrões comportamentais, afetivos ou cognitivos que causam sofrimento significativo ao paciente ou a indivíduos próximos a ele (American Psychiatric Association, 2014). A área da psicopatologia abrange uma série de temáticas de investigação, dentre as quais a avaliação dos transtornos mentais. O objetivo do presente capítulo é desenvolver uma discussão em torno de alguns temas pertinentes à avaliação psicológica em psicopatologia. Tendo em vista que outros capítulos deste livro abordam a avaliação de transtornos e condições específicas de forma mais pormenorizada, este trabalho enfatiza a questão da estrutura latente dos transtornos mentais e sua implicação para a prática da avaliação. O capítulo busca contribuir para que, cada vez mais, profissionais clínicos consigam acompanhar os avanços técnicos feitos na área da avaliação, apropriando-se de alguns dos conceitos utilizados.

Estrutura latente e transtornos mentais

Um questionamento de importância à teoria e à avaliação de transtornos mentais é a estrutura latente. Por estrutura latente entende-se a forma como as forças ou tendências psicológicas (nesse caso, o transtorno) se conectam aos indicadores ou critérios usados para avaliá-las (Borsboom, 2008a). Um exemplo mais específico pode ajudar a entender melhor a situação. Vamos supor que um instrumento de avaliação da extroversão possua o item "Gosto de ir a festas cheias de pessoas", avaliado em uma escala de concordância de cinco pontos, sendo 1 = discordo totalmente e 5 = concordo totalmente. Se Joãozinho assinala que concorda totalmente com o item, isso significa que algo em sua personalidade o predispõe a gostar de situações sociais com muitas pessoas. Esse "algo" é o traço ou fator que explica o quanto Joãozinho concorda com o item.

O conceito de estrutura latente também diz respeito a se a entidade latente avaliada pelo instrumento consiste em um contínuo de variação fenotípica ou em grupos distintos. No exemplo anterior, a variável latente, a extroversão, era de tipo contínuo: diferenças individuais ocorrem em níveis, existindo tanto magnitudes reduzidas quanto moderadas ou elevadas na variável. Ou seja, existem muitos indivíduos com nível de extroversão abaixo e acima de Joãozinho. Não obstante, isso não esgota as possibilidades de variável latente (Masyn, Henderson, & Greenbaum, 2010). Outro tipo amplamente estudado são as classes latentes ou variáveis latentes categóricas, também conhecidas como *taxa* (em inglês, plural de *taxon*) ou tipos (Meehl, 1992). Uma classe latente é um grupo "oculto" ou não aparentemente identificado de indivíduos. Por exemplo, um determinado transtorno mental pode ocorrer de forma binária: ou a pessoa tem ou não tem o transtorno. Não obstante, não é imediatamente observável ou facilmente detectável se um dado indivíduo pertence ou não ao grupo daqueles que possuem o transtorno. Esse grupo específico representa uma classe relativamente homogênea de indivíduos (um "tipo" ou *taxon*), qualitativamente distintos dos demais. A esquizofrenia parece assumir essa constituição, de modo que, aparentemente, apenas alguns indivíduos possuem uma propensão a desenvolverem os sinais e sintomas positivos e negativos do quadro (Haslam, Holland, & Kuppens, 2012).

Um exemplo ingênuo pode ilustrar a questão. Ainda que cães e gatos possuam pelos, gatos costumam ter pelos mais finos e macios do que cachorros. Mesmo existindo bastante variabilidade e algumas exceções, essas diferenças refletem uma separação natural entre cães e gatos enquanto membros de famílias distintas de animais, os canídeos e os felinos, respectivamente. Dito de outra forma, as distinções na pelagem de cães e gatos refletem uma separação categórica entre as duas classes de animais. Dependendo de qual categoria pertence o animal, seu pelo tenderá a ter algumas características distintas.

Voltando à psicopatologia, a questão, portanto, é descobrir se possuir um transtorno mental corresponde a ser membro de uma categoria naturalmente distinta e não arbitrária de indivíduos, assim como um gato se distingue de um conjunto de cachorros. Alternativamente, um transtorno pode ser meramente uma manifestação fenotípica extremada dentro de um mesmo grupo; algo como um gato que possua um pelo mais espesso do que os demais gatos, mas que continua sendo da mesma categoria de animais. Todavia, neste último caso, qualquer tentativa de criar um ponto de corte e delinear um grupo clínico representa uma tentativa arbitrária de criar uma separação que, apesar de útil para diversos propósitos, não existe na natureza.

Longe de depender de um pressuposto teórico, saber se um transtorno mental representa uma categoria ou uma dimensão depende de evidências empíricas. De maneira geral, estudos taxométricos têm convergido em torno de resultados majoritariamente dimensionais para transtornos mentais (cf. Haslam et al., 2012). A maioria dos transtornos de ansiedade, humor, alimentação, personalidade e externalização de maneira geral parece mais consistente com uma estrutura dimensional. Resultados sugestivos de estrutura categórica têm sido mais comuns no caso de transtornos do uso de substâncias e do espectro da esquizofrenia. Mesmo assim, vale ressaltar que não se trata de uma área com respostas definitivas, havendo sempre a ocorrência de conflito com o restante da pesquisa acadêmica na área (p. ex., para resultados categóricos no caso da depressão maior, cf. Ruscio, Brown, & Ruscio, 2009). De todo modo, a mensagem que aqui se deseja passar é que a estrutura latente de uma determinada condição patológica é sempre uma descoberta científica. Ou seja, informação a respeito deve ser buscada em estudos taxométricos publicados, evitando-se resolver o debate pela via exclusivamente retórica.

Estrutura latente e avaliação psicológica

Walters (2012) descreveu cinco razões por que o conhecimento acerca da estrutura latente de um determinado transtorno é importante: classificação, pesquisa, etiologia, intervenção e avaliação. Em primeiro lugar, classificar fenômenos é uma tarefa presente em praticamente todos os campos da ciência. Saber se é possível classificar pacientes como possuindo um transtorno de acordo com a presença de alguns sinais e sintomas depende de conhecer a estrutura latente desse transtorno. Em segundo lugar, informações sobre a constituição latente de um fenômeno psicológico alavancam tanto a teoria psicológica quanto o desenvolvimento de métodos estatísticos avançados. Questionamentos sobre a natureza das variáveis latentes em saúde mental têm feito avançar em muito a modelagem estatística nessa área (cf. Masyn et al., 2010). Em terceiro lugar, condições com características taxônicas/categóricas e dimensionais podem ter um curso de desenvolvimento distinto. A influência do ambiente e da genética pode variar em cada caso, motivo pelo qual a investigação do assunto se reveste de importância. Em quarto lugar, a possibilidade de mudança de cada tipo de variável latente também apresenta repercussão em termos de intervenção psicológica. Uma psicopatologia que, em vez de representar uma configuração extrema em uma dimensão do funcionamento "normal", apresenta-se como uma classe latente talvez possa requerer abordagens mais refinadas de intervenção junto a outros profissionais da saúde. Em quinto lugar, no que diz respeito à avaliação, a construção de instrumentos segue caminhos um pouco distintos quando a variável latente avaliada é categórica e quando é dimensional. No primeiro caso, são necessários indicadores que discriminem entre grupo clínico e grupo controle, sendo estabelecido um ponto de corte ótimo. Em outras palavras, os indicadores, nesse caso, devem ter sua capacidade discriminativa máxima exatamente na fronteira natural que separa os grupos (Borsboom, 2008b). Já no segundo caso, o ideal é contar com itens que avaliem todo o contínuo da variável. Ou seja, sendo uma variável que apresenta níveis, deve haver indicadores com boa capacidade discriminativa em uma ampla faixa de níveis.

Modelo categórico de avaliação

O estudo da estrutura latente dos transtornos mentais tem feito avançar a teoria, a pesquisa e a intervenção na área da avaliação psicológica. A seguir são apresentados modelos de avaliação em psicopatologia derivados das abordagens categórica e dimensional. Vale ressaltar que, embora o desejável fosse que esses modelos existissem inteiramente embasados no conhecimento científico sobre a estrutura latente do transtorno em questão, nem sempre esse é o caso. Por exemplo, o padrão do DSM e da CID é o modelo categórico, independentemente das evidências acerca da estrutura dos transtornos específicos. Muitos transtornos, como os da personalidade, por exemplo, têm revelado uma estrutura dimensional (cf. Arntz et al., 2009). Como se verá mais adiante, mudanças estão em andamento, e uma abordagem dimensional de alguns transtornos foi apresentada no DSM-5, seção III.

Como o próprio nome sugere, o modelo categórico assume que os transtornos mentais são sempre entidades categóricas e, por isso, consiste em uma classificação binária dos indivíduos entre portadores e não portadores de um transtorno. Em seu formato usual, o diagnóstico categórico busca determinar se o paciente atinge um determinado ponto de corte de n sinais e sintomas, o que autoriza o profissional clínico a afirmar que o paciente possui o transtorno (Borsboom, 2008b). Por exemplo, com base no DSM-5, um diagnóstico de Transtorno da Personalidade *Borderline* é aplicado se (e apenas se) um indivíduo apresenta cinco ou mais de uma lista de nove critérios (APA, 2014, p. 663). Evidentemente, o foco desse modelo não é na diferenciação entre os indivíduos quanto à intensidade dos sinais e sintomas, mas sim na separação desses indivíduos em dois grupos (portadores e não portadores do transtorno).

Os principais aspectos psicométricos de relevância para a escolha de um bom instrumento dentro desse modelo são a sensibilidade e a especificidade. A sensibilidade designa a proporção de indivíduos que possuem o transtorno e que são corretamente classificados pelo instrumento, enquanto a especificidade se refere à proporção de pacientes que não possuem o transtorno e que são assim classificados pelo sistema diagnóstico. Um instrumento hipotético perfeito teria tanto a sensibilidade quanto a especificidade com valores iguais a 1. Na prática, aceitam-se valores acima de 0,75 (Kawamura, 2002), sendo desejáveis acima de 0,80. Vale ressaltar que, em contextos de triagem em saúde mental, a prioridade pode ser uma elevada sensibilidade. Isso permite reter todos os possíveis casos com uma condição específica para uma avaliação mais pormenorizada, que poderá então ajudar a descartar os falsos positivos.

Além do próprio DSM-5 e da CID-10 existem diversas escalas que apresentam pontos de corte para uma classificação de pacientes de acordo com uma abordagem categórica. Para o caso de transtornos da personalidade, o IDCP versão triagem é uma possibilidade (cf. Carvalho, Pianowski, & Reis, 2017). Com apenas 15 itens de autorrelato, o instrumento serve como uma ferramenta de triagem altamente capaz de discriminar indivíduos de populações clínicas e não clínicas. No que diz respeito a transtornos de humor, especialmente a depressão, uma indicação é a Escala Baptista de Depressão (Baptista, 2012). Contendo 45 itens, o instrumento capta sete categorias de alteração patológica relacionadas à depressão: humor, aspectos vegetativos, funcionamento motor, funcionamento social, cognição, ansiedade e irritabilidade. Para a triagem de possível dependência de substâncias, o questionário Assist (WHO, 2002), da Organização Mundial da Saúde, é uma possibilidade. Com apenas oito questões, o instrumento avalia o envolvimento do paciente com 10 categorias de substâncias psicoativas.

Modelo dimensional de avaliação

No modelo dimensional, transtornos são considerados combinações de níveis específicos em traços, que são entidades contínuas. Por exemplo, a psicopatia tem sido revelada uma configuração de baixos escores em conscienciosidade e amabilidade (O'Boyle, Forsyth, Banks, Story, & White, 2014). Isso significa que uma avaliação dimensional da psicopatia poderia incluir um instrumento referente aos *cinco grandes fatores*, sendo esperados escores reduzidos nessas duas dimensões específicas. Evidentemente, a avaliação dimensional é mais complexa porque exige um conhecimento técnico prévio sobre quais são os traços constituintes de cada transtorno, informação que apenas pode ser encontrada na literatura especializada sobre o transtorno em questão.

A seção III do DSM-5 apresenta perfis de traços patológicos para seis (antissocial, evitativa, *borderline*, narcisista, obsessivo-compulsiva e esquizotípica) dos 10 transtornos da personalidade, que podem ser úteis ao profissional clínico. Dentro dessa perspectiva, um paciente apresenta um transtorno da personalidade se possui um prejuízo moderado ou grave no funcionamento da personalidade (Critério A) e se apresenta um ou mais traços patológicos (Critério B). O Critério A abrange o *self* (e suas dimensões identidade e autodirecionamento) e o domínio interpessoal (e seus constituintes empatia e intimidade). Enquanto isso, o Critério B se refere aos traços amplos: afetividade negativa, distanciamento, antagonismo, desinibição e psicoticismo, bem como às suas facetas. São oferecidas recomendações de escalas para cada caso, sendo o PID-5 (Krueger, Derringer, Markon, Watson, & Skodol, 2012) o instrumento mais apropriado para avaliar as dimensões do Critério B. Não obstante, uma alternativa igualmente valiosa é o Inventário Dimensional Clínico da Personalidade (Carvalho & Primi, 2015). Embora o instrumento não tenha sido originalmente elaborado com base no DSM-5, versões revisadas das escalas do instrumento estão sendo produzidas para atender ao propósito da avaliação de transtornos da personalidade com base na seção III do DSM-5 (informações adicionais podem ser encontradas em outros capítulos deste livro).

Condições psicóticas também podem ser avaliadas quanto à intensidade de seus sinais e sintomas. A seção III do DSM-5 contém uma escala destinada ao uso com pacientes psicóticos, a Escala de Gravidade das Dimensões de Sintomas de Psicose Avaliada pelo Clínico. Essa escala permite registrar o nível de comprometimento dos pacientes quanto a alucinações, delírios, discurso desorganizado, comportamento psicomotor anormal, sintomas negativos, cognição prejudicada, depressão e mania. O instrumento é adequado a todas as condições do espectro da esquizofrenia, como esquizofrenia, transtorno esquizoafetivo, transtorno delirante, transtorno psicótico breve etc.

Técnicas de avaliação em psicopatologia

Seguindo a classificação de Bornstein (2007), encontram-se cinco (de seis no total) categorias de recursos úteis para a avaliação em psicopatologia: autoatribuição, atribuição de estímulo, construtivo, observacional e via informante. Instrumentos de autoatribuição consistem em o paciente identificar a intensidade com que o seu funcionamento psicológico se aproxima de determinados traços, sentimentos, pensamentos ou comportamentos. São exemplos dessa categoria escalas de autorrelato como o Inventário Dimensional Clínico da Personalidade (Carvalho & Primi, 2015), para a avaliação de transtornos da personalidade, e entrevistas estruturadas como a Scid-5 (atualmente, em adaptação para o Brasil), que avalia os transtornos do DSM-5.

Por sua vez, testes de atribuição de estímulo consistem na atribuição de significado a um estímulo ambíguo por parte do testando, sendo também conhecidos como "expressivos" ou mesmo "projetivos". O teste de Rorschach é o principal recurso nessa categoria no que diz respeito à avaliação em psicopatologia (Mihura, Meyer, Dumitrascu, & Bombel, 2013). Testes de tipo construtivo são aqueles em que o testando é requisitado a produzir um criar ou construir uma nova imagem ou descrição escrita, de acordo com algumas instruções. O teste do Desenho da Figura Humana (DFH-IV está aprovado pelo Conselho Federal de Psicologia e será publicado em breve) é o principal exemplo dessa categoria. Testes observacionais são pontuados pelo profissional clínico com base no comportamento emitido pelo paciente em uma situação estruturada. Exemplos desse caso são a Escala Hare PCL-R (Hare, 2003; Morana, 2004), utilizada para a avaliação da psicopatia, e a Shedler-Westen Assessment Procedure-200 (Westen & Shedler, 1999), própria para a avaliação de transtornos da personalidade. Por fim, testes pontuados via informante são aqueles de heterorrelato, em que um familiar, amigo ou conhecido do paciente pontua itens com base no seu conhecimento sobre o paciente. Exemplificam essa categoria versões de heterorrelato de instrumentos avaliativos de psicopatologia, como a versão preenchida pelos pais do Inventário de Frieza e Insensibilidade (Essau, Sasagawa, & Frick, 2006), útil para avaliar traços de psicopatia em crianças e adolescentes.

Na prática da avaliação em psicopatologia, o ideal é que o clínico possa lançar mão de uma combinação de recursos. Conhecer melhor as forças e fraquezas do paciente pode depender do cruzamento da impressão do profissional clínico com a informação do próprio paciente e de informantes. Por esse motivo, o profissional não pode, em sua formação, desenvolver um *modus operandi* monométodo, manifestando preferência sempre por um ou outro desses recursos. A escolha dos recursos mais apropriados deve ser feita após um cuidadoso planejamento específico para o paciente em questão. Vale ressaltar que testes devem ser complementados com o uso de entrevistas clínicas, sendo aquelas de tipo estruturado as mais recomendáveis por apresentarem melhor confiabilidade entre avaliadores (Segal, Coolidge, O'Riley, & Heinz, 2006).

Alguns tópicos pertinentes à avaliação de transtornos da personalidade

Transtornos da personalidade são padrões relativamente estáveis de vivência íntima ou comportamento observável que se desviam acentuadamente da cultura do indivíduo, são difusos e inflexíveis, e podem levar a sofrimento ou prejuízo (APA, 2014). Esses transtornos, antigamente separados em um eixo à parte (o antigo "Eixo II"), são agora apenas mais um ca-

pítulo junto aos demais transtornos da DSM-5. A seguir, são feitas algumas recomendações quanto à avaliação dos Transtornos da Personalidade Antissocial e Narcisista.

O primeiro ponto diz respeito ao Transtorno da Personalidade Antissocial. Embora seja afirmado no próprio DSM-5 que esse transtorno é conhecido como "psicopatia", a psicopatia consiste em um quadro ligeiramente distinto (Pemment, 2013). O comportamento antissocial é meramente uma das dimensões da psicopatia, que abrange também déficits no processamento de informação de tipo emocional que não são encontrados na maioria dos indivíduos antissociais (Kosson, Lorenz, & Newman, 2006). Embora a seção III do DSM-5 estabeleça a distinção entre essas duas condições, definindo a psicopatia como uma variante específica da personalidade antissocial (APA, 2014, p. 765), essas diferenças ainda não foram reconhecidas oficialmente pelo DSM-5, apesar de décadas de estudos sustentando a separação. A recomendação aqui oferecida é que, havendo o interesse na avaliação da psicopatia especificamente, deve ser utilizado um instrumento próprio para essa finalidade, como a escala PCL-R (Hare, 2003). Os critérios do Transtorno da Personalidade Antissocial capturam apenas alguns dos traços da psicopatia, mas falham em avaliar em profundidade a insensibilidade emocional, um dos principais aspectos descritos na literatura (Pemment, 2013).

Cautela semelhante deve ser tomada na avaliação do Transtorno da Personalidade Narcisista a partir do DSM-5. Historicamente, os critérios do DSM acabaram enfatizando mais a grandiosidade (i. é, busca pelo poder e *status*, intitulação e arrogância) e menos a vulnerabilidade (i. é, intolerância à frustração e a críticas). Por isso, no atual DSM-5, apenas o critério quatro do transtorno ("demanda admiração excessiva") avalia a vulnerabilidade, enquanto todos os demais enfatizam a grandiosidade. Como discutido na literatura, o paciente tende a ter um funcionamento mais prejudicado quando apresenta os dois tipos de comprometimento do que quando pontua alto nos critérios de grandiosidade do DSM (Pincus et al., 2009). Por esse motivo, Pincus e seus colaboradores desenvolveram o Inventário de Narcisismo Patológico, que discrimina melhor quadros mais graves de narcisismo quando comparado aos critérios do DSM. Recomenda-se que a avaliação da personalidade narcisista, portanto, possa ser complementada com instrumentos que capturem aspectos da dimensão vulnerabilidade.

Considerações finais

O presente capítulo abordou a questão da estrutura latente em avaliação psicopatológica, percorrendo também algumas temáticas pertinentes a essa área. Foram apresentados dois tipos de estrutura latente: a categórica e a dimensional. A importância do estudo da temática foi discutida, sendo igualmente discutidos os modelos de avaliação em cada um desses dois casos. Na sequência, foram descritos alguns dos principais tipos de recursos utilizados para a avaliação na área, sendo enfatizada a necessidade de complementaridade entre as técnicas. Por fim, chamou-se a atenção para alguns tópicos na avaliação dos transtornos da personalidade antissocial e narcisista. Espera-se que o capítulo possa oferecer recursos que permitam uma maior aproximação do profissional clínico com o conhecimento técnico e psicométrico da avaliação psicológica em saúde mental.

Referências

APA (2014). *DSM-5 – Manual diagnóstico e estatístico de transtornos mentais*. Porto Alegre: ArtMed.

Arntz, A., Bernstein, D., Gielen, D., van Nieuwenhuyzen, M., Penders, K., Haslam, N., & Ruscio, J. (2009). Taxometric evidence for the dimensional structure of cluster-C, paranoid, and borderline personality disorders. *Journal of Personality Disorders, 23*(6), 606-628 [https://doi.org/10.1521/pedi.2009.23.6.606].

Baptista, M.N. (2012). *Escala Baptista de Depressão – Versão adulto (Ebadep-A)*. São Paulo: Vetor.

Bornstein, R.F. (2007). Toward a Process-Based Framework for Classifying Personality Tests: Comment on Meyer and Kurtz (2006). *Journal of Personality Assessment, 89*(2), 202-207 [https://doi.org/10.1080/00223890701518776].

Borsboom, D. (2008a). Latent Variable Theory. *Measurement: Interdisciplinary Research & Perspective, 6*(1-2), 25-53 [https://doi.org/10.1080/15366360802035497].

Borsboom, D. (2008b). Psychometric perspectives on diagnostic systems. *Journal of Clinical Psychology, 64*(9), 1.089-1.108 [https://doi.org/10.1002/jclp.20503].

Carvalho, L.F. & Primi, R. (2015). Development and internal structure investigation of the Dimensional Clinical Personality Inventory. *Psicologia: Reflexão e Crítica, 28*(2), 322-330 [https://doi.org/10.1590/1678-7153.201528212].

Essau, C.A., Sasagawa, S., & Frick, P.J. (2006). Callous-unemotional traits in a community sample of adolescents. *Assessment, 13*(4), 454-469 [https://doi.org/10.1177/1073191106287354].

Hare, R.D. (2003). *Manual for the Revised Psychopathy Checklist* (2a. ed.). Toronto: Multi--Health Systems.

Haslam, N., Holland, E., & Kuppens, P. (2012). Categories versus dimensions in personality and psychopathology: a quantitative review of taxometric research. *Psychological Medicine, 42*(5), 903-920 [https://doi.org/10.1017/S0033291711001966].

Kawamura, T. (2002). Interpretação de um teste sob a visão epidemiológica: eficiência de um teste. *Arquivos Brasileiros de Cardiologia, 79*(4) [https://doi.org/10.1590/S0066-782X2002001300015].

Kosson, D.S., Lorenz, A.R., & Newman, J.P. (2006). Effects of comorbid psychopathy on criminal offending and emotion processing in male offenders with antisocial personality disorder. *Journal of Abnormal Psychology, 115*(4), 798-806 [https://doi.org/10.1037/0021-843X.115.4.798].

Krueger, R.F., Derringer, J., Markon, K.E., Watson, D., & Skodol, A.E. (2012). Initial construction of a maladaptive personality trait model and inventory for DSM-5. *Psychological Medicine, 42*(9), 1.879-1.890 [https://doi.org/10.1017/S0033291711002674].

Masyn, K.E., Henderson, C.E., & Greenbaum, P.E. (2010). Exploring the Latent Structures of Psychological Constructs in Social Development Using the Dimensional-Categorical Spectrum. *Social Development, 19*(3), 470-493 [https://doi.org/10.1111/j.1467-9507.2009.00573.x].

Meehl, P.E. (1992). Factors and Taxa, Traits and Types, Differences of Degree and Differences in Kind. *Journal of Personality, 60*(1), 117-174 [https://doi.org/10.1111/j.1467-6494.1992.tb00269.x].

Mihura, J.L., Meyer, G.J., Dumitrascu, N., & Bombel, G. (2013). The validity of individual Rorschach variables: Systematic reviews and meta-analyses of the comprehensive system. *Psychological Bulletin, 139*(3), 548-605 [https://doi.org/10.1037/a0029406].

Morana, H. (2004). *Escala Hare PCL-R: critérios para pontuação de psicopatia revisados – Versão brasileira.* São Paulo: Casa do Psicólogo.

O'Boyle, E.H., Forsyth, D.R., Banks, G.C., Story, P.A., & White, C.D. (2014). A Meta-Analytic Test of Redundancy and Relative Importance of the Dark Triad and Five-Factor Model of Personality. *Journal of Personality*, n/a-n/a [https://doi.org/10.1111/jopy.12126].

Pemment, J. (2013). Psychopathy versus sociopathy: Why the distinction has become crucial. *Aggression and Violent Behavior, 18*(5), 458-461.

Pincus, A.L., Ansell, E.B., Pimentel, C.A., Cain, N.M., Wright, A.G.C., & Levy, K.N. (2009). Initial construction and validation of the Pathological Narcissism Inventory. *Psychological Assessment, 21*(3), 365-379 [https://doi.org/10.1037/a0016530].

Ruscio, J., Brown, T.A., & Ruscio, A.M. (2009). A Taxometric Investigation of DSM-IV Major Depression in a Large Outpatient Sample: Interpretable Structural Results Depend on the Mode of Assessment. *Assessment, 16*(2), 127-144 [https://doi.org/10.1177/1073191108330065].

Segal, D.L., Coolidge, F.L., O'Riley, A., & Heinz, B.A. (2006). Structured and Semistructured Interviews. In M. Hersen (Ed.). *Clinician's Handbook of Adult Behavioral Assessment* (pp. 121-144). Nova York: Academic.

Walters, G.D. (2012). Taxometrics and Criminal Justice: Assessing the Latent Structure of Crime-Related Constructs. *Journal of Criminal Justice, 40*(1), 10-20 [https://doi.org/10.1016/j.jcrimjus.2011.11.003].

Westen, D. & Shedler, J. (1999). Revising and assessing axis II, Part I: developing a clinically and empirically valid assessment method. *American Journal of Psychiatry, 156*(2), 258-272 [https://doi.org/10.1176/ajp.156.2.258].

WHO (2002). The Alcohol, Smoking and Substance Involvement Screening Test (Assist): development, reliability and feasibility. *Addiction, 97*(9), 1.183-1.194 [https://doi.org/10.1046/j.1360-0443.2002.00185.x].

57
Avaliação em sintomatologia depressiva

Makilim Nunes Baptista

Tatiana Quarti Irigaray

Hugo Ferrari Cardoso

Na atualidade, a depressão diz respeito a um transtorno mental e é influenciada por diversos fatores, tais como biológicos, psicológicos e sociais. No processo diagnóstico, diversos indicadores são levados em consideração (os quais serão mais bem-descritos ao longo do capítulo); entretanto, é sabido que a presença do transtorno tende a acarretar diminuição da percepção da qualidade de vida e aumento da probabilidade de morbidades e mortalidade. O presente capítulo terá como objetivo caracterizar a depressão, utilizando-se para tanto dois manuais diagnósticos mundialmente conhecidos (o Manual de Diagnóstico Estatístico de Transtornos Mentais [DSM-V] e a Classificação Internacional de Doenças [CID-10], trazendo aos leitores informações sobre dados epidemiológicos, fatores e risco e de proteção, bem como também é intuito do capítulo fornecer um panorama no que tange às formas de avaliação do transtorno e de seus indicadores diagnósticos.

Quanto à caracterização da depressão, a American Psychiatric Association (APA) publicou o Manual de Diagnóstico e Estatística de Transtornos Mentais, no qual em sua 5ª edição (DSM-V) há um capítulo destinado aos transtornos depressivos (compostos pelo transtorno disruptivo da desregulação do humor), transtorno depressivo maior (incluindo episódio depressivo

maior), transtorno depressivo persistente (distimia), transtorno disfórico pré-menstrual, transtorno depressivo induzido por substância/medicamento, transtorno depressivo devido a outra condição médica, outro transtorno depressivo especificado e transtorno depressivo não especificado. Em geral, todos esses apresentam como características comuns a presença de humor triste, vazio ou irritável, acompanhado de alterações somáticas e cognitivas (APA, 2014).

Outro sistema bastante utilizado no diagnóstico de transtornos mentais é a CID-10, publicada pela Organização Mundial de Saúde (OMS, 1993). Tanto o DSM-V como a CID-10 consideram a depressão como um transtorno de cunho afetivo ou de humor, e para a classificação deve-se levar em consideração diversos sintomas e variáveis (incluindo-se as psicológicas, socioculturais e biológicas). Os dois sistemas classificatórios podem ser considerados equivalentes; assim. a seguir será feita uma descrição dos diagnósticos em relação à depressão de cada sistema classificatório.

Pelo DSM-V (APA, 2014), para o diagnóstico do transtorno depressivo maior, o indivíduo deverá apresentar cinco ou mais sintomas por um período mínimo de duas semanas e de forma constante, sendo obrigatório ao menos um dos dois seguintes sintomas: humor deprimido (na maior parte do dia e quase todos os dias, o qual geralmente é descrito como tristeza e sentimentos desesperançosos) e/ou perda de interesse ou prazer (por quase todas as atividades que se interessava anteriormente, sendo que essa perda de interesse ou prazer também ocorre na maior parte do dia, quase todos os dias). Além desses dois sintomas, outros sete são elencados pelo DSM-V. De forma mais específica, o terceiro sintoma diz respeito à perda ou ganho significativo de peso, bem como a redução ou aumento, de forma brusca, do apetite. O quarto sintoma se refere ao padrão de sono, no qual o indivíduo passa a apresentar insônia ou hipersonia. O quinto está associado à agitação ou significativo retardo psicomotor. O sexto sintoma relaciona-se ao esgotamento emocional, percebido principalmente pelo aumento de fadiga e perda de energia. O sétimo está associado ao sentimento, com ocorrência quase diária de inutilidade ou culpa excessiva apresentado pelo indivíduo. O oitavo se refere às dificuldades de concentração e de tomar decisões (mesmo nas atividades rotineiras) e diminuída capacidade para raciocinar. Por fim, o último conjunto de sintomas diz respeito aos pensamentos recorrentes de morte, englobando nesses casos tanto o medo excessivo de morrer como os pensamentos de suicídio (APA, 2014).

Já a classificação do transtorno (Episódio Depressivo Maior – EPM) no CID-10 (OMS, 1993) leva em conta a quantidade de sintomas apresentados pelos indivíduos, resultando em classificações do tipo leve, moderada ou grave. O manual também apresenta como critério diagnóstico a obrigatoriedade de os sintomas ocorrerem durante um período mínimo de duas semanas e de forma constante. Três sintomas são mais evidenciados (presença de humor deprimido, anedonia e fadiga) e outros sete são considerados relacionados ao transtorno (capacidade de concentração e atenção reduzidas, baixa autoestima e autoconfiança, sentimentos de culpa e inutilidade, desesperança, ideação ou plano de suicídio, mudanças no padrão de sono e alterações em relação ao apetite).

Na classificação leve do EPM deverão estar presentes ao menos dois sintomas (dos três mais evidenciados) e acrescidos de mais dois (dentre os sete considerados relacionados ao transtorno). O EPM é considerado moderado se o indivíduo apresentar dois sintomas mais evidenciados e outros três (preferencialmente quatro) dos relacionados ao transtorno. E será considerado EPM grave no caso de apresentar os três sintomas mais evidenciados e quatro ou mais sintomas relacionados (OMS, 1993).

Como visto, tanto pelo DSM-V como pela CID-11, o diagnóstico de depressão pode envolver diversos sintomas. Cabe também destacar que os sintomas podem ser diferentes nas diversas fases da vida. Por isso é importante destacar os dados epidemiológicos encontrados por investigações sobre o transtorno, bem como possíveis fatores de risco e de proteção associados.

Dados epidemiológicos sobre a depressão apontam para algumas informações quanto à prevalência em diversos grupos. Em relação à variável idade, de acordo com o DSM-V (APA, 2014), o transtorno pode ocorrer pela primeira vez em qualquer idade; porém, é mais provável que o início seja na adolescência. Quanto às faixas etárias, a prevalência de indivíduos depressivos com idade entre 18 e 29 anos (compreendendo o final da adolescência e início da fase adulto-jovem) é três vezes maior do que a prevalência de indivíduos acima de 60 anos. Sadock, Sadock e Ruiz (2017) relataram que a prevalência de transtorno depressivo maior na população mundial é de 5 a 17%.

Sadock et al., (2017) também sinalizam para outras variáveis, a saber: sexo, estado civil e moradia. Quanto ao sexo, a prevalência é duas vezes maior de depressão em mulheres do que em homens. Há maior prevalência do transtorno quando não há relacionamentos interpessoais íntimos (ex.: solteiros, divorciados e viúvos). Já em relação à moradia, há maior prevalência do transtorno em pessoas que residem em zona rural (contato distante com pessoas), quando comparadas à população urbana.

No contexto nacional há poucos registros de estudos epidemiológicos sobre depressão. Uma pesquisa publicada recentemente (Stopa et al., 2015), utilizando dados do Plano Nacional de Saúde (PNS) do ano de 2013, apresentou informações sobre prevalência de diagnóstico médico na população adulta brasileira. Ao todo foram investigadas 11.179 pessoas, de todas as regiões do Brasil, que verbalizaram se possuíam histórico de diagnóstico de depressão feito por algum médico ou profissional de saúde mental. Dos resultados, a prevalência de pessoas que responderam afirmativamente quanto ao diagnóstico de depressão foi de 7,6%. Os resultados também foram investigados com base em algumas variáveis, tais como sexo, faixa etária e regiões em que residem.

Quanto ao sexo, mulheres apresentaram cerca de três vezes mais prevalência do que os homens (11,1% das mulheres, enquanto os homens 3,9%). Das faixas etárias, a maior prevalência foi em idosos (entre 60 e 64 anos, com 11,1%), enquanto a menor foi em indivíduos pertencentes à faixa de 18 a 29 anos (com 3,9%). Indivíduos que residiam na região sul brasileira apresentaram maior prevalência de diagnóstico de depressão (12,6%), ao passo que a região norte, com 3,1%, foi a que apresentou menor prevalência (Stopa et al., 2015).

Em uma revisão sistemática da literatura, Silva, Galvão, Martins e Pereira (2014) estimaram a prevalência de transtorno depressivo maior e sintomatologia depressiva em brasileiros adultos. Para tanto, foram analisadas as publicações que realizaram avaliações transversais em adultos brasileiros, por intermédio de instrumento validado para a mensuração da prevalência de transtorno depressivo maior e indicadores de depressão. As fontes de busca foram as bases de dados Medline, Scopus, Lilacs e SciELO. Foram localizados 2.150 artigos publicados com base nos critérios estabelecidos pelos autores, dos quais 27 foram selecionados para se averiguar a prevalência de morbidade depressiva.

Ainda de acordo com Silva et al. (2014), a junção das amostras investigadas nos 27 estudos (publicados entre 1990 e 2009) foi de 464.734 brasileiros, contemplando pessoas provenientes de todas as regiões do país. Diversos foram os instrumentos utilizados para mensuração do transtorno e sintomatologia, tais como o Beck Depression Inventory (BDI), a Center for Epidemiologic Studies Depression Scale (CES-D), o Composite International Diagnostic Interview Short-Form (Cidi SF), a Edinburgh Postnatal Depression Scale (EPDS), o Patient Health Questionnaire (PHQ-9), o Primary Care Evaluation of Mental Disorders (Prime-MD), o Adult Psychiatric Morbidity Questionnaire (QMPA) e o Mini International Neuropsychiatric Interview (Mini). A prevalência de sintomas de depressão na população investigada foi de 14% e, em relação ao sexo, as mulheres apresentaram prevalência significativamente maior (22%) quando comparadas com os homens (9%).

A depressão é tida como um transtorno de etiologia multifatorial. Os dados epidemiológicos são importantes referências para se refletir acerca de possíveis fatores de risco e proteção em relação ao transtorno. O DSM-V apresenta algumas categorias de fatores de risco para a depressão, sendo essas as temperamentais, ambientais, genéticas e fisiológicas e a categoria denominada modificadores do curso (APA, 2014).

Por fatores de risco temperamentais entende-se a presença de afetividade negativa, impulsividade e baixa tolerância à frustração, características presentes no tipo de personalidade denominada neuroticismo. As variáveis ambientais dizem respeito a experiências de vida consideradas estressantes pelos indivíduos, podendo ser alguns eventos traumáticos na infância, como perda de um dos genitores (quando o indivíduo ainda era criança ou na adolescência), e em adultos e idosos a perda do cônjuge. Outras situações ambientais são registradas como fatores de risco para a depressão, como o desemprego, baixa percepção de suporte familiar e social, histórico de abuso físico, sexual ou emocional, *bullying*, assédio moral, baixa autoestima e estratégias de enfrentamento inadequadas (APA, 2014).

Fatores genéticos e fisiológicos estão relacionados principalmente a possuir familiares de primeiro grau com depressão. Já os fatores de risco considerados modificadores do curso se referem à ocorrência de outros transtornos mentais, como o de personalidade *borderline*, de ansiedade, por uso de substâncias e, além dos transtornos mentais, algumas condições médicas aumentam a probabilidade de ocorrência de depressão, como doenças crônicas, cardiovasculares e obesidade mórbida (APA, 2014).

É importante frisar que a avaliação da sintomatologia depressiva e/ou de transtornos depressivos bem conhecidos nos manuais psiquiátricos (ex.: Transtorno Depressivo Maior, Transtorno Depressivo Persistente, Transtorno Disruptivo da Desregulação do Humor) não é tarefa fácil, já que avaliar tais fenômenos se torna complexo devido à heterogeneidade da expressão sintomatológica. Além disso, tais transtornos também não são síndromes com limites bem demarcados ou condições distintas, podendo ser interpretados como agrupamentos de sintomas que se sobrepõem a outros transtornos e/ou condições, como os Transtornos de Ansiedade, frisando também que os sintomas depressivos podem ocorrer no cotidiano, em concomitância a condições médicas diversas, dentre outras possibilidades (APA, 2014; Fried, 2015).

Outra questão importante que se deve levar em consideração, ao avaliar a sintomatologia e/ou transtornos depressivos, está relacionada com o objetivo ou propósito da própria avaliação, e muito provavelmente o objetivo da avaliação está associado aos tipos de métodos escolhidos para tal finalidade. Após se ter claro qual é o objetivo da avaliação, o mesmo deve ser seguido pela coleta de dados e integração das informações, no intuito de se chegar a alguma conclusão, como a confirmação de uma hipótese diagnóstica e/ou encaminhamento para avaliação mais específica (ex.: neurológica). Os métodos podem ser considerados como os "caminhos" escolhidos para se chegar aos fins e/ou se obter os conhecimentos necessários para a tomada de decisões. Alguns métodos que podem ser utilizados na avaliação psicológica (AP) são as entrevistas estruturadas, semiestruturadas, escalas psicométricas, recursos projetivos (ex.: Rorschach) observações sistematizadas, informações de terceiros e/ou prontuários, dentre outros (Baptista, 2010; Borges & Baptista, 2018).

Logo, se o objetivo da avaliação é o diagnóstico, então provavelmente existem alguns métodos mais adequados, como "uma entrevista estruturada com o auxílio de escalas psicométricas direcionadas à faixa etária e ao contexto (hospital, clínica); no entanto, se o objetivo é o de rastreamento de possíveis casos de depressão em um ambiente escolar de Ensino Fundamental, então poderão ser utilizadas escalas psicométricas próprias para rastreamento, com características psicométricas específicas de sensibilidade e especificidades adequadas, para que em um segundo momento possa ser utilizada uma entrevista diagnóstica com os possíveis casos detectados nessa primeira fase, além de informações de terceiros, como os professores. Nos casos clínicos, também se deve levar em consideração a recolha de outros dados associados ao problema principal, pois o diagnóstico confirmado é um dado importante; no entanto, pessoas diferentes experimentam sintomas depressivos específicos, possuem diversos fatores de risco e proteção, além de características psicológicas próprias, o que é fundamental para o planejamento de recursos interventivos, sem deixar de levar em consideração que qualquer fenômeno psicológico/psiquiátrico é derivado de fatores biológicos, psicológicos e sociais (Baptista, Hauck-Filho, & Borges, 2017).

A avaliação de transtornos depressivos e/ou sintomas clínicos também pode ser concebida de diversas formas para os objetivos propostos. O diagnóstico categórico, ou seja, aquele no qual um profissional de saúde bem treinado define se uma pessoa tem ou não um diagnóstico, é concebido no formato dicotômico; ou seja, se o avaliando tem os critérios mínimos ou não tem, e esta informação é fundamental para a identificação de uma condição sindrômica, como a presença de 5 dos 9 sinais e sintomas no DSM-V para Transtorno Depressivo Maior. Uma outra concepção, em termos de modelo diagnóstico, é a dimensional, que avalia em qual parte do traço latente uma pessoa se encontra; logo, alguém com sintomatologia de depressão severa deverá ter uma alta posição do traço, enquanto uma pessoa com sintomatologia de depressão leve deverá estar em posições iniciais, mesmo ambas tendo sido apontadas categoricamente como tendo um diagnóstico (Clack & Ward, 2018).

Mesmo em um diagnóstico categórico, uma mesma pessoa pode apresentar sintomas completamente diferentes de outra pessoa, ou seja, enquanto a primeira pode ter humor deprimido, perda de peso, insônia, sentimento de inutilidade e agitação psicomotora, a segunda pode apresentar anedonia, fadiga, baixa concentração, ideação suicida e retardo psicomotor. Nesse sentido, há a possibilidade de serem encontrados 227 perfis diferentes de sintomas entre aqueles citados nos manuais psiquiátricos; ou seja, apenas em relação aos 9 sintomas. Obviamente, essas combinações levam em consideração a presença ou não do sintoma, frequência, combinações diversas e intensidade; além disso, alguns dos sintomas presentes nos manuais podem apresentar condições diferentes, como a apresentação de insônia ou hipersonia. Ainda assim, levando-se em consideração somente a insônia, pode-se pensar na condição de insônia inicial, intermediária ou tardia (Fried & Nesse, 2015; Zimmermann, Ellison, Young, Chelminski, & Dalrymple, 2015).

Outra questão importante levantada na literatura sobre os critérios diagnósticos dos principais manuais psiquiátricos diz respeito à importância de todos os sintomas apontados nos manuais, ou seja, há críticas sobre se todos os sintomas são fundamentais para o diagnóstico ou se há outros sintomas aparte mais expressivos no diagnóstico dos Transtornos Depressivos (McGlinchey, Zimmerman, Young, & Chelminski, 2006). Assim, Baptista (no prelo) faz uma revisão teórica sobre os critérios diagnósticos em avaliação de depressão e as diferentes escalas psicométricas, apontando alguns pontos importantes sobre as duas temáticas, tais como as citadas pelos autores anteriores, além da grande heterogeneidade das escalas existentes na avaliação de sintomatologia depressiva.

Em relação às escalas existentes, além do grande número destas na literatura, pode-se identificar variedade de teorias que embasam a construção de cada escala, diferentes números de itens, itens condizentes ou não com os principais critérios dos manuais, formatos de resposta diferenciados ("dicotômico x *likert*); objetivos ("rastreamento, acompanhamento de intervenção); contextos e faixas etárias ("pós-parto ou indicadas para idosos); concebidas para serem respondidas pelo indivíduo ou pontuada pelo profissional de saúde (auto x heterorrelato); contendo itens com semântica positiva e/ou negativa (maior explicação de variância e/ou controle de viés de resposta); variação do critério de classificação por pontuação ("algumas escalas categorizam as respostas em tipo saudável ou com intensidades diferentes de sintomatologia), dentre outras categorias. Disto, depreende-se que as escalas que avaliam sintomatologia depressiva podem ser completamente diferentes entre si, podendo estar avaliando fenômenos diversos, necessitando que o profissional de saúde tenha conhecimento aprofundado sobre a escala que está utilizando (Baptista, no prelo).

Especificamente no contexto brasileiro, de acordo com consulta realizada no Sistema de Avaliação de Testes Psicológicos (Satepsi) do Conselho Federal de Psicologia (CFP, 2018) existem apenas três instrumentos de autorrelato que avaliam exclusivamente sintomas depressivos (Baptista & Borges, 2016). São eles: Inventário de Depressão de Beck (BDI-II), Escala Baptista de Depressão – versão adulto (Ebadep-A) e Escala Baptista de Depressão – versão Infantojuvenil (Ebadep-JJ).

O Inventário de Depressão de Beck-II foi adaptado no Brasil por Gorenstein, Wang, Argimon e Werlang (2011) e é um instrumento autoaplicável que mede a intensidade de sintomas depressivos. Ele foi inspirado nos sintomas correspondentes ao diagnóstico de depressão do Manual Diagnóstico e Estatístico dos Transtornos Mentais (DSM-IV-TR). O BDI-II é composto por 21 itens, em uma escala *likert* variando de 0 a 3, com a pontuação máxima de 63. Em relação aos pontos de cortes, são considerados de 0-13 intensidade mínima, 14-19 leve, 20-29 moderada e 29-63 grave. No que diz respeito à aplicabilidade do instrumento, o BDI-II pode ser aplicado em indivíduos idosos, adultos e adolescentes, a partir dos 13 anos, com duração aproximada de 10 minutos (Gorenstein et al., 2011).

O BDI-II avalia comportamentos relacionados a quadros depressivos e padrões de pensamentos negativistas, auxiliando o psicólogo na avaliação da severidade do caso (Ely, Nunes, & Carvalho, 2014). A respeito dos dados de confiabilidade, foi observado o alpha de Cronbach de 0,93 em uma amostra brasileira (Gomes-Oliveira, Gorenstein, Lotufo Neto, Andrade, & Wang, 2012).

A Escala Baptista de Depressão (Versão Adulto) – Ebadep-A (Baptista, 2012) é um instrumento desenvolvido no contexto brasileiro para avaliar a intensidade de sintomatologia depressiva, em amostras psiquiátricas e não psiquiátricas.

Sua construção baseou-se em indicadores sintomáticos de depressão provenientes de teorias a respeito da depressão, como a teoria Cognitiva e a Comportamental. Além disso, também se baseou nos manuais internacionais de diagnóstico da Associação Americana de Psiquiatria (DSM-IV-TR) e da Organização Mundial de Saúde (CID-10) (Baptista, 2012).

A Ebadep-A é composta por 90 frases apresentadas em pares, completando 45 itens. Cada item apresenta um indicador de sintomatologia representado por uma frase positiva e outra negativa. Ela é estruturada em escala *likert* de quatro pontos, variando de zero a três. Sua pontuação máxima pode chegar a 135 pontos. Para correção e interpretação considera-se que maiores pontuações correspondem a maior presença de sintomatologia depressiva. Como a Ebadep-A engloba 28 indicadores de depressão em sua avaliação, permite ao psicólogo identificar, de forma mais ampla, o grau de comprometimento do avaliado (Ely et al., 2014).

Estudos mostraram que Ebadep-A apresenta evidências de validade de conteúdo, critério e construto (Baptista, 2011; Baptista & Gomes, 2011). Além disso, demonstra validade convergente e confiabilidade teste e reteste (Baptista, Cardoso, & Gomes, 2012) e índices altos de precisão (Baptista, 2012). Baptista, Cardoso e Gomes (2012) buscaram evidências de validade convergente entre a Ebadep-A e o BDI-II e encontraram um resultado considerado excelente.

A Escala Baptista de Depressão Infantojuvenil (Ebadep-IJ) (Baptista, 2011) é a primeira escala de depressão para o público infantojuvenil, totalmente construída e normatizada no Brasil, com estudo psicométricos de qualidade, incluindo dados de sensibilidade e especificidade, com normas por faixa etária e sexo. Para a construção dessa escala, os autores basearam-se nos descritores do DSM-IV-TR, da CID-10, e na Terapia Cognitiva e Comportamental (Baptista, 2011).

A Ebadep-IJ é um Instrumento de autorrelato constituído por 45 itens e dois fatores, dispostos em uma escala do tipo *likert*, de três pontos, que variam de zero a dois, com pontuação máxima de 100 pontos. A correção e interpretação indicam que, quanto menor a pontuação, menor a sintomatologia depressiva apresentada pelo indivíduo (Baptista, 2011).

O objetivo da Ebadep-IJ é avaliar sintomatologia depressiva em crianças e adolescentes (dos 7 aos 18 anos de idade) e apresenta 24 descritores. A consistência interna das subescalas da Ebadep-IJ obtida no estudo original apresentou índices adequados. As medidas do alfa variaram entre 0,86 e 0,89 (Baptista, 2011). A consideração de itens positivos em uma escala que rastreia sintomas depressivos é um diferencial das Escalas Ebadep, tanto nesta versão quanto na versão destinada a adultos. A introdução dos itens positivos amplia o campo de abrangência deste instrumento, originando maior variância explicada (Baptista, 2011).

Dentre os instrumentos que avaliam traços depressivos, enquanto um traço de personalidade, encontrou-se três instrumentos no Satepsi (CFP, 2018) com parecer favorável. São eles: o Inventário de Personalidade NEO-PI Revisado (NEO-PI-R), o Inventário de Cinco Fatores NEO Revisado – versão curta (NEO FFI-R) e a Bateria Fatorial de Personalidade (BFP).

O Inventário de Personalidade NEO-PI Revisado (NEO-PI-R) (Costa & McCrae, 2010) é um instrumento de autorrelato, destinado ao público adulto, com 240 questões que avaliam 30 facetas organizadas em cinco grandes fatores:

neuroticismo, extroversão, abertura à experiência, amabilidade e conscienciosidade. O inventário é apresentado em uma escala *likert* com cinco opções de resposta (de 1 a 5), apontando o nível de concordância com as descrições das frases. O NEO-PI-R apresenta evidências de validade com base na estrutura interna e nas relações com critérios externos, além de estudos de fidedignidade e normatização (Ely et al., 2014).

A depressão é avaliada no NEO-PI-R como uma faceta do fator Neuroticismo, composta por 12 itens. No manual do instrumento é apresentado um estudo que correlaciona traços da personalidade com sintomas depressivos. Os resultados apontaram uma correlação, principalmente, entre sintomas depressivos com as facetas do Neuroticismo (Ely et al., 2014).

O Inventário de Cinco Fatores NEO Revisado (NEO-FFI-R) é uma versão abreviada do Inventário de Personalidade NEO Revisado (NEO-PIR), que também permite obter uma medida dos cinco grandes fatores da personalidade, sendo constituído por 60 itens. Cada um dos domínios é constituído por 12 itens, respondidos por uma escala *likert* que varia entre 0 (discordo fortemente) e 4 (concordo fortemente). Esse instrumento pode ser aplicado em indivíduos com mais de 18 anos; no entanto, não possui dados normativos para pessoas com mais de 60 anos no contexto brasileiro. O alpha de Cronbach do instrumento variou entre 0,70 e 0,83 em seus diferentes fatores (Costa & McCrae, 2010).

A Bateria Fatorial de Personalidade (BFP) (Nunes, Hutz, & Nunes, 2010) avalia a personalidade também por meio do modelo dos Cinco Grandes Fatores. A BFP permite avaliar os estilos emocionais, interpessoais e motivacionais do indivíduo, propiciando uma análise da personalidade (Ely et al., 2014).

A aplicação da BFP pode ser individual ou coletiva, podendo ser usada com pessoas de 10 a 92 anos. A escala é composta por 126 itens, respondidos em escala *likert*, com valor de 1 a 7 pontos, na qual a pessoa indica qual das pontuações melhor quantifica suas respostas às afirmativas, variando de "descreve-me muito mal" à "descreve-me muito bem". A BFP inclui os seguintes fatores e índices de confiabilidade (alpha de Cronbach), respectivamente: Extroversão ($\alpha = 0,84$), Socialização ($\alpha = 0,85$), Realização ($\alpha = 0,83$), Abertura ($\alpha = 0,74$) e Neuroticismo ($\alpha = 0,89$) (Nunes et al., 2010). Como o fator Neuroticismo é considerado o fator mais "negativo" da personalidade, avaliando ajustamento afetivo *versus* instabilidade emocional, os sintomas depressivos podem estar presentes nesse fator.

Em relação aos instrumentos projetivos e expressivos que avaliam indicadores ou características depressivas que apresentam parecer favorável pelo Satepsi (CFP, 2018), encontra-se o Teste Casa-Árvore-Pessoa (HTP), o Teste Palográfico, o Teste das Pirâmides Coloridas de Pfister (versão crianças e adolescentes), o Teste das Pirâmides Coloridas de Pfister (versão adultos) o Rorschach e o Zulliger.

O Teste Casa-Árvore-Pessoa (HTP) é uma técnica projetiva usada para obter informações sobre aspectos de personalidade, áreas de conflito e aspectos problemáticos do ambiente do indivíduo. Neste teste, o indivíduo é convidado a desenhar uma casa, uma árvore e uma pessoa. Após o desenho é realizada uma investigação verbal, utilizando um roteiro padronizado, para complementar as informações e explorar as fantasias inconscientes projetadas nos desenhos. O manual do HTP não apresenta estudos sobre sintomas depressivos. No entanto, na avaliação de sintomas depressivos pelo HTP, levam-se em conta aspectos dos desenhos, como localização, tamanho e qualidade da linha. O material obtido na aplicação nunca deve ser utilizado isoladamente na avaliação da psicopatologia, mas aliado à história do indivíduo e com instrumentos de avaliação adicionais, proporcionando assim um melhor entendimento das hipóteses interpretativas (Buck, 2009).

O Teste Palográfico é um teste expressivo e projetivo, que tem por objetivo a avaliação da personalidade. Pode ser aplicado de forma coletiva ou individual, na faixa etária dos 16 aos 60 anos de idade. Consiste em riscar tantos traços na vertical quanto puder, o mais perfeito possível, e um traço na horizontal a cada vez que o aplicador der o comando "sinal", voltando a riscar na vertical (Alves & Esteves, 2009).

Entre vários aspectos que podem ser identificados no Teste Palográfico, estão os sintomas depressivos, que podem ser verificados pela direção descendente das linhas, tamanho diminuído e pressão e qualidade do traçado fraca, o qual indica flutuações de ânimo, vontade e humor (Alves & Esteves, 2009). No entanto, por se tratar de um teste expressivo e projetivo, mostra a presença ou ausência de sintomas depressivos, mas não indica quais sintomas, baseando-se exclusivamente em interpretação teórica, não empírica (Alves & Esteves, 2009).

O Teste Pirâmides Coloridas de Pfister é um instrumento projetivo, que avalia características de personalidade, nível intelectual, aspectos emocionais e cognitivos. É composto por quadrículos coloridos de 10 cores, 24 tonalidades (45 unidades cada tom) e 3 cartelas com esquema da pirâmide. Pode ser aplicado em pessoas de 6 a 14 anos versão para crianças e adolescentes e de 18 a 66 anos, tendo o mesmo estímulo, porém manuais de interpretação de resultados diferentes. Consiste em montar com os quadrículos coloridos três pirâmides, uma de cada vez. Após, é feito um inquérito com perguntas sobre qual pirâmide mais gostou, menos gostou, entre outras (Villemor-Amaral, 2016). O Pfister pode ser utilizado para investigar características depressivas (Baptista & Borges, 2016). No entanto, por ser um teste projetivo, mostra apenas indícios de depressão, não avaliando os critérios específicos da patologia, portanto, deve ser utilizado como complemento de um teste estruturado para avaliação de depressão.

O Teste de Rorschach subsidia a avaliação da estrutura de personalidade e seu funcionamento, bem como compreende a análise de traços de personalidade, nível de ansiedade, depressão e suas condições afetivas e emocionais. Sendo constituído por 10 cartões com manchas, sem forma definida e seu fundo branco, subdivididos quanto a cores em acromáticos e cromáticas (Vaz, 1997).

O Teste de Zulliger avalia a personalidade de forma mais ampla, abrangendo processos afetivos/emocionais, perceptivos/cognitivos, saúde mental e psicopatologia (Vaz, 1998). Tanto o Rorschach quanto o Zulliger permitem a avaliação de indícios de psicopatologias, como a depressão. No entanto, fornecem apenas indicativos da presença ou ausência de sintomas depressivos, não estabelecendo quais, impossibilitando assim conhecer a real intensidade dos sintomas (Ely et al., 2014).

De acordo com o exposto, pôde-se verificar que dentre os 156 testes aprovados pelo Satepsi (CFP, 2018), encontram-se apenas 12 (7,7%) que avaliam sintomas ou características depressivas. Apenas três instrumentos (1,92%) são exclusivos para avaliação de sintomatologia depressiva (BD-II, Ebadep-A e Ebadep-IJ), sendo que a Ebadep-A e a Ebadep-IJ foram construídas no Brasil, apresentando diversas evidências de validade para utilização com adultos, crianças e adolescentes.

Destes, outros três (1,92%) são instrumentos psicométricos (NEO-PI-R, NEO FFI-R e BFP) e outros seis (3,85%) são projetivos e expressivos (HTP, Palográfico, Pirâmides Coloridas de Pfister – versão crianças e adolescente), Pirâmides Coloridas de Pfister – versão adultos, Rorschach e Zulliger) que não avaliam exclusivamente características depressivas, mas sim são testes de avaliação da personalidade que avaliam esse fenômeno de maneira mais ampla. Desta forma, tanto as escalas psicométricas de avaliação da personalidade quanto as técnicas projetivas e expressivas devem ser usadas de modo complementar aos instrumentos que avaliam especificamente a depressão como estado (Ely el al., 2014). Assim, pode-se concluir

que, no Brasil, há poucas opções de instrumentos que avaliam sintomatologia depressiva (Baptista, Cardoso, & Gomes, 2012).

Ressalta-se ainda que, como a depressão é uma doença de etiologia multifatorial, o psicólogo nunca deve utilizar o resultado de um teste de forma isolada, mas sim relacioná-lo à história do indivíduo, presença de sintomatologia e com instrumentos de avaliação adicionais, o que proporcionará uma melhor compreensão das hipóteses diagnósticas. De acordo com Ely et al., 2014, a escolha do teste deve ser coerente com o referencial teórico do psicólogo para que interprete de forma adequada os resultados. Deve levar em conta também seu conhecimento em relação às condições de aplicação, os estudos de validade e precisão e dados normativos do instrumento.

Referências

Alves, C.B. & Esteves, C. (2009). *O teste palográfico na avaliação da personalidade* (2a. ed). São Paulo: Vetor.

American Psychiatric Association (2014). *DSM-V: Manual de Diagnóstico e Estatística de Transtornos Mentais* (5a. ed.). Porto Alegre: Artmed.

Baptista, M.N. (2010). Questões sobre avaliação de processos psicoterápicos. *Psicologia em Pesquisa*, 4(2), 109-117.

Baptista, M.N. (2011). *Manual técnico da Escala Baptista de Depressão em Adultos (Ebadep-A) – Relatório técnico*. Itatiba: Programa de Pós-Graduação Stricto Sensu em Psicologia/USF.

Baptista, M.N. (2012). *Manual técnico da Escala Baptista de Depressão em Adultos (Ebadep-A)*. São Paulo: Vetor.

Baptista, M.N. (no prelo). Avaliando "depressões": dos critérios diagnósticos às escalas psicométricas. *Revista Avaliação Psicológica*.

Baptista, M.N. & Borges, L. (2016). A revisão integrativa de instrumentos de depressão em crianças/adolescentes e adultos na população brasileira. *Avaliação Psicológica, 15* (n. esp), 19-32 [doi: 10.15689/ap.2016.15ee.03].

Baptista, M.N., Cardoso, H.F., & Gomes, J.O. (2012). Escala Baptista de Depressão (Versão adulto) – Ebadep-A: validade convergente e estabilidade temporal. *Psico-USF*, 17(3), 407-416 [doi: 10.1590/ S1413-82712012000300007].

Baptista, M.N., Hauck-Filho, N., & Borges, L. (2017). Avaliação em psicologia clínica. In M.R.C. Lins & J.C. Borsa (Eds.). *Avaliação psicológica: aspectos teóricos e práticos* (pp. 355-367). Petrópolis: Vozes.

Borges, L. & Baptista, M.N. (2018). Avaliação psicológica e psicoterapia na infância. In M. Lins, M. Muniz, & L. Cardoso. *Avaliação psicológica infantil.* São Paulo: Hogrefe/Cetepp.

Buck, J.N. (2009). *HTP: casa-árvore-pessoa, técnica projetiva de desenho: guia de interpretação*. São Paulo: Vetor.

Clack, S. & Ward, T. (2018). *The Classification and Explanation of Depression* [Recuperado de https://www.researchgate.net/publication/327110519_The_Classification_and_Explanation_of_Depression_SV].

Conselho Federal de Psicologia (2018). *Avaliação de testes psicológicos (Satepsi)* [Recuperado de http://sateps'cfp.org.br/].

Costa Jr., P.T. & McCrae, R.R. (2010). *NEO PI-R: Inventário de personalidade Neo revisado e Inventário de cinco fatores Neo revisado: NEO-FF-R (versão curta)*. São Paulo: Vetor.

Ely, P., Nunes, M.F.O., & Carvalho, L.F. (2014). Avaliação psicológica da depressão: levantamento de testes expressivos e autorrelato no Brasil. *Avaliação Psicológica, 13*(3), pp. 419-426.

Fried, E. (2015). Problematic assumptions have slowed down depression research: Why symptoms, not syndromes are the way forward. *Frontiers in Psychology, 6*(309), 1-11 [doi: 10.3389/fpsyg.2015.00309].

Fried, E. & Nesse, R.M. (2015). Depression is not a consistent syndrome: An investigation of unique symptom patterns in the Star*D Study. *Journal of Affective Disorders, 172,* 96-102 [doi: 10.1016/j.jad.2014.10.010].

Gomes-Oliveira, M.H., Gorenstein, C., Lotufo Neto, F., Andrade, L.H., & Wang, Y.P. (2012). Validation of the Brazilian Portuguese version of the Beck Depression Inventory-II in a community sample. *Revista Brasileira de Psiquiatria, 34*(4), 389-394.

Gorenstein, C., Wang, Y., Argimon, L., & Werlang, B.S.G. (2011). *Inventário de depressão de Beck-II – Adaptação para o português*. São Paulo: Casa do Psicólogo.

McGlinchey, J.B., Zimmerman, M., Young, D., & Chelminski, I. (2006). Diagnosing major depressive

disorder VIII: Are some symptoms better than others? *The Journal of Nervous and Mental Disease, 194*(10), 785-790 [doi: 10.1097/01.nmd.0000240222.75201.aa].

Nunes, C.H.S., Hutz, C.S., & Nunes, M.O. (2010). *Bateria fatorial de personalidade – Manual técnico*. São Paulo: Casa do Psicólogo.

Organização Mundial de Saúde [OMS] (1993). *Classificação de transtornos mentais e de comportamento da CID-10: descrições clínicas e diretrizes diagnósticas*. Porto Alegre: Artes Médicas.

Sadock, B.J., Sadock, V.A., & Ruiz, P. (2017). *Compêndio de psiquiatria: ciência do comportamento e psiquiatria clínica*. 11a. ed. Porto Alegre: Artmed.

Silva, M.T., Galvão, T.F., Martins, S.S., & Pereira, M.G. (2014). Prevalence of depression morbidity among Brazilian adults: a systematic review and meta-analysis. *Revista Brasileira de Psiquiatria, 36*(1), 262-270 [doi: 10.1590/1516-4446-2013-1294].

Stopa, S.R., Maltal, D.C., Oliveira, M.M., Lopes, C.S., Menezes, P.R., & Kinoshita, R.T. (2015). Prevalência do autorrelato de depressão no Brasil: resultados da Pesquisa Nacional de Saúde, 2013. *Revista Brasileira de Epidemiologia, 18* (supl. 2), 170-180 [doi: 10.1590/1980-5497201500060015].

Vaz, C.E. (1997). *O Rorschach: teoria e desempenho*. São Paulo: Manole.

Vaz, C.E. (1998). *Zulliger – A técnica de Zulliger forma coletiva*. São Paulo: Casa do Psicólogo.

Villemor-Amaral, A.E. (2016). *Manual as pirâmides coloridas de Pfister*. 4a. ed. São Paulo: Casa do Psicólogo.

Zimmerman, M., Ellison, W., Young, D., Chelminski, & Dalrymple, K. (2015). How many different ways do patients meet the diagnostic criteria for major depressive disorder? *Comprehensive Psychiatry, 56,* 29-34 [doi: 10.1016/j.comppsych.2014.09.007].

58
Avaliação de trauma psicológico

Patrícia Dalagasperina

Elisa Kern de Castro

A maioria das definições de trauma psicológico foi descrita entre as décadas de 1980 e 1990, sendo que a descrição mais ampla do fenômeno considera-o como o resultado da exposição a um ou mais eventos que causam intensas reações de estresse físico e psicológico, cujos efeitos adversos são prolongados e afetam significativamente o funcionamento do indivíduo nas dimensões social, emocional e/ou espiritual (Samhsa, 2014). Trata-se de processos mentais adaptativos envolvidos na assimilação e integração de novas informações para sobrevivência que se tornarão patológicos se forem inibidos ou não reconhecidos (Turnbull, 1998).

Neste capítulo, as características do processo de avaliação psicológica do trauma estão descritas conforme o tipo de exposição à experiência traumática. Inicialmente são explanados os conceitos de Estresse Pós-Traumático e de Estresse Traumático Secundário, sendo que o primeiro diz respeito à vítima que foi diretamente exposta ao evento estressor, enquanto o segundo se refere à vítima que testemunhou ou tomou conhecimento de um evento traumático vivenciado por outra pessoa. Após a descrição de cada constructo e suas respectivas formas de avaliação, são apontados os avanços e os desafios da área no âmbito nacional e internacional. O objetivo principal deste capítulo consiste em fornecer subsídios teóricos que possam nortear e auxiliar os psicólogos no exercício da avaliação psicológica do trauma, tanto no contexto clínico quanto ocupacional.

Introdução

Transtorno de Estresse Pós-Traumático

No diagnóstico de Transtorno de Estresse Pós-Traumático (Tept) descrito pela primeira vez no Manual Diagnóstico e Estatístico de Transtornos Mentais (DSM-III) em 1983, o trauma psicológico é compreendido como o resultado da exposição a estressores extremos que não fazem parte das experiências normais dos seres humanos. Posteriormente, considerou-se que o fenômeno pode surgir também a partir do contato prolongado com uma série de estressores comuns da vida. Em sua última descrição no DSM-V, o Tept foi considerado como consequência tanto da exposição direta quanto da exposição indireta a eventos traumáticos (APA, 2013). Parte-se dessa concepção teórica para embasar o presente trabalho.

Dentre os eventos considerados potencialmente traumáticos encontram-se aqueles relacionados à violência, aos acidentes e aos desastres naturais (guerras, agressão pessoal, agressão física e sexual, sequestros, confinamentos, torturas, homicídios, ataques terroristas, terremotos, incêndios e vendavais). Além desses, também são consideradas experiências traumáticas aquelas situações de doenças graves e a morte, ou ameaça de morte própria, de pessoas queridas ou de crianças (APA, 2013).

Os sintomas do Tept baseiam-se em quatro critérios diagnósticos: 1) revivência; 2) evitação; 3) excitabilidade; e 4) alterações na cognição e no humor. Comumente o Tept é manifestado por meio de ansiedade, pesadelos, insônia, depressão, evitação fóbica de objetos, pessoas ou situações e lembranças perturbadoras (APA, 2013). Cerca de 50% das pessoas com Tept não respondem aos tratamentos clínicos convencionais (Xenakis, 2014), o que evidencia a gravidade do quadro. Os efeitos insidiosos e debilitantes do Tept estão se tornando mais aparentes para a saúde mental e a saúde geral dos indivíduos afetados, exigindo cada vez mais técnicas e instrumentos adequados para sua avaliação e diagnóstico, bem como formas de intervenções eficazes.

O uso de técnicas e de ferramentas robustas para garantir a precisão dos resultados da avaliação psicológica do Tept é fundamental, especialmente porque a imprecisão do diagnóstico pode repercutir de forma negativa no tratamento, fazendo com que o paciente o interrompa prematuramente ou demonstre pouco investimento no processo terapêutico. Uma dificuldade para a constatação do diagnóstico de trauma diz respeito aos sintomas manifestados pela vítima, que comumente atendem critérios para outros transtornos mentais, dificultando a identificação adequada dos sintomas específicos do trauma (*Substance Abuse and Mental Health Services Administration* – Samhsa, 2014).

Com vistas a identificar o trauma de maneira eficaz, recomenda-se uma avaliação psicológica abrangente que permita vislumbrar a existência e a magnitude dos problemas relacionados ao trauma. Apesar de o Tept ser a consequência do trauma mais apontada na literatura, outras respostas merecem ser investigadas. São consideradas consequências do estresse traumático: perturbações cognitivas (baixa autoestima, culpa, desesperança, medo de rejeição), alterações de humor e ansiedade (pânico, fobias, depressão, raiva ou agressividade), distúrbios de identidade, dificuldades na regulação emocional, somatização, dificuldades interpessoais crônicas, dissociação, uso de substâncias, comportamento sexual compulsivo, comportamento alimentar compulsivo, suicídio e autoagressão (Schaefer, Lobo, & Kristensen, 2012; Samhsa, 2014).

Para obter uma ampla compreensão do trauma devem ser investigados os fatores antecedentes ao episódio traumático, os fatores desencadeadores do trauma, os fatores mantenedores e os fatores de proteção associados. Além disso, uma avaliação compreensiva também deve abarcar informações sobre a história familiar do indivíduo, o contexto de vida, sintomas, crenças, capacidades, fraquezas, sistemas de suporte e estratégias de *coping*, além de indicadores do funcionamento social e ocupacional. Recomenda-se utilizar diferentes recursos para obter o máximo de informações possíveis sobre o caso, entre eles: protocolos, anamnese, entrevistas clínicas estruturadas, testes psicológicos, instrumentos psicométricos validados (Tabela 1), informações de outras fontes (se for preciso) e auxílio de outros profissionais ou agências (se for necessário). Capacitações na área de avaliação psicológica e treinamentos para interpretação de determinadas medidas psicométricas são frequentemente necessários (Samhsa, 2014).

Embora não se trate de uma intervenção terapêutica, o processo de avaliação de trauma psicológico pode mobilizar diferentes níveis de sofrimento nas pessoas que estão sendo avaliadas. A fim de evitar uma nova traumatização e garantir os cuidados necessários de saúde e segurança, o psicólogo deve, inicialmente, verificar se o evento traumático continua ocorrendo e assegurar-se de que foram tomadas todas as medidas cabíveis de acordo com as especificidades do caso. Ainda na fase inicial da avaliação, o psicólogo precisa fornecer informações ao cliente acerca dos cuidados éticos implicados no processo. Deve-se esclarecer as possíveis situações de quebras de sigilo, especialmente nos casos judiciais em que é emitido ao requerente um documento contendo informações do processo avaliativo (Schaefer, Lobo, & Kristensen, 2012).

O avaliador deve estar atento a uma característica típica específica da investigação do trauma, que é estar ciente de que o conteúdo expresso pelos clientes pode lhe causar emoções desagradáveis. A exposição ao sofrimento do paciente pode fazer com que o psicólogo desenvolva trauma secundário. Uma vez que a avaliação psicológica é o estágio inicial de atendimento ao paciente e a relação está se estabelecendo, deve-se evitar a investigação detalhada da vivência traumática, pois isso poderá ser feito durante o tratamento. A ausência de um relacionamento terapêutico, nesse momento, pode desencadear respostas em que ambos (paciente e avaliador) não estejam preparados para lidar. Por fim, o psicólogo precisa estar precavido sobre as leis que normatizam a avaliação psicológica e sobre as possíveis implicações legais desse procedimento (Schaefer, Lobo, & Kristensen, 2012; Samhsa, 2014).

A seguir são listados os instrumentos psicométricos, adaptados para uso no Brasil, comumente utilizados para avaliar o trauma e sintomas relacionados. As medidas estão classificadas em duas categorias: Tept, e outros sintomas e diagnósticos relacionados ao trauma.

Tabela 1 Medidas psicométricas relacionadas ao trauma – adaptadas para uso no Brasil

Categorias	Medidas psicométricas
Trauma	*Childhood Trauma Questionnaire (CTQ)*
	Life Events Questionnaire
	Life Stressor Checklist-Revised (LSC-R)
	Life Events Checklist (LEC)
	Trauma History Questionnaire
	Impact of Event Scale (IES)
Outros sintomas e diagnósticos relacionados ao trauma	*Dissociative Experiences Scale (DES)*
	Escala de Desesperança Beck (BHS)
	Escala de Ideação Suicida Beck (BSI)
	Escala de Inteligência Wechsler para Adultos (Wais-III)
	Inventário Beck de Ansiedade (BAI)
	Inventário Beck de Depressão; BDI
	Structured Clinical Interview for DSM-IV-TR
	Trauma Symptom Checklist for Children (TSCC)

Fonte: Schaefer, Lobo e Kristensen, 2012.

Estresse Traumático Secundário (ETS)

Embora venha sendo estudado desde a década de 1980, o ETS é ainda desconhecido no Brasil. Caracterizado por um conjunto de emoções, sintomas e condutas, o ETS resulta da exposição ao sofrimento de pessoas traumatizadas. O termo "secundário" representa a principal diferença entre o Tept e o ETS, sendo designado para se referir às pessoas suscetíveis ao transtorno, como pais, amigos, familiares, cônjuges e profissionais que cuidam das vítimas (Figley, 1995). Neste capítulo, o ETS é entendido no contexto ocupacional, vivenciado pelos profissionais que atuam na prestação de cuidados.

O ETS decorre do fato de ajudar ou de querer ajudar as pessoas traumatizadas. Um dos principais fatores responsáveis pelo seu desencadeamento é a empatia, pois quanto mais empático é o profissional em relação ao sofrimento do indivíduo traumatizado, maiores serão as chances de desenvolver trauma secundário. Os sintomas do ETS são similares ao do Tept, como a evitação, a revivência, a excitabilidade e as alterações na cognição e humor. Entre as emoções comumente identificadas encontram-se o medo, o desespero, a angústia ou um sentimento aterrorizante intenso, além de desânimo, aborrecimento, descrença e redução da compaixão (Figley, 1995).

Dentre os eventos traumáticos listados pelo DSM-V estão alguns testemunhos indiretos do trauma: a observação de morte natural, de abuso físico ou sexual de outra pessoa, de violência doméstica, de acidentes e de catástrofes médicas envolvendo filhos. Em diferentes contextos ocupacionais, a exposição indireta a esses eventos ou a eventos similares é constante e inevitável. Tal condição caracteriza o ETS como um risco ocupacional e um grave problema de saúde pública. Figley descreve o trauma secundário desenvolvido no contexto laboral como um "custo" no cuidar, que pode fazer com que os profissionais que ouvem ou presenciam histórias de dor, medo e sofrimento desenvolvam os mesmos sintomas de dor, medo e sofrimento das vítimas (APA, 2013).

Um estudo de revisão que investigou o estresse traumático em ocupações caracterizadas pela oferta de cuidados categorizou-as em: 1) profissionais de emergências: trabalhadores que atuam em departamentos de incêndio, nos setores de segurança, nos serviços de emergência médica e em outros cargos envolvidos nos primeiros socorros e em casos de resgate; e 2) profissionais dos serviços sociais, de saúde mental e prestadores de serviço às vítimas: terapeutas que atendem sobreviventes de trauma, conselheiros e voluntários que fornecem auxílio nos casos de estupro e violência doméstica, assistentes sociais, profissionais da saúde mental que trabalham em serviços de urgência e emergência, trabalhadores dos serviços de proteção infantil e adulta e os defensores das vítimas, que atuam em sistema legal (Molnar et al., 2017). Dados de prevalência de transtornos relacionados ao trauma nas profissões mencionadas acima foram revisados em estudos de meta-análises, publicados entre 2007 e 2016 (Molnar et al., 2017). As taxas de prevalência entre os profissionais de emergências variaram entre 1,3% e 46%. No caso dos trabalhadores de resgate, estima-se que a taxa global de prevalência de Tept é de 10%. Em trabalhadores de resgate voluntários, as taxas apresentaram-se mais elevadas, variando entre 24% e 46%. Uma das pesquisas revisadas aponta que 250.000 profissionais que atuam em serviços de primeiros socorros nos

Estados Unidos apresentam potencial para tratamento de Tept. Esse número deriva da análise de dados acerca do trabalho de 1,5 milhão de trabalhadores da área, representando 16% da prevalência. Estudos realizados nos Estados Unidos sobre a exposição dos profissionais de emergências aos ataques terroristas no World Trade Center foram compilados em duas revisões sistemáticas, que apontaram uma faixa de prevalência de Tept de 5,4% a 29,2% (Liu, Tarigan, Bromet, & Kim, 2014).

Entre os profissionais dos serviços sociais, de saúde mental e os prestadores de serviço às vítimas, as taxas de prevalência de ETS e/ ou Tept encontradas em estudos de revisão foram de 21% em assistentes sociais que tratam sobreviventes de violência familiar ou sexual (Choi, 2011) e 19,2% em prestadores de saúde mental que trabalham com pacientes militares (Cieslak et al., 2013). Preencheram critérios para o Tept 65% de assistentes sociais (Choi, 2011) e 40,9% de trabalhadores sociais clínicos licenciados (Bogstrand, Skogstad, & Ekeberg, 2016). Pesquisas baseadas no *Professional Quality of Life Scale* (ProQOL) apontaram índices do adoecimento pelo trauma em profissionais da saúde. Entre as parteiras, 16% apresentaram ETS; entre os profissionais de cuidados intensivos, como cirurgiões plásticos que trabalham com pacientes que sofreram queimaduras, a prevalência foi de 38,2%. Deve-se levar em conta que a tentativa de identificar a prevalência do ETS nessas diferentes ocupações enfrenta barreiras conceituais e metodológicas que dificultam a comparação entre os dados (Molnar et al., 2017). Cabe ressaltar ainda que a ausência de estudos brasileiros nessa revisão revela a escassez de investigações do fenômeno no país.

Não há na literatura diretrizes acerca do processo de avaliação psicológica de trauma secundário. Instrumentos psicométricos vêm sendo desenvolvidos no exterior e investigam diferentes aspectos implicados nas reações dos profissionais que atendem vítimas de trauma. Além das medidas psicométricas, recomenda-se a implantação da triagem de forma regular nas instituições onde a exposição indireta ao trauma é constante. Essa ferramenta pode auxiliar na identificação dos profissionais que estão apresentando sintomas transitórios e daqueles que possuem probabilidade de desenvolver problemas graves ou crônicos associados a trauma secundário. Entrevistas estruturadas e informações de outras fontes (como colegas de trabalho) podem auxiliar na identificação do fenômeno entre os profissionais (Molnar et al., 2017). Diferente da avaliação de Tept, que tem início após o evento traumático ter cessado, a avaliação do ETS pode ser realizada paralelamente à exposição aos eventos, pois estes fazem parte do cotidiano de trabalho.

Os instrumentos de avaliação de trauma utilizam nomenclaturas distintas como: Fadiga de Compaixão (FC), Trauma Vicário (TV) e Tept. Tal diversidade conceitual deriva do uso indiscriminado desses termos para se referir ao ETS. No cenário internacional, conforme o estudo de revisão realizado por Molnar et al. (2017), são consideradas as principais medidas para avaliação de trauma entre as vítimas que fornecem ajuda, os instrumentos descritos na Tabela 2. Cabe ressaltar que dois deles possuem validade para uso no Brasil (*ProQOL* e PCL-C IV e V). No entanto, até o momento nenhum instrumento sobre ETS foi elaborado no país.

Tabela 2 Principais medidas psicométricas relacionadas ao ETS no contexto ocupacional

Tipos de exposição	Instrumentos psicométricos
Exposição indireta	Compassion Fatigue/Satisfacion Self-Test (CFS) Professional Quality of Life Scale (ProQOL) Secondary Traumatic Stress Scale (STSS)
Exposição direta	Posttraumatic Stress Disorder Checklist PCL-C

Fonte: Molnar et al., 2017.

A seguir são detalhados os instrumentos citados na Tabela 2. Recomenda-se a observação dos aspectos mensurados por cada um deles, para auxiliar na compreensão do ETS associado ao contexto de trabalho. O *Compassion Fatigue/Satisfacion Self-Test (CFS)* é formado por três escalas (Fadiga de Compaixão, Burnout e Satisfação por Compaixão) que investigam aspectos decorrentes da prestação de cuidados às pessoas em sofrimento (Figley, 1995). Nesse teste, a FC é entendida como sinônimo de ETS, o *Burnout* está associado ao desgaste emocional e a Satisfação por Compaixão se refere aos aspectos positivos envolvidos no ato de cuidar. O *Professional Quality of Life Scale*, principal instrumento utilizado na investigação do ETS, mensura os mesmos constructos do *CFS*, compreendendo-os a partir de uma estrutura formada por duas escalas (Satisfação por Compaixão e Fadiga de Compaixão), sendo a última dividida em duas subescalas (Burnout e ETS) (Stamm, 2010).

Sintomas de Estresse Pós-Traumático associados ao contexto ocupacional e experiências pessoais de trauma caracterizam a escala FC (Figley, 1995). Nela são investigados os seguintes aspectos: sensação de alienação; evitação de atividades ou situações que trazem lembranças assustadoras; evitação de pensamentos e sentimentos que lembrem experiências assustadoras;

lacunas de memória sobre eventos assustadores; dificuldades para dormir; irritabilidade fácil; sobressalto; pensamentos violentos em relação à pessoa que causou o trauma do paciente; recordações de determinados casos atendidos; experiência pessoal de trauma na infância e/ou na vida adulta; necessidade de tratar uma experiência traumática pessoal; sonhos perturbadores similares aos atendimentos; pensamentos intrusivos relacionados aos pacientes; recordações repentinas e involuntárias de determinados casos; preocupação com mais de um paciente; dificuldades para dormir relacionadas às pessoas que estou atendendo; crença de ter sido afetado pelo trauma da vítima; aumento do nível de preocupação com o bem-estar das vítimas; sensação de desesperança associado ao atendimento às vítimas; sensação de estar em perigo por estar cuidando de vítimas; e sensação de estar preso à tarefa de ajudar.

Em função da escala FC ser considerada sinônimo de ETS, os itens pertencentes à subescala ETS do *ProQOL* mensuram aspectos muito similares aos já descritos. Entre eles: preocupação com os pacientes; respostas de sobressalto; dificuldade de separar a vida pessoal da vida profissional; crença de ter sido afetado pelo trauma da vítima; sensação de tensão; sintomas de depressão relacionados ao trabalho; sensação de vivenciar o trauma da vítima; evitação de atividades que lembrem experiências assustadoras; ocorrência de pensamentos invasivos; e esquecimento de partes importantes do trabalho com as vítimas (Stamm, 2010).

A *Secondary Traumatic Stress Scale* foi elaborada a partir de uma lista de declarações feita por profissionais que adoeceram em função da tarefa de cuidar de pessoas traumatizadas (Bride, Robinson, Yegidis, & Figley, 2004). Os itens da escala avaliam: sensação de esgotamento; taquicardia ao pensar nas situações de trabalho; sensação de reviver o trauma do paciente; dificuldades para dormir; desânimo em relação ao futuro; irritação diante de lembranças de alguns trabalhos; distanciamento dos pacientes; nervosismo; redução da energia; dificuldades de concentração; evitação de pessoas, lugares ou coisas; pesadelos com as vítimas; vontade de evitar algumas vítimas; irritação; sensação de que algo ruim poderá acontecer; e esquecimentos sobre alguns atendimentos às vítimas.

O *Posttraumatic Stress Disorder Checklist PCL-C* é uma medida de exposição direta ao trauma que avalia o Tept a partir dos critérios diagnósticos descritos no DSM. Embora não mensure especificamente o trauma secundário, foi utilizado em diversos estudos cujas amostras representam categorias profissionais. As investigações que utilizaram a quarta versão (PCL-C 4) avaliaram sintomas associados à revivência, à evitação e à excitabilidade. Já os estudos que aplicaram a última versão (PCL-C 5), avaliaram também os sintomas relacionados às alterações no humor e na cognição. As duas versões do instrumento estão validadas para uso no país (Berger, Mendlowicz, Souza, & Figueira, 2004; Lima et al., 2016). De um modo geral, os aspectos investigados pelos instrumentos acima descritos abrangem as características dos quatro modelos teóricos do ETS entre os profissionais que fornecem cuidados.

Desafios e avanços internacionais e no Brasil

A identificação do trauma psicológico nem sempre é fácil ou evidente. Uma das principais barreiras para o processo de avaliação psicológica se refere às dificuldades dos pacientes em falarem sobre a situação traumática. Observa-se, em alguns casos, uma certa resistência para relatar situações que geram sentimentos desconfortáveis. Tal evitação, bem como a dificuldade em reconhecer ou articular a experiência de trauma, podem também estar relacionadas a sentimentos de vergonha, culpa ou medo. Além disso, os eventos considerados traumáticos nem sempre serão experimentados do mesmo modo por todas as vítimas, uma vez que um caso de trauma envolve as respostas e os significados a ele atribuídos pela pessoa ao evento (AMHSA, 2014; McNally, 2003). Além das dificuldades do paciente implicadas no processo de avaliação, a ausência de ferramentas validadas para mensuração do trauma também se torna um empecilho, como no caso do ETS.

No contexto internacional, o ETS configura-se um problema de saúde pública que ameaça a estabilidade das atividades ocupacionais. Entre as principais dificuldades para registrar dados epidemiológicos sobre o fenômeno está a ausência de clareza conceitual utilizada para denominar o sofrimento decorrente do ato de ajudar pessoas traumatizadas. Termos similares como: Fadiga de Compaixão, Trauma Vicário, Burnout e Estresse Pós-Traumático foram usados indistintamente na literatura, gerando uma imprecisão na definição do ETS (Molnar et al., 2017).

Para esses autores, a ausência de um consenso entre as definições é um dos principais desafios nessa área, pois compromete os processos de investigação e de avaliação do ETS, dificultando a elaboração de ferramentas que o mensurem. Os instrumentos desenvolvidos que tiveram suas propriedades psicométricas testadas não comtemplam numa mesma medida o conjunto de sintomas representativos do Trauma Vicário, do ETS e da Fadiga de Compaixão. Futuras investigações devem esclarecer e operacionalizar esses conceitos, a fim de viabilizar a construção de ferramentas de avaliação sensíveis a essas diferenças.

Além da questão conceitual, entre os obstáculos que dificultam o processo de avaliação e o planejamento de intervenções estão o estigma relacionado ao tema e as limitações das estratégias para prevenir e tratar o ETS. Qualquer intervenção nessa área implica alterações nas regras ocupacionais, o que desperta entre os profissionais o medo de manifestar suas emoções relacionadas ao trabalho em função das possíveis repercussões profissionais e pessoais. No caso das intervenções para prevenção e tratamento, corre-se o risco de individualizar o problema ao não abordar de forma eficaz os fatores laborais associados ao transtorno. As pesquisas acerca da eficiência e da eficácia das intervenções e das estratégias de prevenção devem considerar as variáveis organizacionais como mediadoras potenciais ou moderadoras do ETS. Desse modo, as intervenções em nível institucional configuram-se como um desafio na área, uma vez que a maioria das intervenções para prevenção e tratamento do ETS possuem foco individual (Cocker & Joss, 2016; Molnar et al., 2017).

Embora o ETS seja reconhecido como um fenômeno observado em profissionais do cuidado desde a década de 1980, a disseminação do tema em nível nacional é recente. O termo Fadiga de Compaixão foi citado em apenas cinco publicações brasileiras: uma dissertação, um livro, um estudo empírico e dois estudos de validade que investigaram as propriedades psicométricas do *ProQOL*. O termo ETS também aparece nos dois estudos de validade do instrumento citado, em uma tese de doutorado e em um estudo publicado em 2018 que investigou o ETS em psicólogos (Castro, Massom, & Dalagasperina). Esses estudos pioneiros, ao mesmo tempo em que representam um avanço na literatura nacional sobre o tema, revelam uma infinidade de campos a serem investigados.

Casos clínicos e aplicações práticas

Nesta sessão são apresentados os aspectos considerados no processo de avaliação e tratamento do Tept e do ETS. Em 2014, Xanakis publicou um estudo intitulado *Transtorno de Estresse Pós-Traumático: além das melhores práticas*, no qual cita alguns episódios traumáticos e as formas mais recomendadas para avaliação e intervenção. Para o autor, situações que infringem os direitos humanos, como ser arrastado inesperadamente no meio da noite, sofrer violência física, ser torturado, ficar na prisão em isolamento e ser submetido a situações ambientais extremas naturalmente desencadeiam nas vítimas sintomas de ansiedade, depressão, problemas de sono e dificuldades de levar uma vida normal.

É comum entre as pessoas torturadas, apesar da diversidade das formas de tortura, a manifestação dos sintomas relacionados aos distúrbios do sono, pânico repentino e inesperado, ansiedade persistente e medo intenso, alerta e vigilância, memórias inesperadas e intrusivas associadas a eventos estressores, humor flutuante, particularmente tristeza e raiva, hesitação no contato social, inclusive com a família e amigos próximos, fadiga, cansaço, preocupações somáticas (particularmente gastrointestinais) e dores de cabeça, dificuldades de prestar atenção e de concentrar-se, resultando em falhas de memória e compreensão, diminuição da libido, baixo interesse em atividades prazerosas e redução do apetite (Xenakis, 2014).

Esses sintomas se sobrepõem a uma série de situações clínicas (comorbidades). Os diagnósticos mais comuns nessa população são Tept, ansiedade generalizada, transtorno depressivo maior. Os tratamentos tradicionais em saúde mental atuam nos sintomas através de medicação, psicoterapia baseada no discurso e, em algumas ocasiões, terapias complementares diversas. A proposta de tratamento, conforme Xenakis (2014), envolve um modelo integrado que inclui: anamnese minuciosa baseada na visão do próprio paciente; avaliação compreensiva das doenças médicas prévias e tratamentos; avaliação crítica do tratamento farmacológico; avaliação baseline do paciente, incluindo padrões de sono, dieta e exercício, exames laboratoriais e circunstâncias psicossociais, psicoterapia semanal e regime de tratamento individualizado.

No caso do ETS, um estudo de revisão sistemática investigou as formas de intervenção nos casos de trauma em profissionais da saúde, de emergências e de serviços comunitários. Os resultados revelam que todas as intervenções avaliadas nos estudos incluídos tiveram foco individual, sendo a maioria voltada para redução do estresse por meio do uso de yoga e/ou *mindfulness*; meditação estruturada; musicoterapia ou uma combinação dessas. Duas intervenções centraram-se na construção de resiliência individual; uma destinada a desenvolver autoeficácia

profissional e outra destinada a aumentar a resiliência, a empatia e reduzir o estresse através da Estimulação Magnética Transcraniana. As intervenções mais complexas envolveram sessões múltiplas e interativas focadas na promoção da autoeficácia profissional, na melhoria do conhecimento teórico e na atribuição de tarefas de casa, de exercícios individuais e em grupo, incluindo imagens guiadas, materiais impressos, DVDs e CDs de música, além de fornecer acesso a recursos educacionais e publicações sobre o tema. Os períodos de intervenção dos estudos incluídos variaram de três a doze semanas, e a frequência de sessões variou de uma vez a cinco vezes por semana (Cocker & Joss, 2016).

O estudo com maior efeito na redução de ETS e aumento na compaixão, além da redução de sintomas de *Burnout*, consistiu numa intervenção intensiva de dois níveis entre enfermeiras de emergência, envolvendo primeiramente um seminário de quatro horas focado na origem do trauma, nos efeitos fisiológicos, nos sinais e sintomas traumáticos e do *Burnout*, bem como os fatores associados à enfermagem de emergência que podem levar à sintomatologia. Foram fornecidas informações sobre como prevenir e tratar os sintomas relacionados ao trauma usando os cinco elementos: autorregulação, intencionalidade, maturidade perceptiva/cuidado autoavaliação, conexão e autocuidado. Posteriormente, os participantes receberam recursos de multimídia, como folhetos impressos de seminário, CD de imagens guiadas, acesso a site com recursos educacionais, publicações sobre trauma, compaixão e resiliência, além de um DVD que os informava sobre os cinco elementos mencionados acima. Ao contrário das outras doze intervenções avaliadas, esta intervenção concentrou-se em ensinar os participantes sobre: o que é a Fadiga de

Compaixão; como reconhecê-la, como prevenir ativamente e tratar o trauma em si e nos colegas. O fornecimento de ferramentas e recursos para consolidar esses aprendizados intensificou a probabilidade de os resultados positivos permanecerem a longo prazo. No entanto, isso ainda está para ser determinado. Cabe ressaltar que nenhum dos estudos incluídos avaliou a qualidade da intervenção usando uma medida validada, e a maioria dos estudos usou amostras de conveniência não representativas (Cocker & Joss, 2016).

Considerações finais

Com intuito de fornecer informações aos profissionais da psicologia acerca da realização da avaliação do trauma, este capítulo explanou os conceitos de Estresse Pós-Traumático e de Estresse Traumático Secundário e suas formas de avaliação. Também foram abordados as dificuldades e os avanços da avaliação psicológica na área do trauma, fornecendo exemplos que ilustram os modos de avaliação e tratamento mais indicados para os casos de exposição direta e para os casos de exposição indireta ao trauma.

Ressalta-se que a avaliação de trauma psicológico exige, além da habilidade clínica do psicólogo, também conhecimento técnico e teórico bastante específico. Os profissionais que atuam nessa área devem recorrer a recursos como: a observação, a triagem, o inquérito, a entrevista psicológica e a outras fontes de apoio, quando necessário. Cabe aos profissionais o desenvolvimento do raciocínio clínico e da habilidade de integração dos dados obtidos, descrevendo-os de modo objetivo, sucinto e direto, respeitando os preceitos éticos recomendados para essa prática da psicologia.

Em relação à testagem psicométrica, recomenda-se o uso das medidas que apresentam estudos de validade e fiabilidade realizados com a população-alvo, representante do caso a ser avaliado. No Brasil, as ferramentas especificas para a avaliação de trauma psicológico são escassas, sendo que até o momento não existem testes ou instrumentos psicológicos para esse tipo de avaliação, indicados pelo Sistema de Avaliação de Testes Psicológicos (Satepsi) do Conselho Federal de Psicologia. Apesar das dificuldades do processo, a avaliação psicológica do trauma é indispensável, pois serve como ferramenta diagnóstica que pode ser utilizada em diversos contextos com intuito de transmitir informações precisas acerca do caso analisado, do tratamento indicado e do possível prognóstico.

Referências

Associação Americana de Psiquiatria (1989). *Manual diagnóstico e estatístico de transtornos mentais: DSM-III*. São Paulo: Mande.

Associação Americana de Psiquiatria (2013). *Manual diagnóstico e estatístico de transtornos mentais*: DSM-V. Porto Alegre: Artmed.

Berger, W., Mendlowicz, M.V., Souza, W.F., & Figueira, I. (2004). Equivalência semântica da versão em português da Post-Traumatic Stress Disorder Checklist – Civilian Version (PCL-C), para rastrea-

mento do Transtorno de Estresse Pós-Traumático. *Revista de Psiquiatria do Rio Grande do Sul, 26*, 167-175 [doi:10.1590/S0101- 81082004000200006].

Bogstrand, S.T., Skogstad, L., & Ekeberg, Ø. (2016). The association between alcohol, medicinal drug use and post-traumatic stress symptoms among Norwegian rescue workers after the 22 July twin terror attacks. *International Emergency Nursing, 28*, 29-33 [doi: http://dx.doi.org/10.1016/j.ienj.2016.03.003].

Bride, B.E., Robinson, M.R., Yegidis, B., & Figley, C.R. (2004). Development and validation of the Secondary Traumatic Stress Scale. *Research on Social Work Practice, 14*, 27-35.

Castro, E.K.C., Masson, T. & Dalagasperina, P. (2018). Estresse traumático secundário em psicólogos. *Revista Psicologia da Saúde, 10*(1), 115-125 [doi: org/10.20435/pssa.v9i3.554].

Choi, G. (2011). Organizational impacts on the secondary traumatic stress of social workers assisting family violence or sexual assault survivors. *Administration in Social Work, 35*, 225-242 [doi: http://dx.doi.org/10.1080/ 03643107.2011.575333].

Cieslak, R., Anderson, V., Bock, J., Moore, B.A., Peterson, A.L., & Benight, C.C. (2013). Secondary traumatic stress among mental health providers working with the military: Prevalence and its work and exposure-related correlates. *Journal of Nervous and Mental Disease, 201*, 917-925 [doi http://dx.doi. org/10.1097/NMD.0000000000000034].

Cocker, F. & Joss, N. (2016). Compassion Fatigue among Healthcare, Emergency and Community Service Workers: A Systematic Review. *International Journal of Environmental Research and Public Health, 13*(6), 618 [doi:10.3390/ijerph13060618].

Figley, C.R. (1995). *Compassion Fatigue: Coping with secondary traumatic stress disorder in those who treat the traumatized.* Nova York: Brunner/Mazel.

Lima, E.P., Vasconcelos, A.G., Berger, W., Kristensen, C.H., Nascimento, E., Figueira, I. & Mendlowicz, M.V. (2016). Cross-cultural adaptation of the Posttraumatic Stress Disorder Checklist 5 (PCL-5) and Life Events Checklist 5 (LEC-5) for the Brazilian context. *Trends in Psychiatry and Psychotherapy, 38*(4), 207-215 [doi:10.1590/2237-6089-2015-0074].

Liu, B., Tarigan, L.H., Bromet, E.J., & Kim, H. (2014). World Trade Center disaster exposure-related probable posttraumatic stress disorder among responders and civilians: A meta-analysis. *PLoS ONE, 9* [doi: http://dx.doi.org/10.1371/journal.pone.0101491].

McNally, R.J. (2003). *Remembering trauma.* Cambridge, MA: Belknap Press of Harvard University Press.

Molnar, B.E., Sprang, G., Killian, K.D., Gottfried, R., Emery, V., & Bride, B.E. (2017). Advancing Science and Practice for Vicarious Traumatization/Secondary Traumatic Stress: A Research Agenda. *Traumatology, 23*(2), 129-142 [doi: http://dx.doi.org/10.1037/ trm0000122].

Schaefer, L.S., Lobo, B.O.M., & Kristensen, C.H. (2012). Reações pós-traumáticas em adultos: Como, por que e quais aspectos avaliar? *Temas em Psicologia, 20*(2), 459-478 [doi: 10.9788/TP2012.2-14].

Stamm, B.H. (2010). The concise ProQOL manual (2a. ed.). Pocatello, ID: ProQOL.org.

Substance Abuse and Mental Health Services Administration (Samhsa) (2014). *Trauma-Informed Care in Behavioral Health Services.* Treatment Improvement Protocol (TIP) Series 57. HHS Publication n. 3, 4.801. Rockville, MD: Substance Abuse and Mental Health Services Administration [https://www.ncbi.nlm.nih.gov/books/NBK207201/].

Turnbull, G.J. (1998). A review of post-traumatic stress disorder – Part I: Historical development and classification. *Injury, 29*, 87-91.

Xenakis, S.N. (2014). Posttraumatic stress disorder: Beyond best practices. *Psychoanalytic Psychology, 31*(2), 236-244 [https://doi.org/10.1037/a0036244].

59
Avaliação psicológica dos transtornos relacionados a substâncias psicoativas

Fernanda Machado Lopes

Ilana Andretta

Margareth da Silva Oliveira

Os transtornos relacionados ao uso de substâncias psicoativas abrangem dez classes de drogas com diferentes mecanismos de ação no sistema nervoso central (SNC). As substâncias classificadas como depressoras (álcool, benzodiazepínicos, opioides, inalantes, sedativos) têm em comum a propriedade de reduzir ou lentificar as funções do SNC, enquanto que as estimulantes (cocaína/crack, nicotina, cafeína, anfetaminas) aceleram o seu funcionamento. Já as perturbadoras, como alucinógenos e maconha, modificam a qualidade e quantidade das informações neurais gerando, por exemplo, alucinações e/ou alterações na percepção do tempo e espaço. Apesar de utilizar diferentes vias cerebrais, todas as substâncias psicoativas estimulam diretamente o sistema de recompensa do cérebro, gerando sensações de prazer e criando memórias associativas que reforçam e produzem comportamentos compulsivos de busca pela droga (APA, 2013; DiClemente, 2018).

A partir da ação da substância no cérebro, efeitos cognitivos e comportamentais relacionados às regiões afetadas são observados. Além disso, seu uso crônico gera prejuízos em funções cognitivas como memória, linguagem, atenção, aprendizagem, velocidade de processamento da informa-

ção, motivação; e comportamentais como impulsividade, agressividade, problemas de humor e ansiedade (Hess, Silva, & Almeida, 2017). Tais habilidades, em conjunto, compõem as funções executivas, que são necessárias para que os indivíduos se autorregulem com a finalidade de atingir demandas ambientais, permitindo comportamentos mais adaptados, controlados, independentes, auto-organizados e direcionados a metas.

As funções executivas são importantes para adaptação a situações novas ou que exijam flexibilidade do comportamento humano para as demandas do ambiente (Malloy-Diniz, Fuentes, Mattos, & Abreu, 2018). No tratamento dos transtornos relacionados a substâncias, prejuízos nessas funções que envolvem tomada de decisão, avaliação das consequências das ações, controle de impulsividade, planejamento e organização podem estar associados ao fracasso terapêutico. Tais habilidades estão diretamente relacionadas às mudanças de comportamento desejadas no processo de reabilitação e manutenção da abstinência das drogas, de modo que déficits nas mesmas podem favorecer a recaída e limitar a eficácia e efetividade das terapias.

Assim, no contexto desse transtorno multifacetado que envolve prejuízos em diversos níveis, a avaliação do funcionamento global e das condições do indivíduo se torna imprescindível para direcionar a prática clínica. Este capítulo tem como objetivo apresentar os instrumentos mais utilizados para avaliação neuropsicológica no contexto dos transtornos relacionados a substâncias psicoativas no Brasil e discutir as alterações cognitivas e comportamentais que têm sido encontradas em pesquisas sobre o tema. Ressalta-se que não há pretensão de esgotar a discussão sobre a temática, mas sim de sistematizar as ferramentas que têm apresentado resultados importantes em estudos internacionais e nacionais.

O uso de drogas no Brasil está relacionado a diversos problemas sociais, e a avaliação das consequências desse consumo é a primeira etapa para uma abordagem terapêutica eficaz. Diversos sintomas estão associados ao uso de drogas: ansiedade, depressão, irritabilidade, fissura (ou *craving* – pode ser definida como forte desejo ou senso de compulsão relacionado ao consumir a substância de escolha), e todos estão relacionados ao processo de recaída de uso. Além disso, instrumentos que identifiquem prejuízos no funcionamento cognitivo dos usuários podem auxiliar a definir a melhor abordagem e um aprofundamento sobre o entendimento de tomada de decisão dos mesmos. A identificação do repertório comportamental e das expectativas frente ao efeito da droga também se faz necessária, uma vez que as variáveis cognitivas interferem de forma direta nas estratégias comportamentais.

Instrumentos de avaliação do padrão de consumo e prejuízos relacionados às substâncias psicoativas

Atualmente, três instrumentos são amplamente utilizados no âmbito nacional para avaliação do padrão de consumo de diversas substâncias psicoativas e permitem colher informações sobre o nível de prejuízo do sujeito na utilização das mesmas: Assist, ASI-6 e Dusi. O *Alcohol, Smoking and Substance Involvement Screening Test* (Assist), validado para uso no Brasil (Henrique, Micheli, Lacerda, Lacerda, & Formigoni, 2004), é um questionário estruturado contendo oito questões que abordam a frequência e os problemas relacionados ao uso de nove classes de substâncias psicoativas (tabaco, álcool, maconha, cocaína, estimulantes, sedativos, inalantes, alucinógenos e opiáceos). As respostas são registradas por meio de uma escala, que varia de 0 a 4, e a soma total pode variar de 0 a 20. Nos resultados, escores de 0 a 3 são indicativos de uso ocasional, de 4 a 15 indicativos de abuso, e 16 ou mais sugestivos de dependência. Sua aplicação é importante para que se possa detectar uso precoce e abusivo dessas substâncias e possibilitar intervenção com maior chance de sucesso.

O *Addiction Severity Index* (ASI-6), desenvolvido e validado por Kessler (2011), é uma entrevista semiestruturada que avalia a gravidade da dependência de drogas de forma multidimensional. Avalia as áreas de história clínica, trabalho e emprego, envolvimento com questões legais, histórico familiar e social, história psiquiátrica, uso de álcool e outras drogas. Pode ser utilizado em estudos que avaliam o curso longitudinal do transtorno, e serve principalmente para direcionar e avaliar a efetividade do tratamento e escolher linhas prioritárias de ação. Para os adolescentes há o *Teen-ASI*, adaptado para uso no Brasil (Sartes, De Micheli, & Formigoni, 2009). O instrumento avalia o uso de substâncias psicoativas, situação escolar, emprego/sustento, relações familiares, amigos/relações sociais, situação legal e situação psiquiátrica. As perguntas referem-se a problemas no último mês, nos últimos três meses e à história do adolescente em cada um desses períodos. As respostas podem ser dicotômicas (sim/não) ou quantitativas (ex.: número de vezes de ocorrência de um evento).

Outro instrumento que pode ser utilizado com adolescentes para uma avaliação de forma rápida e eficiente dos problemas associados ao uso de álcool e outras drogas é o *Drug Use Screening Inventory* (Dusi), adaptado para uso no Brasil (De Micheli & Formigoni, 2000). É composto por uma tabela inicial que aborda frequência de consumo, problemas em relação ao uso de substância, comportamento, saúde, transtornos psiquiátricos, sociabilidade, sistema familiar, escola, trabalho, relacionamentos e lazer.

Instrumentos para avaliação de nível de dependência, fissura, motivação e expectativa em relação ao efeito de drogas

Para avaliação de questões relacionadas ao uso de álcool, o Cage, o Sadd e o Audit têm sido amplamente utilizados. O Cage (acrônimo de suas quatro perguntas: *Cut down, Annoyed by criticism, Guilty e Eye-opener*) foi validado no Brasil por Gaya (2011). É composto por quatro perguntas: Alguma vez o(a) senhor(a) sentiu que deveria diminuir a quantidade de bebida alcoólica ou parar de beber (*Cut down*)? As pessoas o(a) aborrecem porque criticam o seu modo de tomar bebida alcoólica (*Annoyed by criticism*)? O(a) senhor(a) se sente chateado(a) consigo mesmo(a) pela maneira como costuma tomar bebidas alcoólicas (*Guilty*)? Costuma tomar bebidas alcoólicas pela manhã para diminuir o nervosismo ou ressaca (*Eye-opener*)? Como resultado, duas respostas afirmativas sugerem *screening*

positivo para abuso ou dependência de álcool. Por ser mais breve, é utilizado em contextos que necessitam de maior rapidez na hora de verificar a dependência do álcool do paciente. O *Short-form Alcohol Dependence Data* (Sadd), adaptado para uso no Brasil (Jorge & Mansur, 1986) também visa avaliar a gravidade da dependência alcoólica. É um instrumento autoaplicável com 15 itens e 3 classificações, como dependência leve, moderada e grave.

O *Alcohol Use Disorder Identification Test* (Audit) foi validado no Brasil (Santos, Gouveia, Fernandes, Souza, & Grangeiro, 2012) com objetivo de possibilitar o rastreamento do uso problemático do álcool. Consiste de 10 questões e rastreia consumo recente, sintomas de dependência e as consequências pessoais e sociais do consumo excessivo de álcool, consistente com os critérios diagnósticos do CID-10. Validado em diversos países, é uma ferramenta útil e eficiente, pois tem fácil aplicação e baixo custo, possibilitando aplicação em diferentes populações e *settings*, como ambulatório, hospital, pronto-socorro entre outros.

No contexto do tabagismo, o FTND, o QSU-B e a EMF são os mais utilizados. O *Fagerström Test for Nicotine Dependence* (FTND), adaptado para a população brasileira (Carmo & Pueyo, 2002), é um questionário que avalia a severidade da dependência da nicotina. Contém seis itens, sendo que quatro variam o escore de zero a um, e dois variam escore de zero a três, podendo somar uma pontuação máxima de dez pontos. Escores totais entre três e quatro indicam baixo nível de dependência, escore igual a cinco indica nível moderado e escores maiores do que seis indicam alta dependência de nicotina.

O *Questionnaire of Smoking Urges-Brief* (QSU-B), validado para uso no Brasil (Araujo, Oliveira, Moraes, Pedroso, Port, & Castro, 2007), é um questionário breve que avalia a fissura em tabagistas. É composto por 10 questões afirmativas, que variam numa escala Likert de 7 pontos de "discordo totalmente" até "concordo totalmente". Analisa-se o somatório total de pontos, sendo que escores de 0 a 13 indicam *fissura* mínima; de 14 a 26, leve; de 27 a 42, moderada; e de 43 ou mais pontos fissura intensa.

A Escala Razões para Fumar Modificada (EMF) é utilizada para investigar os motivos pelos quais as pessoas fumam. A versão validada no Brasil (Souza, Crippa, Pasian, & Martinez, 2009) contém 21 itens que visam avaliar sete domínios: dependência; prazer de fumar; redução da tensão ou relaxamento; interação social; ativação ou excitabilidade; hábito ou automatismo e movimento mão-boca. As respostas são registradas através de uma escala Likert que varia de 1 (nunca) até 5 (sempre).

Em relação à maconha, não há muitos instrumentos validados para uso no Brasil. Foram identificados dois que avaliam expectativas em relação ao efeito dessa droga, o *Marijuana Expectancy Questionnaire* (MEQ) e o Inventário de Expectativas de Resultados em Usuários de Maconha (Ierum). O MEQ, traduzido e adaptado para uso no Brasil (Pedroso, Oliveira, Araujo, & Moraes, 2004), é um instrumento composto por 78 itens que avalia crenças em relação ao uso da maconha. É distribuído em seis subescalas (prejuízo cognitivo e comportamental; redução de tensão e relaxamento; facilitação social e sexual; aumento da percepção e cognição; efeitos globais negativos; fissura; efeitos físicos) e as respostas são dadas em escala Likert de sete pontos que varia de discordo totalmente a concordo totalmente. O Ierum, desenvolvido e validado no Brasil (Pedroso, Castro, & Araujo, 2010),

avalia as expectativas de resultados em relação ao uso de maconha. É estruturado com 17 itens distribuídos em cinco subescalas: aspectos emocionais, percepção, sexualidade, aspectos cognitivos e *craving*, e adota uma escala tipo Likert de sete pontos. Ambas ferramentas têm se mostrado úteis para prognóstico e estratégias terapêuticas no tratamento de dependentes dessa droga.

O cenário é um pouco mais amplo em termos de instrumentos para investigar questões relacionadas ao uso/abuso de crack, principalmente fissura. No caso do crack, em função dos efeitos intensos, esse desejo torna-se muito frequente e marcado por sintomas observáveis. O *Cocaine Craving Questionnaire-Brief* (CCQ-B), adaptado para o Brasil (Araujo et al., 2011), é um instrumento utilizado para avaliar a intensidade do desejo de usar crack. É composto por 10 questões, sendo 8 referentes à intensidade do *craving* e 2 referentes à resistência ao *craving*. Outro instrumento que avalia fissura e sintomas relacionados à abstinência da cocaína/crack de forma breve é o *Cocaine Selective Severity Assessment* (CSSA), adaptado para uso no Brasil (Kluwe-Schiavon et al., 2015). Possui 18 itens que avaliam a intensidade de sintomas relacionados à abstinência da cocaína, incluindo sintomas de humor e ansiedade, hiper ou hipofagia, sono, dificuldade de concentração, paranoia, bradicardia, ideação suicida e fissura. O CSSA pode ser aplicado por profissionais da saúde com treinamento clínico.

Os índices de recaídas no uso de crack são bem altos, principalmente nas primeiras semanas após a desintoxicação dos pacientes em tratamento. Diversas são as circunstâncias que podem estar relacionadas pelo paciente ao processo de recaída. Um instrumento que objetiva avaliar tais aspectos é o *Crack Use Relapse Scale* (Curs), validado por Pedroso e colabs. (2016).

Trata-se de uma escala com 25 itens do tipo Likert que avalia conflitos familiares e das relações íntimas; sentimentos negativos como tristeza, solidão, ansiedade e desesperança; sentimentos prazerosos, de euforia e de excessiva autoconfiança; fissura após usar outra droga. Além dessas questões, avalia outros prejuízos que possam estar relacionados ao uso da droga, como troca de sexo por crack; contágio por HIV ou por outra doença sexualmente transmissível; prisão, envolvimento com tráfico, roubo ou furto pelo uso de crack. Ainda investiga aspectos contextuais e psicológicos como desemprego; convívio em ambiente social favorável para o consumo de crack; falta de perspectiva de uma nova vida ou de desenvolver hábitos saudáveis; dificuldade de acesso a sistemas de saúde pública e inabilidade de desenvolver estratégias para lidar com situações de alto risco.

Considerando as dificuldades do tratamento para o uso de drogas, principalmente pelo elevado número de recaídas, um conceito importante a ser avaliado é o da autoeficácia para abstinência e a tentação para uso de drogas. A autoeficácia está relacionada ao quanto a expectativa de resultado positivo pode influenciar o resultado de enfrentamento relacionado ao uso de drogas, além de ser um dos elementos-chave no processo de mudança dos comportamentos aditivos. A *Drug Abstinence Self-efficacy Scale* (Dase) e a *Temptation Use Drugs Scale* (TUD) são escalas de autorrelato compostas por 24 itens na versão adaptada à amostra brasileira (Freire, Silva, Ávila, DiClemente, & Oliveira, 2017) que se referem a situações comuns ao uso de substâncias. Na Dase o indivíduo deve marcar o quão confiante se sente em resistir às drogas ao passar por essas determinadas circunstâncias; e na TUD deve marcar o quão tentado se sente em fazer uso de substância nessas situações, podendo avaliar as sensações de confiança e tentação em uma escala que varia de 1 a 5, sendo 1 o nível mínimo e 5 o nível máximo (Freire et al., 2017). Embora esses dois instrumentos sejam bastante utilizados no contexto do crack, foram desenvolvidos para avaliação da autoeficácia na abstinência de qualquer substância psicoativa.

Prejuízos cognitivos e comportamentais associados ao consumo de substâncias psicoativas

Estudos internacionais de revisão sistemática com meta-análises têm demonstrado que indivíduos dependentes de álcool apresentam déficits principalmente em habilidades como controle de impulsos e tomada de decisão (Kovács, Richman, Janka, Maraz, & Andó, 2018); dependentes de cocaína/crack apresentam prejuízos em memória de trabalho, visual e verbal, atenção, aprendizagem e controle de impulsos (Potvin, Stavro, Rizkallah, & Pelletier, 2014); e dependentes de maconha predominantemente apresentam prejuízos na atenção, memória, aprendizagem verbal, controle das emoções e tomada de decisão (Broyd, van Hell, Beale, Yücel, & Solowij, 2016). Considerando que todas essas funções influenciam diretamente na capacidade de engajamento do paciente no tratamento, a escolha de instrumentos válidos e fidedignos para avaliação das mesmas é imprescindível para subsidiar estratégias que aumentem as chances de sucesso terapêutico.

No Brasil, existe uma variabilidade entre os testes utilizados para investigar funções cognitivas e que podem ser adotadas na avaliação de usuários de drogas, sendo os mais comumente selecionados a Escala de Inteligência Wechsler para Adultos (Wais-III), o Teste Wisconsin de Classificação de Cartas (WCST), o *Trail Making Test*, o Teste Stroop, o *Iowa Gambling Task*, a Avaliação Cognitiva Montreal e o Teste de Figuras Complexas de Rey. Além dos prejuízos cognitivos, sintomas como depressão, estresse e ansiedade estão associados ao uso de drogas e afetam diretamente o processo de reabilitação. Os instrumentos mais citados na literatura utilizados para avaliação desses sintomas são o *Beck Depression Inventory-II* (BDI-II) e o *Depression Anxiety Stress Scale* (Dass 21) (Andretta, Limberger, Schneider, & Mello, 2018; Vignola & Tucci, 2014). O BDI-II, adaptado para a população brasileira (Gorenstein, Pang, Argimon, & Werlang, 2011), é um instrumento de autoaplicação cujo objetivo é medir a intensidade da depressão a partir dos 13 anos. O inventário é composto por 21 itens, com escala Likert 0 a 3, que permite classificar o sujeito em relação à gravidade dos sintomas depressivos. O Dass-21, adaptado e validado para uso no Brasil (Vignola & Tucci, 2014), é uma escala de 21 itens que avalia sintomas de depressão, ansiedade e estresse experienciados na última semana. A aplicação do instrumento resulta na classificação dos sintomas separadamente e de acordo com sua gravidade.

No âmbito das funções cognitivas, a Escala de Inteligência Wechsler para Adultos (Wais-III) é um instrumento para avaliação clínica da capacidade intelectual e funcionamento cognitivo global em adultos entre 16 e 89 anos e tem sido utilizada para avaliação de prejuízos cognitivos em usuários de drogas. Possui 14 subtestes e possibilita obter resultados de quatro domínios cognitivos: compreensão verbal, memória operacional, organização perceptual e velocidade de processamento. Em alcoolistas, especialmente o subteste dígitos tem identificado déficits cogni-

tivos em memória (Rigoni, Susin, Trentini, & Oliveira, 2013) e entre usuários de crack subtestes como vocabulário e cubos tem identificado prejuízos em habilidades de compreensão verbal e organização perceptual, respectivamente (Limberger & Andretta, 2017).

Um estudo de revisão sistemática sobre as consequências neuropsicológicas associadas ao alcoolismo em adultos utilizando o Teste Wisconsin de Classificação de Cartas (WCST) encontrou prejuízos em funções cognitivas como raciocínio, capacidade de percepção visual, aprendizagem inicial, atenção, concentração e memória; funções importantes para a capacidade de resolução de problemas e tomada de decisão (Rigoni et al., 2013). O WCST mostrou-se sensível, confirmando os achados em exames de neuroimagem que detectaram alterações no lobo frontal dos alcoolistas. O teste foi adaptado e padronizado para uso no Brasil (Miguel, 2005) para avaliar a capacidade de raciocínio abstrato e de flexibilidade cognitiva, bem como para rastrear lesões no lobo frontal. É composto de dois baralhos com 64 cartas cada e quatro cartas-estímulo, e seus resultados são apresentados tanto em escores de acertos como de dificuldades na tarefa.

A revisão sistemática que investigou o impacto do uso do crack nas funções executivas de usuários de cocaína/crack (Hess et al., 2017) encontrou alterações cognitivas principalmente nas funções mnemônicas, atencionais e executivas, e citou que os instrumentos mais utilizados foram o *Trail Making Test*, o Teste Stroop, Subteste Dígitos do Wais-III, o WCST e o *Iowa Gambling Task*. O *Trail Making Test*, algumas vezes traduzido por Teste de Trilhas, objetiva identificar o processamento visual complexo, a velocidade motora e os processos executivos como controle inibitório e flexibilidade cognitiva. O Teste de

Stroop também tem como objetivo avaliar controle inibitório e flexibilidade cognitiva, além da atenção seletiva. O *Iowa Gambling Test* é um instrumento utilizado para avaliar a tomada de decisão. O instrumento examina o comportamento do indivíduo em um jogo de cartas composto por quatro baralhos. Ao longo de 100 jogadas, o examinando deve escolher cartas dentre quatro baralhos, dois mais vantajosos e dois desvantajosos, com o objetivo de acumular o máximo de dinheiro possível. Foi utilizado por Viola e colabs. (2012) para avaliar o processo de tomada de decisão em dependentes de crack no Brasil, os quais evidenciaram prejuízo nessa habilidade. Em consonância, o estudo internacional de revisão sistemática com meta-análise (incluiu 17 estudos e 1.360 participantes), que investigou processo de tomada de decisão em alcoolistas utilizando o *Iowa Gambling Test*, também encontrou prejuízos dessa habilidade entre usuário de álcool, comparando-se a controles saudáveis (Kovács et al., 2018).

Estudos que avaliaram pacientes poliusuários em abstinência recente utilizando a Avaliação Cognitiva Montreal (MoCA) encontraram prejuízos dos mesmos em atenção, linguagem, memória, orientação e funções executivas (Copersino, Fals-Stewart, Fitzmaurice, Schretlen, Sokoloff, & Weiss, 2009; Ridley, Batchelor, Draper, Demirkol, Lintzeris, & Withall, 2018). Esse instrumento (MoCA) é de fácil aplicação, podendo ser administrado em apenas 10 minutos e foi validado para uso no Brasil (Memória, Yassuda, Nakano, & Forlenza, 2013). Foi desenvolvido como uma ferramenta para detectar deficiência cognitiva leve por meio da análise de oito domínios cognitivos: memória de curto prazo, habilidades visuoespaciais, funções executivas, atenção, concentração, memória de traba-

lho, linguagem e orientação; e obteve resultados favoráveis no rastreio de prejuízo cognitivo em dependentes químicos (Copersino et al., 2009; Ridley et al., 2018).

Por último, o Teste de Figuras Complexas de Rey é um instrumento utilizado para avaliar funções neuropsicológicas como capacidade de planejamento, percepção, organização, motricidade fina e memória de reprodução imediata. O estudo de padronização mais recente foi realizado por Oliveira e Rigoni (2010), o qual recebeu parecer favorável do Conselho Federal de Psicologia. É constituído por uma figura geométrica complexa, composta de 18 unidades perceptuais. Primeiramente, deve ser copiada da maneira mais fidedigna e detalhada possível; e, após três minutos, deve ser desenhada novamente sem o estímulo visual, contando apenas com os itens que se consegue lembrar. Mostrou-se útil para detectar prejuízos cognitivos, tanto na população geral quanto em dependentes químicos, sendo que alcoolistas apresentam prejuízos na memória imediata e na percepção visual, baixa capacidade de resolução de problemas e menor flexibilidade mental (Feldens, Silva, & Oliveira, 2011).

Caso clínico

Joca, 46 anos, caucasiano, Ensino Médio completo, está afastado do trabalho para tratamento de saúde, mas normalmente trabalha com vendas de produtos para agropecuária. Separado há 15 anos, tem uma filha de 21 anos e um filho de 17 anos que vivem com a mãe. Atualmente mora com um irmão que está ajudando em sua recuperação. É o quinto filho numa família de 8 irmãos, os pais são falecidos. Tem história de suicídio na família, tio materno e uma irmã que ingeriu uísque com medicamentos; ela era cardíaca e não resistiu. Relatou que seu pai e dois tios maternos eram dependentes de álcool.

Joca relatou que experimentou álcool aos 11 anos de idade e nunca mais parou de beber. Nos últimos anos teve 9 internações para desintoxicação e tratamento em fazenda de recuperação. Recentemente foi internado por uso "pesado" de álcool e apresentava delírios (ouvia as vozes das enfermeiras e entendia que iriam matá-lo; referia que pareciam diabos). Anteriormente Joca já apresentou sintomas de abstinência como tremores nas mãos e alucinações auditivas e visuais (ver e ouvir coisas que na realidade não existiam).

Em relação ao uso de outras drogas, já usou outros depressores como lança-perfume e pasta de lustrar sapatos; perturbadores como maconha e chá de cogumelos, e algumas vezes cocaína aspirada (estimulante). Nos últimos anos, em relação à bebida alcoólica, relatou consumo diário de 10 doses de conhaque pela manhã e 20 doses de vodca durante o dia, sendo que essa quantidade dobrava no domingo. Atualmente tem alterações no fígado e pâncreas e apagamentos de memória, confirmado por exames laboratoriais. Exames como Gama GT, TGO e TGP e Bilirrubina estão elevados.

Após 10 dias de abstinência, Joca foi encaminhado para avaliação neuropsicológica. Além dos testes específicos utilizados para avaliar os prejuízos cognitivos, foram aplicadas escalas para aferir a severidade da dependência do uso de álcool, dentre outros instrumentos como os Inventários de Beck para depressão (BDI) e Ansiedade (BAI). Na *Short-form Alcohol Dependence Data* (Sadd) obteve uma pontuação total de 40 pontos, classificado como grau de dependência grave. Para identificar prejuízos cognitivos foi aplicado um rastreamento com três subtestes do Wais-III (vocabulário, cubos e código) e o

WCST. Os resultados da avaliação neuropsicológica estão apresentados na Tabela 1.

Os achados mostraram que o paciente apresentava diagnóstico de transtorno por uso de álcool identificado pelo DSM-5 com déficit nas funções executivas, possivelmente devido a uma vulnerabilidade no lobo frontal em decorrência do alcoolismo ou mesmo anterior a esse último. Observou-se no WCST provável falha na memória de trabalho (número e percentual de erros e falhas em manter o contexto), déficit na flexibilidade cognitiva (número de categorias completadas, ensaios para completar a primeira categoria) e déficit na concentração (fracasso em manter o contexto, déficit no planejamento e erros não perseverativos).

Após alta hospitalar, foi realizado acompanhamento clínico semanal durante três meses que esteve abstinente. Após esse período, Joca realizou nova avaliação neuropsicológica, na qual houve melhorias na pontuação dos testes, mas alguns resultados ainda apontam níveis importantes de sintomatologia, como referido na Tabela 1.

A devolução desses achados teve um impacto importante para o paciente, pois ao visualizá-los pode-se compreender seus resultados laboratoriais em consonância com seus prejuízos cognitivos. A avaliação neuropsicológica propiciou ao paciente fazer a relação entre seus relatos de falta de memória, a irritabilidade, os sintomas causados pela abstinência, além dos aspectos emocionais que identificava quando não estava alcoolizado, as brigas constantes com a família e especialmente com o irmão, que o abrigava.

O entendimento sobre a gravidade de seu alcoolismo e as consequências na sua vida na área emocional e física foram de grande impacto. Deixou de se ver como "aquele que competia com os colegas de bar para ver quem bebia mais quantidade" para se descobrir como "quem levou a vida se arriscando", ou seja, passou a encarar seu uso de forma mais séria devido aos prejuízos. Percebeu que, quando bebia, após o efeito inicial do álcool, sentia-se cada vez mais deprimido e isolado, sem sentido para a vida. Por outro lado, também compreendeu que ficando "limpo" não poderia fugir dos problemas, e a partir de agora precisaria aprender a não usar mais o álcool para se sentir alegre e de bem com a vida. Também pôde perceber o quanto os "apagamentos" de memória identificados estão relacionados ao excesso de ingestão de álcool. Assim, espera-se que o tratamento combinado (medicação e psicoterapia) auxilie o paciente no enfrentamento das situações de risco de recaída e o mantenha abstinente. Pretende-se realizar nova avaliação de seguimento após seis meses.

Tabela 1 Resultados dos instrumentos aplicados na avaliação inicial e no seguimento

Teste	Antes Pontuação (classificação)	Depois Pontuação (classificação)
Wais-III Subtestes:		
Vocabulário:	8 pontos (dentro da média)	-
Cubos:	9 pontos (dentro da média)	10 pontos (leve aumento)
Código	9 pontos (dentro da média)	15 pontos (superior)
Figuras Complexas de Rey:		
Cópia	27 pontos (prejuízo na percepção)	33 pontos (melhora na percepção)
Memória	11 pontos (déficit de memória)	15 pontos (discreta melhora na memória)
BDI-II	24 pontos (moderado)	22 pontos (ainda moderado)
BAI	39 pontos (grave)	35 pontos (ainda grave)

Considerações finais

Os transtornos relacionados ao uso de substâncias envolvem aspectos que vão além dos prejuízos à saúde; incluem problemas de ordem social, econômica e política, extrapolando as consequências para o âmbito coletivo. O comportamento do uso de drogas é complexo e multifacetado, de modo que seu tratamento deve ser direcionado a aspectos biopsicossociais de forma integrada. Nesse contexto, ferramentas como testes e escalas com robustos indicadores de validade e precisão são instrumentos imprescindíveis para complementar as entrevistas no processo da avaliação neuropsicológica.

Conforme visto neste capítulo, uma avaliação completa nos aspectos cognitivos e comportamentais do indivíduo oferecerá subsídios para direcionar estratégias terapêuticas que visem maior adesão ao tratamento e ampliem as possibilidades de aquisição e manutenção da abstinência. Para tal, a experiência clínica e a formação continuada são elementos necessários para uma avaliação fidedigna e confiável. As pesquisas também são imprescindíveis para a apreensão do campo do conhecimento do uso de drogas. Devido ao fato de esse contexto ser variável e influenciado de forma direta pela realidade social, faz-se necessária a compreensão e investigação global desses fenômenos.

Referências

Andretta, I., Limberger, J., Schneider, J.A., & Mello, L.N. (2018). Sintomas de depressão, ansiedade, e estresse em usuários de drogas em tratamento em comunidades terapêuticas. *Psico USF, 23*(2), 361-373.

American Psychiatric Association [APA]. (2014). *Manual Diagnóstico e Estatístico de Transtornos Mentais – DSM-5.* Porto Alegre: Artmed.

Araujo, R., Castro, M., Pedroso, R., Santos, P., Leite, L., Rocha, M., & Marques, A.C. (2011). Validação psicométrica do Cocaine Craving Questionnaire--Brief – Versão brasileira adaptada para o Crack para dependentes hospitalizados. *Jornal Brasileiro de Psiquiatria, 60*(4), 233-239.

Araujo, R., Oliveira, M., Moraes, J., Pedroso, R., Port, F., & Castro, M.G. (2007). Validação da versão brasileira do Questionnaire of Smoking Urges-Brief. *Archives of Clinical Psychiatry, 34*(4), 166-175 [doi: 10.1590/S0101-60832007000400002].

Broyd, S., van Hell, H., Beale, C., Yücel, M., & Solowij, N. (2016). Acute and Chronic Effects of Cannabinoids on Human Cognition-A Systematic Review. *Biological Psychiatry, 79*(7), 557-567 [doi: 10.1016/j.biopsych.2015.12.002].

Carmo, J.T. & Pueyo, A.A. (2002). A adaptação ao português do Fagerström test for nicotine dependence (FTND) para avaliar a dependência e tolerância à nicotina em fumantes brasileiros. *Revista Brasileira de Medicina, 59*(1/2), 73-80.

Copersino, M.L., Fals-Stewart, W., Fitzmaurice, G., Schretlen, D.J., Sokoloff, J., & Weiss, R.D. (2009). Rapid cognitive screening of patients with substance use disorders. *Experimental and Clinical Psychopharmacology, 17*(5), 337-344 [doi: 10.1037/a0017260].

De Micheli & Formigoni, M.L. (2000). Screening of drug use in a teenage Brazilian sample using the Drug Use Screening Inventory (Dusi). *Addictive Behaviors, 25*(5), 683-691 [doi:10.1016/S0306-4603(00)00065-4].

DiClemente, C.C. (2018). *Addiction and change: how addictions develop and addicted people recover.* 2a. ed. Nova York: The Guilford.

Feldens, A.C., Silva, J., & Oliveira, M. (2011). Avaliação das funções executivas em alcoolistas. *Cadernos de Saúde Coletiva, 19*(2), 164-171.

Freire, S., Silva, D., Ávila, A., DiClemente, C., & Oliveira, M. (2017). Adaptation and Validation of the Brazilian Dase and TUD Scales for Cocaine/Crack Users. *Paideia, 27*(67), 93-99 [doi:10.1590/1982-43272767201711].

Gaya, C.M. (2011). *Estudo de validação de instrumentos de rastreamento para transtornos depressivos, abuso e dependência de álcool e tabaco* (Tese de doutorado). São Paulo: Universidade Federal de São Paulo.

Gorenstein, C., Pang, W., Argimon, I., & Werlang, B. (2011). *Manual do inventário de depressão de Beck--BDI-II.* São Paulo: Casa do Psicólogo.

Henrique, I., Micheli, D., Lacerda, R., Lacerda, L., & Formigoni, M.L. (2004). Validação da versão brasileira do teste de triagem do envolvimento com álcool, cigarro e outras substâncias (Assist). *Revista da Associação Médica Brasileira, 50*(2), 199-206.

Hess, A., Silva, R.A., & Almeida, R.M. (2017). Impacto do uso de crack nas funções executivas: uma revisão sistemática. *Neuropsicologia Latinoamericana, 9*(3).

Jorge, M.R. & Mansur, J. (1986). Questionários padronizados para avaliação do grau de severidade da síndrome de dependência do álcool. *Jornal Brasileiro de Psiquiatria, 35*(5), 287-292.

Kessler, F. (2011). *Desenvolvimento e validação da sexta versão da Addiction Severity Index (ASI6) para o Brasil e outras análises em uma amostra multicêntrica de usuários de drogas que buscam tratamento no país* (Tese de doutorado). Porto Alegre: Universidade Federal do Rio Grande do Sul.

Kluwe-Schiavon, B., Tractenberg, S., Sanvicente-Vieira, B., Rosa, C., Arteche, A., Pezzi, J.C., & Grassi-Oliveira, R. (2015). Propriedades psicométricas da Cocaine Selective Severity Assessment (CSSA) em mulheres usuárias de crack. *Jornal Brasileiro de Psiquiatria, 64*(2), 115-121 [doi: 10.1590/0047-2085000000066].

Kovács, I., Richman, M., Janka, Z., Maraz, A., & Andó, B. (2018). Decision making measured by the Iowa Gambling Task in alcohol use disorder and gambling disorder: a systematic review and meta-analysis. *Drug and Alcohol Dependence, 181*, 152-161 [doi: 10.1016/j.drugalcdep.2017.09.023].

Limberger, J. & Andretta, I. (2017). Habilidades sociais e comorbidades psiquiátricas de mulheres usuárias de crack. *Estudos e Pesquisas em Psicologia, 17*, 103-117 [doi: 10.12957/epp.2017.34767].

Malloy-Diniz, L.F., Fuentes, D., Mattos, P., & Abreu, N. (Orgs.) (2018). *Avaliação neuropsicológica*. 2a. ed. Porto Alegre: Artmed.

Memória, C., Yassuda, M., Nakano, E., & Forlenza, O. (2013). Brief screening for mild cognitive impairment: validation of the Brazilian version of the Montreal cognitive assessment. *International Journal of Geriatric Psychiatry, 28*, 34-40 [doi: 10.1002/gps.3787].

Miguel, F.K. (2005). Teste Wisconsin de classificação de cartas. *Avaliação Psicológica, 4*(2), 203-204.

Oliveira, M.S. & Rigoni, M.S. (2010). *Figuras complexas de Rey: teste de cópia e de reprodução de memória de figuras geométricas complexas*. São Paulo: Casa do Psicólogo.

Pedroso, R., Castro, M., & Araujo, R. (2010). Inventário de expectativas de resultados em usuários de maconha (Ierum): construção e validação. *Revista de Psiquiatria do Rio Grande do Sul, 32*, 24-29.

Pedroso, R., Oliveira, M., Araujo, R., & Moraes, J. (2004). Tradução, equivalência semântica e adaptação cultural do Marijuana Expectancy Questionnaire (MEQ). *Psico-USF, 9*(2), 129-136 [doi: 10.1590/S1413-82712004000200003].

Pedroso, R., Zanetello, L., Guimarães, L., Pettenon, M., Gonçalves, V., Scherer, J., Kessler, F., &

Pechansky, F. (2016). Confirmatory factor analysis (CFA) of the Crack Use Relapse Scale (Curs). *Archives of Clinical Psychiatry, 43*(3), 37-40 [doi: 10.1590/0101-60830000000081].

Potvin, S., Stavro, K., Rizkallah, E., & Pelletier, J. (2014). Cocaine and cognition: a systematic quantitative review. *Journal of Addiction Medicine, 8*(5), 368-376 [doi: 10.1097/ADM.0000000000000066].

Ridley, R., Batchelor, J., Draper, B., Demirkol, A., Lintzeris, N., & Withall, A. (2018). Cognitive screening in substance users: Diagnostic accuracies of the Mini-Mental State Examination, Addenbrooke's Cognitive Examination-Revised, and Montreal Cognitive Assessment. *Journal of Clinical and Experimental Neuropsychology, 40*(2), 107-122 [doi: 10.1080/13803395.2017.1316970].

Rigoni, M., Susin, N., Trentini, C., & Oliveira, M. (2013). Alcoolismo e avaliação de funções executivas: uma revisão sistemática. *Psico, 44*, 122-129.

Santos, W., Gouveia, V., Fernandes, D., Souza, S., & Grangeiro, A. (2012). Alcohol Use Disorder Identification Test (Audit): explorando seus parâmetros psicométricos. *Jornal Brasileiro de Psiquiatria, 61*(3), 117-123 [doi: 10.1590/S0047-208520120003 00001].

Sartes, L.M., De Micheli, D., & Formigoni, M.L. (2009). Psychometric and discriminative properties of the Teen Addiction Severity Index (Brazilian Portuguese version). *European Child & Adolescent Psychiatry, 18*(11), 653-661 [doi: 10.1007/s00787-009-0021-z].

Souza, E., Crippa, J.A., Pasian, S., & Martinez, J.A. (2009). Modified Reasons for Smoking Scale: translation to Portuguese, cross-cultural adaptation for use in Brazil and evaluation of test-retest reliability. *Jornal Brasileiro de Pneumologia, 35*(7), 683-689.

Vignola, R. & Tucci, A. (2014). Adaptation and validation of the depression, anxiety and stress scale (Dass) to Brazilian Portuguese. *Journal of Affective Disorders, 155*, 104-109.

Viola, T., Cardoso, C., Francke, I., Gonçalves, H., Pezzi, J.C., Araujo, R. ..., & Grassi-Oliveira, R. (2012). Tomada de decisão em dependentes de crack: um estudo com o Iowa Gambling Task. *Estudos de Psicologia, 17*(1), 99-106 [doi: 10.1590/S1413-294X2012000100012].

60
Avaliação psicológica e transtornos do neurodesenvolvimento

Maria Cristina Triguero Veloz Teixeira

Cleonice Alves Bosa

O capítulo aborda a questão da definição dos transtornos do neurodesenvolvimento, o papel da avaliação psicológica para o reconhecimento de seus sinais e sintomas e para o acompanhamento e/ou monitoramento. Busca-se ainda apresentar um panorama dos principais indicadores de desenvolvimento infantil que devem ser monitorados antes da idade escolar e as especificidades e implicações teóricas e práticas de um plano de avaliação baseado em evidências científicas, considerando os avanços do psicodiagnóstico para esses transtornos. Discutem-se algumas das principais dificuldades relacionadas ao diagnóstico diferencial dentro desse agrupamento, no processo psicodiagnóstico, por meio da apresentação de uma vinheta clínica sobre um caso de diagnóstico tardio de Transtorno do Espectro Autista. Conclui-se que, no Brasil, embora tenham ocorrido avanços na área, há muitos desafios que o país ainda enfrenta para fins de avaliação psicológica dos transtornos do neurodesenvolvimento.

Introdução

Os transtornos do neurodesenvolvimento, com a publicação do DSM-5 (APA, 2014), passaram a ser tratados como um grupo de condições que seguem um contínuo desde a infância até o envelhecimento (abordagem do ciclo vital), sendo que as primeiras manifestações deverão ser identificadas em geral antes da idade escolar. Foram assim denominados porque alguns achados fisiopatológicos revelaram que as suas características fenotípicas tendem a ser influenciadas por um atraso ou desvio no desenvolvimento cerebral. Ressalta-se que o DSM-5 foi inicialmente proposto para ser uma mudança de paradigma na psiquiatria por meio da ligação dos diagnósticos à fisiopatologia. Essa expectativa, entretanto, foi frustrada pela inexistência de marcadores neurobiológicos com suficiente especificidade diagnóstica, tarefa que outras iniciativas tentam dar continuidade, a exemplo do Research Domain Criteria (Rdoc) do Instituto Nacional de Saúde Mental (Nimh) (Insel et al., 2010).

Em níveis diferentes de gravidade, esses transtornos acarretam prejuízos no funcionamento pessoal, social, acadêmico da criança ou adolescente, e mais tarde na vida adulta na área ocupacional e social em geral.

No DSM-5 a classificação abrange os seguintes transtornos do neurodesenvolvimento (APA, 2014):

a) Deficiência intelectual;

b) Transtorno do Espectro do Autista;

c) Transtorno do Déficit de Atenção/Hiperatividade;

d) Transtorno Específico da Aprendizagem;

e) Transtornos da Comunicação;

f) Transtornos motores;

g) Transtornos de Tique.

Os déficits de desenvolvimento nesses transtornos podem variar, desde limitações específicas na aprendizagem, controle de funções executivas, até prejuízos globais em habilidades sociais ou inteligência (APA, 2014). A ocorrência de mais de um transtorno do neurodesenvolvimento é frequente, o que pode comprometer a avaliação clínica se os profissionais não tiverem clareza de marcos esperados de desenvolvimento infantil e sinais e sintomas de um determinado transtorno. Algumas das condições que frequentemente se apresentam em forma comórbida são a Deficiência intelectual, o Transtorno do Espectro do Autista, o Transtorno do Déficit de Atenção/Hiperatividade e o Transtorno Específico da Aprendizagem. O DSM-5 incluiu, para alguns transtornos do neurodesenvolvimento, especificadores de curso, gravidade e/ou características descritivas ou sintomas.

Embora o DSM-5 tenha trazido contribuições importantes sobre critérios clínicos e descritores dos transtornos do neurodesenvolvimento, os profissionais devem saber como obter informações confiáveis e válidas sobre a criança avaliada. A avaliação psicológica de crianças com suspeita de transtornos do neurodesenvolvimento deve ser conduzida sob bases científicas e adotando procedimentos de investigação mediante uso de técnicas e/ou testes psicológicos que avaliem uma ou mais características psicológicas visando um diagnóstico psicológico (descritivo e/ou dinâmico), construído à luz de uma orientação teórica que subsidie a compreensão da situação avaliada, podendo gerar uma ou mais indicações terapêuticas e encaminhamentos (Krug, Bandeira, & Trentini, 2016). Entretanto, haverá processos psicodiagnósticos para alguns transtornos do neurodesenvolvimento em idades muito precoces do desenvolvimento para os quais nem sempre há instrumentos com propriedades psicométricas adequadas para todos os construtos ou habilidades que necessitam ser avaliadas, sendo a avaliação clínica do próprio profissional o único instrumento disponível (Bandeira & Silva, 2017).

Avaliações periódicas devem ser conduzidas com a criança e acompanhadas de entrevistas com os principais cuidadores que explorem diferentes detalhes do desenvolvimento, sendo recomendável o uso da anamnese. Perante quaisquer sinais de transtorno do neurodesenvolvimento, recomenda-se que seja realizada uma avaliação inicial compreensiva e, preferencialmente, multidimensional que abranja diferentes domínios do funcionamento da criança. Nos aspectos globais do desenvolvimento e domínios cognitivos devem ser avaliados: a) linguagem (ex.: compreensão e expressão da fala), b) habilidades motoras (ex.: fina e grossa), c) raciocínio (ex.: identificar semelhanças e diferenças entre objetos), d) solução de problemas da vida diária, e) planejamento de brincadeiras, f) julgamentos, g) pensamento abstrato (ex.: dificuldades para brincar de maneira imaginária, "dando voz" a objetos inanimados), h) competências para aprender a partir de experiências do dia a dia na convivência com outras pessoas, dentre outros.

Nos aspectos relacionados à comunicação e à interação social devem ser verificados déficits de comunicação e interação social que poderão se manifestar nas conversas com pares e com adultos, na partilha de emoções e afetos, nas dificuldades para se envolver em brincadeiras em grupos, na compreensão de pistas sociais e gestos durante as interações sociais, dificuldades para fazer amigos ou se interessar por pares, dentre outros. Nos aspectos relativos a problemas emocionais e comportamentais devem ser verificadas a presença de isolamento social, hipo ou hiper-reatividade emocional, ansiedade, problemas para dormir, problemas de atenção, comportamentos agressivos e autoagressivos, dentre outros.

Evidências científicas têm mostrado a importância da identificação de alterações do neurodesenvolvimento pelo seu impacto negativo no desenvolvimento da criança nas áreas social, acadêmica e de funcionamento adaptativo em geral. Quando esses indicadores são devidamente monitorados, os profissionais que atendem a criança terão informações precisas para o levantamento de suspeitas específicas para determinados transtornos do neurodesenvolvimento, considerando a elevada prevalência desses e de outros problemas de saúde mental na infância (APA, 2014). Estudo de meta-análise conduzido por Polanczyk e colabs. (Polanczyk, Salum, Sugaya et al., 2015), verificou taxas elevadas de prevalência de transtornos mentais na infância a partir de 41 estudos, publicados entre 1985 e 2012 em amostras de 27 países. A partir da meta-análise, os resultados estimaram uma prevalência geral de, pelo menos, 13,4%, com elevadas taxas de comorbidade entre os transtornos do neurodesenvolvimento identificados.

Com o início da idade escolar, o processo formal de aprendizado acadêmico demanda da criança o desenvolvimento de diversos repertórios sociocomportamentais e habilidades cognitivas compatíveis com as exigências das atividades acadêmicas e educativas do contexto escolar, a saber: habilidades de leitura, escrita, cálculo, repertórios de habilidades sociais de relacionamento com pares, realização de atividades acadêmicas em grupo, solução de problemas interpessoais, tomadas de decisão e habilidades de autorregulação e planejamento de atividades, dentre outras (Dias & Seabra, 2017). De um lado, crianças com desenvolvimento neurotípico podem apresentar variações de desempenho nesses diferentes repertórios em função do gênero, idade, problemas transitórios de saúde, absenteísmo à escola e fatores ambientais ligados à estimulação social, educacional e pedagógica, dentre outros. De outro lado, crianças com transtornos do neurodesenvolvimento, a depender do tipo específico de condição, terão diferentes afetações nesses domínios de desempenho, tanto nas suas manifestações como no nível de gravidade.

A avaliação psicológica da população infantojuvenil deve abranger indicadores de funcionamento intelectual, funcionamento adaptativo, problemas emocionais e comportamentais e fatores de vulnerabilidade e de recursos em função de especificidades culturais do ambiente onde a criança se desenvolve (Sánchez-Sánchez, Fernández-Pinto, Santamaría et al., 2016). Os aspectos de funcionamento adaptativo e problemas emocionais e comportamentais devem ser auferidos a partir de múltiplos informantes (pais, professores, cuidadores) com instrumentos de relatos comportamentais (Achenbach, Ivanova, Rescorla et al., 2016). No Brasil, um dos sistemas integrados de avaliação mais utilizados, que é baseado no relato de múltiplos informantes, é o Sistema de Avaliação Empiricamente Baseado/*Achenbach System of Empirically Based Assessment* – Aseba, de Achenbach (Achenbach, Ivanova, Rescorla et al., 2016;

Bordin, Rocha, Paula et al., 2013; Achenbach, Ivanova, Rescorla et al., 2016). Pelos elevados índices de sensibilidade e especificidade para detecção de psicopatologias na infância, incluídos os transtornos do neurodesenvolvimento, e pela avaliação de alguns indicadores de funcionamento adaptativo no contexto social-familiar e escolar (nos inventários de 6 a 18 anos), o Aseba é um dos sistemas integrados de avaliação emocional e comportamental de maior confiabilidade (Achenbach, Ivanova, Rescorla et al., 2016).

A avaliação de indicadores de funcionamento intelectual deve ser conduzida com a própria criança mediante uso de testes psicológicos. Para maiores detalhamentos sobre avaliação psicológica do funcionamento intelectual consultar a seção 3 deste livro, na qual são apresentados diferentes instrumentos de avaliação de habilidades cognitivas e de linguagem, dentre outras, bem como a seção 1, dedicada aos fundamentos da avaliação psicológica na qual são listados os testes aprovados no Sistema de Avaliação de Testes Psicológicos (Satepsi). É amplo o número de escalas e testes para avaliação de inteligência com propriedades psicométricas adequadas. No Brasil, alguns dos mais utilizados em crianças com suspeitas de rebaixamento intelectual, seja para verificação de habilidades preservadas, bem como de habilidades deficitárias, são as Matrizes Progressivas Coloridas de Raven (Angelini, Alves, Custódio, Duarte, & Duarte, 1999), a Escala Wechsler de Inteligência para Crianças (Wechsler, 2013), a Escala Wechsler Abreviada de Inteligência (Trentini, Yates, & Bates, 2014) e o Teste Não Verbal de Inteligência SON-R 2½-7 [a] (Laros, Tellegen, Jesus et al., 2015). Para a avaliação de indicadores de capacidade de ra-

ciocínio geral é utilizada predominantemente a Escala de Maturidade Mental Colúmbia (Alves, Duarte, & Duarte, 1993).

A complexidade dos transtornos do neurodesenvolvimento demanda ainda que os profissionais que avaliam a criança desenvolvam competências para a avaliação de outras áreas cujas especificidades variam de acordo com o tipo de transtorno; por exemplo, *expertise* para avaliar domínios de consciência fonológica, leitura, expressão escrita e matemática, para casos com suspeita de transtornos específicos de aprendizagem, ou *expertise* para avaliar domínios de atenção compartilhada, resposta social, brincadeira simbólica e habilidades da Teoria da Mente (ToM), no caso de suspeita de TEA. A Tabela 1 apresenta uma síntese das principais especificidades que podem fazer parte da avaliação psicológica, de acordo com os principais transtornos do neurodesenvolvimento. Bandeira e Silva (2017) destacam que um processo de psicodiagnóstico, no caso de uma criança com suspeita de TEA, demanda que os profissionais realizem cursos ou estudos que esclareçam com mais profundidade o transtorno e seus sintomas, assim como uma atualização científica contínua sobre o mesmo. Ainda ressaltam que os conhecimentos incluem desde uma compreensão ampla da variação dos sintomas de TEA entre os indivíduos até conhecimentos sobre os instrumentos disponíveis e a capacidade e competência para usá-los. Considerando a complexidade de áreas envolvidas na avaliação de crianças com suspeita de transtornos do neurodesenvolvimento (Tabela 1), a recomendação que as autoras oferecem para TEA é igualmente válida para todos os demais transtornos.

60 Avaliação psicológica e transtornos do neurodesenvolvimento

Tabela 1 Principais especificidades da avaliação psicológica no processo diagnóstico dos transtornos do neurodesenvolvimento e avaliações de outros profissionais

Transtorno do Neurodesenvolvimento	Áreas de avaliação psicológica	Áreas de avaliação de outros profissionais
Deficiência intelectual	Habilidades de inteligência com abordagem neuropsicológica (ex.: raciocínio, solução de problemas, planejamento, pensamento abstrato, juízo, aprendizagem pela experiência), habilidades motoras, funcionamento adaptativo social e prático (ex.: habilidades de autocuidado, competências para atividades de lazer, realização de atividades da vida diária, socialização), competências escolares, problemas emocionais e comportamentais (ex.: birras, agressividade, autoagressividade, estereotipias, isolamento social).	Avaliação clínica médica, avaliação neurológica, genética e psiquiátrica, avaliação fonoaudiológica, avaliação motora.
Transtornos da Comunicação	Habilidades de linguagem sociocomunicativas (ex.: intenção sociocomunicativa, imitação social, partilha de interesses), habilidades de cognição social (ex.: atenção compartilhada, habilidades da Teoria da Mente (ToM), gestos de compartilhamento de interesses, percepção social de emoções), habilidades de inteligência com abordagem neuropsicológica, funcionamento adaptativo, habilidades de aprendizagem (ex.: leitura, escrita e cálculo aritmético), funções executivas (ex.: planejamento, organização, controle inibitório), problemas emocionais e comportamentais (ex.: birras, agressividade, isolamento social, ansiedade), comorbidades psiquiátricas.	Avaliação fonoaudiológica que verifique habilidades de linguagem (ex.: forma, função e o uso do sistema convencional de símbolos da língua como palavras faladas, linguagem de sinais, palavras escritas, figuras, regras para a comunicação), habilidades de fala (ex.: produção de sons, articulação, fluência, qualidade da ressonância da voz), habilidades de comunicação (ex.: comportamento verbal e não verbal [intencional ou não] que influencia o comportamento, as ideias ou as atitudes de outro indivíduo, dentre outros).
Transtorno do Espectro do Autista	Habilidades sociocomunicativas (ex.: imitação social, partilha de interesses e intenção sociocomunicativa), habilidades de cognição social (ex.: atenção compartilhada, habilidades da Teoria da Mente [ToM], gestos de compartilhamento de interesses, percepção social de emoções), habilidades de inteligência com abordagem neuropsicológica (ex.: raciocínio, solução de problemas, planejamento, pensamento abstrato, juízo, aprendizagem pela experiência), funcionamento adaptativo, funções executivas (ex.: planejamento, organização, controle inibitório), funções sensório-motoras (ex.: hiper e hiporreatividade sensorial), problemas emocionais e comportamentais (ex.: birras, agressividade, autoagressividade, estereotipias, isolamento social), comorbidades psiquiátricas, habilidades de brincar (ex.: comportamento exploratório durante brincadeiras, uso de brinquedos, tipos de brincadeiras), habilidades de linguagem (ex.: habilidades de linguagem compreensiva, expressiva, receptiva e pragmática).	História familiar de pessoas com TEA, avaliação clínica médica, avaliação fonoaudiológica, avaliação neurológica, genética e psiquiátrica.

Continua →

Transtorno do Neurodesenvolvimento	Áreas de avaliação psicológica	Áreas de avaliação de outros profissionais
Transtorno do Déficit de Atenção/Hiperatividade	Habilidades de inteligência com abordagem neuropsicológica (ex.: raciocínio, solução de problemas, planejamento, pensamento abstrato, juízo, aprendizagem pela experiência), funções executivas (ex.: planejamento, organização, controle inibitório, memória de trabalho), habilidades de aprendizagem (ex.: leitura, escrita e cálculo aritmético), habilidades atencionais (atenção sustentada, concentrada, dividida, alternada), problemas emocionais e comportamentais (ex.: desafio e oposição, comportamento de seguir regras, problemas somáticos de fundo emocional, agitação motora, impulsividade, isolamento social, ansiedade), estilos parentais educativos, avaliação de comorbidades psiquiátricas (ex.: transtorno explosivo intermitente, transtorno de oposição e desafio, transtorno do espectro autista, transtorno específico de aprendizagem, ansiedade, transtorno de apego reativo), avaliação de questões relativas à cultura, tanto para o diagnóstico como para modificadores do curso do transtorno, de acordo com o manejo da criança.	História familiar de pessoas com TDAH, avaliação clínica médica, avaliação fonoaudiológica, avaliação neurológica e psiquiátrica.
Transtorno Específico da Aprendizagem	Habilidades de inteligência com abordagem neuropsicológica (ex.: raciocínio, solução de problemas, planejamento, pensamento abstrato, juízo, aprendizagem pela experiência), habilidades específicas de aprendizagem em domínios da leitura, expressão escrita e matemática (ex.: leitura de palavras, fluência, compreensão da leitura, escrita, uso da gramática, pontuação, organização, senso e fatos numéricos, cálculo aritmético), funções executivas (ex.: planejamento, organização, controle inibitório, memória de trabalho), problemas emocionais e comportamentais (ex.: desafio e oposição, comportamento de seguir regras, problemas somáticos de fundo emocional, impulsividade, isolamento social, ansiedade), estilos parentais educativos, avaliação de comorbidades psiquiátricas (ex.: Transtorno do Déficit de Atenção/Hiperatividade, ansiedade), avaliação de questões relativas à cultura, tanto para o diagnóstico como para modificadores do curso do transtorno, de acordo com o manejo da criança.	História familiar de pessoas com Transtorno Específico da Aprendizagem, avaliação de desempenho escolar, avaliação fonoaudiológica, avaliação neurológica.
Transtornos motores	Habilidades de coordenação motora (ex.: apanhar objetos, usar tesouras, escrever a mão, andar de bicicleta ou praticar esporte), funcionamento adaptativo prático (ex.: habilidades de autocuidado, competências para atividades de lazer, realização de atividades da vida diária), competências escolares (ex.: leitura, escrita e cálculo aritmético), habilidades de brincar, habilidades de inteligência com abordagem neuropsicológica, funções executivas (ex.: planejamento, organização, controle inibitório, memória de trabalho), habilidades atencionais, problemas emocionais e comportamentais (ex.: comportamento de seguir regras, problemas somáticos de fundo emocional, agitação motora, impulsividade, isolamento social, ansiedade).	Avaliação clínica médica, avaliação genética, avaliação neurológica.

Para ilustrar a complexidade de um processo de avaliação psicológica de criança com suspeita de transtorno do neurodesenvolvimento apresenta-se a seguir uma vinheta de caso clínico.

Vinheta clínica

Lucas é um menino de 8 anos e 5 meses, encaminhado para avaliação psicológica pela escola. Ele cursava o 3º ano do Ensino Fundamental de uma escola pública e as queixas trazidas pelos pais e escola relacionavam-se principalmente a problemas de dispersão e agitação, além de desempenho acadêmico aquém do esperado.

A entrevista inicial com os pais realizada em um serviço-escola não revelou intercorrências na gravidez, parto ou pós-parto, nem atrasos quanto aos marcos de desenvolvimento. Entretanto, em relação à sociabilidade, foi relatado que ele era considerado um menino tímido, que nunca gostou muito de brincar com outras crianças. A entrevista posterior com a escola também revelou que ele tendia ao "retraimento", preferindo brincar sozinho. Na avaliação geral de inteligência (Wasi – Trentini, Yates, & Heck, 2014), Lucas apresentou um desempenho cognitivo classificado como dentro da média esperada para sua idade, demonstrando capacidade de abstração, resolução de problemas e raciocínio lógico. Da mesma forma, uma medida de avaliação da inteligência não verbal (*Matrizes Progressivas Coloridas de Raven* – Angelini et al., 1999) constatou desempenho acima da média para a idade na tarefa que avalia atividade mental edutiva (capacidade de extrair novos *insights* e informações daquilo que já é conhecido, requerendo percepção contextual) e reprodutiva (que inclui o domínio, a lembrança e a reprodução de materiais). Por outro lado, na avaliação da organização percep-

tual de estímulos visuais (*Figuras Complexas de Rey* – Oliveira, Rigoni, Andretta et al., 2004), o menino obteve classificação inferior à média no que tange à riqueza e exatidão da cópia. Pôde-se notar uma dificuldade de análise visuoespacial, explicada, em parte, pela tendência a se ater muito a detalhes. Do ponto de vista comportamental, os problemas de sociabilidade, atenção e isolamento foram identificados pelo CBCL/6-18 (Achenbach et al., 2016) e também pelas reações comportamentais de Lucas durante o processo avaliativo. A avaliação sociocomunicativa, por meio do exame da qualidade da brincadeira, durante a hora lúdica, foi realizada com base nas diretrizes preconizadas por Bosa, Backes, Romeiro e Zanon (2017), para identificar possíveis desvios qualitativos na interação social. Foram observadas dificuldades na imitação, interação social recíproca e brincadeira simbólica, além de pouca flexibilidade e dificuldade para lidar com os estímulos sensoriais. A tendência à rigidez comportamental foi também observada durante a realização da avaliação cognitiva, o que demandou um manejo adequado do avaliador.

Esses resultados, somados ao perfil cognitivo, levantaram a suspeita de TEA. Em função disso, na sequência foi incorporada à bateria a avaliação da habilidade de Teoria da Mente (Rodrigues, Pelisson, Silveira, Ribeiro, & Silva, 2015) e pôde-se observar que Lucas apresentou dificuldades na capacidade de atribuir estados mentais a outras pessoas, especialmente nas tarefas de crença falsa explícita, emoção e crença, e emoção real x aparente, revelando um desempenho inferior ao de crianças de 5 anos (faixa etária do instrumento). Os resultados da medida (retrospectiva) do M-Chat (Castro-Souza, 2011) identificaram dificuldades como desinteresse por outras crianças, ausência de brincadeira simbólica, deficiências na imitação e ausência de checagem das expressões faciais dos adultos, desde os primeiros anos de vida. Finalmente, foi administrado o Inventário de Comportamento Autístico – ABC (Marteleto & Pedromonico, 2005), cujos resultados, quando articulados com as demais informações obtidas na avaliação, confirmaram a suspeita de TEA. A avaliação subsequente da equipe de saúde médica e da fonoaudiologia permitiram o fechamento do diagnóstico e encaminhamentos.

O presente caso ilustrou a importância da avaliação psicológica e da equipe multidisciplinar na questão da elucidação diagnóstica desta área. Nesse caso específico, as dificuldades ocorreram tanto em relação às características intrínsecas ao TEA quanto às comorbidades que, entre outros fatores, mascararam os sinais, contribuindo para um diagnóstico tardio. Sobre os aspectos inerentes ao TEA, vários autores chamam a atenção para os principais desafios. Por exemplo, em uma avaliação psicodiagnóstica, o uso de instrumentos psicológicos e a própria interação com a criança podem implicar uma estimulação sensorial muito intensa para o indivíduo com suspeita de TEA, em um ambiente ao qual ele não está familiarizado. Essa instabilidade sensorial, por sua vez, pode gerar uma sobrecarga emocional, desencadeando uma alteração no comportamento. Em consequência, no caso de instrumentos psicométricos, os escores utilizados nessas situações podem não representar o real potencial de desempenho do avaliado (Bandeira & Silva, 2017; Carreiro et al., 2014). Além dos aspectos sensoriais, a disfunção executiva associada ao TEA pode explicar as dificuldades nas situações que envolvem a administração de instrumentos nessa população, uma vez que a sua execução em geral requer inibição do comportamento, atenção, planejamento e monitoramento.

Sobre as comorbidades, o próprio DSM-5 (APA, 2014) reconhece a necessidade de mudanças nos procedimentos de avaliação, em função dos transtornos associados dentro de uma determinada condição. A coocorrência de condições mentais, neurodesenvolvimentais, médicas e físicas (ex.: deficiência intelectual, epilepsia, TDAH) é mais alta do que na população geral. De igual importância em um processo de construção do psicodiagnóstico de TEA é a escolha de instrumentos que avaliem as diferentes áreas de desenvolvimento, em especial a cognição social, funcionamento adaptativo, funções executivas, sensório-motoras, além do perfil cognitivo. A literatura sobre cognição social, por exemplo, aponta para alterações nos domínios dessa área, principalmente relacionadas à ToM, ocorrendo independentemente do nível cognitivo apresentado pelo indivíduo. A esse respeito, Teixeira, Mecca e Silva (2017) sugerem a utilização dos inventários do Sistema Achenbach de Avaliação Baseada em Evidências (Achenbach et al., 2016), dado que problemas de comportamento podem ser preditores de déficits conceituais, sociais e práticos no TEA. No que tange à avaliação das habilidades relacionadas às funções executivas, a literatura aponta para a importância destas no entendimento do perfil de funcionamento do indivíduo, dada a sua relação com habilidades sociais e funcionamento adaptativo, além de positivamente correlacionada à brincadeira simbólica (Seabra et al., 2017). Finalmente, o perfil de desempenho em avaliação cognitiva, que tende a ser superior na área não verbal, especialmente nos casos de inteligência preservada, pode auxiliar na elucidação diagnóstica (Goharpey, Crewther, & Crewther, 2013).

Ainda, especificamente quanto à avaliação de TEA, esta, em função da sua definição, envolve a identificação de sinais de alerta em marcos do desenvolvimento nos primeiros anos de vida, muitas vezes utilizando-se de entrevistas clínicas retrospectivas com cuidadores e profissionais que convivam com o indivíduo. Além desses, podem ser utilizados instrumentos de rastreio da presença de sintomas de TEA, bem como instrumentos que avaliem habilidades cognitivas, funcionalidade, desempenho acadêmico e social, bem como outros domínios que o avaliador julgar pertinentes à resolução do caso. A qualidade da avaliação irá depender da triangulação dos dados obtidos através das variadas fontes de informação utilizadas no processo (Bandeira & Silva, 2017).

Apesar de manifestar-se muitas vezes precocemente, o diagnóstico acurado de TEA demora a acontecer, por diversas razões. O despreparo de profissionais da saúde da atenção primária, por exemplo, pode acarretar na não identificação de sinais de risco, ou mesmo no obscurecimento do diagnóstico, quando há a tendência de deixar de diagnosticar outras condições comórbidas ou quando uma condição mais notável está presente. O diagnóstico incorreto de TEA também pode ocorrer através dos chamados diagnósticos falso-positivos, nos quais há identificação equivocada de sintomas.

Em síntese, a elucidação diagnóstica de um caso de suspeita de TEA requer, entre vários aspectos, múltiplas fontes de informações, qualificação profissional nessa área, trabalho em equipe e adequada seleção de instrumentos, de acordo com as condições disponíveis. Cada um desses aspectos ainda representa um grande desafio na realidade brasileira, com destaque para a escassez de instrumentos de avaliação construídos e validados nacionalmente, bem como o custo de adaptação/validação de instrumentos nacionais. Aqueles especialmente desenvolvidos para crianças em idade pré-escolar e com transtornos do desenvolvimento são ainda mais escassos. Embora haja algumas iniciativas, conforme será abordado a seguir, esses esforços ainda estão distantes de atenderem à necessidade do país.

Transtornos do desenvolvimento: avanços e desafios na realidade brasileira

Na última década, o Brasil avançou em políticas públicas para as áreas historicamente mais desassistidas, como a da deficiência (especialmente a intelectual) e a do TEA. Essas políticas contribuíram para elevar a busca por avaliação psicológica, por uma demanda escolar (inclusão), solicitação de benefícios etc.

Entretanto, no contexto da saúde, ainda são escassos os investimentos em várias ações: 1) na formação de profissionais para atuar em avaliação psicológica nessa área, incluindo as competências dos profissionais para avaliar a necessidade de adaptação de procedimentos padronizados de avaliação com base nas necessidades e na motivação da criança; 2) na construção e validação de instrumentos para avaliação psicológica específicas para essas áreas; 3) na intersetorialidade das ações de avaliação entre os setores da saúde e da educação; e 4) fortalecimento da pesquisa nessa área. Sobre este último, observa-se uma significativa porém tímida produção científica e técnica com foco nos transtornos neurodesenvolvimentais, tais como construção e/ou validação de instrumentos e técnicas de avaliação (ex.: Bosa & Salles, 2018; Backes, Monego, Bosa, & Bandeira, 2014), e protocolos de avaliação médico-clínica, neuropsicológica, comportamental para caracterização do nível de funcionamento intelectual de alunos com necessidades especiais.

Considerações finais

Este capítulo abordou a questão da definição dos transtornos do neurodesenvolvimento, identificando as principais dificuldades e especificidades da avaliação psicológica no processo diagnóstico dessas condições. Concluiu-se que os avanços nas políticas públicas voltadas para pessoas com deficiência possivelmente vêm contribuindo para o aumento da procura por avaliação psicológica. Consequentemente, isso tem elevado os desafios para o campo. É urgente a necessidade de incremento dos estudos sobre construção e/ou validação de instrumentos voltados para essa população, em especial para aqueles com deficiência intelectual. De igual importância é a formação de profissionais em avaliação psicológica para atuarem com essa população. Esses desafios precisam ser enfrentados para que as ações nesta área sejam ampliadas de modo efetivo.

Referências

Achenbach, T.M., Ivanova, M.Y., Rescorla, L.A., Turner, L.V., & Althoff, R.R. (2016). Internalizing/Externalizing Problems: Review and Recommendations for Clinical and Research Applications. *Journal of the American Academy of Child and Adolescent Psychiatry, 55*(8), pp. 647-656.

Alves, I.C.B., Duarte, J.L., & Duarte, W. (1993). *Escala de Maturidade Mental Colúmbia*. São Paulo: Casa do Psicólogo.

American Psychiatric Association (2014). *Diagnostic and Statistical Manual of Mental Disorders – DSM-5*. Porto Alegre: Artmed.

Angelini, A.L., Alves, I.C.B.; Custódio, E.M.; Duarte, W.F., & Duarte, J.L.M. (1999). *Matrizes progressivas coloridas de Raven: escala especial – Manual*. São Paulo: Cetepp.

Backes, B., Monego, B.G., Bosa, C.A., & Bandeira, D.R. (2014). Psychometric Properties of Assessment Instruments for Autism Spectrum Disorder: A Systematic Review of Brazilian Studies. *Jornal Brasileiro de Psiquiatria, 63*, 154-164.

Bandeira, D.R. & Silva, M.A. (2017). Psicodiagnóstico em casos de suspeita de Transtorno do Espectro Autista. In C.A. Bosa, & M.C.T.V. Teixeira (Eds.). *Autismo: avaliação psicológica e neuropsicológica* (pp. 42-61). São Paulo: Hogrefe.

Bordin, I.A., Rocha, M.M., Paula, C.S., Teixeira, M.C., Achenbach, T.M., Rescorla, L.A., & Silvares, E.F. (2013). Child Behavior Checklist/CBCL, Youth Self-Report/YSR and Teacher's Report Form/TRF: An Overview of The Development of Original and Brazilian Version. *Cadernos de Saúde Pública, 29*(1), 13-28.

Bosa, C.A., Backes, B., Romeiro, G., & Zanon, R. (2017). Avaliação sociocomunicativa nos casos de suspeita de autismo: diretrizes para a hora lúdica diagnóstica. In C.A. Bosa & M.C.T.V. Teixeira (Eds.). *Autismo: avaliação psicológica e neuropsicológica* (pp. 42-61). São Paulo: Hogrefe.

Bosa, C.A. & Salles, J.F. (2018). *Sistema Protea-R de avaliação do Transtorno do Espectro Autista* [Manual]. São Paulo: Vetor.

Carreiro, L.R.R., Schwartzman, J.S., Cantiere, C.N., Silva, N.A., Martin, M.A.F., Chiquetto, C.M., Baraldi, G.S., Mariani, M.M.C., Seraceni, M.F.F., & Teixeira, M.C.T.V. (2014). Protocolo interdisciplinar de avaliação neuropsicológica, comportamental e clínica para crianças e adolescentes com queixas de desatenção e hiperatividade. *Revista de Psicologia: Teoria e Prática (Online), 16*, 155-171.

Castro-Souza, R.M. (2011). *Adaptação brasileira do M-Chat (modified checklist for autism in toddlers)*. Dissertação de mestrado. Brasília: Curso de Pós-Graduação em Psicologia Social, do Trabalho e das Organizações/UnB.

Dias, N.M. & Seabra, A.G. (2017). School performance at the end of elementary school: Contributions of intelligence, language, and executive functions. *Estudos de Psicologia* (Campinas), *34*(2): 315-326 [https://dx.doi.org/10.1590/1982-02752017000200012´].

Goharpey, N., Crewther D.P., & Crewther, S.G. (2013). Problem solving ability in children with intellectual disability as measured by the Raven's colored progressive matrices. *Rev. Dev. Disabil. 34*(12), 4.366-4.374 [doi: 10.1016/j.ridd.2013.09.013].

Insel, T., Cuthbert, B., Garvey, M., Heinssen, R., Kozak, M.J., Pine, D.S., Quinn, K., Sanislow, C.A., & Wang, P.W. (2010). Research Domain Criteria (RDoC): Developing a valid diagnostic framework for research on mental disorders. *American Journal of Psychiatry, 167*(7), 748-751.

Krug, J., Bandeira, D.R., & Trentini, C.M. (2016). Hora lúdica diagnóstica. In C.S. Hutz, D.R. Bandeira, C. Trentini, & J.S. Krug (Orgs.). *Psicodiagnóstico* (pp. 73-98). Porto Alegre: Artmed.

Laros, J.A., Tellegen, P.J., Jesus, G.R., & Karino, C.A. (2015). *Teste não verbal de inteligência: SON-R 2½-7[a]*. São Paulo: Hogrefe.

Marteleto, M.R.F. & Pedromônico, M.R.M. (2005). Validity of Autism Behavior Checklist (ABC): preliminary study. *Brazilian Journal of Psychiatry, 27*(4), 295-301.

Oliveira, M., Rigoni, M., Andretta, I., & Moraes, J.F. (2004). Validação do teste figuras complexas de Rey na população brasileira. *Avaliação Psicológica, 3*(1), 33-38.

Polanczyk, G.V., Salum, G.A., Sugaya, L.S., Caye, A., & Rohde, L.A. (2015). Annual Research Review: A meta-analysis of the worldwide prevalence of men-

tal disorders in children and adolescents. *Journal of Child Psychology and Psychiatry, 56*(3), 345-365 [doi: 10.1111/jcpp.12381].

Rodrigues, M., Pelisson, M., Silveira, F., Ribeiro, N., & Silva, R. (2015). Avaliação da teoria da mente: estudo com alunos de escolas públicas e particulares. *Estudos de Psicologia, 32,* 213-220.

Sánchez-Sánchez, F., Fernández-Pinto, I., Santamaría, P., Carrasco, M., & del Barrio, V. (2016). Sena – Sistema de Evaluación de Niños y Adolescentes: proceso de desarrollo y evidencias de fiabilidad y validez. *Revista de Psicología Clínica con Niños y Adolescentes, 3*(2), 23-34.

Seabra, A.G., Dias, N.M., Mecca, T., & Macedo, E.C. (2017). Contribution of Word Reading Speed to Reading Comprehension in Brazilian Children: Does Speed Matter to the Comprehension Model? *Front. Psychol., 20*(8), 630 [doi: 10.3389/fpsyg.2017.00630. eCollection 2017].

Teixeira, M.C.T.V., Mecca, T.P., & Silva, N.A. (2017). Funcionamento adaptativo no Transtorno do Espectro Autista: conceito e formas de avaliação. In C.A. Bosa & M.C.T.V. Teixeira (Eds.). *Autismo: avaliação psicológica e neuropsicológica* (pp. 135-149). São Paulo: Hogrefe.

Trentini, C.M., Yates, D.B., & Heck, V.S. (2014). *Wasi – Escala Wechsler abreviada de inteligência.* São Paulo: Casa do Psicólogo.

Wechsler, D. (2013). *Escala Wechsler de inteligência para crianças – WISC-IV.* São Paulo: Casa do Psicólogo.

Sobre os autores

Acácia A.A. dos Santos. Psicóloga pela Pontifícia Universidade Católica de Campinas, doutora em Psicologia Escolar e do Desenvolvimento Humano pela Universidade de São Paulo, professora titular da Universidade São Francisco. Foi editora das revistas *Psicologia Escolar e Educacional*, *Psicologia: Ciência e Profissão* e *Avaliação Psicológica*. Coordenadora-adjunta da área de Psicologia da Capes. Bolsista de Produtividade 1A do CNPq. Pesquisa nas áreas de Avaliação em Psicologia Educacional sobre os temas: compreensão de leitura, habilidades metalinguísticas, adaptação ao Ensino Superior, motivação para aprendizagem, metacognição, autorregulação da aprendizagem, estratégias de aprendizagem.

Adriana Jung Serafini. Filiação institucional: Universidade Federal de Ciências da Saúde de Porto Alegre (UFCSPA). Psicóloga (PUCRS), especialista em Psicologia Clínica – ênfase em Avaliação Psicológica (UFRGS), mestre em Psicologia do Desenvolvimento e doutora em Psicologia (UFRGS). Professora do Departamento de Psicologia e do Programa de Pós-Graduação em Psicologia e Saúde da UFCSPA.

Adriana Said Daher Baptista. Graduação em Psicologia pela Pontifícia Universidade Católica de Campinas (1992), aprimoramento em Psicologia Hospitalar pela Pontifícia Universidade Católica de Campinas – Hospital e Maternidade Celso Pierro (1996), mestrado em Psicologia pela Pontifícia Universidade Católica de Campinas (1999), doutorado em Psiquiatria e Psicologia Médica pela Universidade Federal de São Paulo (2004) e pós-graduação em Reab (2018). Docente da Fundação Hermínio Ometto – FHO. Psicóloga integrante da equipe da Clínica da Atenção, Memória e Humor – Campinas. Experiência na área de Psicologia, com ênfase em Psicologia na Saúde, atuando principalmente nos seguintes temas: psicologia hospitalar e da saúde, reabilitação/treinamento neurocognitivo, abordagem comportamental, saúde mental, depressão, idoso e família.

Alessandra Gotuzo Seabra. Psicóloga, mestre e doutora, com pós-doutorado pela Universidade de São Paulo (USP). Professora do Programa de Pós-graduação em Distúrbios do Desenvolvimento pela Universidade Presbiteriana Mackenzie (UPM). Coordenadora do Grupo de Neuropsicologia Infantil da UPM. Editora da revista *Psicologia: Teoria e Prática* e Bolsista de Produtividade do CNPq. Membro do conselho deliberativo do Ibap.

Alexandre J.S. Peres. Graduado em Psicologia pela Universidade Federal de Uberlândia (UFU) e mestre e doutor em Psicologia Social, do Trabalho e das Organizações pela Universidade de Brasília. Desde 2018 é professor da Universidade Federal de Mato Grosso do Sul (UFMS), Campus de Paranaíba. Anteriormente atuou como psicólogo no Ministério do Desenvolvimento Social (2006-2009) e como pesquisador-tecnologista em informações e avaliações educacionais do Instituto Nacional de Estudos e Pesquisas Educacionais Anísio Teixeira (2009-2018).

Alexandre Serpa. Gerente de pesquisa e desenvolvimento da Editora Hogrefe. Professor da pós-graduação em Psicologia do Iespe. *Review Editor for Psychopathology* da revista *Frontiers in Psychology*. Doutor em Avaliação Psicológica, mestre em Educação, psicólogo.

Almir Del Prette. Professor titular da Universidade Federal de São Carlos, doutor em Psicologia pela Universidade de São Paulo, pesquisador do CNPq, supervisor e autor de livros, testes e artigos sobre habilidades sociais e relações interpessoais (webpage: http://www.rihs.ufscar.br).

Ana Carina Stelko-Pereira. Pós-doutoranda da Universidade São Francisco, professora-adjunta da Universidade Estadual do Ceará (Uece), do Programa de Pós-graduação em Saúde Coletiva (Uece), doutora em Psicologia pela Universidade Federal de São Carlos, mestre em Educação Especial pela Universidade Federal de São Carlos e psicóloga pela Universidade Federal do Paraná.

Ana Carolina Zuanazzi. Psicóloga pela Universidade Estadual de Londrina (2014), mestre em Psicologia Clínica pelo Instituto de Psicologia da Universidade de São Paulo (2015), especialista em Neuropsicologia pelo Centro de Diagnóstico Neuropsicológico (2015), doutoranda em Psicologia, com ênfase em Avaliação Psicológica pelo Programa de Pós-Graduação em Psicologia da Universidade São Francisco, com doutorado-sanduíche na University of Toledo – Estados Unidos. Atua como pesquisadora com ênfase nos temas: avaliação psicológica, técnicas projetivas (em especial, Rorschach R-PAS) e inteligência emocional.

Ana Cristina Resende. Psicóloga, pós-doutorado pela Unifesp (Faculdade de Medicina – Departamento de Psiquiatria), doutorado em Psicologia pela PUC do Rio Grande do Sul, com estágio de doutorado pela California School of Professional Psychology – São Diego. É professora-adjunta do Programa de Pós-Graduação *Stricto Sensu* da PUC-Goiás, filiada ao Laboratório de Avaliação Psicológica em Saúde Mental (LAPSaM-I) da Universidade São Francisco (USF) em Campinas, presidente da Associação Brasileira de Rorschach e Métodos Projetivos (ASBRo) (biênio 2018-2020) e integrante da Comissão Consultiva de Avaliação Psicológica do Conselho Federal de Psicologia (biênio 2017-2019).

Ana Paula Porto Noronha. Psicóloga, mestre e doutora em Psicologia pela Pontifícia Universidade Católica de Campinas. Professora-associada do Programa de Pós-graduação *Stricto Sensu* em Psicologia da Universidade São Francisco. Bolsista produtividade em pesquisa do CNPq-1A. Foi presidente do Instituto Brasileiro de Avaliação Psicológica (Ibap) no biênio 2007-2009 e atualmente é membro do Conselho Deliberativo. Presidente da Associação Brasileira de Editores Científicos em Psicologia.

Andréa Duarte Pesca. Psicóloga clínica e esportiva. Mestre e doutora em Psicologia pelo Programa de Pós-Graduação em Psicologia – Universidade Federal de Santa Catarina. Pós-doutora em Psicologia do Desporto pela Faculdade de Motricidade Humana da Universidade de Lisboa e professora internacional convidada do doutoramento em Psicologia do Desporto na mesma faculdade. Docente do Curso de Psicologia da Faculdade Cesusc. Vice-líder do Laboratório Fator Humano. Membro da diretoria executiva da Associação Brasileira de Estudo em Psicologia do Esporte e do Exercício (ABEPEEx).

Anna Elisa de Villemor-Amaral. Professora-associada do Programa de Pós-graduação *Stricto Sensu* de Psicologia da Universidade São Francisco, ex-presidente e atual membro do Conselho Consultivo da Associação Brasileira de Rorschach e Métodos Projetivos (ASBRo), membro do GT de Métodos Projetivos da Anpepp, do Instituto Brasileiro de Avaliação Psicológica (Ibap), da International Society of the Rorschach and Projective Methods, da Society for Personality Assessment e do Therapeutic Assessment Institute.

Arthur de Almeida Berberian. Psicólogo. Mestre em Avaliação Psicológica pela Universidade São Francisco. Doutor em Psiquiatria e Psicologia Médica pela Universidade Federal de São Paulo (Unifesp). Pesquisador-colaborador do Programa de Esquizofrenia da Unifesp.

Bruna Tonietti Trevisan. Psicóloga pela Universidade São Francisco. Mestre e doutora, com pós-doutorado em Distúrbios do Desenvolvimento pela Universidade Presbiteriana Mackenzie (UPM). Especialista em Terapia Cognitivo-comportamental na Infância e Adolescência pelo Centro de Terapia Cognitiva Veda (CTC Veda). Professora e supervisora da pós-graduação em Neuropsicologia do Hospital das Clínicas da Faculdade de Medicina da Universidade de São Paulo (FMUSP). Professora da Especialização em Terapia Cognitivo-comportamental do CTC Veda. Pesquisadora do Grupo de Neuropsicologia Infantil da UPM.

Candice Steffen Holderbaum. Psicóloga (UFRGS). Doutora em Psicologia (UFRGS), com estágio-sanduíche no Centro de Pesquisa do Instituto de Geriatria da Universidade de Montreal (Canadá). Sócia-fundadora do Instituto de Neuropsicologia do Rio Grande do Sul (INRS). Professora-coordenadora dos cursos de especialização em Neuropsicologia do InTCC (RS).

Cândida Helena Lopes Alves. Professora-pesquisadora do Laboratório Neurociência e Comportamento da Universidade Ceuma, membro do GT da Anpepp de Avaliação Cognitiva e Neuropsicológica, representante da Sociedade Brasileira de Neuropsicologia (SBNp) no Maranhão, consultora *ad hoc* da Fundação de Amparo à Pesquisa do Maranhão (Fapema), doutora em Neuropsicologia pela Universidade de Salamanca, pós-doutora em Saúde Mental pela Universidade Católica de Brasília.

Carla Fernanda Ferreira-Rodrigues. Psicóloga pela UFPB, mestre em Psicologia pela UFRN e doutora em Psicologia na área de Avaliação Psicológica pela USF. Docente do Curso de Graduação em Psicologia e da Pós-graduação *Stricto Sensu* em Psicologia da Universidade Federal do Vale do São Francisco.

Carlos Henrique Sancineto da Silva Nunes. Psicólogo, doutor em Psicologia pelo PPGPSICO da UFRGS. É professor-associado do Departamento de Psicologia da Universidade Federal de Santa Catarina. Tem atuado na área de avaliação psicológica com ênfase em avaliação da personalidade, inteligência, avaliação educacional e psicometria.

Carlos Manoel Lopes Rodrigues. Psicólogo, mestre e doutorando em Psicologia Social, do Trabalho e das Organizações pela Universidade de Brasília, coordenador do Grupo de Pesquisa em Avaliação Psicológica em Contexto de Trabalhos de Risco, vinculado ao Laboratório de Pesquisa em Avaliação e Medida – LabPam. Professor-assistente e supervisor de estágio do Centro Universitário de Brasília – UniCEUB na área de Avaliação Psicológica.

Carmem Beatriz Neufeld. Livre-docente em Terapia Cognitivo-comportamental pelo Departamento de Psicologia da Faculdade de Filosofia, Ciências e Letras de Ribeirão Preto, da Universidade de São Paulo. Pós-doutora em Psicologia pela Universidade Federal do Rio de Janeiro (UFRJ). Mestre e doutora em Psicologia pela Pontifícia Universidade Católica do Rio Grande do Sul (PUCRS). Professora e orientadora da Faculdade de Filosofia, Ciências e Letras de Ribeirão Preto, da Universidade de São Paulo (FFCLRP-USP). Coordenadora do Laboratório de Pesquisa e Intervenção Cognitivo-comportamental (LaPICC-USP).

Carolina Baptista Menezes. Psicóloga (PUCRS), com mestrado e doutorado em Psicologia pela UFRGS. Realizou formação complementar no Mind and Life Institute Summer Meeting (Nova York) e estágio de doutorado no Laboratório de Neurofisiologia do Yoga (Haridwar, Índia). Professora do Programa de Pós-Graduação em Psicologia do Departamento de Psicologia da UFSC, onde coordena o Laboratório de Psicologia Cognitiva Básica e Aplicada. Desenvolve pesquisas na área de processos psicológicos básicos e sobre os efeitos cognitivos, comportamentais e emocionais das práticas de meditação, *mindfulness* e yoga.

Carolina Rosa Campos. Psicóloga, mestre e doutora em Psicologia pela PUC-Campinas. Doutoramento-sanduíche pelo Instituto Inico da Universidad de Salamanca. Estágio de pós-doutorado pela Universidade São Francisco na área de medidas psicométricas. Membro da diretoria da Associação Brasileira de Criatividade e Inovação (Criabrasilis) e membro do GT Psicologia Positiva e Criatividade da Anpepp. Atua sobre os temas: avaliação psicológica, habilidades cognitivas, pessoas com deficiência, inclusão escolar.

Caroline Tozzi Reppold. Psicóloga, mestre e doutora em Psicologia pela Universidade Federal do Rio Grande do Sul. Professora-associada da Universidade Federal de Ciências da Saúde de Porto Alegre. Coordenadora do Laboratório de Pesquisa em Avaliação Psicológica/UFCSPA. Bolsista produtividade em pesquisa do CNPq. Foi presidente do Instituto Brasileiro de Avaliação Psicológica (Ibap) no biênio 2011-2013. Membro do Conselho Deliberativo do Ibap e da ABP+ (Associação Brasileira de Psicologia Positiva). Membro da Comissão Consultiva de Avaliação Psicológica do Conselho Federal de Psicologia (Satepsi) entre 2010 e 2013 e novamente partir de 2017.

Cassandra Melo Oliveira. Psicóloga, doutora em Psicologia pelo PPGP da UFSC. Professora do Curso de Psicologia da Faculdade Cesusc. Neuropsicóloga. Psicóloga clínica e supervisora clínica em Terapia Cognitivo-comportamental e Neuropsicologia. Participa de pesquisas na Área da Avaliação Psicológica, que abrange os seguintes eixos temáticos: Personalidade, Estudos sobre deficiência, Desenho universal e Neuropsicologia.

Catarina P. Sette. Doutora em Psicologia pela Universidade São Francisco (USF). Dirige seus estudos com ênfase em personalidade, transtornos da personalidade, redes sociais e dependência de tecnologias.

Clarissa Pinto Pizarro de Freitas. É psicóloga com doutorado em Psicologia pela Universidade Federal do Rio Grande do Sul (UFRGS). Professora de pós-graduação em Psicologia Social da Universidade Salgado de Oliveira e coordenadora do Núcleo de Estudos em Psicologia Positiva Organizacional.

Cláudio Simon Hutz. Psicólogo com Ph.D. da Universidade de Iowa (EUA) e possui pós-doutorado pela Universidade do Estado do Arizona (EUA). É professor da UFRGS e coordenador do Laboratório de Mensuração. Foi presidente da Associação Nacional de Pesquisa e Pós-Graduação em Psicologia (Anpepp), Instituto de Avaliação Psicológica (Ibap) e da Associação Brasileira de Psicologia Positiva (ABP+).

Cleonice Alves Bosa. Professora do Programa de Pós-graduação em Psicologia do Desenvolvimento da Universidade Federal do Rio Grande do Sul (UFRGS) e coordenadora do Grupo de Estudos e Pesquisas em Transtornos do Desenvolvimento Nieped, com mestrado pela UFRGS e doutorado pelo Instituto de Psiquiatria da Universidade de Londres. Atua na área dos transtornos do neurodesenvolvimento com ênfase em avaliação e inclusão. Possui experiência com coordenação e supervisão de pesquisa, aplicação e treinamento de instrumento de avaliação de psicopatologias na infância e adolescência. Bolsista de produtividade em pesquisa do CNPq. Editora-associada da British Educational Psychology e coordenadora do Grupo de Trabalho da Anpepp – Transtornos do Espectro Autista (TEA): pesquisas em saúde e educação.

Cristiane Faiad. Mestre e doutora em psicologia pela Universidade de Brasília, professora-adjunta do Departamento de Psicologia Clínica e do Programa de Pós-Graduação em Psicologia Social, do Trabalho e das Organizações da UnB, coordenadora do curso de graduação da UnB, coordenadora do Laboratório de Pesquisa em Avaliação e Medida (LabPAM/UnB) e do Grupo de Avaliação Psicológica no contexto de segurança pública e privada (Perfil).

Daniel C. Mograbi. Professor-adjunto do Departamento de Psicologia da PUC-Rio, professor-colaborador do Programa de Pós-Graduação em Psiquiatria e Saúde Mental do Ipub-UFRJ e pesquisador-visitante em King's College London. É Ph.D. em Psicologia e Neurociências pelo King's College London (2011), tendo como principal tema de pesquisa o estudo da autoconsciência em pacientes neurológicos e psiquiátricos.

Daniela Sacramento Zanini. Psicóloga, doutora em Psicologia pela Universidad de Barcelona. Professora-adjunta II dos cursos de graduação e pós-graduação em Psicologia da Pontifícia Universidade Católica de Goiás (PUC-Goiás). Bolsista produtividade em pesquisa do CNPq. Conselheira do Conselho Federal de Psicologia.

Denise Ruschel Bandeira. Psicóloga, doutorado pelo Instituto de Psicologia da UFRGS, professora de graduação e pós-graduação do Instituto de Psicologia da UFRGS, coordenadora do Grupo de Estudo Aplicação e Pesquisa em Avaliação Psicológica, pesquisadora 1C do CNPq e atual membro do Comitê Assessor de Psicologia do CNPq. Foi coordenadora do Programa de Pós-Graduação em Psicologia da UFRGS e vice-presidente do Instituto Brasileiro de Avaliação Psicológica.

Eliane Mary de Oliveira Falcone. Mestre em Psicologia Clínica pela PUC-Rio e doutora em Psicologia Clínica pela USP. Tem pós-doutorado em Psicologia Experimental pela USP e em Psicologia Clínica pela PUC-RS. É docente do Programa de Pós-Graduação em Psicologia do Instituto de Psicologia da Uerj. Foi presidente da Federação Brasileira de Terapias Cognitivas – FBTC (gestão 2003-2005), quando fundou a *Revista Brasileira de Terapias Cognitivas – RBTC*, exercendo a função de editora até 2009. É membro do Grupo de Trabalho Pesquisa Básica e Aplicada em uma Perspectiva Cognitivo-comportamental da Associação Nacional de Pesquisa e Pós-Graduação em Psicologia (Anpepp). Atualmente realiza e orienta pesquisas de mestrado e doutorado sobre temas relacionados à ansiedade, empatia, transtornos da personalidade e relação terapêutica.

Elisa Kern de Castro. Possui graduação em Psicologia pela Pontifícia Universidade Católica do Rio Grande do Sul (1999), mestrado em Psicologia do Desenvolvimento pela Universidade Federal do Rio Grande do Sul (2001), doutorado em Psicologia Clínica e da Saúde – Universidad Autónoma de Madrid (2006) e pós-doutorado em Psicologia pela Universidad de Salamanca (2012). É professora-adjunta da Universidade do Vale do Rio dos Sinos, no Programa de Pós-Graduação em Psicologia e na graduação em Psicologia. Atualmente é coordenadora executiva do PPG Psicologia e membro do GT da Anpepp "Psicologia da Saúde em instituições e na comunidade". Tem experiência na área de Psicologia, com ênfase em Psicologia Clínica e da Saúde, atuando principalmente nos seguintes temas: psicologia da saúde, psicologia clínica, psicologia hospitalar, psico-oncologia, psicologia positiva, autorregulação do comportamento em saúde, promoção da saúde e prevenção de doenças, tecnologias em saúde.

Elodie Bertrand. Pós-doutoranda na Pontifícia Universidade Católica do Rio de Janeiro (PUC-Rio) e professora-adjunta na Unigranrio – Curso de Psicologia. É doutora em Psicologia Clínica e Neurociências pela PUC-Rio (2017), explorando os temas da memória, da consciência e da metacognição com pacientes neurológicos, em particular com pessoas com demência. É mestre em Neuropsicologia Cognitiva e Clínica pela Université de Strasbourg (França) (2012). Tem experiência na área clínica com ênfase em neuropsicologia, atuando principalmente em avaliação e reabilitação neuropsicológica com pacientes geriátricos, neurológicos e pacientes com transtorno global do desenvolvimento.

Erika Tiemi Kato Okino. Psicóloga do Departamento de Psicologia da Faculdade de Filosofia, Ciências e Letras de Ribeirão Preto, da Universidade de São Paulo, atuando em atividades de ensino, pesquisa e extensão. Fez mestrado e doutorado pela Universidade de São Paulo, com temáticas da área de Avaliação Psicológica. Membro do conselho consultivo e da atual diretoria da Associação Brasileira de Rorschach e Métodos Projetivos (ASBRo).

Eva Martins da Conceição. É licenciada e doutorada em Psicologia Clínica pela Escola de Psicologia da Universidade do Minho, onde é investigadora auxiliar e docente, integrando o Grupo de Estudos de Perturbações Alimentares. Com o seu foco de interesse no estudo do comportamento alimentar, tem participado no desenvolvimento de diferentes abordagens terapêuticas para a bulimia, obesidade pediátrica e cirurgia bariátrica. Faz parte dos membros da assembleia geral das sociedades do NDCA – Núcleo de Doenças do Comportamento Alimentar, da SPEO – Sociedade Portuguesa para o Estudo da Obesidade e do European Chapter da Academy of Eating Disorders.

Evandro Morais Peixoto. Docente do Departamento de Psicologia da Universidade de Pernambuco – UPE. Coordenador do Laboratório de Avaliação Psicológica e Psicometria LAPPsi. Pós-doutorando em Psicologia pela Universidade São Francisco – USF. Doutor em Psicologia como Profissão e Ciência pela Pontifícia Universidade Católica de Campinas (2016), com estágio doutoral (PDSE) desenvolvido na Université du Québec à Trois-Rivières, Canadá. Mestre em Psicologia como Profissão e

Ciência pela mesma universidade (2012). Graduado em Psicologia pela Universidade Presbiteriana Mackenzie (2010). Membro do Grupo de Pesquisa Avaliação Psicológica de Potencial Humano e do Grupo de Trabalho Avaliação Psicológica em Psicologia Positiva e Criatividade na Anpepp. Possui experiência na área de psicologia, atuando principalmente nos seguintes temas: Avaliação psicológica, Psicometria, Psicologia do Esporte.

Evely Boruchovitch. Psicóloga pela Universidade do Estado do Rio de Janeiro, Ph.D. em Educação pela University of Southern California, Los Angeles. Professora titular do Departamento de Psicologia Educacional da Faculdade de Educação da Universidade Estadual de Campinas – Unicamp. Coordenadora da Linha Psicologia e Educação do Programa de Pós-Graduação em Educação – FE/Unicamp. Foi editora da *Revista Educação e Ensino* da Universidade São Francisco. É editora-associada da Educação Temática Digital e da Psicologia Reflexão e Crítica, e membro do corpo editorial de diversas revistas científicas. É consultora *ad hoc* de diversas agências de fomento. Bolsista de Produtividade 1B do CNPq. Pesquisa nas áreas de Aprendizagem e Desenvolvimento humano, sobre os temas: aprendizagem autorregulada, estratégias de aprendizagem, metacognição, motivação para aprendizagem, afetividade, variáveis afetivo-motivacionais, construção e validação de instrumentos para avaliação psicoeducacional.

Fabián Rueda. Psicólogo, mestre e doutor em Psicologia pela Universidade São Francisco. Professor e coordenador (2016-2019) do Programa de Pós-Graduação *Stricto Sensu* da Universidade São Francisco. Bolsista produtividade do CNPq.

Fabiano Koich Miguel. Graduado em Psicologia (2002) pela Universidade Presbiteriana Mackenzie, com especialização em Psicologia do Trânsito (2003) pela Universidade Cruzeiro do Sul, mestrado (2006) e doutorado (2010) em Avaliação Psicológica pela Universidade São Francisco, com doutorado-sanduíche na Universidade de Évora (Portugal) e University of Toledo (Estados Unidos). Desenvolve pesquisas em inteligência emocio-

nal e construção de instrumentos informatizados. Atualmente é professor-adjunto da Universidade Estadual de Londrina (UEL) e foi pesquisador-convidado na Università degli Studi di Torino (Itália) em 2015-2016 e na University of Toledo (Estados Unidos) em 2018.

Felipe Valentini. Professor do Programa de Pós-Graduação *Stricto Sensu* em Psicologia da Universidade São Francisco (USF). Possui o título de Doutor em Psicologia Social, do Trabalho e das Organizações pela Universidade de Brasília (UnB) e realizou estágios pós-doutorais na Universidade de Massachusetts (Umass) e Universidade McGill. Valentini é editor-associado da *Revista Avaliação Psicológica* (do Ibap). Seus interesses de pesquisa focam em psicometria (principalmente TRI, SEM, análise multinível e viés de resposta), avaliação psicológica, inteligência e desempenho.

Fernanda Aguiar Pizeta. Pós-doutora em Psicologia pelo Departamento de Psicologia da FFCLRP-USP, Doutora em Ciências pelo Departamento de Neurociências e Ciências do Comportamento da FMRP-USP, mestre em Ciências pelo Departamento de Psicologia da FFCLRP-USP, docente do Curso de Psicologia da Universidade Paulista – Campus Ribeirão Preto, pesquisadora junto a grupos de pesquisa da USP e Unip, psicóloga-judiciário do Anexo da Violência Doméstica e Familiar contra a Mulher do Fórum da Comarca de Ribeirão Preto, membro da diretoria da Associação Brasileira de Rorschach e Métodos Projetivos.

Fernanda Machado Lopes. Professora-adjunta no Departamento de Psicologia e professora-permanente no Programa de Pós-graduação em Psicologia da Universidade Federal de Santa Catarina (UFSC). Coordenadora do Laboratório de Psicologia Cognitiva Básica e Aplicada (LPCOG/UFSC) e colaboradora do Núcleo de Neuropsicologia e Saúde do Hospital Universitário da UFSC. Graduada em Psicologia (PUCRS/2000), especialista em Psicoterapia de Técnicas Integradas pelo Instituto Fernando Pessoa (2004). Mestre (2009) e doutora (2013) em Psicologia do Desenvolvimento pela Universidade Federal do Rio Grande do Sul (UFRGS) e pós-doutora em Neurociências (2014) pela UFRGS. Terapeuta certificada pela Federação Brasileira de Terapias Cognitivas (FBTC), membro-associado da International Society of Substance use Professionals e membro do Grupo de Trabalho (GT) Processos, Saúde e Investigação em uma Perspectiva Cognitivo-comportamental da Associação Nacional de Pesquisa e Pós-graduação em Psicologia (Anpepp).

Gabriela Cremasco. É psicóloga pela Universidade São Francisco (2015). Mestre (2017) e doutoranda pelo Programa de Pós-Graduação *Stricto Sensu* em Psicologia com ênfase em Avaliação Psicológica pela Universidade São Francisco, como bolsista pela Coordenação de Aperfeiçoamento de Pessoal de Nível Superior (Capes).

Gabriela Frischknecht. Psicóloga pela Universidade Regional de Blumenau/Furb. Mestre e doutora em Psicologia pelo Programa de Pós-Graduação em Psicologia da Universidade Federal de Santa Catarina. Professora do Departamento de Psicologia da Universidade Regional de Blumenau (PSPS). Colaboradora do Núcleo de Pesquisas em Avaliação em Psicologia do Esporte e Exercício (Laboratório Fator Humano) e do Núcleo de Avaliação em Psicologia e Desenvolvimento (LaPAP) do Programa de Pós-Graduação em Psicologia da Universidade Federal de Santa Catarina. Atuação profissional e pesquisas com ênfase em Psicologia do Esporte.

Gabriela Peretti Wagner. Psicóloga (PUCRS). Doutora em Psicologia (UFRGS), com estágio-sanduíche no Human Cognitive Neuroscience Group, Universidade de Edimburgo. Pós-doutora em Psicologia (UFRGS). Professora-adjunta do Departamento de Psicologia (Universidade Federal de Ciências da Saúde de Porto Alegre – UFCSPA) e do Programa de Pós-Graduação em Psicologia e Saúde (UFCSPA). Professora-coordenadora da Liga Acadêmica de Neuropsicologia (LANp) da UFCSPA.

Germano Gabriel Lima Esteves. Professor-adjunto I do Departamento de Psicologia da Universidade de Rio Verde (UniRV). Doutorando no Programa de Pós-Graduação *Stricto Sensu* em Psicologia Social, do Trabalho e das Organizações da Universidade

de Brasília (UnB). Possui o título de Mestre em Psicologia, com ênfase em Processos Cognitivos e Avaliação Psicológica, pela Universidade Federal de Alagoas (Ufal). Seus interesses de pesquisa incluem psicometria, processamento de dados estatísticos, psicologia forense e utilização e desenvolvimento de tecnologias aplicadas à psicologia.

Giselle Pianowski. Doutora e pós-doutoranda em Psicologia pela Universidade São Francisco (USF). Foco de pesquisas direcionado à avaliação da personalidade, destacadamente com o Teste das Manchas de Tinta de Rorschach e escalas de autorrelato. Conduz pesquisas com o R-PAS e indicadores de psicopatologia em parceria com a University of Toledo e o R-PAS.

Hugo Ferrari Cardoso. Psicólogo. Doutor em Psicologia pela Universidade São Francisco. Docente de graduação e do Programa de Pós-Graduação *Stricto Sensu* em Psicologia do Desenvolvimento e Aprendizagem da Universidade Estadual Paulista.

Ilana Andretta. Possui graduação em Psicologia pela PUCRS (2002), especialista em Psicoterapia Cognitivo-comportamental (2011), mestrado em Psicologia Clínica pela PUCRS (2005) e doutorado em Psicologia pela PUCRS (2009). Terapeuta certificada pela Federação Brasileira de Terapias Cognitivas (FBTC), realizou treinamento avançado em Terapia Cognitiva pelo Beck Institute e em Entrevista Motivacional com William Miller e Theresa Moyers. É professora-adjunta do Programa de Pós-graduação em Psicologia e do Curso de Graduação em Psicologia da Unisinos, coordenadora do Grupo de Pesquisa Intervenções Cognitivo-comportamentais: estudo e pesquisa (ICCep). Atualmente é vice-coordenadora do Grupo de Trabalho Processos, Saúde e Investigação em uma Perspectiva Cognitivo-comportamental da Anpepp e editora-associada da *Revista Contextos Clínicos*. É psicóloga clínica em consultório privado.

Jacob Arie Laros. Professor titular do Departamento de Psicologia Social e do Trabalho e professor do Programa de Pós-Graduação *Stricto Sensu* em Psicologia Social, do Trabalho e das Organizações, ambos da Universidade de Brasília (UnB). É Ph.D. em Psicologia desde 1991 pela Rijksuniversiteit Groningen (RUG – Holanda). Seus interesses de pesquisa incluem avaliação cognitiva e neuropsicológica, avaliação dos traços de personalidade, avaliação educacional em larga escala e avaliação de programas sociais e educacionais.

Jamir João Sardá Jr. Psicólogo, mestre em Psicologia (UFSC), Ph.D. em Medicina (Universidade de Sydney – Austrália). Professor do Curso de Psicologia e Escola de Ciências da Saúde da Univali. Coordenador do Comitê em Educação em Dor, da Sbed (2018-2019). Membro do SIG em Educação em Dor, da Iasp. Psicólogo da Clínica Espaço da ATM.

Jeferson Gervasio Pires. Formação de psicólogo pelo Centro Universitário Estácio de Sá de Santa Catarina. Mestre em Psicologia e doutorando, pelo Programa de Pós-Graduação em Psicologia da Universidade Federal de Santa Catarina (PPGP-UFSC), na linha Avaliação em Saúde e Desenvolvimento. Interessado em temas diversificados em psicologia, tais como: Avaliação psicológica, Psicometria, Desenvolvimento da personalidade ao longo do ciclo vital, Atenção plena (*mindfulness*) e Psicologia Positiva. Atualmente integra o Laboratório de Pesquisa em Avaliação Psicológica (LPAP) na UFSC, sendo bolsista Capes/DS.

João Paulo A. Lessa. Psicólogo (2013). Mestre em Psicologia, com ênfase em Avaliação Psicológica, e doutorando pela Universidade São Francisco. Especialista em Avaliação Psicológica (IPOG/SP, 2017). Consultor acadêmico e pesquisador assistente do EduLab21/Instituto Ayrton Senna, tem participado de eventos científicos nacionais e internacionais, com apresentação de trabalhos e mesas-redondas, com ênfase em Psicometria, Psicologia Aplicada, Personalidade, Psicologia Positiva, Fundamentos e Medidas em Psicologia, Intervenções psicológicas, Testes de autorrelato e Métodos projetivos. Membro da Associação Brasileira de Psicologia Positiva (ABP+), do Instituto Brasileiro de Avaliação Psicológica (Ibap) e da Comissão Internacional de Testagem e Avaliação Psicológica e Educacional (ITC).

J. Landeira-Fernandez. Professor-associado do Departamento de Psicologia da PUC-Rio, onde é o atual diretor. Ph.D. em Neurociências e Comportamento pela Ucla (1994) e mestre em Psicologia Experimental pela USP (1988). Graduado em Psicologia pela PUC-Rio (1985). Ex-presidente da Associação Nacional de Pesquisa e Pós-Graduação em Psicologia. Compõe a atual diretoria da Sociedade Brasileira de Psicologia. Fundador da sociedade científica "Instituto Brasileiro de Neuropsicologia e Comportamento" e do periódico *Psychology & Neuroscience*. Desenvolve pesquisa em diferentes áreas da psicologia, indo desde modelos animais para o estudo dos transtornos de ansiedade até aspectos neuropsicológicos do desenvolvimento humano.

José Maurício Haas Bueno. Doutor pelo Programa de Pós-Graduação *Stricto Sensu* em Psicologia da Universidade São Francisco, com ênfase em Avaliação Psicológica. Atualmente é professor no Programa de Pós-Graduação em Psicologia Cognitiva da Universidade Federal de Pernambuco. Realiza, orienta e publica trabalhos de investigação científica com ênfase na construção, adaptação e investigação das propriedades psicométricas de instrumentos de avaliação psicológica, especialmente sobre o processamento cognitivo de informações emocionais (inteligência emocional).

Josemberg Moura de Andrade. Professor-associado do Departamento de Psicologia Social e do Trabalho e professor do Programa de Pós-Graduação *Stricto Sensu* em Psicologia Social, do Trabalho e das Organizações, ambos da Universidade de Brasília (UnB). Possui o título de Doutor em Psicologia pela UnB. É editor-associado da *Revista Psicologia: Teoria e Pesquisa* e fez parte da gestão do Ibap (2015-2017). Seus interesses de pesquisa incluem psicometria (principalmente TRI, SEM, análise multinível), avaliação da personalidade, avaliação cognitiva e avaliação educacional em larga escala.

Karina da Silva Oliveira. Psicóloga formada pela Pontifícia Universidade Católica de Campinas (PUC-Campinas) em 2007, especialista em Neurologia

Aplicada à Neuropsicologia Infantil pela Unicamp em 2008, mestre em Psicologia pela PUC-Campinas e doutoranda em Psicologia pela PUC-Campinas. Bolsista Capes.

Katya Luciane Oliveira. Psicóloga, mestre em Avaliação Psicológica pelo Programa de Pós-Graduação *Stricto Sensu* da Universidade São Francisco. Doutora em Psicologia, Desenvolvimento Humano e Educação pela Unicamp. Professora-associada do Programa de Pós-Graduação *Stricto Sensu* em Psicologia e do Programa de Mestrado e Doutorado em Educação da Universidade Estadual de Londrina/UEL. Bolsista produtividade Nível 2/CNPq. Coordena o Laboratório de Avaliação e Pesquisa Psicológica da UEL.

Larissa Sanford Ayres Farina. É psicóloga pela Universidade Federal do Rio Grande do Sul (UFRGS). Especialista em Gestão de Pessoas e Dinâmica de Grupos, mestre e atual doutoranda do Programa de Pós-Graduação em Psicologia, também da UFRGS. Atualmente participa do Laboratório de Mensuração e do Núcleo de Estudos e Intervenções em Carreira, ambos no Instituto de Psicologia da UFRGS.

Lelio Moura Lourenço. Pós-doutor em Estudos da Criança pelo Instituto da Criança da Universidade do Minho – Braga. Doutor em Psicologia Social pela Pontifícia Universidade Católica de São Paulo (1998). Possui mestrado em Psicologia Social pela Universidade Gama Filho (1993). Atualmente é professor-associado da Universidade Federal de Juiz de Fora. Bolsista de produtividade CNPq. Membro da Apicsa – Asociación Psicológica Iberoamericana de Clínica y Salud. Tem experiência na área de psicologia, com ênfase em relações interpessoais, atuando principalmente nos seguintes temas: psicologia, violência, crenças, trabalho e saúde. Coordena o Núcleo de Estudos em Violência e Ansiedade Social (Nevas) da Universidade Federal de Juiz de Fora.

Lucas de Francisco Carvalho. Doutor em Psicologia pela Universidade São Francisco (USF). Docente do Programa de Pós-Graduação *Stricto Sensu* em Psicologia da USF. Realiza estudos com foco em transtornos da personalidade e traços patológicos da personalidade.

Luciana Xavier Senra. Doutora (2016) e mestra (2012) em Processos Psicossociais em Saúde pelo Programa de Pós-Graduação em Psicologia da Universidade Federal de Juiz de Fora – PPG/Psicologia UFJF. Psicóloga pelo Centro de Ensino Superior de Juiz de Fora (2007). Atualmente é professora do Curso de Mestrado e da Graduação em Psicologia da Universidade Católica de Petrópolis – UCP e de cursos de pós-graduação *lato sensu* no Estado de Minas Gerais. Desenvolve pesquisas na área de cognição social com interesse nos temas: crenças, comportamento e saúde; aprendizagem social, valores e violência escolar; e estereótipos, criminalidade e violência urbana.

Lucila Moraes Cardoso. Professora-adjunta do curso de Psicologia da Universidade Estadual do Ceará (Uece) e colaboradora no Programa de Pós-graduação em Psicologia da Universidade Federal do Ceará (UFC). Primeira secretária da Associação Brasileira de Rorschach e Métodos Projetos (Gestão 2018-2020) e coordenadora do GT Métodos Projetivos nos Contextos da Avaliação Psicológica da Anpepp (Gestão 2018-2010).

Luiz Pasquali. Psicólogo, filósofo e pedagogo. Mestre e *docteur* pela Université Catholoque de Louvain, na Faculté de Psychologie de l'Éducation. Foi professor nos Estados Unidos (Universidade de Michigan), da Pontifícia Universidade Católica do Rio Grande do Sul e se aposentou na Universidade de Brasília, enquanto professor emérito, onde ainda atua como pesquisador-associado ao Programa de Pós-Graduação em Psicologia Social, do Trabalho e das Organizações.

Luiz Renato Rodrigues Carreiro. Psicólogo pela Universidade Federal Fluminense – UFF, especialista em Neurobiologia pela UFF (1994), mestre em Ciências (Fisiologia Humana) pela Universidade de São Paulo – USP (1999) e doutor em Ciências (Fisiologia Humana) pela USP (2003). É professor-adjunto da Universidade Presbiteriana

Mackenzie – UPM, onde coordena o Programa de Pós-Graduação *Stricto Sensu* em Distúrbios do Desenvolvimento. Editor da Seção Avaliação Psicológica da revista *Psicologia: Teoria e Prática*. Também é professor do Curso de Psicologia do Centro de Ciências Biológicas e da Saúde da Universidade Presbiteriana Mackenzie. Tem experiência na área de Psicologia, especialmente na área da Neuropsicologia, com ênfase em Processos Cognitivos e Atencionais, atuando principalmente nos seguintes temas: atenção e percepção, tempo de reação, e aspectos cognitivos do desenvolvimento e suas alterações presentes no TDAH. Bolsista de produtividade em pesquisa do CNPq – Nível 2.

Maiana Farias Oliveira Nunes. Psicóloga, doutora em Psicologia pela Universidade São Francisco. É professora-adjunta do Departamento de Psicologia na Universidade Federal de Santa Catarina, atuando na graduação em Psicologia e no Programa de Pós-Graduação em Psicologia. Atua com os temas de desenvolvimento de carreira, orientação profissional e de carreira, avaliação psicológica e construção de instrumentos.

Makilim Nunes Baptista. É psicólogo. Doutor pelo Departamento de Psiquiatria e Psicologia Médica pela Universidade Federal de São Paulo. Professor do Programa de Pós-Graduação *Stricto Sensu* em Psicologia da Universidade São Francisco e Bolsista Produtividade pelo Conselho Nacional de Desenvolvimento Científico e Tecnológico.

Manuela Ramos Caldas Lins. Psicóloga, com formação direcionada para avaliação de transtornos na infância. Doutora em Psicologia pela Universidade de Brasília (UnB). Atualmente é professora do Curso de Psicologia do Centro Universitário de Brasília (UniCEUB), onde coordena o Núcleo de Estudos em Avaliação Psicológica (NEAPsi). É membro do Núcleo de Estudos em Saúde Mental, Educação e Psicometria (Nesmep), vinculado ao Programa de Pós-Graduação em Neurociência Cognitiva e Comportamento (UFPB). Também é membro do grupo Avaliação Psicológica: Pessoas & Contextos (APlab), vinculado ao Programa de Pós-Graduação em Psicologia Clínica (PUC-RJ).

Marcela Mansur-Alves. Professora-adjunta do Departamento de Psicologia da Universidade Federal de Minas Gerais. Orientadora de mestrado e doutorado do Programa de Pós-Graduação em Psicologia: Cognição e Comportamento da UFMG. Coordenadora do Laboratório de Avaliação e Intervenção na Saúde (Lavis/UFMG). Membro da diretoria do Instituto Brasileiro de Avaliação Psicológica (gestão 2017-2019). Doutora em Neurociências. Mestre em Psicologia do Desenvolvimento Humano. Psicóloga.

Margareth da Silva Oliveira. Professora titular da Pontifícia Universidade Católica do Rio Grande do Sul (PUCRS) e do Programa de Pós-Graduação em Psicologia da PUCRS. Graduação (1977) e mestrado (1985) em Psicologia pela Pontifícia Universidade Católica do Rio Grande do Sul, doutorado em Psiquiatria e Psicologia Médica pela Universidade Federal de São Paulo (Unifesp, 2001) e pós-doutorado (2008) na University of Maryland Baltimore County (UMBC-USA). Coordenadora do Grupo de Pesquisa Avaliação e Tratamento em Psicoterapia Cognitiva e Comportamental (GAAPCC) e do Laboratório de Intervenções Cognitivas (Labico). Coordenadora do GT Processos, Saúde e Investigação em uma Perspectiva Cognitivo Comportamental, na Associação Nacional de Pesquisa e Pós-Graduação em Psicologia (Anpepp). Sócia-fundadora da Federação Brasileira de Terapias Cognitivas (FBTC). Membro da diretiva da Associação Latino-Americana de Psicoterapias Cognitivas (Alapco). Decana-associada da Escola de Ciências da Saúde (PUCRS) e pesquisadora produtividade CNPq-1C.

Maria Cristina Triguero Veloz Teixeira. Professora do Programa de Pós-graduação em Distúrbios do Desenvolvimento da Universidade Presbiteriana Mackenzie (UPM) e do Curso de Psicologia do Centro de Ciências Biológicas e da Saúde da UPM. Psicóloga com mestrado e doutorado pela Universidade Federal de Santa Catarina. Atua na área dos transtornos do neurodesenvolvimento com ênfase em avaliação e intervenção. Possui experiência com coordenação e supervisão de pesquisa, aplicação e treinamento de instrumento de avaliação de psicopatologias na infância e adolescência. Bolsista de produtividade em pesquisa do CNPq, nível 1-D. Editora-associada da *Revista Psicologia: Teoria e Prática* e membro do Grupo de Trabalho da Anpepp: Transtornos do Espectro Autista (TEA) – Pesquisas em saúde e educação.

Marília Consolini Teodoro. Doutoranda em Psicologia da Saúde e Desenvolvimento no Programa de Pós-Graduação em Psicologia da Faculdade de Filosofia, Ciências e Letras de Ribeirão Preto, da Universidade de São Paulo (FFCLRP-USP). Psicóloga pela Universidade Federal do Triângulo Mineiro (UFTM) e mestre em Psicologia pela Universidade Federal de Uberlândia (UFU). Integrante do Laboratório de Pesquisa e Intervenção Cognitivo-Comportamental (LaPICC-USP).

Maycoln Teodoro. Professor e atual coordenador do Programa de Pós-Graduação em Psicologia: Cognição e Comportamento (UFMG) Foi editor da *Revista Brasileira de Terapias Cognitivas e Contextos Clínicos*, além de editor-adjunto de *Reflexão e Crítica*. É membro do Laboratório de Processos Cognitivos da UFMG e bolsista produtividade do CNPq.

Mirela Dantas Ricarte. Psicóloga, mestre (2016) e doutoranda em Psicologia Cognitiva pela Universidade Federal de Pernambuco. Atua como professora do Curso de Psicologia do Centro Universitário Unifavip, onde é supervisora de estágio em Avaliação Psicológica e coordenadora do Grupo de Estudos em Inteligência Emocional.

Mônia Aparecida da Silva. Psicóloga (UFSJ, 2007), mestre em Psicologia (UFSJ, 2011) e doutora em Psicologia (UFRGS, 2017). Foi bolsista de pós-doutorado CNPq na UFRGS, sob orientação da Profa.-Dra. Denise Ruschel Bandeira (UFRGS), desenvolvendo o projeto "Development and Validation of the Inventário Dimensional de Avaliação do Desenvolvimento Infantil" em parceria com a University of Lincoln-Nebraska, nos Estados Unidos, especialmente com as professoras Natalie Koziol e Leslie Hawley. Trabalha especialmente com desenvolvimento infantil e avaliação psicológica.

Atualmente é professora-adjunta do Departamento de Psicologia e do Programa de Pós-Graduação em Psicologia da Universidade Federal de São João del-Rei. Orienta pesquisas na graduação e no mestrado e oferece estágios na área de avaliação psicológica em diferentes etapas do ciclo vital.

Natália Costa Simões. Possui graduação em Psicologia pela Universidade de Taubaté. Mestre e doutoranda em Psicologia pela Universidade São Francisco na área de Avaliação Psicológica. Tem experiência na área de Avaliação Psicológica, Docência, Psicologia Organizacional, Saúde, Gestão de Pessoas e Pesquisa.

Natália Martins Dias. Psicóloga pela Universidade São Francisco. Mestre e doutora, com pós-doutorado, em Distúrbios do Desenvolvimento pela Universidade Presbiteriana Mackenzie (UPM). Professora-adjunta A no Departamento e Psicologia – graduação e pós-graduação *stricto sensu* – da Universidade Federal de Santa Catarina – UFSC, Florianópolis. Pesquisadora do Grupo de Neuropsicologia Infantil da UPM e coordenadora do Grupo de Investigação em Neuropsicologia, Desenvolvimento e Educação – Ginde (www.facebook.com/ginde2017). Bolsista de produtividade do CNPq.

Nelson Hauck. Professor no Programa de Pós-Graduação *Stricto Sensu* em Psicologia da Universidade São Francisco – Itatiba (Capes 7). Cursou a graduação em Psicologia pela Universidade Federal de Santa Maria (UFSM) e o mestrado e o doutorado em Psicologia pela Universidade Federal do Rio Grande do Sul (UFRGS). Desenvolve estudos investigando variáveis do contexto, do indivíduo e dos itens que explicam respostas a testes psicológicos, além de maneiras de minimizar vieses (desejabilidade social, grupo de referência e aquiescência) na avaliação psicométrica via autorrelato. Possui como temáticas de interesse psicopatia e transtornos da personalidade, competências socioemocionais e Psicologia Evolucionista. Atua como editor-chefe da *Revista Avaliação Psicológica* e como editor-consultivo no *Journal Psychological Assessment*.

Paola Barros Delben. Mestre e doutoranda em Psicologia (Programa de Pós-Graduação em Psicologia da Universidade Federal de Santa Catarina), coautora e vice-líder da pesquisa *Fatores humanos na Antártica*, participante de 6 expedições ao continente gelado pelo Programa Antártico Brasileiro (Proantar), tendo sido a primeira estagiária brasileira, em nível de graduação, a realizar intervenção psicológica *in loco* na Antártica.

Patrícia Dalagasperina. Pós-doutoranda em Psicologia no Laboratório Fator Humano da Universidade Federal de Santa Catarina – UFSC. Mestre e doutora em Psicologia Clínica pela Universidade do Vale do Rio dos Sinos – Unisinos. Graduada em Psicologia pela URI – Campus de Erechim. Está concluindo a especialização em Terapia Cognitivo-Comportamental no Instituto Cognitivo. Tem como linha de pesquisa: Avaliação Psicológica em Saúde e Desenvolvimento, e Processos de Saúde-Doença em Contextos Institucionais. Estuda avaliação psicológica no âmbito ocupacional e clínico com ênfase nas temáticas: Estresse Traumático Secundário, Estresse Pós-Traumático e Síndrome de Burnout.

Patrícia Waltz Schelini. Possui graduação em Psicologia pela Pontifícia Universidade Católica de Campinas, mestrado em Psicologia pela Pontifícia Universidade Católica de Campinas (bolsista CNPq) e doutorado em Psicologia pela mesma Universidade (bolsista Fapesp). Pós-doutora pela Universidade do Minho (Portugal), sob a orientação do Prof.-Dr. Leandro da Silva Almeida. É professora-associada 3 do Departamento de Psicologia da Universidade Federal de São Carlos, onde ministra aulas na graduação e na pós-graduação, desenvolvendo estudos sobre a inteligência/cognição, metacognição e pensamento imaginativo.

Pricila Ribeiro. Professora do Departamento de Psicologia da Universidade Federal de Minas Gerais e do Programa de Pós-Graduação em Psicologia: Cognição e Comportamento. É especialista e mestre em gerontologia e doutora em Saúde Coletiva.

Priscila Zaia. Psicóloga, mestre em Psicologia como Profissão e Ciência e aluna de doutorado pela Pontifícia Universidade Católica de Campinas. Atua em pesquisas acerca da inteligência, criatividade e superdotação.

Rafael Andrade Ribeiro. Graduação em Psicologia pela Pontifícia Universidade Católica de Campinas (2012). Possui especialização *lato sensu* pelo Programa de Residência Multiprofissional em Saúde da PUC-Campinas e mestrado em Psicologia como Profissão e Ciência pela mesma instituição. Psicólogo integrante da equipe do Centro de Psicologia e Fonoaudiologia, em Campinas, psicólogo-supervisor do Serviço de Psicologia do Hospital Sobrapar, docente da PUC-Campinas e da Fundação Hermínio Ometto – FHO.

Raquel Menezes Gonçalves. Possui graduação e mestrado em Psicologia pelo Instituto de Psicologia da Universidade Federal do Rio de Janeiro (UFRJ). É doutora em Saúde Mental pelo Instituto de Psiquiatria da UFRJ, tendo atuado nesse período como *visiting scholar* no Centro de Investigación Mente, Cerebro y Comportamiento (CIMCYC) na Universidad de Granada, Espanha. Atualmente realiza pesquisa de pós-doutorado em Ciências Biomédicas pelo Departamento de Fisiologia e Farmacologia da Universidade Federal Fluminense e é professora do mestrado em Terapia Cognitivo-Comportamental da Universidade Salgado de Oliveira (Universo). É membro do Grupo de Trabalho Pesquisa Básica e Aplicada em uma Perspectiva Cognitivo-Comportamental da Associação Nacional de Pesquisa e Pós-Graduação em Psicologia (Anpepp).

Rauni Jandé Roama-Alves. Docente-adjunto A da área de Avaliação Psicológica na Universidade Federal de Rondonópolis (UFR). Também está vinculado ao Programa de Pós-Graduação *Stricto Sensu* em Psicologia da Universidade Federal de Mato Grosso, Campus de Cuiabá. Doutor e mestre em Psicologia (subárea Avaliação Psicológica/Escolar) pela Pontifícia Universidade Católica de Campinas (PUC-Campinas). Possui especialização em Neuropsicologia Aplicada à Neurologia Infantil e aprimoramento em Psicopedagogia Aplicada à Neurologia Infantil, ambos pela Universidade Estadual de Campinas (Unicamp), nos quais atualmente é professor-convidado. É graduado em Psicologia pela Universidade Estadual de Londrina (UEL). Atua como membro da Associação Brasileira de Neurologia, Psiquiatria infantil e Profissões Afins (Abenepi) e do Instituto Brasileiro de Avaliação Psicológica (Ibap). Participa do Grupo de Trabalho em Avaliação Cognitiva e Neuropsicológica da Associação Nacional de Pesquisa e Pós-Graduação em Psicologia. Grande parte de seus trabalhos é referente à Avaliação Psicológica, Psicometria, Neuropsicologia, Transtornos do Neurodesenvolvimento e Psicologia do Desenvolvimento Humano.

Renata Kochhann. Psicóloga (Unisinos). Doutora em Ciências Médicas (UFRGS). Pós-doutora em Psicologia (PUCRS), bolsas Docfix e PDJ. Professora-colaboradora do Programa de Pós-Graduação em Psicologia (Pontifícia Universidade Católica do Rio Grande do Sul – PUCRS), no Grupo de Pesquisa em Neuropsicologia Clínica e Experimental (GNCE). Pesquisadora do Hospital Moinhos de Vento (HMV). Sócia-fundadora da Conectare NeuroPsi – Atendimento, Formação e Conexões em Neuropsicologia.

Renata Saldanha-Silva. Professora do Curso de Psicologia da Faculdade Ciências Médicas de Minas Gerais. Professora do Curso de Especialização em Terapia Cognitivo-Comportamental do Cognitivo WP, Nepsi e InTCC. Membro da diretoria da Associação de Terapias Cognitivas de Minas Gerais – ATC-MG (gestão 2017-2019). Mestre em Psicologia pela Universidade Federal de Minas Gerais. Especialização em Terapia Cognitivo-Comportamental pelo Instituto WP (Wainer Psicologia). Psicóloga clínica.

Ricardo Primi. Doutor em Psicologia Escolar e do Desenvolvimento Humano pela Universidade de São Paulo, com parte desenvolvida na Yale University (EUA), sob orientação de Robert J. Sternberg. Coordenador do Laboratório de Avaliação Psicológica e Educacional (LabAPE). As pesquisas que coordena recebem financiamento do CNPq

(produtividade em pesquisa), Fapesp, Capes e Instituto Ayrton Senna (IAS). É professor-associado do Programa de Pós-Graduação em Psicologia da Universidade São Francisco (mestrado e doutorado em Avaliação Psicológica). É membro do comitê diretivo do EduLab21, Centro de Conhecimento do IAS. A partir de 2017 passou a fazer parte da Comissão Assessora de Estatística e Psicometria da Daeb e do grupo de especialistas em questionários para o Pisa 2021, coordenado pelo Educational Testing Service (ETS).

Roberto Moraes Cruz. Psicólogo, doutor em Engenharia de Produção, professor e pesquisador do Departamento de Psicologia da Universidade Federal de Santa Catarina, líder do Laboratório Fator Humano e das linhas de pesquisa: Aspectos clínicos e epidemiológicos em saúde mental e trabalho, Fatores humanos em ambientes isolados, confinados e extremos e Construção e adaptação de métodos e instrumentos de avaliação e diagnóstico psicológico.

Rodolfo Augusto Matteo Ambiel. Psicólogo, doutor em Psicologia pela Universidade São Francisco. Docente do Programa de Pós-graduação *Stricto Sensu* em Psicologia da Universidade São Francisco (área de concentração em Avaliação Psicológica) Editor-chefe da *Revista Psico-USF* (Qualis A2) desde 2016. Presidente da Associação Brasileira de Orientação Profissional (Abop) – gestões 2015-2017 e 2017-2019. Bolsista produtividade CNPq, nível 2.

Sérgio Eduardo Silva de Oliveira. Psicólogo (Unilavras, 2009), especialista em Avaliação Psicológica (UFRGS, 2014), mestre em Psicologia (UFRGS, 2012) e doutor em Psicologia (UFRGS, 2016). Fez estágio de doutoramento na University of Minnesota, sob supervisão do Prof.-Dr. Robert F. Krueger e financiamento da Capes. Foi bolsista de pós-doutorado CNPq na UFRGS sob orientação do Prof.-Dr. Cláudio S. Hutz e em parceria com a Prof.-Dra. Denise R. Bandeira (UFRGS) e com os professores Robert F. Krueger (EUA) e Johannes Zimmermann (Alemanha). Atualmente é professor-adjunto do Departamento de Psicologia Clínica e do Programa de Pós-Graduação em Psicologia Clínica e Cultura do Instituto de Psicologia da Universidade de Brasília. É fundador e coordenador do Serviço de Avaliação Psicológica (SAPsi-UnB), um programa de extensão que visa a formação de alunos e profissionais da Psicologia na prática do psicodiagnóstico.

Solange Muglia Wechsler. Psicóloga, com mestrado e doutorado na University of Georgia (Athens, EUA), e pós-doutorado na University of Buffalo e no Torrance Center of Creative Studies. Atualmente é docente do Curso de Psicologia da Pontifícia Universidade Católica de Campinas, onde coordena pesquisas no Laboratório de Avaliação e Medidas Psicológicas (Lamp). Possui inúmeros artigos, livros no Brasil e no exterior sobre as áreas de avaliação e desenvolvimento da criatividade, inteligência, psicologia escolar, temperamento e estilos. Foi fundadora e presidiu a Associação Brasileira de Psicologia Escolar e Educacional (Abrapee), o Instituto Brasileiro de Avaliação Psicológica (Ibap) e a Associação Brasileira de Criatividade e Inovação (Criabrasilis). Representa os países ibero-latinos no conselho executivo da International Test Commission. É editora-chefe da revista *Estudos de Psicologia* (Campinas) e bolsista de produtividade nível 1 do CNPQ.

Sonia Liane Reichert Rovinski. Psicóloga forense – CRP 07/1792, especialista em Psicologia Jurídica (CFP), especialista em Criminologia (PUC-RS) e Psicologia Criminal (PUC-RS), mestre em Psicologia Social e da Personalidade (PUC-RS), doutora em Psicologia Clínica e da Saúde (Universidade de Santiago de Compostela/revalidado PUC-RS), com pós-doutorado em Avaliação Psicológica (UFRGS-Geapap). Psicóloga judiciária do Tribunal de Justiça do Rio Grande do Sul (1993-2013), docente nos cursos de pós-graduação: Unisinos, PUC-RS, Ipog, Projecto – Soluções em Psicologia, Escola da Magistratura de Santa Catarina e Mato Grosso do Sul, lecionando Perícia Psicológica Forense, Vitimologia, Documentos Psicológicos e História da Psicologia Jurídica. Coordenadora e docente do Curso de Pós-Graduação em Psicologia Jurídica do Sapiens – Instituto de Psicologia (PR). Diretora-científica da Associação Brasileira de Psicologia Jurídica – ABPJ (2010-2011). Primeira vice-presidente da Associação Brasileira de Rorschach e Métodos Projetivos (2018-2020). Autora e coautora de livros sobre tema da avaliação forense, entre eles *Fundamentos da perícia psicológica forense* (3a. ed.. 2013), Ed. Vetor.

Sonia Regina Loureiro. Psicóloga, mestre e doutora em Psicologia Clínica pela Universidade de São Paulo, docente da Faculdade de Medicina de Ribeirão Preto/USP, orientadora junto aos Programas de Pós-Graduação em Psicologia da FFCLRP-USP e em Saúde Mental da FMRP-USP. Coordena o Serviço de Avaliação Psicológica junto ao Setor de Psiquiatria do Hospital das Clínicas de Ribeirão Preto. Membro-fundador da Associação Brasileira de Rorschach e Métodos Projetivos (ASBRo). Desenvolve atividades de pesquisa com instrumentos e procedimentos de avaliação em diferentes contextos psicossociais.

Sonia Regina Pasian. Psicóloga, mestre em Filosofia, doutora em Saúde Mental e livre-docente pela Universidade de São Paulo. Atualmente é professora-associada do Departamento de Psicologia, coordenadora do Centro de Pesquisas em Psicodiagnóstico e presidente da Comissão de Pós-graduação da Faculdade de Filosofia, Ciências e Letras de Ribeirão Preto, Universidade de São Paulo. Membro-fundador e sócio-honorário da Associação Brasileira de Rorschach e Métodos Projetivos (ASBRo). Foi presidente da ASBRo (2007-2008) e membro da diretoria desde sua criação (1993 até o presente), como conselho consultivo. Membro do Instituto Brasileiro de Avaliação Psicológica (Ibap), exerce a função de editora-associada da revista *Avaliação Psicológica*. Tem experiência nas áreas de Psicologia Clínica e de Avaliação Psicológica, com ênfase em pesquisas de adaptação de instrumentos de avaliação psicológica ao contexto sociocultural brasileiro, investigando especialmente métodos projetivos.

Tatiana de Cássia Nakano. Docente do Curso de Pós-Graduação *Stricto Sensu* em Psicologia da PUC-Campinas, pesquisadora da linha de Instrumentos e processos em avaliação psicológica. Pós-doutorado na Universidade São Francisco (2009) e doutorado em Psicologia como Profissão e Ciência (2006) pela PUC-Campinas. Pesquisadora produtividade nível 2, CNPq. Atua principalmente na área de Avaliação Psicológica, Criatividade, Altas Habilidades/Superdotação, Inteligência, Habilidades Socioemocionais e Psicologia Positiva. Foi presidente da Associação Brasileira de Criatividade e Inovação (Criabrasilis, 2014-2017), membro-colaborador do Conselho Brasileiro para Superdotação (Conbrasd, 2018-2020) e membro do Grupo de Trabalho Psicologia Positiva e Criatividade. na Anpepp.

Tatiana Quarti Irigaray. É graduada em Psicologia pela Universidade Federal do Rio Grande do Sul (UFRGS). Possui especialização em Psicologia Clínica com ênfase em Avaliação Psicológica e Neuropsicologia pela UFRGS. Realizou um aperfeiçoamento em Neuropsicologia (*Fellowship*) no Hospital de Clínicas de Porto Alegre. É doutora e mestre em Gerontologia Biomédica pela Pontifícia Universidade Católica do Rio Grande do Sul (PUCRS). Tem pós-doutorado em Psicologia pela PUCRS. É bolsista produtividade nível 2 do CNPq. Atualmente é decana-associada e professora-adjunta da Escola de Ciências da Saúde da PUCRS dos cursos de graduação e pós-graduação em Psicologia. Também é coordenadora do Grupo de Pesquisa Avaliação, Reabilitação e Interação Homem-Animal (Ariha). Tem experiência na área de Psicologia Clínica, com ênfase em Avaliação Psicológica, Avaliação Neuropsicológica, Reabilitação e Gerontologia. Membro do Grupo de Trabalho Pesquisa em Avaliação Psicológica da Anpepp e parecerista do Sistema de Avaliação de Testes Psicológicos (Satepsi).

Thiago Virgílio da Silva Stroppa. Doutorando e mestre em psicologia, subárea de Processos Psicossociais em Saúde, pelo Programa de Pós-Graduação do Curso de Psicologia da UFJF. Graduado em Psicologia pela Universidade Federal de Juiz de Fora (UFJF). Membro do Núcleo de Estudos em Violência e Ansiedade Social (Nevas). Tem experiência na área de Psicologia, com ênfase em Psicologia Social, atuando principalmente nos seguintes temas: violência entre parceiros íntimos, violência doméstica, violência e jogos eletrônicos, violência escolar, *bullying*, construção de escala e revisão sistemática de literatura.

Walter Machado-Pinheiro. Possui graduação em Medicina pela Universidade Federal Fluminense (1991), mestrado em Ciências Biológicas (Biofísica) pela Universidade Federal do Rio de Janeiro (1993), doutorado em Ciências (Fisiologia Humana) pela Universidade de São Paulo (1999) e pós-doutorado pela Facultad de Psicología da Universidad de Granada, Espanha (2006). Atualmente é professor titular da Universidade Federal Fluminense, lotado no Campus Universitário de Rio das Ostras e está vinculado aos programas de pós-graduação em Neurologia/Neurociências e Ciências Biomédicas, com ênfase em aspectos psicofisiológicos. Tem experiência na área de Neurociências e Psicofisiologia Cognitiva, atuando principalmente nos seguintes temas: atenção, funções executivas, Teste Stroop, tempo de reação e emoção. Bolsista de produtividade em pesquisa do CNPq, nível 2.

Zilda A.P. Del Prette. Professora titular da Universidade Federal de São Carlos, doutora cm Psicologia (Universidade de São Paulo), pesquisadora nível 1A do CNPq, membro do Inct-Ecce, supervisora e autora de livros e artigos em habilidades sociais e relações interpessoais (web-page: http://www.rihs.ufscar.br).

Coleção Avaliação Psicológica

– *Avaliação Psicológica – Aspectos teóricos e práticos*
Manuela Lins e Juliane Callegaro Borsa (orgs.)

– *Compêndio de Avaliação Psicológica*
Makilim Nunes Baptista, Monalisa Muniz et al.

– *Avaliação Psicológica – Guia para a prática profissional*
Katya Luciane de Oliveira, Patrícia Waltz Schelini e Sabrina Martins Barroso (orgs.)

– *Formação e estratégias de ensino em Avaliação Psicológica*
Katya Luciane Oliveira, Monalisa Muniz, Thatiana Helena de Lima, Daniela S. Zanini e Acácia Aparecida Angeli dos Santos (orgs.).

– *Avaliação psicológica na infância e adolescência*
Marcela Mansur-Alves, Monalisa Muniz, Daniela Sacramento Zanini, Makilim Nunes Baptista (orgs.)

LEIA TAMBÉM:

Avaliação Psicológica

Aspectos teóricos e práticos

Manuela Ramos Caldas Lins e Juliane Callegaro Borsa
(Organizadoras)

O livro *Avaliação Psicológica: aspectos teóricos e práticos* visa discutir questões básicas que permeiam o processo de avaliação psicológica de maneira simples, direta e com linguagem acessível. Foi escrito por renomados autores brasileiros e apresenta informações condizentes com a realidade da área no país, podendo ser usado integralmente em sala de aula, tanto no contexto da graduação como da pós-graduação. Com esta obra pretende-se auxiliar psicólogos e estudantes de Psicologia no desenvolvimento das competências e habilidades que caracterizam a formação do profissional que deseja atuar nessa área, minimizando as dúvidas e tornando clara a aplicabilidade da avaliação psicológica em diferentes contextos e campos de inserção.

Psicanálise junguiana

Trabalhando no espírito de C.G. Jung

Editado por Murray Stein

Jung se distinguiu de Freud e Adler, os outros dois pioneiros da psicanálise, e fundou um ramo distinto da psicologia profunda (ou psicologia médica, como era chamada nos seus primeiros tempos), chamado de psicologia analítica. O lar físico e espiritual dessa escola era Zurique, Suíça. Os pontos teóricos e clínicos de diferença entre os três fundadores, especialmente as diferenças entre Jung e Freud, foram amplamente discutidos em muitas publicações e biografias. O autor lembra que, na primeira e na segunda gerações, os junguianos carregaram nas tintas usadas para demarcar as linhas de separação entre eles e os outros, sendo enfatizadas as diferenças nas perspectivas e práticas fundamentais, para que o campo fosse diferenciado do meio circundante. Mais recentemente, a ênfase entre autores junguianos contemporâneos se deslocou para perspectivas de convergência e diálogo. Isso pode ser considerado um sinal de maturidade no campo. Há menos ansiedade acerca da identidade.

Os capítulos do presente volume refletem as mudanças que ocorreram na última década e meia e após a passagem da segunda geração, que em grande parte tinha conhecido e trabalhado com Jung pessoalmente durante os anos de 1930 e 1940. Como uma afirmação do campo, esse livro, é muito representativo quanto às várias correntes de pensamento e à rica diversidade de abordagens e de pensamentos que constituem hoje a complexa tapeçaria da escrita e do pensamento analíticos junguianos.

O leitor encontrará um entrelaçamento que talvez hoje chegue ao ponto de uma perfeita integração, dos bem-conhecidos ramos clássico, desenvolvimentista e arquetípico da psicologia analítica, bem como uma gama impressionante de empréstimos de pensadores psicanalíticos modernos, para além das fronteiras da psicologia analítica, e cujas ideias e insights não são de modo algum inspiradas por fontes junguianas, mas cujas visões são crescentemente vistas como convergentes e compatíveis.

Os praticantes clínicos na escola que se formou em torno de Jung variadamente se autodesignaram como psicólogos analíticos, analistas junguianos e psicoterapeutas junguianos. Em anos mais recentes, eles cada vez mais reconheceram o parentesco histórico, se não inabalável, com a família maior da psicanálise, e passaram a se denominar psicanalistas junguianos. Daí o título desse livro. Psicanálise junguiana é o nome contemporâneo da aplicação clínica da psicologia analítica.

Murray Stein é analista na International School for Analytical Psychology, em Zurique, na Suíça. Palestrante em diversos países sobre psicologia analítica e suas aplicações no mundo moderno.

Conecte-se conosco:

 facebook.com/editoravozes

 @editoravozes

 @editora_vozes

 youtube.com/editoravozes

 +55 24 2233-9033

www.vozes.com.br

Conheça nossas lojas:
www.livrariavozes.com.br

Belo Horizonte – Brasília – Campinas – Cuiabá – Curitiba
Fortaleza – Juiz de Fora – Petrópolis – Recife – São Paulo

EDITORA VOZES LTDA.
Rua Frei Luís, 100 – Centro – Cep 25689-900 – Petrópolis, RJ
Tel.: (24) 2233-9000 – E-mail: vendas@vozes.com.br